珠三角软基处理试验工程报告集

中铁建港航局集团岩土工程有限公司 编

人民交通出版社

内 容 提 要

中铁建港航局集团岩土工程有限公司(原广东省航盛建设集团有限公司岩土分公司)自1992年成立以来,承接并完成了十余项地基处理试验工程,获得多项省部级科学技术奖,积累了丰富的试验资料。在公司成立20周年之际,特将珠江三角洲十项试验工程的试验报告汇编出版,以飨同行。试验报告集涉及十余种地基处理方法,试验资料真实可靠、试验成果丰富,可供地基处理科研人员与施工技术人员参考。

图书在版编目(CIP)数据

珠三角软基处理试验工程报告集 / 中铁建港航局集团岩土工程有限公司著. — 北京 :人民交通出版社, 2012.9

ISBN 978-7-114-10062-8

Ⅰ. ①珠… Ⅱ. ①中… Ⅲ. ①高速公路 – 软土地基 – 道路工程 – 试验报告 – 珠江三角洲 Ⅳ. ①U416.1

中国版本图书馆 CIP 数据核字(2012)第 207327 号

书　　名: 珠三角软基处理试验工程报告集
著 作 者: 中铁建港航局集团岩土工程有限公司
责任编辑: 刘永芬
出版发行: 人民交通出版社
地　　址: (100011)北京市朝阳区安定门外外馆斜街3号
网　　址: http://www.ccpress.com.cn
销售电话: (010)59757969,59757973
总 经 销: 人民交通出版社发行部
经　　销: 各地新华书店
印　　刷: 北京市密东印刷有限公司
开　　本: 787×1092　1/16
印　　张: 43.25
字　　数: 1044千
版　　次: 2012年9月　第1版
印　　次: 2012年9月　第1次印刷
书　　号: ISBN 978-7-114-10062-8
定　　价: 100.00元

《珠三角软基处理试验工程报告集》

编 委 会

第二届全国复合地基理论及工程应用学术研讨会

（2012·广州）

主办单位：

中国土木工程学会土力学及岩土工程分会地基处理学术委员会

广东省公路学会

中国铁建股份有限公司

承办单位：

中国铁建港航局集团有限公司

中铁建港航局集团岩土工程有限公司

广东省公路学会岩土工程专业委员会

中科院广州化灌工程有限公司

前　言

珠江三角洲高速公路自20世纪90年代以来迅猛发展。珠江三角洲广泛分布高含水率、高孔隙比、高压缩性、低渗透性、低强度的深厚软黏土,同时由于水网密布、路基填土高度大,高速公路路基稳定与工后沉降问题比较突出。为验证各种地基处理方法的适用性,为地基处理设计与施工提供参考依据,珠江三角洲多条高速公路在建设前期都在线路上选择具有代表性的路段开展了软基试验工程。在广东省交通运输厅的大力支持下,广东省航盛建设集团有限公司于1992年成立了岩土分公司,并承接了几乎省内所有高速公路软基处理工程,为广东省高速公路的发展做出了重大贡献。

中国土木工程学会土力学及岩土工程分会地基处理学术委员会、广东省公路学会和中国铁建股份有限公司将于2012年9月在广州联合主办"第二届全国复合地基理论及工程应用学术研讨会",为了配合此次会议的召开,将珠江三角洲高速公路建设中软基处理的技术发展历程与全国学者、同行交流和分享,决定编写《珠三角软基处理试验工程报告集》。本书由具有代表性的10篇试验工程总结报告汇编而成,涉及表层处理法、常规排水固结法、真空联合堆载预压法、水载预压法、动力固结法、电渗法、碎石桩复合地基法、水泥搅拌桩复合地基法、管桩复合地基法等十余种地基处理方法,试验资料详实、丰富,是不可多得的现场试验数据。本书由人民交通出版社出版,在这里对出版社的大力支持表示衷心感谢。

为了尽量体现珠江三角洲高速公路发展各个阶段软基处理技术的水平,本书仅对不同时间段内完成的软基试验工程总结报告做了非实质性修改,尽管这些总结报告中个别结论与观点现在看来不甚妥当。

本书内容较多,时间仓促,如有不妥、错误之处,敬请读者批评指正。

王盛源

2012年9月

前 言

目　　录

第一篇

深汕汽车专用公路（龙岗—潭西）第四合同段软基试验工程总结报告

一九九四年八月

目　　录

第1章　概　　述

1.1　概况

深汕汽车专用公路(龙岗—潭西)第四合同路段约9km的软弱地基路段,是全线软基集中的路段,淤泥厚达16~20m,含水率高达73%,孔隙比1.96,塑性指数最大21.7,固结系数为$10^{-4}cm^2/s$,十字板剪切强度最小为8.6kPa。这样的软土属于超软弱地基。设计预估最终沉降量超过150cm。最大预压期长达720天。在如此软弱的地基上建造高等级公路,将会带来一系列难于处理的工程问题。例如施工期的稳定控制问题、路堤预压固结问题、建筑物与路堤之间差异沉降的控制问题、软弱地基加固处理方法的合理选用等问题。这些问题都是控制整个工程安全、质量、工期、造价等直接关系到工程成效的根本性的问题。为了合理、正确地解决这些工程建设中的重大技术性问题,广东省交通厅、世界银行和广东省高速公路公司特安排在此路段设置软基加固试验段。

建设单位委托广东省航务工程总公司,在主线K120+920~K121+010和K128+200~K128+475两处共长365m,用各种地基加固方法在现场开展工程性试验。本试验从1992年9月进场开始,至1993年9月,为期一年的施工加载、停歇观测,共获得了地基的应力应变系统资料数万项,并于1993年10月5日、6日在海丰县现场组织阶段成果评审会议。会议结论有四个方面:

(1)一年多来该工程按批准的设计文件填筑路堤、埋置仪器,进行了多种项目的观测,并做了两种原位测试及土工试验,搜集了大量原始资料并进行了汇总分析工作。提出了四个专题小结,是广东省一个较好、较完整的公路软基试验工程,已完成合同第一阶段的工作任务。

(2)试验达到了预期的目标,这些目标是通过试验取得的各种参数,提出适合本路段的最优地基处理方案,这就是以袋装砂井加土工布来替代原设计的挤密砂桩;提出了施工工艺和控制施工填土速率的沉降和位移速率标准,用于指导本路段的具体施工;本试验的成果用于指导和改进四标段软土地基施工,进而推广到深汕全线软基施工中。

(3)高速公路软基加固方法应以排水固结法为主体,竖向排水以ϕ7cm袋装砂井或排水塑料板为佳,施工控制以沉降速率和边桩位移速率互相配合使用为好,提出了在一般施工条件下采用砂井排水最大沉降速率和最大位移速率的控制指标。以上结论符合软基固结规律,切合现实的技术经济条件,有较高的可信度和实用性,对深汕高速公路乃至省内同类软基处理具有普遍的指导意义。

(4)下阶段应继续按预定超载量加载并进行观测;对后期地基强度随时间变化进行观测并总结其规律;对土工布影响沉降规律、瞬时沉降和次固结沉降的比例等进行深入地研究,并进一步分析确定达到工后沉降标准控制相应的固结度、控制沉降值及超载量等。

试验的阶段性成果于1993年开始应用于深汕高速公路:

(1)深汕西线第四标段约 9km 软基中原设计的 ϕ42cm 和 ϕ50cm 的挤密砂桩已全部改成 ϕ7cm 的袋装砂井加土工编织布；

(2)深汕东线的第六标段、第七标段、第八标段和第十七标段均部分地将原有 ϕ42cm 砂桩改为 ϕ7cm 袋装砂井。这些加固方法的改进，在经济上节省了可观的费用。例如以 15m 加固深度为例：如采用 ϕ42cm 砂桩按 18 元/m 计，加固费约 120 元/m^2，袋装砂井 3.5 元/m，土工布 10 元/m^2(以两层计)，加固费为 72.5 元/m^2，每公里可节省 240 万元左右。此外，还能为加快施工速度，确保施工质量创造良好条件。除深汕高速公路外，其他一些正在施工或正在设计的高速公路中软基处理方法大都将 ϕ42cm 的砂桩改为袋装砂井或其他更合理的加固方法。

在填土超过设计高程后，停载观测。观测的目的是要分析地基土的固结变化过程，以便确定工后沉降量，为深汕高速公路西线软基段浇筑路面准备条件。其次，在合理安排填土期的同时，加快施工速度，缩短工期应采取的相应措施。上述两个问题是深汕高速公路西线软基段的现实问题，需尽快得到结论。此外，尚需探讨软基上建造高速公路的稳定控制和沉降分析两个基本问题，以及如何选择经济有效合理的软基处理方法。

1.2 试验成果

经过两年的长期现场观测，采集到数万个地基应力－应变的实测数据，并建立了淤泥地基上建造高速公路的一个大型试验工程和数据库。经过对这些实测资料的分析和提炼，获得的主要成果介绍如下。

1.2.1 淤泥地基稳定分析

淤泥地基上筑路遇到的首要问题是稳定分析，若在修筑施工期不能牢固地控制地基稳定状态，那就会出现失稳事故，它将给工程的经济、工期、计划带来极大的危害。例如 1993 年某国道连续发生两次大滑动，每段长约 100m，下坍 2m 多，经数次技术会议讨论，修复每段需花费工程款 100 多万元，而且还衍生出许多其他问题：如征地问题、土源问题、工期协调安排问题等。由此可见，地基稳定的控制是淤泥地基上修筑高速公路的几个问题中的首要问题。

地基稳定分析由两大部分组成：其一是稳定分析计算方法；第二是淤泥地基上土质强度指标。计算方法目前已经成熟，规范规定的方法是比较合理的，只要土质强度指标选取准确，则计算所得结果也能反映实际工程的稳定程度。为适应地基加固的发展和需要，在稳定计算方法上，可采用既简单实用又能反映实际工程情况的总应力法，在此基础上可以进一步考虑由加固材料和淤泥土组成的复合材料的稳定计算方法。关于淤泥土的强度指标测定和选用是稳定分析成败的核心问题。依据广东地区的淤泥土含水率高、土质软弱的工程特性，考虑到现场取土进行室内常规试验的方法测得的土体指标失真严重，本试验工程采用现场原位测定淤泥土的十字板剪切强度为稳定分析强度指标。工程实践表明该方法切实可行，能很好地反映工程实际情况。由土体和化纤织物组合而成的复合材料地基，例如试验路段地基内设置许多用化纤编织物做成的竖向排水体(袋装砂井、塑料排水板)，其地基稳定性分析方法有刚性法和柔性法。刚性法是将化纤织物在抗滑作用时以刚性筋带出现在计算式内，而柔性法是视作柔性筋带在地基中起抗拉作用。显然化纤织物以柔性模式计算比较合理。以上稳定分析的具体内容均在阶段性报告“稳定分析与极限填土高度确定”一文中。文中计算时，天然地基取用现场十字板剪切强度的小值平均值，计算所得的第一试验场五个断面的极限填土高度为 2.5～

3. 0m。实测情况如下:1993 年 1 月 20 日,填土高度 3. 36m,路堤中心线(Ⅱ断面)一号孔隙水压力传感器测得 $\Delta\mu_1 = 28$kPa,二号测得 $\Delta\mu_2 = 18$kPa,三号测得 $\Delta\mu_3 = 16$kPa,四号测得 $\Delta\mu_4 = 14$kPa,4 个传感器埋深分别为 2. 2m、4. 0m、9. 2m 和 14. 5m,同时其他监测仪器也反映出警戒状态,如测斜仪测出最大位移速率为 4. 1mm/d,地面沉降测得速率为 8mm/d(三日平均量)。依据这些实测资料,可判定地基已处于危险状态,由此决定停载观测。第一试验场停歇约 50d,地基强度有所恢复后继续填土,至 1993 年 8 月 27 日,五个断面填土的总高度已达 4. 32 ~ 4. 93m,已超过设计填土高度(表 1-1)。

填土过程统计表

表 1-1

试验场	断面号	加载至第63d 的加载量(m)	停歇时间(d)	第一阶段总加载量(m)	第一阶段总加载时间(d)	设计填土高度(m)	备　注
第一试验场	Ⅰ	2. 898	50	4. 316	300	3. 2	
	Ⅱ	2. 961	50	4. 368	295	3. 2	
	Ⅲ	2. 961	50	4. 931	290	3. 2	
	Ⅳ	2. 961	50	4. 746	285	3. 2	
	Ⅴ	2. 961	50	4. 591	280	3. 2	
第二试验场	Ⅰ	2. 364	234	2. 772	309	1. 95	1994 年 5 月已填至 4m
	Ⅱ	2. 364	234	2. 255	309	1. 95	同上

此后决定停载进入预压期,进行长期沉降监测,以便进一步分析工后沉降。从以上分析可以看出,在稳定分析中采用原位十字板剪切所得的土质指标是比较合理的,计算方法可以使用简便的规范规定的总应力法,至于十字板剪切资料中如何取值,一般取用小值平均值比较稳妥。如果地基采用加固措施,例如排水加固法,则在稳定计算方法中需考虑加固材料的抗滑筋体作用,计算模式以柔性模式为好,以上所讨论的各种因素均适用于规范规定的总应力分析方法。经现场试验证实,这套计算方法是合理的,比较切合工程实际情况。它的特点是方法简便实用,概念清晰,易于理解,遵守规范主题内容,又适当增加了新技术、新概念,各种主要因素均已考虑,并且合理发挥了各种因素的潜在能量,已达到经济、合理、稳妥的目标。

1. 2. 2　淤泥地基的固结状态分析

淤泥地基固结状态的测定与分析是软基上修建高速公路的另一个大课题。饱和淤泥的压缩变形通常用 K · Terzaghi 的固结理论为依据,这个理论可以归纳为如下两个方面:其一就是饱和的淤泥受压后,在孔隙水压力作用下被排出而发生体积压缩;其二从应力概念上可以表征为体积压缩过程的同一时刻引起孔隙水压力转化为土骨架上的有效应力的过程。由此人们将利用它直接控制地基的稳定,由于施工加载,地基内产生孔隙水压力,使淤泥土强度降低,当淤泥中孔隙水受压后从土体中排出,孔隙水压力降低,土的强度就增长,这就是淤泥的固结过程。由此可见,淤泥的排水快慢,也就是淤泥的固结快慢,直接控制着施工期地基的稳定状态和停歇期沉降的稳定。本试验第二试验场因路堤本身不高,淤泥又不厚,因此它的固结问题在工程中不起重大影响,而第一试验场淤泥厚达 16 ~ 20m,设计路堤高度 4m,加上超载路堤填土高达 6m,因此地基的固结状态起着关键作用。试验段的袋装砂井和塑料排水板没有打穿淤泥层,仅为 10. 2m 和 14. 5m 两种,间距有 2m 和 1. 3m 两种,此外,还有反压护道、土工布等,共计 5 种组合情况。在试验开始前进行了详细勘探,发现在地面以下 5m 左右有 50cm 的细砂贝壳组成的透水层，这就大大缩短了排水距离，加快了固结速度，在试验观测中，充分证实了这个水平透水薄层起了良好的排水作用。

第一试验场和第二试验场的7个断面的填土过程列入表1-2中。由表中可知，事先通过计算分析，包括超载，第二试验场两个断面总的填土高度均为4m高，地基可以不做任何处理。从1993年3月7日开始，至3月13日共7d，填筑高度为2.364m，停歇至1994年5月又填至4m高，地基一直处于稳定状态。表1-3为第二试验场的孔隙水压力消散情况：埋深4.5m和6.5m的两个测点，从3月12日至8月14日经154d时间，孔隙水压力的增量已经基本消散，固结度达到100%。埋深3m的μ_{28}号测点，最大孔隙水压力增量为23.42kPa，经154d至8月14日，尚有剩余孔压20.67kPa，此时的固结度仅完成30%。埋深1.5m的μ_{27}号测点，经154d尚留有孔隙水压力11.12kPa，固结度仅完成12%。由此可见，这个试验场淤泥较薄，填土不高，但地基未作任何加固处理，固结速度很慢，从另一个角度证实一般情况下淤泥地基需要采取加快固结的措施。（以上分析均包含静水压力，详见表1-3）。

两个试验场填土统计表

表1-2

试验场	断面号	清淤后垫层土及砂垫层总厚度(m)	第一次填土(m)	第二次填土(m)	第三次填土(m)	第四次填土(m)	第五次填土(m)	第六次填土(m)	第七次填土(m)	第八次填土(m)	第九次填土(m)	第十次填土(m)	第十一次填土(m)	累计填土(m)
Ⅰ	1	1.199	0.431	0.236	0.282	0.337	0.332	0.081	0.328	0.412	0.339	0.333	2.023	6.0
	2	1.153	0.243	0.298	0.256	0.366	0.302	0.343	0.166	0.493	0.296		2.084	6.0
	3	1.032	0.479	0.228	0.242	0.217	0.372	0.13	0.264	0.386	0.28	0.453	1.917	6.0
	4	1.329	0.414	0.288	0.208	0.352	0.139	0.185	0.409	0.325			2.351	6.0
	5	1.364	0.304	0.388	0.305	0.422	0.396	0.288					2.533	6.0
Ⅱ	1	0.566	0.577	0.589	0.638	1.636								4.0
	2	0.560	0.577	0.589	0.638	1.636								4.0

第二试验场孔压消散统计表

表1-3

孔压编号		μ_{27}	μ_{28}	μ_{29}	μ_{30}
埋深(m)		1.5	3.0	4.5	6.5
1993.3.12	μ(kPa)	9.15	20.03	37.69	55.82
1993.4.12	$\Delta\mu$(kPa)	21.39	43.45	59.53	70.68
	$\Delta\mu$(kPa)	12.24	23.42	21.84	14.68
1993.5.11	$\Delta\mu$(kPa)	21.12	42.9	46.85	69.91
	$\Delta\mu$(kPa)	11.97	22.87	9.16	14.09
1993.8.14	$\Delta\mu$(kPa)	20.27	40.7	32.26	69.13
	$\Delta\mu$(kPa)	11.12	20.670	0	13.31

第一试验场以第Ⅳ断面为例，分析如下：从表四的孔压消散统计中可以看出，第一阶段从1992年12月13日加载，至1993年3月5日，共计82天加载期，加载量为4.638m堤高，共分9级加完，加载后孔隙水压力消散情况是：共6只孔隙水压力传感器，埋深分别为2.1m、4m、6m、9m、12.4m和14.6m。按加载后开始消散的第13d、34d、59d、92d和120d的5次资料分

析。从表1-4中资料可知停载后第13d,整个土层加权平均固结度为15.7%,34d时土体固结度为32.7%,59d测定固结度50.1%,92d已达到固结度68.7%,120d时已超出80%,达到81.4%。众所周知,淤泥的固结度达到80%时已基本满足工程要求,如果按设计预估,路堤总沉降量为150cm分析,则120d后的工后沉降小于30cm,这样的固结速度,足以说明深汕四标在处理17m深的淤泥,用10.2m的袋装砂井,间距为1.3m时,在设计荷载下,用120d的预压,固结度已能达到80%,比起理论计算的预压时间快3倍多,这个问题值得工程学术界引起重视。其实,在以往的工程中也多次出现过,理论计算的土体固结度比实际工程的固结度要慢2~3倍,原因是两个方面:其一是固结方程存在一些无法弥补的根本缺陷;其次是土质指标测定时被扰动,影响指标的真实性。由此可见,对于深汕西线4标段的软基路段,如果砂井、砂垫层排水加固措施的施工质量可靠,再将施工填筑期的地基稳定性控制稳妥,则预压期是可以保证的,而且缩短的可能性较大,这个结论是本次试验的成果之一(表1-4)。

第一试验场Ⅳ断面120d的固结度分析表　　表1-4

孔压编号		μ_{17}	μ_{18}	μ_{19}	μ_{20}	μ_{21}	μ_{22}	备注
孔深(m)		2.1	4	6	9	12.4	14.6	
起始压孔(kPa)		42	42	57.3	123.5	138.8	171.2	
最大压孔增量$\Delta\mu$(kPa)		33.9	41.1	31.8	41.7	34.1	17.8	
经13天	$\Delta\mu$(kPa)	27.7	34	25.4	35.6	30	15	
	μ(%)	18.3	17.3	20.1	14.6	12.6	15.7	
经34天	$\Delta\mu$(kPa)	26.2	24.8	18.9	25.9	25.1	13.1	
	μ(%)	22.7	39.7	40.6	37.9	26.4	26.4	
经92天	$\Delta\mu$(kPa)	11.5	8.1	7.9	9	10.9	11.2	
	μ(%)	66.1	80.3	75.2	78.4	68	37.1	
经120天	$\Delta\mu$(kPa)	7.6	4.5	2.6	4.5	5.1	9.4	
	μ(%)	77.6	89.1	91.8	89.2	85	47.2	

1.2.3　高速公路软基中采用袋装砂井排水固结法的合理性与优越性

淤泥地基的加固方法,从原理上分析可分为5个大类70种方法。5大类指置换法类、排水固结类、振动挤密类、胶结法类和加筋法类。从加固时间上分,又可分为快速加固法和慢速加固法,快速加固完毕立即可以投产使用。鉴于有70种方法,因此在选择加固方法时需仔细慎重,稍有疏忽就会造成大量经济损失或工程失误。正确选择合理的加固方法需遵守几条原则:①正确掌握淤泥的工程性质。有的淤泥结构灵敏,这类土不宜采用振动扰动;有的淤泥有机质含量大,黏粒含量重,就不适宜用排水固结法;②正确了解所建工程特点。例如本工程施工工期长,路堤本身又可借用为堆载荷重,因此具备了排水固结的条件;③了解和分析当地环境。有些工程砂石料多,价格便宜,运输方便,就可以选用振动置换法加固。总之,依据这些原则来选用合理的加固方法能起到事半功倍的效果,反之则不然。

深汕高速公路西线第四标段软基的淤泥含量高,强度低,淤泥土层厚。但是这种淤泥粉性重,相对于上海地区、内地一些地区,它的排水固结速度较快。通过试验已知情况如下:首次加载期约60~70d,接近极限填土高度,停歇60d左右,再用170d加至设计填土高度,总加载期约为300d,然后进入预压期,通过180d至200d的预压,已能完成整个路堤的预压过程,此时各试验段的总沉降量已超过设计预估沉降量,沉降速率已小于0.5mm/d。由上述分析可知,从清淤开始至预压完成总工期约需18个月,比原设计预估36个月有较大提前。由此可知类似于这样的淤泥地基,建造高速公路,采用排水固结已能解决工程问题。

必须指出,排水固结法须具备两个前提:①有足够的预压堆载荷重,只有在荷重堆压下才能将淤泥中的孔隙水挤出来,再通过淤泥中设置的一系列排水通道将孔隙水迅速排出,完成加固目标;②有足够的排水时间。淤泥的孔隙水排出需要有一个时间过程,这个时间过程必须得到工程建设许可,否则就会延误工期。以上两个前提条件,对高速公路建设是完全具备的,一般的高等级公路建设周期大于 24 个月,有的 36 个月,甚至 48 个月,这样的建设周期可以充分利用。其次路堤本身就是个良好的预压荷重。以上两个条件如能综合利用,将对公路建设发挥巨大影响。

此外,目前高速公路设计中出现了一些 $\phi 42 \sim 50$cm 挤密砂桩,此砂桩能否在高含水率的超软弱淤泥中起到挤密作用,国内工程界和学术界已有一致看法,认为这种强度很低的高含水率淤泥是无法被挤密的,相反淤泥被扰动后强度反而降低了,在施工期会得不偿失。在试验过程中做了少量砂桩效果检验,结果远远达不到设计要求,只能作为一种直径较大的排水砂井。从排水砂井固结理论计算结果看,$\phi 42$cm 的砂井达到 80% 固结度时需要 30d,$\phi 7$cm 砂井在同样土质条件下,达到 80% 固结度需 100d,两者相差 70d,$\phi 7$cm 砂井造价一般在 3 元/m 左右,$\phi 42$cm 砂井 18 元/m 以上,两者差价达 6 倍以上,而 70d 工期在长达 720 ~ 1440d 中完全可以通过合理安排和调整满足工程工期要求。其次是挤密砂桩的施工质量保证,尤其在保证达到设计要求的灌砂率方面,施工难度很大,而且施工速度又慢。由此可见挤密砂桩用来挤密高含水率淤泥不太可能,而用来作为排水砂井则有造价昂贵、施工期长和质量难于控制等缺陷,因此一般情况下不宜使用。深汕西线四标段经试验论证,已用袋装砂井替代了挤密砂桩,深汕东线也有部分地段中途将砂桩改成砂井,至目前这些施工地段情况比较正常。

1.2.4 最终沉降和工后沉降量分析

目前行业内普遍采用计算采用分层总和法计算。该方法简单,但计算结果与实测往往有较大出入,为此笔者建议在计算中乘以一个系数 m_s。分层总和法的主要缺点是假定土体在侧向受限制的的条件下发生垂直压缩,这个条件与室内压缩试验相似,但与实际工程条件相差太大,为弥补这一缺陷,对软土地基在公式中乘以一个大于 1 的系数 m_s。由此可以推断,土质越软,侧向变形越大,m_s 值也越大,规范规定 $m_s = 1.1 \sim 1.3$,深汕高速公路至少用到 1.3。

试验段观测结果如下:第一试验场第一阶段加载,停歇观测,总时间为 280 ~ 300d,总填土高度为 4.316 ~ 4.931m,均超过设计高度(表 1-1)。加载后又预压 210d,测得的总沉降量为 1003 ~ 1654mm,其中第一断面为两层土工布,它可以改善侧向受力条件,因此它的沉降仅 1003mm,特别小。第三至第五断面分别为 1654mm、1585mm 和 1606mm,都大于设计计算的 1550mm,此时,第三断面沉降速率已下降至 0.49mm/d。估计按此速度下降,尚会发生 15 ~ 20cm 的沉降量。从上述资料可以看出计算沉降量小于实测沉降量,这说明深汕四标段的土质比较软弱。此外,第二试验场两个断面,分别测得最大沉降量为 455mm 和 496mm,这远比设计计算的 187mm 为大,这里除土质软弱外,尚存在着淤泥土质指标的测定是否正确的问题。

上述实测沉降量大于计算值,原因如下:

(1)淤泥土的沉降由 3 个主要部分组成:第一部分为侧向挤出量,这部分至今尚无法用理论公式计算,它是由于地基土体出现局部溯流而产生的,这属于弹性或塑性体问题,正确的理论计算很困难。试验段通过深层测斜仪测定5个断面的侧向挤出量,初步获得了一个概念性数据,这部分侧向挤出量约占总垂直沉降量的3% ~5%。必须指出,侧向挤出量的大小,除与地基土的软弱程度有关外,还与填土速率直接有关,填土速率小挤出量也少,反之就大。这部分侧向挤出量对工程毫无益处,它挤得愈多,工程填土方量也愈多,经济损失也愈大,挤出量过多甚至会发生滑坍而造成事故,因此必须进行控制。第二部分是沉降,也称为主固结沉降。它是由于淤泥土体受力压缩将淤泥中孔隙水挤出而产生的压缩量,这是沉降中的主要部分,它由分层总和法计算而得。这部分沉降迟早要发生,是无法避免的。为加快这部分沉降的早日完成,一般采用在土体中设置排水通道,以达到加快完成这部分沉降的目标。第三部分是排水固结和侧向挤出以外所发生的沉降,这部分沉降又称为次固结沉降,这种沉降与淤泥土的基本结构有关。近年来在深圳一带测得次固结沉降约占总沉降量的13% ~15%,上海地区占9% ~10%,深汕四标试验段在完成主固结后,沉降速率减慢,以后的沉降属于次固结范畴,估计约20cm,占沉降总量的13%,大体上与深圳地区相近。

(2)工后沉降一般由次固结沉降构成。主固结沉降在预压期已完成,次固结沉降虽然在沉降发生的开始就产生,但在主固结沉降期内它所占的比例很小,主固结沉降完成后所发生的沉降全部是次固结沉降,可见工后沉降大体上就是次固结沉降。深汕四标试验段测得210d预压期时沉降速率为0.5mm/d,则推断300天内按一定衰减速度下降,累计值约10cm,第二个300d约为6cm,第三个300d为4cm,则900d工后沉降为20cm,往后就更小,10年至15年大修期的总工后沉降约为25 ~30cm,占主沉降量的15%。

1.2.5　加载和停歇期的合理安排

在淤泥地基上修筑高等级公路,地基采用排水固结法是一种比较经济合理的地基处理方法。这种方法如果给予足够的排水固结时间,尤其是在大荷载堆压下给予充足的排水固结时间,则效果将更好。如何在施工期争取更多时间预压排水固结是一个有很大的工程和经济价值的课题。经多年工程实践和试验段测定,摸索出一条合理、有效、简便的加载停歇方法,即极限填土高度薄层轮加法。在地基处理结束后,一次快速填土至极限高度。极限高度可用下式计算。

$$H_f = \frac{C_m N}{\gamma_s} \tag{1-1}$$

式中:C_m——现场十字板剪切强度,取用小值平均值;

N——承载力因素,可取用5.14;

γ_s——填土重度。

此式实用简便,只要C_m测定正确,很容易掌握,本次试验已检验该式比较可靠。当填土达到极限高度后,进行第一次停歇。一般应由孔隙水压力的消散情况、沉降速率和边桩位移速率的下降情况来决定何时可以加载。实际是按地基中淤泥强度的增长情况来加载,而且加载计划也应按薄层轮加法进行。所谓薄层轮加法就是加土按碾压规定的铺填厚度,但铺填长度应与淤泥强度增长相匹配,尽可能做到一次铺填碾压后刚好地基强度增长能达到又能再填铺一层的能力,这样充分利用地基强度增长的能量来达到快速填筑路堤的目标,这种设计加载方法是比较先进合理的。不过在具体实施过程中会出现铺填长度过长,难于施工管理,这又是一个矛盾。如果出现这种情况,可以采取适当加密砂井,使地基排水速度加快,土的强度增长加快。总之填筑厚度、铺填长度和土的强度增长三者必须互相匹配,最优组合,以达到安全、快速的最优施工计划。有关这部分内容,有专文讨论。

1.3 几项新技术问题的探讨

本次试验除了围绕地基稳定和固结两个根本性问题进行试验、测定、资料分析之外，还在清淤问题、土工布加筋问题、碾压问题和砂井不穿透淤泥层问题等做了初步工作，这些问题是施工的常见问题，有一定的价值，本文也在此做一些分析和探讨。

1.3.1 高压水切割清淤法

这里所谓的淤泥是专指水塘、水沟、河道等水底部 30 ~ 50cm 厚的浮泥，这种浮泥由大量草根树叶的腐殖质、鱼虾粪便的有机质与黏土颗粒混杂组成，这类物质残留于路堤底部会带来几个方面的问题：①这些浮泥渗透性极差，属胶体类物质，严重妨碍淤泥中孔隙水体的排出，延长固结时间；②腐殖质和有机质组成的半固体状态的胶体物质，残留于路堤与地基交界处这个重要的位置，它对整个路堤和地基的抗滑稳定性起到严重的破坏作用，它的存在仿佛是一种润滑油，给地基滑动起了催化和启动的作用；③腐殖质和有机质长期埋藏在路堤底部，在长期缺氧的状态下由一些细菌作用发生氧化，以沼气形态慢慢泄出，由此发生路堤下沉，而这沉降属于工后沉降范畴内，其数量虽不大，但危害性较大。

从上分析可知清淤工作必须重视。以往惯用的清淤方法是：①挖除法，无论是人工挖除还是用机械挖除都很困难，由于人和机械都需要在沼泽状态的泥塘里工作，工作环境艰苦，工程实际中往往仅挖除局部淤泥便草草收场，无法达到设计要求；②第二种方法是挤淤法，挤淤的施工更加困难，工程实际中往往采用边填边挤的方法，能挤多少就挤多少，最后结果是挤与填混杂一体，大量浮泥残留于路堤底部。

考虑到以上两种方法都无法达到将浮泥清除干净的目的，现介绍一种用高压水流切割水力输送的清淤法。此法是用高压喷射水枪沿水平方向切割浮泥，使切割下来的小块状浮泥溶于水流中，制成 1:8 ~ 1:10 浓度的泥浆，再用泥浆泵输送到目的地，而泥浆水经过滤再回收使用。切割时由专业工人手持高压水枪，身穿防浆服远距离（一般数米至十多米）射出高速水流，将浮泥一块一块切割，每块厚以 30 ~ 50cm 为宜，切割下来的泥块用高速水流粉碎，变成泥浆后汇于低洼处，采用泥浆泵将集中的泥浆输送出去。被切割后泥面光滑平坦，可经吹晒一二天，待表面含水率降低后再回填。此法施工方便，速度又快，质量可靠，设备简单，主要由一台高压泵、一台泥浆泵和管道组成。本试验段用该法清淤，质量和施工速度均很令人满意，后来在四标段全面推广使用，设计和监理单位都很满意。

1.3.2 土工布加筋处理淤泥地基

本试验阶段聚烯烃 A2050 编织土工布在第一试验场Ⅰ断面中应用的初步结果见表 1-5。土工布用两层，铺设时用张拉式铺布机施加 3000N/m 的预张拉力，两端未作特殊锚固。横向搭接 50cm，地基除用两层土工编织布作加筋处理外，未作其他处理。由表 1-5 可见，第Ⅰ断面 300d 的平均沉降速率为 0.4mm/d，第Ⅱ、第Ⅴ也达到 0.38mm/d，说明平均沉降速率已趋向一致，但是第Ⅰ断面的累计沉降为 1003mm，而最大沉降的第Ⅲ断面已达 1654mm，此时第Ⅰ断面填土高 4.316m。第Ⅲ断面为 4.931m，两者填土接近，但沉降量相差 65cm，可见两层土织物已发挥良好的加固作用。由此可知，土工编织布具有减少沉降（本次试验为减少 20% ~40%），增强地基抗滑能力，而且施工简便，造价低廉等特点，可作为一种软基处理手段在高速公路建设中推广应用。

第一试验场沉降观测结果　　表 1-5

断面号	Ⅰ	Ⅱ	Ⅲ	Ⅳ	Ⅴ
地基处理方法	二层土工布未作其他处理	砂井	砂井	砂井＋反压护道	塑料板＋反压护道
观测沉降					
1993 年 9 月 1 日(mm)	731	1085	1444	1345	1319
1993 年 9 月 8 日(mm)	883	1213	1567	1485	1492
98d 平均速率(mm/d)	1. 55	1. 31	1. 26	1. 43	1. 77
300d 后的沉降总值(mm)	1003	1327	1654	1585	1606
300d 的平均速率(mm/d)	0. 40	0. 38	0. 29	0. 33	0. 38

根据有纺土工布在本次试验的应用情况,对于有纺土工布在软基筑路工程中应用的使用方法介绍如下:

(1)目的

采用化纤有纺织物(简称土工布)其目的是用于路堤体内加筋,提高路堤抗滑稳定能力、均化接触应力,减少路堤轴线沉降,缩短固结时间,加速地基稳定。

(2)材料

采用延伸率小、抗拉力大的宽幅聚丙烯机织土工布。

(3)规格

以青岛麻纺厂产 A2050 型和仪征阿莫科生产的 2006 型为主体,如采用其他型号需经测试论证类似规定型号为宜。该编织布性能指标如下:幅宽 4000 ~ 4500mm;质量不小于 $280g/m^2$;厚度不小于 0. 9mm;编织为经纬 60 ×50 或 50 ×50(根/10cm);经纬抗拉力不小于 2500 × 1900(N/5cm);延伸率 30 ×25%(经 × 纬);梯形撕裂不小于 800 ×1100N(经 × 纬);顶破强度(干)不小于 2763N;垂直渗透系数大于 2×10^{-2}(cm/s)。

(4)施工要求

①铺设位置:地基采用排水固结方法时,则土工布位置位于砂垫层顶面;如天然地基时土工布设置在路堤的堤身底面。其他处理地基时,土工布位置尽量位于地基顶面,堤身底面。如遇硬块物应在土工布上下面设薄砂层隔离,以防土工布被顶破。

②一般以两层为宜,经论证也可设一层或三层,超过三层应以格栅替代。层与层之间可铺无碎石类的细粒土,以砂土为最优,厚度为 10 ~20cm,可以结合填土碾压厚度铺设。

③锚固:土工布两端应设置锚固,可以用开沟压端法锚固。沟宽 1m,沟深 50cm,锚固沟位于土工布平面线以下,土工布在沟面倒翻转压布端长度以 1m 为宜。如不设锚固沟,则土工布铺出堤脚后倒翻转压布端需 2m。

④土工布施加预应力:土工布以横向铺设(布纵轴与路纵轴垂直相交),并用专门施加预应力张拉机施加预应力,每次以 75kg/m 为宜;如无专门机械,可用人工拉紧,也以接近 75kg/m 为宜。

⑤搭接:土工布搭接以铺路碾压前进方向为准,铺设方向与碾压方向相反,搭接头为顺压方向。搭接长度为30~50cm,可以缝合,也可以不缝合。

⑥曝晒时间:在工地土工布曝晒时间不得超过5~7d,禁止直接在土工布面上行车。

(5)检验

①土工布质量检验按《土工合成材料试验手册》进行检测。

②土工布出厂时应有检验合格报告,现场每5万~10万 m^2 需复查一次。

③保管应避免紫外线照射,保管期不超过一年为限。

1.3.3 高强度振动碾压实效果

在水利部门长期用于碾压土石坝的非自行式强力振动碾,本次试验用于碾压路堤,相对于公路系统中常用的15t压路机,其碾压效果较好,效率也较高,一次可以碾压厚度50~60cm,甚至比德国产的宝马压路机性能和效果还好。这种振动碾外型碾子宽2070mm,激振力有40t* 和60t两种,型式有平板,也有羊足。以2~5km/h行走,一次铺土0.5m,碾压6~8遍,密实度大于95%,每个工作台班可生产5000m^3 压实土,碾压路基长度约300m。在试验段用上述振动碾YZT16型,一次填土45~50cm,碾压6遍,用灌砂法和MC-3型核子密实度共同检测,共测定26组湿密度和含水率,其统计数据见表1-6。由表中资料可见,MC-3核子密实度仪检查的26组路堤填土湿密度结果大于2g/cm^3的有18组,占70%,除有一组为1.742g/cm^3外,其余均大于1.92g/cm^3,最大为2.101g/cm^3,可见碾压结果大大超过设计和规范要求。这种强振动碾压实效果较好,效率高,结构简单,容易维修,是加快筑路速度的有力工具之一。此外,由于一次填土较厚,对土面平整要求不高,一般情况下可以不用平地机,可直接用推土机整平。由此可见,用推土机、强振动碾、大型运载汽车组成一套产量高、效果佳、组合简单、易于管理的机动灵活的填土碾压设备,可以加快公路建设速度。

MC-3型核子密实度仪与灌砂法检测路基填土密实度对比试验 表1-6

项目 / 编号	含水率(%)		湿密度(g/cm^3)	
	灌沙法(y)	核子仪(x)	灌沙法(y)	核子仪(x)
1	14.93	13.39	2.064	2.049
2	15.37	12.96	1.949	1.961
3	15.65	12.39	1.997	1.947
4	16.69	12.81	1.975	1.929
5	14.97	12.2	2.061	2.036
6	17.18	13.84	2.081	2.07
7	15.17	12.06	2.129	2.024
8	17.49	13.85	2.056	2.056
9	15.84	13.95	2.045	2.019
10	17.42	14.99	2.011	2.009
11	15.93	12.68	2.083	2.07
12	14.99	12.07	2.076	2.091
13	12.33	10.81	2.016	1.96
14	20.62	17.96	1.74	1.742
15	17.52	15.33	1.993	1.995

* 1t相当10kN。余同

续上表

项目/编号	含水率(%)		湿密度(g/cm³)	
	灌沙法(y)	核子仪(x)	灌沙法(y)	核子仪(x)
16	14.88	11.73	2.094	2.075
17	15.55	12.23	2.097	2.038
18	17.05	13.08	2.063	2.082
19	19.74	16.04	1.998	2.003
20	13.54	11	2.027	2.059
21	16.75	14.82	1.99	2.008
22	14.24	12.07	2.081	2.101
23	15.09	13.03	1.929	1.926
24	16.96	13.58	1.927	1.921
25	13.42	12.38	2.049	2.041
26	15.94	13.17	2.071	2.048
相关系数	$\gamma=0.90449$		$\gamma=0.9229$	
回归方程	$y=2.2699+1.0343x$		$y=0.10828+0.95267x$	

从表1-6中给出的用灌砂法和MC－3型核子密实度仪共同测定的试验场26组含水率和湿密度对比试验资料中可以看出两者比较接近,相关系数大于0.9。由此可见,用灌砂法和MC－3性核子密实度仪可以共同使用,在有条件的单位可以使用MC－3型核子密实度仪,在不具备此条件时也可以用灌砂法。必须指出,如果土料中含大颗粒料较多者,MC－3型核子密实度仪未必合适,它更适用于细粒均质土,而灌砂法能适用大颗粒和细颗粒土,适用范围较广。这次试验也证实了用灌砂法效果比较理想,由此我们建议各技术部门,在无特殊要求的情况下,两种方法均可使用。

1.3.4　深厚淤泥用不贯穿悬置砂井加固的技术问题

珠江三角洲一带常遇到深厚淤泥地基需要加固,例如广州至珠海东线高速公路,在番禺、中山、珠海一带,遇到厚达40m的淤泥层,采用砂井排水固结法。根据工程实践经验,新会天马港堆场地基处理采用24m长砂井,在施工时机具已相当不安全,可见40m长砂井是无法施工的。此外,常在一些工程学术会上讨论可否加固不太深,用短砂井,悬挂在淤泥中,可否达到预期的加固效果。在此述及土力学中的一个基本课题,即压缩层深度的问题。按照规范规定,压缩层深度大体上为路堤底宽的两倍,即70～90m,在此深度范围内的所有淤泥层原则上都需要加固,这样给建设单位、设计和施工单位带来很大的困难。为解决这一工程中的困难问题,我们在深汕高速公路鲘门试验段进行了初步尝试。这个试验场的淤泥厚17～19m,共有5种加固方法,其中第二断面砂井长度为10.2m,间距2m。经堆载观测,总加载量达4.638m时,加载时间295d(其中停歇63d),加载预压210d,测得总沉降量1327mm,已接近设计预估的1550mm,此外第Ⅲ、第Ⅳ、第Ⅴ三个断面砂井长度只用14.5m,有的沉降已经超过设计预估沉降,地基已趋向稳定。此次试验结果说明用短的悬挂式袋装砂井来加固深厚淤泥地基是可能的。就目前我们掌握的技术条件,用10～15m长砂井加固20m深的淤泥是成功的,下一步研究的课题是用20m长的砂井来加固35～40m深厚的淤泥。预期研究的理想结果是在高速公路软基中用最长不超过20m长的砂井,再加上一些辅助措施,加固任何深厚的淤泥地基。

1.4 结语

人们希望能在淤泥地基上安全、快速、高质量地建造高速公路,而问题的关键在于如何把淤泥地基处理好。所谓淤泥地基处理好的标准,就是指施工期能正确可靠的进行稳定控制;预压期的精确监测;地基加固方法的合理和经济。通过深汕西线第四标段软基试验,得到了如下可供实用的、能加快高速公路建设周期的一个比较系统的技术成果:

(1)淤泥地基的稳定控制由两个方面的因素决定:首先是稳定分析,它取决于正确测定淤泥的强度,而原位用十字板剪切仪来测定既准确又方便,经本次试验使用这种方法是合理可靠的;其次是现场监测,它使用孔隙水压力、深层沉降、深层侧向位移和地表边桩位移五种应力—应变监测仪器,如果条件不具备,则至少用表面沉降和边桩位移互相配合监测,一日速率或连续两日速率来控制,均能很方便、实用的完成稳定控制。以上两个方面互相匹配缺一不可,试验段按此方法安全、快速地填筑到6m 高堤身,证实这套方法已能指导生产。

(2)地基的沉降,是另一个关键性问题。工程上所指的沉降是指最终沉降量和工后沉降量。最终沉降量的估算,一般用分层总和法计算,但是 m_s 值要用 1.3 以上。目前试验最大沉降量测得 1788mm(1994 年 8 月 20 日),该沉降量远远大于预估的 1550mm。可见这种高含水率的淤泥地基,有较大的侧向挤出量和次固结沉降量。预压期和工后沉降问题,经试验证实,预压期 120d 时可达到 80% 的固结度;工后沉降估算可以依据预压期 180d 时的资料给出 70% 可靠度的工后沉降量。

(3)通过前后两年的试验观测,证明袋装砂井的排水固结法加固高速公路高含水率淤泥地基是一种行之有效的方法,该方法施工简便、效果可靠、造价低廉,适合于大面积推广使用。

(4)在本次试验过程中,除了完成主要试验任务外,尚在几项技术性较突出的问题上取得了成果:如高速水流切割法清除淤泥;土工布加筋土增强地基稳定性减少路堤沉降技术;高强度高产量振动碾压施工工艺以及灌砂法测定路堤密实度的可靠性。以上各项技术是软基上建造高速公路的关键技术,值得进一步推广应用。

通过两年的现场大规模工程试验,从地质钻探、稳定分析、沉降估算到清除淤泥、地基加固、设立监测系统、填土压实等整个系统方面的技术都做了试验,取得了完整资料,并作了初步分析,已形成软基上建造高速公路的现代化施工系统工程,这个系统工程是一种新的生产力量,再通过电脑控制和协调,可以成为软基上建造高速公路的一项高新科技,为进一步加速建造高质量的高速公路创造了条件。

第2章　现场试验施工监测报告

2.1　施工过程简介

2.1.1　工程地质钻探

两个试验场都进行静力触探和十字板剪切试验,采取了原状土样做室内常规物理力学试验。袋装砂井施工前后做了原位十字板剪切对比试验。

1)十字板剪切和静力触探试验

十字板剪切和静力触探结果,汇总于表2-1、表2-2中,共做29孔,464延米(其中十字板19孔,静力触探10孔),深度均达到16m。从该资料可以看出几点:

(1)第一试验场17m深软土强度较低,天然地基十字板最小强度为8.6kPa,最大为41.1kPa,平均21kPa。

(2)静力触探 P_s 值上部9~13m为100~400kPa(表2-2)。

(3)袋装砂井(或塑料排水板)施打后,测得地基强度普遍降低,其原因是经施打袋装砂井(或塑料排水板)后软土被扰动,强度降低,且降低幅度较大,本次试验段测得的数据是:施工刚结束的十字板强度下降55%。这种不利现象应引起重视,防止给大范围施工带来不良后果。

此外,静力触探时发现地下5m深度附近有一厚约50cm透水层,该层由贝壳和细砂组成,可大大缩减排水距离,加快固结速度,有利于路基加载。

十字板抗剪强度汇总表　　表2-1

试验断面	深度(m)	天然十字板抗剪强度(kPa)	施工刚结束		施工后19d		施工后27d	
			十字板抗剪强度(kPa)	降低幅度(kPa)	十字板抗剪强度(kPa)	降低幅度(%)	十字板抗剪强度(kPa)	降低幅度(%)
Ⅰ	1~16.5	11.2~38.5						
Ⅱ	1~16.5	8.6~29.2						
Ⅲ	1~16.5	13.2~41.5						
Ⅳ	1~16.5	10~27.1	4.5~14.6	55.0~46.1			4.2~14.4	58~46.9
Ⅴ	1~16.5	8.7~41.1	3.4~17.9	60.1~56.4	5.8~19.5	33.3~52.6		

静力触探贯入阻力 P_s 汇总表　　表2-2

试验断面	深度(m)	P(kPa)	深度(m)	P(kPa)	备注
Ⅰ	0.3~8.5	100~400	8.5~16.5	400~500	Ⅰ~Ⅲ断面在4.9~5.5m处,P为500~200kPa,为贝克细砂层
Ⅱ	0.3~10	100~400	10~16.5	400~600	
Ⅲ	0.3~9	100~400	9~16.5	400~500	
Ⅳ	0.3~13	100~400	13~16.5	400~550	
Ⅴ	0.3~9	100~400	9~16.5	400~600	

2)室内土工试验

本次室内土工试验分5个断面进行，以Ⅳ断面为例(表2-3)：

最大含水率65.7%，孔隙比1.79，塑性指数大于17，土质黏性重，土体天然含水率大于液限，处于流动状态，固结系数 $C_v = 2.53 \times 10^{-4} \sim 7.76 \times 10^{-3} \mathrm{cm^2/s}$，土体处于中等透水程度。

第一试验场土工试验汇总表(Ⅳ断面)

表2-3

取样深度(m)	天然含水率(%)	湿重度(kN/m³)	孔隙比 e	液限 W_L(%)	塑限 W_P(%)	塑性指数 I_P	压缩系数 d_{v1-2}(cm²/kg)	压缩模量 E_s(kg/cm²)	抗剪强度指标		无侧限抗压强度(kPa)	固结系数(压力1kg/cm²)	
									C(kPa)	ϕ(°)		C_v(cm²/s)	C_h(cm²/s)
2.70~3.20	64.4	17.00	1.710				0.160	15.1				17.9×10^{-4}	
3.80~4.20	65.7	16.22	1.786	49.0	36.1	12.9	0.193	12.3			13.1	9.6×10^{-4}	6.6×10^{-4}
5.50~5.90	64.2	15.87	1.814	55.0	36.9	18.1	0.252	10.2			23.4	2.53×10^{-4}	
8.00~8.40	含大量贝壳，无法切样试验												
11.6~11.90	51.0	17.10	1.438	47.7	27.5	20.2	0.189	12.1	16	2.0		36.6×10^{-4}	15.4×10^{-4}
14.70~15.10	50.7	16.88	1.332	50.2	28.5	21.7	0.102	21.8	14	1.5		77.6×10^{-4}	
16.30~16.65	58.8	16.00	1.700	48.3	30.9	17.4	0.179	14.5			73.5	16.5×10^{-4}	
18.20~18.65	36.5	18.28	0.982	38.0	25.5	12.5	0.068	28.0	14	2.2		36.7×10^{-4}	
19.20~19.65	32.8	18.73	0.874	32.5	23.7	8.8	0.048	37.4	14	2.9		40.7×10^{-4}	

2.1.2 地基处理方法

本试验段共采用了六种地基加固方法，基本原理均是堆载预压排水固结法：

(1)第一试验场275m路段分5种处理方法：

Ⅰ断面：砂垫层+双层土工布+超载

Ⅱ断面：砂垫层+袋装砂井(ϕ7cm，L=10.2m，d=2m)+超载；

Ⅲ断面：砂垫层+加密袋装砂井(ϕ7cm，L=14.5m，d=1.3m)+超载；

Ⅳ断面：砂垫层+加密袋装砂井(ϕ7cm，L=14.5m，d=1.3m)+单层土工布+反压护道+超载；

Ⅴ断面：砂垫层+加密塑料排水板(L=14.5m，d=1.3m)+反压护道+超载。

(2)第二试验场90m长，由于路堤不高，淤泥不深厚，仅用砂垫层加超载，未作任何深层处理，目的是用超载预压方法达到预期效果。

2.1.3 淤泥清除方法

施工放样结束后，进行了现场清理，由于第一试验场全部落在河道上，除了清理部分水生植物，主要是清除淤泥中含有机质的腐泥，这腐泥由水中植物的尸体、禽类的粪便，在空气不足的条件下没有完全氧化腐烂形成的。腐泥黏滞性大,透水性差,若不完全清除,留在路基底下对路堤产生不利影响:第一,由于它的黏滞性及透水性差,延长固结时间使得工后沉降增加;第二,由于黏滞性大和抗剪强度低,在填土荷载作用下,会发生缓慢的蠕动,诱发路堤填筑过程中发生滑坡事故。因此,必须清除干净这部分腐泥。

根据试验段数据,这部分腐泥厚度一般为40~60cm。

在试验段工程清淤泥中,采用高速水流切割法清淤的新技术,这种新技术的优点在于使用方便,清理干净,效率高,成本低。

操作方法如下:

由两个工人一前一后握住高速水枪,按设计要求对淤泥进行高速水流切割,被切割后的淤泥随水流到低洼处的吸淤泵,溶解于水中的淤泥(浓度为70%)经过吸淤泵和运输管被排放到指定地点吸淤泵装在两个浮箱上,可以在淤泥表面人工拖行。使用起来灵活方便,且效率高,每台班可清淤200m^3。

清好的场地,可以挖纵横截水沟排水,晒干,这种方法已在第四合同段推广运用,效果较好,建议在软基处理工程中,采用高速水流切割法清淤,作为一种重要施工环节,列入设计内容中。

2.1.4　回填过渡层

回填过渡层在原设计中没有,但在软基施工中,没有这一持力层,任何施工机械都无法进入施工场地作业,这是因为淤泥承载能力很低,因此,清淤后立即回填过渡层。

过渡层主要是起应力扩散作用,故厚度在原河中一般回填1m左右,高出正常水位50cm以上,在稻田中一般回填0.7m左右,过渡层填料应采用砂性土料为宜,这种砂性土经压实后,有较高的强度和稳定性,考虑到软土路基沉降和横向排水,过渡层横向坡度应大于2.5%,这一做法已推广到第四合同段软基施工,建议在软基工程设计中增加此项内容。

2.1.5　砂垫层铺设

过渡层施工结束后,接下来就是铺设砂垫层。砂垫层砂料必须符合技术规范要求,砂垫层厚度,宽度应按图纸要求施工。同时,为了减少路基本身的压缩沉降,技术规范对砂垫层的密实度有严格要求,为此,必须使用压路机对砂垫层进行碾压,若压路机不振动碾压,效果达不到规范要求,若压路机振动碾压由于砂垫层接近淤泥,容易陷进去,压密效果不佳。为了解决好密实度,根据施工现场地下水位高低情况,结合砂的力学特性,采用了下述方法进行砂垫层施工。既满足了砂垫层密实度要求,又使得施工方便,效率高。

按设计要求铺完砂垫层,施工好袋装砂井,然后回填一层30cm路基填土,用大功率的YZT12型拖挂式压路机,自重12t,激振力30t,振动影响深度达1m以上,进行振动碾压,由于地下水位高,袋装砂井在填土荷载及振动荷载的作用下,观察到压路机经过之处袋装砂井排出的水用过砂垫层流出来,其流量骤然增加。透到砂垫层中,湿润的砂垫层在振动荷载作用下,很容易振密实,达到技术规范要求。

建议软基处理工程,砂垫层施工在地下水位高的地段不必单独碾压,施工既不方便,压密效果也不佳,可采用上述方法进行砂垫层碾压,完全可达到技术规范要求。

2.1.6　袋装砂井和塑料排水板施工

铺好砂垫层,接着进行袋装砂井和塑料排水板施工,其施工质量的好坏,直接关系到软基处理的效果,因此,除了按技术规范要求施工外,还采取了下述措施,保证施工质量。

(1)采用优质材料制成的砂袋和塑料排水板,确保袋装砂井和塑料排水板的排水效果。

(2)建立每根袋装砂井和塑料排水板施工档案,对其施工长度,灌砂率,间距,施打过程中的回带情况均有详细记录。

(3)为了弄清施工袋装砂井质量情况,进行几次开挖检查,发现砂井周围不断有清水冒出,表明砂井排水功能完全正常。

2.1.7 土工布铺设

砂垫层和袋装砂井施工完毕,进行土工布施工。布幅宽4m,横向铺设搭接宽度50cm,并利用自行研制的机械,对土工布施加预应力,预应力为3000N/m,然后锚固土工布两端,填土顺序是先填土工布两端,再填中间,这样施加的预应力在施工过程中损失最小。

2.1.8 仪器埋设

第一试验场5个断面共埋设6种仪器,分为应力观测仪器和应变观测仪器。

(1)应力观测仪器有孔隙水压力仪和土压力盒两种。

孔隙水压力仪在Ⅱ、Ⅲ、Ⅳ三个断面埋设,共25只孔压仪。

孔压仪目的是监测填土安全。土体滑动以前,孔隙水压力近似地和填土高度成比例增加,当土体接近破坏状态,孔隙水压力增加率明显增大,这一现象反映了地基中测点附近已开始发生局部剪切破坏,若这种破坏发展到一定范围内将导致地基失稳破坏,根据试验段资料,该控制点可定$\Delta U/\Delta P=0.4\sim0.6$。此外,可以用孔压仪直接监测地基土的固结状态,掌握了土的固结状态,也就掌握整个工程的沉降发展趋势,进一步确定工后沉降状态。

孔压仪埋设方法:用钻机成孔,达到设计深度,先在孔底填入部分干净砂,将测头放入,再在测头周围填砂,然后用膨胀土做成的泥球将钻孔全部封好,信号线引到路基坡脚处。采用一孔一仪方式,上述工作完成后,测试一段时间,待数据稳定时,可作为孔隙压力起始数据。

土压力盒埋设在Ⅰ、Ⅱ断面,共8只。

(2)应变仪器的埋设:

应变仪器包括竖向压缩和水平位移两种仪器。竖向压缩监测仪器有地表和深层两种,水平位移也有地表和深层两种。表面压缩用地面沉降板测定,制备50cm×50cm的沉降板,在完成铺设砂垫层和袋装砂井工序后,即可埋设沉降板,并用ϕ85cm的塑料管套住沉降管以消除填土压缩对沉降管的摩擦影响,沉降板埋设后经一段时间测试,若数据稳定,可作为沉降板起始数据。

深层压缩仪,用钻机成孔,再用细线把磁环固定在塑料管上,送到设计高程位置,封孔待稳定,在一段时间内连续测定磁环在淤泥中的准确位置,当测定数据稳定不变后,可作为磁环位置的起始数据。

表面位移用边桩测定,采用直径10cm左右的木桩,长度1.2m,在路基坡脚处每隔1m埋设一根,共5根,并在离路基坡脚不小于25m处埋设一固定桩作为相对固定点。边桩埋好后,一周内连续测量位移桩与固定桩的准确距离,作为起始数据。

深层位移用测斜管测定:用钻机成孔,然后将导管放入孔内,导管与钻孔壁之间用砂填好,成孔时,尽量将导管埋入硬层,作为固定端。导管埋入后,需要停留一段时间,使钻孔中的填土密实,贴紧导管,上述工作完成后用塞头保护测斜管,并测读起始数据。

此外,还预留了4孔十字板剪切孔及3孔地下水位观测孔。

2.1.9　损坏仪器的抢救

在施工过程中,由于是野外作业,各种干扰因素较多,尽管采取了保护措施,也难免发生仪器损坏,对此采取了抢救措施,使得监测工作正常进行。

孔压仪抢救:孔压仪屏蔽线是埋在砂垫层中引至坡脚的,在砂垫层施工过程中,如不注意,很容易发生屏蔽线被压坏或被盗现象,如本试验工程在砂垫层施工中,被推土机压坏并把屏蔽线全部带出,事故发生后,立即采取了抢救措施。首先弄清屏蔽线断头处,为此,把屏蔽线挖出来,连接断头,重新把它们接好,然后确定每个孔压仪在淤泥中的确切位置,这可以通过测试来确定,淤泥不同位置的孔压都有其固定的孔压值,且已有记录,经过上述抢救措施,孔压仪又可以正常测试。

表面沉降板抢救:沉降板数量多,每一观测断面有 5 块板即横断面每隔 6m 就有一块,稍有不当,施工机械就会破坏沉降管,为此,进行了大量抢救工作。损坏的沉降板必须立即抢救,因为表面沉降量测试数据是连续的,若不立即抢救,则沉降量测试数据将被中断。

如果破坏部分在沉降管的接口处,且能旋转出来,重新换一根接管,再测量高程,即可继续观测,若沉降管在接口处不能旋转出来,则必须锯断沉降管重新攻丝再换一根接管并测试高程。

2.2　监测

监测工作是和路基填土同时进行的。本次试验监测中,所有仪器均正常工作,总计观测到十几万个原始数据,为软基修建高速公路提供了地基应力应变状态实测资料,这些丰富的资料对今后广东省软基上修建公路有重大参考价值。

通过对这些资料的分析,已得出了一些定量和定性的结论,用于指导深汕高速公路全线软基施工。

具体监测作业分二部进行,第一步极限填土高度前,因为失稳可能性极小,重点放在应力、应变原始数据的收集。第二步接近和超过极限填土高度,稳定监测控制应加密观测频率,所有当天测试原始数据均要进行综合分析,指导第二天加载。

从 1992 年 11 月 3 日进行回填土开始,到 1993 年 3 月 8 日试验段第一试验场平均加土厚度为 4.5m,其中春节期间停歇了 50 天,到 1994 年 8 月 20 日,第一试验场填土平均高度已超过 6m,第二试验场填土平均高度已超过 4m。截至 1994 年 8 月 20 各断面总沉降量情况为:

第一试验场:$S_{\mathrm{I}}=1151\mathrm{mm}$、$S_{\mathrm{II}}=1448\mathrm{mm}$、$S_{\mathrm{III}}=1788\mathrm{mm}$、$S_{\mathrm{IV}}=1743\mathrm{mm}$、$S_{\mathrm{V}}=1745\mathrm{mm}$。

第二试验场:平均 $S=471\mathrm{mm}$。

至此,已圆满完成了试验段工程各项预定任务,达到了本次试验目的。

在具体施工监测中,注意到了下面现象,第一断面由于铺设了两层土工布而未作深层处理,该断面与第一试验场其他断面比较:

(1)总沉降量减少幅度达 20% ~36%。

(2)水平向位移减少:如加载 2.4m 时,第Ⅰ断面最大侧向位移 10.7cm,第Ⅱ断面最大侧向位移 18cm,第Ⅳ断面最大侧向位移 12cm,第Ⅴ断面最大侧向位移 12cm,其中第Ⅳ、Ⅴ断面均有宽 10m,高 3m 的反压护道。

以第四合同段 K128 +475 ~ K129 +950 为例,由于铺设了土工布,减少了沉降量和侧向位移的填土损失,可节省投资百万元以上。

(3)由于土工布具有约束侧向位移,使应力趋于均匀,在填筑第一层土时使用大功率压路机易使路基压实度达到90%以上,而未铺土工布的第Ⅱ、Ⅲ、Ⅴ断面,第一次填土很难压密。

(4)第一断面在未作深层处理和未加反压护道情况下,很快填到设计填土高度而监测数据未反映出地基土出现稳定临界状态,说明路基是安全的,据此表明在铺设了两层土工布后,可省去反压护道。

(5)根据目前的沉降测试,第一断面与其他断面日沉降量趋于一致。

2.3 结语

(1)土工布作为路基加固措施在本试验路段是有效的,有关它的力学效应尚需进一步测定。

(2)软基上修建高等级公路,合理设置监测仪器是非常必要的,可确保路堤填筑期的安全和质量,应引起充分重视。

(3)在高含水率高压缩性淤泥地基上修建高速公路,整个施工过程可以划分为几个阶段,每个阶段都有它的关键技术和控制指标,这些技术和指标必须认真执行,阶段和阶段之间互相关联和牵制,当某一阶段的某个环节失去控制,必然会牵连到下一个或几个阶段,由此造成工程隐患,进而发生事故。由此可见,几个软土地基的施工阶段组成了一个完整的系统工程,暂时称它为软基施工系统工程,将通过几个试验工程来提高和完善这个系统。

第3章　在软土路基上填筑路堤的新方法——薄层轮加法

在软土路基上修筑道路,首先要关心的问题是保证施工期的安全稳定,因而对于填土较高的路堤,通常需要考虑分级加载。一般根据极限填土高度作为第一级荷载,再按总平均固结度约为0.4~0.6确定预压时间及相应下一级填土高度。往往由于要求达到总固结度较大,因而要求预压期时间也较长,相应下一级加载高度也较大,加载级数不多,常为2~3级,设计图简单明了,易于宏观控制。但在实际施工过程中,每层填土高度皆受碾压机具制约,若能结合具体施工碾压厚度与施工组织计划,充分利用每薄层加载地基土的强度增长,即采用增加载荷级数,减少每层荷载(按碾压厚度)的办法(即薄层轮加法),这是最为经济合理的。笔者采用深汕汽车专用公路鲘门软土段第一试验场的有关土工试验资料,作了实例对比计算,探讨了薄层轮加法的可行性及相应的效果,结果表明该方法能充分利用地基土的强度增长,实现安全快速施工路基填筑。

3.1　分级加载计算方法

3.1.1　固结度计算

目前常用的固结理论设计,皆以太沙基(Terzaghi)的固结理论为基础,若设有垂直排水措施下的径向排水时,巴隆(Barron)首先给出了理想井在等垂直应变和自由垂直应变两种边界条件下,当井径比 $n>5$,时间因素 $T_h>0.1$ 时,两种解答结果基本相同,曾国熙教授给出固结度计算通式见式(3-1):

$$U = 1 - A \cdot e^{-Bt} \tag{3-1}$$

不同条件下,固结度常用计算公式汇于表3-1。

不同条件下固结度计算公式表　　表3-1

序　号	条　件	公　式	注
1	一维固结	$Us = 1 - \frac{8}{\pi} e^{-\frac{\pi^2}{4} \cdot \frac{C_V}{H^2} t}$	$\beta_1 = \frac{\pi^2}{4} \cdot \frac{C_V}{H^2}$;$U > 0.3$
2	向内径排水固结	$U_R = 1 - e^{-\frac{8}{F} \cdot \frac{C_H}{de^2} t}$	$\beta_2 = \frac{8}{F} \cdot \frac{C_H}{de^2}$
3	竖向与径向联合排水	$U_{rs} = 1 - \frac{8}{\pi^2} e - (\beta_1 + \beta_2) t$	h_s:砂井长度 H:受压层总厚度
4	砂井未打穿受压层	$U = \frac{h_s}{H} \cdot U_1 - \frac{H - h_s}{H} \cdot U_2$	U_1、U_2 分别为砂井长度及砂井以下受压层的固结度

上表中的 F 系数,不考虑井阻与涂抹作用时,按式(3-2)式计算。

$$F_{(n)} = \frac{n^2}{n^2 - 1} \mathrm{Ln}(n) - \frac{3n^2}{4n^2 - 1} \tag{3-2}$$

表 3-1 的平均固结度是指瞬间加载情况，在分级加载时，砂井地基 t 时刻的平均总固结度 U_{rs} 为式(3-3)：

$$U_{rs} = \sum_{1}^{k} U_{rs}\left(t - \frac{T_i^n T_i^f}{2}\right) \cdot \frac{S_i}{\sum_{1}^{k} S_i} \tag{3-3}$$

式中：U_{rs}——瞬时加载的平均固结度，按表 3-1 计算；

T_i^n, T_i^f——i 级加载时的起始时间与终止时间，若 t 在加载期间 T_i^f 改为 t；

S_i——i 级荷载作用下的最终沉降量，则 t 在加载期间可按线性内插求得，各级最终沉降量计算按规范用分层总和法计算。

3.1.2 分级加载预压时间计算

从上述固结理论的基本假设，可以看出某一固结度的对应要求预压时间，仅与时间因素(T_v)有关，即仅与土质的固结系数和排水距离有关，而没反映出荷载因素。为考虑加载影响，将式(3-1)与式(3-3)联合求解，得出某一固结度下所需的预压时间 t 值如式(3-4)：

$$T_k = \frac{1}{B} \cdot \mathrm{Ln}\left[\frac{\frac{A}{\sum_{1}^{n} S_i}\left(\sum_{i-1}^{k-1} S_i \cdot e^{-tk_1} \cdot e^{-tk_{i+1}} \cdot \cdots\cdots \cdot e^{-Bt_{k-1}} + S_k\right.}{\left(1 - U_I \cdot \frac{S_S}{\sum_{1}^{k} S_i}\right)}\right] \tag{3-4}$$

式中：S_S——总荷载下的沉降值；

U_I——对应于总荷载下的平均总固结度，可按式(3-5)简化计算：

$$U_I = U_i \cdot \frac{\sum \Delta H_i}{H} \tag{3-5}$$

式中：H——总填土高度；

U_i、ΔH_i——i 级荷载下的平均固结度与填土高度图 3-1。

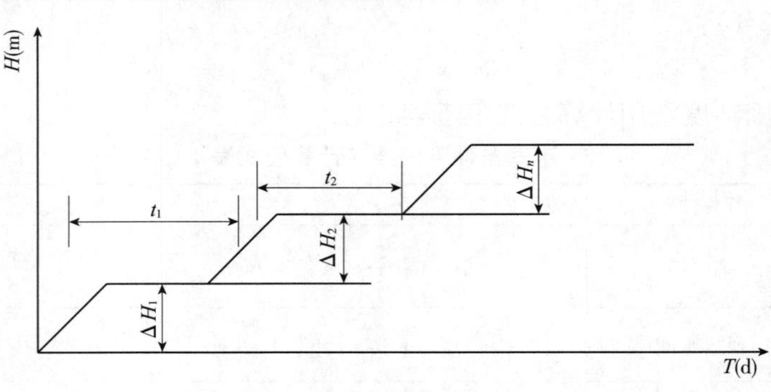

图 3-1 加载示意图

在计算式(3-4)时，需依次逐级求出所对应的 t_i 值。如荷载为一级时，已知 U_I，对应 t_1 值，按式(3-4)表示为：

$$t_1 = \frac{1}{B}\mathrm{Ln}\left[\frac{A}{(1 - U_I) \cdot \frac{S_S}{S_1}}\right]$$

式中：系数 $A=8/\pi^2$，可简化取 $A\approx1.0$，这对于计算预压时间是偏于安全的。

3.1.3　地基土强度增长计算

加载过程地基土强度增长的确定，可采用试验法、有效应力指标计算法和固结度的计算方法。工程中常用的试验法是十字板剪切试验，这是最直接准确的方法。用有效应力指标计算法，必须掌握地基土内各点孔隙水应力值，如果在施工中能有条件实测孔隙应力，采用有效强度指标计算强度增长也是一个比较可靠的方法。但上述两种方法都需具备实施条件，故目前工程中常用固结方法，规范也推荐此法。正常固结软土的 t 时刻的平均固结度 U_t 的强度增量 ΔC_u 用式(3-6)计算。

$$\Delta C_u = U_t \cdot \sigma_s \cdot \tan\varphi_{C_u} \tag{3-6}$$

式中：σ_s——地基土在该级荷载下垂直附加应力，计算时可采用压缩层内平均附加应力；

φ_{C_u}——地基土的固结快剪内摩擦角，建议用压缩层内各层土的加权平均值，或选用地基土最软弱某层为控制指标。

在设计加载级别时，可充分利用每一次由碾压机具限制的填土厚度(一般约 0.3～0.4m)所产生的强度增长，具体计算时按碾压填土高度 Δh 相应要求强度增长值反算出其要求的固结度 U_t。可用斯克普顿(A · W · Skempton)估算地基承载力的半经验公式计算，如碾压厚度为 Δh，其相应 U_t 如式(3-7)：

$$U_t = \frac{\Delta h \cdot r \cdot K_C}{(N_C \cdot \sigma_s \cdot \tan\varphi_{C_u})} \tag{3-7}$$

式中：r——填土之重度；

N_c——承载力因数，一般 $N_c=5.14\sim6.0$；

K_C——安全系数；其余符号同前。

根据式(3-7)求得 U_t，分别代入式(3-5)、式(3-4)，即可求得仅满足碾压填土高度 Δh 时所要求之预压时间，具体制定出薄层轮加之加载级数与施工组织计划。

3.2　实例计算与分析

3.2.1　计算实例简况

计算实例采用深汕汽车专用公路，鲘门软土段 K120+350～400 试验段有关资料。设计填土高度为 $H=4.57$m，边坡系数 2.0，采用袋装砂井处理地基，砂井间距 1.3m，砂井直径 0.07m，砂井长度 12m，原设计极限填土高度 $H_f=2.9$m，预压时间 210 天。计算假定极限填土高度为第一级荷载，加载时间为 20 天，计算采用参数是：$\varphi_{C_u}=10°$、$N_C=5.14$、$K_C=1.1$，地基土各土层主要力学指标见表 3-2(各土层 $e-p$ 值未列出)。

各土层简要力学指标表　　表 3-2

土层厚度(m)	重度(湿)(kN/m³)	孔隙比 e_0	塑性指数 I_p	固结系数 $\times10^{-4}$(cm²/s)	压缩系数 a_{v1-2}(MPa⁻¹)	含水率(%)
3.5	17.00	1.710		17.9	1.70	64.4
1.5	16.22	1.744	12.9	9.60	2.07	65.7
2.5	15.87	1.814	18.1	2.53	2.52	64.2
2.0	16.42	1.645		16.8	2.10	
3.0	17.10	1.543	20.2	36.6	2.67	51.0
2.5	16.88	1.332	21.7	77.6	1.02	50.7

续上表

土层厚度(m)	重度(湿)(kN/m^3)	孔隙比 e_0	塑性指数 I_p	固结系数 $\times 10^{-4}$(cm^2/s)	压缩系数 a_{v1-2}(MPa^{-1})	含水率(%)
2.0	16.00	1.700	17.4	16.5	1.79	58.8
2.0	18.28	0.982	12.5	36.7	0.68	36.5
2.0	18.73	0.874	8.8	40.7	0.48	32.8

3.2.2 计算结果与分析

按碾压厚度分级的薄层加载法(简称(2)法),实例计算采用厚度为0.3m和0.4m两组,用式(3-4)、式(3-5)计算预压时,省略了砂井以下受压层的影响,计算结果见表3-3。按表3-3预压时间设计的加载时间与原设计加载图(简称(1)法)计算结果列于表3-4。据表3-4的荷载分级,不同时期的固结度计算结果汇于表3-5(按表3-1砂井未穿透受压层计算)。

不同碾压厚度预压时间表

表3-3

组别	加载级	填土高度(m)	总平均固结度(U_I)	预压时间(d)
(一)	1	2.9	0.08	11.6
	2	0.3	0.17	11.8
	3	0.3	0.25	12.1
	4	0.3	0.33	12.4
	5	0.3	0.42	12.7
	6	0.3	0.46	6.8
	7	0.17		
(二)	1	2.9	0.11	15.8
	2	0.4	0.22	16.3
	3	0.4	0.38	16.8
	4	0.4	0.46	20.2
	5	0.46		

两种方法加载分级表

表3-4

项目 \ 方法	(一)		(二)-1							(二)-2				
加载级	1	2	1	2	3	4	5	6	7	1	2	3	4	0.46
填土高(m)	2.9	1.67	2.9	0.3	0.3	0.3	0.3	0.3	0.17	2.9	0.4	0.4	0.4	93
加载起始时间(d)	0	230	0	32	45	56	71	85	92	0	36	54	74	94
加载终止时间(d)	20	240	20	33	46	59	72	86	93	20	37	55	73	
预压天数(d)	210		12	12	12	12	13	7		16	17	17	21	

不同加载级固结度比较表

表3-5

时间(d)		32	45	56	67	79	91	120	150	180	210	230	360	417	507	657	1073	1377	1433
总固结度(%)	(一)	20.2	23.9	26.5	28.9	31.3	33.3	37.4	40.5	42.9	44.7	45.7	72.9	76.7	80.6	84.5	91.6	95.3	95.5
	(二)	20.2	25.7	30.5	35.3	40.4	45.4	54.4	60.8	65.5	69.1	71.1	78.6	80.5	82.9	86.1	92.7	96.2	96.8
	(三)	20.3	26.2	31.3	34.7	40.1	43.6	54	60.4	65.2	68.9	70.9	78.4	80.4	82.6	86	92.5	96.1	96.6

注:上表时间栏指从第一次加载时间开始为0之累计数。

从计算结果表明,当以极限填土高度为第一级荷载,余下荷载按分级加载,若分级数越小,要求每级填土高度越大,相应要求预压时间越长。反之,若分级数越多,则每级荷载小,预压时间短。实例计算结果:若将余下填土高度 1.67m 作为一级时,总固结度为 45.7%,需预压 210d。但如将余下填土高度分成 5~6 级,每级填土高度为 0.3 和 0.4m,则每级所需预压天数为 12~17d,即余下加载天数共 74d,便可达到总固结度 45%,为原设计预压天数的 35.20%。我们称这样的薄层加载方法为薄层轮加法。显然采用薄层加载能充分利用地基土的强度增长,缩短了加载时间,达到安全快速施工。

采用薄层轮加法,由于减小了加载时间,与原加载期间比较,固结度明显提高,当薄层加载完成后,更为显著。实例计算结果,其平均总固结度提高 12%~25.3%(表 3-5)。该断面采用了袋装砂井加固,经计算,砂井的排水作用约在 150~180d 基本完成,故在此期间固结度增加较快,而后期(约一年后)固结度增长甚慢,因而,当原设计加载完成后,两种加载方法的固结度差异不大,约为 2%。

该软土试验段Ⅳ、Ⅴ断面的实际填土加载过程见表 3-6。第一级填土高度为 1.7m,包括有清淤后的回填的过渡层及砂垫层,加载与预压时间为 20~25d,其余各级填土厚度多在0.3~0.4m。各级填土预压时间除了元月中下旬~2 月中旬因春节假日关系,停载时间约一个月较长外,其余各级预压时间为 4~10d,两断面累计填土高度至 4.02m 和 3.84m,共需时间约 107d(1992 年 11 月下旬至 1993 年 3 月 5 日)。至于从 3 月 5 日停载至 8 月份以后再加载,其主要原因是受客观施工条件所致,从 3 月 5 日停载 13d 时,实测Ⅳ断面路堤中心地基土深度在 2.1~14.6m 内的孔隙水压力消散了 12.0%~20.1%,平均固结度为 15.7%,完全可以按碾压机具要求厚度继续填土,与上述计算基本一致的。

鲘门软土试验段加载过程表　　表 3-6

场号	断面号	加荷级	1	2	3	4	5	6	7	8	9	10	11
第一试验场	Ⅳ	净填土(m)	1.7	0.414	0.288	0.208	0.352	0.139	0.185	0.409	0.325	0.361	0.639
		累计填土	1.7	2.114	2.402	2.61	2.962	3.101	3.286	3.695	4.02	4.381	5.07
		加载(日/月)	1992 年	13/12~18/12	18/12~18/12	1993 年 3/1~5/1	13/1~14/1	15/1~16/1	23/2~24/2	27/2~27/2	5/3~5/3	24/8~25/8	27/8~1/9
	Ⅴ	净填土	1.73	0.304	0.388	0.305	0.422	0.396	0.288	0.336	0.795		
		累计填土	1.73	2.04	2.43	2.73	3.15	3.55	3.84	4.17	4.97		
		历时		1992 年 19/12~26/12	1993 年 6/1~12/1	13/2~14/2	18/2~20/2	26/2~27/2	3/6~6/3	22/8~27/8	27/8~1/9		

注:1. 第一级填土厚度为清淤后填土及砂垫层总厚度,历时为 20~25d;

2. 各级填土时间主要是 1992 年 12 月中旬~1993 年 3 月上旬,77~82d;

3. 从 3 月上旬停载至 8 月份不是技术要求,而是客观条件所致。

鉴于上述的计算公式都基于某些假定的半理论半经验公式,而天然软土情况是十分复杂的,因此对高填土的路段最好能在施工期间在代表性地段设置仪器监控,配合观测结果,直接指导或修正填土分级设计,这是最为科学合理的。

3.3 结语

在软土地基修筑高填土路堤,为确保施工质量,加快施工速度,我们提出了薄层轮加法,其技术核心是就充分利用地基土强度增长,结合施工机具与施工计划进行路基填筑施工,这是一种很科学的施工方法。经实例计算,得出如下结论。

(1)在完成第一级极限填土后,采用薄层轮加法填筑,余下加载天数仅为74d,为原设计210d的预压时间的35.2%。

(2)在原设计加载预压时间内,采用薄层轮加法,总平均固结度比原设计提高12%~25.3%。

(3)按分级加载导出预压时间计算式,比常用仅按时间因素反算预压时间更符合实际情况,可供参考使用。

(4)鉴于软土地基情况复杂,有关计算式有一定局限性,建议提高对填土路段,施工期设置仪器监控,直接修正指导填土分级设计。

第 4 章　计算沉降量与实测值对比分析

在软土地基上修筑高等级公路,能否确保工期,按质按量完成,关键之一在于能否正确估算地基沉降。关于变形的计算,至今仍是工程界关注的一个大问题。多年来,国内外学者就此提出了许多计算方法,但由于沉降量的计算涉及条件复杂,如土体的应力,应变的线性与非线性状态,各种边界条件及土体指标选用等等,都直接影响计算结果,故理论计算结果与实际常有较大出入。

地基的最终沉降量计算通常采用分层总和法。目前规范所推荐的地基最终沉降量计算方法,就是在有侧限的条件下的垂直向压缩变形的分层总和法,它仅考虑了垂直方向不同土层变形的计算。这个条件与室内压缩试验相似,与实际工程有所差异,故规范提出了地基的沉降量经验系数 m_s 加以修正,使得计算模式简单。

软土沉降量包括三部分:瞬时沉降、主固结沉降、次固结沉降。用分层总和法计算的沉降量,仅为主固结部分,采用 m_s 值难于确定,致使计算值有所偏小。经过多年的探索,用单纯的理论分析有一定的困难,为此一些学者提出利用部分实测沉降曲线来推算最终沉降量。归纳起来,常用有三种方法:三点法、双曲线法和指数法。通过大量的工程实践,证明这三种方法有一定的实用性和可靠性。使用三点法计算时,宜选择沉降曲线缓变段,尽量在曲线后段选择计算起始点,Δt 选取大于 30d 以上,起始点越后,Δt 越大,所推算出的最终沉降量越接近于实测值。在用较短实测资料推算最终沉降量时,双曲线法优于三点法和指数法。使用双曲线法计算出的结果较实测值略微偏大,而指数法偏小。对于珠江三角洲一带的高压缩性,次固结影响较大的软土,一般采用双曲线法较为适宜。尤其是高速公路软基沉降分析,要求起始点尽量靠前,更适用此法。

4.1　用实测沉降过程线推算最终沉降量

利用实测沉降量-时间曲线,确定某拐点(起点),近似地采用双曲线函数进行拟合,这个纯属经验公式。深汕汽车专用公路(龙岗—潭西)第四合同段约有九公里多的软基路段,是全线软基集中的路段,淤泥厚达到 16 ~ 20m,含水率高达 73%,最大孔隙比为 1.960,压缩性大,这样的软土属于超软弱地基,在如此超软弱的地基上建造高等级公路,路堤的沉降控制是一个很关键的问题。软土试验选择 K128 + 200 ~ K126 + 475 段为第一试验场,K120 + 920 ~ K120 + 010 段为第二试验场。第一试验场为高填土路堤和深厚淤泥地基,长度为 275m,设计了 5 种不同的实验方案进行比较,较有代表性,故这里只对第一试验场进行对比分析。

至 1991 年 9 月 1 日,试验路段已完成设计填土荷载,包括清淤回填过渡段 0.37 ~ 0.4m,各断面填土高度分别是:Ⅰ断面为 4.680m,Ⅱ断面为 5.005m,Ⅲ断面为 5.267m,Ⅳ断面为 5.073m,Ⅴ断面为 4.968m。本算例中沉降量的推算都是基于上述填土高度的恒载状态。1994 年 8 月 20 日以后的填土属于超载部分,在分析工后沉降中暂时不考虑其作用。

计算选取了 175d 的观测资料,用双曲线法推算最终沉降量。各个时段沉降量与实测值比较见表 4-1。

深汕公路软基试验工程第一试验场各断面用双曲线法计算沉降量与实测值比较表　　表 4-1

断面号	Ⅰ			Ⅱ			Ⅲ			Ⅳ			Ⅴ		
天数(d)	实测值(cm)	计算值(cm)	误差(%)	实测值(cm)	计算值(cm)	误差(%)	实测值(cm)	计算值(cm)	误差(%)	实测值(cm)	计算值(cm)	误差(%)	实测值(cm)	计算值(cm)	误差(%)
14	76.20	76.43	0.297	111.30	111.40	0.087	147.60	147.75	0.101	138.10	138.17	0.052	136.50	136.36	-0.103
45	82.20	81.68	-0.630	116.50	116.00	-0.425	152.70	152.31	-0.258	143.40	143.21	-0.133	141.97	141.97	0.119
76	86.00	86.08	0.090	119.70	119.85	0.122	155.40	155.80	0.255	146.80	147.14	0.231	146.60	146.76	0.108
111	90.10	90.25	0.166	122.90	123.48	0.473	158.50	158.87	0.233	150.10	150.65	0.370	151.30	151.39	0.060
142	93.10	93.40	0.318	126.00	126.22	0.171	161.10	161.05	-0.032	153.10	153.18	0.051	154.90	154.94	0.026
175	96.20	96.30	0.012	129.70	128.73	-0.747	163.70	162.96	-0.452	156.20	155.41	-0.504	158.50	158.26	-0.152
210	100.30	98.97	-1.326	132.70	131.04	-1.251	165.40	164.64	-0.459	158.50	157.40	-0.694	160.60	161.35	0.467
相关系数(R)	0.96982			0.96150			0.96814			0.97687			0.97422		

注:双曲线法计算系列选取 1993 年 9 月 5 日为起始时刻(即 0 天),至 1994 年 2 月 27 日,共 175d,12 次观测资料。

表 4-2 为推算各个断面停载后不同时段的沉降量及相应的固结度。

深汕公路软基试验工程第一试验场(K128 + 200 ~ K128 + 475)

按双曲线法推算沉降量(单位:cm)　　表 4-2

断面号	Ⅰ		Ⅱ		Ⅲ		Ⅳ		Ⅴ	
推算时间(月)(停载后)	推算沉降量 S_t	剩余沉降量 $S_{工后}$	推算沉降量 S_t	剩余沉降量 $S_{工后}$	推算沉降量 S_t	剩余沉降量 $S_{工后}$	推算沉降量 S_t	剩余沉降量 $S_{工后}$	推算沉降量 S_t	剩余沉降量 $S_{工后}$
6(0.5 年)	97.09 (69.2%)	43.16	129.56 (77.1%)	38.53	163.45 (88.9%)	20.34	156.05 (85.9%)	25.55	158.50 (77.5%)	46.00
12(1 年)	108.31 (77.2%)	31.94	139.50 (83.0%)	28.59	169.98 (92.5%)	13.81	163.94 (90.3%)	17.66	170.48 (83.4%)	34.02
24(2 年)	119.24 (85.0%)	21.01	149.23 (88.8%)	18.86	175.38 (95.4)	8.41	170.68 (94.0%)	10.92	182.13 (89.1%)	22.37
26(1995 年 10 月 31 日竣工时刻)	120.30 (85.8%)	19.95	150.18 (89.3)	17.91	175.86 (95.7%)	7.93	171.29 (94.3%)	10.31	183.26 (89.8%)	21.24
36(3 年)	124.60 (88.8%)	15.65	154.02 (91.6%)	14.07	177.74 (96.7%)	6.05	173.70 (95.6%)	7.90	187.83 (91.8%)	16.67
38(竣工后 1 年)	125.19 (89.3%)	15.06	154.56 (92.0%)	13.53	178.00 (96.8%)	5.79	174.02 (95.8%)	7.58	188.47 (92.2%)	16.03
146(竣工后 10 年)	135.56 (96.7%)	4.69	163.86 (97.5%)	4.23	182.10 (99.1%)	1.69	179.36 (98.8%)	2.24	199.50 (97.6%)	5.00
206(竣工后 15 年)	136.85 (97.6%)	3.40	165.03 (98.02)	3.06	182.57 (99.3%)	1.22	179.99 (99.1%)	1.61	200.88 (98.0%)	3.62
S_∞	140.25		168.09		183.79		181.60		204.50	

注:1. 停载时间为:1993 年 9 月 1 日、(阶段报告计算时,停载时间为 1993 年 3 月 5 日,以后又加了两级荷载。本表以 1993 年 9 月 5 日为起算时间);

2. 5 种断面处理方案:Ⅰ断面:土工布两层;Ⅱ断面:ϕ7cm 袋装砂井($L = 10.2$m, $d = 2.0$m);Ⅲ断面:ϕ7cm 袋装砂井($L = 14.5$m, $d = 1.3$m);Ⅳ断面:ϕ7cm 袋装砂井($L = 14.5$m, $d = 1.3$m) + 土工布一层 + 反压互道;Ⅴ断面:塑料排水板($L = 14.5$m, $d = 1.3$m) + 反压护道;

3. 表中未计入修正系数,即 $m_s = 1.0$;

4. 表中括号内百分数为固结度,沉降量单位为 cm。

由表4-1可以看出,实测沉降曲线与所选双曲线函数拟合很好。在12个观测点,恒载175d的计算系列内,计算值与实测值比较,相对误差绝对值为0.026%~0.747%,但约占60%都在0.1%左右。5个断面的相关系数皆大于0.96,在恒载210d时推算值与实测值相对误差仅为-1.3%~0.46%,说明双曲线法还是比较符合实际的。当然如果起始时刻t_0远离停载时间点越远,计算资料系列越长,计算结果越趋于稳定,与实测值也越接近。

表4-2中剩余沉降量指最终沉降量减去已发生的沉降量,工程竣工投入使用后的剩余沉降量一般称为工后沉降量。它的控制标准,在公路建设中直接影响投入使用的路面质量,行车车速和安全,因此,不同等级道路及工程位置所容许的工后沉降量是不同的。规范规定,对高速公路,一级公路,通常:

桥台:$S_r \leqslant 10$cm;

涵洞处:$S_r \leqslant 20$cm;

一般路段:$S_r \leqslant 30$cm;

S_r表示工后沉降量。

由表4-2可以看出,假定1995年10月31日竣工时,也即停载26个月时,各断面的工后沉降量皆满足规范要求。

4.2　计算值与实测值的对比分析

计算值是指用分层总和法计算出最终沉降量,按规范计算出不同时段之固结度(考虑了砂井未打穿受压土层的影响),再由固结度换算出各时刻相应之沉降量。以Ⅳ、Ⅴ断面为算例,两断面土质力学指标汇于表4-3。

深汕公路软基试验工程第一试验场,Ⅳ、Ⅴ断面土工试验成果表　　表4-3

土样编号	取样深度(m)	土层划分厚度(m)	r(kN/m^3)	天然孔隙比e_0	e				固结系数C_V=(×10^{-4}cm^2/s)	压缩系数$a_{v(1-2)}$(MPa^{-1})	塑性指数I_P	压缩模量E_s(MPa)
					50kPa	100kPa	200kPa	400kPa				
Ⅳ-1	2.70~3.20	3.50	17.00	1.710	1.590	1.420	1.250	1.100	17.90	1.6		1.51
Ⅳ-2	3.80~4.20	1.40	16.22	1.744	1.560	1.350	1.150	0.950	9.60	2.07	12.9	1.13
Ⅳ-3	5.50~5.90	2.10	15.87	1.814	1.720	1.560	1.310	1.080	2.53	2.52	1.81	1.02
Ⅳ-4	*8.00~8.40	3.00	16.42	16.42	1.540	1.440	1.230	1.000	16.80	2.60		1.18
Ⅳ-5	11.60~11.90	3.30	17.10	1.543	1.490	1.410	1.160	0.940	36.60	2.67	20.2	0.91
Ⅳ-6	14.70~15.10	2.10	16.88	1.322	1.260	1.220	1.120	1.960	77.60	1.02	21.7	21.8
Ⅳ-7	16.30~16.65	1.70	16.00	1.700	1.650	1.600	1.425	1.110	16.50	1.79	17.4	1.45
Ⅳ-8	18.20~18.65	1.60	18.28	0.982	0.940	0.900	0.840	0.740	36.70	0.68	12.5	2.80
Ⅳ-9	19.20~19.65	2.00	18.73	0.874	0.830	0.790	0.750	0.680	40.70	0.48	8.8	3.74
Ⅴ-1	2.00~2.40	2.80	15.63	1.997	1.660	1.450	1.220	1.020		2.15	2.12	1.13
Ⅴ-2	3.20~3.60	2.00	15.33	7.837	1.610	1.370	1.150	0.960	3.87	2.17	19.0	1.09
Ⅴ-3	6.00~6.40	2.30	16.67	1.540	1.400	1.265	1.090	0.920	4.08	1.77	14.1	1.28

续上表

土样编号	取样深度(m)	土层划分厚度(m)	r(kN/m³)	天然孔隙比 e_0	e				固结系数 C_v = ($\times10^{-4}$ cm²/s)	压缩系数 $a_{v(1-2)}$ (MPa^{-1})	塑性指数 I_P	压缩模量 E_s(MPa)
					50kPa	100kPa	200kPa	400kPa				
Ⅴ-4	*7.70~8.10	2.50	16.42	1.645	1.540	1.440	1.230	1.000	16.80	2.06		1.18
Ⅴ-5	11.0~11.45	3.50	16.27	1.722	1.660	1.600	1.380	1.240	36.60	2.22	24.6	1.17
Ⅴ-6	14.80~15.10	2.90	16.67	1.469	1.420	1.380	1.300	1.050	68.50	0.88	18.1	2.71
Ⅴ-7	16.90~17.20	4.00	18.92	0.960	0.900	0.870	0.820	0.740	24.90	0.52	9.0	3.60

注:1. 路基地面高程为 Δ±0.00mm;

2. 带*号的为参考其他孔的数据(因其含较多贝壳,无法切样试验)。

4.2.1 计算沉降值与实测沉降值对比分析

未经修正,不同时段计算之沉降量与实测值比较汇于表 4-4。

计算沉降值与实测沉降值之比较 表 4-4

断面号	Ⅳ断面号			Ⅴ断面号		
测量日期(日/月/年)	实测沉降量($S_{实}$)(cm)	计算沉降量($S_{计}$)(cm)	修正系数(m_s)	实测沉降量($S_{实}$)(cm)	计算沉降量($S_{计}$)(cm)	修正系数(m_s)
5/9/1993	135.4	101.85	1.33	133.5	89.7	1.49
3/1/1994	151.4	121.42	1.25	152.8	111.12	1.38
3/4/1994	158.5	127.59	1.24	16.06	119.56	1.34
S_∞		154.61			146.44	

注:计算沉降量时,未计入修正系数(m_s=1.0)。

由表 4-4 可以看出,计算沉降量小于实测沉降量,其差值为实测值的 25% 左右。其主要原因如上述:除因所选用的土质指标与实际状态的出入外,主要是计算模式只计入了主固结状态下的垂直向压缩所产生的变形,而加载时所产生的侧向变形量并未被计入。众所周知,地基土愈软弱,则侧向变形量愈大,地基的沉降量也会加大。侧向变形量至今尚无法用理论公式计算,它是由于地基土出现局部塑流而产生的。本试验段前期加载情况下,侧向挤出量约占总沉降量的 3% ~5% 。必须指出,侧向挤出量的大小除与地基土的软弱程度有关外,与填土速度也直接有关。另外,则是次固结沉降,它与淤泥土的基本结构有关。按在深—汕一带实测资料,推算得次固结沉降约占总沉降量的 13% ~15%(见 1.2.4)。从算例计算结果,综合上述影响,修正系数取 m_s = 1.3。

4.2.2 计算沉降量与双曲线法推算沉降量对比分析

用总和法计算与双曲线法计算之结果见表 4-5。

表中推算沉降量指用双曲线法计算之结果值,按固结度 $U_t = \frac{S_t}{S_\infty}$ 换算为相应之固结度。由表中可以看出,Ⅳ、Ⅴ两断面,计算最终沉降量皆小于用双曲线推算之最终沉降量,且在竣工以后(从 1992 年 10 月开工算起,3 年以后)计算之固结度皆比推算值大。竣工后 10 年,计算结果表明已完成全部沉降,达到 100% 的固结度;而推算值,固结却尚未完成,固结度为 98.8% 。由此,足以进一步表明,这是因为计算值忽略了次固结沉降的原因。次固结沉降主要是由土骨架的蠕变,薄膜水体的转化和压缩产生,是一种缓慢地长期变形过程。而由实测沉降过程线,用双曲线法推算之沉降量却反映出次固结的影响。因此,对于超软弱淤泥地基,采用双曲线法推算沉降量是可取的。

分层总和法计算沉降量与实测沉降—时间过程线推算沉降量对比分析　　表 4-5

断面号	Ⅳ断面				Ⅴ断面			
推算时间(停载后)	推算沉降量(cm)		计算沉降量(cm)		推算沉降量(cm)		计算沉降量(cm)	
	S_t	$S_{工后}$	S_t	$S_{工后}$	S_t	$S_{工后}$	S_t	$S_{工后}$
0.5 年	156.05 (85.9%)	25.55	125.89 (77.5%)	28.72	158.50 (77.5%)	46.00	117.18 (80.02%)	29.26
1 年	163.94 (90.3%)	17.66	133.72 (86.49%)	20.89	170.48 (83.4%)	34.02	127.74 (87.23%)	18.70
2.17 年(1995 年 10 月 31 日竣工时刻)	171.29 (94.3%)	10.31	144.86 (93.70%)	9.75	183.26 (89.6%)	21.24	139.28 (95.11%)	7.16
竣工后 1 年	174.02 (98.8%)	7.58	151.78 (98.17%)	2.83	188.40 (92.2%)	16.03	145.43 (99.31%)	1.01
竣工后 10 年	179.36 (98.8%)	2.24	154.61 (100%)	0.00	199.50 (97.6%)	5.00	146.44 (100%)	0.00
竣工后 15 年	179.99 (99.1%)	1.61			200.88 (98.0%)	3.62		
S_∞	181.60		154.61		204.50		146.44	
修正系数	$[S_t/S_{计}]_\infty=1.18$		$[S_t/S_{计}]_\infty=1.40$					

注:1. 停载时间为 1993 年 9 月 1 日,以 1993 年 9 月 5 日为推算起始时刻;

2. 括号内百分数为固结度;

3. 表中未计入修正系数,$m_s=1.0$。

4.3　结语

(1)用分层总和法计算出的最终沉降量,务必要根据当地土质情况,加以修正。算例结算结果,修正系数可采用 $m_s=1.3$。

(2)公路建设,周期较长,利用这一特点,采用双曲线法推算最终沉降量,进行工后沉降预估是可行的,本文利用 7 个月的实测沉降资料,用双曲线推算最终沉降量,其结果与实际情况比较接近,可以在公路建设中推广应用。

(3)准确地估算出最终沉降量,也就能相应的控制工后沉降量,使其满足规范要求,保证投入使用后的公路的质量和安全。因此,在可能情况下,应进行沉降观测,以便通过实测沉积过程线推算最终沉降量及各时期沉降量。

第二篇

京珠高速公路广珠段灵山软基试验工程总结报告

一九九七年四月

目　录

前　言

为加快经济发展，珠江三角洲地区加快了高速公路建设步伐，广东每年用于高速公路的建设资金逾百亿元，“九五”期间累计将超过1000亿元。珠江三角洲广泛分布有高含水率（$W_0 > 60\%$）、高压缩性（$\alpha_{v1\text{-}2} > 2\text{MPa}^{-1}$）、低强度（$C_u < 15\text{kPa}$）的超软弱深厚软土，因此，每年在这一地区用于地基处理的费用达数十亿元，例如深汕高速公路（西段）第4合同段9km软基、4m填土路基耗资一亿元。但由于对地基土性质及加固机理认识不够，花费了大量的资金后尚不能根本解决软土工程问题，工程事故时有出现，例如：1995年春某高速公路二标段发生大滑坡，一次滑动范围近百米，造成数百万元损失，还延长了工期；某国道在施工期多次出现大滑坡，虽经治理建成通车，但通车仅3年时间内便出现了路基大范围不均匀沉降，路面凹凸不平，造成行车困难，为此尚需投入大量资金进行修复。

京珠高速公路广珠段（唐坑—新隆）途经番禺、中山、珠海，全长31km，处于珠江三角洲河网地区，全线90%以上路段都建造在深厚软土地基上，淤泥最厚处达41.8m，含水率最高达100.8%，孔隙比最大2.376，压缩系数高达4.40MPa^{-1}，十字板剪切强度仅6～15kPa，且河流水道纵横交错，结构物数量多。在这样超软弱的地基上建造高填路基高速公路，正确认识软土工程特性、选择合理地基处理方法、控制施工过程中路堤稳定、合理确定预压期与工后沉降量控制标准、解决结构物与路堤间的差异沉降成为控制整个工程安全、质量、造价与工期的关键性问题。

为了合理解决这些问题，受京珠高速公路广珠段有限公司的委托，广东省航务工程总公司岩土分公司选取全线软基较深厚、路基填土较高、有代表性的K23+612.85～K23+966.28路段（以下简称“灵山试验段”）进行现场大型实体试验。通过试验分析验证软土处理施工图设计的合理性、施工工艺的可行性和软基加固效果，最终用于指导全线软基处理设计与施工。

综上所述，本次软基试验目的有以下几点：

（1）检验软基处理的理论计算方法、设计参数的可靠性、实用性和软基处理的实际效果。

（2）通过软基试验路段求取极限填土高度、施工加载控制速率等几项关键性指标及施工要点以指导施工，从而达到缩短工期、节省投资的目的。

（3）通过实体试验的实际沉降量、沉降速率等资料进行工后沉降预估分析，提供有效、经济的软基处理方案。

（4）对桥台过渡段选用快速加固方法进行试验，比较两种不同地基处理方法减少差异沉降的效果，以期初步解决桥头跳车问题。

根据上述试验目的，本次试验主要工作内容为：

（1）试验工程设计：设计5种路基、两种桥头、一个涵洞的软土地基处理和监测方案。

（2）进行现场工程地质原位测试、钻探取样和室内土工试验。

（3）进行软基处理、路堤填土加载施工。

（4）进行试验段现场观测、数据分析，提供技术成果。

第1章　试验路段工程概况

1.1　工程地质条件

珠江从上游云贵高原经广西进入广东后，河流坡降陡然降低，流速减小，大量泥沙沉积造陆，造成河口出海阻塞，畅通能力很差，形成河汊纵横、泥沙堆积的河网地区。炎热的气候、充沛的雨量、临近海边等因素也造就了这一地区淤泥具有含水率高（一般在50%~100%）、压缩性大（压缩系数 $\alpha_{v1\text{-}2}>1.5\text{MPa}^{-1}$）、强度低（天然状态十字板剪切强度 $C_u<15\text{kPa}$）的特点。珠江三角洲地区的几条高速公路地基淤泥的物理力学性质指标汇总如表1-1所示。

几条高速公路软土的物理力学指标汇总表　　表1-1

工程名称	统计项 / 统计特征	含水率 ω_0（%）	重度 γ（g/cm³）	孔隙比 e	塑性指数 I_p（%）	压缩系数 α（MPa⁻¹）	压缩模量 E_s（MPa）	固结系数 C_v（10^{-4}cm²/s）	渗透系数 K（10^{-6}cm/s）	无侧限抗压强度 Q_u（kPa）	直接剪指标 内聚力（kPa）	直接剪指标 内摩擦角 φ（°）	十字板抗剪强度（kPa）	比贯入阻力 P_s（kPa）
西部沿海高速公路台山试验段	统计数	56	55	31	58		30	55	25	23	26	26	2.6~18.7	
	最大值	107.70	1.64	2.83	38.0		1.58	55.0	32.00	41.80	21.00	10.20		
	最小值	51.90	4.43	1.53	12.0		0.79	2.70	0.089	12.60	1.10	0		
	平均值	80.21	1.54	2.22	29.94		1.13	8.03	2.612	23.68	9.47	3.90		
	标准差	13.86	0.06	0.33	6.39		0.22	6.96		8.21				
	变异系数（%）	17.20	3.76	17.12	25.63		19.47	86.66		34.67				
深圳专用公路软基试验段	统计数	23	23	19	20		19	15	4	5	15	15	8.6~41.5	100~400
	最大值	88.10	1.68	2.42	29.70		1.60	8.86	0.656	42.0	13.10	9.90		
	最小值	57.70	1.47	1.56	11.80		1.18	2.59	0.060	4.40	0.0	0.0		
	平均值	69.25	1.60	1.90	21.30		1.34	4.54	0.228	20.84	5.88	3.33		
	标准差	7.85	0.05	0.22	2.89		0.12	1.81		15.11				
	变异系数（%）	11.34	3.32	11.65	13.57		8.96	39.90		72.48				
宝安新中心区裕安路	统计数	53	50	49	53	48	48	49	16	30			3~15.9	50~230
	最大值	95.30	1.72	2.55	28.10	2.41	4.45	9.93	82.60	33.90				
	最小值	53.20	1.49	1.52	12.70	1.36	1.03	2.75	0.16	6.40				
	平均值	78.04	1.57	2.10	23.33	1.979	1.42	4.44	17.00	12.73				
	标准差	10.01	0.05	0.26	3.38	0.310	0.62	1.43		5.58				
	变异系数（%）	12.82	3.00	12.18	14.5	15.66	43.60	32.25		43.82				

为深入查明场地工程地质条件、土体工程特性，本试验段进行了现场钻探、原位静力触探、十字板抗剪强度试验、现场载荷试验和室内土工试验，试验段地质剖面图见图1-1，天然地基载荷试验结果见图5-3。

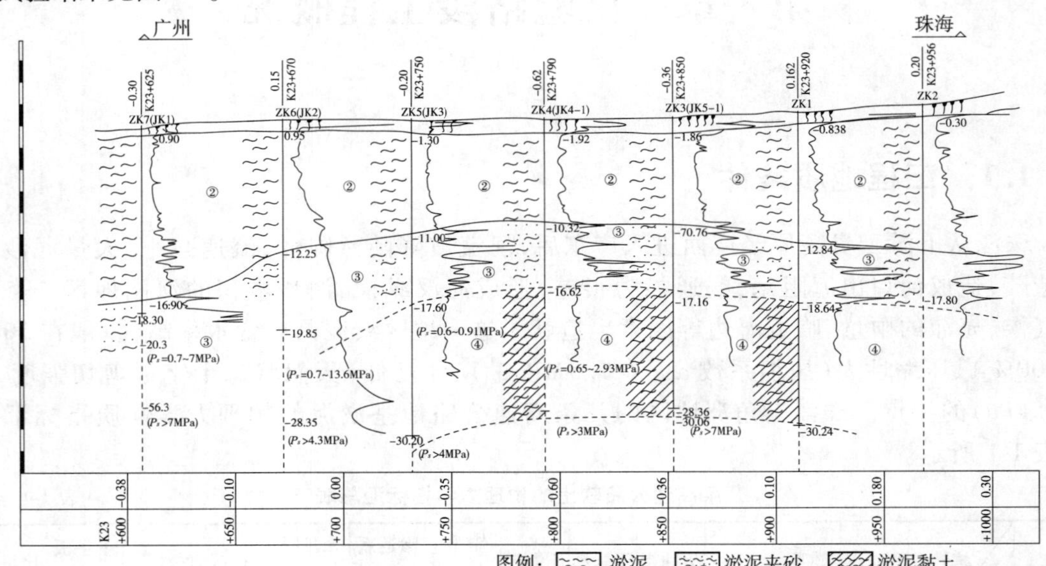

图1-1 检测仪器埋设平面布置图(尺寸单位:m)

根据钻探并结合静力触探、十字板剪切试验勘察结果，可将本试验段地层自上而下依次划分为：

①层：耕植土，厚0.7～1.2m，灰色～黄褐色，软塑，含有植物根茎。

②层：淤泥，灰黑色，有腐臭味，流塑状态，厚8.4～16m。除钻孔ZK7(K23+625处)淤泥层底部高程为-16.9m外，其余各钻孔揭示该层淤泥底部高程为-10.32～-13.2m，埋深均小于15m。

③层：淤泥质黏土夹大量中细砂，厚3.4～6.4m，灰黑色。该土层对地基排水固结十分有利。

④层：淤泥质黏土，根据静力触探资料，该层上部2～4m静力触探比贯入阻力P_s>0.6MPa，下部P_s>1.0MPa。

往下为土质更好的土层，P_s>4MPa。

试验段典型断面(K23+850)，室内常规土工试验结果汇总于表1-2，各土层分层统计结果见表1-3。

此外，经部分土样的矿物成分X衍射试验，查明淤泥的矿物成分主要为石英、斜长石、钠长石，另外尚含有少量高岭土、伊利土及微量蒙脱土。蒙脱土有极强的吸水能力，由于它的存在会大大增加土的含水率。本试验测定土中有机质含量为2.09%～2.16%，全氮含量1.10～1.14mg/g，腐殖酸为0.36%～0.41%。

通过对上述勘察资料的归纳分析，可看出：

(1)灵山试验段地基软土厚度大(最厚38m)、含水率高($\overline{w}$=68.3%)、压缩性大(a_v=1.86MPa^{-1})、强度低(C_u=8.62kPa)，天然地基承载力低([R]=40kPa)，具有珠江三角洲软土的典型特征，在京珠高速公路广珠段软土地基中具有代表性。

土工试验成果表(K23+850　E断面)

表1-2

钻孔编号	土样编号	取土深度	含水率	湿密度	干密度	孔隙比	饱和度	土粒比重	液限	塑限	塑性指数	土的力学性能试验指标								土层名称
												固结				渗透系数	无侧限抗压强度		直剪强度	
												压缩系数	固结系数		压缩模量					
			ω	ρ	ρ_d	s	S_r	G_s	W_1	W_p	I_p	a_{v1-5}	C_v/($10^{-3}cm^2/s$)		E_{s1-2}	K	Q_u	C	φ	
		m	%	g/cm^3	g/cm^3	%		%	%			MPa^{-1}	100kPa	200kPa	MPa	$10^{-6}cm/s$	kPa	kPa	°	
ZK3	1上	2.4~2.6																		
	1下	2.6~2.8	51.6	1.75	1.15	1.347	100	2.71	35	21.5	13.5	0.94	5.225	5.316	2.24			11.7	14.1	淤泥质黏土
	2上	3.6~3.8	64.2	1.6	0.97			2.71	44.4	28.6	15.8					0.65	22.9			同上
	2下	3.8~4.0	50.1	1.71	1.14	1.387	98.2	2.72	36.7	22.5	14.2	1.31	4.121	4.595	1.63			13.2	11	同上
	3上	4.8~4.8																		
	3下	4.8~5.0	70.7	1.6	0.94	1.881	100	2.7	47.6	25.7	21.9	2.2	0.756	0.698	1.11					淤泥
	4上	5.6~5.8	57.1	1.65	1.05			2.69	38.6	21.8	16.8					7.29	27.4			淤泥质黏土
	4下	5.8~6.0	49.1	1.69	1.13	1.364	96.5	2.68	35.6	20.5	15.1	1.31	2.183	3.496	162			14.6	11	
	5上	6.6~6.8																		淤泥
	5下	6.8~7.0	60.5	1.63	1.02	1.649	98.7	2.69	43	25.2	17.8	1.71	0.848	2.749	1.27			9.4	11.6	淤泥
	6上	7.6~7.8	69.8	1.58	0.93			2.69	49.2	27.4	21.8					0.54	25.9			淤泥

续上表

钻孔编号	土样编号	取土深度	含水率	湿密度	干密度	孔隙比	饱和度	土粒比重	液限	塑限	塑性指数	土的力学性能试验指标：固结：压缩系数	固结：固结系数		固结：压缩模量	渗透系数	无侧限抗压强度		直剪强度	土层名称
			ω	ρ	ρ_d	s	S_r	G_s	W_l	W_p	I_p	a_{v1-5}	C_v/($10^{-3}cm^2/s$)		E_{s1-2}	K	Q_u	C	φ	
		m	%	g/cm³	g/cm³	%		%	%			MPa^{-1}	100kPa	200kPa	MPa	10^{-6}cm/s	kPa	kPa	°	
ZK3	6下	7.8~8.0	61	1.6	0.99	1.707	96.1	2.69	44.4	24.7	19.7	1.72		3.993	1.38					淤泥
	7上	7.6~8.8	78.6	1.55	0.87			2.69	53.8	30.4	23.4					0.21	27.2			淤泥
	7下	8.8~9.0	66.4	1.61	0.97	1.811	99.7	2.72	45	25	20	2.26	1.014	1.035	1.06			7.3	10	淤泥
	8上	9.6~9.8	56.7	1.62	1.03			2.68	37.8	20.9	16.9					1.35	20.8			
	8下																			
	9上	10.6~10.8																		
	9下	10.8~11.0	64.2	1.65	1.01	1.687	100	2.7	44.6	26.3	18.3	2.11	2.236	1.16	1.16			23.6	1.7	
	10上	11.6~11.8	62.8	1.61	0.99			2.68	48.2	27.9	20.3					4.13	29			淤泥
	10下	11.8~12.0	72.6	1.54	0.89	2.004	97.1	2.65	45	26.1	18.9	3.04	0.707	0.446	0.85					

表 1-3

各层土物理、力学性质指标统计（K23 + 850 E 断面）

层号	土类	厚度（m）	含水率 ω（%）	密度 ρ（g/cm^3）	孔隙比 e	塑限 W_p（%）	液限 W_1（%）	塑性指数 I_p（%）	压缩系数 a_v（MPa^{-1}）	固团系数 K（$10^{-6}cm^2/s$）		渗透系数 K（$10^{-6}cm/s$）	快剪		有机质含量（%）	原位测试	
													C（kPa）	φ（°）		十字板抗剪强度（kPa）	比贯入阻力 P_s（KPa）
①	耕植土	0.7 ~ 1.2															
②	淤泥与淤泥质土	8.4 ~ 16	68.3	2.71	1.799	25.40	45.83	20	1.86	0.87	1.134	1.34	7	4	2.15	8.62	239.42
③	淤泥质土类大量中细砂	3.4 ~ 6.4	30.8	2.68	0.764	14.08	22.75	8.67	0.44	4.23	3.86	14.9	13.6	27.1		27.52	3528.34
④	淤泥质黏土	11.0 ~ 20.0	53.2	2.71	1.367	22.14	38.72	16.58	1.072	43 65	43 96	2.36	13.21	17.7		15.78	663.1

(2)根据颗分结果:试验段淤泥中砂、粉粒的颗粒含量占40%~60%,与其他地区淤泥相比渗透性较好(渗透系数在10^{-6}cm/s量级),固结系数较大(C_v在10^{-3}cm^2/s量级),且含有较多的薄砂层、贝壳层或透镜体,因而固结较快。

(3)地基中普遍在-10.3~16.9m深度处存在着淤泥质土夹大量中细砂层,厚度3.4~6.4m,该层对地基排水固结十分有利。

(4)通过对试验段14孔十字板剪切试验、17孔静力触探统计分析,得出两者间的相关方程如下:

$P_s \leq 500$kPa时, $$C_u = 0.386 + 0.039P_s \quad (1\text{-}1)$$

$500 < P_s < 1000$kPa时, $$C_u = 0.21 + 0.04P_s \quad (1\text{-}2)$$

式(1-1)的相关系数为0.745,$n=111$,式(1-2)的相关系数为0.781,$n=135$。

在路堤稳定性控制中,C_u是关键性指标,但在实际操作中静力触探技术相对容易把握,而且钻进深度大,速度快,费用较低,因此在以后相关路段的原位测试中可根据上述相关公式,以少量的十字板剪切试验配合静力触探,迅速查明软土层的分布及力学性能,降低勘察成本。

(5)与其他地区淤泥相比,广珠东线淤泥渗透系数较大,固结系数也较大,而高速公路路堤本身是现成的预压荷载,并且高速公路的建设周期也提供了足够的预压时间,因而采用预压排水固结法处理路堤软土地基是最为经济有效的方法。由于淤泥抗剪强度低(本试验段$\overline{C}_u$=8.6kPa),在某些特殊路段,为加快提高地基承载力、减少沉降量可采用置换法(如碎石桩)和胶结法(如粉喷桩)处理软土地基。

1.2 试验工程概况

灵山试验段位于京珠高速公路广珠段坦尾大桥与番中公路跨线桥两个桥头之间,地处番禺市灵山镇庙南村,试验段全长353.43m。根据该路段的工程地质特征、工程要求,并为了比较不同地基处理方法的加固效果,根据设计要求与地质条件将试验段分为8个试验断面,分别采用不同的方法进行处理。为检验软基处理效果,提供设计、施工控制参数,在各个断面埋设了应力、应变测试仪器,观测各断面在不同加载时期的应力、应变状态。各断面位置、地基处理方法见表1-4,监测仪器埋设平面布置如图1-2所示。

灵山试验段各断面地基处理设计一览表 表1-4

断面	里程	地基处理				
		方法	目的	布置尺寸(m)		
				直径	长度	间距
A	K23+621.85~K23+624.85	粉喷桩	为坦尾大桥桥头与路堤过渡段,因桥头设置于桩基上,沉降较小,而路堤位于软基上沉降较大,造成通车路与桥直剪产生差异沉降,造成"桥头跳车"现象,在桥头与路堤之间增设此过渡路段进行粉喷桩处理,以达到提高路堤稳定性,缓解"桥头跳车"、缩短工期的目的	0.5	15	1.1

续上表

<table>
<tr><th rowspan="3">断 面</th><th rowspan="3">里　程</th><th colspan="5">地 基 处 理</th></tr>
<tr><th rowspan="2">方　法</th><th rowspan="2">目　的</th><th colspan="3">布置尺寸(m)</th></tr>
<tr><th>直径</th><th>长度</th><th>间距</th></tr>
<tr><td>B</td><td>K23 +624.85 ~
K23 +700</td><td>袋装砂井 + 两层土工布 + 砂垫层(0.5m 厚)</td><td>利用路堤自身重量做预压荷载,袋装砂井左竖向排水固结是一种理想的经济安全方法,为取得最为经济、合理、有效的处理方式,选用 B,C,D,E,F 五种不同间距、长度进行处理效果对比。以两层土工布提高路堤稳定性</td><td>0.07</td><td>10</td><td>1.0</td></tr>
<tr><td>C</td><td>K23 +700 ~
K23 +760</td><td>袋装砂井 + 两层土工布 + 砂垫层(0.5m 厚)</td><td>同 B</td><td>0.07</td><td>20</td><td>2.0</td></tr>
<tr><td>D</td><td>K23 +760 ~
K23 +820</td><td>袋装砂井 + 两层土工布 + 砂垫层(0.5m 厚)</td><td>同 B</td><td>0.07</td><td>15</td><td>2.0</td></tr>
<tr><td>E</td><td>K23 +820 ~
K23 +878</td><td>袋装砂井 + 两层土工布 + 砂垫层(0.5m 厚)</td><td>同 B</td><td>0.07</td><td>15</td><td>1.5</td></tr>
<tr><td rowspan="4">涵洞</td><td rowspan="4">K23 +828 ~
K23 +898</td><td rowspan="4">粉喷桩</td><td rowspan="4">考虑到涵洞洞身刚度较大,容许有一定的沉降量。涵洞底及两侧采用悬置式短粉喷桩,形成“人工双层地基”,使涵洞有控制的均匀下沉,并减小涵洞与其两侧的差异沉降,缓解跳车现象</td><td rowspan="4">0.5</td><td>4</td><td>1.0</td></tr>
<tr><td colspan="2">(涵洞底部)</td></tr>
<tr><td>6</td><td>1.2</td></tr>
<tr><td colspan="2">(涵洞两侧)</td></tr>
<tr><td>F</td><td>K23 +898 ~
K23 +941.28</td><td>袋装砂井 + 两层土工布 + 砂垫层</td><td>同 B</td><td>0.07</td><td>15</td><td>1.0</td></tr>
<tr><td rowspan="2">G</td><td rowspan="2">K23 +941.28 ~
K23 +966.28</td><td rowspan="2">碎石桩</td><td rowspan="2">为番中公路跨线桥与路堤过渡段。采用两种间距碎石桩处理以达到提高路堤稳定性、缓解“桥头跳车”,缩短工期的目的</td><td rowspan="2">0.9</td><td rowspan="2">15</td><td>1.8
(Ⅱ区)</td></tr>
<tr><td>1.5
(Ⅰ区)</td></tr>
</table>

为了检验复合地基的处理效果,为设计参数选取提供参考,分别在天然地基、粉喷桩单桩、粉喷桩复合地基、碎石桩复合地基进行了大型载荷试验、水泥土室内搅拌试验和粉喷桩取芯无侧限抗压强度试验。

所完成的试验工程量列于表 1-5。

试验工程的部分成果已应用于京珠高速公路广珠段第二合同软基路段地基处理方案优化与施工监测中。

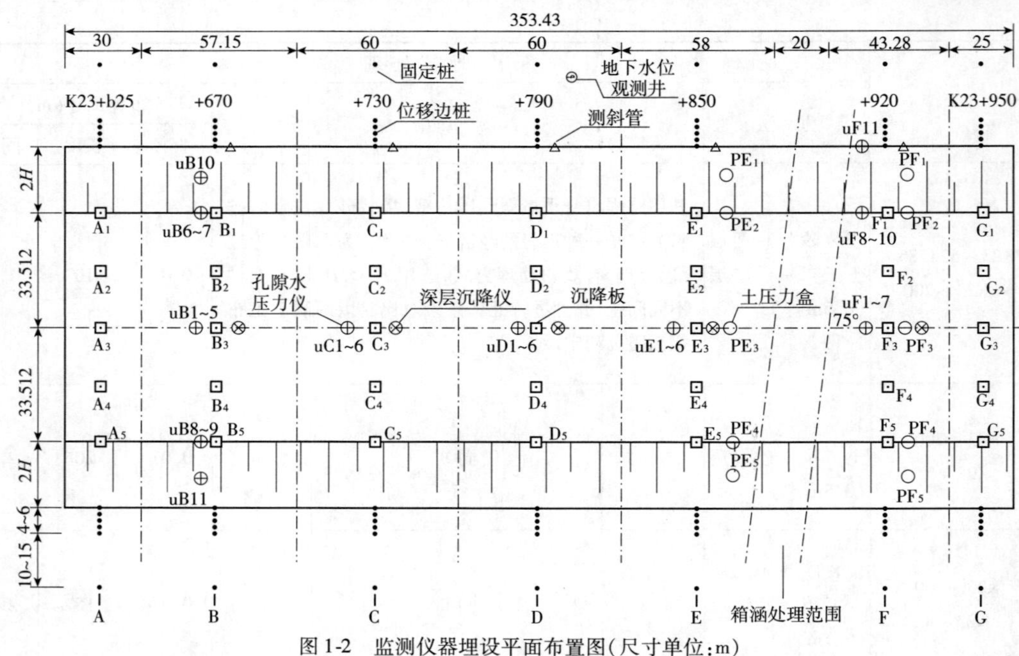

图 1-2　监测仪器埋设平面布置图(尺寸单位:m)

灵山试验段主要完成工作量表　　表 1-5

施工部分				试验部分			
序　号	项　目	单　位	工程量	序　号	项　目	单　位	工程量
一	地基处理			一	勘探		
1	砂垫层		9359	1	静力触探	m	280
2	土工布(双层)	m^3	15600	2	十字板剪切	次	620
3	碎石桩	m^2	8925	3	钻探	m	150
4	粉喷桩	m	23940	4	取土样	只	91
5	袋装砂井	m	146457	5	土工试验	只	91
二	土方			二	监测仪器		
1	黏土	m^3	17729	1	空隙水压力侧头	只	40
2	海砂	m^3	68279	2	土压力盒	只	10
三	涵洞			3	分管沉降管	m	120
1	箱涵(4.0×1.0m)	座	1	4	测斜管	m	120
				5	双管式沉降板	块	51
				6	位移边桩	根	70

第2章　软基施工工艺及质量控制

合理的地基处理方案确定后,处理效果往往决定于地基处理的施工工艺及质量。由于地基处理为地下隐蔽工程,施工质量控制难度较大。珠江三角洲一带的饱和软黏土地基,由于其含水率高、压缩性大、强度低、灵敏度大,施工时对地基土的搅动将引起地基土强度大大降低,强度的降低也直接影响施工工期与项目造价。因此,施工时应特别注意避免对地基土造成过大的扰动。

2.1　清淤

珠江三角洲区域鱼塘、河沟分布密集,这些河沟、鱼塘底部沉积形成了一层腐殖质土层(厚度通常在50cm左右),具有含水率高(通常大于100%)、压缩性大、有机质含量高的特点。该腐殖质层不同于一般意义上的"淤泥",在荷载的作用下会由于土粒骨架的蠕动而不断产生沉降。这样必然增加工后沉降量,给将来的公路使用带来隐患,因此必须进行清淤工作。京珠高速公路广珠段绝大部分地段都存在这种高度蠕变性的淤泥,因此清淤工作尤其重要。

由于该腐殖质层位于鱼塘、河沟的底部,大型施工机械无法施工,清除有一定的难度。我们在施工中摸索一种水力切割法新工艺,即采用高压水枪对淤泥进行水力切割,被切割后的淤泥随水流聚集到低洼处,再用泥浆泵将采集的泥浆排放到指定区域。在施工中可将泥浆泵安装在浮箱上,以便泥浆泵移动,机动灵活的随处使用。该施工工艺在施工中具有设备简单、施工人员少的特点,而且工效较高,质量好,每台班可清除淤泥100~200m^3。本次试验在几条河渠与鱼塘中都使用了这种方法。

此外,由于耕植土表层也夹有大量草根等有机物质,因此也应予以清除10~20cm。根据地表土软硬程度的不同,试验段分别采用了推土机推除或人工铲除两种方法进行。

2.2　砂垫层

砂垫层作为排水固结法的横向排水通道,是软基施工中的重点控制程序之一,砂垫层的施工质量,直接影响到排水固结法的效果,必须予以严格控制。

砂垫层的材料应选用级配良好的中粗砂,含泥量不大于3%,有机质含量不大于1%,不宜混入其他杂质,渗透系数不小于10^{-3}cm/s。

砂垫层的厚度首先要满足排水垫层的要求,使其形成一定的排水通道。同时由于路基中部与坡脚处存在差异沉降,为保证砂垫层在整个施工期和预压期保持连续性,砂垫层应该具有一定的厚度和密度,公路施工中厚度以不小于50cm为宜,并应延伸出坡脚外1~1.5m,以防止填土时砂垫层外缘被填土覆盖,堵住排水路径。本试验段均按此标准施工。

灵山试验段采用吹填法施工砂垫层,实践证明效果良好。吹填法施工工效快,每天可施工1000~2000m^3,而且推平碾压方便,质量容易保证。吹填粗砂时应注意吹填的分选问题,采用功率较大的吹砂设备较合适。

2.3　土工布铺设

土工布作为加筋处理的一种新方法在公路建设中越来越广泛的得到了认可和应用。一般认为,土工布应用于路堤填筑时,可以发挥以下作用:

(1)提高地基的抗滑稳定性,加快路基填土速率;

(2)调整地基的应力分配,减少不均匀沉降;减少地基的侧向挤出量,也就减少了地基的总沉降量,一般可以减少总沉降量的10%～30%;

(3)在砂垫层与路基填土之间起着隔离作用,防止路基填土与砂垫层混杂,确保砂垫层长期发挥排水效应。

土工布的品种质量及铺设工艺,决定着土工布上述工效的发挥。施工时应该选用延伸率小,抗拉强度大的宽幅编织型土工布。经向抗拉度不低于50kN/m,延伸率不大于30%,纬向抗拉强度不低于40kN/m,延伸率不大于25%。本次试验的土工布采用了青岛毛纺厂生产的A1850型土工布,其技术指标均能满足上述要求。

土工布一般直接铺设于地基与砂垫层顶部并尽量位于路堤填土底面以发挥最大效率。设置一两层效果最佳,两土工布层之间填筑细粒土,厚度30～50cm。土工布铺设时应特别注意上下面平整且不能夹杂有尖锐物质,以防刺破土工布。土工布沿路堤横向铺设,纵向每幅之间搭接宽度30～50cm,横向之间如有接头应缝接。

试验段铺设土工布时采用了预张拉法,两端进行锚固,这样土工布拉紧后,其应力调整和抗滑作用都能得到较好的发挥。施工时采用锚固沟锚固,沟宽1m,深30～50cm,先在一端开沟,铺设后回填土压住土工布端部,然后在另一端使用专门的预张拉机进行张拉,拉力控制在300kg/m左右。拉紧后即填土压住后松弛拉力,同样挖锚固沟对这一侧进行锚固。

2.4　袋装砂井

1)施工机械

袋装砂井的施工机械按行进方式可分为三类:门架式,滚动式,履带式。试验段使用了滚动式袋装砂井机,每台班可施工1500～2000m,机械性能轻巧灵活,适合软弱地基上施工。

2)材料

袋装砂井的砂袋一般采用聚丙烯材料编织而成,具有良好的透水性及一定的抗拉强度,渗透系数不小于10^{-3}cm/s,抗拉强度不低于砂井自重的2倍(以20m砂井为例,抗拉强度不低于14kN/m),由于砂袋的抗老性能较差,保存时要避免紫外线照射和雨淋。

砂袋质量控制的关键是砂袋接头的控制,一般200m一卷,其中不能出现接头,否则在施工中会出现砂井断裂,一旦砂井出现断裂,应在旁边补打一根。

袋装砂井所用的砂应采用中粗砂,其要求与砂垫层相同。

3)施工工艺及质量控制

袋装砂井的施工工艺流程如图2-1所示:

袋装砂井作为排水固结法的竖向排水体,施工质量决定着固结排水的效果。在施工时应采取严格的质量管理体系,控制好以下技术环节:

(1)由于珠江三角洲地区淤泥分布及物理力学性质变化较大,设计前的勘察往往不能满

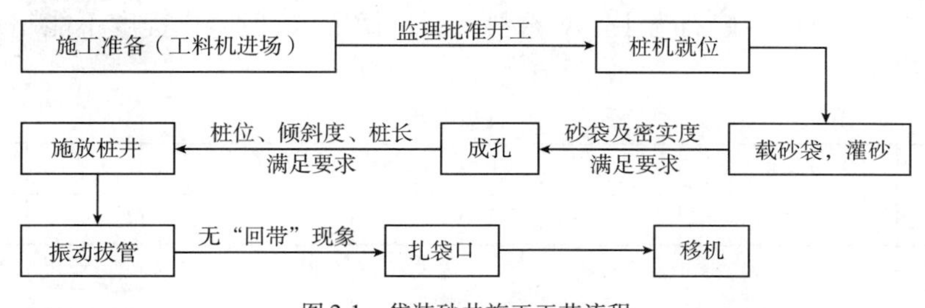

图2-1　袋装砂井施工工艺流程

足精度需求，为使袋装砂井的设计能做到有针对性，施工前宜对施工区进行原位测试（以静力触探为主，需要时配合少量十字板剪切试验），以探明施工区域内的软土层分布情况及力学性能，并在此基础上进行优化设计，达到经济合理的目的。

(2)灌砂的密实度。若袋装砂井灌砂的密实度不够，在振动拔管时由于砂的自重下沉会形成砂桩不连续的现象，俗称“断桩”，使砂井无法起到排水的作用。这种现象必须在施工时予以避免，可以采取以下几个措施：

①袋装砂井用砂应采用风干的中粗砂，特别是在雨天施工时应采取措施防止砂的含水率过高。

②一般采用的人工灌砂袋很难使砂袋内的砂密实，这样在施工时由于砂袋的自重力作用，造成砂袋顶端约有0.5～1m的空段，使堆载时砂井中水分无法排入砂垫层中而失效。推荐采用机械灌砂法取代人工灌砂法。

③在施工时应对密实度按1%～2%的比例进行抽检。

(3)对地基土的扰动。砂井施工时不可避免的对地基土产生扰动，引起地基土强度降低，增加了部分沉降，甚至会引起地基土固结系数的降低。这些对工程的不利影响在施工时应尽量减小到最低限度。

①设计袋装砂井的间距不宜过密，一般不宜小于1.0m。

②精心施工，尽量避免复打。

③砂井机导管的直径和厚度要适宜，导管直径不大于120mm，壁厚不大于5mm。

④拔管时水压要控制好，太大将会造成孔过大，增加对地基土的搅动，太小则无法打开管的底门从而造成“回带”，一般控制在1kg/cm^{2}范围内。

(4)确定砂袋长度时预留长度应不小于50cm，即砂袋长度＝设计长度＋50cm，以确保能处理到设计深度。

(5)在袋装砂井施工过程中做好施工记录，施工记录是质量检查的依据，施工中应有专人负责记录砂袋长度、灌砂密实度、施工情况、成桩情况等，作为施工质量控制的重要辅助手段。

2.5　碎石桩

1)材料

碎石桩处理软土地基所用碎石粒径一般采用5～8cm，再大就容易损坏振冲头。但对于珠江三角洲一带的淤泥采用这样小粒径的碎石难以成桩，处理效果也较差。而采用大粒径碎石整体性强，可以更好的传递振动应力和荷载应力。根据理论计算，采用10～15cm为主的碎石时，质量系数可比5～8cm提高一倍。本试验段采用的碎石级配见表2-1。建议在类似地基施工碎石桩时以 10～15cm 的碎石为主。对石料类型不做要求，但风化程度不能超过弱风化，并且具有一定的级配。

碎石级配表　　表 2-1

粒径(cm)	6～8	8～10	10～15	15～17	>17
百分比(%)	7	9	5	14	13

2)施工机具

碎石桩的施工机具有塔式及吊臂式两种，其核心部分为振冲头，目前国内机具根据功率大小分为 ZCQ-13 型、30 型、55 型及 75 型，振冲器的冲头部分主要由上部的潜水电机和下部中心轴挂有若干偏心块组成。电机转动时，带动偏心的中心轴转动，便产生了水平向的振动，施工时振冲器在土中上下振动致使土体及填料被振挤密实而得到加固。

根据本路段的地基情况，施工时采用了 ZCQ-30 型振冲器。

3)施工工艺

碎石桩的施工工艺按以下程序(图 2-2)：

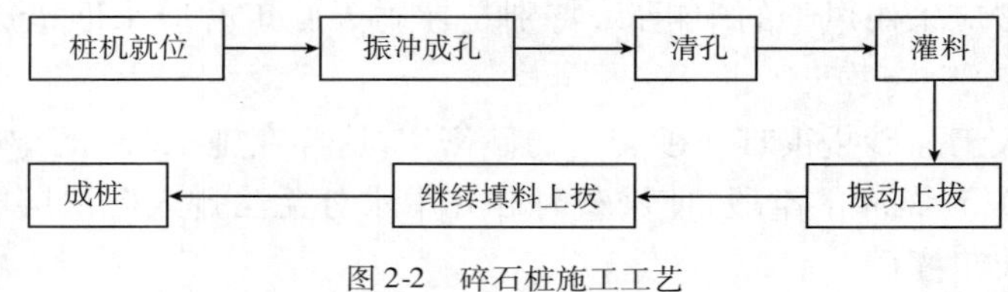

图 2-2　碎石桩施工工艺

(1)就位：吊机起吊振动器对准桩位(误差应小于 10cm)。

(2)造孔：吊机下放振冲器，使其贯入土中(一般可以 1～2m/min 速度下沉)，直到设计深度 0.5m 处。

(3)清孔：造孔终止后，把振冲器提出孔口，然后再次下沉振冲器(淤泥底层往复 2～3 遍)，清除孔内泥浆，保证填料畅通。同时利用产生的泥浆护壁，保持上下贯通。

(4)填料加固：清孔后将导管贯入孔底，即开始向孔内填料，每次填料不超过 0.5m^3。同时振冲器振动，依靠振冲器水平振动力将填入孔中的石料不断挤向侧壁土层中，使填料挤密，待振密电流与留振时间达到要求后提振冲器 60～80cm，再开始下一回次填石加固。

(5)制桩结束。制桩加固至孔口(或设计高程)时，先停止振冲器运转，再停止供水泵，移机至下一孔位。

4)施工质量控制

碎石桩的施工质量主要通过以下四个因素控制：灌料量、水压及水量、振密电流和留振时间。通过试验路段的施工总结了以下几条施工经验：

(1)碎石桩加固软黏土以置换作用为主，必须充分保证灌料量，灌料是采取“少吃多餐”，每次灌料量不超过 0.5m^3，充盈系数不小于 1.2。

(2)碎石桩在软黏土地基上成孔时，水压及水量是控制桩径及成桩质量的首要因素，水压、水量太小，成孔就很困难，甚至会出现缩颈现象，水压太大则冲孔大，成桩直径大，密实度难以保证，一般成孔时孔压控制在 3kg/cm^2 为宜，供水量在 20m^3/h 左右。

(3)振密电流与留振时间是控制碎石桩密实程度的指标，碎石桩作为一种散粒体桩，填充的碎石达不到一定的密实度就无法达到置换的效果，容易产生较大的工后沉降，在振动上拔时，振密电流应不小于45A，留振时间10～20s，以充分保证成桩质量。

（4）在碎石桩施工过程中，将会产生大量泥浆，可以利用泥浆进行护壁，但同时也应防止污染环境。在施工时每个碎石桩区均安排专门场地排放泥浆。

（5）试验性施工。碎石桩施工前，在施工场地内先进行成桩试验（2～3根），通过试桩确定相关施工参数，作为后续施工的依据。试验段经两根试桩，确定参数为：灌料量每根不少于$17m^3$，水压$3kg/cm^2$，供水量$20m^3/h$，振密电流不小于45A，留振时间10s以上。

2.6　粉喷桩

粉喷桩（粉体喷射搅拌桩的简称）处理软土是通过专门的机械将粉土固化剂（水泥、石灰等）喷出后在地基深处就地与软土强制搅拌，利用固化剂和软土之间产生的一系列物理、化学反应，在原地基中形成强度、刚度较大的桩体，同时也使桩间土体性质得到改善，桩与桩间土体形成复合地基共同承担上覆载荷。本次在广珠东线灵山试验段应用粉喷桩处理桥头和涵洞处软土地基，进行有意义的探索和研究，以期解决桥头与路堤相连处不均匀沉降问题，即"桥头跳车"问题。

1）施工前勘察

同袋装砂井，见本章2.4。

2）工艺试验

粉喷桩从加固机理到设计计算工艺均有不完善的地方，还有些处于半理论、半经验的状态，因此应该特别重视水泥土的室内试验和工艺性试验。

（1）室内试验：从现场取回土样，按照不同的水泥渗入比（一般在10%～20%之间），利用现有的土工试验仪器进行搅拌，按照土工或砂浆混凝土的试验规程进行试验，求得最佳水泥渗入比。根据灵山试验段的地基条件，本工程的水泥渗入比定为17%（具体内容见第5章）。

（2）工艺性试验：粉喷桩施工前必须进行工艺性试验，以了解成桩情况并确定技术参数。一般工艺试验在工程桩上进行，并不少于5根，标定送灰管道压力、灰罐压力、钻机提升速度、粉喷机叶片提升速度、水泥的搅拌均匀速度、搅拌次数、成桩速度等。

实际上，现场搅拌的水泥土与室内试验调制的水泥土强度是有差异的，在多数情况下，现场搅拌的水泥土强度比室内试验结果偏低。施工时应根据场地土质、搅拌工艺、施工技术熟练程度等因素分析后确定设计采用值。

3）施工技术

本工程的ph-5A型粉喷桩机加固深度不大于15m，机械采用液压机步履移位，对位就位方便，大大缩短了移机时间，提高了施工效率，同时该机喷粉系统采用了电子计量，提高了喷粉量的准确性和直观性，大大降低了断桩率，每台班可成桩100～150延米。

（1）施工工艺及工序

粉喷桩的施工一般可分为成孔、喷粉成桩、复搅（视设计而定）等几个过程，成孔是利用钻头的机械旋转及压缩空气的切割作用使土破碎，钻具达到设计深度的过程，"喷粉成桩"就是将气粉混合体喷出钻头并不断与土搅拌成桩的过程。施工顺序如下：

①驱动钻机的液压步履结构，移动钻机，对准桩位。

②开启空压机，调整风量、风压后送风，钻机旋转下钻。

③钻头钻到设计加固深度,钻机换挡,实行反向转动。

④开启送灰机械、调整罐内压力及管道压力后进行粉喷及提升作业。

⑤钻头提升至设计桩顶高程停止喷粉,再次下钻重复搅拌至设计深度。

⑥钻头继续旋转提升至地面,成桩结束,钻机移位,继续下一根桩的施工。

(2)施工质量控制

地基加固是地下隐蔽工程,地基加固的好坏直接影响到建筑物的安全与使用。粉喷桩加固地基效果受施工影响较大,同样的土质,同样的施工条件,往往由于是否严格按照质量要求施工得到不一样的加固效果。因此,严格控制施工质量,才能保证桩体质量。本工程施工时采用了以下技术控制措施:

①施工前质量控制措施

a. 详细了解加固区软土层的分布范围、含水率和有机质含量,地下水的侵蚀性等,必要时在加固区进行1~2孔钻孔取样。

b. 粉喷桩施工前必须进行室内试验与工艺性试验,以了解成桩情况并确定技术参数。

②严格控制水泥材料的质量

工程使用合格水泥是施工质量控制的首要项目,每批水泥必须有合格产品检验单,水泥质量、强度等级及细度应达到设计要求。对每批水泥都要进行抽检,合格后方可使用。

③施工过程质量控制

a. 制桩长度的控制。粉喷桩长度是质量保证的一个关键因素,必须严格掌握钻井深度(深度计配合导管套头与机架高度相对应位置来确定,预先划定标志)、喷灰时间及停机时间,非特殊情况严禁在尚未打到设计桩长及尚未喷灰的情况下提升钻杆。

b. 提升速度的控制。提升速度决定着搅拌均匀程度。速度过快,可能使桩拌和不充分,影响成桩质量;速度过慢,施工效率过低,故一定要按照设计要求操作。一般粉喷桩搅拌时以中、慢档为宜,成孔时以中快档为宜。

c. 喷粉量的控制。喷粉量的控制是成桩的关键。若灰罐电子秤正常则以电子秤显示为准,使其喷粉量达到设计要求即可。但由于现有粉喷桩机的电子秤均很难保证长时间保持正常工作,易发生失准现象,甚至出现错误显示,在此情况下为不耽误工期,可在灰罐内加入定量水泥,调整灰罐压力改变送灰器速度,通过多次打桩试验确定达到设计送灰量的送灰速度。

d. 施工时专人负责制桩记录。详细记录每根桩的位置、长度、喷灰量搅拌次数、机械运行情况、施工日期以及各工序施工时间等。详细记录水泥进场数量,及时核对实际用量,也是控制喷粉量宏观上一个有力措施。

4)粉喷桩加固效果检验

(1)桩头开挖检验

用铁锹,卷尺等简便工具做开挖检验。桩的数量、桩径和桩头顶部水泥强度检验均应满足设计要求。对于挖出的桩头,测量其桩径一般 $D \geqslant 500$mm,桩间距偏差不大于100mm,桩体顶部水泥土胶结坚硬,强度较高,必须用十字镐才能挖开。在柱体横断面上,一般中心部位强度相应较低,外侧强度高;边缘处有一圈坚硬的外壳,其外表面呈螺旋状。

(2) N_{10} 轻便触探试验

N_{10} 轻便触探试验操作简便数据直接,又不损坏桩身,可以及时指导施工,便于大量采用,但通常只能做桩顶以下5m以内的检验,只能用一周以内的试验结果推断后期的强度。由于现有的钻具本身原因，桩身中心易形成盲区，水泥土强度较低，越向外围，强度愈高，轻便触探时，宜在半径的1/2处进行。

N_{10}轻便触探试验一般按总桩数的2%进行，由于各区域土质条件不同，N_{10}的结果也不尽相同，所以在大面积施工前应该通过对该工程试验桩的检验确定N_{10}的检验标准，作为以后质量检验的依据。

(3)抽芯及标贯试验

在N_{10}轻便触探的基础上，可以通过少量的抽芯及标贯试验来检验成桩质量，这种检测方法直接可靠，但操作繁琐，费用较大，属于破坏性检验，只能作为抽查的手段。

第3章　路基极限填土高度及稳定性控制

在深厚软黏土地基上修筑高路堤的高等级公路，需要解决两大问题：稳定问题和变形问题，其中，首要的问题为稳定问题。科学设计计算、精心施工、合理分级加载及监测是排水固结法处理软土地基时确保路基稳定与实现快速填筑的主要影响因素。

3.1　理论计算

地基稳定分析工作由两大部分组成：稳定计算方法的确定及软土土质强度指标的选取。计算方法目前已很成熟，规范采用的总应力法是比较合理的，只要土质强度指标选取正确，能反映土质实际情况，则计算结果能反映实际工程的稳定程度。近年来的工程实践表明：正确确定极限填土高度，掌握强度增长的加载方法——“薄层轮加法”能控制好路基施工期的稳定性，而土工织物的加筋作用能显著提高路堤的稳定性。

1）极限填土高度

极限填土高度是利用极限平衡理论，求取天然地基土体滑动破坏时的最大填土高度，一般用圆弧滑动法计算。按规范规定，圆弧滑动是假定滑动体和抗滑体为两块刚性体，因此，仅仅考虑两块刚体表面的滑动力和抗滑力，不考虑刚体内部的应力分布，采用总应力法，将滑动体划分成若干条带进行计算，计算式为：

$$K=\frac{[M_{抗}]_{土}}{M_{滑}}=\frac{\sum(C_iL_i+W_i\cos\alpha_i\tan\theta_i)}{\sum W_i\sin\alpha_i} \tag{3-1}$$

式中：各符号意义同规范。

极限填土高度稳定性计算结果的准确性主要取决于土质抗剪强度指标的选用。土的强度指标通常由室内试验测定，这种测定方法受诸多因素的影响，如取土、运输、切样及试验过程中的搅动、土体应力状态改变等，尤其是对高含水率、高灵敏度的结构性土，测定强度指标往往失真。而十字板剪切试验是在原位测试，避免了取土搅动，在天然应力状态下进行剪切试验，能够真实的反应地基土的天然抗剪切强度。因此，稳定性分析宜采用十字板强度。考虑到结构性土在快速填土及其他施工影响下强度降低，建议采用十字板强度的小值平均值。

表3-1为试验段各断面不同剪切试验强度值。根据表中强度值按式（3-1）计算了各代表性断面的极限填土高度，结果汇总于表3-2，计算结果表明：

（1）整个试验段范围内土层分布大致相同，土质均匀，地基极限填土高度大体相近，在2.0～2.5m之间。

（2）采用室内试验测试，无论直接剪切还是无侧限抗压强度试验，根据测得强度指标计算极限填土高度大体上也为2.0m，与采用十字板强度指标计算结果基本一致。但室内试验测试结果指标离散性较大，极限填土高度计算结果差异较大（如E、F断面）。

试验段各断面不同剪切试验强度值　　表 3-1

断面号	十字板			快剪			无侧限抗压强度	
	土层深度(m)	平均值(kPa)	小值平均(kPa)	取土深度(m)	C (kPa)	φ (°)	取土深度(m)	Q_u (kPa)
B	0~1	27.66	27.66	0~4.0	4	9.4	1~3	25.1
	1.0~13.0	10.59	10.58	4.0~13.0	11.3	7.575	3~13	23.9
C	0~1.0		10.06	4.2~3.4	1.9	13.7	0~3.5	15.7
	1~11		8.33	4.0~11.0	8.0	8.5	3.5~11	21.7
	11~13		17.70	11~13	15.6	3.0		
D	0~1		15.46	0~4	4.05	5.4	0~3	14.8
	1~9		6.61	4~9	12.87	2.4	3~10	22.7
	9~13		17.17	9~13	6.3	14.0	10~13	22.9
E	0~1		13.12	0~6	13.17	12.13	0~3.5	22.9
	1~10		7.39	6~10	8.35	10.80	3.5~10	25.3
	10~13		15.11	10~13	23.6	1.7	10~12	27.8
F	0~1		12.79	0~3.5	0	14.3	0~1.0	30
	1~9		7.12	3.5~9	10.17	5.5	1~9.0	22
	9~13		13.53	9~13	17.5	5.15	9~13.0	20

天然地基稳定计算汇总表　　表 3-2

断面号	按十字板强度小值平均值		按无侧限抗压强度换算强度指标		按快剪强度指标		建议极限高度(m)
	计算填土高度(m)	最小安全系数	计算填土高度(m)	最小安全系数	计算填土高度(m)	最小安全系数	
B	2.5	1.25	2.0	1.15	2.0	1.15	2.0
C	2.2	1.08	2.0	1.18	2.0	1.12	2.0
D	2.0	1.04	2.0	1.15	2.0	1.01	2.0
E	2.0	1.10	2.8	1.21	3.0	1.76	2.0
F	2.0	1.07	2.6	1.14	1.5	1.00	2.0

2)固结度计算

固结度计算对于砂井排水固结而言相当重要,掌握不同时间的固结度即可推算出地基强度的增长,从而可进行各级荷载下地基的稳定性分析,为修正路基加载计划提供依据。砂井固结度公式都是以瞬时加载,根据太沙基固结理论分析而得到的。不同条件下,固结度计算公式汇于表 3-3。

不同条件下固结度计算公式表 表 3-3

序号	条件	公式	备注
1	一维固结	$U_s = 1 - \frac{8}{\pi^2} e^{-\frac{\pi^2}{4} \cdot \frac{C_v}{H^2} t}$	$\beta_1 = \frac{-\pi^2 C_V}{4H^2}. t; U > 0.3$
2	向内径向排水固结	$U_1 = 1 - e^{-\frac{8}{F} \cdot \frac{C_h}{de^2} \cdot t}$	$\beta_2 = \frac{8}{F} \cdot \frac{C_h}{de^2}$
3	竖向与径向联合排水	$U_{rz} = 1 - \frac{8}{\pi^2} e^{-(\beta_1 + \beta_2) t}$	hs:砂井长度 H:受压层总厚度
4	砂井未打穿受压层	$U = \frac{h_s}{H} \cdot U_1 + \frac{H - h_s}{H} \cdot U_2$	U_1、U_2 分别为砂井长度及砂井以下受压层的固结度

试验段采用"悬挂式袋装砂井"处理深厚软土地基,若砂井以下压缩土层按竖向排水条件,压缩层厚度取值大小对地基固结度的计算结果有很大影响,这在下章固结度分析中详细讨论。对于稳定控制而言,潜在滑弧区固结度才是最重要的,砂井处理区长度大于 10.0m 时,只需计算砂井区的固结度即可。制订加载计划时,固结度也只用砂井区的固结度。

3)加载计划

一般设计单位在制订加载计划时,多把总的填土高度分成两级、三级,并据此来定出分级填土高度和预压时间。但这样的加载计划往往不符合实际施工情况。为此试验段在设计与施工中采用了"薄层轮加法",此方法充分利用每次填土后地基强度增长来指导填土施工,一方面可以提高施工的安全性,另一方面可以缩短预压时间,是一种较为科学合理的路基施工方法。

制订"薄层轮加法"分级荷载计划的步骤如下:

①计算填土厚度 Δh 所需强度增加值。可利用斯开普敦估算地基承载力的半经验公式计算:

$$\Delta C_u = \frac{r \cdot \Delta h \cdot k}{N_c} \tag{3-2}$$

式中:r——填土的重度;

N_c——承载力因素,可取 $N_c = 5.52$;

k——安全系数;

ΔC_u——强度增加值。

②计算强度增长 ΔC_u 时,相应固结度计算可采用下式:

$$U_t = \Delta h \times r \times k / (N_c \times \sigma_z \times \text{tam}\, \varphi_{C_u})$$

$$U_t = \Delta h \times r \times k / (N_c \times \sigma_z \times \text{tam}\varphi_{C_u}) \tag{3-3}$$

式中:U_t——正常固结软土地基 t 时刻的平均固结度;

σ_z——地基土在该级荷载作用下垂直附加应力,计算时可采用压缩层内平均附加应力;

φ_{C_u}——地基土的固结快剪内摩擦角,建议用压缩层内各层土的加权平均值,或选用地基土最软弱土层的指标。

③分级加载预压时间计算

某一固结度 U_t 下所需的预压时间 t 值如式(3-4)。

$$T_k = \frac{1}{\beta}.\ln\left[\frac{\frac{A}{\sum_{i=1}^{n} S_i}\left(\sum_{i=1}^{k-1} S_i \cdot e^{-Bt_i} \cdot e^{-Bt_{i+1}} \cdot \cdots\cdots \cdot e^{-Btx_{k-1}} + S_k\right)}{\left(1-U_I \cdot \frac{S_S}{\sum_i^k S_i}\right)}\right] \tag{3-4}$$

式中：SS——总荷载下的总沉降值；

U_I——对应于总荷载下的平均总固结度，可简化用式(3-5)计算：

$$U_I = U_i \cdot \frac{\Sigma \Delta h_i}{H} \tag{3-5}$$

式中：　H——总荷载高度；

U_i、Δh_i——i 级荷载下的平均固结度与填土高度。

采用前述分析方法，计算了试验段各代表断面理想的加载计划，结果如表 3-4 所示，固结度为砂井区的固结度。

加载计划计算结果表　　表 3-4

断面	砂井参数		计划填土高度(m)	计划每级填土厚(m)	平均每级荷载间歇期(d)	加载至设计荷载历时(d)
	深度(m)	间距(m)				
B	10	1.0	3.938	0.4	6	54
				0.5	7	54
				0.6	10	55
C	20	2.0	3.585	0.4	31	234
				0.5	40	238
				0.6	50	243
D	15	2.0	3.555	0.4	31	225
				0.5	39	229
				0.6	49	234
E	15	1.5	3.848	0.4	16	133
				0.5	21	135
				0.6	25	138
F	15	1.0	4.592	0.4	6	69
				0.5	7~8	69
				0.6	9	69

注：1. 极限填土高为 2.0m；

2. 加载历时为极限填土高度之后所需时间。

从加载计划计算结果可以得出以下几点结论：

①砂井间距对停载间歇期及加载总历时有决定性影响。如每级填土 0.5m 厚，砂井间距 1.0m 时停歇间歇期仅 7~8 天，而 1.50m、2.0m 间距间歇期则分别为 21d、40d。

②砂井间距较大时($D \geqslant 1.50$m)，单级填土厚度对停载间歇期影响较大，组织施工时，应根据压实机械的性能优化填筑方案。

③试验段采用水力吹填法填筑，砂井间距为 2.0m 的 C、D 断面控制着整个项目的加载时间间隔及总工期。填土太快，容易达到失稳的临界状态，如 C 断面在 1995 年 11 月 10 日至 12

月18日期间，填土高度从2.5m增高到3.7m，36天时间共填土1.2m，地表沉降速率最大达70mm/d，侧向位移速率最大达17.4mm/d，大大超过行业规范允许的范围。在此状态下路堤未失稳，与路堤底部铺设的土工布有很大关系。

4）土工织物抗滑稳定性计算

试验段中所用土工织物为土工布，袋装砂井为编织袋。土工织物在地基中作为筋体，在用圆弧法计算路堤稳定性时增加抗滑力矩从而增加路堤抗滑能力，提高了地基稳定性。

（1）土工布的抗滑力矩有两种计算方式：一是考虑土工布为柔性钢筋带，即在滑弧的滑移处土工布产生与滑移相适应的扭曲，土工布的拉力方向切于圆弧，可用荷兰法计算，其式为：

$$[M_{抗}]_{布} = R \times \sum_{i=1}^{m} T_i \tag{3-6}$$

二是假设土工织物拉力总是和原来的铺设的方向一致，则拉力将分解为两个方向，其抗滑力矩为：

$$[M_{抗}] = \sum_{i=1}^{M} [T_i y_i + RT_i \sin\theta \tan\varphi_i] \tag{3-7}$$

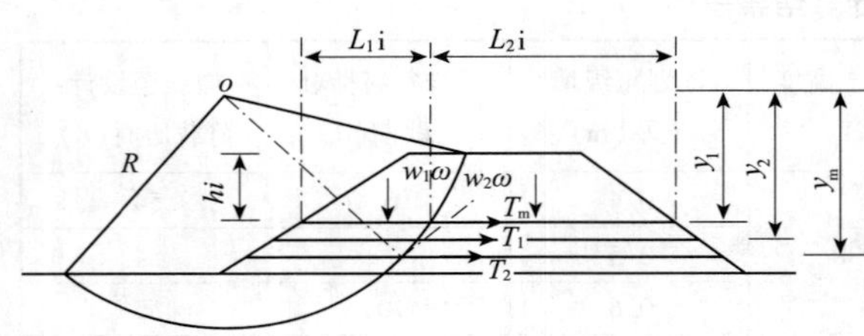

图3-1　土工布的抗滑稳定计算图示

式中 T_i 的确定方法如下：取土工布本身的抗拉强度与所能提供土工布产生拉力的最大摩阻力两者中的小值，其余参数意义如图3-1所示。

（2）当地基中已设置了许多竖向排水体袋装砂井或塑料排水板，圆弧滑动计算分析时，可考虑滑动带上是由于淤泥土和排水体所组成的复合体。当将排水体视作竖向加筋体考虑时，大量砂袋和塑料排水板作为能跟着滑动体一起抗拉的筋带而参加了抗滑体产生的抗力。砂袋产生的总抗滑力矩，包括砂袋中砂的摩擦抗滑作用，可用式（3-8）计算：

$$[M_{抗}]_{袋} = R\sum_{i=1}^{m} T_{wi} + R\sum_{i=1}^{m} W_{si} \tan\varphi_s \tag{3-8}$$

式中：T_{wi} ——第 i 条砂袋的抗拉力，取砂袋抗拉力与其所受摩阻力之小值；

W_{si} ——第 i 条砂袋中上半部分或下半部分的砂重；

φ_s ——袋中砂的摩擦角；

m——滑弧范围砂袋的系数，取每米长的路堤计算，其数量由砂袋的间距和滑弧在砂井区所切的长度决定。

综上所述，可得砂井、土工布处理地基的抗滑稳定公式为：

$$F_S = \frac{M_{抗}}{M_{滑}} = \frac{[M_{抗}]_{土} + [M_{抗}]_{布} + [M_{抗}]_{袋}}{M_{滑}} \tag{3-9}$$

式中各项可分别由式（3-1）、式（3-6）、式（3-7）或式（3-8）求得。

由于袋装砂井施工时扰乱了周围土体，使土体强度降低，在采用式（3-9）计算路堤安全系数时，土体强度应为施工搅动后的强度。据深汕汽车专用公路（龙岗－潭西）第四合同段软土试验工程表明，施工搅动使周围土体强度降低约45%，按此强度损失计算砂井、土工布地基极限填土高度如表3-5所示。计算结果表明：有砂井、土工布加固处理的试验段路堤地基，极限填土高度为 3 ~ 3.5m，最小安全系数在 1.2 左右，实际观测情况与此相近。

打砂井后强度指标稳定计算简明表

表 3-5

断面号	土层深度（m）	强度值 C_u（kPa）		考虑土工织物的作用		不考虑土工织物的作用	
		原十字板强度值	计算强度值	计算填土高度(m)	最小安全系数 K_{min}	极限填土高度(m)	K_{min}
B	0 ~ 1	27.66	27.66	2.5	1.141	1.8	1.03
	1 ~ 13.0	10.58	5.82				
C	0 ~ 1	10.06	10.06	3.5	1.205	1.3	1.06
	1 ~ 11.0	8.33	4.58				
	11.0 ~ 13.0	17.70	9.74				
D	0 ~ 1	15.46	15.46	3.0	1.277	1.2	1.04
	1 ~ 9.0	6.61	3.64				
	9.0 ~ 13.0	17.17	9.44				
E	0 ~ 1	13.12	13.12	3.2	1.258	1.3	1.00
	1 ~ 10.0	7.39	4.06				
	10.0 ~ 13.0	15.11	8.31				
F	0 ~ 1	12.79	12.79	3.3	1.27	1.2	1.07
	1 ~ 9.0	7.12	3.92				
	9.0 ~ 13.0	13.53	7.44				

3.2　软基路堤监测分析

路基观测成果分析是实体试验段最主要的内容之一。通过埋设多种监测仪器，监测地基土体的应力、应变状态以了解地基土体的固结状态，是动态控制施工填土并确保路堤安全稳定的必要手段。本试验主要监测项目有孔隙水压力、表面沉降、深层沉降及侧向位移。各项目观测结果分述如下：

1）孔隙水压力观测结果

孔隙水压力观测是了解地基土体固结状态的最直接、最有效的手段，也是地基稳定性评价的有效方法之一。观测超静孔隙水压力消散程度，是决定后续加载的主要根据。本试验工程典型加载、停载期间孔隙水压力过程曲线如图 3-2 所示。由图中可见，加载时地基内孔隙水压力立即增长，停载时孔隙水压力停止增长并开始消散，每次加载停载均重复上述现象，可见仪器工作正常，所得数据可靠。表 3-6 ~ 表 3-8 为路堤中心孔压测试结果汇总表，表 3-9 ~ 表 3-14 为各代表断面典型点孔压系数随加载过程的变化情况。

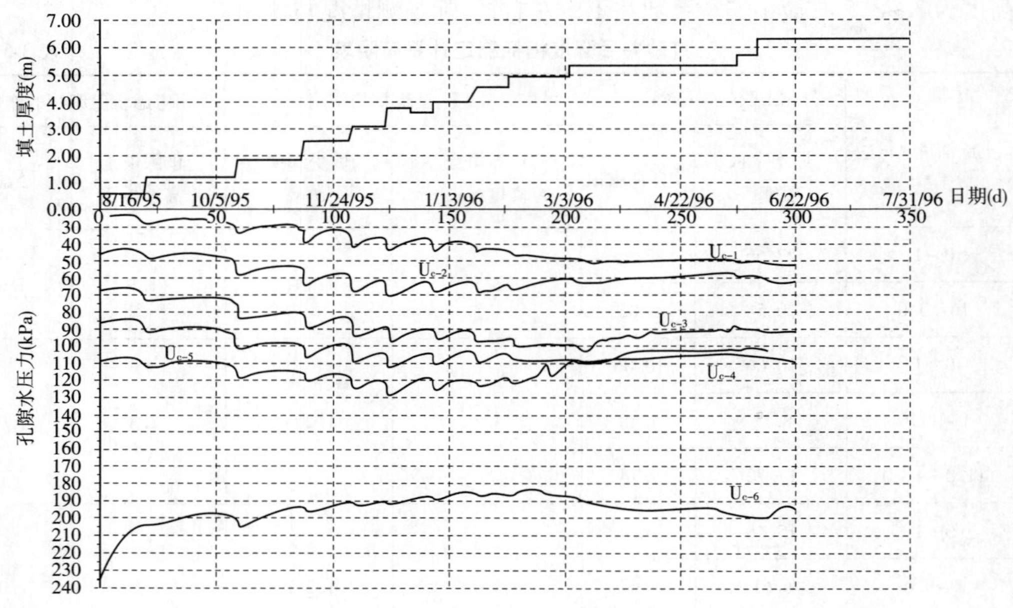

图 3-2 D 断面孔隙水压力—荷载—时间关系曲线图

孔压测试结果汇总表(一)

表 3-6

断面编号 砂井参数	孔压仪		填土荷载(kPa)	累计最大孔压增量和(kPa)	累计超静孔压增量和(kPa)	剩余孔压(kPa)	孔压消散度(%)	孔压系数	备注
	编号	埋深							
①	②	③	④	⑤	⑥	⑦	⑧	⑨	⑩
B(K23 +670) 砂井长度 $L=10.0$m 间距 $D=1.0$m	U_{b-1}	2.6	3.884×17 =66.02	41.59	31.81	9.78	76	0.62	资料统计截止日期1996年3月28日
	U_{b-4}	8.6		50.14	47.91	2.23	95	0.75	
	U_{b-5}	11.6		55.98	44.06	11.92	78	0.84	
C(K23 +730) 砂井长度 $L=20$m 间距 $D=2.0$m	U_{c-1}	2.6	4.663×17 =79.27	63.28	42.93	20.35	67	0.80	
	U_{c-2}	4.6		70.46	52.34	18.12	74	0.89	
	U_{c-3}	6.6		79.37	51.85	27.52	65	1.00	
	U_{c-4}	8.6		65.41	42.51	22.9	64	0.83	
	U_{c-6}	22.1		31.64					
E(K23 +850) 砂井长度 $L=15$m 间距 $D=2.0$m	U_{E-1}	2.6		50.13	33.06	17.07	65		
	U_{E-2}	5.6		53.05	35.26	17.79	66		
	U_{E-3}	11.1		51.45	47.13	4.32	91		
	U_{E-4}	24.6		18.10					
F(K23 +910) 砂井长度 $L=15$m 间距 $D=1.0$m	U_{F-1}	2.0	1.4×17= 23.8	22.29	20.63	1.66	92	0.93	
	U_{F-2}	5.0		21.91	20.84	0.97	95	0.91	
	U_{F-3}	8.0		21.17	18.91	2.26	89	0.88	
	U_{F-4}	11.0		24.98	19.01	5.97	76	1.04	
	U_{F-5}	14.0		22.30	19.17	3.13	85	0.93	
	U_{F-6}	18.0		24.56	19.90	4.66	81	1.03	
	U_{F-7}	19.8		18.37	5.61	12.76	30	0.77	

孔压测试结果汇总表(二) 表 3-7

断面	加载级数	荷载增量 ΔPi (kPa)	孔隙水压力增量 ΔP_i 最大值							对应于各级荷载的最大孔隙压力系数 $\bar{B}_i = \frac{\Delta U_i}{\Delta p_i}$						
			测头编号							测头编号						
			U_1	U_2	U_3	U_4	U_5	U_6	U_7	U_1	U_2	U_3	U_4	U_5	U_6	U_7
C断面	2	10.2	4.5	6.93	7.19	7.45	5.67	0.98		0.44	0.68	0.7	0.73	0.56	0.1	
	3	10.2	5.58	12.49	12.12	12.14	10.67	4.91		0.54	1.22	1.19	1.19	1.0 5	0.48	
	4	11.9	11.4	11.51	9.91	7.97	8.12	3.96		0.95	0.97	0.83	0.67	0.68	0.33	
	5	9.35	11.64	11.4	11.98	11.31	8.7	3.96		1.24	1.21	1.28	1.21	0.93	0.43	
	6	11.05	9.59	8.95	9.11	8.62	8.67	3.96		0.87	0.81	0.82	0.78	0.78	0.36	
	7	3.4	7.59	7.04	8.72	7.26	6.2	2.998		2.23	2.07	2.56	2.14	1.82	0.88	
	8	9.35	5.98	6.26	8.41	6.64	5.58	1.98		0.64	0.67	0.9	0.71	0.6	0.22	
	9	6.13	4.75	3.13	4.19.	3.31	3.11	1.98		0.72	0.47	0.63	0.5	0.47	0.3	
	10	8.274	5.5	2.75	7.66	3.11	1.89	3.96		0.66	0.33	0.93	0.4	0.22	0.46	
	11	7.329	1.96	0.4	2.11	1.98	1.91	1.99		0.27	0.05	0.29Q	0.27	0.26	0.14	
	12	12.789	1.57	2.38	2.81	2.65	1.91	0.98		0.12	0.19	0.22	0.21	0.15	0.08	
		$\Sigma\Delta P_i$ =100.455	$\Sigma\Delta U_i$ = 69.96	$\Sigma\Delta U_i$ $\Sigma\Delta U_i$ = 73.24	$\Sigma\Delta U_i$ = 78.21	$\Sigma\Delta U_i$ = 72.64	$\Sigma\Delta U_i$ = 62.43	$\Sigma\Delta U_i$ = 31.64	$\Sigma\Delta U_i$							
		$\frac{\Sigma\Delta U_i}{\Sigma\Delta P_i} = \bar{B}$	0.69	0.72	0.78	0.72	0.62	0.32								
F断面	1	13.6	8.83	7.62	5.17	6.6	4.91	9.53	8.51	0.65	0.56	038	0.49	0.31	0.7	0.63
	2	6.8	5.01	4.9	4.83	7.77	5.24	7.39	7.06	0.74	0.72	0.71	1.14	0.77	1.09	1.04
	3	6.8	9.5	9.05	8.93	9.51	8.83	8.45	7.04	0.8	0.76	075	0.8	0.75	0.7	0.59
	4	11.9	12.79	12.85	1.26	13.67	13.47	15.61	12.74	1.07	1.08	1.03	1.15	1.13	1.31	1.07
	5	11.9	15.17	14.28	12.5		14.97	16.73	14	1.27	1.2	1.05		1.26	1.41	1.62
	6	13.767	6.05	6.05	4.67		7.21	8.32	6.97	0.44	0.44	0.34		0.52	0.61	0.51
	7	8.4	2.05	3.19	4.12	3.58	4.14	5.2	9.7	0.25	0.38	0.49	0.43	0.49	0.62	1.15
	8	8.694	1.64	2.26	2.52	1.79	3.1	5.19	6.9	0.19	0.29	0.629	021	0.36	06	0.79
	9	6.195	1.66	2.23	2.54	2.98	5.15	4.15	4.13	0.27	0.36	0.41	0.48	0.83	0.67	0.67
		$\Sigma\Delta P_i$ = 93.125	$\Sigma\Delta U_i$ = 62.71	$\Sigma\Delta U_i$ = 63.43	$\Sigma\Delta U_i$ = 37.54	$\Sigma\Delta U_i$	$\Sigma\Delta U_i$ = 66.3	$\Sigma\Delta U_i$ = 81.57	$\Sigma\Delta U_i$ = 77.05							
		$\frac{\Sigma\Delta U_i}{\Sigma\Delta P_i} = \bar{B}$	0.67	0.67	0.61		0.72	0.87	0.82							

孔压测试结果整理表(三) 表3-8

孔压系数 $B=\frac{\Delta U}{\Delta P}$	砂井间距(m)	孔压测头编号	加载级数序号									
			2	3	4	5	6	7	8	9	10	11
对应每一级荷载作用后7天(B_7/B_{max})	1.0	U_{B-4}	0.53 (0.72)	0.53 (0.63)	0.14 (0.30)	0.37 (0.54)	0.43 (0.51)	0.26	0.37		0.1	0.08
	1.5	U_{E-4}	0.80 (0.87)	0.57 (0.67)	0.34 (0.60)	0.42 (0.52)	0.63 (0.50)	0.49	0.37			
	2.0	U_{C-4}	0.59 (0.80)	0.92 (0.77)	0.34 (0.50)	0.71 (0.58)	0.36 (0.46)	0.34	0.21	0.30	0.24	
		U_{D-4}	0.88 (0.96)	0.74 (0.88)	0.67 (0.55)	0.60 (0.65)	0.76 (0.74)	0.29	0.44		0.13	
对应每一级荷载作用后12d(B_{12}/B_{max})	1.0	U_{B-4}	0.16 (0.21)	0.32 (0.38)	0	0.21 (0.20)	0.33 (0.30)	0.13	0.37			0.08
	1.5	U_{E-4}	0.80 (0.87)	0.52 (0.61)	0.26 (0.46)	0.24 (0.30)	0.75					
	2.0	U_{C-4}	0.53 (0.72)	0.92 (0.27)	0.32 (0.17)	0.57 (0.47)	0.11 (0.14)	0.00				
		U_{D-4}	0.71 (0.78)	0.67 (0.79)	0.56 (0.54)	0.50 (0.54)	0.38	0.14	0.17			
对应初始孔压下,每一级加载后最大孔压系数 $B_{max}=\frac{U_t-U_0}{\Sigma\Delta P}$	1.0	U_{B-4}	0.69	0.42	0.15	0.18	0.26	0.21	0.16	0.25	0.07	0.06
	1.5	U_{E-4}	0.91	0.72	0.44	0.40	0.40	0.41	0.34	0.34	0.28	
	2.0	U_{C-4}	0.73	0.79	0.69	0.63	0.55	0.49	0.40	0.35	0.34	0.27
		U_{D-4}	0.91	0.73	0.71	0.61	0.61	0.58	0.49	0.43	0.32	

B 断面孔压测试资料整理表

表 3-9

测点编号及埋深	加载级数	加载日期	单级净填土高度(m)(单级荷载 kPa)	累计填土高度(m)(累计荷载 kPa)	孔隙水压力系数 $B=u/p$						剩余孔压(kPa)	备注
					对应每一级荷载作用下				对应初始孔压 U_0			
					最大值	加载后 7d	加载后 12d	下一级加载前 B_t	最大值	下一级加载前		
U_{B-4} 埋深地面下 8.6m	2	1995 年 9 月 5 日 ~8 日	0.5 (8.5)	0.5 (8.5)	0.73	0.53	0.16	0	0.69	0	0	在 29/12 卸载 0.2m
	3	1995 年 10 月 12 日 ~16 日	0.5 (8.5)	1.0 (17.0)	0.84	0.53	0.32	0.05	0.42	0.03	0.44	
	4	1995 年 11 月 13 日 ~16 日	0.4 (6.8)	1.4 (23.8)	0.46	0.14	0	-0.06	0.15	0	0	
	5	1995 年 12 月 1 日 ~3 日	0.5 (8.5)	1.9 (32.3)	0.68	0.37	0.21	0.21	0.18	0.06	1.78	
	6	1995 年 12 月 18 日 ~19 日	0.6 (10.2)	2.5 (42.5)	0.83	0.43			0.26			
		1995 年 12 月 29 日	-0.2 (-3.4)	2.3 (39.1)			0.33	0.13		0.07	2.68	
	7	1996 年 1 月 7 日 ~8 日	0.4 (6.8)	2.7 (45.9)	1.04	0.26	0.13	0.13	0.21	0.08	3.57	
	8	1996 年 1 月 26 日	0.5 (8.5)	3.2 (54.4)	0.57	0.37		0.37	0.16	0.12	6.68	
	9	1996 年 2 月 9 日 ~11 日	0.262 (4.454)	3.462 (58.854)	1.78	-0.10	-0.40	-1.80	0.25	0.05	3.12	
	10	1996 年 3 月 8 日	0.422 (8.862)	3.844 (67.716)	0.15	0.10	0	-0.15	0.07	0.03	1.78	
	11	1996 年 5 月 8 日	0.283 (5.943)	4.167 (73.659)	0.23	0.08		0.08	0.06	0.05	3.57	
	12	1996 年 5 月 20 日	0.304 (6.384)	4.471 (80.043)	0.07		0.07	0.05	0.05	4.01		
	13	1996 年 6 月 1 日 ~7 日	0.770 (16.17)	5.241 (96.123)								

C 断面孔压测试资料整理表 表 3-10

测点编号及埋深	加载级数	加载日期	单级净填土高度(m)(单级荷载 kPa)	累计填土高度(m)(累计荷载 kPa)	孔隙水压力系数 B = u/p						剩余孔压(kPa)	备注
					对应每一级荷载作用下				对应初始孔压 U_0			
					最大值	加载后 7d	加载后 12d	下一级加载前 B_t	最大值	下一级加载前		
U_{C-4} 埋深 地面下 8.6m	2	1995 年 9 月 4 日 ~5 日	0.6 (10.2)	0.6 (10.2)	0.73	0.59	0.53	0.47	0.73	0.47	4.75	
	3	1995 年 10 月 13 日 ~14 日	0.6 (10.2)	1.2 (20.4)	1.19	0.92	0.92	0.92	0.79	0.70	14.18	
	4	1995 年 11 月 11 日 ~12 日	0.7 (11.9)	1.9 (32.3)	0.67	0.34	0.12	0.05	0.69	0.46	14.85	
	5	1995 年 12 月 1 日 ~3 日	0.55 (9.35)	2.45 (41.65)	1.21	0.71	0.57	0.57	0.63	0.48	20.18	
	6	1995 年 12 月 17 日 ~18 日	0.65 (11.05)	3.10 (52.7)	0.78	0.36			0.55			
		1995 年 12 月 27 日	-0.15 (-2.55)	2.95 (50.15)			0.11	0		0.40	20.18	在 22/12 卸载 0.15m
	7	1996 年 1 月 7 日	0.35 (5.95)	3.3 (56.1)	1.22	0.34	0	0	0.49	0.36	20.18	
	8	1996 年 1 月 22 日 ~25 日	0.55 (9.35)	3.85 (65.45)	0.71	0.21		0.21	0.40	0.34	22.18	
	9	1996 年 2 月 9 日 ~14 日	0.389 (6.613)	4.239 (72.063)	0.50	0.30		0.30	0.35	0.34	24.16	
	10	1996 年 3 月 10 日 ~14	0.394 (8.274)	4.633 (80.377)	0.40	0.24	0.08	0.32	0.34	0.27	21.51	
	11	1996 年 5 月 18 日	0.349 (7.329)	4.982 (87.666)	0.27	0.27		0.27	0.27	0.27	23.5	
	12	1996 年 5 月 27 日	0.609 (12.789)	5.591 (100.455)								

D 断面孔压测试资料整理表　　表 3-11

测点编号及埋深	加载级数	加载日期	单级净填土高度(m)(单级荷载 kPa)	累计填土高度(m)(累计荷载 kPa)	孔隙水压力系数 B = u/p						剩余孔压(kPa)	备注
					对应每一级荷载作用下				对应初始孔压 U_0			
					最大值	加载后7d	加载后12d	下一级加载前 B_t	最大值	下一级加载前		
	2	1995 年 9 月 4 日 ~5 日	0.6 (10.2)	0.6 (10.2)	0.91	0.88	0.71	0.60	0.91	0.60	6.07	
	3	1995 年 10 月 5 日 ~10	0.7 (11.9)	1.3 (22.1)	0.84	0.74	0.67	0.50	0.73	0.55	12.07	
	4	1995 年 12 月 1 日 ~3 日	0.7 (11.9)	2.0 (34.0)	1.03	0.67	0.56	0.70	0.71	0.53	18.00	
	5	1 ~3/12	0.6 (10.2)	2.6 (44.2)	0.92	0.60	0.50	0.60	0.61	0.52	23.10	
	6	1995 年 12 月 16 日 ~18	0.6 (10.2)	3.2 (54.4)	1.02	0.76			0.61			
U_{C-4} 埋深地面下 8.6m		1995 年 12 月 27 日	−0.3 (−5.1)	2.9 (49.3)			0.38	0.53		0.52	25.82	在 27/12 卸载 0.3m
	7	1996 年 1 月 4 日 ~7 日	0.55 (9.35)	3.45 (58.65)	0.87	0.29	0.14	0.14	0.58	0.46	27.08	
	8	1996 年 1 月 22 日 ~24 日	0.65 (11.05)	4.1 (69.70)	0.61	0.44	0.17	0.04	0.49	0.40	27.54	
	9	1996 年 2 月 9 日	0.3 (5.1)	4.4 (74.80)	0.94			-0.49	0.43	0.33	25.04	
	10	1996 年 3 月 6 日	0.424 (8.9)	4.824 (83.70)	0.22	0.13	-0.13	-0.99	0.32	0.18	15.24	
	11	1996 年 5 月 18 日	0.282 (5.92)	5.106 (86.92)	0.40			0.40	0.20	0.20	17.61	
	12	1996 年 5 月 24 日 ~25 日	0.492 (10.33)	5.598 (99.95)	0.23				0.20			

E 断面孔压测试资料整理表

表 3-12

测点编号及埋深	加载级数	加载日期	单级净填土高度(m)(单级荷载 kPa)	累计填土高度(m)(累计荷载 kPa)	孔隙水压力系数 $B=u/p$ 对应每一级荷载作用下				孔隙水压力系数 $B=u/p$ 对应初始孔压 U_0		剩余孔压(kPa)	备注
					最大值	加载后 7d	加载后 12d	下一级加载前 B_t	最大值	下一级加载前		
	2	1995 年 9 月 1 日 ~2 日	0.5 (8.5)	0.5 (8.5)	0.91	0.8	0.8	0.57	0.91	0.57	4.85	
	3	1995 年 10 月 1 日 ~2 日	0.6 (10.2)	1.1 (18.7)	0.85	0.57	0.53	0.19	0.72	0.36	6.78	
	4	1995 年 11 月 9 日 ~10 日	0.75 (12.75)	1.85 (31.45)	0.56	0.34	0.27	0.15	0.44	0.28	8.71	
	5	1995 年 11 月 30 日	0.6 (10.2)	2.45 (41.65)	0.8	0.42	0.24	0.24	0.40	0.27	11.11	
	6	1995 年 12 月 15 日 ~16 日	0.4 (6.8)	2.85 (48.45)	1.26	0.63			0.41			
		1995 年 12 月 27 日	−0.25 (−4.25)	2.6 (44.2)			0.75	0.75		0.29	13.02	
U_{E-4} 埋深地面下 8.6m	7	1996 年 1 月 4 日 ~5 日	0.4 (6.8)	3.0 (48.45)	1.26	0.62			0.41	0.32	16.35	1995 年 12 月 27 日卸载 0.25m
	8	1996 年 1 月 20 日	0.3 (5.1)	3.3 (51.0)	0.56	0.37		0.37	0.34	0.33	18.24	
	9	1996 年 2 月 8 日	1.069 (18.173)	4.437 (74.273)	0.16				0.28			
	10	1996 年 2 月 13 日 ~15 日	−1.838 (31.246)	2.531 (43.027)						0.37	15.87	
	11	1996 年 3 月 11 日	0.653 (11.101)	3.184 (54.128)	0.38	0.21	0.21	0.13	0.37	0.32	17.3	
	12	1996 年 4 月 7 日 ~9 日	0.773 (13.141)	3.957 (67.269)	0.61	0.32	0.29	0.14	0.38	0.29	19.19	
	13	1996 年 5 月 13 日 ~14 日	0.384 (9.064)	4.341 (75.333)	0.23			0.06	0.28	0.26	19.66	
	14	1996 年 5 月 22 日 ~29 日	0.235 (4.935)	4.576 (80.268)	0.48			0.28	0.27	0.26	21.08	

F 断面孔压测试资料整理表　　表 3-13

测点编号及埋深	加载级数	加载日期	单级净填土高度(m)（单级荷载 kPa）	累计填土高度(m)（累计荷载 kPa）	孔隙水压力系数 $B=u/p$						剩余孔压(kPa)	备注
					对应每一级荷载作用下				对应初始孔压 U_0			
					最大值	加载后 7d	加载后 12d	下一级加载前 B_t	最大值	下一级加载前		
U_{F-4} 埋深地面下 5.0m	3	1995 年 1 月 14 日～16 日	0.8 (13.6)	0.8 (13.6)	0.56	0.49	0.44	0.44	0.56	0.44	5.95	在 22/12 卸载 0.15m
	4	1996 年 2 月 1 日	0.4 (6.8)	1.2 (20.4)	0.72		0.67	0.53	0.52	10.52		
	5	1996 年 2 月 12 日	0.7 (11.9)	1.9 (32.3)	0.76	0.35			0.60	0.29	9.22	
	6	1996 年 3 月 10 日	0.7 (11.9)	2.6 (44.2)	1.08	0.65	0.52	0.19	0.50	0.26	11.49	
	7	1996 年 4 月 6 日	0.7 (11.9)	3.3 (56.1)	1.20	0.59	0.49	0.49	0.46	0.31	17.28	
	8	1996 年 4 月 22 日	0.808 (13.736)	4.108 (69.836)	0.44	0.14			0.33	0.22	15.04	
	9	1996 年 5 月 15 日	0.4 (8.4)	4.508 (78.236)	0.38			0.30	0.23	0.22	17.6	
	10	1996 年 5 月 22 日	0.414 (8.694)	4.922 (86.93)	0.26	0			0.23	0.20	17.28	
	11	1996 年 6 月 3 日	0.295 (6.195)	5.217 (93.125)	0.36				0.21			

F 断面孔压测试资料整理表　　表 3-14

测点编号及埋深	加载级数	加载日期	单级净填土高度(m)（单级荷载 kPa）	累计填土高度(m)（累计荷载 kPa）	孔隙水压力系数 $B=u/p$						剩余孔压(kPa)	备注
					对应每一级荷载作用下				对应初始孔压 U_0			
					最大值	加载后 7d	加载后 12d	下一级加载前 B_t	最大值	下一级加载前		
U_{F-4} 埋深地面下 8.0m	3	1995 年 1 月 14 日～16 日	0.8 (13.6)	0.8 (13.6)	0.38	0.33	0.31	0.31	0.38	0.31	4.23	在 22/12 卸载 0.15m
	4	1996 年 2 月 1 日	0.4 (6.8)	1.2 (20.4)	0.71	0.57	0.57	0.57	0.44	0.40	8.09	
	5	1996 年 2 月 12 日	0.7 (11.9)	1.9 (32.3)	0.75	0.47			0.53	0.26	8.41	
	6	1996 年 3 月 10 日	0.7 (11.9)	2.6 (44.2)	1.03	0.72	0.56	0.16	0.47	0.23	10.33	
	7	1996 年 4 月 6 日	0.7 (11.9)	3.3 (56.1)	1.05	0.61	0.43	0.43	0.41	0.27	15.39	
	8	1996 年 4 月 22 日	0.808 (13.736)	4.108 (69.836)	0.34	0.14			0.29	0.22	15.08	
	9	9196 年 5 月 15 日	0.4 (8.4)	4.508 (78.236)	0.49	0.23	0.15	0.15	0.25	0.21	16.35	
	10	1996 年 5 月 22 日	0.414 (8.694)	4.922 (86.93)	0.29	0.14			0.22	0.17	15.09	
	11	1996 年 6 月 3 日	0.295 (6.195)	5.217 (93.125)	0.41	0.05	0.19					

对孔压资料整理结果可得如下结论：

①对同一间距的袋装砂井，在加固深度范围内，孔隙水压力的增长、消散基本一致。如表3-7，C断面1-4号孔压，F断面1-5号孔压仪测得，各级荷载作用下$\frac{\Delta U_{maxi}}{\Delta P}$基本一致，$\frac{\sum \Delta U_{imax}}{\sum \Delta P}$值C断面在0.69～0.71，孔压消散由表3-6之1清晰可见。F断面1996年2月12日、3月10日两次填土1.40m，荷载23.80kPa，埋深2.0m、6.0m、8.0m、11.0m、14.0m孔压仪测得最大孔压增量和为21.17～24.98kPa，至4月6日孔压仪测得消散孔和为18.91～20.63kPa，消散度为85～95%。

②不同间距的袋装砂井，孔压消散率不同，间距越小，孔压消散越快，与理论相一致，从最大孔压系数$B_{max}=\frac{U_{max}-U_0}{\sum \Delta P}$很明显的反映这一点（表3-8）。试验段B、C、D、E断面第4级至第6级填土，从1995年11月9日至1995年12月19日40天内完成。期间不同间距袋装砂井孔压系数分别为：砂井间距1.0m的B断面为0.15～0.26；间距1.50m的E断面为0.40～0.44；间距2.0m的D断面为0.61～0.71、C段断面为0.55～0.69（孔压系数也表明：试验段期间的填土速度对于砂井间距1.0m的B断面偏小，对于1.5m的E断面比较适中，对于2.0m砂井间距的C、D断面速度则偏快）。

③第4～6级填土期单级孔压系数$B=\frac{\Delta U_i}{\Delta P_i}$的变化规律为：间距1.0m袋装砂井处理区，单级加载后7d，B值为0.14～0.43，孔压消散46%～70%；间距1.50m的袋装砂井处理区，单级加载后12d，B值为0.24～0.50，孔压消散50%～70%；间距2.0m的袋装砂井处理区，单级加载后12d，B值为0.38～0.56，孔压消散46%。

综上所述，从孔压测试结果可得试验段路堤稳定控制标准如下：

①加载期间，综合孔压系数$B(B=\frac{U_i-U_0}{\sum \Delta \mathrm{P}})\leqslant 0.6$单级孔压系数$B(B=\frac{\Delta U_{max}}{\Delta P_i})\leqslant 1.0$。

②单级孔压系数$B(B=\frac{\Delta U_{max}}{\Delta P_i})\leqslant 0.4$或单级孔压增量$\Delta U_{max}$消散大于50%时，可加下一级荷载。当每级填土厚50cm，两级填土间歇期据砂井间距按表3-15建议值控制。按实际孔压测试确定的填土间歇期比理论计算值要小，尤其是当砂井间距D偏大时，两者相差很大，这与计算时固结系数取值偏小有关。

填土间歇期建议值　　表3-15

砂井间距D（m）	填土间歇期（d）		备注
	按孔压消散建议值	理论计算值	
1.0	7～10	7～8	填土高度大时，取大值
1.5	12～15	21	
2.0	20	39～4	

2）地表沉降观测结果

地表沉降观测是软基沉降分析的基础，沉降速率是实际施工过程中控制填土速率的主要指标之一。为减少堤身压缩对地面沉降的干扰，地面沉降用双管沉降测定。每个断面中心点沉降及沉降速率过程曲线绘于附图中，从图中反映出的地面沉降随加载而增长，随停载而减缓，整个沉降过程一直有规律的发展着。将各个断面沉降资料整理于表3-16～表3-20，结果汇总于表3-21～表3-23中，从上述表格可以看出几个方面的问题：

①地表沉降量与填土高度大小大致成正比，填土高度越大，沉降量也越大，E、D、F断面填土高度为5.512m、6.198m、6.517m，至1997年1月18日，测得中心点累计沉降量分别为：1950mm，2186mm，2416mm。

②地表沉降速率与路堤填土高度及填土速率有关。在路堤第4级填土前，填土高度小于2.0m，最大日平均沉降速率一般小于15mm/d，当填土高度超过2.0m，沉降速率有不同的变化规律。本试验段从1995年11月9日至1995年12月19日，40天时间内完成B、C、D、E四断面第4级至第6级填土，分别吹填厚度为1.50m、1.90m、1.60m、1.95m，填土期间沉降速率随加载高度的增高而增大，各断面达到最大沉降速率为B断面21.0mm/d，C断面68.0mm/d，D断面22.0mm/d，E断面32.0mm/d，相应的填土厚度为3.1m、3.7m、3.5m、3.45m。由于沉降观测速率超过规定允许值15.0mm/d太多，考虑到路堤安全，采取两项措施：一是1995年12月27日减载20～25cm；二是减缓填土速率，从1995年12月27日至1996年1月26日，一个月内B、C、D、E断面各填土厚仅0.70m、0.75m、0.8m、0.45m，测得期间最大沉降速率为14.0～17.0mm/d，沉降速率明显减小。

③填土高度超过理论计算极限填土高度后，B、C、D、E断面加载填土后7d沉降速率分别为：砂井间距1.0m的B断面为3.0～9.5mm/d，平均5.36mm/d；砂井间距1.50m的E断面为3.33～9.0mm/d，平均6.58mm/d，砂井间距2.0m的C断面为4.0～10.0mm/d，平均7.08mm/d，D断面为7.0～12.0mm/d，平均9.625mm/d。从各级填土后7d时沉降速率来看，15.0m长砂井，间距2.0m的D断面较间距1.50的E断面，沉降衰减小，这与理论定性分析一致的，前者沉降速率持续较大，与D断面填土速率过快有关。从D断面沉降速率测试结果看，控制加载7d沉降速率小于10mm/d，能保证路堤安全、稳定。砂井间距小的（1.0m、1.5m）处理段填土速率还可以提高。

④对砂井间距$D=1.0$m的F断面，控制最大沉降速率小于25mm/d，填土加载7d后沉降速率小于10mm/d，进行了快速填土。从1996年1月14日到1996年4月22日，计98天，加载填土4.108m，填土期间路堤稳定安全。表明用这些沉降速率指标控制填土速率，能有效的指导路基填土，争取预压时间减少工后沉降量。

综上所述，从表面沉降速率测试结果，可得试验路段路堤稳定控制指标为：

①加载期间，单日最大沉降速率控制在25mm/d以下。

②停载时期，日平均沉降速率小于6mm/d时，可加下一级荷载。

3）侧向位移观测

侧向位移速率量值大小是判断路堤地基稳定与否的控制指标之一，同时，侧向位移量的大小可计算因侧向位移而引起的沉降量。

侧向位移可分为深层和地表两种。深层位移量是在坡脚点埋入测斜管到底部稳定土层，用测斜仪量测加载过程中的深层土侧向移动情况。量测结果绘制成图整理于表3-16～表3-20及表3-24中。

（B断面 K21+670）**每段时间荷载增量，中心点地面沉降，侧向位移及其速率表** 表3-16

加载级数	加载日期	单级净填土高度（m）（单级荷载kPa）	累计填土高度（m）（累计荷载kPa）	表面沉降速率（mm/d）			每级荷载结束时累计沉降（mm）	测线位移			备注
				最大值	加载过后7d时	下一级填土前		本级增量（mm）	本级量大速率（mm/d）	累计位移（mm）	
1	1995年3月25日~30日	0.60	0.6			1.17（6）	215				
2	1995年5月~8月	0.50	1.10	5.0（6）	4.17（6）	2.25（4）	364				
3	1995年10月12日~16日	0.50	1.60	11（2）	6（4）	3.3（3）	510			23.8	
4	1995年11月13日~16	0.40	2.00	6.5（2）	4（1）		570				
5	1995年12月1日~3日	0.50	2.50	14（1）	3（4）	2.67（3）	675			43.5	
6	1995年12月18日~19日	0.60	3.10	21（1）	9.5（4）	2（1）	852	20.7		64.2	地表沉降速率5.0(6)指6d平均速率为5.0mm/d，括号中数字为天数
7	1996年1月7日~8日	0.20	3.30	16（1）	4.3（3）	4.5（2）	971	9.9	3.5	74.1	
8	1996年1月26日	0.50	3.80	14（1）	6（2）		1069	10	2.0	84.1	
9	1995年2月9日~11日	0.262	4.062	10.3（3）		2.8（5）	1228				
10	1996年3月8日	0.422	4.484	4.75（4）	4.25（4）	3.3（3）	1407				
11	1996年5月8日	0.283	4.767	4.17（6）			1432				
12	1996年5月20日	0.304	5.071	4.0（11）	5.2（5）	3.5（2）	1514				
13	1996年6月1日~7日	0.77	5.841	10（1）	5.5（4）						

（C 断面 K21 + 730）**每段时间荷载增量，中心点地面沉降，侧向位移及其速率表**　　表 3-17

加载级数	加载日期	单级净填土高度（m）（单级荷载 kPa）	累计填土高度（m）（累计荷载 kPa）	表面沉降速率（mm/d）			每级荷载结束时累计沉降（mm）	测线位移			备注
				最大值	加载过后7d时	下一级填土前		本级增量（mm）	本级量大速率（mm/d）	累计位移（mm）	
1	1995 年 3 月 3 日	0.60	0.60				209				地表沉降速率 5.0(6) 指 6d 平均速率为 5.0 mm/d，括号中数字为天数
2	1995 年 9 月 4 日～5 日	0.60	1.20	6.0 (6)	4.5 (6)	2.25 (4)	354				
3	1995 年 10 月 13 日～14 日	0.60	1.80	16.5 (2)	8.25 (4)	2.33 (3)	564	25.2		25.2	
4	1995 年 11 月 11 日～12 日	0.70	2.50	13.0(2)	4.0(2)	4.0(3)	726	286	2.7	53.8	
5	1995 年 12 月 1 日～3 日	0.55	3.05	35.0 (1)	9.0 (2)	3.67 (3)	868	39.9		93.7	
6	1995 年 12 月 17 日～18 日	0.65	3.70	68.0 (1)	10.0 (4)	7(1)	1093	37.8	17.4	131.5	
7	1996 年 1 月 7 日	0.20	3.90	14.0 (1)	5.33 (3)	5.5 (2)	1231	23.9	7.7	155.4	
8	1996 年 1 月 22 日～25 日	0.55	4.45	14.0 (2)	6.5 (2)			22.9	5.9	178.3	
9	1996 年 2 月 9 日～14 日	0.389	4.839	8.67 (3)		3.0 (1)	1514				
10	1996 年 3 月 10 日～14 日	0.394	5.233	10.33 (3)	5.83 (6)	1.4 (5)	1769				
11	1996 年 5 月 18 日	0.349	5.582	4 (1)		4(1)	1793				
12	1996 年 5 月 27 日	0.609	6.191	13 (2)	7 (1)						

（D断面 K21+850）**每段时间荷载增量，中心点地面沉降，侧向位移及其速率表** 表3-18

加载级数	加载日期	单级净填土高度(m)（单级荷载kPa）	累计填土高度(m)（累计荷载kPa）	表面沉降速率(mm/d)			每级荷载结束时累计沉降(mm)	测线位移			备注
				最大值	加载过后7d时	下一级填土前		本级增量(mm)	本级量大速率(mm/d)	累计位移(mm)	
1	1995年4月8日	0.60	0.60			1.7(6)	197				
2	1995年9月2日~5日	0.60	1.20	5.57(7)	5.17(6)		338	7.6		7.6	
3	1995年10月5日~10日	0.70	1.90		5.25(4)	3.67(3)	532	13.7		21.3	
4	1995年11月10日~12日	0.70	2.60	16.5(2)		4(1)	692	17.1	4.65	38.4	
5	1995年12月1日~3日	0.60	3.20	16(1)	7(2)	3(3)	809	25.3	9.3	63.7	地表沉降速率5.0(6)指6d平均速率为5.0 mm/d，括号中数字为天数
6	1995年12月16日~18日	0.30	3.50	22(1)	12(1)	5.5(2)	1016	17.1	5.2	80.8	
7	1996年1月4日~7日	0.55	4.05	15(1)	9.5(2)	5.3(2)	1141	17.1	2.6	97.9	
8	1996年1月22日~24日	0.65	4.70	17(1)	10(2)	6.8(5)	1341	13.4	2.5	111.3	
9	1995年2月9日	0.30	5.00	10.7(3)	6.1(10)	5.63(8)	1502				
10	1996年3月6日	0.424	5.424	14(1)	7(4)	3.0(5)	1769				
11	1996年5月18日	0.282	5.706	3.33(5)		1.0(1)	1790				
12	1996年5月24日~25日	0.492	6.198	8.75(4)	4(4)						

（E 断面 K21 + 850）**每段时间荷载增量，中心点地面沉降，侧向位移及其速率表**　　表 3-19

加载级数	加载日期	单级净填土高度（m）（单级荷载 kPa）	累计填土高度（m）（累计荷载 kPa）	表面沉降速率（mm/d）			每级荷载结束时累计沉降（mm）	测线位移			备注
				最大值	加载过后7d时	下一级填土前		本级增量（mm）	本级量大速率（mm/d）	累计位移（mm）	
1	1995 年 4 月 15 日 ~23 日	0.6	0.6			0.83（6）	187				地表沉降速率 5.0（6）指 6d 平均速率为 5.0 mm/d，括号中数字为天数
2	1995 年 9 月 1 日 ~2 日	0.5	1.1	3.71（7）	3.17（6）	1.83	260				
3	1995 年 10 月 1 日 ~2 日	0.6	1.7		5.25（4）	3.67（3）	532				
4	1995 年 11 月 9 日 ~10 日	0.75	2.45	13.5（2）		3（1）	632		6.7	78.11	
5	1995 年 11 月 30 日	0.60	3.05	18.33（3）	9（2）	2（4）	754				
6	1995 年 12 月 15 日 ~16 日	0.40	3.45	32（1）	7（1）				2.7	105.2	
	1995 年 12 月 27 日	-0.25	3.20			5（2）	921				
7	1996 年 1 月 4 日 ~5 日	0.40	3.60	15（1）	7（2）	3（3）	1006			117.1	
8	1996 年 1 月 20 日	0.30	3.90	7（2）	3.33（3）	2.2（5）	1096		3.9	117.9	
9	1995 年 2 月 8 日	0.80	4.70	12（3）							
10	1996 年 2 月 13 日 ~15 日	-1.70	3.00			1.25（8）	1164				
11	1996 年 3 月 11 日	0.60	3.60								
12	1996 年 4 月 7 日	0.70	4.30								

(DF 断面 K21 +920)**每段时间荷载增量,中心点地面沉降,侧向位移及其速率表** 表 3-20

加载级数	加载日期	单级净填土高度(m)(单级荷载 kPa)	累计填土高度(m)(累计荷载 kPa)	表面沉降速率(mm/d)			每级荷载结束时累计沉降(mm)	测线位移			备注
				最大值	加载过后7d时	下一级填土前		本级增量(mm)	本级量大速率(mm/d)	累计位移(mm)	
1	1995 年 3 月 20 日	0. 60	0. 60	8(6)		1. 33 (15)	426				地表沉降速率 5. 0(6)指 6d 平均速率为 5. 0 mm/d,括号中数字为天数
2	1995 年 8 月 17 日	0. 60	1. 20	9. 5 (6)	4(2)	0. 67 (3)	754				
3	1996 年 1 月 14 日 ~16 日	0. 60	1. 80	6(1)	4. 5 (2)	0. 5 (2)	801		4. 1	19. 2	
4	1996 年 2 月 1 日	0. 40	2. 20	7. 67 (3)							
5	1996 年 2 月 12 日	0. 70	2. 90	12. 3 (10)		3. 67 (3)	1091				
6	1996 年 3 月 10 日	0. 70	3. 60	13. 5 (4)	11. 5 (2)	4(4)	1293				
7	1996 年 4 月 6 日	0. 70	4. 30	14. 5 (4)	9(1)	9. 5 (4)	1447		7. 3	27. 5	
8	1996 年 4 月 22 日			16(2)	9(5)	5. 83 (6)	1638		4. 7	39. 9	
9	1996 年 5 月 12 日			22. 5 (2)	7. 8 (5)	7. 25 (4)				69. 0	

各断面表面沉降量 表 3-21

断面里程及编号	K21 +670 B	K21 +730 C	K21 +790 D	K21850 E	K21 +920 F
设计填土高度	3. 938	3. 585	3. 555	3. 848	4. 592
填土高度(m)	5. 841	6. 191	6. 198	5. 512	6. 517
最大沉降量(mm)	1978	2111	2185	1950	2416
最小沉降量(mm)	1583			1606	
平均沉降量(mm)	1782			1796	
备注	资料截止日期 1997 年 1 月 8 日				

最大沉降速率及其填土荷载　　表 3-22

断面号 / 项目	B	C	D	E	F
最大沉降速率(mm/d)	21	68	22	32	12.3
累计填土高度(m)	3.1	3.70	3.8	3.45	2.90
备注	F 断面最大沉降速率为 10 日平均,其余断面为单日最大沉降				

各断面中心点沉降速率统计表　　表 3-23

沉降观测点	B3	C3	D3	E3	F3
砂井参数	桩长 $L=10m$ 间距 $D=1.0m$	$L=20m$ $D=2.0m$	$L=15m$ $D=2.0m$	$L=15m$ $D=1.5m$	$L=15m$ $D=1.0m$
沉降速率指标 $\frac{A\ B}{D}C$	$\frac{1.17\quad 5.0}{1.1}4.17$	$\frac{2.0\quad 6.0}{1.2}4.5$	$\frac{1.17\quad 5.57}{1.2}5.17$	$\frac{0.83\quad 3.71}{1.1}3.17$	$\frac{1.33\quad 9.5}{1.20}4.0$
	$\frac{2.25\quad 11.0}{1.6}6.0$	$\frac{2.25\quad 16.5}{1.8}8.25$	$\frac{\quad}{1.9}5.25$		$\frac{0.67\quad 6.0}{1.8}4.5$
	$\frac{3.3\quad 6.5}{2.0}4$	$\frac{1.17\quad 5.0}{1.1}4.17$	$\frac{3.67\quad 16.5}{2.6}$	$\frac{2.67\quad 13.5}{2.45}$	$\frac{0.5\quad 7.67}{2.2}$
	$\frac{14.0}{2.5}3.0$	$\frac{4.0\quad 35}{3.05}9.0$	$\frac{4.0\quad 16.0}{3.2}7.0$	$\frac{3.0\quad 18.33}{3.2}7.0$	$\frac{12.3}{2.9}$
	$\frac{2.67\quad 21.0}{3.1}9.5$	$\frac{3.67\quad 68}{3.70}10.0$	$\frac{3.0\quad 22}{3.5}12.0$	$\frac{3.7\quad 3.32}{3.45}7.0$	$\frac{3.67\quad 13.5}{3.6}11.5$
	$\frac{2.0\quad 16.0}{3.1}9.5$	$\frac{3.67\quad 68}{3.70}10.0$	$\frac{3.0\quad 22}{3.5}12.0$	$\frac{3.7\quad 3.32}{3.45}7.0$	$\frac{3.67\quad 13.5}{3.6}11.5$
	$\frac{4.5\quad 14.0}{3.8}6.0$	$\frac{5.5\quad 14.0}{4.45}6.5$	$\frac{5.3\quad 17.0}{4.7}10.0$	$\frac{3\quad 7.0}{3.90}3.33$	$\frac{9.5\quad 16.0}{5.108}9.0$
		$\frac{3.0\quad 10.33}{5.233}5.83$	$\frac{6.8\quad 10.7}{5.0}6.1$		$\frac{5.83\quad 27.5}{5.508}7.8$
		$\frac{4.0\quad 13.0}{6.191}7.0$	$\frac{5.63\quad 14.0}{5.424}7.0$		
			$\frac{1.0\quad 8.75}{6.198}4.0$		

注:$\frac{A\ B}{D}C$,其中 A:加载前沉降速率;B:加载时最大沉降速率;C:加载后 7d 时沉降速率;D:加载后累计填土高度(m);沉降速率单位为 mm/d。

侧向位移观测结果统计表　　表 3-24

断面 / 观测项目	B	C	D	E	F
	K23+670	K23+730	K23+790	K23+850	K23+910
测斜管埋深(m)	20	30	24	27	25
最大侧向位移发生处(m)	6	5	6	5	8
最大侧向位移(mm)	91.5	204.9	134.5	175.4	69.2
最大侧向位移速率(mm/d)	3.5	17.4	9.3	6.7	7.3
最大侧向位移速率时填土高(m)	3.3	3.7	3.2		4.3
极限填土高度(考虑土工布时)(m)	3.5	3.5	3.0	3.2	3.3
备注	砂井间距 $D=1.0m$	砂井间距 $D=2.0m$	砂井间距 $D=2.0m$	砂井间距 $D=1.50m$	砂井间距 $D=1.0m$

从观测结果可知：

①最大侧向位移量发生在地表以下5.0～6.0m；

②侧向位移量和位移速率与荷载大小有极其明显的相关性，随着加载，位移量和位移速率增大，加载停止，位移量和位移速率显著减小，并趋于0，当填土荷载达到3.05～3.80m时，侧向位移增量和最大侧向位移速率达到最大值，这与沉降速率的变化规律是一致的。如C断面填土至3.70m，沉降速率达到68mm/d时，侧向最大侧向位移速率17.4mm/d，其他断面的情况也相似。

③侧向位移速率最大时的填土高度与考虑土工布作用时的计算极限填土高度基本一致的。这表明，路基填土至极限状态时，地基土部分结构开始破坏，土体有较明显的塑性流动而发生侧向挤出，此时需严密监测。

④不同间距砂井处理区，填土时侧向位移及侧向位移速率表现不同。砂井间距小，侧向位移小，位移速率也小。砂井间距1.0m的F断面为加载最快断面，加载填土期测得最大侧向位移速率仅7.3mm/d，而间距为2.0m的C、D断面测得最大侧向位移速率则分别达到17.4mm/d、9.3mm/d。从侧向位移速率控制路堤稳定来讲，砂井间距小有利于加快填土速率。这与砂井密，土体固结快，强度提高，路堤稳定性提高是一致的，同时也说明测斜仪测的结果真实、可靠。

表3-24中所列本试验路段各断面最大侧向位移速率是在上述应力应变多种监测仪器严密监测下，控制施工填土，保证路堤安全、稳定的前提下测得的，一般无此条件，建议加载期间侧向位移速率控制在8.0mm/d以内。

最大侧向位移据1996年6月2日测试数据获得。

4)结论建议

通过试验段路堤地基土体应力、应变严密测试基础上综合分析，可得出控制路堤稳定的如下标准：

①加载期间，综合孔压系数$B \leqslant 0.6$；单日最大沉降速率宜控制在25mm/d以内，最大的侧向位移控制在8.0mm/d时，可进行下一级加载。

②停载期间，当单级孔压消散50%，或单级孔压系数$B \leqslant 0.4$，且沉降日平均速率小于6mm/d时，可进行下一级加载。

③为保证高速公路路堤在半年内安全填至设计高程，即一般半年内加载填土6.0m，砂井间距不宜大于1.50m。

④“薄层轮加法”理论计算填土间歇期比测试结果所确定填土间歇期要长，表明理论计算偏于保守，在实际中利用“薄层轮加法”指导施工填土是可行的。为争取更多的预压时间，取得更好的预压结果，建议在工程中进行典型断面的施工监测是必要的。

⑤软土地基、地质情况千变万化，不同地质条件下，路堤稳定控制指标亦有所差别，结合具体条件，综合考虑各项指标控制加载填土是有益和必要的。

第4章　路基固结沉降分析

软土路基有两大技术问题:一是施工期稳定控制,二是工后沉降控制。其中工后沉降问题是影响建成后路面质量、行车速度、使用寿命的关键问题。施工期和预压期内尽量完成土体的固结沉降是解决这一问题的关键。

表征地基土体固结程度的参数为固结度,即已完成沉降量与最终沉降量之比值。固结度也可以表述为土体在外加载荷作用下,土体中超静孔隙水压力转化为粒间有效应力的程度。在方案设计计算中,固结度用固结理论计算,在前一章已详细讨论了不同边界条件下固结度的计算公式。在实践上,根据实际观测资料可采用两种方法计算,一是根据孔压观测资料计算某一点的固结度,按下式计算:

$$U = 1 - \frac{u_t}{u} \tag{4-1}$$

式中:u_t——t 时刻的剩余超静孔压;

u——在外加载载作用下,产生的最大超静孔隙水压。

二是根据沉降观测资料,假定在一维固结情况下,可用固结变形量等效的表征固结度,计算式如下:

$$U = \frac{S_t}{S_\infty} \tag{4-2}$$

式中:S_t——t 时刻的固结沉降量;

S_∞——地基土体总沉降量。

式(4-1)作为路堤地基固结度评价精度不够,但从微观角度上能反映地基中某一点在外荷载作用下所受附加应力的分布及地基土体中不同土层的固结情况,有利于确定主要压缩层和合理的处理深度及施工期填土的稳定控制。在工程上,固结度大都用沉降变形进行宏观评价,关键在于最终沉降量 S_∞ 的计算。现根据测试结果对路基固结有关情况进行分析并取得初步结论。

4.1　理论计算

1)最终沉降量计算

通过最终沉降量计算可以预先估算地基在设计路堤填土高度下的工后沉降量及计划施工填土高度。

关于变形的计算,至今是尚待解决的一个问题。这不但与引起地基沉降的诸多因素,包括瞬时沉降、主固结沉降、次固结沉降有关,还与沉降计算时边界条件、计算模式和计算参数很难准确采用有关。故理论计算结果与实际常有较大出入。

地基的最终沉降量计算通常采用分层总和法。目前规范所推荐的地基最终沉降计算方法,就是在侧限条件下的垂直压缩变形的分层总和法,它仅考虑了垂直方向不同土层变形的计算。这个条件与室内压缩试验相似，与实际工程有所差异，故规范提出了地基的沉降量经验系数 m_s，加以修正，使得计算模式简单。

最终沉降量计算采用分层总和法，计算公式为：

$$S_\infty = m_s \sum_{i=1}^{n} \frac{p_0}{E_{Si}}(Z_i \bar{\alpha}_i - Z_{i-1}\bar{\alpha}_{i-1}) \tag{4-3}$$

式中：$\bar{\alpha}_i$——分别为路基底面至第 i 层土底面范围内平均附加应力系数；

Z_i——基底面至第 i 层土底面距离；

n——压缩层范围内分层数；

m_s——沉降量修正系数，此处取 1.30。

本试验计算填土最终沉降量时，采用迭代法，即考虑由于沉降后需增加填土部分的沉降量。具体计算时，先根据设计填土高度（设计高程减去地面高程）求出此时的沉降量 S_1，再将 S_1 计入填土高度中，算出沉降量 S_2，并一直迭代下去直到 $S_i - S_{i-1}$ 小于某一数值（如 5cm 为止）。计算时压缩层厚度按下面的标准进行控制：

$$\Delta S_n \leqslant 0.025 \times \sum S_i \tag{4-4}$$

式中：ΔS_n——计算深度 Z_n 处向上取 1.0m 作为计算层得出的沉降量。

试验段各断面填土至设计高程时最终沉降量计算结果见表 4-1。计算沉降量为 189.83～234.03cm。

固结计算成果表

表 4-1

断面号里程		B K23+670	C K23+730	D K23+790	E K23+850	F K23+910
设计填土高度（m）		3.938	3.585	3.555	3.848	4.592
处理方案（砂井参数：桩长 L，间距 D）		$L=10$m $D=1.0$m	$L=20$m $D=2.0$m	$L=15$m $D=2.0$m	$L=15$m $D=1.5$m	$L=15$m $D=1.0$m
地层厚度（m）	淤泥	11.3	9.7	8.4	8.9	12.0
	淤泥质细砂	3.4	6.6	6.3	6.4	5.8
	淤泥质土	>8.5	>12.6	>11.8	>13.0	>11.60
计算压缩层厚度（m）		26.0	30.20	28.4	31.46	30.24
计算最终沉降量（cm）		190.83	193.29	166.00	189.83	234.03
固结度 90% 时，预压时间（d） （工后沉降量 cm）		5113 (18.97)	890 (19.09)	2192 (15.97)	3287 (18.35)	2557 (23.23)
固结度	填土固结期 1 年	56.62	70.30	60.06	63.22	82
	填土固结期 2 年	60.94	87.42	74.30	69.40	73.02

注：1. 加载为上章“薄层轮加法”计算的加载计划加载；

2. 填土固结期从刚开始填土时起算；

3. 括号内为剩余沉降量，单位为 cm。

2）工后沉降量计算

工后沉降量的大小直接关系到公路建成后的行车质量，因此，在软基路段要求必须将工后沉降量控制在一定的标准之内。较为准确的定出工后沉降量一般要等路基填土完后通过沉降观测资料推算。试验段计算所预估的工后沉降是指预压期完成后剩下的沉降量，一般控制在20cm以内，计算公式为：

$$S \leqslant (1-U) \times \sum S_i \tag{4-5}$$

以总沉降量200cm为例计算，要满足工后沉降要求，固结度应达到90%。不同的工后沉降要求可通过加快固结措施或增长预压期来实现。

沉降段5种不同处理方案，按上章"薄层轮加法"制订的加载计划填土至设计高程，计算地基固结度为90%的工后沉降量及填土固结期分别为1年、2年时的固结度见表4-1。计算主要结论如下：影响计算固结期主要因素为计算压缩层厚度，砂井间距（D，E，F）对地基固结期不是控制因素。按控制地基工后沉降量在20cm以下，地基固结度应达90%以上，20m长砂井时固结期至少30个月，15m长砂井时固结期要6~9年，10m长砂井时固结期更长达14年。

理论计算地基最终沉降量、地基压缩层厚度、预压期要求都与实际测试情况有差异，这在后续实测结果分析中详细说明。

4.2　观测结果分析

1）沉降量推算

采用主固结沉降乘以经验系数 m_s 计算最终沉降量，因 m_s 很难准确选取，地基沉降量也难估算。经过多年的探索，用单纯的理论分析有一定的难度，为此一些学者提出利用部分实测沉降曲线来推算最终沉降量。归纳起来，常有三种方法：三点法、双曲线法和指数法。通过大量的工程实践，证明这三种方法均有一定的适用性和可靠性。使用三点法计算时，宜选择沉降曲线缓变段，尽量在曲线后段选择计算起始点。Δt 选取大于30天以上，起始点越后，Δt 越大，所推算出的最终沉降量越近于实测值。在用较短实测资料推算最终沉降量时，双曲线法优于三点法和指数法。使用双曲线法计算出的结果较实测值偏大，而指数法偏小。对于珠江三角洲一带的高压缩性、次固结沉降较大的软土，一般采用双曲线法较为适宜，尤其是高速公路沉降分析，要求起始点尽量靠前，更适用此法。

（1）方法简介

利用实测沉降量—时间曲线，确定某拐点（起点），近似地采用双曲线函数进行拟合，这纯属经验公式。在恒载后的任何时刻 t 相应的沉降量 S_t 可用双曲线方程表示为：

$$S_t = S_0 + \frac{t - t_0}{A + B(t - t_0)} \tag{4-6}$$

将上式改写为：

$$\frac{\Delta t}{\Delta s} = \frac{t - t_0}{S_t - S_0} = A + B(t - t_0) \tag{4-7}$$

当 $t \to \infty$ 时，由式（4-7）可得最终沉降量

$$S_\infty = S_0 + \frac{1}{B} \tag{4-8}$$

式中：S_0 为任选一起始时刻 t_0 对应的沉降量（恒载下）；A、B 为待定系数，可以从 t_0 后实测

沉降曲线绘制出$\frac{\Delta t}{\Delta s} \sim \Delta t$直线中获得，$A$、$B$分别为该直线的截距和斜率。

(2)计算结果

以C断面为例，C断面于1996年5月27日加载结束，观测到1997年1月8号，取停载后一个月为起始推算时间，共选用20次观测资料，求得Δt、$\frac{\Delta t}{\Delta s}$，并进行线性相关，得出$\Delta t$、$\frac{\Delta t}{\Delta s}$的线性方程为$\frac{\Delta t}{\Delta s}=0.415+2.39\times10^{-3}\times\Delta t$，根据式(4-8)求的最终沉降量为2403.7mm。用同样方法推算得其他断面最终沉降量汇总于表4-2，推算结果表明，$\frac{\Delta t}{\Delta s} \sim \Delta t$线性相关系数都在0.98以上，最后一次观测值与推算值相比非常相近。说明本工程采用双曲线法推算最终沉降量是合适可靠的。

最终沉降量推算结果表　　表4-2

断面号	停载时间	推算起始时间	线性相关系数	实测沉降值(mm)	推算沉降值(mm)	最终沉降量(mm)
B	1996.6.1	1996.7.3	0.99	1978	1968.7	2128.9
C	1996.5.27	1996.6.25	0.99	2218	2218.2	2410.7
D	1996.5.25	1996.6.25	0.99	2196	2193.5	2372.5
E	1996.6.2	1996.7.3	0.99	1950	1949.8	2116.7
F	1996.10.4	1996.10.30	0.97	2416	2418.0	2583.5

注：实测值为1997年1月8号观测，其中F断面为1997年3月4日观测值。

2)实测固结度

理论计算固结度因影响因素较多，难于计算准确，用实测资料分析、验证理论计算公式的可靠性，参数选取的合理性是本实验工程的目的之一。同时，实测结果计算固结度是评价地基处理效果，预估工后沉降的主要依据。

(1)据沉降观测资料计算固结度

据观测资料计算固结度得计算公式为(4-2)，即$U=S_t/S_\infty$，式中地基总沉降量S_∞采用推算最终沉降量。各断面不同填土时期(指土工布铺设后开始填土算起的时间)的地基固结度及工后沉降量见表4-3。计算结果说明以下几个问题：

①据沉降观测资料计算固结度比理论计算固结度要大。试验段B、C、D、E填土期9个月，预压期6个月，总填土固结期15个月地基固结度达90%以上，工后沉降量接近或小于20cm。填土固结期18个月时，地基固结度接近95%，工后沉降量小于20cm。

②砂井长度15m方案较好，20m长度砂井效果不明显，而10m砂井长度太短。C、D断面砂井间距均为2.0m，长度分别为20.0m、15.0m，地基固结度无明显差异，相反，因土质原因，D断面比C断面固结还要快，工后沉降较之还要小。B、F断面砂井间距均为1.0m，F断面砂井长15.0m，B断面砂井长仅10m，F断面填土期6个月后固结度(73.2%)较B断面9个月后固结度(71.9%)还要大，填土固结期12个月时(预压期6个月)地基固结度达93.5%，工后沉降量低至167.5mm。而相同填土固结期时B断面地基固结度仅87.1%，工后沉降量273.9mm，即使预压期6个月填土固结期达15个月，地基固结度也只有91.6%，工后沉降还

有 178.9mm。

③砂井间距不宜大于 1.50m。砂井间距 2.0m 的 C、D 断面，填土期 9 个月（1995 年 9 月至 1996 年 6 月），预压期 6 个月时，地基固结度 91% 左右，工后沉降 197.5 ~ 216.7mm，当预压期增至 9 个月，整个填土固结期达 18 个月，地基固结度也只为 93% ~ 94%。而砂井间距 1.0m 的 F 断面，填土期（从 1996 年 1 月至 1996 年 6 月），至 1997 年 1 月 8 日，预压期仅 6 个月，整个填土固结期 12 个月，地基固结度达 93.5%，推算工后沉降量 167.5mm，完全能实现半年填土，半年预压，保证工后沉降量小于 200mm。因涵洞施工影响，砂井间距为 1.50m 的 E 断面填土受限制，期间也曾经卸过载，对地基的固结有影响，与其他断面难做详细比较。但从涵洞修好后看，恒载预压期间固结要比 C、D 断面快。从 1996 年 9 月 4 日至 1997 年 3 月 4 日，E 断面沉降 173.93mm，地基固结度由 86.7% 提高到 94.9%，增加 8.2%，而这期间，C 断面沉降 137mm，固结度由 87.6% 提高到 93.3%，增加 5.7%；D 断面沉降 146mm，固结度从 88.2% 提高到 94.4%，增长 6.2%，而且，E 断面推算工后沉降量 107.77mm 比 D、C 断面的 131.3mm 和 161.7mm 要小一些。

据沉降资料计算固结度及工后沉降　　表 4-3

断面号、参数 \ 固结度（%） \ 日期		1996 年 12 月 18 日	加载填土完	填土固结期 12 个月（预压 3 个月）	填土固结期 15 个月（预压 6 个月）	填土固结期 18 个月（预压 9 个月）
B	$L=10$ $D=1.0$	32.8	71.9（598.9）	87.1（273.9）	91.6（178.9）	94.6（114.9）
C	$L=20$ $D=2.0$	36.2	76.0（575.7）	87.6（298.7）	91.0（216.7）	93.3（161.7）
D	$L=15$ $D=2.0$	33.8	75.8（571.5）	88.2（277.5）	91.6（197.5）	94.4（131.5）
E	$L=15$ $D=1.5$		70.5（623.7）	86.7（281.7）	91.3（184.7）	94.9（107.7）
F	$L=15$ $D=1.0$		70.5（692.5）	86.7（167.5）	91.3（117.5）	

注：1. 填土固结期从土工布铺设完后开始填土起算，B、C、D、E 从 1995 年 9 月 1 日起算，F 断面从 1996 年 1 月 12 日起算；
2. 括号中为剩余沉降量，其为推算最终沉降减去观测沉降，单位 mm；
3. F 断面填土固结期 410d 时固结度及工后沉降量。

（2）据孔压观测资料计算固结度

利用实测孔压资料计算固结度可以了解不同深度土层的固结，也可以综合不同深度土层的固结对整个地基土体的固结度作大致评价。根据埋设在地基不同深度处孔压仪测得超静孔隙水压力的增长与消散，按式（4-9）计算。

$$U=\left(1-\frac{U_t-U_0}{\sum\Delta U_{i\max}}\right)\times 100\% \tag{4-9}$$

式中：U_t——选某一时刻的测试孔压值（kPa）；

U_0——孔压仪埋设后测试初始稳定孔压值（kPa）；

$\sum \Delta U_{imax}$——每级加载填土后测得最大孔压增量和(kPa)。

各断面B、C、F据孔压计算固结度见表4-4,各断面代表性点据孔压计算结果见表4-5。其中,填土完成时采用1996年6月12日测试值,至此时B、C、D、E断面加载填土9个月,F断面加载填土5个月。据表4-4、表4-5计算结果,可得如下结论:

①砂井加固范围内,填土固结期12个月时,孔压消散在75%以上,填土固结期18个月,孔压消散80%以上。

②对同一砂井处理区在砂井加固深度范围内,孔压增长与消散基本一致。C断面加载完孔压消散57%~72%,平均65%;F断面加载完孔压消散62.96%~73.25%,平均69.83%。

③为加快地基的固结,砂井宜打穿淤泥层。B断面10.0m长砂井,未打穿淤泥,埋设在11.6m处的孔压仪测得孔压消散比砂井处慢得多,加载完时孔压消散63.2%,砂井加固层则消散85.59%。

据孔压计算固结度结果表 表4-4

<table>
<tr><th rowspan="2">断面编号</th><th rowspan="2">砂井参数</th><th rowspan="2">孔压编号</th><th rowspan="2">埋深</th><th colspan="3">固结度(%)(剩余孔压)</th></tr>
<tr><th>1996.6.12
(加载完)</th><th>1996.8.14
(预压2月)</th><th>1997.3.20
(预压9月)</th></tr>
<tr><td rowspan="2">B</td><td rowspan="2">长度 $L=10$m
间距 $D=1.0$m</td><td>U_{B-4}</td><td>8.6</td><td>85.59</td><td>89.55</td><td>100</td></tr>
<tr><td>U_{B-5}</td><td>11.6</td><td>63.20</td><td>77.44</td><td>85.44
(9.34kPa)</td></tr>
<tr><td rowspan="4">C</td><td rowspan="4">长度 $L=20$m
间距 $D=2.0$m</td><td>U_{C-2}</td><td>2.6</td><td>57.09</td><td>64.94</td><td>64.94
(44.53kPa)</td></tr>
<tr><td>U_{C-2}</td><td>4.6</td><td>72.09</td><td>79.64</td><td>81.25
(13.73kPa)</td></tr>
<tr><td>U_{C-3}</td><td>6.6</td><td>64.97</td><td>75.64</td><td>79.23
(16.45kPa)</td></tr>
<tr><td>U_{C-4}</td><td>8.6</td><td>66.35</td><td>86.04
(10.14kPa)</td><td></td></tr>
<tr><td rowspan="6">F</td><td rowspan="6">长度 $L=15$m
间距 $D=1.5$m</td><td>U_{F-1}</td><td>2.0</td><td>70.73</td><td></td><td></td></tr>
<tr><td>U_{F-2}</td><td>5.0</td><td>72.37</td><td></td><td>93.66
(3.96kPa)</td></tr>
<tr><td>U_{F-3}</td><td>8.0</td><td>73.25</td><td></td><td></td></tr>
<tr><td>U_{F-4}</td><td>14.0</td><td>62.96</td><td></td><td>86.44
(8.99kPa)</td></tr>
<tr><td>U_{F-5}</td><td>18.0</td><td>52.43</td><td></td><td>83.16
(13.74kPa)</td></tr>
<tr><td>U_{F-6}</td><td>19.8</td><td>12.93</td><td></td><td>43.45
(43.57kPa)</td></tr>
</table>

注:F断面孔压零点为1996年1月12日;B、C断面孔压零点为1995年9月1日。

据孔压计算固结度结果表

表 4-5

断面编号	砂井参数	孔压编号	埋深(m)	固结度(%)		
				加载完	预压 2 月 (1996.8.14)	预压 9 月 (1997.3.20)
B	长度 $L=10$ m 间距 $D=1.0$ m	U_{B-4}	8.6	85.59	89.55	100
C	长度 $L=20$ m 间距 $D=2.0$ m	U_{C-4}	8.6	66.35	86.04	
D	长度 $L=15$ m 间距 $D=1.5$ m	U_{D-4}	8.6	72.79	75.89	77.91
E	长度 $L=15$ m 间距 $D=1.5$ m	U_{E-4}	5.6	66.09	74.26	84.50
F	长度 $L=15$ m 间距 $D=1.0$ m	U_{F-2}	5.0	70.29		93.66
F	长度 $L=15$ m 间距 $D=1.0$ m	U_{F-3}	8.0	73.24		

注:加载完后固结度计算据 1996 年 6 月 12 日孔压测试资料,加载填土期 B、C、D、E 断面为 9 个月,F 断面为 5 个月。

④淤泥质细砂层排水固结较快。F 断面砂井长 15.0m 未处理淤泥质细砂层中埋设孔压 U_{F-6}(埋深 18.0m)测得孔压消散与砂井区 U_{F-5}(埋深 14.0m)孔压消散基本一致,至 1997 年 3 月 20 日,固结度分别为 83.16%、86.44%,剩余孔压分别为 13.74kPa、8.99kPa,两者相差不大。

⑤ 砂井间距对地基固结有显著影响,若按半年填土,半年预压,控制固结度达 90% 以上,工后沉降量在 20cm 以内,砂井间距不宜太大($D \leqslant 1.5$m)。在砂井处理深度内砂井间距 2.0m 的 C、D 断面,填土期 9 个月,预压期 9 个月孔压消散在 80% 左右,而 F 断面,填土固结期 5 个月时,孔压仅消散 70% 左右,B 断面填土固结期 9 个月时,孔压已消散 85% 以上。

(3)实测固结度分析

从理论上讲,利用沉降预测资料按式(4-2)计算固结度偏大,按式(4-2)($U=S_t/S_\infty$)中,S_t 及 S_∞ 中除考虑有固结沉降量外还有瞬时沉降及部分次固结沉降,沉降量增大,因而计算值比实际的要大。用式(4-9)计算固结度,因下列因素影响,使计算值偏小。一是每次填土加载后,很难测试到最大的孔压增量;二是测试过程中,因路堤增高,地下水位抬高,孔压仪位置下沉,这些都使 U_t 值增加。

无论是据孔压测试结果计算固结度还是据沉降观测资料计算固结度都比理论计算固结度大得多,特别是预压固结期,但砂井未打穿计算压缩层时理论计算要相当长时间才能满足工程要求。从 15.0m 砂井长度的 D、E、F 断面理论计算来看,除去地层及其厚度差异外,砂井间距对地基固结度影响不大,堆载预压 5 年时间固结度分别为 92.04%、81.98%、88.08%。而这三个断面孔压实测计算固结度来看,砂井间距对地基固结度影响是相当大的，堆载预压9个月时砂井处理范围内的固结度分别为 D（$D=2.0$m）断面 77.91%，E 断面（$D=1.5$m）84.50%，F 断面（$D=1.5$m）84.50%，F 断面（$D=1.0$m）93.66%，可见理论计算固结度目前尚不够成熟。

4.3 压缩层厚度

压缩层厚度是工程界一直关注并有争议的问题，这涉及软土处理深度的合理性问题，像珠江三角洲一带有30～40m厚的软土地基，按规范规定需要将软土层进行全部处理，但限于施工条件及目前的技术处理水平，很难处理。本试验段用10.0～20.0m袋装砂井处理这类地基，从地基深处土体的应力、应变测试及宏观效果看，采用这种"悬式"袋装砂井加固处理是可行的，而且，测试结果还给出了合理处理深度的初步结论。

1）应力测试

地基深部土体应力，采用孔隙水压力仪测试。孔压测试结果汇总于表4-6，将孔压系数 $\overline{B}=\dfrac{\Delta U_{max}}{\Delta P}$ 随深度的变化统计见表4-7，可清楚的反映填土荷载作用下，地基土体内，附加应力的分布规律。

固结度计算结果对比表 表4-6

断面编号	处理方式	项目	固结度（%）					
			填土完成后	预压6月	预压9月	预压3年	预压5年	预压10年
B	砂井长度 $L=10$ m 间距 $D=1.0$ m	沉降计算	71.9	91.6	94.6			
		孔压计算	85.59		100			
		理论值	47.21	56.01	57.08	65.77	72.09	83.64
C	砂井长度 $L=20$ m 间距 $D=1.5$ m	沉降计算	76.0	91.0	93.3			
		孔压计算	66.0		80.24			
		理论值	59.17	79.29	83.68	96.75		
D	砂井长度 $L=15$ m 间距 $D=2.0$ m	沉降计算	75.8	91.6	94.6			
		孔压计算	72.79		77.91			
		理论值	50.44	66.46	70.47	87.00	91.04	
E	砂井长度 $L=15$m 间距 $D=1.5$ m	沉降计算	70.5	91.3	94.9			
		孔压计算	66.09		84.5			
		理论值	50.67	63.98	66.06	75.60	87.17	
F	砂井长度 $L=15$ m 间距 $D=1.0$ m	沉降计算	73.2	93.5	95.5			
		孔压计算	71.76		93.66			
		理论值	62.80	69.41	70.79	81.09	87.64	97.46

注：1. 孔压计值结果采用代表性孔压仪测得值计算而得；

2. F断面固结预压期为410d。

孔压系数随深度变化结果统计表 表4-7

深度	孔压仪编号（埋深 m）	孔压系数 $\overline{B}=(\sum\Delta U_{max})/\sum\Delta P$		地层名称
		范围值	平均值	
0～12	U_{C-1}～U_{C-5} U_{B-1}～U_{B-5} U_{F-1}～U_{F-5}	0.61～0.78	0.685	淤泥
14～18	U_{F-1}(14.0) U_{F-6}(18)	0.71～0.87	0.79	淤泥质细砂
18～20	U_{E-5}(19.2) U_{F-7}(19.8)	0.912～0.82	0.866	淤泥质土
22～25	U_{C-6}(22.1) U_{E-6}(24.6)	0.32～0.31	0.32	

（1）孔隙水压力沿深度传递特点

孔隙水压力沿深度传递为：在0～12m淤泥和12～18m淤泥质细沙层中 $\overline{B}=\frac{\Delta U_{max}}{\Delta P}$ 值相接近，平均值分别为0.69和0.79；在18～20m的淤泥质土层中，孔压系数达0.82～0.912，埋深19.2m处 U_{E-5} 处测得 $\overline{B}$ 值最大达0.912；在22.1～25.0m淤泥质土中，$\overline{B}$ 值降低至0.32～0.31，平均0.32。孔压测试表明，填土在地基中引起的附加应力在淤泥和淤泥质细砂层中基本一致，淤泥质土顶部所受附加应力较大，随着深度增加淤泥土增厚，附加应力衰减很快。

（2）孔隙水压力沿深度消散特点

①淤泥层一般都已用袋装砂井加固处理，孔压消散前文已详细讨论。用2.0m间距砂井处理，预压9个月孔压消散80%左右；1.5m砂井，孔压消散85%左右；1.0m间距处理预压6个月，孔压消散可达90%。

②淤泥质细砂层孔压消散较砂井处理范围略慢，但并无显著差异，如F断面砂井长15.0m，未处理淤泥质细砂层中埋设孔压 U_{F-6}（埋深18.0m）测得孔压消散及砂井区 U_{F-5}（埋深14.0m）孔压消散基本一致，至1997年3月20日，孔压消散分别为83.16%、86.44%。

③淤泥质土上部（埋深18～20m）产生超静孔隙水压力最大，孔压消散较慢，U_{E-5}（埋深19.2m）、U_{F-7}（埋深19.8m）测试表明加载填土完成时孔压分别消散33.3%和12.9%，预压9个月孔压也只消散46.74%和43.45%，剩余孔压还有46.36kPa和43.57kPa。

④埋深22～25.0m土层超静孔压增长少，孔压消散快，U_{E-6}（埋深22.1m），在填土荷载100kPa，累计超静孔压增量和仅31.6kPa；U_{E-6}（埋深24.6m）填土加载3.4m，测得超静孔压增量和仅18.1kPa。该层土所受填土荷载引起的附加应力很小，且土质较上部淤泥及淤泥细砂层要好，固结沉降所占比例不大可作为软土地基处理的底界。

综上所述：在试验段地质条件下，孔压测试所反映的主要压缩层厚度为20m左右，填土引起的附加应力在较好的土层中衰减很快，在设计计算中可取下覆较好土层3～5m作为压缩层进行设计。

2）应变测试

深层土体应变测试采用深层沉降观测，可以了解深层土的压缩情况，判断压缩层厚度及主要压缩层。深层土随加载过程压缩情况由钢环式深层沉降仪测定，各分层钢环沉降随加载情况变化可见附图，资料用两种方法整理，一种是每个钢环随加载过程的下沉过程线，另一种是随土层深度的压缩情况。测试结果汇总于表4-8，按土性分层统计于表4-9中，从图表资料可得出以下几点观测结果：

(1)在深层沉降观测期内，第一沉降环观测沉降量与同期地表沉降板观测值基本一致，表明观测正确，数据可靠。

(2)为消除测试误差的影响，由环间土层压缩量增量值大小综合判定，主要压缩层为淤泥土层，压缩层深度在20m左右，F断面约23.0m。

(3)淤泥及淤泥质细砂层沉降量占总沉降量85%以上。

深层沉降及地表沉降对比表 表4-8

断面号	观测期	第一沉降环沉降量(cm)	地表沉降量(cm)
B	1995年9月14日~1996年6月25日	138.0	139.1
C			
D	1995年9月11日~1996年6月25日	168.9	167.4
E	1995年9月7日~1996年6月25日	154.1	153.5
F	1995年4月26日~1996年6月25日	163.4	160.5

深层沉降观测结果统计表 表4-9

断面号及里程	砂井参数	地层名称	起始高程(m)	压缩量(mm)	占总沉降量百分比(%)	备注
B K23+670	长度 $L=10$ 间距 $D=1.0$	淤泥	0.292 ~ −12.70	1212	82.17	
		细砂及淤泥质土	−12.70 ~	263	17.83	资料整理据最后一次测试值，各断面最后一次测试日期为：B、C、F断面为1996年6月25日D、E断面为1996年1月18日
C K23+730	长度 $L=20$ 间距 $D=2.0$	淤泥	0 ~ −12	1295	75.91	
		淤泥质细砂	−12 ~ −16.5	164	9.61	
		淤泥质土	−16.5 ~	247	14.48	
D K23+790	长度 $L=15$ 间距 $D=1.5$	淤泥	0 ~ −12.6	709	88.63	
		细砂及淤泥质土	−12.6 ~	91	11.37	
E K23+850	长度 $L=15$ 间距 $D=1.0$	淤泥	−0.1 ~ −13.8	861	91.2	
		细砂及淤泥质土	−13.8 ~	83	8.8	
F K23+920	长度 $L=15$ 间距 $D=1.0$	淤泥	0.61 ~ −13.40	1585	86.00	
		淤泥质细砂	−13.40 −19.00	125	6.78	
		淤泥质土	−19.00	133	7.22	

3)固结沉降计算中的几个问题

准确计算地基固结沉降量是正确判断施工期地基固结程度,控制填土加载、超载或卸载,确保路堤安全及控制工后沉降量在使用要求所允许范围内的重要措施。在软土地基加固理论计算中,除土质参数外,地基沉降计算深度和沉降计算经验系数 m_s 是须首先确定的问题。

(1)地基沉降计算深度

在试验段地质条件假设填土荷载 100kPa 情况下,按方法 $\sigma_z=0.1\sigma_c$ 确定的计算深度下限应该大于 50.0m,按式(4-4)计算的地基压缩深度在 30.0m 左右(表 4-1),远小于前者。上述通常的方法确定地基沉降计算深度都偏大,致使理论计算与实测值有很大的差异,详见表 4-5。

从深层土的应力应变测试情况来看,地基压缩层深度大致在 20m 左右,较深的 F 断面约 23.0m。从这个深度与试验的土层是一致的,松软的淤泥及淤泥质细砂层底埋深 16~18.0m,其下为淤泥质土,性质由上到下越来越好,孔压测试表明,在该层孔压衰减的很快,受填土附加荷载影响也只局限于上部土质较差的 3~5.0m。实际压缩层为淤泥、淤泥质细砂、淤泥质土 5.0m。按实际加载计算各处理方案的理论固结度如表 4-10。计算结果与实测结果基本一致,说明取淤泥质土 3~5m 作为地基压缩层底面,用于地基处理的方案设计是可行的。

理论计算固结度与实测结果对比表　　表 4-10

断面号	加载完成时固结度		预压 9 个月时固结度		备注
	理论计算	S_t/s_∞	理论计算	S_t/s_∞	
B					
C	72.55	76.0	99.99	93.3	
D	60.19	75.8	89.50	94.4	
E	66.36	70.5	90.73	94.9	
F	80.88	73.2	93.14	95.5	

(2)地基沉降量经验系数 m_s

沉降计算经验系数 m_s(表 4-11),是综合修正包括侧限条件在内的各种因素的影响,在试验段超软弱地基中,m_s 还受计算压缩层深度的影响,在实际压缩层深度范围内,地基沉降量经验系数比规范推荐值 1.1~1.40 大得多,达 1.60~1.70。

地基沉降经验系数计算表　　表 4-11

①	断面编号	B	C	D	E	F
②	地基压缩层深度(m)	20.0	22.40	21.0	21.8	22.0
③	$\sum_{i=1}^{n}\frac{P_i}{E_i}\Delta h_i$ (cm)	133.13	168.71	118.53	118.53	162.09
④	S_∞ (cm)	212.89	240.37	211.67	211.67	258.35
⑤	$m_s=\frac{④}{③}$	1.599	1.425	1.786	1.786	1.594

第5章　结构物软基处理

京珠高速公路广珠段地处经济发达、人口密集的珠江三角洲河网地区，桥梁、涵洞、通道等结构物数量多。软土地基上的结构物与路基连接段是线路的薄弱环节。结构物基础通常已设置于坚实基础上，满足强度与变形的要求，其沉降量远小于路基段沉降量，因此，与路基连接处会不可避免地发生地基不均匀沉降，处理不当将造成错台、开裂、桥头跳车等病害，影响行车质量、降低道路的正常使用寿命、增加养护、维修的难度及费用。对于结构物与路基连接处地基不均匀沉降的技术处理这在高速公路建设中是一个世界性的亟待解决的技术难题。

可以采用的技术处理方法有：①路基采用轻型材料填筑；②提前填土，待地基充分沉降后再开挖结构物部分填土，修建结构物；③桥涵基础设计时，考虑结构物自身容许有适当的沉降量，使之与路基变形相协调；④采用钢筋混凝土搭板；⑤在结构物与路基连接处设置经过地基处理的缓冲区过渡段。

几种方法的比较见表5-1。

几种路基处理方法比较　　表5-1

方　案	优　点	缺　点
①	施工方便、造价低	易造成环境污染、受材料来源限制、不能根本消除差异沉降
②	造价低	工期长、差异沉降较大
③	施工期短、造价较低	沉降量不易准确控制
④	施工方便、造价低	作用有限
⑤	施工期短、处理效果好	造价高

试验段共有构造物三处：番中公路跨线桥桥台，坦尾大桥桥台、K23+888箱涵，分别采用方案⑤及③来处理连接段，以达到缩短工期，解决桥头跳车问题的目的。

5.1　粉喷桩处理桥头跳车问题

根据场地地质条件，在坦尾大桥台与路基连接处采用设置过渡段，用粉喷桩进行处理的方法来消除差异沉降。本节主要对粉喷桩机理及处理效果进行讨论。

粉喷桩（粉体喷射搅拌桩的简称）处理软土是通过专门的机械将粉体固化剂（水泥、石灰等）喷出后在地基深处就地与软土强制搅拌，利用固化剂与软土之间所发生的一系列物理、化学反应，在原地形成强度、刚度较大的桩体，同时也使桩周土体性质得到改善，桩体与桩间土形成复合地基共同承担外部荷载。

1）粉喷桩的设计

粉喷桩的布置沿纵、横方向分别平行于路线方向、桥台（涵洞）轴线方向，为施工方便通常采用平行四边形布置。

(1)荷载

作用在高速公路地基上的荷载由路基自重和车辆荷载两部分组成。

车辆荷载可通过下式换算为等效路基高度 h_0(高速公路车辆荷载为汽车—超20级,挂车-120)

$$h_0 = \frac{nG}{\gamma BL} \tag{5-1}$$

式中:n——横向分布的车辆数,一般取车道数;

G——每辆车(计算荷载取重)的重力(kN);

γ——路基填料的重度(kN/m^3);

L——车辆荷载的纵向分布长度(m),取车辆前后轴轮胎外缘的间距(等于前后轴距加一个轮胎着地长度),汽车—超20级重车(550kN)为13m,挂车-120为6.6m;

B——车辆荷载的横向分布宽度(m),$B = nb + (n-1)d + e$;

b——车辆两侧车轮的中距(m),各级汽车为1.8m;

d——并行车辆相邻车轮的中距(m),一般取最小值1.3m;

e——轮胎着地宽度(m),取0.6m;

h_0——取车道布满车辆时等效土高的70%和路基一半布满车辆时的等效土高两者中的最大值。

(2)承载力

粉喷桩复合地基承载力标准值可通过现场复合地基载荷试验确定,也可根据下式计算:

$$f_{sp} = m\frac{R_k}{A_p} + \beta(1-m)f_s \tag{5-2}$$

式中:f_{sp}——复合地基承载力标准值;

m——粉喷桩面积置换率;

A_p——桩的截面积;

R_k——单桩竖向承载力标准值;也可按下列二式中计算的小值取用。

$$R_k = \eta f_c A_p$$

$$R_k = q_s U_P L + \alpha A_P q_p$$

f_c——与粉喷桩桩身加固土渗入比相同的室内加固土试块(边长70.7mm或50mm立方体)的90d龄期无侧限抗压强度平均值;

η——强度折减系数,可取0.35~0.5;

q_s——桩周土的平均摩阻力,淤泥可取5~8kPa,淤泥质土可取8~12kPa,黏性土可取12~15kPa;

U_P——桩周长;

L——桩长;

α——桩端天然地基土的承载力折减系数,取0.4~0.6;

q_p——桩端天然地基土的承载力标准值;

β——桩间土承载力折减系数,桩端土为硬土时,可取0.1~0.4;当桩端土为软土时取0.5~1.0;

f_s——桩间天然地基土的承载力特征值。

(3)沉降

粉喷桩复合地基的沉降量包括两个部分:桩长范围内复合地基的压缩变形 S_1 和桩端下未处理土层的压缩变形 S_2。

其中:

$$S_1 = \frac{(P_0 + P_{0Z})L}{2E_{PS}} \tag{5-3}$$

式中:P_0——群桩体底面处的平均压力;

P_{0Z}——群桩体底面处的附近压力;

L——实际桩长;

E_{PS}——复合地基压缩模量,$E_{PS} = mE_P + (1 - m)E_S$;

E_P——粉喷桩的压缩模量;

E_S——桩间土的压缩模量。

桩端以下未处理软土层的沉降量 S_2 可由分层总和法求的。设计时应根据构筑物沉降量的要求(通常为≤10cm)和路基工后沉降量(通常在20cm左右),在粉喷桩处理范围内分区逐渐加大桩间距和减小桩长,以使结构物、路基不同的沉降量衔接起来,减小沉降差,避免"跳车现象"的发生。

2)室内试验

做了室内配合比、截取整段工程桩体室内抗压两种试验。

(1)室内配合比试验

为了进行对比分析,摸清带有一定普遍意义的规律,除在灵山软基试验段外,还分别在广东珠江三角洲及沿海地区的佛山——开平高速公路第三合同段(广东省南海市九江镇)及深圳市宝安区现场采取土样,在室内分别作不同配合比、不同龄期水泥土的物理、力学性质试验。

试样采用原状土样与水泥在容器内直接搅拌均匀装入试模并在振动台上振动1min,再将试件刮平的方法制备试件,随后在实验室标准养护条件下进行养护。试验结果见表5-2。

水泥土试样成型物理、力学性质试验成果表

表5-2

工程名称	水泥渗入比(%)	成型时含水率(%)	密度(g/cm^3)	龄期	试验时含水率(%)	密度(g/cm^3)	相对密度	压缩模量 E_s(MPa)	直剪	
									C(kPa)	φ(°)
灵山试验段	原状土	55.8	1.7	28	55.8	1.70	2.70	1.84	3.16	7.0
	7	48.0	1.72	28	50.2	1.73	2.73	5.16	31.3	26.6
	13	47.6	1.72	28	47.6	1.75	2.73	17.50	61.7	26.8
	15	44.7	1.73	28	44.2	1.76	2.73	22.0	110.0	48.7
	17	43.2	1.75	7	42.8	1.78	2.74	19.8	131.8	13.6
	17	43.2	1.76	14	42.3	1.78	2.75	33.1	151.0	10.8
	17	43.2	1.76	28	41.8	1.78	2.75	35.9	237.5	32.0

续上表

工程名称	水泥渗入比(%)	成型时含水率(%)	密度(g/cm^3)	龄期	试验时含水率(%)	密度(g/cm^3)	相对密度	压缩模量E_s(MPa)	直剪	
									C(kPa)	φ(°)
	17	43.2	1.76	60	42.6	1.78	2.76	36.0		
宝安	原状土（淤泥）	111.3	1.48		111.3	1.48	2.70			
	10			28	85.7	1.49	2.72	20.7		
	15			28	76.4	1.54	2.73	25.7	105.5	28.2
	20			28	67.3	1.57	2.73	32.4		

由表5-2看出：①水泥土的重度与天然软土的重度相近，随着水泥渗入比的增大重度略有增大，即使渗入比为17%～20%时，重度也仅仅增加5%左右，因此采用粉喷桩加固厚层软土地基时，其加固部分对下部未加固部分不会产生过大的附加载重，也不会发生较大的附加沉降。②由于水泥的相对密度为3.1，比一般的软土相对密度大，水泥土的相对密度比天然软土稍大，当水泥渗入比为15%～20%时，相对密度约增加2%。③由于水泥的吸水水化反应使水泥土的含水率比天然软土的含水率降低20%～40%。④水泥土较天然软土的压缩模量抗剪强度有显著提高。

水泥土28天无侧限抗压强度随渗入比的变化关系曲线如图5-1所示。

由图5-1看出：无侧限抗压强度随水泥渗入比的增大而增大，灵山试验段、佛开、宝安三条曲线都显示出渗入比$\alpha_w = 13\%～17\%$时，水泥土无侧限抗压强度增长最快，低于13%或高于17%时强度增长变缓。为此，水泥土的最佳渗入比应为13%～17%。

水泥土无侧限抗压强度随龄期的变化关系曲线如图5-2所示。

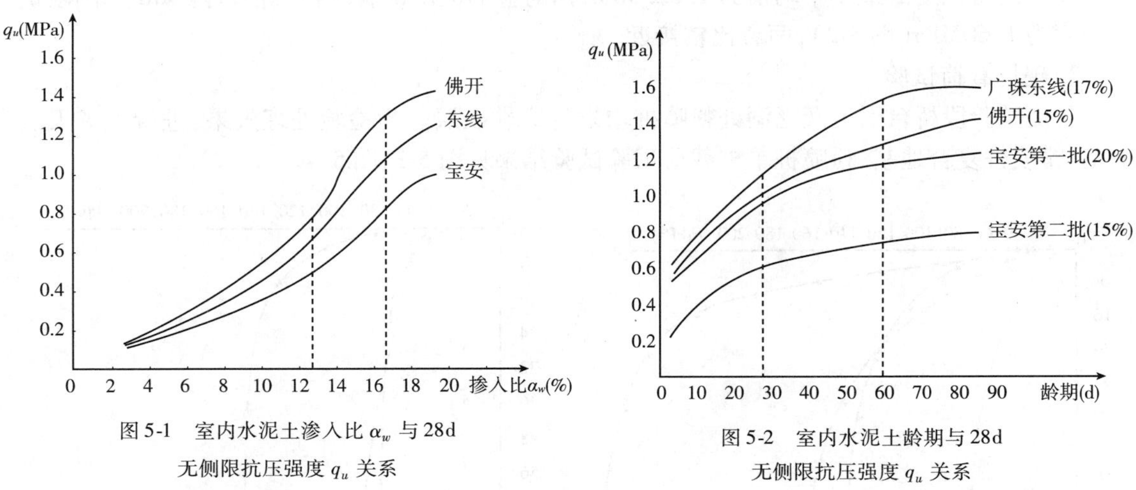

图5-1 室内水泥土渗入比 α_w 与28d无侧限抗压强度 q_u 关系

图5-2 室内水泥土龄期与28d无侧限抗压强度 q_u 关系

由图5-2看出：佛开、灵山试验段、宝安第一批土、宝安第二批土四条曲线都显示：无侧限抗压强度随龄期增大而增大的过程可分为三个阶段：第一个阶段，0～28d，快速增长期，强度增长最快，到第28d可达到强度标准值（以90d强度为准）的70%左右；第二阶段，28～60d，稳定增长期，强度增长变化，至第60d，可达到强度标准值的90%左右；第三阶段，60～90d，缓慢增长期，强度增长缓慢，在这期间只增长10%左右。三个阶段的无侧限抗压强度值及增长比例列于表5-3。

水泥土无侧限抗压强度随龄期增长统计 表5-3

项目	28d强度 q_{28}(MPa)	60d强度 q_{60}(MPa)	强度标准值 q_u(MPa)	$\frac{q_{28}}{q_u}$	$\frac{q_{60}}{q_u}$
灵山试验段（掺入比17%）	1.12	1.54	1.60	70.0%	96.2%
佛开（掺入比15%）	1.02	1.28	1.42	71.8%	90.1%
宝安第一批（掺入比20%）	0.98	1.18	1.24	79.0%	95.2%
宝安第二批（掺入比15%）	0.60	0.74	0.82	73.2%	90.2%

(2)截取工程桩体室内大型无侧限抗压强度试验

在灵山试验段现场工程桩中选取其中三根桩截取其中0～1.0m桩段，(其原状土性指标见表5-2)运回实验室在大型压力机上作无侧限抗压强度试验实验结果见表5-4。

截取工程桩体室内大型无侧限抗压强度试验成果 表5-4

编号	试件高度(cm)	试件面积(m^2)	龄期(d)	破坏荷载(kN)	变形量(mm)	相对变形量(%)	抗压强度(MPa)
1	86.0	0.228	140	420	10	1.16	1.841
2	71.4	0.217	140	419.5	6	0.84	1.929
3	48.4	0.225	140	404	7	1.45	1.792

取其抗压强度的最小平均值为1.823MPa，而对应的灵山试验段粉喷桩室内90d无侧限抗压强度为1.60MPa(图5-2)，两者比较接近。

3)现场载荷试验

灵山试验段桥台引道及涵洞处粉喷桩均未打穿软土层。为检验处理效果，进行现场天然地基、粉喷桩复合地基、粉喷桩单桩载荷试验试验结果见图5-3、图5-4。

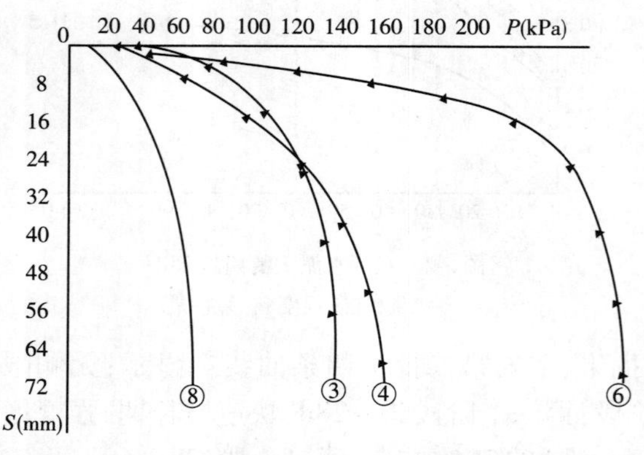

图5-3 天然地基、粉喷桩复合地基载荷试验 P-S 曲线

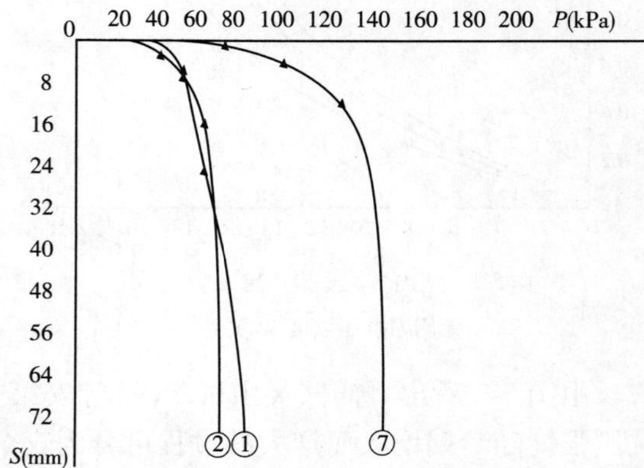

图5-4 粉喷桩单桩载荷试验 P-S 曲线

由图 5-3、图 5-4 看出：粉喷桩单桩载荷试验 $P\text{-}S$ 曲线有明显的陡降段，说明其单桩承载力有强度控制（桩体和地基土强度）。在桩体强度满足要求的情况下，粉喷桩单桩承载力由桩周、桩端土决定，起初外荷 P 较小时，外荷只要由侧摩阻力承担，当 P 增加到一定数值时，桩端产生位移，桩端阻力才开始明显表现出来。单桩极限承载力取陡降段起点的荷载值，单桩承载力标准值 R_k 取单桩极限承载力除以安全系数 2.0，试验结果统计如表 5-5 所示。

粉喷桩单桩承载力试验统计结果表　　表 5-5

编　号	桩长(m)	单桩极限承载力(kN)	对应沉降量(mm)	单桩承载力标准值(kN)
1	6	50	6.65	25
2	4	50	6.75	25
7	15	130	12.73	65

即天然地基、粉喷桩复合地基载荷试验 $P\text{-}S$ 曲线无明显陡降段，其承载力往往受到容许沉降量的控制，取值标准：天然地基 $S/B=0.02$、粉喷桩复合地基 $S/B=0.01$ 时对应的承载力为承载力标准值，试验统计结构见表 5-6。

天然地基、粉喷桩复合地基载荷试验结果　　表 5-6

编号	桩长(m)	桩距(m)	承载力标准值(kPa)	对应沉降量(mm)	变形模量(MPa)	备　注
3	4	1.0	95	10	4.56	载荷板 1.0m×1.0m
4	6	1.2	80	12	5.28	载荷板 1.2m×1.2m
6	15	1.1	185	10	9.85	载荷板 1.0m×1.0m
8	天然地基		45	24	1.83	载荷板 1.2m×1.2m

按照《建筑地基处理技术规范》(JGJ 79—91)：

粉喷桩单桩承载力标准值按下列两式中小者确定：

$$R_k = \eta q_u A_p \tag{5-4}$$

$$R_k = q_s U_P L + \alpha A_s q_p \tag{5-5}$$

式中：A_p——桩的截面积；

R_k——单桩竖向承载力标准值；也可按式(5-4)、式(5-5)中计算的小值取用；

η——强度折减系数，可取 0.35～0.5；

q_s——桩周土的平均摩阻力；淤泥可取 5～8kPa，淤泥质土可取 8～12kPa，黏性土可取 12～15kPa；

U_P——桩周长；

L——桩长；

α——桩端天然地基土的承载力折减系数，取 0.4～0.6；

q_p——桩端天然地基土的承载力标准值；

q_u——室内水泥土无侧限抗压强度。

按式(5-4)计算：　　$R_k=0.4\times1.6\times10^3\times0.196=125\text{kN}$

载荷实验结果远远小于此值。

按式(5-5)计算时,其中 q_s 值,根据笔者以往的经验,桩体与周围土体在施工过程中由于挤密及水泥喷出的余灰作用已形成较为紧密的结合,桩体表面形成一土膜,最大桩侧摩阻力表现为桩体周围土膜与桩周土体之间的剪切破坏强度,建议此值为土体十字板抗剪强度,若取安全系数2.0,则其 $q_s = C_u/2$(C_u 为十字板抗剪强度)。根据广珠东线 $C_u = 7\text{kPa}$,则取 $q_s = 3.5\text{kPa}$,则对应4m长的粉喷桩:

$$R_k = 3.5 \times 0.5 \times 3.14 \times 4 + 0.5 \times 0.196 \times 45 = 26.4\text{kN}$$

对于6m长的粉喷桩:

$$R_k = 3.5 \times 0.5 \times 3.14 \times 6 + 0.5 \times 0.196 \times 45 = 37.4\text{kN}$$

对于15m长的粉喷桩:

$$R_k = 3.5 \times 0.5 \times 3.14 \times 15 + 0.5 \times 0.196 \times 45 = 86.8\text{kN}$$

计算结果与荷载试验结果接近。

由此说明:当粉喷桩未穿透淤泥层时,其单桩承载力通常不是由桩体强度确定,而是由桩周、桩底的土体承载力确定,单桩的破坏模式为“刺入式破坏”。

由图5-3可以看出:粉喷桩加固软土地基其复合地基的承载力较天然地基承载力提高2倍左右,加固效果显著。

4)沉降观测与分析

灵山试验段A断面为坦尾大桥桥头与路堤过渡段,采用长度15m,间距1.2m的粉喷桩,处理软土地基,处理的过渡段长度为30m。并在路中、路肩、路中与路肩之中分别埋设5块表面沉降板(图5-5)。

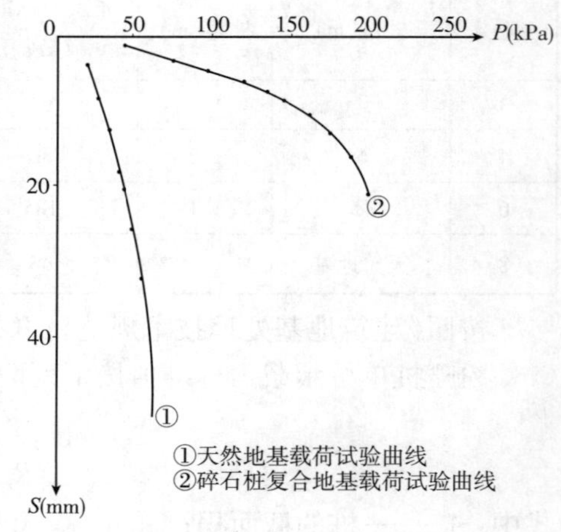

图5-5 碎石桩载荷试验曲线

粉喷桩复合地基的沉降由两部分组成:桩长范围内的复合地基的压缩变形 S_1 和桩端下未处理土层的压缩变形 S_2。

S_1、S_2 按《建筑地基处理技术规范》(JGJ 79—91)推荐公式计算而得:

其中:$S_1 = \dfrac{(P_0 + P_{0Z})L}{2E_{PS}}$,而 $E_{PS} = mE_P + (1-m)E_S$

将A断面有关数据指标代入上式后,计算的:$S_1 = 75\text{mm}$

而桩端下未处理土层的压缩变形计算得:$S_2 = 280\text{mm}$

则总沉降量计算为:355mm。

计算值与实测值接近。可见粉喷桩复合地基的沉降量主要为桩端下未处理的土层的压缩变形。

长期沉降观测资料汇总整理成荷载、沉降、沉降速率-时间曲线如附图5-7所示。

由图看出:①路中心最大沉降量为395mm,路肩为302mm,路肩沉降量为路中沉降量的75%左右。②相邻B、C、D、E、F断面路中同期沉降量分别为1978mm、2211mm、2185mm、1950mm、2416mm,A断面路中沉降量仅为袋装砂井处理路段(B、C、D、E、F)沉降量的16.5%~20.3%,总沉降量大为降低。③加载至设计值后130d沉降速率降至0.2mm/d,沉降已稳定。④每级加载最大填土厚度0.8m时,最大沉降速率为8mm/d,远小于填土稳定控制标准,说明粉喷桩处理区路基填土基本上可以不考虑填土速率的控制。⑤加载至设计高程停载20d内沉积速率为2mm/d左右,20~90d内沉降速率为1.0mm/d左右,至130d沉积速率0.2mm/d左右。⑥加载期约完成总沉降量的60%,加载至设计高程后,停载20d时约完成总沉降量的75%,90d时约完成总沉降量的90%,120d后约完成总沉降量的99%。

5)其他工程实例

选取我们所做的另外三项软基粉喷桩处理工程统计列于表5-7。

粉喷桩处理软土地基工程实例 表5-7

工程名称	概况	地基土分层及其性质	粉喷桩布置				效果检验		
			处理范围		桩长	间距	室内搅拌	现场载荷	现场实例
			长(m)	宽(m)	(m)	(m)			
佛开高速公路结构物软基处理	原设计结构物软基采用堆载预压排水固结法处理,预压时间长达24个月,鉴于拆迁征地困难,原设计无法实现,为加快工程进度,采用粉喷桩处理。其中,K28+000~K30+000粉喷桩总计9万延米,施工期4个月	①层耕植土,厚0.5m;②层淤泥厚10~18m,含水率$\omega=71.4\%$,重度$\rho=1.58\text{g/cm}^3$ 孔隙比$e=2.03$;压缩系数$\alpha_{1\text{-}2}=2.5\text{MPa}^{-1}$;③层黏土,潮湿,硬性	20	45	≤18(穿透淤泥层)	1.1~1.8	$q_{28}=1100$ kPa	单桩承载力标准值$R_k=$ 120kN	加载至100kPa(设计荷载)累计沉降量25cm,沉降速率近于0
深汕高速公路结构物软基粉喷桩处理	原设计采用堆载预压排水固结法处理,预压时间长达24个月,为加快速度提前通车,采用粉喷桩处理,第4合同段总计7万延米,施工期3个月	①层耕植土,厚1.0m;②层淤泥厚17~20m,$\omega=73\%$,$\rho=1.58\text{g/cm}^3$,$e=1.98$. ③层黏土	20	40	12~17	1.3~2.0		单桩承载力标准值$R_k=110$ kN,复合地基承载力为120kPa	加载至120kPa累计沉降量20cm
深圳市宝安新中心区新湖路路基软土地基粉喷桩处理	宝安新中心区位于滨海滩涂地基上,首期工程为8条市政道路,分别采用粉喷桩、动力排水固结法、强夯块石墩三种地基处理方法,其中新湖路全长1.0km采用粉喷桩处理,总计25万延米,施工期6个月	①层素填土,厚1.5m;②层淤泥厚6~8m $\omega=80\%$ $\alpha_{1-2}=2\text{MPa}^{-1}$ $C_u=5\sim8\text{kPa}$ ③层风化土	1000	52	6~8	1.2~1.5			

由表5-7看出:粉喷桩处理软土地基施工速度快,加固效果好。

5.2 碎石桩处理桥头跳车问题

为比较用碎石桩与粉喷桩处理桥头过渡段的实际效果,试验段番中公路跨线桥头过渡段采用碎石桩处理,并通过仪器观测与现场大型试验检验处理效果,本节主要对此进行讨论。

1)碎石桩机理

碎石桩处理软土地基,属于振冲致密法的一种,就是利用振冲器产生的水平向振动,在高压水流的配合下在软黏土中成孔,再向孔内分批填入碎石,振冲器边振动边上拔,将碎石桩挤密形成桩体,桩体和周围软黏土构成复合地基。

复合地基与天然地基相比,具有以下特点:

(1)复合地基由碎石桩和桩周土组成,碎石桩强度大,压缩性低,在受到外部荷载作用下,由于变形协调作用,产生的荷载转由碎石桩承担,复合地基承载力增加,变形量减小。相对于天然地基而言,承载力可提高2~4倍。

(2)由于碎石桩为散粒体桩,排水性能良好,实际上可以起到竖向排水体的作用,加速了桩间土的固结速度。

(3)碎石桩对桩间土有一定的挤密作用,提高了桩间土的强度,但对于珠江三角洲地带的淤泥来讲,由于灵敏度高,这种作用不明显。

2)碎石桩设计计算

(1)地质情况

碎石桩区的地质情况从上至下为:

①耕植土层:0~1.2m,$C_u=20\text{kPa}$;

②1.2~14m,淤泥层,含水率高达70%,压缩模量$E_s=1.2\text{MPa}$;

③14~19m,粗砂夹淤泥层,$C_u=40\text{kPa}$,压缩模量$E_s=3.3\text{MPa}$;

④19~23m,淤泥质亚黏土层,含水率52%,压缩模量$E_s=1.5\text{MPa}$,$C_u=17\text{kPa}$;

⑤28m以下,弱风化黏土层。

(2)碎石桩设计方案

根据汽车动力方程,当桥头容许工后沉降为30cm时,按车速为80~120km/h计算,选用时,缓冲区长度25~30m,其车辆跳动最大高度1~2cm,跳动最大水平距离<2m,可满足我国一般车辆轮距要求而不至发生跳车现象。选取碎石桩的处理范围为自桥头起25m长(K23+941.28~966.28),宽度与路基底部同宽。

碎石桩的沉降量介于桥台与路基之间,为更好的发挥缓冲区的作用,采用了变间距设计,靠近桥头15m内,间距1.5m,靠近路基10m范围内为1.8m。

当碎石桩应用于抗剪强度大于20kPa的地基土时,采用的桩径一般小于80cm,本路段地基土的平均十字板抗剪强度仅8kPa左右,成桩较为困难,桩径相应扩大,因此设计桩径为90cm,实际成桩直径平均达到1.1m左右。

由于本地段淤泥层较厚,同时考虑到缓冲区的主要目的是逐步消除桥台与路基间的差异沉降量,本身可以允许有一定的沉降量,设计时以砂层作为碎石桩持力层,桩长取15m。

(3)承载力验算

按《建筑物地基处理技术规范》(JGJ97—91),复合地基的承载力可以按下式计算:

$$f_{s,k}=[1+m(n-1)]f_s \tag{5-6}$$

式中：$f_{s,k}$ ——复合地基承载力标准值；

f_s ——天然地基的承载力标准值，此处为 40kPa；

m ——面积置换率；

n ——桩土应力比，取值 3 ~5 之间，土强度低时取大值，此处取 5。

当桩间距为 1.5m 时，$m=\dfrac{d^2}{de^2}=\dfrac{1.1^2}{(1.5\times1.05)^2}=0.768$

$$f_{s,k}=[1+0.49\times(5-1)]\times40=120\text{kPa}$$

当桩间距为 1.8m 时，$m=\dfrac{d^2}{de^2}=\dfrac{1.1^2}{(1.8\times1.05)^2}=0.34$

$$f_{s,k}=[1+0.34\times(5-1)]\times40=94\text{kPa}$$

(4)沉降量计算

碎石桩复合地基的压缩模量可按下式计算：

$$E_{sp}'=[1+m(n-1)]E_s' \tag{5-7}$$

式中：E_{sp}'——复合地基的压缩模量；

E_s' ——天然地基的压缩模量，此处取 1.2MPa。

当桩间距为 1.5m 时，$E_{sp}'=[1+0.768\times(5-1)]\times1.2=3.6\text{MPa}$

当桩间距为 1.8m 时，$E_{sp}'=[1+0.34\times(5-1)]\times1.2=2.8\text{MPa}$

碎石桩区的设计高程为 5.0m，荷载为 110kPa，下卧层的沉降按业内常用规定的分层总和法进行计算，计算结果可见表 5-8。

碎石桩沉降量计算 表 5-8

区域	桩间距	碎石桩层沉降(mm)	砂层沉降(mm)	下卧层沉降(mm)	总沉降(mm)	备注
I 区	1.5m	458	133	660	1251	
II 区	1.8m	589	133	660	1382	

3)载荷试验成果分析

为了检验碎石桩的处理效果，取得相关的强度、变形资料。碎石桩施工完成后，分别在天然地基、单桩、复合地基上进行了一系列载荷试验，载荷试验的成果如图 5-5、表 5-9(间距 1.5m)所示。

碎石桩载荷试验结果表 表 5-9

项目	天然地基	复合地基	备注
容许承载力(kPa)	42	160	单桩承载力为 210kN
与天然地基的比值	1.0	3.80	

从曲线中可以看出，碎石桩由于是散粒体桩，单桩及复合地基的曲线均为缓变曲线，没有明显的拐点，可取 $S/B=0.02$ 对应的荷载为承载力标准值。

从表中可以看出，经过碎石桩加固后，复合地基承载力提高了 3.8 倍，达到 160kPa。远大于上覆荷载，完全可以满足快速加载的要求。由于碎石桩施工完毕后，表层遗留下来一层碎石桩垫层，起到了应力扩散作用，因此载荷试验结果比计算结果略大。

4)沉降分析

从碎石桩的沉降计算可以看出,由于碎石桩未打穿软土层,下卧层沉降较大,碎石桩作为散粒体桩,桩体本身沉降也较大,计算结果与实测数据相接近。

碎石桩的沉降曲线可见附图5-1~附图5-7。

将碎石桩的沉降与相邻的F断面进行比较,结果可见表5-10。

碎石桩与砂井处理区沉降对比 表5-10

断面号	处理形式	间距(m)	长度(m)	最终沉降(m)	荷载(kPa)	最大沉降速率(mm/d)
F	袋装砂井	1.0	15	2.58	135.2	24.5
G	碎石桩	1.5	15	1.57	120.5	12.5

从沉降曲线及表5-10中可以看出:

①碎石桩作为整体桩复合地基沉降量也较大。

②相比较相邻砂井治理区(F断面而言),碎石桩总沉降量可减少41%(相同荷载下),最大沉降速率远小于砂井区。

③填土完成50天后,碎石桩区剩余沉降量为26cm,沉积速率为1.4mm/d,砂井区剩余沉降量为38cm,沉降速率为1.9mm/d。碎石桩区起到了缓冲区的作用。

5.3 短密粉喷桩处理箱涵基础

京珠高速公路广珠段灵山试验段K23+880位置处有一座箱涵(4.0×3.4m),考虑到涵洞本身容许有一定的沉降量,通过对前几种技术方案的比较,经过与业主协商,对该箱涵采用了第三种方案进行处理,即用长4.0~6.0m,间距1.0~2.0m的短密粉喷桩处理箱涵及其台背区域的地基,使涵洞的沉降逐步与路基相协调一致。

1)工程地质条件

为详细了解箱涵位置的土层分布情况,在箱涵位置处增加了一孔静力触探,通过分析该孔及相邻位置的地质资料,得出该位置处地层分布如下:

①0~1.2m,耕植土层;

②1.2~9.7m,淤泥层,十字板抗剪强度 $\overline{C}_u$ = 8.7kPa,平均含水率62.4%,压缩模量1.32MPa;

③9.7~18.0m,粉细砂夹淤泥层,十字板抗剪强度 $\overline{C}_u$ = 22.1kPa,平均含水率29%,压缩模量3.64MPa;

④18.0~37.5m,淤泥质黏土层,十字板抗剪强度 $\overline{C}_u$ = 16.2kPa,平均含水率52.3%,压缩模量2.17MPa。

从钻探结果来看,涵洞位置处软土层最为深厚,如采用传统的快速处理方法,造价需百万元左右。而涵洞(通道)不同于桥台,只要不影响结构与使用功能。自身容许有一定的沉降量,本处试用4~6m的悬桩处理,以期达到快速施工、减小造价的目的。

2)粉喷桩设计计算

根据箱涵的特点,将粉喷桩处理区域分为2个处理区,I区采用4.0m长粉喷桩,1.0m间距;II 区采用 6.0m 长粉喷桩,1.2m 间距。

(1)复合地基承载力

承载力计算采用公式(5-2),计算结果见表 5-11。

承载力计算　　表 5-11

区　号	单桩承载力(kN)	复合地基承载力(kPa)
I 区 80	55	88
II 区	80	96

(2)沉降量计算

粉喷桩复合地基的沉降包括两部分:桩群体的压缩变形 S_1 和桩端下未处理土层的压缩变形 S_2 之和。

桩群体的压缩变形 S_1,可按公式(5-3)进行计算,在计算时考虑到复合地基及碎石垫层的应力扩散作用,桩顶的附加应力:

$$P_0 = \frac{P \cdot l_1 \cdot l_2}{(l_1 + 2H\tan\theta)(l_2 + 2H\tan\theta)}$$

式中:l_1——处理宽度,取 55m;

l_2——处理长度,取 10m;

H——碎石垫层及粉喷桩厚度。

桩端下未处理土层的压缩变形 S_2 可按分层总和法计算,计算公式按式(4-3)计算,I 区与 II 区的沉降量可见表 5-12。

I 区、II 区沉降量表　　表 5-12

区　号	填土高度(m)	S_1(cm)	S_2(cm)	S(cm)
I 区	3.5(等效)	1.3	30.6	31.9
II 区	4.0	2.8	30.8	33.6

3)载荷试验成果

在粉喷桩施工完毕后,分别对 I 区和 II 区两种形式的粉喷桩进行了载荷试验,载荷试验的成果可分别见图 5-3、图 5-4 和表 5-13。

I 区、II 区载荷试验成果表　　表 5-13

区　号	单桩承载力	复合地基承载力
I 区	50kN	80kPa
II 区	50kN	1997kPa

从载荷试验结果可以看出,粉喷桩复合地基承载力同理论计算结果基本一致,可以满足承载力要求。但从曲线中可以看出,复合地基在载荷超过容许承载力后,沉降量急剧增加。为避免地基产生较大的沉降,在确定承载力时,安全系数以不小于 1.2 为宜。

4)实测沉降分析

涵洞地基处理于 1994 年 8 月份施工完毕,其后进行了载荷试验,1995 年 11 月 ~1996 年 1 月份完成了箱涵主体施工,1996 年 3 月初开始加载,至 1996 年 4 月底,累计加载 2.8m。

涵洞施工日程表可见表 5-14。

涵洞施工日程表 表 5-14

工序	地基处理	载荷试验	涵洞施工	填土
日期	1995 年 8 月 ~9 月	1995 年 11 月	1995 年 12 月 ~1996 年 1 月	1996 年 3 月 ~4 月

从涵洞主体工程完工开始，在涵洞处设置了沉降观测点，载荷沉降曲线如图 5-6 所示。

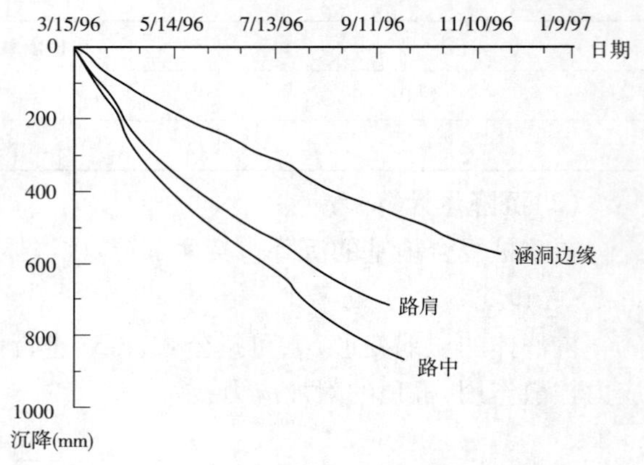

图 5-6 涵洞沉降曲线

根据沉降观测资料，用双曲线法计算在目前荷载下涵洞的最终沉降量为 1.212m，实测沉降与理论计算结果相差较大，鉴于目前粉喷桩复合地基的设计计算方法尚不成熟，此法根据实测沉降与计算结果的差异重新分析短密粉喷桩的设计计算理论及参数。

(1) 涵洞位置处附加应力计算见表 5-15。

涵洞位置附加应力计算表 表 5-15

上部结构	碎石垫层	素混凝土垫层	洞底积砂	涵洞	填砂	合计
附加应力(kPa)	9	2	12	27	49	99

(2)涵洞的沉降量与砂井地基的比较、同相邻位置的袋装砂井处理断面相比较，比较结果见表 5-16。

涵洞、砂井地基、相邻位置袋装砂井处理断面沉降量比较 表 5-16

断面	荷载(kPa)	最终沉降(mm)	$\overline{E}$(MPa)	备注
涵洞	99	1212	2.04	计算 $\overline{E}_s$ 值时，m_s 值取 1.0，压缩层厚度取 25m
E	111	2117	1.31	
F	136	2764	1.23	

从表中可以看出，经短密粉喷桩处理后，相同荷载下地基的平均压缩模量($\overline{E}_s$)增加了 60%，相应的最终沉降量降低了 38%。

(3)根据实测沉降量反算地基的力学参数

原设计方案中将复合地基作为应力扩散层从实际效果来看：由于下卧层为淤泥，这种作用不明显，可以不予考虑。上部荷载仍为 80kPa。由于下卧软土层厚度很大，据第 3 章论述，下卧层的压缩厚度应计算到 20m，m 值取 1.5。

根据以上两个边界条件重新计算总沉降量，计算结果可见表 5-17。

不同边界条件下总沉降量计算表 表 5-17

地层	复合地基	淤泥层②	淤泥夹砂层③	淤泥质黏土层④	合计
沉降量(mm)	2.5	281	339	630	1253

该计算结果与实测值较接近。

5)小结

综上所述，对短密粉喷桩处理箱涵基础可得出如下结论：

（1）该处理方法可以满足地基承载力要求，达到快速加载的目的。

（2）应用该处理方法时，应避免下卧软土层厚度太大，同时在设计、施工时可采取预抬标高来配合该方案，达到逐步消除差异沉降的目的。

5.4　三种处理方案的比较

试验段采用了粉喷桩、碎石桩、短密粉喷桩三种方案分别处理不同的构造物，并通过一系列室内外试验，仪器观测数据分析处理效果，现将三种处理方案的有关数据列表如表5-18所示。

三种方案处理下地基沉降、造价对比表　　表5-18

方案	承载力（kPa）	最终沉降量（mm）	天然地基最低沉降量（mm）	总造价（万元）
①	185	442	2235	129
②	160	1570	2682	135
③	95	1570	1955	32

注：方案①代表粉喷桩处理桥头过渡段；

方案②代表碎石桩处理桥头过渡段；

方案③代表短密粉喷桩处理涵洞及过渡段。

从表中可以看出：

（1）桥头过渡段推荐采用粉喷桩进行快速处理，同时方案可进一步优化处理范围缩短为15～20m，并向路基地段逐步加大间距或缩短桩长，进一步减少造价。

（2）在软土层厚度不大时涵洞（或通道）推荐采用短密粉喷桩进行处理，造价低，要求设计时需要进一步优化方案，避免产生过大沉降。

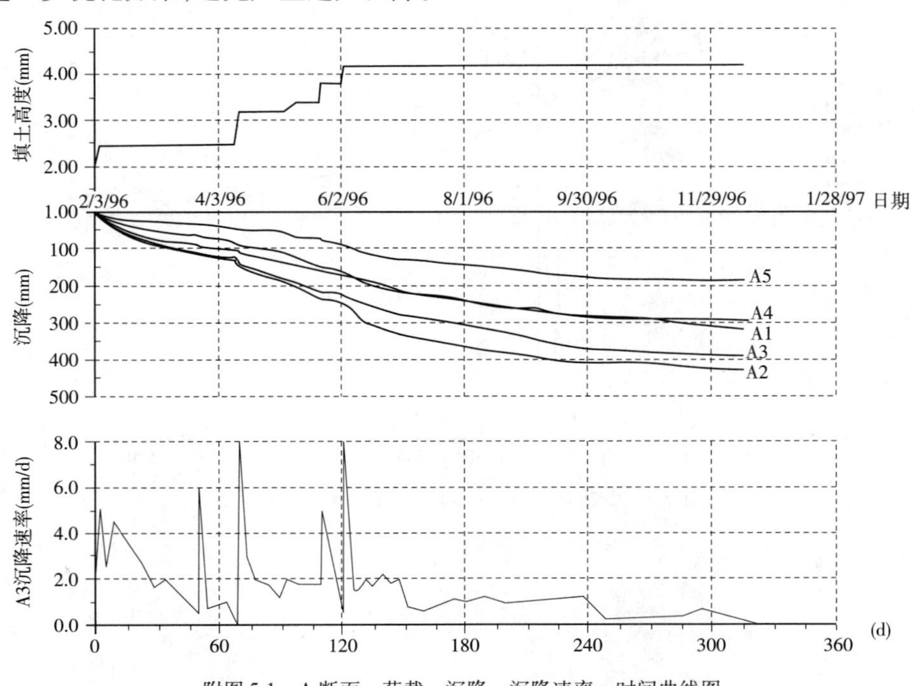

附图5-1　A断面　荷载—沉降—沉降速率—时间曲线图

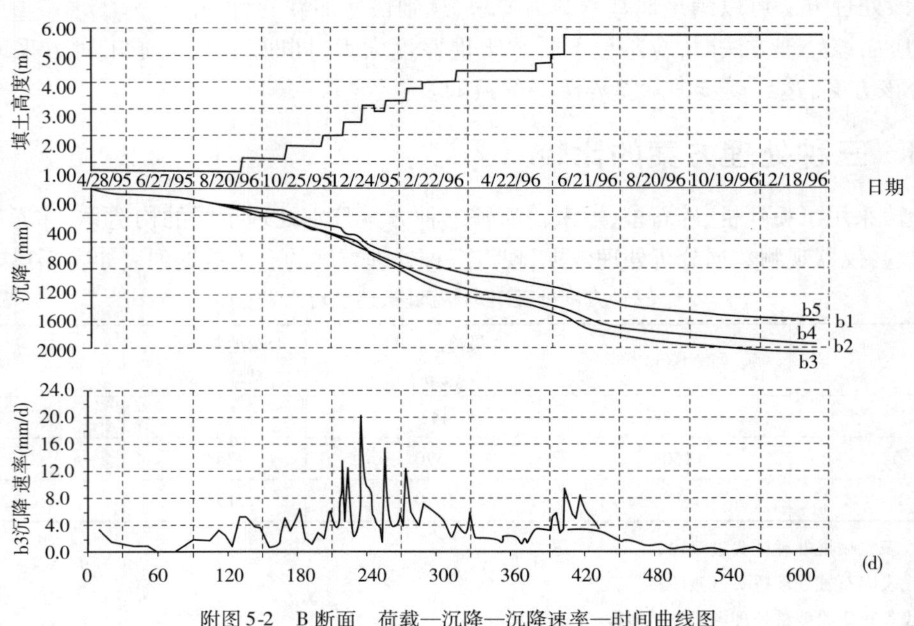

附图 5-2 B 断面 荷载—沉降—沉降速率—时间曲线图

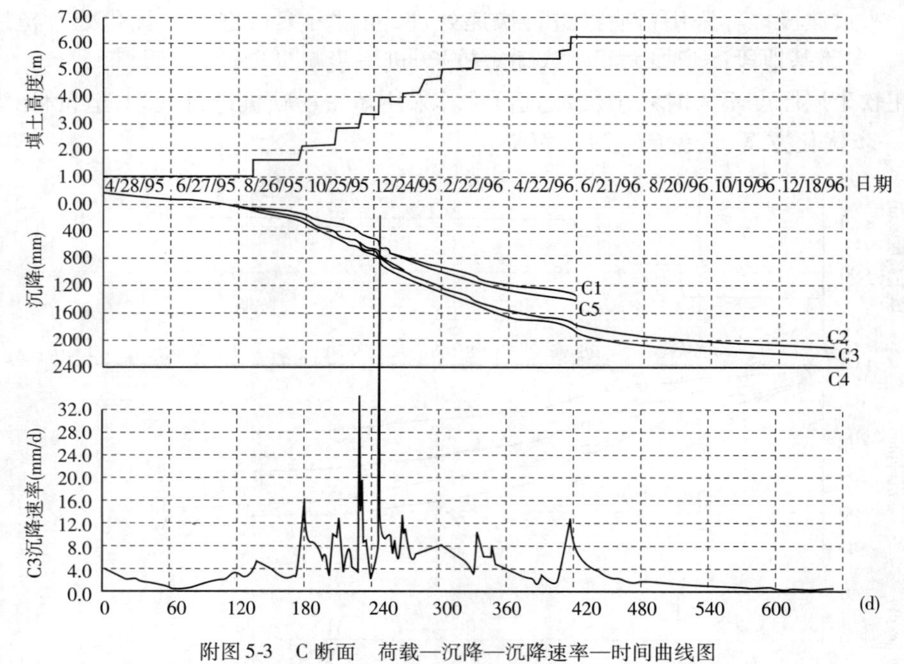

附图 5-3 C 断面 荷载—沉降—沉降速率—时间曲线图

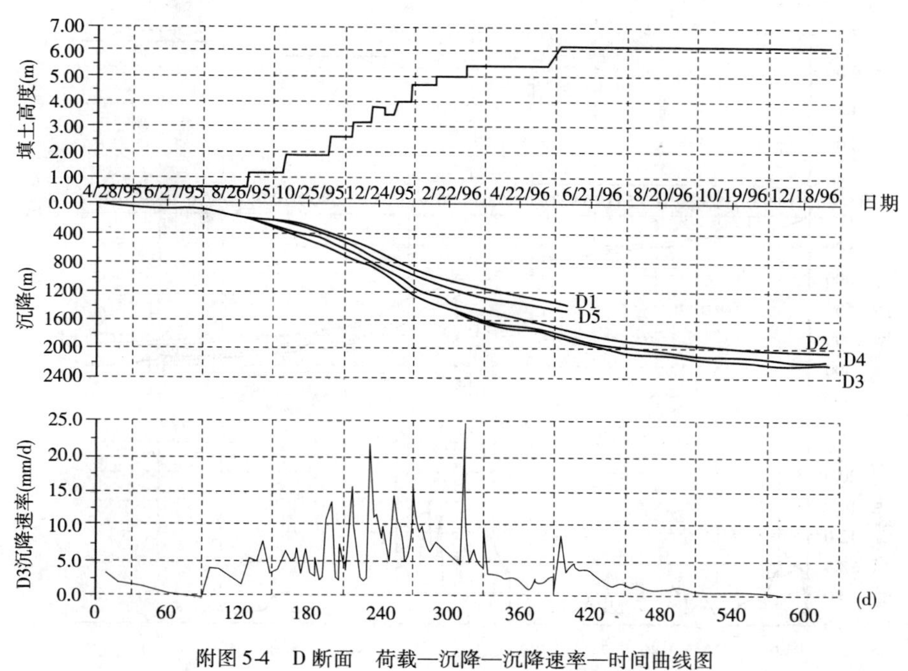

附图 5-4　D 断面　荷载—沉降—沉降速率—时间曲线图

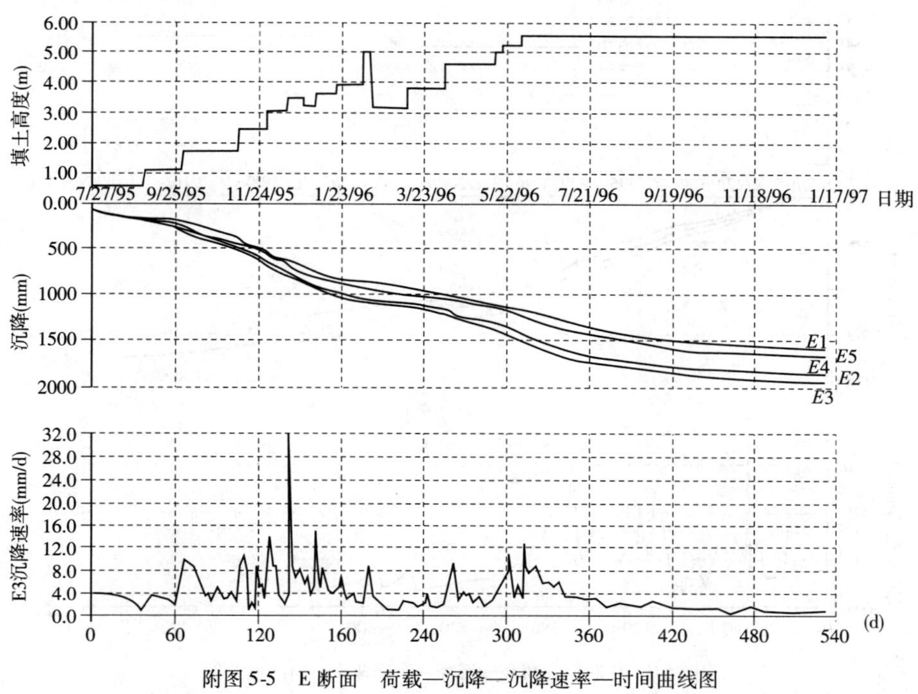

附图 5-5　E 断面　荷载—沉降—沉降速率—时间曲线图

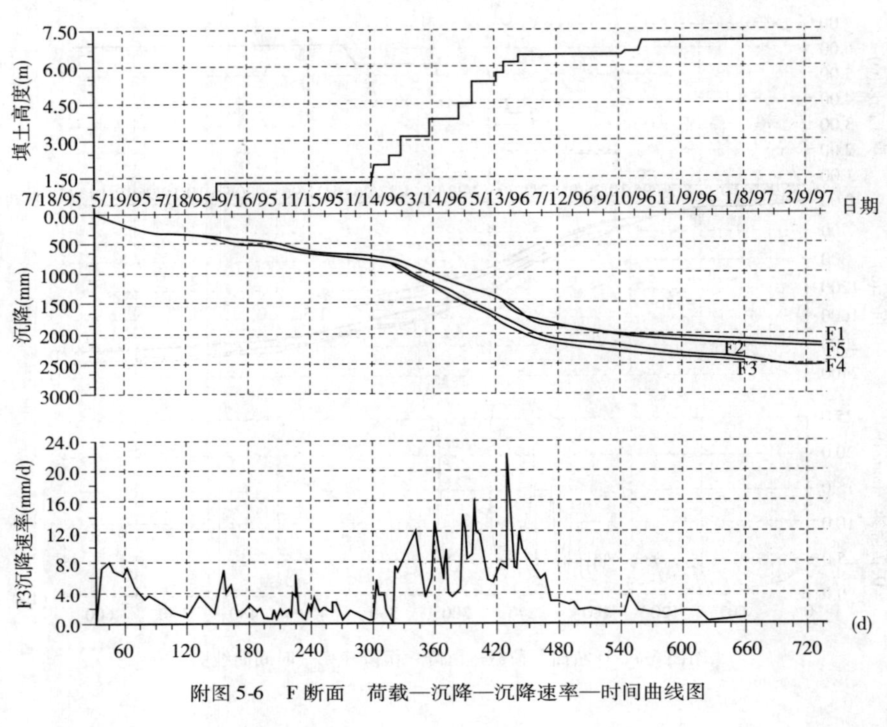

附图 5-6 F 断面 荷载—沉降—沉降速率—时间曲线图

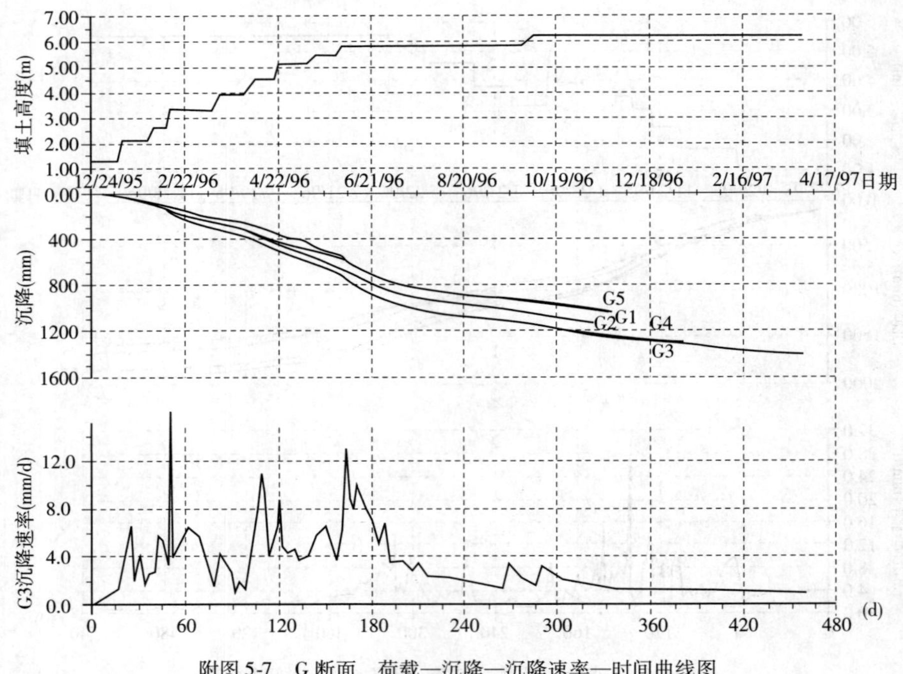

附图 5-7 G 断面 荷载—沉降—沉降速率—时间曲线图

第6章　试验段成果在第二合同段的应用

6.1　工程概况

京珠高速广珠段第二合同段K21+363~K21+888路段位于坦尾立交1号桥和2号桥之间。采用六车道设计，路基宽度在49.1~96.8m之间（包括匝道）设计填土最高达5.798m。根据设计单位提供的地质资料，该路段为软基深厚路段，同时该路段还存在施工难度大，施工期短的特点，包括地基处理，填土预压，路面施工在内总计只有14个月时间。在这样紧张的工期安排下，如何安全、快速的完成软基高填土路段的施工并将工后沉降量控制在一定的标准之内，是急需解决的工程技术难题。

为了将灵山试验段的成果尽快运用于生产实践，结合本路段的实际情况，京珠高速公路广珠段有限公司委托岩土公司运用试验段成果对原设计方案进行优化，确保填土能快速、安全的完成。岩土公司在接受委托后先后对该路段进行了软基补充勘探、优化设计计算、制订监测方案并进行监测、加固效果检验等工作，确保了半年内安全完成填土工作，并取得可指导后续施工的第一手数据。

6.2　工程地质条件

通过对本路段的补充勘察（以原位测试为主，结合钻探取土进行室内试验），探明本路段软土层厚度很大，地层起伏变化较复杂，土质十分软弱。这些都给施工带来了很大困难，自上而下的地层分布如下：

①耕植土层：层厚0.4~1.0m，褐黄夹灰黑色，含大量腐殖质、草根等。

②淤泥层：埋深0.4~1.0m，层厚18.3~24.1m，力学性质较差，平均十字板抗剪切强度仅12kPa，含水率高达77.2%，孔隙比2.138，压缩模量0.97MPa。

③黏土与粉细砂互层：淤泥层下为黏土与粉细砂互层，该层土排水较好，力学性能良好，可不处理。

6.3　理论计算

根据补充勘察资料对地基进行了沉降、稳定、固结计算，计算结果见表6-1。

由计算可以看出：

(1)淤泥层厚度很大，土层自上而下性质变化不大，具有高含水率、高压缩性、低强度的工程特性。反映在路基施工中带来了一系列不良影响：

①天然状态的地基土极限填土高度仅2.0~2.5m，限制了施工填土速率；

②压缩沉降量大，最终沉降量往往超过路基填土高度的一半。

(2)淤泥层为近期淤积造陆所形成，其中夹有部分砂、贝壳类物质，局部地段还存在粉细砂透镜体,改善了地基的排水条件,固结速度快于理论计算。

地基处理计算一览表 表 6-1

编号	里程	设计填土高度(m)	施工填土高度(m)	极限填土高度(m)	安全系数 K_{min}	最终沉降量	砂井参数		填土完成时间(d)	360d		450d	
							长度(m)	间距(m)		固结度	剩余沉降	固结度	剩余沉降
1	K21 +400	5.31	7.96	2.8	1.05	2.65	20	1.3	171	96.35	9.67	—	—
2	K21 +450	4.84	7.1	2.5	1.03	2.35	18.0	1.4	154	94.35	11.99	96.48	8.30
3	K21 +500	4.35	6.69	2.5	1.2	2.35	18.0	1.4	182	93.26	15.79	96.25	8.79
4	K21 +550	3.8	6.14	2.5	1.25	1.33	21	1.5	169	92.84	15.96	94.51	12.22
5	K21 +650	3.1	5.01	2.0	1.04	1.88	18	1.7	168	90.91	9.45	93.21	12.98
6	K21 +700	3.0	4.88	2.0	1.04	2.88	18	1.7	158	94.85	9.45	97.25	5.05
7	K21 +750	3.1	4.39	2.0	1.09	1.31	15	1.5	127	82.27	25.01	84.31	22.14
8	K21 +800	3.3	4.74	2.5	1.11	1.44	15	1.5	162	80.61	27.87	84.33	22.50
9	K21 +850	4.0	6.15	2.5	1.05	2.15	20	1.3	176	92.36	16.38	96.88	9.28

注:极限填土高度采用十字板抗剪切强度小值平均。

6.4 方案优化设计

根据补充勘察资料并结合灵山软基试验段的成果,对原地处理方案进行了优化设计:

(1)根据试验段成果,砂井间距宜在 1.0 ~ 2.0m 之间,过大过小效果往往不理想。一般路基段砂井间距 1.5m 左右较为合适,桥头高填土段间距宜采用 1.0 ~ 1.3m 之间。

(2)该路段淤泥层最深达到 28m,但从试验段资料来看,压缩层厚度大约在 20m 左右,砂井长度也应以 20m 为限,根据设计文件及地基情况经试算,砂井长度采用 15 ~ 20m。

(3)试验段成果证明,土工布除可以增加路堤稳定性外,还可以起到减小总沉降量,协调差异沉降的作用。鉴于该路段施工期很短,为确保工程能安全、快速的完成,全路段均铺设两层土工布作为施工时的安全储备。

将优化设计后的地基处理工程量与原设计相比较,从表 6-2 可以看出,优化设计后总工程量比原设计有所减少,节约投资约 12 万元,而且原设计中 K21 +600 ~ 860 段未作砂井处理,不能满足工期及工后沉降量的要求,优化后的方案较为合理。

地基处理工程量对比一览表 表 6-2

	袋装砂井(延米)	土工布(m^2)	备 注
原设计	358704	79725	K21 +600 ~ 860 段未作砂井处理
优化设计	340847	75625	包括 K21 +600 ~ 860 段

6.5 施工情况

鉴于工期较紧,施工单位在甲方、设计单位、监测单位的配合下,从 1996 年 3 月份开始地基处理施工,1996 年 6 月初开始填土,1996 年 12 月中旬填至设计高程,1997 年 2 月下旬开始路面施工至顺利完成施工任务,各工序施工日程可见表 6-3。

路基施工日程　　表 6-3

工序	砂垫层	软基施工	填土	超载	开挖路槽	路面施工
日期	1996 年 3 月	1996 年 4 月 ~5 月	1996 年 6 月 ~12 月	1996 年 12 月 ~1997 年 1 月	1997 年 2 月 ~3 月	1997 年 3 月 ~4 月

施工单位从填土至设计高程总计历时 5 个半月，最大实际填土厚度 6.8m，加载过程表可见表 6-4。

路基加载进程　　表 6-4

序号	K21 +430			K21 +530			K21 +780		
	日期	单级填土厚度(m)	累计填土厚度(m)	日期	单级填土厚度(m)	累计填土厚度(m)	日期	单级填土厚度(m)	累计填土厚度(m)
1	1996. 5/6	0. 2	0. 2	1996. 3/6	0. 2	0. 2	1996. 24/5	0. 48	0. 48
2	10 ~ 11/6	0. 55	0. 75	7-9/6	0. 51	0. 71	13-14/6	0. 34	0. 82
3	29 ~ 30/6	0. 39	1. 14	30 ~ 1/7	0. 42	1. 13	9 ~ 14/7	0. 45	1. 27
4	4 ~ 5/7	0. 41	1. 55	7/7	0. 56	1. 69	19 ~ 20/7	0. 42	1. 69
5	16/7	0. 41	1. 96	25 ~ 26/7	0. 22	1. 91	28/7	0. 36	2. 05
6	24/7	0. 41	2. 37	5/8	0. 3	2. 21	12/8	0. 41	2. 46
7	8/8	0. 30	2. 67	10/8	0. 5	2. 71	29/8 ~ 5/9	0. 34	2. 8
8	22 ~ 23/8	1. 04	3. 71	27/8	0. 38	3. 09	17/10	0. 45	3. 25
9	13 ~ 14/9	0. 47	4. 18	18 ~ 19/9	0. 5	3. 59	20/11	0. 35	3. 70
10	3 ~ 5/10	0. 62	4. 80	2 ~ 6/10	0. 38	3. 97			
11	9 ~ 10/10	0. 13	4. 97	30 ~ 31/10	0. 56	4. 53			
12	17 ~ 18/10	0. 7	5. 40	15/11	0. 32	4. 85			
13	13/11	0. 28	5. 68						

注：表 6-4 为埋设仪器前填土高度。

6.6　监测结果

为使试验段成果能简单易行地为施工单位掌握，监测手段以表面沉降与孔隙水压力为主要指标控制施工填土速率，我公司分别在三个有代表性的位置处埋设了应力应变仪器。埋设情况如图 6-1、表 6-5 所示。

监测仪器于 1996 年 5 月埋设，6 月开始填土即进行观测，观测整理资料可如表 6-5 及附图 6-1 ~ 附图 6-5 所示。

从表中数据可以看出，在安全监测的前提下以这样的速度进行填土，施工期的稳定是可以完全控制住的。

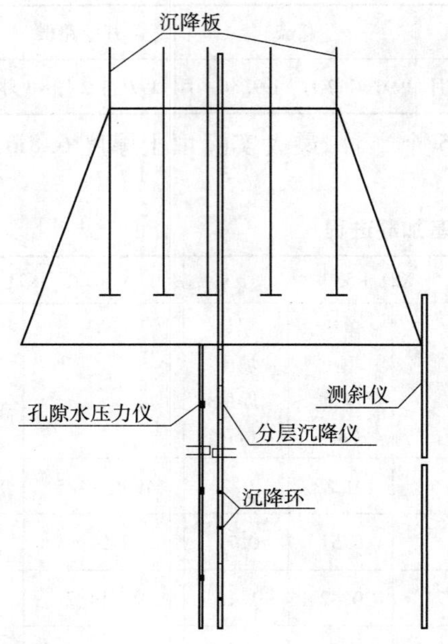

孔压编号		埋深(砂面下)(m)
A	U_{A-1}	3.0
	U_{A-2}	6.0
	U_{A-3}	8.0
	U_{A-4}	12.2
	U_{A-5}	18.3
	U_{A-6}	21.6
B	U_{B-1}	3.0
	U_{B-2}	6.3
	U_{B-3}	9.2
C	U_{C-1}	4.5
	U_{C-2}	7.0
	U_{C-3}	10.0
	U_{C-4}	13.0
	U_{C-5}	16.0
	U_{C-6}	19.0

图 6-1　仪器埋设断面图

监测数据汇总表　　表 6-5

里　程	填土高度(m)	沉降量(mm)	最大沉降速率(mm/d)	$\frac{\Delta U_{max}}{\Delta P}$
K21 +430	6.8	1892	30	1.01
K21 +530	6.6	2123	22	1.09
K21 +780	4.9	1464	14	1.06

注:沉降量为 1996 年 12 月中旬填土至设计高程后沉降量。

6.7　强度测试

在全路段填至设计高程后,为检验地基处理效果,查明当时地基状况,取得相关参数以指导超载填土。对三个代表性断面分别进行了强度测试(包括静力触探和十字板),测试结果可见表 6-6。

强度测试汇总表　　表 6-6

里程	比贯入阻力 P_s(kPa)			十字板抗剪强度 C_u(kPa)		
	加固前 P_s	加固后 P_s'	P_s'/P_s	加固前 C_u	加固后 C_u'	C_u'/C_u
K21 +430	246	456	1.7	9.5	18.2	1.9
K21 +530	202	372	1.8	12.5	21.6	1.7
K21 +780	238	451	1.9	12.9	26.3	2.0

注:加固后检测时间为 12 月初。

从上表可以看出,经过加固后地基强度有了较大提高,相比加固前强度提高了1.7~2.0倍,根据十字板强度对地基进行稳定性验算,计算结果可见表6-7。

路基各断面极限填土高度计算成果表　　表6-7

	K21+430	K21+53	K21+780
极限高度(m)	5.0	4.9	5.3
安全系数K	1.03	1.05	1.06

注:表中所列极限高度为地表以上净填土高度,不包括沉降部分。

计算结果表明:目前地基处于安全状态,但接近于极限情况,超载预压时仍要控制填土速率,分层填筑。

为详细了解地基土加固前后性质变化,还在上述三个代表断面同时进行了钻探取土,室内试验,并与加固前数据进行了比较,结果见表6-8(淤泥层):

软基加固前后强度对比表　　表6-8

序号	含水率(%)		孔隙比		压缩模量(MPa)		无侧限抗压强度		黏聚力(kPa)		内摩擦角(°)	
	加固前	加固后	加固前	加固后	加固前	加固后	加固前	加固后	加固前	加固后	加固前	加固后
A	83.3	58.9	2.294	1.634	0.87	1.53	18.5	42.6	8.7	9.7	6.1	4.8
B	68.9	64.1	2.059	1.715	1.02	1.39	21.7	44.9	10.0	11.5	6.0	2.8
C	79.4	70.6	2.138	1.914	1.04	1.24	17.6		6.8	9.6	3.7	4.3
平均	77.2	85.4	2.614	1.754	0.98	1.39	19.3	43.8	8.5	10.3	5.3	4.0

从上表中可以看出:经加固后淤泥层平均含水率降低了16.5%,孔隙比降低了18%,压缩模量增加了42%,无侧限抗压强度增加了1.17倍,黏聚力增加了21%。特别要指出的是:由于排水情况良好,表层4m左右的土层固结情况最好,含水率降到50%(液限左右)。孔隙比降低到1.5以下。下部土层则含水率仍远大于液限,尚未充分固结,后期仍将产生较大沉降量。

6.8　结语

通过对第二合同段的软基补充勘察、优化设计、监测等一系列工作,表明试验段的成果完全可以运用于生产实践中,并能产生良好的社会经济效益,在将科研与生产相结合的过程中,应当注意以下几点:

(1)施工前进行软基补充勘察是非常必要的,可以进一步了解地层情况,对方案进行优化设计,达到经济安全的目的。

(2)以表面沉降板和少量孔隙水压力仪为主要控制施工期的稳定是可行的,在监测指导下,可以达到6个月填土至设计高程的目的。

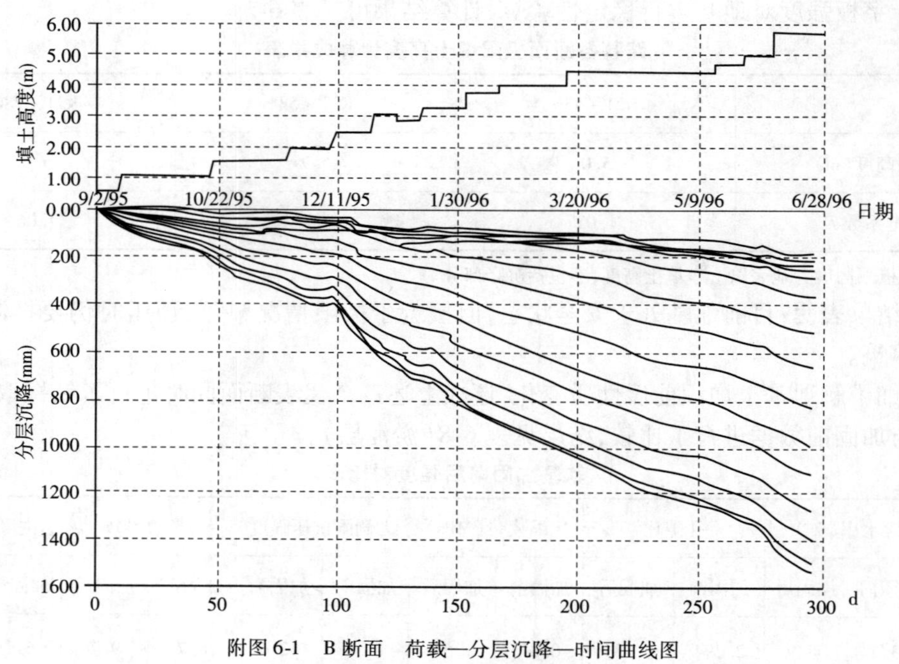

附图 6-1　B 断面　荷载—分层沉降—时间曲线图

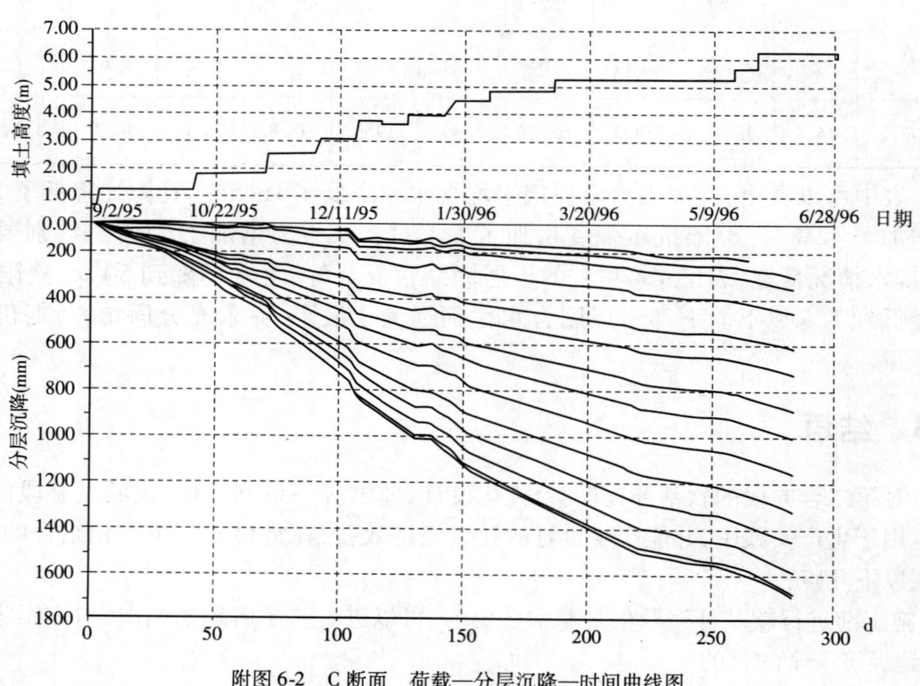

附图 6-2　C 断面　荷载—分层沉降—时间曲线图

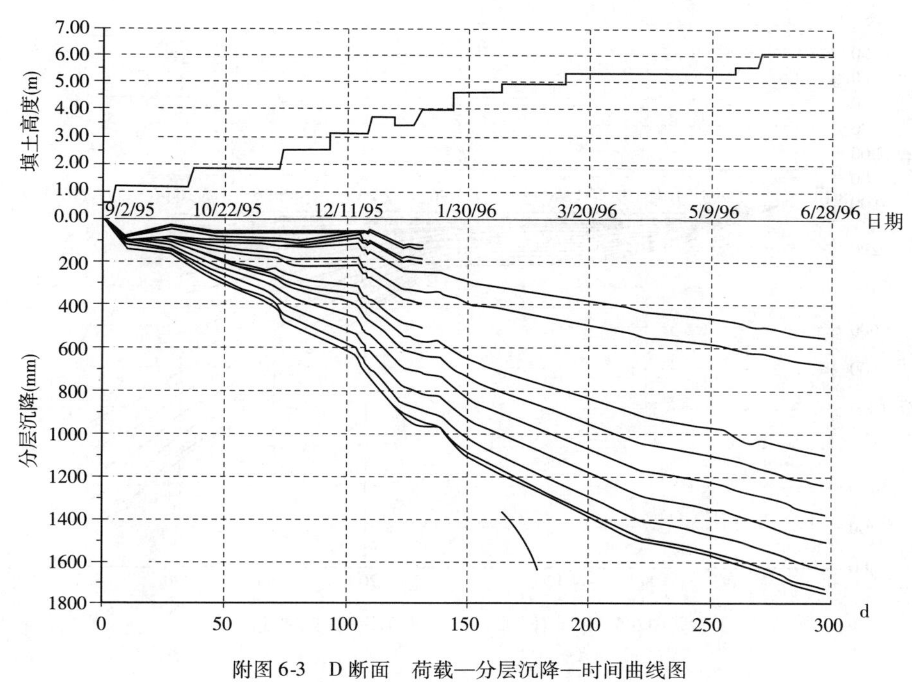

附图 6-3　D 断面　荷载—分层沉降—时间曲线图

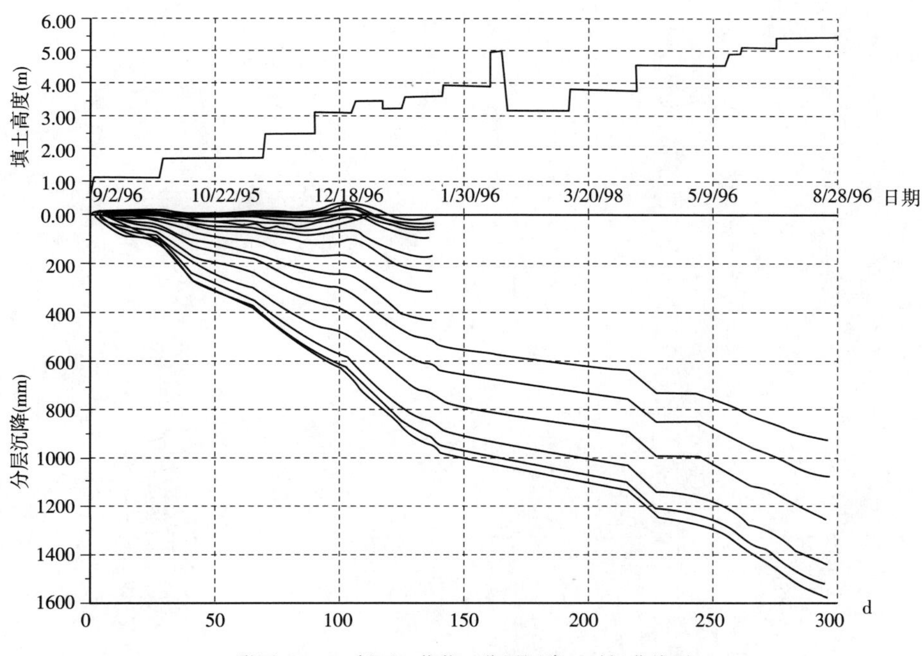

附图 6-4　E 断面　荷载—分层沉降—时间曲线图

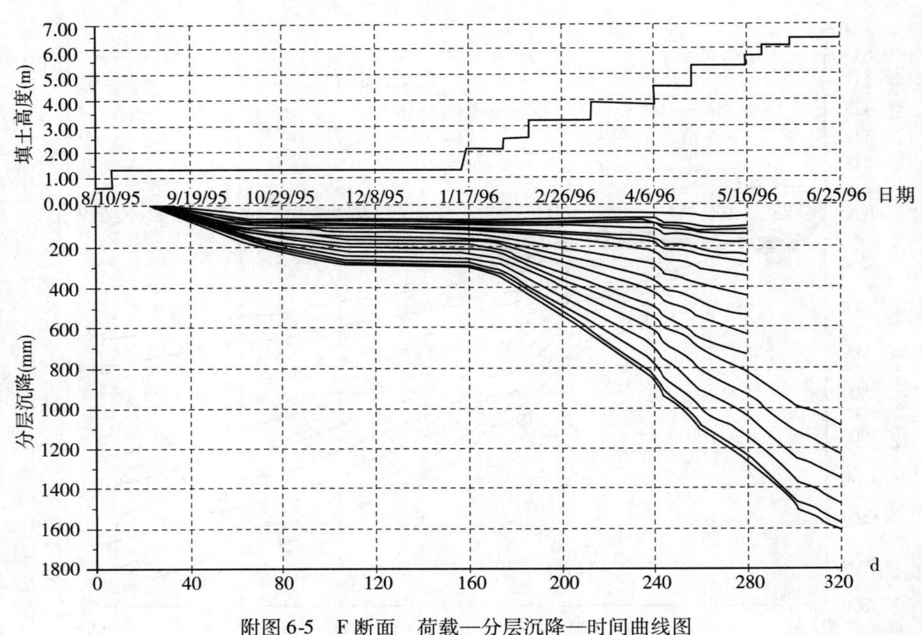

附图 6-5　F 断面　荷载—分层沉降—时间曲线图

第三篇

西部沿海高速公路台山段第三合同段
真空联合堆载预压试验工程总结报告

一九九九年八月

目　　录

第1章　真空联合堆载预压法加固技术的特点及原理

真空联合堆载预压法充分利用了真空预压法和堆载预压法两者的优势，特别适合处理分布有深厚淤泥和淤泥质土层的软土地基，能快速、有效地加固这类地基。

1.1　抗滑的机理和特点

该项技术首先借助抽真空装置，将密封膜下砂垫层和软土中的水、气抽出，在其中形成真空负压和水头差，在水头差的作用下，土体中的孔隙水不断由竖向排水通道和水平向排水体排出，进而达到加固的目的。当膜下真空度满足设计要求（≥60kPa）且能稳定地保持时，可以在真空密封膜上铺一层无纺土工织物，然后在上面填方堆载，利用堆载产生的水头差，将土体中孔隙水排出，进而达到联合加固的目的。与常规堆载预压法相比，真空联合堆载预压法之所以能增加地基土的稳定性、缩短工期、减少工后沉降，是因为抽真空改变了土体的应力状态。堆载预压法是通过增加总应力，再借助砂井、砂垫层等排水措施加快土体中孔隙水的排出速率，进而实现有效应力和孔隙水压力的相互转换，达到软基加固的目的。众所周知，上部荷载在地基中形成的附加应力在水平向和竖直向是不等的（图1-1），堆载使球应力增加，也使剪应力增加。堆载引起的附加应力起初由地基中孔隙水承担，随着土体的排水固结，逐步转换成有效正应力，有效正应力的增加也使得土体的强度增加；而由于孔隙水（自由水）无法承担剪应力，剪应力自始至终都由土颗粒骨架承担。因此，用堆载预压法加固软基时，必须严格控制填土速度，使土体强度增加与剪应力的增加相适应，这样才能保证地基加固过程的稳定性，避免出现失稳破坏的现象。真空预压过程中土体总应力不变，它通过降低孔隙水压力来增加有效应力，即 $\Delta\sigma = \Delta u$，真空预压过程中不产生剪应力增量，而只产生球应力（图1-2），是等向固结。等向固结过程是地基土体强度增加的过程，因而真空预压过程中，地基土体的强度和稳定性不断增长，不存在失稳的可能性。

图1-1　单元体附加应力

图1-2　单元体各向相等

对真空预压法和堆载预压过程中地基土体的强度增长可作如下对比分析（图1-3）：在相同的竖向应力增量 $\Delta\sigma_z$ 作用下，由于真空预压是一个等向固结过程，因而初始应力莫尔圆平移 $\Delta\sigma_z$ 后成为应力圆1，其强度对应于点 $A(\tau_A)$。而堆载预压是一个非等向固结过程，预压后，初始应力圆将变位成为圆 2,其强度为 τ_B。相同竖向应力增量 $\Delta\sigma_z$ 作用下,由于这两种不同加固技术会产生不同的应力状态,使得地基土体产生不同的强度增量,真空预压产生的强度增量大于堆载预压产生的强度增量,两者差值 $\Delta\tau=\tau_A-\tau_B$。

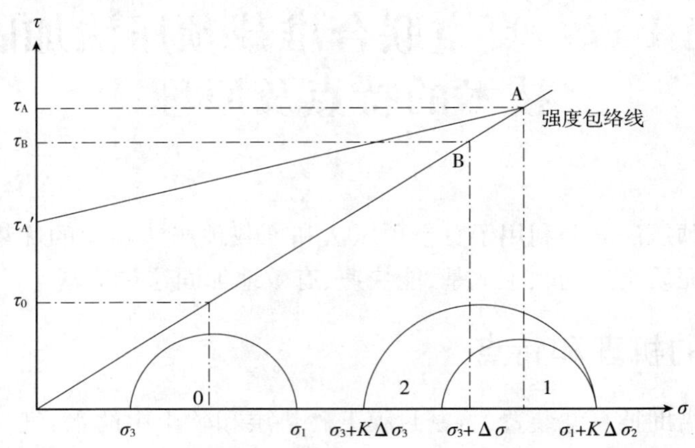

图 1-3 摩尔圆对比分析

0-初始摩尔圆;1-真空预压后的摩尔圆;2-堆载预压后的摩尔圆

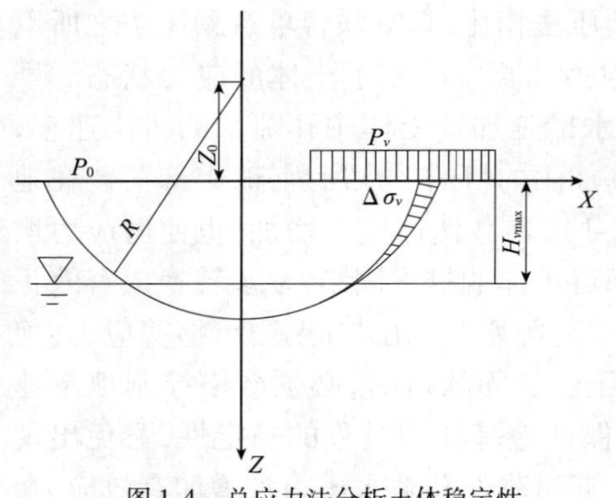

图 1-4 总应力法分析土体稳定性

对真空联合堆载预压加固的软土地基进行稳定性分析时,必须充分考虑真空预压对土体的强度和稳定性提高作用。当采用圆弧法(总应力法)分析土体的稳定性时,可采用下述计算模型分析真空预压对土体稳定性的提高作用(图 1-4)。

图 1-4 中阴影部分为抽真空后地下水位以上的有效应力增量 $\Delta\sigma_r$,$\Delta\sigma_v=P_v-A_v\times Z$,$A_v$ 为真空度衰减系数。按照上面的论述,$\Delta\sigma_v$ 为球应力增量,其方向垂直于潜在滑动面。取微弧段 ds,由于其上作用的有效应力增量 $\Delta\sigma_v$ 而产生的抗滑力矩 $dm_{vi}=\Delta\sigma_v\times ds\times\tan\varphi\times R$,故在滑弧范围内第 i 土层上产生的抗滑合力矩 M_{vi} 可由下式计算:

$$M_{vi}=\int_{H_{i-1}}^{H_i}dm_{vi}=\int_{H_{i-1}}^{H_i}R\cdot\tan\varphi_i\cdot\Delta\sigma_v\cdot ds \tag{1-1}$$

式中:φ_i——i 层土的内摩擦角,可取慢剪实验值或三轴排水试验值;

R——圆的半径;

$ds=\sqrt{1+[z'(x)]^2}dx$, $z(x)=\sqrt{R^2-x^2}-Z_0$,Z_0 的意义见图 1-4。

故

$$M_{vi}=\int\frac{\sqrt{R^2-(H_i+Z_0)^2}}{\sqrt{R^2-(H_{i-i}+Z_0)^2}}(P_v-A_v(\sqrt{R^2-x^2}-Z_0))\cdot ds \tag{1-2}$$

对上式进行微积分运算得:

$$M_{vi}=\tan\varphi_i\cdot R^2\cdot[A\cdot(P_v+A_v\cdot Z_0)+B\cdot A_v] \tag{1-3}$$

式中，

$$A = \arcsin(\frac{\sqrt{R^2 - (H_i + Z_0)^2}}{R}) - \arcsin(\frac{\sqrt{R^2 - (H_{i-1} + Z_0)^2}}{R})$$

$$\sqrt{R^2 - (H_{i-1} + Z_0)^2} - \sqrt{R^2 - (H_i + Z_0)^2}$$

故在整个滑弧范围内由于抽真空而产生的抗滑力矩

$$M_{v抗滑} = \sum_{i=1}^{m_v} M_{vi} \tag{1-4}$$

式中 m_v 为由于抽空真空而产生的非饱和带范围内土层总数。

当采用真空联合堆载预压加固软土地基时，应当采用下式验算地基的抗滑稳定性，求极限填土高度：

$$F_S = \frac{M_{抗}}{M_{滑}} = \frac{M_{土体抗滑} + M_{v抗滑} + M_{袋装砂井抗滑} + M_{土工织物抗滑}}{M_{滑}} \tag{1-5}$$

式中，

$$M_{土体抗滑} = \sum_{i=1}^{m}(C_i \cdot L + W_i \cdot \cos\alpha_i \cdot \tan\varphi_i) \cdot R$$

$$M_{袋装砂井抗滑} = \sum_{i=1}^{m_d} T_{wi} + R \cdot \sum_{i=1}^{m_d} W_{si} \cdot \tan\varphi_s$$

其中，T_{wi}——第 i 条砂袋抗拉力，取砂袋抗拉力与其所受摩阻力最小值；

W_{si}——第 i 条砂袋中上半部分砂重；

φ_s——袋装砂井的摩擦角；

m_d——滑弧范围砂袋的总数，取每米长的路堤计算。

采用 $M_{土工织物抗滑} = R \cdot \sum_{i=1}^{m_g}(T_i)$ 或

$$M_{土工织物抗滑} = R \cdot \sum^{mg}(T_i R\cos\theta + RT_i \sin\theta \cdot \tan\varphi_i)$$

确定 T_i 为土工布和真空膜的抗拉(拔)力，θ 为土工布与圆弧切线的夹角；

$M_{滑} = \sum (W_i \cdot \sin\varphi_i \cdot R)$；

$M_{v抗滑}$ 由(1-4)式确定。

式(1-5)表明抽真空只会增加抗滑力矩，增加地基的抗滑稳定性，这与前面的结论是一致的。

非饱和带范围的大小是评价加固效果的和分析稳定性的重要参数，式(1-3)表明：准确地确定非饱和带范围的大小和真空度随深度衰减规律是分析真空联合堆载预压下地基抗滑稳定性的基础。单从理论分析上准确地确定这两个参数还十分不成熟，但可以通过钻探取样、室内测试分析以及测斜资料分析来确定它们。

对比分析加固前、后土样的饱和度(S_r)及其随深度的变化是确定这两个参数较直接的方法，但它却受到真空联合堆载预压法的施工特点和“取样精度”以及测试费用的限制。按照“1.2”节沉降机理和特点的论述：真空预压时地下水位以上的非饱和土体在“球应力”的作用下发生“等向固结”，产生“向内的变形”，而地下水位以下的“饱和土体”没有这种应力特征，不会产生“向内的变形”。因此，根据软基的侧向位移资料就可以判断上述两个参数。假定：真空度稳定时，真空度随深度呈线性衰减（衰减系数为 A_v），到“非饱和带”和“饱和带”的分界线真空度衰减为零。故此，衰减系数 A_v 可由下式确定：

$$A_v = \frac{P_v}{H_{v\max}} \tag{1-6}$$

式中 P_v、$H_{v\max}$ 的意义参见图 1-4。

真空预压一段时间后（一般为 1 个月左右），开始填方堆载，此时由抽真空引起的“超孔隙水压力”得以消散，有效应力增加，土体强度得到增长，此时，用总应力法分析堆载极限高度必须考虑这部分的强度增量（$\Delta\tau$）。这部分强度增量主要分布在地下水位以上的非饱和淤泥带中，对该试验段的淤泥类软土可通过下述两种方法求得强度增量 $\Delta\tau$：

（1）有效应力增量法：

$$\Delta\tau = \frac{\int_{H_2}^{H_{V\max}} \Delta\sigma_v \mathrm{d}z}{\int_{H_2}^{H_{v\max}} \mathrm{d}z} \cdot \tan\varphi \tag{1-7}$$

对上式进行微积分运算后得到：

$$\Delta\tau = \left[P_v - \frac{1}{2} A_v (H_{v\max} + H_2) \right] \cdot \tan\varphi' \tag{1-8}$$

式中 H_2 为淤泥层顶板埋深，其余符号的意义见图 1-4。

（2）含水率增量法：

$$\Delta\tau = C \frac{(3\lambda' + 2G')\rho_s}{3(1 + e_0)\rho_w} \cdot \tan\varphi' \cdot \Delta\omega \tag{1-9}$$

式中：λ、G'——拉梅系数；

ρ_s、ρ_ω——土颗粒和水的密度；

e_0——土的初始孔隙比；

$\Delta\omega$——含水率增量；

C——修正系数；

φ'——有效摩擦角，对于由固结不排水三周压缩试验获得的内摩擦角 φ_{C_u}，应当采用有效应力固结法确定有效内摩擦角（魏汝龙，1993），即：

$$\tan\varphi' = (1 + \sin\varphi'_{Cu}) \cdot \tan\varphi_{Cu} \tag{1-10}$$

1.2 沉降变形的机理和特点

1.2.1 变形的机理和特点

当真空度稳定后，膜下真空度分布均匀，因而作用于地基之上的土压力较相同大小堆载下的土压力分布得更均匀（图 1-5）。因此真空预压可以减少路堤轴线和路肩之间的差异沉降，实测数据证明了这一结论的正确性（详细分析见后文）。

真空预压时，由于抽真空的作用，在地基中形成了“水力梯度”，土体中的水、气不断被抽出，真空度不断向地基深处传递。与此同时，在“水力梯度”的驱动下孔隙水不断转为有效应力，在有效应力的作用下，土体不断产生固结变形，当由水—气—土构成的地基系统达到克拉伯龙定律最终条件时,地基系统的输出(抽出的水、气的质量)和输入(地下水、气和地表水的不给量)成为一个动态的平衡过程。此时,真空度停止向深处传递,地下水位不再下降,地基系统达到新的稳定(图1-6)。

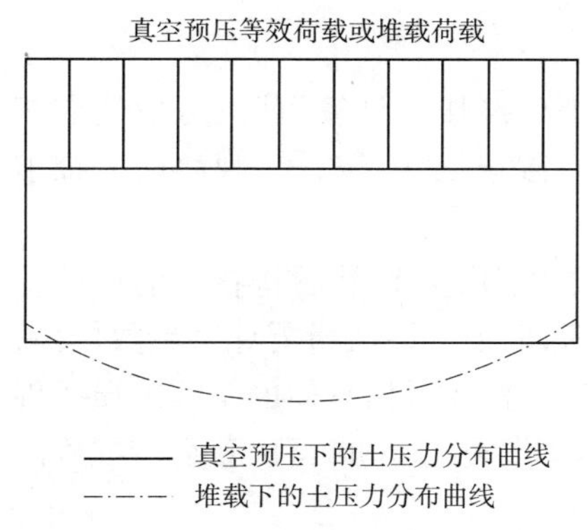

图1-5　土压力分布曲线示意图

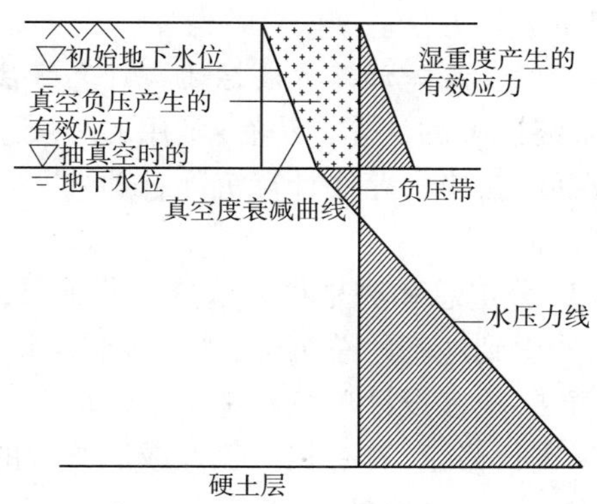

图1-6　真空预压时的应力分布示意图

在上述过程中,地下水位以上部分的土体处于非饱和状态,真空负压已全部转换为有效应力,完全由土颗粒及其周围的结合水共同承担,增加的这部分有效应力会提高土体的抗剪强度,增强地基的抗滑稳定性(讨论详见前文),同时由于浮重度和"饱和重度"的相互转换,初始地下水位以下的饱和土体进一步固结,使深层土体得到加固。地下水位以下饱和土体虽有一部分处于"负压状态"(图1-6),但这部分应力完全由孔隙水承担,不增加有效应力。此时若联合堆载,会产生新的附加应力,在此应力作用下,地下水位以上的非饱和带会重新产生"超孔隙水压力"和水力梯度,进而这部分土体排出水、气,在此产生固结;地下水位以下的饱和带虽处于负压状态,但堆载产生的"附加应力"会叠加到孔隙水上,使孔隙水的水头重新分配,形成较大的"水力梯度",促使这部分土体排水固结。

真空预压和堆载预压的加固作用可以叠加,加固效果相近,故可采用以下两式计算超孔隙水压力和地基的固结度。

超孔隙水压力计算公式:

$$\frac{u_{rz}+P_0}{P_0+P_1}=\frac{u_r+P_0}{P_0+P_1}\cdot\frac{u_z+P_0}{P_0+P_1} \tag{1-11}$$

固结度计算公式:

$$U_{rz}=\frac{P_1-u_{rz}}{P_0+P_1} \tag{1-12}$$

式中: P_0——真空预压地基的膜下真空度;

P_1——堆载值;

u_r、u_z、u_{rz}——地基中某点的径向、竖向及总超孔隙水压力;

U_{rz}——地基中某点的固结度。

真空联合堆载预压作用下,在地基土体发生固结沉降的同时,膜下抽真空装置也会随之沉降,进一步扩大了地基土体中的真空非饱和带的范围,使地基处理深度进一步扩大。

此外,由于真空负压的作用,地基土体产生了向源的"拉力"(分布在地下水位以上),这会限制堆载作用下地基土体的侧向变形(主要发生在地基表层)。同样由于真空负压的作用,地基土体的强度已得到了极大的改善，这不但提高了地基的整体抗滑稳定性，还增强了路堤坡角处地基土体抵抗由于剪应力集中而发生局部破坏的能力，从而提高路堤的安全性。总之，“真空”不但提高了土体的稳定性，还限制了侧向变形和侧向塑性挤出，很大程度上减少了无效沉降，减少了填方量。

1.2.2 沉降计算方法综述与计算方法选择

最终沉降的计算方法有：常用的分层总和法，按前期固结压力计算沉降；考虑侧向变形的固结沉降，按应力路线计算沉降；试验法、概率统计法、有限单元法，按长期观测数据推求最终沉降法等。

(1)分层总和法是将地基分为若干层，求出每一分层的压缩量，然后将各层的压缩量叠加起来，就得到地基的总沉降，其基本假定是不计侧向变形，但由于该法所需计算参数较少，计算过程简洁，故被设计单位和施工单位广泛采用。使用该法时，要根据具体的工程地质条件对计算结果进行修正，若有相似工程或试验段的长期观测资料作类比分析，可以获得较准确的修正系数 M_a，详细讨论见后文。

(2)e—$\lg p'$曲线为依据的方法。e—$\lg p'$法考虑了应力历史对沉降的影响，这是一个很大的改进。该法对正常固结、超固结和欠固结黏性土可分别对待，但在公路工程实用计算中，该法应用并不广，这主要是因为存在以下限制：

①沉降修正系数的累积几乎为空白，我国地基规范中也未提及，给计算带来困难。

②对沿海三角洲地区常见的结构性准超固结土，其实先期固结压力较难准确地测定，在沉降计算中不易掌握。

③室内土工试验需测定压缩土层范围内所有软土的压缩指数和回弹指数，这对数十公里长的公路软基来说是不现实的，不符合经济性的原则。

④考虑侧向变形的方法，侧向变形是引起沉降的重要因素。然而，上述两类方法所依据的试验都是侧向完全限制的压缩试验，沉降计算不能反映侧向变形的影响。工民建规范规定：沉降修正系数 M_a 随荷载而变，当荷载较大而接近或达到允许承载力时，M_a 较大。SkemptonBjerrum 和黄文熙等提出过一些考虑侧向变形的方法，但这些公式由于参数确定困难，尚未得到推广和应用。

(3)力学数值模型

这类方法从水－土本构模型出发，建立力学数值模型，是一种较为完善的方法。它可采用较复杂的非线性本构模型，可以考虑应力历史对变形的影响，考虑复杂边界条件、施工逐级加载、土层的各向异性，可以将地基作为二维甚至三维问题来考虑，避免了一维固结的许多弊端。这类模型常用的有两种：一种是剑桥模型，它是近代土力学中演绎法的代表作；另一种是邓肯-张模型，它是近代土力学中归纳法的代表作。它们的缺点是计算工作量大，参数确定较困难，要作三轴排水实验或作反分析来确定参数，目前主要用于重要工程和重点地段。

上述各种方法均能从不同程度上反映土体变形的本质和机理，尤其是有限单元法，它能采用较复杂的本构关系来描述土体的变形，从机理上讲，这种方法更合理。但采用复杂的本构方程却给确定繁多的参数带来了许多困难，利用应力、应变长观资料，采用反演分析和优化的办法求参数是这种方法的发展方向，目前还处在研究阶段中，没有得到广泛应用。

采用较简单的曲线来拟合表面沉降的长期观测数据可以求得沉降过程、固结过程和最终沉降量,这类方法计算过程较简单而且观测数据本身也反映了场区的地质条件和土质特点,若所选择的曲线类型合适,计算的结果也较理想。目前常用的曲线类型有双曲线型、指数型以及三点法。Ducan-Zhang 模型采用的是双曲线型函数,指数曲线公式是 Voigt 流变模型中的方程,三点法源于土体固结一般方程($U = 1 - \alpha e^{-\beta t}$),故这三种方法均有一定的物理意义。但它们的预测结果受到曲线自身特点的限制而有所不同,应当按照不同的观测数据时间序列采用不同的方法,讨论见后文。

第2章 工程概况

珠江三角洲淤泥类软土含水率高($\omega = 70\% \sim 100\%$),压缩性大($\alpha_v > 2\text{MPa}^{-1}$),强度低(十字板抗剪强度<15kPa)。微观上属空架结构,在其上筑路所引发的地基抗滑稳定性和沉降(工后沉降、差异沉降)很难控制。我们在落实广东省交通厅八五科技项目"珠江三角洲软基软土特性及数据库处理研究"的过程中,创造性地提出了"薄层轮加法"的筑路方法,该法与土工布配合使用,成功地解决了路基的抗滑稳定性问题,提高了施工控制标准(沉降速率从规范规定的10mm/d发展到15~20mm/d;位移速率从5mm/d发展到7~8mm/d,孔压系数从0.5发展到0.7)。这些成果已被广泛应用到深汕高速公路第四合同段、广东西部沿海高速公路、京珠高速公路广珠段的软基处理中,使得原设计大大优化,社会、经济效益显著。例如在深汕高速公路第四合同段原设计加载预压期720天,应用上述成果后实际仅用120天完成路基加载,180天完成预压固结达到设计要求,比原计划节约投资约500万元。

然而,如何进一步提高施工控制标准,缩短施工期和预压期,却是常规堆载预压法难以做到的,面对广东省高速公路建设工期短的紧迫需求和工程质量要求高的严峻形势,再加上真空预压法或真空联合堆载预压法有着上文论述的诸多优点,且已在港口建设中获得了成功,积累了丰富的施工经验,将真空联合堆载预压法引入高速公路软基加固中已是势在必行了。

2.1 试验工程概况

广东西部沿海高速公路台山段约有28km软基路段,主要为淤泥及淤泥质土。由于沉积时间较短,因而含水率高,强度低,压缩性大,次固结变形相对较大,工后沉降大,预压固结时间长,并且设计路堤高(最高达8m),计算沉降量大(最大超过4m),因此,软基处理是整条线路的控制性工程,处理好坏直接关系到全线的工期和质量。原设计软基处理方案为袋装砂井加土工合成材料超载预压,该方案虽然经济合理、技术上简易可行,但加载时间较长,需严密的施工监控,且超载部分的填土在预压完成以后尚需大量弃土,工后沉降亦难以控制。为探讨和发展软基处理加固技术,并更好地应用于公路建设中,达到2000年5月全线通车的要求,减少公路在使用期沉降的目的,确保工程建没项目安全、快速、高质量并节省投资,在第三合同段进行现场实体试验,引进真空联合堆载预压技术。

试验段位于第三合同段月明桥附近,里程号为K26+248~K26+515,全长267m,加固面积13 750m^2,设计砂垫层厚度70cm、袋装砂井间距$D = 1.21$、长度$L = 21.5$m。试验工程主要完成工程量如表2-1所示:

试验段主要完成工程量统计表 表2-1

项目内容	单位	数量
工作垫层	m^3	10914
路基土方	m^3	43118

续上表

项目内容	单　位	数　量
沉降土方	m^3	39738
机械碾压路基	m^3	93770
无纺土工布	m	14952
砂垫层	m^3	16500
袋装砂井	m	193651

为了准确测出软土在加载过程中及填筑后应力—应变的变化情况，控制好填土速率，了解和验证地基加固程度和处理的效果，分别在 K26 + 320、K26 + 380、K26 + 440 设置三个监测断面，并于 1998 年 9 月 5 日前完成加固前原位强度测试，1998 年 9 月 14 日前完成钻探及监测仪器的埋设。监测仪器埋设了孔隙水压力计、测斜管、地面沉降板、真空度测定仪等（仪器测点的埋设详见图 2-1）。

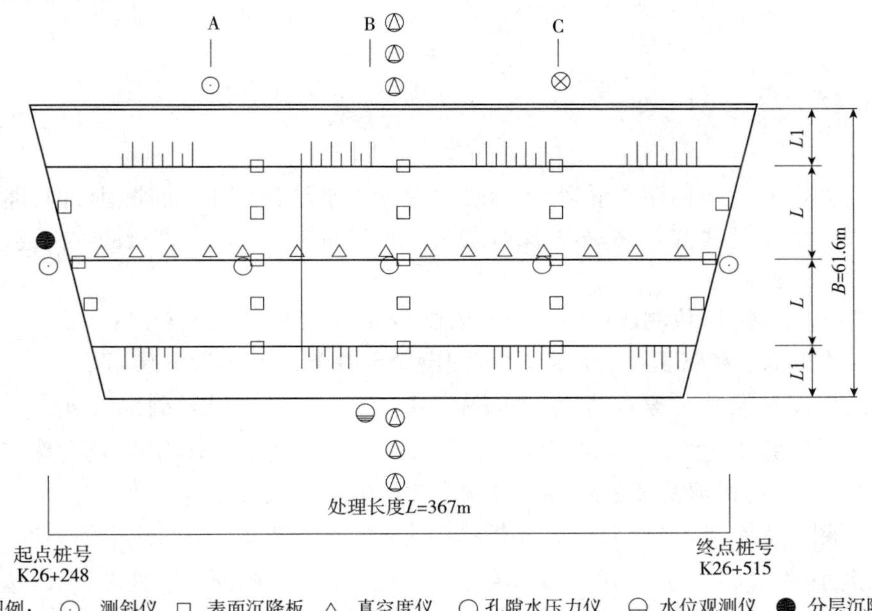

图 2-1　试验监测仪器

2.2　工程地质条件及工程地质评价

2.2.1　工程地质条件

试验段沿线大部分为鱼塘，夹有少量水稻田。在试验工程开始前，进行了地质钻探、原位测试和室内土工试验。根据钻探及静力触探试验结果，土层分布自上而下依次为（图 2-2）：

①表层土，灰色或黄色，厚度由前期路基填土、耕植土塘泥等组成，可作为硬充层。

②淤泥层，灰黑色，饱和，软塑—流塑，富含有机质，可见植物根茎，含少量粉细砂、碎石贝壳等。该层厚 17 ~ 20m，含水率高、孔隙比大、压缩性高、强度低。

③黏土层，属残积或坡积形成，含较多矿物质，局部地段分布有粗砂层，往下接近强风化层，为良好的持力层。

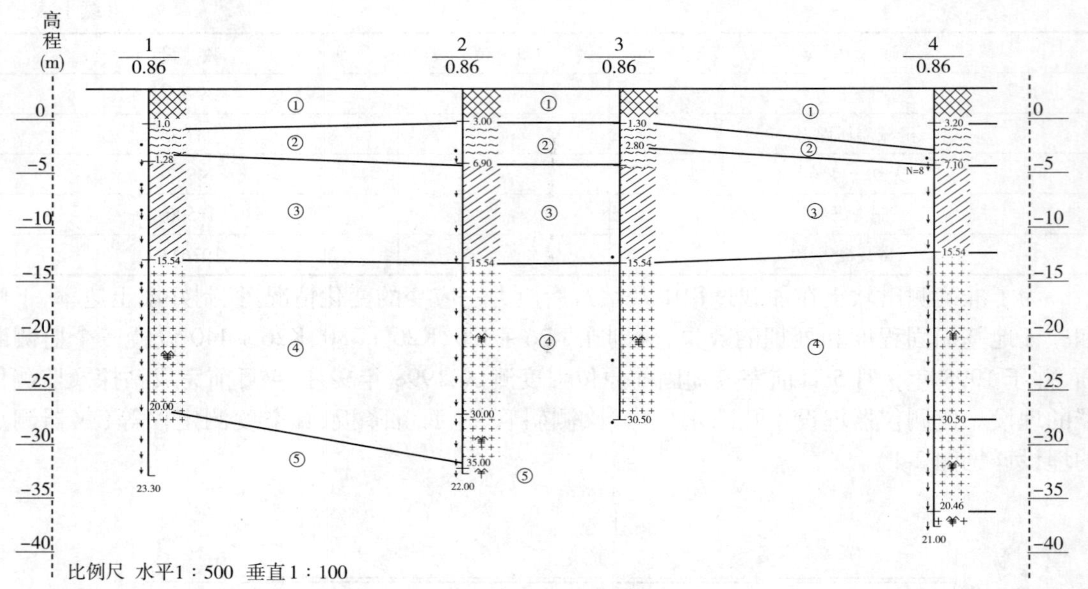

图 2-2 试验段工程地质剖面图

通过地面踏勘和地质钻探了解到，试验段没有承压水等强含水层，池、塘、沟、涌等地表水体分布在深厚淤泥层的浅部，与分布在深厚淤泥层底部的粗砂层没有直接的水力连接通道。

2.2.2 工程地质评价

通过对踏勘、钻探、原位测试试验以及室内试验成果归纳分析，可看出：

(1)表层的耕植土和路基填土是良好的工作垫层，在施工时尽量不破坏。

(2)试验段淤泥类软土厚度大、含水率高($\omega_{平均}=73.6\%$)、压缩性大($a_{v1-2平均}>2.049$ MPa^{-1})、十字板抗剪强度低($C_u<14.5$kPa)、灵敏度高、天然地基承载力低、具有珠江三角洲软土的典型特征，在西部沿海高速公路台山段软土地基中具有代表性。

(3)淤泥液限很高($W_{L平均}>45\%$)，塑性指数大($I_{p平均}>17.9$)，说明该土的黏性大，渗透性差且固结系数小($C_{v平均}<1.74\times10^{-4}$ cm^2/s)，若仅采用常规堆载预压法处理，难以达到预期的固结度。

(4)该段软土具有高灵敏性，受扰动后(袋装砂井施工，填土均会产生扰动)强度降低幅度大，据十字板试验结果，打砂井后强度降低20%～30%，因此稳定问题成了首先要解决的问题。

(5)淤泥层是软基处理的主要对象，该层厚度大(平均20m)，且顶面高程较浅(地表下1～2m)，故可以用现行的袋装砂井施工机械将其打穿，从而与下卧中粗砂层连通，形成“双排水面体”，加快土体的排水速度，提高固结速率。

(6)淤泥层分布均匀，内部不存在砂夹层，可以不采用泥浆搅拌墙等抽真空密封措施。

(7)试验段没有承压水等强含水层，地表水体分布在深厚淤泥层的浅部，与分布在深厚淤泥层底部的砂层没有直接的水力联系，因而该试验段软基不存在强透水层和透气层，自密性较好。

总之，该试验段的工程地质条件和水文地质条件都十分有利于采用真空联合堆载预压法进行软基加固处理。

第3章　真空联合堆载预压加固方案与施工概况

3.1　真空联合堆载预压法加固软基设计要点

(1)加固宽度

为保证路基填筑质量并达到完全密封效果,试验段真空预压加固宽度统一定为51.5m,这样能保证路基边缘产生相当的真空荷载和土压力,从而进一步降低路堤中心和路肩间的差异沉降。

(2)膜下真空度

真空预压处理软弱地基时,按港口JTJ017-95规范规定膜下真空度应稳定在500mmHg(相当于65kPa以上的等效压力),根据以前的施工经验,真空度一般可以稳定在600mmHg柱以上(相当于80kPa以上的等效压力,即4m以上的填土荷载)。

真空泵布置:据目前国内研究成果显示,一台7.5kW的真空泵能处理1000~1500m^2的面积,为确保试验一次性成功,按950~1000m^2面积布置一台真空泵,本试验段长267m,共布置14台7.5kW真空泵。

(3)排水体

排水系统真空预压法处理超软弱地基时,排水体分水平向和竖向。本试验段竖向排水体采用直径$\phi=7$cm、间距$D=1.2$m、长$L=21.5$m的袋装砂井,并以打穿淤泥层为准。水平向排水体采用70cm厚的砂垫层,并在砂垫层中布置排水滤管。试验段采用支滤管直径$\phi=60$mm,间距为5m,呈平行四边形布置,主管直径$\phi=90$mm,与真空泵同侧布置。

(4)密封系统构成及措施

密封膜采用两层厚$d=0.14$mm的聚氯乙烯薄膜,这种特制专用薄膜具有抗老化性、抗穿刺能力且韧性好等特点。

密封措施采用挖掘机挖深沟埋膜处理,即在加固区四周开挖深达2.0~3.0m的沟槽,铺上塑料薄膜,再将薄膜周边埋入沟中淤泥至少1.0m以上,然后将挖出的黏性土回填沟槽。

(5)路基填筑

为避免填土过程中损坏真空薄膜,以至影响真空度,在路基填筑前先铺设一层无纺土工布。

真空预压法处理超软弱地基时,路基填土的水平向位移是向"源"的,路基荷载较小时一般不存在滑塌失稳的危险,按照薄层轮加法填筑,能保证快速安全高质量填筑路基,但在一定的阶段内路基荷载较大时,仍应加强施工观测。

(6)最佳卸载时间

真空预压法处理超软弱地基的效果,控制最佳卸载时间至关重要,当地基经预压后稳定性、承载力及预测工后沉降量已满足设计要求,且受力土层的平均固结度达到90%以上时,方可停止抽真空。

3.2 真空预压施工工艺及要点

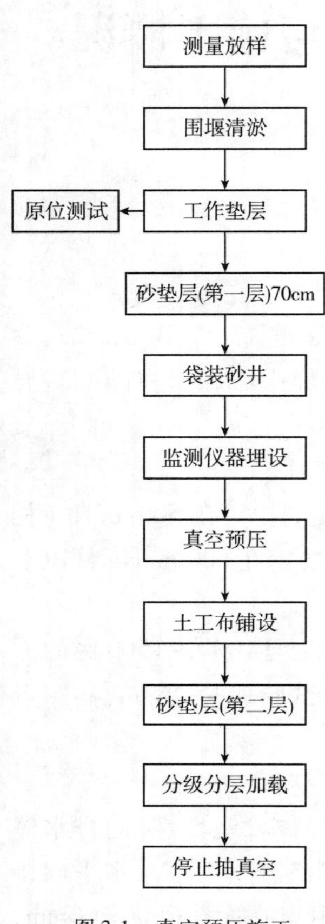

图 3-1 真空预压施工工艺流程图

(1)平整场地

袋装砂井打设完好后,埋藏砂井头,捡除砂垫层中的尖棱碎石、贝光等杂物并人工平整砂垫层表面。

(2)铺设管网

按拟定间距在砂垫层中挖深 20~30cm 沟槽,再接好管网并埋入沟中。

(3)铺设密封膜

将薄膜放置在路中心线上,双层摊开,在挖密封沟的同时人工将膜周边埋踩入沟中淤泥中,再采用机械回填。

(4)试抽真空及维持真空

真空泵与出膜管用铁丝连接,安装完毕试抽真空,加固区真空度会持续上升,当膜下真空度达到 65kPa 以上(规范规定)时,真空预压已进入正常的预压阶段。

整个施工工艺流程如图 3-1 所示。

3.3 真空-联合堆载预压试验段施工概况

本试验段自 1998 年 7 月 29 日开始准备材料,8 月 8 日至 9 月 4 日完成袋装砂井施工,9 月 5 日至 9 月 16 日进行了原位测试、钻探取样及监测仪器的埋设,经平整场地后,9 月 7 日即开始铺设管网,挖密封沟直至 9 月 16 日铺膜结束。9 月 17 日试抽真空,9 月 22 日真空度达 80kPa,以后一直保持在 80kPa 以上,10 月 17 日开始路基填土,至 1999 年 1 月 31 日填土达到设计高程(包括沉降,填土厚度达 8m 以上),具体填土情况见表 3-1。

填土情况说明表 表 3-1

填土层数	填土时间		填土厚度(m)						备注
			A(K26+320)		B(K26+380)		C(K26+440)		
	开始	结束	本次	累计	本次	累计	本次	累计	
第 1 层	1998 年 10 月 31 日	1998 年 11 月 02 日	0.86	0.86	0.97	0.97	0.95	0.95	
第 2 层	1998 年 11 月 02 日	1998 年 11 月 07 日	0.2	1.06	0.25	1.22	0.21	1.16	
第 3 层	1998 年 11 月 08 日	1998 年 11 月 11 日	0.29	1.35	0.31	1.53	0.34	1.5	
第 4 层	1998 年 11 月 11 日	1998 年 11 月 14 日	0.29	1.64	0.29	1.82	0.29	1.79	
第 5 层	1998 年 11 月 15 日	1998 年 11 月 17 日	0.25	1.89	0.26	2.08	0.29	2.08	
第 6 层	1998 年 11 月 17 日	1998 年 11 月 20 日	0.33	2.22	0.33	2.41	0.28	2.36	
第 7 层	1998 年 11 月 20 日	1998 年 11 月 22 日	0.37	2.59	0.34	2.75	0.3	1.66	
第 8 层	1998 年 12 月 04 日	1998 年 12 月 06 日	0.28	2.87	0.3	3.05	0.22	2.88	

续上表

填土层数	填土时间		填土厚度(m)						备注
			A(K26+320)		B(K26+380)		C(K26+440)		
	开始	结束	本次	累计	本次	累计	本次	累计	
第9层	1998年12月07日	1998年12月10日	0.25	3.12	0.25	3.3	0.23	3.11	
第10层	1998年12月11日	1998年12月12日	0.28	3.4	0.31	3.61	0.23	3.34	
第11层	1998年12月17日	1998年12月19日	0.34	3.74	0.31	3.92		3.34	k26+248～k26+380
第12层	1998年12月22日	1998年12月24日	0.28	4.02	0.22	4.14		3.34	
第13层	1998年12月25日	1998年12月28日	0.37	4.39	0.27	4.41	0.27	3.61	
第14层	1998年12月28日	1998年12月31日	0.39	4.78	0.35	4.76	0.29	3.9	
第15层	1999年01月02日	1999年01月04日	0.31	5.09	0.3	5.06	0.25	4.15	
第16层	1999年01月05日	1999年01月08日	0.33	5.42	0.35	5.41	0.34	4.49	
第17层	1999年01月12日	1999年01月17日	0.39	5.81	0.37	5.78	0.36	4.85	
第18层	1999年01月18日	1999年01月22日	0.38	6.19	0.37	6.15	0.32	5.17	
第19层	1999年01月24日	1999年01月31日	0.36	6.55	0.36	6.51	0.3	5.47	

从整体施工过程来看,真空预压密封性良好,膜下真空度读数正常,说明这次现场实体试验是成功的。尽管所选土源含水率较高(与当地土资源有关),每填筑一层(30cm左右)压实前要晒2～3d达到最佳含水率后方碾压,但还是在105d内能安全达到设计路堤荷载。类比相似工程,在同等条件下,常规堆载预压一般至少需250d以上,缩短了工期145d,说明真空联合堆载预压法处理软基填土施工快速、安全,能达到缩短工期的目的。

第4章 真空联合堆载预压试验段观测成果分析

4.1 试验段观测点布置

本试验段监测仪器包括:表面沉降板、孔隙水压力计、测斜仪、分层沉降仪、水位观测孔。具体布置见监测仪器平面布置图(图2-1)。

各监测仪器的目的和作用如下所述:

(1)表面沉降板,监测预压时表面沉降的发展状况,控制联合堆载预压期的填筑土速率;

(2)孔隙水压力计,监测预压时地基土体中尤其是淤泥层中孔隙水压力的消长情况,直接了解土体的固结状况。可作为后期填土速率的控制标准之一;

(3)测斜仪,监测路基坡角处的水平向位移,了解填土期地基的侧向挤出量,也可作为施工期的控制标准之一;

(4)分层沉降仪,监测地基土体中不同深度处的沉降发展状况,了解表面沉降的各组分,判断加固深度和加固效果;

(5)水位观测孔,监测预压期水位的变化情况,判断"真空"非饱和带的范围。

从上述监测仪器都可用于长期观测,为深入了解沉降发展状况及组成、加固效果提供系统完整的数据序列,作为进一步分析的依据。

4.2 稳定性分析

按照"1.2"节沉降机理和特点的论述:真空预压时地下水位以上的非饱和土体在"球应力"的作用下发生"等向固结",产生"向内的变形",而地下水位以下的"饱和土体"没有这种应力特征不会产生"向内的变形"。因此,根据软基的侧向位移资料就可以判断上述两个参数,该试验段的测斜资料清楚地表明:软基的非饱和带分布在地下20m(平均18.5m)以上的范围。故此,由式(1-6)得真空度衰减系数 $A_v = 4.3\text{kPa/m}$。

用总应力法分析路基稳定性时通常采用的强度指标是十字板不排水抗剪强度 C_u,因而用该法可以方便的求出施工初的一次性快速加载极限值。用本文提供的算法分析真空预压一次性快速加载极限值时,由于抽真空而产生的附加应力垂直于圆弧分布,再者此时的有效应增量为零,内摩擦角不发挥抗滑作用,故此,真空等效荷载即不产生下滑力矩,也不产生抗滑力矩,地基始终处于稳定状态。因此真空预压不存在极限加载值,可以快速抽到设计要求的真空度,这与从应力状态分析得到的结论以及工程实际状况是一致的,真空预压一段时间后(一般为1个月左右),开始填方堆载,此时由抽真空引起的"超孔隙水压力"得以消散,有效应力增加(图1-6),土体强度得到增长,此时,用总应力法分析堆载极限高度必须考虑这部分增长的强度增量($\Delta\tau$)。这部分强度增量主要分布在地下水位以上的非饱和淤泥带中,对该试验段的淤泥类软土可按式(1-8)求得强度增量($\Delta\tau$),计算时,$P_v=80\text{kPa}$,$H_{v\max}=18.5\text{m}$,$H_2=1\text{m}$,$\varphi'=15°$,由此得 $\Delta\tau=10.5\ \text{kPa}$。

将强度增量 $\Delta\tau$ 叠加到十字板不排水抗剪强度之上,按总应力法求得真空预压条件下一次性极限填土高度平均值达4.8m,远大于常规堆载预压下的一次填土高度(2m)。

采用慢剪强度指标或三轴排水强度指标,用本文提供的算法分析得到的平均极限填土高度高达7m,大于常规堆载预压的极限填土高度。

由于采用真空预压后地基沉降速率较大,远远超过规范的稳定控制标准,而且受"负水头"边界条件的限制,孔隙水压力消散的较快,因此侧向水平位移值大小成了判断路堤地基稳定与否的主要控制指标。1999年1月12日,测得B断面最大测向位移速率达5.0mm/d,此时填土厚度达到5.06m,与按本文提供的算法求得的极限填土高度(4.8m)较接近,根据我司以往的施工经验,说明此时土体已处于临界状态,应适当控制加载速率。

4.3　变形分析

4.3.1　沉降预测与固结度(压缩度)

1)表面沉降特点

表面沉降观测结果整理见表4-1及图4-1～图4-3,可见:

各断面中心点沉降速率统计表　　表4-1

施工阶段		A中(K26+320)	B中(K26+380)	C中(K26+440)
1998年9月17日～1998年9月27日	真空加载	35 (28)	37 (27.3)	42 (29)
		1998.9.26	1998.9.20	1998.9.19
1998年9月27日～1998年10月7日	真空加载	30 (21.9)	27 (22.7)	28 (24.4)
		1998.9.30	1998.9.28	1998.9.28
1998年10月7日～1998年10月17日	真空加载	23 (20.7)	22 (19.9)	21 (19.9)
		1998.10.10	1998.10.11	1998.10.17
填土加载	0～2m	30 (21.2)	28 (22.7)	28 (22.5)
		1998.11.16	1998.11.14	1998.11.14
填土加载	2～3m	33 (25.8)	33 (26.5)	33 (22.6)
		1998.11.25	1998.11.19	1998.11.19
填土加载	3～4m	27 (22.2)	33 (22)	30 (18.8)
		1998.12.12	1998.11.25	1998.12.22
填土加载	4～5m	29 (21.6)	30 (18.0)	33 (19.1)
		1999.1.2	1998.1.2	1998.1.2
填土加载	5～6m	29 (21.6)	26 (19.6)	26 (14.9)
		1999.1.8	1999.1.2	1999.1.18
填土加载	6～7m	25 (15.4)	25 (14.3)	
		1999.1.23	1999.1.27	

续上表

施工阶段		A 中(K26 +320)	B 中(K26 +380)	C 中(K26 +440)
真空卸载后	(1999 年 03 月 02 日 ~ 1999 年 03 月 11 日)	11 (4.9)	6 (3.9)	6 (4.1)
		1999.3.2	1999.3.5	1999.3.3
	(1999 年 03 月 02 日 ~ 1999 年 03 月 11 日)	5 (3.1)	5 (2.2)	4 (2.7)
		1999.3.14	1999.3.18	1999.3.15
	(1999 年 03 月 02 日 ~ 1999 年 03 月 11 日)	3 (2.6)	3 (1.5)	3 (1.8)
		1999.3.22	1999.3.25	1999.3.22
	(1999 年 03 月 02 日 ~ 1999 年 03 月 11 日)	4.3 (2.1)	3.0 (1.6)	3.7 (1.8)
		1999.4.10	1999.4.10	1999.4.10
	(1999 年 03 月 02 日 ~ 1999 年 03 月 11 日)	1.7 (1.4)	1.7 (1.1)	1.8 (1.4)
		1999.5.16	1999.5.22	1999.5.22
	(1999 年 03 月 02 日 ~ 1999 年 03 月 11 日)	1.3 (0.8)	1.5 (0.8)	1.0 (0.9)
		1999.6.19	1999.6.11	1999.6.11
	(1999 年 03 月 02 日 ~ 1999 年 03 月 11 日)	0.6 (0.4)	0.7 (0.3)	0.6 (0.5)
		1999.7.9	1999.7.15	1999.7.15
	(1999 年 03 月 02 日 ~ 1999 年 03 月 11 日)	0.3 (0.2)	0.3 (0.2)	0.3 (0.2)
		1999.8.15	1999.8.15	1999.8.15

(1)地表沉降量与荷载大小大致成正比,荷载(包括真空荷载和堆载)越大,沉降量也越大。沉降速率随着每级加载都有一个增加过程,随后逐渐变缓收敛。

(2)在真空预压阶段测得最大沉降速率达 42mm/d,平均沉降速率亦达 30mm/d,远远超过规范规定的一般排水固结处理路基沉降控制速率,抽真空前后沉降速率见图 4-4a) ~ 图 4-4c)、图 4-5a) ~ 图 4-5c)。

(3)沉降速率在堆载后期呈明显收敛特征,在真空卸载前已降至 12 ~ 15mm/d,而真空卸载一个月后降至 2mm/d 左右。

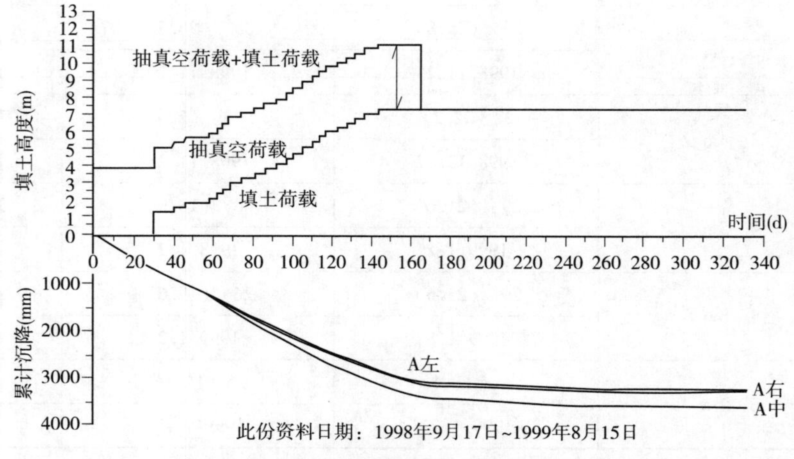

图 4-1 台山三标试验段 A 断面(k26 +380)荷载—时间—沉降图

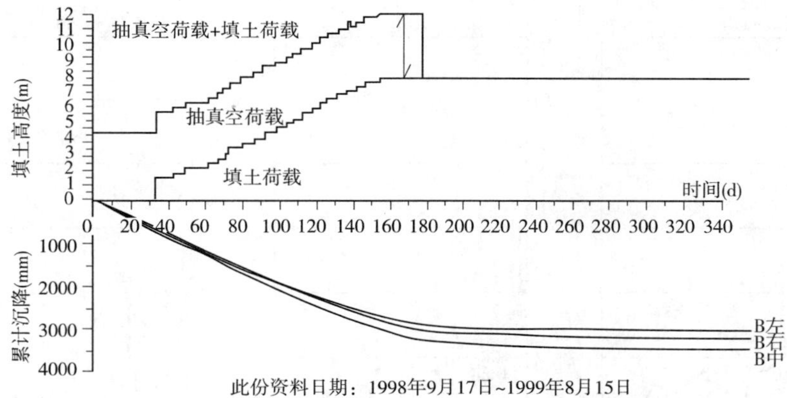

图 4-2 台山三标试验段 B 断面(k26 +380)荷载—时间—沉降图

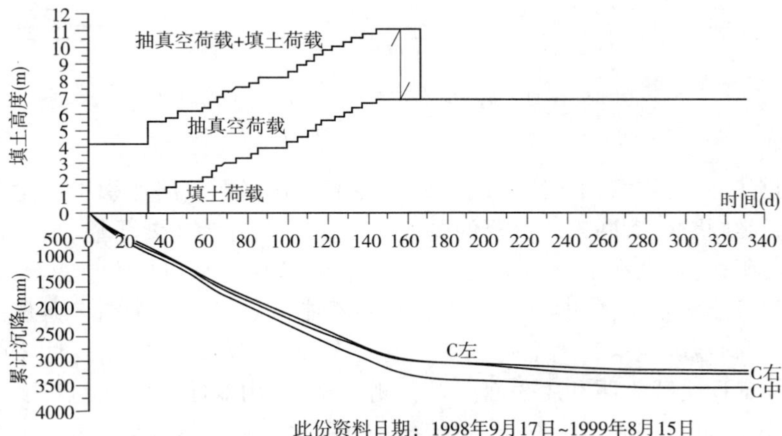

图 4-3 台山三标试验段 C 断面(k26 +440)荷载—时间—沉降图

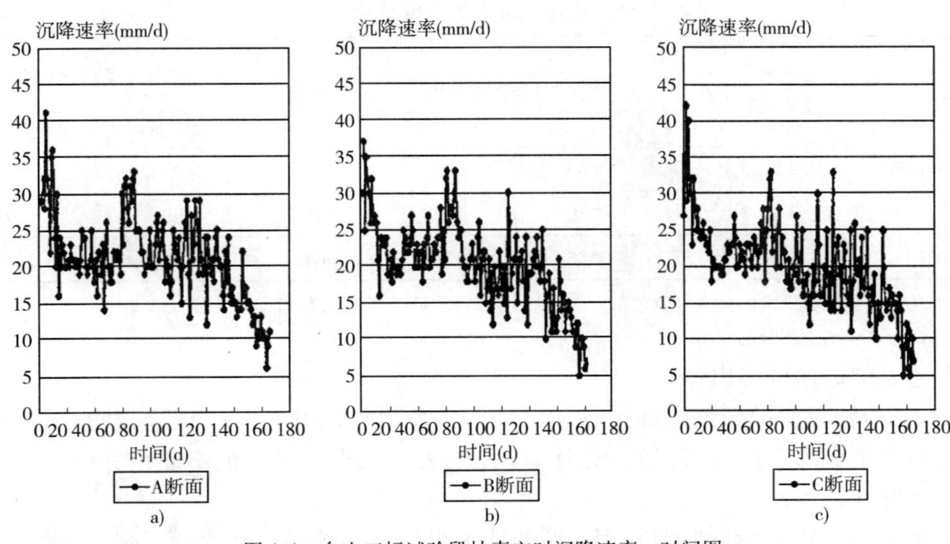

图 4-4 台山三标试验段抽真空时沉降速率—时间图

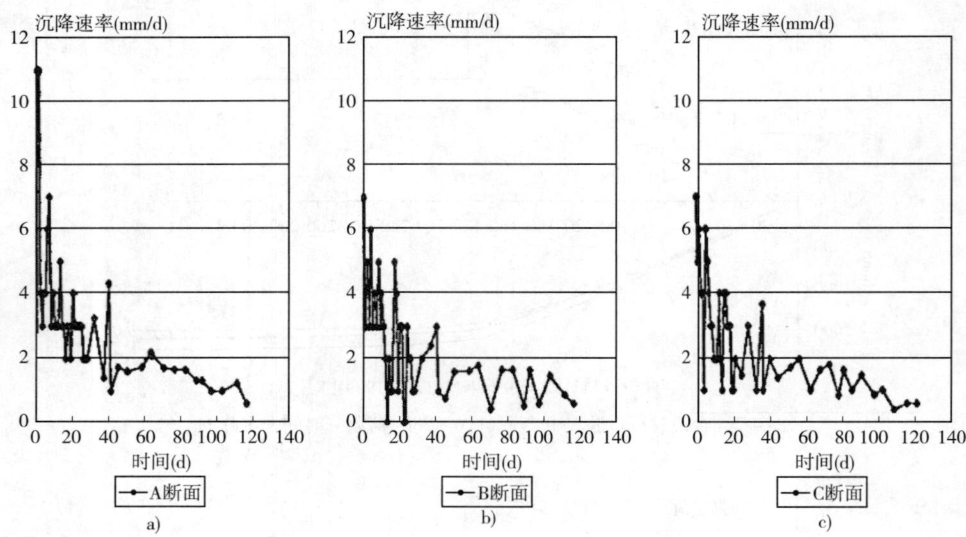

图4-5　台山三标试验段抽真空后沉降速率—时间图

2)沉降预测

如今,采用真空联合堆载预压法已成功地解决了在软基上筑路所引发的地基的稳定性问题,了解地基的固结状况、判断工后沉降的构成与大小已上升为主要矛盾,成为需首要解决的问题。正如前文所述:建立在本构关系上的各种沉降计算模型从机理上讲更合理,但限于土体易变性这些模型只能概化土体的某些性质,它们还不能精确描述复杂施工条件下土体的应力应变关系,再者准确地确定这些模型的计算参数是十分不容易的,故此,这些方法在施工中并不常用。以往的工程实践表明利用表面沉降观测数据,采用双曲线法、三点法、指数法等方法预测最终沉降、沉降过程和固结状况非常有效,本节采用这三种方法分别对真空联合堆载预压下地基的沉降进行了预测(表4-2、表4-3),并推荐一种较好的方法。

台山三标试验段总沉降分析表　　表4-2

断面	填土厚度	分层总和法			双曲线法	总沉降修正系数	
		不考虑真空荷载(mm)	考虑真空荷载(80kPa)				
			弹性法(mm)	系数法(mm)		弹性法(mm)	系数法(mm)
A	7.847	2933	3669	3460	3763	1.03	1.09
B	7.599	3047	3680	3372	3619	0.98	1.07
C	6.885	2911	3580	3281	3642	1.02	1.11

注:弹性法是按弹性理论求解真空等效条形荷载地基中的附加应力;系数法是指按真空度在地基中的线性衰减规律求解其在地基中引起的附加应力。

从上述表中数据可得出:

(1)用三点法求得的最终沉降量表现出一定的离散性,无明显规律,这表明:用三点法算得的结果与三个点的点位密切相关,仅用三个点的表面沉降观测数据不能很好地预测最终沉降量和沉降发展趋势。

(2)随着观测数据序列的加长,用双曲线法求得的结果的相关性逐渐增强,呈现出明显的规律,这表明"双曲线"较附和软土的变形规律,可以用来预测这类软土的沉降。

双曲线及三点法推算最终沉降量结果表

表 4-3

桩号	三点法推算					双曲线法推算							备注
	计算起始时间 T_0	间隔时间(天)	S_∞ (mm)	S实 (mm)	工后沉降 (mm)	计算起始时间 T_0	观察时间 (d)	相关系数 R	相关方程	S_∞ (mm)	工后沉降 (mm)	固结度 (%)	
A 断面 (K26+320)	1999 年 4 月 28 日	17	3701	3657	44	1999 年 4 月 28 日							
		30	3732	3684	48		60	0.9916	$y=0.0047x+0.4488$	3815	131	97	
		46	3717	3696	21		92	0.9916	$y=0.0059x+0.4184$	3772	76	98	
		55	3706	3700	6		110	0.9935	$y=0.0062x+0.4061$	3763	63	98	
B 断面 (K26+380)	1999 年 4 月 28 日	17	3584	3503	81	1999 年 4 月 28 日							
		30	3667	3527	140		60	0.8631	$y=0.0059x+0.6215$	3632	105	97	
		46	3563	3540	23		92	0.9653	$y=0.0062x+0.6114$	3624	84	98	
		55	3558	3545	13		110	0.9768	$y=0.0064x+0.6040$	3619	74	98	
C 断面 (K26+440)	1999 年 4 月 28 日	17	3582	3508	74	1999 年 4 月 28 日							
		30	3665	3537	128		60	0.9246	$y=0.0038x+0.6290$	3723	186	95	1999 年 3 月 1 日全部停止抽真空
		46	3580	3552	28		92	0.9547	$y=0.0050x+0.6025$	3660	108	97	
		55	3565	3556	9		110	0.9662	$y=0.0055x+0.5837$	3642	86	98	
A 断面 (K26+320)	1999 年 5 月 28 日	17	3688	3684	4								
		30	3713	3696	17								
		40	3705	3700	5								
B 断面 (K26+380)	1999 年 5 月 28 日	17	3556	3527	29								
		30	3576	3540	36								
		40	3555	3545	10								
C 断面 (K26+440)	1999 年 5 月 28 日	17	3593	3537	56								
		30	3577	3552	25								
		40	3564	3556	8								

(3)用三点法求得的最终沉降量普遍小于用双曲线法求得最终沉降量,这一“现象”与用上述方法评价常规堆载预压下软基沉降的结论是一致的。

(4)对比双曲线法推算(表4-3)的最终沉降量与实测沉降量,可以看出,各断面计算固结度已达95%以上,即使考虑其他因素影响,工后沉降也将大大减少。

(5)由于预压时间较短,软基的“次固结”表现得不十分明显(图4-6b),故较难求得出现直线的拐点位置,这说明利用预压时间较短的表面沉降时间序列观测数据采用指数法较难预测沉降,这就限制了指数法在预测高速公路沉降中的应用。

本文采用分层总和法,利用 *e-p* 曲线,计算了总沉降,计算由抽真空作用引起的附加应力时,分别采用了真空等效条形荷载的弹性解和按真空度衰减规律求得的解,按真空度衰减规律求解时需测斜资料作为运算的前提。按真空度衰减规律求得的最终沉降普遍小于按真空等效条形荷载的弹性解求得的最终沉降,但两者差别较小,利用按双曲线法求得的最终沉降,可求得修正系数 M_s,弹性解的沉降修正系数均小于1.1,而常规堆载预压下软土的沉降修正系数高达1.4,这直接地证明了:“抽真空”能有效地限制软基的侧向变形,可以在很大程度上减少由填土堆载而引起的侧向塑性挤出。

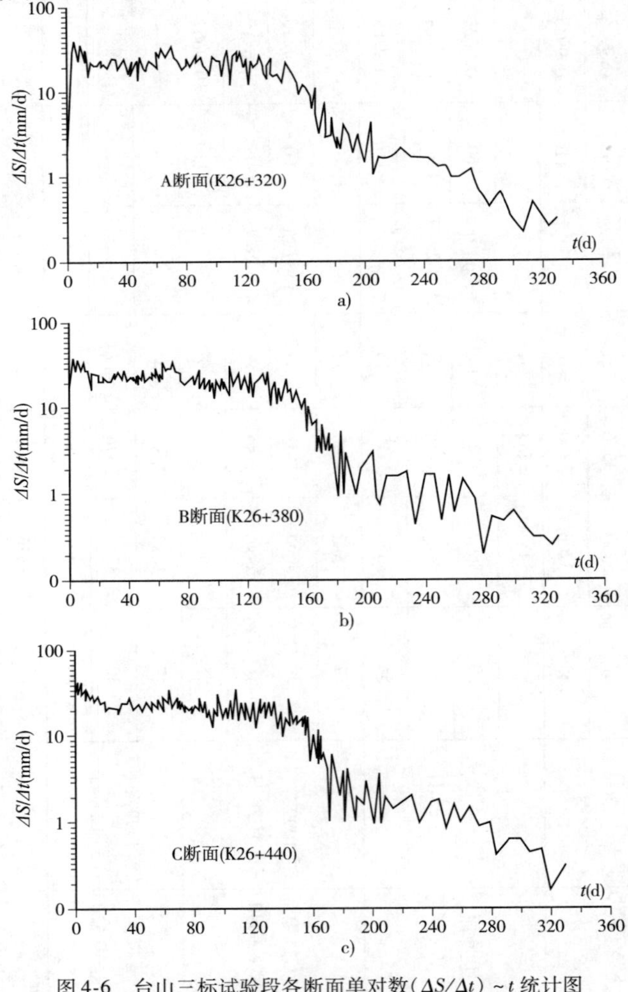

图4-6　台山三标试验段各断面单对数($\Delta S/\Delta t$) ~ t 统计图

4.3.2　孔隙水压力与固结度

本试验段从1998年9月17日开始抽真空到1999年1月27日，孔压测头的埋深分别为3.0m、4.0m、5.0m、7.0m、8.0m、10.0m、13.0m、15.0m、18.0m、20.0m。各断面观测结果详见表4-4、图4-7～图4-9，其中B断面孔压测头由于填土施工影响，均受到不同程度的破坏，经过抢修后，仪器恢复正常工作，取得了较好的数据。

从孔压观测资料结果可得出如下结论：

(1)表4-4的数据表明：由堆载引起的超孔隙水压力在真空卸载之前已平均消散了80%以上，达到了真空卸载的要求；截至八月中旬路基的平均固结度达到99%以上，略大于按表面沉降推求的地基平均固结度(97%)。造成这种差别的原因是：按孔隙水压力求得的路基平均固结度仅反应了主固结的程度，而按表面沉降观测时间序列数据推求的地基平均固结度还考虑了次固结和侧向变形的综合影响。这些观测数据也表明：在真空和堆载的联合作用下地基的主固结已在260d内基本完成，路堤的工后沉降主要由次固结和侧向变形组成。

(2)开始抽真空时，土体中水和气体被抽走，地下水位下降，埋深较浅的孔压头受抽真空影响较大，随着真空度上升，呈现负压上升趋势，即孔隙水压力减小。随着地下水位下降，上部土体的饱和重度不断向浮重度转换，由此而产生的地下水位以下土体附加应力不断增长自重应力不断增加，致使深层土体应力加大。初时，这种增量大于由于真空预压排水产生的负孔压，故此时深层孔压上升，但随着真空度向地基深处的扩展，这种差别减少直至反转，此时深层孔压开始下降，而此时土体渗透性仍较差，附加压力由孔隙水承担，结果导致深层孔压上升。

(3)在堆载阶段的每次加载过程中，初期孔压呈上升趋势，随着时间的延续，孔压不断消散。

(4)真空卸载后，加固区内水位慢慢上升，并逐渐恢复到初始值，由此，埋深较浅的孔压上升，而上部承受总荷载减小，导致深层孔压有减小的趋势。

台山三标试验段孔压测试结果汇总表　　表4-4

断面编号	孔压仪埋深(m)	真空荷载(kPa)	填土荷载(kPa)	累计孔压增量和(kPa)	累计超静孔压消散(kPa)	剩余孔压(kPa)	孔压消散度(%)	备注
A	5	75	6.55×19.8=129.69	136.25	139.32	-3.07	100	截止日期1999年8月13日
	8			165.6	151.21	14.39	91.3	
	10			152.95	147.59	5.36	96.5	
	13			115.03	124.79	-9.76	100	
	15			119.13	118.04	1.09	99.1	
	18			42.13	45.62	-3.49	100	
	20			151.75	154.62	-2.9	100	
B	4	75	6.15×19.8=121.77	90.02	74.05	15.97	82.3	截止日期1999年1月27
	7			115.48	91.84	23.64	79.5	
	9			118.78	78.19	40.59	65.8	
	11			101.27	90.25	11.02	89.1	
	14			113.22	66.49	46.73	58.7	

续上表

断面编号	孔压仪埋深(m)	真空荷载(kPa)	填土荷载(kPa)	累计孔压增量和(kPa)	累计超静孔压消散(kPa)	剩余孔压(kPa)	孔压消散度(%)	备注
C	3	75	5.47×19.8=108.31	159.6	157.82	1.78	98.9	截止日期1999年7月25日
	5			158.22	153.68	4.54	97.1	
	7			166.22	175.11	-8.089	100	
	10			125.57	89.02	36.55	70.9	
	13			151.57	161.91	-10.34	106.8	
	15			241.05	267.78	-26.73	100	
	17			103.72	143.78	-40.06	100	
	19			117.76	133.63	-15.87	100	

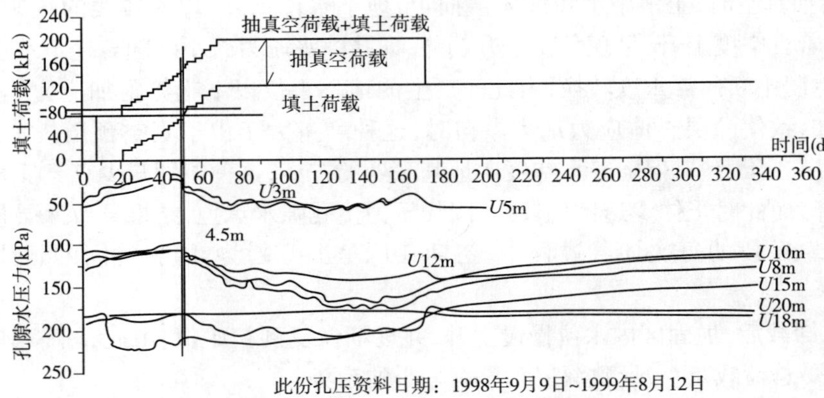

图 4-7 台山三标试验段 A 断面(K26+320)荷载—时间—孔隙水压力图

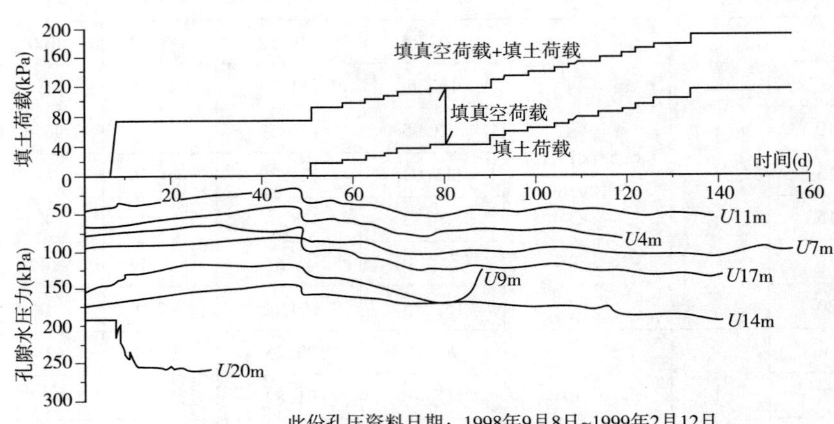

图 4-8 台山三标试验段 B 断面(K26+340)荷载—时间—孔隙水压力图

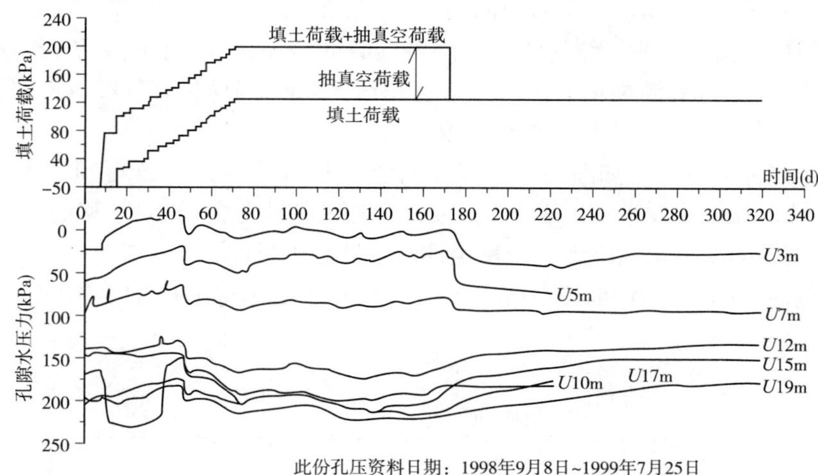

图4-9　台山三标试验段C断面(k26+440)荷载—时间—孔隙水压力图

4.3.3　侧向位移

由于采用真空预压后地基沉降速率较大,远远超过规范的稳定控制标准,因此侧向水平位移值大小成了判断路堤地基稳定与否的主要控制指标。本试验段最大侧向位移达77.73mm,最大测移速率5.0mm/d,从水平位移随时间变化曲线图4-10~图4-12分析可得:

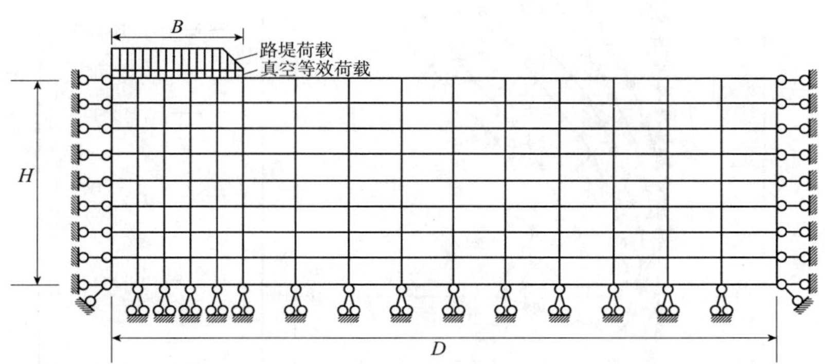

图4-10　边界条件示意图

B—路堤基底半宽;*H*—计算深度;*D*—计算宽度

(1)与单独堆载预压不同,在真空预压期间,由于土体处于球应力状态,是等向固结过程,土体只产生向“源”的变形,不产生“侧向”挤出的现象,更不会产生塑性挤出破坏,因此,真空预压可以减少由于侧向位移而产生的差异沉降,降低填土方量。随着孔隙水压力的降低,在水平力方向产生一个向着负压源的压力,使四周土体都向预压区移动,由此促使土体进一步压密,并可以避免土体发生剪切破坏。实测资料还表明随着真空度的加大,向内水平位移亦增加。如9月23日,真空度达到85kPa以上,C断面侧移速率达2mm/d。

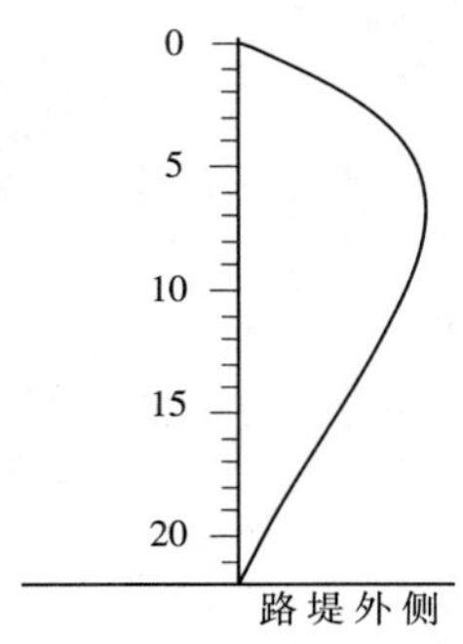

图4-11　侧向位移有限元分析结果图

(2)每一级堆载后,土体均产生向外的挤出位移,在地表以下7m左右侧向位移达到最大(这与采用有限单元法计算所得结果吻合),随着堆载的增加,总侧向位移已逐渐呈向外发展。1999年1月12日,测得B断面最大侧向位移速率达5.0mm/d,根据以往的施工经验,说明此时土体已处于临界状态,应适当控制加载速率。

(3)采用理想弹型性模型和图4-10所示的计算网格和边界条件,经有限元计算分析之后也可发现最大的向外位移发生在地表下6~8m,与观测资料吻合,侧向位移的这一特点表明:采取位移边桩测得的结果来判断地基的稳定性的方法是不可取的。

(4)分析侧向位移资料还可以得到由于抽真空而在地基中形成的非饱和土体的分布范围,讨论详见前文。

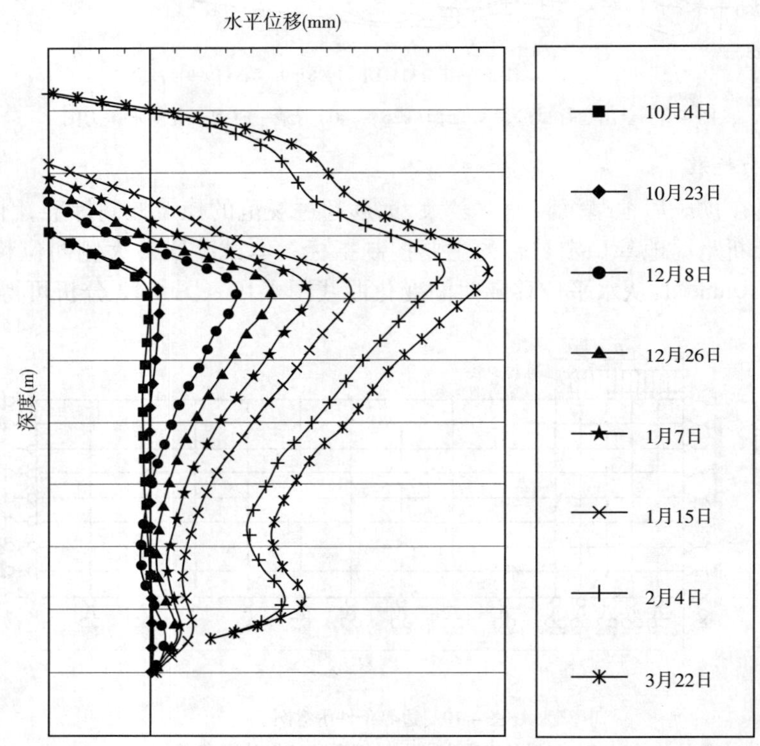

图4-12　水平位移随时间变化曲线图

第5章　试验成果总结

通过本次真空联合堆载预压试验段工程的实施,得到如下结论:

(1)本工程软基主要为均质深厚淤泥层,地下水类型为潜水,无承压水和地表水补给,无砂夹层,自密性好,不需要封堵措施,非常适合采用真空联合堆载预压法加固。

(2)采用本文提供的算法按照总应力法分析抽真空时地基的抗滑稳定性时可得如下结论:真空等效荷载即不产生下滑力矩,也不产生抗滑力矩,地基始终处于稳定状态,因此真空预压不存在"极限加载值",可以快速抽至设计要求的真空度。这与从应力状态分析得到的结论以及工程实际状况是一致的。

(3)该试验段的土工室内试验和测斜资料表明:负压带分布在地下20m以上的范围,这证明:抽真空加固软基不存在"极限提水深度",其实质是真空度不断向地基深处传递进而产生水力梯度,在水力梯度的驱动下,孔隙水排出,土体得以固结,达到加固的目的。静力触探资料表明:真空联合堆载预压法可以使试验段深厚淤泥层全部得到加固。

(4)与三点法和指数法相比,双曲线法仍然较适合预测真空联合堆载预压下地基的沉降和固结度(压缩度),这是由珠江三角洲地区软土次固结变形大等工程特性和排水固结法的特点以及公路施工的特点共同决定的。

(5)因为抽真空不产生剪应力,理论分析和实践都表明,该法对路堤稳定非常有利,可以加快填土速率,缩短工期,带来明显的经济效益。然而,侧向位移量和位移速率与堆载大小有明显的相关性,随着堆载的增加,向外位移量和位移速率增大。在累计堆载大于真空荷载后,绝对侧向位移量是向外位移,此时路基仍存在滑移的危险,应加强施工观测并严格控制加载速率。

(6)采用真空联合堆载预压加固软基效果明显。孔隙水压力实测资料和侧斜资料都表明:该法可以使试验段的深厚淤泥都得到不同程度的加固,这对消除工后沉降非常有利,能够在较短时间内使土体固结。当填土完成后,尚能保持75kPa以上的真空度,这相当于4m左右的超载。在处理完成一个月后,其最大沉降量达3.5m(未包括砂垫层沉降),经计算土体固结度已达90%以上,剩余沉降小于20cm。在处理完两月后,经计算土体的固结度(压缩度)已达97%以上,剩余沉降小于10cm,因此真空联合堆载预压处理后可以大大减小工后沉降,满足工后沉降的要求;加固前后软土层土工试验成果表明,真空预压处理后软基土体力学性质指标明显增强(表5-1)。

(7)类似本工程地质、路堤条件,采用真空联合堆载预压加固软基加载时,建议当填土高度小于5m时,可不考虑稳定问题而连续加载:当填土高度大于5m,应严格控制加载速率,按照"薄层轮加法"的施工要点控制施工,即:单日最大沉降速率控制在30mm/d,最大侧向位移速率小于5mm/d,单级孔压系数小于0.6。

从1.2节的分析得到:采用真空联合堆载预压法加固软基,当地基系统的输入和输出相等时,系统处于平衡状态,土体的主固结变形结束。抽真空设备的流量变化可以直观地反映出地基系统的输入和输出是否接近或处于平衡状态,进而帮助判断地基的固结程度,确定填土堆载最佳时间和真空卸载最佳时间,建议今后采用流量与应力、应变观测资料,综合判断分析路基的固结状况。

加固前后软土层土工试验成果对比表　　表 5-1

项目名称:灵山三标真空联合堆载预压试验段

钻孔位置	统计项 / 统计特征	含水率		天然密度		孔隙比		饱和度		土粒比重		液限		塑限		塑性指数	
		ω		p		e		S_r		G_s		W_l		Wp		Ip	
		%		g/cm^3		—		%		—		%		%		—	
	加固	前	后	前	后	前	后	前	后	前	后	前	后	前	后	前	后
K26 +320（左中）	最大值	93.8	69.8	1.64	1.65	2.538	1.928	100	99.6	2.72	2.71	57.5	51.3	33	31.9	29.1	19.4
	最小值	59.9	55.2	1.49	1.56	1.652	1.549	98.6	96.6	2.7	2.69	44	43.2	26	28.1	17	15.1
	平均值	73.6	62.5	1.58	1.61	1.992	1.739	99.61	98.1	2.71	2.7	50.33	47.25	28.1	30	22.2	17.3
K26 +380（右中）	最大值	93.6	68.8	1.66	1.65	2.658	1.863	100	99	2.74	2.71	52	54.2	30	34	22	24.7
	最小值	60.9	54.2	1.45	1.58	1.646	1.533	94	95.8	2.7	2.68	43	47.1	25	24.3	18	20.2
	平均值	74	61.5	1.57	1.62	2.038	1.698	98.2	97.4	2.73	2.7	47.6	50.65	27.7	29.2	19.9	22.5
K26 +440（右中）	最大值	94	65.2	1.64	1.67	2.605	1.854	100	100	2.74	2.76	61.5	52.6	27.5	35.3	35.2	20.5
	最小值	61.4	60.9	1.47	1.58	1.657	1.601	98.2	95.8	2.7	2.7	44	47.5	24.5	28.1	17	17.3
	平均值	79.7	63.1	1.55	1.63	2.153	1.728	99.59	97.9	2.72	2.73	53.29	50.1	25.7	31.7	27.6	18.9
备注	钻孔位置一栏:(左中)代表加固前后钻孔所在位置,个别数据进行修正。																

钻孔位置	统计项 / 统计特征	土的力学性试验指标													
		固结						渗透系数		无侧限抗压强度		抗剪强度 / 直剪强度			
		压缩系数		固结系数		压缩模量									
		α_{v1-2}		$Cv(\times10^{-4}cm^2/s)$		E_{s1-2}		K_{2010-8}		Q_u		c		φ	
		MPa		100kPa		MPa		cm/s		kPa		100kPa		度	
	加固	前	后	前	后	前	后	前	后	前	后	前	后	前	后
K26 +320（左中）	最大值	2.75	1.69	4.04		1.4	1.94								
	最小值	1.5	1.22	3.58		0.9	1.6								
	平均值	2.33	1.46	4.03	0.7	1.08	1.77	8.88		41.2	40.3	2.73	19.1	7	2.5
K26 +380（右中）	最大值	4.3	1.32	6.6		1.85	2.11								
	最小值	1.44	1.13	1.8		0.82	1.95								
	平均值	2.62	1.23	4.46		1.3	2.03	10.1		20.8	52	7.57	17.9	5.5	4.5
K26 +440（右中）	最大值	4.28	1.93	4.49		1.5	2.22								
	最小值	1.87	1.11	2.4		0.5	1.38								
	平均值	2.76	1.52	3.59		0.9	1.8	17.5		28.4	47.9	14.5	22	6.1	2.1
备注	钻孔位置一栏:(左中)代表加固前后钻孔所在位置,个别数据进行修正														

第6章　真空联合堆载预压应用成果

真空预压作为一项20世纪50年代发展起来的软基加固方法，在港口工程中曾经发挥了重大的作用，本次试验的开拓性工作已证明了，经过改良的工艺，在高速公路建设中焕发出了新的光彩，特别是考虑到高速公路建设的具体特点，该项工艺更表现出独特的技术优势，已成为强有力的第二代软基加固技术。

1）技术评价

真空联合堆载预压的技术特点，能够保证地基快速加固，并且由于向"源"的负压存在，极限填土高度也相应极大提高，因此能保证路基填土快速稳定。这样就能从根本上解决路堤填土中工程进度与施工质量，安全之间的矛盾。特别是在当前形势下，依照"总工期不变，质量目标不变"的精神，如何做到既保证质量，又要按时通车，正成为摆在工程技术人员面前的难题。事实证明，仅依靠盲目大干并不能解决问题，而且风险极大，只有采用新工艺、引进新技术，才是唯一可行的道路。

2）经济评价

当然，采用真空联合堆载预压不可避免地要增加建设期的费用，但作为业主，从长远的经营角度看，综合考虑，该工艺能够达到良好的经济效益。

首先，真空联合堆载预压相对常规堆载预压尽管增加了抽真空费用，但对于深厚软基段，可以取消二层土工格栅，一层土工布，超载土方及弃方，仅反压护道及本身征地费用，总体造价即使在建设期间也增加得不多，加上常规排水固结法在有限的工期内无法消除工后沉降，必然会导致路面修补费用，即使按多补一次计，总造价也会大大高于真空联合堆载预压法。更何况采用常规固结法，还存在施工期的安全和失稳后的补救措施，以及运营中的频繁修补所带来的不良影响，另外，真空联合堆载能够缩短工期，提前运营，达到"早通车，早收益"的效果，这部分的潜在效益也是极为可观的。

综上所述，采用真空联合堆载预压，尽管增加了建设费用，但考虑方方面面的因素，不失为业主节约了开支，方便了管理，提高了效益；为国家减少了投入，最大限度地制止了浪费；为人民也交出了一条令人满意的道路。表6-1是真空联合堆载预压与常规加固方法之间的造价对照表。

真空联合堆载预压在高速公路建设中的使用，在国内尚属首创，在国际上目前也没有相关报道，很多工作还在改进和完善之中，但开拓性的成果已日见成效，得到了有关专家和省交通厅领导的肯定，在新台高速公路一标软基段、西部沿海二标段已进入大面积的现场施工阶段。另外，内地部分省区（如江苏等地）也开始借鉴广东的成果，着手进行这方面的研究，大有在全面推广的趋势。从该工艺独特的技术优势和效果来看，有着巨大的实用价值和广阔的前景。

广东省航务工程总公司作为省厅直属单位中最早开始进行岩土科研工作单位，由深汕、广佛、广珠东线等工程中的第一代软基处理技术（袋装砂井、土工织物、粉喷桩等）到今天的第二代软基加固技术－真空联合堆载预压，已经实现了从传统工艺向新科技工艺的飞跃；通过本次试验，也增强我们引进研究新科技、开发新工艺的信心和决心。我们将在此基础上再接再厉，进一步改进工艺，优化方案，坚持以科研带动生产，以生产促进科研的企业发展规划，在省内交通系统责无旁贷地担当起岩土工程带头人的重担。

经济对比分析

表 6-1

方法项目	常规			真空联合堆载			备注
	数量	单价	金额	数量	单价	金额	
土工格栅(m^2)	45000×2	22	1980000				路基底宽按45m计，运距按3km计，需修补路面按22.5m计
土工布(m^2)	45000	10	450000				
超载(m^3)	49000	16.5	808500				
弃方(m^3)	49000	13.5	661500				
反压护道(m^3)	65625	16.5	1082813				
反压护道征地(m^3)	45	20000	900000				
真空预压(m^2)				45000	140	6300000	
小计			5882813				
修补路面(m^2)	22500	200	4500000				
合计			10382813			6300000	

参考文献

[1] 黄文熙.土的工程性质.北京:中国水利电力出版社.1983.

[2] E.W.BRAND 等.软黏土工程学.北京:中国铁道出版社,1991.

[3] 董志良.真空预压法加固软基技术的理论和实践.广东省土力学与基础工程学术交流大会论文集,1998.

[4] 董志良.堆载及真空预压法加固地基竖向固结解析理论.华南港工,1990.3.

[5] 广东省航务工程总公司岩土公司.广东省航务工程总公司岩土公司〈八五〉科技成果.1997.12.

[6] 广东省航务工程总公司岩土公司.京珠高速公路广珠段灵山试验工程总结报告.1995.

[7] 中华人民共和国交通部.港口工程地软基规范(JTJ250-98).1998.

[8] 中华人民共和国交通部,公路软土地基路体设计与施工技术规范(JTJ0170-96).1996.

[9] 钱家欢,土工原理与计算.北京:中国水利电力出版社,1996.

[10] 广州地理研究所.珠江三角洲形成发育演变.北京:科学出版社,1982.

[11] 陈仲颐等.土力学.北京:清华大学出版社,1992.

[12] 侯钊.天津软土地基.天津:天津科学出版社,1987.

[13] 龚晓南.高等土力学.杭州:浙江大学出版社,1996.

[14] 袁驷.二十一世纪土木工程学科的发展趋势.北京:科学出版社,1997.

[15]《岩土工程勘察、设计与施工》编委会.岩土工程勘察、设计与施工.北京:地质出版社,1998.

[16] 孙更生,郑大同.软土地基与地下工程.北京:中国建筑工业出版社,1984.
[17] 翁文波.预测论基础.北京:石油工业出版社,1983.
[18] 沈珠江.软土工程特性和软土地基设计.岩土工程学报,VOL.20,NO.1,1998.
[19] I. C. PYPAH. One-Dimensional consolidation of layered soils. geotechnique 6,1996.
[20] ROY E. Olson. Settlement of embankments of soft clays. Journal of Geotechnique and Geo-environmental Engineering August,1998.
[21] 王盛源.饱和黏性土主固结与次固结变形分析.岩土工程学报,VOL.4,NO.4,1992.
[22] 龚晓南.议土的抗剪强度影响因素.地基处理,VOL.19,NO.3,1998.
[23] 黄腾.堆载预压法加固高速公路软基的数值分析.中国地质大学硕士学位论文,1999.5.

[16] [illegible]
[17] [illegible]
[18] [illegible] Vol. 20, No. [illegible], 199[illegible]
[19] [illegible] Phenomenological [illegible] of [illegible]
[20] [illegible] Olson [illegible] Journal of Geotechnical and Geoenvironmental Engineering, ASCE, 1998.
[21] [illegible]
[22] [illegible] Vol. 16, No. [illegible], 1998.
[23] [illegible]

第四篇

西江下游航道整治工程 C7 合同段碎石桩现场大型综合试验总结报告

二〇〇〇年一月

目　录

第1章　概　　述

西江下游航道整治工程 C7 合同段横坑裁弯切嘴段，是整个西江下游航道整治工程中软土分布比较集中的地段，软土厚度多在 10m 以上，且软土含水率高、压缩性大、抗剪强度低，属于超软弱土地基。设计堤坝的临空面最大高差达 11m，天然地基强度远不能满足使用要求，因此设计采用 $d=1.0\mathrm{m}$、$s=2.0\mathrm{m}$ 的大粒径碎石桩复合地基进行处理。鉴于大粒径碎石桩的施工工艺及设计参数目前尚处于探索阶段，而裁弯切嘴段属于整个西江下游航道整治工程的控制性地段。为进一步验证碎石桩设计、施工参数的可靠性，广东省航道局特委托广东省航务工程总公司进行碎石桩现场大型综合试验。

本次试验工程的目的是：

(1)通过现场工艺试桩及效果检验，提供大粒径碎石桩的施工工艺参数和工艺流程，作为后续施工的依据。

(2)通过现场大型直剪试验和荷载试验，提供碎石桩单桩及不同桩间距的复合地基的力学指标，作为设计指标的参考。

(3)试验采用重(Ⅱ)型动力触探、地质雷达等测试手段检验碎石桩的密实度、桩径、桩型、桩长，提出大面积施工碎石桩质量的评定办法和标准。

(4)为增加方案的可比较性，在原设计的基础上增加了一组 $d=1.0\mathrm{m}$，$s=1.5\mathrm{m}$ 的碎石桩复合地基，对比在同一场区内，相同桩径、不同桩距的碎石桩处理效果，为设计确定碎石桩的合理间距提供依据。

公司接到委托书后，立即组织力量于 1999 年 6 月 8 日进场，现场的施工及试验工作于 1999 年 8 月 17 日基本完成，主要试验工程内容有：

补充勘察：共完成技术孔 2 个，静力触探及十字板剪切原位测试各 4 孔。

施工：包括工艺性试桩共完成碎石桩 82 根，碎石总方量 $1637.5\mathrm{m}^3$。

质量检测：

①桩径检测：检测实际成桩直径，共检测 15 根(其中工艺试桩 5 根，试验桩 10 根)；

②重(Ⅱ)型动力触探检测：检测碎石桩密实度，共 29 根，(本次碎石桩试验 27 根，第一次碎石桩试验 2 根)；

③现场大型直剪试验：检测碎石桩单桩及复合地基的抗剪强度，实际剪切 3 组(ϕ1000mm 单桩，ϕ1500mm 复合地基，ϕ2000mm 复合地基)，每组 5 根，共 15 根试验桩；

④静载荷试验：检测天然地基及碎石桩单桩、复合地基的承载力，共进行天然地基、ϕ1000mm 单桩，ϕ1500mm 复合地基，ϕ2000mm 复合地基 4 组试验；

⑤地质雷达检测：检测碎石桩复合地基的成桩情况。

第2章 试验区工程地质条件

鉴于试验区内原勘察未布设钻孔且缺少原位测试资料，为更好地完成本次碎石桩试验任务，查明碎石桩试验区内软土分布及特性，试验前对西江下游航道整治工程横坑碎石桩试验区进行了补充勘察。本次补充勘察以原位测试为主，钻探为辅，在试验区内布置了钻探孔两个，静力触探及十字板剪切原位测试各4孔，具体如图2-1勘探点位置平面图所示。

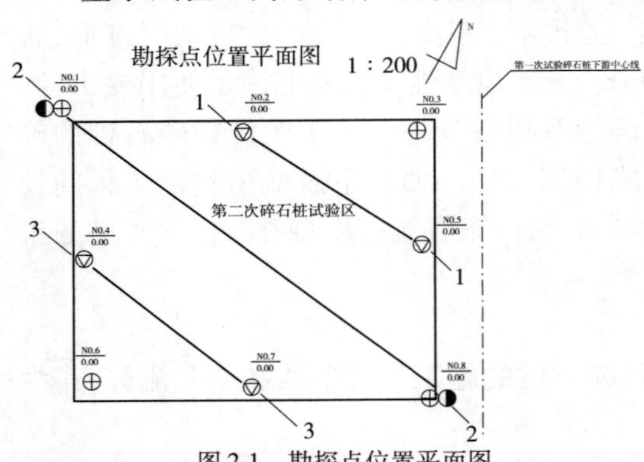

图2-1　勘探点位置平面图

共完成钻探总进度：2孔共53.40m；采取土试样：2孔共23个；现场标准贯入试验：2孔共22次；静力触探4孔共72.0m；十字板原状土剪切4孔共41点次，重塑土剪切试验4孔共19点次。

技术成果和报告书编写按《港口工程地质勘察规范》(JTI 240—97)执行。

2.1 场区岩土层描述

根据钻探资料，场区岩土层自上而下分布为：

①素填土(Q_{ml})：棕褐、土褐色，主要由山坡土堆填组成，顶部混有少量花岗岩碎石，湿，稍压实状，厚0.80～0.90m。

②淤泥质粉质黏土(Q_{al})：深灰、灰黑色，黏粒为主，含少量粉砂和腐殖质，局部夹薄层粉砂和粉质黏土，很湿～饱和，软塑～流塑，厚11.10～12.20m。天然含水率w_0均值为45.2%，孔隙比e均值为1.3，内聚力c均值为8.5kPa，内摩擦角φ均值为7.6°，该层土为碎石桩处理的主要对象。

③黏土(Q_{al})：颜色杂，一般上部呈棕褐色、黄褐色，中部为杂色斑状，下部灰白混黄褐色，黏粒为主，不含或含微量粉砂，湿，可塑，局部硬塑和软塑，厚6.00～8.20m。天然含水率w_0均值为28.3%，孔隙比e均值为0.9，内聚力c均值为36.5kPa，内摩擦角φ均值为10.2°。

④粉质黏土(Q_{al})：棕红色混黄褐、灰白色条纹，为粉砂质泥岩风化残积土，黏粒为主，含10%～20%石英质粉砂，黏塑性一般，局部较好，湿～稍湿，可塑～硬塑，钻孔揭露厚度2.30～11.80m。天然含水率w_0均值为35.1%，孔隙比e均值为1.0，内聚力c均值为27.5kPa，内摩擦角φ均值为25.8°。

2.2 岩土物理力学性质指标

根据室内土工试验及标贯、静力触探、十字板剪切原位测试资料统计各主要岩土层物理力学指标见表2-1、表2-2。

2.3　图表

试验所用图表见图 2-2 ~ 图 2-10。

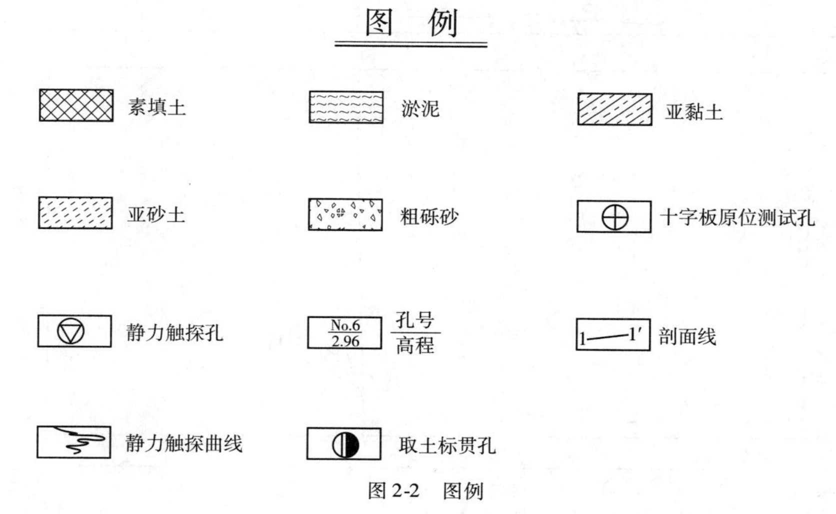

图 2-2　图例

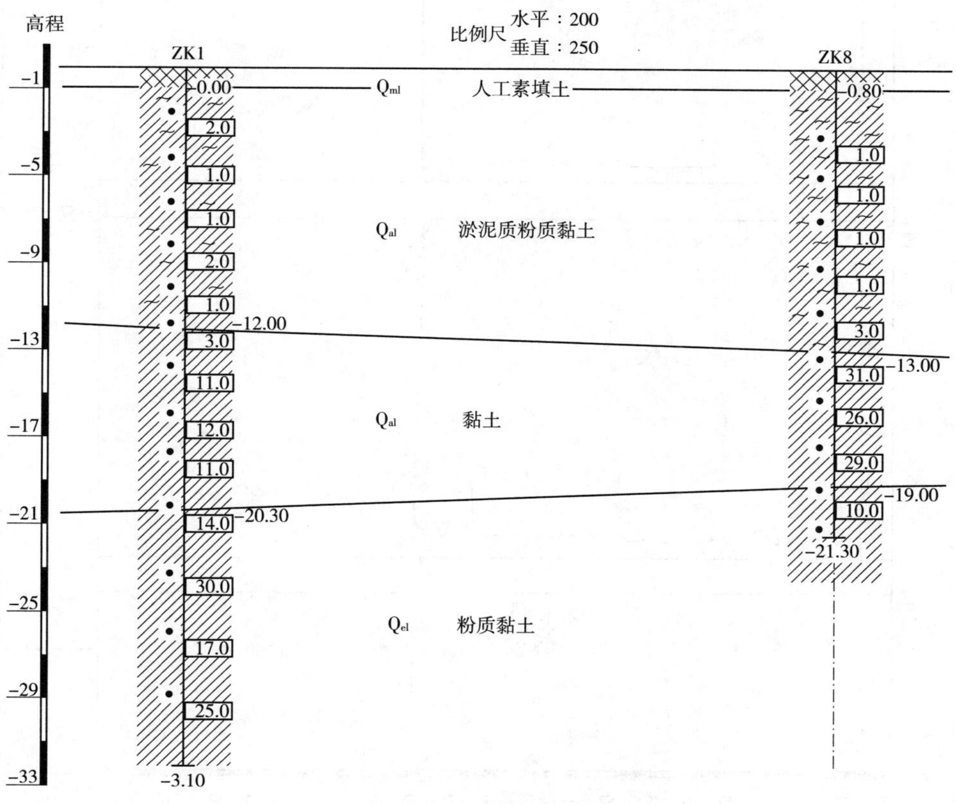

图 2-3　工程地质剖面图 1

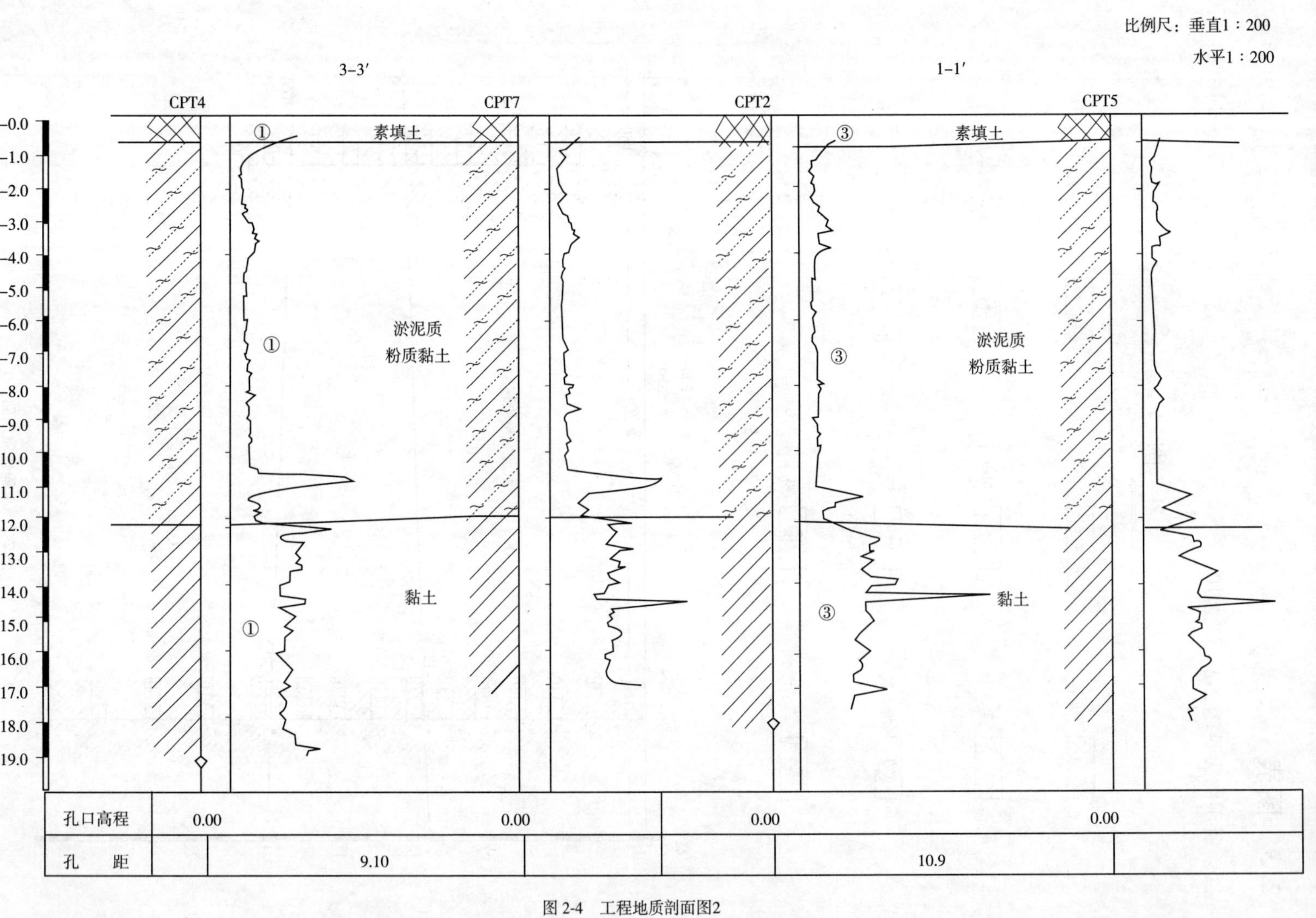

图 2-4　工程地质剖面图2

钻孔编号	ZK1	座　标	X(m)	钻孔深度	32.10m	开孔日期	1999年6月9日
孔口高程			Y(m)	静止水位	m	终孔日期	1996年6月10日

层序号	深度/高程 (m)	分层厚度 (m)	年代及成因	取芯率 (%)	图例 比例尺 1：180	地　层　描　述	标贯N 击数/深度(m)	岩(土)样 编号/深度(m)	备注
1	0.90/0.00	0.90				人工素填土：棕褐色，由黏性土组成。为培植填土，顶部还有少量花岗岩小碎石，湿，稍压实。			
2	12.00/−11.00	11.10				淤泥质粉质黏土：深灰-灰黑色，黏粒为主，含少量粉砂和腐殖物，局部夹薄层粉砂：很湿-地和，软型-流塑。	2.0/2.45–2.75 1.0/4.65–4.95 1.0/6.65–6.95 2.0/8.65–8.95 1.0/10.65–10.95	1-1/2.00–2.20 1-2/4.20–4.40 1-3/6.20–6.40 1-4/8.20–8.40 1-5/10.20–10.40 1-6/11.00–11.20	
3	20.30/−19.40	8.30				黏土：上部黄褐，棕褐色，中部棕红，灰白，浅紫色呈花斑状，下部灰白色，局部混浅紫红及黄褐色，黏粒为主，含微量粉砂，湿，可塑，层中局部地段夹薄层亚黏土。	3.0/12.25–12.55 11.0/14.25–14.55 12.0/15.45–15.75 11.0/18.25–18.55	1-7/13.80–14.00 1-8/15.00–15.20 1-9/17.80–18.00 1-10/20.00–20.20	
4	32.10/−31.20	11.80				粉质黏土：棕红混黄褐，浅紫红色条纹，为粉砂质泥岩风化残积土，黏粒为主，含10%～20%石英质粉砂，土体主要呈湿，可塑，次为硬塑，局部软塑，土体下部夹有薄层黏土。	14.0/20.65–20.95 30.0/23.45–23.75 12.0/26.25–26.55 25.0/29.15–29.45	1-11/23.00–23.20 1-12/25.80–26.00 1-13/28.00–28.20	

图 2-5　钻孔柱状图 1

钻孔编号	ZK8	座标	X(m)	钻孔深度	21.30m	开孔日期	1999年6月10日
孔口高程			Y(m)	静止水位	m	终孔日期	1999年6月10日

层序号	深度/高程(m)	分层厚度(m)	年代及成因	取芯率(%)	图例 比例尺 1：120	地层描述	标贯N 击数/深度(m)	岩(土)样 编号/深度(m)	备注
1	0.80 -0.80	0.80				人工素填土：棕褐，土褐色，由黏性土堆填组成。顶部混有少量花岗岩小碎石，湿，稍压实。			
2	13.00 -13.00	12.20				淤泥质粉质黏土：深灰–灰黑色，黏粒为主，含少量粉砂和腐殖物，局部夹薄层粉砂：很湿–饱和，软塑–硬塑。	1.0 3.45–3.75 1.0 5.25–5.55 1.0 7.25–7.55 2.0 9.45–9.75 3.0 11.55–11.85	2–1 3.00–3.20 2–2 4.80–5.00 2–3 6.80–7.00 2–4 9.00–9.20 2–5 11.20–11.40	
3	19.00 -19.00	6.00				黏土：上部棕红，灰白，黄褐等色呈花斑状，下部灰白混黄褐色，黏粒为主，含微量粉砂，湿–稍湿，可塑–硬塑，土体下部夹薄层亚黏土。	31.0 13.55–13.85 26.0 15.55–15.85 29.0 17.65–17.95	2–6 13.10–13.30 2–7 15.10–15.30 2–8 17.20–17.40	
4	21.30 -21.30	2.30				粉质黏土：棕红混黄褐，灰白色条纹，为粉砂质泥岩风化残积土，黏粒为主，含10%~20%石英质粉砂，湿，可塑。	10.0 19.75–20.05	2–9 19.50–19.70 2–10 21.00–21.20	

图 2-6　钻孔柱状图 2

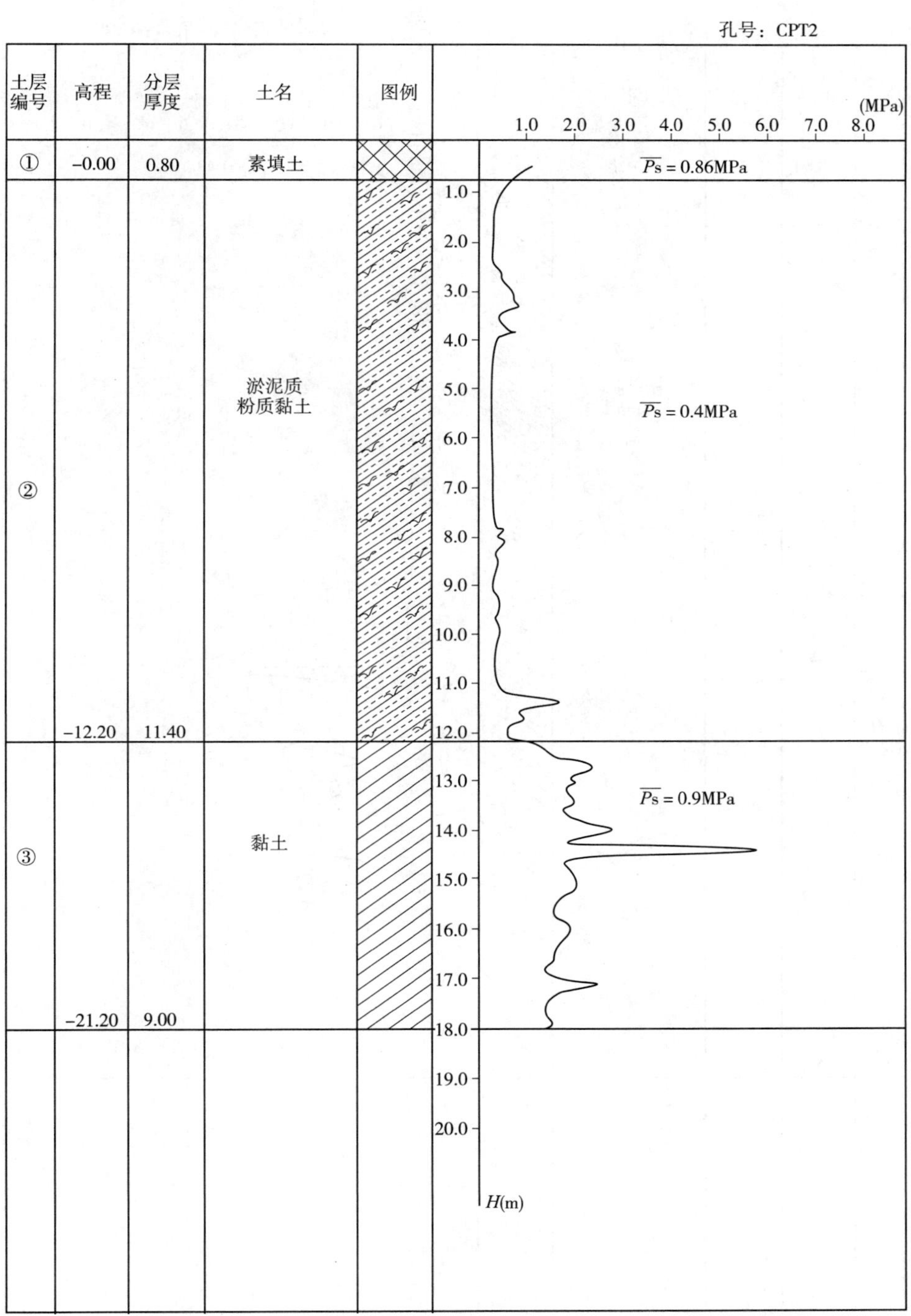

图 2-7　静力触探曲线柱状图 1

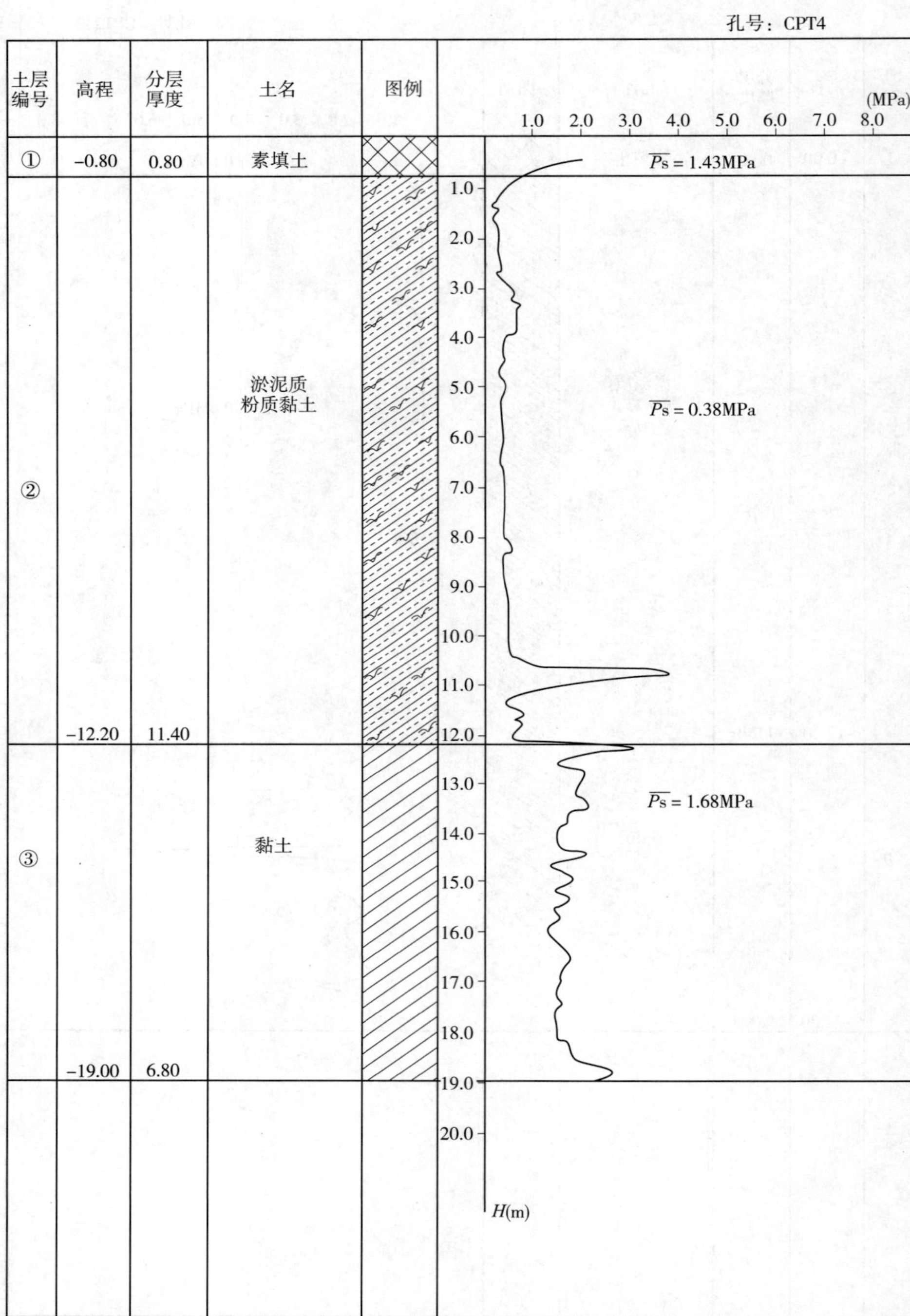

图 2-8　静力触探曲线柱状图 2

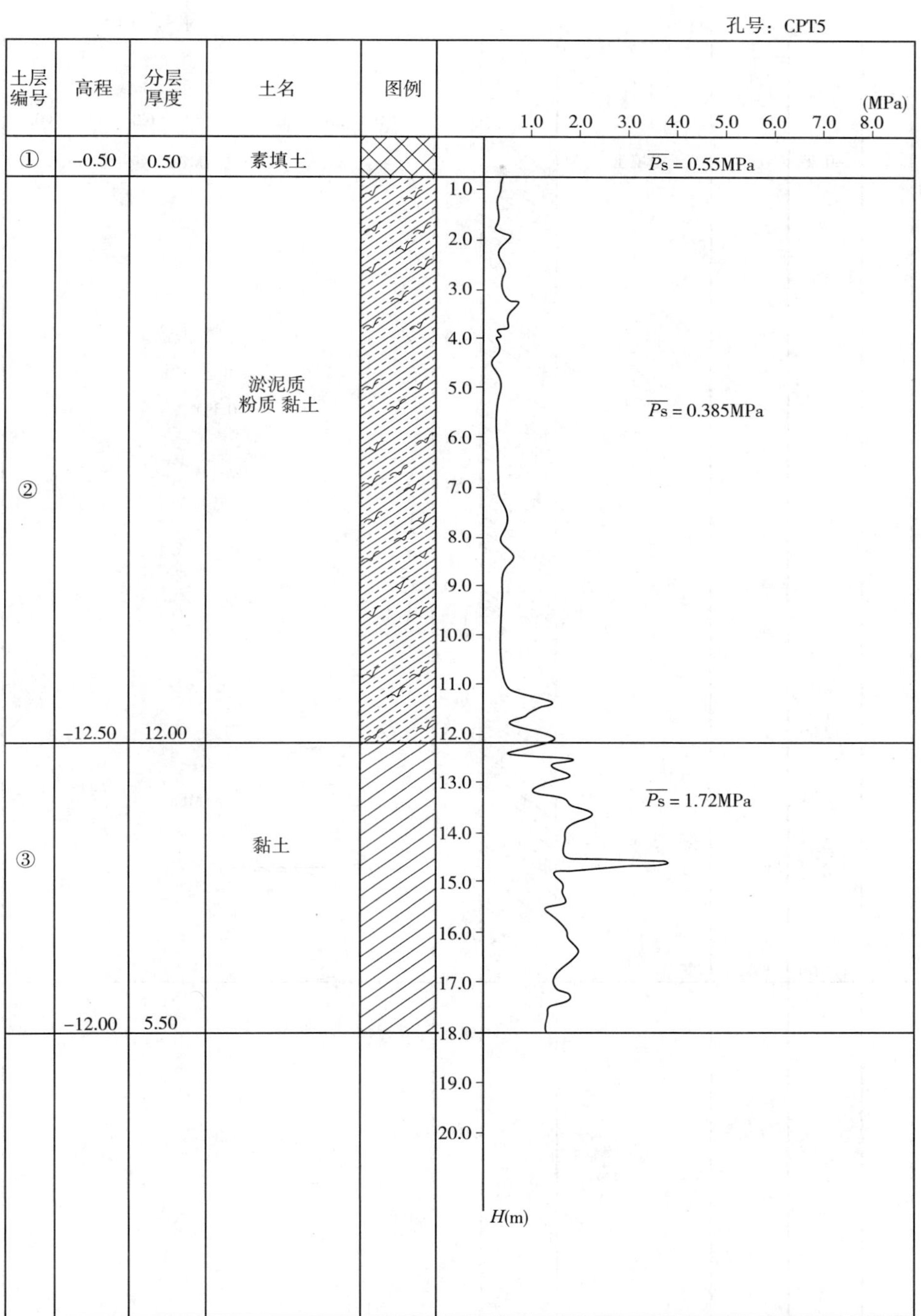

图 2-9　静力触探曲线柱状图 3

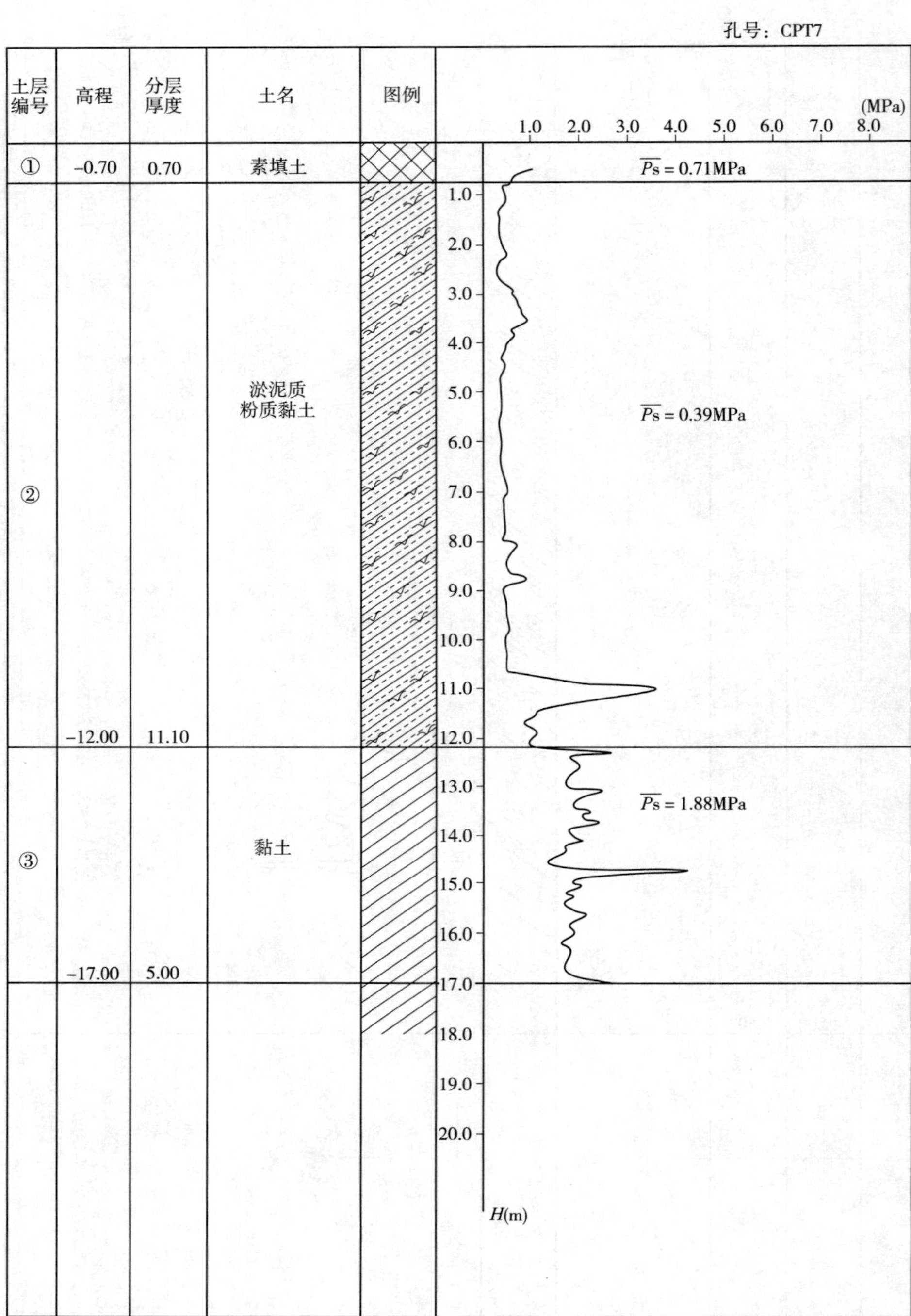

图 2-10　静力触探曲线柱状图 4

十字板剪切试验成果表　　表 2-1

孔号:FVST1　　测试日期:1999 年 6 月 9 日

深度(m)	原状土 C_u(kPa)	平均值(kPa)	重塑土 C_u(kPa)	平均值(kPa)	灵敏度
1.0	18.4	16.4		4.8	3.4
2.0	18.7		3.2		
3.0	15.5				
4.0	14.3		4.3		
5.0	12.8				
6.0	14.7		5.9		
7.0	18.5				
8.0	15.9		5.4		
9.0	19.6				
10.0	15.4		5.3		
11.0	57.7				

孔号:FVST3　　测试日期:1999 年 6 月 9 日

深度(m)	原状土 C_u(kPa)	平均值(kPa)	重塑土 C_u(kPa)	平均值(kPa)	灵敏度
1.0	23.1	15.6		4.6	3.4
2.0	15.3				
3.0	22.1		5.6		
4.0	14.4				
5.0	14.3		4.7		
6.0	13.4				
7.0	12.3		4.6		
8.0	18.3				
9.0	11.9				
10.0	12.7		3.4		

孔号:FVST6　　测试日期:1999 年 6 月 9 日

深度(m)	原状土 C_u(kPa)	平均值(kPa)	重塑土 C_u(kPa)	平均值(kPa)	灵敏度
1.0	43.1	16.4			
2.0	12.0	13.9	2.3	3.0	4.6
3.0	17.3				
4.0	11.7		3.7		
5.0	13.5				
6.0	11.5		3.5		
7.0	14.4				
8.0	13.8		2.9		
9.0	14.9				
10.0	16.1		2.5		

孔号:FVST8　　　　测试日期:1999.6.9

深度(m)	原状土 C_u(kPa)	平均值(kPa)	重型土 C_u(kPa)	平均值(kPa)	灵敏度
1.0	9.24	14.2		4.1	3.5
2.0	11		4.6		
3.0	20.8				
4.0	23.6		3.4		
5.0	13.2				
6.0	14.5		4.1		
7.0	10.7				
8.0	14.2		4.0		
9.0	19.8				
10.0	14.8		4.3		

岩土主要物理力学性质及承载力统计表　　　　表 2-2

岩石名称	项目	液限	液性指数	相对密度	含水率	密度	孔隙比	饱和度	压缩系数	压缩模量	黏聚力	内摩擦角	容许承载力	标准备贯入试验		原位测试			
																静力触探		十字板剪切	
	指标	W_L	I_L	G_S	ω_0	P_0	e	S_r	α_{1-2}	E_{s1-2}	c	φ	f	击数 N	承载力标准值	P_S	承载力	抗剪强度	承载力
		%			%	g/cm³		%	MPa⁻¹	MPa	kPa	°	kPa		(kPa)	(MPa)	(kPa)	(kPa)	(kPa)
淤泥质粉质黏土	最大值	37.5	2.8	2.7	50.3	1.8	1.5	100.0	1.4	2.5	17.7	12.8	90.0	3.0					
	最小值	26.8	1.6	2.4	36.4	1.6	1.0	88.8	0.8	1.5	1.6	3.5	60.0	1.0					
	平均值	33.4	2.1	2.6	45.2	1.7	1.3	93.6	1.1	1.8	8.5	7.6	70.0	1.4		0.4	48.7	15.0	51.0
黏土	最大值	44.0	0.3	2.8	29.3	1.9	0.9	94.5	0.4	6.2	41.3	12.3	258.0	31.0					
	最小值	42.8	0.1	2.8	26.4	1.9	0.8	86.0	0.3	4.3	32.7	8.3	222.0	3.0					
	平均值	43.6	0.2	2.7	28.3	1.9	0.9	90.4	0.4	5.0	36.5	10.2	341.0	17.6		1.8			
粉质黏土	最大值	42.7	0.8	2.8	39.5	1.9	1.1	100.0	0.5	7.5	34.7	27.2	175.0	30.0					
	最小值	37.0	0.3	2.7	30.4	1.8	0.9	36.9	0.3	4.1	14.2	23.3	108.0	10.0					
	平均值	40.3	0.6	2.7	35.1	1.8	1.0	92.7	0.4	4.9	27.5	25.8	145.0	18.2					

续上表

<table>
<tr><th rowspan="4">岩石名称</th><th rowspan="2">项目</th><th rowspan="2">液限</th><th rowspan="2">液性指数</th><th rowspan="2">相对密度</th><th rowspan="2">含水率</th><th rowspan="2">密度</th><th rowspan="2">孔隙比</th><th rowspan="2">饱和度</th><th rowspan="2">压缩系数</th><th rowspan="2">压缩模量</th><th rowspan="2">黏聚力</th><th rowspan="2">内摩擦角</th><th rowspan="2">容许承载力</th><th colspan="2" rowspan="2">标准备贯入试验</th><th colspan="4">原位测试</th></tr>
<tr><th colspan="2">静力触探</th><th colspan="2">十字板剪切</th></tr>
<tr><th rowspan="2">指标</th><th>W_L</th><th>I_L</th><th>G_S</th><th>ω_0</th><th>P_0</th><th>e</th><th>S_r</th><th>α_{1-2}</th><th>E_{s1-2}</th><th>c</th><th>φ</th><th>f</th><th>击数</th><th>承载力标准值</th><th>P_S</th><th>承载力</th><th>抗剪强度</th><th>承载力</th></tr>
<tr><th>%</th><th></th><th></th><th>%</th><th>g/cm^3</th><th></th><th>%</th><th>MPa^{-1}</th><th>MPa</th><th>kPa</th><th>°</th><th>kPa</th><th>N</th><th>(kPa)</th><th>(MPa)</th><th>(kPa)</th><th>(kPa)</th><th>(kPa)</th></tr>
<tr><td rowspan="3"></td><td>最大值</td><td></td><td></td><td></td><td></td><td></td><td></td><td></td><td></td><td></td><td></td><td></td><td></td><td></td><td></td><td></td><td></td><td></td><td></td></tr>
<tr><td>最小值</td><td></td><td></td><td></td><td></td><td></td><td></td><td></td><td></td><td></td><td></td><td></td><td></td><td></td><td></td><td></td><td></td><td></td><td></td></tr>
<tr><td>平均值</td><td></td><td></td><td></td><td></td><td></td><td></td><td></td><td></td><td></td><td></td><td></td><td></td><td></td><td></td><td></td><td></td><td></td><td></td></tr>
<tr><td rowspan="3"></td><td>最大值</td><td></td><td></td><td></td><td></td><td></td><td></td><td></td><td></td><td></td><td></td><td></td><td></td><td></td><td></td><td></td><td></td><td></td><td></td></tr>
<tr><td>最小值</td><td></td><td></td><td></td><td></td><td></td><td></td><td></td><td></td><td></td><td></td><td></td><td></td><td></td><td></td><td></td><td></td><td></td><td></td></tr>
<tr><td>平均值</td><td></td><td></td><td></td><td></td><td></td><td></td><td></td><td></td><td></td><td></td><td></td><td></td><td></td><td></td><td></td><td></td><td></td><td></td></tr>
<tr><td rowspan="3"></td><td>最大值</td><td></td><td></td><td></td><td></td><td></td><td></td><td></td><td></td><td></td><td></td><td></td><td></td><td></td><td></td><td></td><td></td><td></td><td></td></tr>
<tr><td>最小值</td><td></td><td></td><td></td><td></td><td></td><td></td><td></td><td></td><td></td><td></td><td></td><td></td><td></td><td></td><td></td><td></td><td></td><td></td></tr>
<tr><td>平均值</td><td></td><td></td><td></td><td></td><td></td><td></td><td></td><td></td><td></td><td></td><td></td><td></td><td></td><td></td><td></td><td></td><td></td><td></td></tr>
</table>

第 3 章　碎石桩的设计与施工

碎石桩处理软土是通过振动器成孔并将灌入的石料振密，在周围土体的约束下形成主要由碎石组成的“桩体”，与桩间土构成复合地基共同承担外部荷载。碎石桩通常应用于十字板抗剪强度大于 20kPa 的软土中，可以起到置换与挤密两种作用，实践表明该技术成桩容易且加固效果显著。近年来随着振冲加固技术的发展和完善，已被逐渐应用到抗剪强度小于 20kPa 的软黏土地基中，并取得了一定的成功经验，但其加固机理及设计、施工参数尚需进一步验证。

本次试验区内的软土层平均十字板抗剪强度仅 13.6kPa，属于软弱黏土。在这种地基上施工碎石桩，存在以下特点，必须在设计与施工中予以考虑：

(1)软土强度低，对碎石桩的约束力较小，成桩较为困难，施工参数的选择就尤为重要。

(2)碎石桩对周围土体不仅没有挤密作用，反而使土体受到扰动，强度降低，实际只起到置换作用。同时桩土之间的共同作用也较小，因此必须选择较大的置换率。

(3)碎石桩为散粒体桩，排水条件良好，实际上可以起到竖向排水体的作用，加速了桩周土的固结速度。随着外部荷载的增加与时间的延长，复合地基的强度会逐步提高。

3.1　碎石桩复合地基的设计

(1)桩径

碎石桩复合地基中要求桩体必须有一定的密实度，由于桩周土强度很低，只有桩径扩充到一定程度后才能达到水平激振力与桩周土反力的平衡，满足密实度要求。根据以往处理这种软土的经验，确定本次试验的桩径为1.0m。试桩结果表明该桩径是合适的。

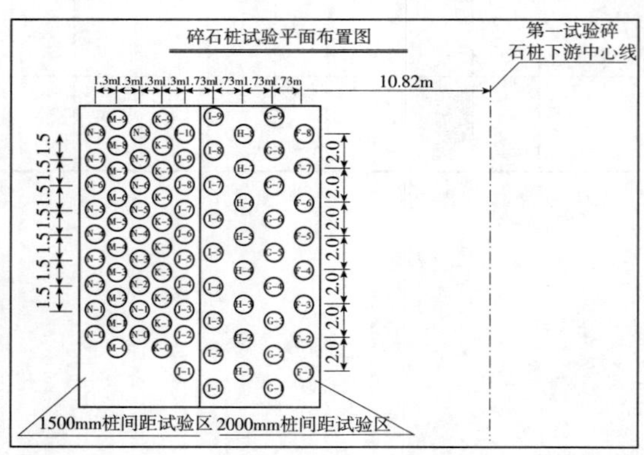

图 3-1　碎石桩试验平面布置图(尺寸单位:m)

(2)桩距

原设计采用桩间距为 2.0m，正三角形布置，相应置换率仅为 22.7%，桩土之间的共同作用相对较小。因此本试验方案增加了一组间距为 1.5m 的桩，以进一步为设计提供参考指标。具体布置方案可见碎石桩试验平面布置图(图 3-1)。

(3)桩长

根据场地地质条件，碎石桩应穿过软土层并进入黏土层 50cm。因此设计桩长 13～15m，实际施工可根据成孔电流值来判断。

3.2　碎石桩施工

1)材料

碎石桩的粒径范围建议采用 2～5cm，但对于珠江三角洲一带的淤泥，采用这样小粒径的碎石难以成桩，处理效果也较差。而采用大粒径碎石，整体性强，可以更好地传递振动应力和荷载应力。

桩体粒径大小直接影响到加固体的力学效应，根据以往经验，填料粒径质量评判指标可由下式计算：

$$f = 1.7\sqrt{3/(D_{50})^2 + 1/(D_{20})^2 + 7/(D_{10})^2}$$

式中：D_{50}、D_{20} 和 D_{10}——筛分通过率为 50%、20% 和 10% 的骨料粒径；

f——质量评判指标。当 f = 0～10% 时为优质，f = 20%～30% 时为一般，f > 50% 时不宜采用。通过计算，本次试验所采用的粒径的 f 值介于 50%～85% 之间。具体粒径见表 3-1、图 3-2。

此外，所使用的碎石风化程度不能超过弱风化，含泥量不能超过 10%。

碎石粒径级配统计表　　表 3-1

颗粒含量(%) 粒径 / 组	>15cm	10～15cm	8～10cm	6～8cm	4～6cm	<4cm	f 值
1	6.76	14.61	26.78	20.27	17.59	14.00	0.838
2	6.54	13.00	16.86	25.90	28.90	8.80	0.726
3	3.77	20.49	28.04	26.02	20.88	0.80	0.627
4	19.69	33.10	16.94	11.55	15.14	3.59	0.597
平均值	9.19	20.30	22.16	20.94	20.63	6.80	0.697

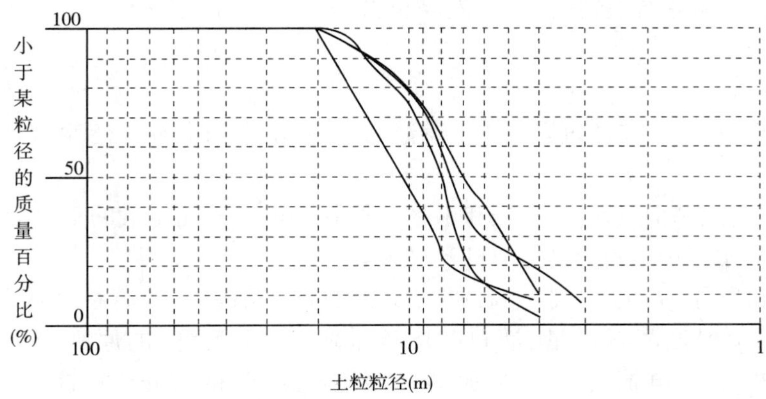

图 3-2　碎石颗粒级配曲线

2）施工机具

碎石桩的施工机具主要为振动器和起吊设备，此外辅助设备包括下料铲车一辆，供水泵，泥浆泵各一台以及电控系统等配件。振冲器的型号有多种，考虑到试验区的地质特点，试验采用了最常用的 ZQC－30 型振冲器。起吊设备一般有吊机和井架式施工平车两种，本次试验由于时间关系选用了吊机，但通过试桩发现该设备具有定位难、容易斜钻等特点，特别是施工 1.5m间距的碎石桩时，塌孔较多，影响了表层桩的施工质量。因此在软黏土中使用该设备时必须对设备进行重大设备改进，否则不宜采用。建议后期施工时采用井架式施工平车。

3)施工工艺

施工中可按下列步骤进行：

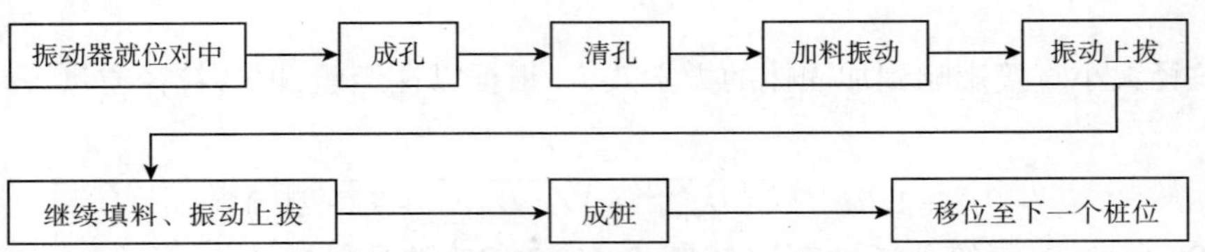

(1)振动器定位:碎石桩施工允许偏差应符合规范要求(表3-2)。

碎石桩允许偏差

表3-2

项　次	项　目	单　位	允 许 偏 差
1	桩距	cm	±15
2	桩径	mm	不小于设计
3	垂直度	%	1.5

(2)成孔:吊机下放振动器,使其贯入离设计高程0.5m的位置,并停留2~3min。

(3)清孔:造孔终止后,将振动器提出孔口,然后再次下沉振动器至孔底,清除孔内泥浆,保证填料通畅,同时利用泥浆护壁,清孔应达到2~3次。

(4)加料振动:清孔完毕后,将振动器拔出孔口,用铲车进行下料,每次下料应控制在0.3~0.5m^3,宜遵循“少吃多餐”的原则。下完料后,下放振动器进行振动,使填料在水平振动力的作用下挤入侧壁土层中,并使填料密实,在密实电流和留振时间达到要求后,上拔振动器,然后下放振动器复振2~3次。

(5)制桩结束:制桩加固到孔口后,先停止振动器运转,再停止供水,振动器移到下一个桩位。

4)施工要素控制

碎石桩的施工质量主要通过以下4个参数来控制:水压和水量、密实电流、留振时间和灌料量。

碎石桩在软土地基上成孔时,水压和水量是控制桩径和成孔质量的重要因素。水压水量太小则成孔困难,水压过大则容易造成桩径过大。

密实电流和留振时间是控制碎石桩密实度的首要因素。碎石桩加固软基是以置换作用为主的,必须保证灌料质量,灌料时应该采取“少吃多餐”的原则,每一深度的桩体在未达到规定的密实电流时应继续加料,继续振实,严格防止“断桩”和“缩颈桩”的发生。

为保证施工参数的准确可行,本次试验在施工之前进行了碎石桩施工工艺试验,并确定以下施工参数来进行施工：

水压0.55~0.6MPa,水量20~30t/h,密实电流不小于45A,留振时间不小于10s,电压控制在380±10V,每次灌料量0.3~0.5m^3,充盈系数(定义为碎石实际用量与按设计桩径计算所得碎石桩体积之比)不小于1.7。

具体试桩过程见工艺性试桩。

5)工艺性试桩

（1）试桩目的

通过碎石桩工艺试桩，对振冲器型号，碎石粒径与级配、水压及水量、工作电压、每次提升高度、密实电流、留振时间、填料量和充盈系数等施工参数做出评价，为后期试验桩和工程桩的施工提供指导性施工参数。

（2）碎石桩施工设备和施工参数

①施工设备：

a. 振冲器型号为 ZCQ－30 型；

b. 振冲器采用吊机吊悬；

c. 下料方式：铲车或人工斗车下料；

d. 水泵规格：出水口水压 550～600kPa，流量 20～30m^3/h；

e. 电源：120kW 发电机，电压(380±10)V。

②预设施工参数：

a. 碎石粒径以 ϕ5～10cm 为主，大于 ϕ5cm 占 50% 以上；

b. 水压：550～600kPa，水量：20～30m^3/h；

c. 造孔速度：1～2m/min；

d. 清孔次数：2～3 次；

e. 每次填料量：0.5～0.7m^3；

f. 每次提升高度：0.5m 左右；

g. 留振时间：10～20s；

h. 密实电流：45～55A；

i. 充盈系数：大于 1.6；

j. 工作电压：(380±10)V。

利用上述预设施工参数对 20 根非试验桩进行工艺试桩，并分阶段对试桩进行桩径检测及重(Ⅱ)型动力触探检测(具体详见表 3-3、表 3-4)，同时根据检测结果对部分施工参数及施工设备、下料方式进行了调整。

桩径检测表　　表 3-3

桩　号	检测深度(m)	桩径(mm)
N－8	－1.5	1020
M－9	－1.5	1050
L－8	－1.5	1100
N－1	－2.0	1020
N－2	－1.0	1100

重(Ⅱ)型动力触探检测　　表 3-4

桩　号	N－8	N－1	L－7	L－6
平均击数	11.7	11.5	8.2	9.4

由检测结果看，工艺试桩在桩径和密实度方面均能够满足设计及规范要求，预设的施工参数基本合适。

③初定参数

通过工艺试桩及试桩检测,初步确定试验碎石桩施工控制参数如下:

a. 碎石粒径以 ϕ5 ~ 10cm 为主,大于 ϕ5cm 占 50% 以上;

b. 水压:550 ~ 600kPa,水量:20 ~ 30m^3/h;

c. 造孔速度:1 ~ 2m/min;

d. 清孔次数:2 ~ 3 次;

e. 每次填料量 0.5 ~ 0.7m^3;

f. 每次提升高度:0.3 ~ 0.5m;

g. 留振时间:10 ~ 20s;

h. 密实电流:45 ~ 60A;

i. 充盈系数:1.7 ~ 1.8;

j. 工作电压:(380 ± 10)V。

第 4 章　碎石桩的检测

碎石桩复合地基属于地下隐蔽工程，质量检验较为困难，交通部《港口工程地基规范》(JTJ 250—98)规定可采用载荷试验、动力触探等方法进行检验。鉴于本工程的重要性，本次试验采用了外观检测、重(Ⅱ)型动力触探、现场直剪试验、载荷试验、地质雷达试验等多种手段对碎石桩及复合地基进行了检测，主要目的为：

(1)准确评价碎石桩的成桩情况及成桩质量。

(2)测试碎石桩及复合地基的力学指标(主要指剪切指标)，为设计提供参考。

(3)为后期碎石桩的检测提供依据。

对施工后静置三周的桩体进行了以下碎石桩检测。

4.1　外观(桩径)检测

本次试验共施工碎石桩 82 根，对其中的 15 根桩进行了桩径检测，抽检频率为 18%，具体检测结果见表 4-1：

碎石桩桩径检测结果表　　表 4-1

序　号	桩　号	最小桩径(mm)
1	G－2	1230
2	G－6	1030
3	G－6	1100
4	I－2	1100
5	I－4	1040
6	M－1	1100
7	M－3	1100
8	M－5	1020
9	K－3	1050
10	K－5	1100
11	N－8	1020
12	M－9	1050
13	L－8	1100
14	N－1	1020
15	N－2	1100

从表中可以看出：碎石桩的平均桩径均在 1.0m 以上，桩的圆度较好，平均成桩直径约 1.1m。为了保证试验的顺利进行，实际成桩直径比设计值略大，在后续施工中可以减少一点

填料量，充盈系数控制在1.7左右较为合适。

4.2 碎石单桩重（Ⅱ）型动力触探测试

为了检测碎石桩桩体密实度，本实验对27根桩进行了重（Ⅱ）型动力触探测试，抽检率为33%，总进尺202m，试验操作严格按规范的要求进行，触探后对数据进行统计，数据统计见表4-2。

从表4-2可看出，在所检测的27根桩中，$\overline{N}_{63.5}>10$击共18根，占总数的67%，$7<\overline{N}_{63.5}<10$击共9根，占总数的33%。根据交通部重庆公路科研所的推荐值$\overline{N}_{63.5}>7$击的碎石桩可以评定为密实，本次试验所施工的碎石桩全部为密实等级，施工质量良好（表4-3）。

重（Ⅱ）触探数据统计表　　表4-2

桩　号	贯入总深度（cm）	$\overline{N}_{63.5}$平均击数
F－3	740	14.86
F－6	740	12.03
F－8	570	13.35
G－2	710	10.28
G－5	590	11.05
H－3	680	10.41
H－6	560	17.41
H－7	610	16.57
I－2	580	7.55
I－4	680	8.76
I－6	620	13.39
I－8	550	12.04
J－5	600	8.52
J－7	540	10.24
J－8	650	10.6
J－9	630	9.57
K－1	610	10.67
K－4	970	8.97
L－2	650	10.42
L－5	460	9.74
L－6	480	9.9
L－7	770	11.73
M－5	750	9.97
N－0	830	9.57
N－1	490	12.08
N－5	540	13.56
N－8	690	11.72
平均	645	10.91

碎石桩重(Ⅱ)型动力触探值分布及密实评价表　　表 4-3

范围	$N_{63.5}<7$	$7<N_{63.5}<10$	$N_{63.5}>10$
密实度	稍密	密 实	
实测击数	0	9	18
百分比	0%	33%	67%

根据试验结果,对后续碎石桩的重(Ⅱ)型动力触探检验,建议采用 7 击作为合格标准。

4.3　静载荷试验

为检验碎石桩对软土地基的处理效果,了解单桩及复合地基相关的强度和变形指标,本试验对天然地基、ϕ1.0m 单桩、ϕ1.5m 复合地基和 ϕ2.0m 复合地基进行了现场静载荷试验。

(1)天然地基静载荷试验

天然地基静载荷试验结果如图 4-1 ~ 图 4-3 所示。

从 $Q-S$ 曲线和 $\lg Q-S$ 曲线中可以看出,第一拐点 $P_1=35$kN,第二拐点 $P_2=49$kN,天然地基静载荷试验荷载板规格为 ϕ940mm,换算成天然地基承载力标准值为 50.43kPa,承载力极限值为 70.61kPa。通过天然地基的十字板剪切试验和静力触探试验资料,十字板剪切试验取得天然地基土的承载力标准值为 51kPa,静力触探得其承载力标准值为 48.7kPa,以上三种测试方法所得天然地基土承载力标准值基本一致,本报告建议天然地基土的容许承载力取 50kPa,其对应的变形模量 E 为 190kPa。

(2)ϕ1.0m 单桩静载荷试验成果分析

试验成果如图 4-4 ~ 图 4-6 所示。

从 $Q-S$ 曲线和 $\lg t-S$ 曲线上看,加荷至 400kN 时,桩体的沉降量显著增大,桩体已呈破坏趋势,我们取破坏的前一级载荷($P=360$kN)为单桩的极限承载力,取 2.0 的安全系数,单桩的容许承载力取 180kN,其对应的变形模量 E 为 6250kPa。

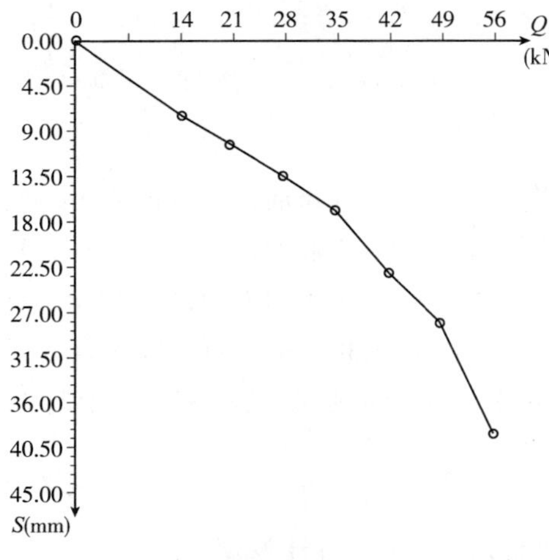

图 4-1　天然地基载荷试验 $Q \sim S$ 曲线

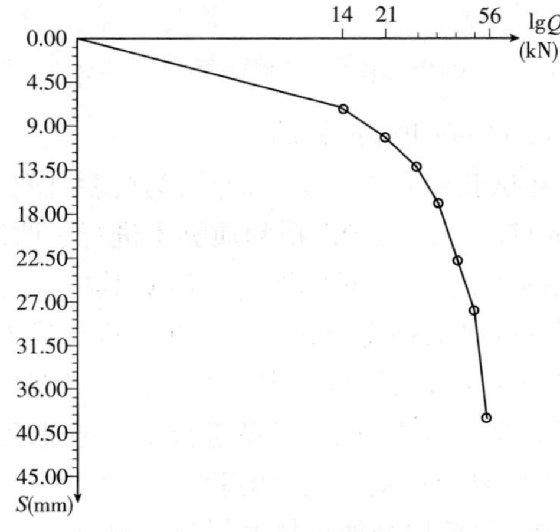

图 4-2　天然地基载荷试验 $S \sim \lg Q$ 曲线

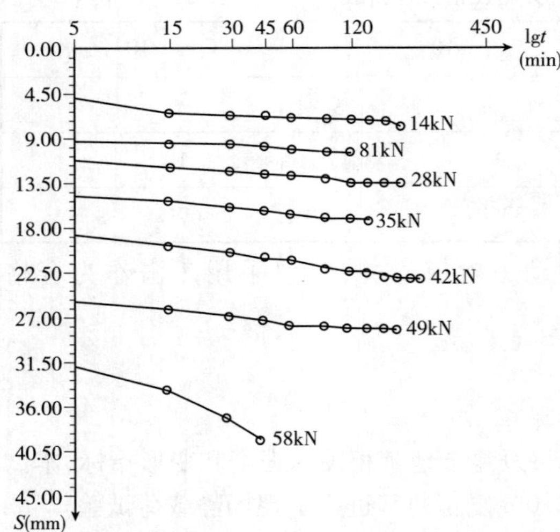

图 4-3　天然地基载荷试验 $S\sim\lg t$ 曲线

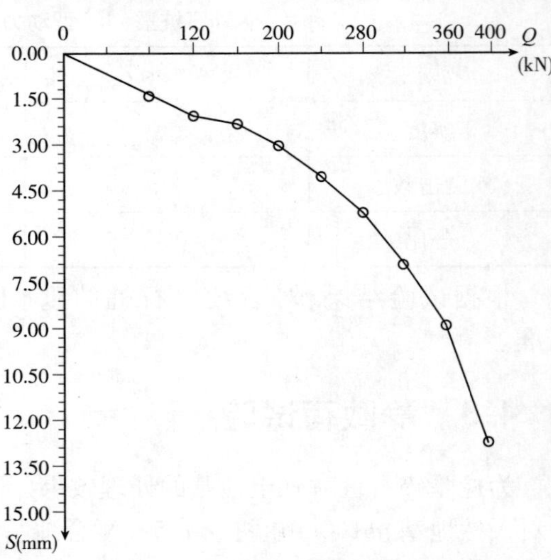

图 4-4　ϕ1000mm 碎石桩单桩静载试验 $Q\sim S$ 曲线

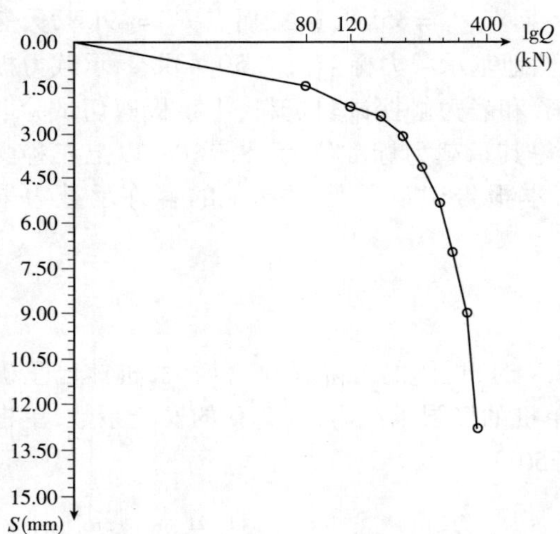

图 4-5　ϕ1000mm 碎石桩单桩静载试验 $s\sim\lg Q$ 曲线

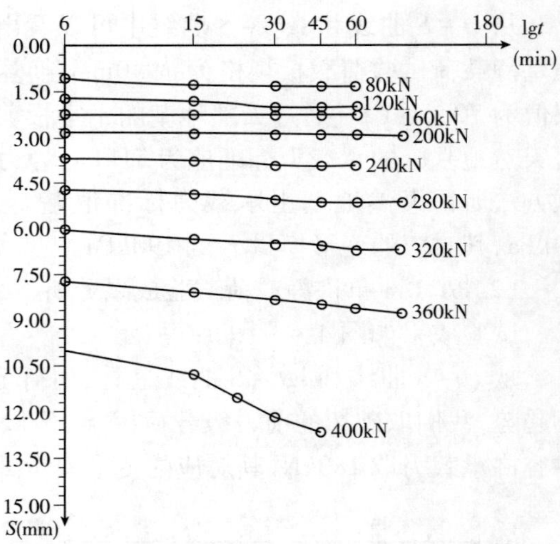

图 4-6　ϕ1000mm 碎石桩单桩静载试验 $s\sim\lg t$ 曲线

（3）桩间土强度检验

在试验桩施工完毕三周后，为检验桩间土受扰动恢复程度，我们分别在 1.5m 桩间距区和 2.0m 桩间距区对淤泥质粉质黏土进行了两组静力触探试验，试验结果如图 4-7（1.5m 桩间距区）、图 4-8（2.0m 桩间距区）所示，其比贯入阻力平均值 P_s 分别为 0.34MPa 和 0.31MPa，对比碎石桩施工前补充勘察中对原状土进行静力触探试验所得淤泥质粉质黏土的比贯入阻力平均值 $P_s=0.4$MPa，可以看出碎石桩施工完毕三周后，桩间淤泥质土的强度已经恢复到其原状土强度的 80% 左右，已经具备进行复合地基原位测试的条件。

（4）复合地基承载力的验算

按《建筑地基处理技术规范》，复合地基的承载力可以按下式进行计算：

$$f_{sp.k}=mf_{p.k}+(1-m)f_{s.k}$$

$f_{sp.k}$、$f_{p.k}$、f_{sk}分别为复合地基、碎石单桩单位截面积、桩间土的容许承载力。m 为面积置换率，$m=\pi d^2/(2\sqrt{3}S^2)$，d 为碎石桩径，S 为桩间距，当桩位以正三角形布置时。

$S=1.5\text{m}$ 时，$m=0.403$

$f_{sp.k}=122.3\text{kPa}$

$S=2.0\text{m}$ 时，$m=0.227$

$f_{sp.k}=90.7\text{kPa}$

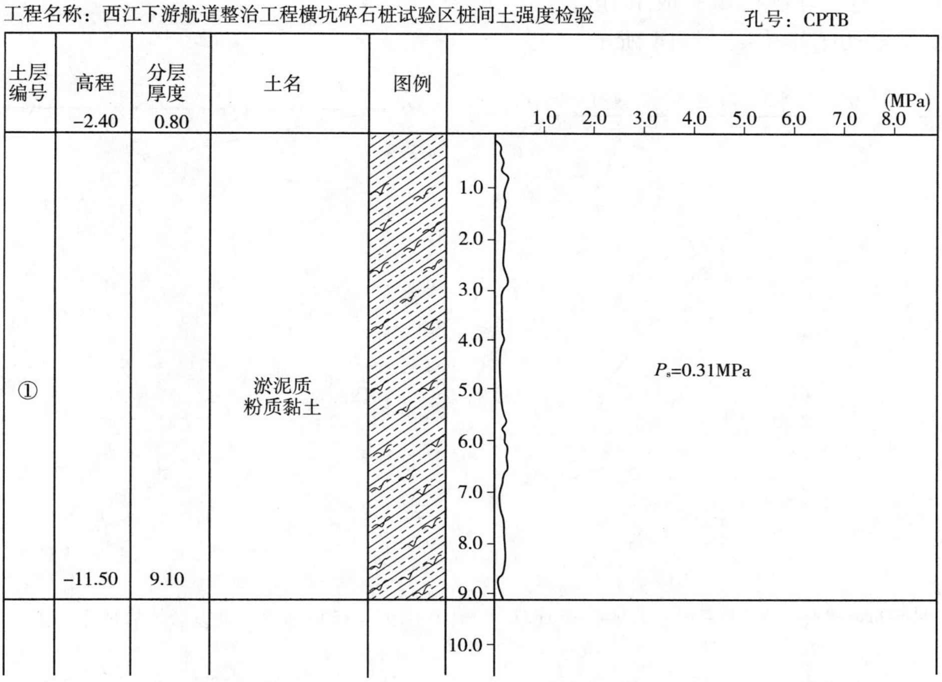
工程名称：西江下游航道整治工程横坑碎石桩试验区桩间土强度检验
孔号：CPTB
土层编号
高程
分层厚度
土名
图例
(MPa)
1.0 2.0 3.0 4.0 5.0 6.0 7.0 8.0
-2.40
0.80
①
淤泥质粉质黏土
P_s=0.31MPa
-11.50
9.10
1.0
2.0
3.0
4.0
5.0
6.0
7.0
8.0
9.0
10.0

图 4-7　1.5m 桩间距桩间土静力触探图

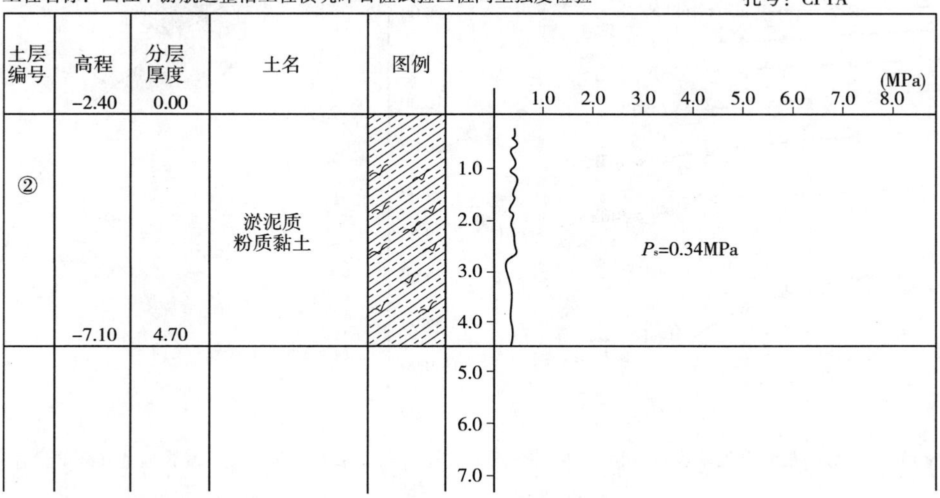
工程名称：西江下游航道整治工程横坑碎石桩试验区桩间土强度检验
孔号：CPTA
土层编号
高程
分层厚度
土名
图例
(MPa)
1.0 2.0 3.0 4.0 5.0 6.0 7.0 8.0
-2.40
0.00
②
淤泥质粉质黏土
P_s=0.34MPa
-7.10
4.70
1.0
2.0
3.0
4.0
5.0
6.0
7.0

图 4-8　2.0m 桩间距桩间土静力触探图

复合地基的变形模量可以用下式进行计算：

$$E = (1 - \mu^2)P/SD$$

式中：μ——泊松比，碎石取0.25，黏土取0.35，复合材料取0.31；

P——荷重；

S——沉降量；

D——圆形荷载板直径。计算结果见表4-4。

(5)复合地基静载荷试验成果分析

试验成果如图4-9～图4-14所示。

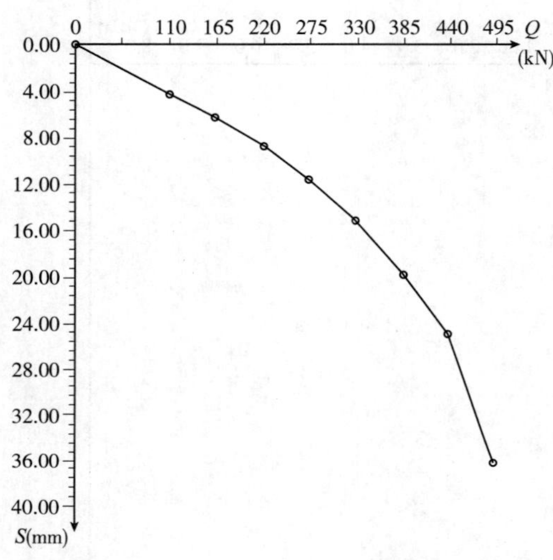

图4-9 ϕ1500mm碎石桩复合地基静载试验 $Q \sim S$ 曲线

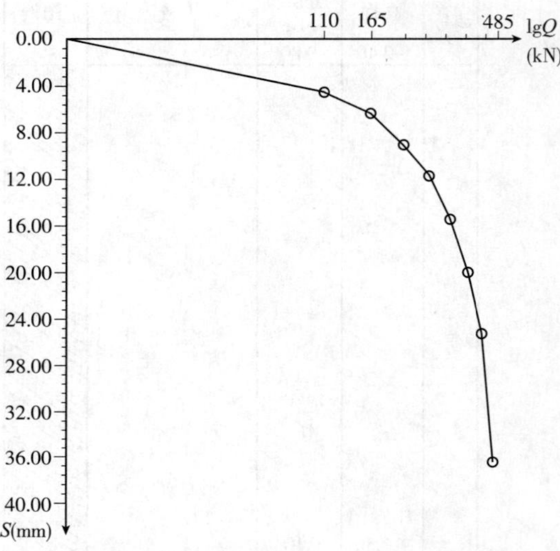

图4-10 ϕ1500mm碎石桩复合地基静载试验 $S \sim \lg Q$ 曲线

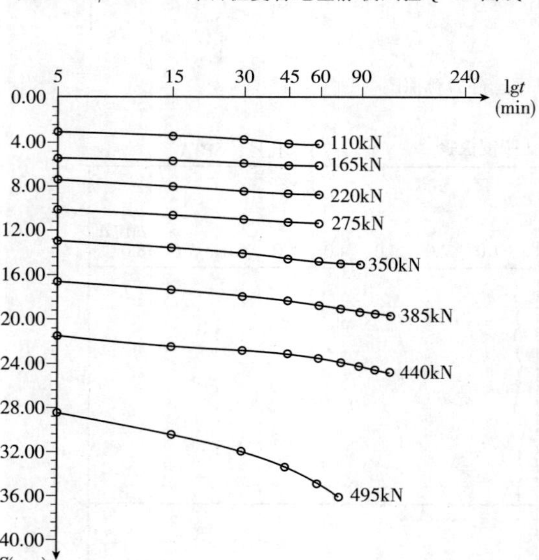

图4-11 ϕ1500mm碎石桩复合地基静载试验 $S \sim \lg t$ 曲线

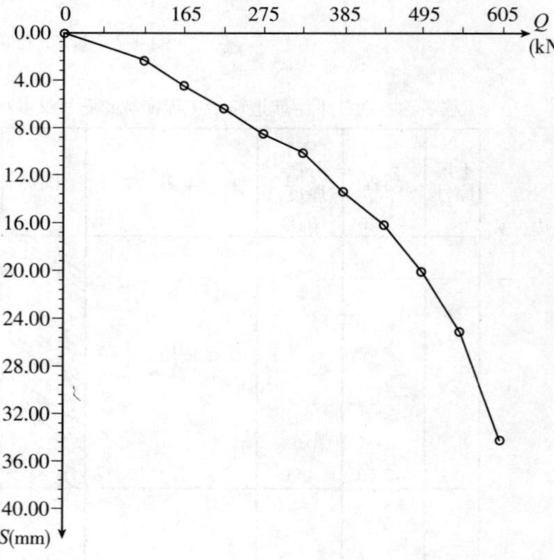

图4-12 ϕ2000mm碎石桩复合地基静载试验 $Q \sim S$ 曲线

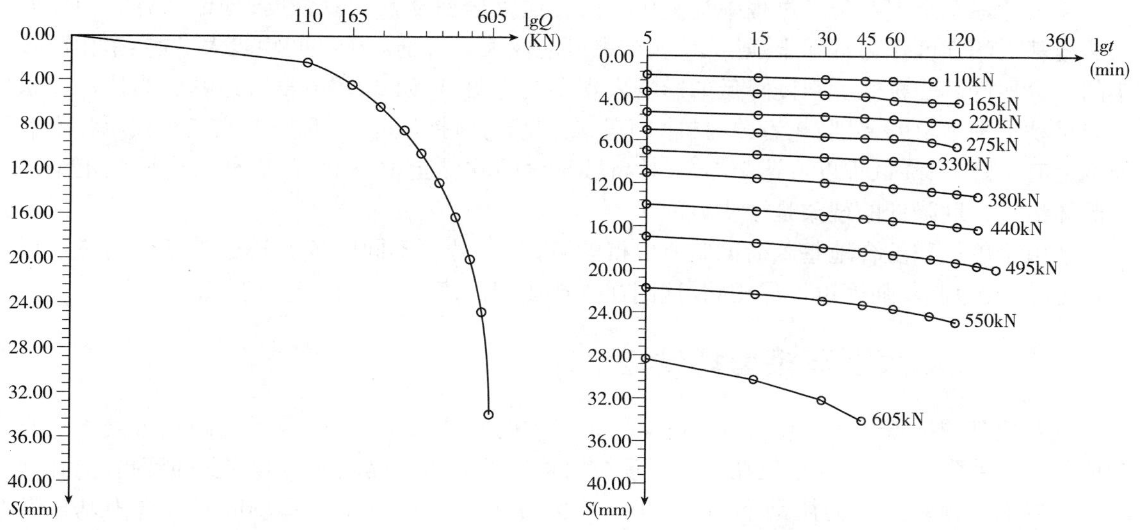

图 4-13　ϕ2000mm 碎石桩复合地基静载试验 $S \sim \lg Q$ 曲线　　图 4-14　ϕ2000mm 碎石桩复合地基静载试验 $S \sim \lg t$ 曲线

从 ϕ1.5m 复合地基的应力及应变曲线上看，当 P 加到 495kN 时沉降明显增大，曲线出现第二拐点，所以取其前一级荷载 440kN 作为其极限荷载，取 $s/b=0.007$ 对应的荷载为其容许荷载，得其容许荷载为 250kN，则 ϕ1500mm 复合地基容许承载力为 141.5kPa，其对应的变形模量 E 为 1506kPa。

从 ϕ2.0m 复合地基的应力—应变及应变—时间变化曲线上看，当荷载加到 605kN 时，沉降量显著增大，这种趋势在 $\lg t - S$ 曲线上表现更为明显，表明此时地基已经破坏，取破坏时的前一级荷载为其极限荷载，$P=550$kN，安全系数取 2.0，得 ϕ2.0m 复合地基的容许承载力为 87.54kPa，其对应的变形模量 E 为 1329kPa。

复合地基载荷试验成果与理论计算结果比较见表 4-4。

复合地基载荷试验成果与理论计算结果比较表　　表 4-4

项　目	实测极限荷载	容许荷载		建议容许承载力取值	安全系数	变形模量（kPa）
		理论	实测			
天然地基	105.8kPa	十字板：51kPa 静力触探：48.7kPa	52.9kPa	50kPa	2.0	190
ϕ1.0m 单桩	360.0kN		180.0kN		2.0	6250
ϕ1.5m 复合地基	249.1kPa	122.3kPa	142.0kPa	130kPa	1.9	1506
ϕ2.0m 复合地基	175.2kPa	90.7kPa	87.6kPa	90kPa	2.0	1329
计算公式	$f_{sp.k} = mf_{p.k} + (1-m)fs.k$　　$E=(1-U^2)P/SD$					

由表 4-4 可看出，由静载荷试验所得碎石桩复合地基的容许承载力与通过理论计算所得复合地基容许承载力值存在一定差别，通过分析，笔者认为主要有以下原因造成这种偏差：

①理论计算公式是根据桩、土承载力来确定桩土的应力分配比的，并没有考虑桩土之间的变形协调作用。由于在桩土共同承担外部荷载时，两者应力不可能同时达到极限值，因而当桩间距越大时，应力集中现象越明显，计算值偏大；反之，则计算值偏小。

②天然地基土因在施工过程中受到扰动而无法完全恢复其天然强度，理论计算时如果取天然地基土的强度作为桩间土强度，计算结果可能偏大。特别对于桩间距较大，置换率相对较小的复合地基其受桩间土强度降低的影响表现得更为明显，如 ϕ2.0m 复合地基。为比较原状土与扰动土强度上的差别，笔者曾对桩间土取点作静力触探试验，发现所有测点都较原状土在强度上有所降低，降低程度可达 20%。对高敏感度的软黏土地区而言，这种由于原状土结构的破坏造成强度降低的现象是很明显的。

③由于单桩和复合地基载荷试验所取得的测试点不同，不同的碎石桩施工条件与施工质量肯定有所区别，其强度也不尽相同，这同样会造成理论值与实测值产生偏差。

4.4 现场大型直接剪切试验

复合地基的抗剪强度性质(c,φ)是工程设计中的重要参数，为检测经过碎石桩处理后复合地基的抗剪强度，为设计单位在进行堤坝抗滑稳定性分析时提供准确的抗剪强度指标，在河海大学岩土工程研究所的协助下，我们在试验区对 ϕ1000mm 单桩、ϕ2000mm 复合地基以及 ϕ1500mm 复合地基进行了现场大型直剪试验。剪切试验桩平面布置见图 4-15 所示。

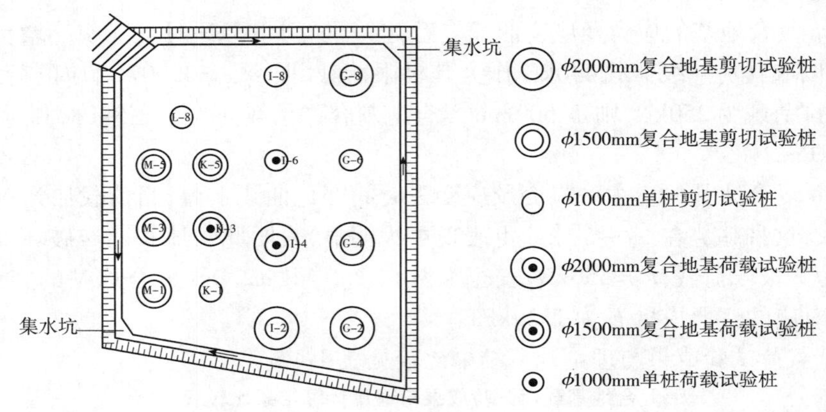

图 4-15 剪切试验桩平面布置图

(1)试验准备

①试验桩施工完后，静置 15 天；

②试验基坑开挖，采用机械开挖至 -1.80m，然后人工配合清理桩头至试验层位，以桩中心为圆心放置钢环；

③人工边开挖边装置钢环至 -2.20m，调装所有钢环顶面至同一水平面，然后以钢环底为水准面，人工向下超挖 40cm；

④整平基底，铺设 10cm 厚砂砾垫层，浇筑 28cm 厚 C25 混凝土底板(底板顶面离钢环底面 1~1.5cm)；

⑤混凝底板养护 4~5 天至混凝强度达到 80% 以上，同时清除露出钢环顶部的疏松桩体，铺设 2cm 砂垫层，安装护环及盖板、荷载架。

(2)试验步骤

根据中华人民共和国水利部《土工试验规程》(SDS01—79)相关试验项目进行，具体试验步骤如下：

①以两根试验桩为一组,同时堆载,分先后进行剪切试验。剪切时,一组堆载作为垂直压力的反力荷载,另一组堆载作为水平推力的反力荷载;

②按照工程荷载大小,设计各组试验桩的法向力分布范围和加荷等级,本次试验采用的法向力分布如表 4-5 所示:

直剪试验法向应力分布表　　表 4-5

试验情况	5 个试样的垂直荷载(N)				
$D=1.0$m 单桩	50	100	150	200	250
$D=1.5$m 复合地基	60	120	180	240	300
$D=2.0$m 复合地基	80	160	240	320	400

③竖向荷载作用于试样后,分级施加水平剪力,量测水平位移至水平剪力不再增加,则在最后一级水平剪力作用下,剪位移随时间不断发展为止。在整个剪切过程中保持竖向力为恒定值,且始终作用于试样横截面中心;

④对其他试样,分别施加不同的竖向力进行剪切。剪切完成以后,根据库仑强度理论整理试验成果,得到单桩和复合地基的抗剪强度指标。

(3)试验成果整理与分析

三组现场大型直剪试验得到的剪应力与剪位移的关系、抗剪强度线如图 4-16 ~ 图 4-21 所示。三组试样的抗剪强度指标和受力情况如表 4-6 所示:

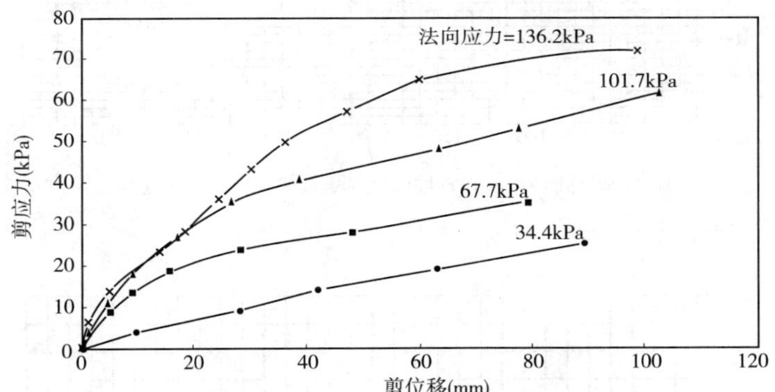

图 4-16　ϕ1500mm 碎石桩复合地基现场直剪试验剪应力与剪位移关系曲线

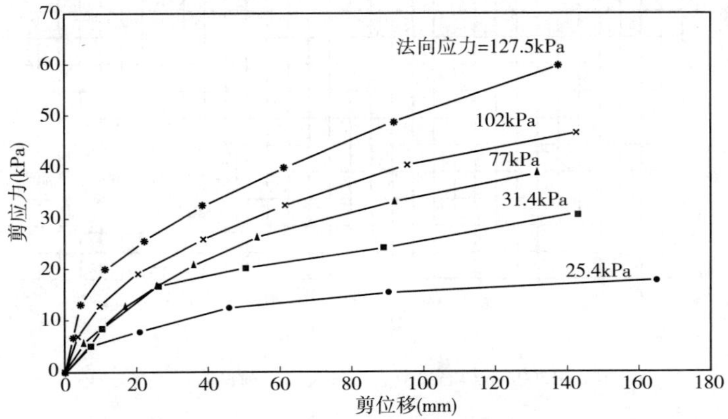

图 4-17　ϕ2000mm 碎石桩复合地基现场直剪试验剪应力与剪位移关系曲线

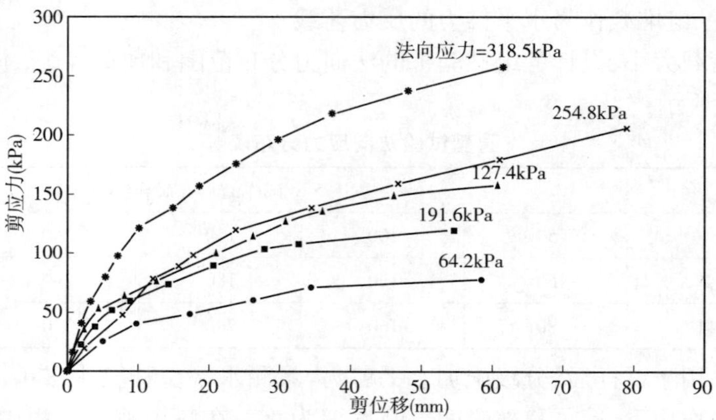

法向应力=318.5kPa
254.8kPa
127.4kPa
191.6kPa
64.2kPa
剪应力(kPa)
剪位移(mm)

图 4-18 ϕ1000mm 碎石桩单桩现场直剪试验剪应力与剪位移关系曲线

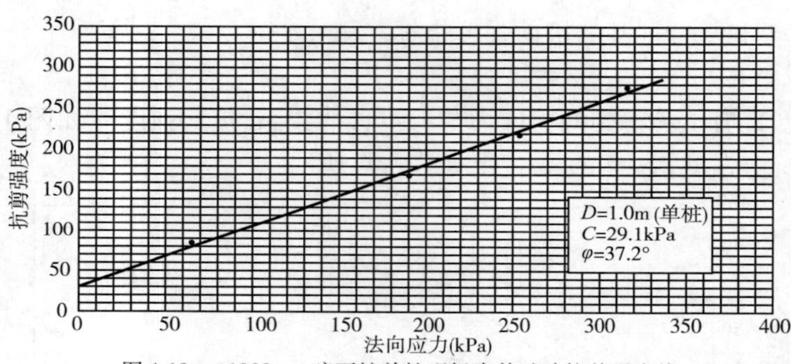

D=1.0m (单桩)
C=29.1kPa
φ=37.2°
抗剪强度(kPa)
法向应力(kPa)

图 4-19 ϕ1000mm 碎石桩单桩现场直剪试验抗剪强度线

D=1.6m(复合地基)
C=6.8kPa
φ=26.0°
抗剪强度(kPa)
法向应力(kPa)

图 4-20 ϕ1500mm 碎石桩复合地基现场直剪试验抗剪强度线

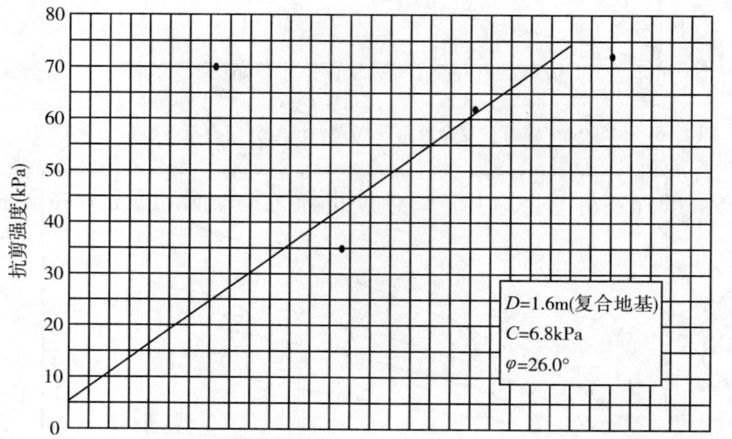

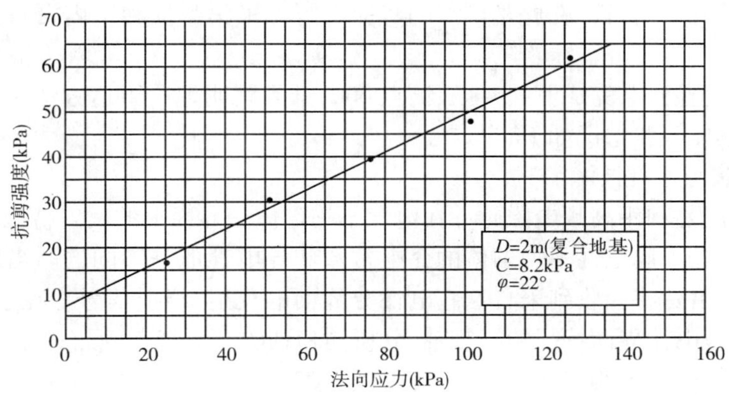

图 4-21　ϕ2000mm 碎石桩复合地基现场直剪试验抗剪强度线

现场大型剪切试验法向应力与抗剪强度　　表 4-6

单桩剪切试验		桩距 1.5m 复合地基		桩距 2.0m 复合地基	
法向应力(kPa)	抗剪强度(kPa)	法向应力(kPa)	抗剪强度(kPa)	法向应力(kPa)	抗剪强度(kPa)
64.1	80.9	34.4	25.2	25.4	17.6
127.4	128.5	67.7	34.8	51.4	30.7
191.6	167.2	101.7	61.1	77.0	39.4
254.8	219.0	136.2	71.5	102.0	47.4
318.5	277.8	170.2	68.4	127.5	60.8
单桩抗剪强度指标 C = 29.1kPa　φ = 37.2°		1.5m 复合地基抗剪指标 C = 6.8kPa　φ = 26.0°		2.0m 复合地基抗剪指标 C = 8.2kPa　φ = 22°	

注：成果整理时剔除了法向应力等于 170.2kPa 的试样。

由表 4-6 可得：

①碎石桩单桩的抗剪强度指标为 C = 29.1kPa，φ = 37.2°，与中密状态下的碎石土的抗剪强度指标（C = 0kPa，φ = 36 ~ 42°）较为接近，说明试验成果较为可靠。

②间距 2.0m 的碎石桩复合地基抗剪强度指标为 C = 8.2kPa，φ = 22°，对于复合地基来说，该指标偏小。由于置换率仅为 22.7%，土的剪应变远大于桩的应变，碎石桩很难起到应有的作用。

③间距为 1.5m 的碎石桩复合地基抗剪强度指标为 C = 6.8kPa，φ = 26°，试验结果不理想，5 组试验中一组指标在制样过程中因受扰动而不能使用，对试验造成了一定影响。而且在碎石桩施工过程中，由于施工机具与桩间距不相适应，造成塌孔较多，影响了碎石桩及复合地基的强度。建议在后期的设计与施工中，桩间距稍微放宽并采用井架式施工平车施工。

4.5　地质雷达检测初步成果

地基处理效果检验是一个技术难题，前述的几种方法都只能检测少部分桩体上部一定范围内（不超过 8m）的成桩情况，对整条桩乃至整个处理区域的情况无法详细了解，而且几种检测方法对桩体都造成了一定程度的损伤。为对整个碎石桩区的处理效果进行检测，本次试验尝试引进地质雷达这一无损伤、低成本的先进物探方法检测碎石桩区的成桩情况并论证地质雷达这种检测方法的可行性,在此基础上初步提出野外采集数据和室内资料分析所对应的系统参数。

本次地质雷达检测共完成测线4条、测点600,结果表明地质雷达方法用于地基处理效果检测完全可行,具体检测情况如下:

(1)基本方法与原理技术

地质雷达探测是利用高频电磁脉冲在电性不均匀体交界面上的反射特征来分析地下地质情况的。一般而言,不同电性不均匀体的介电常数和导电性能是不同的。当地下存在电性界面及断点时,地质雷达将会收到来自这些电性分界面的反射、绕射信号。在空间上连续观测,从而可以形成反映电性界面特征的同相轴,分析同相轴的波形特点、形态特点、能量强度、相位特征可以了解地下电性不均匀体的分布特征(图4-22)。

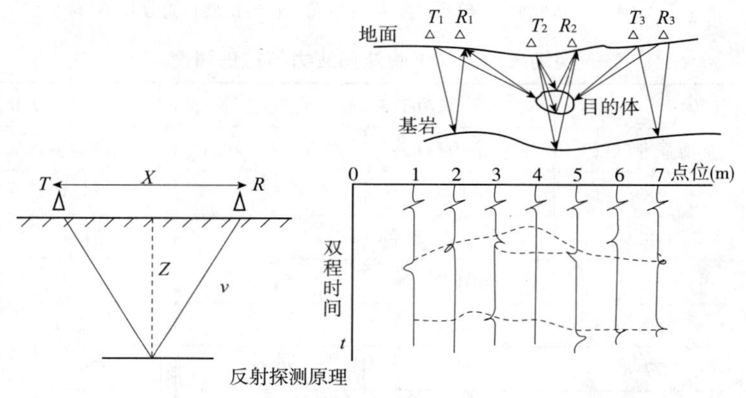

图4-22 地质雷达工作原理示意图

对地下探测目标体反映的详细程度,取决于探测目标与围岩之间的电性差异大小、测点点距与工作精度,同样也与探测目标的深度有关。电性差别越大,反映越明显。地质雷达图像是一个剖面图,其空间上的精度与测点点距有很大关系,点距越小,反映地下电性不均匀体的分布特征越详细。

此次野外施工使用的是加拿大Software & Sensor公司生产的Pulse EKKO IV型地质雷达,雷达工作频率有两种选择50MHz和100MHz,发射器峰值电压为1000V,叠加次数128次,采样时窗700ns,测点点距最大20cm,最小5cm,计算机自动控制采集数据。

(2)干扰波的识别

EKKO系列收发分置的结构,电磁波经发射器发射以后,接收器首先接收到的是从空气中和沿地表到达接收器的空气波和地表直达波,本次勘察中空气波完全视为干扰波,地表波综合反映沿测线方向的物性变化,电磁波沿地表传播经过路线的物性不同时,接收到的电磁波特征是不一样的,在地质雷达图像的综合分析中,地表波将作为一个重要的参考因素。

碎石桩雷达测试实验区布置有吊车、发电机等强干扰物,电磁波对这类铁磁性物体反映比较强,给该地区的地质雷达图像的解释识别带来一定困难。

(3)资料解释

干扰波被正确识别以后,可以进行碎石桩地质雷达资料解释。

SS-1剖面图像无碎石桩反应,经野外详细勘察确认为测线定位有误所致。

SS-2、SS-3、SS-4三条剖面图像是在同一条测线上以不同的地质雷达系统参数采集而得到。测线与 SS－1 测线斜交，与 SS－1 图像类似，三条剖面的图像上都存在三个主要地质层位且深度很好的对应。综合分析三条剖面分析的图像，在水平位置 17m 处有一碎石桩（为简述方便，本文将其编为 1 号桩），平均桩径 1.2m，桩深 9.2m，深 4.0m 处扩孔，最大桩径 1.7m，见图 4-23。

SS－5、SS－6、SS－7 是在试坑内布置的同一条测线上以不同的地质雷达系统参数采集而得到的雷达图像，综合分析三条剖面的图像，测线内跨 3 根桩，编号分别为 2 号桩、3 号桩和 4 号桩，如图 4-24 所示。

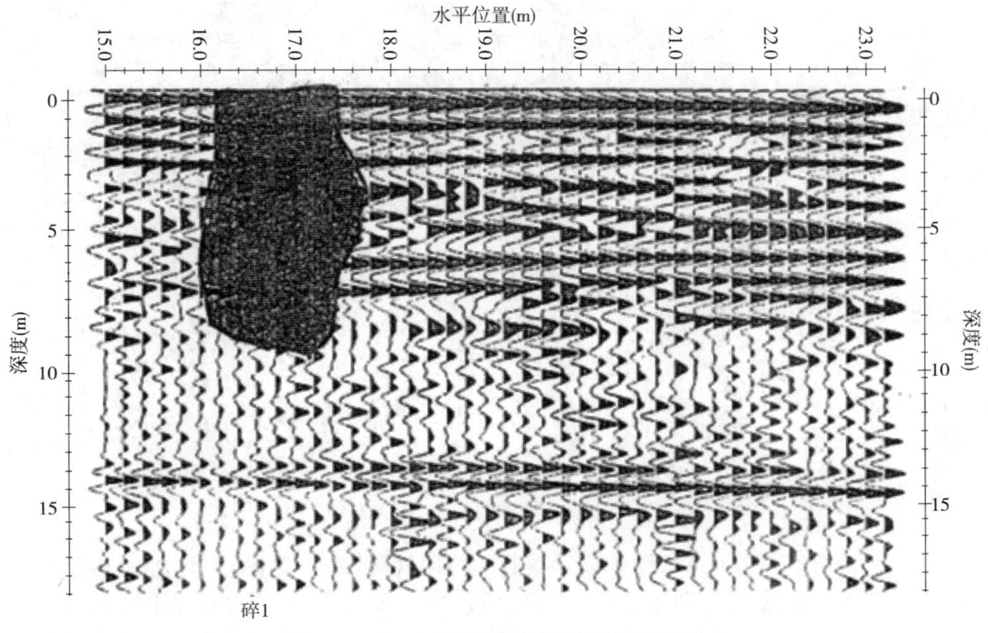

图 4-23　SS－2 线地质雷达剖面及解释结果图

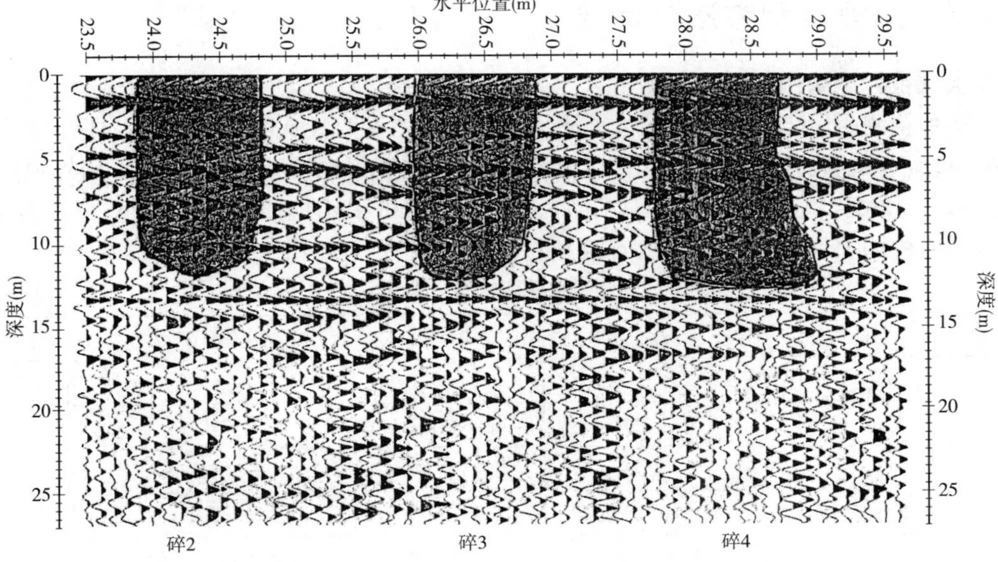

图 4-24　SS－7 线地质雷达剖面及解释结果图

2 号桩平均桩径 0.9m，最大深度 12.5m，0 ~ 10.5m 桩身密实，10.5 ~ 12.5m 碎石量不足；

3 号桩平均桩径 0.95m，最大深度 12.0m，桩身规则质量较好；

4 号桩平均桩径 1.05m，最大深度 12.5m，5.5 ~ 12.5m 处桩身倾斜。

SS－8 线与 SS－5 线垂直，2 号桩在这两条垂直剖面上都有反应，具体解释见图 4-25。

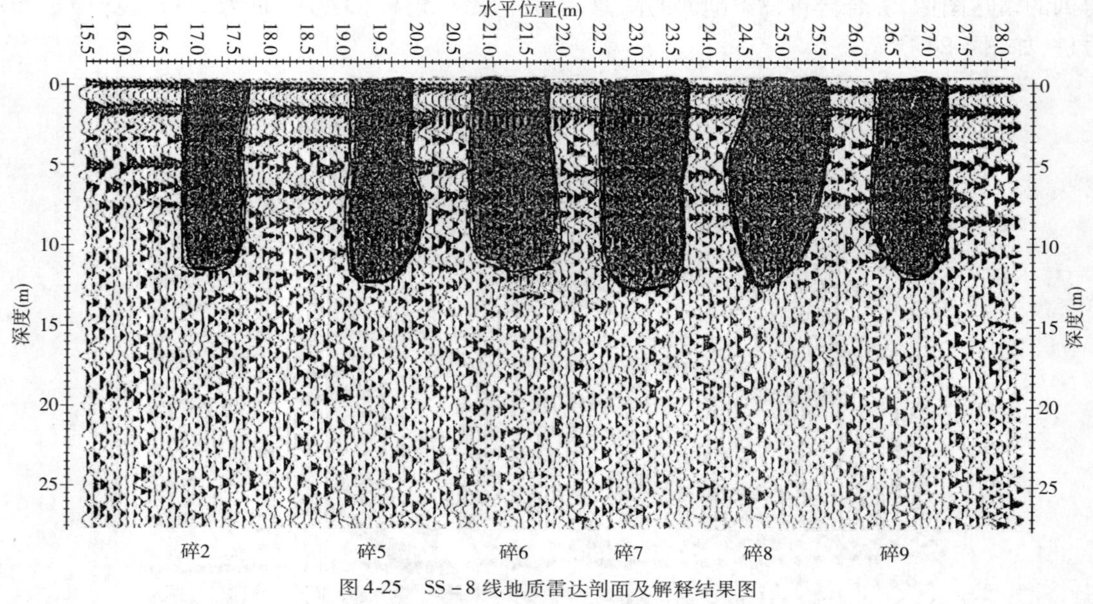

图 4-25　SS－8 线地质雷达剖面及解释结果图

本次试验场地存在严重干扰，给地质雷达图像的解释带来一定困难，但经室内资料处理后，图像质量有一定程度的加强。利用处理后的地质雷达图像可以清楚的解释出碎石桩的形态，通过本次试验可知，在合适的地质雷达系统参数下，应用地质雷达检测碎石桩是一种很好的手段。

4.6　推荐检测方法及标准

本次试验尝试采用了外观检测、重（Ⅱ）型动力触探、大型直剪试验、载荷试验、地质雷达检测等多种检测手段来检测碎石桩的施工质量。由于大型直剪成本高，周期长，不能作为常规检测手段；载荷试验、地质雷达测试相对较为繁琐，检测费用也较高；因此推荐采用外观检测和重（Ⅱ）型动力触探检测为主，载荷试验为辅，有条件也可采用地质雷达检测整个区域的成桩情况。具体检测项目、检测方法、检测频率见表 4-7。

碎石桩检测内容一览表　　表 4-7

项　次	项　目	单位	检查频率	偏　差	推荐检查方法	建议方法
1	桩距	cm	2%	±15	钢尺	地质雷达
2	桩径	cm	2%	不小于设计	钢尺	地质雷达
3	桩长	cm	5%	不小于设计	查施工记录	地质雷达
4	垂直度	%	2%	1.5	查施工记录	地质雷达
5	密实度		5%	达到密实	重（Ⅱ）型动力触探	地质雷达
6	成桩质量	kN	5‰	150	单桩静载荷试验	地质雷达

第 5 章　结　　语

本次碎石桩现场试验从 1999 年 6 月 4 日开始至 1999 年 8 月 17 日结束,历时两个半月。我司本着“精心施工,准确试验”的精神,力求试验数据的准确性。在航道局、总公司、公司领导的大力支持和指导下,通过我司现场技术人员与河海大学王保田教授、张福海老师的共同努力,取得了碎石桩施工、检测、试验的大量准确的第一手资料,圆满完成了本次碎石桩现场大型试验任务。

5.1　本次碎石桩试验提供的参数

(1)大面积施工碎石桩施工控制参数

通过工艺试桩及最后载荷试验、现场大型直剪试验验证,为大面积碎石桩施工提供如下施工控制参数:

①振动器型号 ZCQ－30;

②碎石粒径 ϕ5～10cm 为主,大于 ϕ5cm 占 50% 以上;

③水压:550～600kPa,水量 20～30m^3/h;

④造孔速度:1～2m/min;

⑤洗孔次数:2～3 次;

⑥每次填料量:不大于 0.5m^3;

⑦每次提升高度:0.3～0.5m;

⑧留振时间:10～20s;

⑨密实电流:不小于 45A;

⑩充盈系数不小于 1.7;

⑪工作电压:380V±10V。

上述碎石桩施工参数不应孤立理解,应综合考虑。

(2)碎石桩设计参数

①ϕ1000mm 径碎石桩单桩容许承载力:180kN;

②ϕ1500mm 复合地基容许承载力:140kPa;

③ϕ2000mm 复合地基容许承载力:90kPa;

④ϕ1000mm 径碎石桩单桩抗剪强度:$C=29.0$kPa,$\varphi=37.0°$;

⑤ϕ1500mm 复合地基抗剪强度:$C=7.0$kPa,$\varphi=26.0°$;

⑥ϕ2000mm 复合地基抗剪强度:$C=8.0$kPa,$\varphi=22.0°$。

(3)碎石桩大面积施工

由于横坑碎石桩软基处理主要是依靠碎石桩来提高复合地基的抗剪能力,防止堤坝在河道开挖时出现滑坡，所以现场大型直剪试验是检验横坑碎石桩质量的最有效手段，但由于现场大型直剪试验费用高，周期长，对上部桩体是一种破坏检测，因此大规模用于工程碎石桩检测有很大困难。本次碎石桩现场大型试验尝试采用了几种简单有效的检测手段，在有剪切试验资料对比的前提下，我们认为这些方法可以作为今后大面积施工碎石桩时进行质量检测评估的简易手段。

①重（Ⅱ）型动力触探：在不偏孔的前提下检测深度应不小于总桩长的1/2，检测深度内碎石N63.5平均击数应不小于7击，最小击数不小于5击。抽检率应不小于5%。

②单桩及复合地基的静载荷试验：检测合格标准应由设计人员根据本次载荷试验数据及正式设计要求提出，抽检率应不小于5‰。

③地质雷达检测：检测碎石桩的桩径、桩长、成桩情况是否符合设计要求。

5.2 本次碎石桩试验中发现的问题及建议

（1）碎石桩施工是一种质量控制要求较严格的地基处理方法，尤其是采用悬吊式施工，对桩的垂直度、偏位都没有保证。其质量不单纯由施工参数所能控制，还需要施工队伍要有良好的责任心及质量意识。

（2）本次试验中，在1.5m间距碎石桩施工中，塌孔现象比较严重。究其原因，因为桩间距为1.5m，而实际成桩直径在1.1左右，这样即使在桩严格控制不偏位，不斜孔的前提下，桩间土也仅有30～40cm左右。而采用悬吊式施工，在碎石桩施工过程中，很难保证振动器一直保持在同一位置，且斜孔现象也比较严重，原本比较软弱的桩间土在水冲扰动下更为脆弱，塌孔现象也就难以避免。塌孔过多，会造成桩体碎石松散，桩体强度降低。从直剪试验结果看，ϕ1500mm复合地基抗剪强度偏低，且数据离散性比较大，这与ϕ1500mm间距碎石桩施工中塌孔现象比较多有一定关系，因此建议正式施工时采用井架式施工平车施工。

（3）本次试验所得到的各种参数，是在现场试验桩质量充分保证的前提下得到的，实际施工中碎石桩的质量很可能达不到这种水平，设计人员在设计中应考虑这种差异对工程质量的影响。

第五篇

西部沿海高速公路台山段
软基试验工程总结报告

二〇〇二年十月

目　　录

前　　言

西部沿海高速公路台山段，东起金星农场，西至台山大担，全长74.58km。公路处于近期生成的陆域地基之上，线路所途经的淤泥地基，土质复杂、分布厚薄不一、土质松软、力学性能差、含水率高、强度低。全线共分布有28km左右软基，约占全线总长的37.5%。因此，对如此大范围的软基路段的处理是否得当，对工程的总体质量、工期及造价必然产生极大影响。

岩土公司受台山高速公路有限公司委托，在软土最厚、土质特性又有代表性的二标南北立交附近，选取300m作为实体试验段。经充分论证比选，采用以排水固结法为主体加固措施，设计5种试验方案进行现场试验，以分别指导全线不同路段软基处理的设计和施工。

试验段于1994年5月份进场，先后进行了一系列的原位测试后，7月中旬开始软基处理、埋设观测仪器，10月初便陆续开始填土，在此之前地表沉降、深层沉降、水平位移、孔压等所有监测工作已全面展开。至1995年4月16日已累计填土到平均3.96m高。此后，由于其他各种原因，西部沿海高速公路（台山段）全线停工，试验段也不例外，但岩土公司仍然坚持对试验段路基进行了长期监测，取得了一大批宝贵的观测数据，对后来的全线软基处理方案优化设计起到了重大指导作用。1998年8月根据省厅加快交通建设的要求，西部沿海高速公路再次动工兴建，复工后，试验段施工因多种原因，施工断断续续，直到2000年11月7日最高填土才达7.97m。监控仪器也因施工的不规范而导致破坏严重，监测资料连续性差，对后期的资料整理分析影响很大。

通过本次试验我们首次提出填土高度—沉降速率$\sum\Delta h \sim \sum V_{US}$AGO分析法，运用该法可以准确地判断地基所处的变形阶段和稳定性状态，可以有效地指导填土施工节奏，该法在后续的全线软基施工监测中发挥了重要作用。

将$\sum\Delta h \sim \sum V_{US}$ AGO分析法运用到试验段的工作中后，发现了土工布对提高极限填土高度的作用有限（每层土工布平均提高0.3m填土高度），这一结论对后续控制填土速率起到了较大的作用。

以近4年的沉降观测数据，对双曲线法与分层总和法进行了深入的对比分析。用双曲线法和分层总和法估算总沉降量普遍偏小，用双曲线法可以用3个月的数据较准确地推算6个月至1年的沉降，后推时间加长，准确性降低，此时需乘以1.01～1.10的修正系数，而采用分层总和法时需乘以1.7的修正系数。

现场试验充分说明以袋装砂井堆载预压法作为主体加固措施是合理的，它不仅技术上有把握、质量可靠、经济合理，而且路堤本身又可以作为堆压荷载，工期在原设计方案中也完全可以满足要求。

第1章 概 述

试验段位于二标段南北立交西侧引道上(K22+090~K22+390),全长300m。此路段淤泥厚度普遍在14m左右,设计填土高度5.34~7.97m(不含沉降量)。根据淤泥的性质和填土高低不等的特点,分别设计了5种试验方案,每种试验方案沿路基纵向长度为50m,试验段两端各延伸出25m,以满足边界条件要求。

1.1 试验目的

(1)对试验段进行地质勘探,求取软土土性指标,用于检验地基处理的理论计算方法、设计参数的可靠性、实用性与软基处理的实际效果。

(2)观测实际沉降量,施工期间的位移和稳定性,评价和推荐适合的处理方案。

(3)提供施工控制标准,用于指导全线软基施工。

在整个试验过程中,我们始终围绕着上述目的展开施工测试,并先后制定了《广东省西部沿海高速公路台山段软土地基复查与试验工程大纲》、《土方施工管理与质检方法》、《测试要求》。从试验结果来看,所获得各项资料表明试验基本取得预期的效果。

1.2 工程地质条件

为了摸清加固地基土的各种物理力学性质以指导试验方案的设计,为了解处理效果,我们分批进行了详细的勘探。以钻孔探查、取样试验与原位测试相结合的方法进行,见表1-1。

勘探数量表 表1-1

勘查批次	勘查起止日期	勘查内容与数量			
		钻孔(m)	室内土工试验(组次)	原位测试	
				静力触探(m)	十字板(组次)
第一批		96.3	21	155	167
第二批	1998.8~1998.10			136	50
第三批	2001.10~2001.11	51	10	48	

现场勘察表明,由于台山地处沿海滩涂地区,属于近期淤泥积涨滩造陆形成。土质松软,有机质含量多,成分复杂,表层土堆积的时间短,淤泥形成后的固结时间短,属超软弱欠固结淤泥。

由图1-1所示工程地质剖面图可见,试验段地层分布情况为:

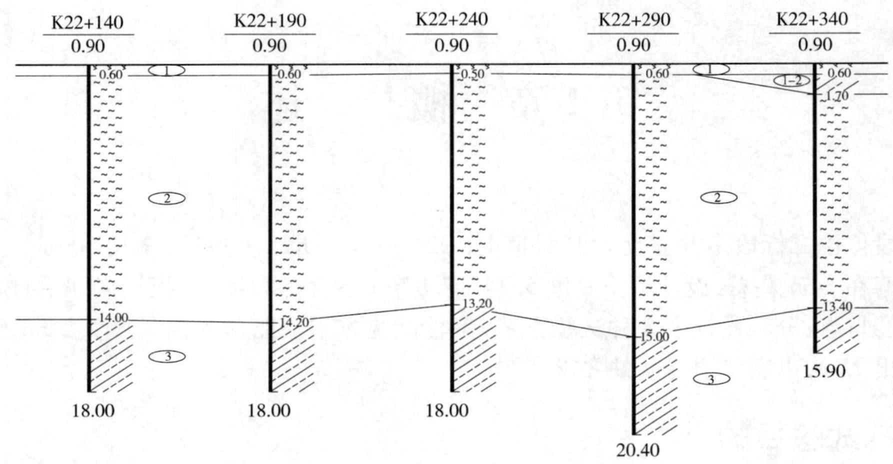

图 1-1 工程地质剖面图

(1)耕植土,呈浅黄色～黄褐色,含有机质及黑色腐殖质,软塑,厚 0.5～0.6m。

(2)淤泥,浅灰～灰黑色,夹少量贝壳及细砂,含点状腐殖质、针状化石,饱和,呈软塑～流塑状,含水率高(51.9%～107.7%),平均达 80%,孔隙比为 2.22,压缩系数 2.92,固结系数 $8.03\times10^{-4}cm^2/s$;抗剪强度低,平均十字板剪切强度仅有 5.2kPa,极限填土高度为 1.5m,该层厚在 13～14.5m 之间,属超软弱的高压缩土,是加固的主要层次,该层中含有的细砂及贝壳类粒料对排水固结极为有利。物理力学指标统计见第 5 章表 5-1,由表可知地基如不加以处理,路堤施工的稳定及工后沉降量是很难保证的。

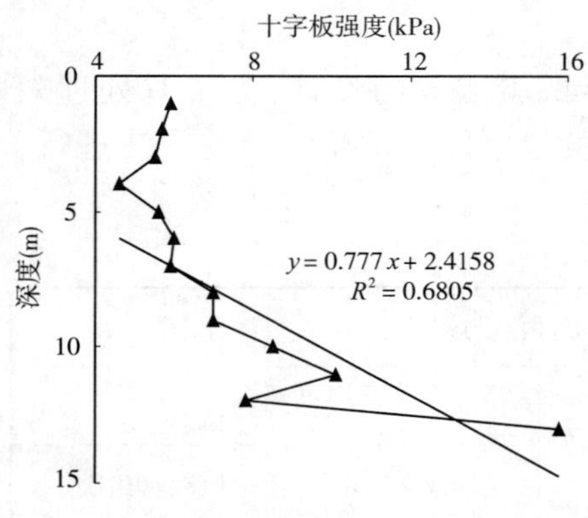

图 1-2 十字板强度—深度曲线

(3)亚黏土,浅灰色～黑色或红黄色,夹中细砂,含腐殖质,呈软塑～可塑状,厚 0.5～4.5m。该层中～细砂层,可大大缩短排水距离,加快固结速度,为排水固结创造了良好的条件,往下土质更好,是一良好的持力层。

试验段软土强度随深度增加,这一现象在台山段软基较普遍。例如,K22+340 断面天然土十字板强度和比贯入阻力都随深度增加(图 1-2 、图 1-3),它们随深度增加的“线性”规律可用下两式表达:

$$十字板强度:C_u = 0.777H + 2.4158$$

$$比贯入阻力:q_c = 0.0492H + 6.2726$$

故而在分析天然地基的稳定性时,选择了适用这种地质情况的计算模式,而不是常规模式。

较十字板而言,静力触探是一种快速而经济的原位测试方法,因而在已有的十字板强度资料和比贯入阻力资料的基础之上,建立二者的统计关系式,是一件很有意义的试验成果。对试验的十字板强度和比贯入阻力进行统计回归分析后(图 1-4),得到下式:

$$C_u = 0.023q_s + 0.4871,其相关系数为 0.79$$

此式在后续全线的稳定性分析发挥了重要作用。

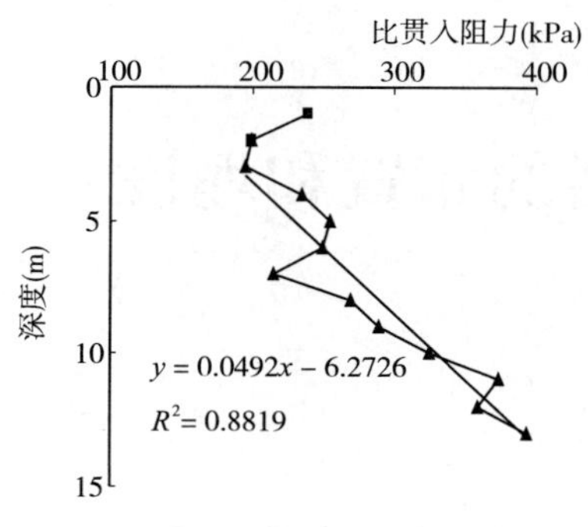

图 1-3　比贯入阻力—深度曲线

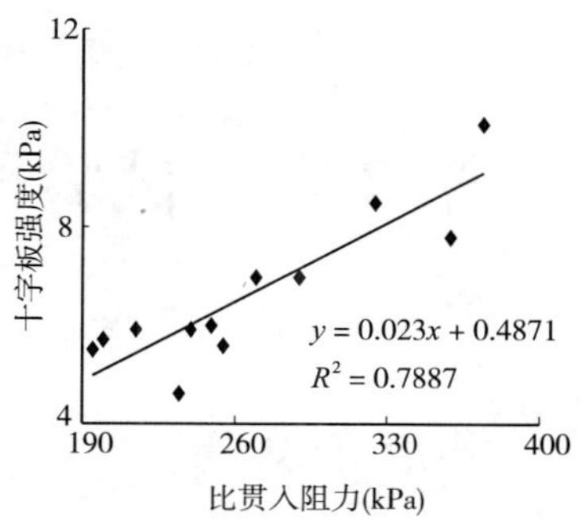

图 1-4　比贯入阻力—十字板强度曲线

1.3　试验段的设计要点

针对本高速公路建设周期长、软基处理工程量大、路基填土高及淤泥指标差,本试验段以袋装砂井堆载预压排水固结法为主体,辅以土工布加筋的综合加固方法。

本试验段分别采用5种不同的地基加固方案作对比试验,详见表1-2。

其中K22+140断面和K22+190断面为指导全线淤泥厚度大于8m的特殊路段施工提供依据,K22+240断面和K22+290断面主要针对淤泥厚度在5~8m深的路段,而K22+340断面则用于指导淤泥厚度小于5m的路段。如果试验证明淤泥厚度小于5m的路段不采取深层加固措施也可以达到施工要求,则能够达到节省造价的目的。

地基加固方案　　表1-2

断面号	桩号	试验区段	淤泥厚度(m)	填土高度(m)	地基处理方式	加固深度(m)	砂井间距(m)	备注
A	K22+140	K22+090~K22+165	13.4	7.97	袋装砂井+一层预应力土工布	15.5	1.5	各断面均设0.5m砂垫层
B	K22+190	K22+165~K22+215	13.6	7.39	袋装砂井一层土工布	15.5	1.5	
C	K22+240	K22+215~K22+265	12.7	6.88	袋装砂井	15.5	2.0	
D	K22+290	K22+265~K22+315	14.4	6.4	两层预应力土工布			
E	K22+340	K22+315~K22+390	12.8	5.34				

第2章　试验段观测仪器的布置和埋设

2.1　测点布设

试验段观测仪器布置的原则是要测出地基土在路堤填筑过程中和填筑后的沉降、位移及孔压的分布，控制施工速率，从而控制路堤的稳定性。为了解和验证地基加固程度和处理效果，根据试验要求及工程地质条件，测点布设应注意以下几点：

(1)各类仪器应布设在袋装砂井间距的中心，与袋装砂井等距的位置。

(2)水平位移观测断面应与沉降观测断面位置吻合，观测断面垂直于路线轴线上。

(3)在路基横向范围内测点宜设于路中、坡肩或边沟上口外缘5m以内。

(4)孔压的平面布置点宜集中于路中、分层沉降管周围，一般每种土层应有测点，埋深至压缩层底。

2.2　仪器埋设

本次试验部分仪器埋设和地质钻孔相结合，埋设工作于1994年6月中旬开始，到10月份全部埋设完毕，经一周的稳定协调期后，即开始填土施工和观测。试验段共埋设3类共7种监测仪器(见表2-1)。

监测仪器埋设表　　表2-1

<table>
<tr><td rowspan="4">仪器种类</td><td colspan="3">应力观测仪器</td><td colspan="4">应变观测仪器</td><td rowspan="4">辅助观测仪器、地下水位控制孔</td></tr>
<tr><td colspan="2" rowspan="2">土压力计</td><td rowspan="3">钢弦式孔隙水压力计</td><td colspan="2">面层</td><td colspan="2">深层</td></tr>
<tr><td rowspan="2">双重管式表面沉降板</td><td rowspan="2">边桩</td><td rowspan="2">深层土压缩仪</td><td rowspan="2">测斜仪</td></tr>
<tr><td>边界式</td><td>土中式</td></tr>
<tr><td>埋设数</td><td>3个</td><td>6个</td><td>30个</td><td>29块</td><td>40只</td><td>5孔57环</td><td>5孔</td><td>2孔</td></tr>
</table>

2.3　监测程序

软土地基的变形及稳定是在软土地基上修筑高速公路的两个关键问题，而它又与加载速率有密切的关系。为了控制合理的填土速率，使地基强度增长与地基剪力增长相适应，充分利用地基强度加载，特制定了严格的软基监测程序及监测频率(图2-1、表2-2)，进行动态观测，以获取最大限度的观测信息，及时了解地基在不同加载下的变形情况。在填土不超过极限高度前，着重应力、应变、原始资料的收集，在接近和超过极限填土高度时，则着重控制地基的稳定，在工后则注意工后沉降的观测。

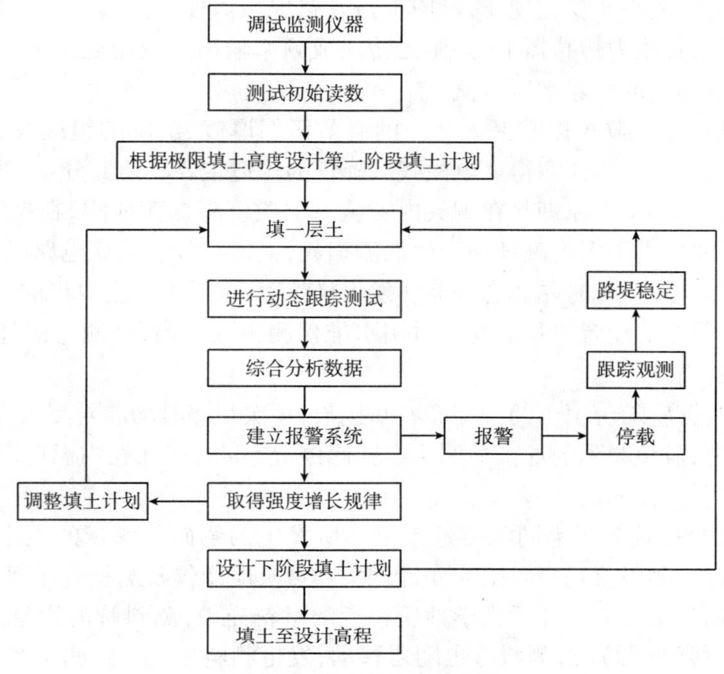

图 2-1　软基监测程序流程图

仪器测试频率表　　表 2-2

项目 / 加载情况	孔　压	表面沉降	边　桩	侧　斜	分层沉降
加载前	初读	初读	初读	初读	初读
加载	1 次/2h	2 次/d	2 次/d	2 次/d	2 次/d
加载后 7d 内	2 次/d	1 次/d	1 次/d	1 次/d	1 次/d
加载 15d 内	1 次/d	1 次/d	1 次/2d	1 次/d	1 次/2d

从已取得的资料来看，只有加强现场监测，综合分析测试数据，并密切注意加载后数天内的发展趋势，才能正确判断地基是否是处于稳定状态，才能够安全快速的将土加上去。本试验工程未进行深层处理的 E 断面正是严格按照上述软基监控程序执行才得以顺利地填至设计高程。

2.4　测试方法及观测要点

(1)表面沉降是最基本最重要的观测项目之一，它不仅用来控制填土速率，预测地基固结情况，而且还是施工时计量的依据。采用 S1、S2 型水准仪，按二级中等精度要求进行几何水准测量高程，为了提高观测精度必须做到四固定，即固定观测人员、固定仪器、固定转点及测站、固定测尺。观测完毕，应现场计算闭合差，若闭合差超限或数据有错，应立即进行重测，在施工阶段中每次观测还应该记录施工进度。

(2)钢弦式孔隙水压力仪的，结构简单、长期稳定性好、结果可靠，是监测孔隙水压力的主要仪器。整个仪器由测头(带传输信号的屏蔽电缆)和通用钢弦频率计组成。实测路堤施工过程中孔隙水压力的大小及变化规律,可用于指导路堤填筑速率。其工作原理是孔隙水透过透水石,作用在钢弦式压力传感器上,并使之转换成频率输出。应用通用钢弦频率计接收,其振动频率可换算出相应的孔隙水压力值。

(3)由土体的深层沉降可以掌握地基土的有效压缩厚度、沉降的组成及各层土的变形固结情况。沉降由电磁式沉降仪测得。电磁式沉降仪的构造主要有两部分:一部分是测量系统;另一部分是示踪系统。工作原理是在测头内安装一电磁沉降振荡线圈,在振荡线圈接近埋设于土中的沉降磁环时,由于沉降磁环中产生涡流损耗,大量吸收了振荡电路的磁场能,从而迫使振荡器减弱,直到停止,此时晶体音响器便发出蜂鸣声,根据声音刚发出的一瞬间,读测尺的读数,即得出磁环所至的位置。每次观测时用水准仪测出孔口高程,测得磁环在孔内的深度,即可换算出测点的高程。

观测过程中沉管应随着填土的加高而不断接长,每次观测时均需要测出管口高程,测头应轻轻放入沉降管中,避免激烈的冲击。测头在孔底停置5min,待在孔内温度下稳定后,才可读测,每测点需要重复测读两次,误差不大于2mm。

(4)侧向位移数据代表了不同深度地基土体所发生的侧向位移量的大小,土体深层土位移常由测斜仪测得。测斜仪是由电阻应变计测头、电缆、应变仪及测斜管4部分组成。测斜管与钻孔壁的孔隙用与钻孔周围介质力学性质相近的材料充填,测斜管的模量又与土体模量接近,当土体发生位移(变形)时,测斜管也随之移动,发生测斜变化。将测头在测斜管内由上而下,每隔1m逐段滑动量测。电阻应变计式测头内具有一重锤悬吊的弹簧片,片上贴有组成电桥的电阻应变片,并充硅油以增加阻尼,它能把测斜管在每一深度处的倾斜变形以不同的阻值传到应变仪中,通过换算便得出测斜管每段的水平位移增量,把每段的水平位移增量自上而下逐段累加,便得出孔口的位移。

由于测斜管口和土体是结合为一体的,因此测斜管的位移也就是土体的实际位移,从而就可以准确地确定深层土体位移的大小。

测量时将测头的感应方向对准水平位移的导槽,放至导管的最底部,将电缆与静态电阻式应变仪相连,待读数稳定后,提升电缆至待测位置,每次应保证在同一位置处进行测读,将测头旋转180°。再按上述步骤进行测量,以消除测斜仪本身固有的误差。

第3章　路基稳定性分析

评价路堤稳定性是软土路基上筑路的首要课题。本试验段采用由砂井和土工布组合而成的5种不同加固方案处理软基(表1-2),这为分析土工布的加筋作用提供了完整的原始试验数据。

本章首先引入了黏土固结不排水试验的结果,然后将其与理想弹塑性材料的应力-应变曲线相结合,从而导出黏土地基在填土过程中沉降速率和孔压增量在不同变形阶段的特征;其次,采用灰色理论中的累加生成法(AGO)整理观测数据,最后将整理后的数据与"试验迹象"和不同变形阶段的特征相结合,分析加载过程中路堤的变形阶段和稳定性,得出相关结论。

应当指出,通过本次试验,我们首次提出了采用填土高度-沉降速率AGO分析法来判断路堤的稳定性,实践也证明这种方法非常有效。

3.1　基本原理

软基上筑路是分级填土加载。按"薄层轮加法"施工时,每两级填土间隔7d左右,而每级填土一般在一天之内完成。因而每级加载的速率大大超过土中孔隙水压力消散的速率,形成了不排水剪切的作用。而淤泥等软黏土地基渗透性很差,孔隙水压力消散颇为缓慢,因而其不排水变形的结果就比砂、砾等粒状土严重很多。

重塑软黏土的固结不排水试验结果如图3-1所示。图3-1中的曲线可以简化为理想材料的应力-应变曲线(图3-2),即软黏土的不排水剪切变形可分为两个阶段,弹性变形阶段和塑性变形阶段。*AY*代表弹性阶段的应力-应变关系,这种关系是线性的。图中的*Y*点成为屈服点,与此相应的应力σ^*成为屈服应力,过点*Y*后,应力-应变关系是一根水平线。*YD*这根水平线代表塑性阶段,在这阶段,应力不能增大,而变形却渐增。实际上在进入塑性阶段前,存在一变形急剧增大的短暂过渡段BC,即存在屈服"段"而不是屈服"点"。屈服段的出现往往标志着土体处于极限状态,处于失稳的临界状态,因而变形骤然增大的"屈服段"可以作为地基稳定性的评判标志。

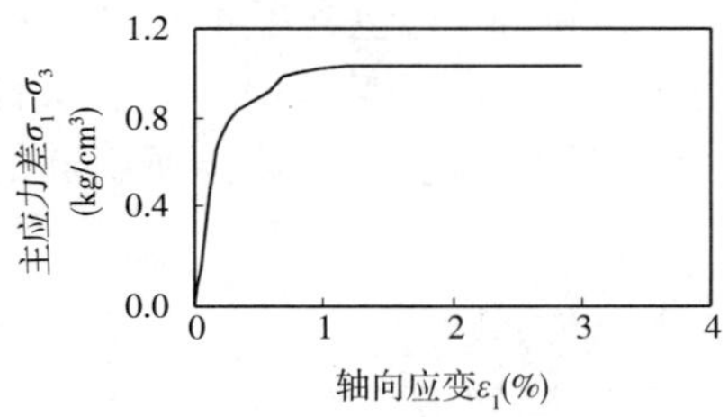

图3-1　黏土的固结不排水试验结果

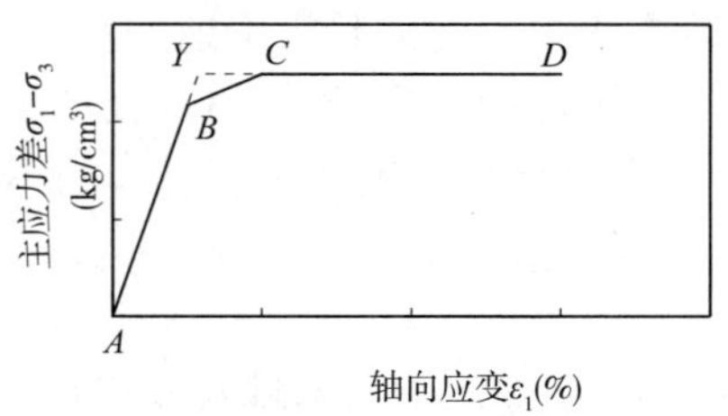

图3-2　理想材料的应力-应变曲线

孔隙水压力一方面反映了地基的固结状态,另一方面也反映了地基所处的变形阶段。通过对孔隙水压力资料的深入分析,可以判断地基土体是否处于稳定状态,以便指导填土速率,加快进度。在不排水条件下,一个处于路堤竖向荷载作用的软黏土单元体变形可分为三个阶段,相应随施加压力而产生的孔隙水压力反应也有三个基本阶段,如图3-3所示。

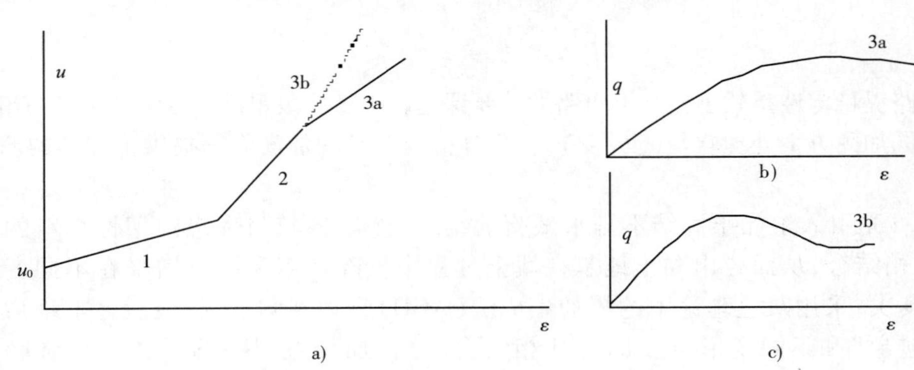

图3-3　孔隙水压力-应力三阶段关系图

图3-3a)中的三个阶段分别为:(1)弹性阶段,在这一阶段,受土结构的影响,附加应力中的一部分由孔隙水来承担,即 $\Delta u < \Delta\sigma_z$。对于大面积堆载,地基中某一测点,可写成孔隙水压力增量与荷载增量的关系式:$\Delta u = Ku \cdot \Delta P$,式中 Ku 为孔隙水压力系数。(2)塑性阶段,外载不断增加,剪应力超过了土粒间的结构强度时,土粒连结破坏,结构重新调整,塑性变形开始产生,此时附加应力基本上都由孔隙水压力承担,即 $\Delta u \approx \Delta\sigma_z$,地基局部出现剪切失稳。(3)硬化和软化阶段,土粒之间连结破坏之后,土粒的位置会发生移动。伴随着塑性变形的增加,受材料结构特性的影响,土体的变形将出现分叉现象,一是土颗粒之间的排列趋向一个更稳定的状态,即所谓硬化,如图3-3b)所示;另一是破坏点不断增加,即所谓软化,如图3-3c)所示。从上面对变形各阶段的分析可知,关键是塑性变形阶段的出现,即 $\Delta u \sim \Delta p$ 曲线中第一个拐点的出现,一旦拐点出现,表明孔压计所处土体已发生局部剪切破坏,若不同深处孔压计所处位置都出现拐点,表明地基已处于整个失稳状态。

在实际工程应用中,可以对每级加载所引起的瞬时沉降量(日沉降速率)以及每级加载所引起的孔压增量进行数据处理后,就可以揭示出土体不排水变形所隐含的信息。通过综合分析就可以判断土体所处的变形阶段以及稳定性。

3.2　数据处理

(1)本级填土时的日沉降速率反映了测量日内发生的沉降量,它包含了本级填方前累计填土作用下的日固结沉降量和本级填土所引起的不排水“瞬时”剪切变形量。为了从日沉降速率量中提取反映本级填土所引起的不排水变形量,应当扣除填方前累积填土所引起的固结沉降量。即

$$\nu_{usi} = \nu_{msi} - \nu_{csi} \tag{3-1}$$

式中:ν_{usi}——i 级填土的不排水变形量;

ν_{msi}——i 级填土的日沉降速率;

ν_{csi}——i 级填土前的累积填土所引起的日固结沉降量。

（2）经过上述步骤处理后得到的日沉降量的随机性较强，规律性较差。图 3-4 是 A 断面中桩某级填土高度下的日沉降速率散点图，从中难以发现较明显的规律。对于这样的位移监测数据可以采用累加生成处理。累加生成是灰色理论中一种数据处理方法。对原始离散位移监测序列进行累加生成处理，可以使离散时间序列中的随机成分在通过 AGO 处理后得到减弱或消除，并可使原始序列中的蕴涵的确定性信息在通过 AGO 处理后得到加强。可以证明一个波动起伏的曲线，经过反变的累加以后，最终会变成一条光滑曲线。但在实际的计算中，对原始数据进行 1 次处理后就能满足要求。

图 3-5 是对图 3-4 中的数据经过 1 次 AGO 处理后得到的，显然其规律性明显增强。图 3-5 中曲线的拐点 A 发生在 A 断面的第 11 级填土时，拐点 A 之前的 1 至 10 级填土 1994 年 8 月至 1995 年 4 月填筑完成，10 级以后的填土是在前 10 级填等载作用 3 年零 5 个月后重新开始填筑的。显然经过 3 年多的预压地基的刚度和强度均有所增加。

一次累加生成的公式可以表达为：

$$X\frac{(0)}{(i)} = \sum_{j=1}^{i} X^{(0)}(j) \qquad \left(X\frac{(0)}{(J)} > 0\right) \tag{3-2}$$

式中：$X\frac{(0)}{(i)}$ ——一次累加生成数据；

$X^{(0)}$ ——原始数据。

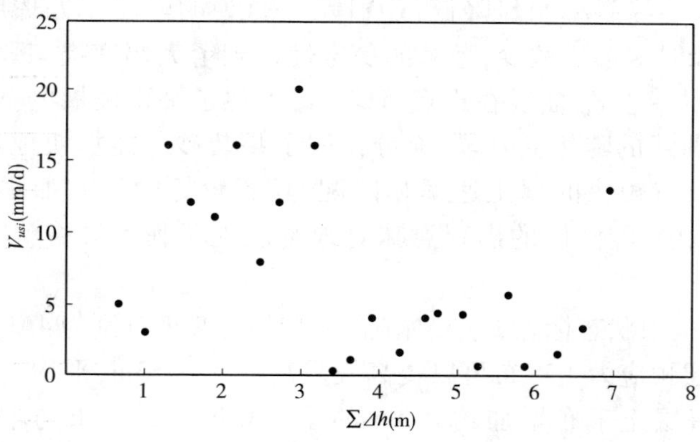

图 3-4　A 断面填土高度下 - 日沉降速率散点图

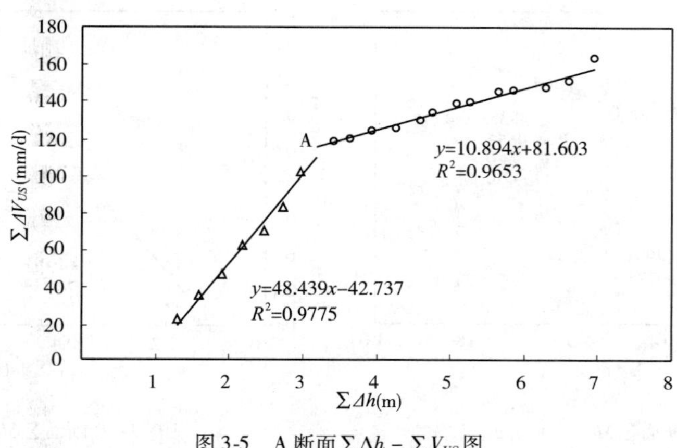

图 3-5　A 断面 $\sum \Delta h - \sum V_{US}$ 图

(3)各个断面的填土高度累积沉降速率都不同,再者填土高度与沉降速率的单位也不一样,为了便于比较,把各个断面的数据归一化处理。选取了各断面中的最大填土高度和最大累积沉降速率进行归一化处理。

3.3 数据分析

3.3.1 填土高度－沉降速率AGO分析

图3-6～图3-10分别为A、B、C、D、E 5个断面的归一化沉降速率累加生成AGO分析曲线(图中方程 $y=ax+b$ 为不同变形阶段归一化后的填土高度($\sum\Delta h$)和沉降速率($\sum V_{US}$)的回归方程,R^2为相关系数),这5条曲线均出现了第一个拐点A。D、E断面两条曲线在后续填土中还出现了B、C两个拐点。AB段的斜率明显小于OA段的斜率,如前文所言,经过了三年多的“预压”地基土的强度和刚度均有较大幅度的提高,抵抗变形的能力加强。但是没有打设砂井的地基D、E两个断面在经历较低填土活动之后(亦即较短的AB段)后,马上又出现了拐点B,其后直线斜率陡然增大3倍以上。其中E断面所在区域在出现拐点B之后的第三级填土过程中,出现路基开裂、沉降速率进一步增大的现象,这些现象说明地基土体已开始屈服破坏,处于失稳状态,此时采取了卸载的应急措施,卸载1.5m后地基出现反弹现象,地基恢复稳定。出现裂缝的E区和D区的大部分地段进行反压处理后,再进行填土活动时,$\sum\Delta h\sim\sum V_{US}$曲线斜率明显降低(CD段)。这说明经反压处理后,地基的临空面减少,侧向约束加强,瞬时变形量减少,地基的稳定性得到了大幅度提高。而采用砂井处理的A、B、C三个区的$\sum\Delta h\sim\sum V_{US}$曲线在拐点A之后,出现了平稳发展的AB段,在AB段没有出现类似D、E两条曲线的陡然上升段,充分说明了袋装砂井能加快地基的排水固结速率,能使地基的强度增长与较快的填土速率相匹配,具有较好的软基加固作用。上述分析表明,$\sum\Delta h\sim\sum V_{US}$曲线中,陡倾段的出现意味着地基已处于临界失稳状态,其拐点可以作为处于极限状态的标志。

在D、E曲线中,极限状态标志B点,对应的极限填土高度分别为4.32m和3.89m,其差值为0.53m,这表明两层预应力土工布可以提高极限高度约0.53m,平均一层增高0.27m,铁科院通过试验曾得出每层土工布增加约0.3m的填土高度。此结果与本试验段的结论比较接近。

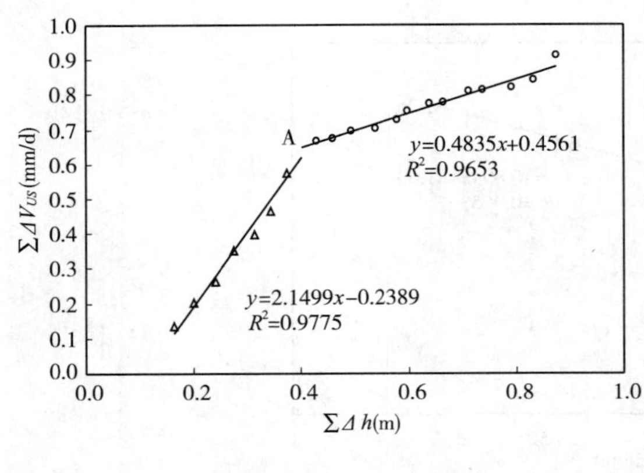

图3-6 A断面$\sum\Delta h-\sum V_{US}$图

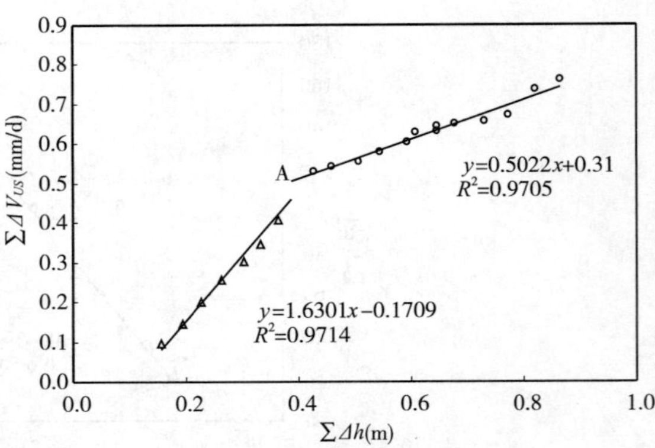

图3-7 B断面$\sum\Delta h-\sum V_{US}$图

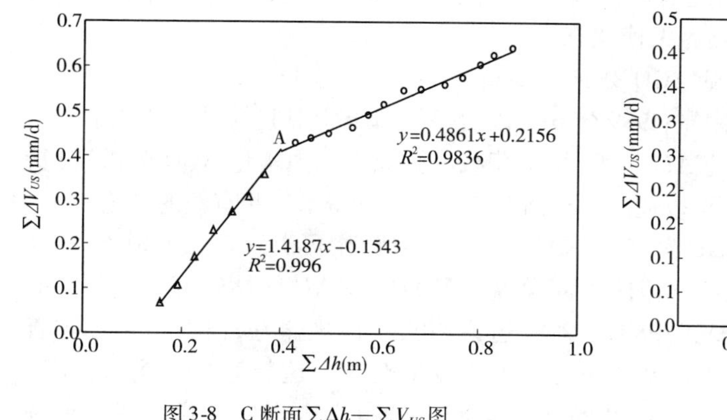

图 3-8　C 断面$\Sigma\Delta h$—ΣV_{US}图

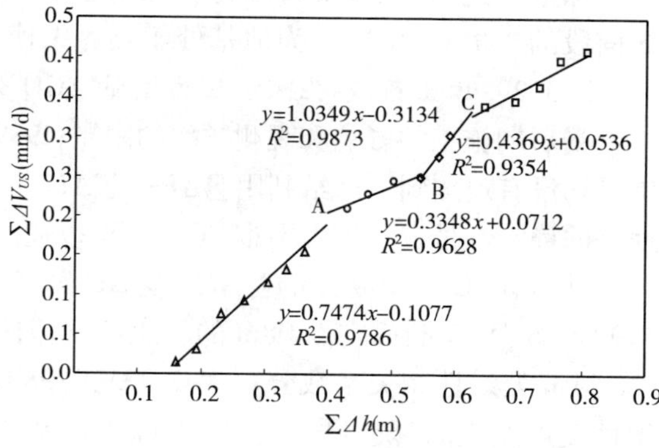

图 3-9　D 断面$\Sigma\Delta h$—ΣV_{US}图

A、B、C 三个区域分别采用砂井 + 一层预应力土工布、砂井 + 无预应力土工布、砂井三种方式处理。与此对应的三条$\Sigma\Delta h$—ΣV_{US}曲线中的 AB 段斜率分别为 0.484、0.502、0.486，斜率比较接近。这说明填土后期采用三种不同方式处理的地基具有相近的变形能力。同时也说明在经历长时间预压后再填土的砂井地基中，单层土工布起的作用很小。D 区域的地基采用双层预应力土工布处理，E 区域地基不处理。在$\Sigma\Delta h$—ΣV_{US}曲线中 OA 段的斜率分别为 0.747 和 0.807，显然，采用双层预应力土工布处理的 D 区的瞬时变形反映较天然地基为弱，这是土工布的侧向约束作用和均化地基应力的作用而导致的。

对于 D 断面，BC 段与 AB 段的斜率之比为 1.03∶0.33 = 3.12；对于 E 断面由于其 AB 段仅有三级填土，而且其相关性较低，故选取 BC 段与 OA 段进行比较。此时，斜率比为 2.95∶0.81 = 3.64。在实际工程应用中，可以取斜率比等于 3.0 作为阀值判断地基的稳定性。采用本文的斜率比判断地基的稳定性这一方法的最大优越性在于其结果考虑了数据的发展趋势，可以判断地基所处的变形阶段和稳定状态，而常规的沉降速率阀值则没有这种优点。以 D 断面为例，从$\Sigma\Delta h$—V_{USI}散点图中（图 3-11）可以发现，其最大日沉降速率均不超过 10mm/d，按常规标准（v < 10mm/d）可以判断地基处于稳定状态。但在$\Sigma\Delta h$—ΣV_{US}曲线上却出现了标志着失稳的加速变形阶段（BC 段），这一现象与工程实际情况吻合。显然本文的斜率比法更能反映数据蕴含的内在规律性，更符合工程实际状况，应当在工程实践中采用。

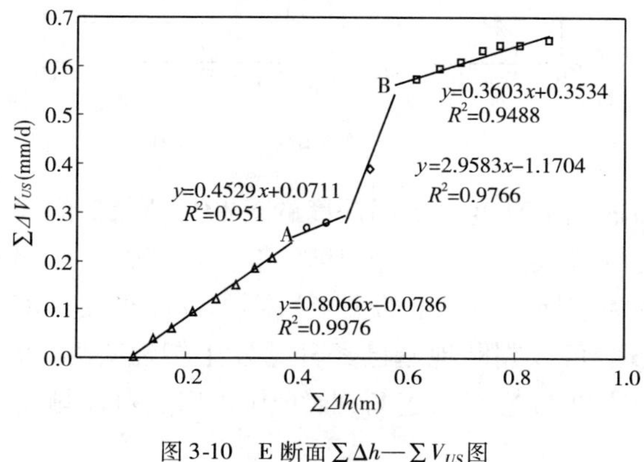

图 3-10　E 断面$\Sigma\Delta h$—ΣV_{US}图

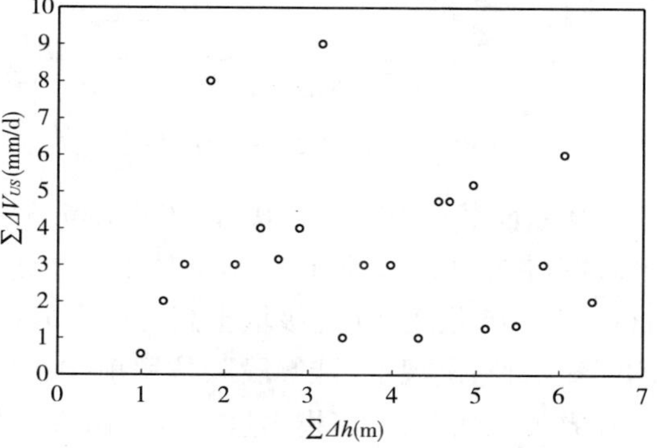

图 3-11　D 断面填土高度下一日沉降速率散点图

综上所述，在工程实践中可以采用$\sum\Delta h—\sum V_{US}$曲线判断地基的稳定性时，当斜率增大为先前段的3倍时，可以认为地基处于临界失稳状态。

3.3.2 填土荷载-孔隙水压力增量AGO分析

受后期施工的影响和观测频率的限制，1999年6月以后每级填土所引起的最大孔隙水压力增量均没有观测到。这给利用$\sum\Delta P—\sum\Delta U$曲线（填土荷载－孔隙水压力增量AGO分析）分析地基的稳定性带来了较大困难，但仍然可以通过分析前期有限的数据得出一些有益的结论。

从A、B、C三个断面的$\sum\Delta P—\sum\Delta U$散点图（图3-12～图3-15）中可以发现如下现象：截至1999年6月，A断面在5.08m的填土高度范围不同深度的$\sum\Delta P—\sum\Delta U$线性较好。例如3m、9m、11m处线性相关系数分别为0.993、0.989，0.998，这说明其线性规律好，没有出现标志着塑性变形发生的"陡倾段"，同时也说明地基始终处于弹性变形范围。这与$\sum\Delta h—\sum V_{US}$ AGO分析得到的结论一致；同样，至1999年6月B断面在4.83m的范围内也处于弹性变形范围内；至1998年10月C断面在4.32m的范围内也处于弹性变形范围内（1998年10月至1999年6月没有观测到每级填土荷载下的最大孔压增量）。

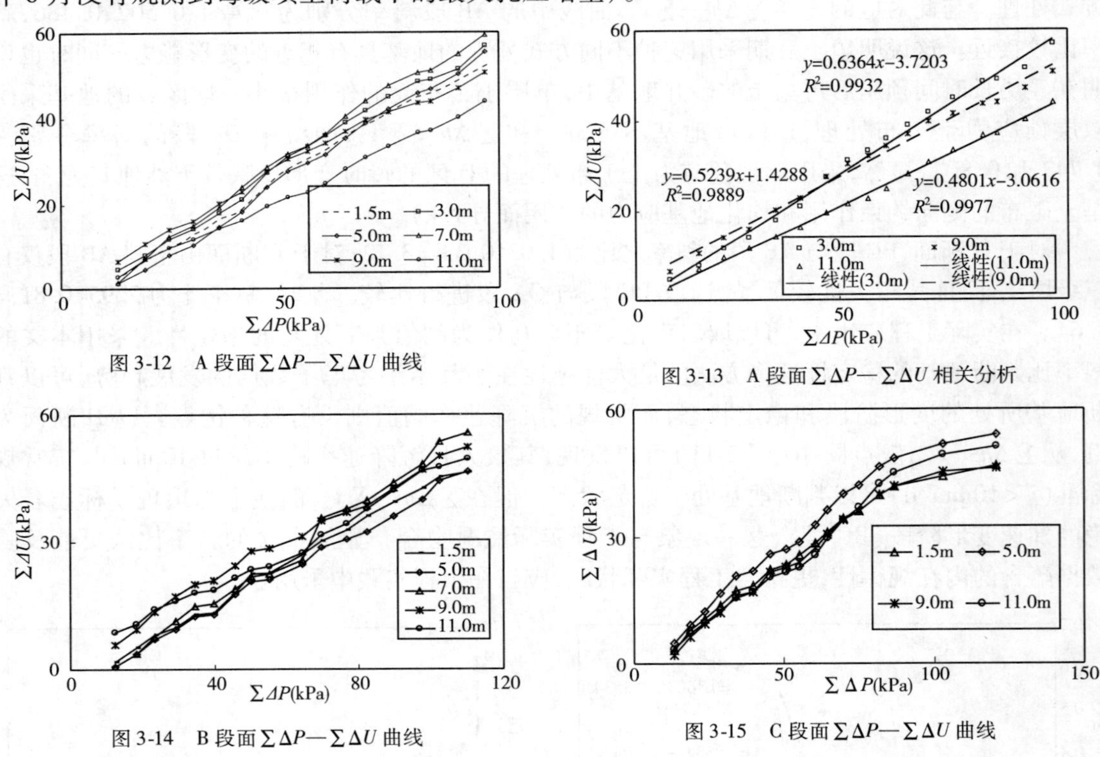

图3-12 A段面$\sum\Delta P—\sum\Delta U$曲线

图3-13 A段面$\sum\Delta P—\sum\Delta U$相关分析

图3-14 B段面$\sum\Delta P—\sum\Delta U$曲线

图3-15 C段面$\sum\Delta P—\sum\Delta U$曲线

D断面截至1998年10月13日在4.32m高的填土高度下不同深度的$\sum\Delta P—\sum\Delta U$的线性较好（图3-16），表明此前地基处于弹性变形范围，稳定性好。而在1998年10月20日至23日填筑第16层土时（此级填土高度仅为13cm约为前期每层填土的一半），不同深度得孔压值均明显增长，出现了"陡倾段"，按照前文所述原理，可以判断地基已经开始发生塑性破坏，处于临界失稳状态，应当指出这一拐点出现时填土高度与$\sum\Delta h—\sum V_{US}$曲线中B拐点对应填土高度一致。

E断面在1998年9月以后的几级加载过程中也没有观测到最大的孔压增量，尤其是没有观测到 1998 年 9 月 25 日第 13 级填土的数据,数据不很理想,但我们仍然可以发现在第 15 级时,$\sum\Delta P$—$\sum\Delta U$(图 3-17)同样出现了“陡倾段”,此时拐点对应的填土高度为 4.25m(第 14 级填土高度),这一填土高度与 $\sum\Delta h$—$\sum V_{US}$ AGO 分析所得极限高度(3.89m)仅差 0.36m。

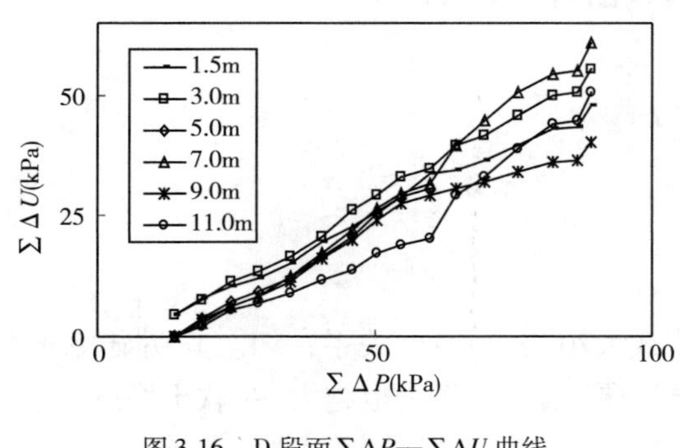

图 3-16　D 段面 $\sum\Delta P$—$\sum\Delta U$ 曲线

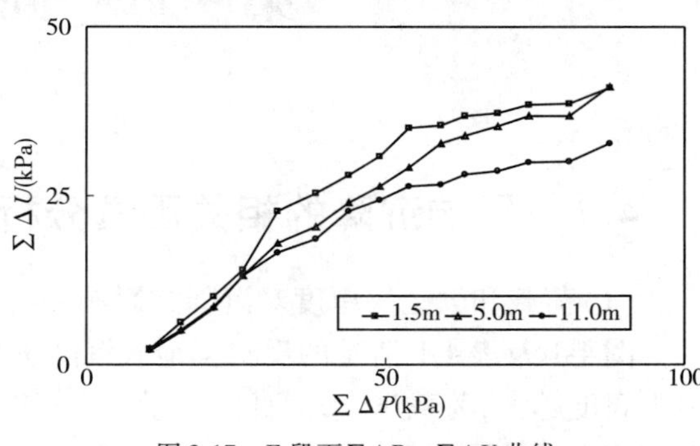

图 3-17　E 段面 $\sum\Delta P$—$\sum\Delta U$ 曲线

上述分析说明:填土高度 - 沉降速率 AGO 分析与填土荷载 - 孔隙水压力增量 AGO 分析具有较好的相容性和一致性,所得结论与工程实际情况较吻合,能有效地判断地基的稳定性,可用于指导填土施工。

3.4　本章小结

(1)本文首次提出了填土高度 - 沉降速率 AGO 分析法,应用该法可以方便地判断地基在外荷载作用下所处的变形阶段和稳定状态,有效地指导填土施工。在工程实践中可以采用 $\sum\Delta h \sim \sum V_{US}$ 曲线判断地基的稳定性,当斜率增大为先前段的 3 倍时,可以认为地基处于临界失稳状态。

(2)AGO 分析表明,单层土工布大约能提高 0.30m 的填土高度,这表明土工布的抗滑能力是有限的,其主要作用在于均化地基应力。从稳定性的角度讲,这类软基必须进行深层处理。

(3)采用“薄层轮加法”施工时,砂井地基的稳定性明显好于无砂井地基,这再次证明打设砂井可以有效地提高地基的排水固结速率,使较快的填土节奏与强度增长相适应。

第4章　固结沉降分析

4.1　影响沉降的相关因素分析

(1)荷载和软土层厚度对沉降的影响分析

图4-1及表4-1清楚的反映了地表沉降量与荷载大小、软土厚度关系密切。其明显特征为填土高度越大,荷载越大,累计沉降量越大;软土层越厚,累计沉降量也越大;在软土厚度、处理方式相近的情况下,总沉降量受控于荷载的大小。

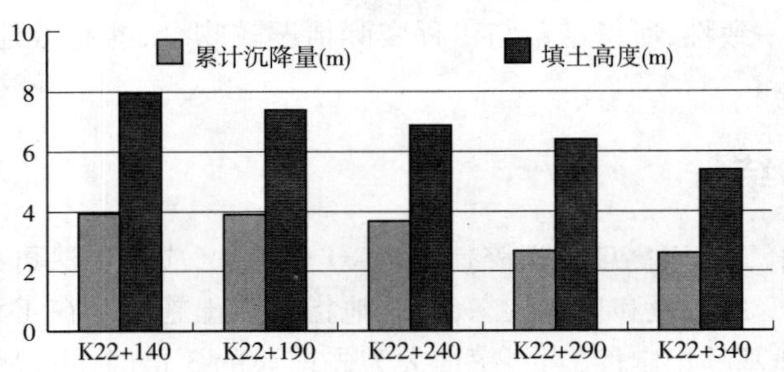

图4-1　沉降－荷载关系柱状图

影响沉降的相关因素表　　表4-1

断面号		软土厚度(m)	填土高度(m)	软基处理方式	累计沉降量(mm)
A	K22+140	13.4	7.97	袋装砂井+一层预应力土工布	3941
B	K22+190	13.6	7.39	袋装砂井+一层预应力土工布	3905
C	K22+240	12.7	6.88	袋装砂井	3687
D	K22+290	14.4	6.40	砂垫层+两层预应力土工布	2692
E	K22+340	12.8	5.38	砂垫层	2622

(2)软基处理方式对沉降的影响由于本试验段由于多种原因,施工断断续续,进度时快时慢,特别是在后期,受施工影响,观测数据的连续性很差,又因工期需要,路堤几乎未能进行预压,沉降资料较为零乱,故在下面进行分析时,主要以1998年复工前的资料为主。

根据太沙基的固结理论,在相同荷载及排水条件下,软土层达到同一固结度所需的时间与排水距离的平方成正比,软基的处理方式则决定了排水的方式和距离,必然控制着软土固结沉降的快慢。地表的沉降是软土发生排水固结,孔隙体积发生变化的直接反映,不同的软基处理措施,其沉降随时间的变化差异是很大的,表4-2列出了不同断面在荷载相近(4m左右)情况下,经过40个月预压的沉降情况,采用砂井进行深层排水处理的 A～C 断面明显要大于只进行浅层砂垫层处理的 E、D 断面，累计沉降差异可达到 1.75 倍。由于不同的软基处理方式，直接影响着软土固结速率的快慢，沉降也表现出随时间的发展，完成沉降的比例大小各异。采用了砂井作为加快沉降固结措施的 A～C 断面在相同的时间内的沉降量明显比未采用砂井处理的 E、D 断面要大。由于 A～C 断面进行了袋装砂井施工，在软基中增加了垂直的排水通道，缩短了排水的距离，排水时间大为减少，孔隙水排出，土体孔隙变小，固结沉降增加，在填土施工期沉降已完成 50% 以上，再经过 6 个月的预压，80% 的沉降已基本完成；而仅进行表层处理的 E、D 断面，仅有水平向的排水通道，深层软土固结极为缓慢，虽经过 6 个月的预压，但还是有 45% 的沉降是在后期 35 个月内才完成的。

沉降组成表　　表 4-2

软基处理方式	砂垫层加深层袋装砂井处理			浅层砂垫层处理	
断面号	A	B	C	D	E
预压 40 个月沉降量	2401	2411	2415	1380	1532
填土期	53%	52%	50%	34%	41%
预压 5.7 个月	29%	29%	26%	21%	18%

表 4-3 及图 4-2 列出了不同处理方式在不同预压时期的沉降速率变化情况，施工期、前 6 个月预压期的沉降、固结速率 A～C 断面均是 E、D 断面的 2 倍以上，在经过一年的预压后沉降速率正好相反；在加载完成后采用深层处理断面的沉降固结达 6.2mm/d，远大于浅层处理的 2.8mm/d，在经过 4 个月的预压后沉降速率均衰减了一半，其沉降速率的衰减速度也比浅层处理的要快很多，到预压结束时，深层处理的 A～C 断面沉降速率仅有 0.1mm/d，而 E、D 断面仍有 0.3～0.4mm/d 的沉降速率。再次证明采取砂井作为深层排水处理措施，对加快软土固结的速率比采用砂垫层进行浅层处理的要快，对缩短工期，减小工后沉降作用明显。

沉降速率衰减表　　表 4-3

软基处理方式	砂垫层加深层袋装砂井处理			浅层砂垫层处理	
预压时间（月）	A	B	C	D	E
0	6.5	6.4	6.2	2.4	3.2
2.9	5.7	5.5	4.9	2.1	2.0
3.9	2.7	3.0	2.9	1.4	1.5
4.9	2.2	2.3	2.4	1.1	1.2
5.7	1.9	2.0	2.0	1.1	0.8
9.5	1.2	1.3	1.6	0.9	1.0
12.0	0.8	1.0	1.0	1.8	1.8
23.9	0.4	0.4	0.5	0.6	0.6
35.9	0.2	0.2	0.2	0.3	0.3
40.6	0.1	0.1	0.2	0.4	0.3

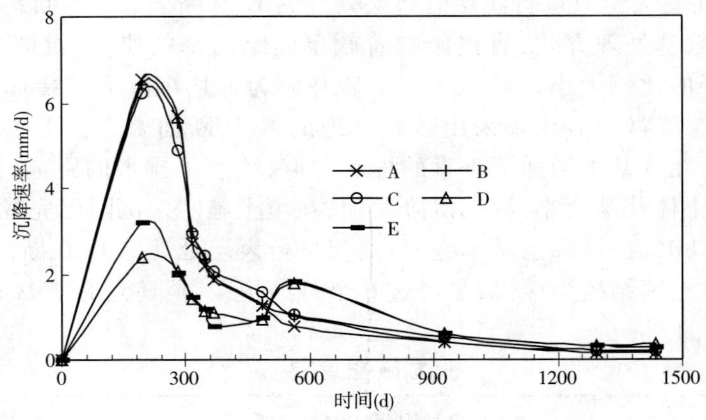

图 4-2　沉降速率衰变曲线

袋装砂井的间距直接关系到软土排水距离的大小,同样也影响着固结沉降的速率,C 断面由于其袋装砂井的间距为 2.0m,比同深度砂井间距为 1.5m 的 A、B 断面排水距离要大,故其排水固结速率较后两个断面要慢,相应的其沉降速率也较后者要小,施工期最大沉降速率为 11.0mm/d,而 A、B 断面却达 16～18mm/d,随后逐渐衰减,就是在加载结束后预压的 3 个月时间内平均沉降速率也比 A、B 断面要小(A、B 断面 0.7mm/d)。

D 断面的在加载期间平均沉降速率比 E 断面要小 0.8mm/d,主要是因为 D 断面铺设了两层预应力土工布,由于土工布的横向增强作用,发挥了垫层的整体性,约束了地基的侧向位移,改善了垫层下浅层地基的位移场,缩小了塑性开展区的范围,相对减小了地基在加载期间瞬时沉降的发生,最终沉降量也相对小一些,但在预压期间由于都只采用了浅层砂垫层处理,其固结速率大体相当,在相同时期基本保持相同的沉降速率。

由此可见采用袋装砂井作为地基排水固结措施其效果是很显著的,而辅以预应力土工布则可以有效的减小地基的侧向位移及沉降量、降低路基填土失稳的可能性,缩短填土时间。

4.2　总沉降量的推算

(1)总沉降量的组成

地基的总沉降量包括三部分

$$S_\infty = S_d + S_c + S_s$$

式中:S_∞——地基在荷载作用于下产生的最终沉降量;

S_d——由地基侧而引起地瞬时沉降;

S_c—— 由地基主固结而引起的沉降;

S_s——由地基次固结而引起的沉降。

如何准确计算最终沉降量,确定工后沉降的大小,是软土地基上修建高等级公路最为关键的问题。地基的总沉降量常采用沉降系数 M_s 与主固结沉降 S_c 计算:

$$S_\infty = M_s S_c$$

地基主固结沉降 S_c 可采用分层总合法计算,但分层总和法算得主固结沉降是在无侧向膨胀压缩下土体孔隙体积的变化求得,这与实际沉降不相符合,算得沉降量常小于实测值。故引入沉降系

数 M_s 进行修正，M_s 可理解为除了主固结沉降之外包括侧向挤出变形，次固结而引起的沉降；它与地基条件、荷载强度、加载速率等因素密切相关，取值大小应根据现场沉降观测资料检验确定。

由于沉降系数为一经验系数，故总沉降量计算的可靠性常决定于 Ms 的选取。Ms 取值范围常在 1.1～1.7 之间，选取时必须根据当地的经验，并通过现场试验工程观测资料来检验修正。鉴于计算参数和沉降修正系数 Ms 计算时难以准确地选取，为避免计算与实际值产生较大的误差，故应用实测沉降观测资料推算量终沉降量，大量的工程实践表明，此法简单可行，计算结果于实测沉降吻合较好。

通常，推算最终沉降的方法有三种：三点法、双曲线法及指数法。根据以往经验及软基试验成果，对于珠江三角洲“三高二低”的软土路基，利用实测资料采用双曲线法推算的最终沉降量结果与实际较为接近、合理。

(2)推算时间长短对预测结果的影响

双曲线法是利用实测沉降—时间关系曲线，采用双曲线函数进行拟合，进而推算沉降的数学方法，其公式纯属经验公式。

$$S_t = S_0 + \frac{t - t_0}{A + B \cdot (t - t_0)} \tag{4-1}$$

式中：t_0——恒载起始时刻；

S_0——t_0 对应的沉降量；

A、B——待定系数。

令：$\Delta t = t - t_0$，$\Delta S = S_t - S_0$ 并将上式改写为：

$$\frac{\Delta S}{\Delta t} = A + B \cdot \Delta t \tag{4-2}$$

$$S_\infty = S_0 + 1/B \tag{4-3}$$

双曲线预测最终沉降量法是一种纯粹的数学统计分析法，虽然实测数据本身反映了场地地质条件和土体物理力学性质等诸多因素对沉降的影响，但沉降曲线是否符合双曲线的发展规律及在拟合过程中 A、B 参数的选取将对预测结果的准确性影响很大。

现行的公路软土规范规定，路面使用年限内残余沉降(工后沉降)必须满足，路基不大于 0.3m，桥头不大于 0.1m 要求，否则应针对沉降进行处治设计。这就要求在路堤软基处理加固过程中，要能及时准确预测沉降的发展趋势，往往是在预压未到设计时间前，就要求使用较短时间的沉降观测序列来进行推算，对工后沉降及最终沉降做出预测，以便能及时采取进一步处理整治措施，就必须弄清观测时间的长短会对预测产生多大的误差。以前的研究及试算表明 t_0 距停载的时间越远，计算采用的观测资料系列越长，计算结果越趋于稳定，当观测时间足够长时(3 年)计算值同实测值相近。

采用预压时间长达 40 个月的沉降资料利用双曲线法进行拟合，绘制如图 4-3 的 $\Delta t - \Delta t/\Delta s$ 曲线，进行拟合，拟合结果见表 4-4，其线相关系数均达到 0.98 以上，说明实际沉降符合双曲线的发展规律，预测的沉降同实测的趋势保持一致。从表 4-5 列出的预测偏差表可看出预测结果同实测沉降偏差很小，A～C 断面在 20mm 以内，E、D 断面由于后期沉降依然较大，但观测密度太稀，加上观测精度影响，局部偏差较大达 67mm。但从图 4-4A、D 断面的实测沉降点及拟合曲线图来看，两者相关性很好，只有极个别点偏离拟合曲线，可近似认为该拟合曲线即为实际沉降曲线，推算的最终沉降即为实际总沉降值。

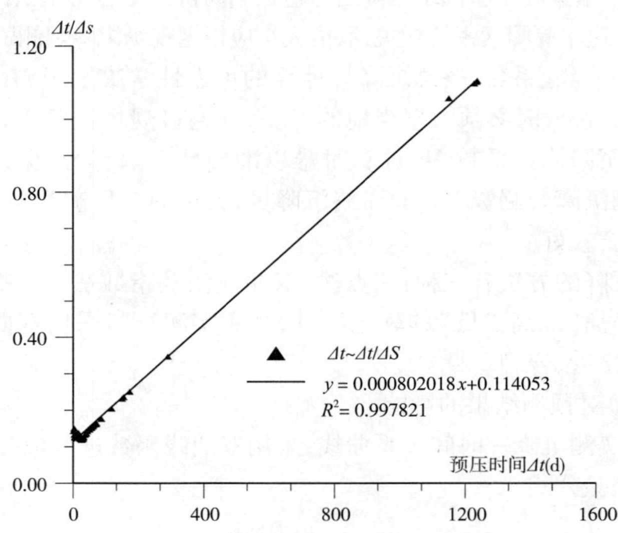

图 4-3 *AB* 参数求解示意图

双曲线预测最终沉降量计算表

表 4-4

断面号	A	B	C	D	E
计算时间	1238	1238	1238	1237	1237
推算起始时间 t_0	1995. 4. 20			1995. 4. 21	
t_0对应 S_0(mm)	1279	1259	1219	470	627
推算终点时间 t	1998. 9. 9				
推算 t 同实测沉降差	-6	-7	-8	-21	-8
t 对应 S_t(mm)	2395	2404	2407	1359	1524
系数 A	0. 11405	0. 11071	0. 13859	0. 40606	0. 40290
系数 B	0. 000804	0. 000784	0. 000730	0. 000796	0. 000789
线性相关系数 R	0. 998	0. 999	0. 999	0. 999	0. 984
推算最终沉降量(mm)	2522	2535	2590	1726	1894

采用 40 个月沉降资料拟合沉降同实测偏差表(单位:mm)

表 4-5

时间(月)	A	B	C	D	E
2. 9	-21	4	7	2	6
3. 9	-13	6	10	11	14
4. 9	-9	7	13	25	27
5. 7	-8	7	14	33	42
9. 5	-2	10	4	63	67
40. 6	-6	-7	-8	-21	-8
推算最终沉降量	2522	2535	2590	1726	1894

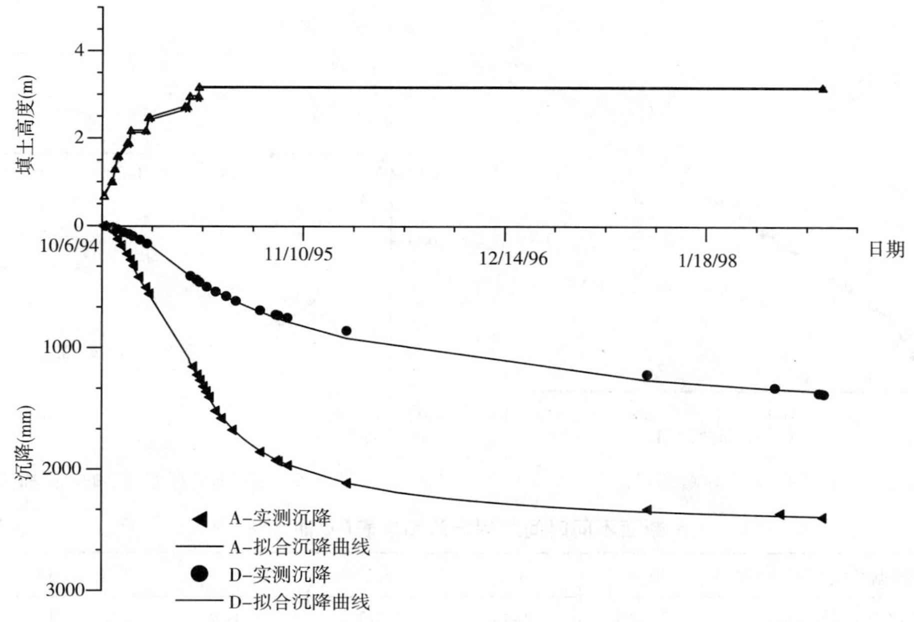

图 4-4　实测沉降点同拟合曲线关系图

由(4-1)式对 t 求导得到 t 时刻的沉降速率：

$$V_t = \frac{\mathrm{d}S_t}{\mathrm{d}t} = \frac{A}{[A + B \cdot (t - t_0)]^2} \tag{4-4}$$

根据(4-3)式变换可得：

$$B = \frac{1}{S_\infty - S_0} \tag{4-5}$$

根据(4-4)求速率对 B 的变化率：

$$\frac{\partial V_t}{\partial B} = \frac{2AB}{[A + B(t - t_0)]} < 0 \tag{4-6}$$

由式(4-5)可见，B 是最终沉降量与起算点沉差值($S_\infty - S_0$)的倒数，如果 B 值较大，则沉降曲线较陡，由式(4-6)可以看出 V_t 是 B 的减函数，B 越小，沉降速率越大，则工后沉降越大。影响 B 值的不仅有断面土体固有变形性质，还有加载方式的不同也会对 B 的值造成影响。在拟合过程中选用不同长度时间序列对 B 影响较大。

以 A 断面为例，采用相同时刻为起始点，分别选用 87、118、160、180、1238 天的观测资料进行拟合，由图 4-5A、B 求解图可清楚看出，随着时间的增长 B 值越来越小，沉降曲线越来越平缓，最终沉降量越来越大，A 值则越来越大。由不同时间序列预测的沉降曲线绘于图 4-6，由图 4-6 和表 4-6 可见，双曲线法预测最终沉降量一般较实测值小，但随着拟合时间的增加，拟合曲线越来越接近实测值。预测各个时段的沉降值随时间的增大及参加预测观测数据时间的缩短，其偏差越来越大，预测结果普遍偏小。B 断面不同拟合时间序列的推算偏差曲线也表现出同样的特征(图 4-7)。

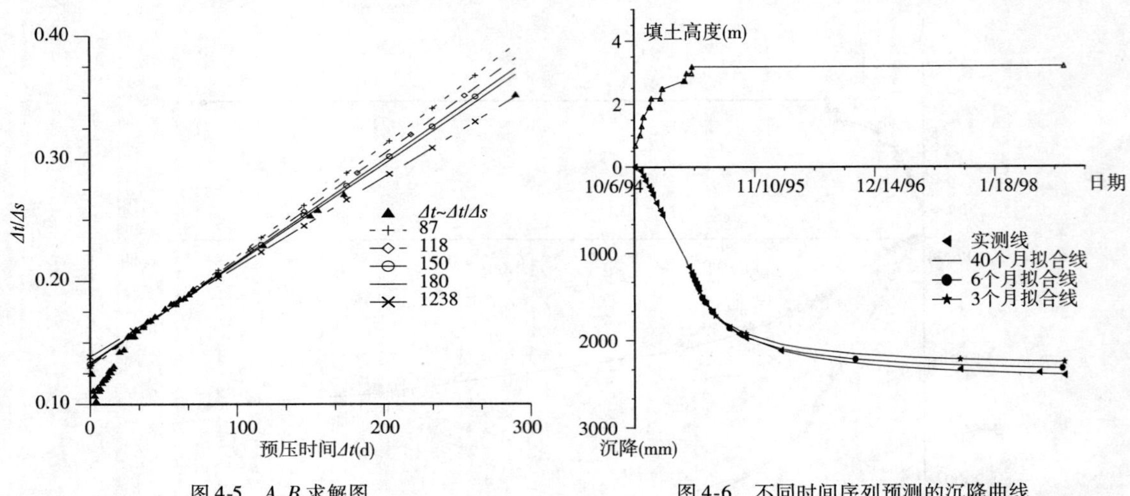

图 4-5　A、B 求解图　　　　图 4-6　不同时间序列预测的沉降曲线

A 断面不同时间序列推算精度表(双曲线法)　　表 4-6

拟合数据长度(月)	40.6	9.5	5.7	4.9	3.9	2.9
推算最终沉降量(mm)	2522	2443	2417	2401	2383	2335
m_s	1.00	1.03	1.04	1.05	1.06	1.08
预压时间(月)	推算沉降同同期实测值比值					
2.9	98.80%	100.02%	99.92%	99.83%	99.73%	98.03%
3.9	99.29%	100.23%	100.04%	99.90%	99.73%	98.03%
4.9	99.54%	100.20%	99.92%	99.74%	99.51%	97.80%
5.7	99.61%	100.07%	99.74%	99.52%	99.26%	97.55%
12.0	100.00%	99.28%	98.69%	98.32%	97.89%	96.11%
23.9	100.00%	98.31%	97.54%	97.06%	96.51%	94.68%
35.9	100.00%	97.89%	97.04%	96.52%	95.92%	94.07%
40.6	99.74%	97.53%	96.66%	96.13%	95.52%	93.67%

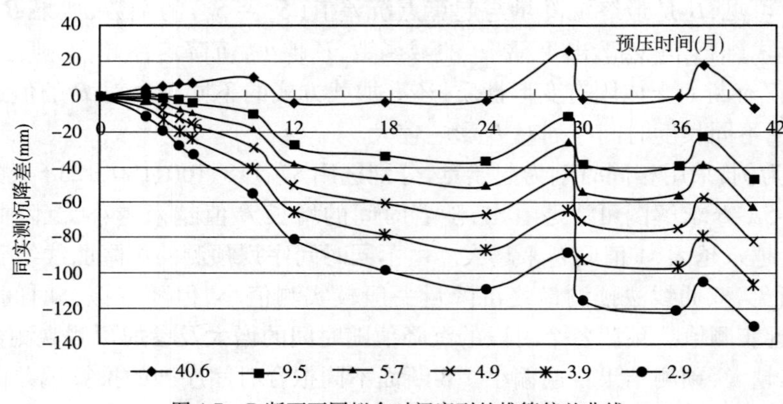

图 4-7　B 断面不同拟合时间序列的推算偏差曲线

在利用 $\Delta t-\Delta t/\Delta s$ 曲线求解 A、B 值时，在同一曲线上选取曲线的不同位置进行拟合时，其结果也不近相同。如采用 87 天近 3 个月的数据进行拟合时，拟合全部数据，再同舍弃前 10 个数据再进行拟合时，虽相关系数达到 0.97 以上，但预测结果却差 10～30mm，并随时间的增长，偏差也越来越大。因此在进行拟合时应靠末段数据进行拟合，越靠近末段，其后期预测结果越可靠，也即在推算时间段内同实测值偏差越小。

为了达到利用 3(6)个月的预压沉降资料预测 6 个月、一年、最终沉降的目的，对双曲线的拟合结果同实测值进行比较，验证采用双曲线的可靠度，对 5 个断面进行了试算(表 4-7、表 4-8)，从试算的结果来看：

采用 3 个月沉降资料预测沉降时的预测误差百分数　　表 4-7

预压时间	A	B	C	D	E	建议修正系数
5.7	-3%	-2%	-2%	2%	-2%	1.01
9.5	-4%	-3%	-5%	5%	-7%	1.04
12.0	-4%	-4%	-5%	-4%	-17%	1.04
23.9	-6%	-5%	-8%	-6%	-27%	1.06
35.9	-6%	-5%	-8%	-7%	-30%	1.07

采用 6 个月沉降资料预测沉降时的预测误差百分数　　表 4-8

预压时间	A	B	C	D	E	建议修正系数
9.5	-1%	-1%	-2%	1%	-4%	1.01
12.0	-1%	-2%	-3%	-8%	-12%	1.02
23.9	-2%	-2%	-4%	-12%	-20%	1.02
35.9	-3%	-2%	-5%	-14%	-24%	1.03

①预测值均比实测值偏小；

②采用 3 个月资料进行预测时，在短时间内其精度较高，预测 6 个月或一年后的沉降，其精度可达 96% 以上；但预测时间要是再久些，偏差会越来越大；但加多一些时间的观测资料，预测的结果精度大大提高，时间序列越长，预测结果越可靠；选用 6 个月资料预测 40 个月内的沉降误差不大于 10 cm，而选用 1 年资料预测 40 个月内的沉降时，误差不大于 5cm。

对于砂井地基选用不同时间序列进行沉降预测时，建议根据预测时间、拟合资料时间的长短进行修正，通过对计算沉降乘 1.01～1.07 的系数(表 4-7)，达到准确预测的目的，采用 3 个月、6 个月的观测资料预测最终沉降时，分别乘 1.05、1.09 修正系数(表 4-9)。

双曲线推算最终沉降量修正系数　　表 4-9

预压时间	5.7	2.9
A	1.04	1.08
B	1.03	1.07
C	1.07	1.12
建议值	1.05	1.09

③推算结果分析

由预测的最终沉降量可知，本试验段地基的沉降占了路基填高（复工前）的45%～63%，预压结束后路基填土平均有一半已沉入地基中，可见该段软土土性指标是相当差的。在预压40.6个月后D、E断面仍有30cm的工后沉降，对于该类软土仅采用表层处理是不够的，必须采取深层排水处理措施，并进行持续较长时间的超载预压，才能使工后沉降满足规范要求。

由预测的最终沉降量算得各个断面在预压不同时段的固结度，见表4-10。

预压不同时段对应固结度表　　表4-10

断面号	A	B	C	D	E
推算最终沉降量	2522	2535	2590	1726	1894
预压40.6个月沉降量	2401	2411	2415	1380	1532
固结度	95%	95%	93%	80%	81%
工后沉降量	121	124	175	346	362
预压5.7个月沉降量	1970	1954	1858	754	904
固结度	82%	81%	77%	55%	59%

采用了深层排水措施的断面，其固结度均高于同期其他仅进行表层处理的断面。预压6个月后其固结度可达80%以上，其固结的速率、固结沉降量比D、E要高出1.6～2.5倍。在预压期结束后，依据沉降资料测得路基的平均固结度见图4-8，通过该图可将整个施工过程分为三个阶段：

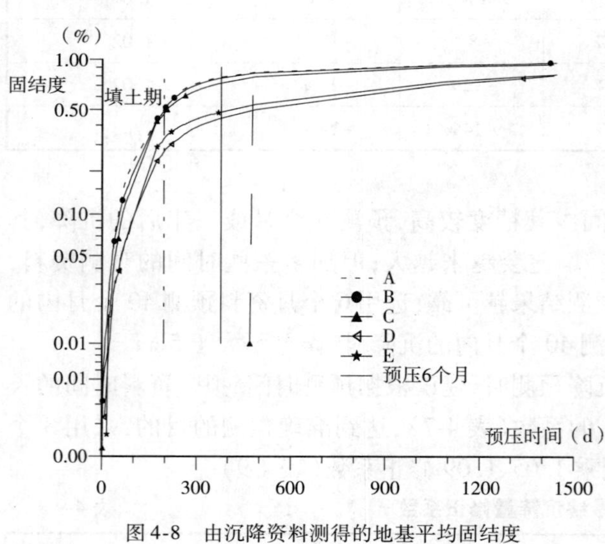

图4-8　由沉降资料测得的地基平均固结度

第一阶段，加载期，固结度随荷载的增加而增长，采用相同软基加固处理的断面，固结度的增长保持相同的规律，进行深层加固的断面明显要比仅进行表层处理的要快。随着荷载的增加，孔隙水压力也不断增大，在增大的同时又不断的通过各种渠道排走、消散，故不同处理方式要求有不同的填土速率与之相适应。

第二阶段，本阶段固结度呈曲线变化，前期固结度处于快速增长期，软土在荷载的持续预压下，孔隙水不断挤出、排走，软土产生排水固结。固结度增长的快慢完全取决于排水的快慢，进行深层排水处理的断面在经过一端时间的预压后，固结速率变缓，并较早出现拐点；在本阶段内，软土经过预压，主固结基本完成，固结度可达到80%以上，该阶段一般持续6～9个月时间。

第三阶段也即次固结阶段，本阶段固结度曲线近似直线变化，沉降主要由土的骨架蠕动而引起。

4.3　沉降的组成

深层沉降沿深度分布的过程曲线如图 4-9 所示，在 1995 年 1 月 7 日前，也即前面所述的累计沉降线出现拐点前，各土层压缩量均很小，此时对应填高在 2m 左右；超过此高度后，随着荷载的增加，淤泥层压缩量明显增大；以 11m 为界，荷载对下部土层的影响就比上部要小很多；最顶端的沉降环沉降量最大，并和同期地表沉降相近。

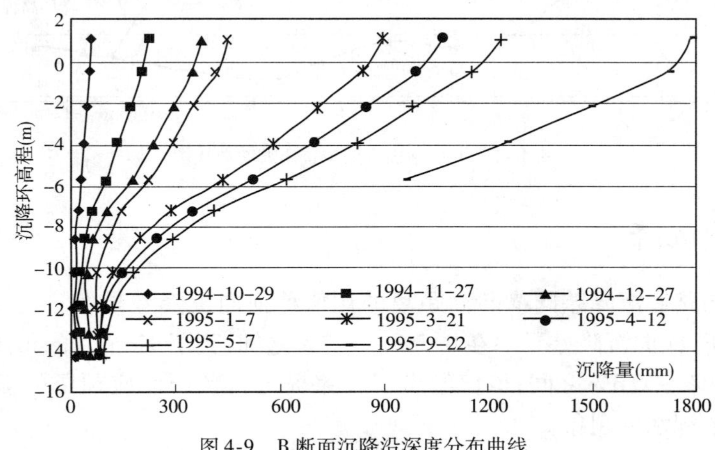

图 4-9　B 断面沉降沿深度分布曲线

图 4-10 沉降分布曲线表明沉降主要发生在地表下 15m 范围内，深度在 1 ~ 9m 范围的沉降占了总沉降的 80% 以上，而 15m 以下的沉降仅占 6% 以内，表明在当前荷载下沉降主要是发生在淤泥层，对于地表及附加应力影响深度以下的土层压缩量不大，所以淤泥层是路基沉降的关键土层。

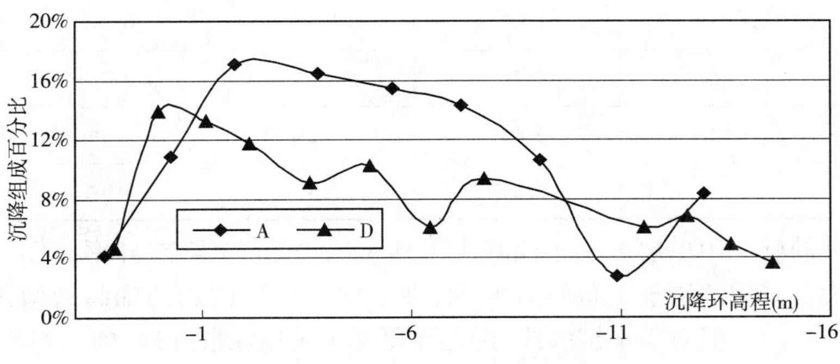

图 4-10　A、D 断面沉降分布曲线

A ~ C 断面采用砂井处理，改善了深层软土的排水条件，沉降分布曲线揭示了砂井地基中淤泥层的压缩比例均在 10% 以上，且较为均匀，在 6m 处沉降所占的比例最大，达总沉降的 16%；而浅层处理断面 D、E 断面，沉降主要发生在靠近地表处，并随着深度的延伸而变小，沉降比例最大的位置在地表面 1 ~ 2m 处，最大值达 13%。土层的单位压缩率曲线图 4-11 也反映了同样事实，砂井处理的地基淤泥单位压缩量是浅层处理的 2 ~ 3 倍，达 93mm/m 以上，而浅层处理的 D 断面软土的单位压缩量最大仅有 49mm/m，深层软土仅有 20 mm/m 左右。可见地基如未进行深层处理，其深层软土的排水固结将是很慢的，排水条件好一些的浅层土体固结就快。

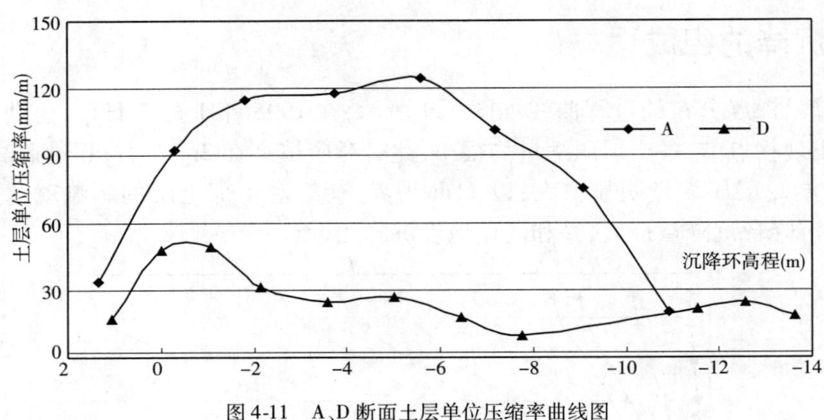

图 4-11　A、D 断面土层单位压缩率曲线图

4.4　差异沉降

各断面路中与路肩沉降差同横断面距离的比值称横向沉降差异率。表 4-11 列出了路堤经过 6 个月的预压，横向沉降差异率在 0.7% ~1.7% 之间，到了 41 个月的预压后，横向沉降差异率增加到了 1.9% ~2.3% 之间；该值给出了在路堤进行预压前应预留的横坡值，避免路堤因沉降而造成路中积水的现象。

各断面的横向沉降差异率　　表 4-11

土工布层数	1 预应力	1		2 预应力	
预压时间	A	B	C	D	E
0	0.9%	0.7%	0.6%	-0.1%	0.1%
3	1.5%	1.4%	1.4%	0.4%	0.7%
6	1.7%	1.7%	1.7%	0.7%	1.0%
29	1.9%	2.0%	2.2%	1.6%	2.1%
41	1.9%	2.0%	2.3%	1.9%	2.3%

在砂井处理的软基中单层土工布仅减少了 0.3% 的横向沉降差异率，对减少横向不均匀沉降的意义不大。采用两层土工布的 D 断面，在加载及预压初期的确起到均化地基应力，减少不均匀沉降的目的。但对于本试验段，淤泥深厚又未采用深层处理，施工期的沉降占不到总沉降 40% 的软基，路堤经长时间预压后横沉降差异仍然达到 248mm。

由 C、D 断面的预压监测结果可知，路堤经长达 41 个月时间的预压累计沉降差达 1035mm，预测工后沉降差仍有 242mm，在短短 50m 的距离内纵向沉降差异率达 0.5%，这必然会因两个断面的差异沉降形成裂缝，对路面的质量及行车的舒适性将带来很大影响。

4.5　孔隙水压力

孔隙水压力监测是了解加载期间地基土体固结状态最直接、最有效的手段，也是施工期评定地基稳定性和固结度的有效方法之一，其中超静孔隙水压力的消散程度是决定下一级加载与否的依据之一。随着加载，地基土内孔隙水压力立即增长，停载时开始消散。当再次加载时，孔隙水压力又跟着增长、消散，重复前述现象，可见仪器工作正常，所得资料可靠。

将孔压数据绘制成$\sum\Delta P$—$\sum\Delta U$曲线，如图4-12～图4-21所示。其中A、B、D断面经线性回归分析后，各断面不同深度$\sum\Delta P$—$\sum\Delta U$相关系数均在0.98以上，最大值达到0.99以上，规律性较好。经过对三个断面实测资料的统计，得出孔压增量和消散量，计算得出其对应的消散度。而C、E断面受后期施工条件及观测频率所限，对于这两个断面的孔压增量可以利用对加载前期孔压、荷载数据进行线性回归分析所得方程计算。由前文所述AGO分析原理可见，在弹性变形范围内这样的计算精度是足够的。例如E断面从第10级到第15级填土过程中没有观测到孔压增量峰值，其计算可由前9级（累计填土高度3.12m）回归分析计算得到，然后将后期加载累计增量27.93kPa、33.44kPa代入不同深度线性回归方程内，从而推算出对应的累计孔压增量值。

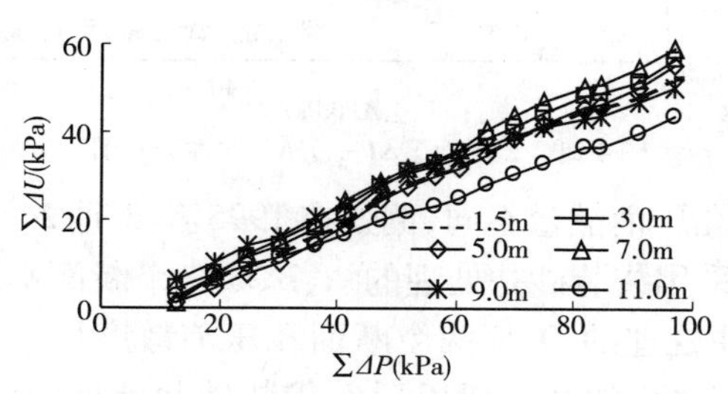

图4-12　A断面$\sum\Delta P$—$\sum\Delta U$变化图

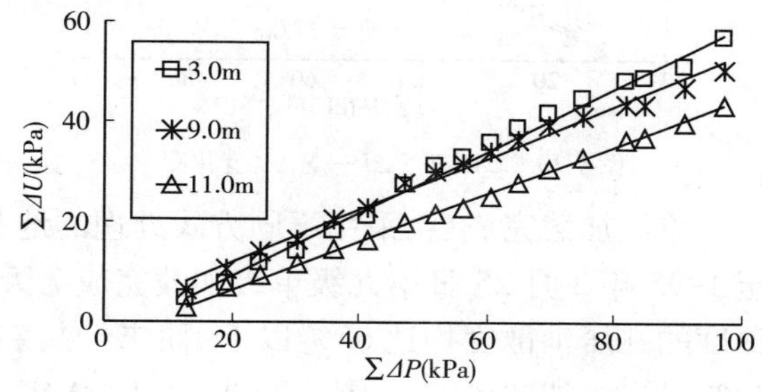

图4-13　A断面$\sum\Delta P$—$\sum\Delta U$线性分析图

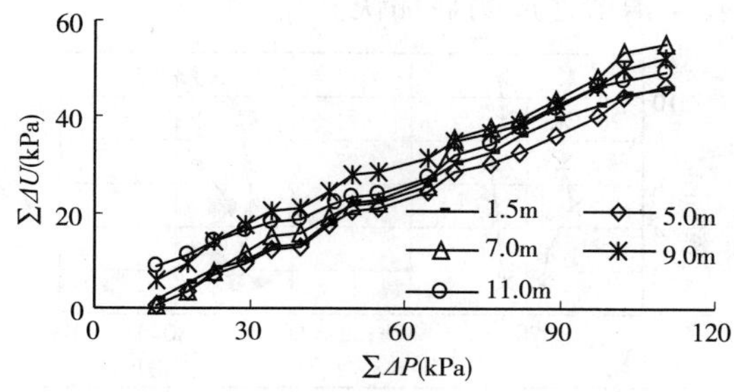

图4-14　B断面$\sum\Delta P$—$\sum\Delta U$变化图

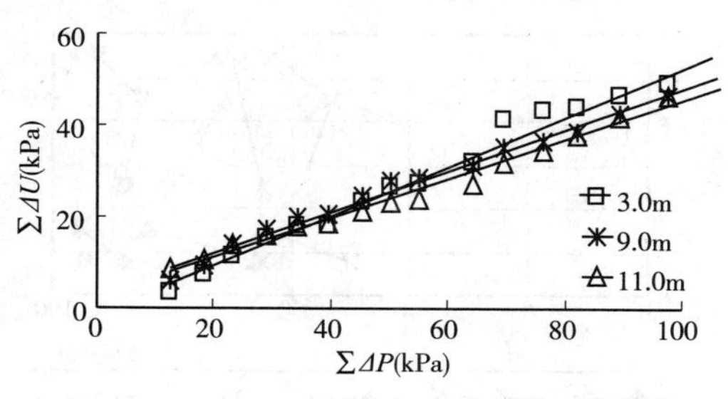

图4-15　B断面$\sum\Delta P$—$\sum\Delta U$线性分析图

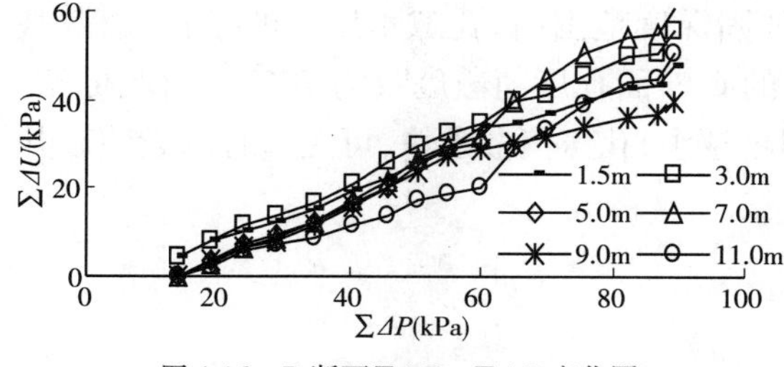

图4-16　D断面$\sum\Delta P$—$\sum\Delta U$变化图

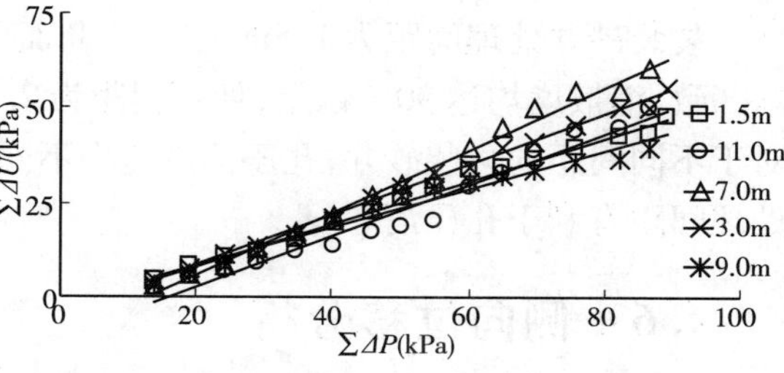

图4-17　D断面$\sum\Delta P$—$\sum\Delta U$线性分析图

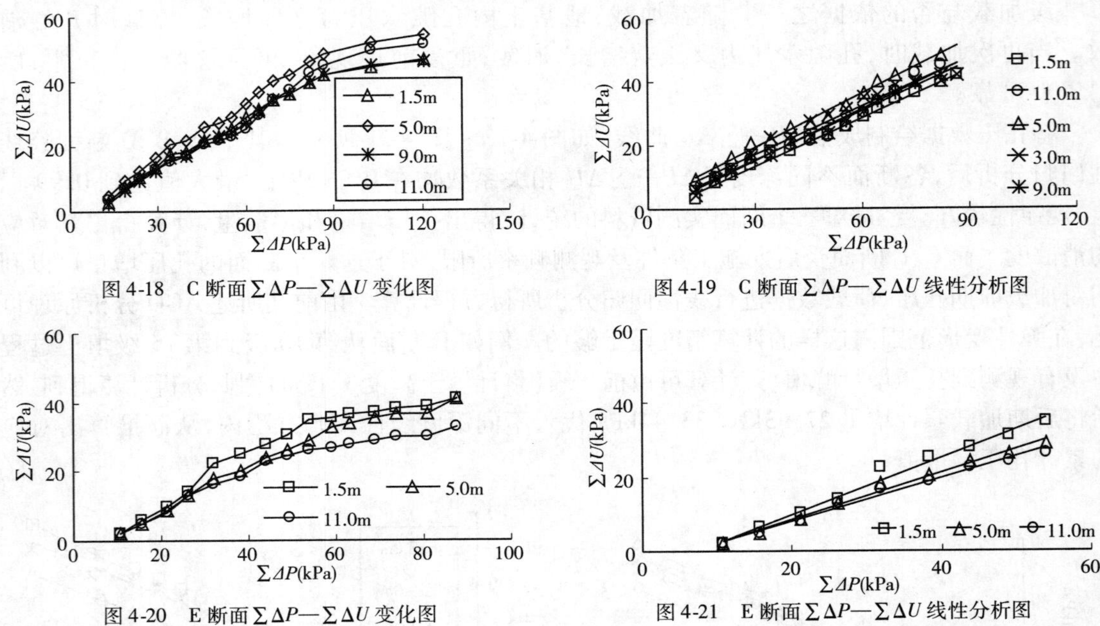

图 4-18　C 断面 $\sum\Delta P-\sum\Delta U$ 变化图

图 4-19　C 断面 $\sum\Delta P-\sum\Delta U$ 线性分析图

图 4-20　E 断面 $\sum\Delta P-\sum\Delta U$ 变化图

图 4-21　E 断面 $\sum\Delta P-\sum\Delta U$ 线性分析图

单级加载完成后，采用不同方式处理的地基其孔压消散量不同，例如在 1995 年 3 月 24 日至 1995 年 3 月 25 日第九级单级加载完成 7 天后，采用袋装砂井处理的 A、B、C 三个断面不同深度的孔压消散度均达 65% 以上，而未经袋装砂井处理的 D、E 两个断面孔压消散度均小于 30%；另外，如图 4-22 和图 4-23 所示，1999 年 6 月 25 日加载完成以后经袋装砂井处理的 A、B、C 三个断面，孔压消散度均超过 70%，而未经处理的 D、E 两个断面孔压消散度均小于 70%。可见采用袋装砂井作为排水固结通道使得孔压消散速度明显加快。

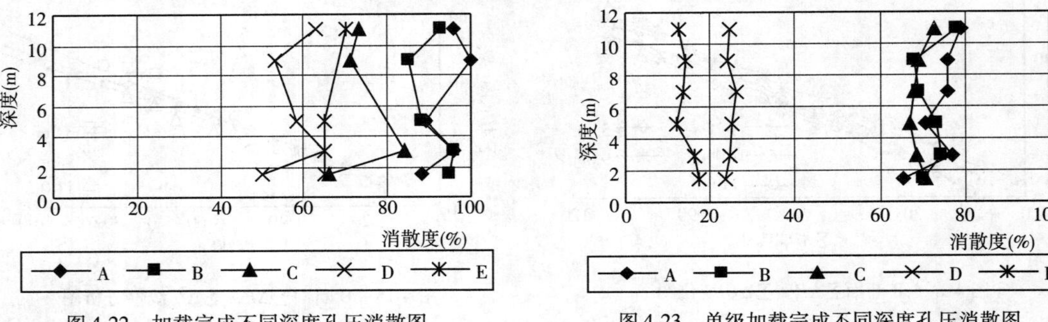

图 4-22　加载完成不同深度孔压消散图

图 4-23　单级加载完成不同深度孔压消散图

袋装砂井处理间距为 1.5m 的 A、B 断面，在加固深度范围内，孔隙水压力的增长、消散基本一致，消散度均达 90% 以上；处理间距为 2.0m 的 C 断面孔压消散度仅为 70%。由此可见，对于不同间距的袋装砂井，孔压消散速率不同，间距越小，孔压消散越快，可见适宜的袋装砂井处理间距有利于孔压消散。

4.6　侧向位移分析

侧向位移速率量值大小是判断路堤稳定与否的控制指标之一，同时，侧向位移量的大小可计算因侧向位移而引起的沉降量。深层位移观测是在坡脚点埋入测斜管到底部稳定土层，用测斜仪量测加载过程中的深层土侧向移动情况，测量结果如图 4-24 所示。

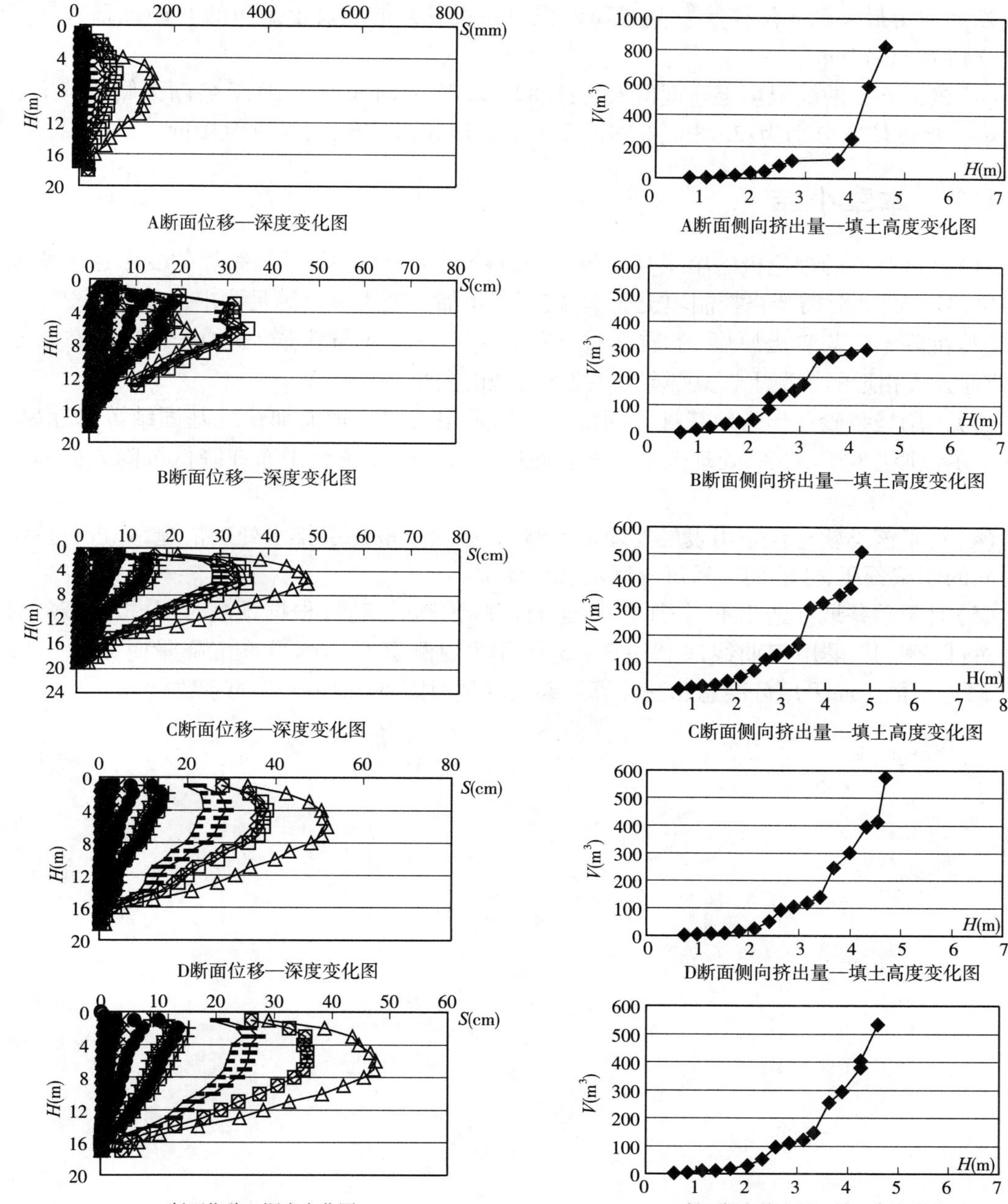

图 4-24　试验段各区侧向位移曲线图

从观测结果成果可以得出：

(1)最大侧向位移量发生在地表以下 6～7m 处。

(2)侧向位移量和位移速率与荷载大小有极其明显的相关性，随着加载，位移量和位移速率增大，加载停止，位移量和位移速率显著减小，并趋于零。

(3)不同间距砂井处理区，填土时侧向位移挤出量表现不同。砂井间距小，侧向位移量也小,反之则大。袋装砂井间距 1.5m 的 B 断面测得最大侧向位移量为:34.2cm;而间距为 2.0m 的 C 断面测得最大侧向位移量为 48.27cm;没有打设砂井的铺设土工布的 D 断面最大侧向位移量分别为 51.74cm。

(4)该试验段的极限填土高度值域为:1.88~2.02m,而 A、B、C、D、E 各断面侧向挤出量对应的第一拐点位置分别为:2.18m、2.09m、2.10m、213m、2.02m,与理论值接近。

4.7 本章小结

(1)该试验段的理论极限填土高度与实测值接近,超过此填高后,路堤的变形速率变大和侧向位移增大,此时需严格控制填土速率,按薄层轮加法施工可以满足要求;

(2)沉降不仅与软土厚度、土质性质、荷载大小有关,还与软基处理方式有关,在软土厚度、处理方式相近的情况下,总沉降量受控于荷载的大小。

(3)采用袋装砂井作为地基排水固结措施比采用表层处理能加快地基固结沉降速率、提高软土单位厚度的压缩率,处理效果显著。通过这次试验发现土工布在降低沉降方面的作用较小;

(4)对于该类软土仅采用表层处理是不够的,必须采取深层排水处理措施,并进行持续较长时间的超载预压,才能使工后沉降满足规范要求。

(5)对于砂井地基选用不同时间序列进行沉降预测时,建议根据预测时间、拟合资料时间的长短进行修正,采用双曲线法利用 3~6 个月的观测资料预测最终沉降量时须乘 1.05~1.09 修正系数。而采用分层总和法计算最终沉降量时需乘 1.1~1.7 的系数。

第5章　处理效果

为了对比加固前后的地基的物理力学性质指标，我司于2001年11月再次对各断面做了原位静力触探试验，并钻孔取土做了室内土工试验。本报告选取K22+140断面的各项指标作了对比，具体见表5-1。

加固前后土质物理力学指标对比表　　表5-1

对比项目	取样深度	湿密度	含水率	孔隙比	孔隙度	饱和度	液限	塑限	塑性指数	液性指数	压缩系数	压缩模量	固结系数 C_v		渗透系数 ×10^{-7}		固结快剪 黏聚力	固结快剪 内摩擦角	黏聚力	内摩擦角	土的分类名称
		ρ_0	ω	e	n	S_r	W_L	W_P	I_p	I_L	a_v	E_s	1×10^{-4} cm²/s		K_{20}	K_H	C	φ	c	φ	
	(m)	g/cm³	%	–	%	%	%	%	–	–	MPa^{-1}	MPa	100 kPa	200 kPa	cm/s		kPa	°	kPa	°	
加固前	2.50～2.59	1.69	62.0	1.521	60.3	100	39.4	24.3	15.1	2.50	1.12	2.42	6.21	3.26			24.6	14.1	11.7	6.42	淤泥
加固前	8.00～8.40	1.66	86.2	1.984	66.5	100	49.4	30.2	19.2	2.92	1.86	1.13	7.62	5.33	20.7	10.3	18.9	10.3	6.47	5.49	淤泥
加固前	12.00～12.40	1.68	70.1	1.663	62.4	100	49.6	28.2	21.4	1.96	1.62	1.69	4.21	6.32			22.7	13.6	10.2	5.41	淤泥
加固后	11.11～11.51	1.71	49.3	1.314	56.8	99.4	39.2	23.1	16.1	1.63	0.86	2.86					18.7	11.1	10.2	7.41	淤泥质土
加固后	13.51～13.91	1.76	46.2	1.210	54.7	100	42.3	23.2	19.1	1.20	0.76	2.82			8.96		22.1	8.74	16.2	5.41	淤泥质土
加固后	16.10～16.50	1.72	50.2	1.297	56.5	100	43.3	24.9	18.4	1.38	0.92	2.32					20.1	11.4	8.41	3.49	淤泥质土

砂井处理后软土的含水率、孔隙比及压缩系数均有一定程度的降低，处理后，软土的含水率、孔隙比及压缩系数平均降低24.2%、0.449和0.68MPa^{-1}。表5-1中的数据说明处理后软土的含水率与其液限非常接近，众所周知，液限含水率与弱结合水含水率相当，结合水一般较难排出。研究表明，结合水变化量与刚度、强度的变化呈现强烈的非线性关系，较小的结合水量的减小会大幅度增加土体的刚度和强度，由此不难理解上述数据的“异常变化”现象。处理后土样的孔隙比均小于1.5，按照软土分类标准，这些土样已属于淤泥质黏土范畴，这说明了处理效果较好。

第6章 结 论

(1)在高含水率黏土地基上修建高速公路必须要有一套与之相适应的软基监控流程。监测实质上是软基设计施工的重要组成部分。软基施工与监控互为前提,相互制约。只有采取合适的流程,监测数据才可以顺利且及时地返回施工,进而控制施工。本试验段软基正是严格按照上述程序监控才顺利地填至设计高程的。

(2)本文首次提出了填土高度—沉降速率 AGO 分析法,应用该法可以方便地判断地基在外荷载作用下所处的变形阶段和稳定状态,有效地指导填土施工。在工程实践中可以采用$\sum \Delta h - \sum V_{US}$曲线判断地基的稳定性时,当斜率增大为先前段的 3 倍时,可以认为地基处于临界失稳状态。

(3)$\sum \Delta h - \sum V_{US}$ AGO 分析表明,单层土工布大约能提高 0.30m 的极限填土高度,这表明土工布的抗滑能力是有限的,其主要作用在于均化地基应力;同时,从稳定性的角度讲,类似本试验段的软基必须进行深层处理。

(4)用“薄层轮加法”施工时,砂井地基的稳定性明显好于无砂井地基,这再次证明打设砂井可以有效地提高地基的排水固结速率,使较快的填土节奏与强度增长相适应。

(5)本试验段的理论极限填土高度与实测值接近,超过此填高后,路堤的变形速率变大和侧向位移增大,此时需严格控制填土速率,按薄层轮加法施工可以满足要求。

(6)采用袋装砂井作为地基排水固结措施比采用表层处理能加快本地基固结沉降速率、提高软土单位厚度的压缩率,处理效果显著。

(7)土工布在控制软基沉降量方面的作用较小。

(8)对于本试验段这类软土仅采用表层处理是不够的,必须采取深层排水处理措施,并进行持续较长时间的超载预压,才能使工后沉降满足规范要求。

(9)对于砂井地基选用不同时间序列进行沉降预测时,建议根据预测时间、拟合资料时间的长短进行修正,采用双曲线法利用 3 ~ 6 个月的观测资料预测最终沉降量时须乘 1.05 ~ 1.09 修正系数,而采用分层总和法计算最终沉降量时需乘 1.1 ~ 1.7 的系数。

第六篇

广东省中江高速公路港口至四村段软基试验工程总结报告

二〇〇三年十一月

目　　录

前　　言

珠江三角洲地区普遍存在的高含水率、低强度、高压缩性深厚软土，在这样的地质条件下修筑路堤将会产生严重的沉降和稳定问题，给交通工程的建设带来质量难以得到保证，如路堤填筑过程中存在安全稳定隐患，工程投资的增大等问题。针对这种情况，广东地区的科研单位、建设单位及施工单位以大量软基加固工程为依托，开展了一些科学研究，如：京珠高速公路广珠段大部分桥头、构造物的工后沉降的控制、真空联合堆载预压法加固软基的试验研究；交通部重点科技项目“九五”攻关课题“珠江三角洲高含水率黏土地基工程特性及快速加固机理的研究”；“深汕汽车专用公路第四合同段软基试验工程”；“孔压静力触探在珠江三角洲高速公路中的应用研究”等，这些研究都取得了较好的成果。通过这些科研成果的推广应用，较好地解决了公路建设中软基加固的多个技术难题，节约了工程建设成本，增加了公路建设中的科技含量。

但在不断进步的工程实践和科研活动中，我们发现仍有一些较深层次的问题、难题影响着交通工程的建设。如工后沉降的组成及预测分析、加载速率的控制、稳定标准的制定、土工合成材料在软土路堤中的作用、超载预压方法的应用范围、超载效果的评价等。这些问题的研究对解决在软基上修建高速公路主要存在的三个方面的问题具有重要的现实意义，即软基路段施工期的合理控制，软基处理造价的合理控制，投入运营后的维修工作量的合理控制。因此非常有必要对以上更深层次的问题进行深入的研究。

按照项目立项申请的要求，我们已经完成了如下几个方面的科学研究与技术开发：

(1)真空预压密封技术问题，针对密封问题我们开发了密封套技术，并将该技术与传统密封围幕技术进行了对比试验研究，论证了其可行性。

(2)竖向排水体抽真空技术，该技术介于轻型井点降水和真空预压技术之间，兼顾了两者的优点，是我们自由开发的技术。

(3)针对常规堆载预压和真空预压两种不同工法，我们开发了相应的测量出水量的设备，获得了初步成果。

(4)对现有的稳定性方法进行了系统的对比分析研究，在此基础上发展和提出一种行之有效的稳定性方法(AGO法)，并通过不同工况的工程实例，对该法的可行性进行了验证。

(5)针对真空预压砂井地基开发了排水板单元并进行三维数值模拟。

(6)在室内试验方面，研发了三轴真空负压试验装置，应用该设备，可以进行三轴条件下的真空联合堆载室内模拟研究。

(7)针对珠江三角洲地区软土问题的初步总结，分析了路堤荷载作用侧向位移对工后沉降的影响。

(8)对真空度测试以及真空预压过程中地下水位的变化等工程问题进行了分析和研究。

第1章　试验段工程概况

1.1　试验段工程地质概况

1.1.1　概述

中江高速公路是珠江三角洲地区高速公路网的重要组成部分，沿线软基路段约占全长的50%以上，如何经济有效地进行软基处理，解决工后沉降及不均匀沉降是关键；这就要求对该地区软土层的物理力学性质有充分的认识，为此我司对所承担的试验段部分的土层进行岩土工程勘察。

基于勘察任务要求，我们确定了勘察方案：(1)通过钻探来了解场区地层分布情况。(2)通过标准贯入试验、静力触探试验、十字板剪切试验等现场试验了解地层的一些物理力学性质。(3)通过取土开展土工实验来了解土层的物理力学性质。

勘察的区域为中江高速公路软基处理的一段，起讫桩号为 K23 + 565.3 ~ K23 + 987.8，全长 422.5m；沿试验段布设钻孔 5 个。钻孔编号与高速公路桩编号相对应，分别为：K23 + 597、K23 + 655、K23 + 720、K23 + 790、K23 + 880，其中 K23 + 720 为标贯孔，其余均为取土鉴别孔。

实际完成工作量：施工钻孔 5 个，总进尺 169.71m，取土开展室内土工试验 28 组。同时，在试验段全线进行大量静力触探试验及十字板剪切试验，综合掌握了试验段沿线土层的物理力学性质。在钻探过程中严格按规程施工，保证岩芯的采取率，对层内大于 10cm 的薄夹层单独划分一层，使土层更清晰，描述更准确。

勘察所依据的规范：《公路工程地质勘察规范》(JTJ064—98)、《公路桥涵地基与基础设计规范》(JTJ024—85)及《公路软土地基路堤设计与施工技术规范》(JTJ017—96)。

1.1.2　试验段地形地貌

试验段位于中山市横栏镇三沙村旁，地势平缓开阔，地形、地貌具有珠江三角洲形态的显著特点，区内河流纵横，水网交错；多鱼塘及稻田，土层的物理力学性质较差，场区经过人工填砂，较为平整。

根据区域地质资料，珠江三角洲的基本地貌形成于晚第三纪上新世的喜马拉雅运动第二幕；由第四纪地层的特征，可以清晰地看出珠江三角洲发生过三次海侵活动，具有三次旋回的沉积特征，经历过六个沉积阶段，这是珠江三角洲形成、发育、演变的基本过程。在本次钻探过程中，通过对所揭示地层的分析，也可以看出这个沉积旋回规律。

1.1.3　岩土层的工程地质条件

本试验段地层根据成因及工程地质特征分为 11 个地层单元，分别为：砂垫层 Qml(编号①)、耕植土层 Qpd(编号②)、中砂层 Qal(编号③)、贝壳、蚝壳层 Qmc(编号④)、淤泥质黏土 Qmc(编号⑤)、淤泥层 Qal(编号⑥)、粉细砂层 Qal(编号⑦)、黏土层 Qal(编号

⑧)、淤泥质黏土 Qal(编号⑨)、粉砂 Qal(编号⑩)、卵石 Qcl(编号⑪),现将各层分述如下:

①砂垫层 Qml:

灰白色、褐黄色,主要成分为细~中砂,中密,为新近填砂。该层呈层状分布,各孔均有揭露,层底埋深 1.60 ~2.50m,(层底高程 0.40 ~0.70m),层厚 1.60 ~2.50m,平均 1.78m。

②耕植土层 Qpd:

土黄色、灰黑色,主要成分为黏土,湿,软~可塑,该层在钻探各孔均有揭露,层底埋深 3.40 ~3.70m,(层底高程 -0.20 ~ -1.70m),层厚 1.10 ~2.10m,平均 1.72m。

③中砂层 Qal:

灰白色,灰黑色,含淤泥质,饱和,松散,该层呈透镜体状分布,只有 K23 +655 及 K23 +597 两个孔有揭露,层底埋深 4.00 ~5.30,(层底高程 -0.70 ~ -1.90m),层厚 1.7 ~1.8m,平均 1.75m。

④贝壳、蚝壳层 Qmc:

白色,灰黑色,主要成分为贝壳、蚝壳碎片,含量大于 30%;含淤泥质,饱和,流塑;除 K23 +655 孔外各孔均有揭露,层底埋深 2.04 ~8.14m,(层底高程 -3.30 ~ -4.74m),平均 2.27m。

⑤淤泥质黏土 Qmc:

灰黑色,黑色,湿~饱和,流~软塑,含腐殖质,有泥臭味;含少量粉细砂及贝壳碎屑;同时局部区域有粉细砂夹层(0.20 ~1.30m)及黏性土及贝壳、蚝壳薄夹层;该层呈层状分布,各孔均有揭露,层底埋深 14.20 ~23.32m,(层底高程 -12.20 ~ -19.92m),层厚 8.02 ~19.25m,平均 16.09m。

⑥淤泥层 Qal:

灰黑色,黑色,饱和,流塑~软塑,含腐殖质,有臭味,含有少量粉细砂,有砂感。该层与第⑤层的淤泥质黏土交叉分布,工程性质相似,在整个区域内均有分布。

⑦粉砂层 Qal:

灰黑色,灰黄色,主要成分为粉砂,含淤泥质,饱和,松散~稍密,该层呈层状分布,除 K23 +597 孔外,各孔均有揭露,层底埋深 30.10 ~33.76m,(层底高程 -26.95 ~ -30.46m),层厚 4.20 ~9.07m,平均 6.07m。

⑧黏土层 Qal:

土黄色,灰黄色,主要成分为粉、黏粒,黏性强,局部含淤泥质,湿,可塑~硬塑,以可塑为主。该层呈层状分布。除 K23 +880 外,各孔均有揭露,层底埋深 23.17 ~27.39m,(层底高程 -21.17 ~ -23.99m),层厚 1.62 ~7.97m,平均 5.09m。

⑨淤泥质黏土 Qal:

灰黑色,黑色,可塑,主要成分为黏性土,含腐木、枯叶,具泥臭味;含有少量粉细砂,有砂感,局部夹淤泥质粉薄层,该层呈层楔状分布。整层形成时间较早,经过天然固结压密,物理力学性质较第⑤层的淤泥质黏土好。

⑩粉砂层 Qal:

灰黑色,灰白色,饱和,稍密,含淤泥质;只存在于这个场区的局部区域。层底埋深 30.1 ~

33.76m，层厚4.2～9.07m，平均6.07m。

⑪卵石、砾石 Qal：

黄褐色，黑色，杂色，主要成分为卵石、砾石，卵石粒径大于2cm 。胶结物为黏性土，磨圆度较好，亚圆、次棱角状；饱和，稍密，该层呈层状分布，各孔均有揭露，层顶埋深30.10～33.76m，（层顶高程－26.95～－30.46m），除K23＋720孔外，各孔均未揭穿此层。图1-1为试验段工程地质剖面图。

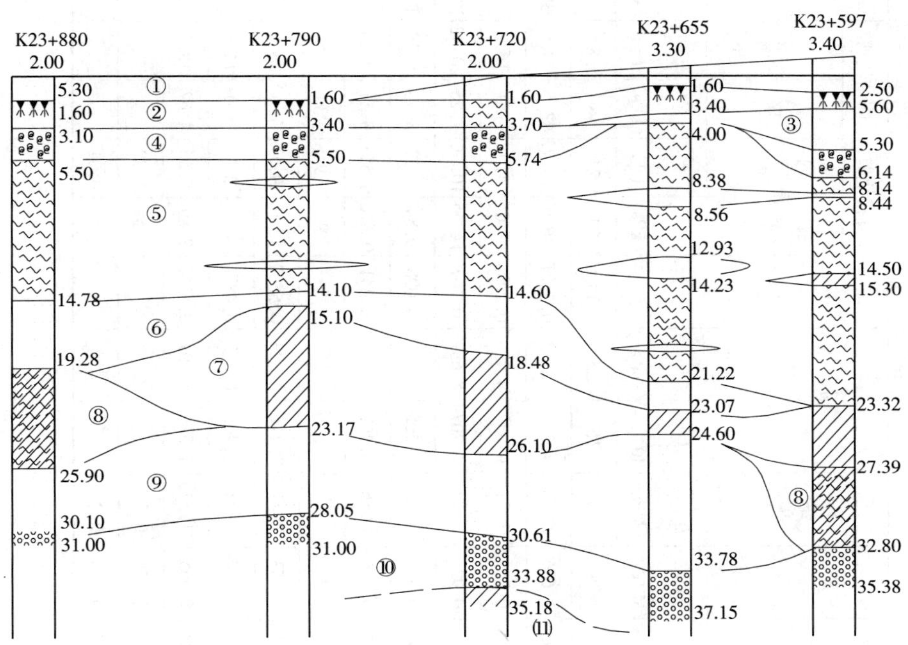

图1-1　试验段地质剖面图

1.1.4　水文地质概况

本试验段地下水存在类型为孔隙潜水，赋存于粉～细砂层⑤、粉砂⑧、卵石、砾石层⑨中，渗透性好；地下水主要受季节气候的影响，受大气降水及附近河道的补给，勘察期间测得的稳定地下水位为0.20～1.60m，平均1.16m。

1.1.5　试验段的区域稳定性及地震效应

据区域地质资料，本试验段位于西江冲积平原带，无区域性断裂从场区及其附近经过，故线段属构造稳定性地块，场地稳定性条件良好。

根据《广东省地震烈度区划图》（1990年版），本区域地震烈度为Ⅵ级，场地由软弱土层组成，属Ⅰ类建筑场地。

1.1.6　岩土层主要物理力学指标

本场区第⑤层的淤泥质黏土及第⑥层淤泥的工程性质较差，属于软土层，是本次软基加固的主要对象，取样以及现场试验也主要针对这两层进行，其主要物理力学性质统计结果如表1-1所示。

试验段土层主要物理力学性质统计成果表

表 1-1

土层	项目	稠度指标				天然状态指标				固结指标					剪切指标				三轴指标		渗透系数	
		液限	塑限	塑性指数	液性指数	含水率	天然密度	饱和度	孔隙比	压缩系数	压缩模量	固结系数		压缩指数	直接快剪 黏聚力	直接快剪 内摩擦角	固结快剪 黏聚力	固结快剪 内摩擦角	总应力法			
		W_L (%)	W_P (%)	I_P	I_L	ω_O (%)	ρ_O (g/cm^3)	S_r (%)	e_o	a_{1-2} (MPa^{-1})	E_{31-2} (MPa)	Cv (10^{-3}/s)	C_H (cm^2/s)		C (kPa)	φ (°)	C (kPa)	φ (°)	C (kPa)	φ (°)	K_V (10^{-7}cm/s)	K_H (10^{-7}cm/s)
淤泥质黏土	统计个数	24	24	24	24	24	24	24	24	24	24	15	5	14	24	24	8	8	9	9	5	5
	最大值	51.1	34.7	22.1	4.62	55.4	1.81	100	1.493	1.636	6.28	4.370	12.12	0.5421	36.0	23.7	13.0	29.5	30.0	11.7	2.7	14.4
	最小值	22.6	16.1	6.6	1.0	36.2	1.64	88	1.002	0.262	1.71	0.932	4.936	0.2088	2.0	4.9	3.0	16.8	4.0	4.2	7.32	3.42
	平均值	38.9	23.62	15.27	1.57	45.23	1.72	95.75	1.271	0.921	2.77	2.707	8.639	0.407	14.55	10.36	7.25	20.82	13.78	6.13	1.75	7.74
	标准差	7.61	4.65	4.24	0.80	5.66	0.049	3.26	0.146	0.337	1.55	1.265		0.098	9.84	5.32	3.73	5.39	8.32	2.29		
	变异系数	0.910	0.2	0.27	0.51	0.13	0.029	0.034	0.115	0.366	0.56	0.467		0.241	0.676	0.513	0.51	0.26	0.60	0.37		
淤泥	统计个数	9	9	9	9	9	9	9	9	9	9	5	5	5	9	9	3	3	3	3		
	最大值	51.1	33.4	22.6	2.17	66.3	1.66	100	1.755	1.953	2.17	3.416	15.23	0.6609	14.0	9.1	7.0	24.5	24.0	6.9		
	最小值	43.3	23.8	15.4	1.27	55.0	1.57	90	1.512	1.140	1.24	0.403	6.582	0.4870	4.0	3.0	3.0	14.0	7.0	3.8		
	平均值	47.58	28.22	19.36	1.53	57.71	1.62	95.33	1.623	1.565	1.57	1.346	10.91	0.5782	8.89	5.56	4.67	18.2	14.0	5.77		
	标准差	2.36	2.86	2.35	0.27	3.62	0.036	3.5	0.089	0.275	0.30				3.59	1.72						
	变异系数	0.05	0.10	0.12	0.18	0.063	0.022	0.037	0.055	0.176	0.20				0.40	0.31						

本区的淤泥质黏土层由于生成环境的影响，有很强的各向异性，具体表现在水平向和垂向固结系数及渗透系数方面，如表 1-2 所示。

淤泥质黏土层渗透性质表

表 1-2

项　目	固结系数($10^{-3}cm^2/s$)		渗透系数($10^{-7}cm/s$)	
	C_v	C_H	K_v	K_h
统计个数	18	7	6	5
最大值	4.211	15.23	2.37	14.4
最小值	0.718	4.936	0.732	3.42
平均值	2.232	9.287	1.58	7.088
标准差	1.347	3.882	0.834	
变异系数	0.603	0.418	0.528	

从表 1-2 可以明显地看出，本区土层在水平向的固结系数及渗透系数均大于垂向的渗透系数，约 5 倍左右，这与土层的成层沉积有必然联系。

根据现场钻孔取样的室内物理力学试验，软土层含水率、孔隙比、压缩系数及先期固结压力与深度的关系如图 1-2 ~ 图 1-5 所示。

据以上散点图可以清晰看出软土层物理力学性质在试验深度范围内的分布情况：由含水率散点图可以看出软土含水率主要为 50% 左右，且多数样品含水率大于液限，呈软塑 ~ 流塑状态；软土孔隙比主要位于 1 ~ 2 之间，压缩系数在 0.5 ~ 2.0 之间，属高孔隙比、高压缩性土层；先期固结压力均位于现天然压力线下，属于欠固结土。

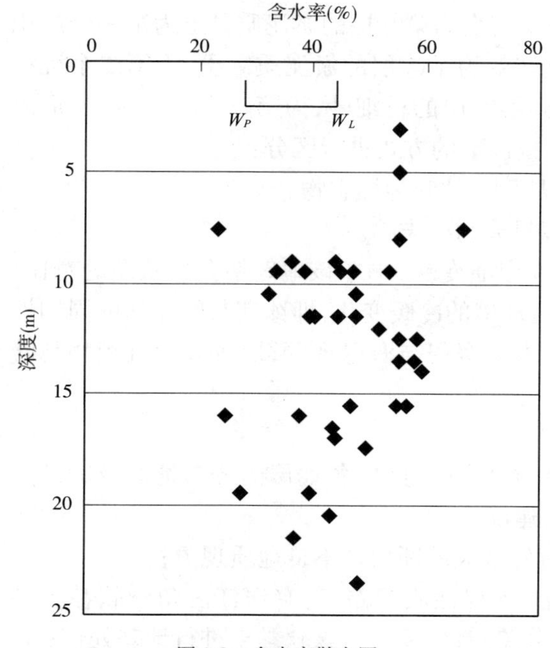

图 1-2　含水率散点图

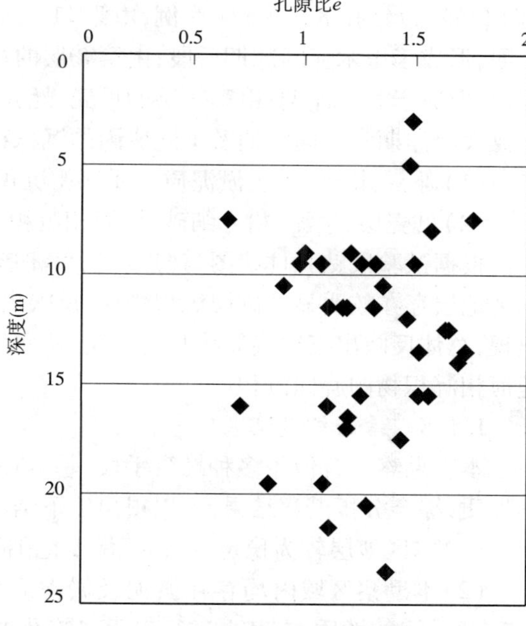

图 1-3　孔隙比散点图

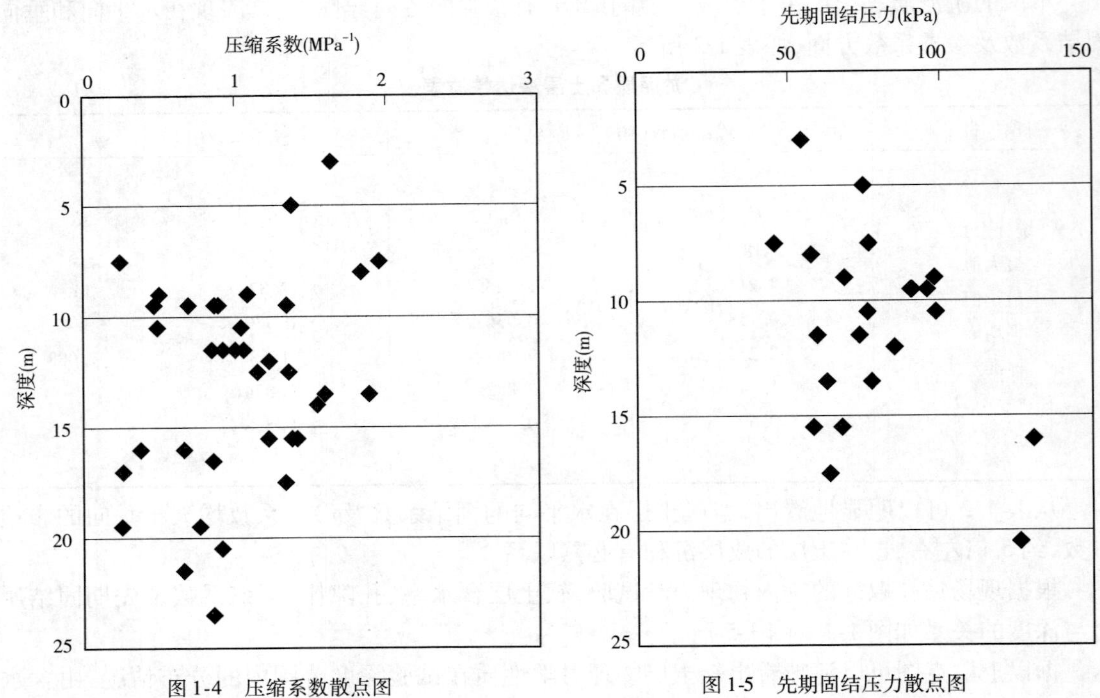

图 1-4 压缩系数散点图

图 1-5 先期固结压力散点图

1.1.7 沉积相概述

本试验段地处西、北江三角洲中部沉积区，属海相及河相沉积的三个沉积旋回；本次钻探的钻孔柱状图和该地区已有的针对珠江三角洲进行的研究所得的钻孔柱状图有很强的对比性（图 1-6）；以钻孔 K23 + 597 为例，由第 11 层卵石层转变为第⑨层的淤泥质黏土为第一个沉积旋回，形成于玉木亚间冰期后段；由第⑧层的黏土转变为第⑤层的淤泥质黏土，为第二个沉积旋回，形成于大西洋期；由第④层的贝壳、蚝壳层到第②层的粉细砂，为第三个沉积旋回，形成于亚大西洋期。不同时期及不同成因的沉积物可按以下的方式进行区分：

（1）砾石、粉砂、黏土淤泥质土属河相沉积，以腐木、枯叶为标志物。

（2）贝壳层、淤泥、粉 ~ 细砂、属海相沉积。以贝壳为标志物。

根据试验段钻孔柱状图与《珠江三角洲形成发育演变》一书中该地区钻孔柱状图的对比，本区地层存在较明显的旋回沉积规律，反映出本区环境的冷暖变化，即冰期与间冰期的周期性出现，总体反映出三次气候冷暖的变化，从而发生本区海侵与海退现象，形成海相沉积物与陆地河相沉积物的旋回沉积。

1.1.8 结论与建议

本次勘察综合使用多种勘察手段，基本查明线路钻孔范围内各地层的分布情况及物理力学性质，综合分析勘察结果，可以得出以下结论及建议：

（1）本区地层较为稳定，在钻探深度范围没有发现大的断层及不良地质现象；

（2）本勘察区域内均存在淤泥及淤泥质黏土，工程性质较差，具有珠江三角洲软黏土的“三高两低”的性质，在其上进行工程建筑及进行公路建设，要针对该软黏土进行地基处理；

（3）在软黏土层内有薄层的粉细砂及中粗砂夹层，具有一定的透水及透气性，在进行地基处理时，要考虑该薄层的影响；

(4)本区的软黏土含有少量粉细砂,增强了软黏土的渗透强度,在进行软基处理时,可以利用该有利条件,加快固结速度;

(5)本区淤泥质黏土层,有很强的各相异性,固结系数及渗透系数水平向的大于垂向的,也可以说水平向较大的渗透系数从而使水平向的固结系数也较大,在地基处理时,可以充分利用这一性质。

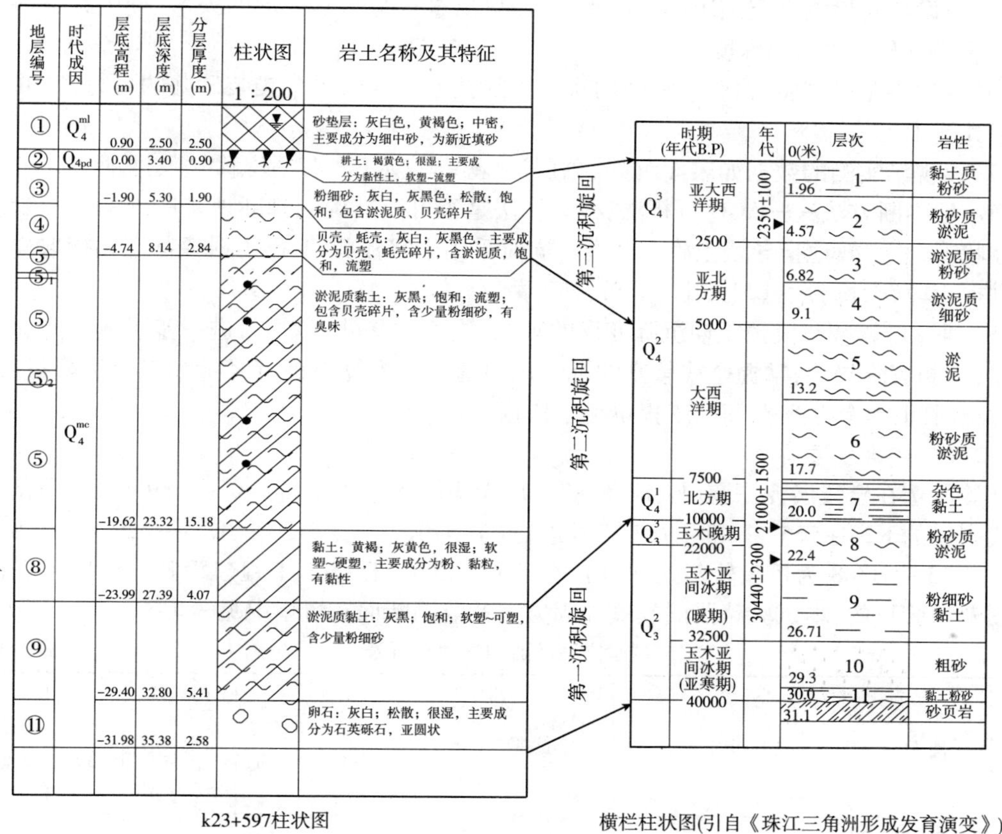

图 1-6 试验段地层沉积旋回示意图

1.2 试验目的及试验方案

1.2.1 试验目的

中江高速公路沿线分布大量的深厚软土,软土分布不均,性质复杂,并且该工程途径鱼塘地段,路基填土较高,路基的稳定性和路基的工后沉降势必成为本工程的关键问题。设立本试验段的目的在于:通过对几种软基加固处理方案在小路段的实施,对比分析各种方案在本工程中的加固效果及经济成本,评选出一种最优的软基加固方案;并总结出该方案中各项工序的技术要点和注意事项,以指导今后工程全线的优化施工;在此基础上,进行几项新工艺技术的试验研究、进一步探索真空预压的加固机理和检验一种新的路堤填土施工期稳定性判断的方法。具体来说有以下几点:

(1)通过试验,了解软基处理方案的加固效果和工程造价变化情况,进行全面系统分析,择优选取软基处理方案。

(2)通过试验,为下一步的科研提供数据基础。

(3)通过小路段的软基处理试验工程,总结试验方案中各项工序的工艺流程、技术要点、操作方法,形成完整的、可操作性强的施工、监测程序,以指导今后大规模的施工。

(4)进行对比超载试验,分析在相同预压期内不同超载厚度对沉降速率、总沉降量的影响情况,在此基础上,定性和定量评价超载对消除工后沉降所起的作用。

(5)布设仪器检测真空预压单井出水量,探讨出水量与软基变形的关系,分析真空预压后期沉降的特点及有效加固深度。

(6)通过小路段试验,检验一种新的真空密封技术—加密封套袋装砂井的可行性,并进一步完善其施工工艺。

(7)以现场实测的数据如表面沉降、分层沉降、孔隙水压、水平位移等数据证实一种新的填土稳定性判断方法——AGO分析法,检验该法是否可以准确的判断地基所处的变形阶段和稳定性状态,并有效地指导填土施工节奏。同时采用十字板剪切、静力触探甚至钻探取样等测试及勘探手段,来检验地基土层固结状况。

(8)通过对软基路段预压期沉降变形的观测,检验软基处理效果,进一步了解沉降速率衰减规律,预测沉降趋势,掌握全线软基的沉降规律情况。推算最终沉降量和工后沉降量,确定预压卸载时间,为软基段路面施工提供科学依据。

1.2.2 试验方案简介

试验段选在全线淤泥深厚(厚17.6~30.1m)、填土较高的(高6.0~7.89m)、各项条件均具有代表性的K23+565~K23+987路段进行(其中K23+565.30~ K23+629.60和K23+923.5~K23+987.8为桥头软基处理段),全长422.5m。根据本工程建设特点、地质情况、设计意图及试验目的,本试验路段的软基加固方案及监测断面布置情况见表1-3。

试验方案及监测断面布置表　　表1-3

分区	桩号范围	监测断面所处桩号	试验方案	土工材料	砂垫层厚(m)	排水体		超载(m)	设计填筑高度(m)
						间距(m)	长度(m)		
一区	K23+565.30~K23+629.60	K23+597	袋装砂井	3^a	0.6	1.2	21	1	6.7
二区	K23+629.60~K23+681.00	K23+655	袋装砂井	3^a	0.6	1.3	21	1	7.0
三区	K23+681.00~K23+756.00	K23+720 K23+770	排水板+真空预压+搅拌桩帷幕	1^b+1^a	0.8	1.3	31	1	7.1
四区	K23+756.00~K23+831.0	K23+790	排水板+真空预压+搅拌桩帷幕	1^b+2^a	0.8	1.3	21	1	7.3
五区	K23+831.0~K23+923.50	K23+880	袋装砂井+真空预压+搅拌桩帷幕	1^b+2^a	0.8	1.3	21	1	7.6
六区	K23+923.50~K23+987.80	K23+955	加密封套袋装砂井+真空预压	1^b+1^a	0.8	1.2	21	0	7.8
桥头补填地段	K23+970.00~K23+987.80	K23+980	加密封套袋装砂井+竖向抽真空	0	0.6	1.2	21	0	7.8

注:土工材料层数一栏中N^t的N表示层数,上标t表示材料类型。当$t=a$时材料为土工格栅;$t=b$时材料为无纺土工布,用于保护真空膜。

下面将对施工过程中各项工序做简单介绍。

(1)砂垫层

砂垫层厚度视处理方式有所不同,分别为0.6m、0.8m。砂垫层材料宜采用含泥量不大于5%的洁净中粗砂。砂垫层应在填土至设计水位以上50cm完毕后、软基处理前进行铺设。砂垫层填筑时横向应延伸出坡脚外1.5m,在桥头台前,纵向应伸出坡脚外1m,以利排水,并应采用干砌石或其他方式防护,避免砂料流失。

(2)袋装砂井

袋装砂井施工应在铺设砂垫层后、土工格栅之前进行,砂料应采用渗水率较高的洁净中粗砂,含泥量不应大于3%,细度模数不小于3.0,有机质含量不大于1%,渗透系数不小于5×10^{-3}cm/s。砂井灌砂率应大于95%。

袋装砂井可采用锤击法和振动法施工,施工中应保证砂井连续不断井。砂袋口应扎牢,并不得卧倒。袋装砂井应穿透软土层。放样时按横向S,纵向$0.866S$布置砂井(S为砂井间距),并注意按等边三角形布置。

(3)塑料排水板

塑料排水板施工应在铺设砂垫层后、土工格栅之前进行。塑料排水板型号采用C型。塑料排水板芯板的抗拉强度不应小于130N/m,并应具有耐腐性和足够的柔性;滤膜的渗透系数应不小于5×10^{-3}cm/s;滤膜等效孔径<75μm;纵向排水通量≥45cm^3。塑料排水板可采用振动法施工,施工中应保证不断板。塑料排水板应穿透软土层。放样时按横向S,纵向$0.866S$布置塑料排水板(S为塑料排水板间距),并注意按等边三角形布置。施工中应严格控制间距和深度,若拔管过程中塑料板被带上40cm以上应补打。塑料板需接长时,应采用滤水膜内平搭接的连接方法,搭接长度需在20cm以上。

(4)真空预压

真空联合堆载预压施工时,应按设计要求布设真空泵站、管道、铺盖密封膜,在加固区四周开挖密封沟,沟的深度必须进入软土层0.5m以上,将膜埋入土层中,覆土压实。当第二层膜盖好后才可以抽真空,并检查是否漏气。在真空度达到80kPa以上并正常预压半个月后,在膜上铺设一层土工布,开始路基填土施工。第一层吹填砂,且厚度宜超过50cm。根据的补充勘察资料,在试验段范围内软土层顶部普遍发育一层大底板埋深8m的砂夹层。因此有必要对砂夹层进行密封处理。本试验段采用了密封套袋装砂井和搅拌桩防渗帷幕两种方法进行密封。

真空膜为聚氯乙烯PVC薄膜,膜厚0.12~0.14mm,拉伸强度≥50N/cm,断裂伸长率≥200%,圆球顶破强度≥280N,梯形撕裂力≥40N,渗透系数≤10~11cm/s。

(5)鱼塘填平

鱼塘填平部分应与路基同时填筑,采用的填料和施工方法与路基相同。对于桥头地段,除两侧填平鱼塘外,台前至河沟岸或塘埂范围内的洼池必须填平。鱼塘填平地段超出征地范围的土地可改变用途用来种植花草、灌木等植物,但不得降低其地面高度。在鱼塘地段软基处理和路堤填筑过程中,应严密监测。

(6)土工格栅

土工格栅应在软基处理后、填筑砂垫层之上填土前铺设。铺设时,应在路堤两侧每边各留不小于2m的锚固长度;土工格栅宜采用搭接法连接,搭接长度不宜小于0.3m。

对于一般路基和桥头台后地段，土工格栅沿路堤横向铺设；对于台前地段，土工格栅沿堤纵向铺设。桥头地段采用 TGSG20 型双向土工格栅；一般路基地段，采用单向拉伸聚丙烯土工格栅，型号为 TGDG35。底层土工格栅按路基底宽铺设，其他层的土工格栅按路基顶宽铺设。

(7)密封套袋装砂井

密封套袋装砂井处理范围的起讫桩号为 K23 + 923.5 ~ K23 + 987.8，砂井长度为 21.0m，处理宽度为 49.0m，间距为 1.2m。袋装砂井需贯穿砂垫层并外露 10cm，与砂垫层贯通，保证排水畅通。密封套技术要求：塑料套，直径 9 ~ 10cm，厚度 > 0.14mm，抗拉伸强度 > 15MPa，断裂伸长率 > 200%，直角撕裂强度 > 80N/mm，渗透系数 < 10cm/s。密封套伸入透水层两侧软黏土的长度为 1.5m。袋装砂井灌砂后安装密封套；为避免损坏密封套，施工袋装砂井时不得使密封套拖地移动，砂井导管内壁应设置导轮，管口必须光滑平顺，下砂井时应贯入一定量的水。施工袋装砂井前应探明透水层性质及其空间分布范围，确定密封套的长度和位置。当存在大量贝壳等尖锐颗粒时，密封套外需安装 10cm 直径砂井袋保护。试验段 K23 + 923.5 ~ K23 + 987.8 的静力触探资料显示本场区的透水层厚度为 5m，则密封套的长度应为 8m。施工工艺流程如下：

整平砂垫层→测量放样→桩机就位→裁制砂袋灌砂→扎牢密封套→成孔→冲水→下沉砂袋→振动拔管→扎袋口→移机施打下一根砂井。

①放样布桩：按设计图纸进行，正三角形布置。

②裁制砂袋：根据试打后确定的深度并考虑外露长度和两头打结长度，砂袋长度按监理要求裁制。

③灌砂：为保证灌砂密实度，应采用机械灌砂法灌砂，灌好的砂袋需经过二次吊振，吊振后空袋用人工二次补灌，以免出现断桩，影响排水效果。

④扎牢密封套：从离砂井头 3m 处开始对密封套进行固定，密封套两端采用胶带扎牢在袋装砂井上，中间每隔 1m 用胶带固定。

⑤成孔：桩管下沉到设计深度，桩管插入地基时应严格控制垂直度和桩位，垂直度小于 1.5%，桩位偏差应小于 15cm。

⑥冲水：为保证拔管时，能使管底阀门顺利打开，不回带，又不至于因冲水压力过大而造成对桩底原状土扰动过大，冲水压力可根据现场施工实际情况确定。

⑦下沉砂袋：下沉砂袋应防止砂袋扭曲、撕破和污染。

⑧振动拔管：拔管时应防止砂袋回带，桩管要垂直起吊防止砂袋带出或被损坏。如出现回带，要查找原因，并补打。

⑨二次补灌：拔管后对桩头空袋用人工补灌，并扎好袋口，整理桩头。

⑩移机施打下一根，施工不得出现漏打、短断桩。

(8)搅拌桩防渗帷幕工程

搅拌桩防渗帷幕工程施工区域是在 K23 + 681 ~ K23 + 987.8 的路基范围内。搅拌桩防渗帷幕施工应使用喷浆方式的深层搅拌桩机。搅拌桩防渗帷幕设计深度：K23 + 681 ~ K23 + 730 为 9.0m，其中 K23 + 681 断面的搅拌桩应伸入砂垫层层顶面；其余区段为 8.0m。搅拌桩设计直径为 50cm，间距为 0.32m。采用 325 号水泥或淤泥进行搅拌桩施工，相邻桩之间搭接 18cm，形成连续的防渗帷幕。

施工步骤为：

①深层搅拌机到达指定桩位，对中。使搅拌机保持水平且垂直度应控制在1.5%以内。

②待深层搅拌机冷却水循环正常后，启动搅拌机电机，放松起重机钢丝绳，使搅拌机沿导向架搅拌切土下沉，下沉速度可由电机的电流监测表控制。工作电流不应大于70A。如果下沉速度太慢，可从输浆系统补给清水以利钻进。

③按设计确定的配合比（40kg粉土配10kg水泥）拌制水泥浆，待压浆前将水泥浆倒入泥浆池中。密度应大于1.5g/ml，用密度计控制。

④深层搅拌机下沉到设计深度后，开启灰浆泵压入地基中，并且边喷浆、边旋转提升，搅拌桩施工采用2次喷浆2次搅拌为宜，同时严格按照设计确定的提升速度（不得大于0.8m/min）提升深层搅拌机。

⑤深层搅拌机提升至设计加固深度的顶面高程时，集料斗中的水泥浆应正好排空。为使软土和水泥浆搅拌均匀，可再次将搅拌机边旋转边沉入土中，至设计加固深度后再将搅拌机提升出地面。

⑥向集料斗中注入适量的清水，开启灰浆泵，清洗全部管路中残存的水泥浆，直至基本干净。并将黏附在搅拌头的软土清洗干净。

⑦检查、记录板位打设情况后，移机施打下一根。

(9)竖向排水体抽真空施工技术要点

竖向排水体抽真空工程是在本试验段桩号K23+983.5附近的左边路基范围内，加固区域为三角形状，底宽56.8m，高23.5m。施工工艺流程如下：

①在加固范围内铺设工作砂垫层和水平排水管道。

②由于软基地基下约5m处存在厚度约为3m的透水砂层，确定竖向排水体的高度为20m，密封段的长度为10m。

③根据加固区域的空间分布情况，采用梅花形布置竖向排水体，并在占总数1/3的竖向排水体上部设置PVC密封段。

④打设竖向排水体。

⑤在设有密封段的竖向排水体上安装管道并密封，将各个管道口与抽真空装置连接，然后进行抽真空排水。

1.3　试验段实施情况

1.3.1　施工过程简介

试验段自2002年7月开始清理场地施工，2002年8月进行工作垫层的吹填工作。袋装砂井、塑料排水板和搅拌桩是在2002年12月打设完毕。真空预压段（K23+681～K23+987.8）是在2003年1月开始抽真空。常规堆载段的路基填砂是在2002年11月开始，而真空预压段的路基填砂是在2003年2月13日开始的。2003年6月份试验段对宽度不足的两侧用地进行了补征，以保证包边土及临时防护设施的施工需要。到2003年7月21日，全段路基填砂工作基本完成，封层土的施工正在进行中。试验段已完成工程量的具体情况如图1-7所示。

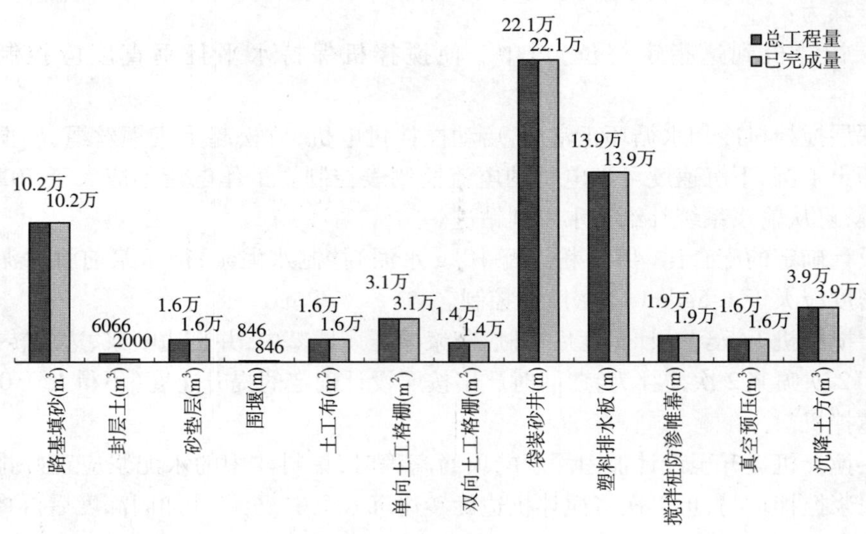

图 1-7　试验段工程量对比图

1.3.2　监测情况简介

1)监测仪器布置

布置的原则是要测出地基土在路堤填筑过程中和填筑后的沉降,位移及孔压的分布,控制施工速率,从而控制路堤的稳定性。了解和验证地基加固程度和处理效果,根据试验要求及工程地质条件,测点布设应注意以下几点:

(1)各类仪器应布设在袋装砂井间距的中心,与袋装砂井等距的位置。

(2)水平位移观测断面应与沉降观测断面位置吻合,观测断面垂直于路线轴线上。

(3)在路基横向范围内测点宜设于路中,坡肩或边沟上口外缘5m以内。

(4)孔压的平面布置点宜集中于路中,分层沉降管周围,一般每种土层应有测点,埋深至压缩层底。监测仪器埋设数量及平面布置如表1-4、图1-8所示。

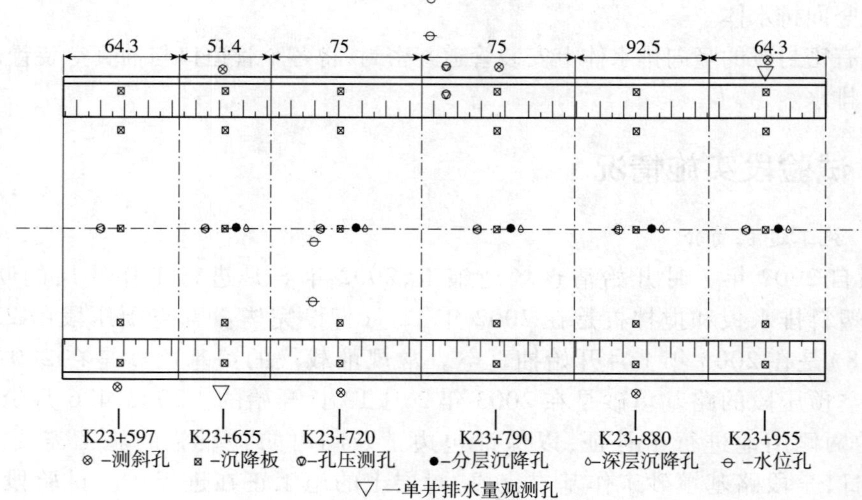

图 1-8　试验段仪器平面布置图

试验段仪器埋设一览表

表 1-4

断面桩号	沉降板		孔压计		测斜管		分层沉降			深层沉降		水位孔		单井排水量	
	沉降板数量	埋设日期	孔压计数量	埋设日期	测斜管深度(m)	埋设日期	分层沉降深度(m)	沉降环数	埋设日期	埋深分别为10m、25m、21m	埋设日期	埋深分别为5m、10m、21m	埋设日期	单井数量	埋设日期
K23+597	5	2002年12月12日	4	2002年11月13日	32	2002年11月14日									
K23+655	5	2002年12月10日	4	2002年11月15日	35	2002年11月16日	35	7	2002年11月15日	3个	2002年11月16日			2	2002年12月5日
K23+720	5	2003年1月27日	4	2002年12月7日	33	2003年8月2日	28	6	2002年12月7日	3个	2002年12月8日	2	2002年12月8日		
K23+770			6	2003年1月11日								2	2003年1月13日		
K23+790	5	2003年1月29日	4	2002年12月9日	29	2003年8月3日	26	5	2002年12月16日	3个	2002年12月10日				
K23+880	5	2003年1月29日	4	2002年12月11日	29	2003年8月3日	30	6	2002年12月16日	3个	2002年12月13				
K23+955	5	2003年1月29日	6	2002年12月14日	29	2003年8月2日	30	6	2002年12月15日	3个	2002年12月15日			2	2002年1月8日
K23+970	1	2003年8月27日	5	2003年8月19日											
总计	30		32		187		148.3	30		15个		7		4	

2)监测频率

为了收集到足够多的信息,以便对地基强度增长、变形情况做出比较准确的判断,确保加载过程中路基的稳定,必须保证一定的监测频率。在不同时期,监测需要按照不同频率进行。本试验段各类测点的监测频率见表1-5。

监测频率表 表1-5

监测时间	沉降及侧向位移	孔隙水压力、土压力
加荷期间及加荷七天内	1次/日	2次/日
加荷后一个月内	1次/2日	1次/日
加荷后六个月内	1次/10日	1次/2日
加荷后六个月后	4次/年	1次/月

3)监测程序

稳定监测控制程序如图1-9所示。

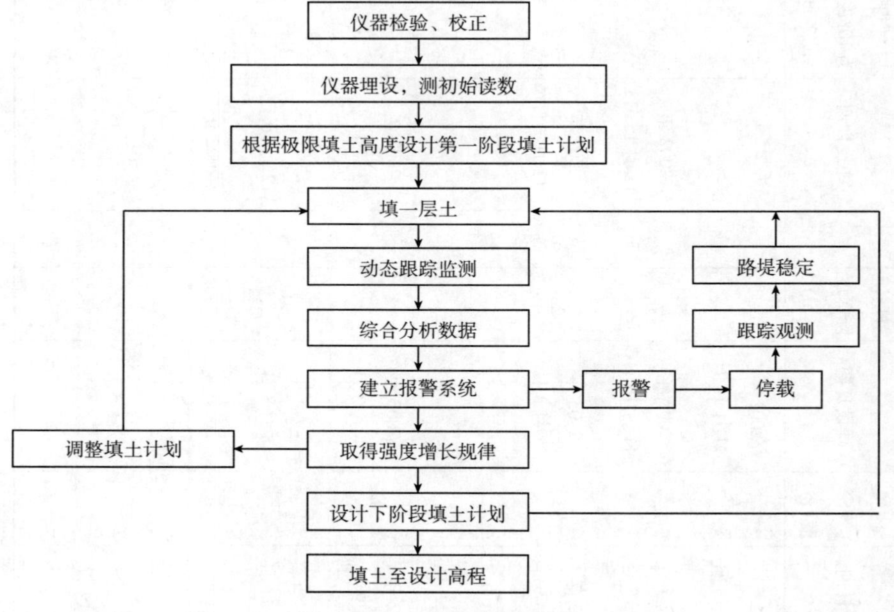

图1-9 稳定监测控制程序图

第2章　施工期稳定性控制研究

软基路堤的施工设计方案建立在现场地质资料和土的物理力学性质指标的基础上，通过理论分析而制订出来。但由于地质条件的复杂性、计算理论存在诸多假设以及室内外试验方法获取的计算参数的精度问题，施工设计方案与实际施工情况往往不符。此外，在路堤填筑阶段，软基受干扰因素较多，路堤边坡(尤其是高路堤边坡)容易出现失稳现象。因此，为了及时掌握软基的应力应变状态，以便能发现潜在的危险情况并采取相应措施，保证工程安全，必须进行施工期的现场观测与控制。另外，现场观测资料也是评价加固效果和计算工后沉降的基础。目前，软基路堤施工期稳定性控制的方法较多，但绝大多数是建立在为数不多的几个工程经验上，迄今为止，尚无普遍被采用的方法。因此，软基路堤施工期稳定性控制的研究还待进一步深入，我们在工程实践过程中尚需不断积累经验，不断探索，以求有新的突破。本章首先简单介绍了目前软基加固工程中常用的一些施工控制方法；接着讨论了软土地基的变形破坏过程，在此基础上，提出了一种新的施工期稳定性分析方法 - 不排水沉降速率 AGO 法；最后将这些方法运用于几个工程实践中，论证了稳定性信息化控制中对各种数据进行综合分析的重要性，同时也证明了不排水沉降速率 AGO 法具有较高的实践意义。

2.1　稳定性控制方法概述

现有的一些施工控制方法主要包括以下三种类型[1]：

(1)经验值控制施工。如控制边桩位移速率，控制地面沉降速率，控制孔隙水压力消散程度；

(2)制作控制图控制施工。如预测破坏的沉降与边桩位移率的相关控制图法，地基承载力的孔压系数控制图法；

(3)设计计算校核法。如承载力计算校核法，稳定计算校核法，限制塑性开展区法。

其中，第一种方法采用某一种观测经验值作为施工过程中软基是否稳定的一个控制指标，在工程实践中操作起来较为直观而方便，因此，该法较为常用。但它有一个明显的缺点就是缺乏理论依据，对工程判断常常偏于保守或不安全。如《软基规范》采用控制边桩位移速率和控制地面沉降速率的方法，其控制标准为：路堤中心线地面沉降速率每昼夜不大于 10mm，坡脚水平位移速率每昼夜不大于 5mm；观测结果应结合沉降和位移发展趋势进行综合分析；其填筑速率，应以水平控制为主，如超过此限应立即停止填筑。但工程实践中既不乏路堤中心沉降速率小于 10mm/d、坡脚水平位移速率小于 4mm/d 的软土路基出现失稳的现象，也有很多路堤中心沉降速率大于 10mm/d、坡脚水平位移速率大于 4mm/d 的软土路基仍然处于稳定的例子。因此不能机械地搬用某一个工程的经验，因为影响沉降速率和侧向位移的因素是比较复杂的，它们随着地基土的性质、加载方式以及地基处理方法等而变化，所以说控制沉降速率和坡脚水平位移速率的标准不应该是常数。

软土的物理力学性质在地基填土施工期间表现为一个不断变化的、动态的过程，它受地质条件、地基处理方法和加荷速率等因素的影响，变化过程相当复杂。因此，要达到施工期稳定性控制的目的,我们就必须找出一种能够排除以上因素的影响,及时准确地反映出地基土所处的变形阶段的稳定性分析方法。

引起软土路堤失稳的主要原因是施工期的加荷速率控制不当,因此,路基施工期的稳定性控制的首要任务就是对其加荷速率进行监控。以下简单介绍几种常用的加荷速率控制方法[1]。

2.1.1 根据沉降 S 和侧向位移 δ_H 判别

(1)利用 S 和 δ_H 关系,即路堤中部沉降量和坡址侧向位移。当 δ_H/S 值急剧增加时,表明地基接近于破坏状态(图 2-1)。

(2)利用 S 和 δ_H/S 的关系,地基破坏时 S 和 δ_H/S 关系大致在一条曲线上,如图 2-2 中的 $q/q_f=1.0$ 曲线(其中 q 为填土荷载,q_f 为极限荷载),该曲线称为破坏基准线。将填土过程中实测得到的变形值绘制在 $S—\delta_H/S$ 图上,视其规律是接近还是远离破坏基准线,如接近破坏基准线,则表示接近破坏;远离则表示安全稳定。根据国外工程实例,路堤各位置上出现裂缝时,其 q/q_f 值大多为 0.8~0.9。

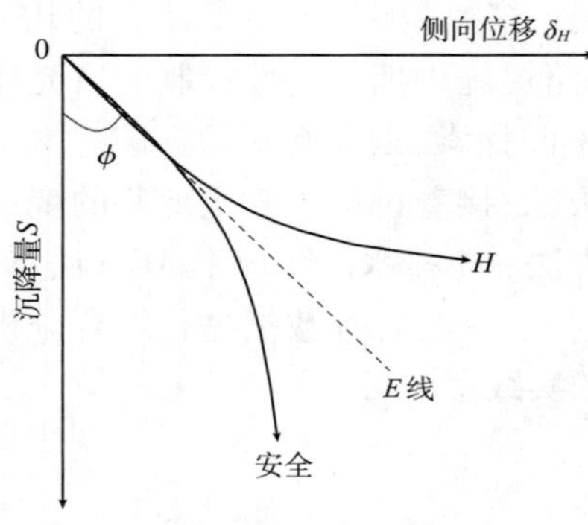

图 2-1 S 和 δ_H 关系曲线

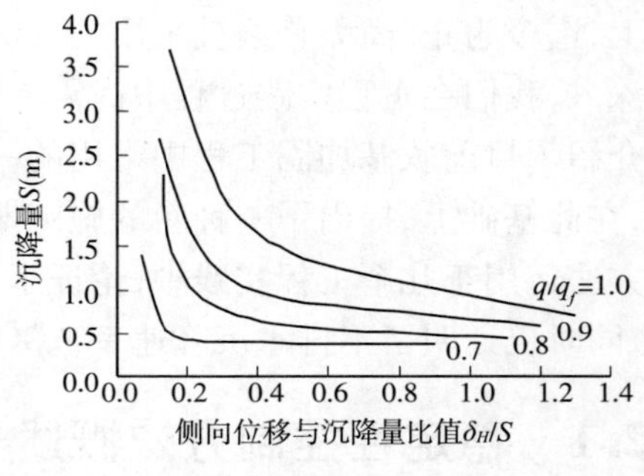

图 2-2 判别堆载的安全图

2.1.2 根据侧向位移速率判别

利用侧向位移速率 $\Delta\delta_H/\Delta t$ 与荷载 q 的曲线变化情况判别地基土所处的稳定状况。当 $\Delta\delta_H/\Delta t$ 急剧增加时,表明地基接近破坏状态(图 2-3)。

2.1.3 根据侧向位移系数判别

在 $\Delta q/\Delta\delta_H—q$ 曲线上,当 q 较小时,$\Delta q/\Delta\delta_H$ 值就较大;当 q 到达某值后,q 和 $\Delta q/\Delta\delta_H$ 成直线关系,将直线延长与横轴 q 相交,则该交点为极限荷载 q_f(图 2-4)。$\Delta q/\Delta\delta_H$ 为侧向位移系数,它是表示地基刚性的一个指标。

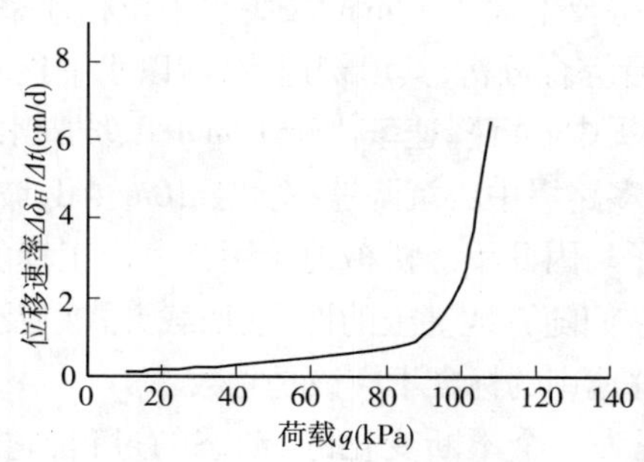

图 2-3 $\Delta\delta_H/\Delta t$-q 的关系曲线

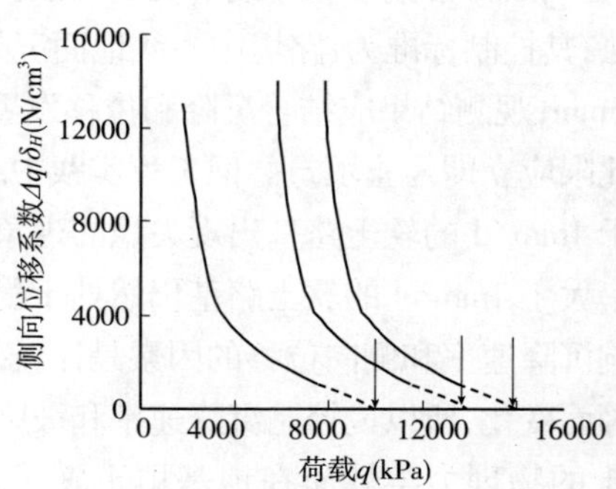

图 2-4 $\Delta q/\Delta\delta_H$-q 的关系曲线

2.1.4　根据土中孔隙水压力判别

该法是根据孔隙水压力 u 和荷载 q 的关系，绘制出两者之间的曲线图，曲线上的转折点所对应的荷载为屈服荷载 q_y。

当 $q < q_y$ 时，地基土处在弹性阶段；

当 $q = q_y$ 时，设置孔隙水压力计测头处的土发生塑性挤出；

当 $q > q_y$ 时，塑性区扩大。

q_y 和极限荷载 q_f 间存在关系：$q_f/q_y = 1.6$

2.1.5　根据经验值判别

根据工程经验，加荷期间如超过下述三项指标时，地基有可能破坏：（引用公路地基规范）

（1）堤中心点处，地面沉降量每天超过10mm；

（2）路堤坡趾处侧向位移每天超过4mm；

（3）孔隙水压力（地基不同深度处埋设孔隙水压力计）超过预压荷载所产生应力的50%～60%。

这里需要指出的是，上述第1至第4种监控方法都是根据各观测数据之间的曲线的变化情况来判别地基土所处的稳定状态，由于曲线的变化情况反映的是地基土应力应变的即时状态，所以该类监控方法受地基土性质和地质条件的复杂性的影响很小，能够如实反映地基所处的稳定状态，具有动态分析的特点，分析的效果也较佳。但实际上，由于孔隙水压力观测和侧向位移观测费用较为昂贵，而且测试精度等问题还没完全解决，因而目前高速公路施工中大多数软基路段，并不设置孔隙水压力和侧向位移的观测项目，而只监控地基土的沉降速率，这也是软基失稳问题较多的原因之一。因此，探索稳定性与沉降速率之间的关系，得到一个合乎工程实际的控制标准是软基处理工程的一个研究方向。

目前的研究已表明，软黏土的变形破坏存在渐变到突变的变化过程，也就是在附加应力作用下其应变从稳定的、缓慢的增加转化为不稳定的，快速的增加。因此，如何利用各观测数据识别软黏土变形破坏的转化过程是实现软土地基施工期稳定性控制的关键。软黏土变形破坏的转化必然使其应力应变之间关系曲线的斜率发生变化，即曲线将出现拐点。将各观测数据经过分析处理之后，根据这些处理之后的数据绘制出软黏土应力应变的关系曲线，曲线的拐点对应的就是软黏土变形破坏的转折点。上述的几种施工控制方法就是基于这样的机理来分析地基的稳定状况，从而达到稳定性控制的目的。后文所介绍的一种新的分析地基稳定性状况的方法——不排水沉降量AGO法也是基于同样的机理，而该法只需沉降观测数据就可进行稳定性分析，相比前述几种方法具有更强适用性。

为了更好地掌握各拐点所反映的地基土的应力应变状态，有必要对软黏土的变形破坏过程进行分析研究。

2.2　软黏土变形破坏的室内外试验曲线特征及变形破坏的阶段划分

2.2.1　三轴不排水试验曲线及十字板转角—强度曲线的特征

图2-5为中江高速公路软基加固试验段软黏土代表性的三轴不排水试验的主应力差与轴向应变曲线。由原状土三轴不排水试验曲线可看出，在试验初始阶段，主应力差增长较快，应变增量较小，该段曲线的斜率大；当曲线进入A点后，随着主应力差的增长，应变速率开始加快；到了

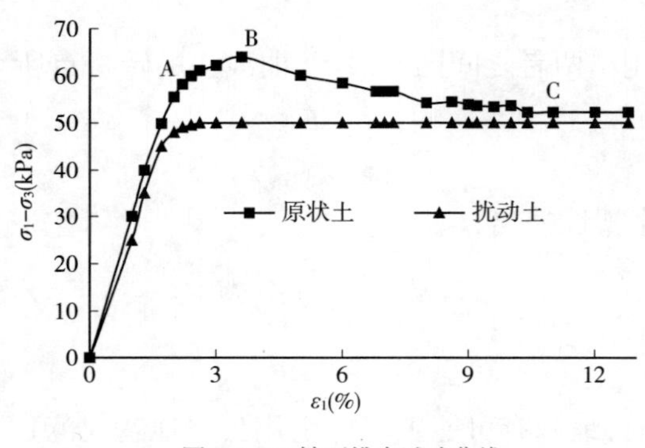

图 2-5　三轴不排水试验曲线

B 点之后，应变增加速率很大，而主应力差则开始减小，B 点所对应的主应力差即为该软黏土的极限强度，此时软黏土已经进入变形破坏阶段；当试验进行到 C 点时，主应力差维持不变，而应变继续增加，C 点所对应的主应力差即为该软黏土的剩余强度。由此可知，原状土的三轴不排水试验的变形破坏过程具有明显的阶段性，即为：OA 段的高应力、低应变阶段；AB 段的高应力、高应变阶段以及 B 点之后的低应力、高应变阶段。

扰动土的三轴不排水试验的变形破坏过程和原状土一样具有明显的阶段性。其 A 点所对应的主应力差较原状土的稍低，而对应的应变量是相近的；另外，扰动土的 AB 段相对较短，进入 B 点之后也没有应力减小、应变增大的阶段，而是直接进入剩余强度阶段。

图 2-6 为该试验段软黏土典型的十字板转角—强度曲线。由图可看出原状软黏土的变形破坏过程与三轴不排水试验的变形破坏过程类似，同样具有明显的阶段性。在曲线的 OA 段，随着转角增大，抗剪强度快速增加；在 AB 段，抗剪强度随着转角的增大而增加，并且增加的速率越来越小；进入 B 点之后，随着转角的增大，抗剪强度反而逐渐减小，曲线最后将进入剩余强度阶段。同样，B 点对应的强度是其极限抗剪强度。

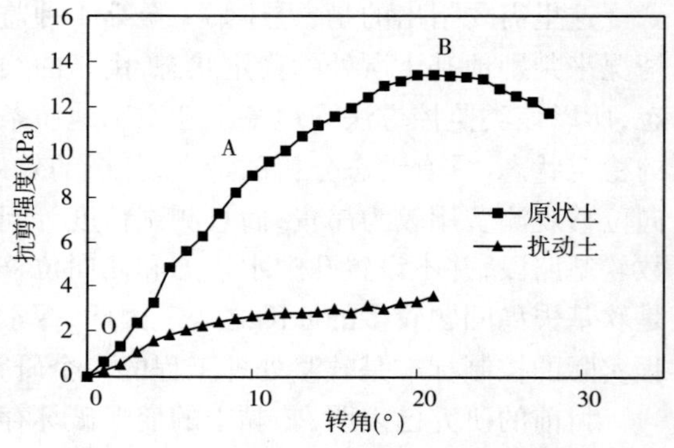

图 2-6　十字板转角—强度曲线

扰动软黏土的十字板转角—强度曲线也表现出较明显的阶段性，但其各个阶段变化的幅度比原状土的小一些，并且也没有明显的极限抗剪强度。

由以上分析可知，软黏土的室内三轴不排水试验曲线和十字板转角—强度曲线具有类似的变化过程，并且都表现出明显的阶段性。但各个阶段的幅度不同，尤其是第二个阶段差异更大。分析其原因，主要是由于这两种试验所造成软黏土产生破坏面的形态不同而引起。

2.2.2　从微观结构损伤角度定性分析软黏土变形破坏阶段

1）天然软土的变形机理[2]

为了抵抗压应力的增加，土体会产生一定的压缩应变，在饱和的条件下，这种压缩应变的产生过程就叫固结。软土在较快加荷条件下的固结过程无疑与颗粒接触点的滑移密切相关。滑移的结果导致接触点的增加、水膜变薄和孔隙比减小，从而能抵抗增加了的荷载。这是传统的变形理论，包括弹塑性理论和次固结理论对天然软土变形机理的解释。但是，天然土在长期荷载作用下存在另一种可称为结点固化的变形机理，即荷载的缓慢增加允许颗粒接触点上发生缓慢的物理化学作用，使接触点的强度增加以抵抗荷载的增加。固化过程中颗粒间不发生滑移，土的结构保持原状，但接触点的水膜可能减薄，从而孔隙比也会有所变小，但这一减小量与因颗粒滑移引起的减小量相比要小得多，这就是天然土中往往存在高孔隙比的原因。另外结点固化使土骨架的刚度增加,原来由孔隙水承受的一部分荷载转由骨架承受,这就可以解释填土后期孔隙压力消散现象。

2)软黏土变形破坏过程中微观结构损伤的三个阶段

基于以上变形机理,沈珠江把软土变形破坏划分为三个阶段(图2-7)。第一阶段反映结构基本保持完好状态下的变形,但不能排除少量的破损。而且,即使结构完好,也不能排除弹性变形,加上再加荷时原来因水膜变化而松弛了的接触点距离可能再次靠拢。因此,认为这一段的孔隙比一点不变的假设不见得合理。另外,由于这一阶段固结系数很大,在现场不可能产生大的侧向变形。这一阶段基本上是弹性变形。第二阶段代表结构大量破损阶段,这时除了颗粒间的滑移外,还伴随着结构的塌陷,相应的压缩性可能远高于重塑土的压缩性。在不排水条件下,此时必然会产生孔隙压力的急剧上升。由于原来由骨架承受的一部分应力转嫁到孔隙水上,孔隙压力系数 $B=\Delta u/\Delta\sigma_z$ 甚至可能大于1。由于 $B\geqslant1$,在荷载增加的同时有效应力不增加甚至减少。这时候土体的变形主要是剪切变形,因此伴随着大量的水平位移。这一阶段主要为塑性变形阶段。到了第三阶段土的性质已接近重塑土,颗粒间的滑移成为变形的主要原因。本阶段为结构破坏阶段[2]。

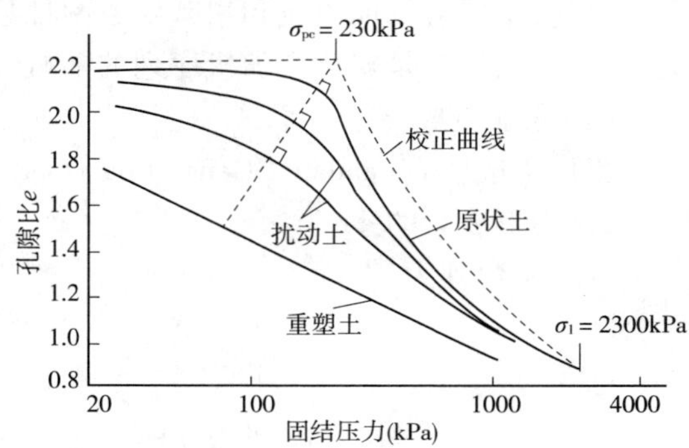

图2-7　软黏土的压缩曲线(引自参考文献2)

2.2.3　从弹塑性力学角度定性三阶段变形破坏理论

从弹塑性力学角度论出发,可将软黏土变形破坏过程的划分为三个阶段。第一阶段为弹性阶段,土体在这一阶段内仅发生压密变形,因应力较小,应力与应变基本成直线关系;第二阶段为局部塑性变形阶段,本阶段内,应力与应变呈非线性关系,随着应力的增大,应变的速率加大,表现出土体发生塑性变形的特征;第三阶段为剪切破坏阶段,随着应变进一步增加,在土体内将形成一个贯通的塑性变形区,此时,在应力增量不大的情况下,将发生较大的应变,表明土体已经进入破坏阶段。

上述理论与室内外土工试验数据均表明,软黏土的变形带有明显的"三阶段"特性,即在进入破坏阶段之前,软黏土的变形存在一个较明显的"加速变形"过渡段。因而从工程实践来讲,可以利用这特点对填土过程中软土地基进行控制,这也就是软黏土地基稳定性的变形控制的关键所在。本章后续内容将详细讨论这一思想的具体操作过程和实例验证与应用情况。

2.3　填土高度—不排水沉降速率分析的AGO数据整理方法

2.3.1　灰色系统理论简介

部分信息明确、部分信息不明确的系统称为灰色系统,它的研究对象是部分信息已知,部分信息未知的"小样本"、"贫信息"不确定性系统;通过对部分已知信息的生成、开发去提取有价值的信息,实现对系统运行规律的正确描述和有效控制[3,4]。近年来,灰色系统理论在软基预测沉降方面的运用取得了可喜的进展[5~7]。

信息不完全是灰色系统的特征,因此研究灰色系统的关键是:(1)如何处理原始数据;(2)通过建立灰色模型,使系统由灰变白。通过白化,我们对系统的认识便由少到多,并可进一步掌握其变化规律,从其中提取出所需的信息。因此,灰色系统在建模时,必须采取一定的方式对原始数据进行生成处理,使生成数据序列变成有规序列,然后对生成的数列建立灰色模型,找出因素本身和因素之间的数学关系,从而了解系统的动态行为和发展趋势。

目前,主要有累加生成和累减生成两种数据生成方式。数据生成有两个目的:一是为建模提供中间信息;二是弱化原随机序列的随机性。

(1)累加生成

累加生成(Accumulated Generating Operation; AGO),即对原始数列中各时刻的数据依次累加,从而形成新的序列。

设原始数列为:

$$X^{(0)} = \{X^{(0)}(t_i) \mid 1,2,\cdots,n\} \tag{2-1}$$

即

$$\{X^{(0)}(t_i)\} = \{X^{(0)}(t_1), X^{(0)}(t_2), \cdots X^{(0)}(t_n)\} \tag{2-2}$$

对 $X^{(0)}$ 作一次累加生成,即令

$$X^{(1)}(t_i) = \sum_{k=1}^{i} X^{(0)}(t_k) \tag{2-3}$$

亦即

$$X^{(1)} = \{X^{(1)}(t_i) \mid 1,2,\cdots,n\} \tag{2-4}$$

若对 $X^{(0)}$ 作 m 次累加生成,则有:

$$X^{(m)}(t_i) = \sum_{k=1}^{i} X^{(m-1)}(t_k) \tag{2-5}$$

(2)累减生成

累减生成(Inverse Accumulated Generating Operation; IAGO)是 AGO 的逆运算,即对序列中前后两数据进行差值运算,生成方法与累加生成类似。

由于灰色建模的过程比较复杂烦琐,这里就不再做进一步的介绍。有关的详细介绍可参阅专门阐述如何建立灰色模型的书籍。

2.3.2 不排水沉降量 AGO 法

1)原理

软基上筑路是分级填土加载,每级填土一般在一天之内完成。因而每级加载的速率大大超过土中孔隙水压力消散的速率,形成了不排水剪切的作用。由于淤泥等软黏土地基渗透性很差,孔隙水压力消散较为缓慢,因而其不排水变形量比砂、砾等粒状土要大的多。

软黏土的三轴不排水试验结果如图 2-8 所示,图中的曲线 1 可以简化为理想材料的应力应变曲线(图 2-9 曲线 1),即重塑软黏土的不排水剪切变形可分为两个阶段,弹性变形阶段和塑性变形阶段。AC 代表弹性阶段的应力应变关系,这种关系是线性的。图中的 C 点成为屈服点,与此相应的应力 σ^* 成为屈服应力,过点 C 后,应力应变关系是水平线 CD,该线代表塑性阶段,在这阶段,应力不能增大,而变形却渐增[8]。实际上在进入塑性阶段前,存在一个变形急剧增大的弹塑性变形阶段 BC,即存在屈服"段"而不是屈服"点"。亦即扰动软黏土的不排水剪切变形分为弹性变形、弹塑性变形和塑性变形三个阶段[9]。对于原状软黏土而言,其不排水剪切变形也可分为上述三个阶段(图 2-8、图 2-9 曲线 2)。由于原状软黏土结构性的影响,进入塑性变形阶段时,其变形表现出卸荷的特点[10]。屈服段(弹塑性变形)的出现往往标

志着土体处于极限状态,处于失稳的临界状态。因而变形或不排水沉降速率骤然增大的“屈服段”可以作为地基稳定性的评判标志。

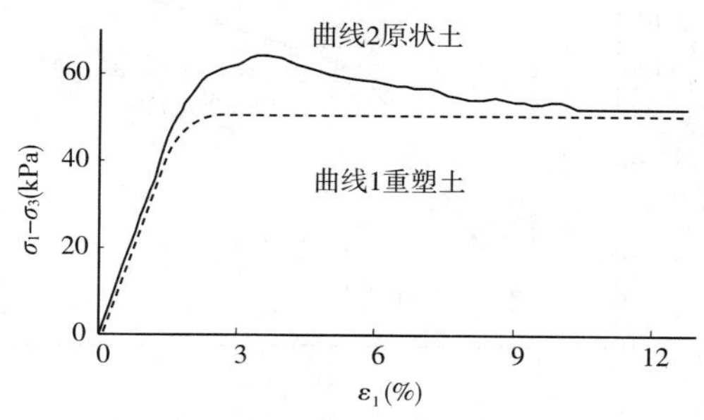

图 2-8　珠江三角洲软黏土的三轴不排水试验曲线

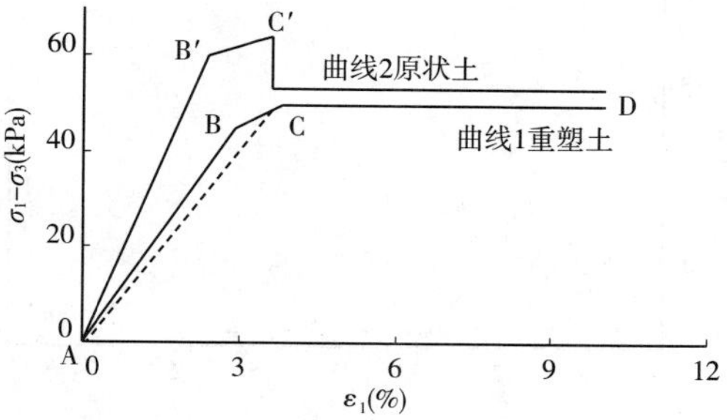

图 2-9　理想材料的应力应变曲线

2)方法简介

在实际工程应用中,对每级加载所引起的瞬时沉降量(日沉降速率)进行数据处理后,就可以揭示出土体不排水变形所隐含的信息。通过综合分析就可以判断土体所处的变形阶段以及稳定性。具体来讲,有以下几点:

(1)本级填土时的沉降速率反映了测量日内发生的沉降量,它包含了本级填方前累计填土作用下的日固结沉降量和本级填土所引起的不排水“瞬时”剪切变形量。为了从日沉降速率值中提取反映本级填土所引起的不排水变形量,应当扣除填方前累积填土所引起的固结沉降量。即:

$$v_{usi} = v_{msi} - v_{csi} \tag{2-6}$$

式中:v_{usi}——i 级填土的不排水变形量;

v_{msi}——i 级填土的当日沉降速率;

v_{csi}——i 级填土前的累积填土所引起的日固结沉降量。

实际操作时,可结合孔隙水压力观测数据进行分析。每级填土时,将孔隙水压力连续不消散时段内发生的沉降量看作“不排水沉降速率”。

(2)经上述处理后得到的日沉降量的随机性较强,规律性较差。图 2-10 是某高速公路软基试验段填土高度—不排水沉降速率散点图,从中难以发现较明显的规律。对于这样的沉降监测数据可以按照式(2-3)进行累加生成处理。可以证明一个波动起伏的曲线,经过反复的累加以后,最终会变成一条光滑曲线。但在实际的计算中,对原始数据进行 1 次处理后就能满足要求[4]。对荷载与沉降速率数据进行 1 次 AGO 处理后的结果也有明显的物理意义,它符合应力-应变关系的本质,便于采用弹塑性力学的基本概念进行稳定性分析。

图 2-11 是对图 2-10 中的数据经过 1 次 AGO 处理后得到,显然其规律性明显增强。图 2-11 中曲线中的拐点 A 发生在 A 断面的第 8 级填土,拐点 A 之前的 1 至 8 级填土历时 8 个月填筑完成。8 级以后的填土是在前 8 级填等载作用 3 年零 5 个月后重新开始填筑的。显然拐点 A 标志着:经过 3 年多的预压地基的刚度有所增加。

(3)各个断面的填土高度和累加沉降速率都不同,再者填土高度与沉降速率的单位也不一样,为了便于比较,把各个断面的数据归一化处理。实际操作中可以选取各断面中的最大填土高度和最大累积沉降速率进行归一化处理。

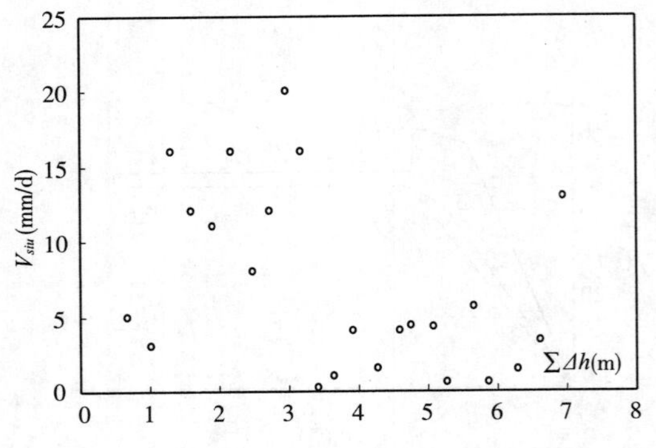

图 2-10　A 断面填土高度—日沉降速率散点图

图 2-11　A 断面$\sum\triangle h—\sum V_{US}$图

$$\overline{X}_{(i)}^{(1)}=\frac{X_{(i)}^{(1)}}{\max(X_{(i)}^{(1)})}\tag{2-7}$$

式中：$X_{(i)}^{(1)}$——一次累加生成荷载或沉降数据；

$\max(X_{(i)}^{(1)})$——$X_{(i)}^{(1)}$中的最大值；

$\overline{X}_{(i)}^{(1)}$——归一化荷载或沉降数据。

3)判别准则

经过几个工程实践的反演分析，我们总结出不排水沉降量 AGO 法判别地基稳定性的准则如下：

(1)当$\sum\Delta h—\sum V_{US}$曲线后一段的斜率小于前一段的斜率，该软土路基是稳定的，可将曲线突变点称为"拐点"；

(2)当$\sum\Delta h—\sum V_{US}$曲线后一段斜率大于前一段斜率的 3 倍，该软土路基是不稳定的，可将曲线突变点称为"屈服点"；

(3)当$\sum\Delta h—\sum V_{US}$曲线后一段斜率是前一段斜率的 1～3 倍，该软土路基是否稳定需要密切监视，可将曲线突变点称为"准屈服点"。

4)效果评价

采用上述方法判断地基稳定性的最大优越性是考虑了加荷大小对沉降速率的影响，得到的是$\triangle V—\triangle P$的变化情况，更合理的分析则应是考虑加荷速率对沉降速率的影响。图 2-12、图 2-13 分别是某高速公路软基试验段软黏土的十字板转角—抗剪强度曲线和未归一化的$\sum\triangle h—\sum V_{US}$曲线。该段软基采用真空预压处理，路基填土过程中最大沉降速率达到 40mm/d。按常规标准判断地基处于失稳状态。但$\sum\triangle h—\sum V_{US}$散点具有良好的线性关系，其相关系数达到 0.994。$\sum\triangle h—\sum V_{US}$曲线没有出现屈服点，软基始终处于稳定状态。这一现象与工程实际情况吻合。显然本文的填土高度～沉降速率 AGO 分析法更能反映数据蕴含的内在规律性，更符合工程实际状况，可以在工程实践中采用。

通过不排水沉降量 AGO 法在下面几个工程实例中的运用，我们可以看到该法能及时、准确地判断软基的稳定性状况，这证明了该法在珠江三角洲地区的软基加固工程中具备推广运用的工程实践意义。

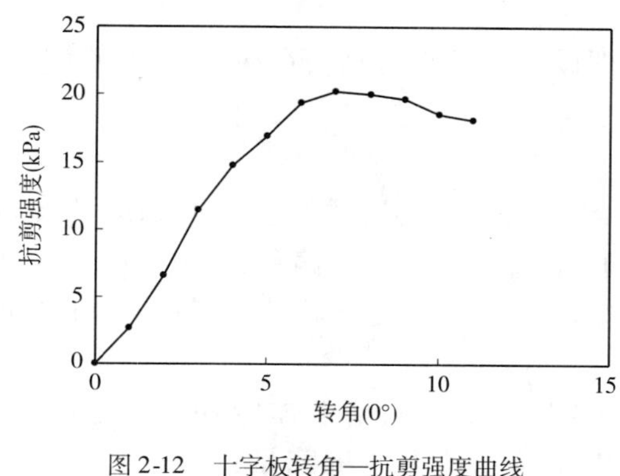

图 2-12　十字板转角—抗剪强度曲线

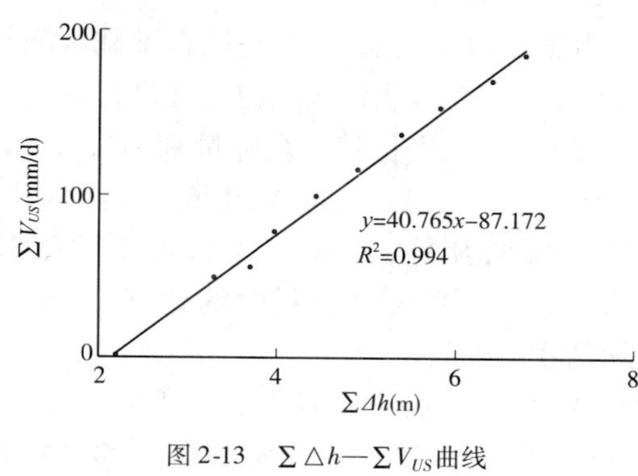

图 2-13　$\Sigma\triangle h$—ΣV_{US}曲线

5）推广该法需解决的突破点

（1）在孔隙水压力资料缺乏的条件下，如何利用不排水沉降量 - 填土高度 AGO 法进行稳定性评价；

（2）运用表面沉降即不排水沉降量 - 填土高度 AGO 法可以判断地基的整体稳定性。而实际上，成层地基的稳定性是由最软弱层控制的，如何利用该法判断最软弱层的稳定性也是一个有待解决的突破点。本文在第 4、5 节中详细讨论了上述两个问题。

2.4　工程实例分析

下面我们将结合几个工程实例，运用上述几种方法进行路堤施工期稳定性的判断和分析，并以此对比各种施工期稳定性控制方法的效果。

2.4.1　中江高速公路软基加固试验段

1）工程概况

详见第 1 章第 1 节。

图 2-14、图 2-15 分别为本工程场地淤泥层典型的三轴试验、十字板剪切试验曲线图，由图可以看出，该土的不排水变形具有典型的弹塑性变型特征，符合理想材料的应力应变曲线特征。

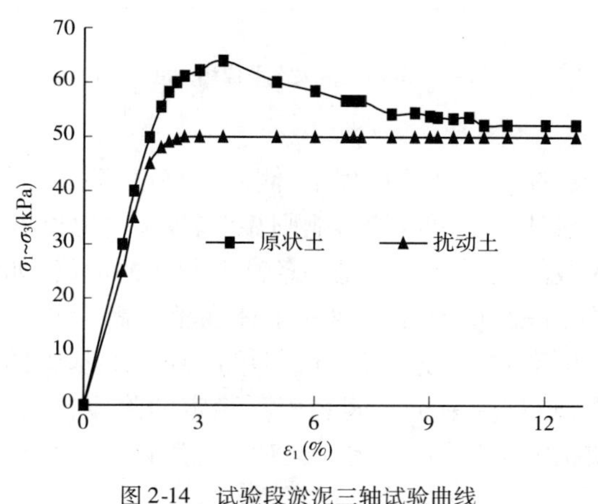

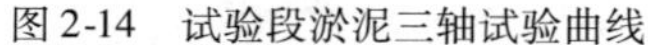

图 2-14　试验段淤泥三轴试验曲线

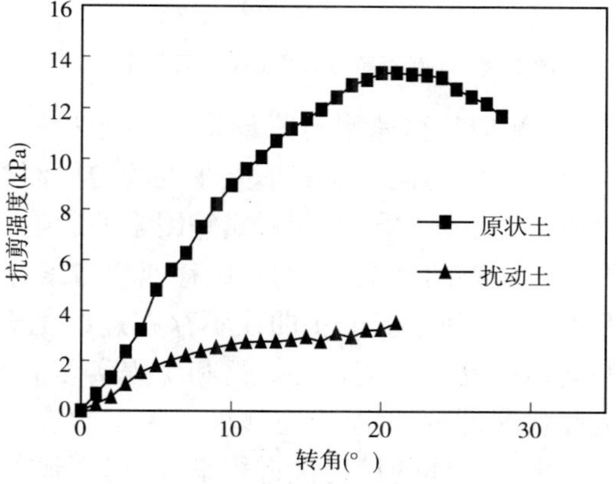

图 2-15　试验段淤泥十字板转角-强度曲线

2)数据分析

由于场地空间原因,真空联合堆载区测斜仪的埋设时间较晚,因此,在涉及侧向位移资料分析时,只对普通堆载区的稳定性进行分析。

(1)最大水平位移与沉降量判别法

图2-16、图2-17为A、B断面最大水平位移-沉降量曲线图,曲线除了开始阶段侧向位移稍微回弹外,在整个加载施工期间基本保持平直,没有出现偏移向最大水平位移的情况,说明了这两个断面的地基土体在加载施工期间始终处于稳定状态。这和工程实际情况相符。

最大水平位移与沉降量判别法简便易行,能够真实反映地基土体所处的稳定状态。但在工程实践中,产生较大侧向位移的同时,往往伴随着较大的沉降量,因此,使用该法时较难反映出水平位移出现高值的时间。也就是说该法对地基土体的稳定状态反应不够灵敏。例如在A、B断面加速填土阶段,沉降速率最高值达到了22mm/d,虽然地基土体没有出现失稳的现象,但此时的沉降速率和位移速率都表明地基土体已趋向于不稳定,而这种情况在图2-16、图2-17中没有反映出来。另外,该法依赖于侧向位移观测资料,但在工程实践中,大多数监测断面是缺乏这方面的观测资料的;而且受测斜管与软黏土刚度不匹配导致变形不协调的影响,侧向位移速率的观测结果存在较大误差。这也是不利于该法的推广运用一个因素。

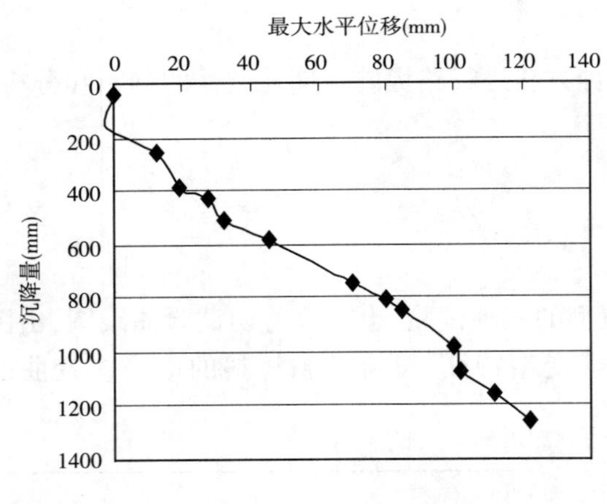

图2-16　A断面最大水平位移—沉降量曲线

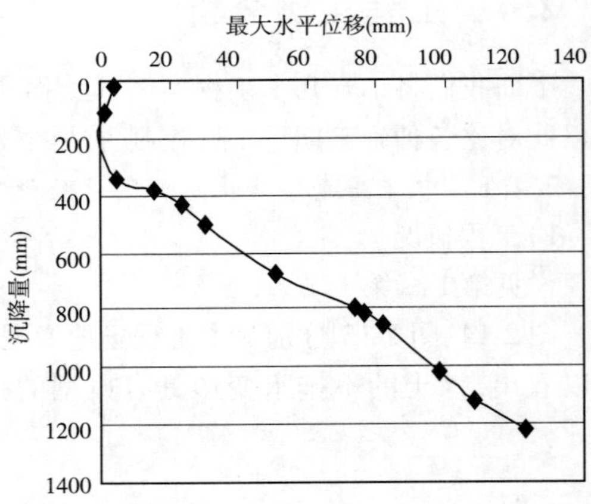

图2-17　B断面最大水平位移—沉降量曲线

(2)侧向位移速率与荷载关系判别法

地基土体的强度随着填土厚度的增加而增大,在填土施工过程中,侧向位移速率主要是受填土速率、软土性质、加荷方式等因素的影响,而累计填土厚度的影响则相对较小。因此,在路堤不发生失稳的情况下,侧向位移速率与累计荷载的关系曲线将是一条高低起伏的曲线,如图2-18、图2-19所示。图中曲线不存在连续上升的阶段,也就证明地基土体在整个各段加载施工期间始终处于稳定状态。这和工程实际情况是相符的。据此法,虽然可以判别地基土体的稳定性状况,但在地基土总体处于稳定的阶段内,较难判断出其间趋于不稳定的阶段,也就是难以对地基土体的稳定性进行细分,起不到提前报警的作用。显然,这对于运用该法来指导填土速率是不利的。

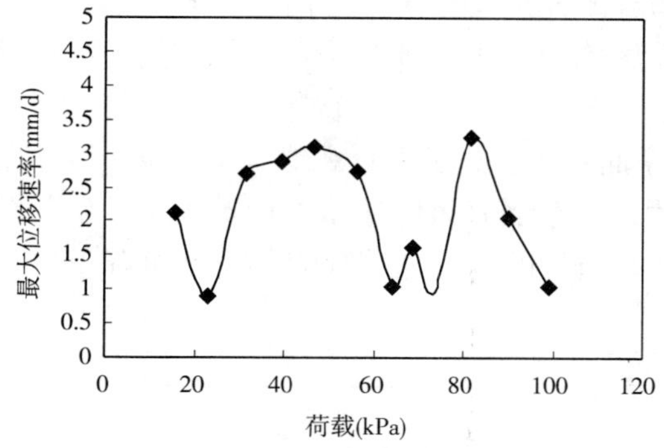

图 2-18　A 断面位移速率与荷载关系曲线图

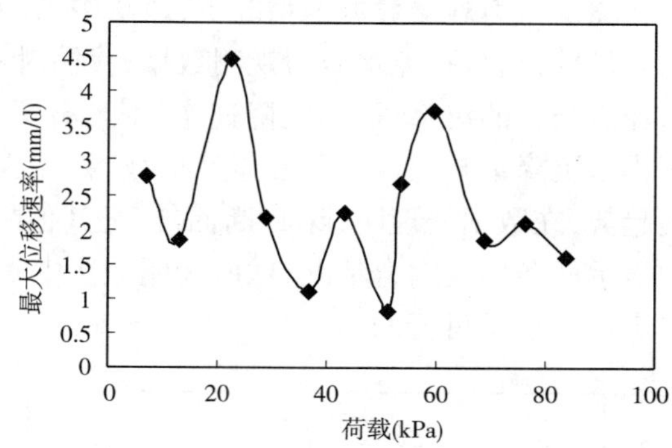

图 2-19　B 断面位移速率与荷载关系曲线图

(3)侧向位移系数判别法

图 2-20、图 2-21 分别为断面 A、B 的侧向位移系数与荷载的关系曲线图，图中曲线的规律性很差，由图无法求得极限荷载的大小。这主要是因为侧向位移系数判别法假定在低填土阶段 $\Delta q/\Delta\delta_H$ 值较大，在高填土阶段 $\Delta q/\Delta\delta_H$ 值较小。但在工程实践中，$\Delta q/\Delta\delta_H$ 与累计荷载并不成反相关关系，因而它们的关系曲线往往缺乏明显的规律性，因此，该法的假定条件在工程实践中是很难得到满足的。由此可知，该法在工程实践中的可操作性较差。

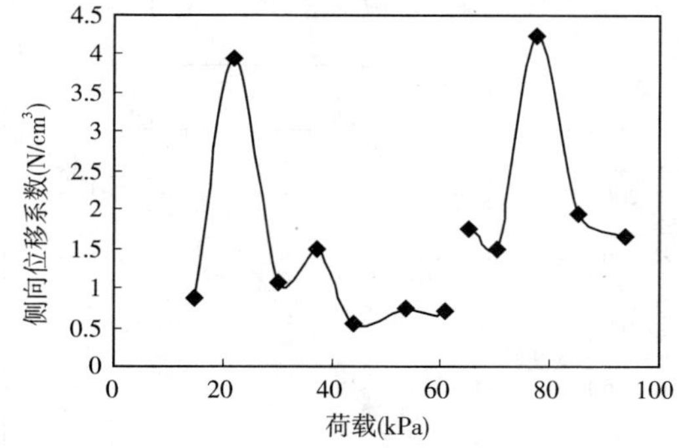

图 2-20　A 断面侧向位移系数与荷载曲线图

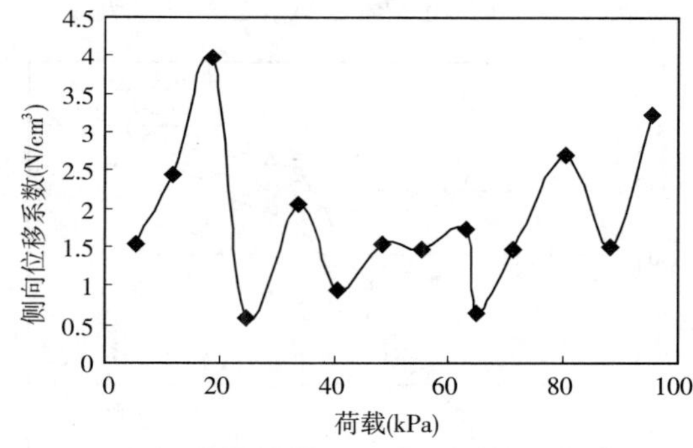

图 2-21　B 断面侧向位移系数与荷载曲线图

地基土体在接近破坏时，侧向位移将随荷载的增加而大幅增长，此时 $\Delta q/\Delta\delta_H$ 与累计荷载曲线将呈良好的反相关关系，根据曲线形状就可以判断地基土体的稳定状态。但在地基土体接近破坏的情况下，再施加几级荷载后，地基土体很可能已经发生了破坏。因此，该法在判别地基稳定性时显得不够及时，只能起到一定的指示作用。

(4)累计荷载与累计不排水沉降量判别法(不排水沉降量 AGO 法)

图 2-22 为本试验段淤泥的十字板转角—抗剪强度曲线图，该图表明，淤泥的不排水变形具有典型的弹塑性变形特征，符合理想材料的应力应变曲线特征，适合采用本文介绍的运用灰色系统理论进行施工期稳定性控制的方法分析地基土体的稳定性。为了验证在缺

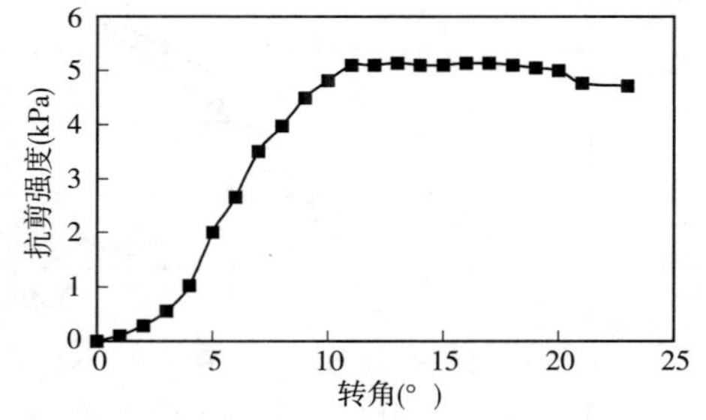

图 2-22　淤泥十字板转角-强度曲线图

失孔隙水压力观测数据的情况下，该法中采用加载当日的沉降量（V_{us}）替代不排水沉降量（S_u）的可行性，结合孔隙水压力观测数据，我们对每级荷载作用下孔隙水压力不消散期间的沉降量与加载当日的沉降量（即沉降速率）对比分析。图 2-23 ~ 图 2-28 为各个断面累计荷载 - 累计不排水沉降量与累计荷载 - 累计加载当日沉降速率曲线图。为了更直观地对比两条曲线的发展趋势，在数据处理时，除 D 断面外，把其他断面累计加载当日沉降速率的值扩大了一倍。图中显示两条曲线吻合情况良好，表明该法中采用加载当日的沉降速率代表不排水沉降量进行稳定性监控是可行的。

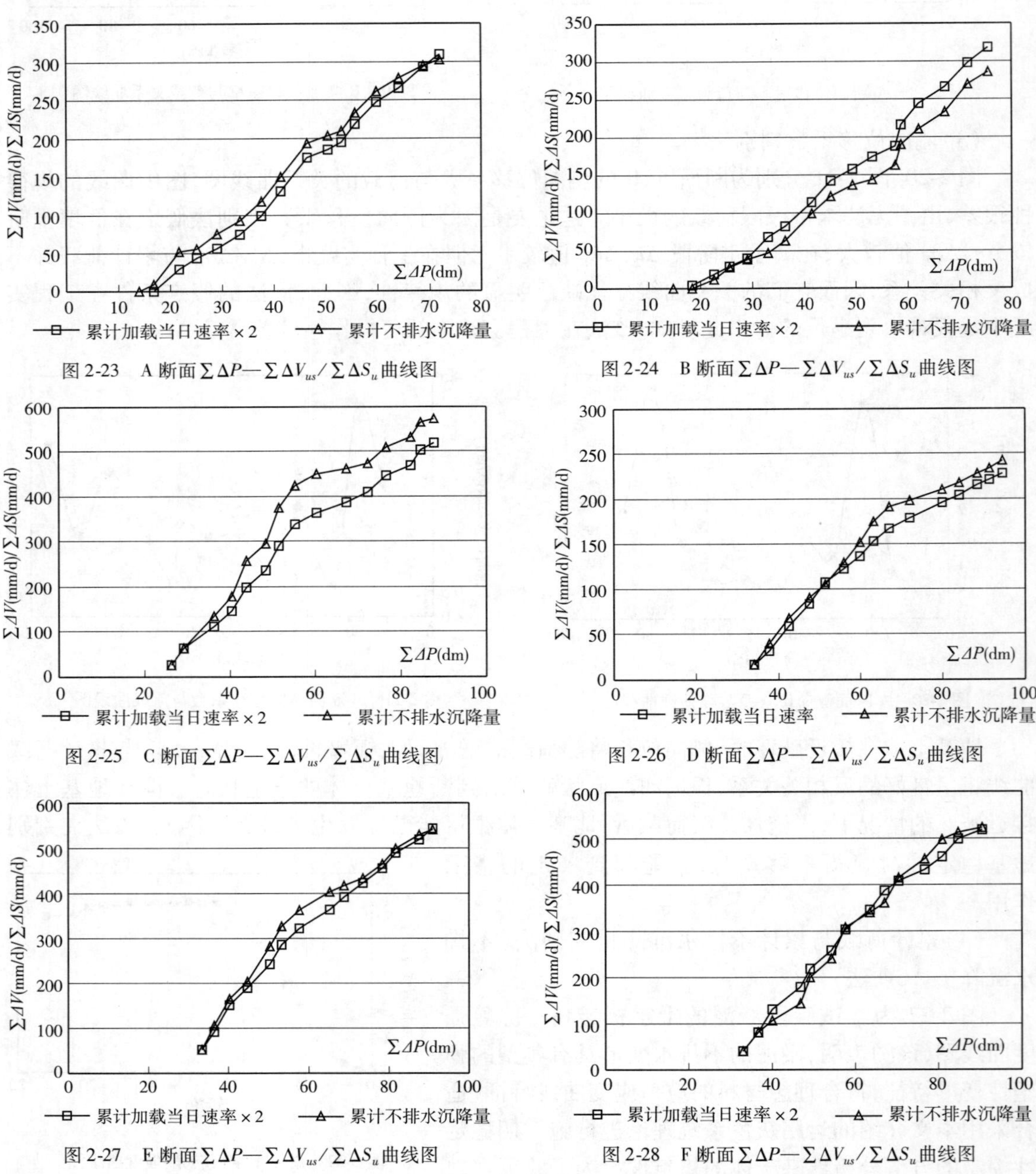

图 2-23　A 断面 $\sum\Delta P—\sum\Delta V_{us}/\sum\Delta S_u$ 曲线图

图 2-24　B 断面 $\sum\Delta P—\sum\Delta V_{us}/\sum\Delta S_u$ 曲线图

图 2-25　C 断面 $\sum\Delta P—\sum\Delta V_{us}/\sum\Delta S_u$ 曲线图

图 2-26　D 断面 $\sum\Delta P—\sum\Delta V_{us}/\sum\Delta S_u$ 曲线图

图 2-27　E 断面 $\sum\Delta P—\sum\Delta V_{us}/\sum\Delta S_u$ 曲线图

图 2-28　F 断面 $\sum\Delta P—\sum\Delta V_{us}/\sum\Delta S_u$ 曲线图

由于加载后地基的超静水压力常常是需要几天时间才消散得完,因此,为了进一步证实用 V_{us} 来代替 S_u 的可行性,我们整理出每级荷载作用后,路堤中间处两天和三天时间内的沉降量(分别为 S_{u2} 和 S_{u3}),并将它们和加载当日沉降速率进行对比。对比结果如图 2-29 ~ 图 2-34 所示,图中反映出各个断面的三条曲线形态基本一致,运用 AGO 法判断其稳定状态的结果必然也是相同的。因此,通过该例证实了在进行 AGO 法判断地基的稳定状况时,完全可以采取加载当日沉降速率代替不排水沉降量。

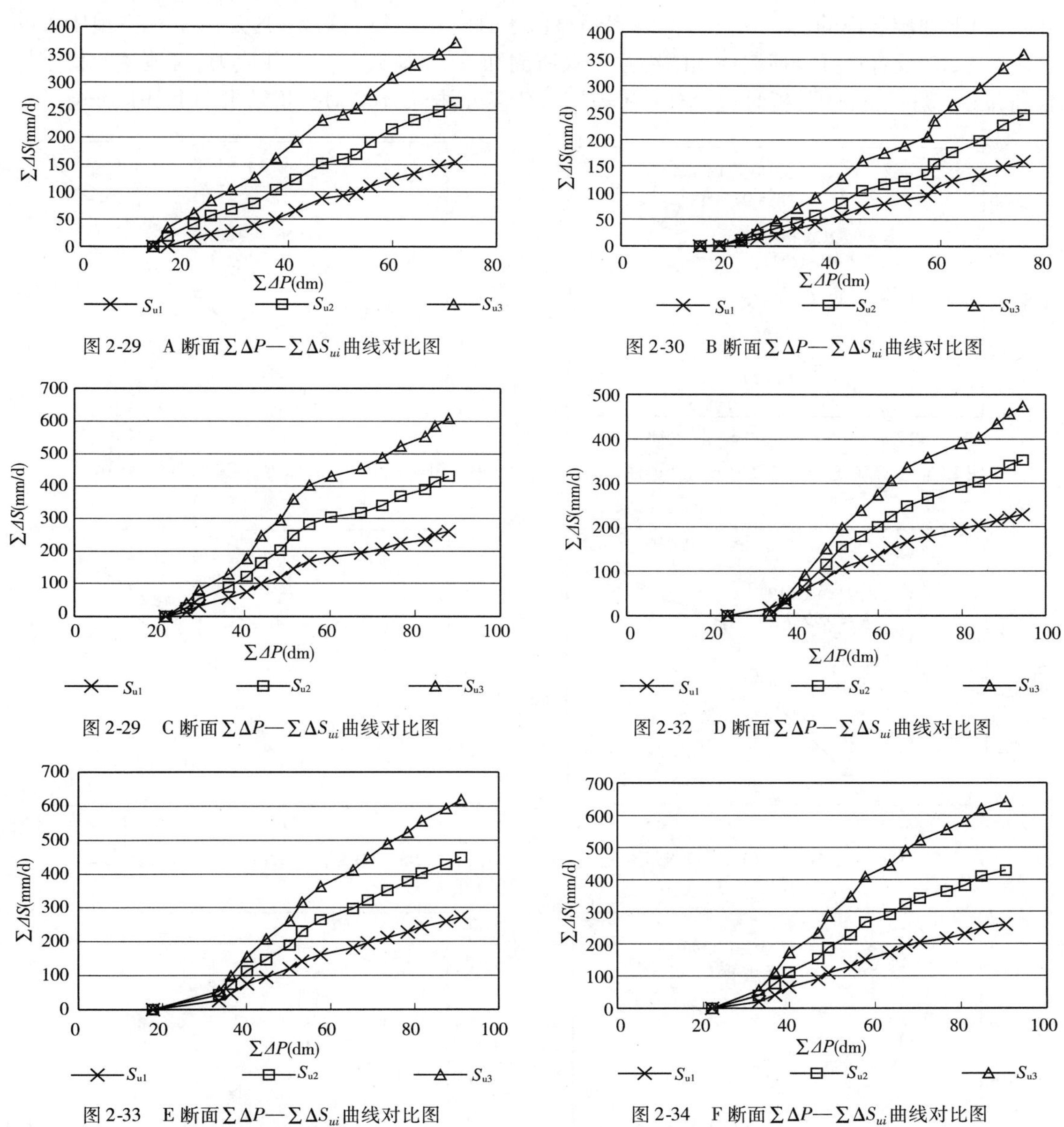

图 2-29　A 断面 $\sum\Delta P—\sum\Delta S_{ui}$ 曲线对比图

图 2-30　B 断面 $\sum\Delta P—\sum\Delta S_{ui}$ 曲线对比图

图 2-29　C 断面 $\sum\Delta P—\sum\Delta S_{ui}$ 曲线对比图

图 2-32　D 断面 $\sum\Delta P—\sum\Delta S_{ui}$ 曲线对比图

图 2-33　E 断面 $\sum\Delta P—\sum\Delta S_{ui}$ 曲线对比图

图 2-34　F 断面 $\sum\Delta P—\sum\Delta S_{ui}$ 曲线对比图

图 2-35 ~ 图 2-40 为各个断面归一化后的 $\sum\Delta P-\sum\Delta V_{us}$ 线性回归图,由图可看出:(1)各段的斜率比值在 0.61 ~ 1.98 之间,说明各段地基土体在整个加载施工期间始终处于稳定状态。(2)普通堆载段(A、B 断面)存在第一个拐点,亦即屈服点,对填土速率调整降低后,不排水沉

降速率与填土荷载相比所得的斜率恢复至早期数值水平，这表明，整个填土过程中地基的稳定性较好。真空预压段没有出现屈服点和破坏点，C、D、E、F 四个断面在填高分别为 5.5m、5.1m、4.2m、4.0m 处出现了标志稳定性提高的拐点。这和工程实践中真空预压加固地基比普通堆载加固地基的稳定性高相符。(3)真空预压段的各段曲线的斜率比值小于 1，说明其地基土体的强度在加载施工期间不断增大，地基处于安全稳定的状态；而普通堆载段刚存在两个斜率比值大于 1 的拐点，说明其地基土体在这两个时间段内的稳定性有所下降，此时应当加强监测力度。(4)普通堆载段的$\sum \Delta P - \sum \Delta V_{us}$斜率明显低于真空预压段的斜率，这是由于真空预压段的总荷载$\sum \Delta P$没有将真空荷载计入的缘故。众所周知，真空荷载不产生剪应力，对地基的稳定性有利，因此，进行 AGO 分析时，$\sum \Delta P$ 只考虑填土荷载，这样做不会对分析结果产生负面影响。

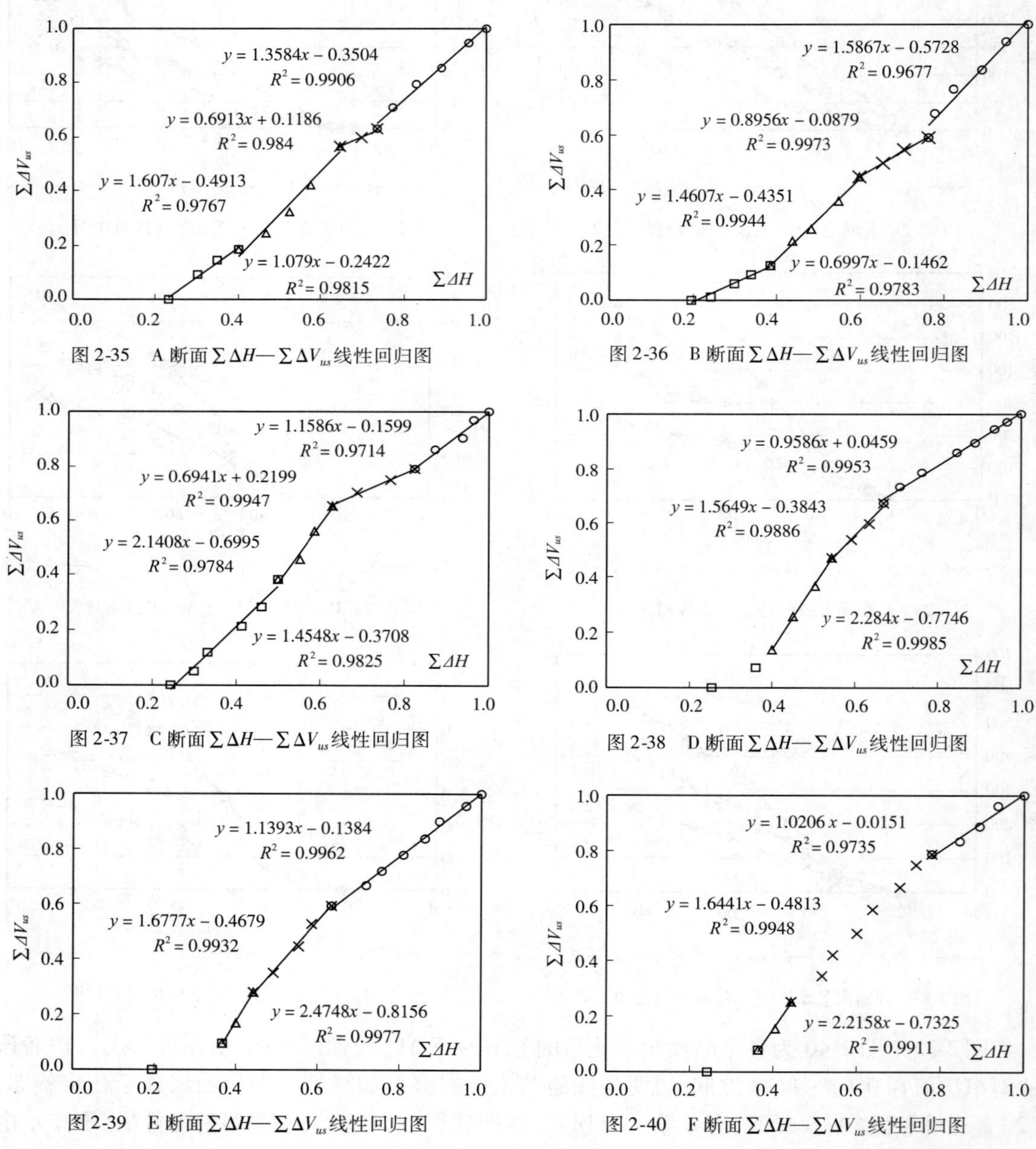

图 2-35　A 断面$\sum \Delta H$—$\sum \Delta V_{us}$线性回归图

图 2-36　B 断面$\sum \Delta H$—$\sum \Delta V_{us}$线性回归图

图 2-37　C 断面$\sum \Delta H$—$\sum \Delta V_{us}$线性回归图

图 2-38　D 断面$\sum \Delta H$—$\sum \Delta V_{us}$线性回归图

图 2-39　E 断面$\sum \Delta H$—$\sum \Delta V_{us}$线性回归图

图 2-40　F 断面$\sum \Delta H$—$\sum \Delta V_{us}$线性回归图

2.4.2 开阳高速公路某软基加固段

1)工程概况

根据钻探资料,在开阳高速公路里程号为 K82 +210 附近由上至下分布的地层有:

①耕植土:呈浅黄色~黄褐色,含有机质及黑色腐殖质,软塑,层厚0.3m左右。

②淤泥:浅灰~灰黑色;夹少量细砂,含腐殖质;饱和,呈流塑状;含水率约为55.5%,孔隙比1.77左右,压缩系数平均值为2.22,平均十字板抗剪强度为8.1kPa;层厚10m左右。该层是加固的主要层次。

③亚黏土:浅灰色~黑色,呈软塑~可塑状,层厚7m左右。

往下的土层性质良好,在软基加固方案中可以不予于考虑。图2-22是淤泥十字板剪切试验曲线图,由图可以看出,该土的不排水变形具有典型的弹塑性变型特征,符合理想材料的应力应变曲线特征,适合运用本文介绍的不排水沉降量法分析其稳定性状况。

该工程采用砂井+堆载预压加固方案处理软基,砂井按正三角形布置,间距为1.3m,打穿淤泥层。填土时间从2001年1月8日开始,2002年5月16日结束,填土高度为4.9m。由于种种原因,软基加固处理过程中有两个比较长的填土间歇期,第一个是从2001年3月30日到2001年10月25日;第二个是2001年12月24日到2002年4月14日。至K82+210断面路基左边坡失稳之前,路面左、中、右三个测点的沉降量分别为:717mm、639mm、541mm。

2)数据分析

开阳高速公路路堤填土施工过程中,在桩号为K28+210的位置左边坡曾出现路堤边坡失稳事故。现用前文所介绍的几种施工期稳定性分析方法,对该断面进行施工期的稳定性分析。因K82+210断面处测斜仪器埋设时间比较晚,侧向位移观测数据较少,一定程度上影响了稳定性分析工作。根据目前掌握的资料,进行如下分析。

(1)最大水平位移与沉降量判别法

图2-41为K82+210断面处自2001年11月19日至路堤失稳前(即2002年5月3日)的最大水平位移与沉降量关系曲线图,图中曲线在A(即2002年2月2日)点处斜率突然变小,即曲线明显偏向于最大水平位移,依据该法的稳定性判别准则说明路堤在A点时已经处于危险状态。这从水平位移速率在A点前后的变化情况可以得到证实,水平位移速率在A点之前均小于2mm/d,在A点之后水平位移速率一般都大于3mm/d,临近破坏时接近7mm/d。由于缺失前面的侧向位移数据,无法以A点之前的曲线走势做出判断,因此,依照该法我们无法对A点之前路堤的稳定性状况做出判断。

(2)侧向位移速率判别法

根据观测资料,绘制出K82+210处路堤失稳前施加最后四级荷载作用下的最大位移速率与累计荷载的关系曲线图,如图2-42所示。图中反映出随着荷载的增加,最大位移速率大幅上升,说明了地基在此观测期间一直处于不稳定状态。在B点,曲线的斜率明显增大,代表着地基失稳的可能性增高。

图2-41和图2-42中的A点和B点所对应的时间有些差异,A点对应的时间是2002年2月2日,B点对应的时间是2001年12月24日,但它们都是67.9kPa荷载(即第8级荷载,见表2-1)作用下出现的拐点,而且由于该级荷载作用下的等载时间较长,根据软土侧向变形的滞后性,水平位移速率突增的时间不一定发生在荷载增加的时间点B,而可能

发生在第 8 级荷载作用一段时间后。因此,可以认为运用上述两种方法判断地基稳定状况的结论基本上是一致的,也就是说,地基稳定性急剧下降是在第 8 级荷载作用一段时间后发生的。

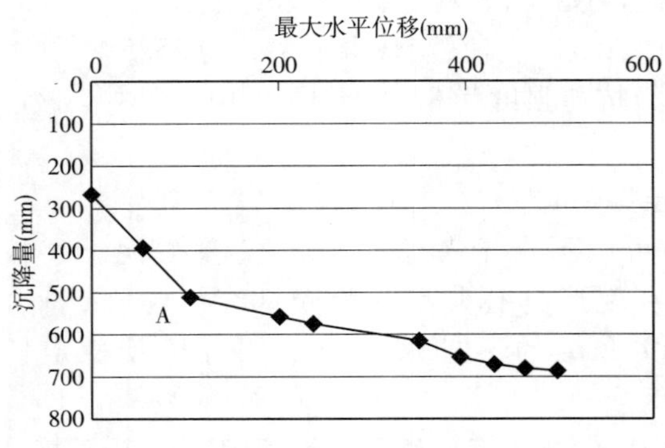

图 2-41　最大水平位移与沉降量关系曲线图

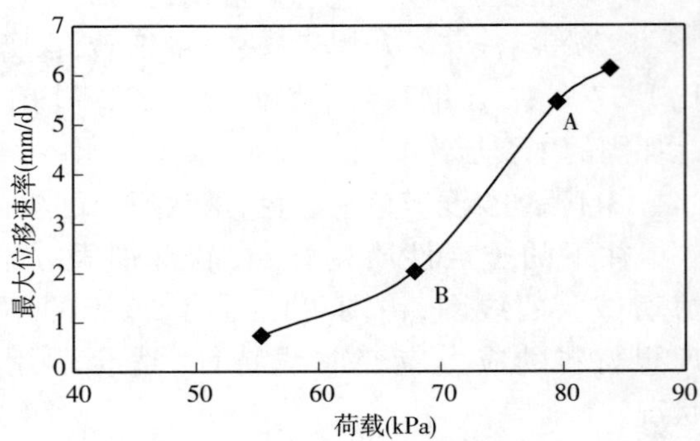

图 2-42　最大位移速率与荷载关系曲线图

(3)侧向位移系数判别法

图 2-43 是 K82 + 210 处路堤失稳前施加最后四级荷载作用下的侧向位移系数与累计荷载的关系曲线图。可以看到,侧向位移系数随着荷载的增加而降低,但由于观测数据较少,曲线后段的形态难以判断是否呈直线趋势,因此,根据此法不能判断出地基的极限填土荷载。但侧向位移系数作为地基刚性的一个指标,其值不断减小表明地基土体的强度在下降,地基的稳定性势必随之降低。因此,根据图 2-43 的曲线对于判断地基的稳定性有一定的指导作用。

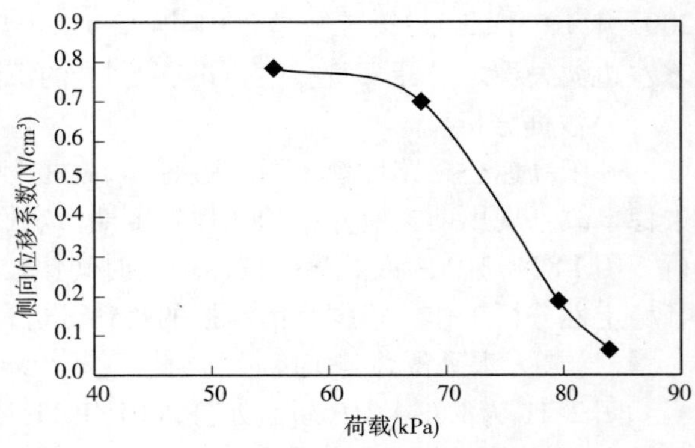

图 2-43　侧向位移系数与荷载曲线图

(4)不排水沉降量 AGO 法

以下将用前文所介绍的不排水沉降量 AGO 法对 K82 + 210 断面进行地基稳定性分析,以此说明该法的实用性和进一步研究在缺乏孔压数据的条件下如何使用该法判断地基的稳定性。结合孔压数据,我们整理出每级荷载下地基的不排水沉降量、加载当天的沉降量(即沉降速率,见表 2-1)、加载后两天内的沉降量和加载后三天的沉降量数据,在此基础上进行 AGO 法的对比分析,以便确定哪一种数据在缺乏孔压数据的条件下能更好的代替不排水沉降量进行稳定性分析。图 2-44 ~ 图 2-46 为桩号 K28 + 210 处路基的累计不排水沉降量与累计荷载的线性回归图,由图可看出,在施加第 7 级荷载

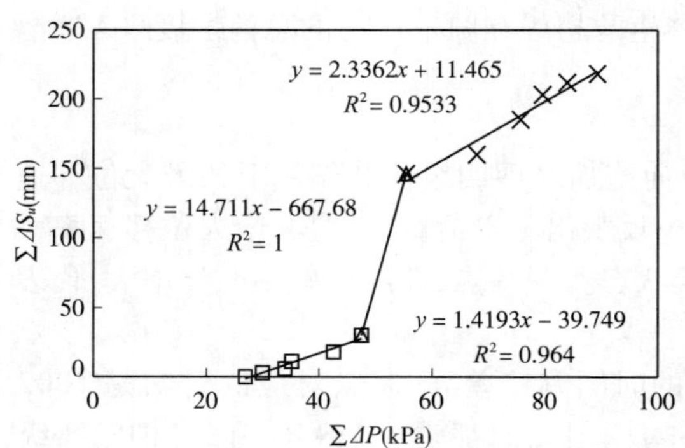

图 2-44　左边坡 $\sum\Delta P$—$\sum\Delta S_u$ 线性回归图

后，路堤左边、中间、右边三条曲线的斜率都突然变大，拐点前后两段曲线的斜率比分别为7.7、10.4、13.6。根据该法的判别准则，地基土体在该级荷载作用下已经开始发生破坏。

累计荷载与累计加载当日沉降速率统计表　　表2-1

加载日期	荷载级数	$\sum p$(kPa)	$V_{左}$(mm/d)	$\sum V_{左}$(mm/d)	$V_{中间}$(mm/d)	$\sum V_{中间}$(mm/d)	$V_{右}$(mm/d)	$\sum V_{右}$(mm/d)
01-2-20	1	26.9	0.0	0.0	0.0	0.0	0.0	0.0
01-3-9	2	30.0	3.0	3.0	0.0	0.0	5.0	5.0
01-3-30	3	34.0	3.0	6.0	2.0	2.0	0.0	5.0
01-10-25	4	35.1	0.3	6.3	0.0	2.0	0.2	5.2
01-10-29	5	42.5	1.7	8.0	0.5	2.5	0.8	6.0
01-11-2	6	47.4	3.0	11.0	3.0	5.5	2.3	8.3
02-4-14	7	55.3	3.7	14.7	3.0	8.5	1.7	10.0
01-12-24	8	67.9	7.0	21.7	6.0	14.5	11.0	21.0
01-11-6	9	75.7	12.0	33.7	5.0	19.5	10.0	31.0
02-4-16	10	79.5	11.0	44.7	3.0	22.5	4.5	35.5
02-4-23	11	83.9	2.4	47.1	2.1	24.6	2.6	38.1
02-4-28	12	89.3	2.0	49.1	2.4	27.0	2.2	40.3

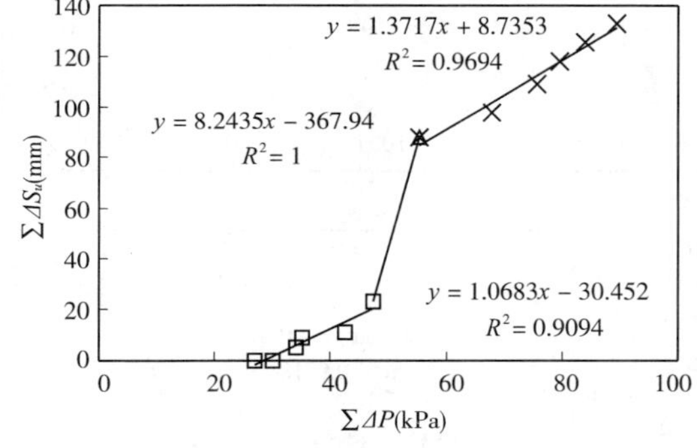

图2-45　路堤中间$\sum\Delta P$—$\sum\Delta S_u$线性回归图

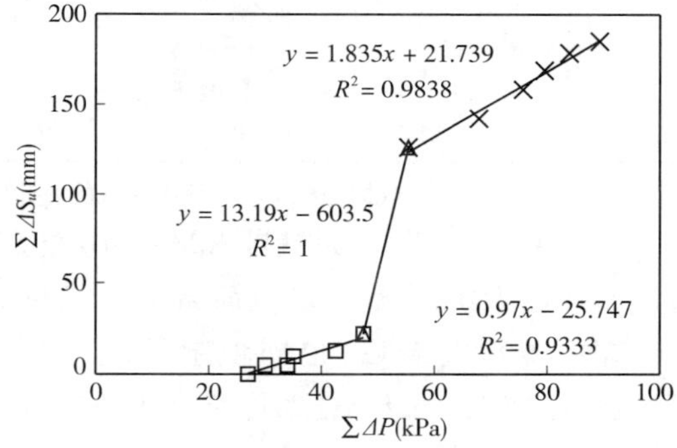

图2-46　右边坡$\sum\Delta P$—$\sum\Delta S_u$线性回归图

经事故后分析，第4到第7级荷载是连续施加上去的，快速填土导致了地基土体的超静水压力来不及消散，地基土体在此期间只发生不排水变形，而无固结沉降。在施加第7级荷载后的一个多月填土间歇期内，由第4到第7级荷载产生的超静孔隙水压力的总消散度平均值仅为6.8%（表2-2），这反映出原来由土体颗粒骨架承受的部分有效应力已经转化为孔隙水压力，导致了孔隙水压力总体上表现为消散速率缓慢，表明地基土体内已产生大面积塑性变形区；施加第8级荷载后，沉降速率明显增加，说明地基土体的塑性变形区进一步扩大，并且已经接近于破坏状态；如果此时继续填土，地基将会发生失稳破坏，但在施加第9级荷载前，填土活动停止了将近四个月，由第4级到第8级荷载产生的超静孔隙水压力得以消散，总消散度平均值达到了38.0%，地基土体的抗剪强度随之有所增长，致使土体在经过第9级到第12级荷载的连续施加后才发生失稳破坏。此外，由于地基土体在第7级荷载后孔隙水压力消散度一直很低，地基中的软土层主要发生不排水变形，因此，根据软土不排水变形的蠕变破坏特征，也可以解释地基土体为何在第8级荷载作用下已经接近破坏状态，而在第12级荷载作用下才发生失稳破坏。由以上分析可知，不排水沉降量与累计荷载关系曲线斜率突增的拐点即屈服点正是地基土体发生破坏的开始阶段，证明了该法的分析结果与工程实际情况是非常相符的，采用该法可以准确及时的判断地基的稳定性，有效地指导填土施工。

孔隙水压力变化情况

表 2-2

加载日期	荷载级数	累计荷载(kPa)	埋置深度:3.5m			埋置深度:6.0m		
			△U (kPa)	-△U (kPa)	U (%)	△U (kPa)	-△U (kPa)	U (%)
2001-2-20	1	26.9	4.7	3.1	66.5	4.4	3.1	70.5
2001-3-9	2	30.0	3.1	2.0	65.5	3.0	2.1	70.0
2001-3-30	3	34.0	4.2	0.3	7.7	3.5	3.9	111.4
2001-10-25	4	35.1	3.2	0	0	3.7	0	0
2001-10-29	5	42.5	5.9	0	0	5.1	0	0
2001-11-2	6	47.4	4.7	0	0	4.3	0	0
2001-11-6	7	55.3	23.3	2.1	5.6*	24.2	3.0	8.0*
2001-12-24	8	67.9	4.0	11.3	32.6*	3.9	14.9	43.3*
2002-4-12	9	75.7				6.3	0	0
2002-4-14	10	79.5				4.9	0	0
2002-4-16	11	83.9				5.3	0	0
2002-4-28	12	89.3				10.1	0.7	6.9

注：表中带"＊"号的数据为第 4 级到该级荷载的总孔压消散度。

图 2-47～图 2-49 为桩号 K28＋210 处路基的累计加载当天沉降量与累计荷载的线性回归图，在施加第 8 级荷载后，也即填土荷载为 67.9kPa 时，左右边坡的 $\sum\Delta P—\sum\Delta V_{su}$ 线性回归图前后两段的斜率比分别为 3.59 和 3.48，但路堤中间的 $\sum\Delta P—\sum\Delta V_{su}$ 基本呈直线关系，反映出此时路堤左右边坡已经开始发生破坏，而路堤中间则仍处于稳定状态。这和前面的分析结果基本是一致的，和工程实际情况也很吻合。

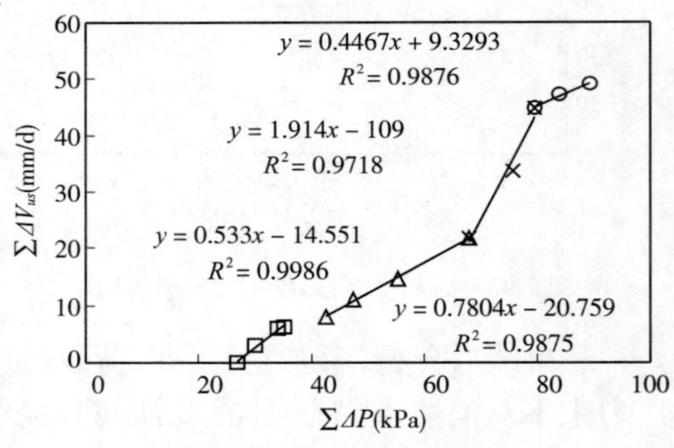

图 2-47　左边坡 $\sum\Delta P—\sum\Delta V_{su}$ 线性回归图

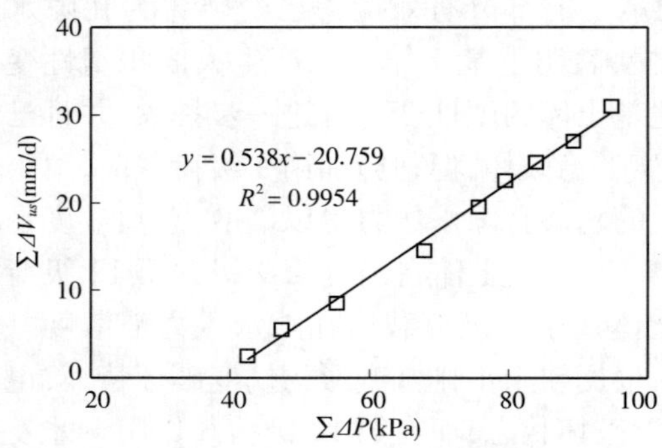

图 2-48　路堤中间 $\sum\Delta P—\sum\Delta V_{su}$ 线性回归图

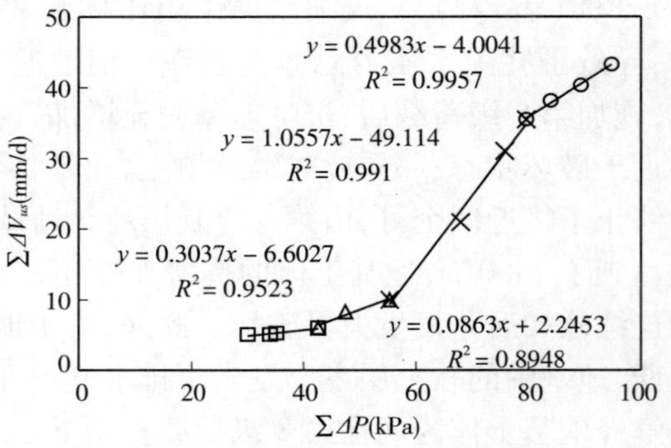

图 2-49　右边坡 $\sum\Delta P—\sum\Delta V_{su}$ 线性回归图

由前述可知，在本工程实例中利用不排水沉降量和加载当日沉降量数据进行不排水沉降量 AGO 法分析的结果稍有差异，表现为地基土体开始发生屈服破坏的开始时间稍微不同：前者的时间为第 7 级荷载施加后，而后者的时间为第 8 级荷载作用后。这主要是因为在第 7 级荷载作用下的前几天，地基土体基本上仍然保持稳定状态，随着不排水沉降变形的加剧，地基土体才开始发生破坏。因此，第 7 级荷载作用下的当日沉降量较小、不排水沉降量很大，而第 8 级荷载作用下的当日沉降量较大、不排水沉降量也较大。这就导致了两者在判断地基土体开始破坏的时间上出现了差异。

图 2-50 ~ 图 2-52 和图 2-53 ~ 图 2-55 分别为桩号 K28 + 210 处路基 $\sum \Delta P—\sum \Delta S_{u2}$（$\Delta S_{u2}$ 为加载后两天内沉降量）和 $\sum \Delta P—\sum \Delta S_{u3}$（$\Delta S_{u3}$ 为加载后三天内沉降量）的线性回归图，它们和 $\sum \Delta P—\sum \Delta V_{su}$ 线性回归图基本一致，路堤中间的 $\sum \Delta P—\sum \Delta V_{su}$ 线性回归图也是呈直线关系，而左右边坡的 $\sum \Delta P—\sum \Delta V_{su}$ 线性回归图在第 8 级荷载处前后两段斜率的比值分别为 3. 22、1. 67 和 3. 17、2. 20，据此判断地基稳定性的结果和 $\sum \Delta P—\sum \Delta V_{su}$ 数据的判断结果是一致的。由上述分析可知，四种数据运用于不排水沉降量 AGO 法都能如实反映出地基土体的稳定状态。但从加载当天的数据到加载后三天的数据，曲线拐点前后两段斜率的比值有逐渐减小的趋势，这对于工程实践来是说偏于不安全的，而且加载当天的沉降量数据相对齐全、数据整理也相对容易。因此，该法中使用加载当天的沉降量数据来代替不排水沉降量显得更可靠、方便。这样，在工程实践中，即使在缺失孔隙水压力数据的情况下，也一样可以运用不排水沉降量 AGO 法判断和分析地基的稳定状况，而在工程中大多数监控断面是没有进行孔隙水压力观测的，因此，上述结论具有重要的工程实践意义。

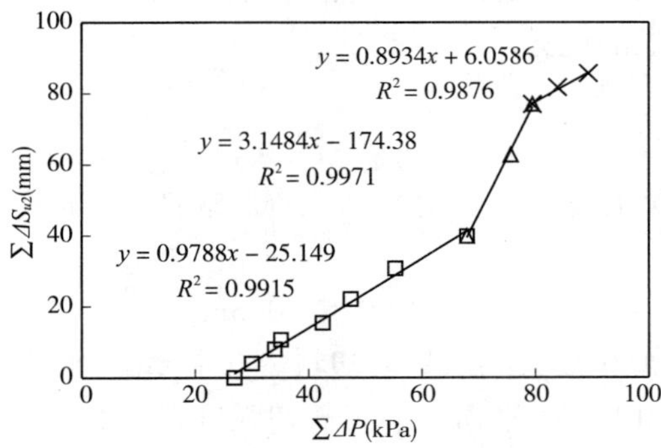

图 2-50　左边坡 $\sum \Delta P—\sum \Delta S_{u2}$ 线性回归图

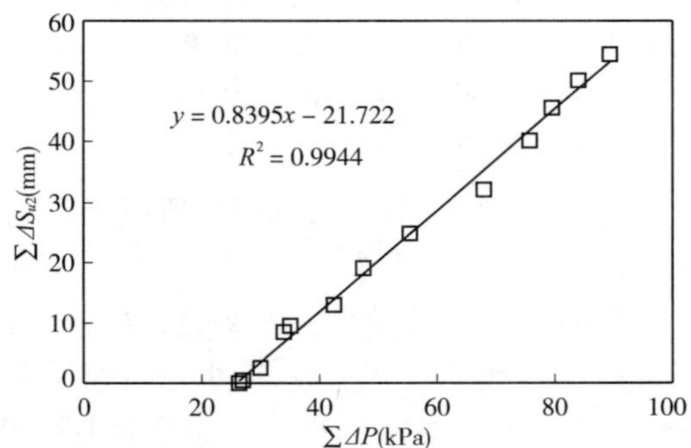

图 2-51　路堤中间 $\sum \Delta P—\sum \Delta S_{u2}$ 线性回归图

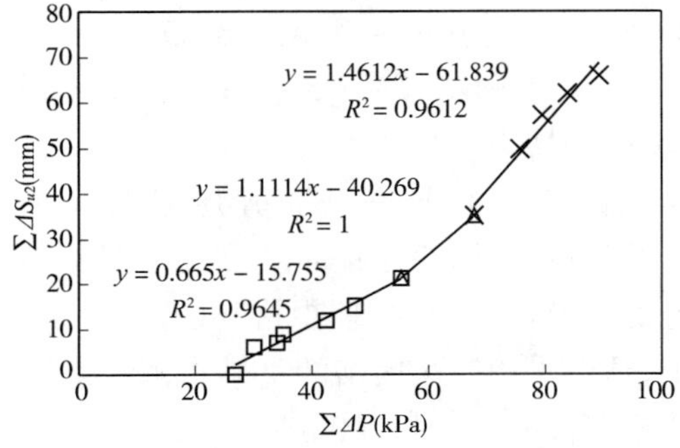

图 2-52　右边坡 $\sum \Delta P—\sum \Delta S_{u2}$ 线性回归图

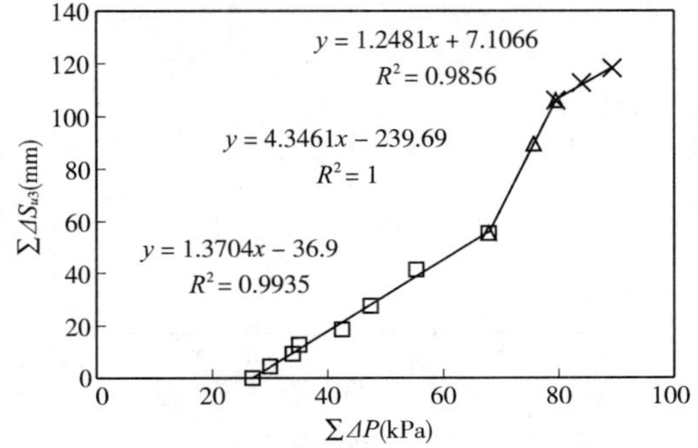

图 2-53　左边坡 $\sum \Delta P—\sum \Delta S_{u2}$ 线性回归图

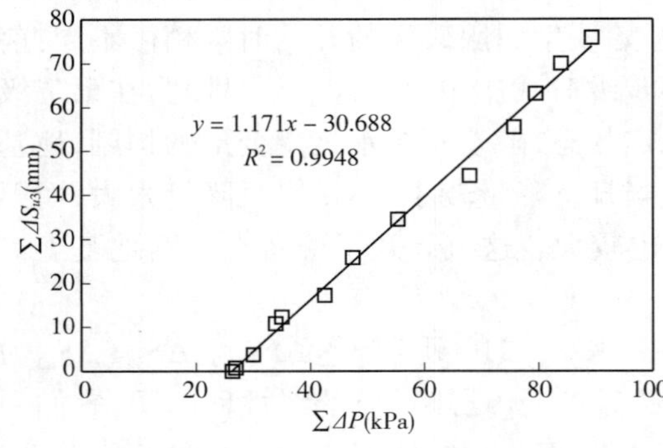

图 2-54　路堤中间 $\sum\Delta P—\sum\Delta S_{u3}$ 线性回归图

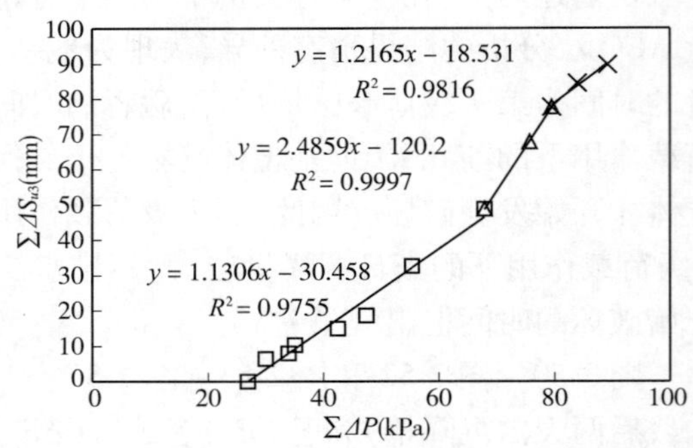

图 2-55　右边坡 $\sum\Delta P—\sum\Delta S_{u3}$ 线性回归图

根据不排水沉降量 AGO 法和最大水平位移与沉降量判别法、侧向位移速率判别法对 K82-210 处路堤稳定性的分析结果有明显的差异，不排水沉降量 AGO 法显示地基的稳定性在 2001 年 12 月 24 日施加第 8 级荷载时就开始明显降低，而另外两种方法显示施加第 8 级荷载后，直到 2002 年 2 月 2 日地基的稳定性才发生突降。这主要是因为处于蠕变状态的软土在外力的作用下竖向变形发生得比较快，而侧向变形速率则在一段时间内持续增大，表现出一定的连续性和长期性。不排水沉降量 AGO 法是根据沉降观测数据分析地基的稳定性状况，最大水平位移与沉降量判别法和侧向位移速率判别法则是依据水平位移观测数据分析地基的稳定性状况，因此，不排水沉降量 AGO 法比另外两种方法判断出地基的稳定性突降的时间要早一些，也就是说该法相对另外两种方法能够更及时的反映地基稳定状态。这也体现出不排水沉降量 AGO 法在分析地基稳定性时较其他方法具有更明显的优势。

2.4.3　西部沿海高速公路软基加固试验段

1）工程概况

西部沿海高速公路软基试验段位于广东省西部沿海地带。地质钻探资料表明，该试验段由上至下分布下列土层：

①耕植土：呈浅黄色～黄褐色，含有机质及黑色腐殖质，软塑，厚 0.5～0.6m。

②淤泥：浅灰～灰黑色，夹少量贝壳及细砂，含腐殖质，饱和，呈流塑状。含水率高，平均达 80%。孔隙比平均为 2.22。压缩系数平均为 2.92MPa^{-1}。平均十字板剪切强度仅有 5.5kPa。层厚 13～15m。该层土属超软弱的高压缩性土，是加固的主要层次。

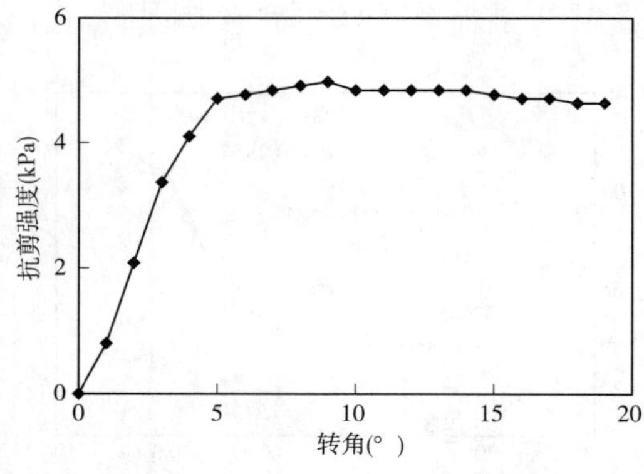

图 2-56　十字板转角—抗剪强度曲线

③亚黏土：浅灰色～黑色或红黄色，夹中细砂，呈软塑～可塑状，厚 0.5～5m。往下土质更好，是良好的持力层。

淤泥的十字板转角—抗剪强度曲线见图 2-56。图 2-56 表明，该土的不排水变形具有典型的弹塑性变形特征，符合理想材料的应力应变曲线特征，适合采用前文提出的不排水沉降量 AGO 法进行稳定性的判断和分析。

该试验段采用由砂井和土工布组合而成的 5

种不同加固方案处理软基,见表 2-3。填土分级进行,历时 6 年,分两阶段进行,其间进行了连续的沉降观测。第一阶段从 1994 年 11 月至 1995 年 5 月,填土高度为 3.96m。第二阶段从 1998 年 9 月至 2000 年 11 月,填土至设计高程,平均高度为 6.8m。这为利用沉降速率对比分析地基的稳定性提供了完整的原始试验数据。

2)数据分析

在前面两个工程实例中,我们已经对不排水沉降量 AGO 法和其他方法的稳定性分析效果进行了对比,并且证实了该法具有较高的可行性和实用性。因此,在这个例子里我们只运用不排水沉降量 AGO 法分析其稳定性状况,进一步验证该法在珠江三角洲地区的软基加固工程中是否具备推广运用的工程实践意义。

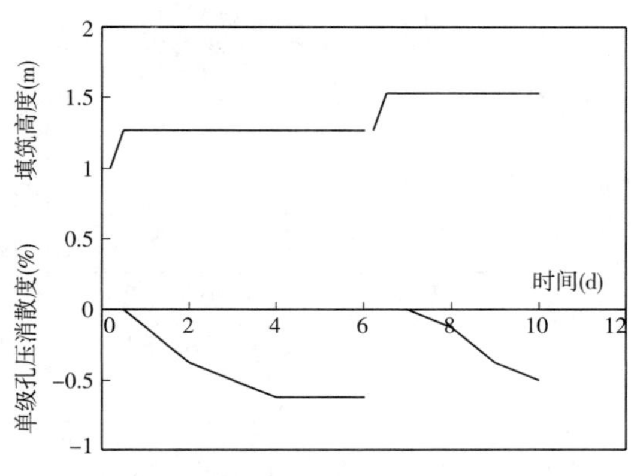

图 2-57　荷载—单级孔压消散度时间曲线

图 2-57 为该试验段Ⅲ断面的荷载—单级孔压消散度时间曲线。图中表明每级荷载作用下所产生的超孔隙水压力在载荷作用一天后开始消散,因此一天的沉降量、即填土加载时的日沉降速率表征其不排水沉降速率。下述分析均采用日沉降速率。

地基加固方案一览表　　表 2-3

断面号	桩 号	试 验 区 段	淤泥厚度(m)	填土高度(m)	处 理 方 式	加固深度(m)	砂井间距(m)	备 注
Ⅰ	K22 +140	K22 +090 ~ K22 +165	13.4	7.97	袋装砂井、一层预应力土工布	15.5	1.5	各断面均设 0.5m 砂垫层
Ⅱ	K22 +190	K22 +165 ~ K22 +215	13.6	7.39	袋装砂井、一层土工布	15.5	1.5	
Ⅲ	K22 +240	K22 +215 ~ K22 +265	12.7	6.88	袋装砂井	15.5	2.0	
Ⅳ	K22 +290	K22 +265 ~ K22 +315	14.4	6.4	两层预应力土工布			
Ⅴ	K22 +340	K22 +315 ~ K22 +390	12.8	5.34				

图 2-58 ~ 图 2-63 分别为Ⅰ、Ⅱ、Ⅲ、Ⅳ、Ⅴ5 个断面的归一化荷载—沉降速率累加生成 AGO 分析曲线。这 5 条曲线均出现了第一个拐点 A。Ⅳ、Ⅴ断面两条曲线再后续填土中还出现了 B、C 两个拐点。AB 段的斜率明显小于 OA 段的斜率,如前文所述,经过了三年多的“预压”地基土的刚度有较大幅度的提高,抵抗变形的能力加强。但是没有打设砂井的地基Ⅳ、Ⅴ两个断面在经历较低填土活动之后(亦即较短的 AB 段),在 B 点,其前后段直线的斜率陡然增大,斜率的比值分别为 3.12 和 3.64,说明此时地基已处于临界失稳状态。而事实上,Ⅳ、Ⅴ断面所在区域的路堤在拐点 B 之后的第三级填土过程中,出现了开裂、沉降速率进一步增大的现象,这些现象说明地基土体已开始屈服破坏,处于失稳状态。这证实了不排水沉降量 AGO 法的分析结果与实际情况是相符的。为了防止路堤失稳,采取了卸载的应急措施,卸载 1.5m 后地基出现反弹现象,地基恢复稳定。出现裂缝的Ⅴ区和Ⅳ区的大部分地段进行反压处理后,再进行填土活动时,$\sum \Delta h—\sum V_{US}$曲线斜率明显降低(CD 段)。这说明经反压处理后,地基的临空面减少,侧向约束加强,瞬时变形量减少,地基的稳定性得到了大幅度提高。而采用砂井

处理的Ⅰ、Ⅱ、Ⅲ三个区的$\sum\triangle h—\sum V_{US}$曲线在拐点A之后，出现了平稳发展的AB段，没有出现类似Ⅳ、Ⅴ两条曲线的陡然上升段。这充分说明了袋装砂井能加快地基的排水固结速率，能使地基的强度增长与较快的填土速率相匹配，具有较好的软基加固作用。

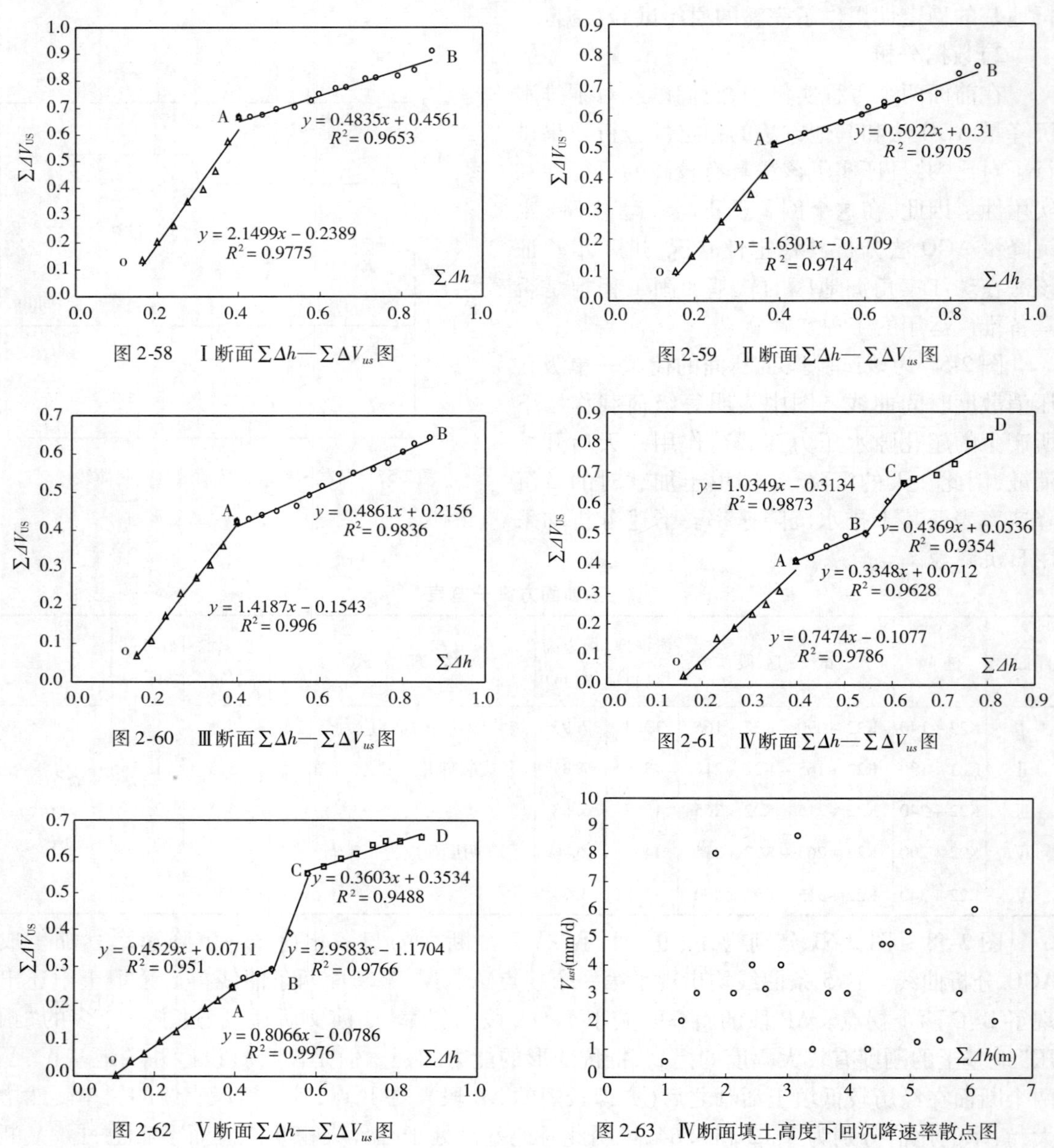

图2-58　Ⅰ断面$\sum\Delta h—\sum\Delta V_{us}$图

图2-59　Ⅱ断面$\sum\Delta h—\sum\Delta V_{us}$图

图2-60　Ⅲ断面$\sum\Delta h—\sum\Delta V_{us}$图

图2-61　Ⅳ断面$\sum\Delta h—\sum\Delta V_{us}$图

图2-62　Ⅴ断面$\sum\Delta h—\sum\Delta V_{us}$图

图2-63　Ⅳ断面填土高度下回沉降速率散点图

2.4.4　广珠西线高速公路软基加固试验段

1）工程概况

根据勘察资料，该试验段土层分布情况如下：

①填砂：一般厚1.2m，鱼塘部分厚2.5m，主要是回填砂垫层及工作垫层；

②耕（表）土：分布范围1.2～2.0m，土黄色，主要分布在K11+021～K11+044段，局部见少量植物根；

③淤泥：分布范围 1.2 ~ 13.5m，呈灰黑色，饱和，流塑状，上部夹 0.3 ~ 0.5m 粉细砂，局部含少量贝壳碎片，底部富含腐殖质。淤泥天然含水率平均值为 78.4%，孔隙比平均值为 2.088，压缩系数平均值为 2.6MPa^{-1}，强度低（$c = 6.67\mathrm{kPa}$）；淤泥底部起伏较大，厚度分布不均匀（厚 9 ~ 13m），淤泥空间分布左浅右深；

④粉质土：呈灰白—灰黄、紫红色，主要成分为粉粒及黏粒，含少量粉砂，软塑 ~ 可塑；

⑤粉土质砂：紫红色，主要为粉粒，黏粒含量较少，湿，稍密；

该工程采用砂井 + 堆载预压加固方案处理软基，砂井按正三角形布置，间距为 1.2m，长度为 12m。填土高度为 6 ~ 7.2m。2001 年 1 月 15 日开始吹填砂，2001 年 12 月 10 日完成填土工作。

2）数据分析

图 2-65 为本试验段三个监控断面的加载当日沉降速率与累计填土高度曲线图，图中曲线基本呈线性关系，反映出在填土期间地基的稳定性较好。但是如果填土速率过快，土体剪切变形增大，由其产生的沉降量显著增大，本级荷载速率明显增大，曲线出现向上拐点，即曲线斜率增大，说明路基可能面临失稳，此时应加强侧向位移和孔压的观测，必要时应采取停载、卸载等措施。图 2-65 是本试验段 $\sum\Delta U$—$\sum\Delta P$ 曲线图，对比图 2-64 可以看出，同一监控断面的两条曲线拐点位置相一致，这说明两者的分析结果是相同的，并且其结果与工程实际情况相吻合。

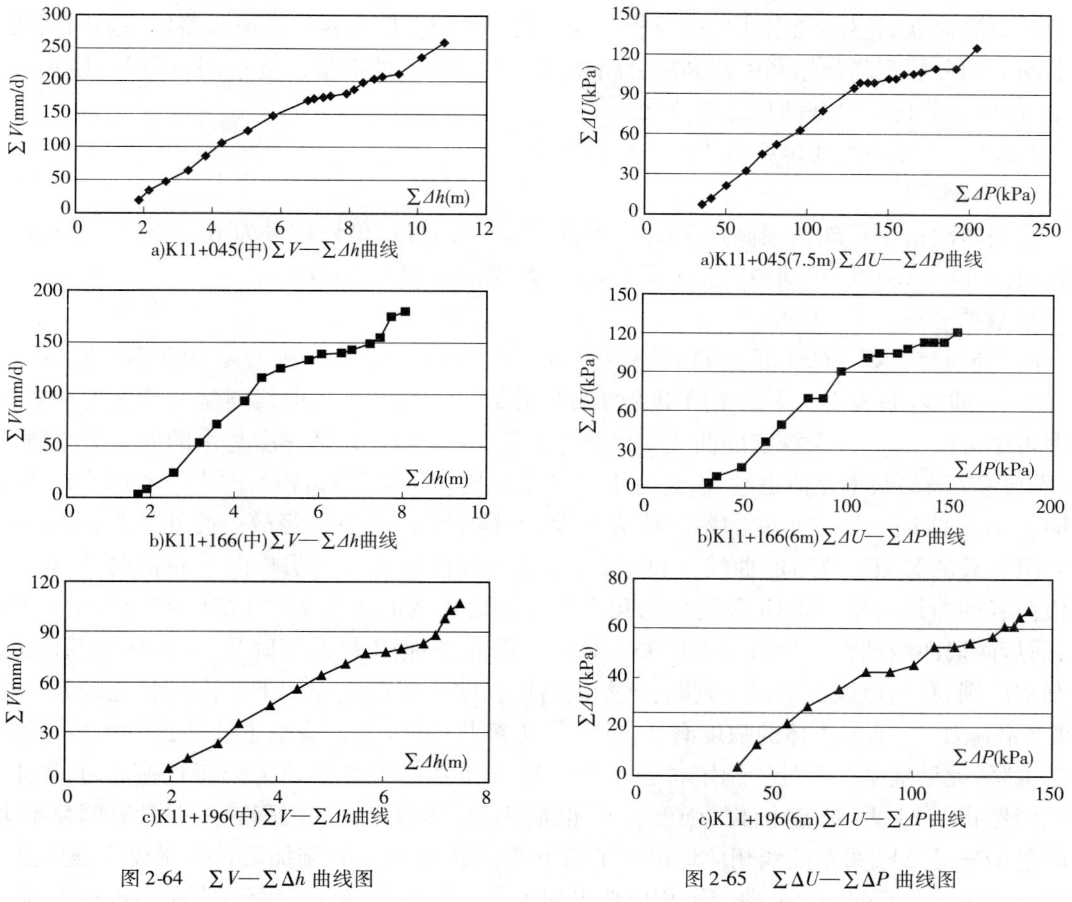

图 2-64　$\sum V$—$\sum\Delta h$ 曲线图

图 2-65　$\sum\Delta U$—$\sum\Delta P$ 曲线图

这里需要指出的是，虽然三个断面的$\sum V—\sum \Delta h$ 曲线都出现了拐点，但 K11 + 045 和 K11 + 166 断面的曲线出现向上的拐点时，对应的沉降速率均超过 20mm/d（最大的达到 29mm/d），沉降速率在 20mm/d 以下时，曲线未出现向上拐点；而 K11 + 196 断面在整个加载过程中沉降速率均较小，在出现向上的拐点对应的沉降速率均小于 12mm/d。因此，沉降速率过快，并不能说明地基面临失稳的威胁，还要结合侧向位移的变化情况，判别沉降是否主要由本级荷载下不排水剪切变形量引起，如侧向位移或侧向位移速率增加过快，则说明地基将面临失稳。否则，沉降过快只能说明是由前几级填土荷载作用下的固结沉降或本级荷载下地基承载力不足引起，前者导致地基强度增加，地基趋于稳定；后者导致土体由弹性阶段进入塑性变形阶促使地基固结。由此可知，对比阀值法，不排水沉降量 AGO 法在判别路基稳定性时具有更高的准确性。

2.5 分层和深层沉降数据的不排水沉降速率 AGO 分析

分层和深层沉降的数据一般只用于分析各土层的压缩量和加固的深度变化情况，很少运用于路基的稳定性分析中。针对这种情况，我们尝试运用分层和深层沉降资料的不排水沉降量 AGO 法来分析其路基的稳定性状况。应用该法整理和分析分层和深层沉降速率可以判断不同深度土层的稳定性，与表面沉降 AGO 分析相比，该法的最大优点在于它可以直接针对成层地基中的最软弱层的稳定性进行分析。以下我们将结合广珠西线高速公路软基加固期间某监测断面的分层沉降数据和中江高速公路软基加固试验段的深层沉降资料，运用不排水沉降速率 AGO 法分析其路基的稳定性状况。

2.5.1 广珠西线高速公路某软基加固段

1）工程概况

监测断面位于广珠西线高速公路软基加固试验段附近，里程桩号为 K7 + 600。其场地工程地质情况同试验段，软基加固方案类似试验段，填土厚度为 7.46m。

2）数据分析

图 2-67a）为 K7 + 600 断面的分层沉降数据的加载当日沉降量与累计荷载（$\sum \Delta P—\sum \Delta V_{su}$）关系曲线图，表 2-4 为该断面填土情况与$\sum \Delta P—\sum \Delta V_{su}$关系曲线斜率变化情况一览表。由图表中可以看出，各个深度的曲线变化趋势几乎是一样的，并且深度越小的曲线斜率越大，*AB* 段与 *CD* 段的斜率比值也越大，这是由于各个深度的沉降计都埋设于同一软土层中[图 2-67b）]，并且浅层土体的承受的附加应力较大，不排水变形较大的缘故。此外，K7 + 600 断面前六级荷载的$\sum \Delta P—\sum \Delta V_{su}$曲线比较平直；在第 7 级荷载处有一明显向上的拐点，但对比前六级荷载的曲线斜率（即 *AB* 段斜率），第 7 级荷载之后的曲线斜率（即 *CD* 段斜率）增量并不大，前后两段曲线的斜率比值仅为 0.73 ~ 1.05。因此，根据不排水沉降量 AGO 法地基稳定性的判别准则，我们可以做出以下判断：该断面路堤在前六级荷载作用下稳定性状况较好；在第 7 级荷载施加前，地基土体的强度有所加强；第 7 级荷载作用后，地基土体继续发生较快速的固结沉降，此后地基一直处于稳定状态。实际上，第 6 级荷载作用第 7 级荷载施加前，填土活动已经停止了 34 天，地基土体的强度有所加强，因此，加载当日的沉降速率并没有明显增大，此时$\sum \Delta P—\sum \Delta V_{su}$关系曲线相应地出现了向下的拐点，而在次日施加第 8 级荷载后，地基的表面沉降速率达到了 44mm/d，曲线则相应地出现了向上的拐点，随后表面沉降速率迅速下降，在

整个加载期间地基土体稳定性状况较好。

由以上的分析可知,利用分层沉降数据进行不排水沉降量 AGO 法分析的地基稳定性的结果与工程实际情况是相符的。

图 2-67 为 K7 +600 断面加载当日地表沉降量—累计荷载关系曲线图,曲线的形态与图 2-66 基本相似,A′B′段与 C′D′段斜率比值为 1.27。因此,其稳定性分析结果与分层沉降数据的分析结果是一致的,这证明了运用分层沉降数据进行不排水沉降量 AGO 法分析地基稳定性是可行的。

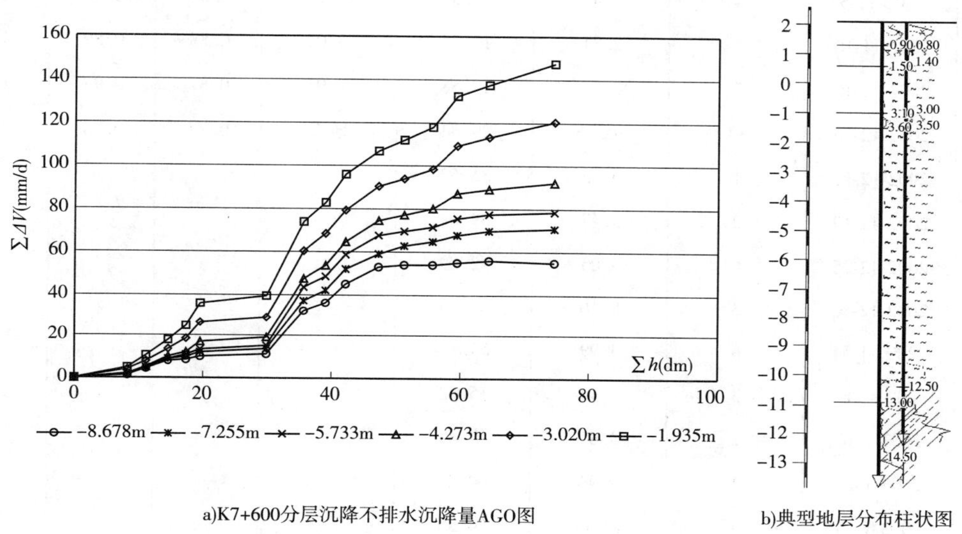

a)K7+600分层沉降不排水沉降量AGO图　　b)典型地层分布柱状图

图　2-66

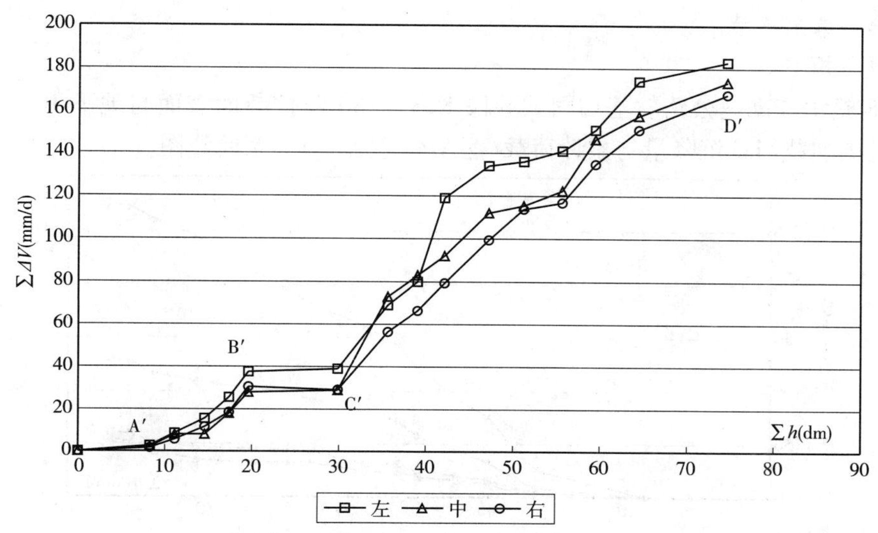

图 2-67　K7 +600 表面沉降 $\sum\triangle P—\sum\triangle V_{su}$ 曲线图

填土情况与 AGO 曲线斜率变化情况一览表

表 2-4

填土级数	填土情况				AGO 曲线斜率变化情况			
	填土日期	填土间隔时间(d)	单层填土厚度(dm)	累计填土厚度(dm)	沉降观测深度(m)	曲线斜率		斜率比值
						AB 段	*CD* 段	
1	2002-10-14			0.00	-8.68	0.92	0.67	0.73
2	2002-10-25	11	8.29	8.29	-7.25	0.92	0.79	0.86
3	2002-11-1	7	2.85	11.14	-5.73	0.92	0.77	0.84
4	2002-11-5	4	3.42	14.56	-4.27	0.89	0.83	0.94
5	2002-11-10	5	2.81	17.37	-3.02	0.88	0.89	1.01
6	2002-11-12	2	2.21	19.58	-1.93	0.87	0.92	1.05
7	2002-12-16	34	10.26	29.84	地表	0.77	0.98	1.27
8	2002-12-17	1	5.73	35.57				
9	2002-12-19	2	3.47	39.04				
10	2002-12-25	6	3.05	42.09				
11	2002-12-30	5	5.10	47.19				
12	2003-1-5	6	3.99	51.18				
13	2003-1-8	3	4.44	55.62				
14	2003-1-10	2	3.81	59.43				
15	2003-1-11	1	4.94	64.37				
16	2003-1-15	4	10.18	74.55				

2.5.2 中江高速公路软基加固试验段

1)工程概况

详见第一章第一节。

2)数据分析

图 2-68 是中江高速公路软基加固试验段 K23+880 监控断面表面与地下 10m、21m、25m 三个深度处的加载当日沉降量与累计荷载($\sum\Delta P-\sum\Delta V_{su}$)关系曲线图。

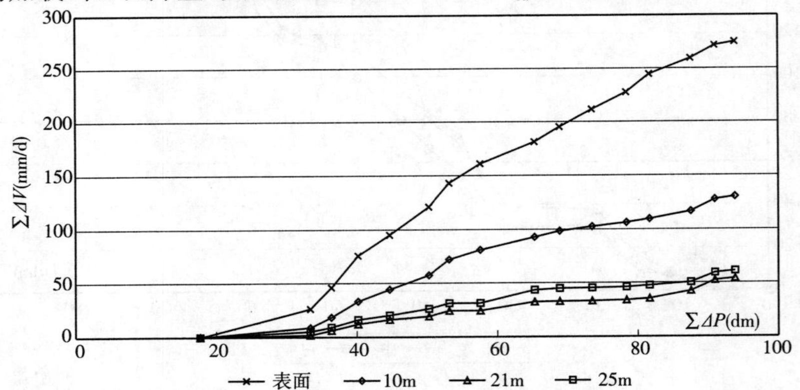

图 2-68　K23-880 深度沉降不排水沉降量 AGO 图

表 2-5 为 K23-880 填土情况及不同深度累积不排水沉降速率一览表，从图表中可以看出：几条曲线的变化趋势基本一致，并且它们所反映出来的地基稳定性状况都是良好的，这与工程实际是相符的。但表面沉降与地下 10m 处的深层沉降不排水沉降速率 AGO 曲线的斜率比地下 21m、25m 处的曲线斜率大一些，出现这种情况的原因可以从附加应力的大小和各个深度土层的性质进行分析。图 2-69 为 K23 + 880 中单桥静力触探图曲线图，图中反映出地下 10m 处是力学性质很差的淤泥层，而地下 21m、25m 处也是力学性质很差的淤泥质土；在土层力学性质类似的情况下，地表与地下 10m 处的附加应力较地下 21m、25m 处的附加应力要大一些，因此，其不排水沉降速率也相对较大，这导致了它们的不排水沉降速率 AGO 曲线的斜率相应也较大。

综上所述，我们可以得出以下结论：运用深层沉降资料进行不排水沉降速率 AGO 法可以得到加载期间不同深度土层的稳定性状况，并且判断结果能够较好地反映出工程实际情况。

2.5.3　小结

分层和深层沉降数据可以反映各个地层的压缩变形情况，为我们对软土层的强度变化情况有所了解，但如何运用分层和深层沉降数据分析地基稳定性还没有成熟的方法。本课题提出了不排水沉降量 AGO 法可以利用分层和深层沉降数据分析地基稳定性，并且将之运用于工程实践中，结果表明其分析结果与工程实际是相符的。

众所周知，地基发生变形破坏主要是由于最软弱土层的塑性变形所引起。利用软土层的分层和深层沉降数据，可以推算出地基最软弱层的不排水沉降速率，进而运用不排水沉降速率 AGO 法进行地基稳定性分析，这样做的稳定性分析针对性强，其稳定性判断结果更精确。

K23-880 填土情况及不同深度累积不排水沉降速率一览表　　表 2-5

填土级数	填土日期	填土间隔(天)	单层填筑高度(m)	累计填筑高度(dm)	$\sum\Delta V$(mm/d)			
					表面	10m	21m	25m
1	2002-10-21		1.769	17.69	0.0	0.0	0.0	0.0
2	2003-2-25	127	1.570	33.39	26.0	8.7	2.0	5.0
3	2003-3-2	5	0.300	36.39	46.0	18.3	6.3	9.3
4	2003-3-8	6	0.379	40.18	76.0	33.3	12.3	16.3
5	2003-3-14	6	0.449	44.67	95.0	44.3	16.3	20.3
6	2003-3-25	11	0.556	50.23	121.0	57.3	19.3	26.3
7	2003-3-29	4	0.295	53.18	143.0	72.3	24.3	31.3
8	2003-4-5	7	0.439	57.57	161.0	81.0	24.3	31.3
9	2003-4-18	13	0.769	65.26	181.5	93.0	32.3	43.3
10	2003-4-27	9	0.357	68.83	195.5	98.3	32.7	45.0
11	2003-5-18	21	0.469	73.52	211.5	102.5	33.3	45.5
12	2003-5-31	13	0.485	78.37	227.5	106.3	34.1	46.0
13	2003-6-24	24	0.328	81.65	244.5	109.5	35.3	47.5
14	2003-7-2	8	0.588	87.53	259.5	116.5	42.3	50.5
15	2003-7-21	19	0.342	90.95	271.5	127.5	52.3	59.5
16	2003-9-20	61	0.291	93.86	275.0	130.0	54.1	61.0

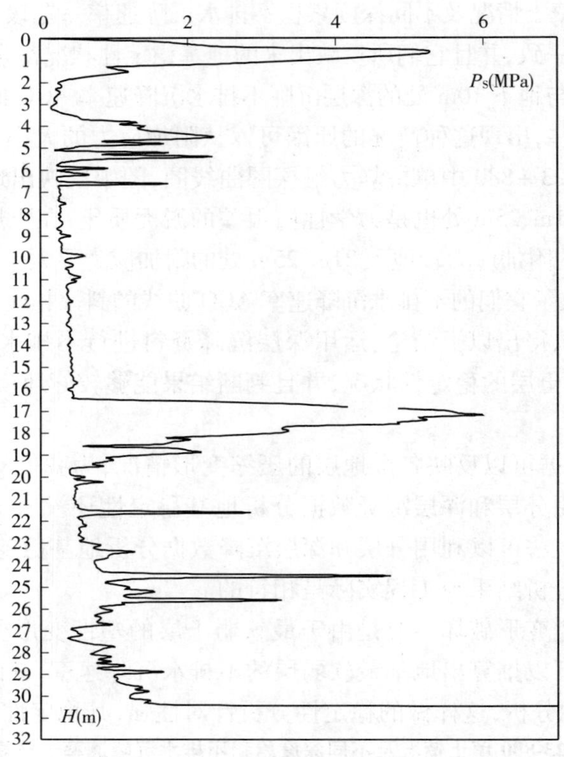

图 2-69　K23 + 880 中单桥静力触探图曲线图

2.6　施工期监测数据的综合分析

2.6.1　综合分析的必要性

在软基加固工程中，由于仪器设备的缺陷和受施工人员技术水平的限制，在工程实际中，观测得到的孔隙水压力和侧向位移数据往往不理想，造成分析结果不能真实反映地基的稳定性状况不良后果。另外，由于地质条件的复杂性、软土力学参数的误差、处理方式的不同，使得我们即使是在观测资料比较齐全的情况下，也难以把握软土的变形状况，这对于工程的稳定性监控来说是非常不利的。因此，在目前理论研究滞后于工程实践的情况下，尽可能多的提取出现场观测数据中隐含的软基变形信息对于稳定性监控是至关重要的。各观测项目是针对软基变形的不同侧面，分析单一的观测数据往往只能得出软基变形的部分信息，对于分析稳定性是不足的。因此，综合分析各观测数据，获取软基变形的比较全面的信息，是及时、正确地判断地基稳定性工作中必不可少的一环。

以下我们将先简单介绍各观测数据在稳定性分析中的作用，接着结合中江高速公路全线监测数据证明综合分析的重要性，最后再阐述如何进行监测数据的综合分析。

2.6.2　各观测数据的作用

(1)沉降观测

表面沉降观测是软基沉降分析的基础，其变化规律是控制高速公路路堤填土进度和安排后期施工的最重要指标。

分层沉降的数据可用于分析各土层的压缩量和加固的深度变化情况，也可运用于路基的稳定性分析中。

(2)侧向位移观测

侧向位移速率增量是判断路堤稳定与否的控制指标之一，同时，根据侧向位移量的大小可推算出由侧向位移引起的沉降量。

(3)孔压观测

孔隙水压力观测是了解地基土体固结状态最直接、最有效的手段，也是地基施工期稳定评价的有效方法之一。超静孔隙水压力的消散程度是决定加载速率的主要依据。

2.6.3　中江高速公路全线监测数据的综合分析

中江高速公路全线监测工作中，由我司负责监测的部分是 K14 + 100 ~ K30 + 670 主控断面(桥梁部分除处)，监测的区域跨越中山市和江门市。下面结合这些观测数据论述综合分析的重要性。

由于江门和中山两市区域内软土分布厚度及其力学性质差异较大：江门区域软土厚度较大，平均为 19.7m，力学性质较差，平均锥尖阻力为 0.46MPa、平均十字板抗剪强度 20.33kPa；而中山区域软土平均厚度为 13.8m、平均锥尖阻力为 0.56MPa、平均十字板抗剪强度 22.08kPa(表 2-6)，因此，在填土高度与速率均相近的情况下，该两个区域内路基的沉降情况存在明显的不同：江门区域累计沉降量较大，平均为 2199mm，最大沉降速率也较大，平均为 23.8mm/d，而中山区域的平均累计沉降量为 1015mm，平均最大沉降速率为 17.0mm/d(表 2-7)。按照以往工程实践中应用得最多的利用沉降速率阀值控制填土速率的方法，将得出江门市区域内的路基稳定性偏低的结论，路基的填土进度将因此受到负面影响。但结合孔压和侧向位移数据来看(表 2-8)，我们可以发现，即使江门市区域内的路基沉降量较大，沉降速率也较大，其超孔压的增长、消散，最大侧向位移速率等情况均显示其稳定性状况仍一直处于良好状态，和中山市区域内路基的稳定性并无明显差异。该分析结果与工程实际情况相符。由此可见，进行监测数据的综合分析显得非常重要。

中山江门两市区域内软土层分布厚度及其力学性质对比表　　表 2-6

序号	区域	断面桩号	所在地段	处理形式	软土层厚度(m)	平均锥尖阻力(MPa)	平均十字板抗剪强度(kPa)
1	中山市	K14 + 100	桥头	袋装砂井 + 鱼塘填平	12.0	0.75	26.49
2		K14 + 460	桥头	袋装砂井 + 反压护道	12.0	0.58	16.50
3		K14 + 700	桥头	袋装砂井 + 鱼塘填平	14.0	0.50	28.24
4		K14 + 950	路基	袋装砂井	6.6	0.50	10.48
5		K15 + 680	路基	袋装砂井	6.2	0.59	10.63
6		K16 + 050	路基	袋装砂井	8.6	0.65	21.81
7		K16 + 800	路基	袋装砂井 + 鱼塘填平	8.0	0.57	30.50
8		K17 + 060	桥头	袋装砂井 + 鱼塘填平	5.8	0.59	34.46
9		K17 + 150	路基	袋装砂井 + 鱼塘填平	14.6	0.65	21.95
10		K17 + 750	路基	袋装砂井	7.3	0.79	36.11

续上表

序号	区域	断面桩号	所在地段	处 理 形 式	软土层厚度(m)	平均锥尖阻力(MPa)	平均十字板抗剪强度(kPa)
11	中山市	K18+120	桥头	袋装砂井+鱼塘填平	11.5	0.67	18.80
12		K18+450	路基	袋装砂井+鱼塘填平	5.2	0.38	
13		K19+120	桥头	袋装砂井+鱼塘填平	6.6	0.66	24.03
14		K19+740	路基	袋装砂井+鱼塘填平	20.0	0.49	22.20
15		K20+120	桥头	袋装砂井+反压护道	19.7	0.68	25.06
16		K20+180	路基	袋装砂井+鱼塘填平	14.6	0.43	19.95
17		K24+700	桥头	袋装砂井+反压护道	23.1	0.55	23.71
18		K21+550	桥头	袋装砂井+反压护道	16.2	0.22	4.93
19		K22+150	路基	袋装砂井+鱼塘填平	27.3	0.46	25.02
20		CKO+270	路基	袋装砂井+鱼塘填平	26.4	0.55	21.12
21		AKO+490	桥头	袋装砂井	25.0	0.45	19.60
平均值					13.8	0.56	22.08
22	江门市	K28+030	桥头	袋装砂井+反压护道	9.0	0.50	40.11
23		K28+480	桥头	袋装砂井+鱼塘填平	13.4	0.37	18.67
24		K28+560	路基	袋装砂井	13.2	0.43	11.58
25		K29+450	路基	袋装砂井	28.9	0.65	14.44
26		K30+070	桥头	袋装砂井	28.7	0.44	21.65
27		K30+670	桥头	袋装砂井+鱼塘填平	24.7	0.39	15.54
平均值					19.7	0.46	20.33

注:软土层厚度据单桥静力触探资料整理得到。

各监测断面沉降量统计表 表2-7

序号	区域	断面桩号	所在地段	处 理 形 式	软土层层底厚度(m)	填土厚度(m)	累计沉降量(mm)	最大沉降速率(mm/d)
1	中山市	K14+100	桥头	袋装砂井+鱼塘填平	24.3	7.217	570	15
2		K14+460	桥头	袋装砂井+反压护道	20	8.3638	785	19
3		K14+700	桥头	袋装砂井+鱼塘填平	18.5	8.159	558	12
4		K14+950	路基	袋装砂井	23.1	6.141	393	13
5		K15+680	路基	袋装砂井	11.9	6.693	410	15
6		K16+050	路基	袋装砂井	22.6	3.874	335	10
7		K16+800	路基	袋装砂井+鱼塘填平	18.5	7.495	630	21
8		K17+060	桥头	袋装砂井+鱼塘填平	20.6	8.327	1380	—

续上表

序号	区域	断面桩号	所在地段	处理形式	软土层层底厚度(m)	填土厚度(m)	累计沉降量(mm)	最大沉降速率(mm/d)
9	中山市	K17 +150	路基	袋装砂井 + 鱼塘填平	14.8	7.429	1804	—
10		K17 +750	路基	袋装砂井	21.4	7.353	261	9
11		K18 +120	桥头	袋装砂井 + 鱼塘填平	19.2	8.001	627	16
12		K18 +450	路基	袋装砂井 + 鱼塘填平	6.5	7.476	554	11
13		K19 +120	桥头	袋装砂井 + 鱼塘填平	25.0	7.83	356	13
14		K19 +740	路基	袋装砂井 + 鱼塘填平	23.8	6.257	1291	15
15		K20 +120	桥头	袋装砂井 + 反压护道	15.3	7.943	2061	24
16		K20 +180	路基	袋装砂井 + 鱼塘填平	15.3	8.011	905	11.3
17		K24 +700	桥头	袋装砂井 + 反压护道	26.3	4.488	1813	22
18		K21 +550	桥头	袋装砂井 + 反压护道	14.9	8.203	841	23
19		K22 +152	路基	袋装砂井 + 鱼塘填平	29.4	7.641	2584	35
20		CKO +270	路基	袋装砂井 + 鱼塘填平	29.3	6.018	1396	17
21		AKO +490	桥头	袋装砂井	30.7	6.185	1757	21
平均值					20.5	7.1	1015	17.0
22	江门市	K28 +030	桥头	袋装砂井 + 反压护道	17.3	8.905	1283	17
23		K28 +480	桥头	袋装砂井 + 鱼塘填平	18.8	7.487	2167	22
24		K28 +560	路基	袋装砂井	15.8	5.577	1521	23
25		K29 +450	路基	袋装砂井	32.1	7.359	2839	25
26		K30 +070	桥头	袋装砂井	32.4	5.131	2671	27
27		K30 +670	桥头	袋装砂井 + 鱼塘填平	31.8	7.091	2711	29
平均值					24.7	6.925	2199	23.8

各监测断面水平位移与孔隙水压力情况一览表　　表 2-8

序号	区域	断面桩号	累计最大水平位移(mm)	最大位移深度(m)	最大位移速率(mm/d)	平均综合孔压系数	最大孔压综合系数	平均超孔压消散度(%)
1	中山市	K14 +100	55	3.0	5.2	0.51	0.56	70
2		K14 +460	136	3.0	7.1	0.52	0.64	60
3		K14 +700	51	3.5	3.8	0.47	0.75	75
4		K14 +950	142	3.0	3.3	0.32	0.50	75
5		K15 +680	38	3.5	2.1	0.40	0.50	92
6		K16 +050	43	6.5	2.8	0.45	0.69	100

续上表

序号	区域	断面桩号	累计最大水平位移(mm)	最大位移深度(m)	最大位移速率(mm/d)	平均综合孔压系数	最大孔压综合系数	平均超孔压消散度(%)
7	中山市	K16+800	127	4.5	5.0	0.61	0.87	83
8		K17+060	198	4.5	9.9	0.54	0.79	78
9		K17+150	211	4.5	9.9	0.66	0.82	74
10		K17+750	69	3.0	2.6	0.55	0.85	82
11		K18+120	124	8.5	6.0	0.69	1.17	75
12		K18+450	115	3.5	3.0	0.29	0.40	91
13		K19+120	80	3.5	2.9	0.21	0.35	94
14		K19+740	79	7.0	4.0	0.47	0.67	84
15		K20+120	325	5.0	6.4	0.76	0.87	55
16		K20+180	104	7.0	4.7	0.35	0.65	74
17		K24+700	177	11.0	6.8	0.85	0.99	76
18		K21+550	82	4.0	5.4	0.27	0.45	83
19		K22+150	320	8.0	5.3	0.67	0.98	65
20		CKO+270	297	9.0	6.6	0.46	0.60	80
21		AKO+490	186	8.0	4.0	0.22	0.54	77
平均值			141	5.4	5.1	0.49	0.70	78
22	江门市	K28+030	201	7.5	3.8	0.16	0.25	98
23		K28+480	307	8.5	5.4	0.88	0.92	57
24		K28+560	331	7.5	5.5	0.59	0.91	91
25		K29+450	468	8.0	8.1	0.88	1.12	60
26		K30+070	343	7.5	8.5	0.96	1.91	73
27		K30+670	257	4.0	6.0	0.66	0.89	79
平均值			318	7.2	6.2	0.69	1.00	76

由上述分析可知,利用传统阀值分析路基稳定性的方法进行区域性稳定性对比分析时难度较大。而采用不排水沉降量 AGO 法则可以很好地进行不同区域路基的稳定性对比分析,这是因为该法实际上已经综合考虑了孔压与水平位移的情况(超孔压的增长与消散、水平位移的大小和排水情况密切相关)。图 2-70 是中山市和江门市区域内几个典型路基监控断面的不排水沉降量 AGO 图,图中各条曲线前后段斜率变化不大,并无明显的拐点出现,根据该法的稳定性判别准则表明中山和江门区域内路基的稳定性都较好,并不存在江门区域内的路基稳定性偏低的情况,这与工程实际情况是相一致的。

中山区域内的 K22+150 断面的沉降量较同区域内其他断面的沉降量大很多(图 2-71),而且沉降速率相对也较大,根据以往相关工程经验,将会得出该断面的稳定性存在较大隐患的判别结果,这导致该断面的填土活动停止了一段时间。但其加载当日不排水沉降量 AGO 曲线并不存在斜率突然增大的现象，显示出该断面的稳定性状况良好，并不存在安全问题（图 2-72）。后来停止填土期间的观测情况证实了该结论是正确的。这充分说明了综合考虑各类观测数据的重要性，也反映出不排水沉降量 AGO 法可以较好地综合考虑孔压与水平位移的情况，并做出准确的稳定性判断。

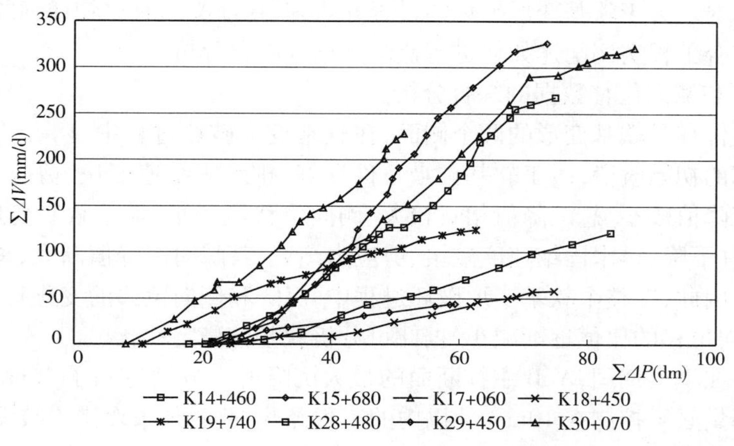

图 2-70　典型不排水沉降量 AGO 曲线图

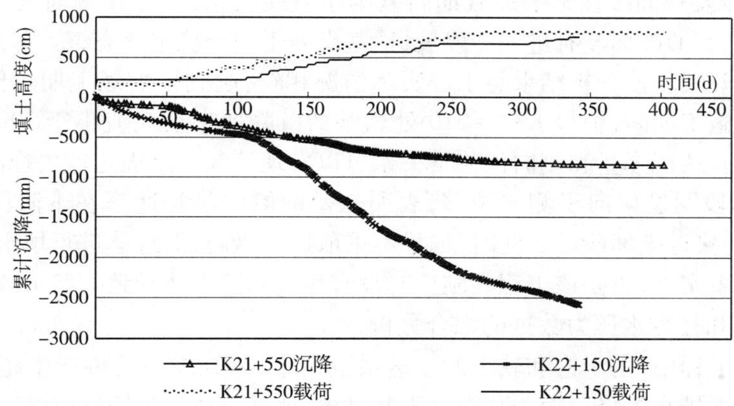

图 2-71　K22 + 150 断面与 K21 + 550 沉降对比图

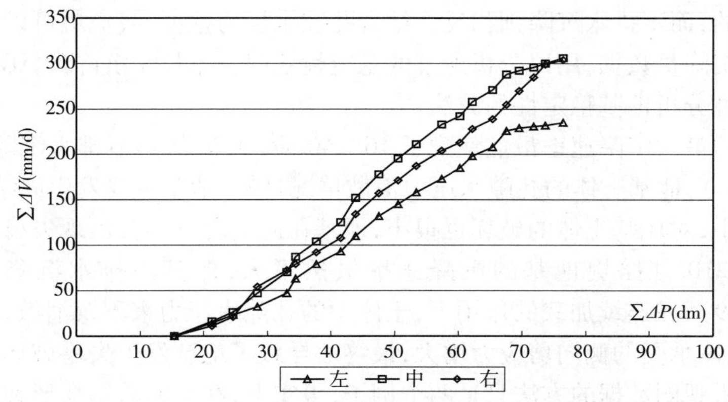

图 2-72　K22 + 150 断面不排水沉降量 AGO 曲线图

2.6.4 监测数据的综合分析方法探讨

综合分析监测数据的目的是从观测数据中获取更多的软基变形的信息,进而判别软基的稳定状况,实现动态信息施工的目标。因此,在综合分析之前,必须了解软基变形破坏的过程和机理,这样才能做到有针对性地开展综合分析工作,从其中得到的信息才更有助于正确分析软基的稳定性状况。关于软基变形破坏的过程和机理,在前文已有比较详细的介绍,这里不再重复。以下将结合工程实例阐述如何进行监测数据的综合分析。

1)沉降数据和侧向位移数据的综合分析

沉降与侧向位移是软基变形的两个侧面,在软基变形破坏过程中,两者的变化关系密切。在软基变形破坏的初始阶段,由于软基排水条件良好、排水固结速度快、剪应力较小,因此,此时软基的瞬时沉降值较小、总沉降值相对较大、侧向位移值较小;随着软基变形破坏进一步发展,软基排水条件下降、排水固结速度减缓、剪应力渐大,其瞬时沉降值渐大、总沉降值增大、侧向位移值增加。因此,在整个软基变形破坏过程中,沉降和侧向位移的变化具有较明显的规律性,即沉降与侧向位移的比值逐渐减小,据此可分析软基的稳定性状况。

中江试验段在填土期间,A、B 主控断面的最大沉降速率分别达到了 16mm/d 和 22mm/d,按照规范日沉降量必须控制在 10mm/d 以内的工程经验,此时须采取措施减缓地基沉降速率,否则将很可能出现失稳现象。但参照这两个断面的沉降量和侧向位移量关系曲线图(图 2-16、图 2-17),可以发现曲线在整个加载期间基本呈直线关系,不存在侧向位移速率明显增加的阶段,表明地基变形破坏没有进一步发展,地基尚处于安全稳定状态,待沉降速率稳定后,填土工作可以照常开展。该分析结果与工程实际情况相符,起到了缩短工期的作用。开阳高速公路在路堤填土施工期间,桩号 K82 + 210 处软基的沉降速率最大值小于 10mm/d,但却发生了边坡失稳事故。从沉降量和侧向位移量关系可以发现该断面路堤边坡失稳的原因。在图 2-41 的曲线中有一段明显偏向于侧向位移,表明软基的侧向位移速率在本阶段内增加幅度较大,软基变形已经接近破坏阶段。此时,如果不采取适当措施,而继续进行填土活动,地基就会出现失稳现象。事实上,正是该工程在施工时没有注意到这点才导致失稳事故。

2)沉降数据和孔隙水压力数据的综合分析

在软基加固工程中,由于饱和软土的渗透系数很小,荷载施加后将产生超静孔隙水压力,它使土体产生了不排水沉降。随着孔隙水不断排出,地基土体发生固结沉降,超静孔隙水压力逐渐转化为由土体骨架承担的有效应力,土体的强度也不断增加。由此可知,固结沉降对地基的稳定性是有利的,而不排水沉降则相反。结合孔隙水压力数据,我们就可以获得隐含于总沉降量中的不排水沉降量数据,用以分析地基的稳定性状况。不排水沉降量 AGO 法正是基于该思路而提出的一种分析地基稳定性的方法。

中江试验段的最大沉降速率虽然达到了 16 ~ 40mm/d,但从其不排水沉降量 AGO 图来看(图 2-35 ~ 图 2-40),地基土体的孔隙水压力消散情况良好,地基主要发生固结沉降,土体承受的侧向剪应力很小,对地基土体的破坏也很小,地基在此情况下不会出现失稳现象。开阳高速公路桩号 K82 + 210 处路堤地基的沉降速率虽然不大,但其不排水沉降量 AGO 图表明(图 2-47 ~ 图 2-49),在连续加载的作用下,土体中的孔隙水压力来不及消散,此时地基主要发生不排水沉降,土体承受的侧向剪应力增大,最终才导致了地基发生失稳破坏现象。

以上综合分析观测数据的方法只是两个例子,事实上,在掌握软基变形破坏的过程和机理的前提下,通过综合分析能够揭示更多隐含于各观测数据中的稳定性信息,这些信息将有助于提高地基稳定性分析结果的正确性。

2.6.5　结论

通过前面的实例分析,可以得到以下结论:

(1)在进行软基加固工程施工期稳定性分析时,综合分析各观测数据是非常必要的;

(2)通过综合分析可以获取观测数据中隐含的地基稳定性状况的信息;

(3)综合分析结果较单一数据分析结果更能反映地基稳定状况。

2.7　结语

(1)在软基加固工程施工期必须进行稳定性监控;

(2)目前各种施工期稳定性判断的方法尚待进一步发展;

(3)不排水沉降量 AGO 法是一种基于沉降资料的地基稳定性判断方法,经工程实践检验,该法较高的实用价值,这是本课题的创新点之一;

(4)在运用不排水沉降量 AGO 法时,各级荷载作用下不排水沉降量可用加载当日沉降速率代替;

(5)对于正常固结土,参照$\sum \Delta h$—$\sum V_{US}$曲线后一段的斜率 k_2 和前一段的斜率 k_1 的关系,不排水沉降量 AGO 法的断别准则为:当 $k_2 < k_1$ 时,软土路基是稳定的,对应的突变点是一"拐点";当 $k_2 > 3k_1$ 时,软土路基是不稳定的,对应的突变点是一"屈服点";当 $k_1 \leqslant k_2 \leqslant 3k_1$ 时,软土路基是否稳定需要密切监视,对应的突变点是一"准屈服点",该准则是否适用于欠固结土、超固结土尚有待于进一步研究;

(6)利用软土层的分层沉降数据进行不排水沉降量 AGO 法可以进行针对性地基稳定性分析,这也是本课题的创新点之一;

(7)不排水沉降量 AGO 法运用于珠江三角洲地区的软基加固工程已经取得了良好的效果,是否具备大范围内推广运用的价值,尚待其他地区的工程实践验证。

第3章　新技术介绍与工程问题探讨

3.1　竖向排水体抽真空软土地基加固技术

3.1.1　原理与创新点

传统的真空预压技术，属于水平向密封技术。其技术的关键点在于：对整块砂垫层及下伏浅层软基用聚氯乙烯薄膜进行密封，亦即对砂垫层进行水平向密封。只有水平向密封做得好，真空度才可以通过砂垫层传到砂井中（图3-1），从而达到软基加固的目的。从地基加固的最终目的来讲，可以采用合适的技术，直接将真空泵系统与砂井相连（图3-2），使“真空度”直达砂井，而不经过砂垫层地间接传递。基于这一思想，我们开发了竖向排水体抽真空软土地基加固技术，并将之运用于中江高速公路软基加固试验段工程中，其监测数据证实了该技术可行性，并且可以取得较好的加固效果。

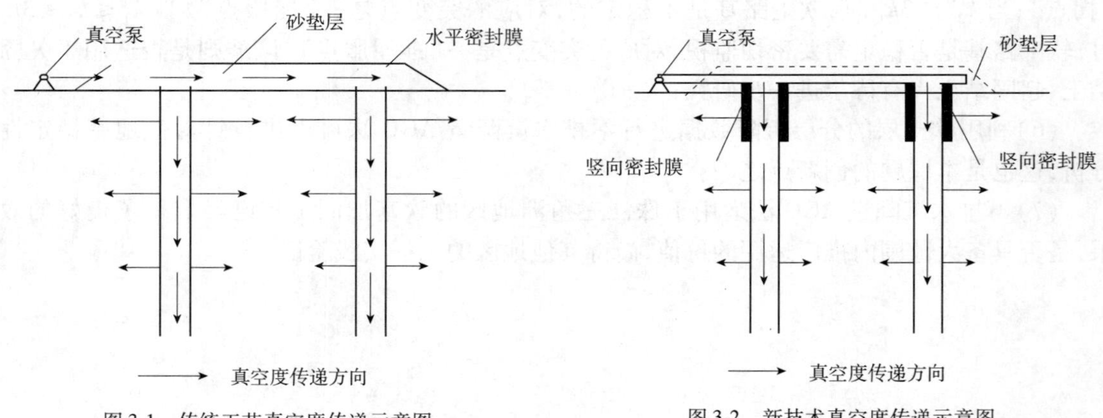

图3-1　传统工艺真空度传递示意图　　图3-2　新技术真空度传递示意图

该项新技术的关键点在于：采用密封膜将竖向排水体的上部一定范围内的排水体与周围土体（包括垫层和地基浅层土体）隔离。它与传统的真空预压密封膜的水平展布方向互相垂直，故取名为竖向密封膜设置技术，简称：竖向密封。

3.1.2　技术比较与优势

竖向密封技术可以较好的克服真空预压和轻型井点降水预压法的缺点。

真空预压法主要存在以下两个缺点：（1）需进行大面积全场地的真空密封，即是需用专用密封膜将整个加固区域的地基表面和四周浅层地基密封，工作量较大；（2）当地基中存在强透水的砂夹层时，需用搅拌桩等专门技术进行针对性的封堵，这样工作量很大，施工成本也较高。以上两点限制了真空预压技术的使用。

轻型井点降水预压法的缺点主要是：进行地基处理时，必须与竖向排水体配合使用，才能达到应有的降水效果和加固效果。此外，它需要设置专门的抽水系统，成本也较高。

与上述两种预压法技术相比，竖向密封技术只需对部分的竖向排水体进行局部密封，同时也只需将设有密封段的竖向排水体与抽真空装置连接，具有施工方便易行，可降低施工成本30%以上的经济效益。

3.1.3　设计方案

1）密封材料的选择

中江试验段密封套采用聚氯乙烯作为竖向密封材料，对材料有以下要求：①厚度 > 0.14mm；②50mm 宽试样拉伸强度 > 15MPa；③断裂伸长率 > 200%；④直角撕裂强度 > 80kN/mm，渗透系数 < 10^{-11}cm/s。

2）设计方案

（1）竖向密封技术施工平面图和横断面图，如图 3-3、图 3-4 所示。

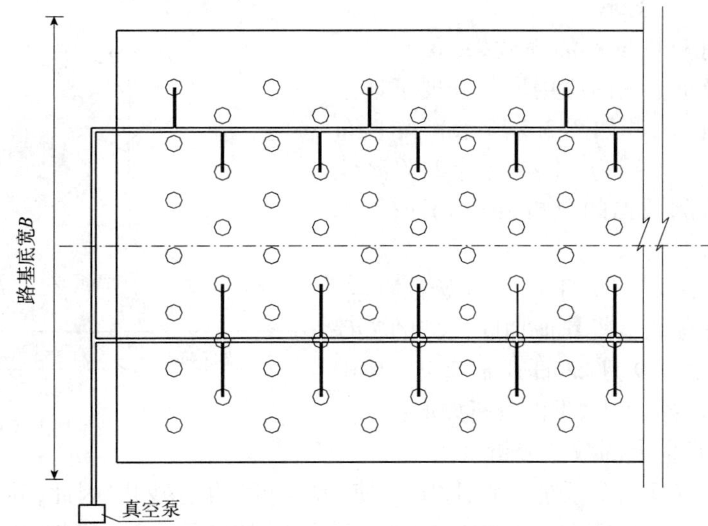

图 3-3　竖向密封技术施工平面图

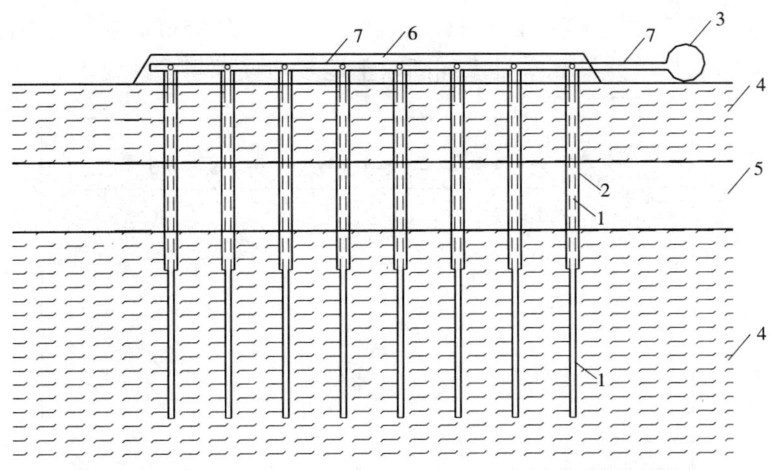

图 3-4　竖向密封技术施工横断面图

1-竖向排水体；2-密封套；3-抽真空设施；4-软黏土；5-砂层等透水层；6-工作垫层；7-管道

(2)设计施工要点说明

①砂井为梅花型布设,间距1.3m,长度21m;

②竖向密封只针对梅花型形心处的砂井;

③考虑到地下4~6m发育-强透水耗壳层竖向密封深度定为8m;

④打设带套砂井时,必须在砂井机导管管口安装滑轮,确保砂井袋和密封土工膜不被划破;

⑤必须采取合适的固定措施,确保砂井打设过程中密封土工膜套不发生大范围滑移现象;

⑥砂井机导管焊接处要注意打磨平滑,避免在打设过程中划破密封土工膜;

⑦施工袋装砂井前应探明透水层性质及其空间分布范围,确定密封套的长度和位置;

⑧膜下真空度须维持在80kPa以上。

3.1.4 监测数据分析

为了检验竖向密封技术加固效果,我们在中江软基加固试验段小范围内应用该法开展了地基加固试验工程(加固区域如图3-5所示),并且布设了表面沉降、孔隙水压力、真空度计等监测仪器。通过对各种监测数据的分析,证实了该技术可以取得较好的加固效果。

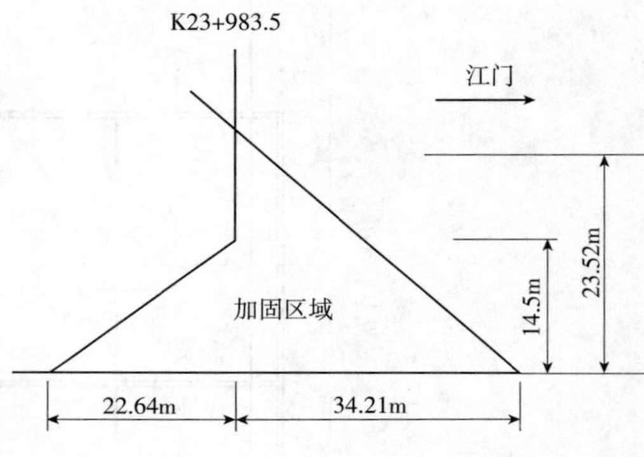

图3-5 新技术加固区域示意图

该试验工程于2003年9月18日开始抽真空,考虑到工程进度需与试验段其他加固区域的工程进度相一致,于2003年9月22日开始填土。填土情况如图3-7所示。各监测数据的分析如下:

(1)砂井顶端真空度的数据分析

由于该法直接将真空泵系统与砂井相连,使“真空度”直达砂井,因此,砂井顶端的真空度与传统密封工艺的膜上真空度具有相同意义。砂井顶端的平均真空度变化过程如图3-6所示,图中反映出:抽真空一天后,砂井顶端的真空度迅速上升到72kPa,随后缓慢上升,在开始填土时,即抽真空4天后,真空度达到81kPa,最终一直保持在85kPa左右。由此可知,该法的密封效果良好,能够满足单井抽真空排水加固软土地基的技术与设计要求。

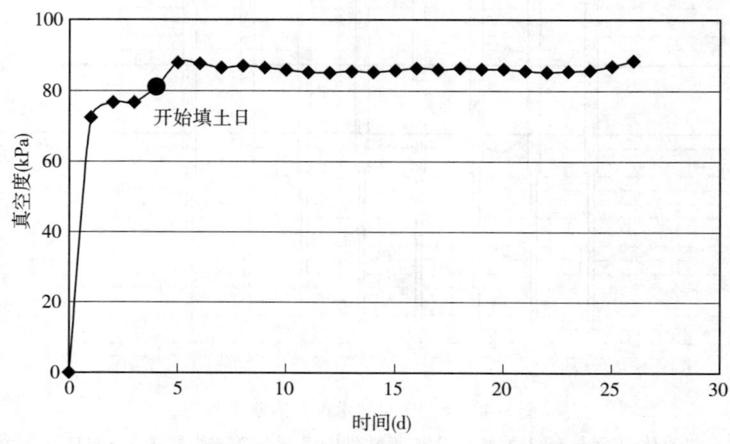

图3-6 砂井顶端的真空度变化曲线图

（2）孔隙水压力的数据分析

图3-7为本试验工程在抽真空作用下超孔隙水压力变化过程图，由图3-7可以看出，在未填土之前，孔压的消散幅度由深及浅（即9m到3m）逐渐减少，这主要是因为浅层部位受密封膜的“封堵”，使真空度的传递受阻；而密封膜以上土层的真空度是由下及上传递，因此9m处孔压消散幅度比3m处的大。抽真空7天后，不同深度的超孔隙水压力变化过程趋于一致，说明此时9m以上土层的真空度已达到稳定状态，仪器工作正常。6m处的超孔隙水压力比9m处的大，其原因有二：一是6m处附近有一砂夹层，从而使该深度处的渗透系数相对较大所致；二是6m处的孔压测头比较接近抽真空砂井。开始填土后，超孔隙水压力表现为正值，这是由于填土速率较快，孔隙水压力来不及消散所造成。在填土间歇期，截至目前为止，孔隙水压力不断下降，说明了该法的加固效果较好。

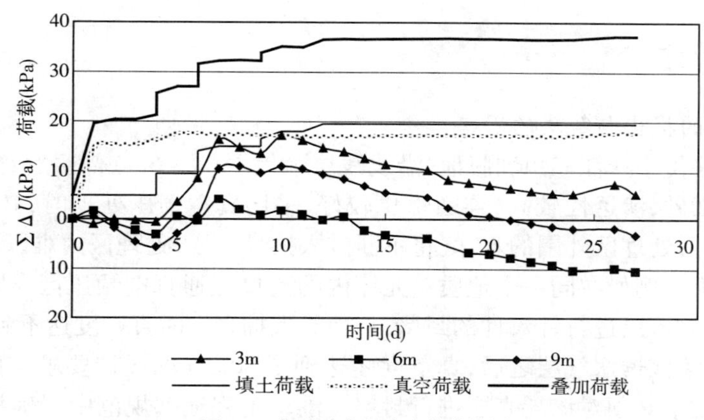

图3-7　超孔隙水压力变化曲线图

（3）沉降的数据分析

本试验场区位于已真空预压路基影响区，软基已经产生一定程度的固结沉降，地基强度有所增加；此外，受复杂边界条件的影响，其沉降量与沉降速率相对较小。在加固将近一个月后，地基沉降量为400mm左右（图3-8）。在快速填土期间，沉降速率在达到40mm/d之后则迅速下降到22mm/d（图3-9），并且在此期间路基没有出现稳定问题。到目前为止，本区的沉降速率保持在5mm/d左右，表明了该法的加固效果是明显的。

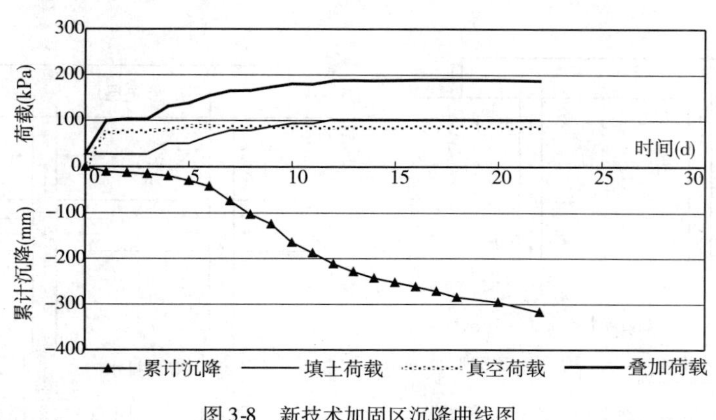

图3-8　新技术加固区沉降曲线图

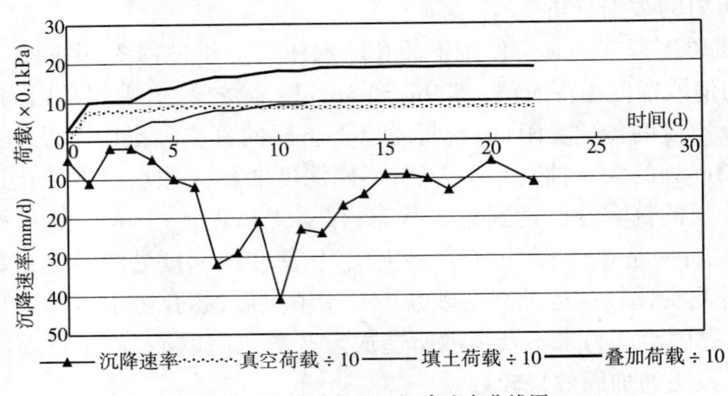

图 3-9 新技术加固区沉降速率曲线图

3.2 密封技术

3.2.1 问题的提出与解决的思路

中江高速公路位于珠江三角洲腹地，沿线浅层地表下(3～6m)普遍发育有一层耗壳沉积物。该层混有粉细砂，渗透性较高，连通性也较好，采用真空预压处理时，必须对该层进行封堵。否则抽真空时，处理区外围的水，气将不断进入抽真空压，处理区内难以形成有效的负压，达不到预期的效果。例如在同一个地质单元体内的港口互通真空预压区，抽真空之前由于缺乏地质资料，没有对该层进行针对性的封堵，从而导致抽真空时真空度达不到80kPa的设计要求，在采用围幕封堵该透水气层之后，真空度才达到了80kPa的设计要求。由此可见，在该地区采用真空预压技术必须对该耗壳层进行封堵。港口工程地基规范中明确指出"对于表层存在良好透气(水)层及在加固处理范围内有充足水源补给等情况，应采取有效措施切断透气层及透水层"。因此，研究合适的"密封技术"具有工程现实的意义。

抽真空时，真空度的传递规律和地下水的渗流途径如图3-10所示。真空度的传递方向为真空泵→砂垫层→竖向排水体→周围土体；地下水的渗流方向是逆向的，即：周围土体→竖向排水体→砂垫层→真空泵。当表层存在良好透气(水)层时，真空能量绝大部分消耗在该层上(图3-11)，透气(水)层的下覆土层几乎没有"负压"作用，因此难以形成有效的加固作用。因而封堵的关键在于切断透气(水)层，使真空度向下传递。

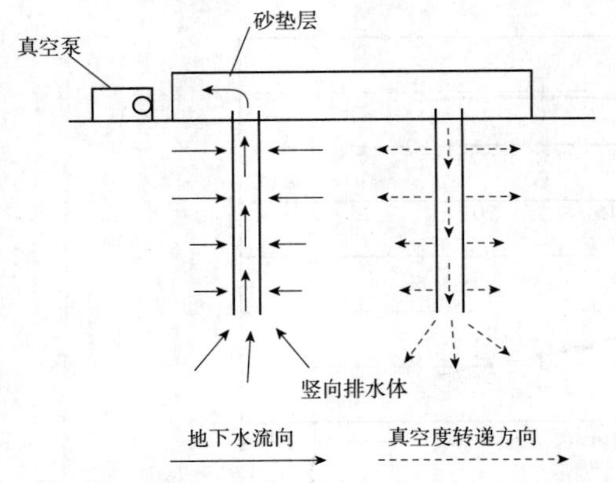

图 3-10 真空度传递与地下渗流途径示意图

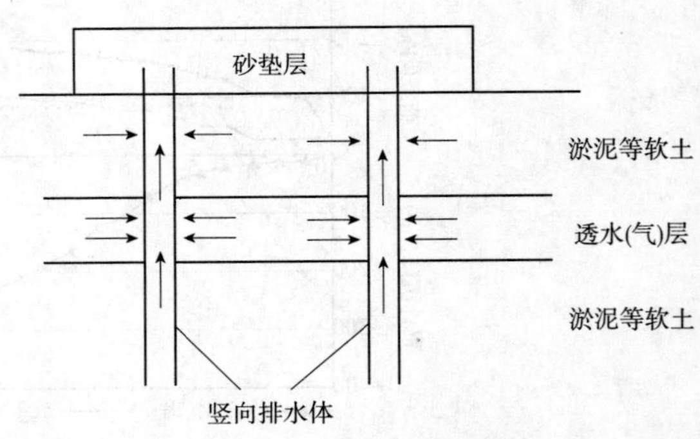

图 3-11 透水(气)层消耗真空度示意图

显然，有两种封堵透水（气）层的措施，其一是在加固区周围打设连续的柔性密封墙（图3-12）；其二是在每根竖向排水体的透气（水）层部位进行密封（图3-13）。

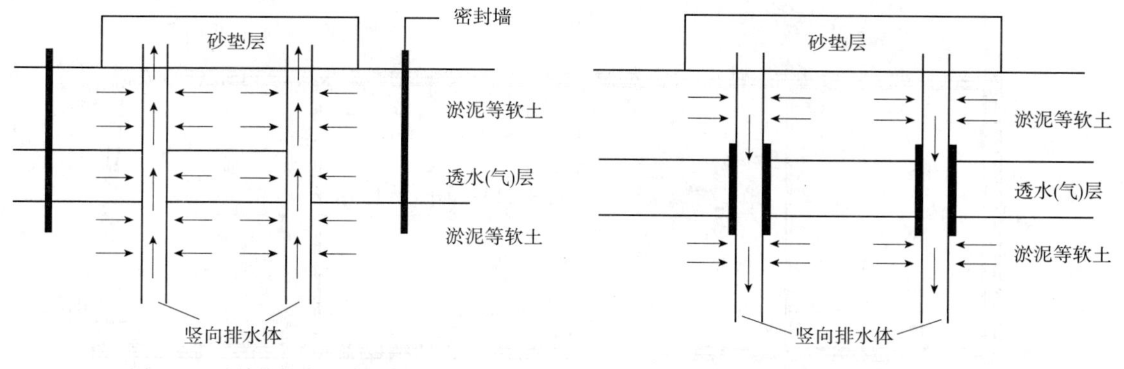

图3-12　连续柔性密封墙示意图　　　图3-13　排水体局部密封示意图

前者是全局性的封堵，属于传统的常规方法。使用该法时，可用黏土泥浆与透气（水）层进行拌和，形成柔性密封墙即可满足密封要求。根据室内试验，黏土掺入粉砂后，粉粒含量达15%，即可使渗透系数小于1×10^{-5}cm/s，经工程检验，该法满足真空预压密封要求。

后者是局部针对性的封堵，属于创新的技术。该技术的关键在于：

（1）施工前，进行详细的地质补勘，以确定透气（水）层的埋深和厚度。

（2）施工时，采取合适的工艺和密封材料，对透水（层）部位的竖向排水体进行有效的竖向密封。

中江高速公路软基试验段真空预压区采用了上述两种技术；并且都获得了成功，尤其是后者的成功为真空预压的发展做出了贡献。

3.2.2　设计方案

1）柔性密封墙

（1）密封材料的选择

中江试验段柔性密封墙采用黏土泥粉与水泥拌和的泥浆作为密封材料。泥粉与水泥的配合此为5∶1，泥浆掺入比为15%。黏土泥粉的颗分试验和渗透试验结果如表3-1所示。

颗分试验与渗透试验成果表　　表3-1

试样序号	粒度区间（mm）			试样序号	渗透系数（cm/s）	平均值（cm/s）
	>0.075	0.075～0.005	<0.005	1	1.00×10^{-6}	1.2×10^{-6}
1	11.1	36.6	52.3	2	1.46×10^{-6}	
2	11.5	36.4	52.1			
3	11.1	36.8	52.1	3	1.03×10^{-6}	
平均	11.2	36.6	52.2			

掺入水泥的目的主要在于：①利用其凝结特性，防止细颗粒黏土在抽真空时流走，防止形成较粗的渗流孔隙，以保证封堵效果；②水泥自身也是“细粒土”，与上述泥粉拌和使用，可以提高复合体的级配，进一步降低渗透性，提高土封堵效果。

（2）设计方案

①密封墙的平面图和横断面图（图3-14、图3-15）。

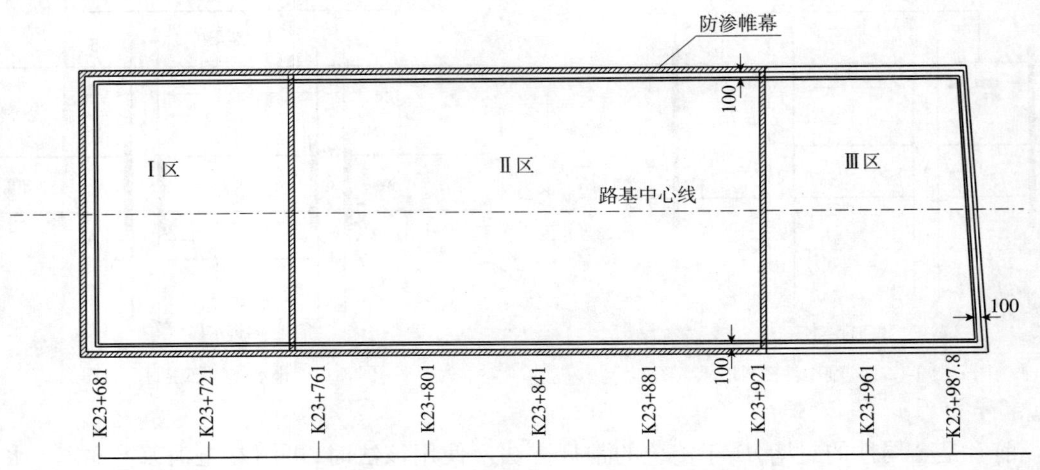

图3-14　密封墙平面图（Ⅰ、Ⅱ区采用密封墙技术，Ⅲ区采用密封套技术）

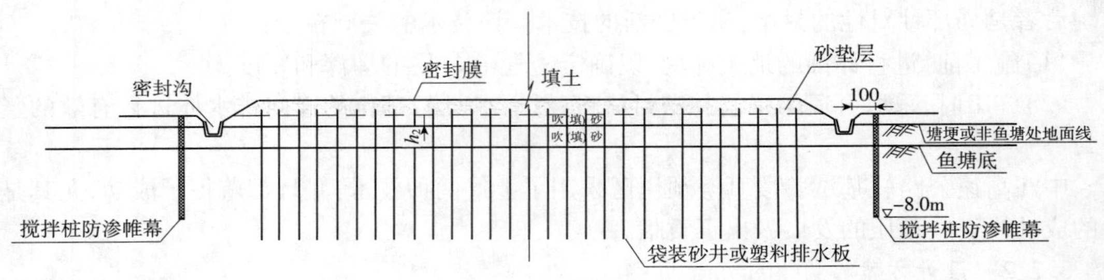

图3-15　密封墙横断面图

②加固范围

中江试验段在桩号为K23+681.00～K23+923.50的范围内使用了柔性密封墙技术（图3-14）。

③设计施工要点说明

a. 搅拌桩防渗帷幕施工应使用喷浆方式的深层搅拌桩机。

b. 采用水泥或淤泥进行搅拌桩施工，形成连续的防渗帷幕。淤泥用量为40～50kg/m。淤泥泵浓度用密度计控制，密度应大于1.5g/ml。

c. 搅拌桩施工采用2次喷浆2次搅拌，施工时应严格控制提升速度（不得大于0.8m/min）。

d. 搅拌桩防渗帷幕设计深度为8.0m。

2）密封套技术

（1）密封材料的选择

中江试验段密封套采用聚氯乙烯作为竖向密封材料，对材料有以下要求：①厚度>0.14mm；②50mm宽试样拉伸强度>15MPa；③断裂伸长率>200%；④直角撕裂强度>80kN/mm，渗透系数<10^{-11}cm/s。

(2)设计方案

密封套的横断面图(图 3-16)。平面上不改变砂井的布设形式和间距。该试验段的砂井为三角形布设,间距为 1.3m。

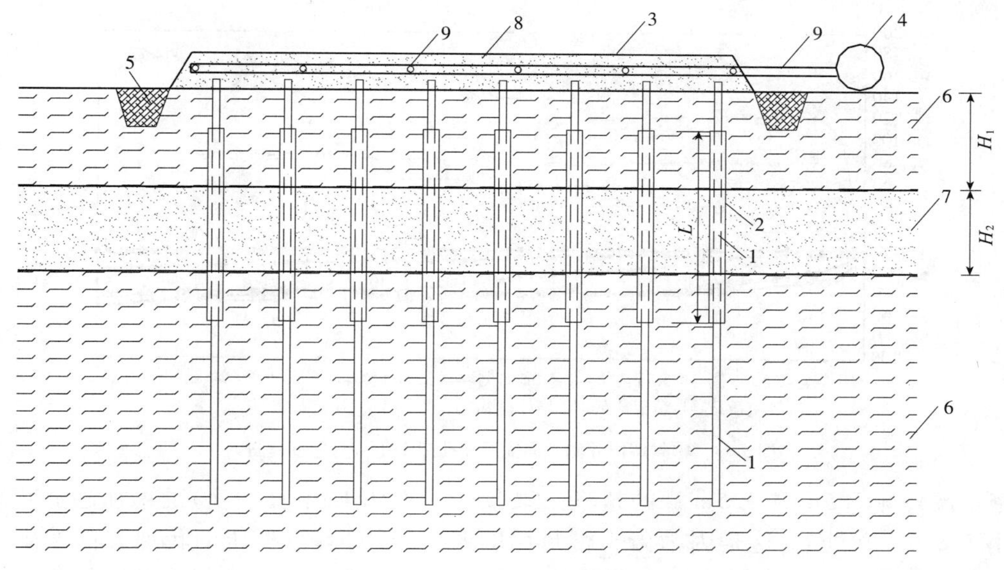

图 3-16　密封套横断面图

1-袋装砂井;2-密封套;3-密封膜;4-抽真空设施;5-密封沟;6-软黏土;7-砂层等透水层;
8-砂垫层;9-管道;H_1-从砂垫层顶部算起的砂夹层顶板埋深;H_2-砂夹层厚度;L-密封套长

3.2.3　效果分析

1)孔压效果分析

为了检验中江软基试验段真空预压区密封墙的效果,我们在密封墙的内外侧各布了 3 个孔压计,如图 3-17 所示。

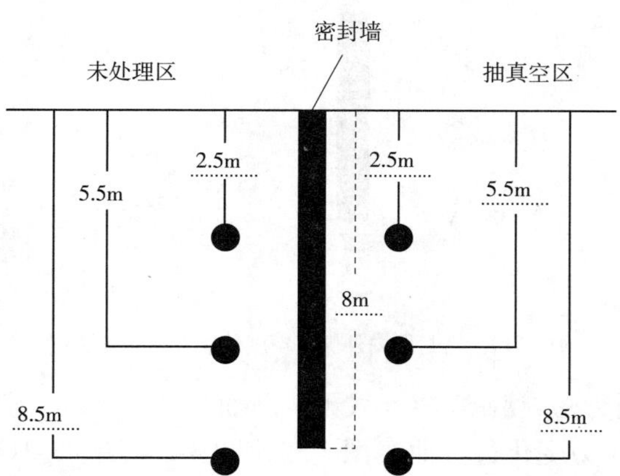

图 3-17　密封墙内外侧孔压计布置图

图 3-18 为抽真空期间密封墙内外侧不同深度超孔隙水压力分布图。从图中不难发现,位于密封墙内外两侧的超静孔隙水压力有着截然不同的规律:由于密封墙的作用,密封墙外侧的

超静孔隙水压力随时间呈较缓慢的增加，而密封墙内侧的超静孔隙水压在抽真空初期徒然增加，其后不同深度的超孔隙水压力一直稳定在40～50kPa之间。8.5m深处的内外侧孔压计由于没有密封墙相隔，在抽真空两个月后，他们负压趋于相同。

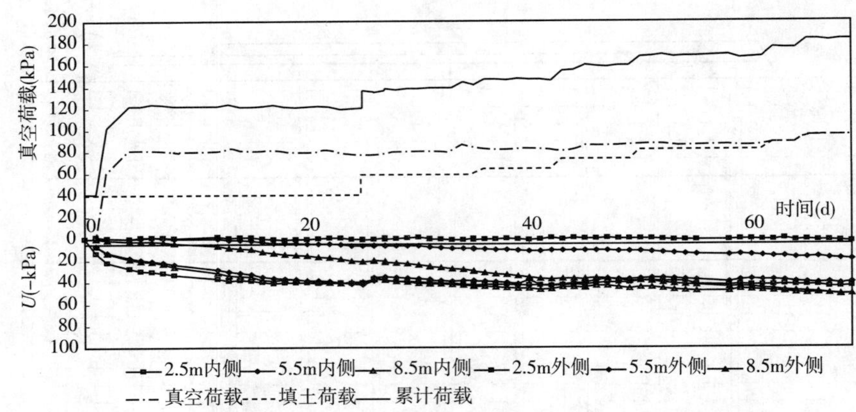

图3-18　密封墙内外侧不同深度超孔隙水压力变化过程图

密封墙外侧2.5m和5.5m深的超静孔隙水压（实际反映了真空度）的增加趋势和绝对值均小于8.5m深处的，这是因为由于密封墙的密封作用，真空负压的转递方向发生了改变，如图3-19所示。显然，密封墙外侧浅层的超静孔压的滞后效应和较小的增量都可以从图3-19中得到较好的解释。上述数据充分说明了试验段的密封墙有着明显的切断透水（气）层的作用。

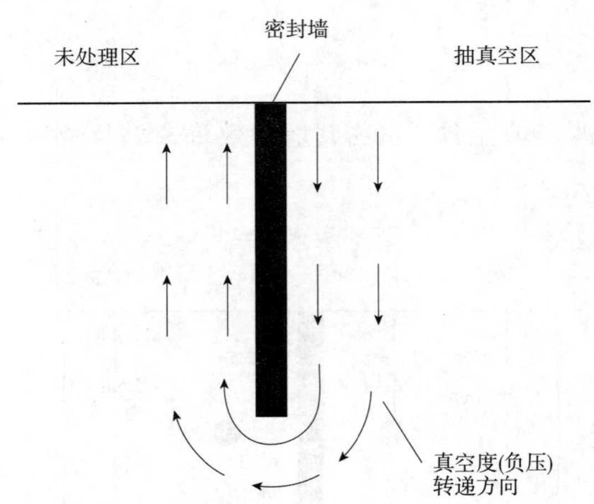

图3-19　密封墙内外侧真空度传递方向示意图

图3-20、图3-21分别为密封墙真空-堆载预压断面（K23+880）、密封套真空—堆载预压断面（K23+955）的孔隙水压力变化过程曲线图。对比图3-20和图3-21可以发现它们的孔隙水压力变化情况基本一致，即在未填土之前的抽真空期间，两个监控断面中各个深度的孔隙水压力下降速度较快；开始填土后，由于真空负压的抵消作用，超孔隙水压力的增长幅度较小，并且在停止加载后迅速下降。这充分说明了创新的密封套技术可以取得和传统密封墙技术一样的密封效果。

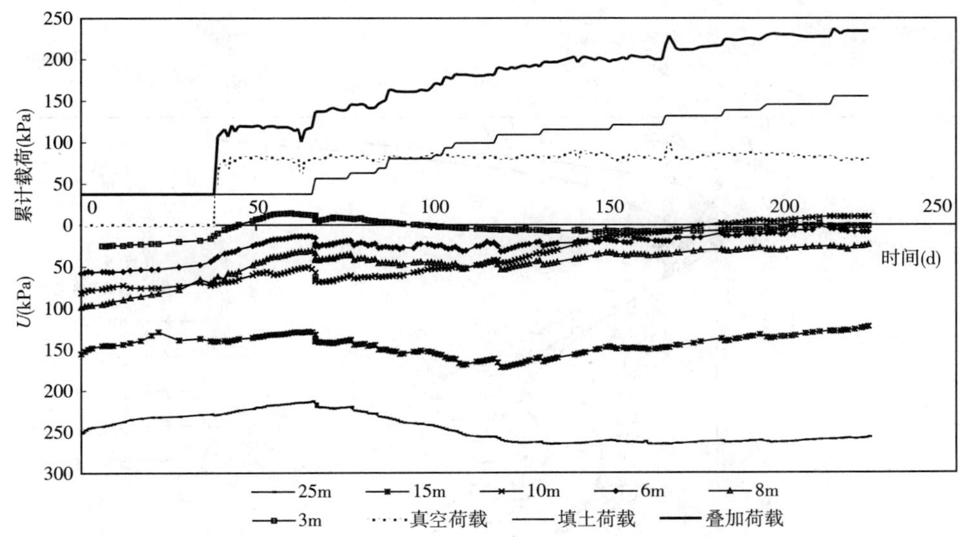

图 3-20　密封套真空—堆载预压断面(K23 + 955)的孔隙水压力变化过程曲线图

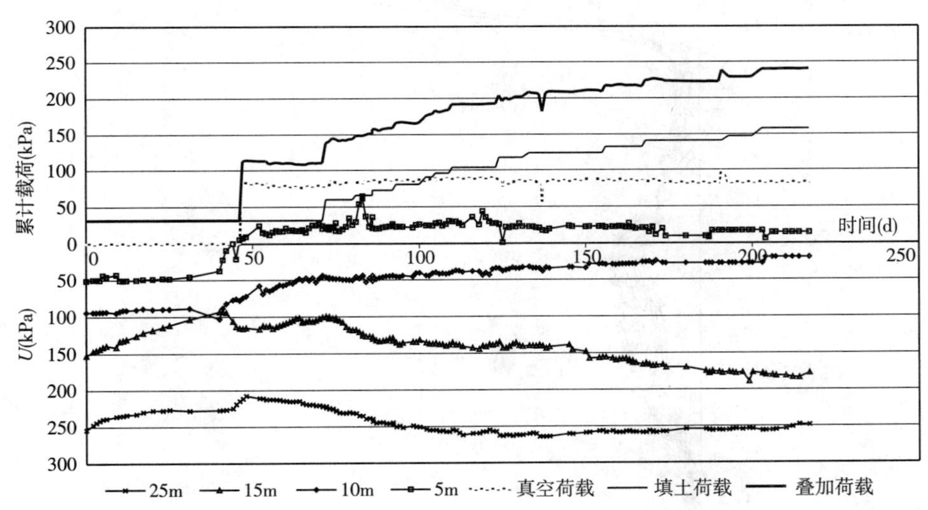

图 3-21　密封套真空—堆载预压断面(K23 + 880)的孔隙水压力变化过程曲线图

2)侧向位移效果分析

由于场地宽度不够的原因,真空预压段的侧斜管于 2003 年 8 月 19 日才埋设。对比密封墙真空—堆载预压断面(K23 + 880)、密封套真空—堆载预压断面(K23 + 955)的时间—深度—位移曲线图(图 3-22、图 3-23),可以看到,经过两个多月的观测,两者的最大侧向位移都小于 20mm;并且由于真空吸力的作用,部分深度的软土还产生了向路基内侧的水平位移。由此可见,该两个断面路基的稳定性较好,真空预压效果较佳,也反映出上述两种密封技术的都可以起到较好的密封作用。

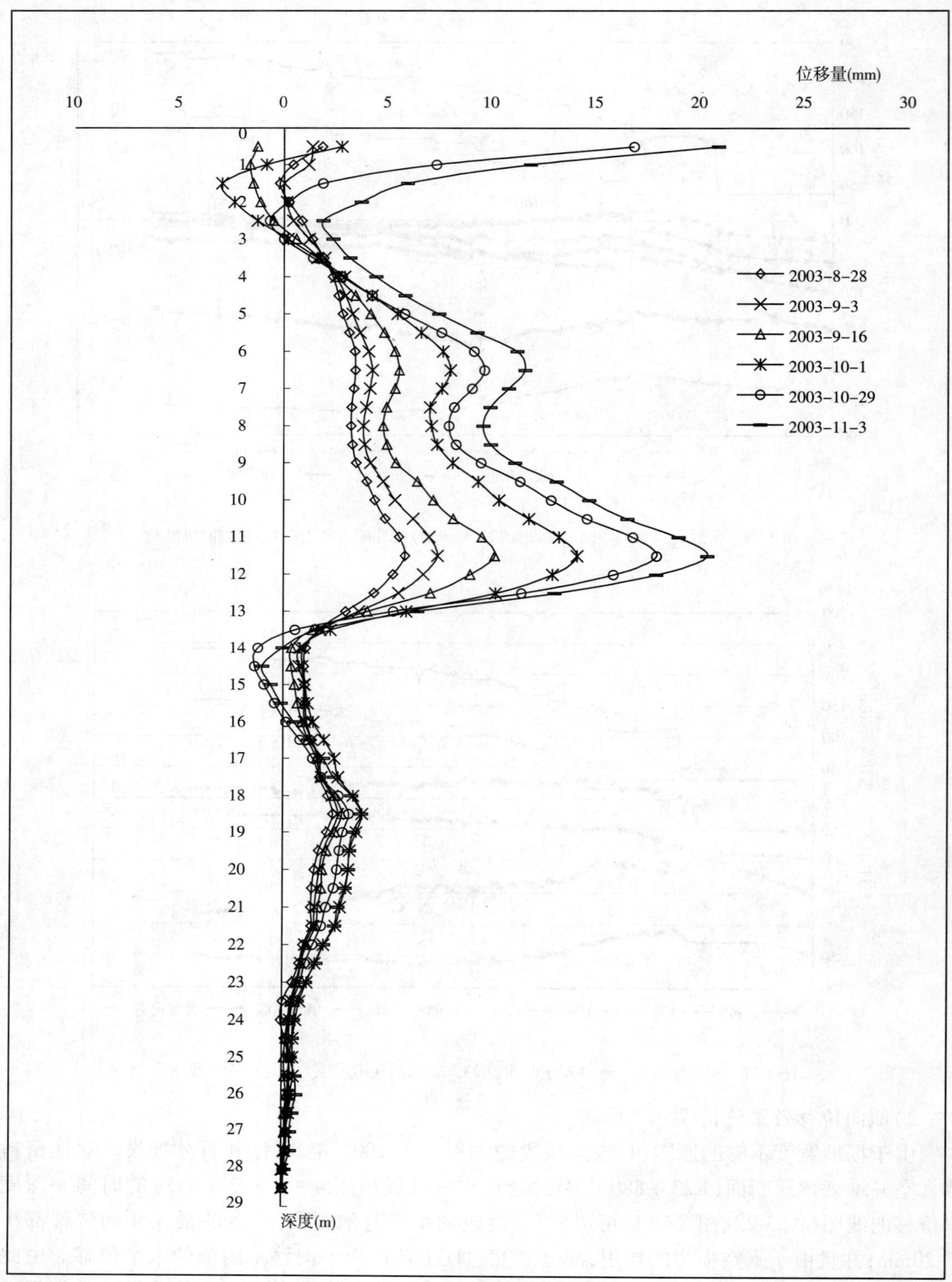

图 3-22　中江试验段 K23 + 880 右深度-位移曲线

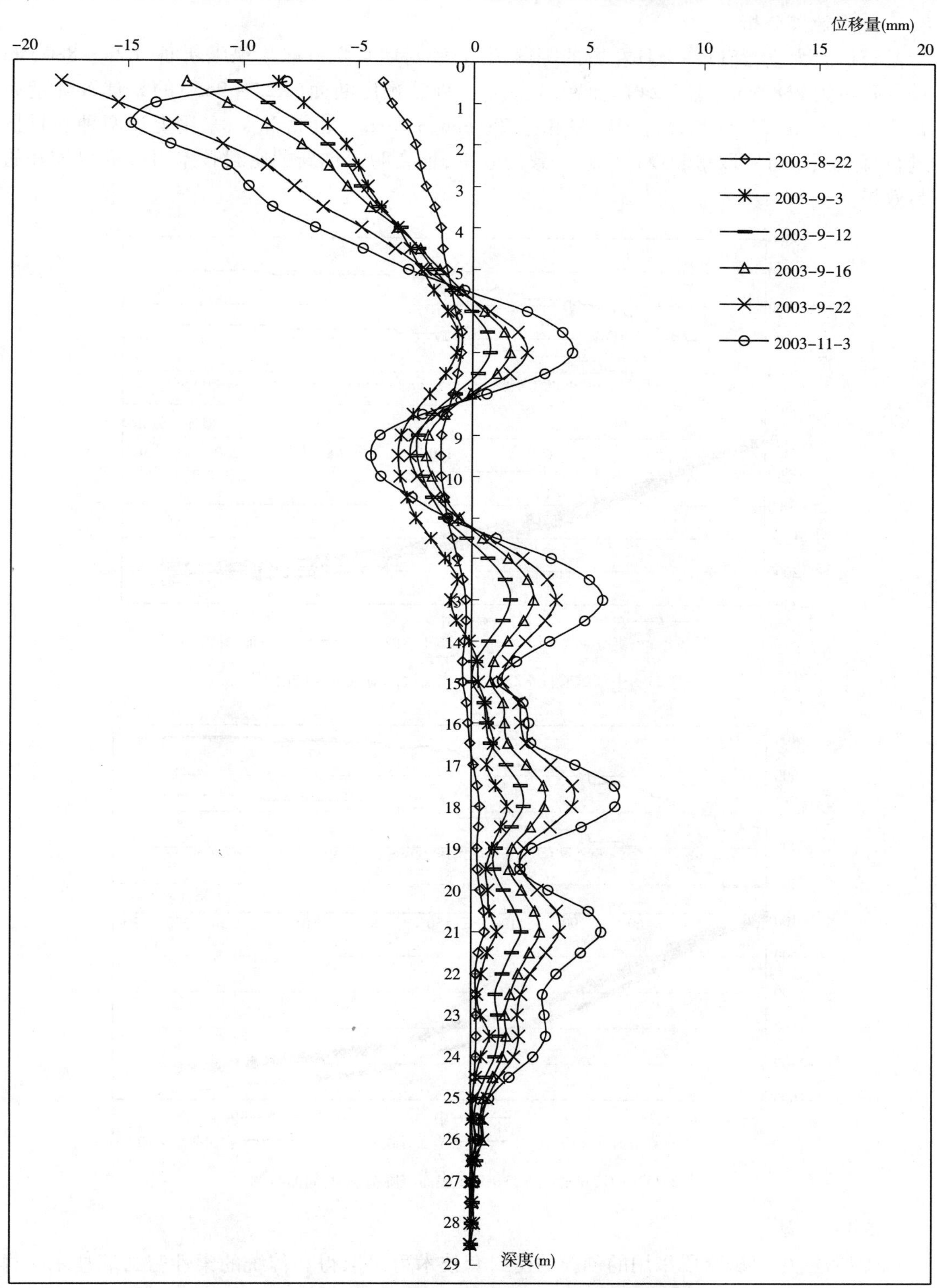

图 3-23　中江试验段 K23 + 955 右深度-位移曲线

3)沉降效果分析

截至目前为止,经过一个月左右的等载预压,密封墙真空—堆载预压断面(K23+880)的累计沉降量为2188mm(图3-24),而密封套真空-堆载预压断面(K23+955)的累计沉降量为2502mm(图3-25),分别和设计沉降量相差781mm、328mm。由此看来,采用上述两种密封技术进行真空预压可以取得和设计沉降一致的效果,也表明了创新的密封技术可以取得较好的密封效果。

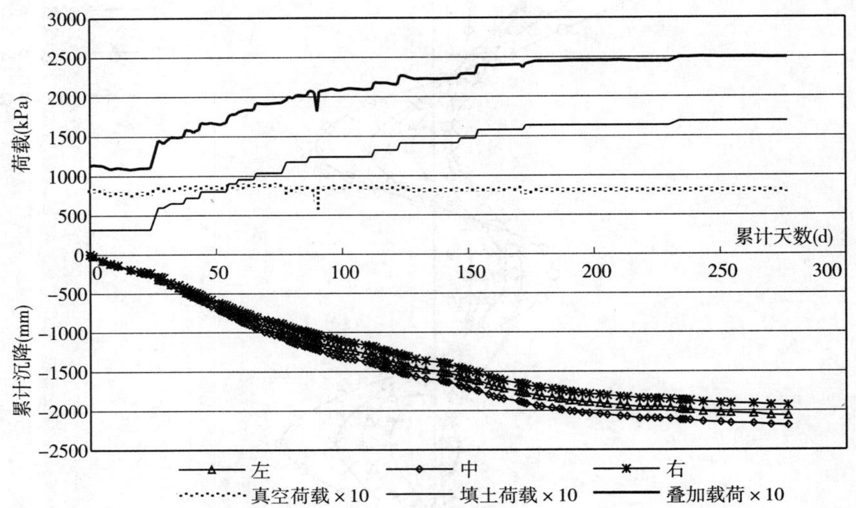

图3-24 中江试验段K23+880表面沉降荷载-时间曲线图

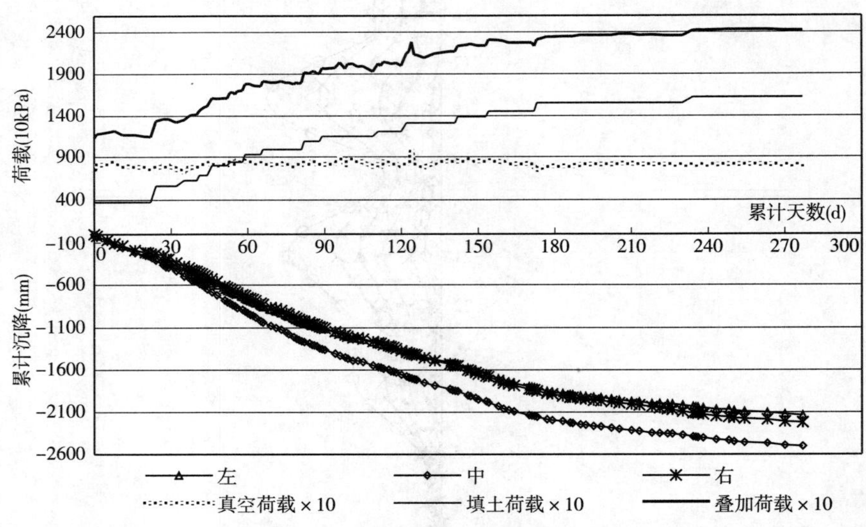

图3-25 中江试验段K23+955表面沉降荷载-时间曲线图

3.2.4 小结

综上所述,中江试验段采用的创新的密封套技术可以取得和传统的柔性密封墙技术一样的密封效果,而前者的经济效益则远大于后者的经济效益。因此,密封套技术的开发增加了真空预压法的优势,为真空预压法在更大范围的普及推广起到了积极促进的作用。

3.3　单井排水量观测技术

3.3.1　排水法单井排水量研究的必要性

堆载预压法、真空预压法及真空联合堆载预压法是目前软基加固工程中常用的几种方法，而且它们都属于排水加固处理软土地基的方法，显然，排水效果的好坏将直接影响加固效果的优差。因此，排水量的大小是上述三种软基加固方法一个重要评价指标。软基加固的场地一般较大、水文地质条件复杂，要实现整个场地排水量的观测是非常困难的，但对于单井排水量的观测却相对容易得多，而且单井排水量在很大程度上也反映了整个加固场地的排水量。本节主要对本试验段软基处理过程中采用的单井排水量观测技术做简单介绍，并对获得的观测数据进行了分析。

3.3.2　单井排水量观测技术

由上述可知，单井排水量的观测在排水预压法加固软土地基中具有重要意义，但受目前观测技术水平的限制，对于该项目的观测数据尚显匮缺，使其在软基加固效果评价中起不到应有作用。近年来，岩土工程界对于排水预压法中单井排水量的观测愈加重视，并且取得了一些成果。基于此，我们开发了一种单井排水量观测装置，并将之运用于本试验段的软基加固中，取得了较好的效果，从而证实了该技术具有推广运用的现实意义。图 3-26 为单井排水量观测仪器布置平面示意图。

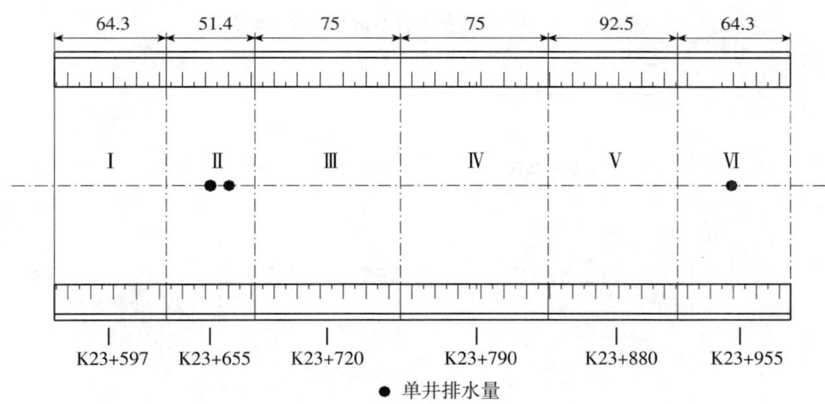

图 3-26　单井排水量观测仪器布置平面示意图

真空预压法（或真空联合堆载预压法）和堆载预压法加固软基工程中单井排水观测装置分别如图 3-27、图 3-28 所示，该装置的施工要点如下：

（1）砂井打设过程中不可避免会出现质量问题，在选择砂井进行排水量观测时，须先确定所选砂井符合规范要求；

（2）排水管须具有较高的强度，以免被上覆填土荷载压裂；

（3）软基加固过程中，砂垫层随软基一起发生沉降，排水管的埋设应预留一定的长度，避免因沉降而拉断排水观测装置；

（4）排水管与砂井的连接处须密封好，砂井的顶端要安装聚氯乙烯膜密封套，使之与上部排水性好的土层隔开；

（5）排水管进水端须用滤膜包扎好，避免排水过程中出现堵塞现象。

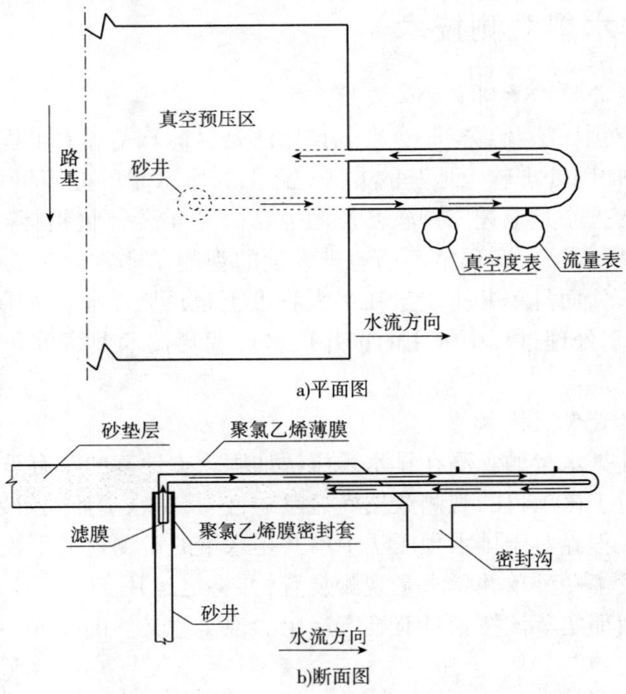

图 3-27　真空预压法单井排水量观测仪器装置图

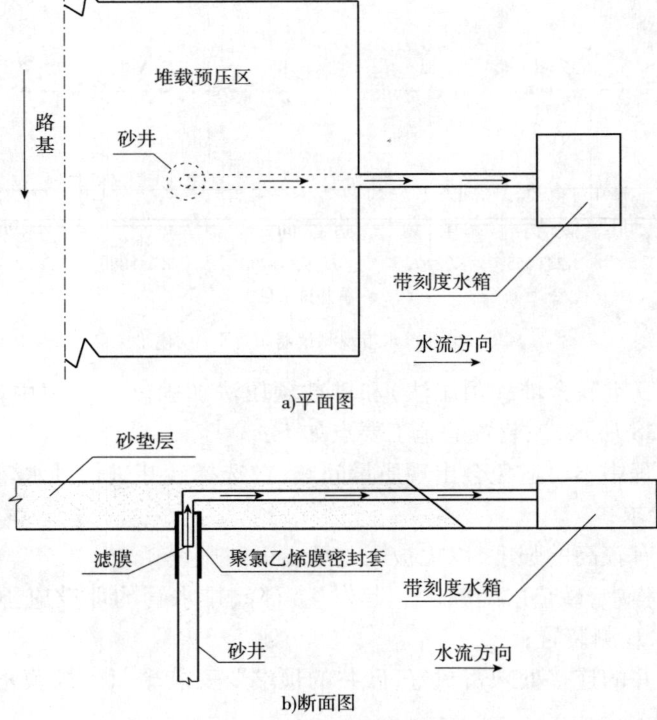

图 3-28　堆载预压法单井排水量观测仪器装置图

3.3.3　试验段单井排水的情况

图3-29为真空联合堆载预压法单井排水量变化过程图。单井累计排水量在抽真空前10天为零,10后开始逐渐增大,至30天时达到最大值,此时的累计排水量为6.5L,此后累计排水量一直保持不变。众所周知,真空度由真空泵传到土体需要一段时间,大约一个月后土体的真空度才逐渐趋于稳定。由此可见,单井排水量与真空度在土体中的传递关系密切,也即是单井排水量能够反映真空度的传递状况。

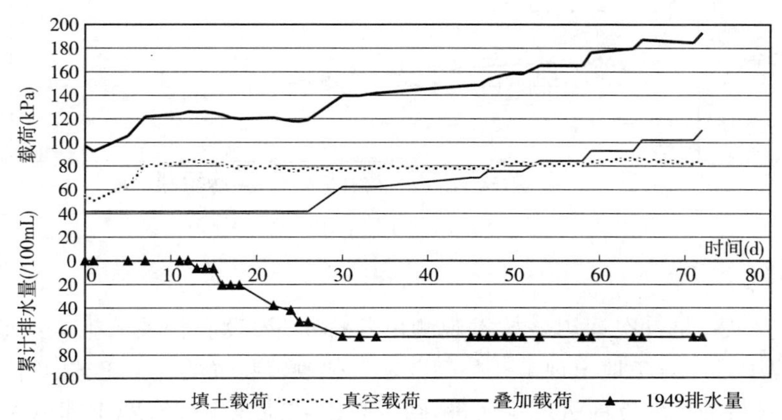

图3-29　真空联合堆载预压法单井排水量变化过程图

这里需要指出,由于采用的流量表是普通水表,精度比较低,无法观测小流量排水现象。因此,抽真空前10天并不是没有排水,而是排水量很小,以至于仪器无法观测而已。至于抽真空30天后排水停止的原因有二:一是流量表的精度;二是观测装置被上覆填土荷载损坏。从图3-29可以看到,累计排水量正是在施加20kPa的填土荷载之后停止增大的。具体情况如何有待于更多的工程实践验证。

堆载预压法单井排水量变化过程如图3-30所示,由图可知,观测装置B的排水量远小于A的,可能是B的排水管进水端密封性差所致。在这里,我们只分析A的排水量情况。堆载预压法单井排水量在加载初期排水量较大,随着荷载的增加,排水量有所减小;在填土荷载53kPa时,累计排水量为52.8L,而填土荷载达到85kPa时,累计排水量也只为66.6L;在加载当天,排水量大幅增加,之后慢慢减小。由整个排水过程可以反映出观测仪器工作状况良好,证实了本单井排水量观测技术的可行性。

显然,堆载预压法单井排水量的变化过程受土体超孔隙水压力的控制,受土体含水率与砂井排水性能的影响。在加载初期,虽然填土后的超孔隙水压力不大,但土体含水率高,砂井排水通畅,排水量较大;随着荷载的增加,超孔隙水压力越来越大,但受土体的含水率降低,砂井排水受阻的影响,排水量则越来越小;在加载当天,由于超孔隙水压力最大,排水量也较大,之后,超孔隙水压力逐渐消散,排水量也慢慢变小。因此,排水量在很大程度上反映了超孔隙水压力的消散情况。

按照真空联合堆载预压法和堆载预压法的加固原理分析,前者的单井排水量要比后者的单井排水量要大,但对比图3-29和图3-30可以看出,实际情况是真空联合堆载预压法的单井排水量远小于堆载预压法的单井排水量。造成这种现象的原因可能是真空联合堆载预压法中流量表的测量精度所致。

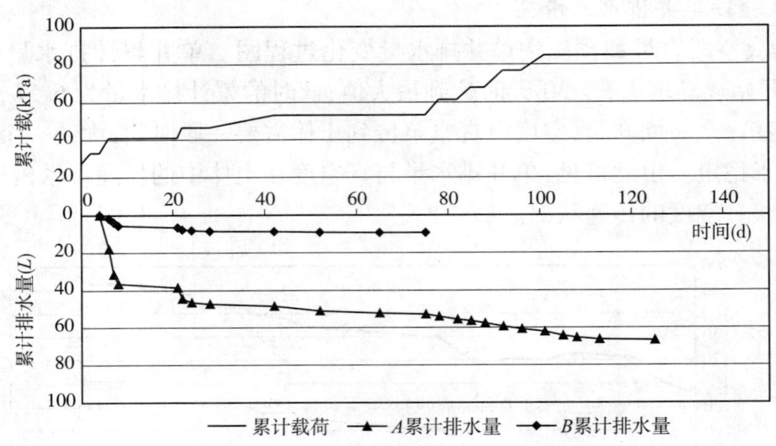

图 3-30 堆载预压法单井排水量变化过程图

3.3.4 结论

由于本试验工程是首次运用该技术观测单井排水量,没有相关的施工经验可以借鉴,因此,在施工过程中难以避免地出现了一些问题。只须改善装置的施工工艺,提高排水管的密封性以及在仪器材料的选取方面进一步完善,则该技术就能在工程实践中加以推广运用。总而言之,在目前单井排水量观测技术比较匮缺的情况下,该技术的开发具有一定的理论与实践意义。

3.4 小议软基土体中的真空度

采用真空预压法加固软基时,在软基土体中形成的真空度是指抽真空在地基中形成的负压。工程实践中可采用"真空度测头"和孔隙水压力测头两种仪器测量真空度,其中"真空度测头"法是最常用的方法,然而该法在使用时存在不当之处,本文将对此进行一些探讨。

真空度测头的构造如图 3-31 所示。抽真空时真空度测试系统中的"流体"会由状态 a 发展成状态 b(图 3-32)。

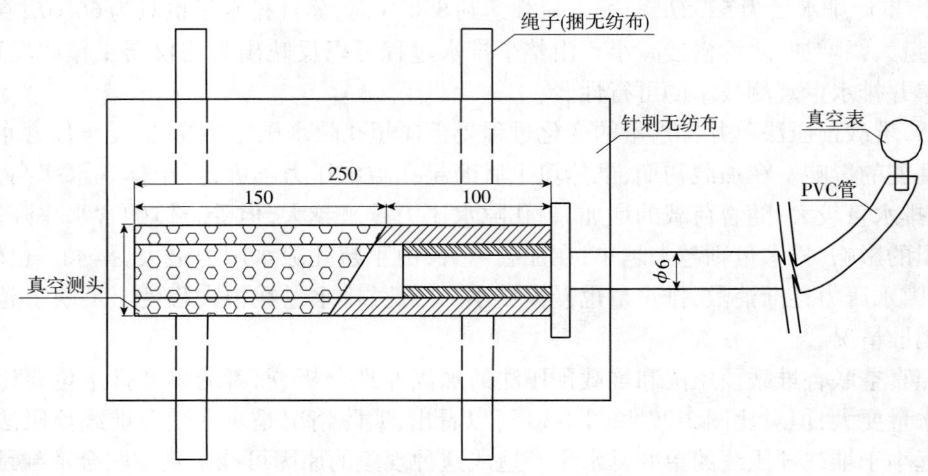

图 3-31 真空测头构造图(尺寸单位:mm)

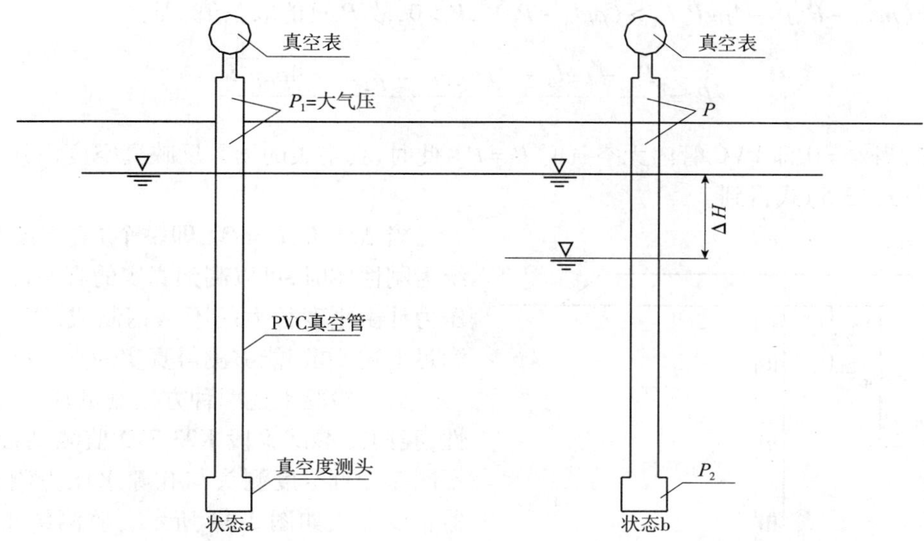

图3-32　抽真空时“流体”状态的演化过程图

显然真空度测头测得结果为 P。由平衡方程和克拉伯龙方程可得

$$P_2 \times S + \rho g \Delta L \times S = P_1 \tag{3-1}$$

$$P_1 \times V_0 = P \times V_2 \tag{3-2}$$

式中：P_2——真空度测头处的流体压力，用孔隙水压力探头可以测得；

P——PVC 真空管内流体压力；

S——PVC 真空管横截面积；

ΔL——PVC 管内外水头差；

V_0——初始状态时测头系统内气体体积；

V_2——抽真空时测头系统内气体体积。

$$\Delta L = L - L_0$$

$$V_0 = L_0 \times S, V_2 = L \times S \tag{3-3}$$

L_0、L 分别抽真空前后 PVC 管内气柱长度，由式(3-1)可得 $P > P_2$，即管内压力高于该处流体压力。实测时真空度 P' 和孔压探头的读数 P_2'（即真空度）都是相对大气压 P_0 而言的。

即：$P' = P_0 - P, P_2' = P_0 - P_2$

亦即：

$$P' < P_2' \tag{3-4}$$

假设 PVC 真空管竖直，则

$$\Delta H = \Delta L = L - L_0 \tag{3-5}$$

式(3-4)表明由“真空度测头”法测量的真空度小于实际真空度。

联立式(3-1)～(3-3)和式(3-5)可得

$$P_2 + (\rho g l_0 - P_2)P - \rho g P_1 L_0 = 0 \tag{3-6}$$

方程(3-6)为关于 P 的一元二次方程，其解为

$$P = \frac{P_2 - \rho g l_0 \pm \sqrt{(\rho g l_0 - P_2)^2 + 4\rho g P_1 L_0}}{2}$$

由于$(\rho g l_0 - P_2)^2 + 4\rho g P_1 L_0 > (\rho g l_0 - P_2)^2$，$P > 0$，故 P 只能取正值，即：

$$P = \frac{P_2 - \rho g l_0 - \sqrt{(\rho g l_0 - p_2)^2 + 4\rho g p_1 l_0}}{2} \tag{3-7}$$

显然，当 $l_0 = 0$ 即 PVC 管内无空气时 $P = P_2$，此时，真空表的读数反映真空度由式(3-1)～式(3-3)及式(3-5)式得到。

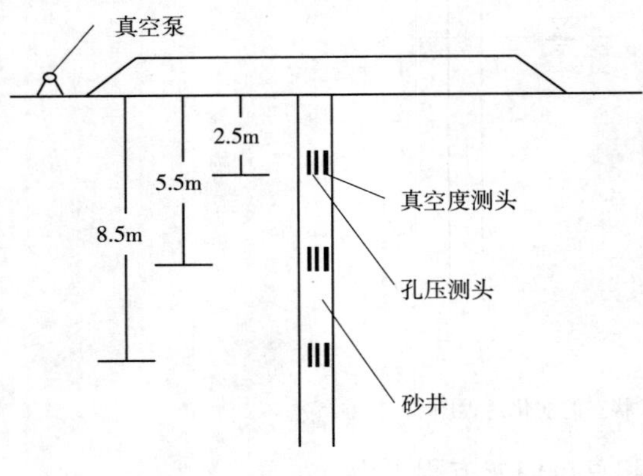

图 3-33　真空度测量仪器布设断面图

当 $\Delta L = 0$，$P = P_2$，即整个“真空度”测试系统为刚性体时，可以测到真实的真空度，孔隙水压力计由刚度很大的不锈钢制成，因此其刚度满足上述要求，能够测得真实的真空度。

为了检验上述两种方法测量真空度的准确性，我们在本试验段 K23-770 监测断面布设了不同深度真空度测头与孔隙水压力测头，其仪器布设方式如图 3-33 所示。监测结果如图 3-34 所示，由图可以看出，在各个深度上，真空度测头观测到的真空度明显小于孔隙水压力测头的真空度，前者大概是后者的 1/2 左右。由此可以得出工程实践与理论推导相一致的结论。

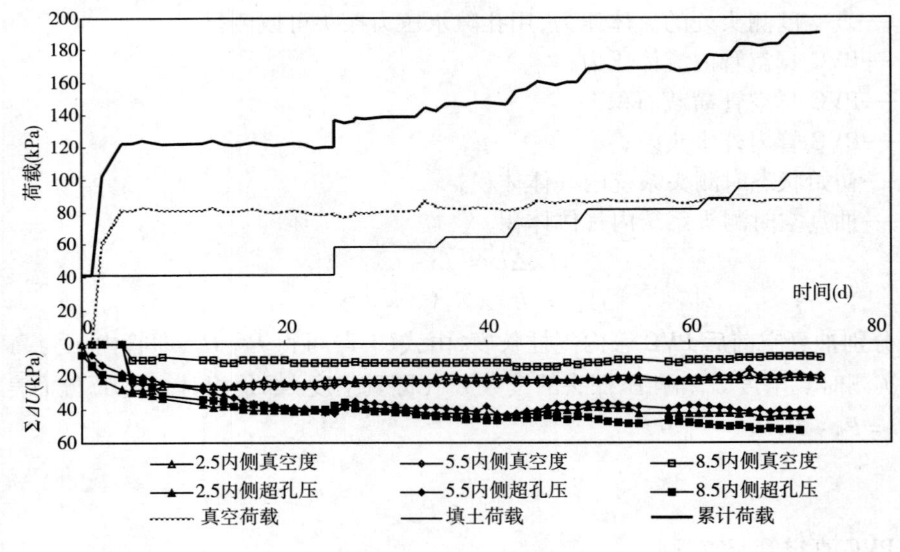

图 3-34　真空度与超孔压对比图

3.5　抽真空过程中地下水位的变化情况

3.5.1　水位变化的重要性

根据真空预压法的加固机理，土体产生固结沉降由以下两个因素引起：(1)真空度传递深度内土体的孔隙水压力转换为有效应力的作用；(2)地下水位下降后，土体由“浮容重”向“湿容重”转化所产生的附加应力的作用。深层土体的固结沉降主要因地下水位的下降所引起，因此,地下水位的变化情况对加固效果影响较大。有鉴于此,我们在本试验段 K23 + 720 断面布设了水位观测仪器(图 3-35),对抽真空过程中水位孔压和膜下真空度的变化进行监测,对观测数据运用下式就可换算出地下水位的变化值。在此基础上,分析抽真空过程中地下水位的变化情况。

$$\sum \Delta U = \Delta H \cdot \gamma_w + Pa' \quad (3\text{-}8)$$

式中:$\sum \Delta U$——水位孔压累积增量(kPa);

ΔH——水位变化高度(m);

γ_w——水重度(kN/m^3);

Pa'——真空度(kPa)。

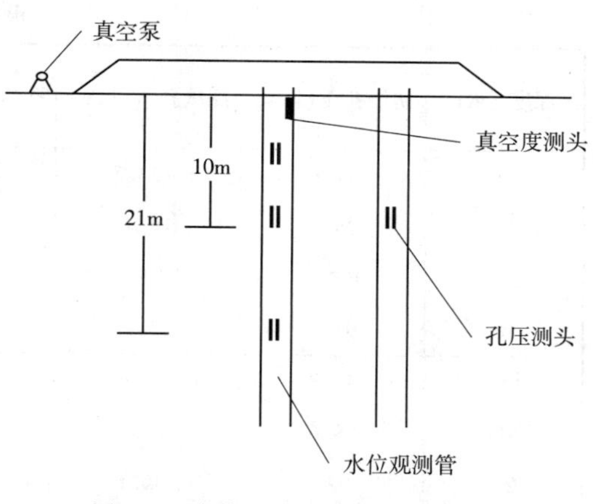

图 3-35 水位监测仪器布置断面图

3.5.2 影响水位变化的主要因素

显然,抽真空过程中地下水位的变化主要受以下因素的影响:①抽真空的强度;②场地水文地质条件;③排水体的类型与排列方式;④抽真空作用的时间。受这些因素的影响,不同的工程中地下水位的变化情况差异较大[11~14]。

3.5.3 试验段水位变化情况

图 3-36 为本试验段 K23 + 720 断面水位孔压变化过程图,从图中可以看出,各曲线的变化趋势相一致,说明仪器工作正常,数据可靠。抽真空 7 天后,水位孔压急剧下降,结合真空度数据,利用式(3-8)可求得此时的水位变化不大(表 3-2);当抽真空作用 32 天后,水位孔压有所上升,此时的水位上升了 2m 左右;此后,水位基本保持稳定。

据初步分析,测管内水位出现这种不下降反而上升的现象是以下原因造成的。在抽真空开始作用时,虽然膜下真空度在几天的时间内已经上升到 80kPa 左右,但水位测管内的水并未及时排出,因此,此时的水位变化很小;抽真空一个月后,真空度传递的深度加大,并且达到了一个比较稳定的阶段,此时水位测管内的水持续排出,造成水位测管内的水位出现了上升的现象。

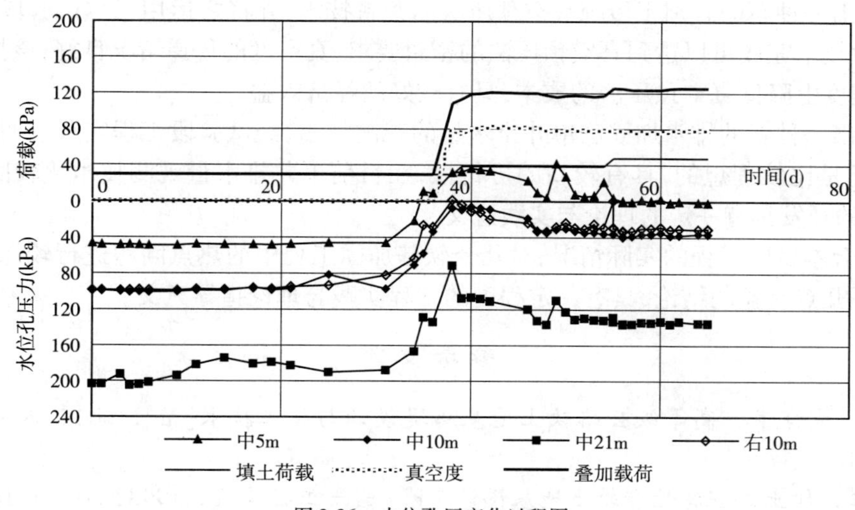

图 3-36 水位孔压变化过程图

水位变化情况表　　表 3-2

深度（m）	初始孔压(kPa)	测试孔压(kPa)	孔压增量(kPa)	膜下真空度(kPa)	水位下降(m)	抽真空时间(d)	备注
5.0	47.8	-33.7	81.5	79.5	0.20	7	
10	98.6	16.4	82.2	79.5	0.27		
21	192.5	117.2	75.3	79.5	-0.42		
10	97.4	19.7	77.7	79.5	-0.19		
5	47.8	-3.6	51.4	77.5	-2.61	32	
10	98.6	37.4	61.2	77.5	-1.63		
21	192.5	135.1	57.4	77.5	-2.01		
10	97.4	31.5	65.9	77.5	-1.16		

软土地基中的水在真空吸力作用下排出,这个过程和测管内水位的变化过程是类似的,只是软土中存在井阻和超孔隙水压力而稍有不同。因此,我们认为真空－联合堆载预压法加固软基过程中地下水位并没有发生下降,反而有所上升;但加固区外的水是经过土层之间的传递而排出去的,因此其地下水位在加固期间有所下降。

3.5.4　结论

(1)水位的变化对于真空预压法的加固效果影响甚大;

(2)地下水位的变化受较多因素的影响,在工程实际中的表现不一;

(3)本试验段的水位观测表明:测管内水位在抽真空过程中并无下降,反而是上升的;加固区内软土中的水位变化与测管内的水位变化情况类似,而加固区外的地下水位则有所下降。

3.5.5　小结

(1)提出一种新的真空预压抽真空技术,通过小范围试验工程的实践,证实了该技术不仅可以满足真空预压设计规范的要求,并且还具有比较可观的经济效益;随着该技术的推广,真空预压法成本偏高的问题将得到很好的解决。

(2)提出一种新的有别于传统真空预压法的密封技术,并将之运用于本试验段,监测数据表明该密封技术完成可以达到真空预压法的密封要求,真空度的传递情况良好;该技术的运用可在一定程度上降低真空预压法的成本,具有较好的经济效益。

(3)提出一种新的排水加固法单井排水量的观测技术,经试验段工程实践表明:该技术的观测结果还是比较理想的,具有较高的可行性;在目前单井排水量观测技术比较匮缺的情况下,该技术的开发具有一定的理论与实践意义。

(4)结合本试验工程的实际情况,对几个软基加固工程中的热点问题进行较深入地探讨,并且得出了几点有益的结论,具有一定程度的工程实践与理论指导意义。

参考文献

[1] 王晓谋,袁怀宇．高等级公路软土地基路堤设计与施工技术[M]．北京:人民交通出版社,2001.

[2] 沈珠江．软土工程特性和软土地基设计 [J]．岩土工程学报．1998, 20(1):100-111.

[3] 刘思峰,郭天榜,党耀国,等．灰色系统理论及其应用 [M]．北京:科学出版社,1999.

[4] 邓聚龙．灰色预测与决策[M]．武汉：华中理工大学出版社,1986.
[5] 周全能,王祥．灰色理论在沉降预测中的应用 [J]．土工基础．2002，16(4)：31-33.
[6] 韩汝才,李亮．傅鹤林利用灰色理论对地基沉降进行不等时距预测 [J]．探矿工程．2000 (2)：4-5.
[7] 吴大志,李夕兵．蒋卫东灰色理论在高路堤沉降预测中的应用 [J]．中南工业大学学报．2002，33(3)：230-233.
[8] 黄文熙.土的工程性质[M].北京:水利电力出版社,1983.
[9] E. W. Brand. Soft clay engineering[M]. 1981.
[10] 钱家欢,殷宗泽.土工原理与计算[M].北京:中国水利电力出版社,1996.
[11] 岑仰润,龚晓南,温晓贵.真空排水预压工程中孔压实测资料的分析与应用 [J]．浙江大学学报(工学版)．2003，37(1)：16-19.
[12] 彭劼,刘汉龙,陈永辉,李豪.真空-堆载联合预压法软基加固对周围环境的影响 [J]．岩土工程学报．2002，24(5)：656-659.
[13] 龙正兴,彭杰.真空-堆载联合预压法的原理及应用 [J]．市政技术．2002，113(4)：22-28.
[14] 杨克龙.真空预压法加固软土地基施工技术的探讨 [J]．安徽建筑．1999(4)：89-91.
[15] 广珠高速公路软基试验总结报告．广州航盛工程有限公司岩土分公司．2003.7.
[16] 真空－堆载联合预压法加固机理和计算理论的研究．彭劼,河海大学博士论文,2003.9.

第七篇

广州至珠海(西线)高速公路软基试验工程总结报告

二〇〇三年七月

目　　录

前　　言

广州至珠海(西线)高速公路海南至碧江段,是广东省珠江三角洲地区高速公路网的重要组成部分,也是广东省的重点基建项目,已引起社会各界的广泛关注。广珠西线(第一期工程)北起广州南外环海南村,跨珠江、经三山、陈村,终点在顺德市北窖镇碧江,与碧桂一级公路相接,全长14.659km。

路线位于珠江三角洲冲积平原,地势较为平坦。路线穿越区域内除局部路段为风化残丘、民宅自然村,其他多数为河道、农田、渔塘、花圃。区内河流纵横,水网交错,地下水位高。地层情况由上而下基本为:上层素填土(耕植土、杂填土),海陆交互相沉积土(淤泥、砂层、淤泥质土、亚黏土),第四纪冲积层和强风化岩,弱风化岩、基岩。沿路线走向上看软土分布极为不均,软土层厚度变化较大,一般软土厚度在1~5m,局部路段较厚(超过10m)。从地质勘察报告提供的岩土工程参数来看,淤泥土质指标较差,呈流塑状,含水率高,强度低,孔隙比大,并富含有机质。

全线主要路段均为桥梁和软基交错,且其中相当一部分为桥头地带,软土较厚,桥头路堤填土较高,由此必将造成路堤稳定及桥头与路堤连接处产生不均匀沉降(桥头跳车)问题。同时,高填土巨大的侧压力对结构物产生的影响不容忽视,尤其是与路线斜交的桥台桩基,若处理不当,必将严重影响结构安全。有鉴于此,结合广东省近年来对软基处理积累的经验,采用常规堆载预压法处理软基,在部分软弱高填土路段设置少量土工织物加筋,并建立软基监控系统,按照薄层轮加法进行路基填筑施工是最为经济有效的办法。原两阶段施工图设计(2001年6月)就以此为基础,对部分填土较高路段铺设1~2层土工格栅加筋,并在桥头及高填土路段设计2~3层土工格栅处理,其中土工格栅采用设计抗拉强度不小于30 kN/m的单向拉伸聚乙烯土工格栅,以解决上述问题。但土工格栅数量较大,工程造价较高。

由于整个工程工期紧,任务重,质量要求高,主要路段均为桥梁和软基交错。虽然广珠西线的软基指标并非珠三角地区最差的,但分布不均匀,深度也变化较大,且其中相当一部分为桥头地带,处理好坏,关系到路堤本身的质量、结构物的使用和全线的整体形象。因此,如何经济有效地处理软基和桥头问题是摆在工程技术人员面前的一个关键问题。施工图审查时,一些专家从保证质量、降低造价的角度,提出对这一部分的优化设计建议。

为合理利用时间,在条件允许的情况下,选择难度较大的软基段,有针对性地进行先期试验,不仅能获得第一手的资料,总结规律,为进一步优化设计提供依据,以便指导以后的大规模施工,同时,还能争取宝贵的预压时间,加强软基处理效果。2001年9月13日,广珠西线高速公路有限公司筹备组针对施工图审查时,有关专家提到比较多的土工格栅的使用范围和数量问题,建议在广珠西线设立软基试验段(见《关于要求在广珠西线设立软基试验段的申请报告》,广珠西筹计[2001]100号),力争在保证安全、质量的前提下,尽量减少土工织物,较低工程造价。经广东省交通集团批准,上报广东省交通厅(见《关于在广珠西线高速公路设立软基试验段的请示》,粤交集基[2001]648号);2001年9月29日,广东省交通厅正式批复了业主的申请(见《关于广珠西线高速公路设立软基试验段的函》,粤交基函[2001]2113 号);2001 年 10 月 29 日,广东省交通集团就业主上报的广珠西线软基试验研究方案进行了复函(见《关于广珠西线高速公路海南至碧江段软基试验研究方案的复函》,粤交集基[2001]788 号),并就相关事宜作出明确指示。

根据省交通厅、省交通集团的批复精神,广东航盛工程有限公司受广珠西线高速公路有限公司筹备组委托,在勒竹高架桥与陈村涌大桥之间选取了软土较厚、土质具有代表性的一段(K11 +021 ~ K11 +220)作为试验段,有针对性地进行先期试验,以指导全线软基施工。

第1章　试验段工程概况

1.1　试验段工程地质条件

为了充分掌握软土的分布情况、厚度,为软基处理深度提供可靠依据,了解加固土层主要物理力学性质指标,评估软基加固效果和分析工后沉降提供科学的依据,在软基处理前对试验段地基进行了详细的勘探。勘探以原位测试与钻探、室内试验相结合的方法进行(补勘结果见表1-1、表1-2)。淤泥分布情况如图1-1～图1-3所示。

试验路段地质资料统计表　　表1-1

断面号	淤泥厚度(m)	含水率(%)	孔隙比	压缩系数(MPa^{-1})	固结系数($10^{-3}cm^2/s$)		直接快剪		固结快剪	
					C_v	C_r	C(kPa)	φ(°)	C(kPa)	φ(°)
K11+032	9.5～11.0 (10.0)	62.2～77.6 (67.4)	1.62～2.18 (1.92)	1.39～3.16 (2.46)		1.425	6～10.0 (8.7)	7.7～14.6 (11.7)	8.0	13.4
K11+045	9.3～10.6 (9.9)	49.1～83.2 (67.2)	1.23～2.27 (1.77)	0.8～3.41 (2.05)	8.5	1.25	1.0～9.0 (5.0)	8.3～22.7 (13.3)	11.0	12.8
K11+084	5.2～9.4 (7.0)	52.9～91.7 (77.3)	1.31～2.49 (2.02)	0.73～3.1 (2.05)		1.15	5.0	3.2～7.7 (5.4)	7.0	12.9
K11+116	6.0～10.8 (8.1)	73.8	1.86	1.35		1.33	9.0	14.2	7.0	11.7
K11+166	9.8～12.6 (10.8)	46.3～85.4 (72.1)	1.35～2.23 (1.87)	1.38～2.93 (2.34)	9.0	0.86	5.0～8.0 (6.0)	3.4～20.6 (9.6)	9.0	14.6
K11+196	7.6～9.6 (8.5)	39.8～81.0 (70.3)	1.15～2.18 (1.89)	0.39～3.34 (2.27)	8.5	1.035	6.0～12.0 (9.5)	3.5～22.4 (8.7)	11.0	11.3

注:括号内数值为平均值。

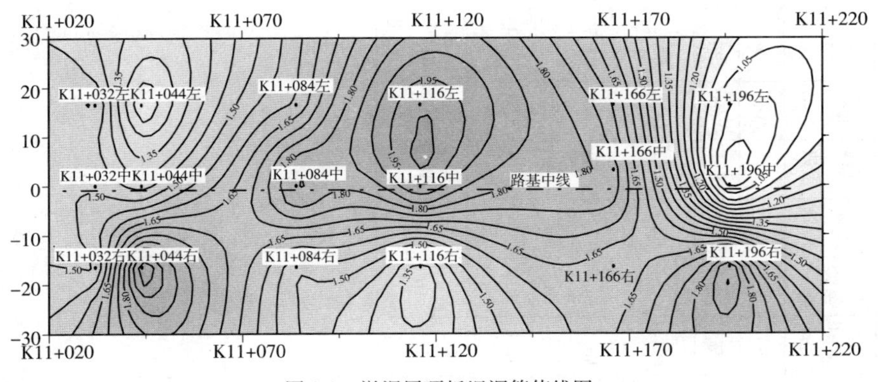

图1-1　淤泥层顶板埋深等值线图

淤泥物理力学性质指标统计表

表 1-2

项目名称	稠度指标			天然状态性质指标						固结指标			剪切指标				渗透性	静力触探		十字板剪切试验		
													直接快剪		固结快剪							
	液限	塑限	塑性指数	液性指数	土粒比重	含水率	质量密度	孔隙比	饱和度	压缩系数	压缩模量	固结系数	黏聚力	内摩擦角	黏聚力	内摩擦角	渗透系数	锥尖阻力	侧壁摩阻力	原状土	重塑土	灵敏度
	W_L	W_P	I_P	I_L	G_s	ω_0	ρ_0	e_0	S_r	$a_{1\text{-}2}$	$E_{s1\text{-}2}$	Cv	C	φ	C	φ	K_v	q_c	f_s	C_u	C'_u	S_t
	%	%			g/cm^3	%	g/cm^3		%	MPa^{-1}	MPa	10^{-3}cm^2/s	kPa	°	kPa	°	10^{-6}cm/s	MPa	kPa	kPa	kPa	
范围值	34.3~56.5	20.7~34.8	12.7~27.5	1.75~2.69	2.58~2.66	62.2~91.7	1.44~1.74	1.617~2.490	83~100	1.35~3.41	0.94~2.12	8.39~12.6	5~12	3.2~14.6	7~11	11.3~14.6	0.251~7.62	0.08~0.55	0~0.5	5~26	2~9	1.5~6.6
平均值	48.0	26.9	21.2	2.18	2.64	78.4	1.55	2.088	97.4	2.60	1.28	10.05	6.67	6.78	8.83	12.8	2.93	0.284	0.065	14.7	4.36	3.37
统计数	16	16	16	16	16	16	16	13	16	16	16	3	16	16	6	6	7	1652	1652	44	39	39
备注																						

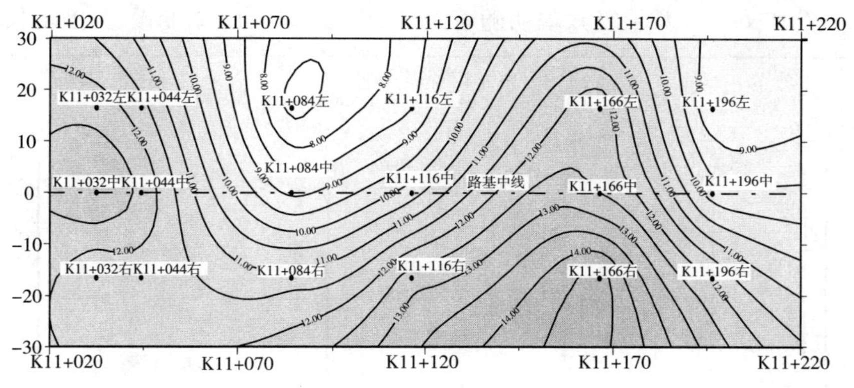

图 1-2　淤泥底板埋深等值线图

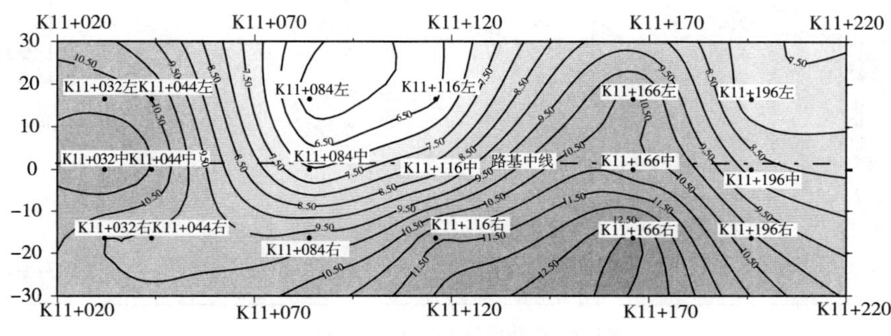

图 1-3　淤泥层厚度等值线图

根据补勘结果,本段土层分布情况如下:

(1)填砂:一般厚 1.2m,渔塘部分厚 2.5m,主要是回填砂垫层及工作垫层。

(2)耕(表)土:分布范围 1.2 ~ 2.0m,土黄色,主要分布在 K11 + 021 ~ K11 + 044 段,局部见少量植物根。

(3)淤泥:分布范围 1.2 ~ 13.5m,呈灰黑色,饱和,流塑状,上部夹 0.3 ~ 0.5m 粉细砂,局部含少量贝壳碎片,底部富含腐殖质。淤泥天然含水率平均值为 78.4%,孔隙比平均值为 2.088,压缩系数平均值为 2.6MPa^{-1},强度低(C = 6.67kPa),其物理力学指标详见表 1-2;淤泥底部起伏较大,厚度分布不均匀(厚 9 ~ 13m),淤泥空间分布左浅右深。

(4)粉质土:呈灰白—灰黄、紫红色,主要成分为粉粒及黏粒,含少量粉砂,软塑 ~ 可塑。

(5)粉土质砂:紫红色,主要为粉粒,黏粒含量较少,湿,稍密。

从补勘结果分析可以看出:

(1)本试验段软土具有含水率高、孔隙比大、塑性高、强度低、压缩性大、灵敏度高等特点,在全线软土地基中具有一定的代表性。

(2)本段软土渗透性较好(平均渗透系数为 2.93×10^{-6}cm/s),固结系数较大(平均值 $C_v = 10.05 \times 10^{-3}$cm^2/s)。通过 CPTU(孔压消散试验),求得的软土水平向固结系数为 $C_r = 0.6 \sim 10.96 \times 10^{-3}$cm^2/s,平均值为 $C_r = 2.23 \times 10^{-3}$cm^2/s,与室内试验结果相近,与其他高速公路软土相比,软土固结系数比较大,采用预压排水固结法,软土的固结速率相对较快,是经济合理的处理方法。

试验段纵剖面图如图 1-4 所示。

(3)试验还表明,本段软土固结系数随着深度的增加而减小,10m 以下软土固结系数降低了一个数量级($10^{-4}cm^2/s$ 数量级),说明随着深度的增加,软土固结变慢,强度增长较慢。

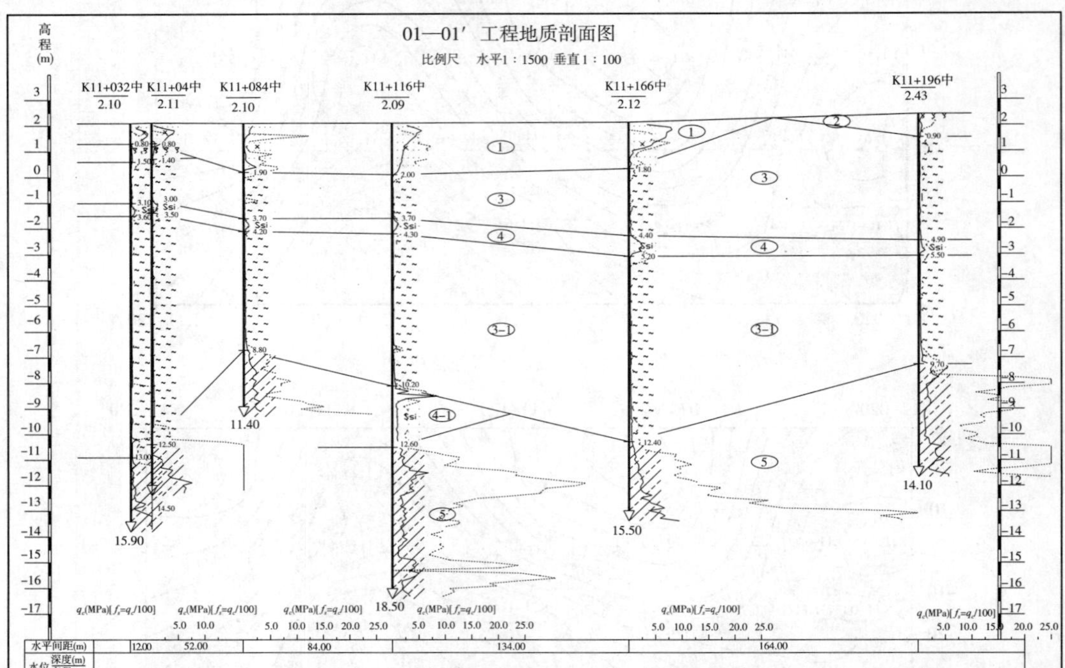

图 1-4 试验段地质纵剖面(沿路中线)

(4)淤泥层上部夹 0.3 ~0.5m 粉细砂(埋深 4m 左右),这对排水固结十分有利。

(5)根据原位测试资料分析发现,本段淤泥力学性质随深度的变化较大。十字板剪切强度 C_u 与静力触探锥尖阻力 q_c 之间存在一个线性关系:$C_u = -1.781 + 0.063q_c$,相关系数为 0.81,如图 1-5 所示,软土 C_c 与孔隙比 e 存在线性关系:$C_c = -0.089 + 0.534e$,相关系数为 0.87,如图 1-6 所示。

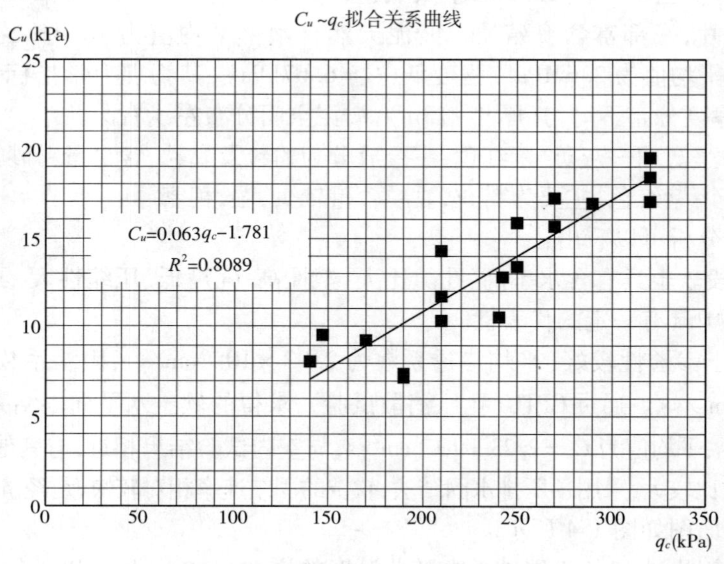

图 1-5 试验段软土 q_c ~ C_u 统计图

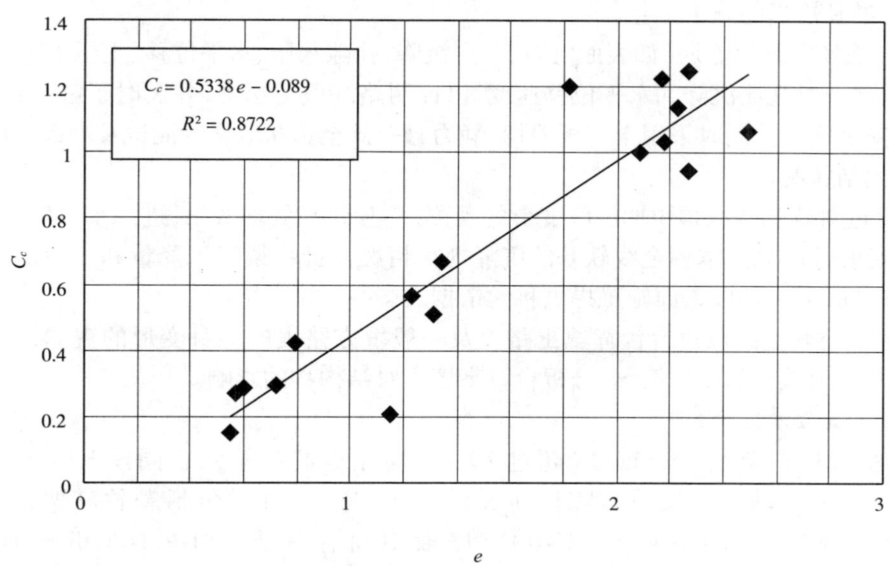

图 1-6　试验段软土 $e \sim C_c$ 统计图

1.2　试验目的及试验方案

1.2.1　试验目的

合成纤维材料在土工中的应用始于20世纪50年代末期,到60年代在欧美及日本等地逐渐推广开来。我国在60年代中期开始在工程中应用,80年代以后在高速公路软基处理中得到大规模应用。在珠江三角洲高速公路建设中,土工合成材料主要是与堆载预压排水固结法一起应用于软土地基处理,对地基加筋补强以提高软土路堤在填土施工过程中的稳定性,并调整路基不均匀沉降。由于应用效果较好,土工合成材料得到普遍推广,但其作用机理研究还极不完善,土工合成材料对地基加筋补强、提高路堤稳定性的作用还无法准确进行定量评价。另外,鉴于土工织物对高速公路工程造价的影响,施工图审查时,有关专家提到比较多的主要是土工格栅的使用范围和数量问题。

基于上述情况,为了最大限度探讨和发挥土工织物的实际加筋效果,进一步降低工程造价,本次试验选择在主线上(K11 + 021 ~ K11 + 220)约199m的路段进行软基先行试验工程,试验采用土工布替代土工格栅,以降低工程造价,为以后全线大规模的施工提供指导,并达到以下目的:

(1)通过试验,了解软基处理方案的加固效果和工程造价变化情况,以便进行全面系统分析,对两种软基处理方案进行评价优选。

(2)通过小路段的软基处理试验工程,总结试验方案中各项工序的工艺流程、技术要点、操作方法,形成完整的、可操作性强的施工、监测程序,以指导今后大规模的施工。

(3)对比超载、等载对路堤稳定、变形的影响,定性、定量评价超载在路基变形、工后沉降中所起的作用。

(4)通过室内试验、施工检测及现场原位试验对土工布的拉伸特性、蠕变特性及应力—应变特征进行研究,对土工布的加筋补强作用作出定量评价,提出加筋用土工合成材料的计算模式、选择标准及恰当的施工工艺。

(5)以现场实测的数据(如表面沉降、分层沉降、孔隙水压、水平位移、土压力等)修正理论计算数值,并及时观测沉降和水平位移速度,以控制路基填土速度,并及时了解结构物受力情况而保证安全施工。同时采用十字板剪切、静力触探甚至钻探取样等测试及勘探手段,来检验地基土层固结状况。

(6)通过对软基路段预压期沉降变形的观测,检验软基处理效果,进一步了解沉降速率衰减规律,预测沉降趋势,掌握全线软基的沉降规律情况。推算最终沉降量和工后沉降量,确定预压卸载时间,为软基段路面施工提供科学依据。

(7)通过对软基路段桥台台背填土路堤及一般填方路堤的堤身变形的观测,了解路基在填土过程及在填筑后的变形情况,分析台背高填土对结构物的影响。

1.2.2 试验方案简介

本试验段选在全线淤泥较厚(超过10m),填土较高的第六合同段K11+021~K11+220路段(位于勒竹高架桥与陈村涌大桥之间)进行,其中包括勒竹高架桥头台前反压护道处理(K11+021~K11+040)。路段中间有一条K11+166机耕通道,全长199m。本试验段地势平坦,沟渠交错,横跨4个多年大渔塘,渔塘面积占全段路基面积的80%,塘底浮泥厚达2m,无硬壳层。本段淤泥厚达13.5m,填土高度较大,最高7.2m,最低6m(不含沉降量)。

根据试验路段的地质条件、路基设计情况及试验目的,提出试验设计方案,见表1-3,试验监控仪器布置见表1-4和图1-7、图1-8。

试验方案布置 表1-3

<table>
<tr><th>分区</th><th>桩号</th><th>原设计方案</th><th>计算安全系数</th><th>试验方案</th><th>备注</th></tr>
<tr><td>一区</td><td>K11+021~K11+070</td><td>三层土工格栅</td><td>1.213</td><td>二层土工布</td><td>等载</td></tr>
<tr><td>二区</td><td>K11+070~K11+166</td><td rowspan="2">二层土工格栅</td><td rowspan="2">1.259</td><td>一层土工布</td><td>超载</td></tr>
<tr><td>三区</td><td>K11+166~K11+220</td><td>取消土工织物</td><td>超载</td></tr>
</table>

试验监控仪器布置 表1-4

试验断面	测斜孔	孔隙水压力	土压力盒	分层沉降孔	表面沉降板
A(K11+032)	1孔(15m)	1孔(3只)			
B(K11+045)	1孔(15m)	1孔(3只)	3个		3块
C(K11+116)	1孔(15m)	1孔(5只)	3个	1孔(15m)	5块
D(K11+166)		1孔(4只)			3块
E(K11+196)	1孔(15m)	1孔(5只)		1孔(15m)	3块
合计	4孔(60m)	5孔(20只)	6个	2孔(30m)	14块

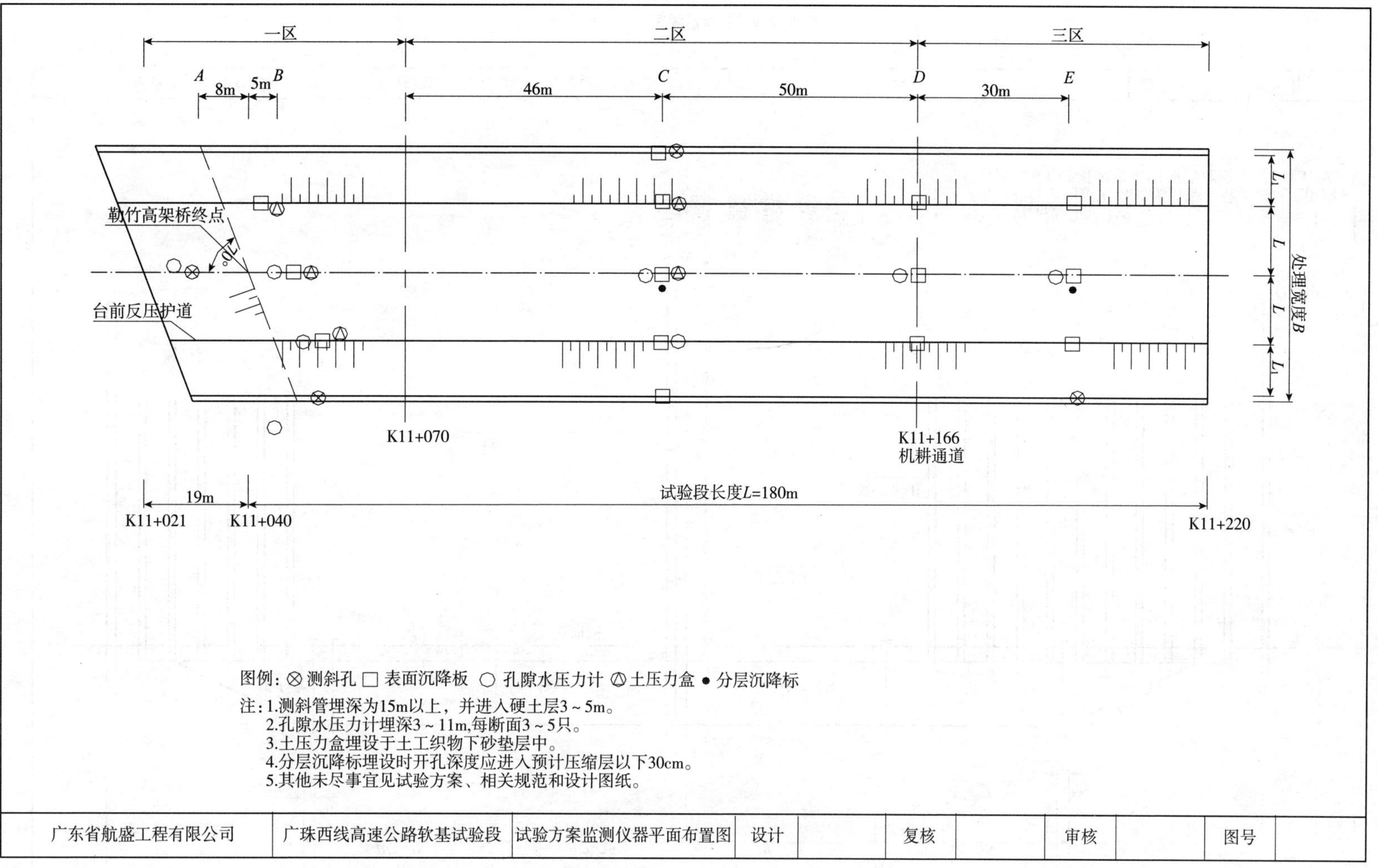

图 1-7　试验方案监测仪器平面布置图

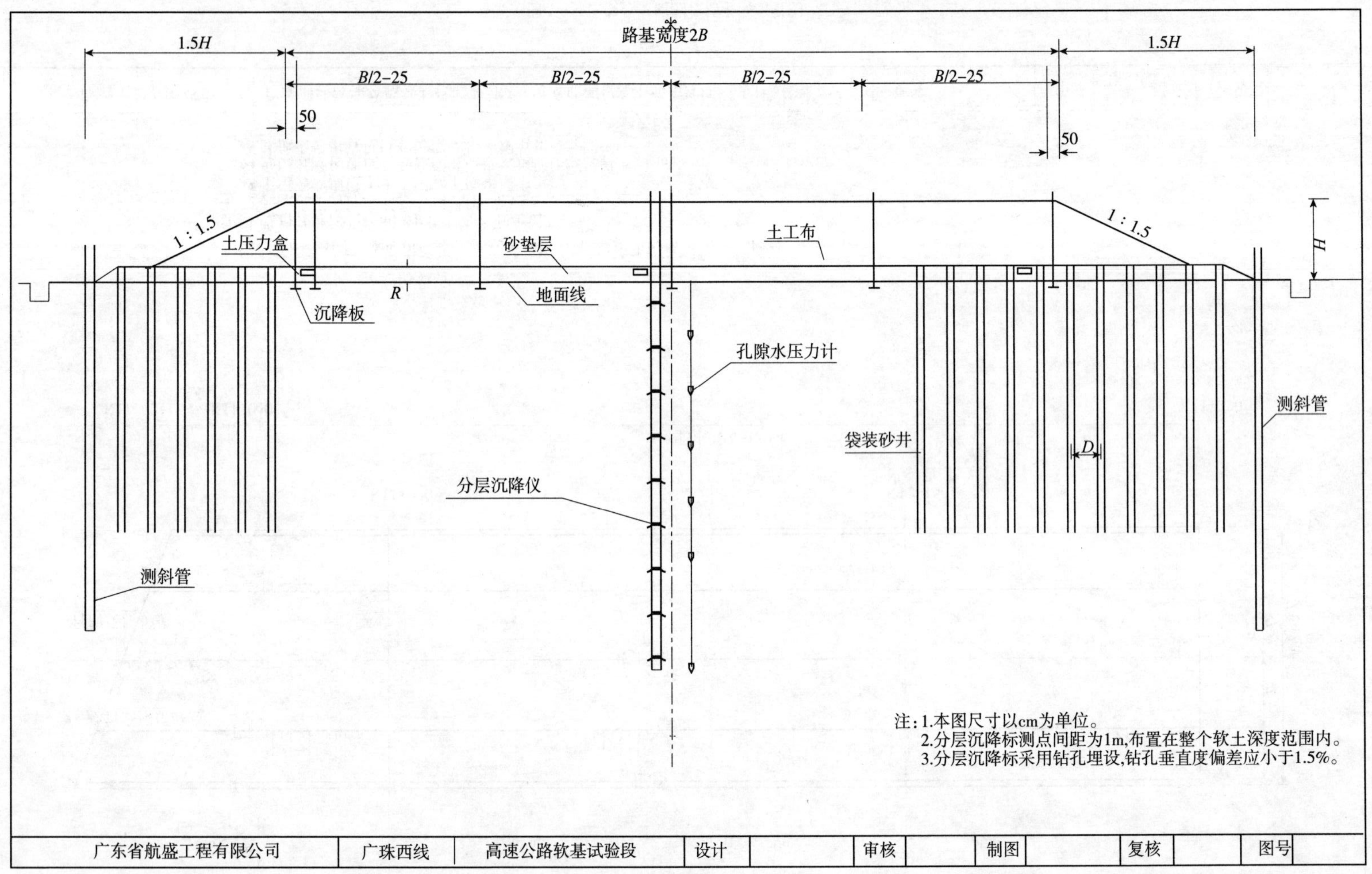

图 1-8　监测仪器埋设横断面图

1.3　试验实施情况

1.3.1　施工过程简介

试验段自2001年11月4日进场进行前期准备工作，11月10日开始清淤回填，12月11日袋装砂井施工，2002年1月11日开始铺设土工布(K11+021~K11+166)，1月15日开始吹填砂(1月27日铺设第2层土工布K11+021~K11+070)，8月17日开始封顶土填筑，8月25日开始包边土填筑，10月17日开始等载填筑，11月26日开始超载填筑，12月10日完成填筑任务，路基进入预压期监测阶段。试验方案实际施工情况见表1-5、图1-9。对比表1-5和表1-3可知，实际施工时，超载断面和等载断面与原试验方案互换，即将原试验方案超载改为等载、等载改为超载。详细加载过程见表1-6~表1-10。

试验方案实际施工情况　　表1-5

桩　号	土工织物	袋装砂井		备　注
		间距(m)	长度(m)	
K11+021~K11+070	二层土工布	1.2	13	超载1.5m至K11+081
K11+070~K11+166	一层土工布	1.2	12	等载1.0m
K11+166~K11+196	无	1.2	12	等载1.0m

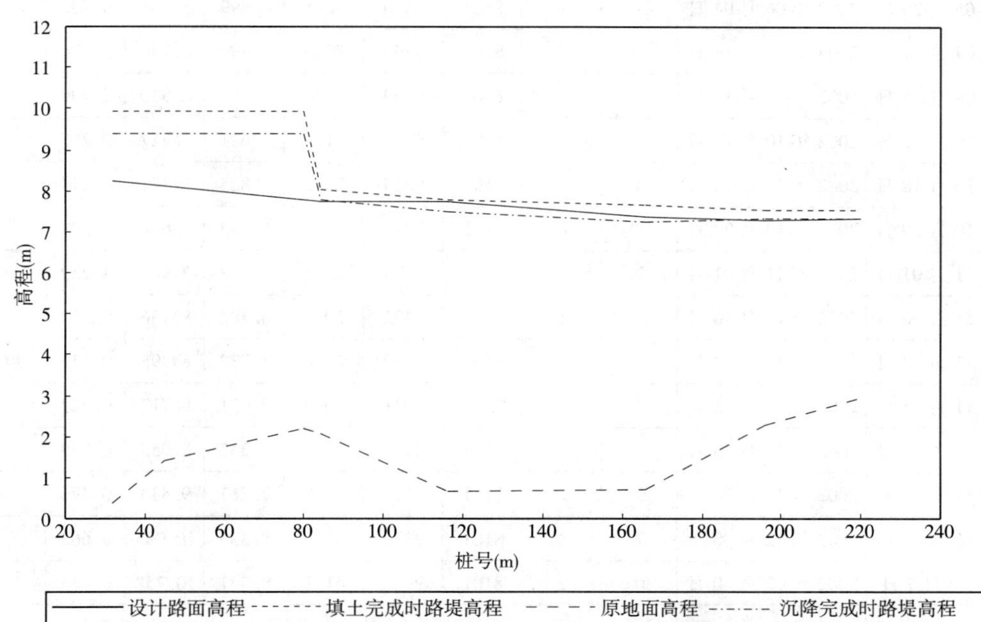

图1-9　试验段路基纵剖面图(路中线)

K11 +045 路基加载过程一览表

表 1-6

工程名称:广珠西线软基试验段　　范围:K11 +021 ~ K11 +065

加载开始日期	加载结束日期	上一级荷载间歇时间	本级加载历时	设计高程（mm）	压实后高程（mm）	压实后厚度（cm）	计算累计填土厚度（m）	实际累计填土厚度（m）	本级实际填土厚度（m）	备注
2001 年 11 月 21 日	2001 年 12 月 01 日	0	11	8101	1985	98.5	0.985	0.985	0.985	工作垫层
2001 年 12 月 06 日	2001 年 12 月 15 日	4	10	8101	2405	42.0	1.405	1.405	0.420	砂垫层
2002 年 01 月 14 日	2002 年 01 月 20 日	29	7	8101	2785	38.0	1.785	1.860	0.455	
2002 年 01 月 28 日	2002 年 02 月 01 日	7	5	8101	2959	17.4	1.959	2.152	0.292	
2002 年 03 月 02 日	2002 年 03 月 05 日	28	4	8101	3255	29.6	2.255	2.645	0.493	
2002 年 03 月 14 日	2002 年 03 月 18 日	8	5	8101	3785	53.0	2.785	3.286	0.641	
2002 年 03 月 27 日	2002 年 03 月 30 日	8	4	8101	4179	39.4	3.179	3.799	0.513	
2002 年 04 月 09 日	2002 年 04 月 14 日	9	6	8101	4544	36.5	3.544	4.274	0.475	
2002 年 04 月 25 日	2002 年 05 月 08 日	10	14	8101	5138	59.4	4.138	5.034	0.760	从 4 月 28 日到 5 月 3 日停,吹 220 ~ 297 的土工布
2002 年 05 月 29 日	2002 年 06 月 04 日	20	7	8101	5699	56.1	4.699	5.766	0.732	
2002 年 07 月 11 日	2002 年 07 月 16 日	36	6	8101	6490	79.0	5.490	6.780	1.014	
2002 年 08 月 15 日	2002 年 08 月 15 日	29	1	8101	6509	1.9	5.509	6.970	0.190	
2002 年 10 月 12 日	2002 年 10 月 12 日	57	1	8101	6621	11.2	5.621	7.227	0.257	填封顶土
2002 年 10 月 18 日	2002 年 10 月 18 日	5	1	8101	6825	20.3	5.825	7.441	0.214	
2002 年 10 月 29 日	2002 年 10 月 29 日	10	1	8101	7042	21.7	6.042	7.668	0.227	
2002 年 11 月 01 日	2002 年 11 月 01 日	2	1	8101	7278	23.6	6.278	7.907	0.239	
2002 年 11 月 10 日	2002 年 11 月 10 日	8	1	8101	7482	20.3	6.482	8.136	0.229	
2002 年 11 月 12 日	2002 年 11 月 12 日	1	1	8101	7730	24.8	6.730	8.395	0.259	填超载
2002 年 11 月 15 日	2002 年 11 月 15 日	2	1	8101	8031	30.2	7.031	8.717	0.322	
2002 年 11 月 23 日	2002 年 11 月 23 日	7	1	8101	8257	22.5	7.257	8.957	0.240	
2002 年 11 月 27 日	2002 年 11 月 28 日	3	2	8101	8717	46.0	7.717	9.433	0.476	
2002 年 12 月 06 日	2002 年 12 月 08 日	7	3	8101	9330	61.3	8.330	10.095	0.662	
2002 年 12 月 9 日	2002 年 12 月 10 日	0	2	8101	9941	61.1	8.941	10.758	0.663	
说明	1. 计算累计填土厚度未考虑沉降量,实际累计填土厚度考虑了中心点的沉降量; 2. 原地面的高程为 1.000m(平整场地后,其余断面同); 3. 上一级荷载间歇时间和本级加载历时单位均为天数,其余同									

K11 +084 路基加载过程一览表

表 1-7

工程名称:广珠西线软基试验段　　范围:K11 +065 ~ K11 +100

加载开始日期	加载结束日期	上一级荷载间歇时间	本级加载历时	设计高程(mm)	压实后高程(mm)	压实后厚度(cm)	计算累计填土厚度(m)	实际累计填土厚度(m)	本级实际填土厚度(m)	备　注
2001.11.21	2001.12.01	0	11	7768	1985	98.5	0.985	0.985	0.985	工作垫层
2001.12.06	2001.12.15	4	10	7768	2405	42.0	1.405	1.405	0.420	砂垫层
2002.01.14	2002.01.20	29	7	7768	2973	56.8	1.973	2.203	0.798	
2002.01.28	2002.02.01	7	5	7768	3204	23.1	2.204	2.310	0.107	
2002.03.02	2002.03.05	28	4	7768	3420	21.6	2.420	2.698	0.388	
2002.03.14	2002.03.18	8	5	7768	3931	51.0	2.931	3.258	0.560	
2002.03.27	2002.03.30	8	5	7768	4327	39.7	3.327	3.750	0.492	
2002.04.09	2002.04.14	9	6	7768	4677	35.0	3.677	4.182	0.432	
2002.04.25	2002.05.08	10	14	7768	5428	75.1	4.428	5.027	0.845	从4月28日到5月3日停,吹220~297的土工布
2002.05.29	2002.06.04	20	7	7768	5547	12.0	4.547	5.312	0.285	
2002.07.11	2002.07.16	36	6	7768	6185	63.8	5.185	6.014	0.702	
2002.08.15	2002.08.15	29	1	7768	6248	6.3	5.248	6.150	0.136	
2002.10.12	2002.10.12	57	1	7768	6553	30.5	5.553	6.541	0.391	填封顶土
2002.10.18	2002.10.18	5	1	7768	6750	19.7	5.750	6.737	0.196	
2002.10.29	2002.10.29	10	1	7768	6973	22.3	5.973	6.967	0.230	
2002.11.01	2002.11.01	2	1	7768	7210	23.7	6.210	7.211	0.244	
2002.11.10	2002.11.10	8	1	7768	7438	22.8	6.438	7.451	0.240	填超载
2002.11.12	2002.11.12	1	1	7768	7660	22.2	6.660	7.682	0.231	加填
2002.11.15	2002.11.15	2	1	7768	7881	22.1	6.881	7.929	0.247	
2002.11.23	2002.11.23	7	1	7768	8007	12.6	7.007	8.073	0.144	
说明	1. 计算累计填土厚度未考虑沉降量,实际累计填土厚度考虑了中心点的沉降量; 2. 原地面的高程为 1.000m									

K11+116路基加载过程一览表

表1-8

工程名称：广珠西线软基试验段　　范围：K11+100~K11+140

加载开始日期	加载结束日期	上一级荷载间歇时间	本级加载历时	设计高程（mm）	压实后高程（mm）	压实后厚度（cm）	计算累计填土厚度（m）	实际累计填土厚度（m）	本级实际填土厚度（m）	备注
2001.12.01	2001.12.11	0	11	7508	1985	98.5	0.985	0.985	0.985	工作垫层
2201.12.15	2001.12.25	3	11	7508	2405	42.0	1.405	1.405	0.420	砂垫层
2002.01.14	2002.01.20	19	7	7508	2945	54.0	1.945	2.021	0.616	
2002.01.28	2002.02.01	7	5	7508	3170	22.4	2.170	2.317	0.296	
2002.03.05	2002.03.13	31	9	7508	3474	30.4	2.474	2.845	0.528	
2002.03.19	2002.03.24	5	6	7508	3953	47.9	2.953	3.405	0.560	
2002.04.04	2002.04.08	10	5	7508	4384	43.1	3.384	3.926	0.521	
2002.04.21	2002.04.26	12	6	7508	4922	53.8	3.922	4.571	0.645	
2002.05.08	2002.05.12	11	5	7508	5477	55.5	4.477	5.222	0.651	
2002.06.04	2002.06.07	22	4	7508	5546	6.9	4.546	5.424	0.202	吹左边
2002.07.16	2002.07.19	38	4	7508	5986	44.0	4.986	5.956	0.532	
2002.08.15	2002.08.15	26	1	7508	6067	8.1	5.067	6.105	0.149	
2002.10.12	2002.10.12	57	1	7508	6396	32.9	5.396	6.545	0.440	填封顶土
2002.10.18	2002.10.18	5	1	7508	6571	17.5	5.571	6.720	0.175	
2002.10.29	2002.10.29	10	1	7508	6781	21.0	5.781	6.946	0.226	
2002.11.01	2002.11.01	2	1	7508	6997	21.6	5.997	7.168	0.222	填超载
2002.11.10	2002.11.10	8	1	7508	7201	20.4	6.201	7.384	0.216	
2002.11.13	2002.11.13	2	1	7508	7490	28.8	6.490	7.680	0.296	
2002.11.15	2002.11.15	1	1	7508	7717	22.9	6.717	7.989	0.309	
说明	1. 计算累计填土厚度未考虑沉降量，实际累计填土厚度考虑了中心点的沉降量； 2. 原地面的高程为1.000m									

K11 +166 路基加载过程一览表

表 1-9

工程名称:广珠西线软基试验段　　范围:K11 +140 ~ K11 +180

加载开始日期	加载结束日期	上一级荷载间歇时间	本级加载历时	设计高程(mm)	压实后高程(mm)	压实后厚度(cm)	计算累计填土厚度(m)	实际累计填土厚度(m)	本级实际填土厚度(m)	备　注
2001.12.01	2001.12.11	0	11	7329	1985	98.5	0.985	0.985	0.985	工作垫层
2001.12.15	2001.12.25	3	11	7329	2405	42.0	1.405	1.405	0.420	砂垫层
2002.01.14	2002.01.20	19	7	7329	2651	24.6	1.651	1.695	0.290	
2002.01.28	2002.02.01	7	5	7329	2850	19.9	1.850	1.910	0.215	
2002.03.05	2002.03.13	31	9	7329	3370	52.0	2.370	2.549	0.639	
2002.03.19	2002.03.24	5	6	7329	3892	52.1	2.892	3.159	0.610	
2002.04.04	2002.04.08	10	5	7329	4176	28.5	3.176	3.574	0.415	
2002.04.21	2002.04.26	12	6	7329	4722	54.6	3.722	4.242	0.668	
2002.05.08	2002.05.12	11	5	7329	5255	53.2	4.255	4.634	0.392	
2002.06.04	2002.06.07	22	4	7329	5221	0.0	4.255	5.087	0.453	吹左边
2002.07.16	2002.07.19	38	4	7329	5753	53.2	4.787	5.759	0.672	
2002.08.15	2002.08.15	26	1	7329	5960	20.6	4.993	6.067	0.308	
2002.10.12	2002.10.12	57	1	7329	6240	28.0	5.273	6.527	0.460	填封顶土
2002.10.18	2002.10.18	5	1	7329	6493	25.3	5.526	6.786	0.259	
2002.10.29	2002.10.29	10	1	7329	6695	20.2	5.728	7.019	0.233	
2002.11.01	2002.11.01	2	1	7329	6902	20.7	5.935	7.226	0.207	填超载
2002.11.10	2002.11.10	8	1	7329	7097	19.5	6.130	7.461	0.235	
2002.11.13	2002.11.13	2	1	7329	7345	24.8	6.378	7.726	0.265	
2002.11.15	2002.11.15	1	1	7329	7611	26.6	6.644	8.062	0.336	
说明	1. 计算累计填土厚度未考虑沉降量,实际累计填土厚度考虑了中心点的沉降量; 2. 原地面的高程为 1.000m									

K11+196路基加载过程一览表　　表1-10

工程名称:广珠西线软基试验段　　范围:K11+180~K11+220

加载开始日期	加载结束日期	上一级荷载间歇时间	本级加载历时	设计高程(mm)	压实后高程(mm)	压实后厚度(cm)	计算累计填土厚度(m)	实际累计填土厚度(m)	本级实际填土厚度(m)	备注
2001.12.01	2001.12.11	0	11	7300	1985	98.5	0.985	0.985	0.985	工作垫层
2001.12.15	2001.12.25	3	11	7300	2405	42.0	1.405	1.405	0.420	砂垫层
2002.02.02	2002.02.05	38	4	7300	2933	52.8	1.933	1.962	0.557	填粗砂
2002.03.05	2002.03.13	27	9	7300	3253	31.9	2.253	2.325	0.363	
2002.03.19	2002.03.24	5	6	7300	3801	54.8	2.801	2.897	0.572	
2002.04.04	2002.04.08	10	5	7300	4110	30.9	3.110	3.284	0.387	
2002.04.21	2002.04.26	12	6	7300	4620	51.0	3.620	3.873	0.589	
2002.05.08	2002.05.12	11	5	7300	5049	42.9	4.049	4.382	0.509	
2002.06.04	2002.06.07	22	4	7300	5727	67.8	4.727	4.837	0.455	吹左边
2002.07.16	2002.07.19	38	4	7300	5714	-1.3	4.714	5.291	0.454	吹左边
2002.08.15	2002.08.15	26	1	7300	6015	30.1	5.015	5.672	0.381	
2002.10.12	2002.10.12	57	1	7300	6248	23.3	5.248	6.054	0.382	填封顶土
2002.10.18	2002.10.18	5	1	7300	6522	27.4	5.522	6.345	0.291	
2002.10.29	2002.10.29	10	1	7300	6727	20.5	5.727	6.558	0.213	
2002.11.01	2002.11.01	2	1	7300	6937	20.9	5.937	6.768	0.210	填超载
2002.11.10	2002.11.10	8	1	7300	7139	20.2	6.139	6.994	0.226	
2002.11.13	2002.11.13	2	1	7300	7297	15.8	6.297	7.167	0.173	
2002.11.15	2002.11.15	1	1	7300	7389	9.2	6.389	7.278	0.111	
2002.11.23	2002.11.23	7	1	7300	7543	15.4	6.543	7.446	0.168	
说明	1. 计算累计填土厚度未考虑沉降量,实际累计填土厚度考虑了中心点的沉降量; 2. 原地面的高程为1.000m									

1.3.2　监测情况简介

1)监测仪器布置

监测仪器实际平面布置如图1-10所示。

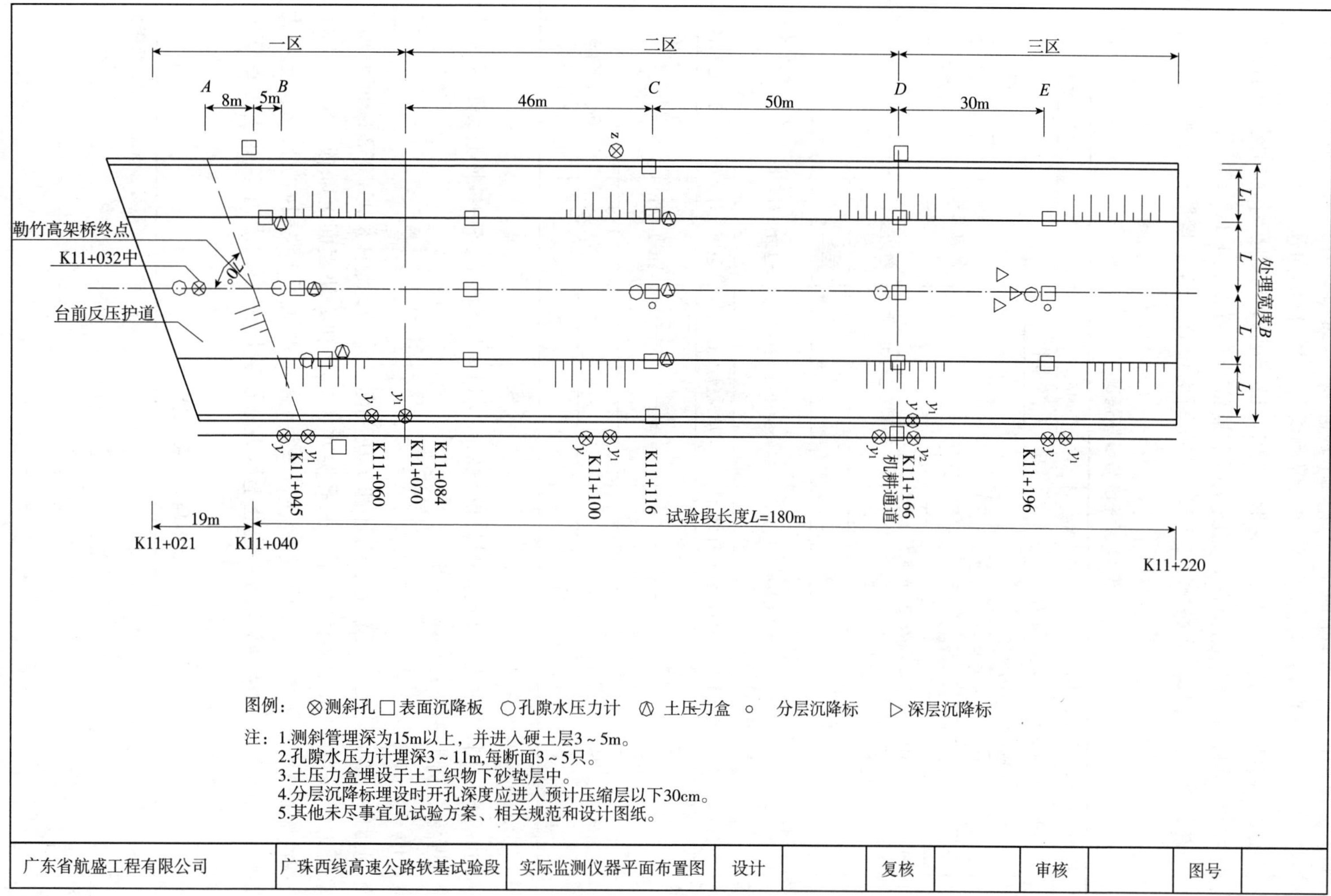

图 1-10　实际监测仪器平面布置图

(1)侧向位移

为了研究监测断面与堤坡脚的距离对侧向位移的影响,探讨具有包边土结构的路基的稳定监测方法,在距离坡脚1.5m、4.5m处分别布置测斜管,以对比侧向位移。

为了研究测斜管刚度(挠度)对侧向变形的影响,在与坡脚相同距离处的同一监测断面,间隔半年左右的时间布置2根测斜管。测斜实际监测仪器布置见表1-11。

为了探索无管侧向位移监测技术,在K11+166断面设置了线牵橡胶球法侧向位移测试装置。

测斜管埋设与破坏情况 表1-11

桩 号	测斜管编号	初测时间	破坏时间	破坏原因	位 置	备 注
K11+032	旧	2002年1月8日	2002年6月2日	位移过大、管体中部剪断	路基中	
	新	2002年7月16日				重埋
K11+045	右	2002年1月8日			包边土外	研究测斜刚度的影响
	右$_1$	2002年7月16日				
K11+060	右	2002年3月25日	2002年8月13日	填筑包边土	包边土外	
	右$_1$	2002年4月18日	2002年4月23日			
K11+100	左	2002年1月20日			包边土外	
	右	2002年1月8日	2003年1月1日	被小孩灌满砂	包边土外	研究测斜刚度的影响
	右$_1$	2002年7月18日				
K11+166	右$_1$	2002年3月23日	2002年6月25日	填筑包边土	包边土外	研究位置对位移的影响
	右	2002年1月8日			包边土外	研究测斜刚度的影响
	右$_2$	2002年7月18日				
K11+196	右	2002年1月8日			包边土外	研究测斜刚度的影响
	右$_1$	2002年7月18日				

(2)深层沉降

为了对比分层沉降与深层沉降标测试准确性,在K11+196断面路中线附近设置了3个深层沉降标,埋深分别为9.6m、5.4m、2.5m。

(3)其他

实际施工时,增加了5只孔隙水压力计和7块表面沉降板,其中K11+032断面增加了2只孔隙水压力计,K11+045断面增加了3只孔隙水压力计和2块表面沉降板。K11+084断面(新增观测断面)增加了3块表面沉降板,K11+116断面增加了2块表面沉降板。土压力盒埋设在砂垫层底部,K11+045断面路中线处土压力盒被破坏,在第二层土工布上方重新埋设一只。实际监测仪器布置见表1-12。

实际监测仪器布置 表1-12

试验断面	测斜孔(孔)	孔隙水压力(只)	土压力盒(只)	分层沉降(孔)	深层沉降标(只)	表面沉降板(块)
K11+032	1(中)	5(13、10、7、4.5、2.5m)				
K11+045	2(右侧)	6(12、10、7.5、5.5、4、2.5m)	3			5
K11+060	2(右侧)					

续上表

试验断面	测斜孔(孔)	孔隙水压力(只)	土压力盒(只)	分层沉降(孔)	深层沉降标(只)	表面沉降板(块)
K11 +084	—	—	—			3
K11 +100	3(左、右)					
K11 +116		5(10、8、6.5、5、3.5m)	3	1		5
K11 +166	3(右侧)	4(12、9、6、4m)	—			5
K11 +196	2(右侧)	5(10、8、6、4.5、3m)	—	1	3	3
合计	13	5 孔(25 只)	6	2	3	21
备注	1. 孔压栏括号内数值表示孔压计埋设具体深度位置； 2. 测斜孔、分层沉降孔孔深均为 15m； 3. 与原试验方案相比,增加了 2 孔测斜孔、5 只孔隙水压力计和 7 块表面沉降板					

2)监测频率

为了收集到足够多的信息,以便对地基强度增长、变形情况作出比较准确的判断,确保加载过程中路基的稳定,必须保证一定的监测频率。在不同时期,监测需要按照不同频率进行。本试验段各类测点的监测频率见表 1-13。

监 测 频 率　　表 1-13

监 测 时 间	沉降及侧向位移	孔隙水压力、土压力
加载期间及加载 7 天内	1 次/日	4 次/日
加载后 1 个月内	1 次/2 日	2 次/日
加载后 6 个月内	1 次/10 日	1 次/2 日
加载后 6 个月后	4 次/年	1 次/月

3)监测程序

稳定监测控制程序如图 1-11 所示。

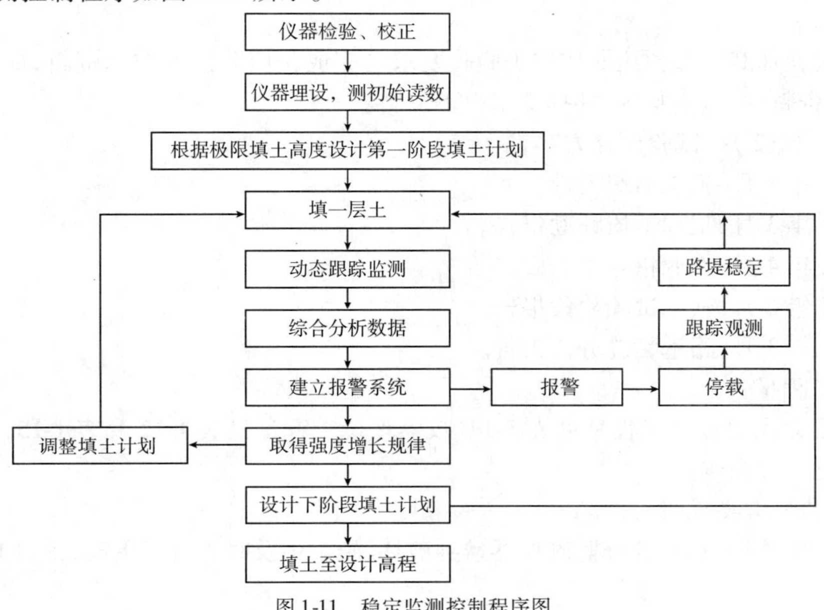

图 1-11　稳定监测控制程序图

4)监测方法及要点

(1)表面沉降

表面沉降是最基本、最重要的观测要素之一,它是地基变形和固结的直观反映,利用它可以判断地基是否稳定、控制填土速率以及预测地基的固结情况。为了提高沉降观测精度必须做到"三同一固定",即采用相同的观测路线和监测方法,使用同一仪器,在基本相同的环境和条件下工作,固定测站、转点和监测人员。观测完毕应计算闭合差,超出要求或数据有误应立即重测。

(2)孔隙水压力

孔隙水压力是地基土体应力变化的重要指标,通过孔隙水压力变化的观测,可以了解地基土体内应力的转化情况,反映地基土体的固结快慢,判断地基强度增长情况。掌握孔压变化规律对指导路堤填筑速率有十分重要的意义。孔压观测应连续进行,以便能测出孔压变化的最大值。

(3)侧向位移

侧向位移是判断地基是否处于稳定状态的重要指标之一。土体的深层位移常利用测斜仪测得,测斜管采用膜量与土体相近的材料做成,当土体产生侧向变形时,测斜管也随之移动,利用测斜仪可测出这种变化,直接反映不同深度的地基土体侧向位移大小。测量时将测头对准测斜管导槽,放至测斜管底部,静置几分钟,待读数稳定后开始测读(每提升0.5m测读一次),再将测头旋转180°按上述方法进行测量(两次测读的位置应相同),将同一深度处两次读数相减以消除测斜仪本身的系统误差。

(4)分层沉降

分层沉降是不同深度处地基土体变形和固结的直观反映,通过分层可以分析不同深度处地基土体变形趋势。

1.3.3 实际完成的工程量

1)技术资料

本试验段在加载期和预压期按竣工验收要求已完成相应阶段的技术资料,如隐蔽验收资料、材料检验资料、测量资料等,并提交了以下资料:

(1)2001年12月,试验研究方案。

(2)2002年1月,施工组织设计。

(3)2002年3月,工程地质补勘报告。

(4)2002年4月,作业指导书。

(5)2002年6月,软基试验阶段报告。

(6)2003年3月,路基裂缝分析报告。

2)实物工程量

本试验段完成的补勘工程量见表1-14,仪器埋设工程量见表1-12和表1-15,完成的其他实物工程量见有关报告。

1.3.4 其他需要说明的情况

施工中由于种种原因,部分监测仪器遭到破坏,施工中及时进行了更换,见表1-15。

地质补勘工程数量　　表 1-14

序　号	项　　目	单　位	数量(第一次)	数量(第二次)	数量(第三次)	备　　注
1	双桥静力触探	m/孔	265/18	107.5/7		第一次补勘时间为:2001.11.26;第二次钻探时间:2002.10.12;静探时间:2003.2.26;第三次补勘时间:2003.3.1
2	十字板剪切试验	点	99			
3	钻探	m	77.9	87.4	89.1	
4	取土样	只	30	17	19	
5	室内土工试验	只	30	17	19	
6	孔压静力触探	消散点/m	15/73			

仪器破坏情况一览表　　表 1-15

断 面 号	仪 器 名 称	破坏日期	破 坏 原 因	备　　注
K11 +032 中	测斜管	2002.6.2	位移过大,管体中部剪断	2002.7.12 重新埋设
K11 +045 右$_1$	测斜管			2002.7.16 增加一孔
K11 +060 右	测斜管	2002.8.13	填筑包边土	
K11 +100 右	测斜管	2003.1.1	2002.7.18 增加 K11 + 100 右$_1$,被小孩灌满泥沙	
K11 +116 中	分层管	2002.4.22	土体剪切变形破坏	2002.7.18 重新埋设
K11 +166 右	测斜管	2002.6.25	填筑包边土	2002.3.20、2002.7.18 分别增设了右$_1$、右$_2$
K11 +196 右	测斜管			2002.7.16 增设了右$_1$
K11 +197 中	分层管	2002.8.10	土体剪切变形破坏	2002.10.28 重新埋设

第2章　路基稳定性控制

变形与稳定是在深厚软黏土地基上修筑高路堤的高等级公路需要解决的两大问题。稳定则是施工期首要关心的问题,如果在修筑施工期不能控制好地基稳定状态,就会出现工程失稳事故。例如,1993 年某国道连续发生两次大型滑动,每段长约 100m,下塌 2 米多,给国家和人民造成了重大损失,造成不良社会影响。因此路基施工时必须加强其稳定性控制。一方面,要进行周密的设计计算和精心的施工,采取合理的分级加载;另一方面要加强施工期地基应力应变监测,对路堤填筑各阶段进行动态跟踪观测,收集地基应力应变原始资料,分析地基强度增长情况,通过监测指标控制和对监测数据的综合分析控制路堤填筑速率,充分利用地基强度增长实现快速加载(薄层轮加法)。工程实践证明,采取薄层轮加法可实现路基安全快速施工,争取更多的预压时间,取得较好的经济效果。

2.1　理论计算

地基稳定分析工作由稳定计算方法的确定及软土土质强度指标的选取两大部分组成。计算方法目前已很成熟,规范中规定采用圆弧条分法。计算稳定安全系数规范推荐总应力法、有效应力法及有效固结应力法三种方法。只要土质强度指标选取正确,能反映土质实际,则计算结果基本能反映实际工程的稳定程度。广东多年来的工程实践和试验段测定表明:正确确定极限填土高度及掌握强度增长的加载方法(薄层轮加法)能有效控制施工期的稳定;土工织物的加筋作用能显著提高路堤的稳定性。

2.1.1　极限填土高度

极限填土高度就是利用极限平衡理论,求取天然地基土体滑动破坏时的最大填土高度。一般用圆弧滑动法计算。按规范规定,圆弧滑动是假定滑动体和抗滑体为两块刚性体,因此,仅仅考虑两块刚体表面的滑动力和抗滑力,不考虑刚体内部的应力分布,采用总应力法,将滑动体划分成若干条带进行计算,计算式为:

$$F=\frac{[M_{抗}]_{土}}{M_{滑}}=\frac{\sum(C_iL_i+W_i\cos\alpha_i\tan\varphi_i)}{\sum W_i\sin\alpha_i} \tag{2-1}$$

极限填土高度稳定计算结果的准确性主要取决于土质抗剪强度指标的选用。土的强度指标通常由室内试验测定,这种测定方法受诸多因素,如取土、运输、切样及试验过程中的扰动、土体应力状态改变的影响,尤其是高含水率、高灵敏度的结构性土,测定强度指标往往失真。而十字板剪切试验是在原位测试,避免了取土扰动,在天然应力状态下进行剪切试验,能够真实地反映地基土的天然抗剪强度,因此稳定分析中宜采用十字板强度。

采用圆弧滑动法需要确定最危险滑裂面的位置,而确定最危险滑动面圆心的位置和半径大小是稳定分析中最繁琐、工作量最大的工作,需要通过多次的计算才能完成,多半要借助计算机。为便于工程技术人员应用,根据近年来试验段的检验,极限填土高度可用式(2-2)

(A・W・Skempton 公式)计算。

$$H_f = \frac{C_u N_c}{k\gamma} \tag{2-2}$$

式中:C_u——现场十字板强度,取小值平均值;

k——安全系数;

γ——填土重度;

N_c——承载力因素,一般可取用5.52。

各断面的极限填土高度计算结果见表2-1。

天然地基稳定计算汇总表

表2-1

计算断面	q_c(kPa)	C_u(kPa)	H_f(m)	最小安全系数 k
K11+045	240	13.34	3.5	1.11
K11+084	220	12.08	3.2	1.10
K11+116	230	12.71	3.3	1.12
K11+166	260	14.60	3.8	1.12
K11+196	295	16.80	4.4	1.11
说明	1. 由于各断面现场测试十字板强度数据少,离散性大,而静力触探测试数据较多,土质指标相对稳定,故根据线性公式 $C_u = -1.781 + 0.063q_c$(见地质补勘报告)计算十字板强度; 2. 取 γ_s 为 $19kN/m^3$			

由于袋装砂井施工时扰动了周围土体,使土体强度降低,在采用式(2-2)计算极限填土高度时,土体强度应为施工扰动后的强度。根据深汕汽车专用公路(龙岗—潭西)第四合同段软基试验工程实测表明,施工扰动使周围土体强度降低约45%,按此强度损失计算地基极限填土高度见表2-2。

打砂井后强度指标稳定计算汇总表

表2-2

计算断面	十字板强度 C_u(kPa)		不考虑土工织物作用	
	原值	现计算值	H_f(m)	k_{min}
K11+045	13.34	7.34	2.0	1.07
K11+084	12.08	6.64	1.9	1.02
K11+116	12.71	6.99	1.9	1.07
K11+166	14.60	8.03	2.2	1.06
K11+196	16.80	9.24	2.6	1.03

2.1.2　固结度计算

固结度计算对于砂井排水固结而言相当重要,根据不同时间的固结度即可推算地基强度的增长,从而可进行各级荷载下地基稳定性分析,为修正加载计划提供依据。砂井固结度公式都是以瞬时加载,根据太沙基固结理论而得到的。不同条件下,固结度计算公式列于表2-3。

不同条件下固结度计算公式 表2-3

序号	条件	公式	备注
1	普遍表达式	$U_t = 1 - \alpha \cdot e^{-\beta t}$	参数含义见规范
2	一维固结	$U_z = 1 - \frac{8}{\pi^2} e^{-\frac{\pi^2}{4} \cdot \frac{C_v}{H^2} \cdot t}$	$\alpha = \frac{8}{\pi^2}; \beta = \frac{\pi^2}{4} \cdot \frac{C_v}{H^2}; U > 0.3$; H 为受压层总厚度
3	向内径向排水固结	$U_l = 1 - e^{-\frac{8}{F} \cdot \frac{C_r}{d_e^2} \cdot t}$	$\alpha = 1; \beta = \frac{8}{F} \cdot \frac{C_r}{d_e^2}$
4	竖向与径向联合排水	$U_{rz} = 1 - \frac{8}{\pi^2} e^{-(\frac{\pi^2}{4} \cdot \frac{C_v}{H^2} + \frac{8}{F} \cdot \frac{C_r}{d_e^2}) \cdot t}$	$\alpha = \frac{8}{\pi^2}; \beta = \frac{\pi^2}{4} \cdot \frac{C_v}{H^2} + \frac{8}{F} \cdot \frac{C_r}{d_e^2}$

2.1.3 加载计划

在淤泥地基上修筑高等级公路,排水固结法是一种比较经济合理的地基处理方法。这种方法如果给予足够的排水固结时间,尤其是在大荷重堆压下,则效果将更好。如何在施工期争取更多时间预压排水固结是一个有很大工程和经济价值的课题。经广东多年工程实践和试验段测定,已摸索出一条合理、有效、简便的加载停歇方法,即极限填土高度加薄层轮加法。所谓薄层轮加法就是填土按碾压规定的铺填厚度,但铺填长度应以淤泥强度增长相匹配,尽可能做到一次铺填碾压后,地基强度增长刚好能达到承载再铺填一层的能力,这样就充分利用地基强度增长的能力来达到快速填筑路堤的目标,但要注意铺填长度不要过长,否则难于施工管理,要注意填筑厚度、铺填长度和土的强度增长三者互相匹配,优化组合。在地基处理结束后,一次快速填土至极限高度可由式(2-2)计算。当填土达到极限高度后,进行第一次停歇,以后根据孔隙水压力的消散情况、沉降速率和边桩位移速率的下降来决定何时可以加载。该方法充分利用每次填土后强度增长安排填筑速度组织施工,按每次填土碾压厚度和强度增长,确定停载间歇时间来指导填土,一方面可以增加施工的安全性,另一方面也可以缩短施工工期,增加预压时间,是利用地基土强度增长来指导填土施工的较为科学合理的方法。

确定“薄层轮加法”分级加载计划的步骤如下:

(1)计算填土厚度 Δh_i 所需强度增加值。可用斯开普墩(A · W · Skempton)估算地基承载力的半经验式(2-3)计算。

$$\Delta C_{ui} = \frac{\gamma \cdot \Delta h_i \cdot k}{N_c} \tag{2-3}$$

式中:γ——填土的重度;

N_c——承载力因素,可取5.52;

k——安全系数;

ΔC_{ui}——强度增加值。

(2)根据所需强度增加值求解任意一级填土荷载填土时刻 t_n 。

先推导 t_n 的计算公式。假定第 i 级填土施工时所需强度增长值为 ΔC_{ui},设 t_1、t_2、…、t_n 分别为开始施加第1、2、…、n 级填土荷载的时刻(均从零时刻算起,极限填土高度内荷载视为0级荷载,其开始加载的时刻 t_0 为零时刻,即 $t_0 = 0$);t'_i 为第 i 级荷载加载历时,t'_0 为初始填土荷载(一般为极限填土荷载)加载历时;$\Delta\sigma$ 为施工第 n 级填土时累计附加垂直应力;φ_{cu} 为地基土的固结快剪内摩擦角,建议采用压缩层内各层土的加权平均值,或选用地基土最软弱某层为控制指标;Δh_i、ΔP_i 分别为第 i 级加载的填土高度和对应的荷载增量(kPa);Δh_0、ΔP_0 分别为极限填土加载的填土高度和对应的荷载增量(kPa);U_t 为瞬时加载 t 时地基的平均固结度,U'_t 为 t 时 n 级等速加载条件下地基的平均固结度,可按式(2-4)计算:

$$U'_t = \sum_{i=1}^{n}\left(U_{t-\frac{t_i+t_{i-1}}{2}} \cdot \frac{\Delta P_i}{\sum \Delta P}\right) \tag{2-4}$$

式中:t——计算时的时间(s);

t_{i-1}、t_i——分别为各级加载的起点和终点时间,当 t 在某一级加载的过程中时,设 $t_i = t$;

$\sum \Delta P$——n 级荷载的累加(kPa)。

根据强度增长规律公式 $\Delta C_u = U_t \cdot \Delta\sigma \cdot \tan\varphi_{cu}$,考虑到剪切蠕变及其他因素加剪应力作用下可能产生的强度衰减作用,强度增长公式前应乘以一个折减系数 η,根据国内有些地区实测反算结果,η 值为 0.8~0.85,如确定判定地基土没有强度衰减可能时,则 $\eta=1$,有:

$$\begin{aligned}
&\sum_{i=1}^{n}\Delta C_{ui} = \eta \cdot U'_t \cdot \Delta\sigma \cdot \tan\varphi_{cu} \\
&= \eta \cdot \tan\varphi_{cu} \cdot (U_{t_n - t'_0/2} \cdot \Delta P_0 + U_{t_n - t_1 - t'_1/2} \cdot \Delta P_1 + \cdots + U_{t_n - t_{n-1} - t'_{n-1}/2} \cdot \Delta P_{n-1}) \\
&= \eta \cdot \tan\varphi_{cu} \cdot \sum_{i=1}^{n}(U_{t_n - t_{i-1} - t'_{i-1}/2} \cdot \Delta P_{i-1}) \\
&= \eta \cdot \tan\varphi_{cu} \cdot \sum_{i=1}^{n}\{\Delta P_{i-1} \cdot [1 - \alpha e^{-\beta(t_n - t_{i-1} - t'_{i-1}/2)}]\} \\
&= \eta \cdot \tan\varphi_{cu} \cdot \{\sum_{i=1}^{n}\Delta P_{i-1} - \alpha\sum_{i=1}^{n}[\Delta P_{i-1} \cdot e^{-\beta t_n + \beta(t_{i-1} + t'_{i-1}/2)}]\} \\
&= \eta \cdot \tan\varphi_{cu} \cdot \{\sum_{i=1}^{n}\Delta P_{i-1} - \alpha \cdot e^{-\beta t_n} \cdot \sum_{i=1}^{n}[\Delta P_{i-1} \cdot e^{\beta(t_{i-1} + t'_{i-1}/2)}]\}
\end{aligned}$$

经整理,可得:

$$e^{-\beta t_n} = \frac{\eta \cdot \tan\varphi_{cu} \cdot \sum_{i=1}^{n}\Delta P_{i-1} - \sum_{i=1}^{n}\Delta C_{ui}}{\eta \cdot \tan\varphi_{cu} \cdot \alpha \cdot \sum_{i=1}^{n}\left[\Delta P_{i-1} \cdot e^{\beta(t_{i-1} + t'_{i-1}/2)}\right]}$$

对上式求解,可得:

$$t_n = -\frac{1}{\beta} \cdot \ln\left\{\frac{\eta \cdot \tan\varphi_{cu} \cdot \sum_{i=1}^{n}\Delta P_{i-1} - \sum_{i=1}^{n}\Delta C_{ui}}{\eta \cdot \tan\varphi_{cu} \cdot \alpha \cdot \sum_{i=1}^{n}\left[\Delta P_{i-1} \cdot e^{\beta(t_{i-1} + t'_{i-1}/2)}\right]}\right\} \tag{2-5a}$$

上式即为第 n 级填土可以开始加载时刻(从加载开始即零时刻算起)的计算公式。

若各级加载均是瞬时完成,即 $t'_0 = t'_1 = t'_2 = \cdots = t'_{n-1} = 0$,则式(2-5a)可简化为:

$$t_n = -\frac{1}{\beta} \cdot \ln\left[\frac{\eta \cdot \tan\varphi_{cu} \cdot \sum_{i=1}^{n}\Delta P_{i-1} - \sum_{i=1}^{n}\Delta C_{ui}}{\eta \cdot \tan\varphi_{cu} \cdot \alpha \cdot \sum_{i=1}^{n}(\Delta P_{i-1} \cdot e^{\beta t_{i-1}})}\right] \tag{2-5b}$$

将式(2-3)代入式(2-5a)中,得:

$$t_n = -\frac{1}{\beta} \cdot \ln\left\{\frac{N_c \cdot \eta \cdot \tan\varphi_{cu} \cdot \sum_{i=1}^{n}\Delta h_{i-1} - k \cdot \sum_{i=1}^{n}\Delta h_i}{N_c \cdot \eta \cdot \tan\varphi_{cu} \cdot \alpha \cdot \sum_{i=1}^{n}\left[\Delta h_{i-1} \cdot e^{\beta(t_{i-1} + t'_{i-1}/2)}\right]}\right\} \tag{2-6}$$

根据式(2-5a)或式(2-6),计算了本试验段各代表断面的理想加载计划,结果见表2-4、表2-5。

各断面主要计算参数　　表2-4

断面号	φ_{cu}(°)	C_v($10^{-3}cm^2/s$)	C_r($10^{-3}cm^2/s$)	H(m)	β_v($10^{-7}s^{-1}$)	β_r($10^{-7}s^{-1}$)
K11+045	12.8	8.5	1.25	12.5	0.134	2.930
K11+084	12.9		1.15	8.8		2.695
K11+116	11.7		1.33	10.2		3.117
K11+166	14.6	9.0	0.86	12.4	0.144	2.016
K11+196	11.3	8.5	1.035	9.7	0.229	2.426
说明	1. 各断面砂井间距均为1.2m,按正三角形分布,砂井直径为7cm,求得各断面 $d_e=1.05s=126cm$, $n=d_e/d_w=126/7=18$, $F=2.15$,其中处理深度K11+021～K11+070为13m,其余为12m;表中H为软土层(淤泥层)底部至地面的高度; 2. $\beta_v=\frac{\pi^2}{4}\cdot\frac{C_v}{H^2}$, $\beta_r=\frac{8}{F}\cdot\frac{C_r}{d_e^2}$, $\beta=\beta_v+\beta_r$; 3. 经计算,β_v与β_r相比很小,故计算时可不考虑竖向固结,即$\beta\approx\beta_r$					

加载计划计算结果　　表2-5

断面号	极限填土		计划填土高度(m)	计划每级填土厚度(m)	平均每级荷载时间(d)		加载至设计荷载历时(d)
	高度(m)	加载历时(d)			加载历时	间歇时间	
K11+045	3.2	10	10.8	0.25	1	4	145
				0.45	2	7	157
				0.65	2	11	169
K11+084	2.2	10	8.1	0.25	1	7	190
				0.45	2	13	199
				0.65	2	21	216
K11+116	2.2	10	7.8	0.25	1	9	243
				0.45	2	20	293
				0.65	2	45	437
K11+166	2.5	10	8.1	0.25	1	5	148
				0.45	2	9	157
				0.65	2	15	164
K11+196	2.5	10	7.5	0.25	1	9	215
				0.45	2	18	233
				0.65	2	34	295

需要说明的是,在采用用式(2-5a)或式(2-6)计算加载计划时安全系数k应适当取大(本试验段取$k=1.3$),因为根据式(2-3)计算强度增长时是假定滑动圆弧内的砂井处理区内外土

体强度同步增长,但实际上砂井处理区外的土体强度增长较慢甚至不增长,因此采用式(2-5a)或式(2-6)计算加载计划将偏于不安全。

2.1.4　土工织物抗滑稳定计算

本试验段中所用土工织物为土工布、袋装砂井编织袋。土工织物在地基中作为筋体,在用圆弧法计算路堤稳定性时,增加抗滑力矩,从而增加路堤抗滑能力,提高地基稳定性。

(1)土工布的抗滑力矩有两种计算模式:一是考虑土工布为柔性筋带,即在滑弧的滑移处土工布产生与滑弧相适应的扭曲,土工布的拉力方向切于圆弧,可用荷兰法计算,即为:

$$[M_{抗}]_{布} = R\sum_{i=1}^{m} T_i \tag{2-7}$$

二是假设土工织物拉力总是和原来的铺设方向一致,则拉力将分解为两个方向,其抗滑力矩为:

$$[M_{抗}]_{布} = \sum_{i=1}^{m}[RT_i\cos\theta_i + RT_i\sin\theta_i\tan\varphi_i] \tag{2-8}$$

式中 T_i 的确定方法如下:取土工布本身的抗拉强度与所能提供土工布产生拉力的最大摩阻力两者中的小值。其余参数意义如图 2-1 所示。

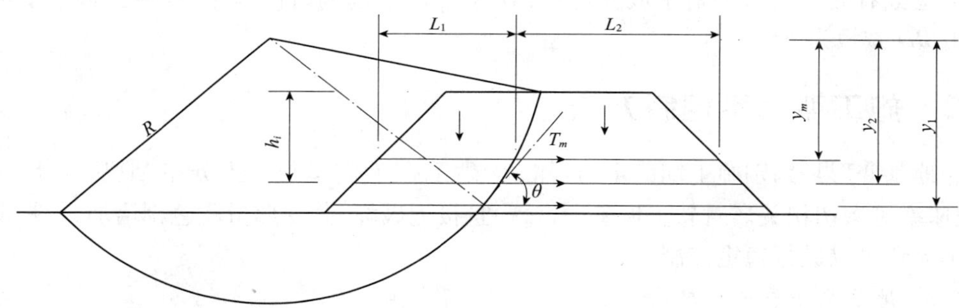

图 2-1　土工布的抗滑稳定计算图示

(2)当地基中已设置了许多竖向排水体袋装砂井或塑料排水板,圆弧滑动分析计算时,可考虑滑动带上是由淤泥土和排水体所组成的复合体。当将排水体视作竖向加筋体考虑时,大量砂袋和塑料排水板作为能跟着滑动体一起抗拉的筋带而参加了抗滑体产生抗力。砂袋产生的总抗滑力矩,包括砂袋中砂的摩擦抗滑作用,可由下式计算:

$$[M_{抗}]_{袋} = R\sum_{i=1}^{m} T_{wi} + R\sum_{i=1}^{m} W_{si}\tan\varphi_s \tag{2-9}$$

式中:T_{wi}——第 i 条砂袋的抗拉力,取砂袋抗拉力与其所受摩阻力之小值;

W_{si}——第 i 条砂袋中上半部分或下半部分砂的重力;

φ_s——袋中砂的内摩擦角;

m——滑弧范围砂袋的系数,取每米长的路堤计算,其数量由砂袋的间距和滑弧在砂井区所切的长度决定。

综上所述,可得砂井、土工布处理地基的抗滑稳定公式为:

$$F_s = \frac{M_{抗}}{M_{滑}} = \frac{[M_{抗}]_{土} + [M_{抗}]_{布} + [M_{抗}]_{袋}}{M_{滑}} \tag{2-10}$$

式中各项分别由式(2-1)、式(2-7)或式(2-8)、式(2-9)求得。

2.1.5　坡顶开裂时的稳定计算

在黏性土路堤的坡顶附近，可能因土的收缩及张力作用而发生裂缝，如图2-2所示。地表水渗入裂缝后，将产生静水压力 P_w，它是土坡滑动的作用力，故在土坡稳定分析中应该考虑进去。

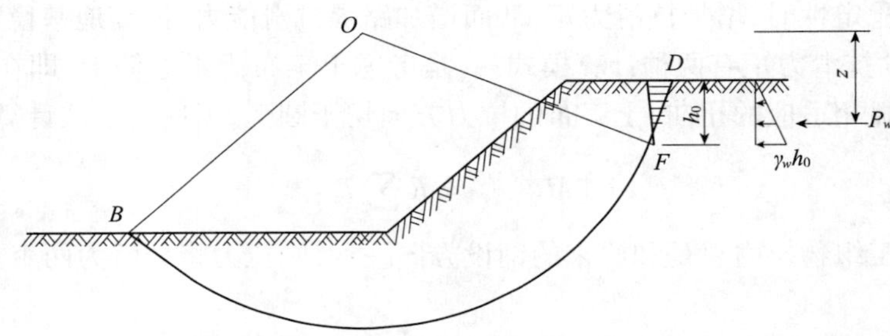

图2-2　坡顶开裂时稳定计算

裂缝内因积水产生的静水压力 $P_w = \frac{1}{2}\gamma_w h_0^2$，它对最危险滑动面圆心O的内力臂为 z。在按总应力法或有效应力法分析土坡稳定时，应考虑 P_w 引起的滑动力矩，同时土坡滑动面的弧长也将由 BD 减短为 BF。

2.2　施工期稳定控制方法

软土地基变形是判别施工期稳定与否的重要指标，而它又与软土分布、地基设计、施工工序、加载速率等密切相关。对软土地基而言，一旦接近破坏，其变形量就急剧增加，故根据变形量的大小大致可以进行稳定控制。

2.2.1　地基失稳表观特征法

(1)加载顶部、坡址和斜面出现微小裂缝；

(2)加载坡址附近地面隆起；

(3)加载区域内表面沉降量、深层水平位移、孔压等急剧增加；

(4)停止加载后，纵向裂缝继续发展，并呈圆弧状；

(5)停止加载后，加载坡趾附近地面隆起继续增大；

(6)停止堆载后，各项监测指标持续增加，或收敛不明显。

2.2.2　定量监控指标法

软土地基加载必须在多种仪器严密监控下进行，监测信息对合理地安排施工工序、采取施工措施、反分析设计以及提高设计水平起着重要的作用。在加载过程中及时收集地基应力(孔隙水压力、土压力)、应变(沉降、位移)等资料，并对监测数据进行综合分析，将得出的监控指标与定量监控指标相对比是常规的稳定控制方法。参考以往各条高速公路监控经验，路堤达到极限平衡状态(即破坏状态)时路堤稳定控制标准如下：

加载期间：单日沉降速率 $V \leqslant 15$(mm/d)

侧向位移速率 $V_c \leqslant 5.0$(mm/d)

单级孔压系数 $B \leqslant 1.0$

加下一级荷载：单日沉降速率收敛明显，逐渐趋于稳定状态。

侧向位移速率 $V_c \leq 1.0$(mm/d)

停载期间,根据现场实际情况,一般而言各项指标都必须满足要求,方可进行下一级加载;如果受总工期要求,必须加快加载速率,则需随机动态增加监控断面,并且加密监测频率,随时留意周边环境的变化,发现问题及时报警,做到防患于未然。

2.2.3　拐点分析法

通过加载过程中各种表观现象及经验的监控指标,基本可以对地基的稳定进行判断,在实际施工中发现,表观现象的存在并不一定代表路基会失稳,加载期间沉降速率、侧向位移速率及孔压系数中其一大于定量指标时,地基并未失稳。因此有必要对利用各项监控数据来控制地基稳定作进一步分析。

根据沈珠江的结构性破坏理论(1998),土结构破损和滑移可划分成三个阶段。第一阶段,结构基本保持完好状态下的变形,但不能排除有少量的破损,可以认为孔隙比基本保持不变,由于这一阶段固结系数很大,在现场不可能产生大的侧向变形。第二阶段,结构大量破损阶段,这时除了颗粒间的滑移外,还伴随着结构的塌陷,在不排水的条件下,必然会产生孔隙水压力急剧上升。由于原来由骨架承受的一部分应力转嫁到孔隙水上,孔隙水压力系数 $B=\Delta u/\Delta\sigma_z$ 甚至可能大于1。由于 $B\geq 1$,在荷载增加的同时有效应力不增加甚至减少,这时候土体的变形主要是剪切变形,必然伴随大量水平位移。第三阶段土的性质已接近重塑土,颗粒间的滑移成为变形的主要原因。

软基上筑路是分级填筑荷载。按"薄层轮加法"施工时,每两级填土间隔7d左右,每级填土在一天之内完成,因而每级加载的速率大大超过了土中孔隙水压力消散的速率,形成了不排水剪切的作用。淤泥等软黏土地基渗透性很差,孔隙水压力消散颇为缓慢,因而其不排水变形的结果就比砂、砾等粒状土严重的多。

孔隙水压力一方面反映了地基的固结状态,另一方面也反映了地基所处的变形阶段,通过对孔隙水压力的深入分析,可以判断地基土体是否处于稳定状态,以便指导填土速率,加快进度。在不排水条件下,一个处于路堤竖向荷载作用下的软黏土单元体变形可分为三个阶段,随施加压力而产生的孔隙水压力反应也相应有三个基本阶段,如图2-3所示。

图中的三个阶段分别为:①弹性阶段,在这一阶段,受土结构的影响,附加应力中的一部分由孔隙水来承担,即 $\Delta u<\Delta\sigma_z$,对于大面积堆载,地基中某一测点,可写成孔隙水压力增量与荷载增量的关系式:$\Delta u=K_u\Delta P$,式中 K_u 为孔隙水压力系数;②塑性阶段,外载继续增加,剪应力超过了土粒间的强度时,土粒粘结破坏,结构重新调整,塑性变形开始产生,此时附加应力基本上都由孔隙水压力承担,即 $\Delta u\approx\Delta\sigma_z$,地基局部出现剪切失稳。③硬化和软化阶段,土粒之间联结破坏之后,土粒的位置会发生移动,伴随着塑性变形的增加,受材料结构特性的影响,土体的变形将出现分叉现象,一是土颗粒之间的排列趋向一个更稳定状态,即所谓硬化(图2-3a),另一是破坏点不断增加,即所谓软化(图2-3b)。从上面对变形各阶段分析可知,关键是塑性变形阶段的出现,即 Δu—ΔP 曲线中第一拐点的出现,表明孔压计所处土体已发生局部剪切变化,若不同深度处的孔压计都出现拐点,则表明地基已处于整体失稳状态。

在实际工程应用中,可以对每级加载所引起的瞬时沉降量、位移速率以及每级加载所引起的孔压增量进行数据处理后,就可以揭示出土体不排水变形所隐含的信息。通过综合分析就可以判断土体所处的变形阶段以及稳定性。

日本富永和桥本指出:当加载坡址侧向位移 δ_H 与加载中部沉降量 S 的比值 δ_H/S 急剧增

加时,意味着地基接近破坏(图 2-4)。当预压荷载较小时,$S \sim \delta_H$ 曲线应与 S 有个夹角 θ,测点在 E 线上移动。预压荷载接近破坏荷载时,δ_H 增加要比 S 增加显著,如图 2-4 中的Ⅰ、Ⅱ所示。

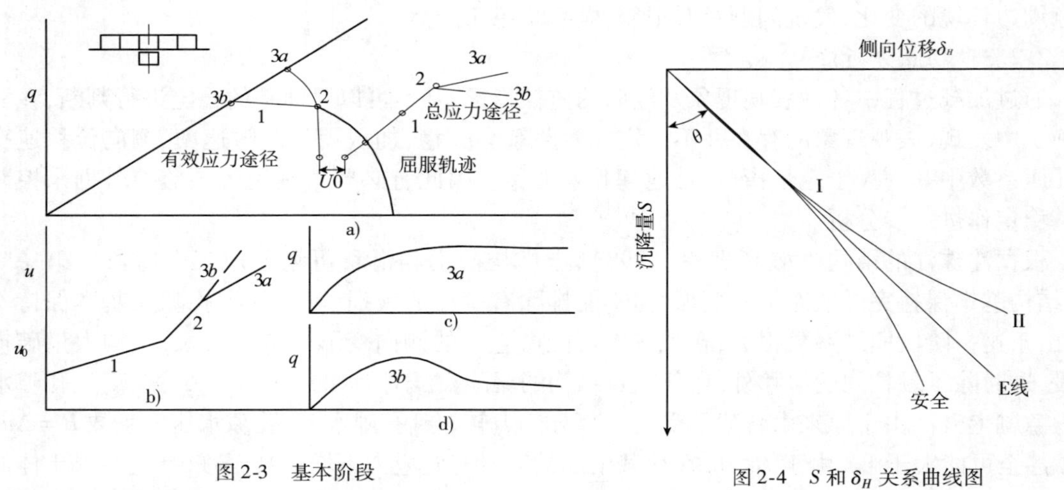

图 2-3　基本阶段

a)理想现场应力途径;b) $u \sim \Delta\delta$ 关系曲线;c)、d)应力应变曲线

图 2-4　S 和 δ_H 关系曲线图

2.3　软基监测稳定性分析

评价路堤稳定性是软土路基的重要课题。孔隙水压力、沉降、侧向位移等都是地基土体应力应变状态的直观反映。在路基填筑过程中,孔隙水压力的变化、沉降大小以及侧向位移大小与荷载的大小是密切相关的,同时三者之间又是互相联系的。

为便于对比分析,现将 K11 + 045、K11 + 166、K11 + 196 三个断面孔压增量、单级孔压系数(只取一个深度,取软土中部)、沉降以及侧向位移数据汇集于表 2-6 ~ 表 2-8(表中计算累计填土高度未考虑沉降值,实际累计填土高度考虑了沉降值;表中数据为下层填土前观测数据,最后一层填土数据为填土后 7d 数据;表中 $\Delta u_{7.5}$ 表示孔压计的埋深为 7.5m,其余同;表中 $\delta_{7.0}$ 表示 7.0m 深度处的侧向位移)。利用这些监测指标与荷载的关系,就可以判断地基是否稳定以及停加载的时机。

K11 + 045 孔压、沉降及侧向位移数据　　表 2-6

计算累计填土高度(m)	实际累计填土高度(m)	实际累计荷载(kPa)	最大侧向位移速率 V_c(mm/d)	累计侧向位移速率 $\sum V_c$(mm/d)	累计侧向挤出量 V_h(m^3)	最大沉降速率 V(mm/d)	累计沉降速率 $\sum V$(mm/d)	累计侧向位移 $\delta_{7.0}$(mm)	累计沉降 $S_{中}$(mm)	B	$\Delta u_{7.5}$	$\sum \Delta u_{7.5}$
1.785	1.860	35.34	0.490	0.490	0	19	19	−0.22	193	0.83	7.2	7.2
1.959	2.152	40.89	0.260	0.750	0	15	34	4.35	390	0.78	4.3	11.5
2.255	2.645	50.26	2.610	3.360	0.0176	13	47	11.32	501	1.02	9.6	21.1
2.785	3.286	62.43	1.220	4.580	0.089	17	64	19.90	620	0.94	11.4	32.5
3.179	3.799	72.18	2.960	7.540	0.16	22	86	30.31	730	1.27	12.4	44.9

续上表

计算累计填土高度(m)	实际累计填土高度(m)	实际累计荷载(kPa)	最大侧向位移速率V_c(mm/d)	累计侧向位移速率ΣV_c(mm/d)	累计侧向挤出量V_h(m^3)	最大沉降速率V(mm/d)	累计沉降速率ΣV(mm/d)	累计侧向位移$\delta_{7.0}$(mm)	累计沉降$S_中$(mm)	B	$\Delta u_{7.5}$	$\Sigma\Delta u_{7.5}$
3.544	4.274	81.21	3.440	10.980	0.271	20	106	52.07	896	0.82	7.4	52.3
4.138	5.034	95.65	2.430	13.410	0.469	18	124	82.10	1067	0.73	10.5	62.8
4.699	5.766	109.55	3.540	16.950	0.636	23	147	106.92	1290	1.05	14.6	77.4
5.490	6.780	128.82	3.950	20.900	0.817	23	170	131.39	1461	0.89	17.2	94.6
5.509	6.970	132.43	1.620	22.520	0.943	3	173	159.08	1606	1.08	3.9	98.5
5.621	7.227	137.31	0.500	23.020	1.194	2	175	162.40	1616	0.00		98.5
5.825	7.441	141.38	0.530	23.550	1.21	2	177	167.79	1629	0.00		98.5
6.278	7.907	150.23	0.670	24.220	1.28	4	181	176.69	1654	0.35	3.1	101.6
6.482	8.136	154.58	0.610	24.830	1.317	6	187	177.90	1665	0.00		101.6
6.730	8.395	159.51	2.890	27.720	1.361	11	198	184.69	1686	0.69	3.4	105.0
7.031	8.717	165.62	0.860	28.580	1.381	5	203	188.64	1700	0.05	0.3	105.3
7.257	8.957	170.18	0.910	29.490	1.439	4	207	191.36	1716	0.31	1.4	106.7
7.717	9.433	179.23	1.370	30.860	1.497	4	211	197.95	1765	0.29	2.6	109.3
8.330	10.095	191.81	6.610	37.470	1.705	26	237	219.49	1817	0.00		109.3
8.941	10.758	204.40	8.750	46.220	1.865	23	260	270.55	1944	1.27	16.0	125.3

K11+166 孔压、沉降及侧向位移数据　表 2-7

计算累计填土高度(m)	实际累计填土高度(m)	实际累计荷载(kPa)	最大侧向位移速率V_c(mm/d)	累计侧向位移速率ΣV_c(mm)	累计侧向挤出量V_h(m^3)	最大沉降速率V(mm/d)	累计沉降速率ΣV(mm)	累计侧向位移$\delta_{7.0}$(mm)	累计沉降$S_中$(mm)	B	Δ_{u6}	$\Sigma\Delta_{u6}$
1.651	1.695	32.21	0.26	0.26	0.0015	3.00	3	0.53	60	0.74	4.09	4.09
1.850	1.910	36.29	0.52	0.78	0.002	5.00	8	8.45	179	1.16	4.72	8.81
2.370	2.549	48.43	1.14	1.92	0.074	16.00	24	11.90	268	0.58	7.06	15.87
2.891	3.159	60.02	2.82	4.74	0.1904	29.00	53	29.44	398	1.74	20.16	36.03
3.176	3.574	67.91	2.64	7.38	0.3109	18.00	71	46.60	520	1.68	13.22	49.25
3.722	4.242	80.60	3.94	11.32	0.51	22.00	93	72.61	646	1.58	20.10	69.35
3.988	4.634	88.05	4.16	15.48	0.704	23.00	116	113.93	833	0.00		69.35
4.254	5.087	96.65	1.87	17.35	0.9905	9.00	125	133.06	973	2.44	21.00	90.35
4.786	5.759	109.42	1.51	18.86	1.1714	8.00	133	156.66	1075	0.85	10.88	101.23
4.992	6.067	115.27	2.29	21.15	1.351	6.00	139	211.63	1255	0.61	3.56	104.79
5.272	6.527	124.01	0.82	21.97	1.8707	1.00	140	216.24	1260	0.00		104.79
5.526	6.786	128.93	0.92	22.89	1.9087	3.00	143	225.67	1291	0.68	3.36	108.15

续上表

计算累计填土高度(m)	实际累计填土高度(m)	实际累计荷载(kPa)	最大侧向位移速率 Vc(mm/d)	累计侧向位移速率 $\sum Vc$(mm)	累计侧向挤出量 V_h(m^3)	最大沉降速率 V(mm/d)	累计沉降速率 $\sum V$(mm)	累计侧向位移 $\delta_{7.0}$(mm)	累计沉降 $S_{中}$(mm)	B	Δu_6	$\sum\Delta u_6$
5.935	7.226	137.29	1.26	24.15	2.0724	6.00	149	242.86	1331	0.63	5.29	113.44
6.130	7.461	141.76	1.81	25.96	2.183	6.00	155	248.30	1348	0.00		113.44
6.378	7.726	146.79	4.96	30.92	2.267	20.00	175	261.30	1391	0.00		113.44
6.671	8.062	153.18	2.80	33.72	2.346	5.00	180	287.04	1456	1.22	7.82	121.26

K11 +196 孔压、沉降及侧向位移数据 表 2-8

计算累计填土高度(m)	实际累计填土高度(m)	实际累计荷载(kPa)	最大侧向位移速率 V_c(mm/d)	累计侧向位移速率 $\sum V_c$(mm)	累计侧向挤出量 V_h(m^3)	最大沉降速率 V(mm/d)	累计沉降速率 $\sum V$(mm)	累计侧向位移 δ7.0(mm)	累计沉降 $S_{中}$(mm)	B	Δu_6	$\sum\Delta u_6$
1.933	1.962	37.28	0.66	0.66	0.004	8.00	8.00	4.03	72	0.34	3.55	3.55
2.253	2.325	44.18	1.21	1.87	0.045	6.00	14.00	8.42	96	1.34	9.21	12.76
2.801	2.897	55.04	4.38	6.25	0.146	9.00	23.00	21.97	174	0.79	8.56	21.32
3.110	3.284	62.40	2.51	8.76	0.201	12.00	35.00	33.67	253	0.97	7.15	28.47
3.620	3.873	73.59	3.23	11.99	0.348	11.00	46.00	51.06	333	0.61	6.87	35.34
4.049	4.382	83.26	3.03	15.02	0.491	10.00	56.00	83.19	455	0.73	7.02	42.36
4.382	4.837	91.90	0.94	15.96	0.723	8.00	64.00	104.48	577	0.00		42.36
4.714	5.291	100.53	1.15	17.11	0.891	7.00	71.00	125.01	657	0.34	2.90	45.26
5.015	5.672	107.77	1.54	18.65	1.023	6.00	77.00	178.30	806	1.01	7.28	52.54
5.248	6.054	115.03	0.82	19.47	1.494	1.00	78.00	183.12	823	0.00		52.54
5.522	6.345	120.56	1.07	20.54	1.531	2.00	80.00	193.52	831	0.27	1.47	54.01
5.937	6.768	128.59	1.07	21.61	1.659	3.00	83.00	208.36	855	0.34	2.71	56.72
6.139	6.994	132.89	1.72	23.33	1.762	5.00	88.00	213.34	870	0.92	3.95	60.67
6.297	7.167	136.17	2.85	26.18	1.805	10.00	98.00	220.84	889	0.00		60.67
6.389	7.278	138.28	2.40	28.58	1.851	5.00	103.00	230.49	903	1.80	3.79	64.46
6.543	7.446	141.47	2.17	30.75	1.971	4.00	107.00	252.76	960	0.80	2.55	67.01

2.3.1 孔隙水压力增量

孔隙水压力是地基土体应力变化的重要指标，通过孔隙水压力变化的观测，可以了解地基土体内应力的转化情况，反映地基土体的固结快慢，判断地基强度增长情况。因此通过孔隙水压力资料分析，可以判断地基土体是否处于稳定状态，以便有效指导路基填筑施工。

在路基平面应变状态下，路基中线处黏土孔隙水压力增量 Δu 可表示为：

$$\Delta u = \beta(\Delta\sigma_x + \Delta\sigma_y + \Delta\sigma_z)/3 + \alpha\sqrt{(\Delta\sigma_x - \Delta\sigma_y)^2 + (\Delta\sigma_y - \Delta\sigma_z)^2 + (\Delta\sigma_z - \Delta\sigma_x)^2}$$

$$= \beta\Delta P(K_x + K_y + K_z)/3 + \alpha\Delta P\sqrt{(K_x - K_y)^2 + (K_y - K_z)^2 + (K_z - K_x)^2}$$
$$= \Delta P[\beta(K_x + K_y + K_z)/3 + \alpha\sqrt{(K_x - K_y)^2 + (K_y - K_z)^2 + (K_z - K_x)^2})]$$
$$= K_u\Delta P \tag{2-11}$$

式中 α、β 为孔隙水压力系数,随土的应力状态变化;K_x、K_y、K_z 为附加应力系数,对于地基中某一点三者为常数;ΔP 为荷载增量;K_u 为荷载孔隙水压力系数,与测点附加应力系数和孔隙水压力系数有关。由于 $K_z \approx 1$,所以 $K_z \approx B$,由式(2-11)可知,地基在稳定状态下,孔隙水压力增量与荷载增量成线性关系,可以利用这一特征,来判断地基是否稳定。当荷载增量与孔隙水压力增量出现非线性转折,K_u 增大时,说明地基土体已出现局部剪切破坏,当其发展到一定程度时地基失稳。

通过孔隙水压力资料发现,每一次加载孔隙水压力的变化都经历了一个"增加—消散—稳定"的过程。现利用表 2-6 ~ 表 2-8 监测数据整理绘出 $\sum\Delta u$ 与 $\sum\Delta P$ 以及相应的单级孔压系数 B 与 $\sum\Delta P$关系曲线如图 2-5,其中图 2-5a)、c)、e)为 $\sum\Delta u$ 与 $\sum\Delta P$ 关系曲线,图 2-5b)、d)、f)为其对应的单级孔压系数 B 与 $\sum\Delta P$ 关系曲线。由图中可知,各断面 $\sum\Delta u$—$\sum\Delta P$ 曲线在填土初期曲线呈直线,后期曲线斜率变小,整个加载过程中基本上未出现向上的较大转点,说明后期地基固结度增加,地基强度增长,地基趋于稳定。从图中看出,整个填土过程中,各断面 $\sum\Delta u$—$\sum\Delta P$ 曲线在加载前期均出现了转点。现分析各断面第一转点对应的物理意义。在图 2-5a)中,第一次转点位置发生在第四级填土荷载处(对应的填土高度为 3.286m),也就是说,在填土至 3.286m 时,$\sum\Delta u$—$\sum\Delta P$ 曲线还基本上是直线,待再填下一级荷载(对应填土高度为 3.799m)时,$\sum\Delta u$—$\sum\Delta P$ 曲线出现向上弯折,斜率变大,根据前面土体的弹塑性理论分析可知,在填土高度由 3.286m 加至 3.799m 时,土体的性质发生了变化,即进入了塑性变形阶段。因此 K11 +045 断面土体由弹性向塑性阶段转化对应的填土高度可取为 3.543m(两者的平均值),此填土高度与理论计算的极限填土高度相近,分析 K11 +166 断面 $\sum\Delta u$—$\sum\Delta P$ 曲线(图 2-5c))的第一转点可得到同样的结论。现对 K11 +196 断面 $\sum\Delta u$—$\sum\Delta P$ 曲线的第一转点进行分析。在图 2-5e)中,曲线在填土高度由 2.325m 加至 2.897m 时出现了第一个转点,但曲线斜率不是增大而是减小,此后几级加载,曲线保持近似直线关系,这主要是由于加载过程中,要准确测到孔压变化的最大值是相当困难的,结合侧向位移速率曲线可知,侧向位移速率曲线也在填土高度由 2.325m 加至 2.897m 时出现了第一个向上转点,即侧向位移速率变大,因此当填土由 2.325m 加至 2.897m 期间某个时刻,土体实际上已经进入塑性阶段,并发生硬化现象,即土体产生固结,只是在观测过程中没有测到最大孔压,导致曲线斜率不是变大而是变小,因此 K11 +196 断面土体由弹性向塑性阶段转化应发生在填土高度为 2.325m 和 2.897m 之间,其对应的填土高度可取为 2.61m(两者的平均值),此填土高度也与理论计算的极限填土高度相近。因此第一转点与其后加载点对应的填土高度的平均值可视为极限填土高度。从图 2-5 可看出,各断面在最后一两级加载时,曲线均出现了向上的转点,这主要是由于加载过快,土体来不及排水固结,形成快速不排水剪切状态,使土体面临失稳,后采取停载或卸载措施,曲线斜率变小,地基趋于稳定。以上分析说明,在极限填土高度内,$\sum\Delta u$—$\sum\Delta P$ 曲线呈直线,地基土体处于弹性阶段,此时可快速加载,超过极限填土高度后,$\sum\Delta u$—$\sum\Delta P$ 曲线出现向上拐点,地基土体处于塑性变形阶段,此时应放慢加载速度,待其达到所需固结度后方可继续加载;当加载过程中,$\sum\Delta u$—$\sum\Delta P$ 曲线出现向上转点即曲线斜率变大时,地基可能面临失稳,应采取停载或卸载措施。因此,可根据 $\sum\Delta u$—$\sum\Delta P$ 曲线的斜率变化判断地基是否稳定,以指导填土速率。

从表2-6～表2-8可看出，单级孔压系数 B 均较大，很多均超过加载控制标准1，但土体并未失稳。这主要是因为本试验段采用吹填法施工，在吹填过程中砂含有大量的水作用，加上动力设备的作用，实际荷载增量比计算值要大。从图2-5可知，曲线出现拐点时，其对应的单级孔压系数 B 均超过1.2，因此在采用吹填法施工时，其计算单级孔压系数B控制标准为不大于1.2。

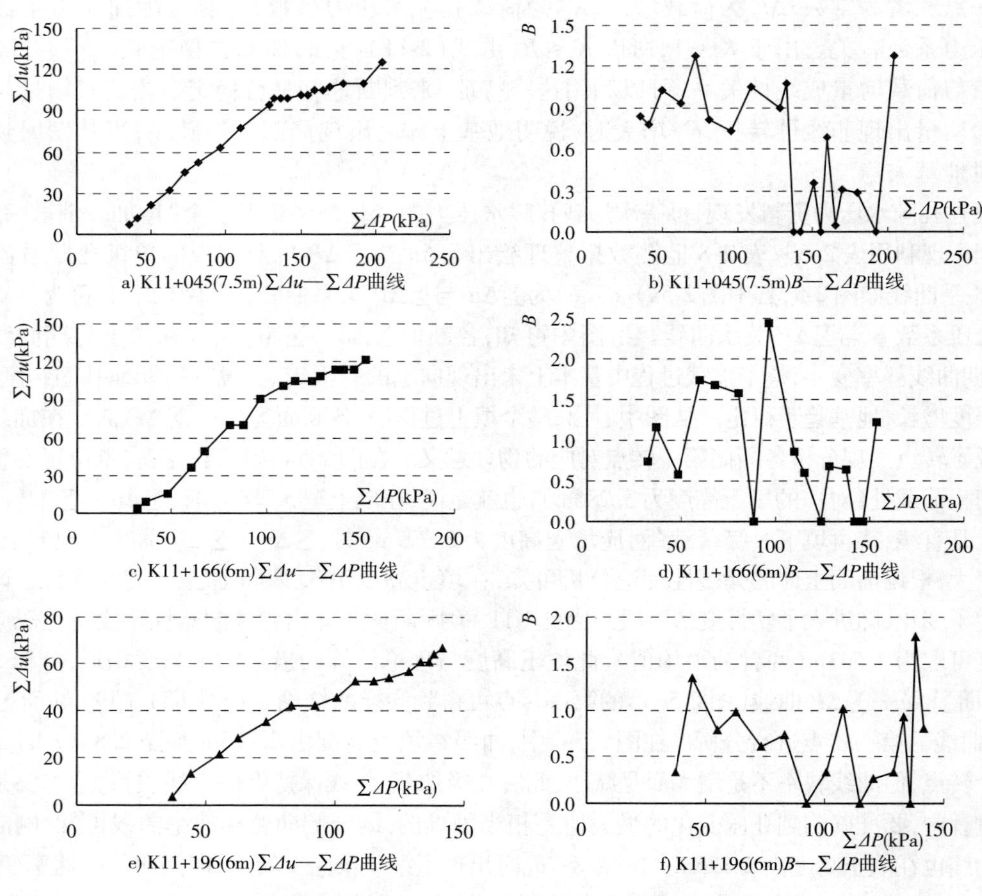

图2-5　各监控断面 $\sum\Delta u$—$\sum\Delta P$ 及相应的 B—$\sum\Delta P$ 曲线图

现在从另一个角度来分析图2-5。从图中可以发现，曲线大致可以分为几个直线段，在填土初期，直线斜率较大，在填土后期，直线段斜率较小，说明后期填土较前期填土安全。同时可以发现，在填土前期，曲线点横向坐标间距较大，说明每次加载高度较大，而填土后期，曲线点横向坐标间距较小，说明每次加载高度较小。现在以图2-5a）为例来分析其加载间歇时间。在填土高度由0填至3.286m（接近极限填土高度）时，历时102d，平均每天填土32.2mm，其中每次加载高度为40～60cm；在填土高度由3.286m填至6.97m时，历时191d，平均每天填土19.3mm，其中每次加载高度为50～70cm；在填土高度由6.97m填至9.433m时，历时62d，平均每天填土39.7mm，与极限填土高度前填土速率接近，其中每次加载高度为20～30cm。以上数据表明，当采用薄层轮加法加载时，每层荷载越薄，地基固结越快，加载速率可以越快，同时地基也比较稳定（曲线斜率较小），与前面利用地基强度增长指导加载的薄层轮加法理论分析相当一致，说明采用薄层轮加法指导填土施工无论从理论上还是实践上均是可行的。

2.3.2　沉降

表面沉降是最基本、最重要的观测要素之一，它是地基变形和固结的直观反映，因此，利用它可以判断地基是否稳定。规范把沉降速率 10mm 作为软土路基填土速率的控制标准，只是一个经验指标，在实际施工过程中发现，加载期间沉降速率往往大于该指标，甚至达到 20mm/d，然而地基并未失稳，因此利用沉降速率来控制填土速率必须对沉降作进一步分析。

在每一级加载时，地基土体在前几级填土荷载作用下固结沉降并未完成，因此本级填土时的日沉降量中包含了前几级填土荷载作用下的日固结沉降量和本级填土所产生的不排水剪切变形量。要判断地基是否处于稳定状态，就要知道这种剪切变形的大小，因此必须从日沉降量中扣除前几级填土荷载作用下的日固结沉降量。要准确地确定日固结沉降量比较困难，同时日沉降量中还包含了不确定的测量误差，采用这种方法整理后所得到的日沉降量随机性较强，规律性较差。为便于分析，现将日固结沉降量时间序列进行一次或多次累加，以消除或减弱其中的随机因素，使其所蕴含的确定信息得到加强。

现利用表 2-6 ~ 表 2-8 监测数据整理绘出最大沉降速率与填土高度的曲线图。图 2-6a）是未处理的最大沉降速率 V—累计填土高度 $\sum \Delta h$ 散点图，没有明显规律。图 2-6b）是将上述曲线经过一次累加处理后得到的 $\sum V$—$\sum \Delta h$ 曲线图，规律性明显加强。由图 2-6b）~ d）可见，地基在稳定状态下，$\sum V$—$\sum \Delta h$ 曲线呈线性关系。如果填土速率过快，土体剪切变形增大，由其产生的沉降量显著增大，本级荷载速率明显增大，曲线出现向上拐点，即曲线斜率增大，说明路基可能面临失稳，此时应加强侧向位移和孔压的观测，必要时应采取停载、卸载等措施，与前面 $\sum \Delta u$—$\sum \Delta P$ 曲线分析是一致的。从图 2-6 可看出，曲线拐点位置与图 2-5 是一致的，这说明两者的规律是相同的。

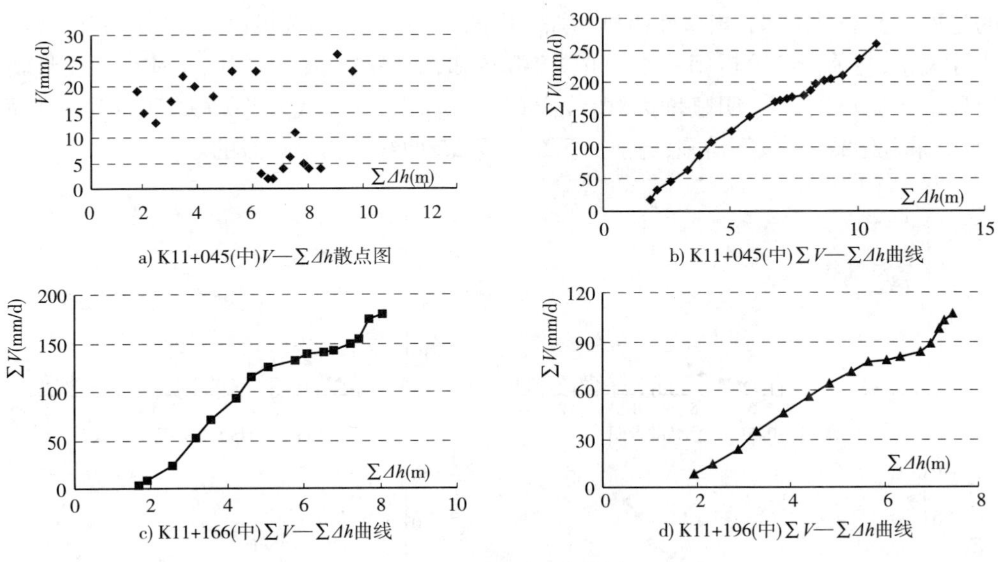

图 2-6　$\sum V$—$\sum \Delta h$ 曲线图

从表 2-6 ~ 表 2-8 可看出，K11 + 045 和 K11 + 166 断面 $\sum V$—$\sum \Delta h$ 曲线出现向上拐点时，对应的沉降速率均超过 20mm/d（最大的达到 29mm/d），沉降速率在 20mm/d 以下时，曲线未出现向上拐点。但 K11 + 196 断面整个加载过程中沉降速率均较小，均在 12mm/d 以内。需要说明的是，沉降速率过快，并不能说明地基立即失稳，要观测侧向位移的变化，看沉降是否主要由本级荷载下不排水剪切变形量引起，如侧向位移或侧向位移速率增加过快，则说明地基将面临失稳。否则，沉降过快只能说明是由前几级填土荷载作用下的固结沉降或本级荷载下地基承载力不足引起，前者导致地基强度增加，地基趋于稳定；后者导致土体由弹性阶段进入塑性变形阶段，促使地基固结。因此，用表面沉降速率作为控制加载速率的标准时，沉降速率应不大于 20mm/d，但这仅是一个参考标准，主要应以水平侧向位移控制为准。

2.3.3　侧向位移

1）侧向位移与荷载的关系

侧向位移反映了不同深度地基土体的侧向变形情况，它和表面沉降一样是判断地基是否处于稳定状态的重要指标。侧向位移量和位移速率与荷载大小、地基土体性质有极其密切的相关性。对于一定的软土地基，荷载越大，地基土体的剪切变形越大，侧向位移量和位移速率也越大，停止加载，侧向位移量和位移速率显著减小，并逐渐趋于稳定。最大侧向位移量的发生位置与地基土体性质有直接的关系，一般而言位于地表以下软土层的中部。

地基侧向位移是由土体的剪切变形引起的，附加应力越大，剪切变形量也越大，当应力增加到一定程度时，剪切变形突然增大，土体破坏，此时地基侧向位移量突然增大，地基失稳，荷载大小与侧向位移量不再保持原有关系。利用这一特征就可以判断地基是否稳定。为便于分析，将累计填土高度与相应的侧向位移速率作为一个时间序列，采用累加的办法消除或减弱不确定的随机因素，使其中确定的趋势得以加强。

现利用表 2-6 ~ 表 2-8 监测数据整理绘出侧向位移速率、侧向挤出量、侧向位移（只取一个深度 7m，软土中部）与荷载的关系曲线，如图 2-7、图 2-8 所示。图 2-7a）是未处理的最大侧向位移速率 V_c ~ 累计填土高度 $\sum \Delta h$ 散点图，没有明显规律；图 2-7b）是将上述曲线经过一次累加处理后得到的 $\sum V_c$—$\sum \Delta h$ 曲线图，规律性明显加强。由图 2-7b）~ d）曲线可以看出，在路基加载过程中二者线性关系，与前面的分析相一致。由图 2-8 可知，如果填土速率过快，土体剪切变形增大，侧向挤出量 V_h、侧向位移 $\delta_{7.0}$ 明显增大，曲线出现向上拐点，即曲线斜率增大，说明路基将面临失稳，此时应采取停载、卸载等措施，与前面 $\sum \Delta u$—$\sum \Delta P$ 曲线分析是一致的。

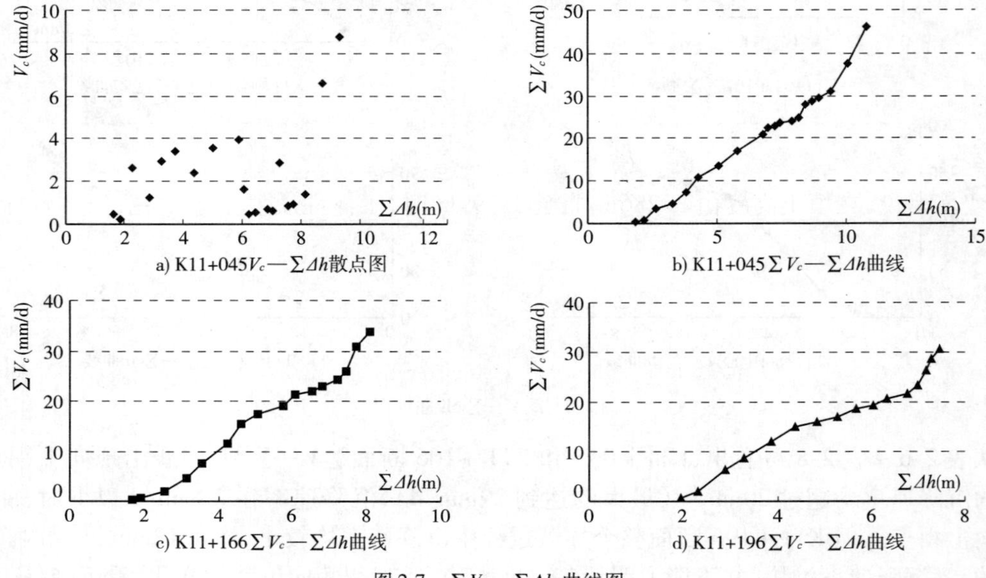

图 2-7　$\sum V_c$—$\sum \Delta h$ 曲线图

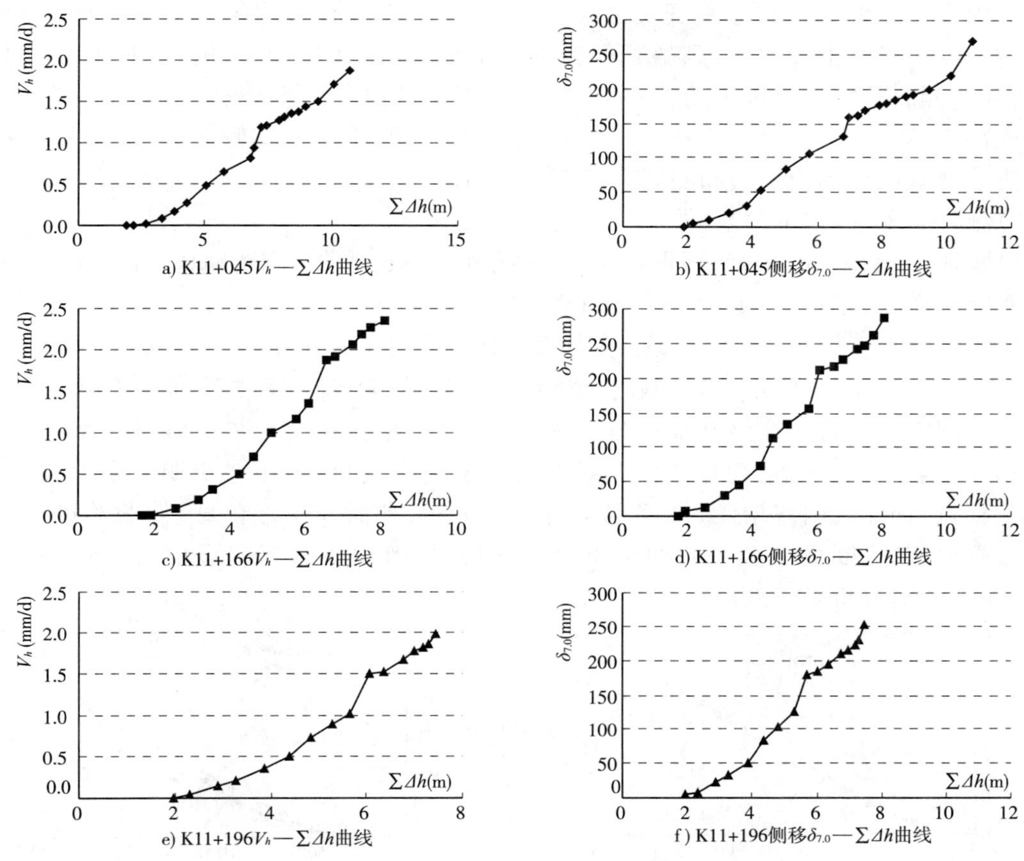

图 2-8　V_h、侧移 $\delta_{7.0}$—$\sum\Delta h$ 曲线图

地基失稳主要是由于侧向位移引起,如没有侧向位移或侧向位移较小,地基是不可能失稳的。地基在天然状态下的极限填土高度是天然地基土体滑动破坏时的最大填土高度,实际上就是根据地基稳定极限承载力求得的。在极限填土高度内,土体处于弹性变形阶段,曲线呈直线,当填土高度超过极限填土高度后,土体将由弹性进入塑性变形阶段,侧向位移速率、侧向挤出量、侧向位移明显增加,曲线斜率变大,出现向上拐点。因此根据曲线第一个向上拐点,可以近似确定地基极限填土高度,如在图 2-7b)、图 2-8a)中,均在填土高度为 3.286m 时出现向上拐点,也就是说,在填土高度由 3.286m 加至 3.799m 时,土体性质发生了变化,由弹性阶段进入塑性变形阶段,因此可以近似确定 K11 +045 断面的极限填土高度为 3.543m。同理,可确定 K11 +166 和 K11 +196 断面的极限填土高度分别为 2.854m 和 2.61m,与前面 $\sum\Delta u$—$\sum\Delta P$ 曲线分析结果一致。

从图 2-7 可看出,各断面曲线在最后两级填土时均出现向上拐点,曲线斜率变大,侧向位移速率增长偏快,这主要是因为赶工期填土过快所致,几乎没有间歇期,侧向位移速率最高达到 8.75mm/d。从表 2-6 ~ 表 2-8 可看出,当侧向位移速率接近 3mm/d 时,侧向位移速率曲线开始出现向上拐点,因此侧向位移速率控制标准为不超过 3mm/d。但应当注意,该标准仅反映相对控制标准,因为实测侧向位移速率往往不能反映真实的侧向位移速率,只有当测斜管的剪切变形模量与软土的变形模量一致且不发生刚体位移(即底部完全固定)时,实测位移才是真实位移。事实上,软土存在不均匀性,而测斜管的模量却是均匀的。当软土较软时,测斜管的变形模量大于软土的变形模量,这时当土发生水平位移时,测斜管仅发生很小的位移甚至不动(即土从测斜管旁绕过去)。另一方面,测斜管底部也不可能不产生水平位移。因此实测侧向位移将比真实侧向位移小,其误差程度取决于两者的变形模量差和测斜管底部土质情况。

2)侧向位移与沉降的关系

根据前面的分析(图2-4),可根据侧向位移和沉降的关系曲线判断地基是否稳定,当侧向位移增量超过沉降增量时,地基将面临失稳。

现利用表2-6~表2-8监测数据整理绘出累计侧向位移速率与累计沉降速率关系曲线,如图2-9a)、c)、e)所示,累计侧向位移 $\delta_{7.0}$ 与累计沉降 $S_{中}$ 关系曲线如图2-9b)、d)、f)所示。从图中可以看出在路基加载过程中,累计侧向位移速率与累计沉降速率、累计侧向位移 $\delta_{7.0}$ 与累计沉降 $S_{中}$ 均呈线性关系。若填土速率过快,土体剪切变形增大,曲线出现向上拐点,即曲线斜率增大,说明路基将面临失稳,此时应采取停载、卸载等措施。从图中可看出,各个断面在填土后期填土速率偏快,导致曲线斜率明显增大,地基面临失稳,这与前面的分析是一致的。

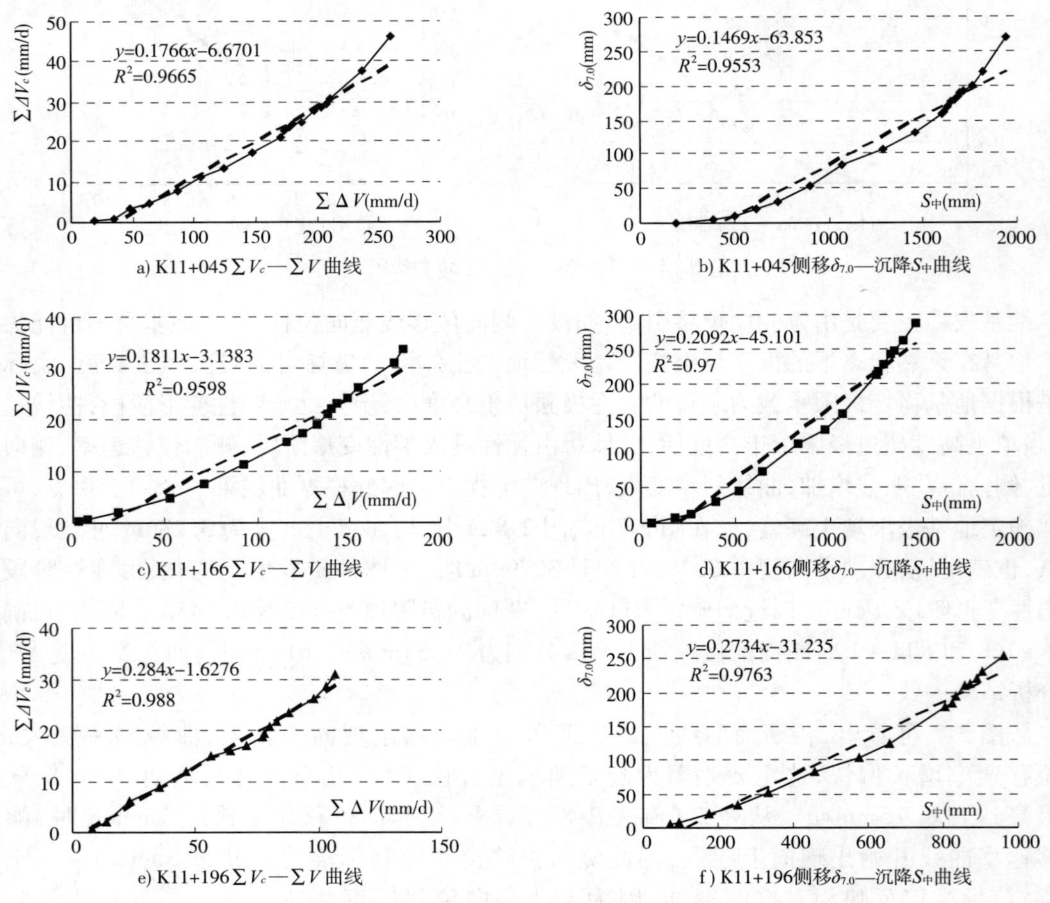

图2-9 $\sum V_c$—$\sum V$、侧移 $\delta_{7.0}$—沉降 $S_{中}$ 曲线图

从整个加载过程来看,曲线实际上全过程基本上处于如图 2-4 所示的 E 线上。从图中可看出,整个过程均没有出现明显的曲线斜率变小的情况,同时曲线稍微有点向上偏,按照图 2-4 的分析,地基土体在整个过程实际上处于临界状态,与前面的 $\sum \Delta u$—$\sum \Delta P$ 曲线分析似乎有点矛盾。可能原因有两方面:一方面是因为在加载过程中,单级孔压系数大于 1,导致孔压过量增大,这时土体应力不是增大而是减小,当孔压消散时,土体应力并不能同步在原加载前的基础上增加,而是需要先抵消加载过程中产生的土体应力减小部分,因此土体有效应力增加较孔压消散滞后;另一方面 $\sum \Delta u$—$\sum \Delta P$ 曲线分析结果是根据太沙基固结理论得来的,认为孔隙水压力一消散,土体有效应力立即增加,土体随即固结,从图 2-9 却发现,孔隙水压力消散,总应力转化为有效应力,土体在有效应力作用下开始固结(主要是水平固结),但相应的固结并不是立即完成,其侧向位移并不是立即减小,也就是说,孔隙水压力消散并不意味着相应的土体固结立即完成,土体固结可能存在一个时间滞后的问题,因此,当孔隙水压力消散后,其侧向位移仍可能快速增长。

从图 2-9 可看出,在加载间歇期较为合理的情况下,沉降速率与位移速率基本成线性关系,因此,可以根据侧向位移速率稳定判定标准推算沉降速率稳定判定标准。本工程中位移—荷载关系曲线拐点对应的侧向位移速率为 3mm/d,则由上述图 2-9 中拟合关系式可以得到 54. 76mm/d、33. 89 mm/d、16. 29 mm/d。因此,沉降速率稳定标准约为 16 ~ 34mm/d,与根据沉降速率—荷载关系曲线拐点法确定的结果接近。

3)侧向位移与时间的关系

软土地基的桥梁,有可能由于后台填土的纵向推动,致使桥台基础发生较大的位移甚至破坏桥台基础。不少软基上的高速公路桥台在施工期、通车后均发生或多或少的水平推移,为此有必要研究侧向位移发展规律及其预测模型。

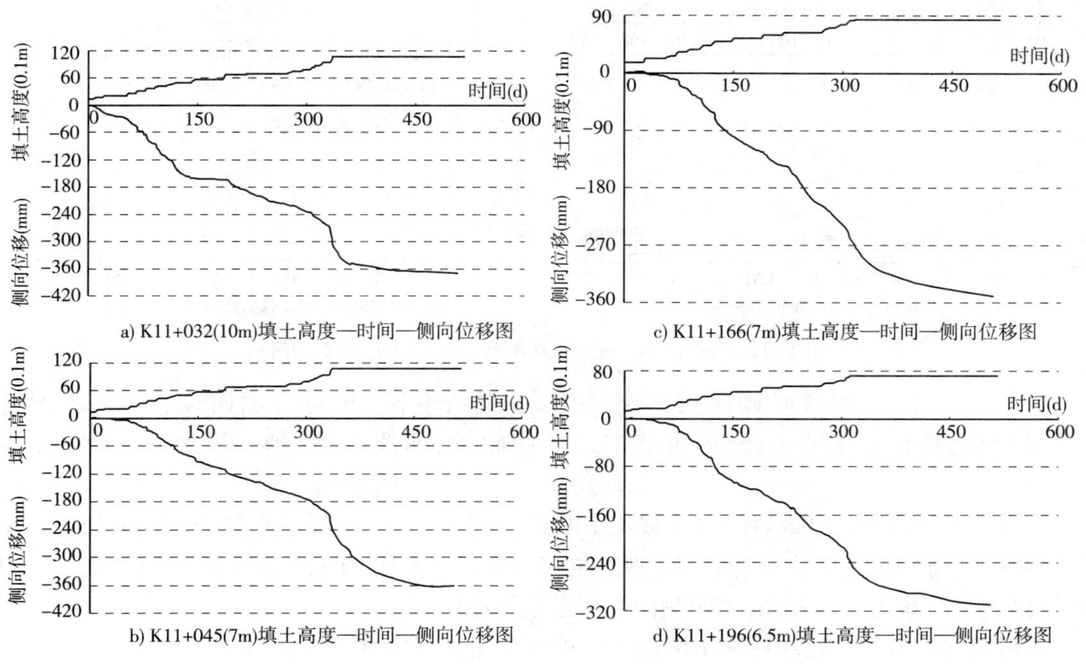

图 2-10　各断面填土高度—时间—侧向位移(最大处)图

利用实测侧向位移及其速率资料整理绘制各断面填土高度—时间—侧向位移曲线，如图2-10所示，各断面侧向位移速率（最大侧移处）—时间曲线，如图2-11所示，各断面停载后侧向位移速率—时间曲线，如图2-12所示。

从图中可看出，侧向位移及其速率随时间的变化规律与沉降基本相同。荷载越大，侧向位移越大；软土越厚，侧向位移越大。

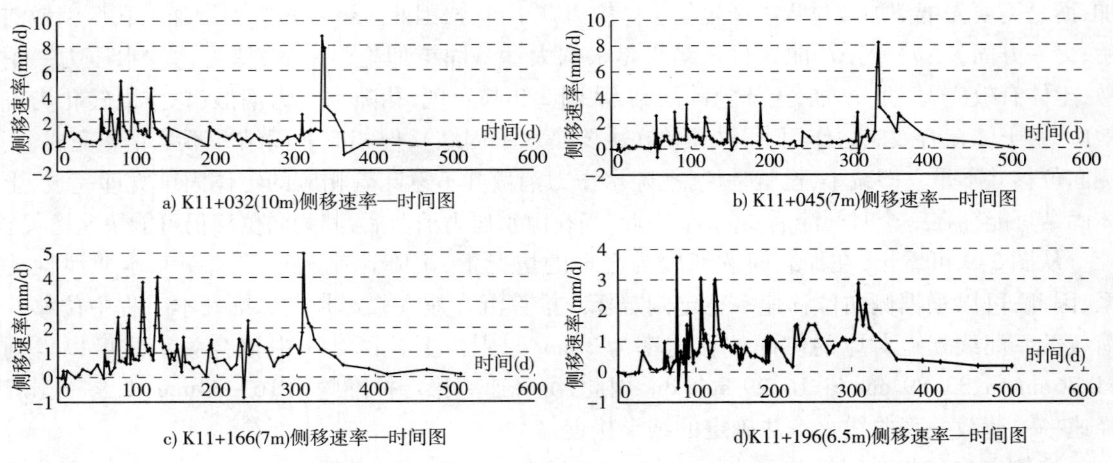

图2-11　各断面侧向位移速率（最大侧移处）—时间图

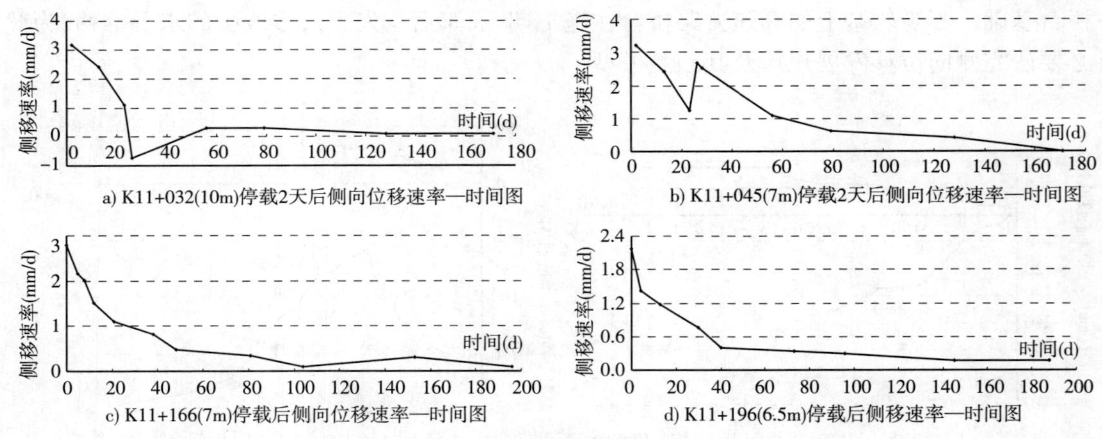

图2-12　各断面停载后侧向位移速率（最大侧移处）—时间图

与沉降一样，在加载时侧向位移突然增大，曲线变陡，相对应侧向位移速率突然增大，随后侧向位移速率减小，侧向位移曲线开始收敛，曲线变缓，每一级加载都存在这样一个过程。

从图2-12可看出，停载后侧向位移速率刚开始收敛较快（曲线下降趋势较陡），随后开始变慢，曲线逐渐变缓。截止统计日期（侧向位移：2003年5月30日），侧向位移速率已接近于零，位移曲线基本成水平直线，说明侧向位移已趋于稳定。

现根据实测资料（表2-9）采用两种方法进行预测模型研究。

第一种方法是借鉴沉降预测模型，采用双曲线法进行侧向位移推算，即假定

$$\delta_t = \delta_0 + \frac{t - t_0}{A + B(t - t_0)} \tag{2-12}$$

当 $t \to \infty$ 时,由式(2-12)可得最终侧向位移量:

$$\delta_\infty = \delta_0 + \frac{1}{B} \tag{2-13}$$

式中 δ_0 为任选一起始时刻将 t_0 对应的沉降量(恒载下),A、B 为待定常数。

为求取待定常数 A、B,将式(2-12)改写为:

$$\frac{\Delta t}{\Delta\delta} = \frac{t - t_0}{\delta_t - \delta_0} = A + B(t - t_0) = A + B \cdot \Delta t \tag{2-14}$$

从式(2-15)可知,它是一个$\frac{\Delta t}{\Delta\delta}$—$\Delta t$ 关系的直线方程,该直线可从 t_0 后实测侧向位移—时间曲线绘制出,A、B 即分别为该直线的截距和斜率。

根据表 2-9 绘制各断面 Δt/Δδ—Δt 直线,如图 2-13 所示,从图中可看出,各断面拟合方程相关系数均在 0.99 以上,说明用双曲线方程对侧向位移—时间曲线进行拟合是可行的。根据图 2-13 即可求出各断面最终侧向位移量,计算结果见表 2-10。

各断面侧向位移推算原始数据　　表 2-9

K11 +032(10.0m)					K11 +045(7.0m)				
日期	Δt(d)	$\Delta t/\Delta\delta$	$\Delta\delta$(mm)	累计位移(mm)	日期	Δt(d)	$\Delta t/\Delta\delta$	$\Delta\delta$(mm)	累计位移(mm)
2002-1-8				0	2002-1-8				0
2002-12-10	0	0	0	301.78	2002-12-10	0	0	0	235.90
2002-12-11	1	0.1287	7.77	309.55	2002-12-11	1	0.2062	4.85	240.75
2002-12-12	2	0.18265	10.95	312.73	2002-12-12	2	0.2478	8.07	243.97
2002-12-23	13	0.34722	37.44	339.22	2002-12-23	13	0.3751	34.66	270.56
2003-1-2	23	0.4756	48.36	350.14	2003-1-2	23	0.4868	47.25	283.15
2003-1-5	26	0.56326	46.16	347.94	2003-1-5	26	0.4702	55.30	291.20
2003-2-4	56	1.02922	54.41	356.19	2003-1-7	28	0.4641	60.33	296.23
2003-2-27	79	1.29043	61.22	363.00	2003-2-4	56	0.6142	91.17	327.07
2003-4-17	128	1.98142	64.60	366.38	2003-2-27	79	0.7488	105.50	341.40
2003-5-30	171	2.50733	68.20	369.98	2003-4-17	128	1.0242	124.97	360.87
					2003-5-30	171	1.3661	125.17	361.07
双曲线公式	$y = 0.014x + 0.1709$　$R^2 = 0.9975$				双曲线公式	$y = 0.006x + 0.3035$　$R^2 = 0.9912$			
对数拟合式	$y = 12.306\ln(x) + 6.0049$　$R^2 = 0.9907$				对数拟合式	$y = 39.145\ln(x) - 69.574$　$R^2 = 0.9836$			

续上表

K11 + 166(7.0m)					K11 + 196(6.5m)				
日期	Δt(d)	Δt/Δδ	Δδ(mm)	累计位移（mm）	日期	Δt(d)	Δt/Δδ	Δδ(mm)	累计位移（mm）
2002-1-8				0	2002-1-8				0
2002-11-15	0	0	0	264.10	2002-11-23	0	0	0	244.68
2002-11-20	5	0.46211	10.82	274.92	2002-11-27	4	0.7005	5.71	250.39
2002-11-23	8	0.4745	16.86	280.96	2002-12-6	13	0.7975	16.30	260.98
2002-11-27	12	0.5231	22.94	287.04	2002-12-23	30	1.0208	29.39	274.07
2002-12-6	21	0.63966	32.83	296.93	2003-1-2	40	1.1972	33.41	278.09
2002-12-23	38	0.81633	46.55	310.65	2003-2-4	73	1.6438	44.41	289.09
2003-1-2	48	0.93549	51.31	315.41	2003-2-27	96	1.8831	50.98	295.66
2003-2-4	81	1.29849	62.38	326.48	2003-4-17	145	2.4353	59.54	304.22
2003-2-27	104	1.6124	64.50	328.60	2003-5-30	188	2.8288	66.46	311.14
2003-4-17	153	1.93328	79.14	343.24					
2003-5-30	196	2.34506	83.58	347.68					
双曲线公式	$y = 0.0101x + 0.4346$　$R^2 = 0.9928$				双曲线公式	$y = 0.0118x + 0.6951$　$R^2 = 0.9941$			
对数拟合式	$y = 20.128\ln(x) - 25.519$　$R^2 = 0.9896$				对数拟合式	$y = 18.697\ln(x) - 33.794$　$R^2 = 0.9905$			

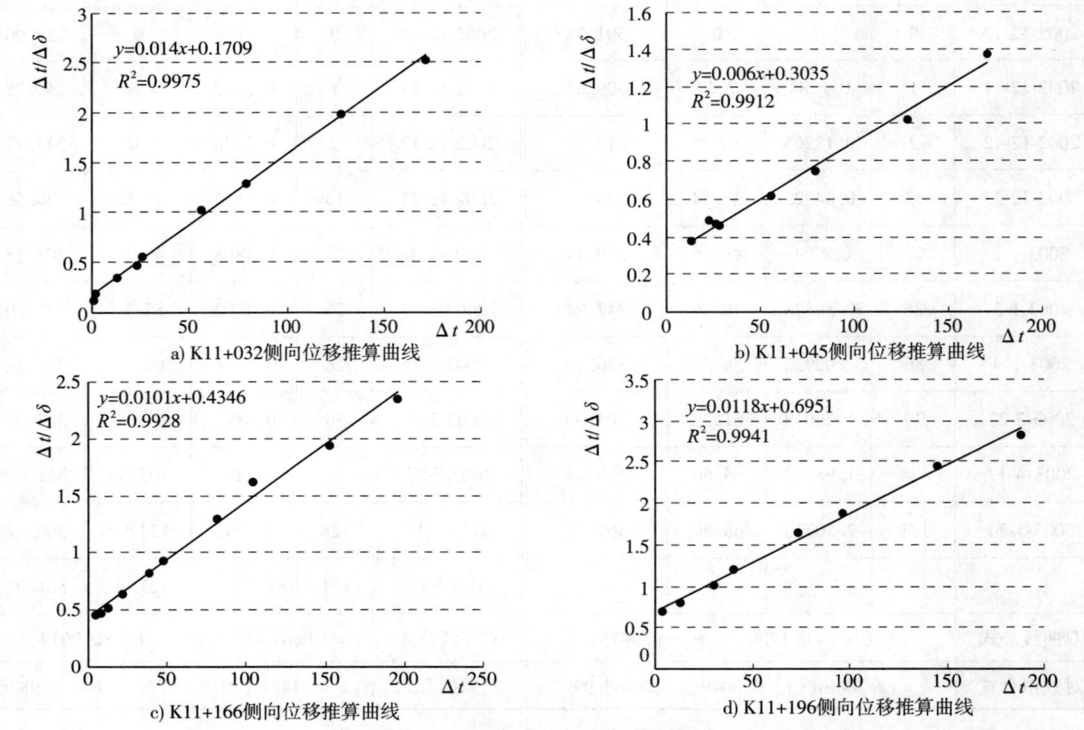

a) K11+032侧向位移推算曲线　b) K11+045侧向位移推算曲线

c) K11+166侧向位移推算曲线　d) K11+196侧向位移推算曲线

图 2-13　各断面侧向位移推算曲线图

各断面最终侧向位移量推算　　表 2-10

断面号	t_0(d)	δ_0(mm)	A	B	δ_∞(mm)	δ_t(mm)	$\delta_\infty-\delta_t$(mm)
K11 +032(10m)	2002 年 12 月 10 日	301.78	0.1709	0.014	373.21	369.98	3.22857
K11 +045(7.0m)	2002 年 12 月 10 日	235.9	0.3035	0.006	402.57	361.07	41.4967
K11 +166(7.0m)	2002 年 11 月 15 日	264.1	0.4346	0.0101	363.11	347.68	15.4299
K11 +196(6.5m)	2002 年 11 月 23 日	244.68	0.6951	0.0118	329.43	311.14	18.2858

第二种方法是根据表 2-9，将时间作为横坐标，并将停载后的某个时刻作为起点，侧向位移作为纵坐标，采用对数曲线进行拟合，如图 2-14 所示。从图中可看出，采用对数曲线拟合相关程度也较高(均在 0.98 以上)。

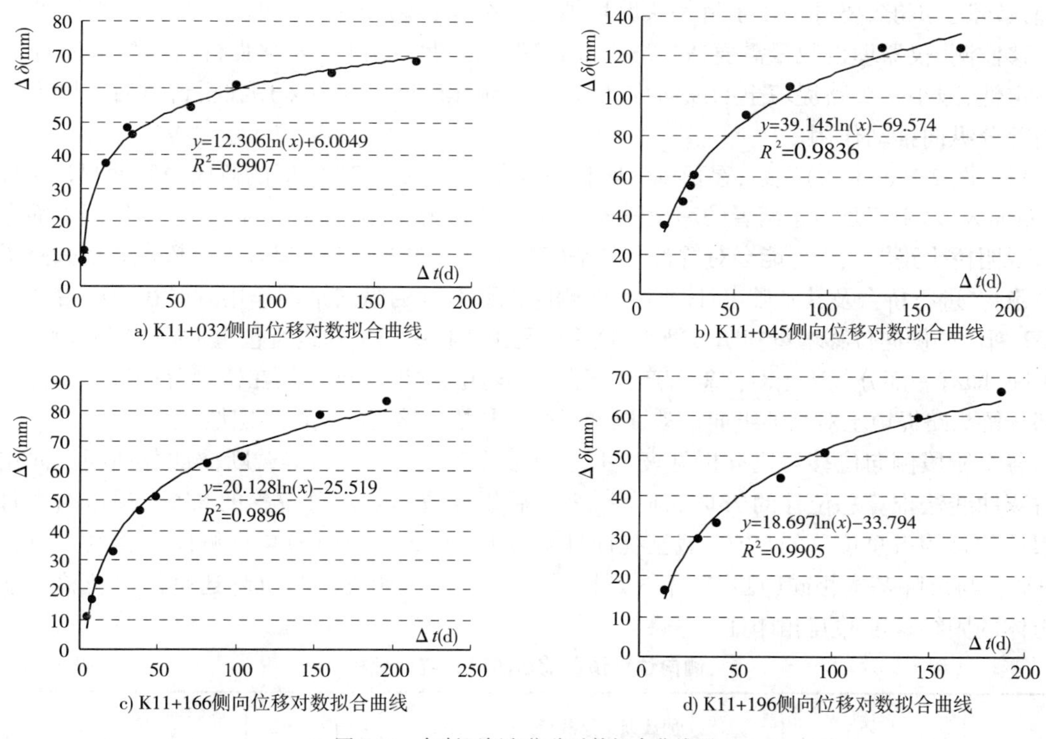

图 2-14　各断面侧向位移对数拟合曲线图

为了对比分析两种拟合方法的异同，现分别利用双曲线拟合方程和对数曲线拟合方程推算预压期为 1 年、5 年和 10 年后的侧向位移，对比数据见表 2-11，表中 $\delta_{双}$ 表示用双曲线法推算的侧向位移增量(从恒载时刻起算，下同)，$\delta_{对}$ 表示用对数曲线推算的侧向位移增量。从表 2-11 中可看出，在预压期较短(1 年内)时，两者相差不大；当预压期较长时，两者随时间的延长差距越来越大，对数曲线拟合推算位移随时间的推移明显大于双曲线推算位移。这是因为对数曲线是增量函数并且不收敛，因此，当时间趋于无穷大时，其推算侧向位移也将趋于无穷大，这与实际情况是不符的；双曲线函数虽也是增量函数，但其收敛，当时间增大时，其位移增量越来越小，当时间趋于无穷大时，其推算侧向位移将趋于一个固定值，即趋于稳定，这与实际情况是相符合的。因此对数曲线只可推算短期的侧向位移，当需推算长期的侧向位移时应采用双曲线法进行推算。下面就以双曲线法推算的位移作进一步分析。

双曲线和对数曲线推算侧向位移对比分析 表 2-11

断面号	预压 1 年位移增量			预压 5 年位移增量			预压 10 年位移增量		
	$\delta_{双}$	$\delta_{对}$	$\delta_{对}/\delta_{双}$	$\delta_{双}$	$\delta_{对}$	$\delta_{对}/\delta_{双}$	$\delta_{双}$	$\delta_{对}$	$\delta_{对}/\delta_{双}$
K11 +032(10m)	69. 12	78. 61	1. 14	70. 95	98. 41	1. 387	71. 19	106. 9	1. 502
K11 +045(7. 0m)	146. 38	161. 4	1. 1	162. 17	224. 4	1. 384	164. 39	251. 5	1. 53
K11 +166(7. 0m)	88. 57	93. 23	1. 05	96. 73	125. 6	1. 299	97. 86	139. 6	1. 426
K11 +196(6. 5m)	72. 97	76. 52	1. 05	82. 10	106. 6	1. 299	83. 40	119. 6	1. 434

从表 2-10 可看出，K11 +045 断面剩余侧向位移较大，这主要是由于超载的原因。但 K11 +032 断面剩余侧向位移却很小，只有几毫米，再一次说明包边土对测斜管产生了较大的阻挡作用（类似于反压护道）。这可说明两方面的问题：一方面，桥头路堤测斜仪器埋设位置不尽合理，数量也不够，要进一步了解桥头路堤填土的纵向推动作用，应加强桥头路堤坡脚处的侧向位移监测，仪器埋设数量需要适当增加并合理布置；另一方面，要增强桥台与桥头路堤的整体稳定性，减小桥头路堤填土的纵向推动，除增加预压时间外还可采用在桥台背后填压土体以抵消部分纵向推动作用。

对比图 2-10a）和 b）发现，在预压前期和加载期间，K11 +032 断面的侧向位移明显比 K11 +045 断面大，这主要是由于两者的埋设位置不同（前者在路堤端，后者在路堤侧，见仪器平面布置图），说明桥头路堤填土可能会对桥台及其基础产生较大的纵向推动以致引起桥台和桥头路堤整体失稳，在进行桥台及其基础设计时应考虑侧向位移对其的纵向推动作用。但在预压后期，K11 +032 断面的侧向位移增量却明显减小，这主要是由于桥头路堤在进行包边土施工时将测斜管埋在中间，即有一部分包边土对测斜管产生了阻挡作用。这说明可采用在桥台背后填压土体以抵消部分桥头路堤填土对其的纵向推动，以增强桥台与桥头路堤的整体稳定性。

各个阶段侧向位移对比分析见表 2-12。从表 2-12 中可看出，等载断面加载期间侧向位移约占双曲线法推算总位移的 73%，预压一个月后累计位移约占总位移的 83%，预压两个月后的累计位移约占总位移的 87%，截至统计日期（2003 年 5 月 30 日）累计侧向位移约占总位移的 95%，与沉降基本相同（见本篇第 3 章固结度分析），说明无论是沉降还是侧向位移均能反映土体的固结程度并互相印证。

侧向位移预压前后的对比统计分析 表 2-12

断面号	加载期间累计位移（mm）	停载后发生位移（mm）	双曲线推算总位移（mm）	加载期间位移占总位移比例（%）	停载后发生位移占总位移比例（%）	预压一个月的累计位移（mm）	预压一个月的累计位移占总位移的比例（%）	预压二个月的累计位移（mm）	预压二个月的累计位移占总位移的比例（%）	截至统计日期累计位移（mm）	截至统计日期累计位移占总位移比例（%）
K11 +032	301. 78	71. 43	373. 21	80. 86	19. 14	347. 94	93. 23	356. 19	95. 44	369. 98	99. 13
K11 +045	235. 90	166. 67	402. 57	58. 60	41. 40	296. 23	73. 59	327. 07	81. 25	361. 07	89. 69
K11 +166	264. 10	99. 01	363. 11	72. 73	27. 27	303. 79	83. 66	320. 95	88. 39	347. 68	95. 75
K11 +196	244. 68	84. 75	329. 43	74. 27	25. 73	274. 07	83. 20	283. 59	86. 09	311. 14	94. 45

4）侧向位移测试技术探讨

（1）测管刚度对测试结果的影响

为了分析侧向位移沿地基深度的变化规律，现根据实测侧向位移数据绘制侧向位移—深度曲线(图 2-15,每一条曲线代表一个时刻沿深度的累计侧向位移)。

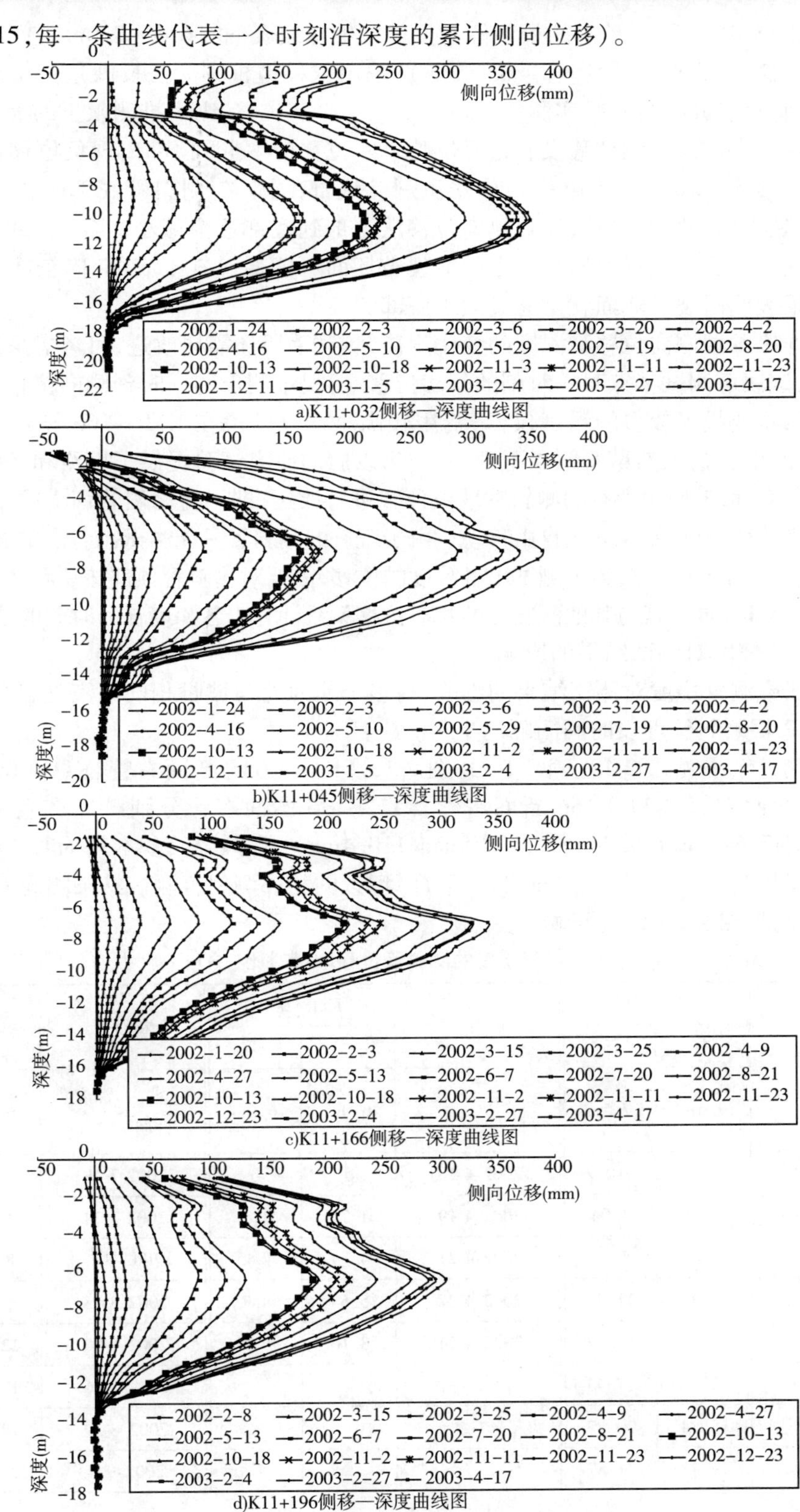

图 2-15　各断面侧向位移—深度曲线

从图 2-15 中可看出，地基的最大侧向位移发生在地表下的 6.5 ~ 7.0m 之间(软土的中部，K11 + 032 因填土的原因，后将管接长了 2m)，采用位移边桩则无法反映这一结果。该观测结果可反映两方面的问题：一是实测侧向位移反映了真实位移，则可推测软土的滑裂破坏面通过软土中部；另一方面，实测位移没有很好反映真实位移(测斜管顶部出现负位移说明测斜管很可能发生了整体位移即刚体位移)，由于测斜管底部的固定，测斜管底部的位移受到严重约束，不能反映土体的真实位移，导致侧向位移从中部到底部逐渐减小，实际上最大侧向位移很可能发生在软土底部，也就是说，软土的滑裂破坏面可能通过软土底部，广东部分高速公路理论计算结果表明滑裂破坏面就是通过软土底部。

为了准确掌握侧向位移沿深度的变化规律，测试手段还需要改进，可考虑采用地下浮球的测试手法，该法可测试某点某一时刻的真实位移，但很难测出同一时刻侧向位移沿深度的变化规律，否则，将要投入较多的测试仪器，费用较高。本试验段在 K11 + 166 设置线牵橡胶球的侧向位移测试装置，虽然试验结果不理想，但为以后的研究试验提供了思路和经验。

另一方面，可考虑对现有的测斜管埋设位置进行改进，即不将测斜管埋入硬塑层，而直接埋至软土底部，使测斜管能随软土自由移动。由于现有的测斜管只能测试出各点的相对位移，不能测试出其本身的刚体位移，为了测试出各深度的位移，需要对测斜管顶部按位移边桩的测试方法测试其绝对位移，再由其与其他深度点的相对位移关系计算出各深度任一时刻的绝对位移。

(2)测管挠度对测试结果的影响

为了研究测管挠度对测试结果的影响，在多个断面处与坡脚相同距离处，每个断面埋设 2 根测斜管，2 根测斜管埋设时间间隔约半年。

对比测试结果见表 2-13、表 2-14 和图 2-16。K11 + 045 断面右管、K11 + 060 断面右管、K11 + 100 断面右管、K11 + 166 断面右管、K11 + 196 断面右管分别已经产生最大位移量为 114.29mm、47.64mm、135.76mm、132.75mm、110.4mm。测斜管长基本均为长 17.5m 左右，但其位移增量均与半年后(K11 + 060 为 1 个月)埋设的相邻测斜管测试结果相同。因此，测管挠度对位移测试结果基本没有影响。

不同挠度的测斜管位移增量对比(一) 表 2-13

断面号	K11 + 045		断面号	K11 + 060		断面号	K11 + 100	
	右	右$_1$		右	右$_1$		右	右$_1$
深度 / 日期	7.5m	7.5m	深度 / 日期	6.0m	6.0m	深度 / 日期	6.0m	6.0m
2002-7-19	0.00	0	2002-4-18	0	0	2002-7-18	0	0
2002-7-24	3.18	4.04	2002-4-19	1.71	1.5	2002-7-24	1.95	3.05
2002-7-27	5.10	5.96	2002-4-21	4.74	4.45	2002-8-5	8.78	10.34
2002-8-5	9.10	11.46	2002-4-22	5.64	4.7	2002-8-13	9.74	10.27
2002-8-13	12.93	14.54	2002-4-24	8.16	7.85	2002-8-20	12.83	14.6
2002-8-20	15.38	17.43				2002-8-26	17.61	19.71
2002-8-26	18.84	20.87				2002-8-29	17.43	21.14
2002-8-29	19.47	21.87				2002-9-4	22.31	25.73

续上表

断面号	K11 +045		断面号	K11 +060		断面号	K11 +100	
	右	右$_1$		右	右$_1$		右	右$_1$
深度／日期	7. 5m	7. 5m	深度／日期	6. 0m	6. 0m	深度／日期	6. 0m	6. 0m
2002-9-4	21. 15	25. 66				2002-9-13	34. 33	38. 58
2002-9-14	30. 49	32. 8				2002-9-18	40. 79	45. 1
2002-9-19	33. 19	36. 02				2002-9-27	51. 58	55. 79
2002-9-27	37. 05	42. 78				2002-10-6	57. 52	62. 61
2002-10-6	41. 06	44. 64				2002-10-13	62. 11	67. 61
2002-10-25	49. 69	54. 06				2002-10-18	66. 43	71. 58
2002-11-13	63. 70	67. 24				2002-10-24	72. 8	78. 1
2002-11-23	73. 08	154. 54				2002-11-2	84. 45	90. 01
2003-1-2	162. 78	161. 97				2002-11-8	88. 91	95. 47
2003-2-4	208. 67	207. 65				2002-11-13	103. 15	109. 62
2003-2-27	223. 09	221. 93				2002-11-15	110. 45	117. 81
2003-4-17	242. 32	237. 74				2002-11-20	122. 38	128. 33
2003-5-30	248. 53	248. 64				2002-11-23	127. 98	134. 96
2003-6-27	251. 63	252. 35				2002-11-27	134	141. 71
2003-7-26	255. 14	258. 62				2002-12-6	145. 22	153. 45
						2002-12-23	163. 79	176. 67
						2003-1-2	170. 53	177. 8
备注	1. K11 +045 断面右管,长 18. 5m,初测时间为 2002 年 1 月 8 日,至 2002 年 7 月 19 日最大位移量为 114. 29mm; 2. K11 +060 断面右管,长 16. 5m,初测时间为 2002 年 3 月 25 日,至 2002 年 4 月 18 日最大位移量为 47. 64mm; 3. K11 +100 断面右管,长 17. 5m,初测时间为 2002 年 1 月 18 日,至 2002 年 7 月 18 日最大位移量为 135. 76mm							

不同挠度的测斜管位移增量对比(二)　　表 2-14

断面号	K11 +166		断面号	K11 +196	
	右	右$_2$		右	右$_1$
深度／日期	7. 5m	7. 5m	深度／日期	6. 5m	6. 5m
2002-7-18	0	0	2002-7-18	0	0
2002-7-20	3. 01	0	2002-7-20	2. 29	2. 93

续上表

断面号	K11 +166		断面号	K11 +196	
	右	右$_2$		右	右$_1$
深度 日期	7.5m	7.5m	深度 日期	6.5m	6.5m
2002-7-21	4.09	2.74	2002-7-25	7.1	8.41
2002-7-23	5.72	3.67	2002-8-6	15.92	17.52
2002-7-25	7.04	5.49	2002-8-14	18.65	22.12
2002-8-6	15.71	6.37	2002-8-24	24.21	28.5
2002-8-14	18.49	15.2	2002-8-27	28.81	33.13
2002-8-21	22.14	18.14	2002-8-30	31.4	33.71
2002-8-24	26.89	21.39	2002-9-4	36.88	37.95
2002-8-27	30.58	26.47	2002-9-18	58.34	63.16
2002-8-30	28.44	30.65	2002-9-27	68.06	73.33
2002-9-4	39.6	31.19	2002-10-7	73.94	77.94
2002-9-13	51.99	39.04	2002-10-18	83.17	87.03
2002-9-18	58.4	52.19	2002-10-24	89.57	92.23
2002-9-27	68.86	56.54	2002-11-8	104.9	107.58
2002-10-7	73.73	66.19	2002-11-20	127.78	131.72
2002-10-24	88.09	85.36	2002-11-27	139.99	142.96
2002-11-13	118.91	114.17	2002-12-6	150.58	152.71
2002-12-23	173.78	167.84	2002-12-23	163.67	164.41
2003-1-2	179.17	172.45	2003-1-2	167.69	170.09
2003-2-4	191.07	185.5	2003-2-4	178.69	180.05
2003-2-27	193.43	190.55	2003-2-27	185.26	187.58
2003-4-17	207.77	200.28	2003-4-17	193.82	194.5
2003-5-30	215.76	218.86	2003-5-30	200.74	198.77
2003-6-27	219.13	214.44	2003-6-27	204.04	202.47
2003-7-26	222.46	217.52	2003-7-26	206.31	205.41
备注	1. K11 +166 断面右管,长 17.5m,初测时间为 2002 年 1 月 8 日,至 2002 年 7 月 18 日最大位移量为 132.75mm; 2. K11 +196 断面右管,长 17.5m,初测时间为 2002 年 1 月 8 日,至 2002 年 7 月 18 日最大位移量为 110.4mm				

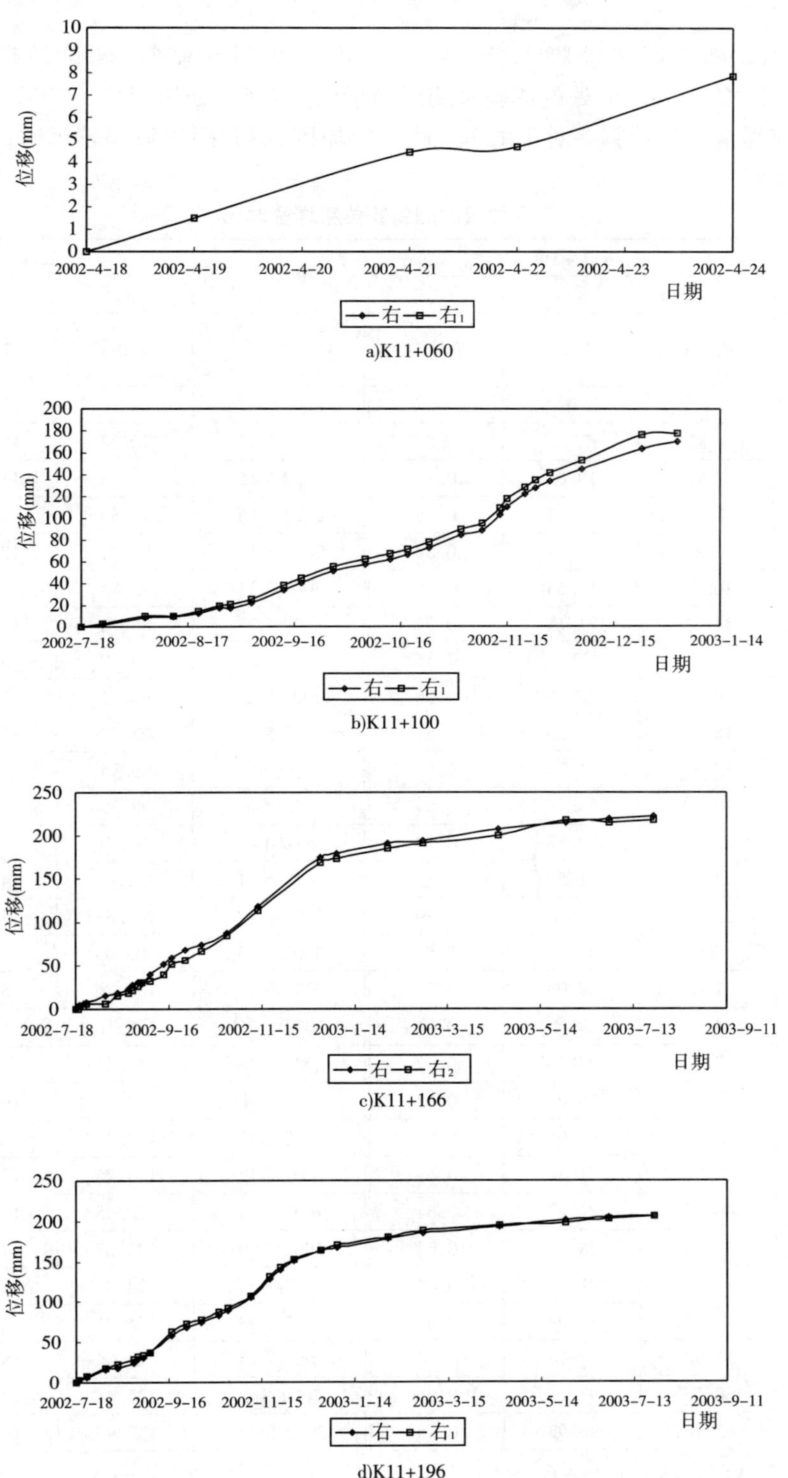

图 2-16　同一断面处埋设时间不同的 2 根测斜管测试结果

(3)测管位置对测试结果的影响

在K11+166断面距离坡脚1.5m、4.5m处分别埋设测斜管,测试结果见表2-15和图2-17。可见,距离坡脚4.5m处的测斜管测试结果仅为1.5m处的65%~70%。因此,稳定监测时,测斜管应尽量靠近坡脚。对于由于包边土等原因,测管距离坡脚较远时,稳定判定标准应相应改变。

不同位置的测斜管位移增量对比　　表2-15

断面号	K11+166			断面号	K11+166		
	右	右$_1$			右	右$_1$	
深度 日期	7.0m	7.0m	右/右$_1$	深度 日期	7.0m	7.0m	右/右$_1$
2002-3-23	0	0		2002-5-12	66.31	102.23	0.65
2002-3-25	4.82	7.73	0.62	2002-5-13	70.37	107.35	0.66
2002-3-26	5.52	10.03	0.55	2002-5-15	75.38	113.32	0.67
2002-3-29	7.51	13.67	0.55	2002-5-16	76.83	116	0.66
2002-4-2	9.97	18.58	0.54	2002-5-18	80.22	120.32	0.67
2002-4-3	10.75	19.53	0.55	2002-5-21	83.85	125.71	0.67
2002-4-4	11.31	21.11	0.54	2002-5-23	86.32	128.67	0.67
2002-4-5	12.64	22.8	0.55	2002-5-26	89.19	132.94	0.67
2002-4-6	14.65	26.3	0.56	2002-5-28	90.31	134.99	0.67
2002-4-7	16.84	29.36	0.57	2002-5-31	93.17	138.47	0.67
2002-4-8	19.35	31.79	0.61	2002-6-3	95.24	141.42	0.67
2002-4-9	19.89	33.76	0.59	2002-6-6	98.39	144.84	0.68
2002-4-11	22.14	37.28	0.59	2002-6-7	99.7	145.2	0.69
2002-4-14	24.35	41.53	0.59	2002-6-11	101.41	149.88	0.68
2002-4-16	25.80	44.1	0.59	2002-6-13	101.83	150.68	0.68
2002-4-19	27.91	47.16	0.59	2002-6-15	105.04	152.78	0.69
2002-4-21	29.68	49.93	0.59	2002-6-17	106.26	154.55	0.69
2002-4-23	34.13	56.4	0.61	2002-6-22	109.16	158.98	0.69
2002-4-24	37.36	60.7	0.62	2002-6-28	111.42	162.5	0.69
2002-4-25	41.19	66.02	0.62	2002-7-4	113.96	166.31	0.69
2002-4-26	43.63	68.96	0.63	2002-7-13	114.37	170.9	0.67
2002-4-27	45.26	71.36	0.63	2002-7-17	118.75	172.94	0.69
2002-4-28	46.57	72.64	0.64	2002-7-18	120.05	174.15	0.69
2002-5-1	49.75	78.26	0.64	2002-7-20	123.07	178.26	0.69
2002-5-3	52.08	81.91	0.64	2002-7-21	124.25	178.69	0.70
2002-5-5	53.92	83.99	0.64	2002-7-23	125.81	181.58	0.69
2002-5-8	55.98	87.74	0.64	2002-7-25	127.05	183.06	0.69
2002-5-10	60.13	93.23	0.64	2002-8-6	135.48	193.98	0.70
2002-5-11	62.74	96.92	0.65	2002-8-14	137.97	199.58	0.69
备注	K11+166断面右管长17.5m,初测时间为2002年1月8日,至2002年3月23日最大位移量为18.69mm						

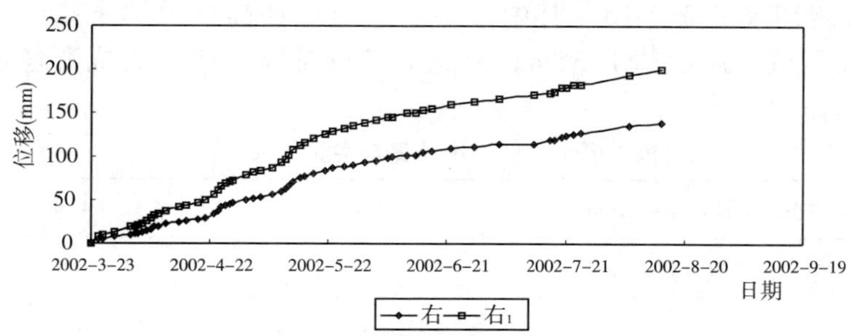

图 2-17　同一断面处埋设时间不同的 2 根测斜管测试结果(K11 +166 右)

2.3.4　土工织物的加筋作用

为了测试土工织物对地基土的加筋作用,探讨其作用机理,本试验段按表 1-5 方案铺设土工布。在土建工程中,土工织物以其优良的性能、低廉的价格、便利的使用条件而被广泛用于地基加固、路堤、海堤防护等方面的处理,尤其在整治软弱地基土、提高地基土承载力、减小地基不均匀沉降、约束地基土体侧向变形等方面有良好的效果。经过多年的研究和工程实践,人们对土工织物与土的作用机理已有了初步的认识,并且在其他方面也进行了深入的探讨,为它在工程中的广泛应用打好了良好的基础。实践证明它不仅能充分发挥路基土的强度,而且可以利用自身的承拉能力提高路基土的稳定性,有着很好的使用价值。

1)土工织物加筋作用原理

(1) 提高地基承载力。在路堤荷载作用下,土工布与地基土的摩擦力作用使土体中的拉应力传递到筋体上,筋体承受拉力,而筋间土承受压力和剪应力,使加筋土中筋体和土体都能很好的发挥各自的潜能,从而形成了筋体与土体间的黏聚作用和嵌固作用,使土体得以极大的挤密,增强了土体的整体性和连续性,限制了土体的侧向变形,因此大大提高了地基土承载能力。

(2)提高地基稳定性。根据前面的理论计算分析可知,土工织物对路基稳定性的计算方法有两种,计算见式(2-7)、式(2-8),根据式(2-10),不管采用哪种方法,在采用圆弧滑动法计算时其最小安全系数均比没有土工织物时大,因此土工织物可提高地基稳定性。

(3)减少不均匀沉降。通常土工织物与砂垫层共同作为一层,这一层具有与路堤本身和软土地基不同的刚度,通过这一垫层将堤身荷载传到软土地基中去,它既是软土固结时的排水面,又是路堤的柔性筏基,因此可使地基变形均匀且路堤中心沉降量比不铺土工织物要小。

(4)减小沉降。其作用机理可由路基以下的土工织物的受力条件来分析,主要原因有两方面:一是土工织物界面以下土体附加应力的减小,即土工织物的拉应力作用使界面以下土体的竖向应力减小,从而使土体竖向压缩变形减小;二是由于预拉和差异沉降导致土工织物的拉伸变形,这一拉应力由界面剪应力来平衡,在该界面剪应力的作用下,使得路基沉降区域产生一定大小的隆起变形,这一隆起变形抵消了路基的部分沉降。

2)土工织物加筋作用实测分析

(1)对极限填土高度的影响

从理论计算可知,土工布可提高路基的抗滑稳定性,增加极限填土高度。根据前面的 $\sum\Delta u$—$\sum\Delta P$ 和 $\sum Vc$—$\sum\Delta h$ 曲线分析,可观测到断面 K11 +045(两层土工布)、K11 +166(一层土工布)、K11 +196(无土工布)的极限填土高度分别为 3.543m、2.854m 和

2.61m。实际观测结果见表2-16。其中单层土工布可提高极限填土高度约0.65m，两层土工布可提高极限填土高度约1.55m。因此土工布对提高地基的抗滑稳定性，加快路基填土速率有较大作用。

极限填土高度理论计算与实测结果对比 表2-16

断面号	天然状态理论计算结果 A(m)	实际观测结果 C(m)	$C-A$(m)	备 注
K11+045	2.0	3.543	1.543	两层土工布
K11+166	2.2	2.854	0.654	一层土工布
K11+196	2.60	2.61	0.01	无土工布

(2)对侧向位移、沉降及侧向挤出量的影响

由于各个断面的土质条件、软土厚度、加载高度等均不相同，因此分析土工布对侧向位移、沉降以及侧向挤出量绝对值的影响将不具备可比性。为了有效对比土工布对限制侧向位移、侧向挤出量以及沉降的影响，现利用表2-6～表2-8的监测数据，整理并绘制各个断面$\sum Vc$—$\sum V$比较曲线、累计侧向位移$\delta_{7.0}$—累计沉降$S_中$比较曲线、侧向挤出量V_h—累计沉降$S_中$比较曲线、$\delta 7.0/S$—S比较曲线，如图2-18所示。从图中可以看出，K11+045断面(两层土工布)所有曲线均在最下面，K11+196断面(无土工布)所有曲线均在最上面，而K11+166断面(一层土工布)所有曲线均在中间，说明土工布能有效地约束侧向位移和侧向挤出量，从而减小地基最终沉降量和增加地基的抗滑稳定性。

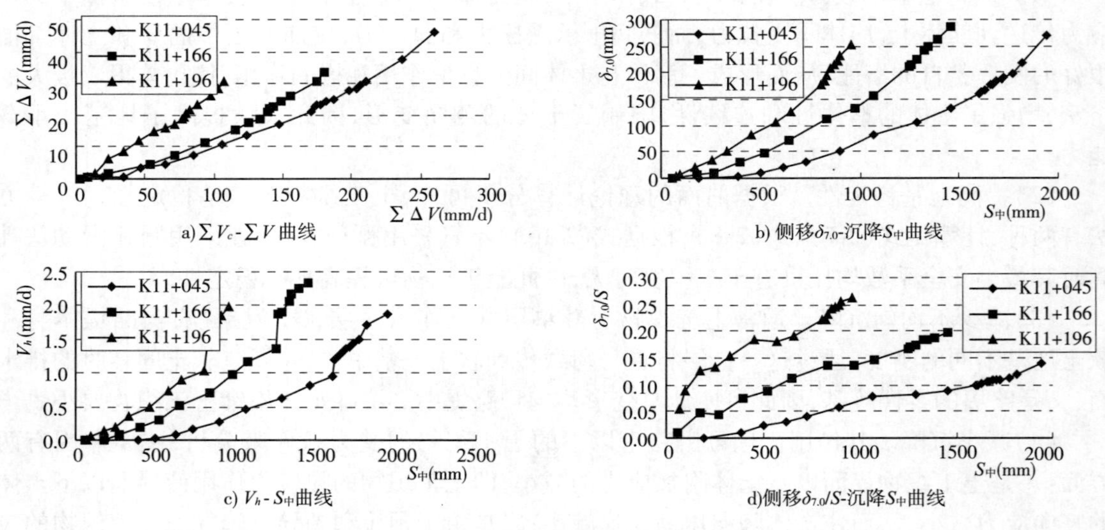

图2-18 土工织物对比曲线图

(3)土压力实测结果对比分析

土压力随荷载变化的观测数据见表2-17、表2-18，土压力随荷载变化的过程曲线如图2-19。从表2-17、表2-18、图2-19可知，铺设土工布的路段，路肩处的土压力大于路中线处，这种现象在铺设2层土工布的路段比铺设一层土工布的路段更明显。K11+116断面，路肩处土压力与路中线处土压力的比值随填土高度的增加而增加。这种现象可能有两种原因：一是土工布对土体应力具有协调调节作用；二是填砂路基中的拱效应。

K11 +045 断面土压力测试结果 表 2-17

观测日期	左盒累计填土厚度(m)	中盒累计填土厚度(m)	右盒累计填土厚度(m)	左盒累计荷载 P_{cl}(kPa)	中盒累计荷载 P_{cm}(kPa)	右盒累计荷载 P_{cr}(kPa)	左盒土压力 P_{ol}(kPa)	中盒土压力 P_{om}(kPa)	右盒土压力 P_{or}(kPa)	P_{ol}/P_{cl}	P_{om}/P_{cm}	P_{or}/P_{cr}	$(P_{ol}/P_{cl})/(P_{om}/P_{cm})$	$(P_{or}/P_{cr})/(P_{om}/P_{cm})$
2002-1-21	0.90	0.88	0.85	14.87	14.44	14.00	13.70		12.00	0.92		0.86		
2002-2-2	1.22	1.17	1.11	20.12	19.26	18.39	16.97		15.94	0.84		0.87		
2002-3-6	1.74	1.66	1.58	28.69	27.39	26.09	25.46		15.85	0.89		0.61		
2002-3-20	2.41	1.30	2.20	39.70	21.47	36.23	30.83	8.84	20.24	0.78	0.41	0.56	1.89	1.36
2002-3-31	2.95	1.81	2.68	48.60	29.93	44.26	38.80	9.27	25.08	0.80	0.31	0.57	2.58	1.83
2002-4-21	3.45	2.29	3.13	56.87	37.77	51.66	44.96	9.92	29.71	0.79	0.26	0.58	3.01	2.19
2002-5-12	4.23	3.05	3.86	69.85	50.31	63.77	55.67	18.71	38.84	0.80	0.37	0.61	2.14	1.64
2002-6-15	4.99	3.78	4.57	82.36	62.39	75.41	72.80	24.78	41.00	0.88	0.40	0.54	2.23	1.37
2002-7-16	6.03	4.80	5.56	99.53	79.12	91.71	104.22	41.68	49.52	1.05	0.53	0.54	1.99	1.02
2002-8-7	6.25	4.99	5.72	103.09	82.25	94.41	110.43	38.41	48.89	1.07	0.47	0.52	2.29	1.11
2002-10-17	6.53	5.24	5.95	124.10	99.60	113.10	111.94	41.92	被破坏	0.90	0.42		2.14	
2002-10-21	6.77	5.46	6.14	128.66	103.66	116.66	118.58	44.30		0.92	0.43		2.16	
2002-10-29	7.03	5.68	6.34	133.48	107.98	120.48	125.41	48.66		0.94	0.45		2.08	
2002-11-11	7.52	6.15	6.78	142.87	116.87	128.87	137.01	51.90		0.96	0.44		2.16	
2002-11-13	7.80	6.41	7.02	148.29	121.79	133.29	148.56	54.81		1.00	0.45		2.23	
2002-11-16	8.15	6.73	7.31	154.91	127.91	138.91	150.85	55.76		0.97	0.44		2.23	
2002-11-24	8.42	6.97	7.52	159.97	132.47	142.97	158.84	58.50		0.99	0.44		2.25	
2002-11-29	8.92	7.45	7.97	169.51	141.51	151.51	170.58	62.57		1.01	0.44		2.28	
2002-12-11	10.27	8.77	9.27	195.19	166.69	176.19	211.92	83.24		1.09	0.50		2.17	
平均值										0.93	0.42	0.62	2.24	1.50

K11 +116 断面土压力测试结果 表 2-18

观测日期	左盒累计填土厚度(m)	中盒累计填土厚度(m)	右盒累计填土厚度(m)	左盒累计荷载 P_{cl}(kPa)	中盒累计荷载 P_{cm}(kPa)	右盒累计荷载 P_{cr}(kPa)	左盒土压力 P_{ol}(kPa)	中盒土压力 P_{om}(kPa)	右盒土压力 P_{or}(kPa)	P_{ol}/P_{cl}	P_{om}/P_{cm}	P_{or}/P_{cr}	$(P_{ol}/P_{cl})/(P_{om}/P_{cm})$	$(P_{or}/P_{cr})/(P_{om}/P_{cm})$
2002-1-21	2.05	2.02	1.99	33.86	33.35	32.83	13.70	11.95	12.6	0.40	0.36	0.38	1.13	1.07
2002-2-2	2.38	2.32	2.25	39.26	38.23	37.20	17.90	14.96	14.4	0.46	0.39	0.39	1.17	0.99
2002-3-14	2.94	2.85	2.75	48.49	46.94	45.40	24.75	18.34	16.5	0.51	0.39	0.36	1.31	0.93
2002-4-1	3.53	3.41	3.28	58.25	56.18	54.12	30.58	21.64	20.4	0.53	0.39	0.38	1.36	0.98
2002-4-13	4.08	3.93	3.77	67.36	64.78	62.20	35.99	26.37	27.84	0.53	0.41	0.45	1.31	1.10
2002-4-27	4.76	4.57	4.38	78.52	75.42	72.33	44.56	32.15	37.37	0.57	0.43	0.52	1.33	1.21
2002-5-13	5.44	5.22	5.00	89.77	86.16	82.55	55.63	39.55	44.45	0.62	0.46	0.54	1.35	1.17

续上表

观测日期	左盒累计填土厚度(m)	中盒累计填土厚度(m)	右盒累计填土厚度(m)	左盒累计荷载 P_{cl}(kPa)	中盒累计荷载 P_{cm}(kPa)	右盒累计荷载 P_{cr}(kPa)	左盒土压力 P_{ol}(kPa)	中盒土压力 P_{om}(kPa)	右盒土压力 P_{or}(kPa)	P_{ol}/P_{cl}	P_{om}/P_{cm}	P_{or}/P_{cr}	$(P_{ol}/P_{cl})/(P_{om}/P_{cm})$	$(P_{or}/P_{cr})/(P_{om}/P_{cm})$
2002-7-22	6.21	5.96	5.71	102.40	98.27	94.15	73.62	42.71	47.47	0.72	0.43	0.50	1.65	1.16
2002-8-16	6.39	6.11	5.82	105.37	100.73	96.09	77.19	41.36	48.40	0.73	0.41	0.50	1.78	1.23
2002-10-12	6.86	6.55	6.23	130.29	124.36	118.42	90.65	43.91	59.23	0.70	0.35	0.50	1.97	1.42
2002-10-19	7.06	6.72	6.38	134.21	127.68	121.15	94.32	44.96	62.70	0.70	0.35	0.52	2.00	1.47
2002-10-29	7.32	6.95	6.57	139.10	131.97	124.85	100.97	49.75	67.07	0.73	0.38	0.54	1.93	1.43
2002-11-2	7.57	7.17	6.76	143.91	136.19	128.47	102.17	48.92	67.00	0.71	0.36	0.52	1.98	1.45
2002-11-12	7.82	7.38	6.95	148.61	140.30	131.98	114.05	55.10	76.80	0.77	0.39	0.58	1.95	1.48
2002-11-14	8.15	7.68	7.21	154.83	145.92	137.01	119.03	58.44	80.83	0.77	0.40	0.59	1.92	1.47
2002-11-22	8.49	7.99	7.49	161.29	151.79	142.29	121.24	58.36	83.32	0.75	0.38	0.59	1.96	1.52
平均值										0.64	0.39	0.49	1.63	1.25

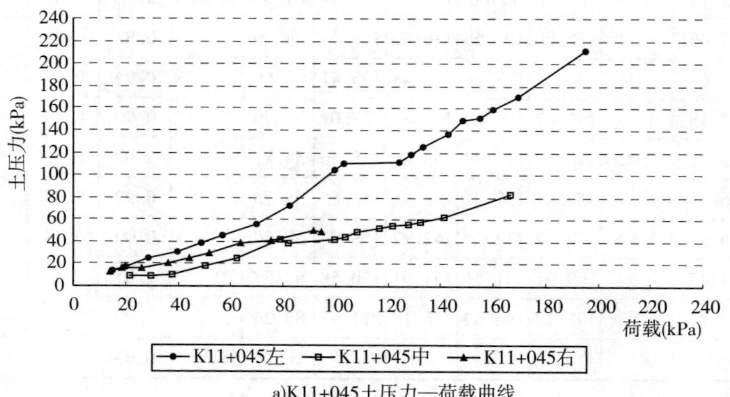

a)K11+045土压力—荷载曲线

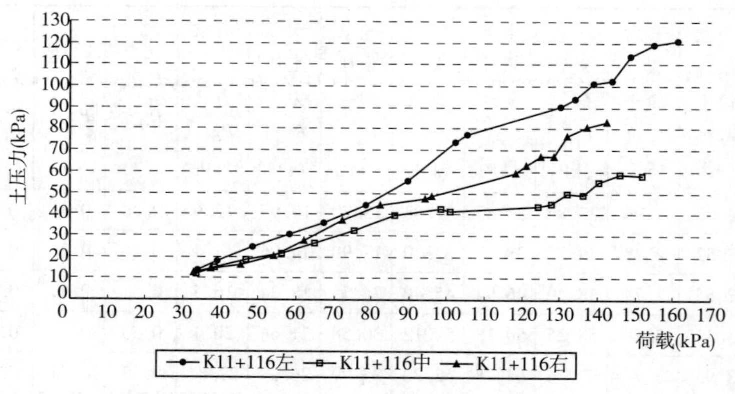

b)K11+116土压力—荷载曲线

图 2-19　土压力—荷载曲线

2.3.5　综合分析

现在对图2-5～图2-7进行综合对比,分析它们的内在联系。在图2-5b)(K11+045断面)中,在前4级荷载(对应填土高度为3.286m,见表2-5)曲线基本成直线,从第5级荷载(对应填土高度为3.799m)开始,曲线斜率略有增加,相对应沉降速率也略有增加(图2-6b),但侧向位移速率却有比较明显的增加(图2-7b),出现向上的拐点,说明土体开始出现局部剪切破坏,随后土体一部分继续发生剪切破坏,一部分开始硬化即固结,曲线保持一段直线后斜率逐渐变小,地基强度逐渐增加,路基趋于稳定。对其他断面的曲线分析可以得到同样的结论,说明$\sum\Delta u—\sum\Delta P$曲线、$\sum V—\sum\Delta h$曲线、$\sum V_c—\sum\Delta h$曲线具有较好的一致性,同时侧向位移速率对地基状态具有较大的敏感性,因此在地基监测过程中,主要应以侧向位移及其速率指标的监控为主,它是判断地基是否稳定的重要指标。

在绘制$\sum V—\sum\Delta h$和$\sum V_c—\sum\Delta h$曲线图时,应注意荷载级数的处理,因为本级填土的日沉降量或侧向位移中包含了前几级填土荷载作用下的日固结变形量和本级填土所产生的不排水剪切变形量(前者与本级填土无关,造成曲线斜率偏大)。当各级荷载大小且加载间歇时间均相近时,曲线基本上可消除前几级填土荷载作用下的日固结变形量影响,曲线斜率可以反映本级填土所产生的不排水剪切变形量变化方向。但如某级荷载很小时,则前几级填土荷载作用下的日固结变形量与本级填土所产生的不排水剪切变形量相比,前者的相对密度加重,导致曲线斜率变大,而实际上表面沉降和侧向位移速率可能并未增加,因此对荷载较小时可与上一级荷载合并为一级荷载处理,曲线斜率才有可比性。同样,卸载时应将卸载后的荷载作为上一级荷载,否则曲线会出现倒向现象。

2.3.6　结论

(1)通过$\sum\Delta u—\sum\Delta P$曲线斜率变化,可以定性判断路基是否稳定,当曲线未出现向上拐点,则地基稳定;当曲线出现向上拐点即斜率增大时,则意味着地基临近失稳,应进入报警,加强对地基的监测,特别是表面沉降和侧向位移速率的变化,必要时应采取停载或卸载措施。在采用吹填法施工时,其路堤稳定性控制标准为:加载期间,其单级孔压系数B控制在1.2以内。

(2)通过$\sum V—\sum\Delta h$和$\sum V_c—\sum\Delta h$曲线斜率变化,也可以定性判断路基是否稳定,当曲线未出现向上拐点,则地基稳定。当曲线出现向上拐点,则意味着地基可能临近失稳,应加强速率变化趋势的监测,特别是侧向位移速率的变化。如果速率持续增加,则地基面临失稳,应采取停载或卸载措施;如果速率在持续下降,则地基稳定。但沉降速率过快并不表示肯定失稳,关键要看此时侧向位移或侧向位移速率的变化,具体分析见前面。利用沉降速率和侧向位移速率控制路堤稳定时,其标准为:单日最大沉降速率控制在20mm/d以下,单日最大侧向位移速率控制在3mm/d以下。

(3)停载后侧向位移—时间曲线接近双曲线,可用双曲线法推算最终侧向位移量和剩余侧向位移量,可为评估侧向位移对临近建筑物的影响提供依据。

(4)理论计算和实测结果分析表明,土工布可有效提高地基土的极限承载力,减小侧向位移及其速率,对提高路基的抗滑稳定性,加快路基填土速率有较大作用。

第3章 固结与沉降分析

软土路基有两大技术问题：一是施工期稳定控制（见本篇第2章），二是工后沉降控制。工后沉降问题是影响建成后路面质量、行车速度、使用寿命的关键性问题。施工期和预压期内尽可能的完成土体固结沉降是解决这一问题的关键。工后沉降量的大小取决于目前土体的固结程度（固结度大小）和土体的最终沉降量的大小。为了了解目前土体的固结程度和土体的最终沉降量，需对孔隙水压力和沉降监测成果进行整理和分析。通过对监测成果的整理与分析，可研究土体固结沉降规律及其预测模型以及超载、等载对路基沉降的影响规律，可对比加固前后地基强度增长情况，评价加固效果。

3.1 孔隙水压力观测成果与分析

各断面孔隙水压力观测成果见表3-1～表3-5，各级荷载加载前孔压实测值及固结度计算见表3-6～表3-10。

孔隙水压力随时间变化的过程曲线如图3-1所示。从图中可看出，从一次加载到下一次加载孔隙水压力都经历了一个增长—消散—增长—消散的过程，说明附加总应力在不断向土体有效应力转化。孔压开始消散时消散速率较快，随时间的推移孔压的消散速率减慢，在后期孔压趋于稳定。孔隙水压力消散的速率与地基土体性质和排水距离有关。

从图3-1中可看出，整个试验段孔压消散均较快，其中浅层孔压消散普遍较快。主要是因为经过袋装砂井处理后，缩短了排水距离，加快了孔隙水压力消散速率。从图中可看出，部分断面个别深层孔压消散也较快，主要是因为地基土体性质：各断面中部基本上均有一层薄砂层，在K11+032左断面和右断面的软土底部有一层亚砂土，厚度分别为1.40m和4.10m（埋深11.50～15.60m）；在K11+045左断面软土底部有一层厚度为1.2m（埋深11.70～12.90m）的亚砂土；在K11+116中断面软土底部有厚度为2.40m（埋深10.20～12.60m）的粉砂层；在K11+166中断面顶部有一层厚度为1.70m的填砂，底部有一层厚度为0.7m（埋深10.50～11.20m）亚砂土；在K11+196右断面顶部有厚度为2.0m的填砂层，底部有厚度为0.60m（埋深12.50m～13.10m）的亚砂土。

根据表3-1～表3-5绘制各断面各深度$\sum\Delta u$—$\sum\Delta P$曲线如图3-2。从图中可看出，各深度孔压增量变化规律基本一致，在第2章对孔压增量的变化规律已作了详细的分析，这里不再作具体分析。从图中还可看出，浅层综合孔压系数（对原点的斜率）较小，深层综合孔压系数较大，说明浅层孔隙水压力消散比深层快。由于土质条件的影响，部分断面出现个别深层综合孔压系数也较小的情况。这与前面的分析结论是一致的。

从表3-6～表3-10可知，在加下一级荷载时，其固结度基本上都在70%以上，说明土体固结较快。根据表3-6～表3-10绘制固结度与时间的关系曲线如图3-3所示。

表 3-1

K11 +032 孔压观测成果

计算累计填土高度（m）	实际累计填土高度（m）	实际累计荷载（kPa）	Δu_4	$\sum\Delta u_4$	B	$B_{综}$	孔压消散值	消散度u(%)	Δu_6	$\sum\Delta u_6$	B	$B_{综}$	孔压消散值	消散度u(%)	Δu_9	$\sum\Delta u_9$	B	$B_{综}$	孔压消散值	消散度u(%)	Δu_{12}	$\sum\Delta u_{12}$	B	$B_{综}$	孔压消散值	消散度u(%)
1.651	1.695	32.21	5.20	5.20	0.94	0.16	-3.68	70.8	4.09	4.09	0.74	0.13	-2.47	60.4	0.07	0.07	0.01	0.00	-0.07	100.0	0.46	0.46	0.08	0.01	-0.46	100.0
1.850	1.910	36.29	2.71	7.91	0.66	0.22	-2.71	100.0	4.72	8.81	1.16	0.24	-4.72	100.0	5.94	6.01	1.45	0.17	-5.94	100.0	5.56	6.02	1.36	0.17	-5.56	100.0
2.370	2.549	48.43	12.00	19.91	0.99	0.41	-6.24	52.0	7.06	15.87	0.58	0.33	-4.88	69.1	13.61	19.62	1.12	0.41	-12.96	95.2	11.95	17.97	0.98	0.37	-5.99	50.1
2.891	3.159	60.02	12.23	32.14	1.06	0.54	-10.33	84.5	20.16	36.03	1.74	0.60	-15.73	78.0	18.05	37.67	1.56	0.63	-16.25	90.0	17.60	35.57	1.52	0.59	-10.69	60.7
3.176	3.574	67.91	6.94	39.08	0.88	0.58	-6.94	100.0	13.22	49.25	1.68	0.73	-13.26	100.3	12.64	50.31	1.60	0.74	-12.64	100.0	11.53	47.10	1.46	0.69	-10.09	87.5
3.722	4.242	80.60	8.68	47.76	0.68	0.59	-7.31	84.2	20.10	69.35	1.58	0.86	-17.45	86.8	20.32	70.63	1.60	0.88	-19.17	94.3	17.58	64.68	1.39	0.80	-13.66	77.7
3.988	4.634	88.05		47.76	0.00	0.54				69.35	0.00	0.79				70.63	0.00	0.80				64.68	0.00	0.73		
4.254	5.087	96.65	8.01	55.77	0.93	0.58	-6.95	86.8	21.00	90.35	2.44	0.93	-21.00	100.0	22.00	92.63	2.56	0.96	-22.00	100.0	18.65	83.33	2.17	0.86	-18.65	100.0
4.786	5.759	109.42	3.68	59.45	0.29	0.54	-2.67	72.6	10.88	101.23	0.85	0.93	-7.82	71.9	16.15	108.78	1.26	0.99	-11.32	70.1	12.82	96.15	1.00	0.88	-6.33	49.4
4.992	6.067	115.27	1.27	60.72	0.22	0.53	-0.88	69.3	3.56	104.79	0.61	0.91	-3.56	100.0	4.24	113.02	0.72	0.98	-4.24	100.0	3.07	99.22	0.52	0.86	-0.46	15.0
5.272	6.527	124.01		60.72	0.00	0.49				104.79	0.00	0.84				113.02	0.00	0.91				99.22	0.00	0.80		
5.526	6.786	128.93	0.69	61.41	0.14	0.48	-0.04	5.8	3.36	108.15	0.68	0.84	-3.28	97.6	2.79	115.81	0.57	0.90	-2.50	89.6	2.63	101.85	0.53	0.79	-2.50	95.1
5.935	7.226	137.29	0.82	62.23	0.10	0.45	-0.30	36.6	5.29	113.44	0.63	0.83	-2.53	47.8	7.26	123.07	0.87	0.90	-2.71	37.3	6.05	107.90	0.72	0.79	-3.02	49.9
6.130	7.461	141.76		62.23	0.00	0.44				113.44	0.00	0.80				123.07	0.00	0.87				107.90	0.00	0.76		
6.378	7.726	146.79		62.23	0.00	0.42				113.44	0.00	0.77				123.07	0.00	0.84				107.90	0.00	0.74		
6.671	8.062	153.18	1.42	63.65	0.22	0.42	-0.56	39.4	7.82	121.26	1.22	0.79	-7.82	100.0	9.89	132.96	1.55	0.87	-9.89	100.0	7.57	115.47	1.19	0.75	-7.57	100.0

注：$B=\Delta u/\Delta P$，$B_{综}=\sum\Delta u/\sum\Delta P$。

K11 +045 孔压观测成果

表 3-2

实际累计荷载(kPa)	$\Delta u_{2.5}$	$\Sigma\Delta u_{2.5}$	B	$B_{综}$	孔压消散值	消散度u(%)	$\Delta u_{4.5}$	$\Sigma\Delta u_{4.5}$	B	$B_{综}$	孔压消散值	消散度u(%)	$\Delta u_{5.5}$	$\Sigma\Delta u_{5.5}$	B	$B_{综}$	孔压消散值	消散度u(%)	$\Delta u_{7.5}$	$\Sigma\Delta u_{7.5}$	B	$B_{综}$	孔压消散值	消散度u(%)	Δu_{10}	$\Sigma\Delta u_{10}$	B	$B_{综}$	孔压消散值	消散度u(%)	$\Delta u_{12.5}$	$\Sigma\Delta u_{12.5}$	B	$B_{综}$	孔压消散值	消散度u(%)
35.34	5.8	5.80	0.67	0.16	-4.5	77.6	6.3	6.30	0.73	0.18	-4.9	77.8	6.6	6.60	0.76	0.19	-3.6	54.5	7.2	7.20	0.83	0.20	-2.8	38.9	3.6	3.60	0.42	0.10	-3.6	100.0	1.4	1.40	0.16	0.04	-1.4	100.0
40.89	3.7	9.50	0.67	0.23	-3.7	100.0	3.6	9.90	0.65	0.24	-3.6	100.0	4.2	10.80	0.76	0.26	-4.2	100.0	4.3	11.50	0.78	0.28	-4.3	100.0	3.2	6.80	0.58	0.17	-3.2	100.0	4.8	6.20	0.87	0.15	-4.8	100.0
50.26	6.5	16.00	0.69	0.32	-4.9	75.4	12.2	22.10	1.30	0.44	-3.0	24.6	9.2	20.00	0.98	0.40	-3.7	40.2	9.6	21.10	1.02	0.42	-3.7	38.5	10.0	16.80	1.07	0.33	-8.1	81.0	8.0	14.20	0.85	0.28	-5.5	68.8
62.43	9.5	25.50	0.78	0.41	-9.5	100.0	9.4	31.50	0.77	0.50	-7.9	84.0	11.5	31.50	0.94	0.50	-9.7	84.3	11.4	32.50	0.94	0.52	-8.9	78.1	10.9	27.70	0.89	0.44	-10.9	100.0	9.9	24.10	0.81	0.39	-9.3	93.9
72.18	8.6	34.10	0.88	0.47	-8.6	100.0	8.2	39.70	0.84	0.55	-8.1	98.8	12.9	44.40	1.32	0.62	-11.2	86.8	12.4	44.90	1.27	0.62	-10.2	82.3	13.5	41.20	1.39	0.57	-13.5	100.0	9.3	33.40	0.95	0.46	-9.3	100.0
81.21	6.4	40.50	0.71	0.50	-6.4	100.0	4.9	44.60	0.54	0.55	-4.0	81.6	8.9	53.30	0.99	0.66	-7.6	85.4	7.4	52.30	0.82	0.64	-5.2	70.3	10.4	51.60	1.15	0.64	-10.4	100.0	6.9	40.30	0.76	0.50	-6.9	100.0
95.65	5.7	46.20	0.39	0.48	-5.7	100.0	4.7	49.30	0.33	0.52	-4.4	93.6	12.4	65.70	0.86	0.69	-12.0	96.8	10.5	62.80	0.73	0.66	-9.6	91.4	12.3	63.90	0.85	0.67	-12.3	100.0	5.9	46.20	0.41	0.48	-5.9	100.0
109.55	8.9	55.10	0.64	0.50	-8.9	100.0	6.2	55.50	0.45	0.51	-5.6	90.3	18.3	84.00	1.32	0.77	-18.3	100.0	14.6	77.40	1.05	0.71	-13.9	95.2	18.7	82.60	1.34	0.75	-18.7	100.0	8.3	54.50	0.60	0.50	-8.3	100.0
128.82	9.3	64.40	0.48	0.50	-9.3	100.0	6.7	62.20	0.35	0.48	-5.7	85.1	21.6	105.60	1.12	0.82	-18.0	83.3	17.2	94.60	0.89	0.73	-13.6	79.1	22.9	105.50	1.19	0.82	-22.6	98.7	9.5	64.00	0.49	0.50	-8.7	91.6
132.43	1.9	66.30	0.53	0.50	-0.6	31.6	1.9	64.10	0.53	0.48	-1.9	100.0	5.8	111.40	1.61	0.84	-5.8	100.0	3.9	98.50	1.08	0.74	-3.9	100.0	6.1	111.60	1.69	0.84	-6.1	100.0	3.1	67.10	0.86	0.51	-3.1	100.0
137.31		66.30	0.00	0.48				64.10	0.00	0.47				111.40	0.00	0.81				98.50	0.00	0.72				111.60	0.00	0.81				67.10	0.00	0.49		
141.38		66.30	0.00	0.47				64.10	0.00	0.45				111.40	0.00	0.79				98.50	0.00	0.70				111.60	0.00	0.79				67.10	0.00	0.47		
150.23	1.2	67.50	0.14	0.45	-0.2	16.7	0.9	65.00	0.10	0.43	-0.6	66.7	2.9	114.30	0.33	0.76	-2.9	100.0	3.1	101.60	0.35	0.68	-1.7	54.8	4.7	116.30	0.53	0.77	-2.4	51.1	2.4	69.50	0.27	0.46	-2.2	91.7
154.58		67.50	0.00	0.44				65.00	0.00	0.42				114.30	0.00	0.74				101.60	0.00	0.66				116.30	0.00	0.75				69.50	0.00	0.45		
159.51	0.7	68.20	0.14	0.43	-0.2	28.6	0.5	65.50	0.10	0.41	-0.3	60.0	4.9	119.20	1.00	0.75	-0.7	14.3	3.4	105.00	0.69	0.66	-0.4	11.8	5.2	121.50	1.06	0.76	-0.8	15.4	2.4	71.90	0.49	0.45	-1.1	45.8
165.62	0.4	68.60	0.07	0.41	-0.1	25.0	0.8	66.30	0.13	0.40	-0.6	75.0	0.4	119.60	0.07	0.72	-0.4	100.0	0.3	105.30	0.05	0.64	-0.3	100.0	0.5	122.00	0.08	0.74	-0.5	100.0	0.4	72.30	0.07	0.44	-0.4	100.0
170.18	0.1	68.70	0.02	0.40	-0.1	100.0	0.5	66.80	0.11	0.39	-0.5	100.0	2.1	121.70	0.46	0.72	-1.1	52.4	1.4	106.70	0.31	0.63	-0.8	57.1	1.9	123.90	0.42	0.73	-0.8	42.1	0.4	72.70	0.09	0.43	-0.4	100.0
179.23	0.9	69.60	0.10	0.39	-0.8	88.9	1.2	68.00	0.13	0.38	-0.3	25.0	4.6	126.30	0.51	0.70	-1.7	37.0	2.6	109.30	0.29	0.61	-1.3	50.0	4.8	128.70	0.53	0.72	-3.4	70.8	0.8	73.50	0.09	0.41	-2.8	350.0
191.81		69.60	0.00	0.36				68.00	0.00	0.35				126.30	0.00	0.66				109.30	0.00	0.57				128.70	0.00	0.67				73.50	0.00	0.38		
204.40	7.9	77.50	0.63	0.38	-7.4	93.7	3.4	71.40	0.27	0.35	-2.3	67.6	26.7	153.00	2.12	0.75	-20.0	74.9	16.0	125.30	1.27	0.61	-9.2	57.5	25.4	154.10	2.02	0.75	-16.7	65.7	10.4	83.90	0.83	0.41	-10.4	100.0

注：$B = \Delta u / \Delta P$，$B_{综} = \Sigma \Delta u / \Sigma \Delta P$。

K11 +116 孔压观测成果

表 3-3

计算累计填土高度(m)	实际累计填土高度(m)	实际累计荷载(kPa)	$\Delta u_{3.5}$	$\Sigma\Delta u_{3.5}$	B	$B_{综}$	孔压消散值	消散度u(%)	Δu_5	$\Sigma\Delta u_5$	B	$B_{综}$	孔压消散值	消散度u(%)	$\Delta u_{6.5}$	$\Sigma\Delta u_{6.5}$	B	$B_{综}$	孔压消散值	消散度u(%)	Δu_8	$\Sigma\Delta u_8$	B	$B_{综}$	孔压消散值	消散度u(%)	Δu_{10}	$\Sigma\Delta u_{10}$	B	$B_{综}$	孔压消散值	消散度u(%)
1.945	2.021	38.40	7.02	7.02	0.60	0.18	-4.79	68.2	8.18	8.18	0.70	0.21	-4.02	49.1	9.47	9.47	0.81	0.25	-2.99	31.6	10.19	10.19	0.87	0.27	-0.94	9.2	7.56	7.56	0.65	0.20	-3.60	47.6
2.170	2.317	44.02	2.08	9.10	0.37	0.21	-2.08	100.0	4.06	12.24	0.72	0.28	-4.06	100.0	6.37	15.84	1.13	0.36	-6.37	100.0	8.24	18.43	1.47	0.42	-5.89	71.5	4.41	11.97	0.78	0.27	-4.41	100.0
2.474	2.845	54.06	5.68	14.78	0.57	0.27	-5.68	100.0	6.66	18.90	0.66	0.35	-3.46	52.0	9.57	25.41	0.95	0.47	-2.91	30.4	10.39	28.82	1.04	0.53	-1.95	18.8	8.90	20.87	0.89	0.39	-2.71	30.4
2.953	3.405	64.70	2.88	17.66	0.27	0.27	-2.88	100.0	3.83	22.73	0.36	0.35	-3.83	100.0	6.58	31.99	0.62	0.49	-3.76	57.1	7.32	36.14	0.69	0.56	-3.72	50.8	6.96	27.83	0.65	0.43	-3.91	56.2
3.384	3.926	74.59	2.74	20.40	0.28	0.27	-4.99	182.1	6.32	29.05	0.64	0.39	-6.24	98.7	9.62	41.61	0.97	0.56	-7.22	75.1	10.62	46.76	1.07	0.63	-7.08	66.7	9.42	37.25	0.95	0.50	-7.73	82.1
3.922	4.571	86.85	2.68	23.08	0.22	0.27	-2.68	100.0	6.69	35.74	0.55	0.41	-5.10	76.2	12.06	53.67	0.98	0.62	-7.86	65.2	13.00	59.76	1.06	0.69	-7.61	58.5	12.94	50.19	1.06	0.58	-10.04	77.6
4.477	5.222	99.22	3.84	26.92	0.31	0.27	-3.84	100.0	8.81	44.55	0.71	0.45	-8.66	98.3	13.46	67.13	1.09	0.68	-12.84	95.4	14.39	74.15	1.16	0.75	-12.36	85.9	13.03	63.22	1.05	0.64	-13.03	100.0
4.546	5.424	103.06	0.22	27.14	0.06	0.26	-0.22	100.0	0.27	44.82	0.07	0.43	-0.27	100.0	0.41	67.54	0.11	0.66	-0.41	100.0	0.52	74.67	0.14	0.72	-0.52	100.0	0.67	63.89	0.17	0.62	-0.67	100.0
4.986	5.956	113.16	3.35	30.49	0.33	0.27	-3.20	95.5	5.55	50.37	0.55	0.45	-5.20	93.7	11.89	79.43	1.18	0.70	-8.81	74.1	14.09	88.76	1.39	0.78	-11.40	80.9	11.92	75.81	1.18	0.67	-9.47	79.4
5.067	6.105	116.00	0.87	31.36	0.31	0.27	-0.87	100.0	4.02	54.39	1.42	0.47	-4.02	100.0	7.54	86.97	2.66	0.75	-7.54	100.0	7.73	96.49	2.73	0.83	-7.73	100.0	6.90	82.71	2.44	0.71	-6.90	100.0
5.396	6.545	124.36	0.65	32.01	0.08	0.26	-0.07	10.8	1.22	55.61	0.15	0.45	-0.53	43.4	3.99	90.96	0.48	0.73	-0.80	20.1	4.51	101.00	0.54	0.81	-0.58	12.9	3.98	86.69	0.48	0.70	-2.26	56.8
5.571	6.720	127.68	1.45	33.46	0.44	0.26	-0.29	20.0	0.80	56.41	0.24	0.44	-0.80	100.0	0.17	91.13	0.05	0.71	-0.17	100.0	0.32	101.32	0.10	0.79	-0.32	100.0	0.14	86.83	0.04	0.68	-0.14	100.0
5.781	6.946	131.97	1.01	34.47	0.24	0.26	-0.36	35.6	4.04	60.45	0.94	0.46	-2.74	67.8	7.40	98.53	1.72	0.75	-4.00	54.1	8.10	109.42	1.89	0.83	-4.25	52.5	6.51	93.34	1.52	0.71	-6.51	100.0
5.997	7.168	136.19	0.36	34.83	0.09	0.26	-0.14	38.9	4.45	64.90	1.06	0.48	-1.90	42.7	8.06	106.59	1.91	0.78	-2.40	29.8	8.82	118.24	2.09	0.87	-2.44	27.7	7.95	101.29	1.88	0.74	-2.53	31.8
6.201	7.384	140.30		34.83	0.00	0.25				64.90	0.00	0.46				106.59	0.00	0.76				118.24	0.00	0.84				101.29	0.00	0.72		
6.490	7.680	145.92		34.83	0.00	0.24				64.90	0.00	0.44				106.59	0.00	0.73				118.24	0.00	0.81				101.29	0.00	0.69		
6.776	7.989	151.79	1.09	35.92	0.19	0.24	-1.09	100.0	7.51	72.41	1.28	0.48	-7.51	100.0	9.78	116.37	1.67	0.77	-9.78	100.0	12.83	131.07	2.19	0.86	-12.83	100.0	15.28	116.57	2.60	0.77	-15.28	100.0

注：$B = \Delta u / \Delta P$，$B_{综} = \Sigma\Delta u / \Sigma\Delta P$。

表 3-4

K11 +166 孔压观测成果

计算累计填土高度(m)	实际累计填土高度(m)	实际累计荷载(kPa)	Δu_4	$\sum\Delta u_4$	B	$B_{综}$	孔压消散值	消散度u(%)	Δu_6	$\sum\Delta u_6$	B	$B_{综}$	孔压消散值	消散度u(%)	Δu_9	$\sum\Delta u_9$	B	$B_{综}$	孔压消散值	消散度u(%)	Δu_{12}	$\sum\Delta u_{12}$	B	$B_{综}$	孔压消散值	消散度u(%)
1.651	1.695	32.21	5.20	5.20	0.94	0.16	-3.68	70.8	4.09	4.09	0.74	0.13	-2.47	60.4	0.07	0.07	0.01	0.00	-0.07	100.0	0.46	0.46	0.08	0.01	-0.46	100.0
1.850	1.910	36.29	2.71	7.91	0.66	0.22	-2.71	100.0	4.72	8.81	1.16	0.24	-4.72	100.0	5.94	6.01	1.45	0.17	-5.94	100.0	5.56	6.02	1.36	0.17	-5.56	100.0
2.370	2.549	48.43	12.00	19.91	0.99	0.41	-6.24	52.0	7.06	15.87	0.58	0.33	-4.88	69.1	13.61	19.62	1.12	0.41	-12.96	95.2	11.95	17.97	0.98	0.37	-5.99	50.1
2.891	3.159	60.02	12.23	32.14	1.06	0.54	-10.33	84.5	20.16	36.03	1.74	0.60	-15.73	78.0	18.05	37.67	1.56	0.63	-16.25	90.0	17.60	35.57	1.52	0.59	-10.69	60.7
3.176	3.574	67.91	6.94	39.08	0.88	0.58	-6.94	100.0	13.22	49.25	1.68	0.73	-13.26	100.3	12.64	50.31	1.60	0.74	-12.64	100.0	11.53	47.10	1.46	0.69	-10.09	87.5
3.722	4.242	80.60	8.68	47.76	0.68	0.59	-7.31	84.2	20.10	69.35	1.58	0.86	-17.45	86.8	20.32	70.63	1.60	0.88	-19.17	94.3	17.58	64.68	1.39	0.80	-13.66	77.7
3.988	4.634	88.05		47.76	0.00	0.54				69.35	0.00	0.79				70.63	0.00	0.80				64.68	0.00	0.73		
4.254	5.087	96.65	8.01	55.77	0.93	0.58	-6.95	86.8	21.00	90.35	2.44	0.93	-21.00	100.0	22.00	92.63	2.56	0.96	-22.00	100.0	18.65	83.33	2.17	0.86	-18.65	100.0
4.786	5.759	109.42	3.68	59.45	0.29	0.54	-2.67	72.6	10.88	101.23	0.85	0.93	-7.82	71.9	16.15	108.78	1.26	0.99	-11.32	70.1	12.82	96.15	1.00	0.88	-6.33	49.4
4.992	6.067	115.27	1.27	60.72	0.22	0.53	-0.88	69.3	3.56	104.79	0.61	0.91	-3.56	100.0	4.24	113.02	0.72	0.98	-4.24	100.0	3.07	99.22	0.52	0.86	-0.46	15.0
5.272	6.527	124.01		60.72	0.00	0.49				104.79	0.00	0.84				113.02	0.00	0.91				99.22	0.00	0.80		
5.526	6.786	128.93	0.69	61.41	0.14	0.48	-0.04	5.8	3.36	108.15	0.68	0.84	-3.28	97.6	2.79	115.81	0.57	0.90	-2.50	89.6	2.63	101.85	0.53	0.79	-2.50	95.1
5.935	7.226	137.29	0.82	62.23	0.10	0.45	-0.30	36.6	5.29	113.44	0.63	0.83	-2.53	47.8	7.26	123.07	0.87	0.90	-2.71	37.3	6.05	107.90	0.72	0.79	-3.02	49.9
6.130	7.461	141.76		62.23	0.00	0.44				113.44	0.00	0.80				123.07	0.00	0.87				107.90	0.00	0.76		
6.378	7.726	146.79		62.23	0.00	0.42				113.44	0.00	0.77				123.07	0.00	0.84				107.90	0.00	0.74		
6.671	8.062	153.18	1.42	63.65	0.22	0.42	-0.56	39.4	7.82	121.26	1.22	0.79	-7.82	100.0	9.89	132.96	1.55	0.87	-9.89	100.0	7.57	115.47	1.19	0.75	-7.57	100.0

注：$B=\Delta u/\Delta P$，$B_{综}=\sum\Delta u/\sum\Delta P$。

K11 + 196 孔压观测成果 表 3-5

计算累计填土高度(m)	实际累计填土高度(m)	实际累计荷载(kPa)	Δu_3	$\Sigma\Delta u_3$	B	$B_{综}$	孔压消散值	消散度 u(%)	$\Delta u_{4.5}$	$\Sigma\Delta u_{4.5}$	B	$B_{综}$	孔压消散值	消散度 u(%)	Δu_6	$\Sigma\Delta u_6$	B	$B_{综}$	孔压消散值	消散度 u(%)	Δu_8	$\Sigma\Delta u_8$	B	$B_{综}$	孔压消散值	消散度 u(%)	Δu_{10}	$\Sigma\Delta u_{10}$	B	$B_{综}$	孔压消散值	消散度 u(%)
1.933	1.962	37.28	4.53	4.53	0.43	0.12	-4.53	100.1	3.23	3.23	0.31	0.09	-3.23	100.0	3.55	3.55	0.34	0.10	-3.55	100.0	5.38	5.38	0.51	0.14	-5.38	100.0	3.07	3.07	0.29	0.08	-3.07	100.0
2.253	2.325	44.18	12.78	17.31	1.85	0.39	-10.71	83.8	11.89	15.12	1.72	0.34	-7.92	66.6	9.21	12.76	1.34	0.29	-9.21	100.0	12.74	18.12	1.85	0.41	-12.74	100.0	11.50	14.57	1.67	0.33	-7.43	64.6
2.801	2.897	55.04	10.98	28.29	1.01	0.51	-10.98	100.0	8.20	23.32	0.75	0.42	-8.20	100.0	8.56	21.32	0.79	0.39	-8.56	100.0	16.95	35.07	1.56	0.64	-16.95	100.0	9.08	23.65	0.84	0.43	-9.08	100.0
3.110	3.284	62.40	7.75	36.04	1.05	0.58	-7.75	100.0	6.78	30.09	0.92	0.48	-6.37	94.0	7.15	28.47	0.97	0.46	-7.15	100.0	6.44	41.51	0.88	0.67	-6.44	100.0	7.19	30.84	0.98	0.49	-7.11	98.9
3.620	3.873	73.59	7.19	43.23	0.64	0.59	-7.19	100.0	5.10	35.20	0.46	0.48	-5.06	99.1	6.87	35.33	0.61	0.48	-6.87	100.0	7.76	49.27	0.69	0.67	-7.76	100.0	4.97	35.81	0.44	0.49	-4.97	100.0
4.049	4.382	83.26	7.76	50.99	0.80	0.61	-7.76	100.0	6.95	42.14	0.72	0.51	-6.95	100.0	7.02	42.35	0.73	0.51	-7.02	100.0	8.74	58.01	0.90	0.70	-8.74	100.0	6.65	42.47	0.69	0.51	-6.65	100.0
4.382	4.837	91.90		50.99	0.00	0.55				42.14	0.00	0.46				42.35	0.00	0.46					0.00	0.00				42.47	0.00	0.46		
4.714	5.291	100.53	4.14	55.13	0.48	0.55	-3.79	91.4	2.90	45.04	0.34	0.45	-2.35	81.2	2.90	45.25	0.34	0.45	-2.90	100.0	6.22	64.22	0.72	0.64	-6.22	100.0	4.07	46.53	0.47	0.46	-4.07	100.0
5.015	5.672	107.77	4.66	59.79	0.64	0.55	-4.66	100.0	6.47	51.51	0.89	0.48	-1.75	27.0	7.28	52.53	1.01	0.49	-7.28	100.0	10.61	74.83	1.47	0.69	-10.61	100.0	5.91	52.45	0.82	0.49	-5.91	100.0
5.248	6.054	115.03		59.79	0.00	0.52				51.51	0.00	0.45				52.53	0.00	0.46					0.00	0.00				52.45	0.00	0.46		
5.522	6.345	120.56	1.49	61.28	0.27	0.51	-1.77	119.1	0.76	52.27	0.14	0.43	-0.67	88.2	1.47	53.99	0.27	0.45	-1.98	135.0	2.70	77.53	0.49	0.64	-2.21	81.9	6.76	59.20	1.22	0.49	-7.45	110.3
5.937	6.768	128.59	2.98	64.26	0.37	0.50	-0.43	14.3	1.25	53.53	0.16	0.42	-0.67	53.5	2.71	56.71	0.34	0.44	-0.51	18.9	5.47	83.00	0.68	0.65	-1.14	20.9	1.85	61.05	0.23	0.47	-1.00	54.1
6.139	6.994	132.89	4.17	68.43	0.97	0.51	-1.34	32.2	1.07	54.60	0.25	0.41	-0.40	37.5	3.95	60.66	0.92	0.46	-1.68	42.6	6.92	89.92	1.61	0.68	-2.01	29.0	4.38	65.43	1.02	0.49	-2.69	61.4
6.297	7.167	136.17		68.43	0.00	0.50				54.60	0.00	0.40				60.66	0.00	0.45					0.00	0.00				65.43	0.00	0.48		
6.389	7.278	138.28	3.60	72.03	1.71	0.52	-2.19	60.7	0.98	55.59	0.47	0.40	-0.72	72.7	3.79	64.45	1.80	0.47	-1.82	48.0	5.70	95.62	2.70	0.69	-4.39	77.0	3.53	68.97	1.67	0.50	-3.53	100.0
6.543	7.446	141.47	2.96	74.99	0.93	0.53	-2.96	100.0	0.45	56.03	0.14	0.40	-0.45	100.0	2.55	67.00	0.80	0.47	-2.33	91.4	4.47	100.09	1.40	0.71	-4.47	100.0	2.00	70.96	0.63	0.50	-2.00	100.0

注：$B = \Delta u / \Delta P$，$B_{综} = \Sigma\Delta u / \Sigma\Delta P$。

K11 +032 孔压实测值及固结度计算 表 3-6

观测日期	实际累计填土高度(m)	实际累计荷载(kPa)	2.5m(kPa)	4.5m(kPa)	7.0m(kPa)	10.0m(kPa)	13.0m(kPa)	至下级加载时孔压平均值(kPa)	至下级加载时的平均固结度(%)	至下级加载时的总固结度(%)
初测值	0.000	0.00	10.45	30.45	55.45	85.45	115.45	59.45		
2002-1-13	1.405	26.70	20.7	42.18	65.78	99.22	105.30	66.63	73.11	9.55
2002-1-27	1.860	35.34	24.3	45.65	71.28	104.95	93.83	68.00	75.81	13.11
2002-3-1	2.152	40.89	19.6	44.51	68.84	105.01	105.87	68.77	77.20	15.44
2002-3-13	2.645	50.26	22.0	47.60	75.24	113.73	98.96	71.51	75.99	18.68
2002-3-26	3.286	62.43	22.3	49.53	77.09	117.13	108.07	74.83	75.37	23.02
2002-4-8	3.799	72.18	20.4	48.82	78.66	121.73	92.89	72.51	81.91	28.93
2002-4-24	4.274	81.21	19.9	49.20	79.42	127.83	99.41	75.14	80.67	32.05
2002-5-28	5.034	95.65	22.1	49.28	77.69	125.80	110.75	77.13	81.52	38.15
2002-7-10	5.766	109.55	21.3	48.86	77.09	122.75	111.12	76.23	84.69	45.39
2002-8-14	6.780	128.82	23.7	52.13	81.61	125.11	107.56	78.02	85.58	53.94
2002-10-11	6.970	132.43	21.7	50.58	77.81	114.63	104.59	73.86	89.12	57.74
2002-10-17	7.227	137.31	20.9	50.37	76.85	112.96	110.65	74.34	89.15	59.89
2002-10-27	7.441	141.38	21.8	50.58	77.01	111.93	99.24	72.12	91.04	62.97
2002-10-29	7.668	145.69	21.8	51.21	78.46	113.99	97.01	72.50	91.04	64.89
2002-11-9	7.907	150.23	21.9	49.53	77.90	113.67	111.55	74.91	89.71	65.94
2002-11-11	8.136	154.58	21.7	49.62	79.10	115.02	111.58	75.40	89.68	67.82
2002-11-12	8.395	159.51	22.0	50.29	80.97	117.71	112.08	76.60	89.25	69.64
2002-11-14	8.395	159.51	21.5	50.04	80.81	117.64	111.95	76.39	89.38	69.75
2002-11-22	8.717	165.62	21.8	49.62	80.42	115.85	111.28	75.80	90.13	73.03
2002-11-26	8.957	170.18	22.0	49.57	80.14	115.02	108.40	75.03	90.84	75.64
2002-12-4	9.433	179.23	22.2	50.41	81.57	114.76	96.32	73.05	92.41	81.03
2002-12-8	10.095	191.81	24.0	52.80	87.91	125.36	114.01	80.82	88.86	83.39
2003-3-10	10.758	204.40	27.5	51.96	84.47	117.77	98.04	75.96	91.92	91.93
2003-6-8	10.758	204.40	33.6	52.34	85.86	117.26	97.63	77.34	91.25	91.25
备注	1. 由于孔压计的埋设是在工作垫层和砂垫层(合计1.405m)全部完成后进行的,如将第一次实测孔压作为初始孔压,将导致初始孔压偏大,使计算固结度偏大,故根据静水压力求得初测值,本断面地下水位高程为0.95m; 2. 至下级加载时的平均固结度计算公式为 $U_1=[\sigma_t-(u_t-u_0)]/\sigma_t$,至下级加载时的总固结度计算公式为 $U_2=[\sigma_t-(u_t-u_0)]/\sigma_f$,其中 σ_t 为 t 时的总应力,σ_f 为最终总应力,u_t 为 t 时的孔压,u_0 为初始孔压,其余断面同									

K11 +045 孔压实测值及固结度计算　　表 3-7

观测日期	实际累计填土高度(m)	实际累计荷载(kPa)	2.5m(kPa)	4.5m(kPa)	5.5m(kPa)	7.5m(kPa)	12.5m(kPa)	至下级加载时孔压平均值(kPa)	至下级加载时的平均固结度(%)	至下级加载时的总固结度(%)
初测值			10.45	30.45	40.45	60.45	110.45	50.45		
2002-1-13	1.405	26.70	16.1	29.71	48.79	66.98	107.32	53.77	87.56	11.44
2002-1-27	1.860	35.34	17.9	31.68	52.22	72.07	118.99	58.56	77.05	13.32
2002-3-1	2.152	40.89	12.4	27.36	50.37	69.77	117.46	55.46	87.74	17.55
2002-3-13	2.645	50.26	14.0	36.53	55.85	75.55	119.75	60.34	80.32	19.75
2002-3-26	3.286	62.43	14.3	38.63	58.03	78.45	120.69	62.02	81.46	24.88
2002-4-8	3.799	72.18	13.3	38.40	60.27	80.87	120.28	62.62	83.13	29.36
2002-4-24	4.274	81.21	12.9	38.79	62.31	83.27	119.43	63.33	84.13	33.43
2002-5-28	5.034	95.65	11.8	39.57	62.04	84.12	118.27	63.16	86.71	40.58
2002-7-10	5.766	109.55	7.9	40.11	61.16	84.12	116.34	61.92	89.53	47.99
2002-8-14	6.780	128.82	7.1	41.13	66.44	88.95	117.46	64.22	89.31	56.28
2002-10-11	6.970	132.43	7.3	40.35	58.64	80.35	114.27	60.18	92.65	60.03
2002-10-17	7.227	137.31	7.1	39.96	57.28	78.45	113.54	59.26	93.58	62.87
2002-10-27	7.441	141.38	7.9	40.43	58.30	79.64	113.99	60.05	93.21	64.47
2002-10-29	7.668	145.69	8.2	40.82	62.65	82.71	116.34	62.15	91.97	65.55
2002-11-9	7.907	150.23	8.8	40.89	62.85	83.56	116.02	62.43	92.03	67.64
2002-11-11	8.136	154.58	8.7	40.66	62.58	83.27	115.08	62.05	92.49	69.95
2002-11-12	8.395	159.51	9.3	41.20	67.45	86.70	117.19	64.37	91.27	71.22
2002-11-14	8.395	159.51	9.2	41.13	67.18	86.61	116.34	64.09	91.45	71.36
2002-11-22	8.717	165.62	9.4	40.89	67.18	86.42	115.57	63.89	91.89	74.45
2002-11-26	8.957	170.18	9.5	40.89	66.84	86.19	114.90	63.66	92.24	76.80
2002-12-4	9.433	179.23	9.8	41.75	69.95	87.97	112.96	64.48	92.17	80.82
2002-12-8	10.095	191.81	17.4	45.17	93.77	103.36	123.32	76.61	86.36	81.04
2003-3-10	10.758	204.40	8.1	43.69	61.29	81.62	81.60	55.26	97.65	97.65
2003-6-8	10.758	204.40	7.0	48.88	56.66	73.74	75.51	52.36	99.07	99.07
备　注	由于孔压计的埋设是在工作垫层和砂垫层(合计 1.405m)全部完成后进行的,如将第一次实测孔压作为初始孔压,将导致初始孔压偏大,使计算固结度偏大,故根据静水压力求得初测值,本断面地下水位高程为 0.95m									

K11 +116 孔压实测值及固结度计算 表 3-8

观测日期	实际累计填土高度（m）	实际累计荷载（kPa）	5.0m（kPa）	6.5m（kPa）	8.0m（kPa）	10.0m（kPa）	至下级加载时孔压平均值（kPa）	至下级加载时的平均固结度（%）	至下级加载时的总固结度（%）
初测值			34.05	49.05	64.05	84.05	57.80		
2002-1-13	1.405	26.70	40.94	57.22	79.06	98.73	68.99	58.09	10.22
2002-1-27	2.021	38.40	45.90	64.38	89.15	105.14	76.14	52.23	13.21
2002-3-4	2.317	44.02	49.00	66.27	93.19	103.17	77.91	54.33	15.76
2002-3-18	2.845	54.06	51.21	71.75	100.78	107.92	82.92	53.54	19.07
2002-4-3	3.405	64.70	50.30	74.20	104.10	110.77	84.84	58.20	24.81
2002-4-20	3.926	74.59	50.37	76.55	107.50	112.45	86.72	61.23	30.09
2002-5-7	4.571	86.85	52.04	80.75	112.99	115.35	90.28	62.60	35.82
2002-6-3	5.222	99.22	51.93	81.73	115.23	114.21	90.78	66.77	43.64
2002-7-15	5.424	103.06	52.27	77.38	108.10	109.41	86.79	71.87	48.80
2002-8-14	5.956	113.16	51.02	74.73	103.47	105.89	83.78	77.04	57.44
2002-10-11	6.105	116.00	48.12	67.28	94.05	97.02	76.62	83.78	64.02
2002-10-17	6.545	124.36	47.24	63.54	88.75	93.04	73.14	87.66	71.82
2002-10-27	6.720	127.68	47.28	65.14	90.45	94.07	74.24	87.13	73.29
2002-10-29	6.946	131.97	51.09	72.54	98.55	99.83	80.50	82.80	71.99
2002-11-9	7.168	136.19	52.73	76.55	103.08	100.72	83.27	81.30	72.94
2002-11-10	7.384	140.30	51.25	74.65	101.10	98.19	81.30	83.25	76.95
2002-11-12	7.384	140.30	54.84	80.22	106.77	105.07	86.73	79.38	73.37
2002-11-14	7.680	145.92	57.85	84.18	111.50	110.50	91.01	77.24	74.26
2002-11-22	7.989	151.79	56.09	81.90	108.72	109.21	88.98	79.46	79.46
2002-12-8	7.989	151.79	52.57	77.05	102.94	100.72	83.32	83.19	83.19
2003-3-10	7.989	151.79	46.25	59.31	78.91	79.62	66.02	94.58	94.58
2003-6-8	7.989	151.79	44.71	56.20	70.74	77.53	62.30	97.04	97.04
备注	由于孔压计的埋设是在工作垫层和砂垫层（合计1.405m）全部完成后进行的，如将第一次实测孔压作为初始孔压，将导致初始孔压偏大，使计算固结度偏大，故根据静水压力求得初测值，本断面地下水位高程为0.95m								

K11 +166 孔压实测值及固结度计算 表 3-9

观测日期	实际累计填土高度(m)	实际累计荷载(kPa)	4.0m (kPa)	6.0m (kPa)	12.0m (kPa)	至下级加载时孔压平均值(kPa)	至下级加载时的平均固结度(%)	至下级加载时的总固结度(%)
初测值			24.05	44.05	104.05	57.38		
2002-1-13	1.405	26.70	33.1	45.48	115.57	64.73	72.48	12.63
2002-1-27	1.695	32.21	34.3	46.57	112.40	64.41	78.19	16.44
2002-3-4	1.910	36.29	33.9	45.83	109.21	62.96	84.62	20.05
2002-3-18	2.549	48.43	37.8	52.50	115.44	68.59	76.85	24.30
2002-4-3	3.159	60.02	39.5	57.05	122.15	72.89	74.16	29.06
2002-4-20	3.574	67.91	39.3	56.88	123.59	73.26	76.62	33.97
2002-5-7	4.242	80.60	40.8	59.44	127.96	76.05	76.84	40.43
2002-6-3	4.634	88.05	41.1	58.29	128.48	75.94	78.92	45.36
2002-7-15	5.087	96.65	42.3	51.07	118.80	70.71	86.22	54.40
2002-8-14	5.759	109.42	44.1	57.18	125.22	75.50	83.45	59.61
2002-10-11	6.067	115.27	51.3	51.51	117.35	73.38	86.12	64.81
2002-10-17	6.527	124.01	52.0	53.96	118.86	74.95	85.84	69.49
2002-10-27	6.786	128.93	52.2	50.81	116.10	73.02	87.87	73.96
2002-10-29	7.019	133.36	52.8	55.98	122.15	76.99	85.30	74.26
2002-11-1	7.226	137.29	52.9	54.56	119.98	75.82	86.57	77.59
2002-11-9	7.226	137.29	53.2	57.90	123.46	78.20	84.84	76.04
2002-11-12	7.461	141.76	53.9	62.46	127.83	81.40	83.06	76.86
2002-11-14	7.726	146.79	54.7	64.66	129.98	83.10	82.48	79.04
2002-11-22	8.062	153.18	54.0	62.96	127.77	81.58	84.20	84.20
2002-12-8	8.062	153.18	54.1	57.30	122.67	78.02	86.53	86.53
2003-3-10	8.062	153.18	54.7	43.43	104.35	67.51	93.39	93.39
2003-6-8	8.062	153.18	56.3	40.06	99.67	65.33	94.81	94.81
备注	由于孔压计的埋设是在工作垫层和砂垫层(合计 1.405m)全部完成后进行的,如将第一次实测孔压作为初始孔压,将导致初始孔压偏大,使计算固结度偏大,故根据静水压力求得初测值,本断面地下水位高程为 0.95m							

K11 +196 孔压实测值及固结度计算 表 3-10

观测日期	实际累计填土高度（m）	实际累计荷载（kPa）	4.5m（kPa）	8.0m（kPa）	至下级加载时孔压平均值（kPa）	至下级加载时的平均固结度（%）	至下级加载时的总固结度（%）
初测值			29.05	64.05	46.55		
2002-2-1	1.405	26.70	39.74	65.71	52.73	76.87	14.50
2002-3-4	1.962	37.28	37.28	62.99	50.14	90.38	23.82
2002-3-18	2.325	44.18	41.70	63.67	52.69	86.11	26.89
2002-4-3	2.897	55.04	43.25	53.18	48.21	96.98	37.73
2002-4-20	3.284	62.40	43.52	40.14	41.83	107.56	47.44
2002-5-7	3.873	73.59	45.29	35.12	40.20	108.63	56.50
2002-6-3	4.382	83.26	44.25	28.35	36.30	112.32	66.10
2002-7-15	4.837	91.90	44.47	14.08	29.28	118.79	77.17
2002-8-14	5.291	100.53	46.60	71.82	59.21	87.41	62.11
2002-10-11	5.672	107.77	51.64	79.51	65.57	82.35	62.73
2002-10-17	6.054	115.03	52.00	79.86	65.93	83.15	67.61
2002-10-27	6.345	120.56	51.73	78.01	64.87	84.81	72.27
2002-10-29	6.558	124.60	52.45	83.04	67.74	82.99	73.10
2002-11-9	6.768	128.59	53.34	88.03	70.68	81.23	73.84
2002-11-12	6.994	132.89	53.97	92.64	73.30	79.87	75.02
2002-11-14	7.167	136.17	53.38	91.55	72.47	80.97	77.93
2002-11-22	7.278	138.28	53.88	92.81	73.34	80.62	78.81
2002-12-8	7.446	141.47	53.34	88.46	70.90	82.79	82.79
2003-3-10	7.446	141.47	51.23	69.26	60.25	90.32	90.32
2003-6-8	7.446	141.47	48.76	64.40	56.58	92.91	92.91
备注	由于孔压计的埋设是在工作垫层和砂垫层（合计 1.405m）全部完成后进行的，如将第一次实测孔压作为初始孔压，将导致初始孔压偏大，使计算固结度偏大，故根据静水压力求得初测值，本断面地下水位高程为 0.95m						

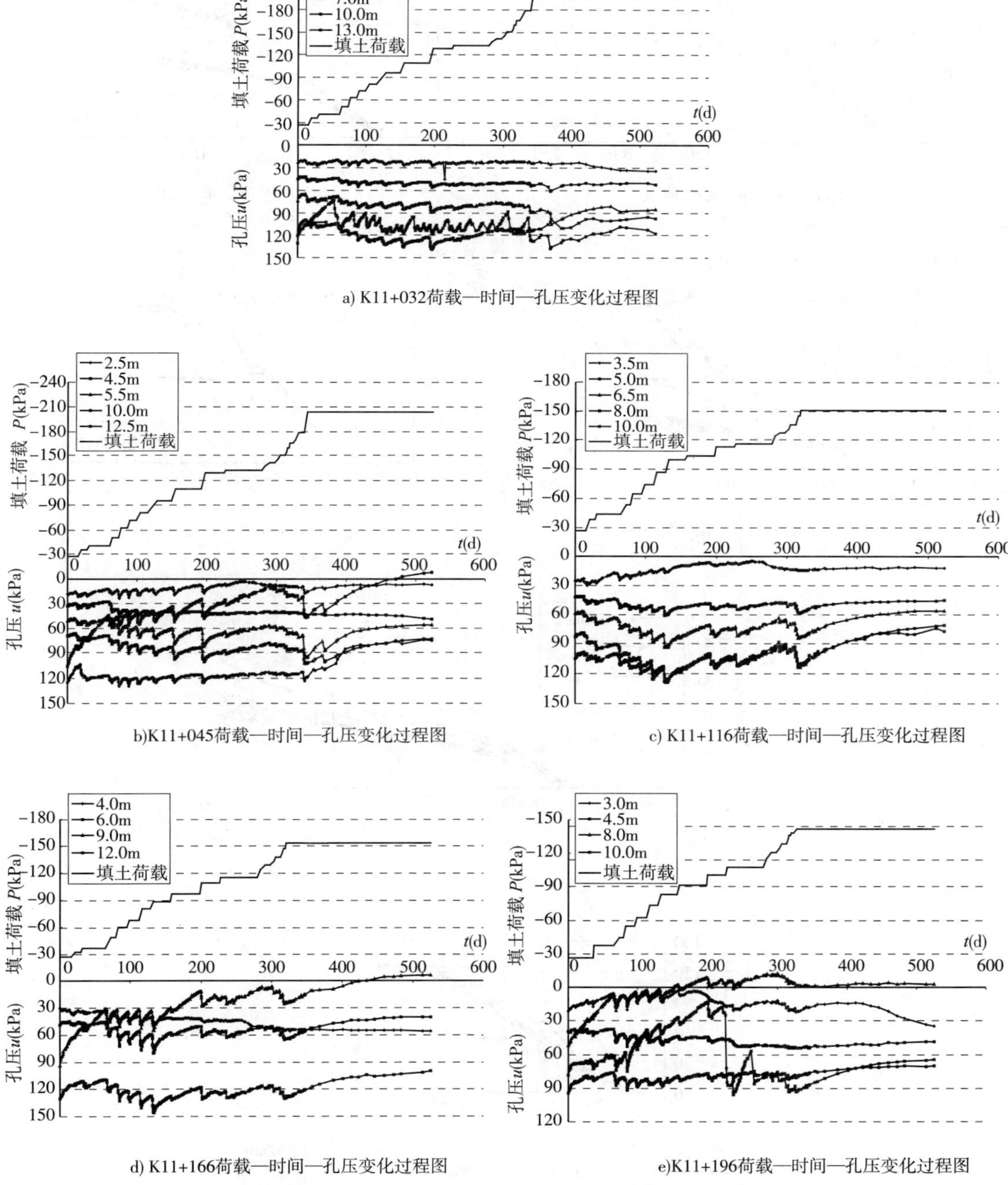

图 3-1　各断面荷载—时间—孔压变化过程曲线图

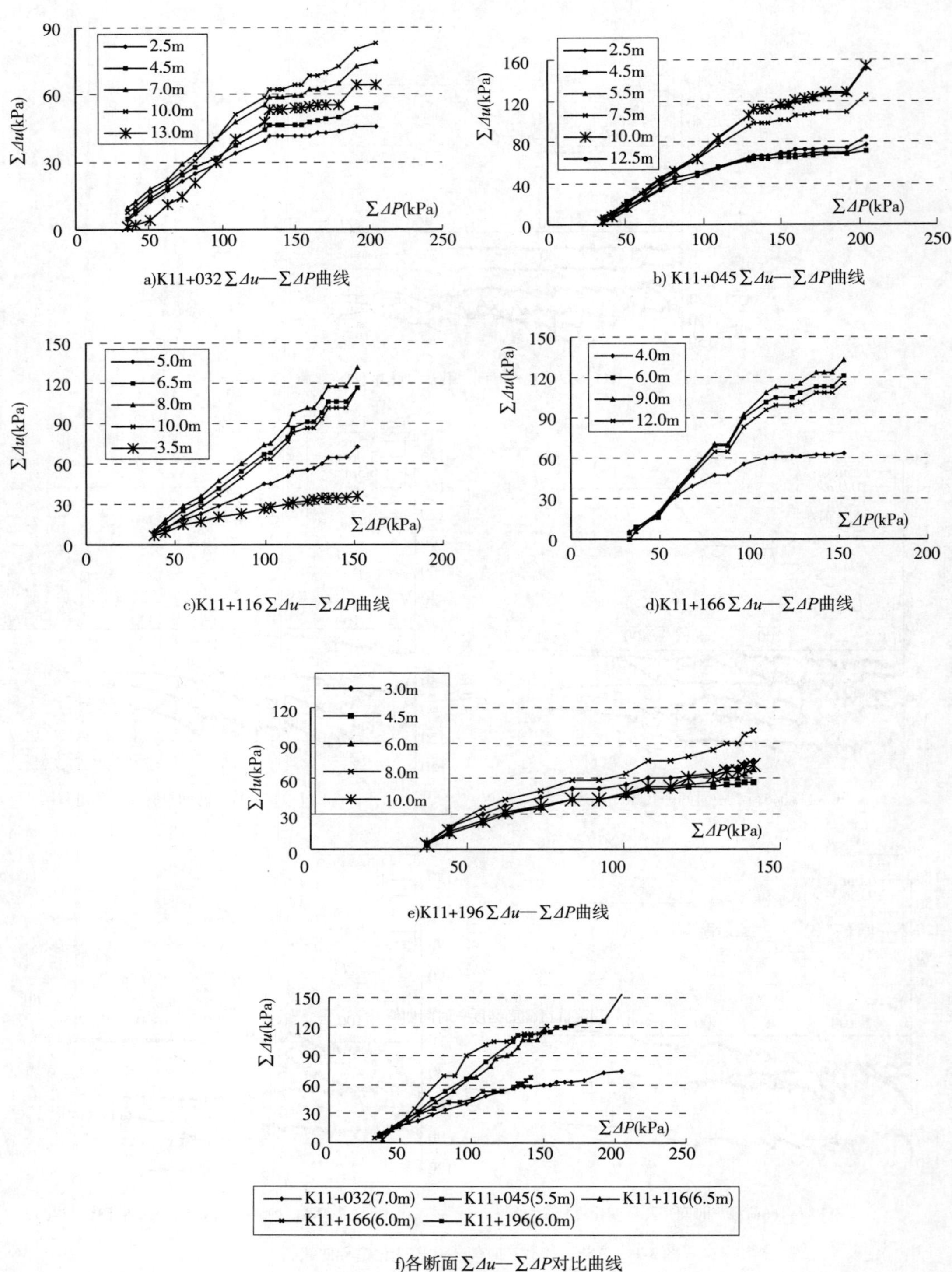

图 3-2　各断面各深度 $\sum\Delta u$—$\sum\Delta P$ 曲线

t(d)
0
100
200
300
400
500
600
固结度(%)
0
10
20
30
40
50
60
70
80
90
100
110
至下级加荷时总固结度
至下级加荷时平均固结度
a)K11+032固结度—时间曲线
b)K11+045固结度—时间曲线
c)K11+116固结度—时间曲线
d)K11+166固结度—时间曲线
e)K11+196固结度—时间曲线

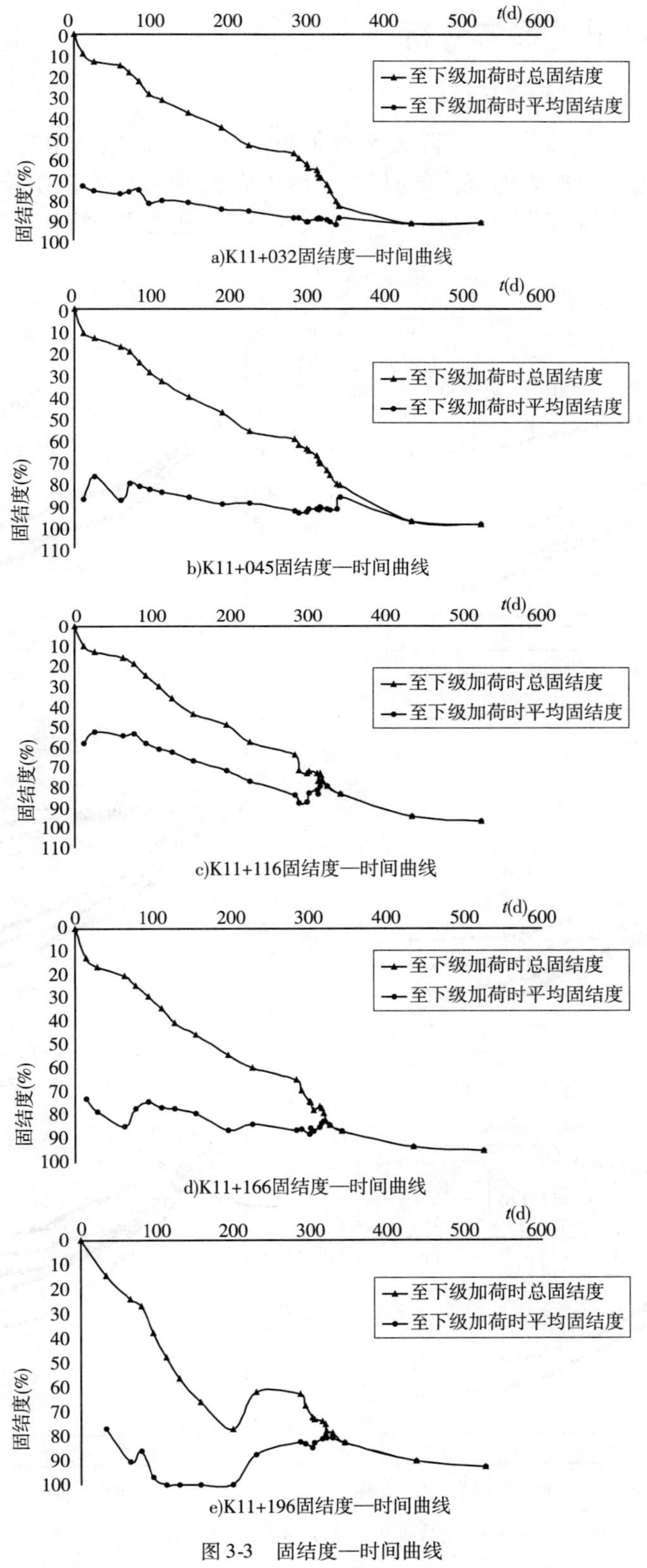

图 3-3 固结度—时间曲线

3.2 沉降观测成果与分析

3.2.1 *表面沉降观测成果与分析*

加载期间，填土高度（荷载）与沉降速率的关系曲线已在前面章节作了详细分析，这里不再对此进行分析。为了分析表面沉降随时间变化的规律，现利用实测沉降观测资料绘制各断面填土高度—时间—实测沉降曲线（图3-4）、各断面沉降盆曲线（图3-5）、各断面中心沉降速率—时间曲线（图3-6）。

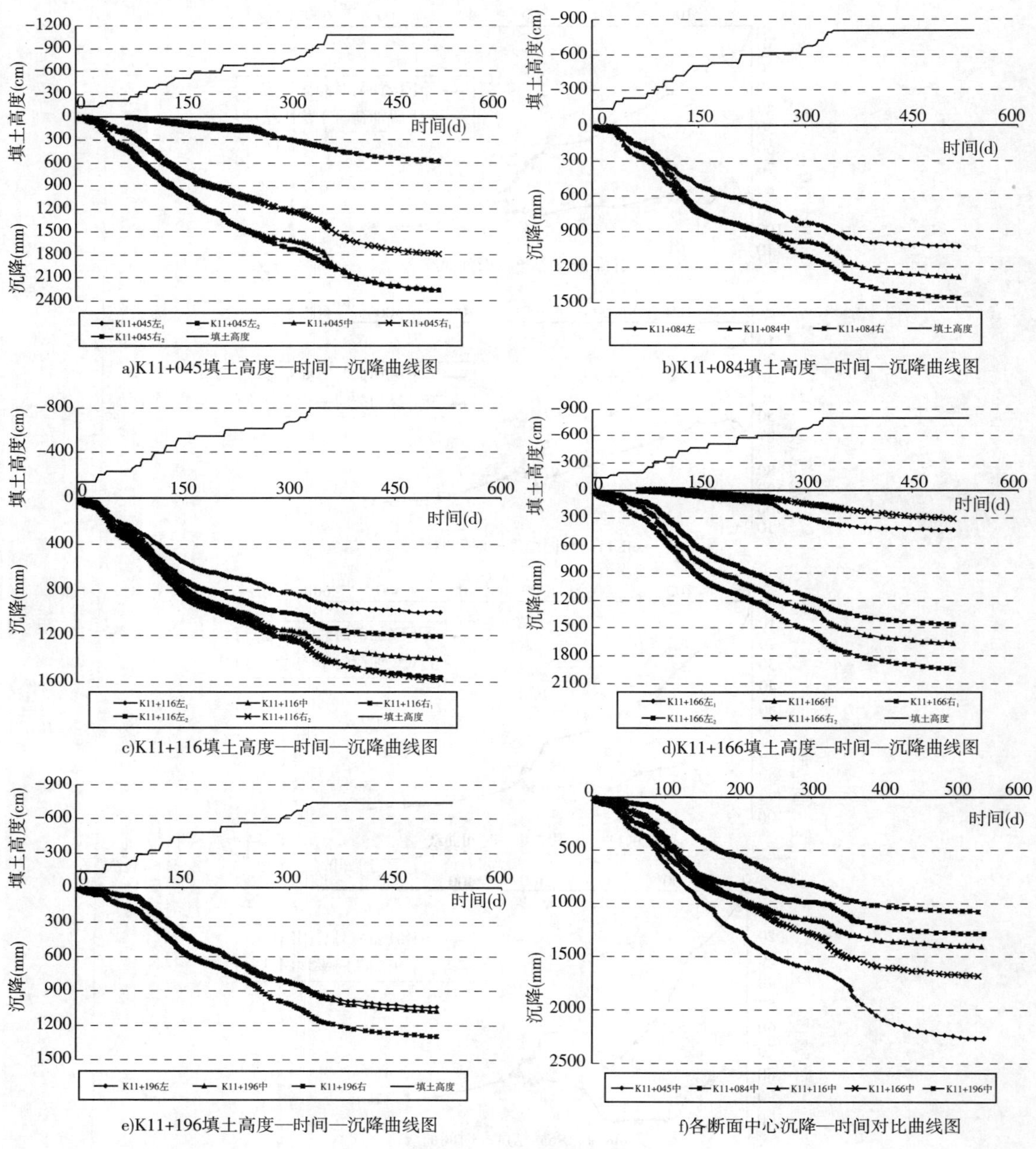

a)K11+045填土高度—时间—沉降曲线图

b)K11+084填土高度—时间—沉降曲线图

c)K11+116填土高度—时间—沉降曲线图

d)K11+166填土高度—时间—沉降曲线图

e)K11+196填土高度—时间—沉降曲线图

f)各断面中心沉降—时间对比曲线图

图3-4 各断面填土高度—时间—沉降曲线图

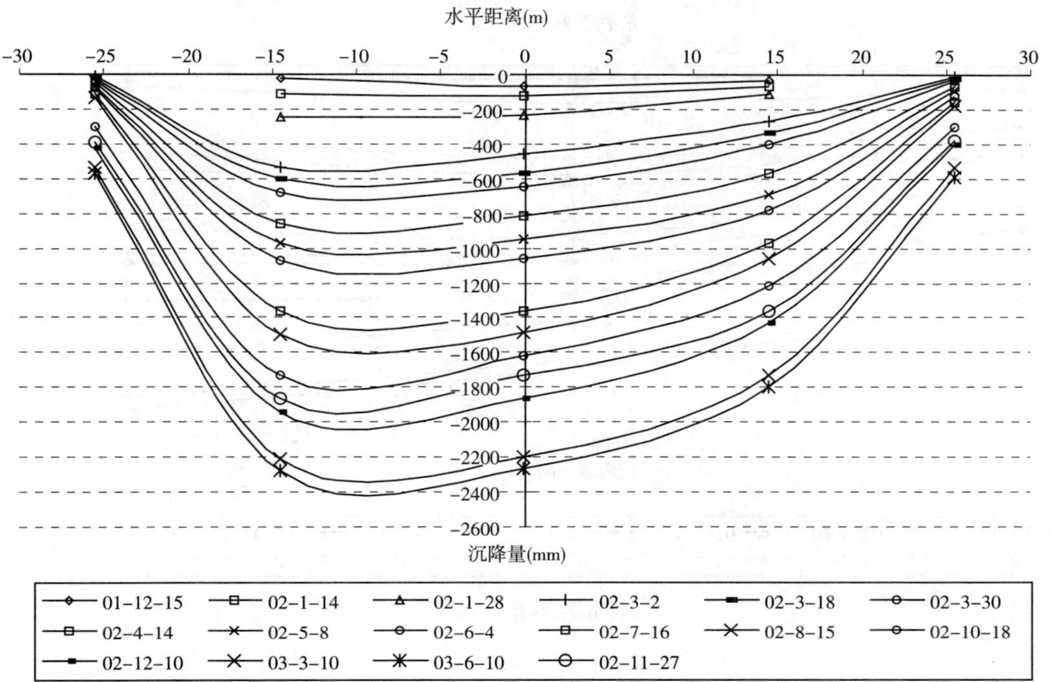

a)K11+045沉降盆

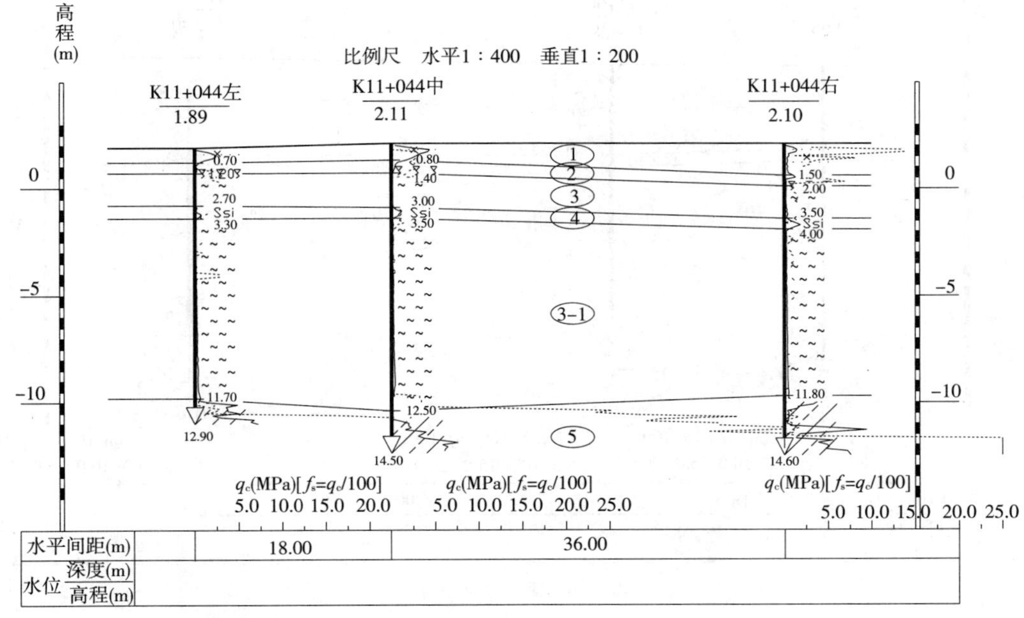

b) 05-05′工程地质剖面图

图　3-5

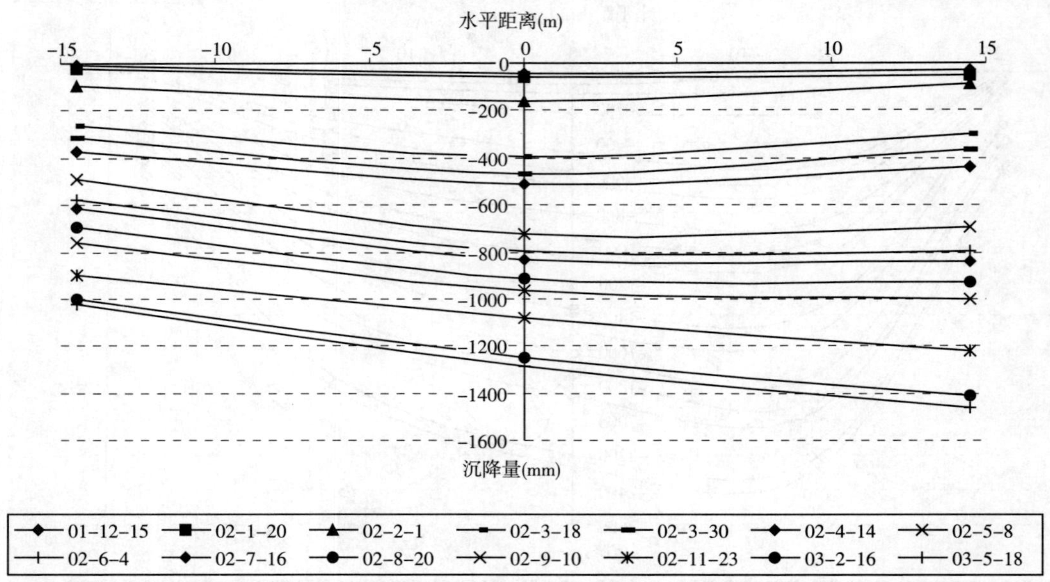

c)K11+084沉降盆

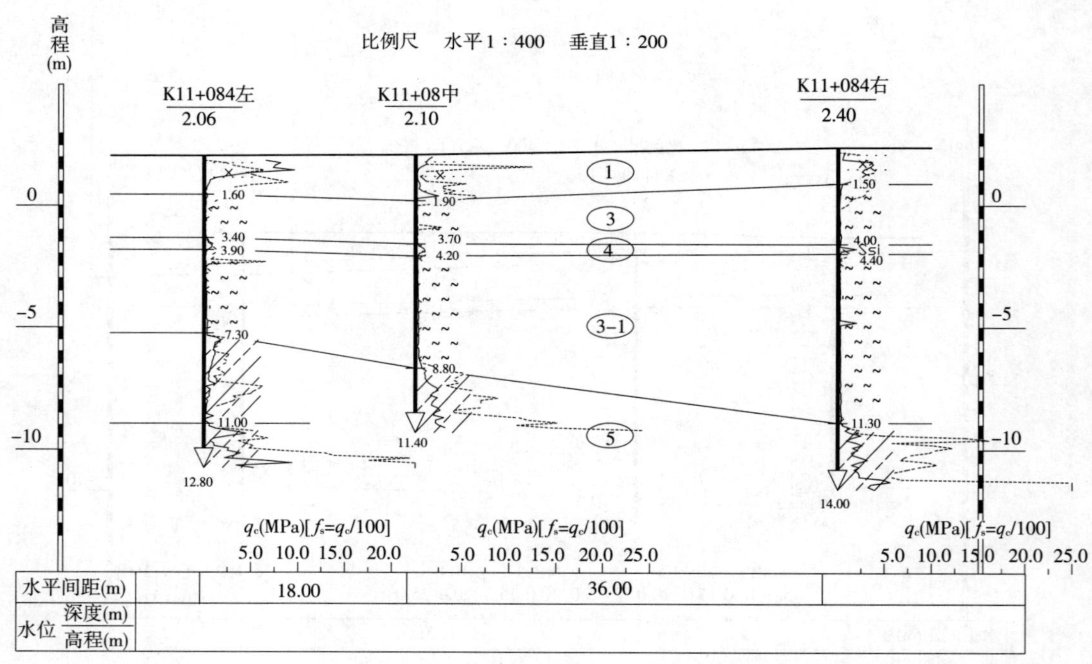

d) 06–6′工程地质剖面图

图 3-5

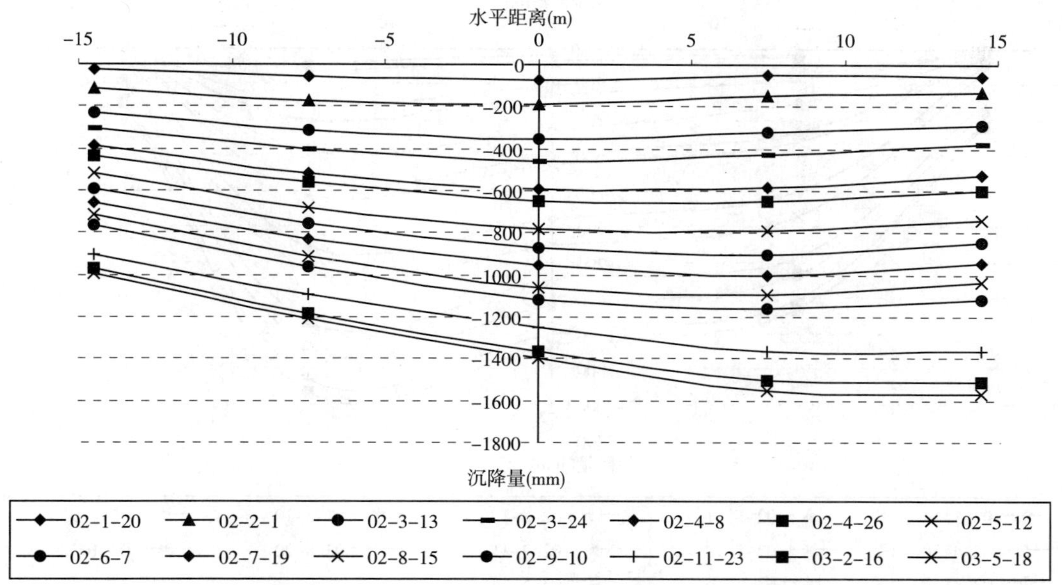

e)K11+116沉降盆

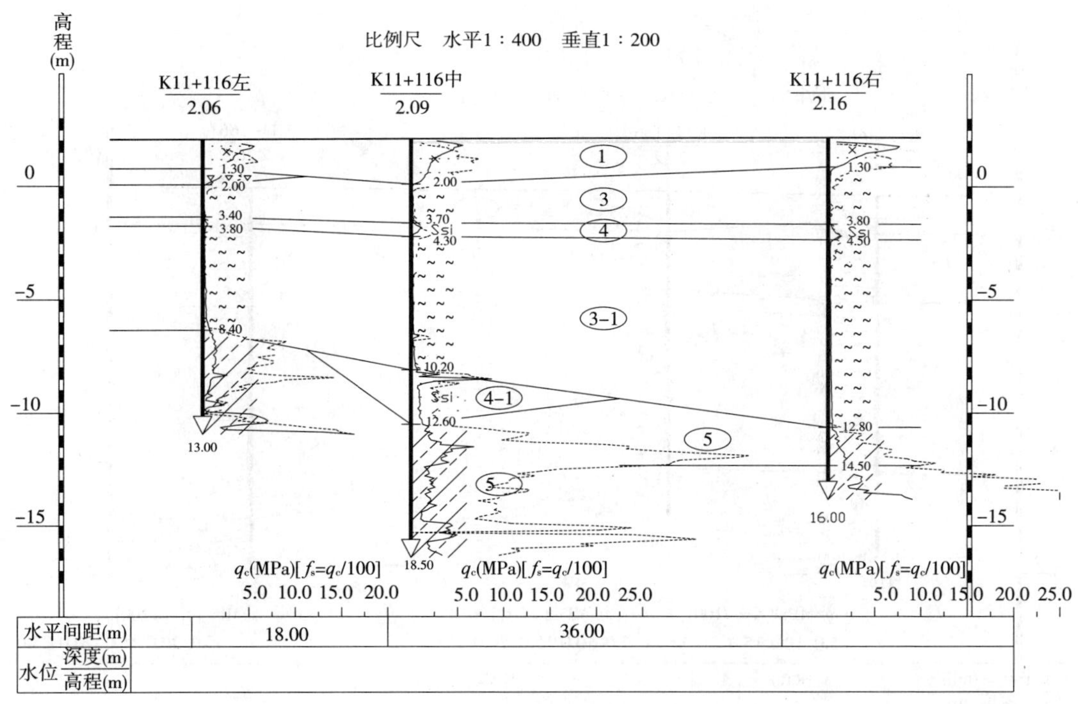

f）07-07′工程地质剖面图

图　3-5

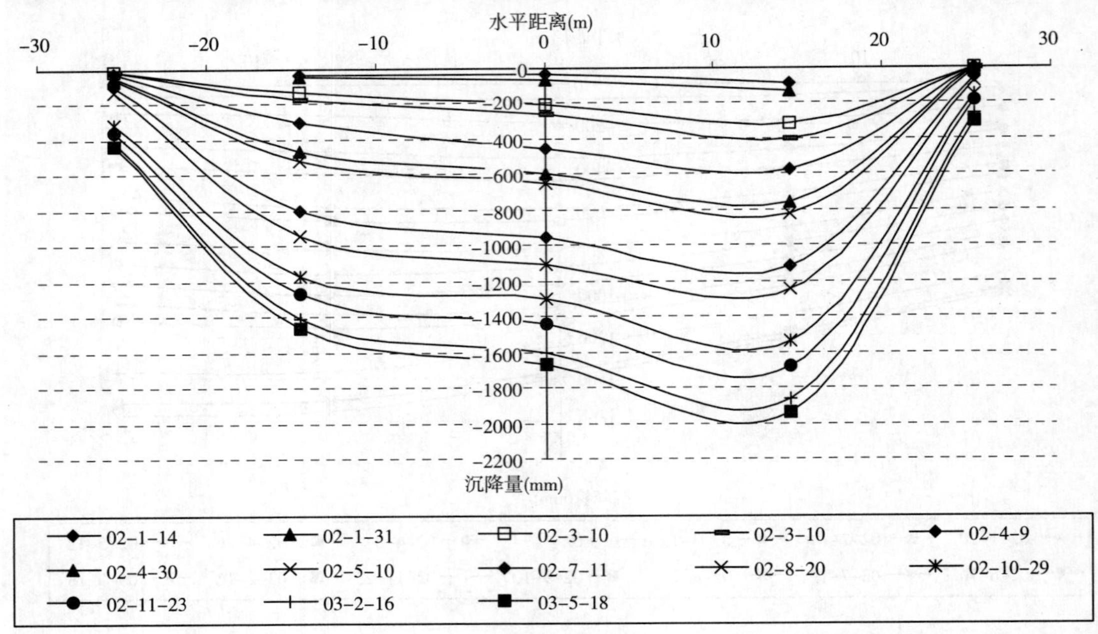

g)K11+166沉降盆

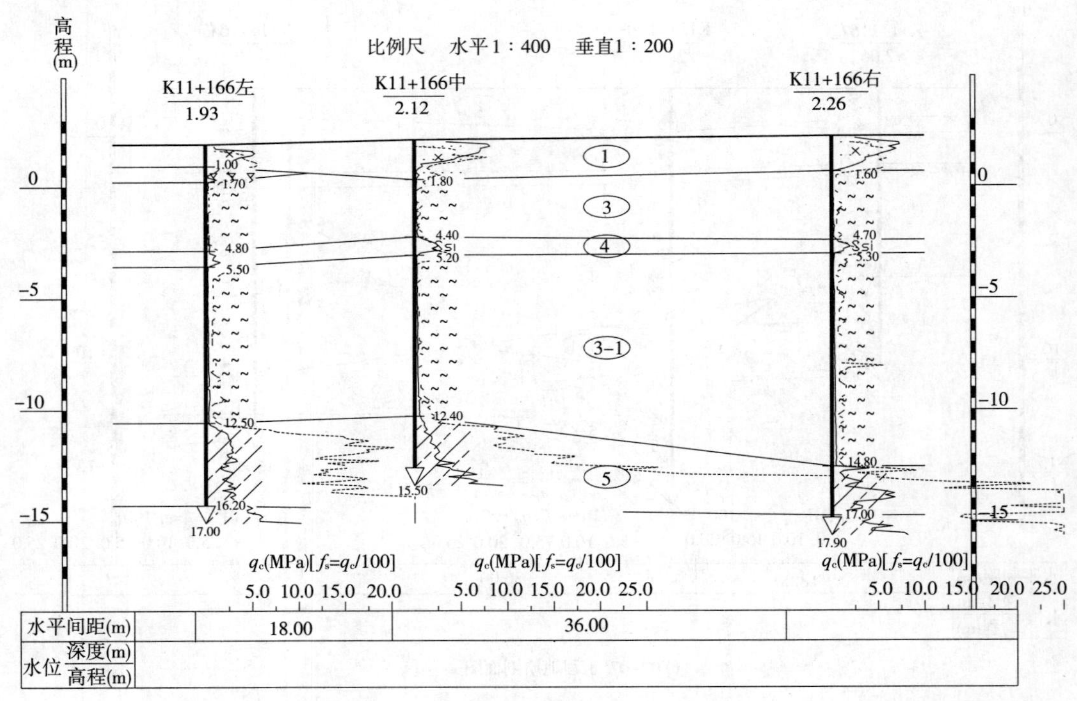

h)08-08′工程地质剖面图

图 3-5

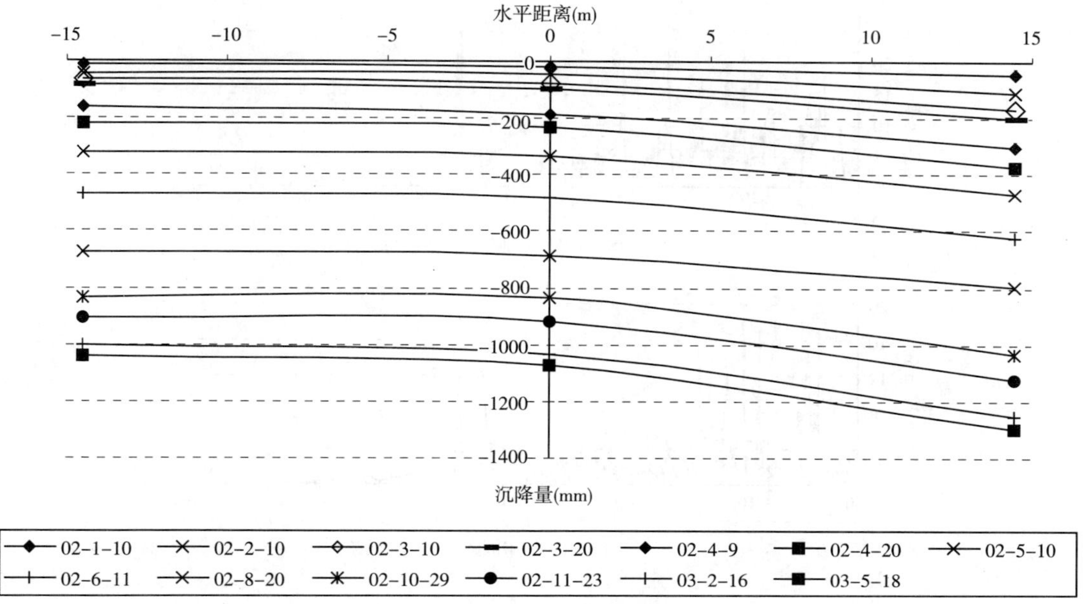

i)K11+196沉降盆

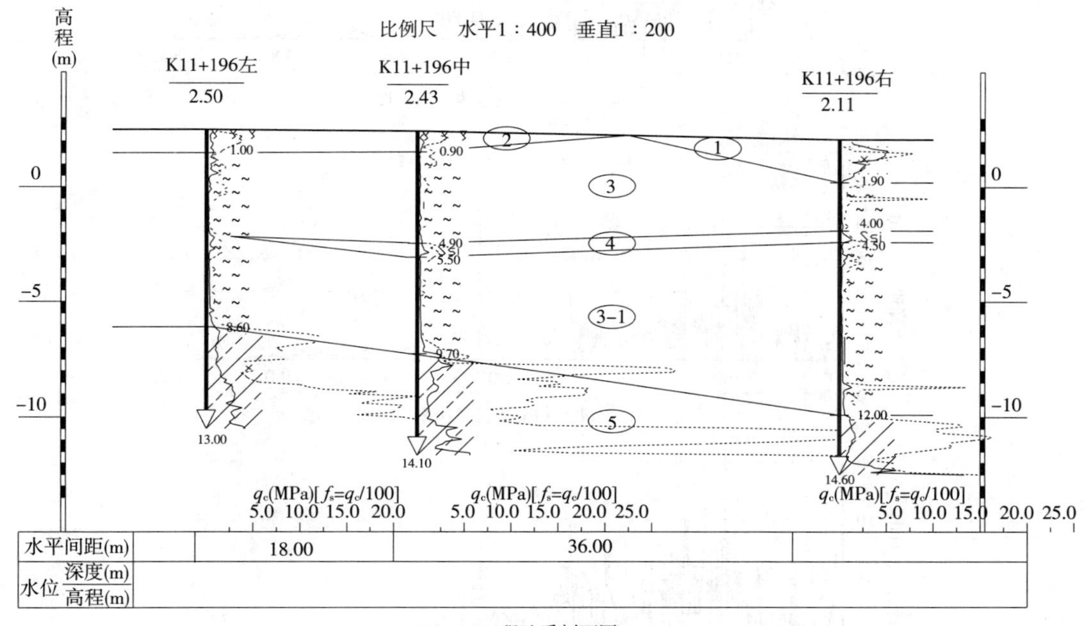

j)09−09′工程地质剖面图

图 3-5　各断面沉降盆及对应的地质横断面图

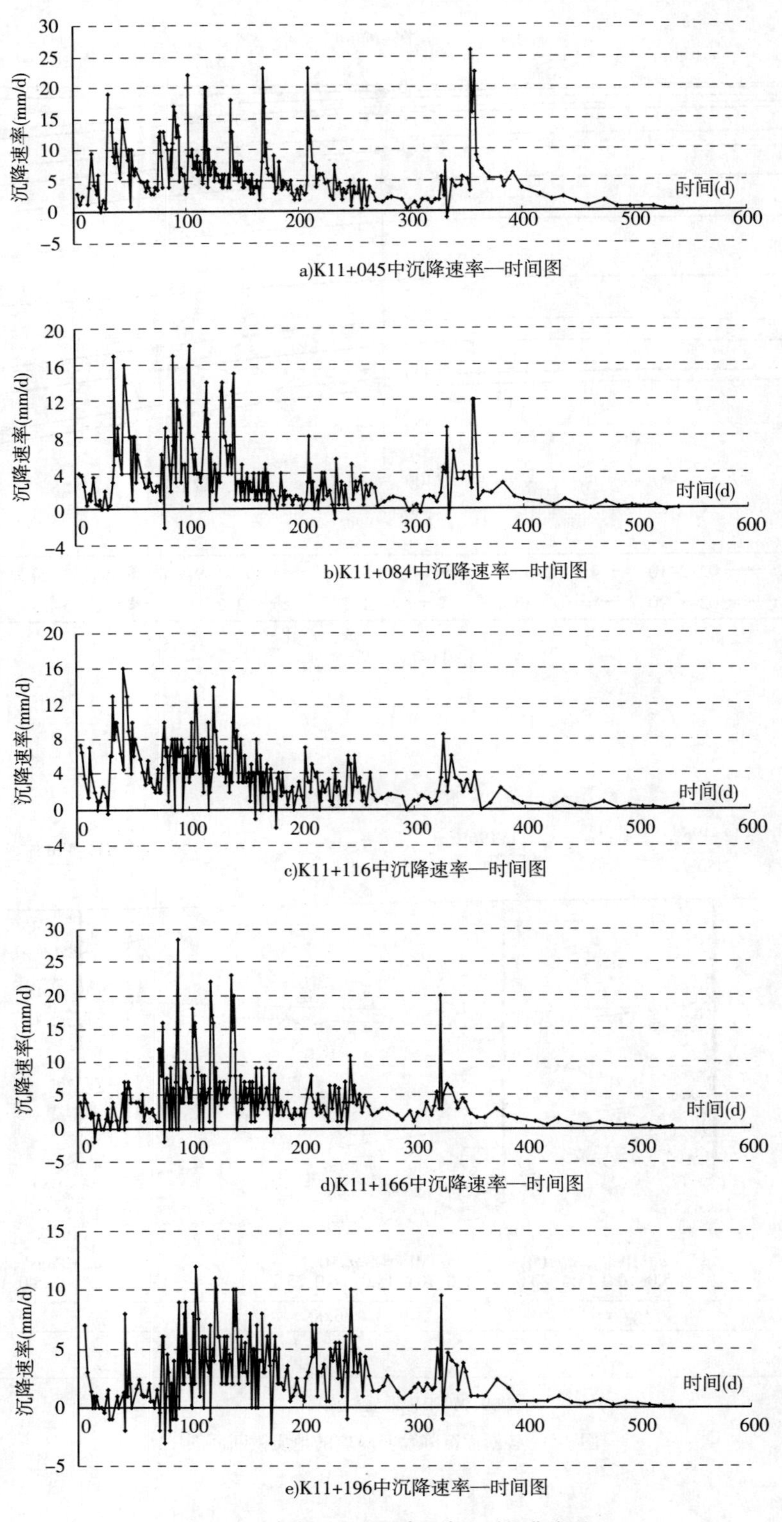

a)K11+045中沉降速率—时间图

b)K11+084中沉降速率—时间图

c)K11+116中沉降速率—时间图

d)K11+166中沉降速率—时间图

e)K11+196中沉降速率—时间图

图3-6　各断面中心沉降速率—时间曲线图

从图 3-4 中可看出,在加载时沉降突然增大,曲线变陡,相对应图 3-6 中沉降速率突然增大,随后沉降速率减小,沉降曲线开始收敛,曲线变缓,每一级加载都存在这样一个过程。从图 3-4 和图 3-5 可看出,在横断面上中心沉降最大,坡脚沉降(K11 +045 和 K11 +166 断面最外两侧的表面沉降板即埋设在坡脚处)最小,形状呈锅底状,这是因为地基中心附加应力最大,而且由于中心沉降增大后,相对应的填土厚度又增加即荷载增大,又会造成新的沉降增大,循环往复直至软土固结完成。由于软土厚度的不均匀性,除 K11 +045 断面外,其余断面都是左浅右深,相差最大 4. 8m(K11 +116),最小 2. 0m(K11 +196),且土质也不均匀(表 3-11)。因此从图中看到部分断面右侧沉降接近甚至大于中心沉降的情况。

沉降与软土厚度、土质指标的关系见表 3-11。从图 3-4、图 3-5 和表 3-11 可看出,沉降与荷载大小、软土厚度及其土质情况等有密切关系。荷载越大,沉降越大;软土厚度越大,沉降越大;土质越差,沉降越大。截止统计日期(沉降:2003 年 6 月 8 日),沉降速率已接近于零,沉降曲线基本成水平直线,说明沉降已趋于稳定。

沉降、侧向位移与软土厚度关系表　　表 3-11

断面号	位置	软土厚度(m)	q_c(MPa)	压缩系数(MPa^{-1})	压缩模量(MPa)	计算填土高度(m)	实际填土高度(m)	表面沉降(mm)	侧向位移(mm)
K11 +045	左$_2$	9. 9	0. 213			8. 941	10. 856	2275. 6	361. 07 (7. 0m)
	中	10. 6	0. 223				10. 758	2267	
	右$_1$	9. 3	0. 319	2. 047	1. 737		10. 366	1800. 2	
K11 +084	左	5. 2	0. 229			7. 007	7. 897	1025. 3	
	中	6. 4	0. 286	1. 625	2. 580		8. 073	1285. 6	
	右	9. 4	0. 284				8. 207	1467. 6	
K11 +116	左$_1$	6	0. 278	1. 35	2. 12	6. 776	7. 661	996. 3	
	中	7. 6	0. 262				7. 989	1405. 1	
	右$_2$	10. 8	0. 291				8. 095	1579. 9	
K11 +166	左$_2$	10. 1	0. 275			6. 671	7. 906	1463. 9	347. 68 (7. 0m)
	中	9. 8	0. 326	1. 815	2. 605		8. 062	1675. 9	
	右$_1$	12. 6	0. 296				8. 303	1948. 4	
K11 +196	左	7. 6	0. 410			6. 543	7. 429	1043. 5	311. 14 (6. 5m)
	中	8. 2	0. 357				7. 446	1076	
	右	9. 6	0. 326	1. 894	2. 604		7. 648	1300. 4	
备注	1. K11 +045 和 K11 +166 断面左$_1$ 和右$_2$ 为坡脚处位置,其余的在路肩处,见仪器埋设图; 2. 锥尖阻力 q_c 为根据静力触探试验各层软土的平均值沿厚度的加权平均值; 3. 软土厚度仅指淤泥厚度; 4. 沉降数据统计至 2003 年 6 月 8 日,侧向位移数据统计至 2003 年 5 月 30 日								

3. 2. 2　分层沉降、深层沉降观测成果与分析

1. 分层沉降

分层沉降观测可以测试分层土体应变,了解分层土的压缩情况,判断压缩层厚度及主要压缩层。分层土随加载过程压缩情况由磁环式分层沉降仪测定。

各分层磁环沉降观测成果见表 3-12、表 3-13,分层沉降与表面沉降对比数据见表 3-14。从表 3-14 中可看出:在分层沉降观测期内,第一沉降环观测沉降量与同期表面沉降板观测值基本一致,尤其是在加载结束后,两者每次观测值仅差 1 ~2mm,表明观测正确,数据可靠。

各分层磁环沉降随加载和时间变化曲线如图3-7所示，各分层磁环沉降随深度和时间的变化曲线如图3-8所示。从图3-7中可看出：每层土体的沉降规律基本一致，加载结束后，各层土体沉降逐渐减小，呈收敛趋势，截至数据统计日期（2003年6月8日），曲线基本成水平直线，说明各层土体沉降已基本稳定，与表面沉降的沉降规律基本相同。

K11 +116分层沉降观测成果 表3-12

观测时间	累计天数	填土高度（cm）	沉降 -11.603	沉降 -9.461	沉降 -8.1215	沉降 -6.16	沉降 -3.0185	沉降 -1.022	沉降 -0.105	沉降 1.9325
2002年1月9日	0	140.50	0	0	0	0	0	0	0	0
2002年1月17日	8	202.10	0	0	2	-1	-1	0	1	8
2002年1月30日	21	231.70	12	14	18	19	21	41	85	43
2002年1月31日	22	231.70	15	15	20	21	28	44	91	47
2002年2月3日	25	231.70	44	47	52	54	87	80	129	108
2002年2月6日	28	231.70	42	45	51	54	104	81	130	131
2002年2月19日	41	231.70	43	49	56	62	119	95	143	204
2002年3月3日	53	231.70	43	49	57	64	121	98	146	244
2002年3月9日	59	284.50	43	52	60	68	127	105	153	280
2002年3月10日	60	284.50	44	52	61	69	129	105	154	286
2002年3月18日	68	284.50	47	56	67	77	141	118	166	325
2002年3月21日	71	340.50	51	61	71	84	147	125	173	353
2002年3月26日	76	340.50	49	59	71	87	154	131	180	381
2002年4月6日	87	392.60	47	62	75	98	171	151	200	441
2002年4月21日	102	457.10	66	84	101	137	231	216	267	552
2002年7月21日	193	595.60	66	84	101	137	231	216	267	552
2002年7月26日	198	595.60	62	81	101	136	229	227	278	552
2002年8月9日	212	595.60	64	83	104	143	234	255	307	581
2002年8月21日	224	610.50	73	92	114	164	245	292	346	623
2002年8月23日	226	610.50	72	91	114	165	245	298	352	629
2002年9月2日	236	610.50	72	91	114	165	245	298	352	629
2002年9月18日	252	610.50	75	94	116	180	256	330	384	662
2002年10月6日	270	610.50	79	99	123	196	282	357	411	691
2002年10月17日	281	672.00	80	99	126	202	292	367	422	701
2002年11月3日	298	716.80	87	107	135	217	317	395	451	732
2002年11月10日	305	738.40	96	117	147	232	335	417	474	755
2002年11月15日	310	798.90	87	109	139	229	338	430	489	771
2002年11月24日	319	798.90	95	119	152	247	369	471	532	814
2002年12月4日	329	798.90	93.5	119	154	254	388	495	556.5	839

续上表

观测时间	累计天数	填土高度(cm)	沉降	沉降	沉降	沉降	沉降	沉降	沉降	沉降
			-11.603	-9.461	-8.1215	-6.16	-3.0185	-1.022	-0.105	1.9325
2002年12月23日	348	798.90	87.5	114	151	260	406	518	581	864
2003年1月2日	358	798.90	99	126	164	277	429	543	606	888
2003年1月12日	368	798.90	102.5	130	169	284	441.5	555	619	901
2003年1月21日	377	798.90	100.5	128	168	286.5	446.5	561	625	907
2003年2月6日	393	798.90	99	127	168	290	456	572	636	918
2003年2月16日	403	798.90	98	127	169	293	461	578	642	925
2003年2月26日	413	798.90	98	126	168	295	465	583	647	930
2003年3月10日	425	798.90	102	130	173	304	472	590	655	938
2003年3月21日	436	798.90	99	127	170	303	473	593	658	940
2003年4月4日	450	798.90	105.5	135	179	313.5	484.5	605	670	953
2003年4月17日	463	798.90	104.5	134	178	314.5	486.5	608	673	955
2003年4月27日	473	798.90	104.5	134	178	316.5	489.5	612	676	959
2003年5月8日	484	798.90	104.5	134	179	318.5	491.5	614	679	962
2003年5月18日	494	798.90	105.5	136	181	320.5	494.5	617	682	965
2003年5月28日	504	798.90	104.5	134	179	319.5	494.5	616	682	965
2003年6月8日	515	798.90	105	134	179	321	497	620	684	967

K11+196分层沉降观测成果 表3-13

观测时间	累计天数	填土高度(cm)	沉降	沉降	沉降	沉降	沉降	沉降	沉降	沉降	沉降	沉降	沉降	沉降	沉降
			-11.4	-10.4	-9.47	-8.79	-7.42	-6.39	-5.4	-3.74	-2.75	-2.08	-0.21	0.06	2.16
2002年1月9日	0	0.00	0	0	0	0	0	0	0	0	0	0	0	0	0
2002年1月17日	8	140.50	-2	-2	-1	-2	1	0	-1	-2	-2	-3	-2	-3	-15
2002年1月30日	21	140.50	17	14	14	14	16	15	15	14	14	13	12	12	10
2002年1月31日	22	140.50	16	14	14	13	15	15	14	14	14	12	12	12	7
2002年2月6日	28	196.20	51	50	50	50	53	51	51	50	45	48	47	49	48.5
2002年2月19日	41	196.20	68	63	64	63	66	65	64	64	56	62	63	64	61.5
2002年3月9日	59	232.50	73	72	73	72	75	74	73	72	65	71	72	73	45.5
2002年3月10日	60	232.50	75	75	75	74	78	76	75	75	68	73	75	76	48.5
2002年3月18日	68	232.50	87	86	86	85	88	87	87	88	78	86	86	88	85.5
2002年3月26日	76	289.70	103	102	103	102	106	106	105	105	98	105	106	107	109
2002年4月9日	90	328.40	122	136	138	138	143	146	145	148	140	151	156	158	162
2002年4月26日	107	387.30	138	155	158	161	169	175	175	186	179	193	215	223	232
2002年5月13日	124	438.20	150	169	174	180	190	200	201	219	216	231	280	282	308
2002年6月1日	143	438.20	165	186	194	201	214	227	227	255	257	279	358	361	395

续上表

观测时间	累计天数	填土高度(cm)	沉降 -11.4	沉降 -10.4	沉降 -9.47	沉降 -8.79	沉降 -7.42	沉降 -6.39	沉降 -5.4	沉降 -3.74	沉降 -2.75	沉降 -2.08	沉降 -0.21	沉降 0.06	沉降 2.16
2002年6月8日	150	483.70	164	188	195	202	217	231	227	264	270	294	377	383	418
2002年6月13日	155	483.70	170	193	201	209	226	241	235	275	285	311	399	403	441
2002年6月17日	159	483.70	172	194	203	211	228	244	238	281	293	321	410	415	454
2002年7月7日	179	483.70	172	194	203	211	228	244	238	281	293	321	410	415	454
2002年7月21日	193	529.10	176	200	208	218	236	254	248	300	313	342	437	442	485
2002年7月26日	198	529.10	179	202	212	220	240	258	253	309	326	357	457	463	507
2002年8月9日	212	529.10	182	207	216	226	248	267	264	329	349	384	489	497	546
2002年11月3日	298	676.80	182	207	216	226	248	267	264	329	349	384	489	497	546
2002年11月10日	305	699.40	185	210	220	229	251	270	268	333	357	394	502	510	559
2002年11月15日	310	727.80	198	223	233	242	264	284	283	346	372	413	526	536	585
2002年11月24日	319	744.60	216	242	251	261	284	303	303	366	400	443	559	569	619
2002年12月4日	329	744.60	227	252	263	273	296	316	318	380	423	468	585	595	645
2002年12月23日	348	744.60	233	259	270	281	303	324	332	390	445	491	611	621	671
2003年1月2日	358	744.60	248	273	285	294	318	339	350	406	466	513	632	643	693
2003年1月12日	368	744.60	257	283	294	305	328	350	363	421	481	529	647	658	709
2003年1月21日	377	744.60	259	285	296	307	330	352	368	426	487	534	654	665	716
2003年2月6日	393	744.60	257	283	295	306	329	352	369	434	491	539	659	670	721
2003年2月16日	403	744.60	255	281	292	304	328	351	370	430	492	541	661	672	722
2003年2月26日	413	744.60	266	289	300	312	336	360	379	439	502	551	670	682	732
2003年3月10日	425	744.60	266	293	304	316	340	364	384	445	508	558	678	688	740
2003年3月21日	436	744.60	265	292	303	315	339	364	386	446	509	560	679	690	741
2003年4月4日	450	744.60	269	296	307	320	344	371	392	452	516	567	686	697	749
2003年4月16日	462	744.60	268	295	306	318	343	371	392	454	517	568	687	699	751
2003年4月27日	473	744.60	270	297	308	320	345	373	395	457	521	572	691	703	754
2003年5月8日	484	744.60	272	300	310	323	348	377	399	461	526	576	696	708	758
2003年5月18日	494	744.60	275	301	310	325	349	377	401	462	527	575	698	709	758
2003年5月28日	504	744.60	275	301	310	325	348	377	401	462	528	578	698	710	759
2003年6月8日	515	744.60	276	302	311	325	350	379	403	465	530	580	701	713	762

分层沉降与表面沉降对比　　表3-14

K11+116				K11+196			
时间	第一沉降环沉降量(mm)	表面沉降(mm)	差值(mm)	时间	第一沉降环沉降量(mm)	表面沉降(mm)	差值(mm)
2001年12月20日		0		2001年12月25日		0	
2002年1月9日	0	70	70(0)	2002年1月9日	0	18	18(0)
2002年1月17日	8	79	71(1)	2002年1月17日	-15	18	33(15)
2002年1月30日	43	175	132(62)	2002年1月30日	10	24	14(-4)
2002年2月6日	131	251	120(50)	2002年2月6日	49	36	-13(-31)
2002年2月19日	204	327	123(53)	2002年2月19日	62	59	-2.5(-21)
2002年3月9日	280	402	123(53)	2002年3月9日	46	72	26(8)
2002年3月18日	325	452	127(57)	2002年3月18日	86	94	8(-10)
2002年3月21日	353	470	117(47)	2002年3月26日	109	122	14(-5)
2002年3月26日	381	500	120(50)	2002年4月9日	162	186	24(6)
2002年4月6日	441	574	133(63)	2002年4月26日	232	264	32(14)
2002年4月21日	552	663	111(41)	2002年5月13日	308	350	42(24)
2002年7月21日	552	991	439(41)	2002年6月1日	395	436	41(23)
2002年7月26日	552	998	446(48)	2002年6月8日	418	466	48(30)
2002年8月9日	581	1031	450(52)	2002年6月13日	441	488	47(29)
2002年8月21日	623	1065	442(44)	2002年6月17日	454	500	46(28)
2002年8月23日	629	1071	442(44)	2002年7月7日	454	543	89(28)
2002年9月2日	629	1096	467(69)	2002年7月21日	485	577	92(31)
2002年9月18日	662	1123	461(63)	2002年7月26日	507	601	94(33)
2002年10月6日	691	1149	458(60)	2002年8月9日	546	641	95(34)
2002年10月17日	701	1156	455(57)	2002年11月3日	546	847	301(34)
2002年11月10日	755	1190	435(37)	2002年11月10日	559	865	306(34)
2002年11月15日	771	1216	445(47)	2002年11月15日	585	888	303(36)
2002年11月24日	814	1250	436(38)	2002年11月24日	619	919	300(33)
2002年12月4日	839	1279	440(42)	2002年12月4日	645	951	306(39)
2002年12月23日	864	1306	442(44)	2002年12月23日	671	977	306(39)
2003年1月2日	888	1330	442(44)	2003年1月2日	693	1001	308(41)
2003年1月12日	901	1344	443(45)	2003年1月12日	709	1018	309(42)
2003年1月21日	907	1349	442(44)	2003年1月21日	716	1022	307(40)
2003年2月6日	918	1358	440(42)	2003年2月6日	721	1031	310(43)
2003年2月16日	925	1361	436(38)	2003年2月16日	722	1036	314(47)
2003年2月26日	930	1370	440(42)	2003年2月26日	732	1046	314(47)
2003年3月10日	938	1375	437(39)	2003年3月10日	740	1051	312(45)
2003年3月21日	940	1378	438(40)	2003年3月21日	741	1054	313(46)
2003年4月4日	953	1390	437(39)	2003年4月4日	749	1063	313(46)
2003年4月17日	955	1391	436(38)	2003年4月16日	751	1065	314(47)
2003年4月27日	959	1396	437(39)	2003年4月27日	754	1069	315(48)

续上表

K11 +116				K11 +196			
时间	第一沉降环沉降量(mm)	表面沉降(mm)	差值(mm)	时间	第一沉降环沉降量(mm)	表面沉降(mm)	差值(mm)
2003 年 5 月 8 日	962	1399	437(39)	2003 年 5 月 8 日	758	1072	314(47)
2003 年 5 月 18 日	965	1401	436(38)	2003 年 5 月 18 日	758	1074	316(49)
2003 年 5 月 28 日	965	1402	437(39)	2003 年 5 月 28	759	1075	315(48)
2003 年 6 月 8 日	967	1405	438(40)	2003 年 6 月 8 日	762	1076	314(47)
1. 两者存在较大差值的原因:一方面是分层沉降初始观测时间比表面沉降晚 20d,产生差值 70mm;另一方面是因为分层沉降管于 2002 年 4 月 21 日后破坏后直至 2002 年 7 月 21 日才重新埋设(没有钻孔设备),产生差值 328mm; 2. 差值栏括号内为考虑前面的原因后的差值				1. 两者存在较大差值的原因:一方面是分层沉降初始观测时间比表面沉降晚 15d,产生差值 18mm;另一方面是因为有两次换管,一次为 2002 年 6 月 17 日后至 2002 年 7 月 17 日恢复,产生差值43mm,另一次为 2002 年 8 月 9 日后破坏后直至 2002 年 11 月 3 日才重新埋设(没有钻孔设备),产生差值 206mm; 2. 差值栏括号内为考虑前面的原因后的差值			

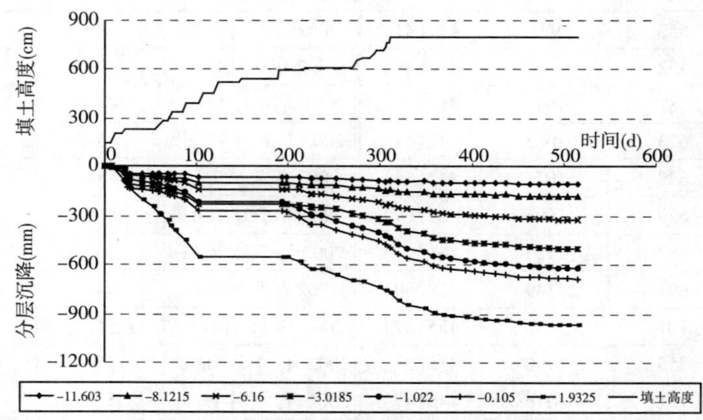

a)K11+116填土高度—时间—分层沉降曲线

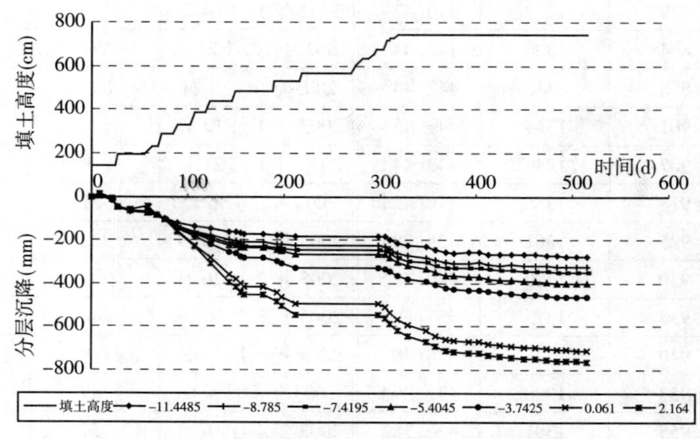

b)K11+196填土高度—时间—分层沉降曲线

图 3-7　填土高度—时间—分层沉降曲线图

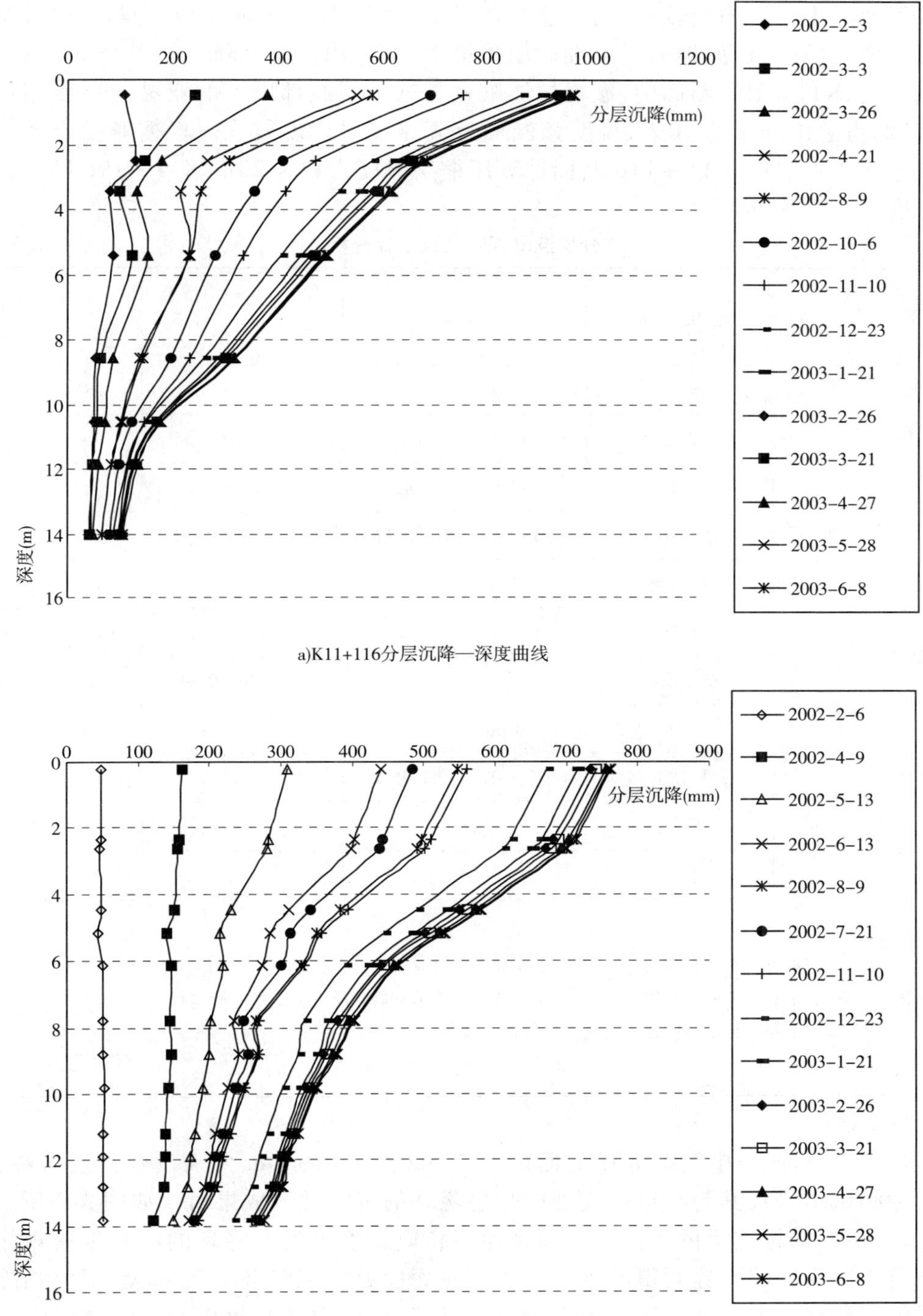

a)K11+116分层沉降—深度曲线

b)K11+196分层沉降—深度曲线

图 3-8　各断面分层沉降—深度曲线

分层沉降观测结果统计分析见表3-15。从表3-15资料中可看出：K11+116断面软土层以下亚黏土层压缩量较小，约占总沉降量的10%，仅为淤泥层压缩量的1/5，说明淤泥层为主要压缩层，但原地面后填细砂压缩量也较大，约占总沉降量的30%，说明细砂回填时未压实；K11+196断面中，淤泥层压缩量与软土层底部以下的亚黏土层压缩量基本接近，各约占总沉降量的50%，说明该断面计算压缩层厚度较大。根据亚黏土平均压缩量并结合图3-8推断，K11+116断面计算压缩层厚度大约为20m，K11+196断面计算压缩层厚度大约为30m。

分层沉降观测结果统计分析 表3-15

断面号	砂井参数	地层名称	起始高程	压缩厚度(m)	压缩量(mm)	占总沉降量百分比(%)
K11+116	长度 12.0m 间距 1.2m	细砂	1.93~0.09	1.84	283	29.27
		淤泥	0.09~-8.11	8.20	504	52.12
		粉砂	-8.11~-9.46	1.35	45	4.65
		粉砂与亚黏土	-9.46~-10.51~-11.60	2.14(1.05+1.09)	30	3.10
		亚黏土	-11.60~		105	10.86
		合计			967	100.00
K11+196	长度 12.0m 间距 1.2m	耕植土及淤泥	2.16~0.90~0.06	2.1(1.26+0.84)	49	6.42
		淤泥	0.06~-7.27	7.33	361	47.31
		亚黏土	-7.27~-11.45	4.18	77	10.09
		亚黏土	-11.45~		276	36.17
		合计			763	100.00
备注	1. 资料整理统计数据为截至2003年6月8日的测试值； 2. 表中起始高程为初测时的高程，两个范围值表示前后两层土分别的起始高程； 3. 压缩厚度栏括号内数字为两层土分别的厚度					

2. 深层沉降

K11+196断面路中线附近在地面以下2.5m、5.4m、9.6m分别设置深层沉降标，深层沉降标测试结果及其与相近深度处的分层磁环的沉降观测成果对比如图3-9所示。由图可见，深层沉降标测得的沉降的发展规律与相应深度处的沉降环的沉降发展规律基本一致。但3个深层沉降标测得的沉降均比相应深度处的沉降环的沉降大，即使扣除分层沉降因破坏期间少测的部分沉降因素后，深层沉降标测得的结果仍然比分层沉降测得的结果大。其差异的原因有待以后试验中探索，可能的原因有深层沉降标套管内淤塞、进土等。

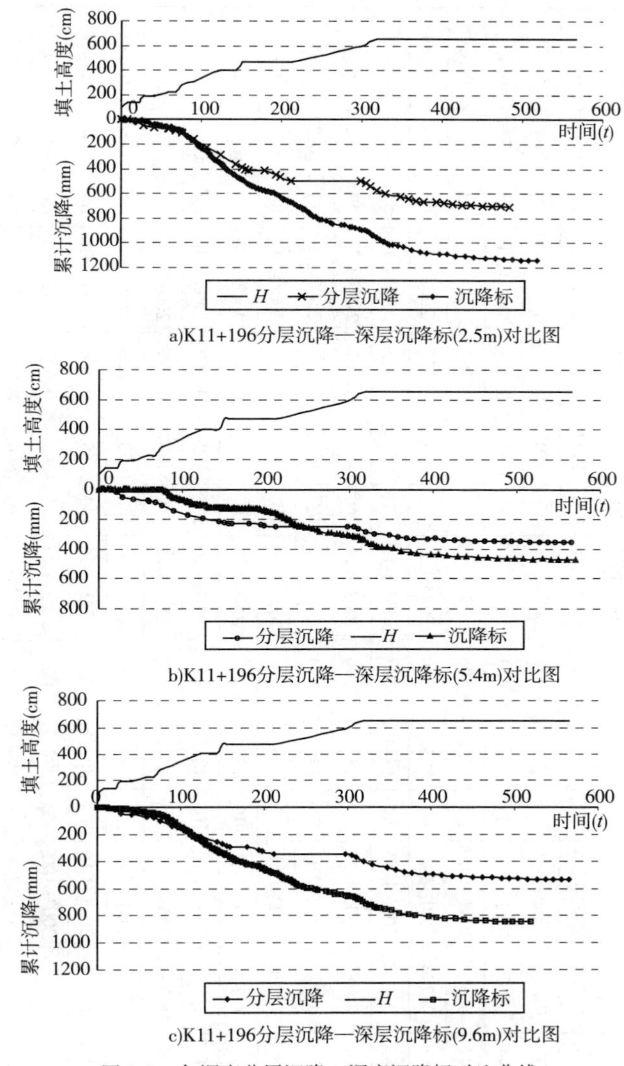

a)K11+196分层沉降—深层沉降标(2.5m)对比图

b)K11+196分层沉降—深层沉降标(5.4m)对比图

c)K11+196分层沉降—深层沉降标(9.6m)对比图

图3-9 各深度分层沉降—深度沉降标对比曲线

3.3 超载设计与卸载时机确定

工后沉降量的大小直接关系到公路建成后的行车质量与安全,因此,在软基路段要求必须将工后沉降量控制在一定的标准之内。

3.3.1 预压荷载下最终沉降的推算

较为准确地定出工后沉降量一般要等路基填土完成后通过沉降观测资料推算。推算方法有很多种,现分别采用双曲线法和星野法对最终沉降量进行推算。

1. 双曲线法

双曲线法是广东省内工程常用的推算方法。

现利用实测沉降资料(表3-16),绘制$\frac{\Delta t}{\Delta S}$—$\Delta t$直线,如图3-10所示,根据图3-10即可求出各断面最终沉降量,计算结果见表3-17。

表 3-16

双曲线法推算各断面中心点沉降原始数据

K11+045 中				K11+084 中				K11+116 中				K11+166 中				K11+196 中			
日期	t(d)	S_t(mm)	$t/(S_t-S_0)$	日期	t(d)	S_t	$t/(S_t-S_0)$	日期	t(d)	S_t	$t/(S_t-S_0)$	日期	t(d)	S_t	$t/(S_t-S_0)$	日期	t(d)	S_t	$t/(S_t-S_0)$
2002-12-11	0	1871	0.000	2002-12-11	0	1159	0.000	2002-11-23	0	1250	0.000	2002-11-23	0	1440	0.000	2002-11-23	0	919	0.000
2002-12-12	1	1879	0.125	2002-12-16	5	1168	0.556	2002-11-27	4	1262	0.333	2002-11-27	4	1456	0.250	2002-11-27	4	933	0.286
2002-12-16	5	1906	0.143	2002-12-23	12	1180	0.571	2002-11-29	6	1266	0.375	2002-11-29	6	1462	0.273	2002-11-29	6	936	0.353
2002-12-23	12	1944	0.164	2003-1-2	22	1209	0.440	2002-12-3	10	1279	0.345	2002-12-3	10	1480	0.250	2002-12-3	10	951	0.313
2003-1-2	22	1998	0.173	2003-1-13	33	1224	0.508	2002-12-6	13	1285	0.371	2002-12-6	13	1492	0.250	2002-12-6	13	960	0.317
2003-1-5	25	2010	0.180	2003-1-21	41	1232	0.562	2002-12-10	17	1301	0.333	2002-12-10	17	1501	0.279	2002-12-10	17	964	0.378
2003-1-12	32	2053	0.176	2003-2-6	57	1244	0.671	2002-12-16	23	1301	0.451	2002-12-16	23	1511	0.324	2002-12-16	23	970	0.451
2003-1-21	41	2087	0.190	2003-2-16	67	1247	0.761	2002-12-23	30	1306	0.536	2002-12-23	30	1523	0.361	2002-12-23	30	977	0.517
2003-2-6	57	2132	0.218	2003-2-26	77	1257	0.786	2003-1-2	40	1330	0.500	2003-1-2	40	1553	0.354	2003-1-2	40	1001	0.488
2003-2-16	67	2151	0.239	2003-3-10	89	1263	0.856	2003-1-13	51	1344	0.543	2003-1-13	51	1573	0.383	2003-1-13	51	1018	0.515
2003-2-26	77	2175	0.253	2003-3-21	100	1264	0.952	2003-1-21	59	1349	0.596	2003-1-21	59	1585	0.407	2003-1-21	59	1022	0.573
2003-3-10	89	2193	0.276	2003-4-4	114	1273.9	0.992	2003-2-6	75	1358	0.694	2003-2-6	75	1602	0.463	2003-2-6	75	1031	0.670
2003-3-21	100	2203	0.301	2003-4-16	126	1276.1	1.076	2003-2-16	85	1361	0.766	2003-2-16	85	1607	0.509	2003-2-16	85	1036	0.726
2003-4-4	114	2227.5	0.320	2003-4-27	137	1279.1	1.141	2003-2-26	95	1370	0.792	2003-2-26	95	1622	0.522	2003-2-26	95	1046	0.748
2003-4-16	126	2236.7	0.345	2003-5-8	148	1281.3	1.210	2003-3-10	107	1375	0.856	2003-3-10	107	1631	0.560	2003-3-10	107	1051	0.811
2003-4-27	137	2245.3	0.366	2003-5-18	158	1285	1.254	2003-3-21	118	1378	0.922	2003-3-21	118	1637	0.599	2003-3-21	118	1054	0.874
2003-5-8	148	2253.9	0.387	2003-5-28	168	1284.5	1.339	2003-4-4	132	1390.1	0.942	2003-4-4	132	1650.4	0.627	2003-4-4	132	1062.6	0.919
2003-5-18	158	2260.9	0.405	2003-6-8	179	1285.6	1.414	2003-4-16	144	1391.1	1.021	2003-4-16	144	1655.7	0.668	2003-4-16	144	1064.9	0.987
2003-5-28	168	2262.8	0.429					2003-4-27	155	1395.9	1.062	2003-4-27	155	1662.3	0.697	2003-4-27	155	1069.2	1.032
2003-6-8	179	2267	0.452					2003-5-8	166	1399.1	1.113	2003-5-8	166	1666.6	0.733	2003-5-8	166	1072.2	1.084
								2003-5-18	176	1401.3	1.163	2003-5-18	176	1671	0.762	2003-5-18	176	1074.3	1.133
								2003-5-28	186	1401.7	1.226	2003-5-28	186	1673.3	0.797	2003-5-28	186	1074.9	1.193
								2003-6-8	197	1405.1	1.270	2003-6-8	197	1675.9	0.835	2003-6-8	197	1076	1.255
备注	$y=0.0018x+0.1269$ $R^2=0.9945$			备注	$y=0.006x+0.3204$ $R^2=0.9974$			备注	$y=0.0049x+0.3201$ $R^2=0.9926$			备注	$y=0.003x+0.238$ $R^2=0.9957$			备注	$y=0.0048x+0.2988$ $R^2=0.9931$		

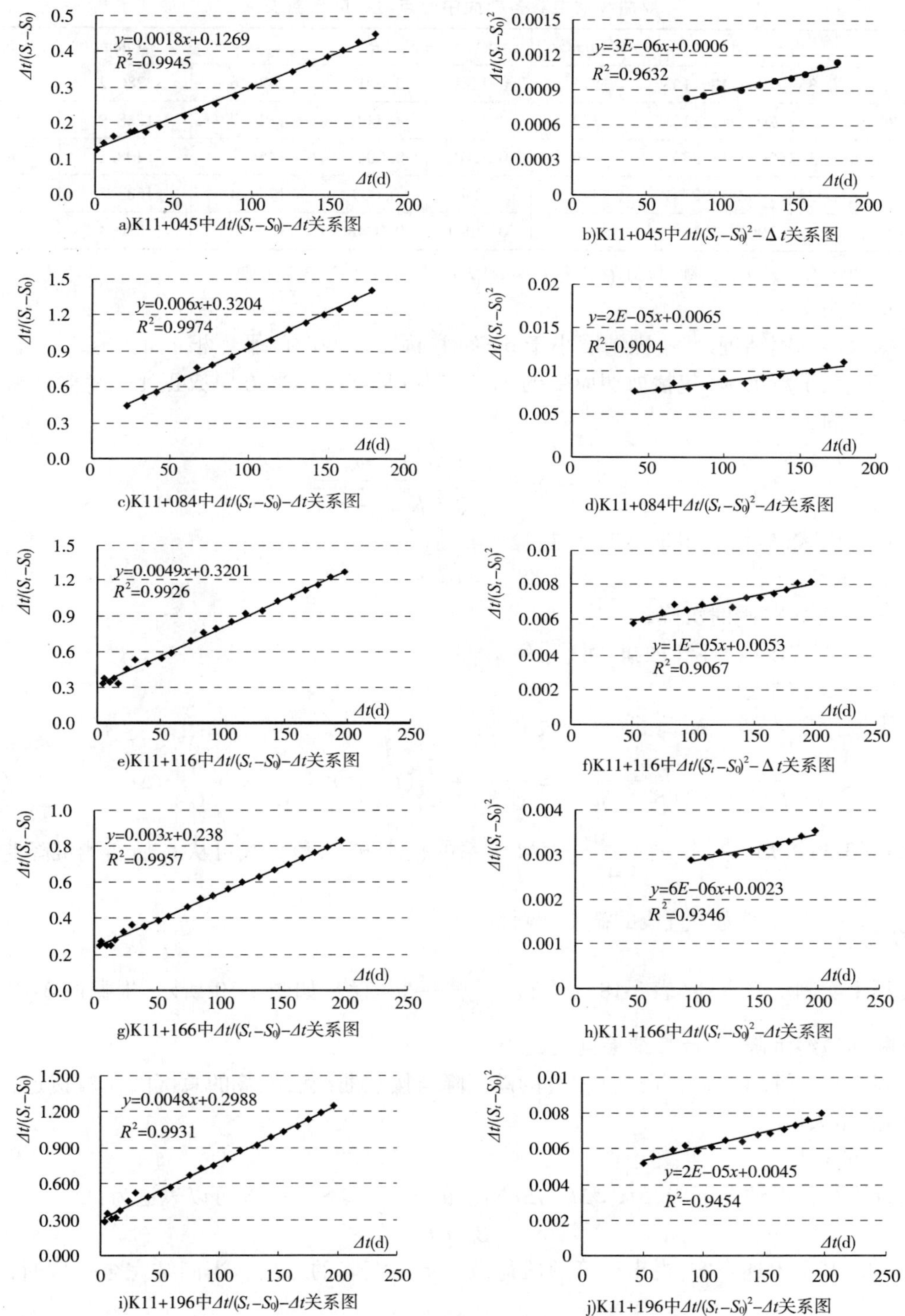

图 3-10　双曲线法与星野法

双曲线法推算各断面中心点最终沉降量表　　表 3-17

断面号	t_0(d)	S_0(mm)	A	B	S_∞(mm)	S_t(mm)	$S_\infty - S_t$(mm)
K11 +045 中	359(2002.12.11)	1871	0.1269	0.0018	2426.6	2280.2	146.4
K11 +084 中	359(2002.12.11)	1159	0.3204	0.006	1325.7	1288.9	36.8
K11 +116 中	338(2002.11.23)	1250	0.3201	0.0049	1454.1	1408.1	46
K11 +166 中	333(2002.11.23)	1440	0.238	0.003	1773.3	1683.8	89.5
K11 +196 中	333(2002.11.23)	919	0.2988	0.0048	1127.3	1080.4	46.9

注：S_t 为 2003 年 7 月 9 日实测沉降值；t_0 栏数字为累计天数，括号内数字为实际日期。

2. 星野法

根据太沙基固结理论，当固结度小于 60% 时，固结度与时间平方根成正比。星野根据现场实测值证明了总沉降（包括剪切应变的沉降在内）是与时间平方根成正比。星野法推测沉降计算公式为：

$$S_t = S_0 + \frac{CK\sqrt{t - t_0}}{\sqrt{1 + K^2(t - t_0)}} \tag{3-1}$$

当 $t \to \infty$ 时，由式(3-1)可得最终沉降量：

$$S_\infty = S_0 + C \tag{3-2}$$

式中：S_0——假定的瞬时沉降；

t_0——假定瞬时沉降时的时间；

C、K——待定常数。

为求取待定常数 C、K，将式(3-1)改写为：

$$\frac{\Delta t}{(\Delta S)^2} = \frac{t - t_0}{(S_t - S_0)^2} = \frac{1}{C^2K^2} + \frac{1}{C^2}(t - t_0) = \frac{1}{C^2K^2} + \frac{1}{C^2}\cdot\Delta t \tag{3-3}$$

从式(3-3)可知，它是一个$\frac{\Delta t}{(\Delta S)^2} \sim \Delta t$ 关系的直线方程，该直线可从 t_0 后实测沉降曲线绘制出，$\frac{1}{C^2K^2}$、$\frac{1}{C^2}$即分别为该直线的截距和斜率。

现利用实测沉降资料（表 3-18），绘制$\frac{\Delta t}{(\Delta S)^2}$—$\Delta t$ 直线，如图 3-10 所示，根据图 3-10 即可求出各断面最终沉降量，计算结果见表 3-19。

从表 3-19 可看出，采用星野法推算的总沉降与按双曲线法推算的总沉降比较接近，相差不大，前者略大。

3. Asaoka 法

一维固结变形情况下，0、Δt、$2\Delta t \cdots j\Delta t$ 对应的 S_0、S_1、S_2、… S_j可以表达为：

$$S_j = \beta_0 + \beta_1 S_{j-1} \tag{3-4}$$

Asaoka 基于上述事实，提出推算预压荷载下最终沉降的方法。当固结完全完成时，$S_{j-1} = S_j = S_\infty$，有

$$S_\infty = \frac{\beta_0}{1 - \beta_1} \tag{3-5}$$

因此，作出 $S_{j-1} \sim S_j$关系图，取得 β_0、β_1，可以得到最终沉降。如图 3-11、表 3-20 所示。

星野法推算各断面中心点沉降原始数据

表 3-18

K11 +045 中				K11 +084 中				K11 +116 中				K11 +166 中				K11 +196 中			
日期	Δt	$\Delta t/(S_t\text{-}S_0)^2$	累计沉降(mm)	日期	Δt	$\Delta t/(S_t\text{-}S_0)^2$	累计沉降(mm)	日期	Δt	$\Delta t/(S_t\text{-}S_0)^2$	累计沉降(mm)	日期	Δt	$\Delta t/(S_t\text{-}S_0)^2$	累计沉降(mm)	日期	Δt	$\Delta t/(S_t\text{-}S_0)^2$	累计沉降(mm)
2001-12-17			初测	2001-12-17			初测	2001-12-20			初测	2001-12-25			初测	2001-12-30			初测
2002-12-11	0	0	1871	2002-12-11	0	0	1159	2002-11-23	0	0	1250	2002-11-23	0	0	1440	2002-11-23	0	0	919
2003-2-26	77	0.0008	2175	2003-1-21	41	0.0077	1232	2003-1-13	51	0.0058	1344	2003-2-26	95	0.0029	1622	2003-1-13	51	0.0052	1018
2003-3-10	89	0.0009	2193	2003-2-6	57	0.0079	1244	2003-1-21	59	0.006	1349	2003-3-10	107	0.0029	1631	2003-1-21	59	0.0056	1022
2003-3-21	100	0.0009	2203	2003-2-16	67	0.0087	1247	2003-2-6	75	0.0064	1358	2003-3-21	118	0.003	1637	2003-2-6	75	0.006	1031
2003-4-4	114	0.0009	2227.5	2003-2-26	77	0.008	1257	2003-2-16	85	0.0069	1361	2003-4-4	132	0.003	1650.4	2003-2-16	85	0.0062	1036
2003-4-16	126	0.0009	2236.7	2003-3-10	89	0.0082	1263	2003-2-26	95	0.0066	1370	2003-4-16	144	0.0031	1655.7	2003-2-26	95	0.0059	1046
2003-4-27	137	0.001	2245.3	2003-3-21	100	0.0091	1264	2003-3-10	107	0.0068	1375	2003-4-27	155	0.0031	1662.3	2003-3-10	107	0.0061	1051
2003-5-8	148	0.001	2253.9	2003-4-4	114	0.0086	1273.9	2003-3-21	118	0.0072	1378	2003-5-8	166	0.0032	1666.6	2003-3-21	118	0.0065	1054
2003-5-18	158	0.001	2260.9	2003-4-16	126	0.0092	1276.1	2003-4-4	132	0.0067	1390	2003-5-18	176	0.0033	1671	2003-4-4	132	0.0064	1062.6
2003-5-28	168	0.0011	2262.8	2003-4-27	137	0.0095	1279.1	2003-4-16	144	0.0072	1391	2003-5-28	186	0.0034	1673.3	2003-4-16	144	0.0068	1064.9
2003-6-8	179	0.0011	2267	2003-5-8	148	0.0099	1281.3	2003-4-27	155	0.0073	1396	2003-6-8	197	0.0035	1675.9	2003-4-27	155	0.0069	1069.2
				2003-5-18	158	0.01	1285	2003-5-8	166	0.0075	1399					2003-5-8	166	0.0071	1072.2
				2003-5-28	168	0.0107	1284.5	2003-5-18	176	0.0077	1401					2003-5-18	176	0.0073	1074.3
				2003-6-8	179	0.0112	1285.6	2003-5-28	186	0.0081	1402					2003-5-28	186	0.0077	1074.9
								2003-6-8	197	0.0082	1405					2003-6-8	197	0.008	1076
备注	$y=3E\text{-}06x+0.0006$ $R^2=0.9632$			备注	$y=2E\text{-}05x+0.0065$ $R^2=0.9004$			备注	$y=1E\text{-}05x+0.0053$ $R^2=0.9067$			备注	$y=6E\text{-}06x+0.0023$ $R^2=0.9346$			备注	$y=2E\text{-}05x+0.0045$ $R^2=0.9454$		

星野法推算各断面中心点最终沉降量计算表 表 3-19

断面号	t_0	S_0 (mm)	$1/C^2$	$1/(C^2K^2)$	C	K	S_∞ (mm)	$S_{双}$ (mm)	比值
K11 +045 中	2002. 12. 11	1871	3. E-06	0. 0006	577. 4	0. 071	2448. 4	2426. 6	1. 01
K11 +084 中	2002. 12. 11	1159	2. E-05	0. 0065	223. 6	0. 055	1382. 6	1325. 7	1. 04
K11 +116 中	2002. 11. 23	1250	1. E-05	0. 0053	316. 2	0. 043	1566. 2	1454. 1	1. 08
K11 +166 中	2002. 11. 23	1440	6. E-06	0. 0023	408. 2	0. 051	1848. 2	1773. 3	1. 04
K11 +196 中	2002. 11. 23	919	2. E-05	0. 0045	223. 6	0. 067	1142. 6	1127. 3	1. 01

注：$S_{双}$为按双曲线法推算的总沉降；比值为星野法推算的总沉降与双曲线法推算的总沉降的比值。

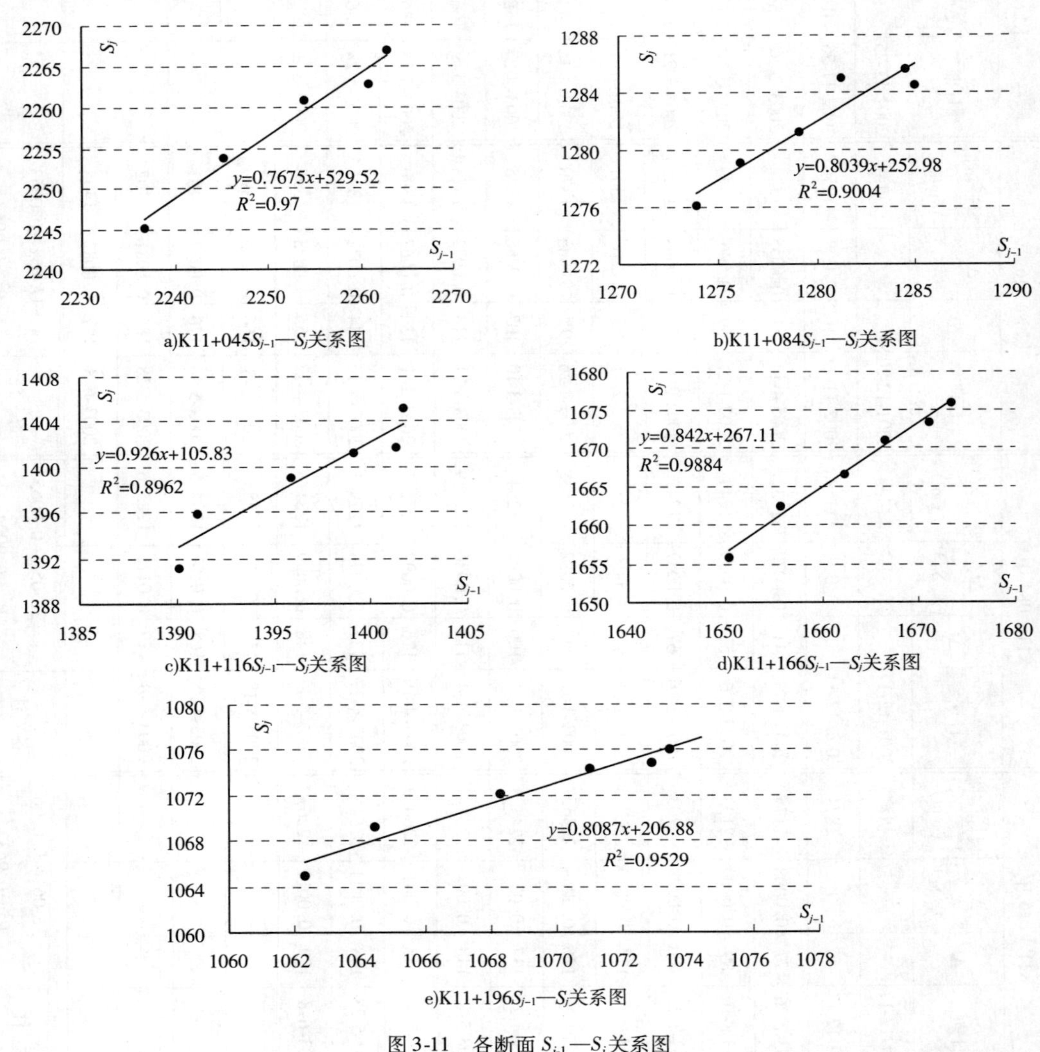

图 3-11 各断面 S_{j-1}—S_j关系图

Asaoka 法推算最终沉降量　　表 3-20

断面号	β_0	β_1	S_∞(mm)	$S_{双}$(mm)	比值
K11 +045 中	529.52	0.7675	2277.5	2426.6	0.94
K11 +084 中	252.98	0.8039	1290.1	1325.7	0.97
K11 +116 中	105.83	0.926	1430.1	1454.1	0.98
K11 +166 中	267.11	0.842	1690.6	1773.3	0.95
K11 +196 中	206.88	0.8087	1081.4	1127.3	0.96

注:$S_{双}$为按双曲线法推算的总沉降;比值为 Asaoka 法推算的总沉降与双曲线法推算的总沉降的比值。

由上述三种方法推算的结果,结合广东省工程经验及最近的沉降监测资料,双曲线法及星野法较适合珠江三角洲地区软土地基的沉降推算。星野法推算结果比双曲线法推算结果稍大。对于未经地基处理,沉降非常缓慢的情况,双曲线法适应性更强。而 Asaoka 法推算结果偏小。

3.3.2　卸载时机的确定

1)最终沉降与荷载关系研究

计算剩余沉降需要知道设计荷载下的最终沉降。因此,有必要探索如何由预压荷载下的最终沉降求取设计荷载下的最终沉降总沉降。

首先,研究试验段同一断面处不同填土荷载及其对应的最终沉降的关系。表 3-21 是根据试验段试验资料整理得到的各个监测断面处的填土荷载及其对应的最终沉降,其中固结度是根据孔压实测资料得到的。各级荷载下的总沉降由实测沉降及对应的固结度进行计算。根据表 3-21 绘制推算最终沉降—荷载曲线,如图 3-12 所示。从图中可看出,各级荷载下的推算总沉降与荷载基本上成线性关系,相关系数均较高(0.9 以上)。由于表面沉降板的埋设是在工作砂垫层完成之后进行的,也就是说工作砂垫层荷载作用下的沉降没有考虑,因此导致直线偏离原点(在水平荷载轴上有正截距)。

各级荷载下推算最终沉降与荷载的关系　　表 3-21

K11 +045						K11 +116					
加载开始时间	加载结束时间	实际累计荷载(kPa)	至本级加载时累计沉降 S_t(mm)	孔压实测固结度	推算最终沉降(mm)	加载开始时间	加载结束时间	实际累计荷载(kPa)	至本级加载时累计沉降 S_t(mm)	孔压实测固结度	推算最终沉降(mm)
2001-11-21	2001-12-15	26.70	0			2001-12-1	2001-12-25	26.70	0		
2002-1-14	2002-1-20	35.34	75	87.56	85.7	2002-1-14	2002-1-20	38.40	76	58.09	130.8
2002-1-28	2002-2-1	40.89	193	77.05	250.5	2002-1-28	2002-2-1	44.02	147	52.23	281.4
2002-3-2	2002-3-5	50.26	390	87.74	444.5	2002-3-5	2002-3-13	54.06	371	54.33	682.9
2002-3-14	2002-3-18	62.43	501	80.32	623.8	2002-3-19	2002-3-24	64.70	452	53.54	844.3
2002-3-27	2002-3-30	72.18	620	81.46	761.1	2002-4-4	2002-4-8	74.59	542	58.20	931.3
2002-4-9	2002-4-14	81.21	730	83.13	878.1	2002-4-21	2002-4-26	86.85	649	61.23	1059.9
2002-4-25	2002-5-8	95.65	896	84.13	1065.0	2002-5-8	2002-5-12	99.22	745	62.60	1190.1
2002-5-29	2002-6-4	109.55	1067	86.71	1230.5	2002-6-4	2002-6-7	103.06	878	66.77	1315.1

续上表

K11 +045						K11 +116					
加载开始时间	加载结束时间	实际累计荷载（kPa）	至本级加载时累计沉降 S_t（mm）	孔压实测固结度	推算最终沉降（mm）	加载开始时间	加载结束时间	实际累计荷载（kPa）	至本级加载时累计沉降 S_t（mm）	孔压实测固结度	推算最终沉降（mm）
2002-7-11	2002-7-16	128. 82	1290	89. 53	1440. 9	2002-7-16	2002-7-19	113. 16	970	71. 87	1349. 7
2002-8-15	2002-8-15	132. 43	1461	89. 31	1635. 9	2002-8-15	2002-8-15	116. 00	1038	77. 04	1347. 3
2002-10-12	2002-10-12	137. 31	1606	92. 65	1733. 4	2002-10-12	2002-10-12	124. 36	1149	83. 78	1371. 5
2002-10-18	2002-10-18	141. 38	1616	93. 58	1726. 8	2002-10-18	2002-10-18	127. 68	1156	87. 66	1318. 7
2002-10-29	2002-10-29	145. 69	1629	93. 21	1747. 6	2002-10-29	2002-10-29	131. 97	1165	87. 13	1337. 1
2002-11-1	2002-11-1	150. 23	1640	91. 97	1783. 2	2002-11-1	2002-11-1	136. 19	1171	82. 80	1414. 3
2002-11-10	2002-11-10	154. 58	1656	92. 03	1799. 4	2002-11-10	2002-11-10	140. 30	1183	81. 30	1455. 1
2002-11-12	2002-11-12	159. 51	1668	92. 49	1803. 3	2002-11-13	2002-11-13	145. 92	1207	79. 38	1520. 5
2002-11-15	2002-11-15	165. 62	1686	91. 45	1843. 6	2002-11-15	2002-11-15	151. 79	1213	77. 24	1570. 4
2002-11-23	2002-11-23	170. 18	1712	91. 89	1863. 2						
2002-11-27	2002-11-28	179. 23	1729	92. 24	1874. 5						
2002-12-6	2002-12-8	191. 81	1772	92. 17	1922. 5						
2002-12-9	2002-12-10	204. 40	1817	86. 36	2103. 9						
K11 +166						K11 +196					
2001-12-1	2001-12-25	26. 70	0			2001-12-1	2001-12-25	26. 70	0		
2002-1-14	2002-1-20	32. 21	41	72. 48	56. 6	2002-2-2	2002-2-5	37. 28	24	76. 87	31. 2
2002-1-28	2002-2-1	36. 29	56	78. 19	71. 6	2002-3-5	2002-3-13	44. 18	70	90. 38	77. 4
2002-3-5	2002-3-13	48. 43	175	84. 62	206. 8	2002-3-19	2002-3-24	55. 04	94	86. 11	109. 2
2002-3-19	2002-3-24	60. 02	258	76. 85	335. 7	2002-4-4	2002-4-8	62. 40	160	96. 98	165. 0
2002-4-4	2002-4-8	67. 91	388	74. 16	523. 2	2002-4-21	2002-4-26	73. 59	234	107. 56	217. 6
2002-4-21	2002-4-26	80. 60	513	76. 62	669. 5	2002-5-8	2002-5-12	83. 26	318	108. 63	292. 7
2002-5-8	2002-5-12	88. 05	636	76. 84	827. 7	2002-6-4	2002-6-7	91. 90	443	112. 32	394. 4
2002-6-4	2002-6-7	96. 65	819	78. 92	1037. 8	2002-7-16	2002-7-19	100. 53	553	118. 79	465. 5
2002-7-16	2002-7-19	109. 42	957	86. 22	1110. 0	2002-8-15	2002-8-15	107. 77	657	87. 41	751. 6
2002-8-15	2002-8-15	115. 27	1075	83. 45	1288. 3	2002-10-12	2002-10-12	115. 03	809	82. 35	982. 4
2002-10-12	2002-10-12	124. 01	1260	86. 12	1463. 0	2002-10-18	2002-10-18	120. 56	818	83. 15	983. 8
2002-10-18	2002-10-18	128. 93	1278	85. 84	1488. 9	2002-10-29	2002-10-29	124. 60	831	84. 81	979. 9
2002-10-29	2002-10-29	133. 36	1291	87. 87	1469. 2	2002-11-1	2002-11-1	128. 59	838	82. 99	1009. 7
2002-11-1	2002-11-1	137. 29	1301	85. 30	1525. 2	2002-11-10	2002-11-10	132. 89	855	81. 23	1052. 5
2002-11-10	2002-11-10	141. 76	1331	84. 84	1568. 8	2002-11-13	2002-11-13	136. 17	870	79. 87	1089. 3
2002-11-13	2002-11-13	146. 79	1348	83. 06	1623. 0	2002-11-15	2002-11-15	138. 28	889	80. 97	1098. 0
2002-11-15	2002-11-15	153. 18	1388	82. 48	1682. 8	2002-11-23	2002-11-23	141. 47	903	80. 62	1120. 0

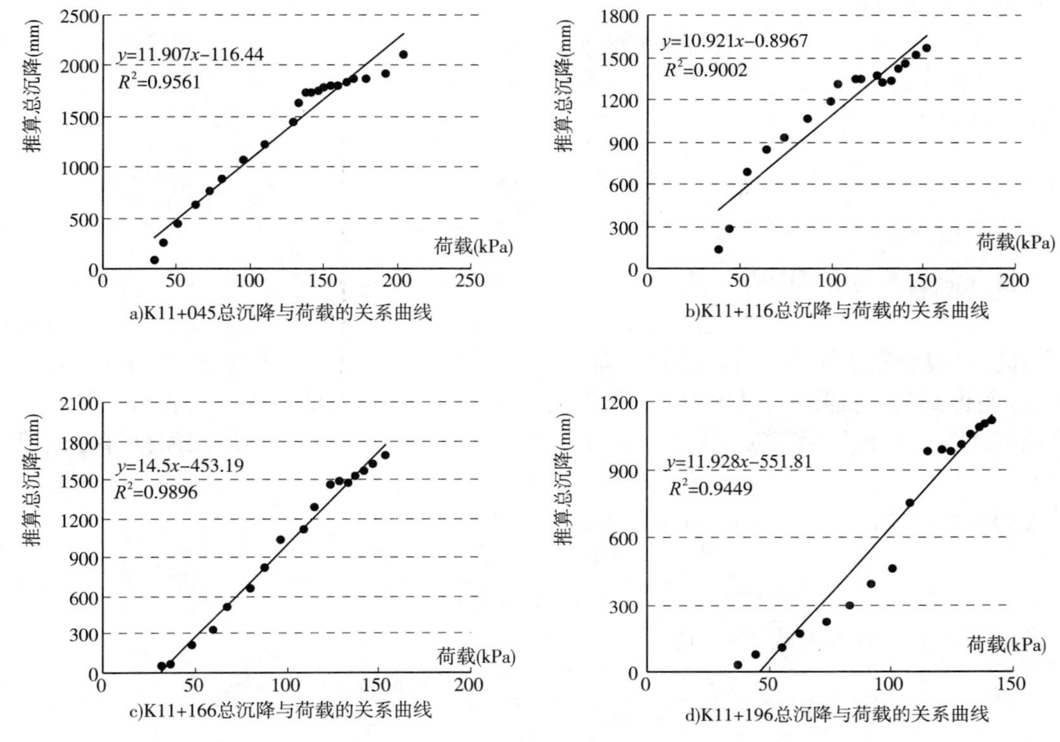

图 3-12　各断面各级荷载下推算总沉降—荷载关系曲线

根据前面分析,可以认为荷载与固结完毕时的最终沉降成正比。因此可以根据预压荷载下推算的最终沉降计算得到设计荷载对应的最终沉降。

2)推算设计荷载下的最终沉降

由于设计荷载包括沉降土方荷载,而通常知道的设计参数是设计填土高度,设计沉降量仅能作为参考,准确性较差,因此利用荷载与最终沉降的正比关系直接推算设计荷载对应的最终沉降具有一定的难度。

由上述的"荷载与最终沉降成正比"的结论可以证明,同一地点,固结完毕时的沉降与相应的填土高度成正比。

如图 3-13 所示,设 H_d 为设计路基高度,等于路面高程与原始地面高程之差;H_t 为 t 时的填土高度(如不是均质土,则换算成均质土);H_∞ 为预压荷载下沉降完成后的填土高度;H_e 为将路面、汽车荷载换算为填土后的等效设计填土高度;S_t 为 t 时的沉降量;S_∞ 为预压荷载下的最终沉降量,可根据前面的方法推算得到;S_e 为等效设计填土高度对应的最终沉降量。

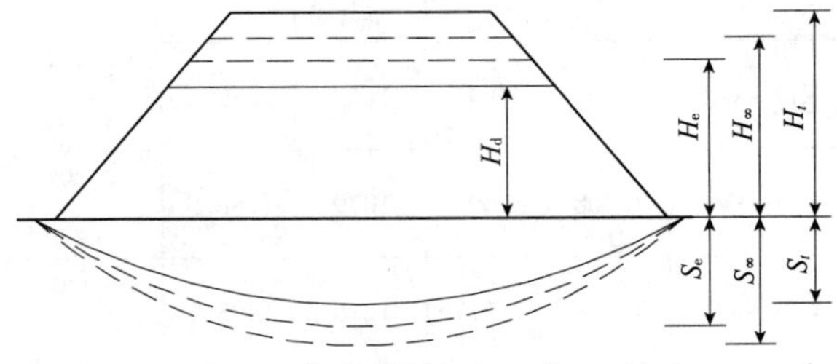

图 3-13　超载时 $H\sim S$ 变化示意图

假设填土厚度 = 填土高度 + 总沉降,则有:

$$H_\infty = H_t - (S_\infty - S_t) \tag{3-6}$$

根据图 3-12 可得出：

$$\frac{S_e}{S_\infty} = \frac{H_e}{H_\infty} \tag{3-7}$$

由上式可得：

$$S_e = \frac{H_e}{H_\infty} S_\infty \tag{3-8}$$

3）卸载时机确定

在设计荷载下剩余沉降为：

$$S_r = S_e - S_t \tag{3-9}$$

因此，可以根据预压荷载作用下的沉降监测资料推算等效设计填土高度 H_e 对应的最终沉降 S_e，进而得到剩余沉降 S_r，对比剩余沉降与允许工后沉降 $[S_r]$，即可确定是否可以卸载。当需要预测尚需要的预压时间时，可以由式（3-8）计算出 $S_t = S_e - [S_r]$，采用前面推算方法反算时间 t。

采用双曲线法反算可由式（3-10）计算：

$$t = t_0 + \frac{A(S_e - [S_r] - S_0)}{1 - B(S_e - [S_r] - S_0)} \tag{3-10}$$

采用星野法反算可由式（3-11）计算：

$$t = t_0 + \frac{(S_e - [S_r] - S_0)^2}{K^2\{C^2 - (S_e - [S_r] - S_0)^2\}} \tag{3-11}$$

式（3-10）、式（3-11）的适用条件为 $S_t = S_e - [S_r]$ 必须小于 S_∞，否则无论预压多长时间都不能满足卸载要求。根据上述判断方法各断面卸载判断结果见表 3-22。

从表 3-22 可看出，若不考虑汽车荷载对工后沉降的影响，采用双曲线法推算时全部断面均可卸载，采用星野法推算时仅 K11 +166 断面不可卸载外，其他断面也均可卸载。若考虑汽车荷载对工后沉降的影响，则大部分等载断面不可卸载。

卸载判断推算

表 3-22

双曲线法										
断面号	设计高程（m）	停载时实测高程（m）	停载时累计沉降值（mm）	S_t（mm）	H_e（m）	H_∞（m）	S_∞（mm）	S_e（mm）	剩余沉降 S_r（mm）	结论
K11 +045	8.101	9.941	1862	2280.2	7.431 （8.291）	8.376	2426.6	2152.7 （2401.9）	-127.5 （121.7）	可以卸载 （不可卸载）
K11 +084	7.768	8.007	1079	1288.9	7.098 （7.958）	6.760	1325.7	1391.9 （1560.6）	103.0 （271.7）	可以卸载 （可以卸载）
K11 +116	7.508	7.717	1216	1408.1	6.838 （7.698）	6.479	1454.1	1534.7 （1727.7）	126.6 （319.6）	可以卸载 （不可卸载）
K11 +166	7.329	7.611	1391	1683.8	6.659 （7.519）	6.229	1773.3	1895.8 （2140.6）	212.0 （456.8）	可以卸载 （不可卸载）
K11 +196	7.3	7.543	919	1080.4	6.63 （7.49）	6.335	1127.3	1179.9 （1332.9）	99.5 （252.5）	可以卸载 （可以卸载）

续上表

星　野　法										
断面号	设计高程(m)	停载时实测高程(m)	停载时累计沉降值(mm)	S_t(mm)	H_e(m)	H_∞(m)	S_∞(mm)	S_e(mm)	剩余沉降S_r(mm)	结　论
K11 +045	8.101	9.941	1862	2280.2	7.431 (8.291)	8.355	2448.4	2177.7 (2429.7)	-102.5 (149.5)	可以卸载(不可卸载)
K11 +084	7.768	8.007	1079	1288.9	7.098 (7.958)	6.703	1382.6	1464.0 (1641.4)	175.1 (352.5)	可以卸载(不可卸载)
K11 +116	7.508	7.717	1216	1408.1	6.838 (7.698)	6.367	1566.2	1682.1 (1893.7)	274.0 (485.6)	可以卸载(不可卸载)
K11 +166	7.329	7.611	1391	1683.8	6.659 (7.519)	6.154	1848.2	2000.0 (2258.3)	316.2 (574.5)	不可以卸载(不可卸载)
K11 +196	7.3	7.543	919	1080.4	6.63 (7.49)	6.319	1142.6	1198.8 (1354.3)	118.4 (273.9)	可以卸载(可以卸载)
说明	1. 括号内数字为考虑汽车荷载(换算厚度0.86m)的计算结果; 2. 路面换算厚度为1.05m; 3. 原地面高程一律取为1.000m(平整场地后高程); 4. 卸载标准:K11 +045 断面为10cm,其他断面为30cm									

为了推算不可卸载断面具体可以卸载的时间,现利用式(3-10)和式(3-11)分别进行反算,反算结果见表3-23,表中“$t_{双}$”和“$t_{星}$”分别表示采用双曲线法和星野法反算时可以卸载的具体时间。从表3-23中可看出,采用星野法反算的卸载时间均比采用双曲线法反算的时间晚。另外,在考虑汽车荷载时,采用双曲线法反算,K11 +166 断面无法卸载;采用星野法反算则有K11 +116 和 K11 +166 两个断面无法卸载。对无法卸载的断面必须采取继续超载填土方可满足卸载要求。造成无法卸载的局面主要原因是考虑汽车荷载的缘故,由于在填土等载施工时仅考虑了路面换算厚度的等载,并未考虑汽车荷载在内,按折算填土厚度计(大约0.86m),对一般的路堤高度,汽车折算荷载将占整个路堤荷载较大的比例,尤其是对低路堤断面影响更大。由于汽车折算荷载未在施工期和预压期内施加上去,由该部分使用荷载产生的沉降就无法在施工期和预压期内固结完成,必然要在工后完成其固结沉降,这就导致工后沉降偏大,达不到卸载要求。因此,若要考虑汽车荷载对工后沉降的影响,应在设计等载施工时就加以考虑,这样才能取得较好的预压效果。

卸载时机推算　　表3-23

断面号	$S_{e双}$(mm)	$S_{e星}$(mm)	A	B	C(mm)	K	t_0	S_0(mm)	$S_{t双}$(mm)	$S_{t星}$(mm)	$t_{双}$	$t_{星}$
K11 +045	2401.9	2429.7	0.1269	0.0018	577.35	0.07071	2002-12-11	1871.0	2301.9	2329.7	2003-8-11	2003-11-18
K11 +084	1552.1	1641.4	0.3204	0.006	223.61	0.05547	2002-12-11	1159.0		1341.4		2004-9-16
K11 +116	1715.5	1893.7	0.3201	0.0049	316.23	0.04344	2002-11-23	1250.0	1415.5	1593.7	2003-8-30	无穷大

续上表

断面号	$S_{e双}$ (mm)	$S_{e星}$ (mm)	A	B	C (mm)	K	t_0	S_0 (mm)	$S_{t双}$ (mm)	$S_{t星}$ (mm)	$t_{双}$	$t_{星}$
K11 + 166	2110. 3	2258. 3	0. 238	0. 003	408. 25	0. 05108	2002-11-23	1440. 0	1810. 3	1958. 3	无穷大	无穷大
K11 + 166 *		2000. 0			408. 25	0. 05108	2002-11-23	1440. 0		1700. 0		2003-8-11
备注	1. * 断面为不考虑汽车荷载推算数据,其余为考虑汽车荷载推算数据; 2. 表中字母后“双”字和“星”字分别表示采用双曲线法和星野法数据											

3.3.3　超载作用与设计

1)超载对沉降的影响

由于桥头路堤的不均匀沉降将导致桥头跳车,因此公路验收规范规定桥头路堤允许工后沉降明显比其他路堤要小。为了缩短工期,减小桥头路堤的工后沉降,就必须尽可能的在施工期和预压期内完成路基固结沉降,因此对桥头路堤和其他重要路段常采用在原设计荷载 P_f 的基础上加上一过量荷载 P_s 即超载(P_s/P_f 称为超载系数),经超载预压一段时间后,再移去过量荷载 P_s,以加快固结沉降的完成。经超载预压后,如受压土层各点的有效竖向应力大于设计荷载引起的相应点的附加总应力时,则今后在设计荷载作用下地基土将不再会发生主固结沉降,同时减小次固结沉降,并推迟次固结沉降的发生。

(1)超载预压消除主固结沉降

Aldrich(1965)和 Johnson(1970)曾讨论了超载所产生的主固结问题。如图 3-14 所示,在设计荷载 P_f 单独作用时,其沉降—时间曲线如图中虚线(f)所示,最终固结沉降量为 S_f。在超载 P_f+P_s 的作用下,其沉降—时间曲线为图中($f+s$)所示,最终固结沉降量为 S_{f+s}。由图可见,在时间 t_{SR}时,超载预压的沉降量就达到 S_f,即可移去过量荷载 P_s。这样不但达到了缩短预压期的目的,而且,如受压土层各点的有效竖向应力大于设计荷载引起的相应点的附加总应力时,则今后在设计荷载作用下地基土将不再会发生主固结沉降。

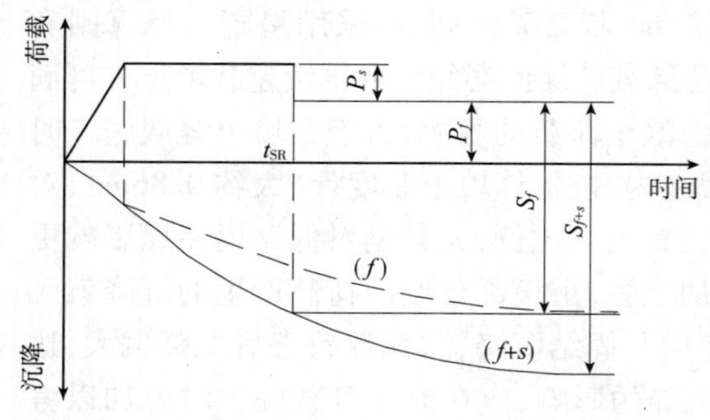

图 3-14　堆载预压引起的主固结沉降

(2)超载预压减小次固结沉降

超载卸除后,土体由原来的正常固结状态变成超固结状态,而使次固结系数减小,且超载越大,超载卸除后,发生次固结沉降的时间越推迟,土的次固结系数越小。

2)超载的设计计算

在实际工程中超载预压需要解决以下两个问题:一是确定所需超载压力值 P_s,以保证设计荷载 P_f 作用下预期的总沉降量在给定的时间内完成;二是确定在给定超载下达到预定沉降量所需时间即确定卸载时机。为简化分析,现只考虑主固结沉降的情况,不考虑次固结沉降。

根据本试验段的超载试验,对于路基设计,设计荷载 P_f 应包括路基填土荷载及其对应的沉降土方荷载、路面荷载、汽车荷载。

在超载 P_f+P_s 作用时间 t_{SR}时,黏土层的平均固结度为 U_{f+s},若满足式(3-12)则仅在设计荷载 P_f 作用下不会发生进一步主固结沉降。

$$S_f \leqslant U_{f+s} S_{f+s} \tag{3-12}$$

任意一点处的固结度可由下式表示：

$$U_{(z)} = 1 - \frac{u_e(z)}{u_{e0}} \tag{3-13}$$

式中，$u_e(z)$为任意一时间、深度 z 处的超孔隙水压力，u_{e0}是在表面荷载作用下的初始孔隙水压力。当超载 P_s 在时间 t_{SR}被移去时不再产生进一步的主固结沉降，必须满足黏土层中心处的有效应力 σ'_v 超过设计荷载 P_f，即：

$$\sigma'_v(H) = u_{e0} - u_e(H) \geqslant P_f \tag{3-14}$$

由于 $u_{e0} = P_f + P_s$，代入上式可得：

$$u_e(H) \leqslant P_s \tag{3-15}$$

将式(3-15)代入式(3-13)可得：

$$U_{f+s}(H) \geqslant \frac{P_f}{P_f + P_s} \tag{3-16}$$

根据式(3-16)和固结理论就可确定在 $P_f + P_s$ 作用下达到 U_{f+s}时所需时间 t_{SR}；同样也可求得在规定时间内(如 t_{SR}内)，达到 S_f 沉降量所需的超载 P_s。应当注意本推导要求将超载保持到在 P_f 作用下所有的点都完全固结为止，这时大部分土层将处于超固结状态。因此，这是一个偏于保守的方法，它所预估的 P_s 值或超载时间均大于实际所需的值。

若满足式(3-2)，则超载路段在设计荷载作用下其工后沉降为零(不考虑次固结沉降)。但实际上，由于工期的紧迫性，往往只能要求工后沉降控制在规范的规定值之内，因此需要知道在设计荷载作用下的总沉降及其工后沉降。

由于路堤实际的沉降与设计计算的沉降不可能完全一致，填土重度也可能与设计时取值不同，因此，应根据实际测试的沉降资料、孔压资料等推算设计荷载下的沉降，及时调整 P_f 和 P_s，确保 $U_{f+s}(H) = \dfrac{P_f}{P_f + P_s}$不变。

根据本试验段等超载试验结果，填土快慢不同可能造成填土等超载高程固结程度差别较大，为避免因沉降造成填土顶面高程降低而需要不断补填或欠载等不利情况的发生，实际等超载时，应利用填土高度、填土厚度进行双控。

3.4　固结度分析

实测固结度是评价地基处理效果和预估工后沉降的主要依据，同时通过实测资料进行固结度计算和分析，可以验证理论计算固结度参数选择的合理性。根据实测资料进行固结度计算有两种方法：一是根据沉降计算固结度；二是根据孔压计算固结度。现根据实测资料进行固结度计算和对比分析(见表 3-24 ~ 表 3-29)，并根据表 3-24 ~ 表 3-29 作出固结度对比曲线如图 3-15所示。表中孔压固结度计算公式见表 3-2 备注，沉降实测计算公式为各级荷载下实测沉降值与按双曲线法推算总沉降的比值；至本级加载时多级加载平均固结度 $U_{平}$ 的理论计算公式为：

$$U_{平} = \frac{\sum_{i=1}^{n} \Delta P_{i-1} - e^{-\beta t_n} \cdot \sum_{i=1}^{n} \left[\Delta P_{i-1} \cdot e^{\beta(t_{i-1} + t'_{i-1}/2)} \right]}{\sum_{i=1}^{n} \Delta P_{i-1}} \tag{3-17}$$

K11 +032 实测固结度与理论计算固结度对比 表 3-24

加载开始时间	加载结束时间	上一级荷载间歇时间(d)	本级加载历时(d)	本级实际填土高度(m)	实际累计荷载(kPa)	至本级加载时累计沉降 S_t(mm)	至本级加载时孔压平均值(kPa)	本级荷载开始加载时刻 t_n(d)	至本级加载时多级加载平均固结度		至本级加载时总固结度		
									理论计算	孔压实测	理论计算	孔压实测	沉降实测
2001-11-21	2001-12-15	0	25	1.405	26.70		59.45	0					
2002-1-14	2002-1-20	29	7	0.455	35.34		66.63	54	69.80	73.11	9.12	9.55	
2002-1-28	2002-2-1	7	5	0.292	40.89		68.00	68	66.70	75.81	11.53	13.11	
2002-3-2	2002-3-5	28	4	0.493	50.26		68.77	101	83.27	77.20	16.66	15.44	
2002-3-14	2002-3-18	8	5	0.641	62.43		71.51	113	76.40	75.99	18.78	18.68	
2002-3-27	2002-3-30	8	4	0.513	72.18		74.83	126	72.54	75.37	22.16	23.02	
2002-4-9	2002-4-14	9	6	0.475	81.21		72.51	139	73.85	81.91	26.08	28.93	
2002-4-25	2002-5-8	10	14	0.760	95.65		75.14	155	77.71	80.67	30.87	32.05	
2002-5-29	2002-6-4	20	7	0.732	109.55		77.13	189	85.98	81.52	40.23	38.15	
2002-7-11	2002-7-16	36	6	1.014	128.82		76.23	232	92.40	84.69	49.52	45.39	
2002-8-15	2002-8-15	29	1	0.190	132.43		78.02	267	91.71	85.58	57.80	53.94	
2002-10-12	2002-10-12	57	1	0.257	137.31		73.86	325	97.97	89.12	63.47	57.74	
2002-10-18	2002-10-18	5	1	0.214	141.38		74.34	331	95.32	89.15	64.03	59.89	
2002-10-29	2002-10-29	10	1	0.227	145.69		72.12	342	94.56	91.04	65.41	62.97	
2002-11-1	2002-11-1	2	1	0.239	150.23		72.50	345	92.41	91.04	65.87	64.89	
2002-11-10	2002-11-10	8	1	0.229	154.58		74.91	354	91.96	89.71	67.59	65.94	
2002-11-12	2002-11-12	1	1	0.259	159.51		75.40	356	89.93	89.68	68.01	67.82	
2002-11-15	2002-11-15	2	1	0.322	165.62		76.39	359	88.18	89.38	68.81	69.75	
2002-11-23	2002-11-23	7	1	0.240	170.18		75.80	367	87.98	90.13	71.29	73.03	
2002-11-27	2002-11-28	3	2	0.476	179.23		75.03	371	87.16	90.84	72.57	75.64	
2002-12-6	2002-12-8	7	3	0.662	191.81		73.05	380	86.59	92.41	75.93	81.03	
2002-12-9	2002-12-10	0	2	0.663	204.40		80.82	383	82.23	88.86	77.16	83.39	
2003-3-10		89		0.000	204.40		75.96	474	98.33	91.92	98.33	91.93	
2003-6-8		90		0.000	204.40		77.34	564	99.88	91.25	99.88	91.25	
2003-9-8		92		0.000	204.40			656	99.99		99.99		
2003-11-30		83		0.000	204.40			739	100.00		100.00		
备注	1. 实际填土高度与实际累计荷载均考虑了中心点的沉降量； 2. 至本级加载时总固结度为以前各级荷载下对整个路堤实际填土荷载的固结度； 3. 2003 年 9 月 8 日和 2003 年 11 月 30 日沉降为按双曲法推算沉降量												

K11 +045 实测固结度与理论计算固结度对比　　表 3-25

加载开始时间	加载结束时间	上一级荷载间歇时间(d)	本级加载历时(d)	本级实际填土高度(m)	实际累计荷载(kPa)	至本级加载时累计沉降 S_t(mm)	至本级加载时孔压平均值(kPa)	本级荷载开始加载时刻 t_n(d)	至本级加载时多级加载平均固结度		至本级加载时总固结度		
									理论计算	孔压实测	理论计算	孔压实测	沉降实测
2001-11-21	2001-12-15	0	25	1. 405	26. 70	0	50. 45	0					
2002-1-14	2002-1-20	29	7	0. 455	35. 34	75	53. 77	54	65. 02	87. 56	8. 49	11. 44	3. 09
2002-1-28	2002-2-1	7	5	0. 292	40. 89	193	58. 56	68	62. 71	77. 05	10. 84	13. 32	7. 95
2002-3-2	2002-3-5	28	4	0. 493	50. 26	390	55. 46	101	79. 75	87. 74	15. 95	17. 55	16. 07
2002-3-14	2002-3-18	8	5	0. 641	62. 43	501	60. 34	113	73. 37	80. 32	18. 04	19. 75	20. 65
2002-3-27	2002-3-30	8	4	0. 513	72. 18	620	62. 02	126	69. 62	81. 46	21. 27	24. 88	25. 55
2002-4-9	2002-4-14	9	6	0. 475	81. 21	730	62. 62	139	70. 87	83. 13	25. 03	29. 36	30. 08
2002-4-25	2002-5-8	10	14	0. 760	95. 65	896	63. 33	155	74. 73	84. 13	29. 69	33. 43	36. 92
2002-5-29	2002-6-4	20	7	0. 732	109. 55	1067	63. 16	189	83. 30	86. 71	38. 98	40. 58	43. 97
2002-7-11	2002-7-16	36	6	1. 014	128. 82	1290	61. 92	232	90. 42	89. 53	48. 46	47. 99	53. 16
2002-8-15	2002-8-15	29	1	0. 190	132. 43	1461	64. 22	267	89. 99	89. 31	56. 71	56. 28	60. 21
2002-10-12	2002-10-12	57	1	0. 257	137. 31	1606	60. 18	325	97. 12	92. 65	62. 92	60. 03	66. 18
2002-10-18	2002-10-18	5	1	0. 214	141. 38	1616	59. 26	331	94. 52	93. 58	63. 50	62. 87	66. 60
2002-10-29	2002-10-29	10	1	0. 227	145. 69	1629	60. 05	342	93. 77	93. 21	64. 86	64. 47	67. 13
2002-11-1	2002-11-1	2	1	0. 239	150. 23	1640	62. 15	345	91. 61	91. 97	65. 30	65. 55	67. 58
2002-11-10	2002-11-10	8	1	0. 229	154. 58	1656	62. 43	354	91. 09	92. 03	66. 95	67. 64	68. 24
2002-11-12	2002-11-12	1	1	0. 259	159. 51	1668	62. 05	356	89. 06	92. 49	67. 35	69. 95	68. 74
2002-11-15	2002-11-15	2	1	0. 322	165. 62	1686	64. 09	359	87. 27	91. 45	68. 10	71. 36	69. 48
2002-11-23	2002-11-23	7	1	0. 240	170. 18	1712	63. 89	367	86. 93	91. 89	70. 44	74. 45	70. 55
2002-11-27	2002-11-28	3	2	0. 476	179. 23	1729	63. 66	371	86. 06	92. 24	71. 65	76. 80	71. 25
2002-12-6	2002-12-8	7	3	0. 662	191. 81	1772	64. 48	380	85. 34	92. 17	74. 83	80. 82	73. 02
2002-12-9	2002-12-10	0	2	0. 663	204. 40	1817	76. 61	383	80. 99	86. 36	76. 00	81. 04	74. 88
2003-3-10		89		0. 000	204. 40	2193	55. 26	474	97. 59	97. 65	97. 59	97. 65	90. 37
2003-6-8		90		0. 000	204. 40	2267	52. 36	564	99. 75	99. 07	99. 75	99. 07	93. 42
2003-9-8		92		0. 000	204. 40	2312		656	99. 98		99. 98		95. 28
2003-11-30		83		0. 000	204. 40	2334		739	100. 00		100. 00		96. 18
备注	1. 实际填土高度与实际累计荷载均考虑了中心点的沉降量; 2. 至本级加载时总固结度为以前各级荷载下对整个路堤实际填土荷载的固结度; 3. 2003 年 9 月 8 日和 2003 年 11 月 30 日沉降为按双曲法推算沉降量												

K11 +084 实测固结度与理论计算固结度对比

表 3-26

加载开始时间	加载结束时间	上一级荷载间歇时间（d）	本级加载历时（d）	本级实际填土高度（m）	实际累计荷载（kPa）	至本级加载时累计沉降 S_t(mm)	至本级加载时孔压平均值（kPa）	本级荷载开始加载时刻 t_n(d)	至本级加载时多级加载平均固结度		至本级加载时总固结度		
									理论计算	孔压实测	理论计算	孔压实测	沉降实测
2001-11-21	2001-12-15	0	25	1.405	26.70	0		0	0		0.00		0.00
2002-1-14	2002-1-20	29	7	0.798	41.86	50		54	61.95		10.78		3.77
2002-1-28	2002-2-1	7	5	0.107	43.89	106		68	54.12		14.77		8.00
2002-3-2	2002-3-5	28	4	0.388	51.26	278		101	77.43		22.16		20.97
2002-3-14	2002-3-18	8	5	0.560	61.90	327		113	74.00		24.73		24.67
2002-3-27	2002-3-30	8	4	0.492	71.25	423		126	70.63		28.50		31.91
2002-4-9	2002-4-14	9	6	0.432	79.46	505		139	70.99		32.98		38.09
2002-4-25	2002-5-8	10	14	0.845	95.51	599		155	74.45		38.57		45.18
2002-5-29	2002-6-4	20	7	0.285	100.93	765		189	81.41		50.69		57.71
2002-7-11	2002-7-16	36	6	0.702	114.27	829		232	91.40		60.14		62.53
2002-8-15	2002-8-15	29	1	0.136	116.85	902		267	91.10		67.86		68.04
2002-10-12	2002-10-12	57	1	0.391	124.28	988		325	97.16		74.02		74.53
2002-10-18	2002-10-18	5	1	0.196	128.00	990		331	92.42		74.88		74.68
2002-10-29	2002-10-29	10	1	0.230	132.37	994		342	92.03		76.80		74.98
2002-11-1	2002-11-1	2	1	0.244	137.01	1001		345	89.70		77.41		75.51
2002-11-10	2002-11-10	8	1	0.240	141.57	1013		354	89.15		79.63		76.41
2002-11-12	2002-11-12	1	1	0.231	145.96	1022		356	86.87		80.17		77.09
2002-11-15	2002-11-15	2	1	0.247	150.65	1048		359	85.29		81.15		79.05
2002-11-23	2002-11-23	7	1	0.144	153.39	1066		367	85.55		84.02		80.41
2002-12-6		12			153.39	1123		380	88.18		88.18		84.71
2002-12-8		2			153.39	1147		382	88.72		88.72		86.52
2003-3-10		92			153.39	1263		474	98.68		98.67		95.27
2003-6-8		90			153.39	1286		564	99.84		99.84		96.98
2003-9-8		92			153.39	1298		656	99.98		99.98		97.91
2003-11-30		83			153.39	1304		739	100.00		100.00		98.36
备注	1. 实际填土高度与实际累计荷载均考虑了中心点的沉降量； 2. 至本级加载时总固结度为以前各级荷载下对整个路堤实际填土荷载的固结度； 3. 2003 年 9 月 8 日和 2003 年 11 月 30 日沉降为按双曲法推算沉降量												

K11 +116 实测固结度与理论计算固结度对比　　表 3-27

加载开始时间	加载结束时间	上一级荷载间歇时间(d)	本级加载历时(d)	本级实际填土高度(m)	实际累计荷载(kPa)	至本级加载时累计沉降 S_t(mm)	至本级加载时孔压平均值(kPa)	本级荷载开始加载时刻 t_n(d)	至本级加载时多级加载平均固结度		至本级加载时总固结度		
									理论计算	孔压实测	理论计算	孔压实测	沉降实测
2001-12-1	2001-12-25	0	25	1.405	26.70	0	57.80	0	0				
2002-1-14	2002-1-20	19	7	0.616	38.40	76	68.99	44	57.19	58.09	10.06	10.22	5.23
2002-1-28	2002-2-1	7	5	0.296	44.02	147	76.14	58	56.61	52.23	14.32	13.21	10.11
2002-3-5	2002-3-13	31	9	0.528	54.06	371	77.91	94	80.46	54.33	23.34	15.76	25.51
2002-3-19	2002-3-24	5	6	0.560	64.70	452	82.92	108	74.72	53.54	26.61	19.07	31.08
2002-4-4	2002-4-8	10	5	0.521	74.59	542	84.84	124	74.68	58.20	31.83	24.81	37.27
2002-4-21	2002-4-26	12	6	0.645	86.85	649	86.72	141	77.13	61.23	37.90	30.09	44.63
2002-5-8	2002-5-12	11	5	0.651	99.22	745	90.28	158	77.89	62.60	44.57	35.82	51.23
2002-6-4	2002-6-7	22	4	0.202	103.06	878	90.78	185	84.20	66.77	55.04	43.64	60.38
2002-7-16	2002-7-19	38	4	0.532	113.16	970	86.79	227	93.82	71.87	63.70	48.80	66.71
2002-8-15	2002-8-15	26	1	0.149	116.00	1038	83.78	257	93.29	77.04	69.55	57.44	71.38
2002-10-12	2002-10-12	57	1	0.440	124.36	1149	76.62	315	98.11	83.78	74.97	64.02	79.02
2002-10-18	2002-10-18	5	1	0.175	127.68	1156	73.14	321	92.70	87.66	75.95	71.82	79.50
2002-10-29	2002-10-29	10	1	0.226	131.97	1165	74.24	332	92.75	87.13	78.02	73.29	80.12
2002-11-1	2002-11-1	2	1	0.222	136.19	1171	80.50	335	90.49	82.80	78.68	71.99	80.53
2002-11-10	2002-11-10	8	1	0.216	140.30	1183	83.27	344	90.30	81.30	81.02	72.94	81.36
2002-11-13	2002-11-13	2	1	0.296	145.92	1207	86.73	347	88.58	79.38	81.88	73.37	83.01
2002-11-15	2002-11-15	1	1	0.309	151.79	1213	91.01	349	85.90	77.24	82.58	74.26	83.42
2003-3-10		114		0	151.79	1375	66.02	464	99.21	94.58	99.21	94.58	94.56
2003-6-8		90		0	151.79	1405	62.30	554	99.93	97.04	99.93	97.04	96.63
2003-9-8		92		0	151.79	1416		646	99.99		99.99		97.38
2003-11-30		83		0	151.79	1424		729	100.00		100.00		97.93
备注	1. 实际填土高度与实际累计荷载均考虑了中心点的沉降量； 2. 至本级加载时总固结度为以前各级荷载下对整个路堤实际填土荷载的固结度； 3. 2003 年 9 月 8 日和 2003 年 11 月 30 日沉降为按双曲法推算沉降量												

K11 +166 实测固结度与理论计算固结度对比 表 3-28

加载开始时间	加载结束时间	上一级荷载间歇时间(d)	本级加载历时(d)	本级实际填土高度(m)	实际累计荷载(kPa)	至本级加载时累计沉降 S_t(mm)	至本级加载时孔压平均值(kPa)	本级荷载开始加载时刻 t_n(d)	至本级加载时多级加载平均固结度		至本级加载时总固结度		
									理论计算	孔压实测	理论计算	孔压实测	沉降实测
2001-12-1	2001-12-25	0	25	1.405	26.70	0	57.38	0	0		0.00		0.00
2002-1-14	2002-1-20	19	7	0.290	32.21	41	64.73	44	42.22	72.48	7.36	12.63	2.31
2002-1-28	2002-2-1	7	5	0.215	36.29	56	64.41	58	48.22	78.19	10.14	16.44	3.16
2002-3-5	2002-3-13	31	9	0.639	48.43	175	62.96	94	69.17	84.62	16.39	20.05	9.87
2002-3-19	2002-3-24	5	6	0.610	60.02	258	68.59	108	60.65	76.85	19.18	24.30	14.55
2002-4-4	2002-4-8	10	5	0.415	67.91	388	72.89	124	60.57	74.16	23.73	29.06	21.88
2002-4-21	2002-4-26	12	6	0.668	80.60	513	73.26	141	65.06	76.62	28.84	33.97	28.93
2002-5-8	2002-5-12	11	5	0.392	88.05	636	76.05	158	65.76	76.84	34.60	40.43	35.87
2002-6-4	2002-6-7	22	4	0.453	96.65	819	75.94	185	74.90	78.92	43.05	45.36	46.19
2002-7-16	2002-7-19	38	4	0.672	109.42	957	70.71	227	84.56	86.22	53.35	54.40	53.97
2002-8-15	2002-8-15	26	1	0.308	115.27	1075	75.50	257	84.74	83.45	60.54	59.61	60.62
2002-10-12	2002-10-12	57	1	0.460	124.01	1260	73.38	315	92.86	86.12	69.88	64.81	71.05
2002-10-18	2002-10-18	5	1	0.259	128.93	1278	74.95	321	87.62	85.84	70.93	69.49	72.07
2002-10-29	2002-10-29	10	1	0.233	133.36	1291	73.02	332	86.99	87.87	73.22	73.96	72.80
2002-11-1	2002-11-1	2	1	0.207	137.29	1301	76.99	335	84.88	85.30	73.90	74.26	73.37
2002-11-10	2002-11-10	8	1	0.235	141.76	1331	78.20	344	84.97	84.84	76.16	76.04	75.06
2002-11-13	2002-11-13	2	1	0.265	146.79	1348	81.40	347	83.17	83.06	76.97	76.86	76.02
2002-11-15	2002-11-15	1	1	0.336	153.18	1388	83.10	349	80.97	82.48	77.59	79.04	78.27
2003-3-10		114		0	153.18	1631	67.51	464	96.97	93.39	96.97	93.39	91.98
2003-6-8		90		0	153.18	1676	65.33	554	99.37	94.81	99.37	94.81	94.51
2003-9-8		92		0	153.18	1702		646	99.87		99.87		95.98
2003-11-30		83		0	153.18	1715		729	99.97		99.97		96.71
备注	1. 实际填土高度与实际累计荷载均考虑了中心点的沉降量； 2. 至本级加载时总固结度为以前各级荷载下对整个路堤实际填土荷载的固结度； 3. 2003 年 9 月 8 日和 2003 年 11 月 30 日沉降为按双曲法推算沉降量												

K11 + 196 实测固结度与理论计算固结度对比　　表 3-29

加载开始时间	加载结束时间	上一级荷载间歇时间(d)	本级加载历时(d)	本级实际填土高度(m)	实际累计荷载(kPa)	至本级加载时累计沉降 S_t(mm)	至本级加载时孔压平均值(kPa)	本级荷载开始加载时刻 t_n(d)	至本级加载时多级加载平均固结度		至本级加载时总固结度		
									理论计算	孔压实测	理论计算	孔压实测	沉降实测
2001-12-1	2001-12-25	0	25	1.405	26.70	0	46.55	0					
2002-2-2	2002-2-5	38	4	0.557	37.28	24	52.73	63	65.30	76.87	12.32	14.50	2.13
2002-3-5	2002-3-13	27	9	0.363	44.18	70	50.14	94	71.56	90.38	18.86	23.82	6.21
2002-3-19	2002-3-24	5	6	0.572	55.04	94	52.69	108	69.31	86.11	21.64	26.89	8.34
2002-4-4	2002-4-8	10	5	0.387	62.40	160	48.21	124	67.35	96.98	26.21	37.73	14.19
2002-4-21	2002-4-26	12	6	0.589	73.59	234	41.83	141	71.14	107.56	31.37	47.44	20.76
2002-5-8	2002-5-12	11	5	0.509	83.26	318	40.20	158	71.52	108.63	37.20	56.50	28.21
2002-6-4	2002-6-7	22	4	0.455	91.90	443	36.30	185	78.75	112.32	46.35	66.10	39.30
2002-7-16	2002-7-19	38	4	0.454	100.53	553	29.28	227	87.95	118.79	57.14	77.17	49.06
2002-8-15	2002-8-15	26	1	0.381	107.77	657	59.21	257	89.35	87.41	63.50	62.11	58.28
2002-10-12	2002-10-12	57	1	0.382	115.03	809	65.57	315	95.04	82.35	72.40	62.73	71.76
2002-10-18	2002-10-18	5	1	0.291	120.56	818	65.93	321	90.28	83.15	73.41	67.61	72.56
2002-10-29	2002-10-29	10	1	0.213	124.60	831	64.87	332	88.96	84.81	75.80	72.27	73.72
2002-11-1	2002-11-1	2	1	0.210	128.59	838	67.74	335	86.88	82.99	76.52	73.10	74.34
2002-11-10	2002-11-10	8	1	0.226	132.89	855	70.68	344	86.88	81.23	78.97	73.84	75.84
2002-11-13	2002-11-13	2	1	0.173	136.17	870	73.30	347	85.01	79.87	79.85	75.02	77.18
2002-11-15	2002-11-15	1	1	0.111	138.28	889	72.47	349	83.63	80.97	80.50	77.93	78.86
2002-11-23	2002-11-23	7	1	0.168	141.47	903	73.34	357	85.07	80.62	83.15	78.81	80.10
2003-3-10		106		0	141.47	1051	60.25	464	98.21	90.32	98.21	90.32	93.23
2003-6-8		90		0	141.47	1076	56.58	554	99.73	92.91	99.73	92.91	95.45
2003-9-8		92		0	141.47	1090		646	99.96		99.96		96.69
2003-11-30		83		0	141.47	1097		729	99.99		100.00		97.31
备注	1. 实际填土高度与实际累计荷载均考虑了中心点的沉降量； 2. 至本级加载时总固结度为以前各级荷载下对整个路堤实际填土荷载的固结度； 3. 2003 年 9 月 8 日和 2003 年 11 月 30 日沉降为按双曲法推算沉降量												

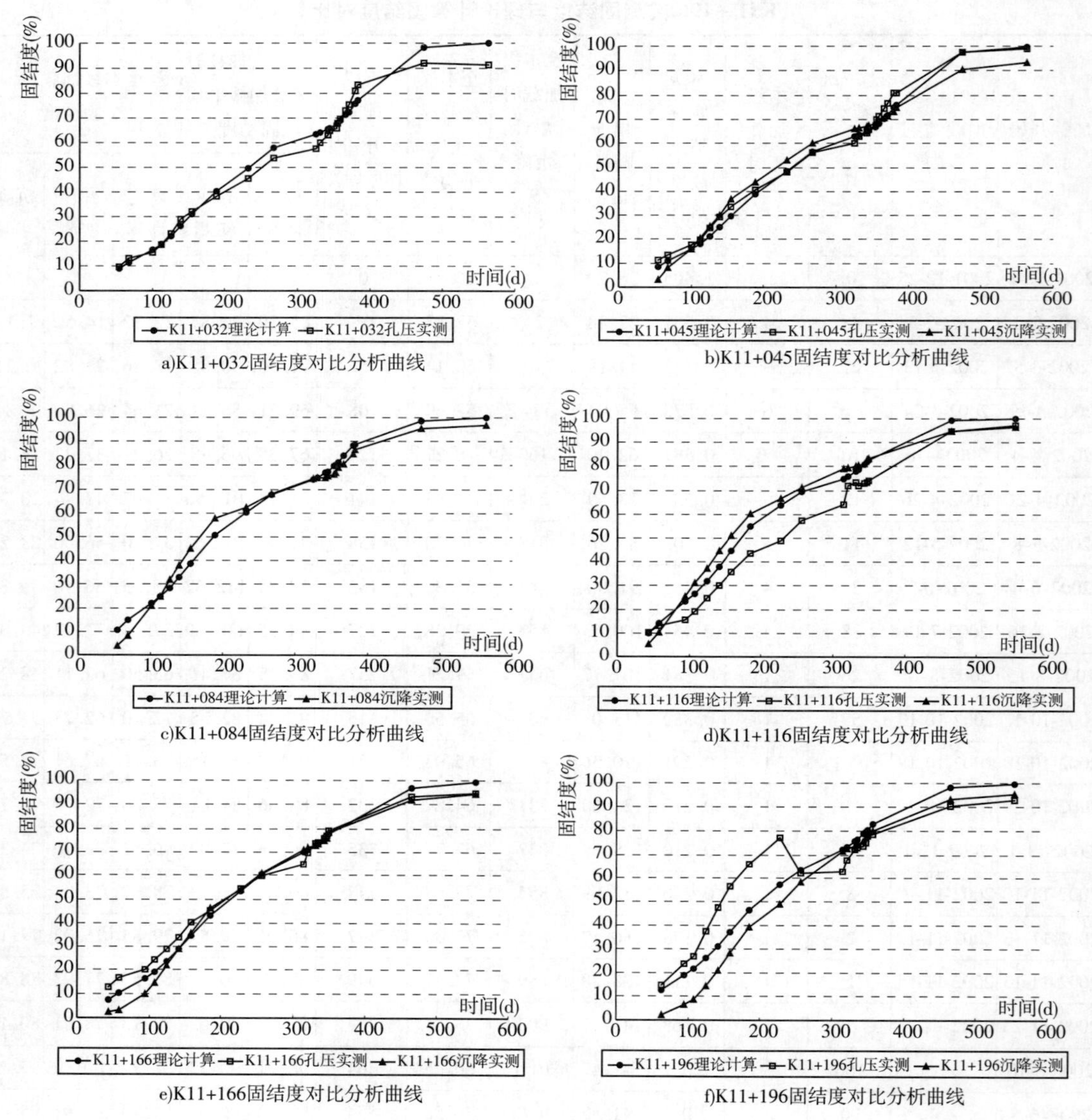

图 3-15　各断面固结度对比分析曲线

至本级加载时总固结度 $U_{总}$ 的理论计算公式为：

$$U_{总} = \frac{\sum_{i=1}^{n} \Delta P_{i-1} - e^{-\beta t_n} \cdot \sum_{i=1}^{n} \left[\Delta P_{i-1} \cdot e^{\beta(t_{i-1}+t'_{i-1}/2)} \right]}{P_{总}} \tag{3-18}$$

式中 $P_{总}$ 为该断面全部填土荷载，其余参数含义见本篇第 2 章。

从表 3-24 ~ 表 3-29 和图 3-15 中可知，理论计算固结度与按沉降或孔压实测固结度基本接近，说明理论计算固结度参数选择合理，孔压和沉降观测结果正确且相互印证。相比之下，沉降实测固结度与理论计算固结度更为接近，这主要是由于超静孔隙水压力的量测要依赖于地下静止水位，而地下静止水位将随时间和气候的变化而变化，其量测非常困难。本试验段在按孔压计算固结度时未考虑静水压力的变化即假定静水压力不变。

对比理论计算和实测固结度发现,理论计算固结度尽管在加载期或预压前期比实测固结度小,但在预压后期(预压3个月以后),理论计算固结度都比实测固结度大,说明土体经预压后,其固结系数随时间和固结度的增加而不断减小,对比地基处理前后土工实验,其实测结果也证实了这一点。这是因为在加载前期,土体孔隙比较大,孔压消散快,土体有效应力增加较快,因此其固结较快即固结系数较大。随着土体逐渐被压缩,其孔隙比越来越小,孔压消散速率越来越慢,土体有效应力增长变慢,因此其固结也越来越慢,即固结系数变小。

3.5　加固效果分析

为评价地基加固效果,现从两方面进行分析:一方面通过实测资料对比分析固结度;另一方面对比处理前后地基土体的强度增长情况。

3.5.1　固结度对比分析

从表3-24～表3-29可知,各断面经预压排水固结后,其固结度无论是理论计算还是按沉降或孔压实测资料计算均在90%以上,说明地基固结较快,处理效果良好。如不采用砂井排水预压方案,要达到90%的固结度至少需要1800d,比现在预压固结期长了近4倍。在同样的时间内,不采用砂井处理,其固结度仅能达到约58%。因此采用砂井排水预压处理地基效果良好,可大大缩短工期,取得较好的社会效益和经济效益。

3.5.2　地基强度增长分析

地基处理前后的静力触探测试结果见表3-30,从表中可看出,地基经处理后,其强度得到较大提高,最大的增长了3倍多。因此,从地基处理前后强度增长情况也说明了砂井排水预压处理效果良好。

地基处理前后地基强度对比　　表3-30

断面号	K11+032右			K11+045右			K11+084右		
	填土施工前	填土完成后	填土后与填土前比值	填土施工前	填土完成后	填土后与填土前比值	填土施工前	填土完成后	填土后与填土前比值
土名	锥尖阻力(MPa)	锥尖阻力(MPa)		锥尖阻力(MPa)	锥尖阻力(MPa)		锥尖阻力(MPa)	锥尖阻力(MPa)	
耕植土	0.18	0.47	2.6111	0.45	0.88	1.956	2.08	2.38	1.1442
淤泥	0.06			0.26	0.26	1	0.24	0.33	1.375
粉细砂	0.36			1.11	1.48	1.333	0.7	1.63	2.3286
淤泥	0.24	0.45	1.875	0.33	0.46	1.394	0.3	0.34	1.1333
亚黏土	4.07	3.49	0.8575	3.14	4.42	1.408	2.28	3.45	1.5132
断面号	K11+116右			K11+166右			K11+196右		
	填土施工前	填土完成后	填土后与填土前比值	填土施工前	填土完成后	填土后与填土前比值	填土施工前	填土完成后	填土后与填土前比值
土名	锥尖阻力(MPa)	锥尖阻力(MPa)		锥尖阻力(MPa)	锥尖阻力(MPa)		锥尖阻力(MPa)	锥尖阻力(MPa)	
淤泥	0.23	0.58	2.5217	0.19	0.66	3.474	0.24	0.39	1.625
粉细砂	0.76	1.39	1.8289	1.22	2.13	1.746	0.78	1.76	2.2564
淤泥	0.31	0.6	1.9355	0.33	0.72	2.182	0.35	0.47	1.3429
亚黏土	1.44	4.65	3.2292	3.1	7.33	2.365	2.13	1.63	0.7653

第4章 结 论

经过前面的分析,本试验段可以得到以下结论:

(1)本试验段在软土层中上部夹一层粉细砂层,透水性较好,有利于地基固结,平均渗透系数 2.93×10^{-6}cm/s,软土的水平固结数 $C_h=0.8\sim5\times10^{-3}$cm²/s,软土的压缩指数与孔隙比经验关系为:平均值为 2.23×10^{-3}cm²/s,大于其他高速公路软土。软土层双桥静力触探 Q_c 与地基不排水剪 C_u 间的经验公式为 $C_u=-1.781+0.063Q_c$。

(2)定值稳定性标准不合理,可根据孔压—荷载、累计沉降速率—荷载、侧向位移—荷载、累计侧向位移速率—荷载、侧向挤出量—荷载等曲线,利用拐点法进行稳定性判断。

(3)实测资料表明,采用薄层轮加法指导填土施工,地基固结快,加载速率快,地基稳定性好。

(4)对比同一断面处埋设时间相差 6 个月的两根测斜管的测试结果表明,在一般情况下测斜管挠度对测试结果影响不大。

(5)停载预压阶段,侧向位移仍在发展,但位移速率逐渐衰减,侧向位移—时间关系接近双曲线,可以用双曲线法预测最终位移,施工期位移量约占总位移量的 60% ~80%,填土越高,预压期位移量越大。

(6)距离坡脚越远,侧向位移越小,距坡脚 4.5m 处的侧向位移比距坡脚 1.5m 处小 40%。反压可以有效限制位移的发展。

(7)侧向位移与沉降、累计侧向位移速率与累计沉降速率基本成线性关系,因此可根据侧向位移速率稳定标准确定沉降速率稳定标准。但是填土速率过快时,会导致侧向位移与沉降的比值和侧向位移速率与沉降速率的比值增大。

(8)土工织物可以有效限制侧向位移,相同沉降量下,铺设土工织物的路段的侧向位移、侧向挤出量、侧向挤出量与沉降量的比值均较未铺设土工织物的路段小,铺设二层的路段较铺设一层的小;相同累计沉降速率下,铺设土工织物的路段的累计侧向位移速率较未铺设土织物的路段小,铺设二层的路段较铺设一层的路段的小。

(9)土工织物可以提高极限填土高度。本试验段中,一层土工布提高约 0.65m。

(10)预压荷载下的最终沉降推测可以用双曲线法、星野法,推算结果基本相同,星野法推算结果稍大,Assoka 法推算结果偏小,不适用珠江三角洲。

(11)同一断面处,最终沉降与荷载基本成正比,因此,可以利用预压荷载对应的最终沉降推算使用荷载对应的最终沉降,并进一步进行卸载时机判断。

(12)假设汽车荷载不产生沉降,即使用荷载中不考虑汽车荷载时,采用等载路段达到卸载标准;假设汽车荷载产生沉降时,等载路段大部分未达到卸载标准。

(13)建议等载、超载按照填土高度与累计填土厚度进行双控,避免因预压沉降造成实际等载、超载数量不足。

(14)孔压和沉降实测资料表明,孔压实测固结度和沉降实测固结度均和理论计算值接近,说明计算参数选用正确,观测结果可靠。

(15)理论计算固结度和实测固结度对比分析及填土前后的土工试验结果表明,固结系数随着时间的增长而减小。

(16)理论计算和实测结果表明,地基经堆载预压排水处理后,大大缩短了地基的固结沉降时间,地基强度也得到较大增长,排水固结法处理效果良好。

第八篇

佛山市北滘至乐从公路主干线软基处理试验工程总结报告

二〇〇三年七月

目　　录

第1章　工程简介

1.1　工程概况与特点

佛山市拟建设一条环城公路主干线(简称佛山一环)为一级公路、兼城市快速路。主路中央分隔带12.5m,双向8车道,行车道宽2×16m,硬路肩2×3m;主辅路分隔带7m,辅路双向6车道,行车道宽2×12m,两侧人行道宽2×5m,人行道以外为公路绿化用地,公路总宽度为120~150m。路堤设计高度为2.0~2.5m,部分路段为高架桥,全长100km左右,总投资约200亿元,分期建成。本公路是当时国内路面宽度最大的一条环城公路,是建设大佛山的其中一项重大工程项目。它的建成将缓解目前佛山城市交通堵塞问题、起到促进佛山经济的快速发展的积极作用。

佛山市北滘至乐从软基处理研究段起迄桩号为K11+880~K12+270,长390m,宽120m,位于顺德区乐从家私城附近,即325国道互通与平沙立交之间,起点距离325国道约400m。拟建的佛山一环在K11+880~K12+270范围内与已有的一条30m左右宽度的地方道路基本平行,并计划在其基础上扩宽。该路填筑采用块石、碎石、石粉、黏土的混合料,尚为施工路面;另外,有一条高压线位于研究段右侧范围内。本研究段场区内普遍分布有鱼塘,并且堆积了大量垃圾,左侧100m处有成片厂房。

本工程位于珠江三角洲地区,沿线普遍分布有软土地基,该类软土具有含水率高、压缩性高、渗透性低、天然强度低的特点,是典型的珠江三角洲地区软土。因此,在建设高等级公路时,必须进行软基加固处理。本项目有以下特点。

(1)工期较紧。按照工可阶段的设想,总工期为2年。由于征地、拆迁难度较大,实际工期可能在1.5年左右,其中路基的施工期仅为1年左右。按照珠三角高速公路建设的经验,软土路基的合理工期应不少于18个月,以保证地基有充分的预压时间,因此,本工程的工期较紧。

(2)标准高。本工程要求的标准高于一般公路工程,要求路面设计使用年限内残余沉降(工后沉降)标准要满足《公路软土地基路堤设计与施工技术规范》规定。因此软土地基处理成为本工程的最关键控制因素之一。

(3)路基宽。工程实践表明,路基底宽在50~60m时,高速公路路中线处横向排水体中水头高于坡脚处0.5~1.5m,如图1-1所示。本工程路基宽度较大(包括绿化带约120~150m),路基横向排水难度增大,水平排水较慢,可能影响加固效果。

(4)汽车动荷载影响大。汽车荷载的影响深度及其对地基沉降的影响问题,一直存在较大的争议。按照日本道路规程,交通荷载当量(相当于路堤静荷载引起的地基的沉降值)随路堤填筑高度的增加而减小(图1-2),在地基中的影响则随路堤填筑高度的增大而降低(图1-3)。研究表

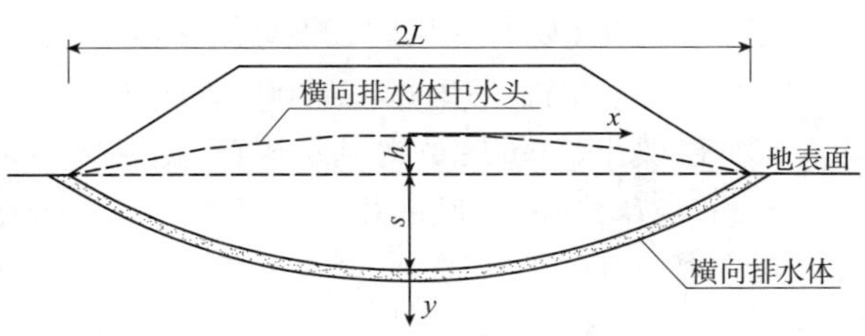

图1-1　发生沉降后路基中砂垫层及其中水头示意图

明，当路堤高度小于5m时，工后沉降计算应考虑交通荷载的影响。

本工程作为城市快速干线，车流量较大，最高填土仅为4m，填土高度大部分在1.5～2.5m。汽车动荷载将不可避免地对路面路基、地基产生较大的冲击作用，从而加大路基工后沉降，如图1-4中虚线所示，甚至造成路面结构破坏，如何降低或消除这种影响也是本软基处理工程设计和施工中需要考虑的一个重要问题。

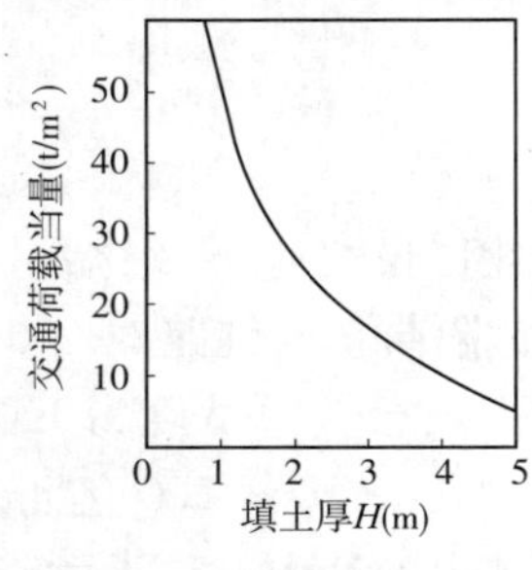

图1-2 交通荷载当量与路堤填筑高度关系

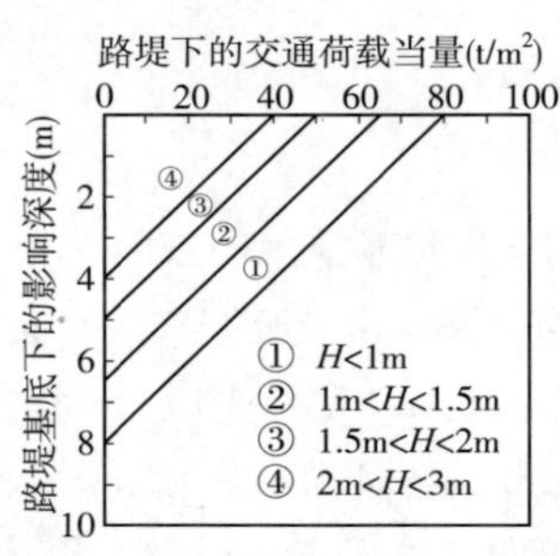

图1-3 交通荷载当量随地基深度的变化

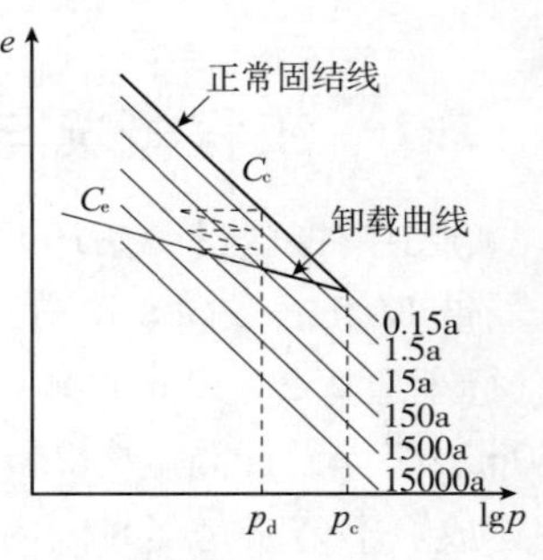

图1-4 交通荷载下土体孔隙比的变化

1.2 试验研究目的

根据本工程的地质条件和技术特点，软基处理研究的目的可以概括为以下几点：

(1)现场试验几种软基加固处理方案，结合其他试验的经验，从加固效果、工程造价、可靠性、工期等方面进行对比评价，为工程全线的设计提供可靠依据。

(2)通过现场试验，针对本工程的特点，总结出各种软基加固处理方法的设计参数、施工工艺、质量控制方法等施工要素，为全线的设计提供宝贵的借鉴意见。

(3)通过试验段精心测试和试验，研究沉降发展规律，推荐等超载设计、卸载时机确定的优化方法，为软基段路面施工提供科学依据。

(4)现场模拟车辆动荷载影响范围和时间，研究车辆动荷载对路基、地基的影响，为预防动荷载病害提供依据。

1.3 工程地质概况

本研究段地处珠江三角洲腹地，位于佛山市南侧顺德辖区境内，路线呈东西走向。在地貌单元上属珠江三角洲冲积平原，地势较平坦，区内水系大多由北向南流，水网交错，鱼塘、水沟遍布。本研究段地层主要由第四系填土层、冲积层组成，地质剖面图如图1-5、图1-6所示。根据静力触探资料，地基土自上而下含有以下地层：

(1)填筑土(Qml)：灰黄～灰色，由碎石、砂及黏土组成，已压实。厚度：1.00～2.80m，平均1.57m；层底高程：－2.80～1.00m，平均－1.57m；层底埋深：1.0～2.8m，平均1.57m。

(2)耕填土(Qml)：黄褐～灰褐色，由黏粒组成，含少量植物根茎，软～可塑。厚度：0.60～2.60m，平均0.99m；层底高程：－3.20～－0.70m；层底埋深：0.60～3.20m，平均1.14m。

(3)淤泥(Qal)：灰黑色，含少量腐殖质，下部含少量粉细砂，饱和，流～软塑。厚度：2.20～8.7m，平均5.13m；层底高程：－9.60～－4.00m，平均－6.41m；层底埋深：4.00～9.60m，平均6.39m；标贯击数3.0击；本层是主要加固土层。

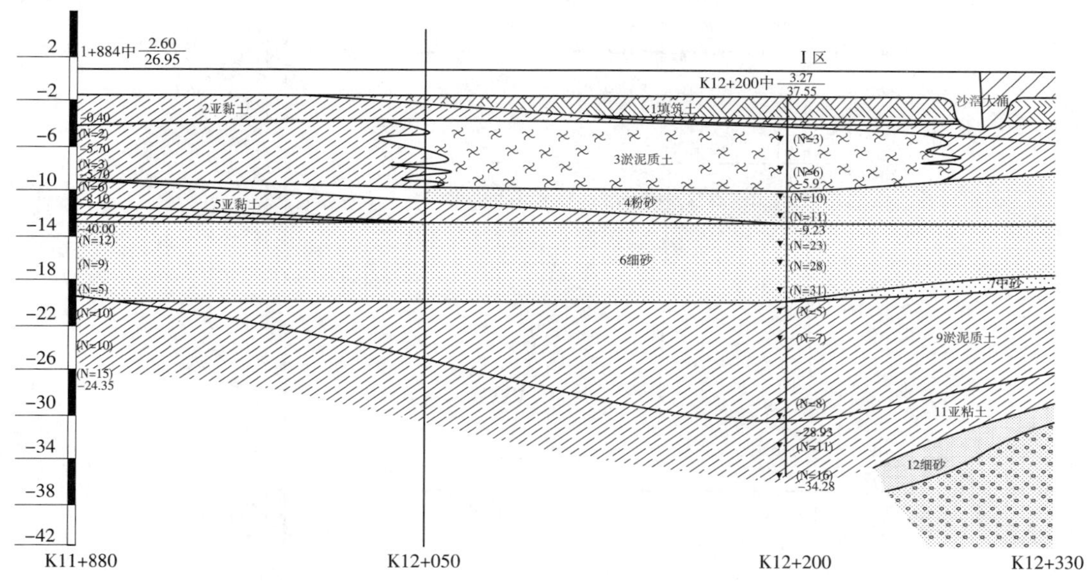

图 1-5　研究段总体地质剖面图

(4)淤泥质亚砂土(Qal):灰色,含淤泥质,由黏粒及粉粒组成,局部为粉细砂,稍密,很湿,软塑。厚度:1. 30 ~3. 30m,平均 2. 64m;层底高程:－9. 30 ~ －7. 50m,平均－8. 62m;层底埋深:7. 50 ~9. 30m,平均 8. 62m。

(5)淤泥质土(Qal):深灰色,含腐殖质,局部夹薄层粉细砂,饱和,流塑。厚度:0. 50 ~2. 90m,平均 1. 66m;层底高程:－10. 80 ~ －7. 80m,平均－9. 13m;层底埋深:7. 8 ~10. 8m,平均 9. 13m。

(6)亚砂土(Qal):灰 ~ 灰白色。有粉粒及少量黏粒组成,湿,软 ~ 可塑。厚度:0. 70 ~6. 00m 平均:2. 50m;层底高程:－12. 00 ~ －5. 70m,平均:－8. 46m;层底埋深:5. 70 ~12. 00m,平均:8. 42m。

(7)亚黏土(Qal):灰白、黄色,由黏粒及粉粒组成,稍湿,可 ~ 硬塑。厚度:0. 60 ~4. 70m,平均:2. 24m;层底高程:－12. 00 ~ －6. 60m,平均:－9. 98m;层底埋深:6. 60 ~12. 00m,平均:9. 98m;

(8)细砂(Qal):灰 ~ 灰黄色,分选差,上部含粉砂,下部粒度稍粗,含泥质,中密,饱和。标准贯入试验 117 次,锤击数 $N_{63.5}$ =4. 0 ~29. 0 击,平均 19. 6 击。

(9)淤泥质土:土层呈灰色,浅灰色,流塑,含腐植质,味臭。分布范围广,为本区内另一主要软弱土层。厚度相差较大,为 0. 4 ~15. 00m,平均厚 5. 62m,层顶高程－11. 98 ~ －24. 60m。局部夹薄层粉砂。标贯击数 1 ~11 击,平均 4. 7 击,击数标准值 4. 4 击。

(10)亚黏土、亚砂土(Qal):灰白、浅灰色、浅黄色,含较多粉细砂,亚黏土硬塑,亚砂土中密 ~ 密实,很湿。局部夹厚保暖不一的粉细砂及淤泥质土,土质不均一。厚度:0. 35 ~8. 00m,层顶高程:－8. 72 ~ －40. 64m。标贯击数 2 ~31 击,平均 12. 3 击,击数标准值 10. 8 击。

场地内地下水主要为孔隙水,主要赋存于淤泥质亚砂土及细砂层中,其余各工程地质层含水微弱。地下水埋深为 1m 左右。

场区除局部软弱层厚度较大及砂层厚度大外,并未有明显断裂通过,所以场地属构造相对稳定地段。场区内对抗震不利地段主要为淤泥层和淤泥质亚砂土,根据广东省地震烈度区划图划分,地震烈度属于Ⅶ度区,应作相应设防,场地土类别为Ⅲ类。

岩土(软土)层主要物理力学性质统计见表 1-1 所列。

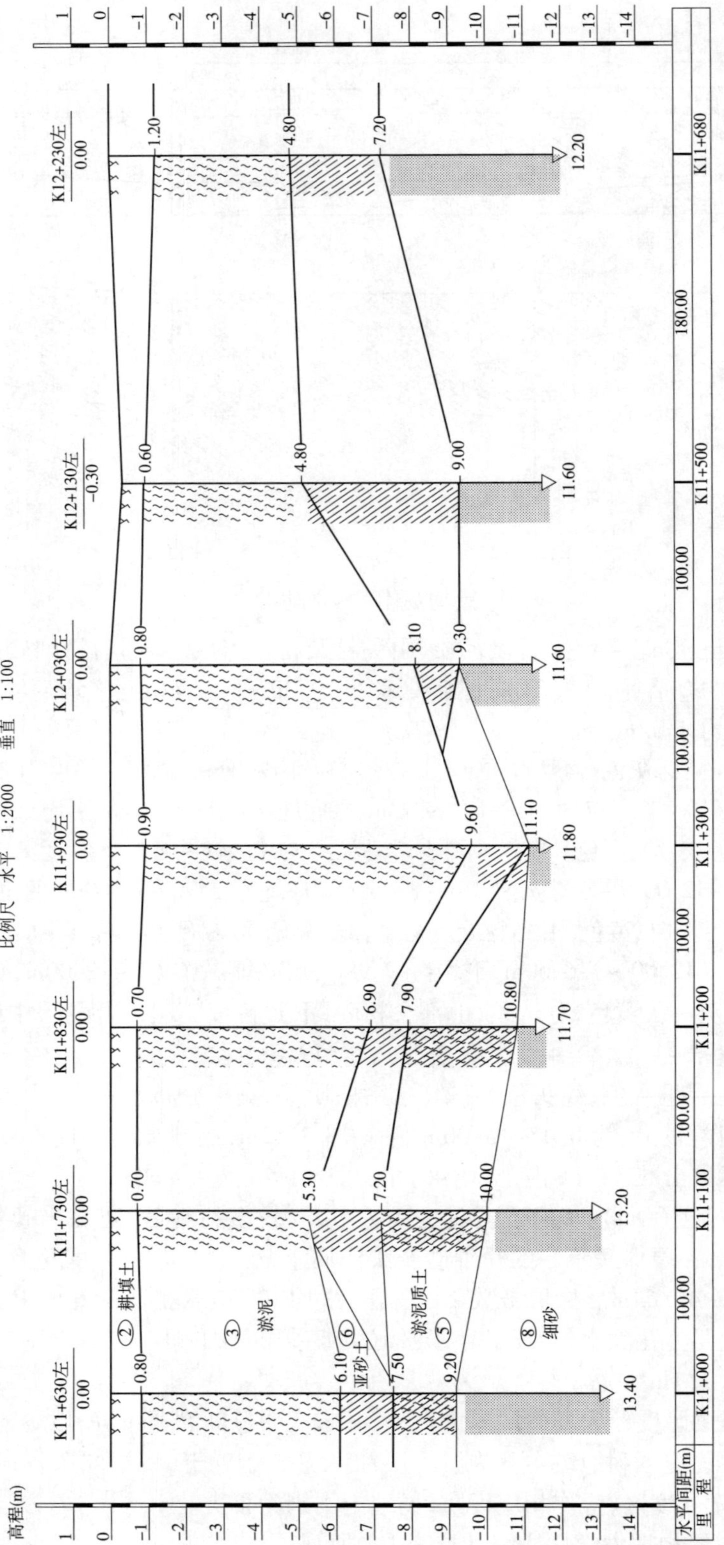

图1-6 研究段浅层土体地质剖面图

岩土(软土)层主要物理力学性质统计表　表 1-1

岩土名称	土层编号	项目	液限	液性指数	比重	含水率	天然密度	孔隙比	饱和度	压缩系数	压缩模量	直接快剪 黏聚力	直接快剪 内摩擦角	锥尖阻力	侧摩阻力
		指标	W_L	I_L	G_s	ω_o	ρ_o	e_o	S_r	a_{1-2}	E_{s1-2}	C	φ	f_s	q_c
			%			%	g/cm³		%	MPa⁻¹	MPa	kPa	°	MPa	kPa
淤泥	③	统	7	7	7	7	7	7	7	7	7	7	7	25	25
		范	25.9 ~ 50.2	1.09 ~ 3.15	2.65 ~ 2.73	36.4 ~ 62.7	1.62 ~ 1.88	0.977 ~ 1.697	90.2 ~ 100	0.49 ~ 1.40	1.93 ~ 4.03	2.5 ~ 7.7	1.0 ~ 2.1	0.078 ~ 0.577	1.0 ~ 22.0
		平	33.9	2.29	2.69	47.7	1.72	1.318	96.9	0.89	2.78	5.2	1.4	0.387	10.4
淤泥质亚砂土	④	统	7	7	7	7	7	7	7	7	7	7	7	25	25
		范	20.6 ~ 41.9	0.39 ~ 2.35	2.71 ~ 2.75	28.6 ~ 46.5	1.68 ~ 1.92	0.845 ~ 1.339	75.0 ~ 95.2	0.35 ~ 1.00	2.26 ~ 6.27	6.6 ~ 18.7	1.4 ~ 24.7	0.283 ~ 0.618	7.0 ~ 17.0
		平	31.5	1.73	2.73	37.3	1.77	1.128	90.1	0.63	3.82	11.6	11.2	0.472	10.6
淤泥质土	⑤	统	2	2	2	2	2	2	2	2	2	2	2	25	25
		范	28.3 ~ 39.4	1.94 ~ 0.35	2.38 ~ 2.73	36.7 ~ 28.5	1.83 ~ 1.87	0.998 ~ 0.88	88.6 ~ 98.5	0.33 ~ 0.39	6.13 ~ 4.82	3.5 ~ 23.1	15 ~ 16.5	1.288 ~ 27.28	1.0 ~ 78.0
		平	33.85	1.145	2.705	32.6	1.85	0.939	93.55	0.36	5.475	13.3	15.75	3.807	39.3
亚黏土	⑦	统	4	4	4	4	4	4	4	4	4	4	4	25	25
		范	25.7 ~ 32.7	1.59 ~ 2.44	2.68 ~ 2.71	38.5 ~ 46.2	1.73 ~ 1.814	1.081 ~ 1.286	97.3 ~ 100	0.44 ~ 1.01	2.27 ~ 4.73	2.9 ~ 9.1	14.3 ~ 26.9	0.578 ~ 1.034	7.0 ~ 15.0
		平	30.675	2.008	2.7	41.425	1.78	1.145	97.525	0.645	3.638	6.55	18.825	0.772	11.8
含亚黏土粉砂	⑧	统	1	1	1	1	1	1	1	1	1	1	1		
		范	19.5	2.73	2.72	31	1.92	0.859	98.1	0.21	8.67	5.4	28.4		
		平	19.5	2.73	2.72	31	1.92	0.859	98.1	0.21	8.67	5.4	28.4		
淤泥质土	⑨	统	11	11	11	11	11	11	11	11	11	11	11		
		范	16.9 ~ 25.6	14.8 ~ 21.3	1.09 ~ 1.31	36.9 ~ 51.8	1.66 ~ 1.80	1.038 ~ 1.414	90.7 ~ 98.9	0.485 ~ 0.910	2.28 ~ 4.58	3.32 ~ 11.3	3.9 ~ 10.6		
		平	19.5	17.2	1.22	43.2	1.74	1.194	94.7	0.684	3.17	6.50	6.6		
亚黏土	⑩	统	21	21	21	21	21	21	21	21	21	21	21		
		范	21.9 ~ 40.5	0.2 ~ 1.17	2.69 ~ 2.72	15.0 ~ 29.6	1.94 ~ 2.10	0.528 ~ 0.797	72.3 ~ 99.8	0.185 ~ 0.529	3.2 ~ 8.0	5.63 ~ 63.2	6.4 ~ 28.6		
		平	31.2	0.46	2.71	22.8	2.03	0.644	94.0	0.315	5.4	25.93	14.9		

第2章 软基试验方案

2.1 地基处理方案与分区

地基处理方案的选择受软土空间分布、软土性质、工期等影响较大。参照附近高速公路地质条件、结合广东省软基处理经验确定了本研究段软基处理试验方案，见表2-1。因工程前期征地存在一定的困难，研究段A、B、C区改成常规段施工。

研究段各路段软基处理方案　　表2-1

序　号	软基处理方案	桩号范围	长度(m)
D	塑料排水板 + 1层CATT60－60钢塑格栅	K11＋880～K12＋940	60
E	搅拌桩复合地基＋1层CATT60－60钢塑格栅	K11＋940～K12＋980	40
F	管桩＋塑料板＋1层CATT60－60钢塑格栅（左半幅加铺一层机织土工布）	K11＋980～K12＋020	40
G1	电渗＋水载:电极排距2m	K12＋020～K12＋040	20
G2	电渗＋水载:电极排距3m	K12＋040～K12＋060	20
H	袋装砂井＋1层CATTSG60－60聚合格栅	K12＋060～K12＋130	70
I	塑料排水板＋强夯＋水载预压	K12＋130～K12＋270	140

除K12＋020～K12＋060、K12＋130～K12＋270段路基填筑高度2.0m，采用水进行超载外(围堰高2m，水深1.8m)。其他路段填筑高度均为4m，边坡坡率取1:1.5。研究段路基施工时统一填细砂，采用薄层轮加法，每层压实厚度以不超过50cm为准。预压完成后换填包边土、封层土。

(1)D区:塑料排水板＋钢塑格栅

塑料排水板采用B型板，间距1.2m，梅花形布置。板长10m，以穿透软土层、进入硬土层0.2m为准。考虑到路基宽度较大，该区域采用强制水平排水。在路基内砂垫层底部设置ϕ60横向PVC抽水管，每根管长90m，水管末端60m范围内作成花管，水管间距35m。利用射流泵从砂垫层中抽排水。

砂垫层厚0.5m，伸出坡脚1.5m。砂垫层顶面铺设一层CATT60钢塑格栅。

(2)E区:搅拌桩复合地基

搅拌桩直径50cm，采用425号水泥，用灰量50kg/m。搅拌桩间距1.2m，梅花形布桩，桩长10m，以穿透软土层、进入硬土层0.5m为准。桩顶填筑30cm细砂后，铺设一层CATT60钢塑格栅。

(3)F区:管桩＋塑料排水板

塑料排水板设计参数同D区，砂垫层厚0.3m。采用PHC-A400-95型预应力管桩正四边形布设，间距2.4m。本区左半幅采用长短桩，右半幅采用短桩。短桩12m，长桩32m，分别以穿透第一层、第二层软土进入硬土层 2m、1m 为准。每根桩桩顶设置一块 100cm × 100cm × 35cm(厚)钢筋混凝土托板。托板顶填筑 30cm 细砂后,铺设一层 CATT60 钢塑格栅,左半幅加铺一层 30kN/m 的机织土工布。如图 2-1 所示。

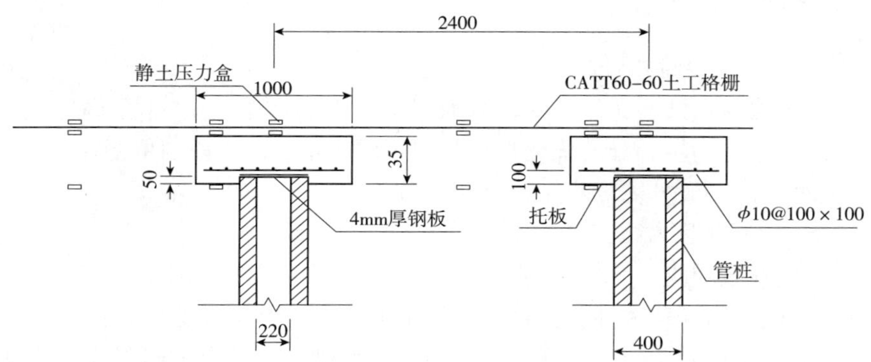

图 2-1　管桩复合地基大样(尺寸单位:mm)

(4)G 区:电渗

电极采用 ϕ22 钢筋作为阳极,ϕ48@2.0 钢花管作为阴极,电极深 10m,以穿透软土层、进入硬土层 0.2m 为准。电极间距 2 ~ 3m,阴极(阳极)间距 4m。采用硅整流电机(ZKF-8000/38)作为电源。沿阴极布设抽水支管,支管通过三通与阴极连接,支管与抽水主管通过三通或两通连接,射流泵与抽水主管连接。工作电压梯度为 12 ~ 18V/m,工作电压取安全电压,电流密度约 0.2A/m^2。每天电渗 10h,根据电渗排水流量确定抽水时间,暂定电渗 30d。

(5)H 区:袋装砂井 + 聚合格栅

袋装砂井直径 7cm,砂井采用含泥量小于 3% 的中粗砂,密实度 95% 以上。间距 1.2m,梅花形布置。井长 10m,以穿透软土层、进入硬土层 0.2m 为准。砂垫层、强制排水同 D 区。砂井施工完成后,整平砂垫层并铺设一层 CATTSG60 聚合格栅。

(6)I 区:排水板 + 强夯 + 水载预压

砂垫层、塑料排水板的设计参数同 D 区。完成塑料排水板施工后,填筑 1.0 ~ 1.5m 厚细砂,整平场地后再进行强夯,强夯完成再继续填土。参考其他地区的施工经验,本研究段强夯施工参数如下:夯锤重 10t,直径 D = 2m。点夯 3 遍,3 批夯点交叉布点,每遍点夯的夯点间距均为 3.5m,梅花形布点,如图 2-2 所示。

3 批点夯单点击数分别为 4 ~ 5 击、5 ~ 6 击、7 ~ 8 击,单击能量分别为 50t·m、100t·m、160t·m,相邻 2 遍点夯间隔为 2 ~ 3d,具体间隔时间根据孔隙水压力变化情况而定。

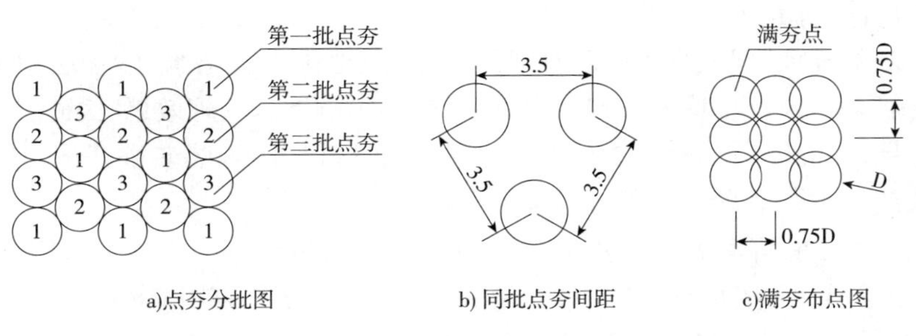

图 2-2　强夯布点图

强夯施工完成后，在路基顶部四周填筑2m高的围堰，围堰顶宽3.0m，围堰坡率1∶1.5。围堰两侧采用砂包施工，中间填砂。蓄水池内铺设一层PVC薄膜，在其中蓄水1.8m深。

2.2 软基处理方法选择

(1)塑料排水板、袋装砂井对比

鉴于排水固结法在珠江三角洲地区软基加固工程中的广泛运用，本条高等级公路软基处理方案将以排水固结法为主，因此，优化选择竖向排水体是本试验段的重要任务。本研究段将在D区和H区对比排水板与袋装砂井的加固效果。

(2)土工合成材料加固效果对比

以往的工程实践表明土工合成材料对协调软基不均匀沉降作用明显。考虑到本工程路基宽度较大，软土空间分布变化大，因此，合理选择土工合成材料显得尤为重要。

计算表明，当路基半宽 $L=25\text{m}$，沉降 $S=3\text{m}$ 时，坡脚处土工合成材料应变为0.028，平均应变为0.01。工程监测、试验也表明，路堤底表面沉降后的变形率一般不超过3%。而普通土工布的屈服延伸率约为15%，聚合土工格栅的屈服延伸率约为10%。因此，普通土工合成材料实际的拉应变远小于其屈服延伸率，抗拉力发挥程度不超过40%，限制了其减小位移和沉降、提高地基承载力的作用。目前，已逐渐得到推广应用的钢塑复合土工格栅屈服延伸率不大于3%，应变为2%时，抗拉强度可以发挥90%左右。表2-2是聚合土工格栅与钢塑复合土工格栅的性能对比，应特别注意屈服伸长率及2%伸长率时拉伸力的区别。鉴于以上分析，本研究段将在D区和H区对比聚合土工格栅与钢塑土工格栅的加固效果。

钢塑复合土工格栅、聚合土工格栅性价对比 表2-2

土工格栅类型	CATT 聚合双向	CATT 钢塑复合双向
土工格栅规格	CATTSG60－60	CATT60－60
每延米抗拉屈服力(kN/m)，≥	60	60
屈服伸长率(%)，≤	10	3
2%伸长率时拉伸力 (kN/m)，≥	22	54
5%伸长率时拉伸力 (kN/m)，≥	40	
焊点剥离力 (N)，≥	30	30
宽度 (m)	$2\sim5^{+0.2}$	$2\sim5^{+0.2}$
材料单价(元/m^2)	14.6	16.5

(3)强制水平排水的对比

本工程路基宽度大，仅依靠砂垫层难以及时、有效地排出孔隙水，砂垫层中地下水对路堤的浮力增大，预压力将减小，从而导致工后沉降增大，影响地基处理效果，因此有必要采取强制措施抽排砂垫层中的地下水。本研究段在塑料排水板区(D区)、袋装砂井区(H区)利用水平水管和射流泵或真空泵对砂垫层进行强制横向排水。

在强夯区(I区)采用集水井降水，集水井间距60m×50m，强夯面以下采用钢筋笼井筒，强夯面以上接长水泥管。钢筋笼骨架外包滤网和土工布，钢筋笼直径不小于0.7m，集水井底面应低于水平排水体底面至少1m。

(4)快速加固方法的对比

桥头高填土路段、涵洞、通道、管线基础等对工期、工后沉降要求较高。部分路段征地可能存在困难,造成工期很紧。对上述路段,应准备一些快速加固方案。根据本试验段的地质条件、周边环境,计划试验研究电渗加固方法、搅拌桩复合地基、动力固结方法、预应力管桩复合地基等,并对比其优缺点。

(5)强夯方法大规模应用的可能性

强夯用于加固饱和软黏土称为动力固结,多适用于软土深度在8m以内的地基处理。由于动力固结使土体具有超固结特性,可以代替超载,强夯后填土可以快速施工。本条高速公路不少路段的软土厚度较薄,软土含砂量大、夹砂层多,底面埋深多在6~7m左右,并且距离附近建筑物较远。因此,动力固结具有大面积推广应用的前景。

2.3　监测与试验内容

(1)监测断面设置与监测内容

鉴于本项目的自身特点,监控断面布设时采取"少而精"的原则,试验段每一种软土地基处理形式区段布置1~2个监控断面,监测断面设置见表2-3和图2-3。

监测断面和监测内容　　表2-3

区域	地基处理方案	断面桩号	主要监测内容
D	塑料排水板+1层CATT60-60钢塑格栅	K11+905	表面沉降、分层沉降、测斜、孔压、地下水位、动土压力、格栅应变测试
E	搅拌桩复合地基+1层CATT60-60钢塑格栅	K11+960	表面沉降、分层沉降、静土压力
F	预应力管桩+1层CATT60-60钢塑格栅	K12+000	表面沉降、静土压力、格栅应变测试、孔压
G	电渗	K12+040	表面沉降、分层沉降、测斜、孔压、地下水位
H	袋装砂井+1层CATTSG60-60聚合格栅	K12+095	断面沉降、分层沉降、测斜、孔压、地下水位
I	塑料排水板+强夯+水载预压	K12+160K12+210	断面沉降、分层沉降、测斜、孔压、地下水位

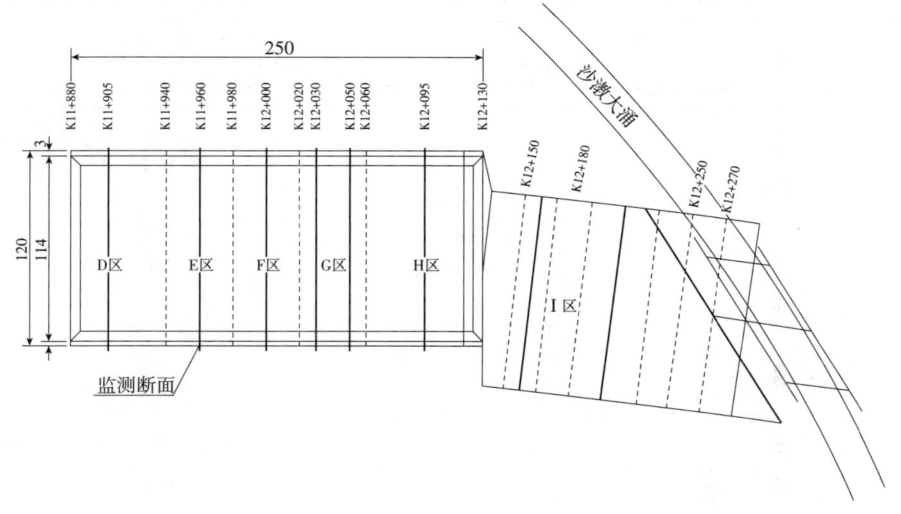

图2-3　监测断面设置平面图

塑料排水板区（D 区）、管桩区（F 区）、袋装砂井区（H 区）监测断面中对不同类型的土工格栅进行应变测试，对比其拉力和抗拉强度发挥程度。F 区监测断面设置 6 片应变片，分别设置在托板顶部、托板边缘、托板之间。D、H 区每个监测断面埋设 4 个应变片。搅拌桩身内和桩之间分别埋设一根分层沉降管，沉降管深度超过桩长 3m，如图 2-4 所示。

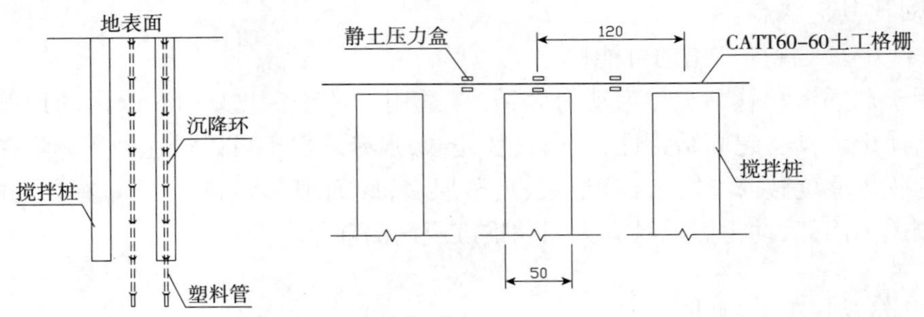

图 2-4　搅拌桩区分层沉降布置、土压力盒布置示意图

（2）试验检测内容

表 2-4 是各个区域计划进行的试验、检测内容。考虑到提交咨询报告的时间非常紧迫，因此，对搅拌桩区域进行单桩载荷试验、单桩复合地基载荷试验、多桩复合地基载荷试验。

表 2-4 中钻探指在软基处理前、后分别进行取土进行室内试验，测试土体含水率、密度、相对密度、塑限、液限、压缩系数、压缩模量、黏聚力、内摩擦角、渗透系数、固结系数等，评价加固效果。

在软基加固前、中、后进行一次静力触探和少量的十字板试验，对比加固效果，了解强度增长过程。其中动力固结区应在每遍点夯后进行一次静力触探。

试验检测内容　　表 2-4

区　域	地基处理方案	试 验 内 容
E	搅拌桩复合地基 +1 层 CATT60 −60 钢塑格栅	单桩载荷试验、单桩复合地基载荷试验、多桩复合地基载荷试验、静力触探
F	预应力管桩 +1 层 CATT60 −60 钢塑格栅	大动测、小动测、静力触探、
G	电 渗	静力触探、钻探
I	塑料排水板 + 强夯 + 水载预压	强夯试夯试验、静力触探、钻探

第3章　施工与试验进度概况

3.1　施工进度

本研究段于2003年11月27日正式开工，计划工期为110d（不含预压工期和超载土方卸载）。为获取更详尽的地质资料，工程开工后进行了一次地质补勘工作。地下隐蔽工程已于2004年1月前全部完工。除电渗区因电流密度与设计不符造成电渗区进度有些延迟外，目前各区工程进度基本符合预定计划要求。路基填土于2004年1月开始，截至2004年9月3日，各区填土情况及预压时间详见表3-1。

研究段填土及预压情况一览表　　表3-1

分区	加固方法	开始填砂日期	停止填砂日期	填砂厚度(m)	累计预压时间(d)	备注
D区	塑料排水板	2004-1-10	2004-3-4	6.725	183	填砂厚度包括鱼塘回填砂厚度
E区	搅拌桩	2004-1-21	2004-3-4	6.543	183	
F区	管桩	2004-1-12	2004-3-4	6.531	183	
G区	电渗	2004-3-5	2004-4-15	4.933	141	
H区	袋装砂井	2004-1-8	2004-3-4	6.533	183	
I区	强夯	2004-3-8	2004-4-24	5.28	132	

3.2　试验进度

本工程属于试验研究段，为达到利用本工程的设计参数和施工经验指导全线设计施工的目的，在施工过程中，进行了相关的试验、测试，南京水利科学研究院的专家们对部分测试项目进行了指导。

各项试验内容的仪器均按研究计划于各区路基填筑前完成，经过半年多的测试，采集了丰富的试验数据，为试验研究提供了大量的原始资料，在此基础上也总结出了一些试验成果，部分成果已经成功地应用于全线的工程实践中。

此外，本研究段的电渗区及强夯区对水载预压法开展了可行性试验，并且取得了成功。目前，该法已经在全线得到了推广运用。

第4章 试验成果分析

本研究段采用堆载预压排水固结法,强夯法,电渗法等地基加固方法,并且在施工过程中对沉降、孔隙水压力、土压力等应力、应变内容进行了测试,取得了丰富而宝贵的数据,如动土压力、电渗法强度空间分布与变异性等参数在我省高等级公路建设上还是首次取得的数据,对高等级公路建设具有一定的指导意义。以下将分别介绍这些成果。

4.1 排水固结

4.1.1 塑料排水板

本研究段在里程桩号 K11 + 880 ~ K11 + 940 的范围采用了塑料排水板堆载预压法,目的是与袋装砂井区的加固效果进行对比。此外,还在本区进行了一些试验。试验的成果将在后面的篇幅给予介绍。

1)设计参数

(1)采用 B 型塑料排水板,间距 1.2m,板长 10m,以穿透软土层、进入硬土层 0.2m 为准,等边三角形布置,如图 4-1 所示。

(2)砂垫层厚 0.5m,伸出坡脚 1.5m。砂垫层采用含泥量小于 5% 的中粗砂,渗透系数大于 5×10^{-3} cm/s。砂垫层顶面铺设一层 CATT60 钢塑格栅。

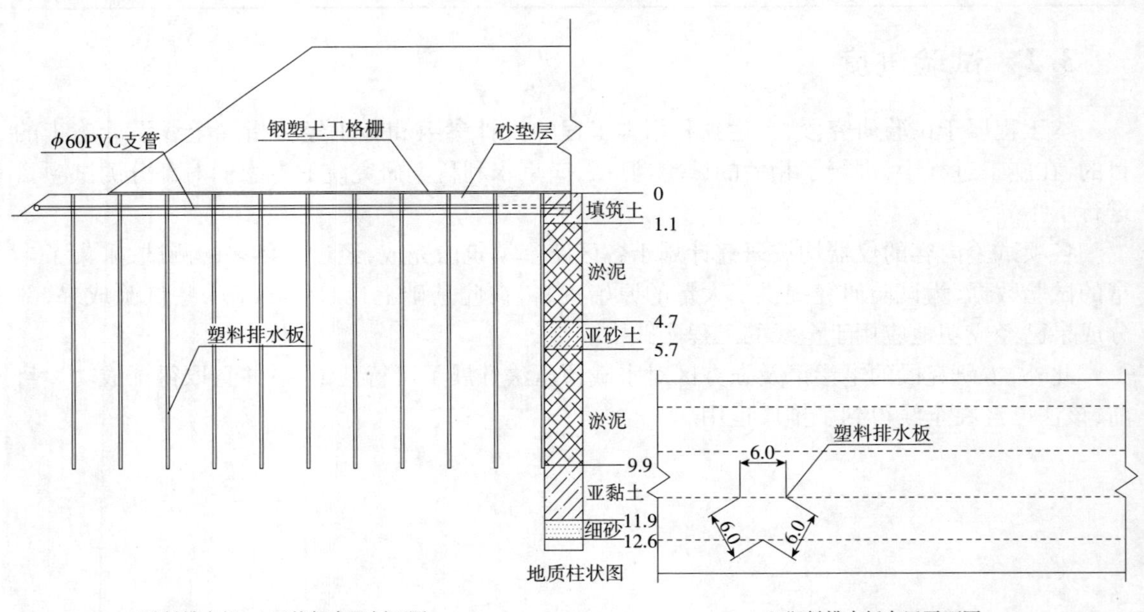

图 4-1 塑料排水板施工示意图

2）施工控制及检测方法

（1）控制塑料排水板的质量，按规范要求送检，合格后再施工。

（2）塑料排水板在打设过程中主要控制板距、板长及竖直度，板距按2%的频率抽检，而一般情况下板长和竖直度只能查看施工记录。

（3）回带是影响塑料排水板质量的一个重要因素，在提升套管时一定要防止回带，必要时需补打。

（4）塑料排水板的检测一直以来都没有成熟的方法，目前有一种带铁丝的排水板，通过仪器可检查板长，但该排水板的成本相对较高。

3）试验成果分析

（1）表面沉降

本区于2004年2月27日填土结束，由于填土较低、软土层厚度仅7m左右，目前最大累计沉降为33.8cm，平均为27.0cm。路基左、中、右因软土分布厚度不同而表面出较大的差异沉降，如图4-2所示。

此外，从本区的沉降速率曲线图可以看到（图4-3），在一次性超载1.3m厚的细砂后，

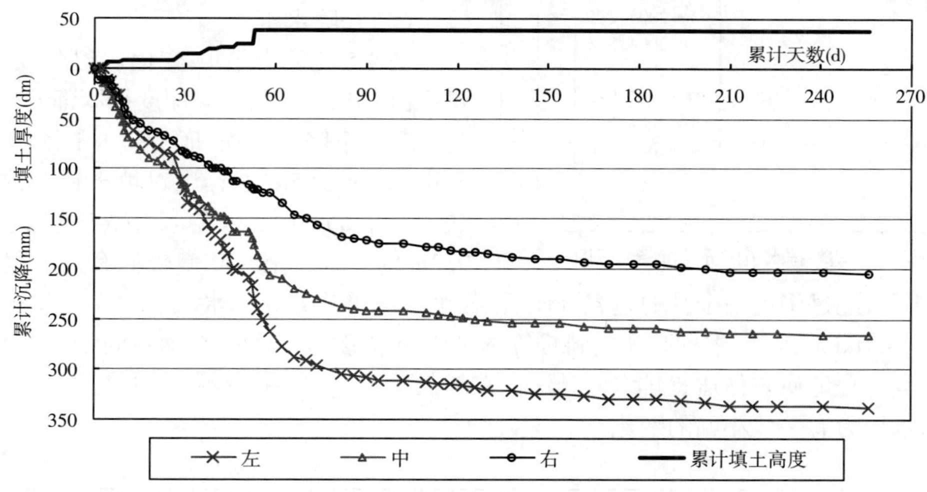

图4-2　塑料排水板区沉降曲线图

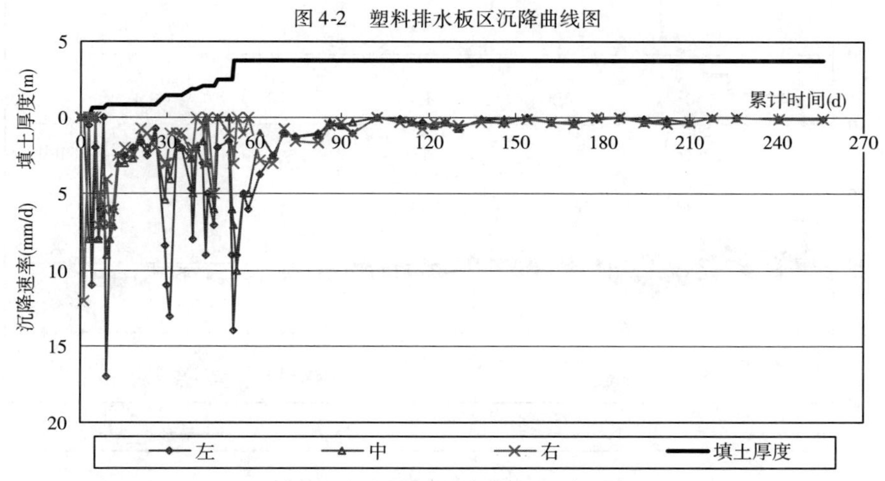

图4-3　塑料排水板区沉降速率曲线图

沉降速率有很大的增长，随后便迅速减小，在超载预压将近两个月后，沉降速率已经变得很小。根据目前的监测数据分析，本区在超载预压3～5个月后，其沉降速率已经满足规范的卸载要求。因此，对于类似本区地质条件的软基加固工程，塑料排水板加固法的预压时间大概需要3～5个月。

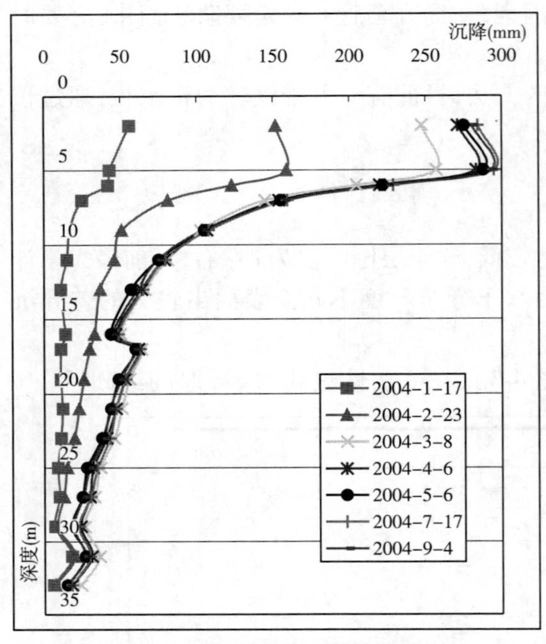

图4-4　塑料排水板区分层沉降曲线图

(2)分层沉降

根据本区的分层沉降资料，加固深度内土层的压缩量为176.5mm，占总沉降的69%左右；18m深度以下软土层的累计沉降为56mm，占总沉降量的21.9%。而10～18m深度范围内的土层压缩量仅为23.5mm，占总沉降量的9.1%。由此可见，本区的沉降主要是由上下两层软土层的压缩引起，而上层软土是主要的加固对象。分层沉降情况如图4-4所示。

(3)孔隙水压力

图4-5为本区孔压变化过程曲线图，从图可看出，加载前后，不同深度孔压都发生了一次先上升后下降的过程，证明孔压工作状态正常。其中4.5m和5m处孔压对填土荷载的反应较快，而9.2m处孔压的反应较慢，这可能与9.2m深度处软土含砂率较低有关。截至2004年3月24日，经过将近一个月的超载预压后，各个深度平均超孔隙水压力为4.73kPa，累计填砂荷载为64.6kPa，因此，根据孔压资料推算本区10m深度范围内的平均主固结度为92.7%。这证明了本工程地质条件适宜排水固结法。在超载预压后期，由于受雨水天气的影响，不同深度处孔隙水压力有一些小幅的变化。

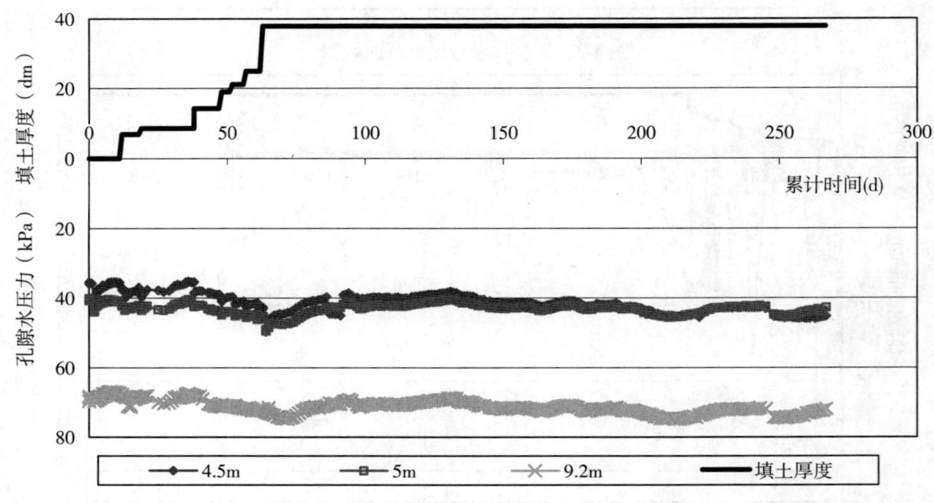

图4-5　塑料排水板区孔压变化曲线图

(4)侧向位移

图4-6为本区侧向位移变化过程图,侧向位移主要发生在3~7m深度范围内;最大位移在5m处,为71.9mm;在深度17m处侧向位移接近于零。由此可见,本区在填土高度达到4m后,侧向位移较小,适合快速填土施工。

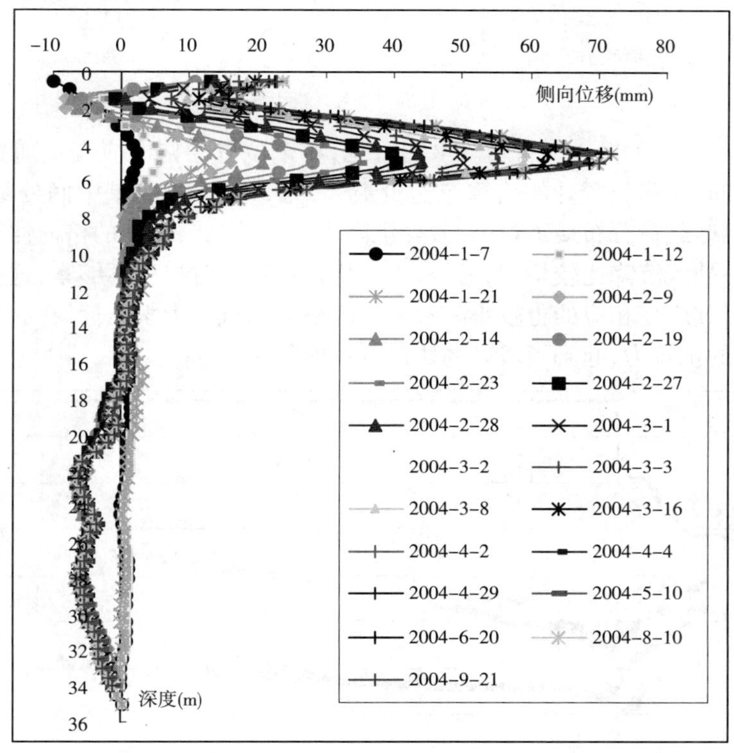

图4-6　塑料排水板区侧向位移曲线图

(5)格栅应变

本研究段采用的是日本Kyowa公司生产的KFR-02-C1-16型电阻式应变片,该应变片具有精度高、量程大的特点。应变采集仪采用华东电子仪器厂生产的静态电阻应变仪。埋设位置如图4-7所示。埋设前,用锉刀将贴应变片位置的格栅磨平后,用防水胶水将应变片紧贴在路基横断面方向的格栅上,应变片朝上,为了将应变片固定在格栅上,采用两块小钢板上下同时夹住格栅和应变片,用胶布裹紧后再用防水胶封闭好,以防渗水,如图4-8所示。

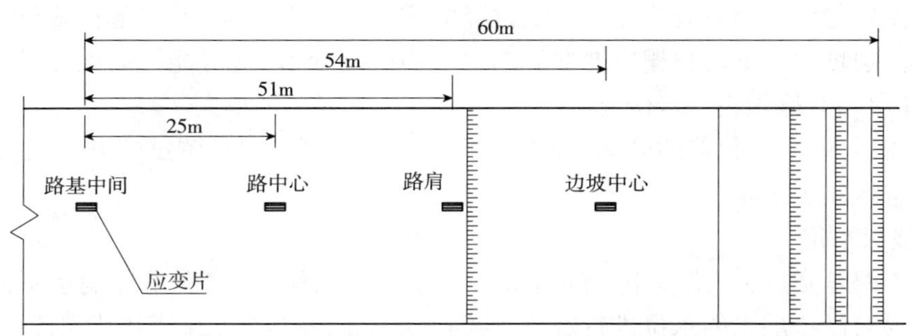

图4-7　格栅应变片埋设位置平面图

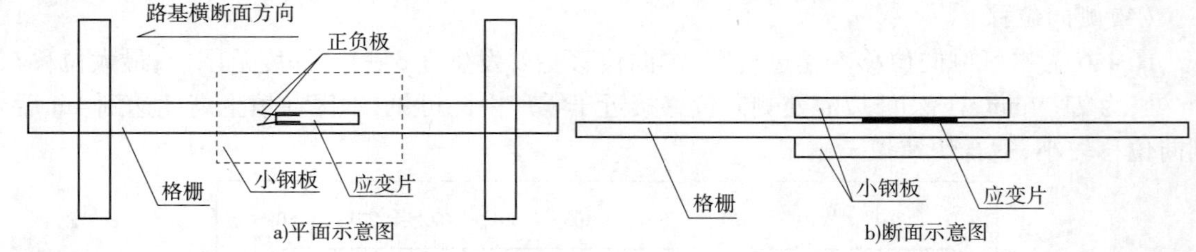

图 4-8　格栅应变片埋设大样图

格栅应变观测结果如图 4-9 所示。由图可见,各个位置的格栅应变量随着荷载的增加而增大。在加载期间,路肩位置处的格栅应变量最大,为 39. 43‰,路基中间处最小,为 8. 45‰。据分析,路肩处填砂载荷分布最不均匀,差异沉降也最大,因此,该处的格栅伸缩量相对就要大一些;而路基中心处因沉降比较均匀,另外,土工格栅在铺设时拉得不够紧,这些都将使该位置的格栅受力偏小,其应变相应的也较小。参考本区格栅的抗拉力学指标,在此延伸率下格栅已经发挥了大部分的抗拉力,起到了较好的协调变形的作用。

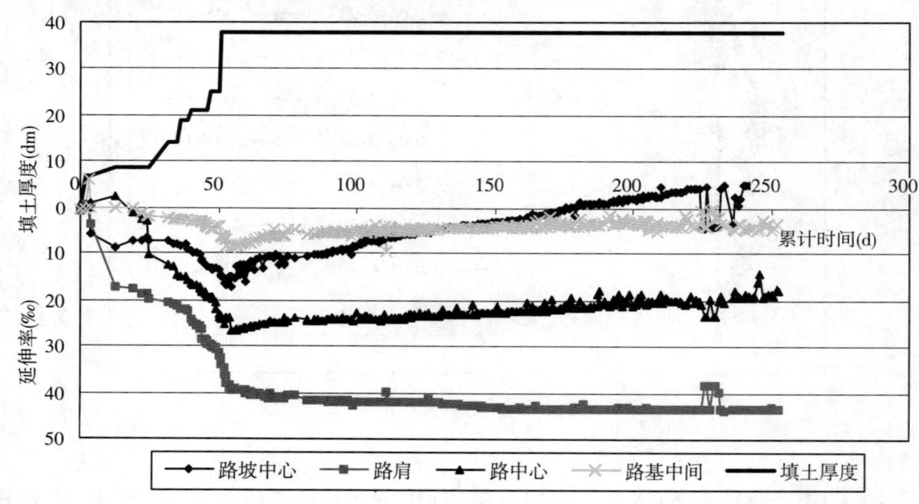

图 4-9　塑料排水板区格栅应变与荷载关系曲线图

本工程中测定的土工格栅应变整体上较小,而且不均匀。除了测试技术外,一个主要原因是土工格栅铺设时底承层不平整,格栅铺设松紧不一(由后面的工程照片可以看出)。

在超载预压期间,由于路基的沉降量较小,各个位置的格栅应变总体上变化并不大,但还是存在一些变化趋势。路肩处格栅应变随沉降的增加而缓慢增大,而其他位置处的格栅应变则逐渐变小。边坡中心处的格栅应变在后期表现为收缩变形,这可能是后期测试仪器失准所造成,其具体原因有待于进一步研究。

超载预压后期,由于仪器的防潮性能有所下降,受雨水的影响,测试数据跳动较大,但经过几天后仪器又恢复了正常。

(6)砂垫层水位

考虑到本路基宽度大,路基中心的水头偏高于路基两侧,这将严重影响水平向的排水效果,因此,需要对砂垫层中的水位进行观测,为路基水平向强制排水施工提供可靠的水位数据。但截至 2004 年 9 月 3 日,砂垫层里一直观察不到水位,横向强制抽水装置也无水排出,坡脚砂垫层一直处于干燥状态。这些现象表明：堆载预压排出的孔隙水，主要通过鱼塘回填的粉细砂排出。该工程说明，对于填砂路基，可以考虑取消造价较贵的中粗砂砂垫层。

下面根据图 1-1 从理论分析砂垫层的作用。砂垫层等横向排水体的排水能力应大于地基的最大排出水流量。

①地基最大排水量

设坡脚处沉降速率为 0，路堤中线处 t 时的固结沉降速率为 V_{cs}，沿路基纵向单位长度 t 时地基排出水流量 q_{tc} 采用下式计算：

$$q_{tc} = 2LV_{cs}\frac{2}{3} = \frac{4}{3}LV_{cs} \tag{4-1}$$

$$V_{cs} = S_{c\infty}\alpha\beta e^{-\beta t} \tag{4-2}$$

式中：L ——路堤底面半宽；

$S_{c\infty}$——地基固结产生的最终沉降，可以采用分层总和法计算；

α 、β ——计算参数，见表 4-1。

从保守角度计算，可以假设所有堆载同时瞬时施加，取 $t=0$，可得到地基的最大排出水流量为：

$$q_{tc\max} = \frac{4}{3}LV_{sc\max} = \frac{4}{3}LS_{c\infty}\alpha\beta \tag{4-3}$$

不同条件下 α 、β 取值　　表 4-1

<table>
<tr><th>序号</th><th>条　件</th><th>α</th><th>β</th><th>备　注</th></tr>
<tr><td>1</td><td>竖向排水固结（当 $\bar{U}_t>30\%$）</td><td>$\frac{8}{\pi^2}$</td><td>$\frac{\pi^2 C_v}{4H^2}$</td><td rowspan="5">H——竖向排水距离；
C_v——竖向固结系数；
C_h——水平向固结系数；
n——井径比；
d_e——等效圆直径；
$F(n)=\frac{n^2}{n^2-1}\ln(n)-\frac{3n^2-1}{4n^2}$；
Q——竖井长度与压缩层厚度比值；
R——土柱体半径</td></tr>
<tr><td>2</td><td>向内径向排水固结</td><td>1</td><td>$\frac{8C_h}{F(n)d_e^2}$</td></tr>
<tr><td>3</td><td>竖向和向内径向排水固结</td><td>$\frac{8}{\pi^2}$</td><td>$\frac{8C_h}{F(n)d_e^2}+\frac{\pi^2 C_v}{4H^2}$</td></tr>
<tr><td>4</td><td>砂井未贯穿压缩层</td><td>$\frac{8}{\pi^2}Q$</td><td>$\frac{8C_h}{F(n)d_e^2}$</td></tr>
<tr><td>5</td><td>向外径向排水固结（当 $\bar{U}_t>60\%$）</td><td>0.692</td><td>$\frac{5.78C_h}{R_2}$</td></tr>
</table>

②砂垫层厚度

假设图 1-1 中砂垫层中水头线为抛物线形状，坡脚处水头高度为 0，路中线处水力梯度为 0，水头高度 h 为：

$$h = \alpha_s\frac{p}{\gamma_w} \tag{4-4}$$

式中：p ——沿路基底宽 L 内水平排水体所受附加应力差，可取为堤底附加应力；

γ_w ——水的重度；

α_s ——水头系数。α_s 较大时，路中线处水头过高会影响固结速率，减小预压阶段的附加应力；α_s 很小，对横向排水体要求高。参考《公路土工合成材料应用技术规范》，α_s 可取0.05～0.1。

取图 1-1 中坐标系统，可得到水头线方程为：

$$y = \frac{h}{L^2} x^2 \tag{4-5}$$

水力梯度为：

$$I_x = \frac{2h}{L^2} x \tag{4-6}$$

坡脚处的水力梯度为：

$$I_L = y' = \frac{2h}{L} \tag{4-7}$$

考虑砂垫层两侧排水，坡脚处需要的砂垫层厚度 T 为：

$$T = \frac{q_{tcmax}}{2kI_L} = \frac{L^2 V_{csmax}}{3kh} = \frac{L^2 S_{c\infty} \alpha\beta\gamma_w}{3k\alpha_s p} \tag{4-8}$$

式中 k 为砂垫层的渗透系数。

由以上推导过程可知，砂垫层厚度需求值在路中线处最小，坡脚处最大。

本工程中砂垫层用砂和路基填筑用砂的检测结果见表 4-2。本工程中 L =50m。取固结排水沉降速率 V_{cs} =0.5cm/d，h =1m。采用砾砂时，k =4.5m/d，坡脚处砂垫层厚度需求值为 T =0.98m。采用细砂时，k =3.06m/d，坡脚处砂垫层厚度需求值为 T =1.86m。本工程中水塘较深，施工砂垫层前回填细砂层约 2m 厚，排水固结的通过回填砂排走，所以砂垫层中未测到地下水。因此，只要路基填砂厚度超过 1.86m，可以考虑取消中粗砂砂垫层。

塑料排水板区塑料排水板与土工格栅施工现场照片如图 4-10 所示。

路基填筑、砂垫层用砂检测结果 表 4-2

土样号	颗粒组成(%) 粒径(mm)							含泥量(<0.075)(%)	渗透系数(K_{20})(10^{-3} cm/s)	控制干密度(g/cm³)	土的分类
	>10	10~5.0	5.0~2.0	2.0~0.5	0.5~0.25	0.25~0.075	<0.075				
1号	—	—	0.6	2.7	28.5	67.4	0.8	0.8	3.67	1.43	细砂
2号	—	—	0.6	2.6	30.3	64.8	1.7	1.7	3.54	1.41	细砂
3号	0.9	6.9	26.4	42.3	13.2	9.8	0.5	0.5	5.21	1.79	砾砂

a)塑料排水板施工

b)排水板区钢塑土工格栅

图 4-10 塑料排水板区塑料排水板与土工格栅施工现场照片

4.1.2　袋装砂井

本研究段在里程桩号 K12 +060 ~ K12 +130 范围内采用袋装砂井堆载预压法，为了解该法在本研究段地质条件下的加固效果，开展了一些监测和试验，其成果将在以下的内容分别进行介绍。

1）设计参数

（1）采用直径 7cm 袋装砂井，桩间距 1.2m，按等边三角形布置，井长 10m，以穿透软土层、进入硬土层 0.2m 为准，如图 4-11 所示。

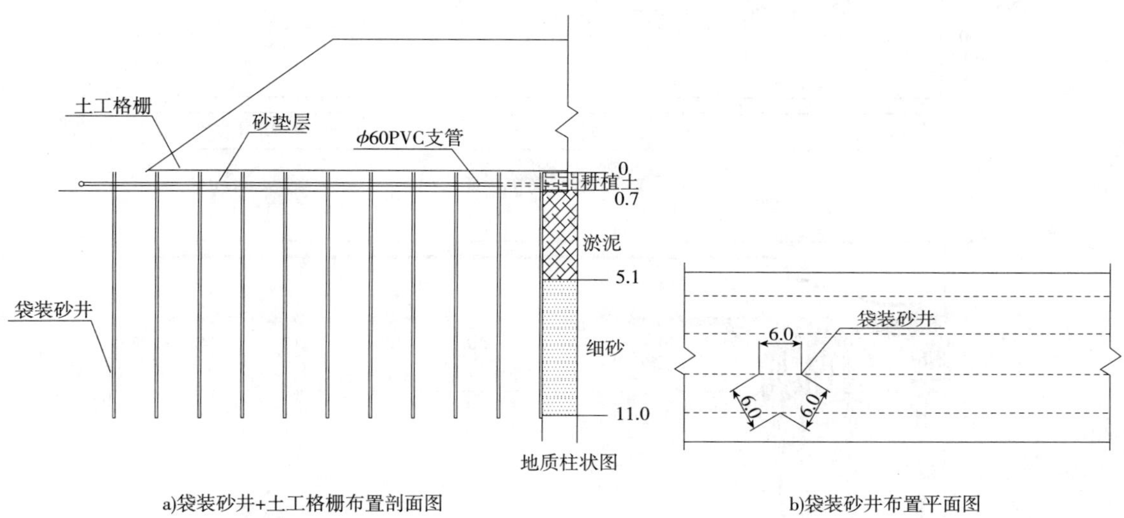

图 4-11　袋装砂井区施工示意图

（2）砂垫层厚 0.5m，伸出坡脚 1.5m。砂垫层采用含泥量小于 5% 的中粗砂，渗透系数大于 5×10^{-3}cm/s。砂垫层顶面铺设一层 CATTSG60 聚合格栅。

2）施工控制及检测方法

（1）为保证砂井的密实度，应采用灌砂机灌砂，砂井机上垂吊后施工。本工程夹砂层较多，砂井机振动力需要较大，必须灌水避免回带。

（2）可以采用冲水拔袋法抽检砂井施工长度。

3）试验成果分析

（1）表面沉降

①截至 2004 年 9 月 3 日，本区的平均沉降量为 190mm，而在路基填筑期间发生的平均沉降量为 165mm（图 4-12），约占推算总沉降（198.6mm）的 83.1%。

②在经过 3 个月的超载预压后，本区的沉降速率已经降低到很小，基本已经达到了卸载要求，如图 4-13 所示。由此可见，本区在路基填筑期间已经完成了大部分主固结，相关的总沉降预测将在后面的章节给予介绍。建议工程全线在类似地质条件的路段，排水固结法的超载预压时间为 3 ~4 个月。

③此外，本区在路基横向上的差异沉降相对较小，说明软土层在本区的横向分布比较均匀。

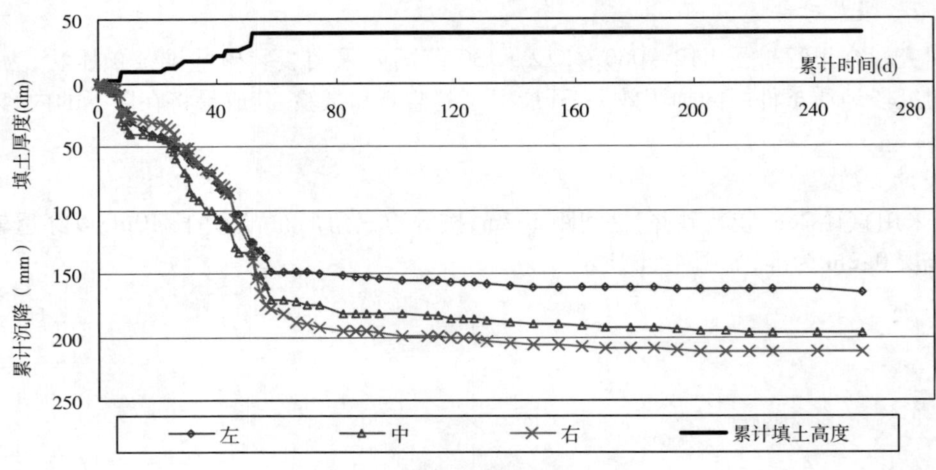

图 4-12　袋装砂井区沉降曲线图

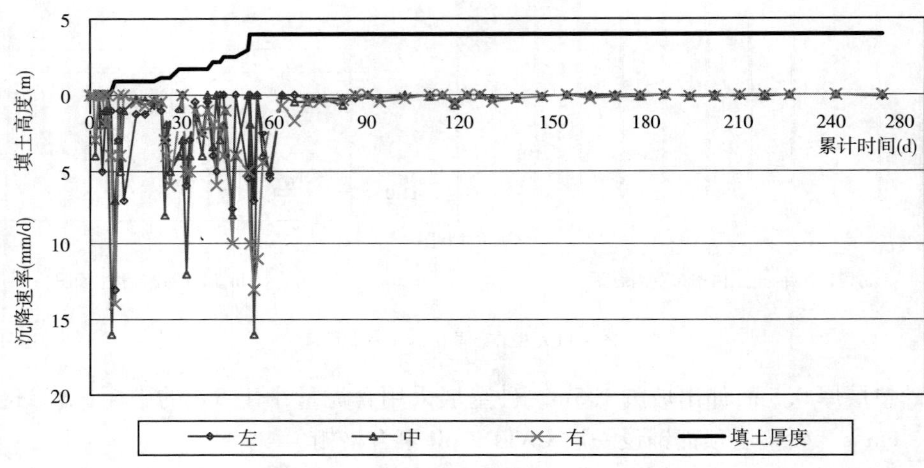

图 4-13　袋装砂井区沉降速率曲线图

④根据勘察资料，按照分层总和法计算得到的该区域的沉降见表 4-3。根据观测结果采用双曲线法推算的路中线处最终沉降量为 209mm。考虑到砂垫层及袋装砂井施工期的沉降有十几厘米，沉降修正系数可以取为 1.0 左右。该修正系数比附近高速公路沉降修正系数小的原因为：

a. 路基填土高度较小，在极限填土高度左右，土体压缩性小。

b. 路基较宽，近似于大面积堆载，侧向挤出产生的沉降占比例较小。

袋装砂井区各土层压缩量计算表　　表 4-3

深度(m)	平均附加应力(kPa)	土层厚度(m)	压缩模量(MPa)	压缩量(mm)	累计压缩量(mm)
0 ~ 0.8	68.0	0.8	3.64	14.9	14.9
0.8 ~ 5.8	67.9	5.0	3.04	111.6	126.6
5.8 ~ 9.2	67.5	3.4	4.52	50.8	177.3
9.2 ~ 17.4	65.8	8.2	14.27	37.8	215.1
17.4 ~ 27.9	61.0	10.5	3.73	171.9	387.0

(2)分层沉降

本研究段搅拌桩区的分层沉降情况如图 4-14 和表 4-4。

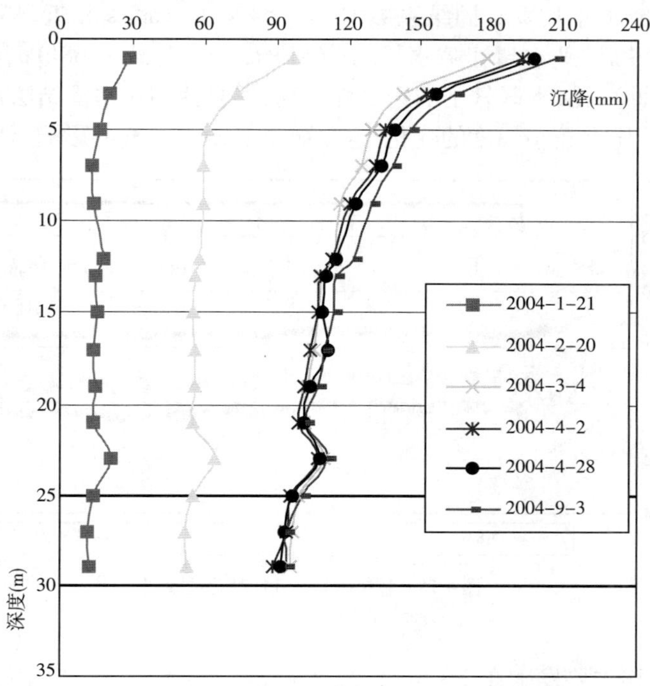

图 4-14　袋装砂井区分层沉降曲线图

袋装砂井区分层沉降分析表　　表 4-4

施工阶段	日期	时间(d)	压缩量(mm)				分层管口沉降(mm)	表面沉降(mm)
			<10m	10~18m	18~28m	>28m		
填土期	2004-1-10~2004-3-4	54	63.7	10.3	7.5	96.0	123	160
预压期	2004-3-5~2004-9-3	183	20.3	4.7	5.5	-2.0	35	36

表 4-4 表明,填土期间分层管口沉降了 123mm,深度 28m 处分层环(最深的分层环)对应地下降了 96.0mm,而管底已经穿透软土层进入相对硬土层。经查对管底沉降和管口沉降资料,造成上述异常现象的原因为:填土及地基上部土体沉降时对分层沉降管产生向下的负摩擦力,该负摩擦力导致分层沉降管发生弯曲(管底为硬土层且沉渣少时)或刺入变形,可能带动下部的分层沉降环一起下沉,使下部的分层沉降偏大。因此,建议在分层沉降管外侧设置护管。

(3)孔隙水压力

图 4-15 为袋装砂井区孔压变化过程图,由图可知,在加载过程中,孔隙水压力的变化不明显,这可能是该区的软土层含砂量偏高,超孔隙水压力的增长与消散较快所致。根据本区填完第二层砂 12d 后的主固结度为 79%,依据式(4-9),取加固软土厚度为 10m,反算得出本区土体的水平固结系数 $C_h=4.5\times10^{-3}\text{cm}^2/\text{s}$。

$$u_t=1-\frac{8}{\pi^2}e^{-\beta t} \tag{4-9}$$

式中：$\beta \cong \dfrac{8C_h}{F(n)d_e^2}$。

与室内试验得到的平均垂直固结系数 $C_v = 4.54\times10^{-3}\mathrm{cm^2/s}$ 相近。另外，根据孔压资料，填土至超载高程 11d 后，平均超孔隙水压力为 8kPa，填土荷载为 68kPa，因此，本区已完成的 88.2% 主固结。由此可见，本区软土的透水性较高，适合使用排水固结法加固软基。在超载预压后期，不同深度孔压有较小幅度的变化，这主要是受雨水天气的影响所引起。

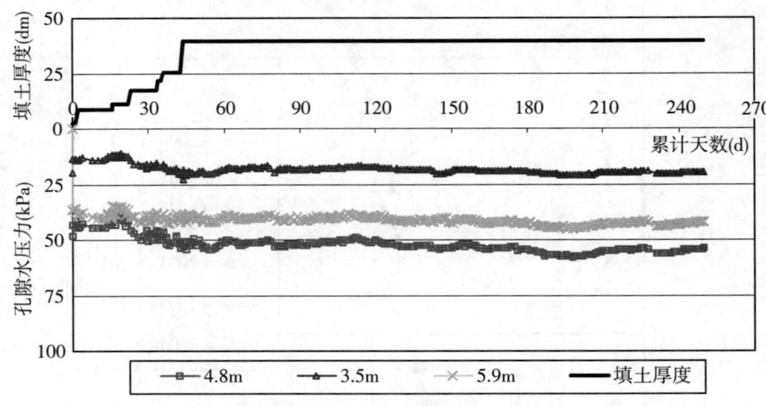

图 4-15　袋装砂井区孔压变化曲线图

(4)侧向位移

①本区侧向位移主要发生在 2～6m 深度土层范围内，该深度范围内是软黏土层，12m 深度以下侧向位移接近零(图 4-16)。侧向位移最大值发生在深度 3m 处，为 46mm。

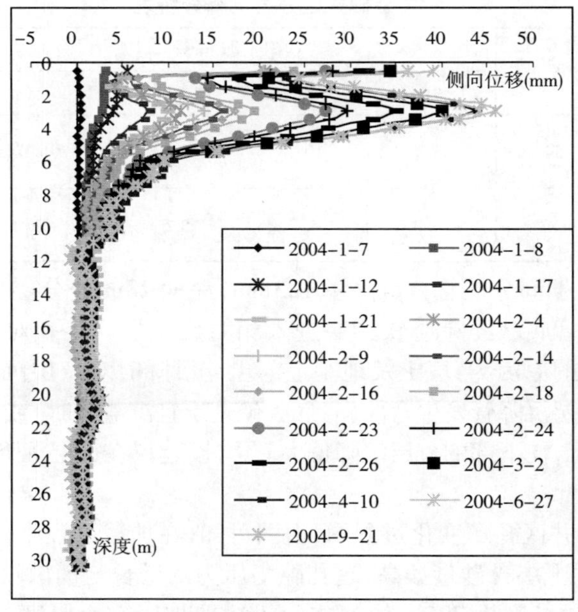

图 4-16　袋装砂井区侧向位移变化曲线图

②在路基填筑期间产生的侧向位移为 40.1mm，占总侧向位移的 87.2%，这反映了侧向位移主要是由于软土层在快速加载作用下，孔隙水来不及排出，产生侧向挤出变形所致。预压期

间侧向位移很小，说明了本区的软土性质较好。

③第二层软土所在深度 17.4 ~ 27.9m 范围内侧向位移基本为零，说明了该层软黏土性质较好，虽然未进行软基处理，但是在附加应力作用下产生的侧向变形较小。

(5)格栅应变

本区的格栅应变位置与塑料排水板区的相同，其观测结果类似于塑料排水板区，但因本区的沉降较小，其格栅的应变也相对较小，如图 4-17 所示。路肩处格栅应变量最大，为 11.3‰，路基中心处格栅应变量最小，为 4.66‰。出现这种现象的原因同塑料排水板区。在超载预压期间，可能是应变片受潮的缘故，测试数据一直不稳定，因此，无法针对测试数据进行分析。这需要在以后的试验中加强应变片的保护措施，避免再发生类似情况，为试验研究提供更精确的测试数据。

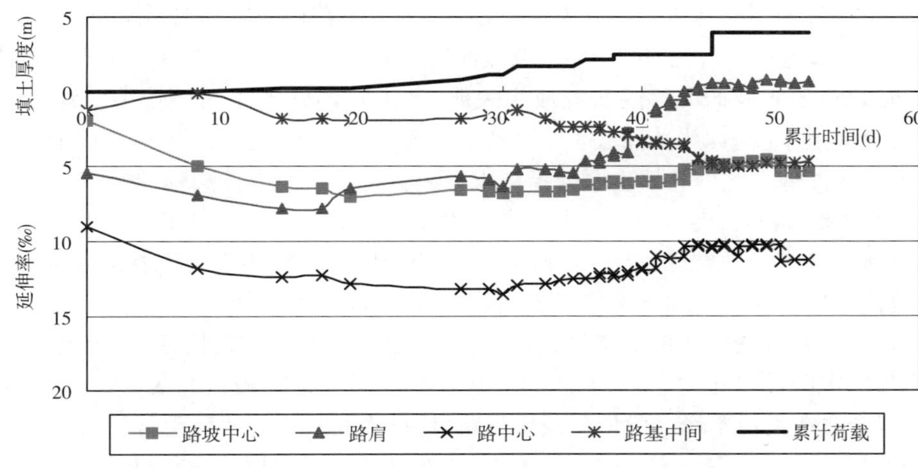

图 4-17　袋装砂井区格栅应变与荷载关系曲线图

本区采用的 CATTSG60-60 聚复合土工格栅的送检报告显示，该格栅在 5% 的伸长率时的拉伸力仅为其拉伸屈服力的 61%，而在路基填筑期间，本区的格栅应变远未达到 5% 的延伸率，在超载预压期间，本区的表面沉降量又较小，格栅的延伸率不会有大幅变化，由此可见，本区的格栅远未能发挥其极限拉伸力，其协调变形的作用也因此没能充分发挥。如图 4-18 所示。

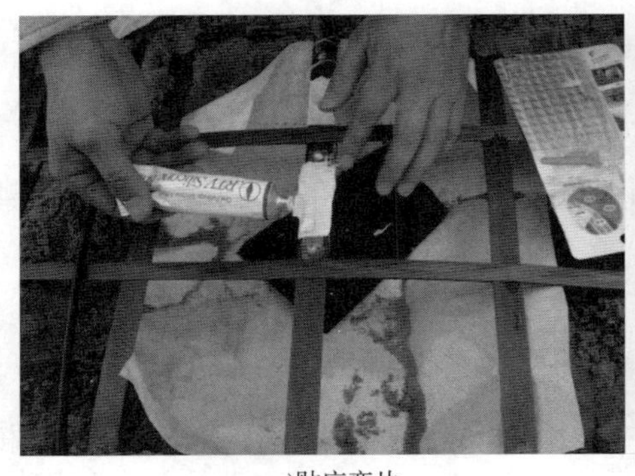

a)贴应变片

b)应变测试仪

图 4-18　袋装砂井区格栅应变与荷载关系试验实景图

根据前文所述及参考塑料排水板区钢塑土工格栅的应变情况可以发现,在同类地质条件、软基处理方法类似的情况下,钢塑土工格栅更能充分发挥其协调变形的作用。

(6)砂垫层水位

本区的砂垫层水位观测结果和塑料排水板区一样。

4)结论与建议

综合塑料排水板区与袋装砂井区的试验研究结果,提出以下建议:

(1)路面高出水塘塘埂、废弃的河道河岸2.8m以上时,宜先对水塘进行填平,然后施工砂垫层。当水塘底易分解物质较少时,可以采用填细砂挤淤泥法,不必晒干后清淤。

(2)本工程地基中夹砂层较多,软土固结系数较大,路基填筑时,孔压消散很快,对填土施工速度影响较小。根据室内试验结果及监测资料反算的结果,第一层软土水平固结系数 $C_h = 4.5 \times 10^{-3} cm^2/s$,本工程适宜采用排水固结法为主的方案。对一般路段采用排水固结处理方案,对于软土厚度小于18m、填土高度小于5m的桥头路段或涵洞地基处理也可以考虑采用排水固结方案。

(3)地质勘查资料及研究段的研究成果表明,本工程的软土压缩性较小。软黏土厚度在3m以内,或者填土厚度(以米为单位)与软黏土厚度(以米为单位)之积小于10的路段,对软黏土可以不进行处理。此处的填土厚度指从水塘底算起至路面设计高程的厚度。

(4)研究段结果表明,塑料排水板与袋装砂井加固效果相同。本工程夹砂层较多,液压式插板机无法施工;振动式插板机施工插板回袋现象明显。另外,鉴于施工管理与质量控制,结合以往本地采用袋装砂井处理软土地基的成功经验,建议本条线路采用袋装砂井。

(5)10m深度范围内软土的渗透性较高,超孔隙水压力的消散较快,路基填筑期间(4m高的填土)产生的沉降约占推算总沉降的83.1%。结合塑料排水板区与袋装砂井区的沉降资料,建议工程全线在类似本研究段地质条件的路段,排水固结法的超载预压时间为3~5个月。

(6)研究段表明,堆载预压排出的孔隙水,主要通过鱼塘回填的粉细砂排出,地下水未上升到砂垫层处。对于填砂路基,砂垫层厚度可以适当减薄或者取消(填砂时同时施工包边土者除外)。不必要设置盲沟或集水井,砂垫层不必设置路拱。理论分析表明,砂垫层厚度需要中间小两侧大。

(7)填土及地基上部土体沉降时对分层沉降管产生的负摩擦力可能导致分层沉降管发生弯曲(管底为硬土层且沉渣少时)或刺入变形,使下部的分层沉降偏大。建议在分层沉降管外侧设置护管。

(8)佛山一环路基较宽,根据研究段的成果,对于路基填土高度在极限填土高度左右的路段,沉降修正系数可以取为1.0。

(9)研究结果表明,在同类地质条件、软基处理方法类似的情况下,钢塑土工格栅比聚复合土工格栅更能充分发挥其协调变形的作用。由于两种格栅的单价相差较小,因此,建议采用50~50以上的钢塑土工格栅。

4.2 搅拌桩复合地基

本研究段在里程桩号K11+940~K11+980范围内采用了搅拌桩复合地基加固方法,搅拌桩于2004年1月6日打设完毕,养护一个月后开始填砂,于2004年2月26日填砂至超载高程。

4.2.1　设计参数

根据本工程场地的地质条件，搅拌桩设计长度为10m，以穿透软土层、进入硬土层0.5m为准。按梅花形布桩，间距为1.2m，桩身直径为50cm，采用425号水泥，用灰量50kg/m。桩顶填筑30cm细砂后铺设一层CATT60-60钢塑土工格栅，如图4-19所示。

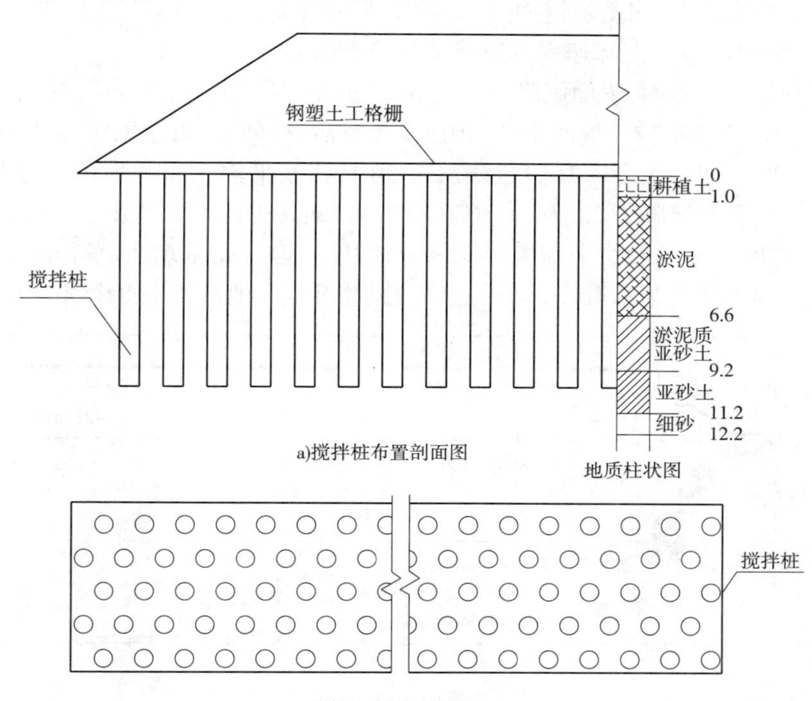

图4-19　搅拌桩区施工示意图

4.2.2　施工要点

本研究段中采用喷浆法施工，四喷四搅成桩，下沉、提升速度不大于0.8m/min，每根桩施工时间不小于40min，水灰比根据工艺性试桩确定为0.63。搅拌桩施工机械主要有深层搅拌桩机，灰浆泵，75kW发电机，200L灰浆搅拌机和500L灰浆料斗等。每台桩机每天大约可施工180～250m。

要点：桩体各部分的水泥掺入量要均匀、连续，因此桩机操作员与送浆泵操作员要密切配合，有异常情况要及时通报。同时送浆操作员必须根据桩机成桩速度来调整送浆速度。

4.2.3　检测方法

水泥搅拌桩属于隐蔽性工程，桩身质量检测一般采用轻型动力触探（N_{10}）、钻孔抽芯和载荷试验等多种方法综合进行检测。其中，轻型动力触探可以确定4m深度内的桩身强度和均匀性；抽芯法可以确定桩长和桩身强度；载荷试验可以测试承载力。

4.2.4　试验成果分析

1）表面沉降

本研究段在路中线、路肩处的桩顶和桩间土分别设置表面沉降板。沉降板在土工格栅铺设前埋设，沉降板设置在桩顶平面处。

图4-20、图4-21分别是本研究段搅拌桩区沉降和沉降速率曲线图，据图分析得出：

①路基左侧桩间土的沉降量较大,这是由于地基软土层沿路基横向分布不均匀造成的。

②不同位置处桩顶沉降基本一致,且桩顶沉降量与桩间土沉降量相差不大。截至 2004 年 9 月 18 日,桩间土平均沉降量为 13.5cm,桩顶平均沉降量为 10.0cm,桩顶沉降为桩间土沉降的 74.1%。推算总沉降量为 111.7mm(桩顶)和 147.1mm(桩间土),桩顶沉降为桩间土沉降的 75.9%。

③由于填土速率较大,路基填筑期间桩间土沉降速率达到 15mm/d 以上,桩顶沉降速率也达到 9mm/d。停止加载后,沉降速率迅速减小并趋于稳定。

④填土完毕后 1 个月内,表面沉降平均为 32.7mm(桩顶)和 43.7mm(桩间土),约占总沉降的 29.2%(桩顶)和 29.7%(桩间土)。预压 1 个月后,桩间土、桩顶的沉降速率降低到一个很小的数值,因此,在随后 4 个多月的超载预压期内,路基平均表面沉降量仅为 14mm。经推算,预压 1 个月后,剩余沉降为 23.7mm(桩顶)和 27.1mm(桩间土),约占总沉降的 21.2%(桩顶)和 18.4%(桩间土)。因此,采用搅拌桩复合地基处理后,路基剩余沉降小于 10cm。考虑到填土后一个月内沉降约为总沉降 30%,建议对搅拌桩复合地基预压 1 个月。

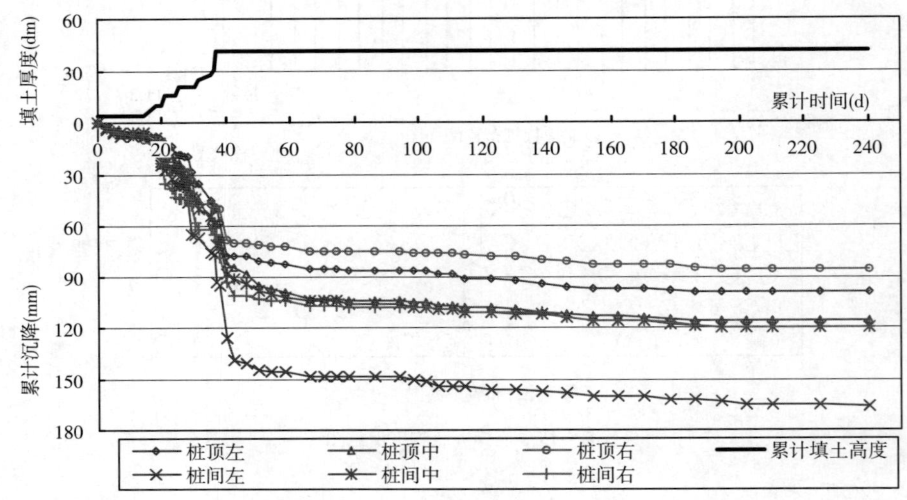

图 4-20 搅拌桩区沉降曲线图

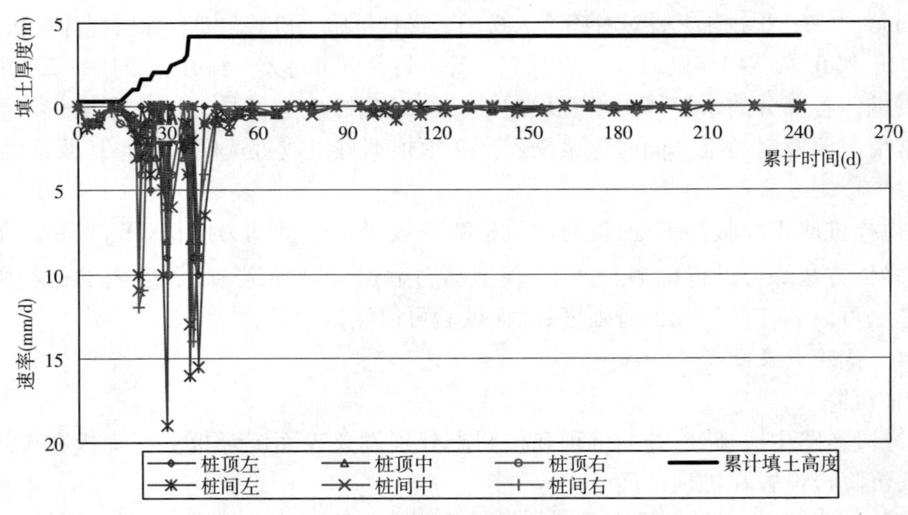

图 4-21 搅拌桩区沉降速率曲线图

2）分层沉降

本研究段在路中线处桩身和桩间土分别埋设一根分层沉降管。桩身处的分层沉降管穿过桩底，桩间土的分层沉降管穿透第二层软黏土。

图4-22为搅拌桩区桩间土和桩身分层沉降曲线图，图中可以看出：

①加固层范围内，桩身压缩量与桩间土基本一致。深度10m以内桩间土、桩身的压缩量分别为82mm、86mm，分别占总沉降量120mm、116mm的68.3%、74.1%，软黏土层所在深度2～6m以内的压缩显著，分别占总沉降量的32.6%、45.1%。

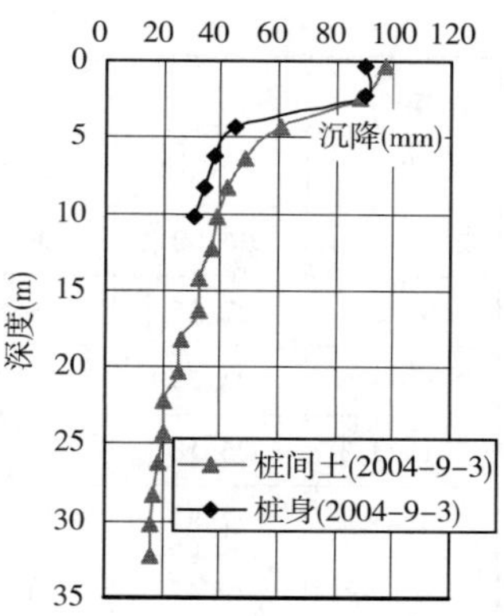

图4-22　搅拌桩分层沉降曲线图

②桩身范围的沉降为相邻塑料排水板区加固层推算总沉降量（158.7mm）的51.7%，减少沉降约48.3%。

③搅拌桩复合地基下卧层的沉降分别为30mm和38mm，占其总沉降量的25.9%～31.7%。袋装砂井区下卧层的沉降为105mm。可见，搅拌桩不但具有减少加固层内压缩量的作用，而且具有扩散应力、减少下卧层附加应力和沉降的作用。

④软黏土层所在深度2～6m以内，桩身压缩变形量大于桩间土，说明该范围内桩土应力比大于桩土模量比，也说明中性点在软黏土层以下负摩擦明显。

⑤从表面沉降看，目前搅拌桩区域的沉降速率已经很小，沉降基本完成。从分层沉降可以看出，填土4m高时（不含水塘填平约1m厚），第二层软土（厚度约2m）的沉降量小于2cm。因此，填土高度小于4m时，可以不考虑加固第二层软黏土。

3）桩土应力比

桩土应力比详见第四章4.9节有关内容。

4）轻型动力触探（N_{10}）

轻型动力触探具有轻便、易操作、对桩身破坏性小等特点，所以常作为施工单位自检的主要手段之一。

轻型动力触探应选择龄期在7d内的搅拌桩进行检测，从桩顶以下40cm开始记录每击沉30cm的击数。本次搅拌桩区共打桩约3200根，按2%的频率抽检64根。表4-5为N_{10}测试成果表。

不同龄期搅拌桩 N_{10} 平均击数一览表　　表4-5

深度（m）	平均击数							
	2d龄期	3d龄期	4d龄期	5d龄期	6d龄期	7d龄期	8d龄期	桩间土
0.4～0.6	49.09	70.00	99.53	113.38	94.83	111.50	49.50	
0.7～0.9	48.45	59.88	89.53	66.38	59.00	115.00	38.50	
1.0～1.2	54.55	49.13	74.13	57.50	49.33	85.00	63.00	16.7
1.3～1.5	31.55	51.29	57.27	66.38	50.33	114.50	48.50	11.2
1.6～1.8	26.45	40.21	41.13	59.63	48.83	178.00	38.00	11.7
1.9～2.1	24.00	30.75	43.27	55.13	42.67	94.50	34.00	15.2

续上表

深度（m）	平均击数							
	2d 龄期	3d 龄期	4d 龄期	5d 龄期	6d 龄期	7d 龄期	8d 龄期	桩间土
2.2～2.4	26.00	28.13	39.00	71.63	53.67	35.00	36.50	18.2
2.5～2.7	22.55	28.67	32.40	57.25	53.00	30.00	34.50	21.0
2.8～3.0	24.73	29.96	31.53	46.63	39.83	37.50	55.00	28.5
3.1～3.3	26.18	30.00	33.87	29.50	39.83	33.00	52.00	29.0
3.4～3.6	27.82	31.79	31.33	33.25	38.00	30.00	32.00	28.0
3.7～39	29.45	35.21	33.33	30.25	34.00	36.00	51.50	28.2
平均值	32.6	40.4	50.5	57.2	50.3	75.0	44.4	25.3

根据表 4-5，整理得到不同龄期 N_{10} 与深度关系曲线图及深度与平均 N_{10} 击数关系曲线图，如图 4-23、图 4-24 所示。从图中可看出，桩身 N_{10} 击数随龄期增加而增大，随深度增加而降低。据表 4-5，经统计，搅拌桩上部 4m 范围内平均 N_{10} 击数与龄期（T）之间的关系为：

$$N_{10} = 8.3T + 15.7 \tag{4-10}$$

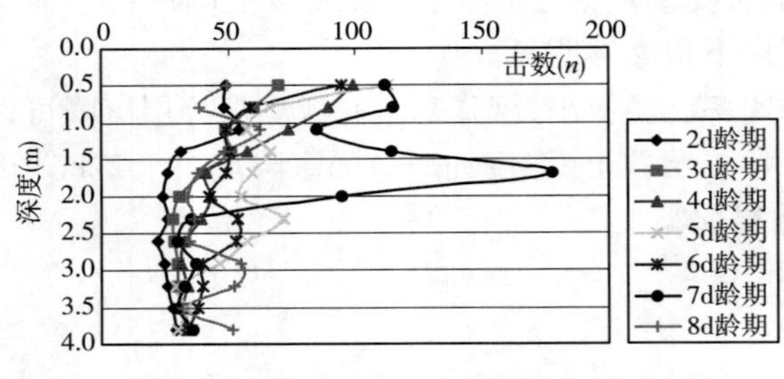

图 4-23　不同龄期 N_{10} 与深度关系曲线图

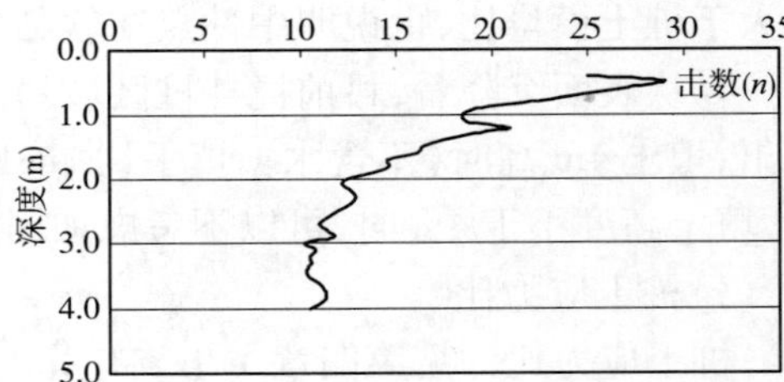

图 4-24　深度与 N_{10} 击数关系曲线图

扣除上部 1m 硬壳层，软土层范围内搅拌桩平均 N_{10} 击数与龄期（T）之间的关系为：

$$N_{10} = 3.17T + 20 \tag{4-11}$$

此外，为对比搅拌桩的加固效果，在桩间土位置也进行了几组 N_{10} 测试，结果显示 1～4m 深度范围内平均击数为 20.1 击（顶上 1m 为硬土层）。这一方面表明了本研究段软土层性质相对较好，另一方面也反映出 2d 龄期的搅拌桩强度为桩间土强度的 1.5 倍左右。

根据本研究段的 N_{10} 检测结果，考虑到本工程工期较紧，建议取 2d 龄期的 N_{10} 作为检测标准；软土层范围内桩身 N_{10} 应大于桩间土 N_{10} 的 1.5 倍，并不得小于 25 击。

5）钻孔抽芯

抽芯检测不但可以检查桩身长度和下卧层土性，而且可以利用芯样观察桩身胶结情况、检测桩身强度。因此，抽芯检测应作为搅拌桩不可缺少、主要的检测手段。

本研究段钻孔抽芯检测由佛山市建设工程质量监督站抽检完成，共检测 6 根桩，抽芯桩长 9.90～10.95m，均符合设计要求。选取较完整的芯样进行抗压强度试验，无侧限抗压强度芯样 11 个，抗压强度值 1.70～5.57MPa，平均抗压强度值为 3.01MPa，强度较高，满足设计和规范要求。但是，软黏土层的芯样相对其他土层的芯样连续性较差，手压有印痕。近期佛山一环东段的部分标段施工的搅拌桩在软土层中的芯样胶结性较差。

考虑到工程验收问题，我们在随后进行的西部沿海高速公路珠海段试验工程、广珠北线高速公路15标试验场工程中，对搅拌桩、粉喷桩软黏土层桩身强度进行针对性的研究。研究表明：

（1）粉喷桩桩身强度比搅拌桩桩身强度稍大。

（2）水灰比大于0.4时，水灰比越大桩身强度越低。

（3）搅拌桩深度大于10m的桩身搅拌均匀性较差，搅拌桩强度通常随深度增加而降低。

（4）软黏土层的28d桩身强度离散性较大，0.05～0.8MPa不等，平均约为0.35MPa左右。

某高速公路搅拌桩芯样抗压强度随深度的变化如图4-25所示。另外，对多条已经通车的高速公路搅拌桩检测资料进行深入分析，发现软黏土层的桩身强度也较离散，部分芯样无侧限抗压强度较低，但工程效果尚比较理想。分析其原因为：

①由于施工设备较为落后，搅拌桩在黏土层中搅拌不充分，水泥分布很不均匀，常呈块状、脉状或片状。搅拌桩横截断面上，通常周边强度大于中部。

抽芯芯样尺寸较小，试样中往往局部存在水泥，造成芯样抗压强度往往比整根桩的抗压强度偏低且离散性较大。

由于取芯容易破碎，试验得到的芯样强度与桩身强度存在较大差距。图4-26是根据西江下游航道整治工程横坑裁弯下弯段搅拌桩试验桩和旋喷桩检测成果得到的桩身强度与标贯的关系曲线图，据图可得到标贯与桩身强度的经验关系式：

$$N = 6.21\mathrm{Ln}(q_u) - 18.8（适用于4000\mathrm{kPa} > q_u > 30\mathrm{kPa}） \tag{4-12}$$

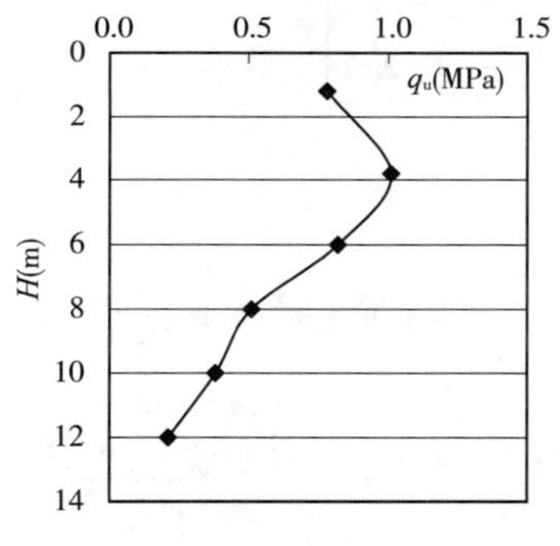

图4-25　搅拌桩抗压强度与深度的曲线图

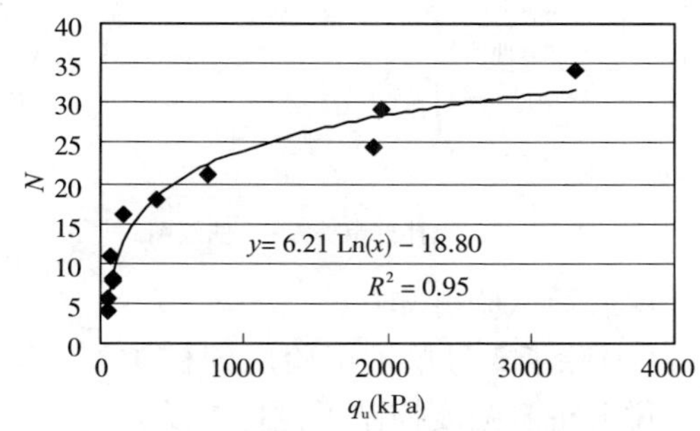

图4-26　搅拌桩抗压强度与深度的关系曲线图

②桩身上部强度较高或存在硬壳层，桩身下部芯样无侧限强度较低，但是实际工程中桩身下部受到较大围压，桩身实际的抗压强度比无侧限抗压强度大。

③搅拌桩多为摩擦桩，桩身深处受力较小，当存在硬壳层时更是如此。

以上提及的工程填土高度均小于6m，荷载多在120kPa以内。

《建筑地基处理技术规范》（JGJ 79—2002）对搅拌桩桩身强度折减系数取0.2～0.3（干法）和0.25～0.33（湿法），旧版规范折减系数取0.35～0.5。《公路软土地基路堤设计与施工技术规范》（JTJ 017—96）在路堤稳定计算中对加固土桩的抗剪强度规定“可钻取实验路段加固土桩为28d的原状试件测无侧限抗压强度，按其无侧限抗压强度的一半计算；也可以按设计配合比由室内制备的加固土试件测得的无侧限抗压强度乘以0.3的折减系数求得”。目前设计仅对水泥土抗压强度提出要求，没有明确提出搅拌桩桩身强度检验和评定标准。考虑规范、设计与工程实际之间的差距，江苏省高速公路建设指挥部根据江苏省高速公路粉喷桩应用情况，1998

年5月制定了《粉喷桩施工质量的检验与评价方法(试行)》。为便于工程验收和尊重客观事实,建议参照江苏省高速公路建设指挥部的做法制定"佛山一环搅拌桩质量检验与评价方法"。

搅拌桩桩身强度质量评定采用抽芯或标贯。抽芯时,应根据采芯率和芯样无侧限抗压强度进行综合评价;采用标贯验收时,按照经验关系式(4-12)确定桩身强度。

考虑到佛山一环采用搅拌桩的路段填土高度控制在6m以下,建议佛山一环软黏土层中的28d桩身强度按江苏省标准表1中强度的1.5倍进行评定,且其他土层强度必须达到设计强度。检测时间大于28d、小于120d时,强度验收标准按照时间比例线性增大。

6)载荷试验

载荷试验可直接检测单桩及复合地基承载力。本研究段单桩载荷试验5个点,单桩复合地基3个点,4桩复合地基3个点。其中单桩承压板为直径0.5m的圆钢板;单桩复合地基承压板为直径1.366m的圆钢板;4桩复合地基为边长2.4m的正方形双层钢板。在进行单桩载荷试验时,第3点由于桩头处理不当及加载级数控制不佳,导致在加载过程中出现了桩头破裂的现象。载荷试验如图4-27、图4-28所示。

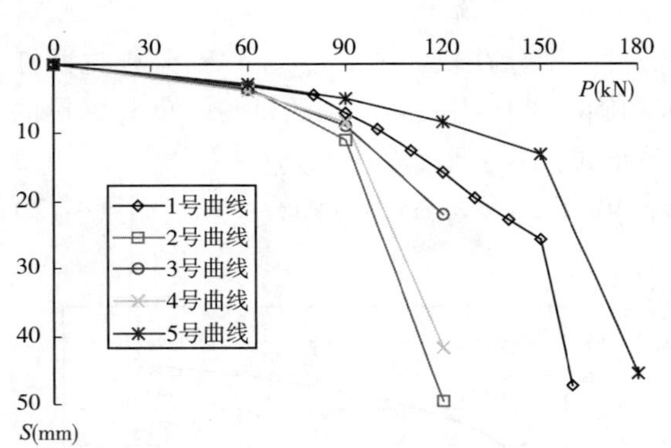

图4-27 搅拌桩单桩 $Q \sim S$ 曲线图

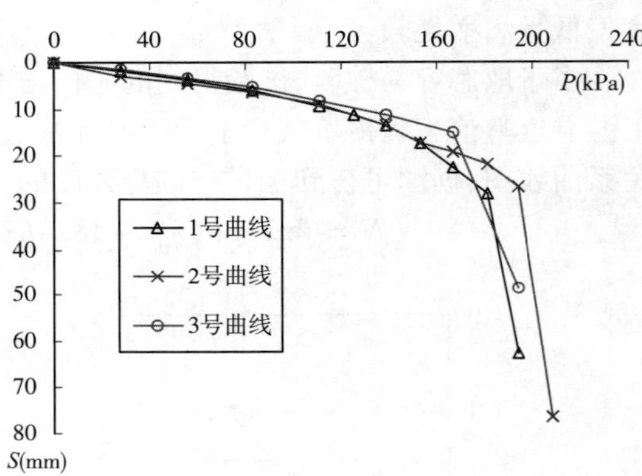

图4-28 搅拌桩4桩复合地基 $P \sim S$ 曲线图

由载荷试验可知:

(1)除了3号单桩试验压碎桩头外,其余10点载荷试验曲线均有明显的直线段和陡降段。说明桩身强度控制了搅拌桩及其复合地基的承载力。

(2)目前规范中确定承载力的方法主要有比例极限荷载、1/2极限荷载、$S/b = 0.008$(S为沉降,b为承压板的边长),按照以上3种方法计算本研究段搅拌桩的承载力结果如表4-6所示。考虑到地基承载力与稳定性的区别及公路工程的特点,取比例极限作为设计承载力,单桩承载力设计值取90kN,复合地基承载力设计值取120kPa。

(3)单桩复合地基与4桩复合地基载荷试验得到的承载力基本一致。

结合其他试验工程,搅拌桩载荷试验影响深度有限,通常桩顶面以下6m以内快速衰减。另外,《公路软土地基路堤设计与施工技术规范》(JTJ 017—96)对搅拌桩复合地基验算路堤稳定性,而不验算承载力,需要的指标是28d搅拌桩桩身芯样无侧限抗压强度。因此,搅拌桩载荷试验不能作为搅拌桩验收的主要手段,应以搅拌桩桩身强度检测为主。

7)施工扰动

搅拌桩施工是否会对周围土体产生扰动,一直以来大家对这个问题都存在较大的争议。而在工程界,大家对于这个问题的研究较少。因此,有必要针对这个问题开展一些试验研究,以便了解其扰动的程度及影响范围。为此，在本研究段搅拌桩区埋设孔隙水压力计及进行了搅拌桩施工前后静力触探试验。

搅拌桩承载力成果　　表 4-6

载荷试验类型	试验编号	比例极限	极限荷载/2	$S=0.008b$	备注
单桩（kN）	1	150	75	100	S 为沉降量，b 为承压板的边长
	2	90	45	90	
	3	90	45	90	
	4	90	45	90	
	5	150	75	120	
平均值（kN）		114	57	98	
单桩复合地基（kPa）	1	139	90.5	115	
	2	139	97	120	
	3	139	83.5	125	
平均值（kPa）		139	90.3	120	
4 桩复合地基（kPa）	1	139	87	170	
	2	139	95.5	160	
	3	139	108.5	195	
平均值（kPa）		139	97	175	

（1）孔隙水压力变化

图 4-29、图 4-30 是搅拌桩施工过程中，不同深度孔隙水压力的典型变化过程。图 4-31 是搅拌桩施工对不同距离处孔隙水压力的影响情况。

由图 4-29、图 4-30 可知：①搅拌头下沉过程中，先是孔压迅速增大，当搅拌头下沉深度大于孔压计埋设深度约 3m 时，孔隙水压力达到一个峰值，在随后的钻进及提升过程中，孔隙水压力不断减小；②当搅拌桩头提升至孔压计埋设深度后，孔隙水压力表现为负增长，即孔压比初值还低；③在搅拌头再次钻进及提升过程中，孔压变化重复上述规律。

根据上述孔压变化规律可知：①搅拌桩施工影响范围较大，约为 6m。在桩周 1m 范围内土体中产生较大的超静孔隙水压力，随着距离的增加，孔压减小；②产生超静孔压增长主要是由于搅拌头下沉过程中的垂直向下挤压力、径向水平推挤力所引起。

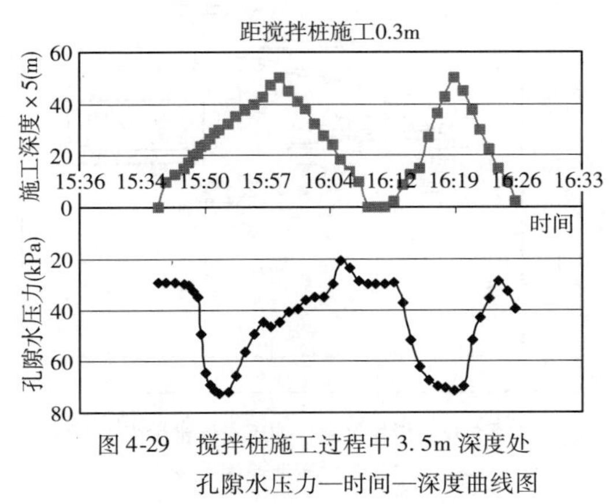

图 4-29　搅拌桩施工过程中 3.5m 深度处孔隙水压力—时间—深度曲线图

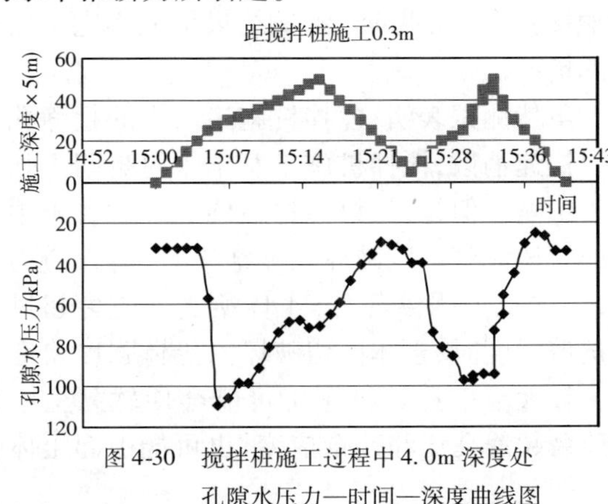

图 4-30　搅拌桩施工过程中 4.0m 深度处孔隙水压力—时间—深度曲线图

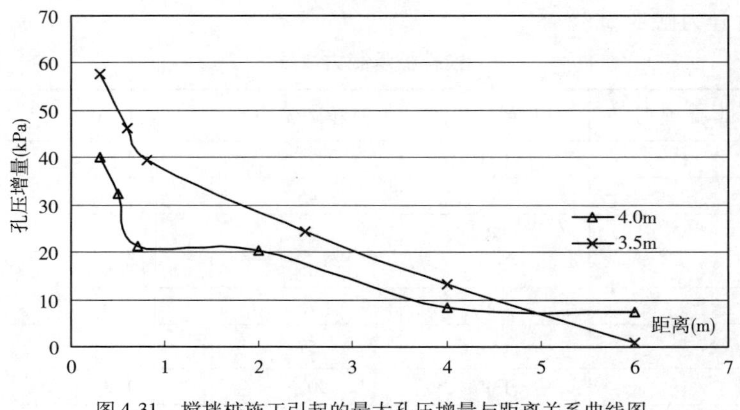

图 4-31 搅拌桩施工引起的最大孔压增量与距离关系曲线图

孔压消散较快的原因:①孔压计埋设深度范围内的软土含砂量较高,其渗透性较好;②孔压增加主要是由于搅拌头下沉时挤压造成的,所以当这种压力消除后,孔压也随之消散;③搅拌桩施工时可能在桩位及其附近形成有利于排水的通道,促进了孔压消散。深圳宝安新中心区新安路粉喷桩桩头明显比桩周土潮湿,可能是粉喷桩施工在桩体及其周围形成排水通道。

(2)强度变化

图 4-32 为搅拌桩施工前后土体锥尖阻力与深度关系曲线图,其中原状土强度曲线是在距搅拌桩施工 2m 处进行试验的结果,而 1d 龄期强度曲线是在两根 1d 龄期的搅拌桩中间位置进行试验的结果,两个静力触探孔的距离约为 2m。

由图 4-32 可看出,搅拌桩施工前后土体的锥尖阻力并没有明显的变化。搅拌桩施工产生较大的超静孔压,而对土体的强度并无明显影响的原因在于:①超静孔压产生的主要原因是搅拌头的挤压作用,孔压随着挤压作用消失而快速消失;②本区域已经进行过塑料排水板、强夯及堆载预压加固处理,地基强度有所增加,产生的超静孔压未对土体结构产生较大的损伤;③两个静力触探孔有一定距离,测试结果可能不完全反映实际情况。

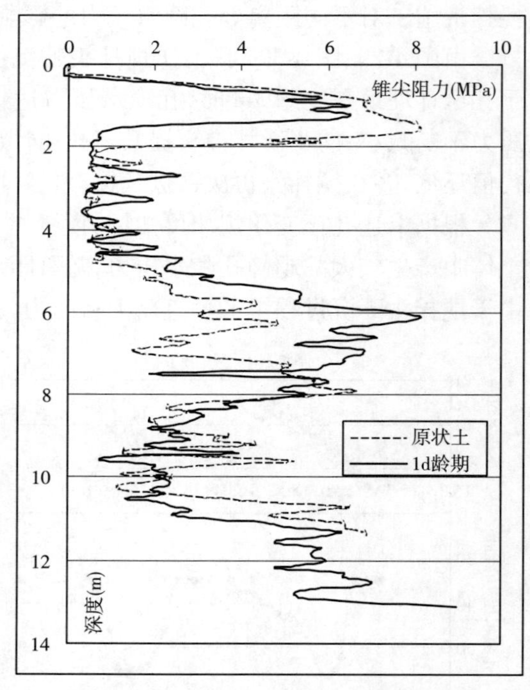

图 4-32 搅拌桩施工前后土体锥尖阻力与深度关系曲线图

虽然测试表明:搅拌桩施工产生的超静孔压可以快速消散,搅拌桩施工基本未对桩间土强度产生影响。但是,如果搅拌桩施工在软黏土中产生的孔压大到足以破坏土体结构时(有效应力减小,土体抗剪强度降低,土体所受剪应力超过土体抗剪强度时,土体剪切破坏),土体强度将会下降。较大范围搅拌桩施工可能会使软黏土中积累残余超静孔压和残余应变,也可能引起土体强度的变化。

8)沉桩原因分析

不少工程出现沉桩现象,研究段后期也有少数桩出现沉桩现象。所谓沉桩即是搅拌桩施工完毕后出现桩顶比周围地面低十几厘米甚至超过一米的情况。根据理论分析和实践经验,出现沉桩现象的原因有:

(1)地基中存在松散的砂层:①搅拌桩施工时对砂层喷浆(粉)、搅拌、振动,使松散的砂层原有结构破坏,发生"剪缩"现象,孔隙比减小,发生压缩变形;②搅拌头下沉时及粉喷桩搅拌头反转提升喷灰时,产生较大的垂直向下挤压力和径向水平推挤力(由"施工扰动"一节可以了解这一点),使桩位处及其附近砂层压密;③喷浆法施工带入较多的水分,使结构已经搅拌破坏的砂土浸水密实。有时搅拌桩施工甚至使搅拌桩范围内砂土发生"液化",土体发生较大变形,出现较严重的沉桩现象。

(2)地基中有结构性较强的软黏土:①土工试验表明,重塑土或扰动土的压缩性明显小于原状土的压缩性,说明土体结构破坏将造成土体压缩。搅拌桩施工时对桩位处软黏土的土体结构产生了严重破坏,施工产生的超静孔隙水压力迅速消散,土体体积减小,发生压缩变形;②软黏土被搅拌后可能呈"流泥"或"浮泥"状,桩位处的水平土压力大于周围土压力,发生一定的侧向挤处变形,产生桩顶下沉;③粉喷桩机搅拌头反转提升喷灰或喷浆法施工下沉搅拌头时,产生较大的垂直向下挤压力和径向水平推挤力,使已呈"流泥"或"浮泥"状的软黏土向下及四周水平方向挤去,导致桩位处土体下沉。研究段在一钻孔旁施工搅拌桩,沉桩接近1m,明显大于其他桩,其原因是搅拌桩搅拌头将桩位处的部分土体挤压到旁边钻孔中;④粉喷桩水泥粉对孔隙水"吸收消耗"也促进孔隙减小和土体的压缩变形。深圳宝安新中心区新安路采用粉喷桩加固软黏土地基,几乎每个桩位处均沉桩20~30cm。

综上所述,沉桩现象主要是地层较软弱造成的,随着搅拌桩强度的增长,搅拌桩与桩周土的摩擦力会恢复并可能超过土体强度,对搅拌桩的功能没有影响,对沉桩部分可以回填中粗砂或碎石即可。

4.2.5　结论与建议

(1)根据本研究段的N_{10}检测结果,N_{10}检测可以作为施工单位的自检手段。建议取2d龄期的N_{10}作为检测标准;软土层范围内桩身N_{10}应大于桩间土N_{10}的1.5倍,并不得小于25击。

(2)抽芯试样测定的黏土层中搅拌桩桩身强度远小于室内水泥土强度,28d强度多在0.35MPa左右,而砂性土中则超过1MPa。应分别对黏土层、砂性土中搅拌桩桩身强度分别提出验收标准。

(3)搅拌桩质量评定应通过抽芯、无侧限抗压强度、标贯、载荷试验等综合评价。利用抽芯试样测试桩身强度时,建议参照江苏省高速公路建设指挥部的做法制定佛山一环搅拌桩质量检验与评价方法,并建议佛山一环软黏土层中的28d桩身强度按江苏省标准表1中强度的1.5倍进行评定,且其他土层强度必须达到设计强度。

(4)表面沉降和分层沉降均表明,搅拌桩复合地基桩顶沉降和桩间土沉降基本一致,复合地基变形协调性较好,可以按照复合模量法计算复合地基的沉降。

(5)根据沉降资料分析,建议在采用搅拌桩复合地基时,等载预压时间不得少于一个月,这样才能更好的消除工后沉降。

(6)由于搅拌桩施工时的搅拌和挤压,在存在松散砂层或结构性较强的软黏土层的地基中施工搅拌桩时,可能出现"沉桩"现象。

(7)搅拌桩施工在桩周较大范围内的土体中产生超静孔压,但桩周土强度变化不大。

(8)根据静载试验结果,10m 左右长度的搅拌桩单桩承载力设计值宜取值 90kN,复合地基承载力设计值宜取值 120kPa。搅拌桩复合地基可以用于软土厚度小于 12m、路基高度小于 6m 的桥头路段。

(9)搅拌桩施工质量较难控制,为了控制质量,建议采用安装水泥用量自动计量装置的深层搅拌桩机。建议采用"四喷四搅"的施工工艺,并严格控制下沉和提升速度。如施工机械可行,可以采用"两喷两搅"的施工工艺。如图 4-33 所示。

a)埋设土压力盒　b)搅拌桩静载试验

c)搅拌桩抽芯　d)轻型动力触探

图 4-33　搅拌桩区施工现场图

4.3　管桩复合地基

4.3.1　概述

1)路堤下管桩复合地基现状

近几年来,随着社会经济的发展,广东省调整公路的建设步伐越来越快,不少高速公路的工期由原来的 2 ~3 年缩短至 1 ~2 年。为了满足工期的要求,软基深厚的路段普遍采用复合地基等快速加固方法。

目前,混凝土桩在长江三角洲、珠江三角洲地区的高速公路软基处理中已经得到推广应用。用于混凝土桩复合地基的混凝土桩种类很多,从桩型分有沉管桩、预制方桩、预制管桩、筒桩、Y 形桩、搅拌桩等,从材料分有钢筋混凝土桩、二灰桩、素混凝土桩、CFG 桩、水泥土桩等。

二灰桩、素混凝土桩、CFG桩等断桩现象比较普遍，部分工程断桩率达到1/3，其施工深度也受施工机械的限制，通常施工深度为20m以内。预应力管桩相对CFG桩、素混凝土桩具有抗挤土效应能力强、质量容易保证、施工速度快、适用深度大等优点。另外，管桩可以采用静压法施工，有效控制噪声和挤土效应，其他桩往往难以采用静压法施工。

当混凝土桩直径较小、间距较大时，为了充分发挥桩和褥垫层中土工合成材料的承载力，可在每个桩顶设置一个托板，成为桩板复合地基。由土工合成材料受力分析可以知道，其向混凝土桩转移的填土荷载与托板直径（边长）有密切关系。

与搅拌桩、砂石桩等不同，管桩桩身刚度大，压缩性小，在路堤荷载下桩土变形不协调，桩顶向路堤刺入，桩底向地基刺入，既与桩基础作用机理不同，也与常规的复合地基作用机理不同，管桩复合地基的受力和变形特性介于桩基础和常规复合地基之间。目前，路堤下管桩复合地基应用时间尚不长，是一种新兴的加固方法，成功、失败的工程都有。如某高速公路管桩间距2.3～2.8m，管桩直径300mm和400mm，桩顶设置褥垫层，但未设托板。部分路段软土为有机质含量较高的软黏土，在高填土作用下，桩间土沉降达到80cm。另外一条高速公路某标段采用400mm直径的PHC管桩进行软基处理，管桩间距1.5m。填土高度7m时（水塘回填约1.5m）路基发生滑塌，被迫路改桥。因此，对没有路堤下管桩复合地基工程实践经验的地区，需要进行现场试验验证其可行性。

2）路堤下管桩复合地基设计现状

目前，路堤下管桩复合地基设计理论严重滞后于工程实践，设计往往按照常规的设计理论进行。浙江省公路规划设计研究院对混凝土桩复合地基设计、研究较多，称其为桩式路堤。与粉喷桩复合地基相同，采用的设计理论为复合地基。不同设计单位对刚性桩复合地基设计参数的取值差异较大，桩间距从1.2m到4m不等，有的不设置托板，有的设置0.7～1.5m边长的正方形托板。因此，需要结合工程实践开展试验研究。

（1）沪宁高速公路拓宽工程方法

江苏省交通基础技术工程研究中心在沪宁高速公路拓宽工程中通过试验工程提出了沪宁高速公路拓宽工程方法。沪宁高速公路拓宽工程方法按照Carlson土楔法确定桩土荷载，如图4-34所示。

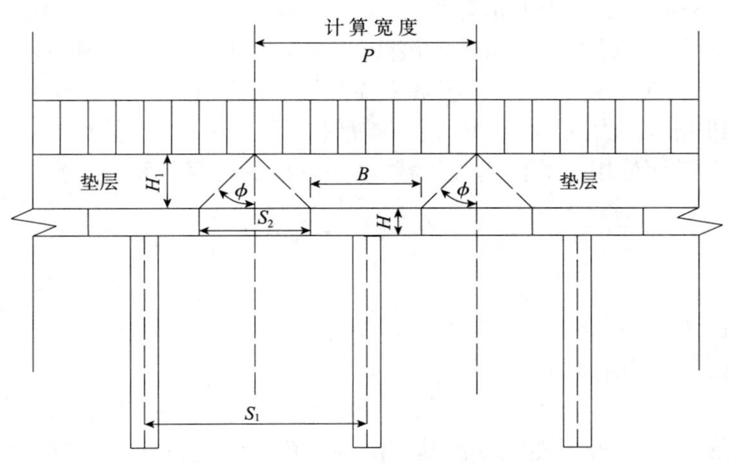

图4-34 桩、托板布置模式图

图中符号含义如下：

H_1—拱锥高度；

φ—垫层的应力扩散角；

S_1—管桩之间的距离；

S_2—托板之间的距离；

B—托板宽度；

H—托板厚度。

当 $2H_1\tan\varphi \geqslant S_2$ 时，通过垫层的应力扩散和土拱效应，上部荷载全部分配到托板上。当 $2H_1\tan\varphi < S_2$ 时，为保证桩土共同作用，可以采用加筋垫层的设计方法。

复合地基承载力 f_{sp} 为：

$$f_{sp} = mR_k^d/A_p + \beta(1 - m)f_{sk} \tag{4-13}$$

式中：f_{sk} ——天然地基承载力；

β ——桩间土承载力发挥系数；

R_k^d ——单桩设计承载力；

A_p ——桩的截面积；

m ——桩置换率。

采用等效实体基础法计算下卧层沉降。

(2)广梧高速公路方法

在广梧高速公路管桩试验工程中，我们提出以下沉降计算方法：

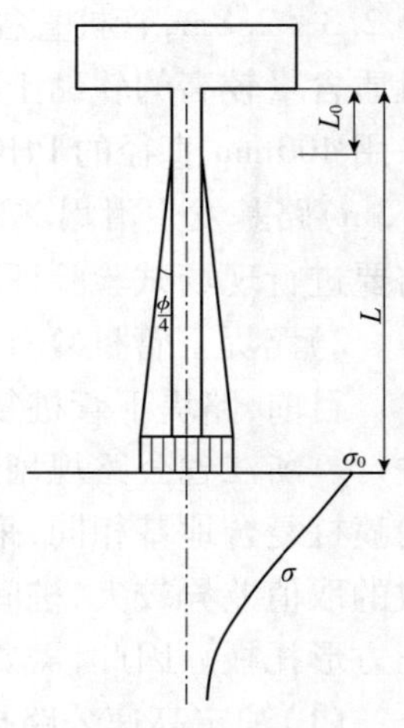

图 4-35　单桩沉降计算简图

大量研究表明，由于桩的变形受承台限制和桩间土受到压缩限制了桩身上部摩擦力的充分发挥，有承台的桩实际发挥的承载力明显小于无承台单桩的承载力。桩侧摩擦力的削减深度 L_0 一般为 1.0～1.5 倍承台的宽度，如图 4-35 所示。计算单桩极限承载力 Q_{uk} 时，不计 L_0 范围内的摩擦力。

按照 Carlson 土楔法分配桩土荷载。如果单根管桩承担的外加载 N 小于 Q_{uk}，则管桩承受的荷载 $P_p = N$，桩间土承担荷 $P_s = 0$。如果单根管桩承担的外加载 N 大于 Q_{uk}，则桩承受的荷载为 $P_p = Q_{uk}$；桩与土之间产生相对滑动，桩间土承担荷载 $P_s = N - Q_{uk}$。管桩沉降 S 就是这两部分荷载 P_p、P_s 共同作用下，桩的沉降 S_p 和桩间土沉降 S_s 之和，即 $S = S_p + S_s$。

S_p 可采用分层总和法，假设单桩的沉降主要由桩端以下土层的压缩组成，假设桩侧摩擦力以 $\varphi/4$ 扩散角由桩侧摩擦力削弱深度 L_0 向下扩散（φ 为 $L - L_0$ 范围桩间土的内摩擦角加权平均值），扩散到桩端平面处用一等代基础代替，扩散基础的计算面积 A_e 为：

$$A_e = \frac{\pi}{4}\left[d + 2(L - L_0)\tan\frac{\varphi}{4}\right]^2 \tag{4-14}$$

式中：d ——桩直径。

单桩承担的面积为：$A = S_1^2$，如果 $A_e > A$，则取 $A_e = A$。

桩端平面处附加应力近似为：

$$\sigma_0 = P_p/A_e \tag{4-15}$$

桩间土的沉降 S_s 一般按天然地基浅基础沉降计算方法进行计算，忽略桩的作用。桩间土的附加应力近似为：

$$\sigma'_0 = P_s/A \tag{4-16}$$

(3)目前设计方法的评价

沪宁高速公路拓宽工程方法采用 Carlson 土楔法进行桩土荷载分配。按照该法,拱锥以上部分的填土荷载全部由桩顶承担,这显然是不符合实际情况的。

复合地基承载力采用刚性基础(承台)下复合地基的计算公式,认为桩首先破坏。实际上,路堤下复合地基失稳通常首先是桩间土达到极限承载力。

沪宁高速公路拓宽工程方法认为桩加固区内不产生沉降是刚性基础(承台)下刚性桩复合地基沉降计算方法,是不符合实际情况的。很显然,如果管桩持力于岩层,按照沪宁高速公路拓宽工程方法则沉降为零。实际上桩间土的沉降仍然导致路基沉降,某公路工程采用间距较大的管桩,桩间土沉降近 1m。

另外,由于公路路基较宽,路基中部沉降基本一致,差异沉降很小,所以等效实体周边实际上是没有正摩擦力的,复合地基与排水固结区交界处往往是负摩擦力。因此,采用等效实体法计算的下卧层沉降偏小。

广梧高速公路方法也是采用拱锥法进行桩土荷载分配。不同之处是广梧高速公路方法对桩顶分配的荷载大于其承载力时,将超过其承载力的荷载转移到桩间土上。但是,实际工程表明,桩顶承担的荷载很难超过其承载力,因此该法并没有彻底改变沪宁高速公路拓宽工程方法的缺点。

广梧高速公路方法同时考虑加固区压缩量和下卧层压缩量,桩间土沉降按照修正应力法计算,是合理的。但是如上所述,按照拱锥法确定的桩间土荷载偏小,计算得到的加固区沉降偏小。

3)研究目的

本研究段在里程桩号 K11 +980 ~ K12 +020 范围内采用了预应力管桩复合地基法加固软土地基,通过该法在本研究段实施过程中的一系列试验,一方面为该法在佛山一环推广运用提供设计参考,另一方面可以从加固效果、工程造价、可靠性、工期等方面与研究段其他软基加固方法进行对比,为佛山一环提供可选方案。在可能的情况下,提出路堤下管桩复合地基设计方法。

4.3.2　研究段设计参数

本研究段的主要设计参数如下:

(1)采用 PHC-A400-95 型预应力管桩,正方形布设,间距为 2.4m。右半幅采用短桩,左半幅采用长短桩。短桩 12m,长桩 32m,分别以穿透第一层、第二层软土进入硬土层 2m、1m 为准。

(2)为了减小管桩的挤土效应,加快软土固结速度,在管桩施工前先施工 B 型塑料排水板,间距 1.2m,正方形布置,板长 10m,如图 4-36 所示。

(3)每根桩顶设置一块 100cm × 100cm × 35cm(厚)托板,其混凝土型号为 C25。桩顶设置一块 400mm × 400mm × 4mm 的钢板,托板设置一层钢筋网 ϕ10@ 100 × 100。托板顶填筑 30cm 土后,铺设一层 CATT60 钢塑土工格栅,左半幅加铺一层 30kN/m 的机织土工布。托板大样图如图 4-37 所示。

(4)砂垫层厚 0.3m,采用含泥量小于 5% 的中粗砂,渗透系数大于 5×10^{-3}cm/s。

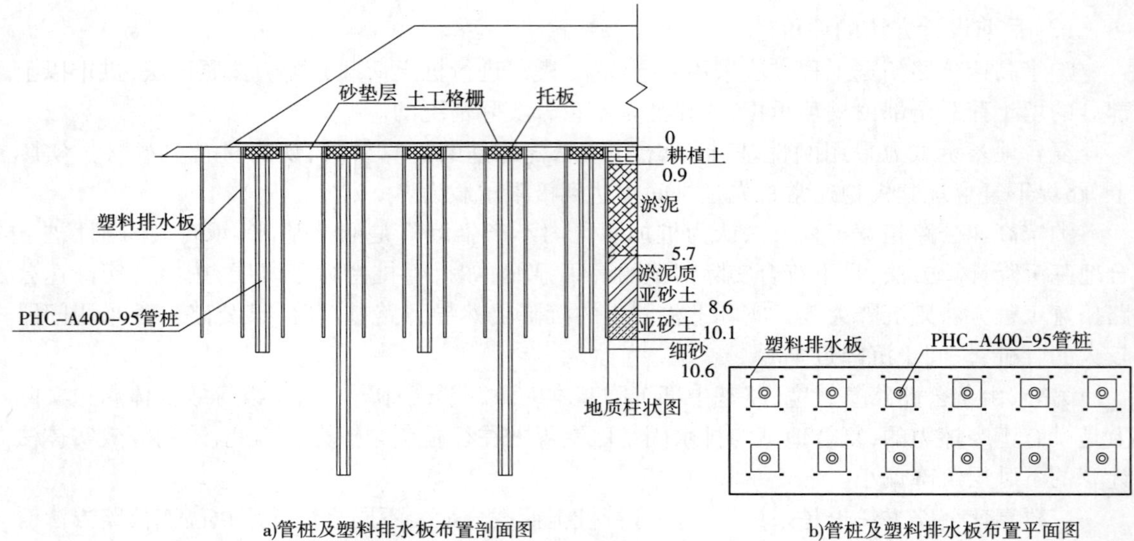

a)管桩及塑料排水板布置剖面图　　b)管桩及塑料排水板布置平面图

图 4-36　管桩区施工示意图

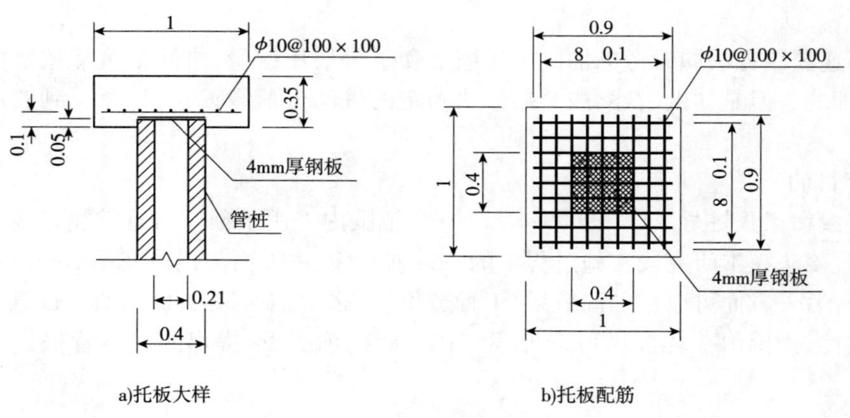

a)托板大样　　b)托板配筋

图 4-37　托板大样图(尺寸单位:m)

4.3.3　施工要点

由于软基路段地基承载力较低,无法采用静压法施工管桩,本研究段采用锤击法施工。在充分考虑桩的形状、尺寸、重量、入土长度、结构形式以及土质条件后,结合桩锤的夯击能量要克服桩的贯入阻力,包括克服桩尖阻力、桩侧摩阻力和桩的回弹产生的能量损失等这一施工特点,最终选用的是柴油锤、锤重 5t 的桩机。该桩机施工效率为 300 ~ 400m/d。

4.3.4　检测方法

对于预应力管桩,常用的检测方法主要有载荷试验、动力参数法和波动方程式法。本研究段采用的是波动方程法中的高应变检测和反射波法。采用反射波法检查桩身结构完整性,为高应变动力试桩确定桩位提供依据。而基桩高应变动测试验主要检测的是桩的竖向承载力和桩身结构的完整性。

1)反射波法

反射波法的基本原理是:通过在桩顶施加激振信号产生应力波,该应力波沿桩身传播过程中,遇到不连续界面(如蜂窝、夹泥、断裂、孔洞等缺陷)和桩底面时,将产生反射波,检测分析反射波的传播时间,幅值和波形特征,就能判断桩的完整性。

2)高应变法

(1)基本原理

用重锤冲击桩顶,使桩—土产生足够的相对位移,以充分激发桩周土阻力和桩端承载力,通过安装在桩顶以下桩身两侧的力和加速度传感器接收桩的应力波信号,应用应力波理论分析处理力和速度时程曲线,从而判定桩的承载力(包括桩侧摩阻力和桩端阻力)和评价桩身质量完整性。

(2)检测方法

现场工作时高应变测试器组成一组传感器,两组传感器处于同一水平面内呈对称分布。锤击开始后,传感器将拾得的锤击信息传至 PDA 机内,加速度经积分变成速度随时间变化曲线,同时由应变传感器的应变,乘以桩的弹性模量 E 和截面积 A,成为锤击力波随时间变化的曲线,现场即可用 CASE 法对量测信息作初步分析,同时将信息存储在 PDA 机内存储器上,室内作进一步分析计算。

(3)仪器设备

采用美国桩基动测公司生产的 PDA 打桩分析仪进行现场检测。完整的 PDA(PAK 型)现场量测及资料分析系统包括:固定在桩身上的工具式应变传感器和加速度计,PAK 型 PDA 打桩分析仪(内含计算机系统)及室内计算机系统。高应变动测设备系统示意图如图 4-38所示。

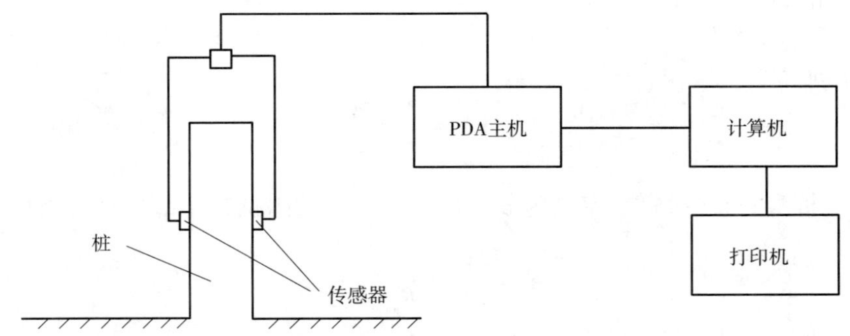

图 4-38　高应变动测设备系统示意图

3)资料分析方法的基本原理

高应变动测试验资料的分析方法采用 CASE 法和 CAPWAPC 曲线拟合法。

(1)CASE 法

假定桩身为均质(截面积 A 和弹性模量 E 恒定)的一维弹性杆件(长度比截面直径大得多),桩周土为粘弹塑性介质,根据行波理论可推导出打入时总土阻力值计算公式(推导过程从略)。

$$\mathrm{RTL} = \frac{1}{2}\left[F(t) + F\left(t + \frac{2L}{C}\right)\right] + \frac{Z}{2}\left[V(t) - V\left(t + \frac{2L}{C}\right)\right] \tag{4-17}$$

式中：$F(t)$、$F\left(t+\frac{2L}{C}\right)$——$t$ 和 $t+\frac{2L}{C}$时刻的力值；

$V(t)$、$V\left(t+\frac{2L}{C}\right)$——$t$ 和 $t+\frac{2L}{C}$时刻的速度值；

L——桩长；

C——波在桩身中的传播速度；

t——一般取第一个速度峰值所对应的时刻；

Z——桩身材料的波阻抗。

总土阻力值 RTL 由土的静阻力 R_s和动阻力 R_d组成，即：

$$\mathrm{RTL} = R_s + R_d \tag{4-18}$$

阻尼法假定：动阻力 R_d集中在桩尖，并与桩尖质点运动速度成正比，即：

$$R_d = J' \times V_{toe} \tag{4-19}$$

由于

$$V_{toe} = \frac{1}{Z}[2F(t) - \mathrm{RTL}] \tag{4-20}$$

且

$$J = \frac{J'}{Z}$$

由式(4-17)～式(4-20)可得出：

$$R_s = \frac{1}{2}\left[F(t) + F\left(t + \frac{2L}{C}\right)\right] + \frac{Z}{2}\left[V(t) - V\left(t + \frac{2L}{C}\right)\right] - J[2F(t) - \mathrm{RTL}] \tag{4-21}$$

式中：J——CASE 阻尼系数。

式(4-21)就是求取承载力的基本公式。

(2)桩身质量检查

根据行波理论可以导出：

$$\mathrm{BTA} = \frac{1 - \alpha}{1 + \alpha} \tag{4-22}$$

式中：BTA——桩身完整性系数，定义为 $\frac{Z_2}{Z_1}$，即下部桩材波阻抗与土部桩材波阻抗之比。而

$$\alpha = \frac{1}{Z} \times \frac{\mu}{F_{max} - R} \tag{4-23}$$

μ——$F - Z \times V$ 的差值；

R——在破损面以上桩侧的土摩阻力值；

F_{max}——最大锤击力。

用 BTA 值评价桩身质量的标准是：BTA = 100%，桩身完整；BTA = 80% ～100%，桩身轻微破损；BTA = 60% ～80%，桩身破损；BTA <60%，桩身断裂。

(3)CAPWAPC 法

CAPWAPC 计算机程序采用了复杂的桩—土计算模型，考虑了非均质桩、接桩缝隙等多种因素对计算结果的影响，计算结果更加接近实际。

CAPWAPC 法采用迭代计算的方法，进行计算曲线与实测曲线的拟合。CAPWAPC 法的分析计算流程如图 4-39 所示。

4.3.5　试验成果分析

1)管桩检测数据分析

本研究段管桩区共打设管桩1094根,分别采用反射波法和高应变法对桩基进行检测。

利用反射波法检测桩身完整性时,共挑选了85根工程桩进行检测。本次检测的85根工程桩中,I类桩占所测桩数的100.0%,桩身完整,测试结果见表4-7。

另外,挑选了15根桩进行了高应变测试,判定桩的承载力和评价桩身完整性,各检测桩的单桩承载力和有关成桩参数见表4-8、表4-9。据表4-9可知,管桩的承载力为:12m长管桩承载力434~960kN,平均600kN;32m管桩承载力1730~3932kN,平均2696kN。表中还反映出长短管桩承载力均以摩阻力为主,其中12m长管桩摩阻力占总承载力的45.1%~96.7%,平均71.1%;而32m长管桩摩阻力占总承载力的80.5%~92.9%,平均88.8%。

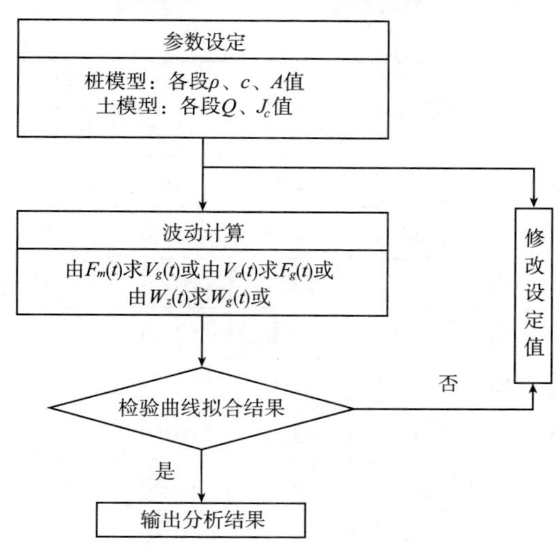

图4-39　CAPWAP法分析计算流程图

桩身结果完整性检测结果　　表4-7

序号	桩号	桩径 ϕ(mm)	桩长(m)	桩身结构完整性描述	备注
1	17-3	400	32.0	桩身完整	11+11+10
2	14-3	400	12.0	桩身完整	12
3	11-3	400	32.0	桩身完整	12+11+9
4	9-3	400	32.0	桩身完整	11+11+10
5	6-3	400	12.0	桩身完整	12
6	6-4	400	32.0	桩身完整	11+11+10
7	15-10	400	12.0	桩身完整	12
8	11-11	400	32.0	桩身完整	11+11+10
9	2-12	400	32.0	桩身完整	10+11+11
10	1-14	400	12.0	桩身完整	12
11	3-15	400	32.0	桩身完整	11+11+10
12	16-27	400	12.0	桩身完整	12

检测桩的有关成桩参数　　表4-8

桩号	桩径(mm)	入土桩长(m)	打桩锤型			总锤击数	最后三锤贯入度(cm/10锤)	配桩情况
			锤型	锤重(t)	落距(m)			下(m)上(m)
17-33	400	12.0	HD50	5	2	30	85/65	12
12-30	400	12.0	HD50	5	2	33	175/75/55	12
6-31	400	12.0	HD50	5	2	34	110/50/40	12

续上表

桩号	桩径(mm)	入土桩长(m)	打桩锤型			总锤击数	最后三锤贯入度(cm/10 锤)	配桩情况
			锤型	锤重(t)	落距(m)			下(m)上(m)
7-26	400	12.0	HD50	5	2	39	80/40/40	12
5-37	400	12.0	HD50	5	2	32	110/55	12
1-30	400	12.0	HD50	5	2	27	85/60	12
2-25	400	12.0	HD50	5	2	33	110/50/40	12
1-10	400	12.0	HD50	5	2	38	97/50/48	12
6-5	400	12.0	HD50	5	2	57	30/30/30	12
15-2	400	12.0	HD50	5	2	76	50/40/40	12
5-21	400	32.0	HD50	5	2	390	50/40/40	11+11+10
7-11	400	32.0	HD50	5	2	316	12/11/11	11+11+10
1-3	400	32.0	HD50	5	2	431	10/9/8	11+11+10
10-6	400	32.0	HD50	5	2	468	10/8/7	12+11+9
13-5	400	32.0	HD50	5	2	466	10/9/7	12+11+9

高应变动力试桩检测结果

表 4-9

桩号	桩径(mm)	桩长(m)	动测承载力(kN)	摩阻力(kN)	端承力(kN)	摩阻力百分比(%)	端承力百分比(%)	拟合分析桩顶最大位移(mm)	桩身完好性评价
17-33	400	12.0	463	209	254	45.1	54.9	9.86	桩身完整
12-30	400	12.0	434	291	143	67.1	32.9	9.88	桩身完整
6-31	400	12.0	635	614	21	96.7	3.3	11.37	桩身完整
7-26	400	12.0	834	697	136	83.6	16.3	13.22	桩身完整
5-37	400	12.0	469	406	63	86.6	13.4	7.65	桩身完整
1-30	400	12.0	475	226	249	47.6	52.4	8.66	桩身完整
2-25	400	12.0	449	357	92	79.5	20.5	8.44	桩身完整
1-10	400	12.0	569	384	185	67.5	32.5	8.57	桩身完整
6-5	400	12.0	708	446	262	63	37	7.65	桩身完整
15-2	400	12.0	960	714	246	74.4	25.6	6.97	桩身完整
5-21	400	31.6	2249	1924	325	85.5	14.5	6.68	桩身完整
7-11	400	31.6	3932	3652	280	92.9	7.1	7.40	桩身完整
1-3	400	31.6	2482	1998	484	80.5	19.5	7.14	桩身完整
10-6	400	31.6	3087	2843	244	92.1	7.9	8.09	桩身完整
13-5	400	31.6	1730	1606	124	92.8	7.2	8.39	桩身完整

绘制最后一阵锤贯入度与动测承载力的关系曲线，如图 4-40 所示。

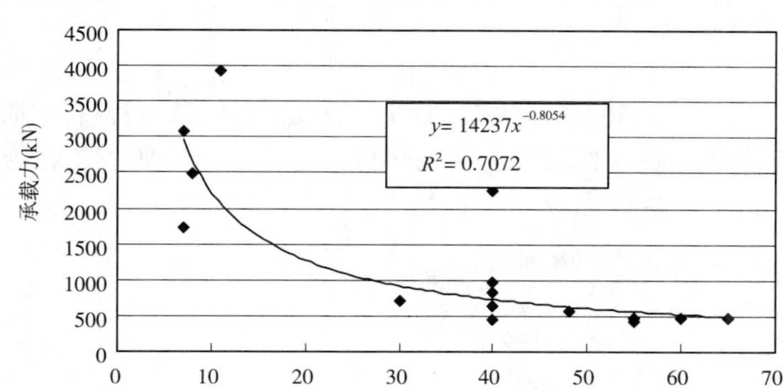

图 4-40　贯入度—承载力关系图

2）表面沉降分析

本研究段管桩区的表面沉降如图 4-41 所示。

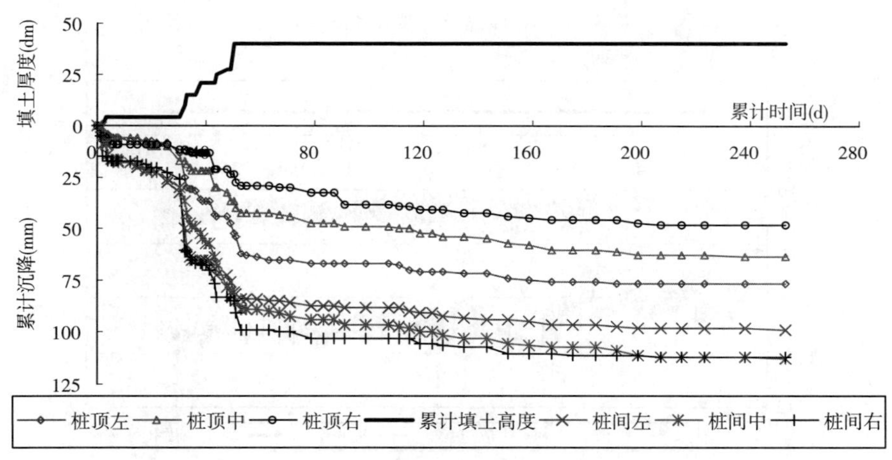

图 4-41　管桩区表面沉降—时间—荷载关系曲线图

由图 4-41 可知：

①到目前为止，桩间土沉降为 99 ~ 113mm，平均 108mm，推算总沉降为 124.3mm。桩顶沉降为 48 ~ 77mm，平均 63mm，推算总沉降为 74.3mm。管桩复合地基的沉降量较小，说明采用管桩复合地基处理路堤下软土地基是有效的。

②管桩桩顶沉降量约为桩间土沉降的 60%，这一点与搅拌桩复合地基有明显区别。说明路堤下管桩复合地基不能做到变形协调，桩身存在负摩擦，不能完全按照常规复合地基的理论进行设计。

③随着填土荷载的增加，沉降量不断增大。在预压期沉降仍然在发展，在超载预压一个月后，桩顶及桩间土的沉降基本趋于稳定。由此可知，按照研究段管桩复合地基的设计参数，管桩复合地基宜超载预压一个月，这样才能取得更好的加固效果。

④路基左幅的桩顶沉降大于路基右侧的沉降；路基左侧桩间土沉降小于路基右侧桩间土的沉降。造成这种现象的原因：一方面是因为路基过宽以及软土沿路基横向分布不均；另一方

面是第二层软土层不需要处理,左幅的管桩是长短桩,长桩施工对第二层软土产生施工扰动,加大了第二层软土的压缩量。

3)格栅应变

为了了解管桩区土工格栅的工作状态,为以后的设计提供参考资料,本研究段在管桩区左右幅的长短桩分别设置了应变片,埋设方法同塑料排水板区。其埋设情况如图 4-42 所示。格栅延伸率的变化情况如图 4-43、图 4-44 所示。

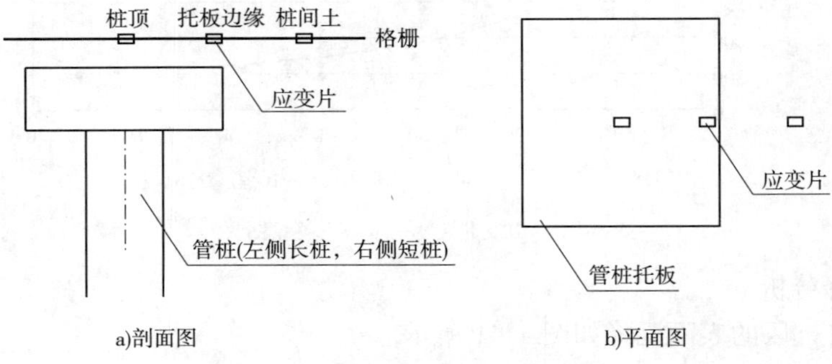

图 4-42 管桩区格栅应变片埋设示意图

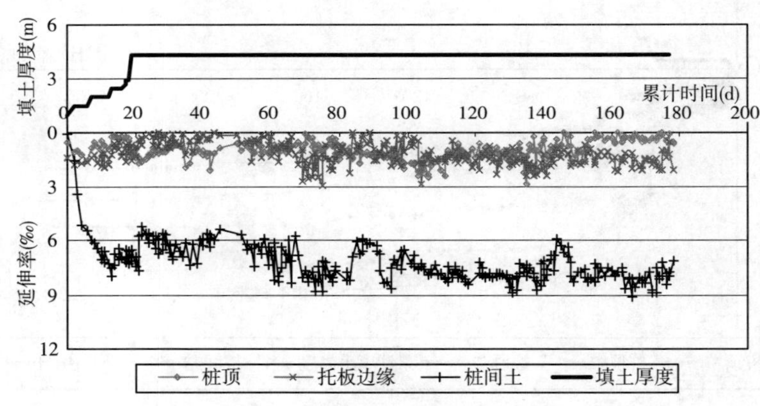

图 4-43 管桩区左侧格栅延伸率—荷载关系曲线图

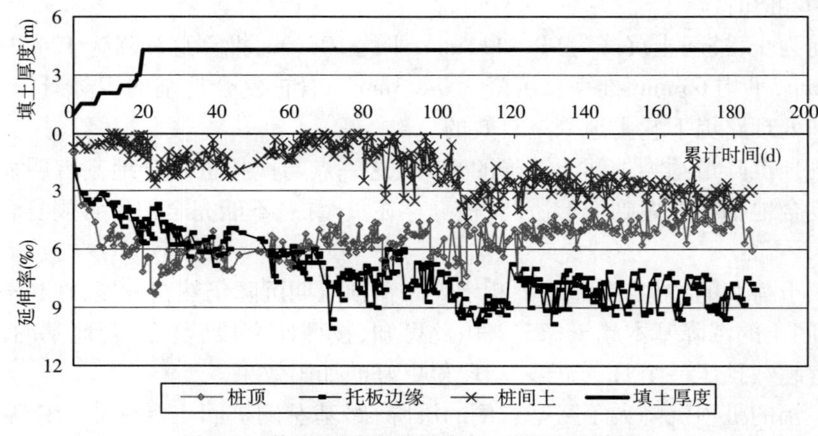

图 4-44 管桩区右侧格栅延伸率—荷载关系曲线图

从图 4-44、图 4-45 可看出：

①管桩区格栅应变的测试数据不稳定，但基本上还是能反映出格栅应变变化的一些情况。

②管桩区左幅桩间土处格栅较桩顶处格栅的延伸率大，其中桩顶及托板边缘处格栅的延伸率在 3‰以内，而桩间土上的格栅延伸率接近 9‰。表明桩间土处格栅的拉应力大于托板上格栅的拉应力，这主要是由于左幅管桩是长短桩，承载力很高，桩间土处格栅向桩顶转移的荷载较大所引起的。

③托板边缘处格栅延伸率较大，在 10‰左右，桩间土处格栅延伸率在 5‰左右，而桩顶处格栅的延伸率处于两者之间。结合管桩区的沉降数据，右幅桩顶与桩间土的差异沉降较大，接近 70mm。正是由于桩顶与桩间土的差异沉降导致托板边缘格栅产生了较大的延伸率。

④虽然沉降已经稳定，但管桩区土工格栅的延伸率仍尚不足 1%，因此，要充分发挥土工格栅的抗拉强度，协调地基土变形，就要优先考虑采用低应力条件下就能较高程度发挥其抗拉强度的格栅，建议采用钢塑土工格栅。

4）桩土应力比

桩土应力比详见第 4 章 4.9 节有关内容。

5）孔隙水压力分析

研究段在路中线、左右两幅中部分别埋设了孔隙水压力计，用于监测管桩施工、路基填筑过程中附近地基土的孔压变化情况。

图 4-45 ~ 图 4-47 为管桩施工过程中路基左、中、右位置处孔隙水压力变化过程图。

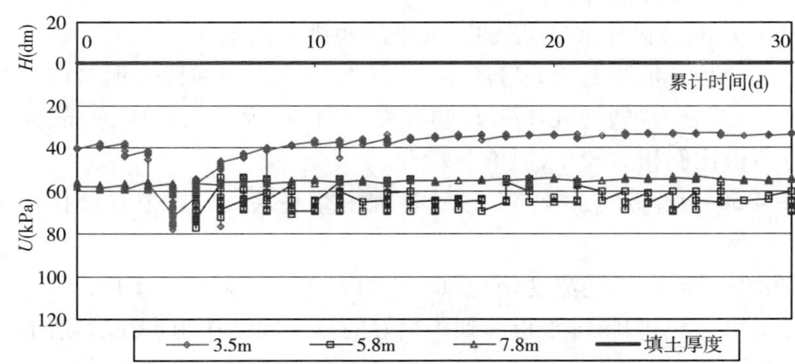

图 4-45　管桩区左幅打桩过程中孔隙水压力变化曲线图

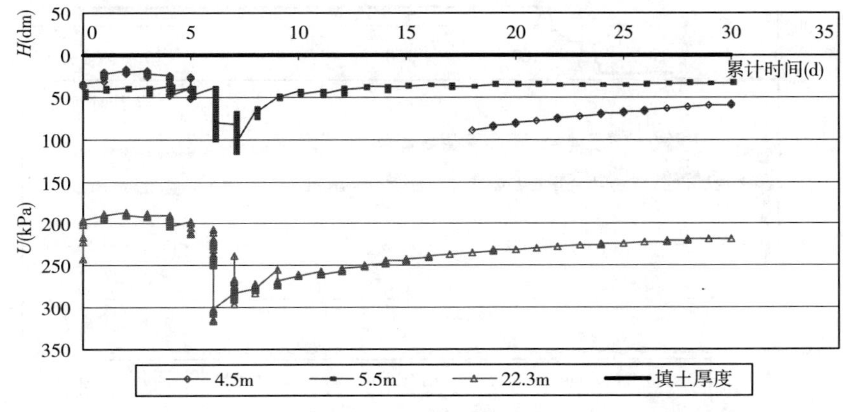

图 4-46　管桩区中间打桩过程中孔隙水压力变化曲线图

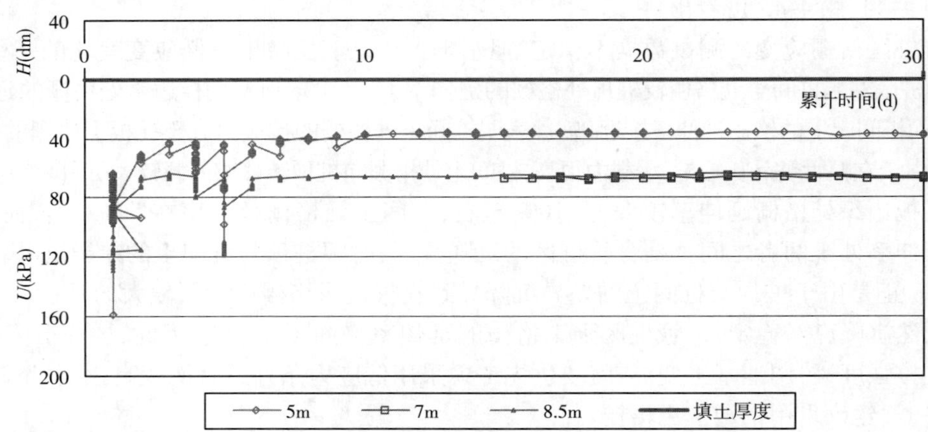

图 4-47　管桩区右幅打桩过程中孔隙水压力变化曲线图

由图可知,在管桩打设过程中,不同深度处孔隙水压力均有不同幅度的增长,孔隙水压力的增量在 37 ~ 186kPa 之间,挤土效应很明显。孔压最大增量发生在路基左侧 5m 深度处,该处为软土层,说明软土层中管桩的挤土效应最明显。此外,由图还可以看出打桩引起的超孔压消散较快,这主要是由于以下 3 个方面原因造成的:

①本区软土层含砂量较高,渗透性较好。

②设置了 10m 长的塑料排水板,增加了软土层的排水速率。

③超孔压一部分是打桩冲击荷载等产生的“弹性孔压”,与弹性变形对应,随打桩结束、土骨架回弹而消失;一部分为“塑性孔压”,与塑性变形对应,为残余孔压;一部分为挤土产生的孔压。后两部分所占比例相对较小,但消散缓慢。

图 4-48 ~ 图 4-50 为管桩施工及路基填筑过程中路基左、中、右位置处孔隙水压力变化过程图。

由图可知,在填砂期间,不同深度处孔隙水压力亦有不同幅度的增长,但在填土间歇期,孔隙水压力消散得很快,表明塑料排水板起到了很好的排水固结作用。在后期的等载预压期,孔隙水压力基本保持不变。

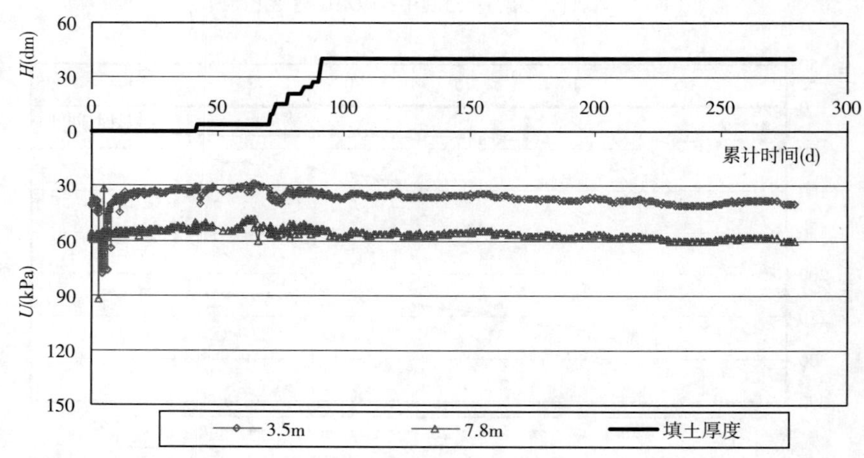

图 4-48　管桩区孔隙水压力—时间—荷载关系曲线图(左幅)

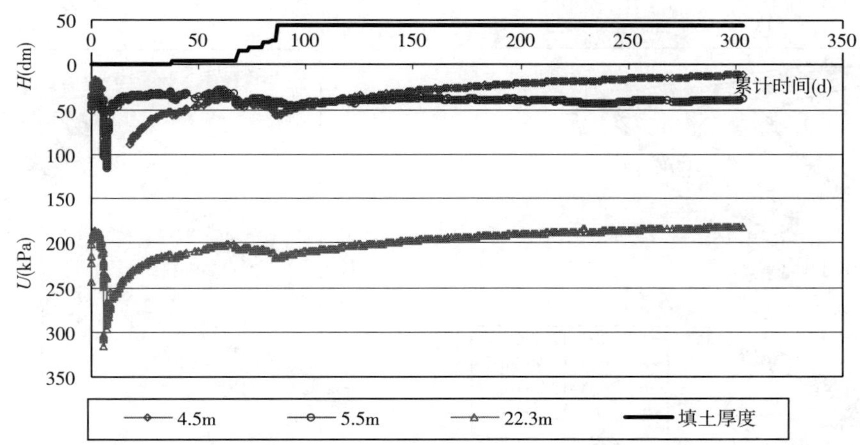

图 4-49　管桩区孔隙水压力—时间—荷载关系曲线图(中间)

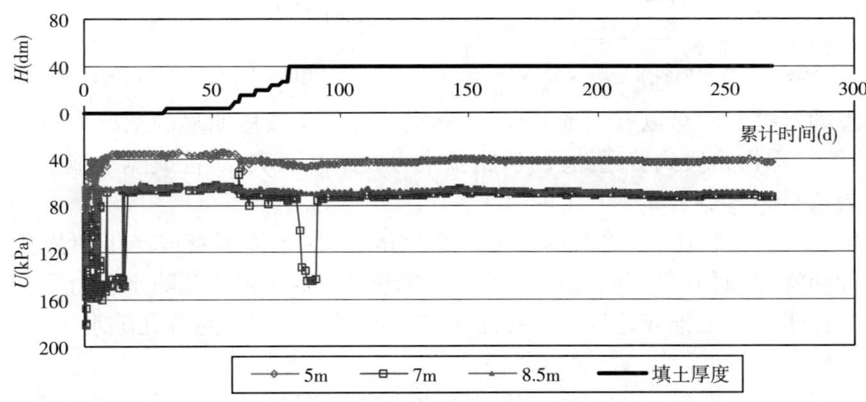

图 4-50　管桩区孔隙水压力—时间—荷载关系曲线图(右幅)

6)侧向位移分析

研究段在路基坡脚埋设了测斜管,用于监测管桩施工、路基填筑过程地基土的变形情况。

图 4-51 是管桩施工过程中侧向位移情况。由图可以看出:

①管桩的施工使深度 24m 以上的土体均发生了不同程度的侧向变形,最大侧向位移发生在深度 18.5m 处和 5m 处,分别为 26.64mm 和 33.17mm。据勘察资料,这两个深度范围分布的正是淤泥质土层,这也说明了不同土层受管桩挤土效应的影响程度不一样,软土的挤土效应最明显。

②监测表明,随着管桩施工距离增大,挤土效应明显减弱,当距离大于 10m 时,挤土效应基本可以忽略不计。

图 4-52 为管桩路基左边坡坡脚处侧向位移变化过程图,由图可以看出:

①管桩区最大侧向位移很小,为 33mm,发生在深度 5m 处。

②侧向位移主要由管桩打设过程中的挤土效应引起,在路基填砂及等载预压期间,路基几乎没有发生侧向变形。这说明了路堤填土荷载主要由管桩承担,桩间土承担的荷载较小。

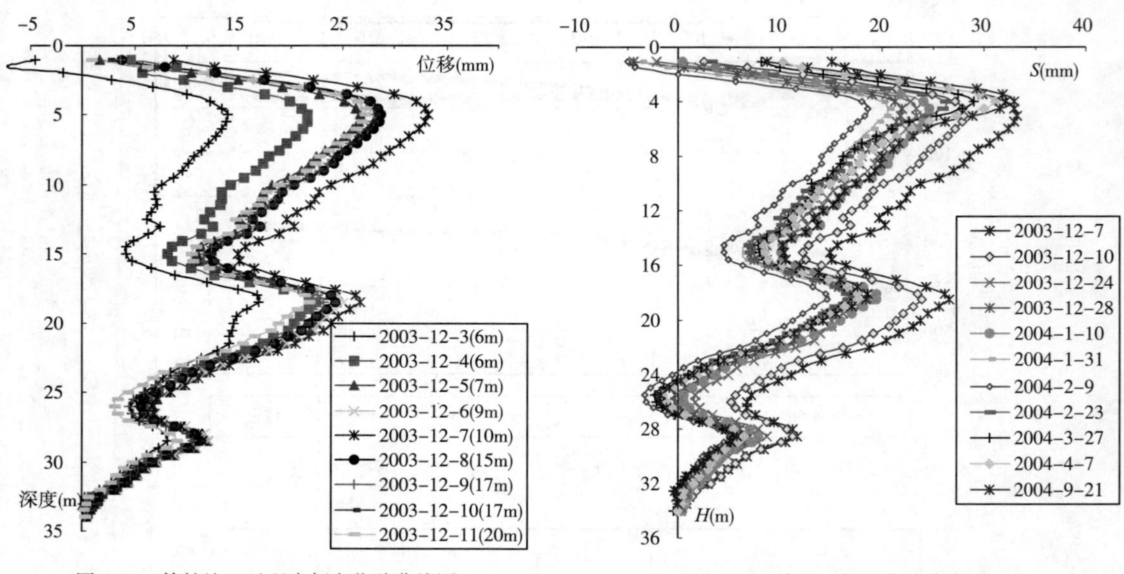

图 4-51　管桩施工过程中侧向位移曲线图　　　图 4-52　管桩区侧向位移曲线图

选择合理的打桩顺序可以有效地减少挤土效应，在挤土效应明显的情况下，管桩施工顺序可为：从桥头等结构物路段到普通路段、从路基中心到路基两侧、跳桩或隔排施工。

7）挤土效应分析理论分析

管桩施工属于挤土性施工，将对周围土体产生挤压，使土体压密或产生超静孔隙水压力。为了指导设计和施工，研究段不但现场测试了管桩施工产生的超静孔隙水压力及其消散情况，而且采用圆孔扩张理论上推导论证了管桩施工产生的影响范围和超静孔隙水压力。

（1）假设条件

一般情况下，管桩直径远小于管桩间距，因此管桩施工过程可以看作在半无限体中扩张出一个与管桩直径相同的圆柱形小孔。小孔四周受挤压形成塑性区，塑性区半径为 R_p，管桩半径为 r_0。

在软黏土中施工管桩时假设：

①管桩长度 L 范围内的土是均匀的、各向同性的饱和软黏土，C_u/E 不随深度 Z 变化，C_u、E 为软黏土的不排水强度和变形模量。

②圆孔扩张前地基中竖向（轴向）应力为 $P = \gamma Z$，水平方向具有各向等同的应力 Pk_0，其中 γ 为饱和软黏土的浮重度，k_0 为静止土压力系数，$k_0 = 1 - \sin\varphi'$，φ' 为土的有效内摩擦角，$C_u = P\dfrac{\sin\varphi'\cos\varphi'}{1 + \sin\varphi'} = Pk$。

③管桩施工时导管对土体只有挤压力，没有摩擦力，不对土体产生剪切作用。

④管桩周围土体表面可以自由变形，管桩末端面为固定面，轴向应力不增加。

⑤管桩施工时，孔隙水来不及排出，导管周围土体基本为不排水剪，饱和黏性土体可以视为 Tresca 材料，泊松比 $\mu = 0.5$。

（2）塑性区半径

根据圆柱孔扩张理论推导出距离管桩中心 r 处的径向总应力、切向总应力、轴向总应力。

塑性区总应力为：

$$\sigma_r = Pk_0 + C_u + 2C_u\ln\frac{R_p}{r} = P\left(k_0 + k + 2k\ln\frac{R_p}{r}\right)$$

$$\sigma_\theta = \sigma_r - 2C_u$$

$$\sigma_a = P$$

弹性区总应力为：

$$\sigma_r = Pk_0 + C_u\left(\frac{R_p}{r}\right)^2 = P\left[k_0 + k\left(\frac{R_p}{r}\right)^2\right]$$

$$\sigma_\theta = Pk_0 - C_u\left(\frac{R_p}{r}\right)^2 = P\left[k_0 - k\left(\frac{R_p}{r}\right)^2\right]$$

$$\sigma_a = P$$

由上式可知，σ_r 离导管越远越小，而 σ_a 不变。因此，塑性区半径受以下条件限制：导管壁处土体应满足以下屈服条件：

$$\sigma_r - \sigma_a = 2C_u$$

结合塑性区应力可以推导出塑性区半径为：

$$R_p = r_0 e^{\frac{C_u + P(1-k_0)}{2C_u}} = r_0 e^{\frac{k+1-k_0}{2k}}$$

(3)孔隙水压力增量

对于饱和软黏土，孔隙水压力增量可以按 Henkel 和 Wade 公式计算：

$$\Delta u = \Delta\sigma_{oct} + \alpha_f \Delta\tau_{oct}$$

$$\alpha_f = 0.707(3A_f - 1)$$

$$\Delta\sigma_{oct} = \frac{1}{3}(\Delta\sigma_r + \Delta\sigma_\theta + \Delta\sigma_a)$$

$$\Delta\tau_{oct} = \frac{1}{3}\Delta\sqrt{(\sigma_r - \sigma_\theta)^2 + (\sigma_\theta - \sigma_a)^2 + (\sigma_a - \sigma_r)^2}$$

塑性区总应力变化：

$$\Delta\sigma_r = Pk + 2Pk\ln\frac{R_p}{r}$$

$$\Delta\sigma_\theta = -Pk + 2Pk\ln\frac{R_p}{r}$$

$$\Delta\sigma_a = 0$$

弹性区总应力变化：

$$\Delta\sigma_r = Pk\left(\frac{R_p}{r}\right)^2$$

$$\Delta\sigma_\theta = -Pk\left(\frac{R_p}{r}\right)^2$$

$$\Delta\sigma_a = 0$$

塑性区超静孔压：

$$\Delta\sigma_{oct} = \frac{4}{3}Pk\ln\frac{R_p}{r}$$

$$\Delta\tau_{oct} = \frac{\sqrt{2}}{3}P\left[\sqrt{3k^2 + \left(2k\ln\frac{R_p}{r} - 1 + k_0\right)^2} - 1 + k_0\right]$$

$$\Delta u = \frac{4}{3}Pk\ln\frac{R_P}{r} + P\left(A_f - \frac{1}{3}\right)\left[\sqrt{3k^2 + \left(2k\ln\frac{R_p}{r} - 1 + k_0\right)^2} - 1 + k_0\right]$$

弹性区超静孔压：

$$\Delta\sigma_{\text{oct}} = 0$$

$$\Delta\tau_{oct} = \frac{\sqrt{2}}{3}P\left[\sqrt{3k^2\left(\frac{R_p}{r}\right)^4 + (1 - k_0)^2} - 1 + k_0\right]$$

$$\Delta u = \left(A_f - \frac{1}{3}\right)P\left[\sqrt{3k^2\left(\frac{R_p}{r}\right)^4 + (1 - k_0)^2} - 1 + k_0\right]$$

A_f 由三轴试验测得，珠江三角洲地区淤泥 $A_f = 0.94 \sim 1.23$，淤泥质黏土 $A_f = 0.75 \sim 1.02$，且随围压增加而增大。由上式可知，管桩周围土体内孔隙水压力增量随着离竖向排水体中心距离的增大而减小，随深度增大而增大。孔隙水压力增大幅度大于总应力增大幅度，因此有效应力减小。

(4)土体变形

塑性区有效应力变化：

$$\Delta\sigma'_r = \Delta\sigma_r - \Delta u = Pk + 2Pk\ln\frac{R_p}{r} - \Delta u$$

$$\Delta\sigma'_\theta = \Delta\sigma_\theta - \Delta u = -Pk + 2Pk\ln\frac{R_p}{r} - \Delta u$$

$$\Delta\sigma'_a = \Delta\sigma_a - \Delta u = -\Delta u$$

$$\Delta\sigma'_m = \frac{1}{3}(\Delta\sigma'_r + \Delta\sigma'_\theta + \Delta\sigma'_a) = \frac{4}{3}Pk\ln\frac{R_p}{r} - \Delta u$$

弹性区有效应力变化：

$$\Delta\sigma'_r = \Delta\sigma_r - \Delta u = Pk\left(\frac{R_p}{r}\right)^2 - \Delta u$$

$$\Delta\sigma'_\theta = \Delta\sigma_\theta - \Delta u = -Pk\left(\frac{R_p}{r}\right)^2 - \Delta u$$

$$\Delta\sigma'_a = \Delta\sigma_a - \Delta u = -\Delta u$$

$$\Delta\sigma'_m = \frac{1}{3}(\Delta\sigma'_r + \Delta\sigma'_\theta + \Delta\sigma'_a) = -\Delta u$$

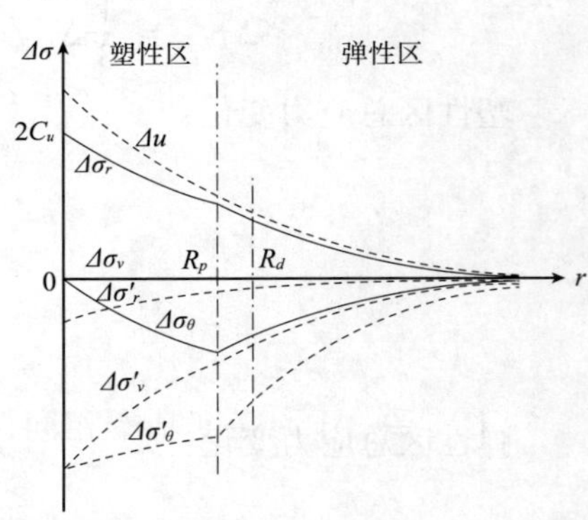

图 4-53　管桩周围应力变化分布

管桩周围应力变化如图 4-53 所示。由图可见，管桩周围土体内径向总应力增大，且增大的幅度随着离管桩中心距离的增大而减小。切向总应力在靠近管桩的塑性区内有所增大，其余范围内均有所减小。

弹塑性区交界处径向位移为：

$$u_p = \frac{1+\mu}{E}R_p\Delta\sigma'_r = \frac{1+\mu}{E}R_pP\left\{k - \left(A_f - \frac{1}{3}\right)\left[\sqrt{3k^2 + (1 - k_0)^2} - 1 + k_0\right]\right\}$$

令 $\delta = \dfrac{k - \left(A_f - \frac{1}{3}\right)\left[\sqrt{3k^2 + (1 - k_0)^2} - 1 + k_0\right]}{k}$，则 $u_p = \dfrac{1+\mu}{E}R_pPk\delta$，弹性区体积应变和轴向应变分别为：

$$\varepsilon_v = \frac{3(1-2\mu)}{E}\Delta\sigma'_m = \frac{-3(1-2\mu)\Delta u}{E}$$

$$\varepsilon_a = \frac{-(1-2\mu)\Delta u}{E}$$

可见,不排水情况下($\mu = 0.5$)弹性区体积应变和轴向应变为零。

塑性区弹性阶段的体积应变和轴向应变为:

$$\varepsilon_v = \frac{3(1-2\mu)}{E}\left(\frac{4}{3}Pk\ln\frac{R_p}{r} - \Delta u\right)$$

$$\varepsilon_a = \frac{-\Delta u + 2\mu\Delta u - 4\mu Pk\ln\frac{R_p}{r}}{E}$$

可见,不排水情况下($\mu = 0.5$)塑性区弹性阶段的体积应变为零,轴向应变为负,即地面隆起。

管桩施工挤土量等于塑性区地面隆起量(包括塑性变形产生的隆起)与弹性区体积变化,即

$$\alpha\pi r_0^2 L = L\int_0^{R_p} 2\pi r\varepsilon_{\mathrm{a}} dr + 2\pi R_p u_p L + \Delta$$

式中:Δ——塑性区应塑性变形产生的地面隆起量。

研究段的参数根据广东地区的经验及地质资料选取, $A_f = 1$, $\varphi' = 26°$, $\gamma = 7\mathrm{kN/m^3}$,则塑性区半径为 $R_p = 3.67r_0 = 1.47\mathrm{m}$。5m 深度处管壁附近的超静孔压为 19.7kPa。孔压小于实测的主要原因是未考虑管桩施工下沉时的强度压力(从搅拌桩施工扰动一节可以理解管桩下沉挤压造成的孔压增量很大)。

4.3.6　路堤下管桩复合地基设计理论

根据本研究段的试验成果,可以看出:由于路堤下管桩复合地基承受的荷载为路基填料,是散体材料,桩的沉降与桩间土沉降不相同,桩间土沉降往往远大于桩顶沉降,桩身大部分承受负摩擦,不能再按照常规的复合地基理论进行设计。对路堤下刚性桩复合地基,我们提出了以下两种作用机理模型。

模型一为压力拱模型,当填土高度超过压力拱高度时,在填土内形成压力拱。压力拱形成前,桩土承受的压力强度基本相同,压力拱形成后,压力拱将大部分荷载转移到桩顶(托板)上。虽然分层施工填土可能会破坏压力拱,但随着桩间土继续下沉,压力拱又会重新形成,如图 4-54 所示。

模型二考虑桩周土对桩身(桩顶土)的摩擦力,在填土中、桩身范围内、桩底下卧层中存在 3 个等沉面,如图 4-55 所示。该模型适用性更强,可以较合理地考虑填土高度小于压力拱高度时的受力情况。

1)设计流程

选取桩间距、托板边长(直径)→根据经验确定桩土应力比或桩土荷载分担比→根据填土高度、填料重度及桩土应力比(桩土荷载比)确定桩和桩间土承受的荷载→桩长设计、托板设计、地基承载力验算、沉降计算→如沉降、地基承载力不满足要求重新选取桩间距和托板边长(直径)。

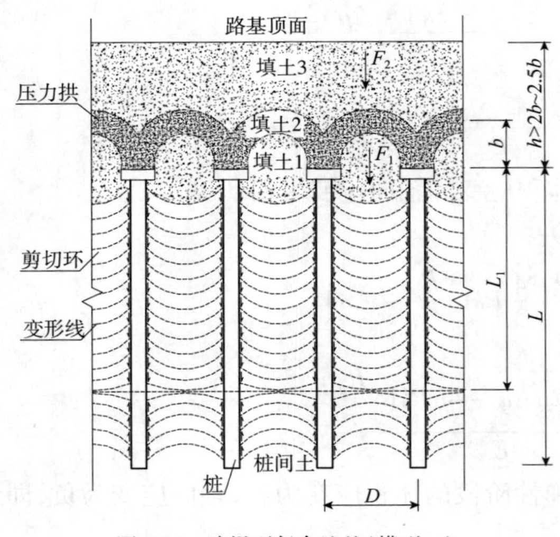

图4-54 路堤下复合地基(模型一)

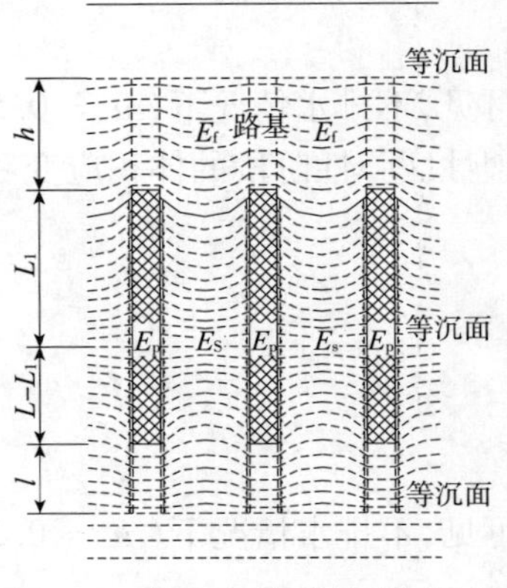

图4-55 路堤下复合地基(模型二)

2)复合地基设计

(1)参数确定

①桩径

桩径应考虑细长比要求,可按两个标准:$D/L=1/100$ 和 $D/L=1/80$ 来控制,一般 D/L 不得小于1/100,前者适用于穿越硬土层至较深的软土层,可选用PTC或PC型桩;后者适用于硬土层较厚的情况,可选用PHC型桩。在高速公路软土地基的路堤填土工程中由于荷载较小,桩径一般取30~40cm,壁厚可取6~7cm。

②桩间距和托板的宽度

为了充分发挥刚性桩加固地基时桩体本身压缩量小的优点,路堤下刚性桩复合地基应遵循"强桩大板"的设计原则,即考虑负摩擦因素后,刚性桩应具有较高的承载力,在配筋不需要太多的情况,托板应尽量加大。

桩间距通常根据习惯或工程经验确定,通常在1.5~4m范围内选定。托板边长通常采用1~1.5m。

(2)桩土荷载计算

按照实测或根据经验确定的桩土应力比 n ,没有实测资料时 n 在15~30之间确定。

①桩间土荷载

设托板置换率为 m_f ,桩的置换率为 m_p ,桩顶平面处平均荷载为 p ,则桩间土承担的荷载为:

$$p_s=\frac{(1-m_f)p}{(1-m_p)[1+m_f(n-1)]}=\mu_s p \tag{4-24}$$

当桩之间有新近回填土荷载 $p_f=\gamma_f h_f$, h_f 、γ_f 分别为回填土厚度重度,按照下式计算桩间土荷载增加量。

$$p_{sf}=\frac{p_f(1-m_p)-\frac{1}{2}p_f h_f\tan(\varphi_f)u_p}{1-m_p} \tag{4-25}$$

式中 φ_f、u_p 分别为回填土内摩擦角、桩周长。

②桩顶荷载

管桩承担的荷载为：

$$P = \frac{A_f np}{1 + m_f(n - 1)} + \frac{1}{2}p_f h_f \tan(\varphi_f)u_p \tag{4-26}$$

式中，A_p 为管桩截面积（m^2）；其他符号意义同式（4-24）及式（4-25）。

（3）承载力验算

①地基承载力验算

工程实践表明，管桩竖向承载力较高，但水平承载力较小。图 4-56 是广珠北 15 标管桩与测斜管水平位移对比图（管桩入硬土层 4 ~ 8m），可见管桩抗水平推力的能力较小。当桩间土失稳时，会导致管桩失稳。因此，必须验算地基承载力。当桩土荷载比为 r 时，复合地基承载力为天然地基承载力的 $r+1$ 倍。

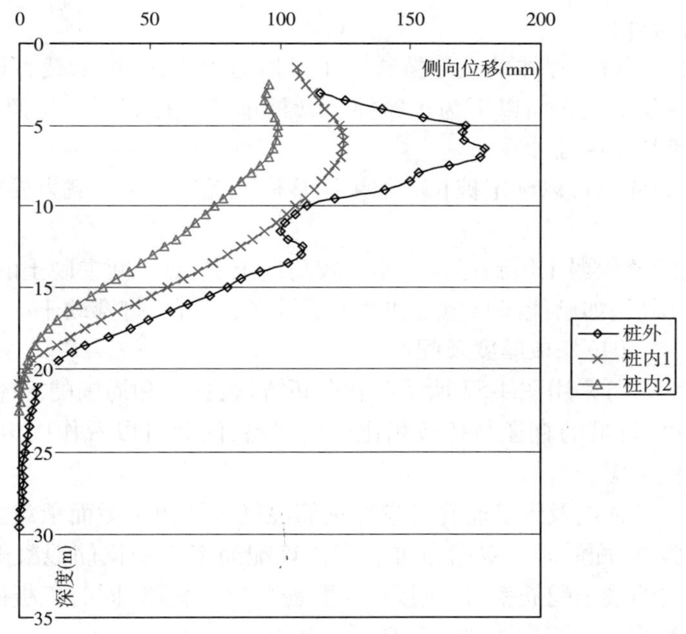

图 4-56　管桩、测斜管侧向位移对比图

桩间土极限承载力取相应的天然地基承载力值，建议采用 D. W. Taylor 极限承载力公式计算。D. W. Taylor 于 1948 年将地基土自重对抗剪强度的作用按换算黏聚力 $C' = \frac{B}{2}\tan\left(\frac{\pi}{4} + \frac{\varphi}{2}\right)\gamma\tan\varphi$ 来表示。我们根据路堤特点对泰勒公式进行了改进，推导得到条形地基极限承载力 p_{sf} 为：

$$p_{sf} = CN_c + qN_q + \frac{1}{2}B\gamma N_\gamma \tag{4-27}$$

式中：$N_q = e^{\pi\tan\varphi}\tan^2\left(\frac{\pi}{4} + \frac{\varphi}{2}\right)$；$N_c = (N_q - 1)\cot\varphi$；$N_\gamma = \tan\left(\frac{\pi}{4} + \frac{\varphi}{2}\right)(N_q - 1)$；$q$ 为反压护道的荷载强度；B 为路基顶面宽度。根据大量土方填筑工程失稳事故中滑塌面切入坡肩在 7m 左右的实际情况，参照《公路桥涵地基与基础设计规范》（JTJ 024—85），当 B 大于 10m 时，取

10m；γ 为地基土的重度，C、φ 为土的抗剪强度指标，γ、C、φ 采用 $\frac{B}{2\cos\left(\frac{\pi}{4}+\frac{\varphi}{2}\right)}e^{\left(\frac{\pi}{4}-\frac{\varphi}{2}\right)\tan\varphi}$（式中 φ 采用固结排水剪切指标）深度范围内的厚度加权平均值。如上述深度范围内地基土为透水性土且位于地下水位以下，则 γ 采用浮重度。如慢速填土，地基中不产生超静孔隙水压力，C、φ 采用土的固结排水抗剪强度指标；如快速填土，C、φ 采用不排水剪切指标；如填土过程中发生部分固结，固结度为 U，则按照下式换算修正后的内摩擦 φ'：

$$U\tan\varphi = \tan\varphi'$$

如果反压护道宽度 b 小于 $Be^{\pi\tan\varphi}\tan\left(\frac{\pi}{4}+\frac{\varphi}{2}\right)$（式中 φ 采用固结排水剪切指标），则 $Nq = \left(\frac{b}{B}\right)^2$，$N_c$、$N_\gamma$ 公式不变。

如果 $kp_s > p_{sf}$（k 为安全系数，通常取 1.2～1.3），则需要调整桩间距或托板边长（直径）。

②管桩承载力验算

考虑管桩在软土层部分基本为负摩擦或者正摩擦力很小，管桩承载力计算时假设软黏土层以上为负摩擦，软黏土层底面以下为正摩擦。管桩承载力计算可以按照《建筑桩基技术规范》（JGJ 94—94）或其他规范计算。

根据管桩承载力验算可以确定桩长。如果调整桩长无法满足承载力要求，则调整桩间距、托板边长（直径）。

原则上桩体应穿透软弱土层到达强度相对较高的土层，对于间夹硬土的双层以上软土层，桩体穿过部分软土层后，如已能满足稳定和变形要求者，也可不打穿软土。

（4）托板厚度及配筋

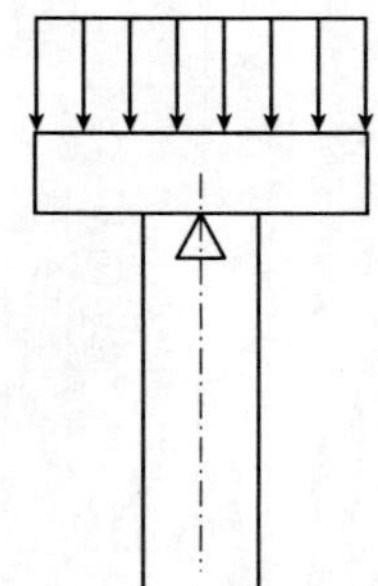
图 4-57　托板的受力简化模式

可采用图 4-57 所示简化分析方法：托板和周围的土体脱空，托板由桩支撑，且桩的直径与托板相比可以忽略，因此可以看作固定端点支座，按悬臂板考虑。

强度及配筋验算可参照钢筋混凝土结构正截面承载力验算和抗剪强度验算，配筋时按双向布置。当计算配筋率小于钢筋混凝土结构设计规范规定的最小配筋率时，应按最小配筋率进行配筋，同时托板的配筋应采用双面配筋。

当托板悬臂长度小于托板厚度时，按照基础刚性角的概念，托板可以不配筋。

（5）垫层设计

在考虑应力扩散时，为避免管桩对路面结构的影响，填土高度小于拱锥高度时，需要设置内摩擦角较大垫层，必要时在垫层中或垫层顶面设置钢筋网（直径为 $\phi 8$，间距为 30cm）或钢塑。垫层的形式可分为碎石垫层、碎石排水加 8% 灰土垫层及碎石（粗砂）加筋垫层 3 种。通过已有的工程实践表明，上述 3 种垫层均能很好地起到应力扩散的作用。

（6）沉降验算

路堤下管桩沉降小于桩间土沉降，管桩复合地基沉降可以只计算桩间土沉降量，包括加固区压缩量 S_1 和下卧层压缩量 S_2。

① S_1 计算

S_1 按照 E_s 法计算（应力修正法）。

管桩与桩间土之间的模量差异较大，桩间土沉降大于桩顶沉降，可以采用 E_s 法计算桩间土沉降。由于管桩置换率较小，可以忽略桩的存在，分别利用 p_s 、p_{sf} 采用分层总和法计算桩间土的压缩量为 S_{11} 、S_{12} ，$S_1 = S_{11} + S_{12}$ 。注意 p_s 、p_{sf} 的压缩层厚度不同。

② S_2 计算

考虑到路基中部管桩沉降基本相同，可以不考虑摩擦产生的应力扩散。采用弹性理论（Bousinnesq 解）计算 p 和 p_f 在下卧层中产生的附加应力，采用分层总和法计算桩端下卧层的压缩量为 S_{21} 、S_{22} ，$S_2 = S_{21} + S_{22}$ 。注意 p 和 p_f 作用面高程不同。

如果 $S = S_1 + S_2$ 大于允许沉降，则调整桩间距、托板边长（直径）。

（7）固结度计算

通常情况下，路堤下管桩复合地基总是会发生一定的沉降。目前，部分工程管桩间距较大，管桩作用是提高承载力，减少部分沉降，实质是复合地基与排水固结的联合应用，沉降较大。因此，对于路堤下管桩复合地基需要计算固结度，以便确定预压期和工后沉降。

固结度计算按常规方法计算。

4.3.7　*研究段承载力验算*

1）单桩承载力

（1）不考虑负摩擦时

单桩垂直极限承载力设计值在无试桩资料的情况下，可利用地质资料来估算承载力。由于本研究段地质资料一般只有深度 15m 以上地层参数，因此，在进行单桩承载力计算时，只对短桩即 12m 长管桩进行估算。以下估算得到的单桩承载力均为 12m 长管桩的数据。

①《港口工程桩基规范》确定单桩的承载力

可由桩侧土强度按下式计算：

$$R_k^d = (u \sum q_{si} l_i + q_R A_p) / \gamma_R \tag{4-28}$$

式中：R_k^d ——桩的设计承载力（kN）；

u ——桩周长（m）；

A_p ——管桩截面积（m^2）；

q_R ——桩端承载能力（kN/m^2）；

q_{si} ——桩周第 i 层土的极限摩阻力（kN/m^2）；

l_i ——桩周第 i 层土分层厚度（m）；

γ_R ——荷载分项系数，取 1.45。

本研究段在桩号 K12 +000 位置沿路基横向布置了 4 个静力触探孔，其结果如表 4-10 所示。将相关地层参数代入式（4-28），即可求得桩的平均设计承载力，计算结果见表 4-11。

管桩区静力触探统计表　　　　表 4-10

钻孔号	层底埋深（m）	层厚（m）	锥尖阻力（MPa）	侧摩阻力（kPa）
1	0.9	0.7	0.547	21
	4.7	3.8	0.526	9
	>4.7	—	4.455	22

续上表

钻孔号	层底埋深(m)	层厚(m)	锥尖阻力(MPa)	侧摩阻力(kPa)
2	0.6	0.3	0.342	17
	4.8	4.2	0.425	14
	9.0	4.2	3.194	22
	>9.0	—	5.648	30
3	1.1	0.6	0.455	18
	4.7	3.6	0.433	11
	9.7	5	2.787	36
	>9.7	—	8.646	33
4	0.9	0.9	0.331	4
	5.2	4.3	0.353	6
	6.4	1.2	1.183	14
	8.9	2.5	0.521	12
	9.8	0.9	2.154	30
	>9.8	—	5.552	27

单桩设计承载力计算表(港口工程) 表 4-11

孔号	层底埋深(m)	层厚(m)	锥尖阻力(MPa)	侧摩阻力(kPa)	$u\sum_i q_{si}l_i$ (kPa)	q_RA_p (kPa)	R_k^d (kPa)
1	0.9	0.7	0.547	21	23.74		
	4.7	3	0.526	9	42.96		
		7.5	4.455	22	201.71		
	合计				268.41	390.70	454.56
2	0.6	0.3	0.342	17	12.81		
	4.8	3	0.425	14	73.85		
	9	4.2	3.194	22	116.05		
		3.3	5.648	30	113.04		
	合计				315.76	495.33	559.37
3	1.1	0.6	0.455	18	24.87		
	4.7	2.7	0.433	11	49.74		
	9.7	5	2.787	36	226.08		
		2.8	8.646	33	95.33		
	合计				396.02	758.25	796.05
4	0.9	0.9	0.331	4	4.52		
	5.2	4.3	0.353	6	32.40		
	6.4	1.2	1.183	14	21.10		
	8.9	2.5	0.521	12	37.68		
	9.8	0.9	2.154	30	33.91		
		2.2	5.552	27	74.61		
	合计				204.23	486.91	476.65

单桩设计承载力平均值为：

$$R_k^d = 571.7\text{kN}$$

则单桩极限承载力平均值：

$$Q_u = r_R R_k^d$$

②采用双桥静力触探资料进行承载力验算

根据双桥探头估算单桩的承载能力，可采用两种方法：一是铁道部《静力触探技术规则》法；二是《建筑桩基技术规范》。现将两种计算方法介绍如下。

a. 铁道部《静力触探技术规则》法。

用双桥探头估算单桩极限承载力 Q_u，打入混凝土桩承载力计算式如下：

$$Q_u = \alpha_b \bar{q}_{cb} A_p + U \sum \beta_f \bar{f}_{si} L_i \tag{4-29}$$

式中：α_b、β_f——桩端承力、桩侧摩阻力的修正系数，其取值见表4-12；

$\bar{q}_{cb}$——桩底以上、以下 $4d$ 范围内的平均 q_c（kPa），如桩底以上 $4d$ 的 q_c（kPa）平均值大于桩底以下 $4d$ 的 q_c 平均值，则 $\bar{q}_{cb}$ 取桩底以下 $4d$ 的 q_c 平均值；

U——桩周长（m）；

L_i——计算分层各土层的厚度（m）；

A_p——桩的截面积（m^2）；

$\bar{f}_{si}$——第 i 层土的探头平均侧阻力（kPa）。

打入桩的桩端承载力和侧摩阻力综合修正系数 α_b、β_f　　表4-12

条　件	α_b	条　件	β_f
同时满足 $\bar{q}_{cb} > 2000$kPa，$\bar{f}_{si}/\bar{q}_{cb} \leq 0.14$	$3.975\,(\bar{q}_{cb})^{-0.25}$	同时满足 $\bar{q}_{cb} > 2000$kPa，$\bar{f}_{si}/\bar{q}_{cb} \leq 0.14$	$5.05\,(\bar{f}_{cb})^{-0.45}$
不能同时满足 $\bar{q}_{cb} > 2000$ kPa，$\bar{f}_{si}/\bar{q}_{cb} \leq 0.14$	$12.00\,(\bar{q}_{cb})^{-0.35}$	不能同时满足 $\bar{q}_{cb} > 2000$ kPa，$\bar{f}_{si}/\bar{q}_{cb} \leq 0.14$	$10.04\,(\bar{f}_{cb})^{-0.55}$

注：$\beta \cdot f_{si}$ —100kPa。

根据本研究段管桩区静力触探资料，利用上述方法计算单桩承载力的具体情况见表4-13。

单桩极限承载力计算表（铁道部）　　表4-13

钻孔编号	层底埋深（m）	层厚（m）	桩头阻力 q_c（MPa）	侧摩阻力 f_s（kPa）	$\bar{f}_{si}/\bar{q}_{cb}$	β_f	$U\sum\beta_f f_{si} L$（kPa）	$\alpha_b q_{cb} A_p$（kPa）	Q_u（kPa）
1	0.9	0.7	0.547	21	0.040	1.88	44.66		
	4.7	3.8	0.526	9	0.020	3.00	128.80		
	12.2	7.5	4.455	22	0.005	1.26	253.48		
	合计						426.94	190.10	617.04
2	0.6	0.3	0.342	17	0.050	2.11	27.08		
	4.8	4.2	0.425	14	0.030	2.35	173.67		
	9	4.2	3.194	22	0.007	1.26	145.84		
	12.3	3.3	5.648	30	0.005	1.09	123.54		
	合计						470.13	227.12	697.25

续上表

钻孔编号	层底埋深(m)	层厚(m)	桩头阻力 q_c(MPa)	侧摩阻力 f_s(kPa)	$\bar{f}_{si}/\bar{q}_{cb}$	β_f	$U\sum\beta_f f_{si}L$(kPa)	$\alpha_b q_{cb} A_p$(kPa)	Q_u(kPa)
3	1.1	0.6	0.455	18	0.040	2.05	50.93		
	4.7	3.6	0.433	11	0.030	2.69	133.55		
	9.7	5	2.787	36	0.010	1.01	227.62		
	12.5	2.8	8.646	33	0.004	1.05	99.81		
	合计						511.92	312.57	824.49
4	0.9	0.9	0.331	4	0.012	4.68	21.18		
	5.2	4.3	0.353	6	0.017	3.75	121.44		
	6.4	1.2	1.183	14	0.012	2.35	49.62		
	8.9	2.5	0.521	12	0.023	2.56	96.45		
	9.8	0.9	2.154	30	0.014	1.09	37.06		
		2.2	5.552	27	0.005	1.15	85.50		
	合计						411.25	224.22	635.47

单桩极限承载力平均值：

$$Q_u = 693.6\text{kN}$$

b.《建筑桩基技术规范》法

用双桥探头估算预制单桩极限承载力计算式如下：

$$Q_{uk} = U\sum l_i\beta_i f_{si} + \alpha q_c A_p \tag{4-30}$$

式中：f_{si} ——第 i 层土的探头平均侧摩阻力；

q_c ——桩底平面上、下探头阻力，取桩端平面 $4d$（d 为桩的直径或边长）范围内的探头阻力加权平均值，然后再和桩端平面以下 $1d$ 范围内的探头阻力进行平均；

α——桩端阻力修正系数，对黏性土、粉土取 2/3 和砂土的 1/2；

β_i ——第 i 层土侧摩阻力综合修正系数，按下式计算：黏性土：$\beta_i = 10.04\,(f_{si})^{-0.55}$；砂性土：$\beta_i = 5.05\,(f_{si})^{-0.45}$；

其余符号意义同前。

利用上述方法计算单桩承载力的具体情况见表 4-14。

单桩极限承载力计算表（建筑桩基） 表 4-14

桩号	层底埋深(m)	层厚(m)	桩头阻力 q_c(MPa)	侧摩阻力 f_{si}(kPa)	$U\sum\beta_i f_{si} l_i$(kPa)	$\alpha q_c A_p$(kPa)	Q_{uk}(kPa)
K12000B	0.9	0.9	0.547	21	44.66		
	4.7	3.8	0.526	9	128.80		
		7.3	4.455	22	253.48		
	合计				426.94	195.35	622.29
K12000A	0.6	0.6	0.342	17	27.08		
	4.8	4.2	0.425	14	173.67		
	9	4.2	3.194	22	145.84		
		3	5.648	30	123.54		
	合计				470.13	247.66	717.79

续上表

桩号	层底埋深（m）	层厚（m）	桩头阻力 q_c（MPa）	侧摩阻力 f_{si}（kPa）	$U\sum\beta_i f_{si} l_i$（kPa）	$\alpha q_c A_p$（kPa）	Q_{uk}（kPa）
K12000	1.1	1.1	0.455	18	50.93		
	4.7	3.6	0.433	11	133.55		
	9.7	5	2.787	36	227.62		
		2.3	8.646	33	99.81		
	合计				511.92	379.13	891.05
K12000Y	0.9	0.9	0.331	4	21.18		
	5.2	4.3	0.353	6	121.44		
	6.4	1.2	1.183	14	64.61		
	8.9	3.7	0.521	12	142.74		
	9.8	0.9	2.154	30	37.06		
		2.2	5.552	27	85.50		
	总计				472.53	243.46	715.98

单桩极限承载力平均值：

$$Q_u = 736.8\text{kN}$$

由上述几种方法的单桩极限承载力计算结果来看，《港口工程桩基规范》法的计算结果稍高，而《静力触探技术规则》法和《建筑桩基技术规范》法计算结果很接近，但总体上，在没有试桩资料的条件下，上述几种方法的计算结果都能起到很好地预估承载力的作用。

此外，根据研究段15根桩高应变测试结果，12m长管桩承载力434～960kN，平均600kN。由此可见，上述几种不考虑负摩擦的管桩承载力计算方法与实测值较接近。

（2）考虑负摩擦时

考虑管桩在软土层部分基本为负摩擦或者正摩擦力很小，管桩承载力计算假设软黏土层以上为负摩擦，软黏土层底面以下为正摩擦。各计算方法的结果见表4-15～表4-17。

①《港口工程桩基规范》确定单桩的承载力

单桩设计承载力计算表（港口工程桩基规范）　　表4-15

孔号	层底埋深（m）	层厚（m）	锥尖阻力（MPa）	侧摩阻力（kPa）	$U\sum q_{si} l_i$（kPa）	$q_r A_p$（kPa）	R_k^d（kPa）
1	0.9	0.9	0.547	-21	-23.74		
	4.7	3.8	0.526	-9	-42.96		
		7.3	4.455	22	201.71		
	合计				135.02	390.70	362.57
2	0.6	0.6	0.342	-17	-12.81		
	4.8	4.2	0.425	-14	-73.85		
	9	4.2	3.194	22	116.05		
		3	5.648	30	113.04		
	合计				142.43	495.33	439.83

续上表

孔号	层底埋深(m)	层厚(m)	锥尖阻力(MPa)	侧摩阻力(kPa)	$U\sum q_{si}l_i$ (kPa)	q_rA_p (kPa)	R_k^d (kPa)
3	1.1	1.1	0.455	-18	-24.87		
	4.7	3.6	0.433	-11	-49.74		
	9.7	5	2.787	36	226.08		
		2.3	8.646	33	95.33		
	合计				246.80	758.25	693.14
4	0.9	0.9	0.331	-4	-4.52		
	5.2	4.3	0.353	-6	-32.40		
	6.4	1.2	1.183	14	21.10		
	8.9	2.5	0.521	12	37.68		
	9.8	0.9	2.154	30	33.91		
		2.2	5.552	27	74.61		
	合计				130.37	486.91	425.71

单桩设计承载力平均值：$R_k^d=480.3\text{kN}$

则单桩极限承载力平均值：$Q_u=696.5\text{kN}$

②采用双桥静力触探资料进行承载力验算

a. 铁道部《静力触探技术规则》法

单桩极限承载力推算表(铁道部)　　表 4-16

钻孔编号	层底埋深(m)	层厚(m)	桩头阻力 q_c (MPa)	侧摩阻力 f_s (kPa)	$\bar{f}_{si}/\bar{q}_{cb}$	β_f	$U\sum\beta_f f_{si}L$ (kPa)	$\alpha_b q_{cb}A_p$ (kPa)	Q_u (kPa)
1	0.9	0.9	0.547	21	0.038	1.88	-44.66		
	4.7	3.8	0.526	9	0.017	3.00	-128.80		
		7.3	4.455	22	0.005	1.26	253.48		
	合计						80.01	190.10	270.11
2	0.6	0.6	0.342	17	0.050	2.11	-27.08		
	4.8	4.2	0.425	14	0.033	2.35	-173.67		
	9	4.2	3.194	22	0.007	1.26	145.84		
		3	5.648	30	0.005	1.09	123.54		
	合计						68.63	227.12	295.75
3	1.1	1.1	0.455	18	0.040	2.05	-50.93		
	4.7	3.6	0.433	11	0.025	2.69	-133.55		
	9.7	5	2.787	36	0.013	1.01	227.62		
		2.3	8.646	33	0.004	1.05	99.81		
	合计						142.95	312.57	455.52

续上表

钻孔编号	层底埋深(m)	层厚(m)	桩头阻力 q_c(MPa)	侧摩阻力 f_s(kPa)	$\bar{f}_{si}/\bar{q}_{cb}$	β_f	$U\Sigma\beta_f f_{si}L$(kPa)	$\alpha_b q_{cb} A_p$(kPa)	Q_u(kPa)
4	0.9	0.9	0.331	4	0.012	4.68	-21.18		
	5.2	4.3	0.353	6	0.017	3.75	-121.44		
	6.4	1.2	1.183	14	0.012	2.35	49.62		
	8.9	2.5	0.521	12	0.023	2.56	96.45		
	9.8	0.9	2.154	30	0.014	1.09	37.06		
		2.2	5.552	27	0.005	1.15	85.50		
	合计						126.01	224.22	350.23

单桩极限承载力的平均值：Q_u = 342.9kN

b.《建筑桩基技术规范》法

单桩极限承载力推算表(建筑桩基)　表4-17

桩号	层底埋深(m)	层厚(m)	桩头阻力 q_c(MPa)	侧摩阻力 f_{si}(kPa)	$U\Sigma\beta_i f_{si} l_i$(kPa)	$\alpha q_c A_p$(kPa)	Q_{uk}(kPa)
K12000B	0.9	0.9	0.547	21	-44.66		
	4.7	3.8	0.526	9	-128.80		
		7.3	4.455	22	253.48		
	合计				80.01	195.35	275.36
K12000A	0.6	0.6	0.342	17	-27.08		
	4.8	4.2	0.425	14	-173.67		
	9	4.2	3.194	22	145.84		
		3	5.648	30	123.54		
	合计				68.63	247.66	316.30
K12000	1.1	1.1	0.455	18	-50.93		
	4.7	3.6	0.433	11	-133.55		
	9.7	5	2.787	36	227.62		
		2.3	8.646	33	99.81		
	合计				142.95	379.13	522.08
K12000Y	0.9	0.9	0.331	4	-21.18		
	5.2	4.3	0.353	6	-121.44		
	6.4	1.2	1.183	14	64.61		
	8.9	3.7	0.521	12	142.74		
	9.8	0.9	2.154	30	37.06		
		2.2	5.552	27	85.50		
	总计				187.29	243.46	430.75

单桩极限承载力平均值：Q_u =386.1kN

上述三种方法的单桩极限承载力平均值为475.2kN，取安全系数为1.5，单桩设计承载力 R_k^d =316.8kN。本路堤包括等、超载后填土高度最大为4m，取桩土应力比实侧大值20计算，管桩承担的荷为229.0kN < R_k^d =316.8kN，满足承载力要求。

2）地基承载力验算

按照前文介绍的Skempton极限承载力公式 $p_{sf} = C_u N_c$，取 C_u = 17.2kPa，N_c = 5.14，得到 p_{sf} =88.3kPa。根据式（4-24）计算桩间土承担的荷载，其中 n 取实测小值10，p =68kPa，m_f = 0.17，m_p =0.02，求得桩间土荷载 p_s =22.8kPa。由于 kp_s =34.2kPa < p_{sf} =88.3kPa（k 取值1.5），因此，地基承载力满足要求。

4.3.8 研究段复合地基沉降计算

由于管桩区左幅采用的是长短桩间隔设置，附加应力的计算比较复杂，而且类似布桩方式在工程实践中运用较少。因此，在进行管桩区沉降计算时，取加固区右幅中心点进行。

管桩区填砂高度4m，重度按17kN/m^{3}计，则 p =17×4 =68kPa。计算宽度40m，长度50m。

右幅桩长为12m，由于下卧层中淤泥质土、亚黏土的压缩模量较小，因此沉降压缩层深度取至下卧圆砾、卵石层顶部，计算下卧层厚度为20.75m。桩土应力比为15，则桩间土所承受的路基填砂荷载为17.0kPa。另外，由于管桩区鱼塘回填砂厚度约为2.5m，据式（4-25），桩间土荷载增加量 p_{sf} = 3.19kPa。

在计算附加应力时，按照桩土为匀质体的情况来考虑。由于本工程路基宽度很大，附加应力沿深度传递衰减较小，因此，在计算右幅下卧层沉降时，为方便起见，将 S_{21} 和 S_{22} 合并起来计算。

计算过程及结果见表4-18～表4-20。

右幅加固区沉降量计算表（S_{11}） 表4-18

深度 z(m)	K_s	附加应力 P_z(kPa)	分层厚度 H_i(m)	平均附加应力 $\overline{P}_z$(kPa)	压缩模量 E_{si}(kPa)	ΔS (mm)	$S=\Sigma\Delta S$ (mm)
0	0.2500	8.50					
2.2	0.2495	8.48	2.2	8.49	3.64	5.13	5.13
7.8	0.2443	8.31	5.6	8.39	3.04	15.46	20.60
9.6	0.2398	8.15	1.8	8.23	4.52	3.28	23.87
12	0.2334	7.94	2.4	7.99	14.27	1.34	25.22

右幅加固区沉降量计算表（S_{12}） 表4-19

深度 z(m)	K_s	附加应力 P_z(kPa)	分层厚度 H_i(m)	平均附加应力 $\overline{P}_z$(kPa)	压缩模量 E_{si}(kPa)	ΔS (mm)	$S=\Sigma\Delta S$ (mm)
0	0.2500	1.60					
5.3	0.2495	1.58	5.3	1.59	3.04	2.77	2.77
7.1	0.2398	1.57	1.8	1.57	4.52	0.63	3.39
9.5	0.2334	1.53	2.4	1.54	14.27	0.26	3.65

右幅下卧层沉降量计算表（$S_{21+}S_{22}$）　　表 4-20

深度 z(m)	K_s	附加应力 P_z(kPa)	分层厚度 H_i(m)	平均附加应力 $\overline{P}_z$(kPa)	压缩模量 E_{si}(kPa)	ΔS (mm)	$S=\Sigma\Delta S$ (mm)
0	0.2334	31.74					
3.25	0.2214	30.11	3.25	30.92	14.27	7.04	7.04
13.75	0.1771	24.09	10.50	27.10	3.73	76.28	83.33
18.05	0.1599	21.75	4.30	22.92	4.26	23.14	106.46
20.75	0.1365	18.57	2.70	20.16	4.10	13.28	119.74

由以上计算过程可知，管桩区中心的沉降量为3个值之和，即$S=25.22+3.65+119.74=148.7$mm。该计算值与实际监测数据较吻合。

4.3.9　结论与建议

（1）研究研究段试验成果表明，管桩复合地基可以有效减少沉降量，可以用于填土高、软土厚度大的路段。

（2）路堤荷载下管桩与桩间土沉降不协调，桩间土沉降远大于桩顶沉降，管桩加固区内桩间土发生不可忽略的压缩量，桩身上部出现负摩擦，不可以按照刚性承台（基础）下的复合地基理论进行管桩复合地基设计。本文根据试验成果提出了路堤下刚性桩复合地基设计理论，通过本研究段的工程实践，证明该法具有较高的可行性。

（3）建议根据经验确定桩土应力比或桩土荷载比，根据桩土应力比或桩土荷载比确定的桩顶荷载和桩间土荷载。采用常规方法验算地基承载力，验算管桩承载力时，软土层底面以上为负摩擦。加固层的沉降计算建议采用E_s法计算，建议采用弹性理论确定下卧层顶面附加应力，并用分层总和法计算下卧层沉降。

（4）路堤下管桩复合地基设计应坚持“强桩大板”的设计原则。刚性桩应进入软黏土层下面的硬土层足够的深度，应具有较高的承载力。托板平面尺寸应尽量大，使刚性桩承担尽量多的荷载，充分发挥刚性桩的作用，减少桩间土压缩量。

（5）采用考虑负摩擦的承载力、载荷试验及大应变测试的桩土受力状态与路基填土作用下的桩土受力状态不同。不考虑负摩擦计算的承载力与载荷试验或大应变检测的受力状态相同，因此可以用作质检验收标准，但是验收合格不代表桩承载力满足工程需要。

（6）综合考虑经济、技术，建议采用选取300mm直径的管桩。不考虑负摩擦时20m长的管桩单桩承载力可以取600kN。

（7）研究段表明，管桩施工时挤土效应明显，在软黏土层中引起较大的超静孔隙水压力。为减小挤土效应，建议在软土深厚时，先施工袋装砂井，再施打管桩；管桩跳桩施工，分2～3次施工完成，这样有利于管桩打入过程中产生的超静孔隙水压力的消散，如图4-58所示。

（8）管桩复合地基在经过一个月的超载预压后，可以取得更好的加固效果。

（9）在本研究段地质条件下，管桩复合地基沉降量较小，土工格栅延伸率仅为10‰左右，为充分发挥格栅的协调变形作用，建议复合地基褥垫层中采用50-50以上的钢塑土工格栅。

a)预应力管桩施工

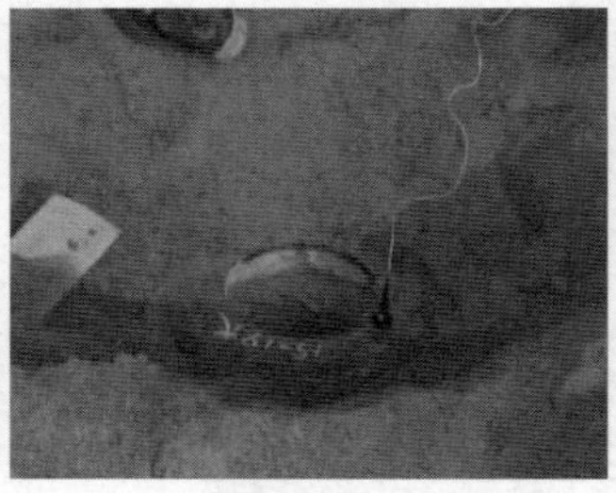
b)预应力管桩小应变测试

c)预应力管桩大应变测试

d)预应力管桩托板施工

e)预应力管桩托板养护

图 4-58　预应力管桩区施工现场图

4.4　动力固结

土水势是重力、压力、界面张力、黏土矿物对水的吸附力、水中离子浓度变化、电位梯度等作用下土中水所具有势能的代数和和总称，即

$$\Psi = \Psi_{g} + \Psi_{m} + \Psi_{\theta} + \Psi_{u_0} + \Psi_{\Delta u} + \Psi_{e} + \cdots$$

式中，Ψ 为总土水势，Ψ_g 为重力势，Ψ_m 为基质势，Ψ_θ 为溶质势，Ψ_{u_0} 为静水压力势，$\Psi_{\Delta u}$ 为超静水压力势（也称荷载势），Ψ_e 为电位势。土体内部、土体与边界处存在土水势差异，就产生孔隙水的渗流。

- 排水固结系统
  - 能量系统
    - 堆载
    - 自重
    - 降水
    - 抽真空
    - 冲击
    - 挤压
    - 电渗
    - 其他
  - 排水系统
    - 水平排水体
      - 地层
      - 排水垫层
      - 复合土工布
      - 塑料排水带
      - 排水软管
      - 排水盲沟
      - 排水管网
      - 其他
    - 竖向排水体
      - 地层
      - 排水板
      - 砂井
      - 砂桩
      - 碎石桩
      - 砂墙
      - 井管
      - 其他

图 4-59　排水固结系统

黏性土中孔隙水排出、有效应力增加、孔隙比减小的过程称为排水固结。排水固结系统由排水系统和能量系统组成。排水固结实际是动荷载、静荷载等能量系统使黏性土中土水势高于排水边界处的土水势，孔隙水通过排水系统排出，土体中有效应力增加，孔隙比减小的过程。如图 4-59 所示。

任何可以使黏性土中孔隙水土水势高于排水边界的因素均为能量系统。它使土中的孔隙水产生压差而渗流使土固结。公路工程中优先利用路基填料荷载，超载也可利用水进行堆载。对于欠固结地基，地基土自重便是能量系统的组成部分。电渗在阴极与土体之间产生势能差。挤土桩施工等在软土中形成超静孔隙水压力。强夯等冲击荷载在软黏土中形成的超静孔隙水压力大小与冲击荷载的大小、击数等有关。在处理公路软基时,有时与抽真空、降水、强夯等联合应用。

4.4.1　动力固结加固原理

强夯法虽然在实践中已被证实是一种较好的地基处理方法,但到目前为止,还没有一套成熟和完善的理论和设计计算方法。不同的土具有不同的加固机理,对于多孔隙、粗颗粒、非饱和土是基于动力密实(Dynamic Compaction)机理,即用冲击型动力荷载,使土体中的孔隙体积减小,土体变得密实,从而提高地基土强度。非饱和土的夯实过程,就是土中的气相(空气)被挤出的过程,其夯实变形主要是由于土颗粒的相对位移引起的。软土地基的加固机理主要是动力固结(Dynamic consolidation)和动力置换(Dynamic Replacement)。

Louis Menard 为解释强夯的效应,提出了动力固结模型。图 4-60 表示静力固结理论与动力固结理论模型,它们的区别主要表现在 4 个方面,见表 4-21。

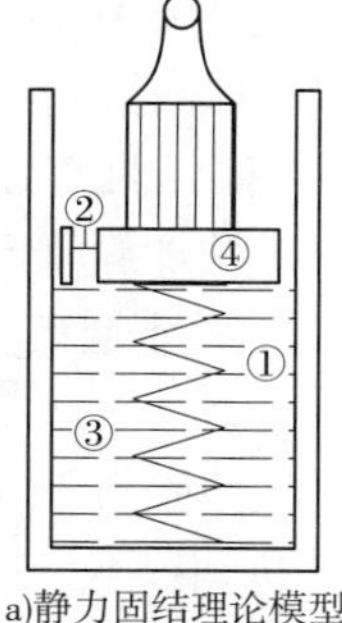

a)静力固结理论模型

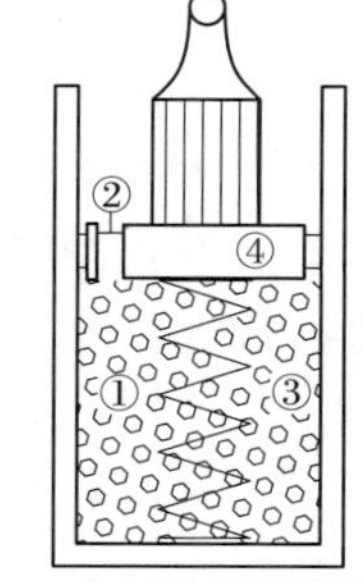

b)动力固结理论模型

图 4-60　静力固结理论与动力固结理论的模型比较

静力固结理论与动力固结理论对比　表 4-21

静力固结理论〔图 4-60a〕	动力固结理论〔图 4-60b〕
①不可压缩的液体	①含有少量气泡的可压缩液体
②固结时液体排出所通过的小孔,其孔径是不变的	②固结时液体排出所通过的小孔,其孔径是变化的
③弹簧刚度是常数	③弹簧刚度为变数
④活塞无摩阻力	④活塞的摩阻力

对动力固结的理论模型,可从以下 4 个方面进行解释:

(1)由于微气泡的存在,认为充满气缸的水部分是可压缩的,亦即孔隙水具有压缩性。

传统固结理论的基本假定之一就是孔隙水的排出是沉降的必要和充分条件。但对于软土由于其渗透性低,在瞬时荷载作用下,孔隙水不能迅速排出,这样就无法解释在强夯时会立即引起很大沉降的现象。

Menard 教授认为,由于土中有机物的分解,第四纪土中大多数都含有以微气泡形式存在的气体,其含气量在 1% ~4% 范围内,进行强夯时,气体体积压缩,孔隙水压力增大,随后气体有所膨胀,孔隙水排出的现时,孔隙水压力减小。这样每夯一遍,气体体积可减小 40%。

(2)对夯击前、后土的渗透性的变化,可用一个孔径可变的排水孔进行模拟。

强夯的巨大能量,使土体中气体逐渐受到压缩。当气体按体积百分比接近零时,相当于孔隙水压力上升到与覆盖压力相等的能量级,土体即产生液化。致使土颗粒间出现裂隙,形成排水通道。此时,土的渗透系数骤增,孔隙水得以顺利排出。在有规则网格布置夯点的现场,通过积聚的夯击能量,在夯坑四周会形成有规则的垂直裂缝,夯坑附近出现涌水现象,尚应注意的是,强夯时所出现的液化,它不同于地震时的液化,只有土体局部液化。国外资料报道,夯击时出现的冲击波,将土颗间的吸附水转化为自由水,因而促进了毛细管通道横断面的增大。

(3)弹簧刚度模拟土体的压缩模量,过去传统固结理论的观点认为压缩模量的常数。实际上强夯法施工时,在反复荷载的影响下,会使压缩模量有很大改变,在这个过程中,吸附水起了重要的作用。

(4)加载后传递力的活塞和气缸间存在摩阻力。因此,液化中压力减少,不能自动导致活塞的位移和弹簧的变化。

在重复夯击作用下,土体的强度逐渐减低,当土体出现液化或接近液化时,土的强度达到最低值。此时土体产生裂隙,而土中部分吸附水变成自由水,随着孔隙水压力的消散,土的抗剪强度和变形模量有了大幅度的增长。这是由于土颗粒间紧密接触以及新吸附水层逐渐固定的原因,而吸附水逐渐固定的过程可能会延续几个月。这是触变性土具有的特性,在触变恢复期间,土体的变形(沉降)是很小的,有的资料介绍在1‰以下。

鉴于动力固结可以快速加固软基的特点和本条高等级公路不少路段的软土厚度较薄、软土含砂大、夹砂层多的特点,动力固结具有在全线推广运用的基础,因此,本研究段在桩号 K12 + 130 ~ K12 +270 范围内采用了强夯法加固软土地基,以工程实践来验证该法在全线推广运用的价值。另外,为了掌握夯锤夯击时对地基土层产生的影响,本研究段进行了相关的强夯动荷载测试。

4.4.2　设计参数

为提高软基的渗透性,使强夯产生的超孔隙水压力能够尽快消散,在强夯前先打设塑料排水板,另外,为了节省超载成本,本试验区利用水载进行超载预压,因此,本区的处理方法是塑料排水板 + 强夯 + 水载预压,这里将侧重于介绍强夯施工工艺及加固效果,对于水载预压将另有篇幅加以介绍。根据场区的工程地质条件,设计参数确定如下:

(1)采用 B 型塑料排水板,间距 1. 2m,等边三角形布置,如图 4-61 所示。

(2)砂垫层厚 0. 5m,先施工塑料排水板,填筑 1. 5 ~2m 细砂土作垫层后再进行强夯。

(3)强夯施工参数暂定如下:夯锤质量 12 ~15t,直径 D =2 ~2. 5m。点夯 3 遍,3 批夯点交叉布点,每遍点夯的夯点间距均为 3. 5m,等边三角形布点,如图 4-62 所示。3 批点夯单点击数分别为 4 ~5 击、5 ~6 击、5 击,单击能量分别为 50t · m、100t · m、140t · m,相邻 2 遍点夯间隔为 4 ~7d。实际施工参数根据试夯结果确定。

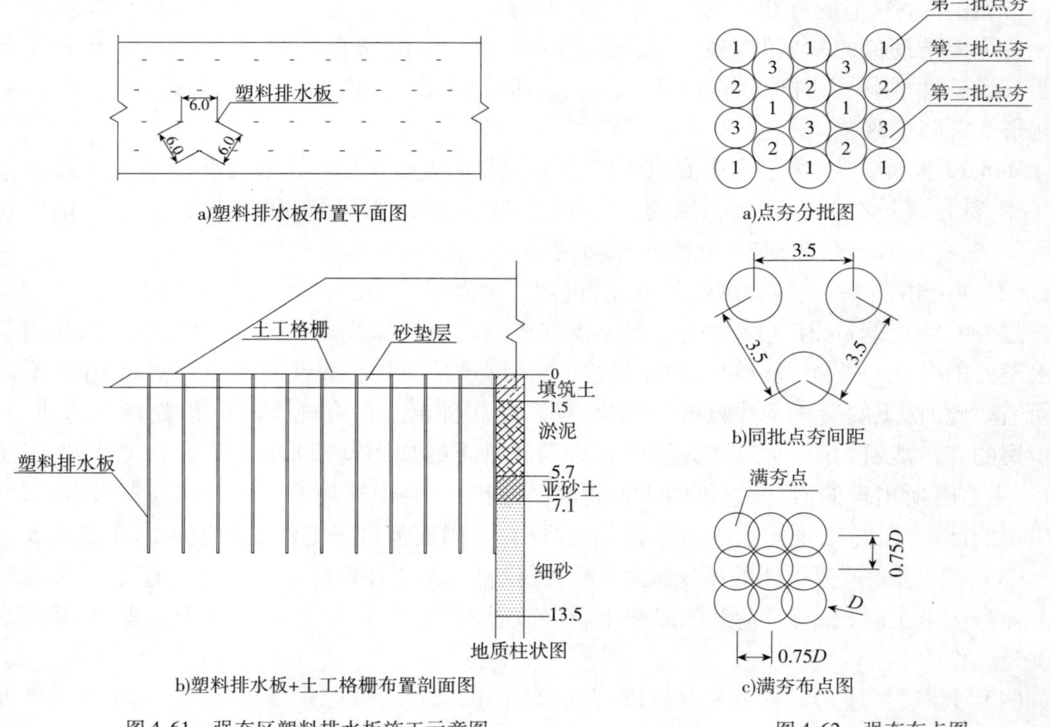

图 4-61　强夯区塑料排水板施工示意图

图 4-62　强夯布点图

(4)动力固结应遵守“先轻后重、少击多遍”的原则。

(5)进行下一批点夯的标准暂定为孔隙水压力消散80% ~90%。

(6)强夯区设置集水井,强夯面以下集水井采用钢筋井筒,钢筋笼外侧包裹2层铁丝网和2层无纺土工布。

4.4.3　强夯施工控制

本工程采用40t吊机,10t钢筋混凝土夯锤,夯锤直径2.0m,施工效率为每天300 ~400击。

(1)测量仪器要远离夯点避免强夯引起的振动影响测量效果。

(2)先在试夯区内进行单点试夯,以确定每遍夯击能量及单点击数。

(3)试夯区每遍点夯的停歇时间由超静孔隙水压力的消散程度(85% ~95%)来确定。

(4)试夯区的加固效果可以由夯沉量和静力触探等资料进行分析。

4.4.4　加固效果分析

大规模施工前,先选择20m×20m区域,按照设计夯击遍数和能量试夯。同时埋设孔隙水压力计、分层沉降环,测斜仪等观测仪器,根据观测结果确定强夯施工参数;试夯区夯前、夯后进行静力触探测试,分析地基强度变化情况;试夯区外侧设置木质边桩,观测地面隆起。

在根据试夯结果确定强夯能量及各遍夯击次数之后,研究段于2004年2月10日至2004年2月25日施工第一遍强夯;待超孔隙水压力消散后,于2004年2月27至2004年3月8日施工第二遍强夯;第三遍强夯于2004年3月12至2004年日3月19日期间施工完毕。

(1)试夯区地面变形

试夯区进行3遍点夯。第1遍单坑平均夯沉量45cm,第2遍单坑平均夯沉量42cm,第3遍单坑平均夯沉量72cm。由于该区位于鱼塘回填区,回填细砂层较厚,边桩只打设于砂层中,加上其表面较松散,因此,难以观测到地面有明显的隆起。

夯完3遍,试夯区整体夯沉量约为30cm。与相邻袋装砂井区的沉降相对比,强夯产生的沉降相当于6m高的填土产生的沉降。因此,对该区域(考虑水塘回填,总的填土厚度约为5m)而言,动力固结后地基土成为超固结土,动力固结起到快速超载作用。

(2)强夯区后期表面沉降

本区在强夯施工后,先填筑了1.125m厚的细砂路基层,然后再进行水载超载预压,水载高度相当于1m厚细砂的堆载量。图4-63为本区经强夯后地面沉降情况,从图中可看出,本区在填筑相当于2.125m厚的细砂后,经过3个多月的预压,表面沉降曲线已经变得非常平缓,表明软土主固结已基本完成。此时平均累计沉降量为2.8cm,仅相当于邻近袋装砂井区在相同填砂高度时表面沉降的30.4%。这也说明了动力固结对该区域起到了超载作用。因此,强夯区后期的表面沉降情况表明了强夯在该地质条件下的加固效果非常理想。

(3)试夯区的深层土变形

夯区内深层土变形有两类:一类是深层土的侧向变形;另一类为深层土的压缩变形,通过埋设测斜仪和分层沉降管可以得到相应的变形数据。夯区内深层土侧向位移和压缩变形情况见如图4-64、图4-65所示。根据图中的侧向位移曲线的变化可以看出,侧向位移的影响深度在地面以下10m深度范围内,而深度2 ~6m内产生的侧向位移最大,同时分层沉降图显示2 ~6m处的土层产生了较大的沉降,这也与该处土层为淤泥质土、土质特性较差相符合。同时也表明了本次强夯能量能够传递到10m深度范围以内的软土层。

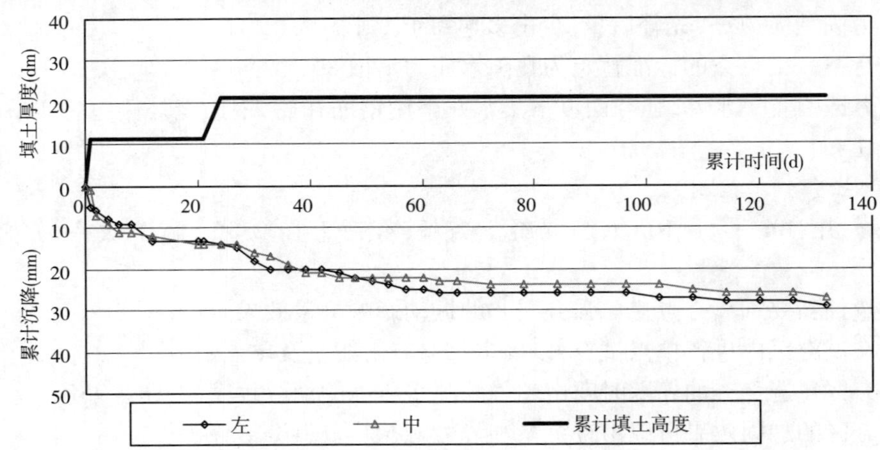

图 4-63　强夯区后期表面沉降曲线图

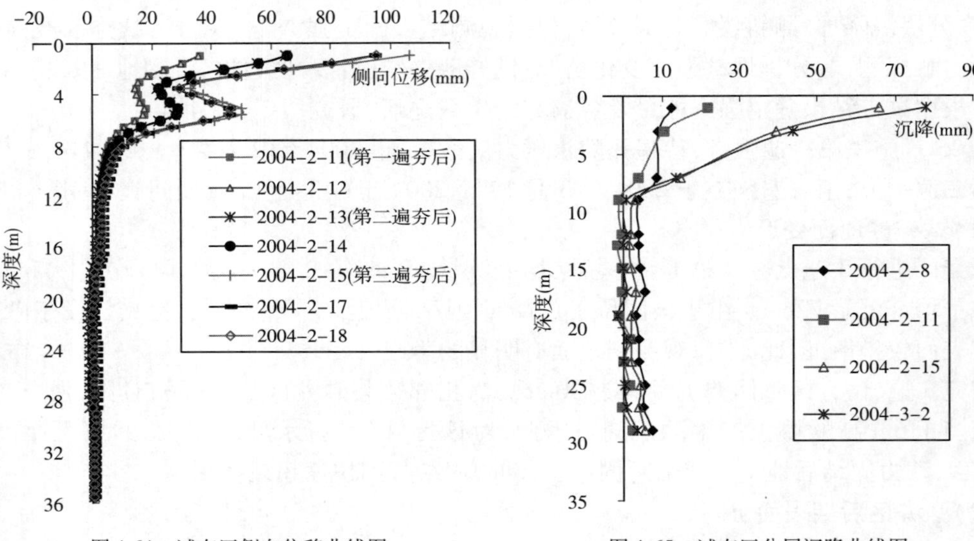

图 4-64　试夯区侧向位移曲线图　　图 4-65　试夯区分层沉降曲线图

(4)孔隙水压力变化

在试夯过程中,对孔隙水压力的变化也进行了测试,为每遍夯击后的停歇时间提供分析依据。根据现场实测不同深度的孔隙水压力值绘制孔压随时间的变化曲线图,如图 4-66 ~ 图 4-68 所示。

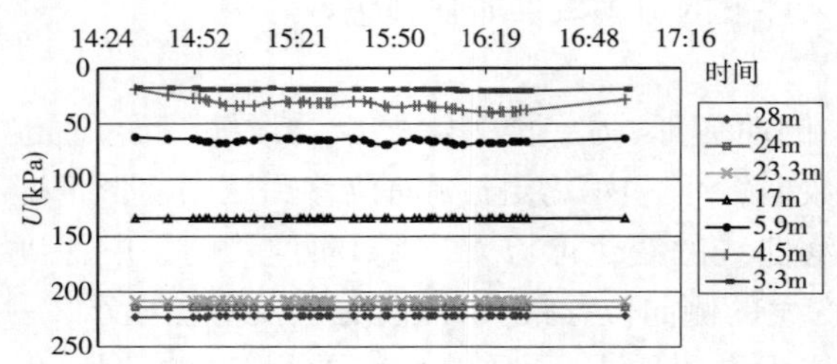

图 4-66　强夯第 1 遍时孔隙水压力变化曲线图

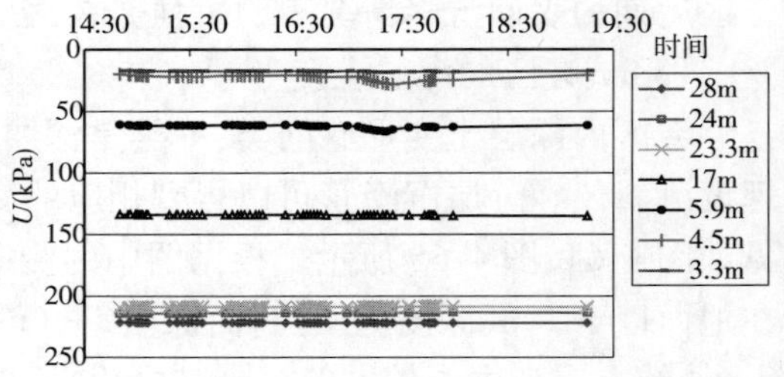

图 4-67　强夯第 2 遍时孔隙水压力变化曲线图

从孔压的监测资料可以看出，在强夯施工过程中，在4.5m、5.9m深度处孔隙水压力的增量约为30～40kPa，表明了强夯对这个深度以上的软基加固作用是非常明显的，但也反映出强夯很容易引起软土结构的破坏。而深度3.3m处孔压在强夯过程中没有明显变化，这是因为该深度接近回填砂底面，软土排水路径较短，孔压消散很快所致。由于本区地层在埋深7m以下存在一层厚约10m的砂夹层，从孔压的变化情况来看，在深度17m以下的强夯加固效果较差。

另外，强夯间隔期孔压消散很快，强夯产生的超静孔隙水压力在1～3d内就可消散完毕，这说明该类地质条件非常适宜采用动力固结法。

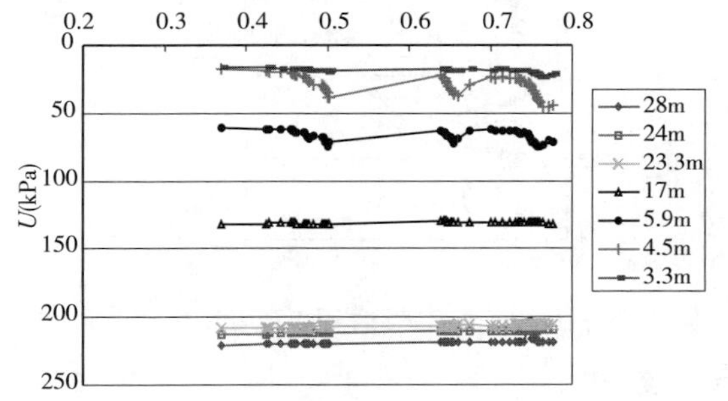

图4-68　强夯第3遍时孔隙水压力变化曲线图

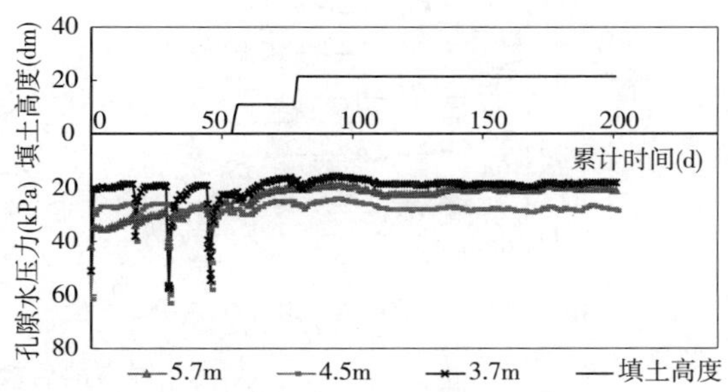

图4-69　K12+210断面强夯全面施工及堆载预压期间孔压变化过程图

图4-69是强夯区另外一个断面的孔隙水压力变化过程图，其中在未填砂阶段孔压的3个变化峰值是由强夯施工引起的，该图反映出强夯可引起浅层软土的孔隙水压力增长40kPa左右，并且孔压消散也很快，这和前面试夯区的孔压测试结果是一致的。此外，在加载过程中，孔隙水压力的变化幅度较小，这是由于经过强夯后软土含水率大幅下降，强度有了明显增加，在上覆荷载的作用下，软土产生的超孔隙水压力大大减小所致。由此也可以证实强夯的加固效果是非常理想的。

（5）地基土强度变化分析

夯锤下落时产生的冲击能可有效减小土体中的孔隙，使土体变得密实，进而提高地基土的强度。为了进一步了解地基土物理力学性质的变化，在强夯前和第3遍夯后分别进行了2组静力触探，结果显示本区4～7m的深度范围内为淤泥，强夯前后其强度如图4-70～图4-73及表4-22所示。

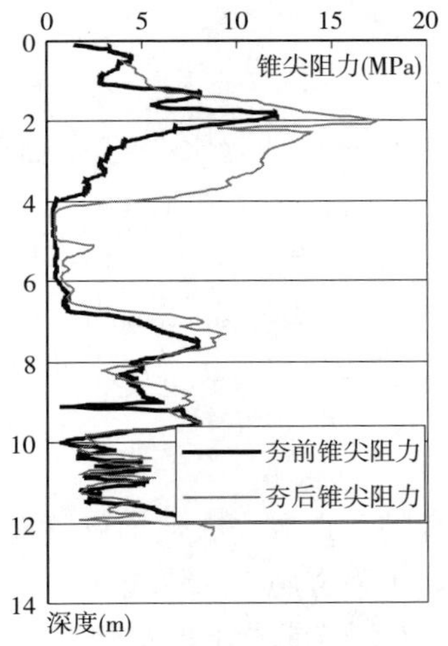

图4-70　强夯前后锥尖阻力对比图（1号孔）

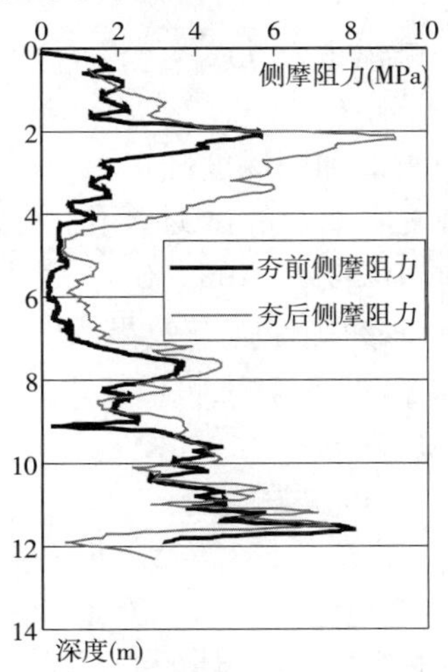

图4-71　强夯前后侧摩阻力对比图（1号孔）

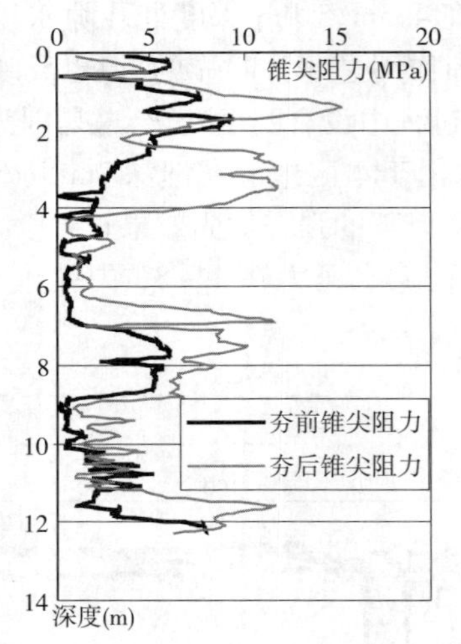

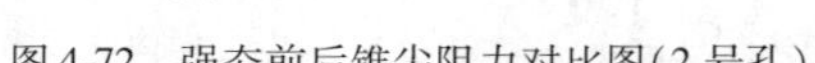

图 4-72 强夯前后锥尖阻力对比图(2 号孔)

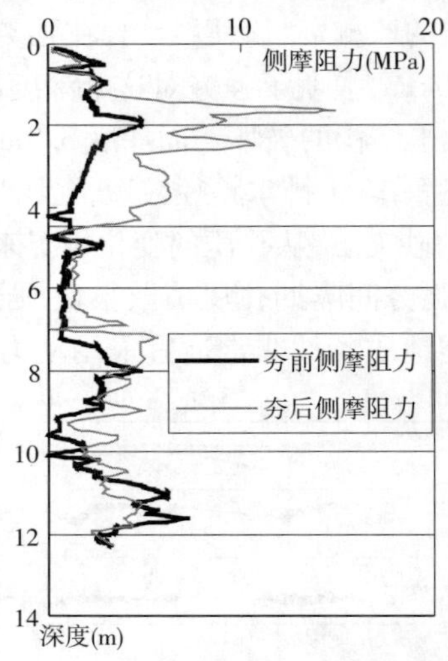

图 4-73 强夯前后侧摩阻力对比图(2 号孔)

强夯前后软土强度变化 表 4-22

孔号	天然强度		夯后强度	
	锥尖阻力(MPa)	侧摩阻力(MPa)	锥尖阻力(MPa)	侧摩阻力(MPa)
1	0.52	0.456	1	1.109
2	0.732	1.008	1.008	1.346

根据试夯前后地基土锥尖阻力和侧摩阻力的变化情况,可以看到地基软土层的强度得到了显著提高,锥尖阻力由原来 0.626MPa 的增加到 1.004MPa,侧摩阻力由原来的 0.732MPa 增加到 1.228MPa,强度增加了一倍左右。因此,强夯的加固效果非常明显。

(6)有效加固深度

理论的有效加固深度的确定可以根据修正后的 Menard 公式法来确定:

$$H = \alpha \sqrt{Mh} \tag{4-31}$$

式中:M——夯锤重(kN);

h——落距(m);

α——有效加固深度修正系数。它随土中黏粒含量的增大或含水率的增大而减小。

综合前文所论及的试夯区孔压、分层沉降、侧向位移、静力触探等资料可知,本工程强夯的有效加固深度约 10m。试夯时最大夯击能量为 140t·m,根据式(4-31),求得本地质条件下$\alpha = 0.845$,为确保强夯效果,取 $\alpha = 0.7$。根据式(4-31),当夯击能量为 160t·m,深度在 10m 范围以内第一层软土将可能得到有效地加固。因此,经过试夯后,确定本研究段第 3 遍的夯击能量为 160t·m。

(7)单点夯击次数确定

夯击能量确定后,尚需确定每遍单点夯击次数,合理的单点夯击次数不仅可提高强夯的加固效果,还能节约施工成本。因此,每遍单点夯击次数对于强夯施工来说是至关重要的。而对于不同的夯击能量,其最佳的夯击次数是不一样的。不同夯击能量下的最佳夯击次数一般是根据夯点的夯沉量及其周围土体的隆起量来确定。

由于本研究段强夯施工前已填砂约3.5m(包括鱼塘回填),夯击引起砂层的隆起量很小,因此,在确定单点夯击能量时,仅根据夯沉量来进行。图4-74～图4-76为本研究段试夯区不同夯击能量下夯沉量与夯击次数的关系曲线图。由图4-74可知,在第1遍夯击能量下,夯击次数为4次时,曲线有一明显的拐点,在拐点前,夯沉量随夯击次数迅速增大;在拐点后,夯沉量随夯击次数缓慢增加。因此,第1遍单点夯击次数可定为4次。同样,据图4-75、图4-76中的曲线,可以确定第2、第3遍单点夯击次数均为5次。

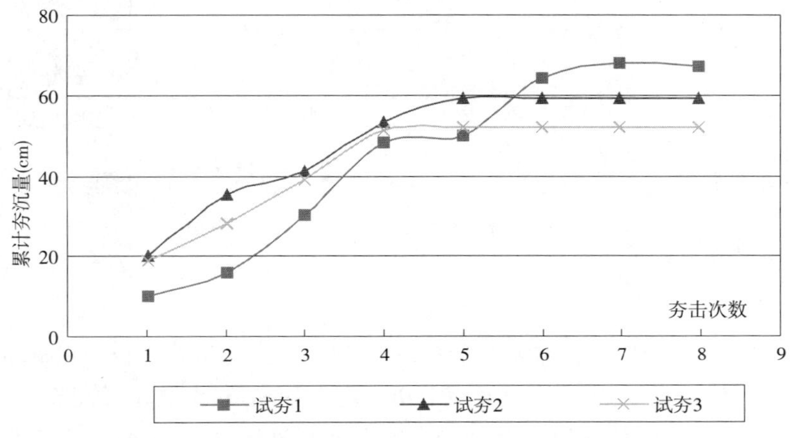

图4-74　第1遍夯沉量与夯击次数关系曲线图

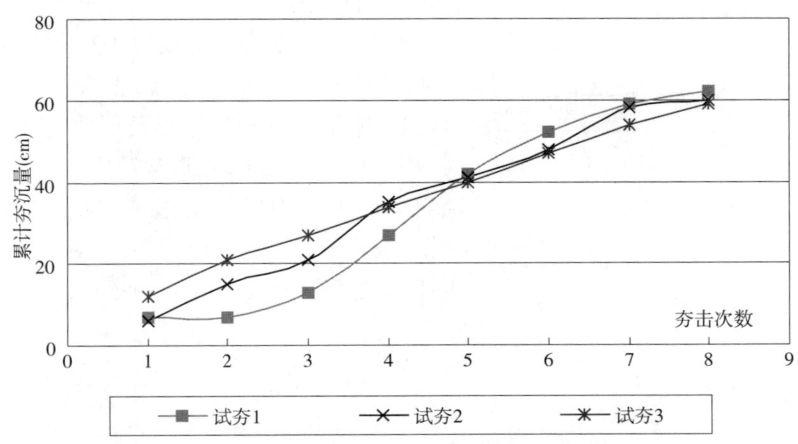

图4-75　第2遍夯沉量与夯击次数关系曲线图

(8)新方法建议:动静力固结法

由上述分析可知,动力固结可以对地基浅层(8～10m深)快速加固,形成超固结土,极大地提高地基承载力,减少工后沉降。因此,动力固结可以与堆载预压结合形成"动静力固结法"以加固深厚软黏土地基,该方法加固具有快速、经济的优点。对深厚软土地基设置长的竖向排水体,采用动力固结对浅层软黏土进行快速加固,提高了地基承载力,增加了路基或堆载的稳定性,可以快速填土,并可能大量超载。快速填土可以尽早进入预压期,增加预压时间;超载可以缩短预压时间,节省工期。

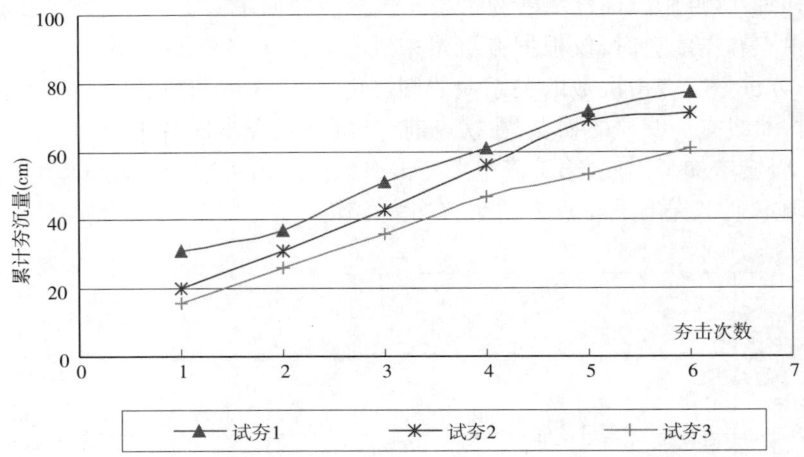

图 4-76　第 3 遍夯沉量与夯击次数关系曲线图

4.4.5　强夯动荷载试验

(1)测试方法与目的

动土压力盒埋设于密实度约为 90% 的细砂层中，埋深 1.2m，夯锤直径为 2m，选择距土压力盒 9.0m(*A* 点)、6.0m(*B* 点)、3.0m(*C* 点)、0m(*D* 点)4 个夯点测试动荷载对地基的应力影响。除 *D* 点的夯击能量由低至高外，其他夯点的夯击能量均为 50t · m。本次试验主要是测试强夯对周围土体的影响及不同夯击能量下地基的应力变化情况。

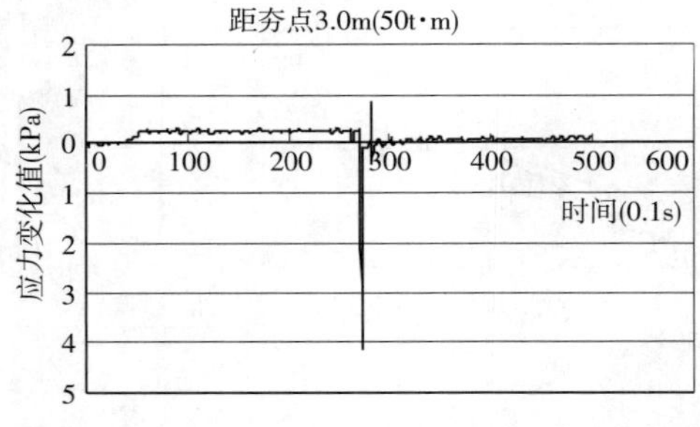

图 4-77　距夯点 3.0m 应力变化过程图

(2)测试结果

A、*B*、*C* 三点典型的动应力变化曲线如图 4-77 ~ 图 4-79 所示。由图可看出：①夯击对周围土体的应力的影响很小，而且主要表现为应力松驰；②夯击时，周围的土体出现了非常短暂的应力松驰过程，紧随着才出现应力增加的过程，随后应力迅速恢复至初值；③存在随夯点与测试点距离的缩短，夯点周围土体应力松驰幅度越大的趋势。

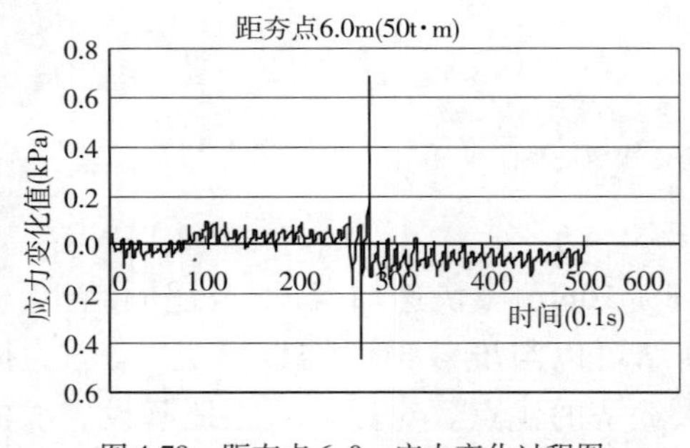

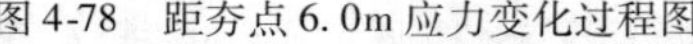

图 4-78　距夯点 6.0m 应力变化过程图

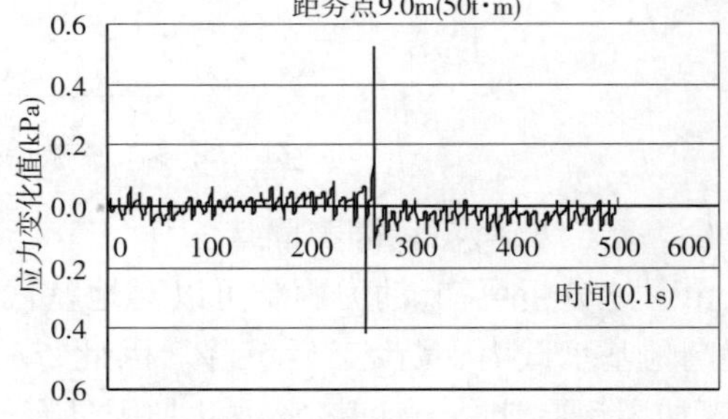

图 4-79　距夯点 9.0m 应力变化过程图

从以上的分析可知，强夯动荷载产生的应力在路基砂层中的横向扩散作用非常小。这和前面汽车动荷载测试得到的动荷载影响深度较浅的结论是相符的。

D 点的夯击能量逐渐增加，分别为 20t · m、35t · m、50t · m、80t · m。图 4-80 ~ 图 4-83 分别为以上述不同能量级别夯击时的应力变化过程，从图可知：①夯点下土体应力变化很大，不同夯击能量下均有 80kPa 的变化幅度；②每次夯击只有一个峰值，而且应力增长—消散过程非常短暂，大约只需 0. 2s；③每次夯击后，应力需经过 15 ~ 30s 的时间才能恢复至初值。

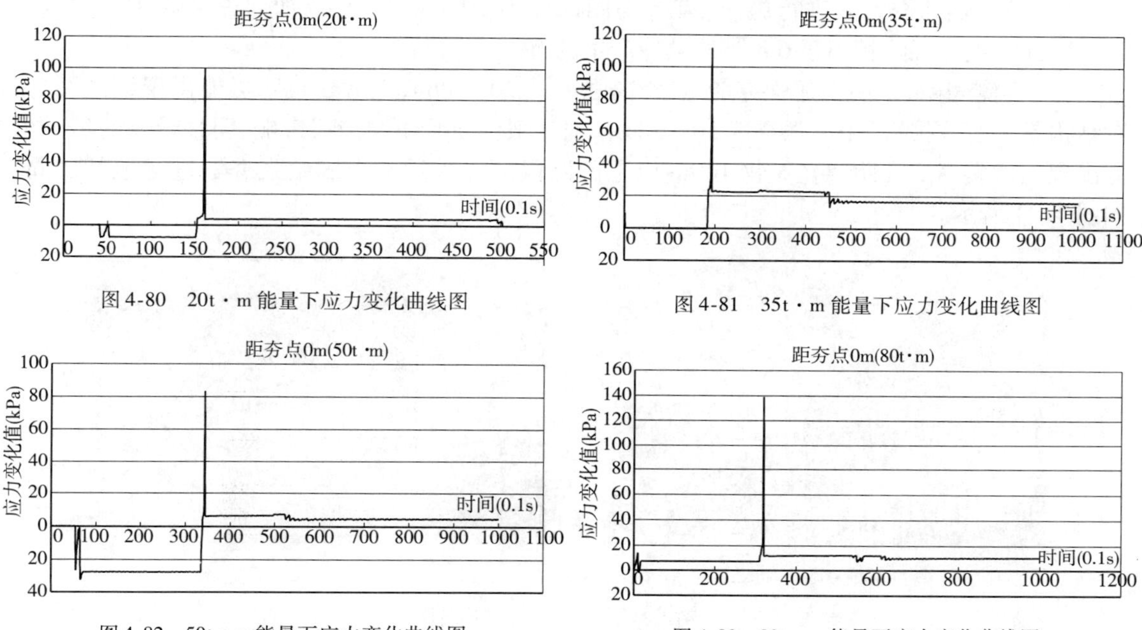

图 4-80　20t · m 能量下应力变化曲线图

图 4-81　35t · m 能量下应力变化曲线图

图 4-82　50t · m 能量下应力变化曲线图

图 4-83　80t · m 能量下应力变化曲线图

由于本次试验采用的数据采集仪最高频率为 10 次/s，而强夯引起的应力变化过程非常短暂，因此，应力增长的峰值较难采集，从而无法对不同夯击能量下应力的变化规律进行研究，这有待于在将来的试验中加以改善。

4. 4. 6　强夯对建筑物的影响

为了研究强夯对周围建筑物的影响，本研究段委托广东省地震工程勘测中心进行了强夯地震效应测试，其结果表明，研究段的强夯振动频率为 4 ~ 5Hz，强夯地震效应满足下列关系：

$$a = 94.4\left(\frac{Q^{\frac{1}{2}}}{R}\right)^{1.1481} \tag{4-32}$$

式中：a ——垂直向振动加速度（cm/s^2）；

Q ——能级（t·m）；

R ——夯点与观测点的距离（m）。

根据上式及《中国地震烈度表》（GB/T 17742—1999），距离强夯区 20 ~ 50m，正常建筑物可能出现细微裂缝，对结构不会造成损害；距离强夯区 50 ~ 100m，对一般建筑物不会造成影响，质量较差的房子可能出现细微裂缝。

4. 4. 7　结论与建议

（1）研究段表明，对于夹砂层较多的路段，强夯产生的超静孔隙水压力消散较快，加固效果较明显，可以采用动力固结方法进行软基加固，并可以替代等超载。

(2)根据本研究段的试验成果,对深厚软土地基提出了“动静力固结法”的加固方法。

(3)经试验确定的动力固结参数为:第1遍的单击能量为50t·m,每点夯击4次;第2遍的单击能量增加为100t·m,每点夯击5次;第3遍的单击能量增加为160t·m,每点夯6击;满夯时每点夯击1次,单击能量为80t·m。

(4)按上述强夯参数进行施工,有效加固深度为10m左右,有效加固深度修正系数 α = 0.845;其产生的沉降相当于6m厚的填砂产生的沉降。

(5)实测表明,按照上述强夯能量,距离强夯区20~50m,正常建筑物可能出现细微裂缝,对结构不会造成损害;距离强夯区50~100m,对一般建筑物不会造成影响,质量较差的房子可能出现细微裂缝。在距离建筑物100m以上的路段可以采用动力固结强夯法进行地基加固。如图4-84所示。

a)强夯施工机械

b)强夯施工

图4-84 强夯区施工现场图

(6)强夯动荷载在1.2m深度处产生的应力普遍大于80kPa,并且应力增长—消散过程非常短暂。强夯动荷载对周围土体的影响很小,且主要表现为应力松驰。

4.5 电渗

电渗法具有加固速率快、效果明显及对周围环境污染少等优点,在建筑物、构筑物基础施工中使用广泛,并取得了良好的加固效果,而在软土路基中使用较少。针对这种情况,本研究段在桩号K12+020~K12+060应用电渗法进行软基加固,通过总结电渗的设计参数、施工经验及效果分析,为该法在公路软基加固处理中的推广运用积累工程实践经验。

4.5.1 加固机理

电渗法是指在软土地基中插入阴阳电极并施加低压直流电,通过产生电动及电蚀等效应提高软土地基强度的一种软土加固方法。

电动效应主要表现为电渗及电冰。电渗作用表现为:带正离子的极性水分子在直流电的作用下,由阳极附近移向阴极,通过阴极管排水加快软土固结速率;电冰指带有负电荷的土粒,在电场作用下移向阳极,在阳极附近沉积,从而使阳极附近的土体加密,强度增加。

电蚀效应是指带 Fe^{3+} 的阳极在电流的作用下发生电解,形成难溶性沉积物,加密了周围的土体,强度增加。

该法对渗透性小、加载固结缓慢的淤泥、黏土效果最为显著,并特别适用于含水率极高、土体处于流塑状的软基。

4.5.2　设计参数

（1）电极采用 $\phi 22$ 钢筋作为阳极，$\phi 48$ 钢花管作为阴极，长 10m；水平向采用 $\phi 22$ 钢筋连接通电；电极间距 2m（K12 +020 ~ K12 +040）或 3m（K12 +040 ~ K12 +060），阴极（阳极）间距 4m，阴极（阳极）间距 4m。如图 4-85、图 4-86所示。

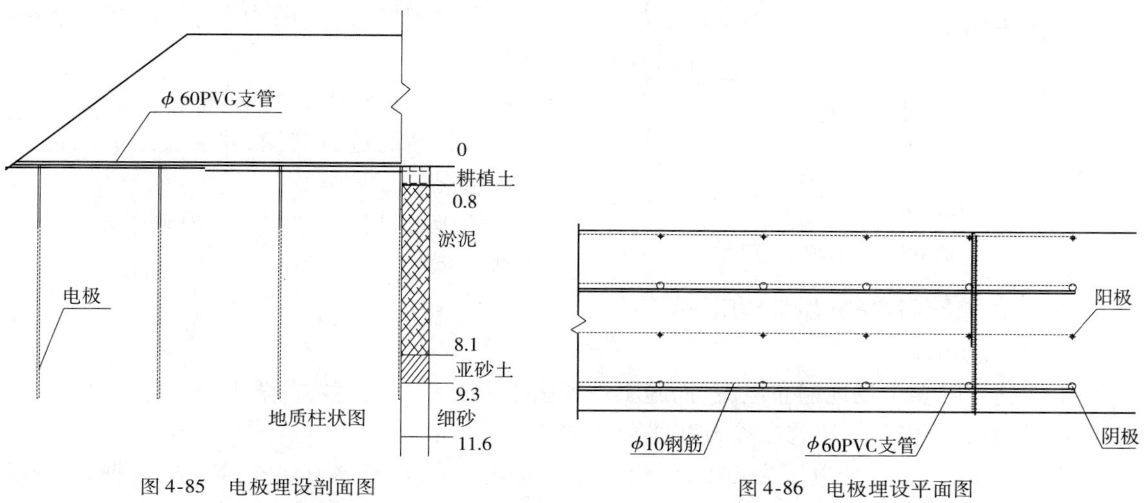

图 4-85　电极埋设剖面图　　图 4-86　电极埋设平面图

（2）采用可控硅整流器作为电极电源，阴阳电极之间恒定工作电压为 38V；每天电渗 10 个小时，并同时抽水。

（3）沿阴极布设抽水管，射流泵与抽水管连接将水抽出。

4.5.3　施工工艺及安全控制

（1）施工工艺

采用袋装砂井施工机械打设电极。原计划采用可移位振动锤施工，当导管下沉到设计深度后，将振动锤转离管口，将电极放入后振动锤复位。

考虑改装需要时间，采用拉带法施工。机架高度加工为导管长度 2 倍，在导管内放一绳索，绳索系主电极顶端。导管升至高出地面的高度等于电极长度时，人工将电极拉起并进入导管移动长度，将导管下放到地面下沉到设计深度，拔出导管时电极留在地下，将拉绳接开。每根电极露出地面 10cm，以搭接电源，电极埋设情况如图 4-87、图 4-88 所示。

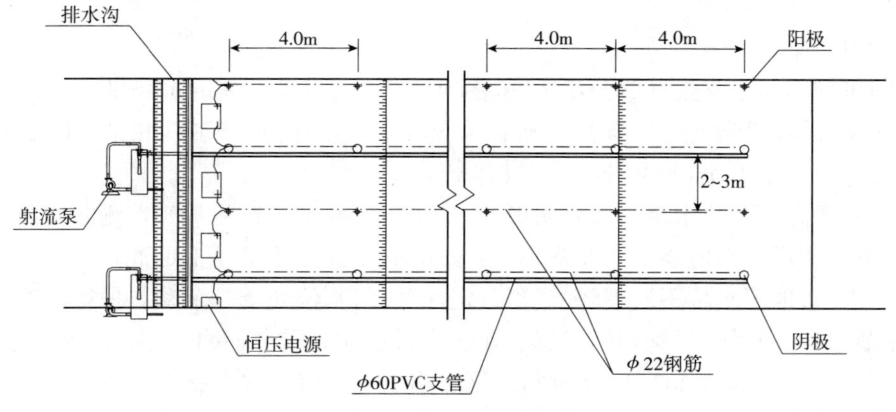

图 4-87　电极埋设平面示意图

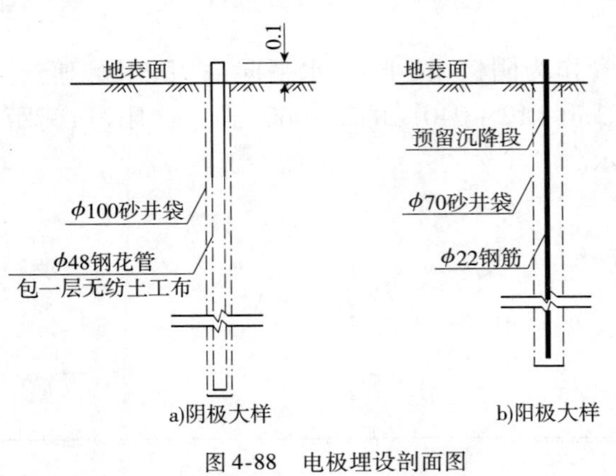

图 4-88 电极埋设剖面图

①将每排电极用 $\phi 22$ 钢筋焊接起来，接电线连通电源。

②沿阴极布设排水管，将抽水管插入阴极管内，连接射流泵将水抽出。

③采用可以保证恒压的可控硅整流器作为电源。

④施工过程中，对整个电渗加固的地下水位变化情况进行监测，并安装水表以记录排水情况。

⑤施工过程中每隔 7～10d 进行一次静力触探试验。

⑥停止电渗后再填砂加载预压。

(2)安全控制

电渗施工时整个场地遍布电流，而施工现场由于人员、机械较多，安全工作显得尤其重要。根据本研究段实践经验，电渗安全施工主要控制以下几点：

①正常情况下，安全电压为 36V，但由于施工场地一般处于潮湿状态，因此，根据相关资料，安全电压应定为 24V。本研究段稳定电压为 38V，在地基土体中形成的电流强度仅为 0.3A 左右，综合考虑加固效果，电压强度尚需提高。因此，当电渗时施工人员需要进入电渗施工场地时，务必穿防电胶鞋。

②电渗需要稳定的直流电压，一般都需要变压设备将电压较高的交流电转换为低压直流电，在选用变压设备时，必须把好质量关。本工程委托张家港市华阳机电制造有限公司加工了专门用于电渗的可控硅整流器。另外，在操作时，必须避免出现转换电压超出设计电压的情况，以防触电。

③电渗排水措施必须完善，将电渗水排出场地以外，避免增加场地的潮湿性。

④施工期间碰到雨水天气，在电渗电压大于 24V 的情况下，停止电渗施工；在电压小于 24V 的情况下，可根据供电、变压设备的具体情况确定是否需要停止施工。

⑤在施工场地外围设置安全警示线与警示牌，避免闲杂人员进入电渗区。

4.5.4 试验成果分析

1)表面沉降

因加固机理不同于常规堆载预压法，电渗 40d 后(未加载)，表面沉降量较小，路基中心沉降量仅为 6cm，路肩两侧沉降量为 1cm，如图 4-89 所示。与附近袋装砂井区沉降量相对比，电渗产生的沉降相当于 1.5m 厚填土产生的沉降。

电渗只是提高了孔隙水由阳极向阴极的流动速率，并不会对路基产生侧向挤压的应力，因此，路基的侧向变形量在电渗期间非常小，电渗期间，累计位移量尚不足 1cm。

开始抽水后，地下水位不断下降，到了一定深度后，水位处于一个动态平衡状态，停止抽水后，水位逐渐回升，最后恢复到初始状态。在这个过程中，不同深度的孔隙水压力存在明显先下降、后上升的变化规律，如图 4-90 所示。这表明了本区域的软土层渗透系数较大，孔压对水位的变化反应迅速。

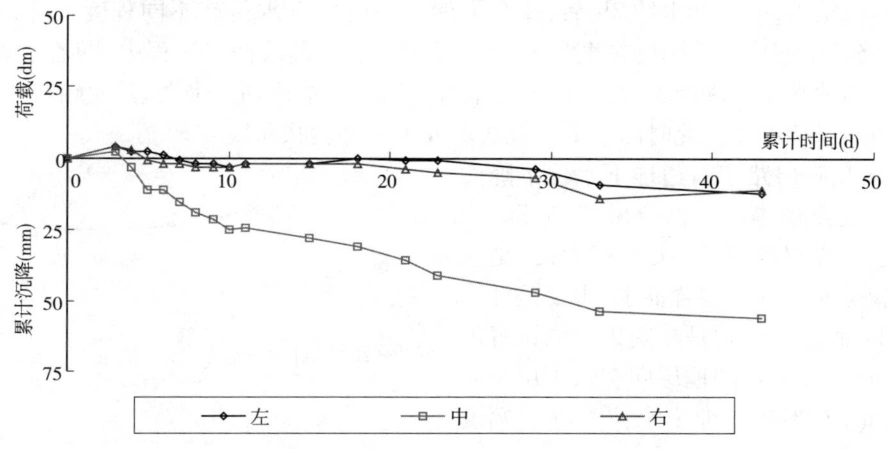

图 4-89　电渗期间表面沉降曲线图

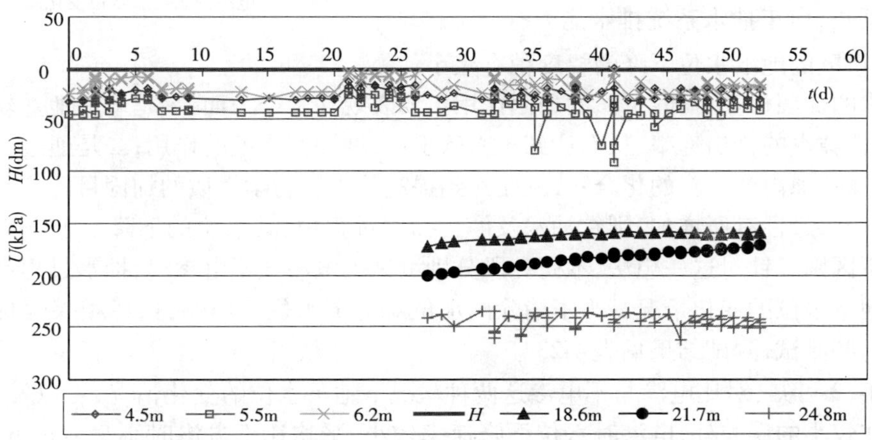

图 4-90　电渗区孔隙水压力变化过程图

2）水位变化情况

为掌握电渗过程中整个电渗区地下水位的变化情况和了解电渗对地下水位影响，进而分析电渗对地基土层的渗透性的增加效应，在电渗区共布置了 8 个水位孔，如图 4-91 所示，每个水位孔的深度为 7m。

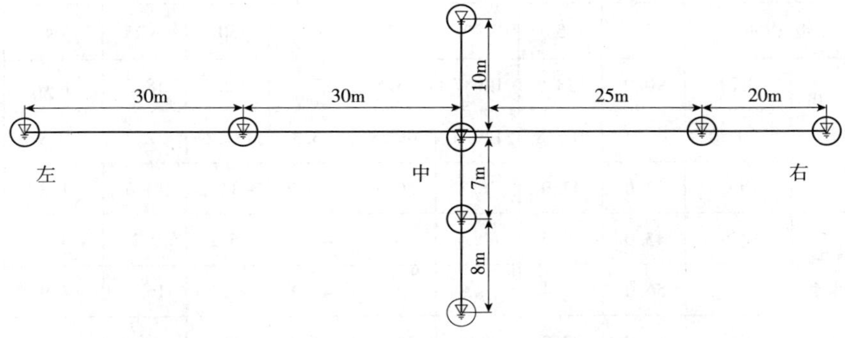

图 4-91　电渗区水位孔布置平面图

根据监测结果,电渗抽水约2h后,整个电渗区域的地下水位有不同程度下降,如图4-92所示,其中路基中间位置下降的幅度最大,可达2m左右。继续抽水过程中,随着水位的下降,电渗区与四围的水头差逐渐增大,当抽水与来自四围的补给达到一个动态平衡后,电渗区的地下水位就基本保持不变。此时的地下水位线形成了一种盆状曲线。

图4-92反映出路基右边地下水位下降的幅度相对左边要小得多。据分析,其原因:一是路基右边坡靠近池塘,水头差较大;二是右半幅阴极管是采用真空装置抽水,主要是针对软土层抽水,而左半幅则是在阴极管内设置塑料管直接抽水,其抽水的地层即有软土层又有细砂层,因此,左半幅的地下水位下降的幅度相对就要大得多。

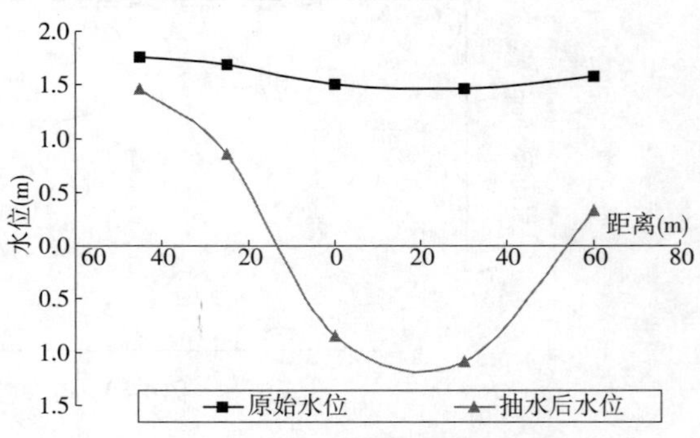

图4-92 电渗抽水前后水位变化曲线图

此外,水位监测数据也显示:随着电渗抽水时间的延长,由于抽水系统排水能力有所下降,整个电渗区的地下水位下降的幅度稍有减小。

从电渗的加固机理可知,电渗的加固作用主要表现在两个方面:一是增加地基软土层的渗透性,提高孔隙水的排出速率,从而达到压密软土层,增加其强度的作用;二是通过一系列化学作用,在土体孔隙内产生新的化合物,从而达到提高软土层力学性质的加固目的。假设电渗过程中,土体的渗透性有所增加,则在抽水及停止抽水过程中,其水位的下降及上升情况将和不电渗时有所区别。针对这一想法,本研究段分别测试了电渗或不电渗时,抽水过程中或停止抽水过程中地下水位的变化情况。为了消除潮水位对地下水位的影响,选择相邻两日的相同时间内进行这些测试,测试结果见表4-23。

据表4-23可知,对比电渗与不电渗这两种状况下地下水位的变化情况,可以发现:除个别水位孔存在较小的误差外,电渗时水位下降速率较小,平均比不电渗时小9.1cm/h;电渗时水位上升速率较快,平均比不电渗时快8.6cm/h。由此可见,电渗可以加速地基土层的排水速率,在抽水情况下,可以使水位下降速率减小19.4%;在停止抽水情况下,可以使水位回升速率增加28.4%。这也表明,本次电渗试验可使土体的渗透系数大幅增加。

抽水/不抽水过程中电渗区水位变化 表4-23

水位管编号			中1	中2	中3	中4	左1	左2	右2	右1	平均
水位管与中点距离(m)			13	5	-2	-12	60	30	-25	-45	
抽水	水位下降幅度(cm)	电渗	90.0	138.9	120.7	95.5	87.5	192.3	18.5	8.6	94.0
		不电渗	112.0	182.8	149.5	145.8	83.8	181.1	32.5	9.8	112.2
		相差	22.0	43.9	28.8	50.3	-3.7	-11.2	14.0	1.2	18.2
	水位平均下降速率(cm/h)	电渗	45.0	69.5	60.4	47.8	43.8	96.2	9.3	4.3	47.0
		不电渗	56.0	91.4	74.8	72.9	41.9	90.6	16.3	4.9	56.1
		相差	11.0	22.0	14.4	25.2	-1.8	-5.6	7.0	0.6	9.1

续上表

水位管编号			中 1	中 2	中 3	中 4	左 1	左 2	右 2	右 1	平均
水位管与中点距离(m)			13	5	-2	-12	60	30	-25	-45	
不抽水	水位回升幅度(cm)	电渗	85.6	112.9	101.8	154.6	46.8	128.4	2.7	-10.6	77.8
		不电渗	73.0	73.6	86.0	87.4	45.0	111.8	6.8	0.7	60.5
		相差	12.6	39.3	15.8	67.2	1.8	16.6	-4.1	-11.3	17.2
	水位平均回升速率(cm/h)	电渗	42.8	56.5	50.9	77.3	23.4	64.2	1.4	-5.3	38.9
		不电渗	36.5	36.8	43.0	43.7	22.5	55.9	3.4	0.4	30.3
		相差	6.3	19.7	7.9	33.6	0.9	8.3	-2.0	-5.7	8.6

此外，由图 4-93、图 4-94 可以看出，电渗对于路基纵向水位变化的影响较大，而对路基横向水位变化的影响很小，这可能与阴阳电极的布设方向有关，具体原因尚有待于进一步研究分析。

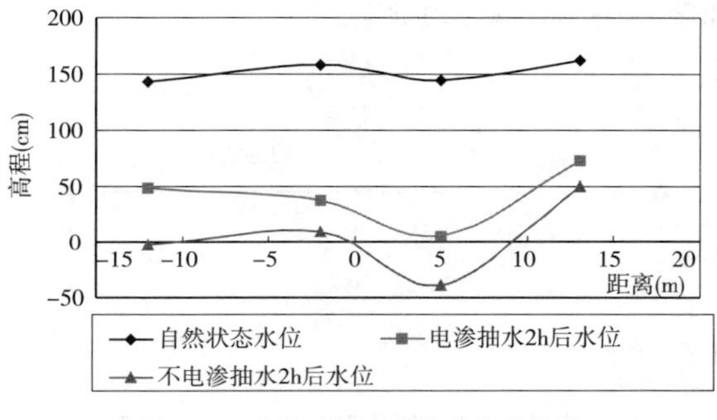

图 4-93　电渗区纵向水位变化曲线图

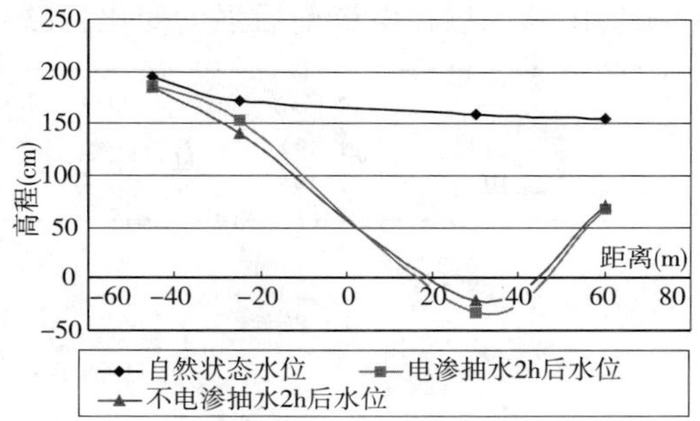

图 4-94　电渗区横向水位变化曲线图

3）电流与电极间距关系

电渗成功与否，其中最主要的一点就是能否在软土层中形成有效的电流，这取决于电极的布设参数、电压的大小。为了研究电流与电极间距、电压的相互关系，本研究段另外单独打设了 3 根电极，中间为阳极管，两侧为阴极钢管，间距分别为 1m、2m。其试验结果见表 4-24。

不同情况下电极之间电流变化一览表（单位：A）　　表 4-24

间距＼电流＼电压	24V	36V	48V	电渗时间(d)	备　注
1m	4.5	6.77	9.02	0	1m 间距为阴阳电极，2m 间距为阴阳电极，3m 间距为两根阴极管
2m	4.25	6.47	8.68		
3m	4.3	6.47	8.65		
1m	4.6	7.26	9.46	7	
2m	4.25	6.28	8.49		
3m	4.33	6.36	8.35		
1m	4.76	7.04	9.4	11	
2m	4.24	6.53	8.47		
3m	3.78	5.75	7.66		
1m	4.7	7.01	9.39	15	
2m	4.36	6.35	8.21		
3m	4.21	6.1	7.91		

由表4-24可知,电极之间的电流随电压的增加成正比例增长,随着间距的增大而减小,并且电压越大,间距对电流的影响也越大。此外,相同电压条件下,1m和2m的电流强度相差较大,而2m和3m的电流强度相差很小,这主要是由于3m间距时两根电极均为阴极钢管,其截面面积(直径4cm)大于阳极钢筋的截面面积(直径2cm),也就是说,电极面积越大,电极之间的电流也越大。因此,在设计电渗加固方案时,就要充分考虑电极间距、截面大小与电压的大小。电压越大,间距越小,截面面积越大,电流也越大。但总体来说,电压的影响要大于间距及截面面积的影响。

4)强度变化情况

根据电渗加固原理,阳极钢筋电解后产生的铁离子,在电渗水的带动下往阴极方向移动,并在此过程中与孔隙水中的离子成分发生化学作用形成新的化合物,这些化合物的沉淀有利于软土层力学强度的增长。因此,为了验证电渗加固效果,在电渗过程中,在阴阳极之间、阴阳极同极电极之间进行了几组静力触探试验,钻孔平面布置情况如图4-95所示。根据试验结果,统计出软土层在电渗前后强度变化,其结果如图4-96~图4-100所示。

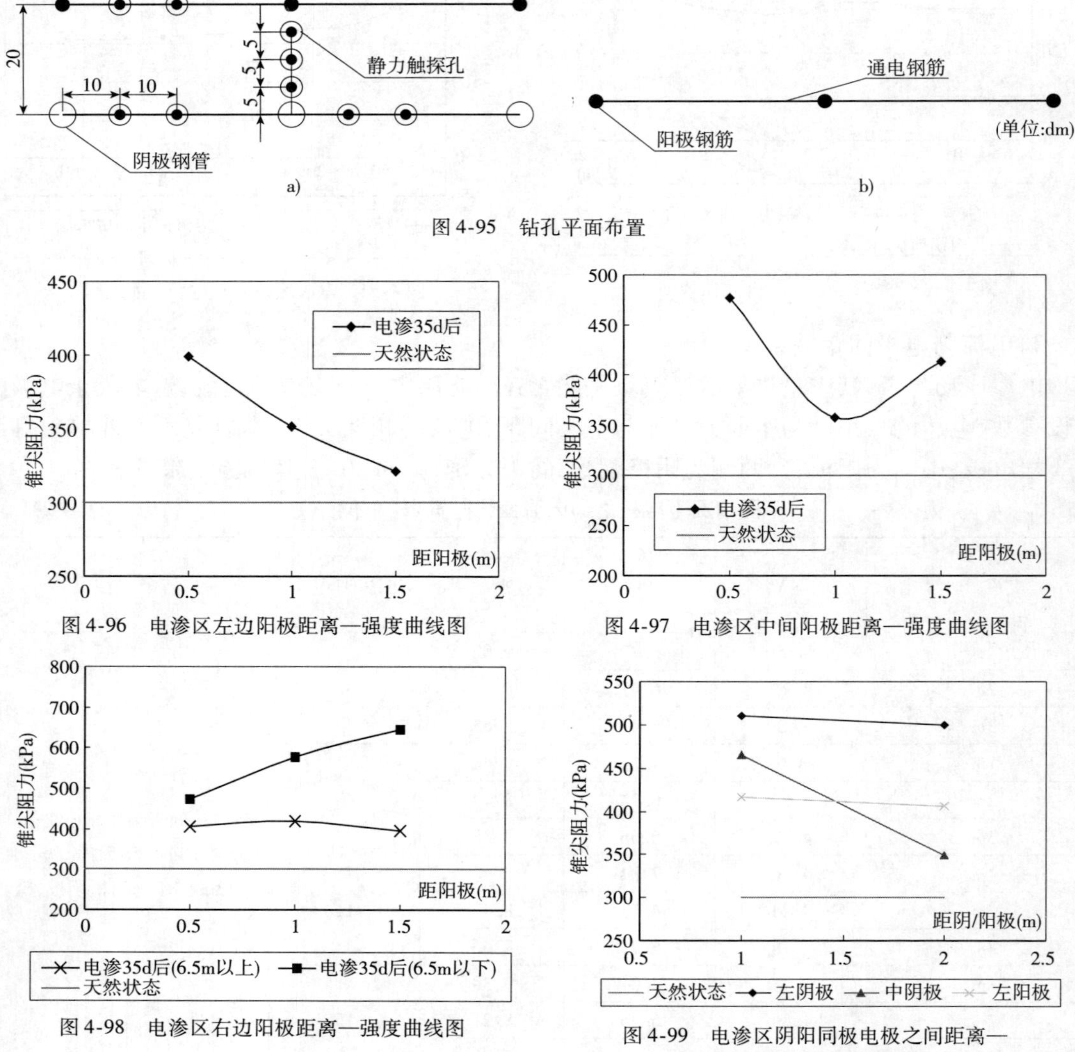

图4-95 钻孔平面布置

图4-96 电渗区左边阳极距离—强度曲线图

图4-97 电渗区中间阳极距离—强度曲线图

图4-98 电渗区右边阳极距离—强度曲线图

图4-99 电渗区阴阳同极电极之间距离—强度曲线图(电渗35d后)

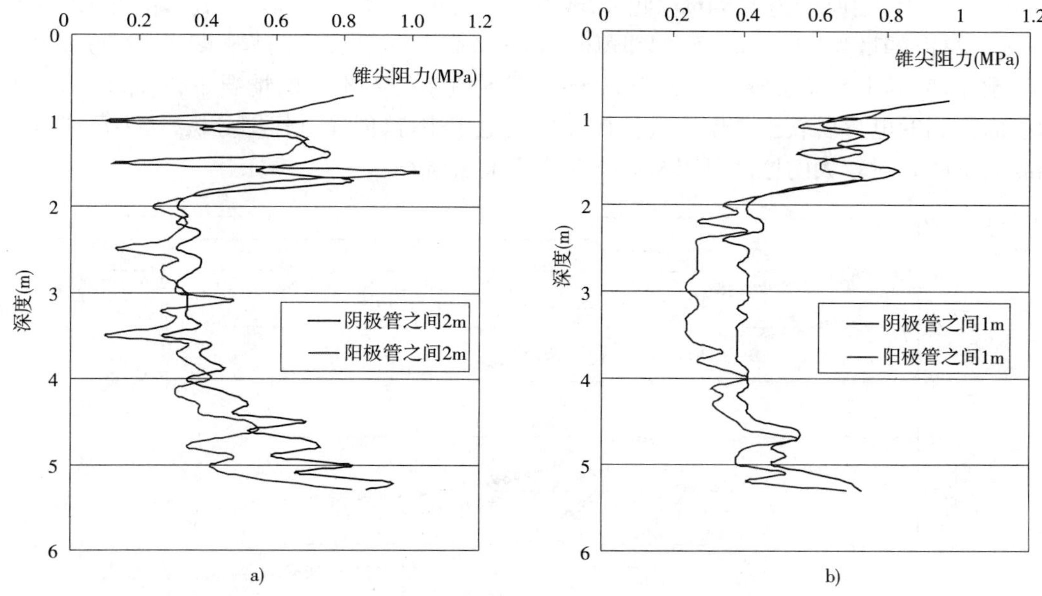

图 4-100　电渗区左边阴阳极同极之间强度对比图

由图 4-96 ~ 图 4-100 可知，电渗 35d 后，加固区域的软土层力学性质有了明显增强，增幅为 31% ~50%，并且还存在以下规律：

①异极之间，越靠近阳极的位置，软土力学性质增幅越大，如图 4-96 ~ 图 4-98 所示。

②同极之间，不同距离，软土力学性质增幅相差不大，如图 4-99 所示。

③阴极之间的软土强度增幅比阳极之间软土强度增幅大，如图 4-100 所示。

5）电极电蚀情况

电渗区右半幅于 2004 年 3 月 5 日停止电渗，为了进一步分析电渗加固效果，在电渗区不同位置拔出几根阳极钢筋，观察其电蚀情况。其中阴阳间距为 1m 的阳极是测试距离对电流的影响而打设的，该阳极左右两侧阴极距离分别为 1m、2m；其他阳极的阴阳极间距为 2m 或 3m。结果显示：1m 间距的阳极钢筋由于两侧阴极距离较近，电蚀程度最大，电蚀厚度约为 3mm；2m 间距的阳极钢筋稍有电蚀，电蚀厚度约为 1mm；3m 间距的阴极钢筋电蚀程度很低。由此可见，阴阳极距离越近，电蚀程度就越高。因此，对于类似本工程地质条件的软基，电渗电极间距取 1 ~2m 比较合理。

6）后期监测资料分析

根据前文述及的电渗加固效果分析，本区经过电渗 40d 后，已经达到了进行路基填砂施工的要求。因此，电渗区于 2004 年 3 月 6 日开始填砂，并于 2004 年 3 月 22 日填砂完毕，累计填砂厚度为 1.94m，平均填砂速率为 0.11m/d，属于快速填砂施工。填砂后，本区超载采用水载法，围堰完成后于 2004 年 4 月 12 日开始加载，水载高度为 1.8m，即相当于 1m 的填砂荷载。在整个加载及预压期间，一直进行路基稳定性监测，其中包括表面沉降、分层沉降、测向位移及孔隙水压力测试。

（1）表面沉降

图 4-101 为电渗区表面沉降曲线图，由图可知，每施加一级荷载，电渗区表面沉降速率都有明显的增大，并且在随后的两三天内迅速减小。在快速加载期间，最大沉降速率达到了

15cm/d,对应的填砂厚度为1.94m。此外,经过4个月的水载预压,本区的沉降已经进入稳定状态,平均总沉降量为23.9cm。而相邻填砂4.0m厚的袋装砂井区(桩号K12+095)经过5个多月的预压期,其平均总沉降量仅为19.0cm。在地质条件差不多的情况下,这个监测结果似乎和前面得到的电渗后软土强度有明显提高的结论相违背,但经过仔细分析,认为造成电渗区在堆载后沉降相对较大的原因可以从以下3个方面去解释:

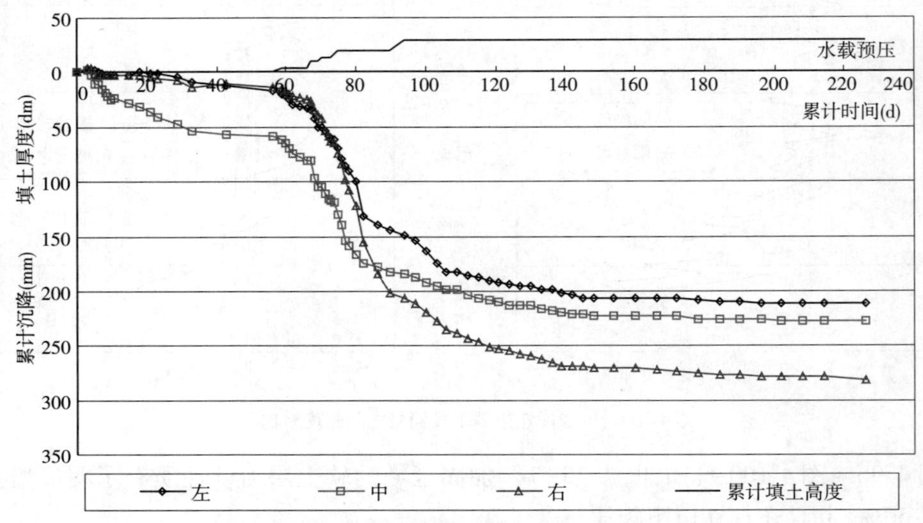

图4-101 电渗区表面沉降曲线图

①虽然总体上本研究段的地质条件比较稳定,但从埋设监测仪器时的钻孔取土情况来看,从桩号K11+880到K12+290,软土层的含砂量有逐渐增大的趋势,这从塑料排水板区(桩号K11+905)的累计沉降量为25.9cm的事实也可以得到证实,因此,本区表面沉降大于袋装砂井区,软土分布厚度较大是其中一个原因。

②电渗期间,软土中的部分孔隙水在电流的作用下排出,可能在土体中形成非饱和的孔隙,在没有外荷载作用的情况下,孔隙水排出后形成的孔隙很难闭合,电渗期间软土层的压缩变形很小。施加填砂荷载后,软土层的非饱和孔隙在附加应力的作用下迅速缩小,导致表面沉降增加。

③电渗可能与真空预压具有类似的特点,可以主动排水,固结速率加快。但是,单独应用时加快沉降的效果不显著,与堆载联合应用时加快沉降的效果较好。

(2)分层沉降

图4-102为电渗区分层沉降曲线,由图可知,本区深度0~4m范围内软土层压缩变形最大,占总沉降量的64.9%,这和地质勘查资料中0~4m深度范围内软土的力学性质最差的情况相符;电渗处理深度10m以内的压缩量为199mm,占总沉降量的87.3%,深度10m以下的软土压缩量仅为29mm,占总沉降量的12.7%。

(3)侧向位移

本区在电渗期间几乎没有侧向位移,在填砂及水载期间由于受到附加应力的作用,软土层发生侧向挤出变形,图4-103是本区的侧向位移曲线。由图可知,最大位移发生在深度3m处,这与分层沉降资料相符;最大侧向位移仅为22.8mm,在快速填砂期间,对应表面沉降 15mm/d 时的侧向位移速率也仅为 1.5mm/d 左右；表面沉降与最大侧向位移比值 $S/\delta=10.0$，而相邻袋装砂井区 $S/\delta=4.3$。其原因是经过电渗后土体强度提高较多（也有可能在土体中形成非饱和的孔隙），在附加应力作用下产生的超静孔隙水压力较小，因此产生的侧向变形较小。

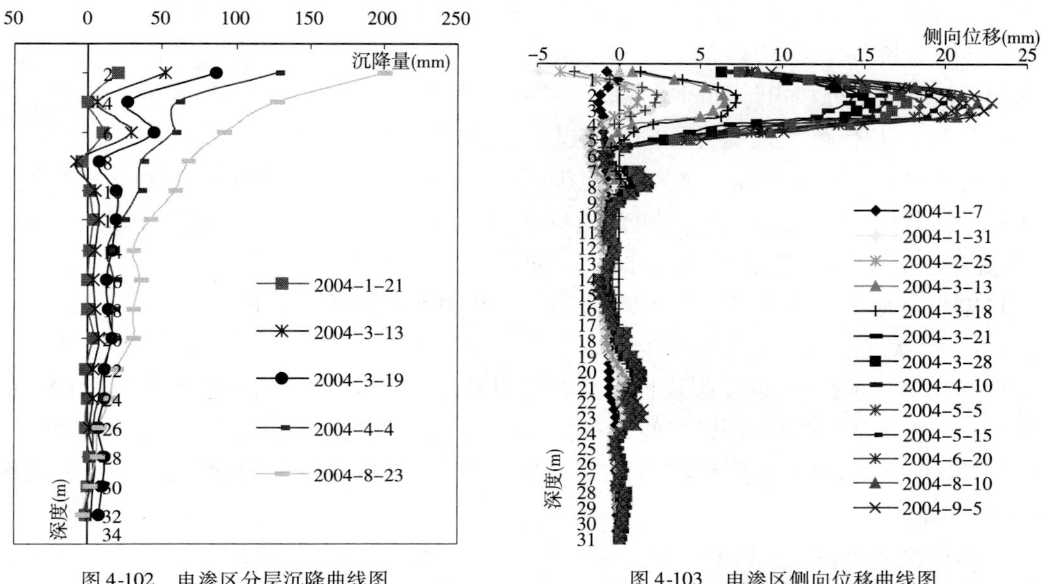

图 4-102　电渗区分层沉降曲线图

图 4-103　电渗区侧向位移曲线图

（4）孔隙水压力

由电渗区孔隙水压力的变化情况可看出，在填砂及水载时孔隙水压力一直变化不大，其原因是经过电渗后土体强度提高较多（也有可能在土体中形成非饱和的孔隙），在附加应力作用下产生的超静孔隙水压力较小，并且消散得也较快，如图 4-104 所示。

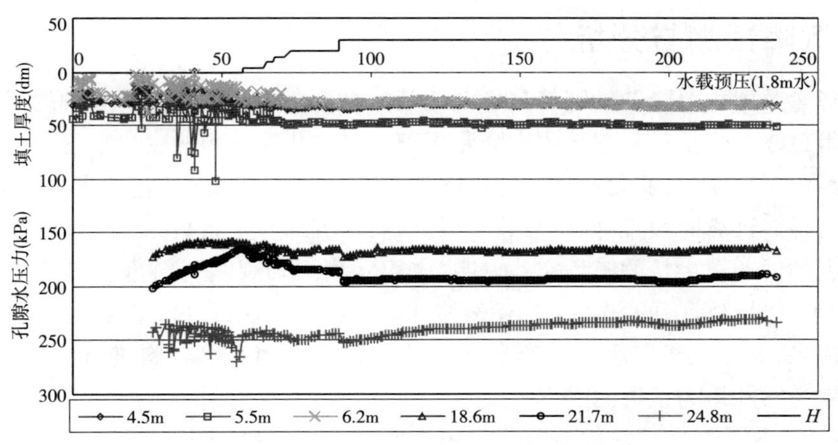

图 4-104　电渗区孔隙水压力变化曲线图

7）电渗效果欠佳的原因分析

研究段成功地试验了电渗法加固软土地基的施工工艺，制定了安全操作规程。但是加固效果不是很理想，其主要原因有：

(1)地质条件不理想。本工程夹砂层较多,电渗时多排出砂层中的自由水,影响了黏土层的电渗效果。

(2)对土体电导特性认识不够。受到对土体的导电特性认识深度的限制,电极间距设计偏大,电流偏小,影响了电渗效果。

(3)未与堆载联合应用。电渗类似真空预压,与堆载联合应用时效果更好。

4.5.5 结论与建议

综上所述,本研究段电渗加固方案取得了一定的成功,在此基础上,得到了一些有益的结论,并根据本次设计、施工经验,提出了几点具有借鉴意义的建议。

(1)电流密度随电压增加而增大,随电极间距增大而减小;电极直径越大,电流密度越大。

(2)本工程中土体电渗阻较大,电流密度小,研究段的实际电流密度为 0.078A/m^2(约为设计电流密度的 1/10),造成电渗时间超过 40d。

(3)电渗时地下水位普遍下降 1.5~2.5m,路基中间下降较多。抽水时,电渗状况下水位变化与不电渗状况下水位变化相差较明显。

(4)经过电渗加固后,软土强度提高具有较明显的空间效应。异极之间,越靠近阳极的位置,软土力学性质增幅越大;同极之间,不同距离,软土力学性质增幅相差不大;阴极之间的软土强度增幅比阳极之间软土强度增幅大。对于类似本工程地质条件的软基,电渗电极间距取 1~2m 比较合理。

(5)电渗 40d 时(电渗能量不足设计能量的 1/3),电渗区的沉降与 1.5m 厚填土产生的沉降相当,软土抗剪强度比初始强度提高 1/3~1/2 倍,靠近阳极强度增长较多。

(6)电渗后,土体强度和地基承载提高,路基填土(砂)可采用快速施工法。超静孔隙水压力和侧向位移均较小。电渗可以加速沉降,但是不能减小沉降量。如图 4-105 所示。

(7)电渗的特点类似真空预压,属于主动排水,可加快软土固结速率;与堆载联合应用可取得更好的加固效果。

4.6 沉降预测与分析

最终沉降量及工后沉降的确定都是软土地基上修建高等级公路至为关键的问题。常用分层总和法算得最终沉降量是根据无侧向膨胀压缩下土体孔隙体积的变化求得,常小于实测值。故引入计算经验系数 M_s 进行修正,M_s 可理解为除了主固结沉降之外包括侧向挤出变形、次固结而引起的沉降。计算时很难准确地选择计算参数和沉降修正系数 M_s,从而使计算结果与实际值产生较大的误差。大量的工程实践表明,应用实测沉降观测资料推算终沉降量更为简单可行。通常,推算最终沉降的方法主要有 3 种,即三点法、双曲线法及指数法。根据以往经验及软基试验成果,对于珠江三角洲“三高二低”软土路基利用实测资料进行推算,采用双曲线法推算的结果与实际最为接近。

因此,本文将采用双曲线法综合分析佛山市北滘至乐从公路主干线软基研究段的沉降固结特性及其发展趋势,具体包括:

①对影响沉降的相关因素进行分析。

②采用双曲线法或时间序列法对最终沉降及工后沉降进行推算。

③采用钱家欢—王盛源的一维黏弹性公式对主、次固结沉降进行定量计算。

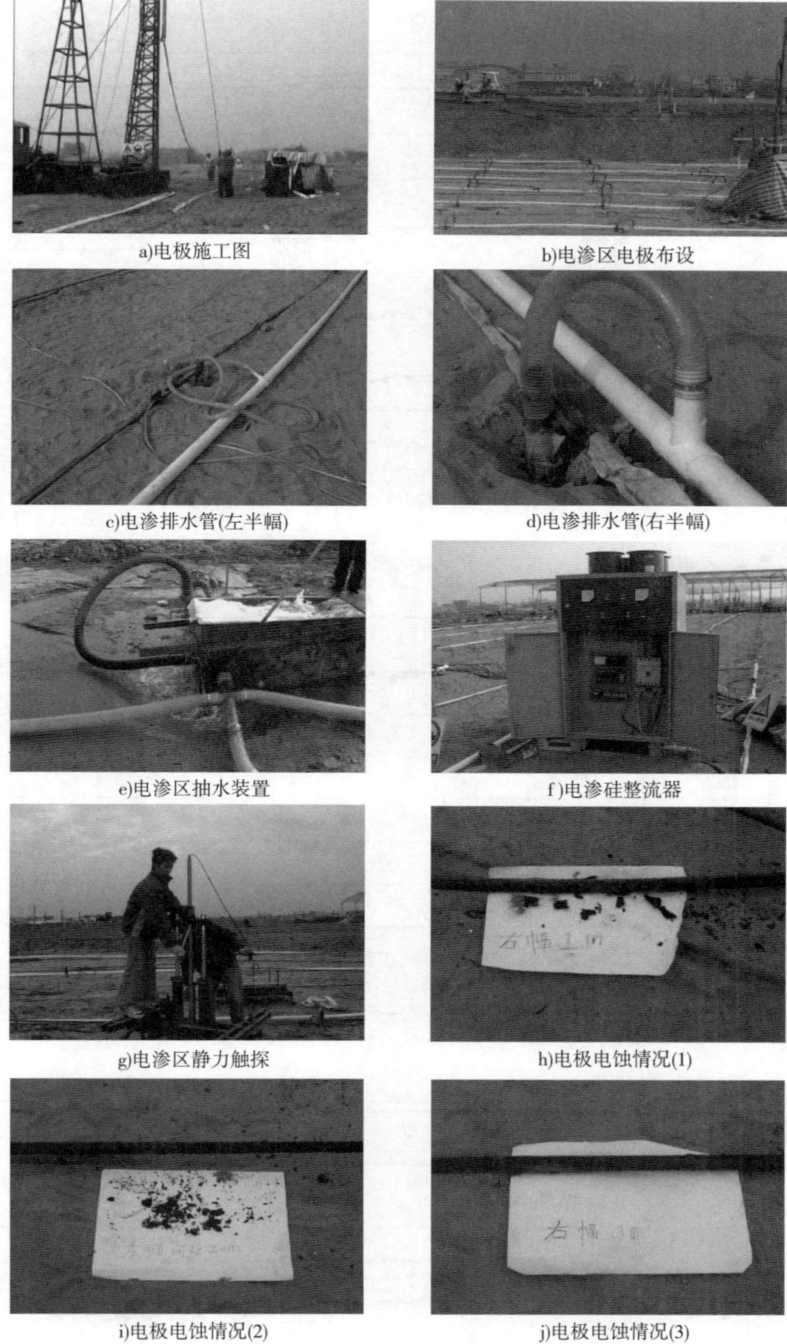

a)电极施工图　b)电渗区电极布设

c)电渗排水管(左半幅)　d)电渗排水管(右半幅)

e)电渗区抽水装置　f)电渗硅整流器

g)电渗区静力触探　h)电极电蚀情况(1)

i)电极电蚀情况(2)　j)电极电蚀情况(3)

图4-105　电渗区施工现场图

4.6.1　影响沉降的相关因素分析

1)沉降随荷载及时间的变化规律

根据本研究段的表面沉降监测资料绘制的各监测断面的荷载—沉降量—时间及荷载—沉降速率—时间过程线,如图4-106～图4-117所示。

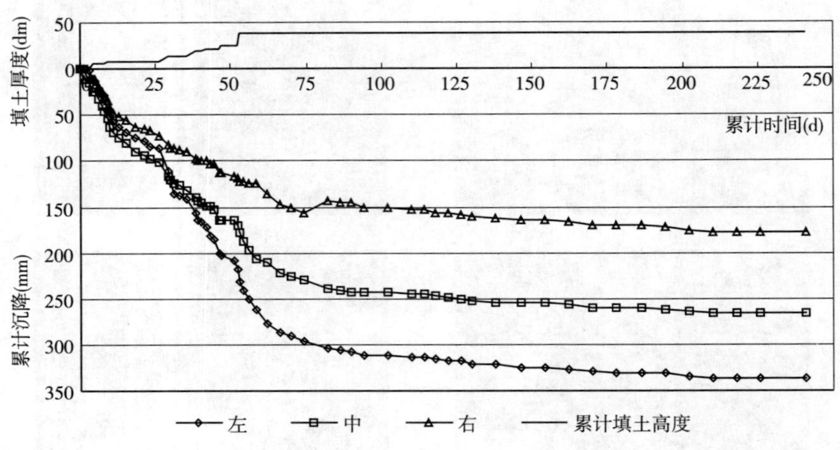

图 4-106　塑料排水板区荷载—沉降量—时间变化曲线图

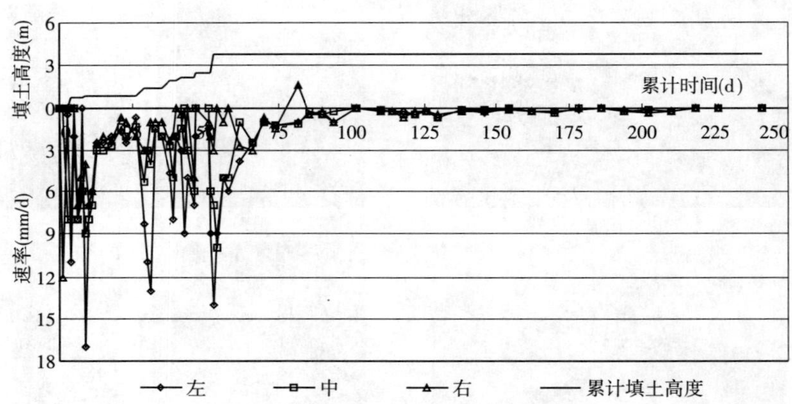

图 4-107　塑料排水板区荷载—沉降速率—时间变化曲线图

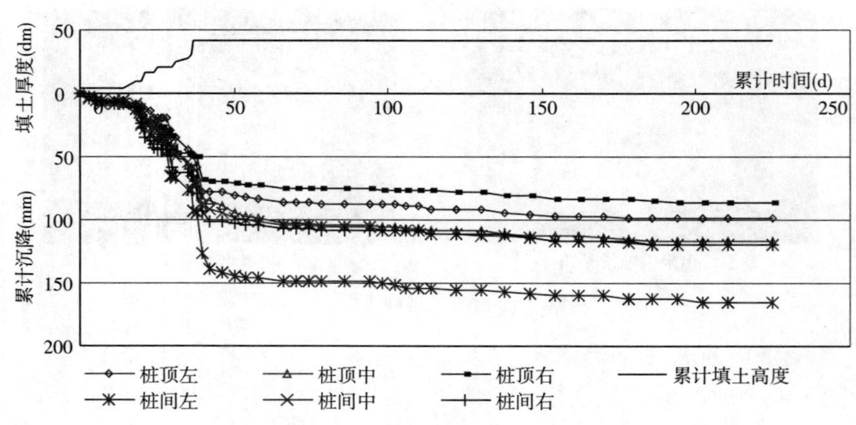

图 4-108　搅拌桩区荷载—沉降—时间变化曲线图

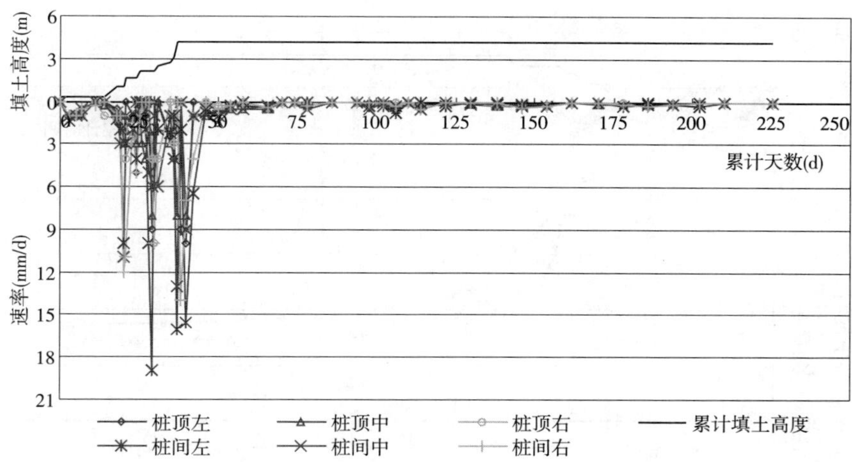

图 4-109　搅拌桩区荷载—沉降速率—时间变化曲线图

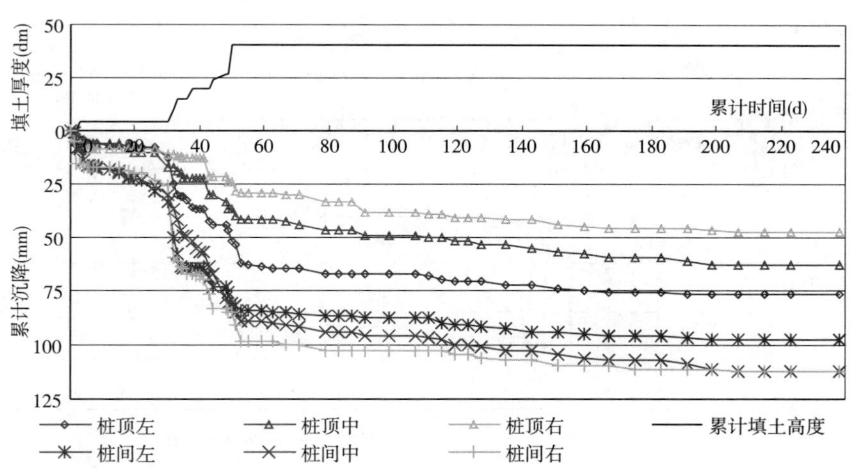

图 4-110　管桩区荷载—沉降—时间变化曲线图

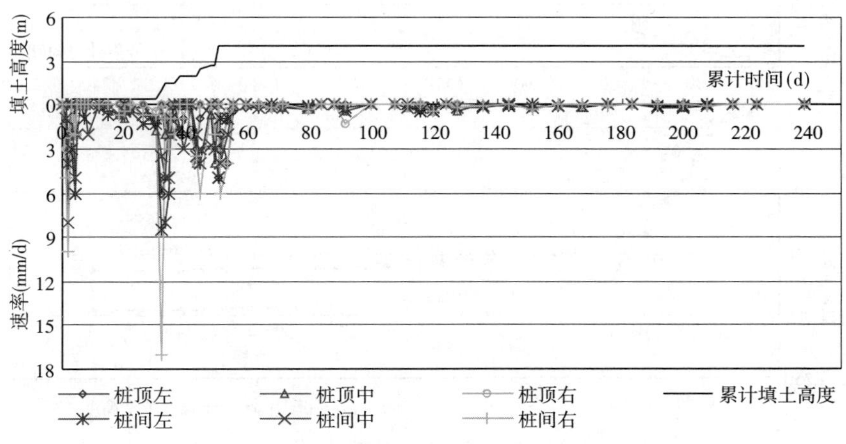

图 4-111　管桩区荷载—沉降速率—时间变化曲线图

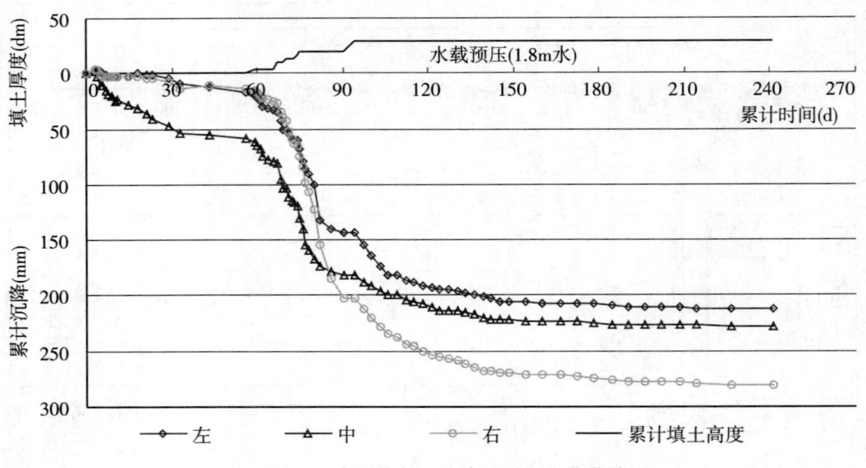

图 4-112　电渗区荷载—沉降—时间变化曲线图

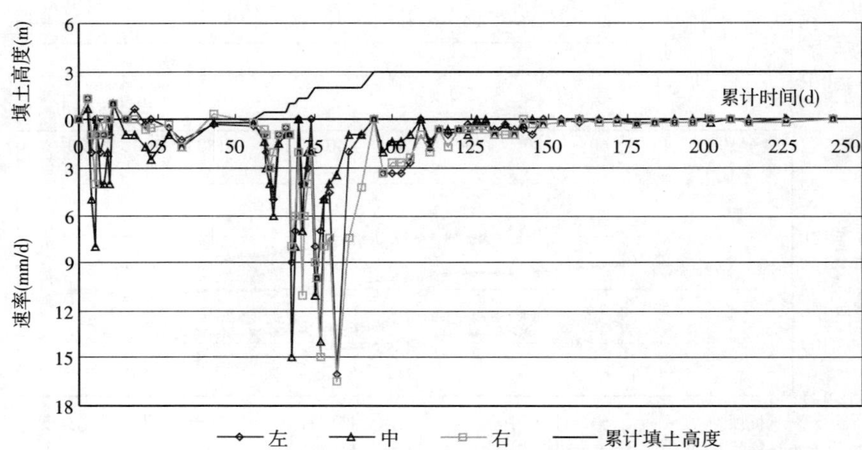

图 4-113　电渗区荷载—沉降速率—时间变化曲线图

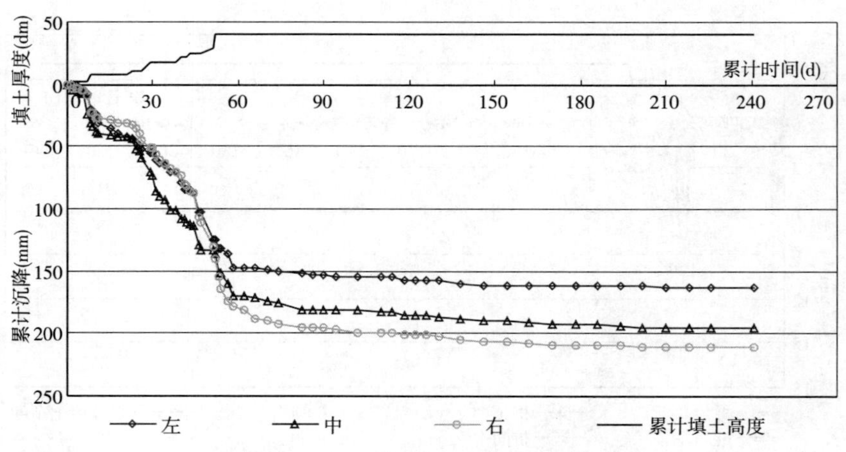

图 4-114　袋装砂井区荷载—沉降—时间变化曲线图

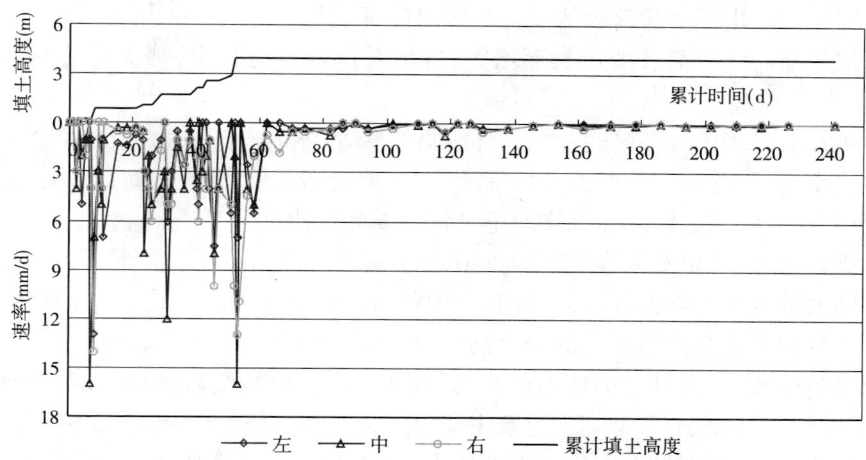

图 4-115 袋装砂井区荷载—沉降速率—时间变化曲线图

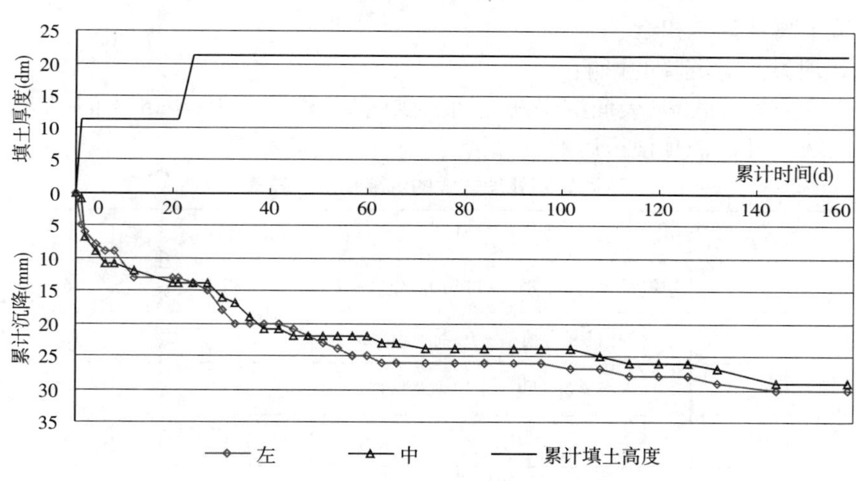

图 4-116 强夯区荷载—沉降—时间变化曲线图

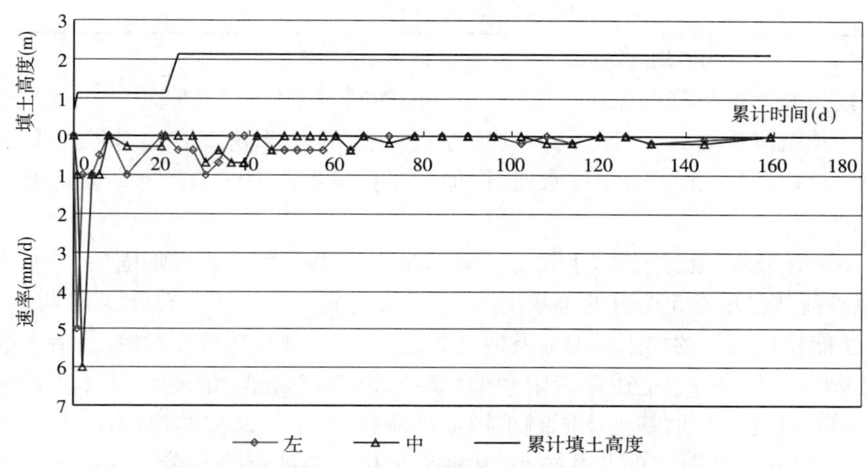

图 4-117 强夯区荷载—沉降速率—时间变化曲线图

从以上图中可看出沉降随荷载的变化表现出以下规律：

①表面沉降随时间及荷载的增长而增大，各区总沉降量均较小，最大值为塑料排水板区的33.6mm。

②每一级加载过程中，沉降速率变大，停载后沉降速率也逐渐衰减。反映在沉降曲线上为加载时曲线斜率变大，并且随荷载的增加逐渐变大；填土结束后，随停载时间的延长，曲线又逐渐变缓。直到下一次加载，沉降和沉降速率又将重复此规律。

③在加载初期，沉降量及沉降速率均较小，一旦超过一定高度后沉降量及沉降速率将急剧增大。从各断面的累计沉降曲线可以看出，由于各断面采用的加固方式和软土厚度稍有不同，沉降曲线上出现明显的拐点所对应的填土高度也不同。

上述沉降特征表明，尤其是出现拐点的现象表明，在土体承受较低应力时，土体的结构性未被破坏，土的压缩性较小，路基填土荷载主要由土骨架来承担，土体处于弹性变形阶段；随着荷载的不断增长，土的抗变形能力相对越来越小，土体的结构受到削弱，地基对荷载的变化愈加灵敏，在剪应力作用下，出现侧向挤出变形，沉降加大，出现该点时所对应的填土高度同理论计算的极限填土高度基本相近。

2）软基处理方式对沉降的影响

不同的软基处理方式，其表面沉降随时间的变化差异很大。表4-25中同时列出了本研究段不同处理区域经过5个月预压后的沉降情况。

不同软基处理方式的沉降情况一览表 表4-25

桩号	填土高度(m)	处理方式	预压时间(d)	累计沉降量(mm)	备注
K11+905	6.725	塑料排水板+1层CATT60-60钢塑格栅	183	260	填砂厚度包括鱼塘回填砂厚度
K11+960	6.543	搅拌桩复合地基+1层钢塑格栅	183	135	
K12+000	6.531	管桩+塑料板+1层钢塑格栅	183	107	
K12+040	4.933	电渗	141	240	
K12+095	6.533	袋装砂井+1层聚合格栅	183	190	
K12+180	5.28	塑料排水板+强夯+水载预压	132	30	

注：表中的累计沉降量为平均沉降量。

通过比较各断面的沉降数据可以发现，仅采用塑料排水板或袋装砂井+土工格栅、电渗等处理措施的平均沉降量要大于其他几种处理方式，主要是由于这些方法是通过增加排水通道或增大软土层渗透系数、形成固结排水通道、加快超孔隙水压力的消散速率来达到提高软土固结速率的目的。

强夯区由于强夯施工已经消除了软土地基大部分的沉降量，在强夯加固后，路基土在相当于2.125m厚填砂荷载自重近5个月的堆载预压作用下，其沉降量仅30mm，最终沉降量也仅34mm。这说明强夯法能快速有效的加固类似地质情况的软土地基，并且造价相对较低，适于推广。

复合地基的沉降量居于上述两者中间，而搅拌桩处理区沉降量要大于管桩区的平均沉降量。复合地基通过桩体与地基土体同时承担上部荷载，在土工格栅的协调作用下，桩体承受绝大部分荷载，而桩间土体分担的荷载较小，从前面分析所得的沉降与荷载间的相互关系可知其土体的固结沉降量较小。对于两种不同的桩体而言，搅拌桩的桩顶沉降量和桩间土沉降量均大于管桩的桩顶和桩间土沉降量。这主要是由以下几个因素造成的:①搅拌桩是通过机械作用将水泥等黏结材料与土体充分搅拌,形成强度较高的水泥土桩体,而管桩为预制混凝土桩,桩身强度和刚度均大于搅拌桩,在外荷载的作用下,管桩桩体的变形量小于搅拌桩;②在管桩区,由于托板的设置,增大桩体的受力面积,同时减小桩间土承担的荷载,因此造成桩间土的沉降小于搅拌桩的沉降量;③从搅拌桩和管桩的施工工艺来看,前者为非挤土型桩,而后者为挤土桩。管桩的打入将使周围土体挤密加固,强度变大,沉降减小。

上述分析表明管桩复合地基的加固效果要优于搅拌桩复合地基的加固处理效果。

3)软土层厚对沉降的影响分析

工程实践表明,在相同的软基处理下,地表沉降量与软土厚度关系密切。其明显特征为软土层越厚,累计沉降量也越大;在填土荷载及处理方式相近的情况下,总沉降量受控于软土厚度的大小。另外,一般而言,在相同的填土高度的情况下,由于应力扩散的作用,同一断面路基中心位置的沉降量应大于路基两侧的沉降量,然而,在本研究段多处沉降监测数据表明,路基中心的沉降反而小于路基边坡的沉降。这主要是由于软土厚度沿路基横断面方向分布不均所造成。

次固结沉降计算成果见表4-26。

次固结沉降计算成果一览表　　表4-26

断面		主次固结分界日期	主固结天数(d)	分界点固结度(%)	最终沉降量(mm)	主固结沉降(mm)	次固结沉降(mm)	次固结占总沉降百分比(%)	次固结实际预压天数(d)	已完成次固结量(mm)	已完成次固结沉降百分比(%)	剩余沉降(mm)
K11+905	左	2004-3-4	90	86.5	354.7	304	50.7	13.2	167	31	61.1	19.7
	中	2004-3-28	82	86.4	276.7	239	37.7	13.6	159	26	69.0	11.7
	右	2004-3-28	82	73.4	194.7	143	51.7	26.6	159	35	67.7	16.7
K12+040	左	2004-5-30	145	93.7	219.3	206	13.8	6.3	96	6	43.5	7.8
	中	2004-5-30	145	93.2	237.2	221	16.2	6.8	96	7	43.2	9.2
	右	2004-5-30	145	91.6	293.7	269	24.7	8.4	96	12	48.6	12.7
K12+095	左	2004-3-4	58	87.5	168.6	148	20.6	12.2	183	15	72.8	5.6
	中	2004-3-4	58	81.3	209.1	170	39.1	18.7	183	26	66.5	13.1
	右	2004-3-16	70	87.1	218.2	190	28.2	12.9	171	21	74.5	7.2
K12+180	左	2004-5-30	63	77.2	33.7	26	7.7	22.8	96	4	51.9	3.7
	中	2004-5-30	63	69.1	33.3	23	10.3	30.9	96	6	58	4.3

4)差异沉降分析

(1)纵向比较

表4-27是本研究段各监测断面沉降统计表,由表可知:①对于以排水固结方法处理的断面,从K11+905、K12+040到K12+095,目前沉降量和最终沉降量均有逐渐增大的规律;②复合地基的沉降量要远小于排水固结法处理的地基的沉降量,而搅拌桩复合地基的沉降量大于管桩复合地基沉降量;③各分区的剩余沉降量相差不大,这对于消除工后差异沉降是非常有利的。

研究段各区沉降量统计表　　表 4-27

断面		最终沉降量（mm）	目前沉降量（mm）	最大差异沉降（mm）	剩余沉降（mm）	备注
K11 +905（塑料排水板区）	左	354.7	335	157	19.7	平均沉降量均为桩间土沉降量，数据截至 2004 年 9 月 3 日
	中	276.7	265		11.7	
	右	194.7	178		16.7	
	平均值	275.4	259.3		16.0	
K11 +960（搅拌桩区）	桩间左	177.2	165	45	12.2	
	桩顶左	111.8	99		12.8	
	桩间中	127.5	120		7.5	
	桩顶中	121.6	116		5.6	
	桩间右	136.7	120		16.7	
	桩顶右	101.8	86		15.8	
	平均值	147.1	135.0		12.1	
K12 +000（管桩区）	桩间左	109.5	98	14	11.5	
	桩顶左	86.8	77		9.8	
	桩间中	138.2	112		26.2	
	桩顶中	75.4	63		12.4	
	桩间右	125.3	112		13.3	
	桩顶右	60.6	48		12.6	
	平均值	124.3	107.3		17.0	
K12 +040（电渗区）	左	219.8	212	69	7.8	
	中	237.2	228		9.2	
	右	293.7	281		12.7	
	平均值	250.2	240.3		9.9	
K12 +095（袋装砂井区）	左	168.6	163	48	5.6	
	中	209.1	196		13.1	
	右	218.2	211		7.2	
	平均值	198.6	190.0		8.6	
K12 +180（强夯区）	左	33.7	30	1	3.7	
	中	33.3	29		4.3	
	平均值	33.5	29.5		4.0	

在采用类似的软基处理方法的情况下，各个分区的沉降量主要受工程地质条件所控制，因此，以上规律反映出本研究段从 K11 +905 到 K12 +095 的工程地质条件有逐渐改善的分布规律。据地质勘察结果，从 K11 +905 到 K12 +095，软土的分布有厚度逐渐变小，力学性质不断提高的规律。由此可见，各个分区的沉降量揭示的软土分布规律和实际情况是一致的。

（2）横向比较

根据表 4-27 可以看到：①各个分区路基中间和左右侧的沉降量差异较大，变化范围为 1 ~ 165mm；②工程地质条件越差的分区，路基横向差异沉降就越大；③复合地基尤其是管桩复合地基的横向差异沉降较小；④强夯区由于强夯施工已经消除了大部分的软土地基的沉降量，后期堆载预压产生的横向差异沉降很小。

由以上分析可知，本研究段的软土在纵横向上的分布变化都较大，尤其是横向上的变化更大。这直接造成了各个分区纵横向上的沉降量都存在较明显的差异。

4.6.2　结论

从上述理论及实测资料的分析不难得出如下结论：

(1)利用实测沉降曲线采用时间序列法或双曲线法推算路基的沉降在本研究段的运用结果是比较理想的，预测的结果基本符合实测数据。

(2)由于软土层厚度、软基处理方式的不同，造成各个加固区的最终沉降量存在较大差异。

(3)研究段软黏土工程性质较好，反算的压缩模量为2.54MPa。

(4)各监测断面的沉降分析结果表明，在超载作用下，经5~6个月的预压，其剩余沉降不足5cm，固结度均达到90%以上。

(5)本研究段软土地基砂夹层是良好的排水通道，因此，在经过短时间超载后孔隙水压力就能快速消散并进入次固结沉降阶段。

(6)根据分析，本工程的次固结沉降占总沉降的6.3%~26.6%，主固结阶段时间较短，进入次固结阶段后，沉降速率普遍小于1mm/d，次固结沉降需要长时间才能完成。

4.7　水载预压

4.7.1　预压处理现状

珠江三角洲地区修建高等级公路时普遍采用工程造价较低的排水固结法。由于该地区普遍存在深厚的软黏土地基，为了减少工后沉降、提高行车舒适性，采用排水固结法时往往需要进行等载和超载预压，以便加快沉降，缩短工期、减少工后沉降。传统的等超载预压方法采用砂、土、碎石等地方材料，等载厚度约1m，超载厚度0.5~2m不等。部分公路的等、超载土石方工程量接近或超过路基设计土石方量，卸载废弃土石方量较大。

由于大规模的公路建设，广东地区，尤其是珠江三角洲地区的土、砂、石等地方材料资源已经濒临耗尽，导致了这些地方材料的价格急剧上涨，增加了施工成本。同时大规模挖山、捞砂以及卸载土方的废弃也导致了不可忽视的水土流失和环境破坏，不少地方政府已经禁止取土、采石和捞砂。

目前，广东省已经建成约3000km的高速公路，今后10年内还要再修建8000km的高速公路。因此，非常有必要寻找替代填砂(土、石)超载预压的方法，以解决地方资源不足和环保的问题。近几年逐渐采用的真空预压法虽然可以节约地方资源，但是具有工程造价高、造成周围地面下沉、预压效果受竖向排水体的质量限制等缺点。

针对上述预压方法存在的不足，结合广东地区特别是珠江三角洲地区水网密布、水资源丰富的特点，本研究段提出并试验成功一种新的预压方法——水载预压法。

4.7.2　水载预压法

水载预压法即在路基上设置蓄水设施进行蓄水，利用水体的重量进行等、超载预压。

水载预压法具体实施方法较多，按围堰方式来分类主要有水袋式水载预压法、水箱式水载预压法、水池式水载预压法(又分为填料式围堰和组装式围堰)等3种。

1)水袋式水载预压法

采用高强度橡胶袋蓄水的方法来进行预压。将橡胶袋摆放于路基上，向袋中充水后封口。

水袋可以多层设置。预压完毕后排放水,并可回收水袋。如图 4-118 所示。

水袋式水载预压法的优点是水袋可以回收和多次应用,水载高度大,人身安全性较好;缺点是一次性投入大,易于被破坏。

2)水箱式水载预压法

采用水箱蓄水的方式进行预压。在路基上采用钢模板组装成类似集装箱的开口水箱,在箱内铺设一层 PVC 密封膜,充水后安装箱盖。水箱可以多层设置。预压完毕后将水抽出排放。如图 4-119 所示。

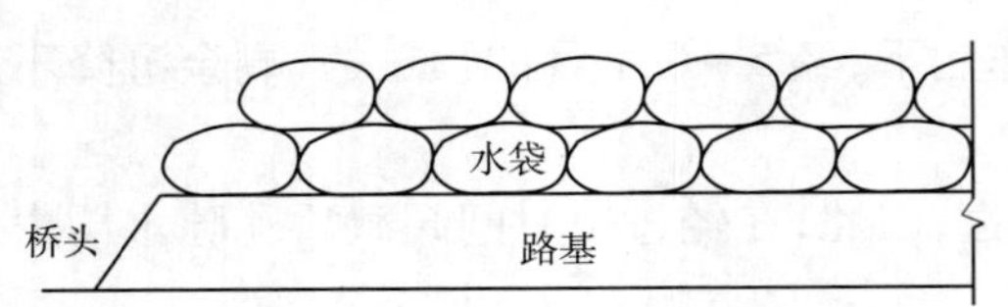

图 4-118　水袋式水载预压示意图

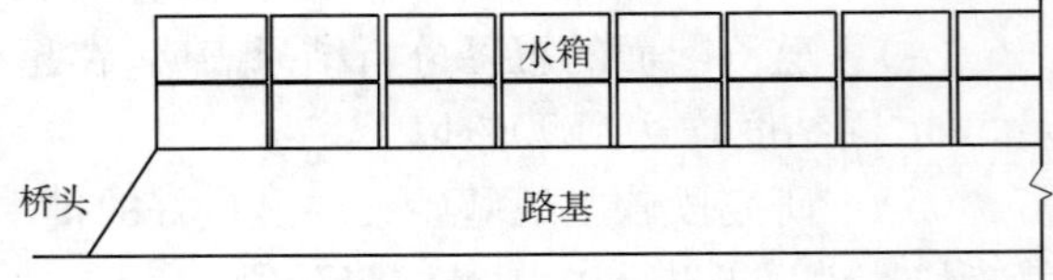

图 4-119　水箱式水载预压示意图

水箱式水载法的优点是水箱可以回收和多次应用,水载高度大,安全性较好;缺点是一次性投入大,对地基不均匀变形适应性稍差。

3)水池式水载预压法(填料围堰)

通过在路基上修筑水池蓄水的方法来进行预压。在路基四周修筑围堰,在围堰顶部及围堰内铺设一层 PVC 密封膜。在围堰顶铺设一层 20cm 厚度左右的细砂或黏土压膜。围堰内充水时,充水高度低于围堰顶 20cm 左右,并在围堰上设置若干溢水口以排放雨水等,保持水深。路基周围设置安全警示装置。为了减少溃堰造成的损失,水池沿路基纵向的长度不宜过长,以 50～100m 为宜。如图 4-120 所示。

水池式水载预压法的优点是施工速率快,造价低,卸载快,对不均匀沉降适应性好;缺点是安全性差,水载高度较小。

水池围堰可以采用填料式围堰,也可采用组装式围堰。填料式围堰采用土、砂修筑围堰,填砂时应在两侧码砌砂包,以保护围堰并便于上下。组装式围堰采用木结构或钢结构梯形围堰框架,内侧为连续的面板,面板内铺设密封膜。如图 4-121 所示。组装式水载预压法的优点是框架可以回收和多次应用,比水箱式投入少,施工方便;缺点是一次性投入较大,围堰重量较轻,围堰的稳定性相对较差。

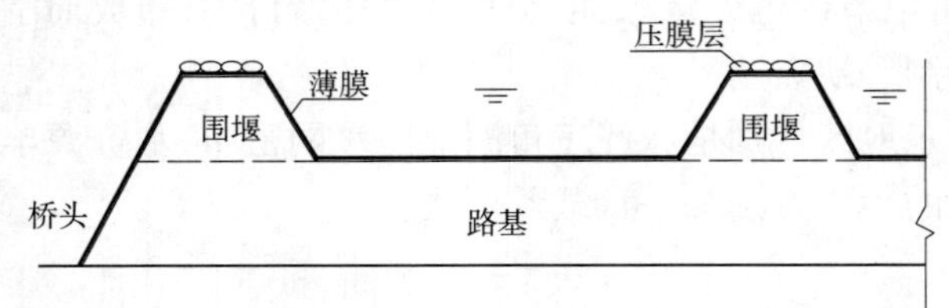

图 4-120　水池式水载预压示意图(填料法)

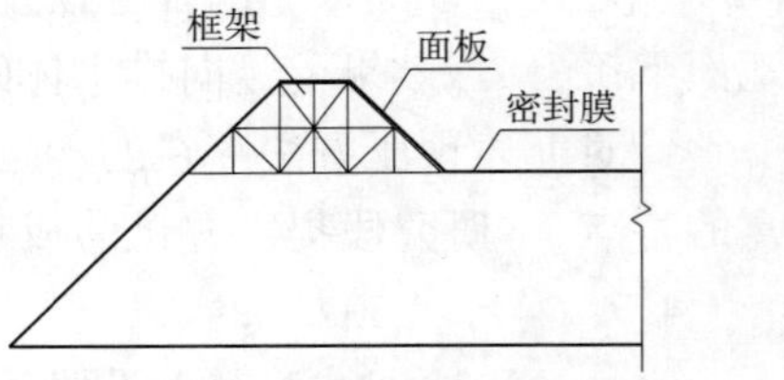

框架
面板
密封膜

图 4-121　水池式水载预压示意图(组装式围堰)

工程实践表明水载预压法具有与常规预压法相同的效果,并且具有施工方便、快速,工程造价低、利于环保等优点。对于水载法,由于水载的可流动性,可以及时补充增大沉降较大处的预压荷载,可以有效减少不均匀的工后沉降,这是水载法独特的优点。

4.7.3　研究段水载试验

1）水载设计参数

佛山一环路基设计高度平均2～2.5m，等载1m，超载0.5m，等超载土方量所占比例较大。另外，该工程路基宽度很大，非常适于采用水载的方法进行等、超载预压。为了指导设计和施工，在本研究段的软基处理研究工作中，对采用排水固结软基处理方法的路段进行了水载预压法的试验，与填砂预压法进行对比。

本研究段采用的是水池式水载预压法，在电渗区和强夯区的路基上分别设置了2个水池，单个水池的平面尺寸如图4-122所示。围堰高2m，水深1.8m。围堰横断面如图4-123所示。

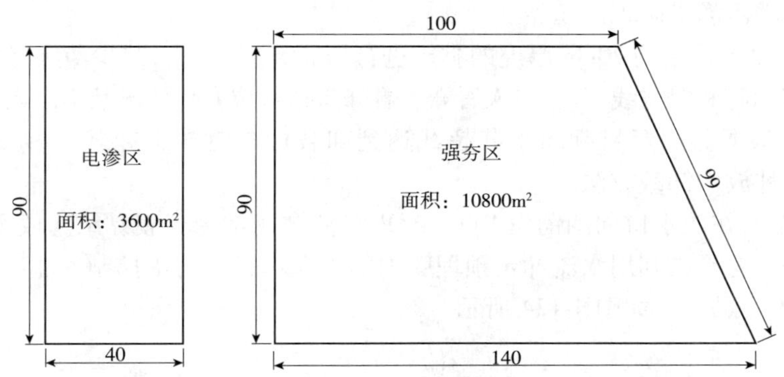

图4-122　水载超载区平面尺寸图（尺寸单位：m）

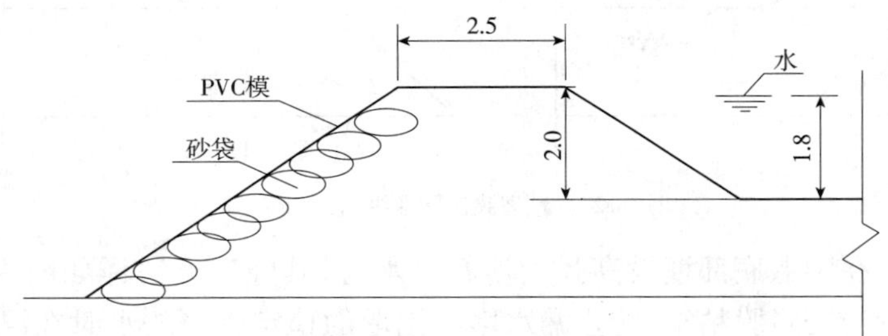

图4-123　围堰横断面图（尺寸单位：m）

2）施工工艺流程

水载预压的施工工艺流程为：测量放样→修筑围堰→铺膜→抽水预压→卸载。

（1）修筑围堰。水载围堰高2m，顶宽3m，内外边坡坡率为1∶1.5。围堰填筑材料采用细砂，推土机、挖掘机配合填筑。为便于铺膜和保障围堰稳定性，围堰内、外侧采用单排砂袋人工装砂护堤。在围堰上设置若干溢水口，以便排放雨水保持水深，溢水口底高程应高出设计设置水位高程10cm。

（2）铺设薄膜。薄膜采用与真空预压工程相同的聚氯乙烯薄膜。铺设一层，薄膜厚度为0.14mm。按照每个水池的尺寸向厂家整张订做薄膜，薄膜应完全覆盖围堰顶部，并考虑薄膜铺设时应有一定的预留量，避免蓄水时薄膜被拉破。铺膜前，对薄膜下承层进行清理，保证不存在尖锐物，以免刺穿薄膜。铺膜时，先将整条薄膜沿路线纵向拉直摆放，然后同时两侧张拉、展开薄膜，直到覆盖整个水载区（包括围堰），并用砂袋压住薄膜。施工时注意天气情况，严禁在刮风天气铺膜。铺膜时有专人指挥，铺膜人员务必配备小剪刀，以防安全。同时，张拉薄膜注意张拉力度，以免破坏薄膜。铺完膜后及时检查整张膜的完整性、接缝的密封性，如发现刺破现象及时修补。在围堰顶部及外侧设置一层砂包进行压膜，以防止薄膜翻起和老化。另外，薄膜需覆盖边坡，防止雨水冲刷后形成掏空区，进而对围堰的稳定性形成威胁。还有一点值得提出的是溢水口处的需预留足够长的薄膜，以保证在水载卸载薄膜时能完全覆盖放水口，防止围堰被冲刷溃堤。

(3)抽水预压。薄膜铺设完毕后，采用大功率抽水泵从附近水塘或河道中抽水预压。抽水同时进行监测，如有必要则分级进行加载，避免引起路基失稳。在超载初期，需派专人密切注意围堰的稳定性。当池中水量蒸发减少时，应及时补充蓄水。设置溢水口，并连通到附近的河道，防止雨水溢出涌进附近的鱼塘。

(4)在围堰顶部采用约20cm厚度的黏土进行压膜，避免风吹，减少薄膜老化。

(5)制作警示牌和警戒线，并派专人看守。看守包括水位变化情况及不准人员下水游泳等。

(6)卸载。根据监测资料判断水载超载达到卸载标准时放水卸载。参照研究段实践经验，提出以下几种放水卸载方法：

①预埋膜法。在放水口周围铺设PVC膜，PVC膜与水池密封膜黏结。放水时将放水口对应的密封膜剪开，挖除或利用水流冲走预埋膜内的围堰填料。为了控制水流冲走填料的速度，膜内填料可以采用黏土。如图4-124所示。

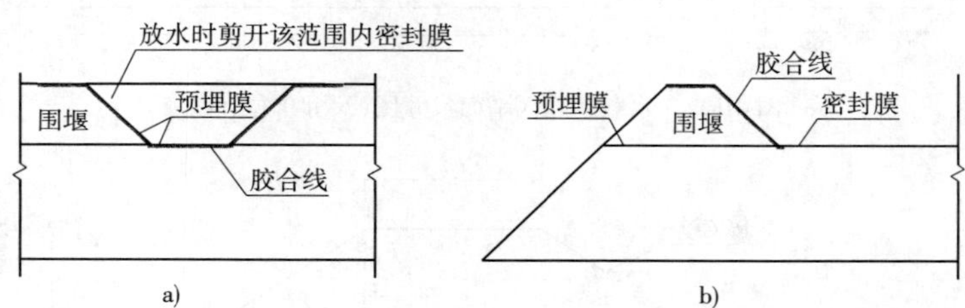

图4-124 预埋膜法围堰纵(横)断面图

②预埋管法。在围堰底部埋设高强度塑料排水管，其施工方法详如图4-125所示。施工时需注意将排水管与密封膜粘牢，防止漏水影响围堰的稳定性。放水时在混凝土封头内侧将塑料管锯开即可放水。为缩短卸载时间，可以埋设多条排水管。

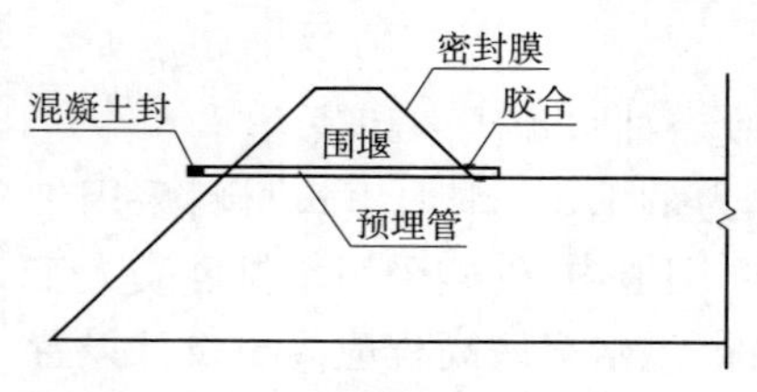

图4-125 预埋管法围堰横断面图

③预留膜法。在放水口处，密封膜预留富裕量，富裕宽度大于2倍的围堰高度。放水时，在放水口处密封膜下掏挖围堰。随着围堰掏挖，预留的密封膜开挖平铺设在放水口处。

④抽水法。采用抽水泵将水池内的水抽往预先挖好的排水渠道，再引至附近的河道。

⑤虹吸法。将灌满水的柔性塑料排水管一头置入水池，一头连接排水渠道，利用大气压，将水池内的水排出。

综合比较各种方法的优缺点，推荐采用预埋膜法、预埋管法。

3)施工注意事项

(1)膜技术参数。厚度≥0.14mm，拉伸强度(纵/横)≥15/13MPa，断裂伸长率(纵/横)≥220/200%，渗透系数$K_{20}\leqslant10^{-11}$cm/s，抗渗强度(耐静水压力)≥160kPa。

(2)施工监测。通常情况下,将监测断面设置在横向围堰处,以利于施工监测。本工程在水池中部设置了表面沉降板,对水载区域的沉降通过在沉降管上绑扎塔尺采用水准仪观测。孔隙水压力及土压力通过接长电缆线于围堰位置处观测。

(3)安全要求如下:

①为保证路基安全,要求围堰分层填筑和碾压,每层松铺厚度控制在 50cm 以内。充水时应加强监测,避免路基失稳。

②水深控制:在围堰上设置若干个溢水口,溢水口底高程应高出设计设置水位高程 10cm,基本保证降水时水深不变。水池内汇集的雨水通过溢水口和排水沟排放至附近河道内。

③因水载预压期较长,在预压期间,为保证围堰的持久性,在围堰顶部及围堰内均铺设 PVC 薄膜。在围堰顶铺设一层 20cm 厚度左右的细砂或黏土进行压膜并减少 PVC 膜的老化。

④护堤在预压期间做好排水防护工作,对围堰、路基边坡冲刷部分及时修复。

⑤做好安全警示牌及安全警示线工作。安排专人巡视,严禁闲人进入施工现场。发现 PVC 膜遭到破坏漏水严重时,应立即放水修复,减少对路基的破坏。

4)密封膜耐久性检测

从水载预压法的施工过程来看,围堰的安全稳定是水载是否成功的重要因素。在长达数月的预压期内,围堰内外 PVC 薄膜的强度的变化对围堰的稳定持久起着决定性的作用。经过数月的日晒雨淋等风化作用,薄膜的强度是否依然能满足要求,关系到整个围堰的安全。

到目前为止,水载预压时间最长已经超过 7 个月,除围堰顶部有个别小孔(人为不慎造成)外,密封膜完整无损。另外,对 PVC 薄膜使用前后各项强度指标进行了测试对比。由于路基边坡上薄膜老化的最严重,在此部位剪切一定数量的样品进行了检测,其结果与薄膜使用前物理力学指标的对比情况见表 4-28。

PVC 薄膜使用前后性能比较　　表 4-28

项目		单位	技术要求	检测结果		变异系数
				使用前	使用后	
密度		g/cm³	1.25 ~ 1.35			
纵向	拉伸强度	MPa	≥15	23	22.2	5.8
	断裂伸长率	%	≥220	282	225.4	9.1
横向	拉伸强度	MPa	≥13	22	20.9	6.7
	断裂伸长率	%	≥220	284	231.2	11.9

结论:检测结果符合(GB/T 17688—1999)物理力学性能对应项指标要求。

备注:样品暴露在现场 150d。

据表 4-28 可知,经过 150d 的风化作用后,PVC 薄膜纵横向拉伸强度仅分别减小了 0.8MPa 和 1.1MPa,为原始拉伸强度的 96.5% 和 95.0%,其强度依然满足技术要求;纵横向断裂伸长率虽然分别降低了 20.1% 和 18.6%,但尚可满足技术要求。从以上的数据分析表明,只要维护得当,PVC 薄膜在经过半年甚至一年的日晒雨淋后强度仍可满足相关的技术要求,而 PVC 薄膜的强度是决定水载预压的安全耐久性最重要的一个因素,因此,只要维护得当,水载预压的安全耐久性完全可以得到有效保障。

5)预压效果分析

本研究段在桩号 K12 +020 ~ K12 +060 和 K12 +130 ~ K12 +270 范围内成功地加载了1.8m高的水载,迄今为止,已经顺利地预压了将近半年,根据 PVC 薄膜的强度检测结果来看,水载尚可维持预压半年左右。这表明了水载的加载非常适用于本高等级公路。出于安全的考虑,水载高度不宜过大,而1.8m高的水荷载仅相当于1.0m高的填砂荷载,这能否满足本工程的等、超载要求,可以根据监测数据来分析评价。

图4-126、图4-127分别为电渗区及强夯区沉降曲线图,由图可看出,在水载超载作用下,路基各个位置均有很明显的沉降,表明水载不仅能加固路基中心位置的软土,而且对路基左右侧的加固效果也很好。另外,电渗区在超载将近两个月后,沉降逐渐进入稳定状态,而强夯区由于强夯已经消除了部分沉降,在水载超载一个月后沉降速率就已经非常小。利用电渗区和强夯区目前的实测沉降曲线,根据双曲线法推算得到电渗区的剩余沉降仅为32.3mm左右,强夯区的剩余沉降仅为8.1mm左右。

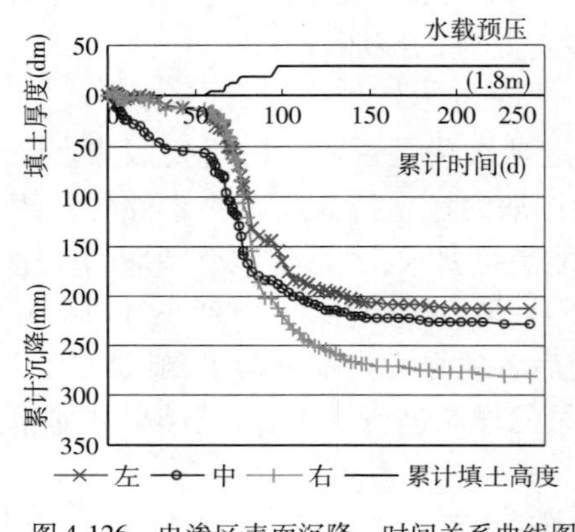

图4-126 电渗区表面沉降—时间关系曲线图

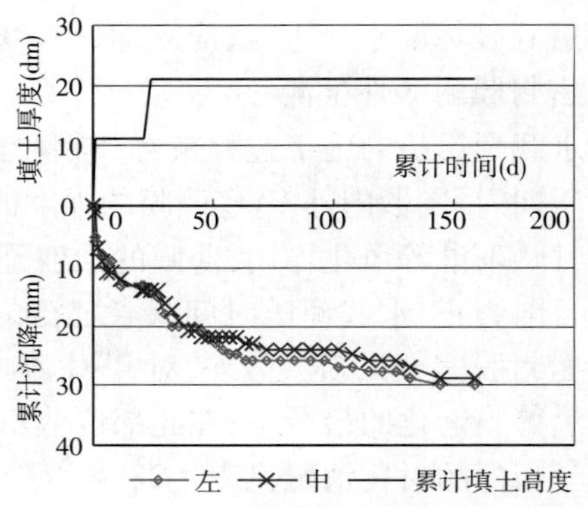

图4-127 强夯区沉降速率—时间关系曲线图

综上所述可知,水载预压和堆载预压的加固效果一样,完全可以满足本工程的等、超载要求。

4.7.4 经济对比与推广应用

水载预压的经济性与多种因素有关,主要有:

①水池大小:水池越大,水载越经济。

②水池深度:水池越深越经济。

③围堰尺寸与材料:采用两侧砂包中间填砂比全部用砂包修筑经济。

④密封膜层数:密封膜层数越多越贵。

⑤水源成本:水源较远时成本较高。

⑥其他预压荷载的成本:其他预压荷载较贵时可以反衬水载的经济性。

本研究段中水载预压具有良好的经济效应,与常规超载造价比较见表4-29(本表格中各项费用均按本试验段电渗区水载预压的工作面积来计算)。通过比较可以看出水载预压要经济得多。采用水载法预压1.8m(相当于压实砂1m厚度),其工程造价平均为29.31元/m²;而采用常规堆载(填砂)预压的工程造价约为58.74元/m²,采用水载预压可以节约成本50.1%。由此可见,水载预压的经济效益是非常可观的。

水载预压与常规堆载预压参考价格 表 4-29

项目	水载预压				项目	填砂预压			
	单位	单价	数量	小计		单位	单价	数量	小计
围堰	m^3	64.02	1048.8	67144.18	超载砂方	m^3	32.76	6360.0	208353.60
PVC 膜	m^2	4.97	6240.0	31012.80	卸载砂方	m^3	9.57	6360.0	60865.20
水	m^3	0.25	6845.9	1711.48	征地资源费	m^3	2.00	6360.0	12720.0
人工费用	工日	30.00	360.0	10800.00					
安全费用	项	10000	1	10000					
卸载	项	20000	1	20000					
总计				140668.45	总计				291938.8
单位面积造价	(元/m^2)			29.31	单位面积造价	(元/m^2)			58.74

珠江三角洲地区水源丰富,水载预压的部分水源可以就地取材,抽取和排泄蓄水都比较方便,既节省了运输费用也不会对周围的环境产生影响。另外,随着城市建设的不断发展,珠江三角洲各地土、砂、石等材料逐渐减少,这些材料的成本也不断增加;而由于水资源可以循环反复利用,水载的成本就比较稳定、低廉。因此,水载预压具有在工程实践中推广运用的广阔前景。

佛山一环的南环已经大规模地采用水载预压法,京珠高速公路广州北段十四标段也采用了水载法进行超载预压。目前,江珠高速公路也设计了水载预压。

4.7.5 结论

(1)水载法分为水袋法、水箱法、水池法等。水池法又分为几种,各有优缺点,进行施工时应综合考虑,合理选择。建议采用简单易行的水池法水载预压。

(2)水载预压的经济性与水池大小、围堰结构、密封膜层数等密切相关。水池宽度宜与路基顶面宽度相同,长度宜取 50m 左右。监测断面宜设置在相邻水池之间的围堰处。

(3)为保证水载法的安全性,路基两侧临空面围堰顶宽宜取 2.0～2.5m,两水池中间围堰顶宽宜取 1.5～2.0m;围堰采用砂或土填筑;围堰外坡率按路基坡率,内坡率宜取 1∶1～1∶1.5(填土围堰取陡坡,填砂围堰取缓坡)。采用砂时,应在围堰两侧码砌砂包保护围堰。

(4)建议采用 1～2 层厚度不小于 0.12mm 的密封膜。密封膜宜工厂胶合成一整块。密封膜基底不应有尖锐物。

(5)有多种放水卸载方法,建议采用预埋膜法或预埋管法。

(6)工程实践表明,对于南方水乡,水载预压具有经济、环保、施工速度快等特点。由于荷载的可流动性,水载对减少不均匀工后沉降具有独特的优点。

(7)工程实践证实了水载预压法与堆载预压法效果相同,密封膜耐久性良好,加强管理可以确保其安全性,可大规模地应用于南方公路软基处理工程中。如图 4-128 所示。

a)水载现场(1)　b)水载现场(2)　c)围堰边坡防护(1)　d)围堰边坡防护(2)　e)围堰俯视图　f)监测塔尺

图 4-128　水载围堰施工现场图

4.8　汽车动荷载测试

4.8.1　*研究现状及必要性*

假设行车荷载在时空上均匀分布，则行车荷载可视为周期荷载。以上海城市外环线（一期）为例，2000 年 11 月的交通观测数据为双向 8 车道的日混合交通量 100500 次/d，其中总重 100kN 以上的重车约占 48%。不考虑车道系数、方向系数以及车辆的多轴数，则若一个车道的标准轴载平均日作用次数为 12560 次/d，计算可得一个周期（包括加载时间和卸载时间）为 6.88s。

交通量已有的研究表明，当路堤高度小于 5m 时，工后沉降计算应考虑交通荷载的影响。有关研究表明，不排水、部分排水条件下，一定的循环荷载作用，随着加载次数的增加，孔隙水压力、残余应变的增长速率同循环应力比有关。当循环应力比大于临界循环应力比时，随着加载次数的增加，孔压、残余应变迅速上升，湿软路基很快达到循环破坏状态；当循环应力比小于临界循环应力比时，循环加载的初期，孔压、残余应变增长较快；当加载次数增加到一定值后，孔压、残余应变增长速度逐渐缓慢，直至达到平衡状态。同济大学在上海市外环线一期现场进行的汽车动荷载测试表明，湿软路基顶面附近的孔隙水压力随标准轴载的加载次数增大而增大，两者呈幂数关系。

蒋军等(2001)通过可加反压的循环加载固结试验，分析不同加载波形循环荷载作用下饱和重塑黏土的沉降特性。研究表明，长期循环荷载作用下，土的固结变形存在3个临界点，可分为4个阶段，其中前3个阶段与静载时的固结变形相似，而第4个阶段为循环荷载所特有。在第4阶段，土样将发生翻浆冒泥，土样变形量将超过静载；加载波形对临界点的位置没有影响。在固结变形的前3个阶段，加载波形的影响不大，而在第4个阶段，加载波形有较大影响；在循环固结第3阶段向第4阶段过渡时，土体先膨胀后迅速减小。在第4阶段，一部分土体转化为泥浆。

佛山一环作为城市快速干线，车流量大，全线路基填土低，大部分在1.5～2.5m之间，汽车动荷载不但会影响路基土的强度和变形，而且可能在地基软土层中产生孔压和残余变形，导致工后沉降。不均匀的工后沉降将进而导致路面结构层发生破坏，严重影响公路的正常使用。因此，针对于本工程来说，对汽车动荷载的影响深度及其应力传递情况的研究显得尤其重要。其研究成果是软基处理设计和施工中如何降低或消除汽车动荷载影响的理论依据。由上述已有的研究成果可知，测定汽车动荷载在路基、地基中不同深度处产生的动应力的大小对汽车动荷载影响研究至关重要，本研究段侧重点就是测试汽车动荷载的影响深度。

4.8.2　测试方法

(1)测试仪器

本研究段汽车动荷载测试仪器采用DH5932数据采集记录仪，它是一种高性能多通道并行数据采集仪，另外配备以控制、记录和分析为目的的微机以及相应的控制软件和分析软件。传感器为双油腔结构形式动静态土压力传感器，具有传力均匀、灵敏性高等特点。数据采集记录仪预设了两种数据采集频率，为3个/s和10个/s，并且每个数据都有一个对应的采集时间。为了得到更精确的试验数据，在测试时均采用了高频率进行采集。

(2)仪器埋设

本研究段在塑料排水板区和袋装砂井区均埋设了动土压力盒，具体埋设情况如图4-129所示。动土压力盒埋设于路基不同深度处，相邻两个土压力盒填砂厚度为0.3m左右。

(3)测试方法

进行汽车动荷载测试时，车辆正对土压力盒埋设位置通过，即土压力盒位于汽车左右两车轮中间，如图4-130所示。每层路基填砂压实后测试一次，随着填砂的增高，就可以采集到车辆经过时，路基不同深度处土压力的变化情况。本次测试着重研究不同车重的车辆以一定的速度经过时，在不同深度处土(砂)层产生的应力变化情况。测试时，在预定的测试线路上设置测试起始点和结束点；让汽车从远处起动，以便能在测试过程中保持相同的速度；当汽车前轮到达测试起始点时开始采集数据，汽车后轮到达测试结束点时终止数据采集。这样，通过分析数据，就可以掌握汽车在测试起始点到结束点这段路程中土压力的动态变化情况。

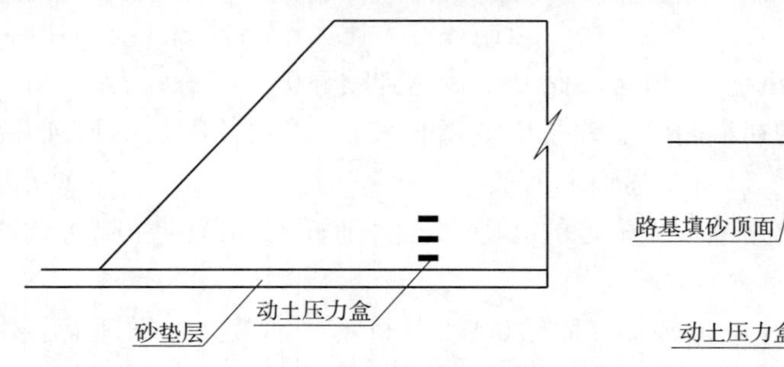

图 4-129　动土压力盒埋设示意图(横剖面)

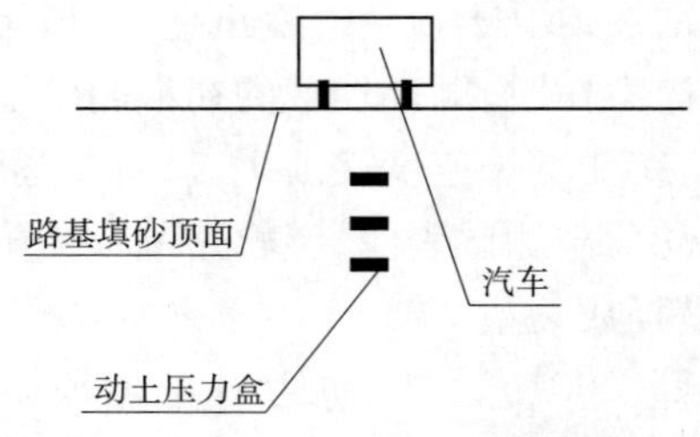

图 4-130　汽车动荷载测试示意图

4.8.3　试验成果分析

1)汽车动荷载应力变化曲线特征

图 4-131、图 4-132 分别是 14t 运土车从前进和后退的方向经过时土应力变化曲线图,由图可看出,汽车前进和后退经过时,应力曲线均出现了 4 个峰值,上升段相对较缓、下降段则较陡。在汽车前进的过程中,高值峰对应汽车正好处于土压力盒正顶位置的时刻,低值峰对应汽车尚未到土压力盒位置的时刻;在汽车后退的过程中,高值峰对应汽车处于土压力盒正顶位置的时刻,低值峰对应汽车已离开土压力盒位置的时刻。

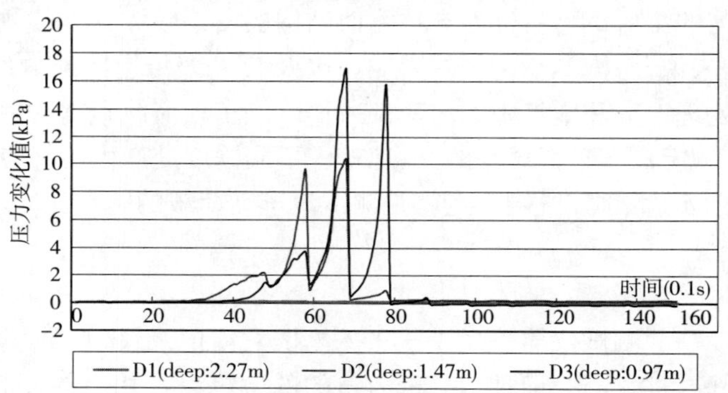

图 4-131　汽车动荷载压力变化曲线图(14t 汽车从前进方向经过时)

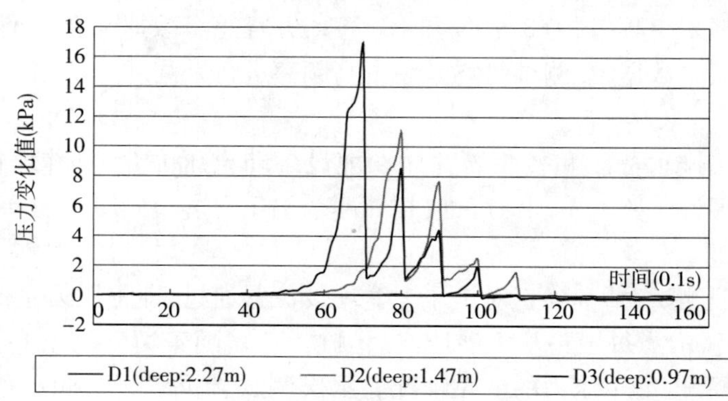

图 4-132　汽车动荷载压力变化曲线图(14t 汽车从后退方向经过时)

据分析,两个高值峰是汽车前后轮经过时产生的应力,而低峰值则可能是应力反弹作用的结果;前进和后退产生的应力曲线不同,则是因汽车荷载分布不均所致,具体每个峰值对应的工况还有待于进一步研究。

值得提出的是，本研究段是填砂路基，汽车动荷载应力变化曲线有明显的反弹，而据另外一个试验测试的结果显示：填土路基上的汽车动荷载应力变化曲线并没有应力反弹的特性，并且应力峰上升与下降的坡度基本是一样的，如图4-133所示。这就说明应力传递介质不同，汽车动荷载对路基的影响也是不同的。

2）汽车动荷载规律分析

根据本研究段汽车动荷载试验的数据，经统计整理后绘制出图4-134～图4-136，进而分析得到以下结论：

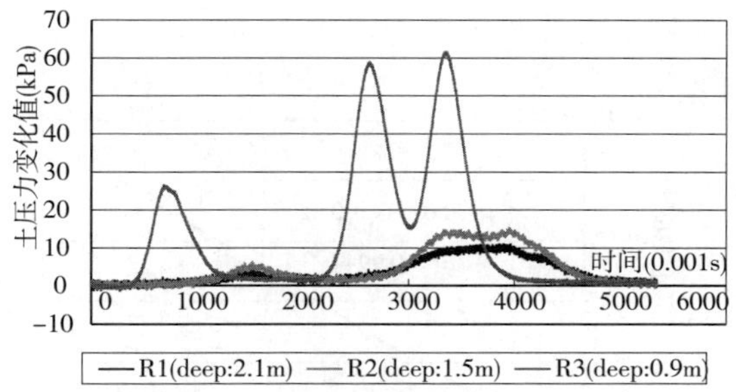

图4-133　填土路基汽车动荷载压力变化曲线图（45t汽车前进经过时）

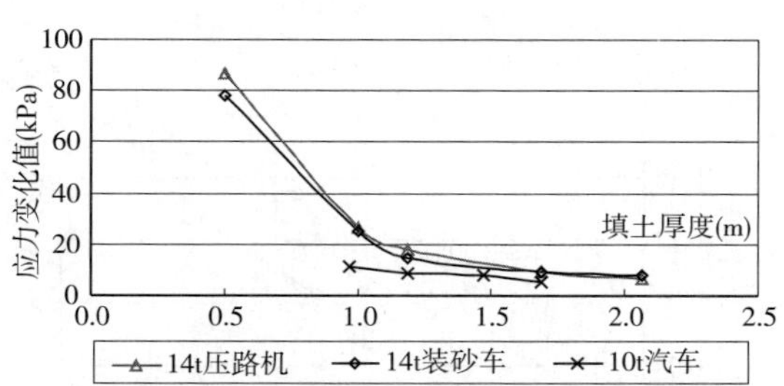

图4-134　塑料排水板区不同填土厚度时汽车动应力变化曲线图

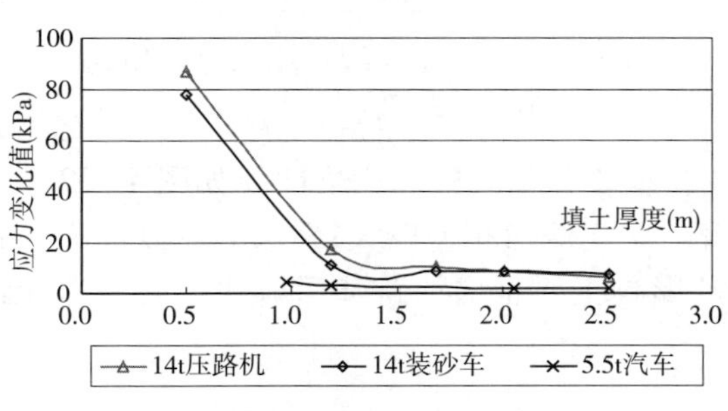

图4-135　袋装砂井区不同填土厚度时汽车动应力变化曲线图

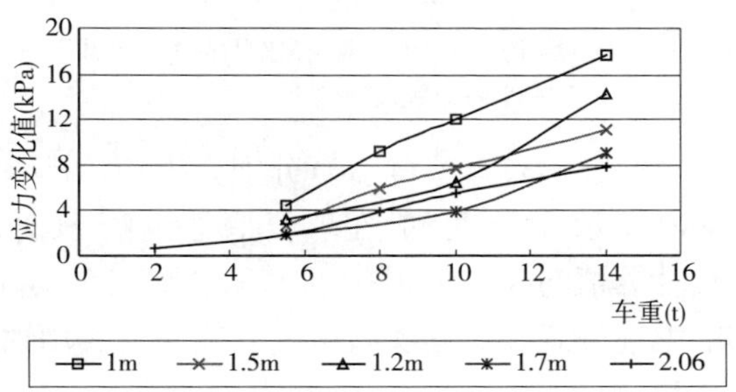

图4-136　不同填土厚度情况下车重与应力变化值的关系图

（1）据图4-134、图4-135，14t汽车在填砂路基上经过时，在深度为2.5m处汽车荷载产生的附加应力仅为8kPa左右，这对于经过加固处理的路基来说是非常小的一个附加应力；另外，综合其曲线变化趋势，14t以内汽车动荷载在填砂路基上的影响深度为3.0m左右。

（2）由图4-134、图4-135可知，汽车动应力随填砂厚度的增加而减小，在填砂厚度小于1m内，动应力随填砂厚度的增加衰减较快；在填砂厚度超过1m后，动应力随填砂厚度的增加衰减较慢。

（3）据图4-136可知，汽车动应力随着汽车重量的增加而增大，两者基本呈线性关系；此外，图4-136还揭示出这样一个情况：当填砂厚度小于1.2m或大于2.0m时，动应力随着汽车重量的增加而增大的幅度越来越小；当填砂厚度大于1.2m小于2.0m时，动应力随着汽车重量的增加而增大的幅度越来越大。这是一个偶然现象还是应力变化本身的一个特征，有待于在以后的研究中验证。

结合图4-134、图4-135可以发现，各曲线的形状基本属于同一类型的曲线，因此，可以采用数学表达式来拟合车辆动应力与填砂厚度的经验公式。考虑到压路机动荷载比汽车动荷载更接近均质荷载，这与汽车在硬路面产生的动荷载比较接近，因此，在进行数学表达式拟合时采用压路机动应力与填砂厚度的关系曲线。经过对动应力取倒数,填砂厚度不变的数学处理后,得到图4-137、图4-138。由图可以看出,动应力的倒数与填砂厚度基本呈线性关系,由此得到以下的车辆动应力与填砂厚度的经验公式。

$$p = \frac{10.52}{h - 0.51} \quad (h > 0.51) \tag{4-33}$$

$$p = \frac{13.68}{h - 0.38} \quad (h > 0.38) \tag{4-34}$$

式中:p——车辆动应力;

h——填土厚度。

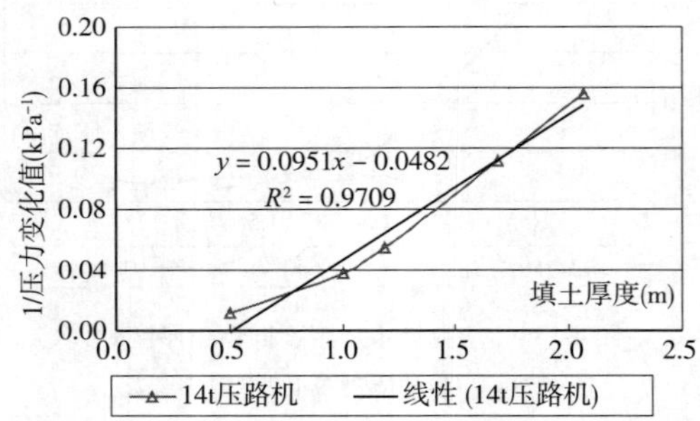

图4-137 填土厚度与车辆动应力倒数的关系曲线图(塑料排水板区)

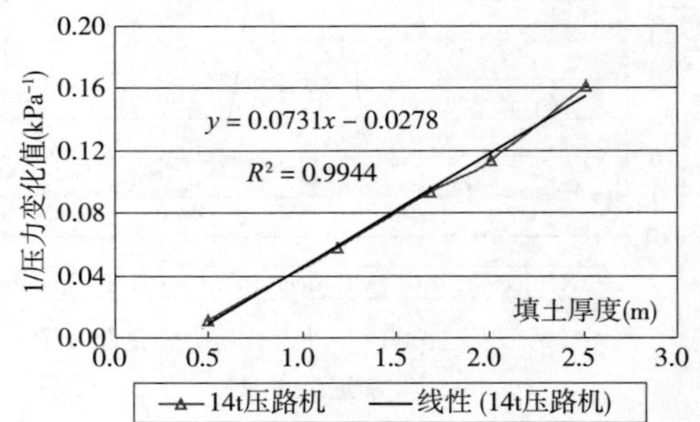

图4-138 填土厚度与车辆动应力倒数的关系曲线图(砂井区)

据式(4-33)、式(4-34)分别算出塑料排水板区和袋装砂井区的动应力曲线如图4-139、图4-140所示,由图可知,在填砂厚度小于1m时,计算值与实测值相差较大;在填砂厚度大于1m时,计算值与实测值很接近。考虑到汽车动荷载的影响主要是增加路基深部软土的沉降,因此,上述两式在工程实践中具有较高的实用性。

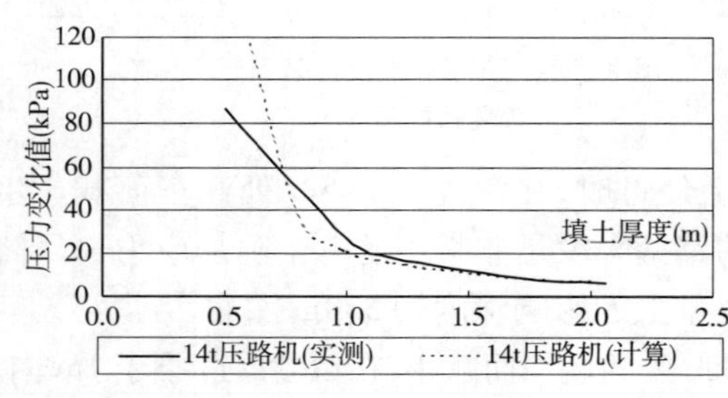

图4-139 实测动应力与计算动应力对比图(塑料排水板区)

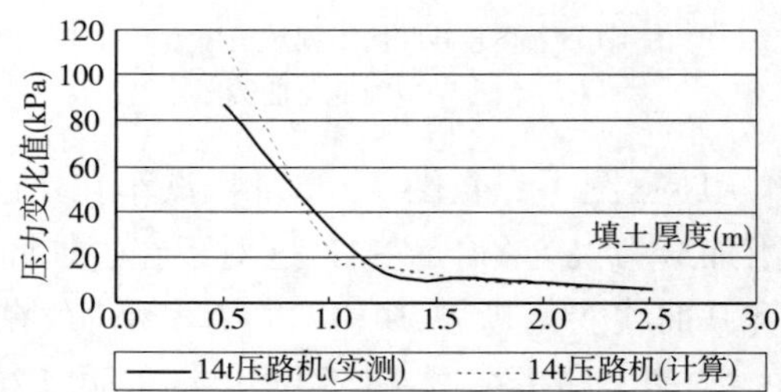

图4-140 实测动应力与计算动应力对比图(袋装砂井区)

本次试验由于填砂路基面砂层较松软,而且路基宽度与长度都无法满足汽车快速行驶的条件,因此,计划中测试不同车速动应力的变化情况的试验难以进行。这需要在以后的试验工作中进一步开展。

4.8.4 结论

根据前面所述的研究情况,总结出以下结论:

(1)车辆动荷载的影响深度约为3m,与车重、车速及传递介质等有关。考虑到本工程路基填土一般都有1.5~2.5m,加上硬路面厚度,路堤高度一般均大于3.0m,因此,基本可以不考虑汽车动荷载对工后沉降的影响。如图 4-141 所示。

(2)车重越大,动土压力越大,影响深度越大。

(3)随着填砂厚度的增加,动应力不断减小,尤其是在填砂厚度小于 1m 以内,动应力衰减的速率很快。

a)汽车动荷载试验

b)动荷载数据采集仪

图 4-141　动荷载测试图

4.9　复合地基桩土应力比浅析

4.9.1　研究的必要性

在佛山环市高等级公路建设中,将大量采用复合地基的方法进行软基加固处理。对于复合地基来说,地基承载力的确定至关重要,它是设计复合地基时必要考虑的一个因素,因此,地基承载力的确定不仅关系到加固效果,还对公路建设成本有重大影响。目前,确定复合地基承载力的最优途径是进行复合地基载荷试验,但对于大多数工程,在设计之前往往没有条件进行复合地基载荷试验。在这种情况下,工程实践中常按以下公式确定复合地基承载力。

$$f_{sp,k} = [1 + m(n-1)]E_{sp}$$

$$f_{sp} = [1 + m(n-1)]E_s$$

式中:$f_{sp,k}$、E_{sp}——复合地基的承载力标准值和压缩模量;

f_{sp}、E_s——桩间土的承载力标准值和压缩模量;

m——面积置换率;

n——桩土应力比。

对于砂石、碎石等散体材料桩的复合地基,n 值变化范围较小,且有一定的工程资料积累,一般可取 2~4。但是,对于水泥搅拌桩和管桩复合地基,影响 n 值的因素很多,可供参考的资料也较少,造成取值困难。因此,在工程实践中开展桩土应力比针对性的试验研究是非常有必要的。

此外,由于佛山一环路基宽度大,软土空间分布变化大,这将导致较大的差异沉降,而土工合成材料协调不均匀变形的作用明显,因此,合理选择土工合成材料显得非常重要。目前,钢塑复合土工格栅在工程实践中逐渐得到推广应用,在大规模使用前,必须要了解其调整桩土应力分布、协调变形的作用,而通过开展格栅上下桩土应力比的对比研究可以达到这一目的。

针对以上现状,在佛山一环"南线"先行开工的情况下,开展桩土应力比针对性的试验研究,并将之用于设计中,这不论是对复合地基承载力传递性状的分析研究,还是对佛山一环的工程实践都是非常有意义的。

4.9.2　研究方法

1)方案简介

本研究段采用了搅拌桩复合地基及管桩复合地基进行软基加固处理,通过在这两个加固区设置静土压力盒来掌握桩土压力的变化情况,进而分析在研究段这种设计参数下复合地基承载力的传递性状。搅拌桩直径50cm,间距1.2m,桩长10m,梅花形布桩,铺设一层CATT60钢塑格栅;管桩采用PHC－A400－95型预应力管桩,间距2.4m,短桩12m,长桩32m,正四边形布设,桩顶设置100cm×100cm×35cm(厚)托板,铺设一层CATT60钢塑格栅,左半幅加铺一层30kN/m的机织土工布。设计参数详见本报告相应其他的章节。

2)使用仪器

本次桩土应力比试验采用南京水科研究院设计的传感式静土压力盒,该土压力盒具有精度高、存活率高的特点。测试仪器采用数字采集频率仪。

3)埋设情况

本研究段在搅拌桩区路基中线位置埋设了两层静土压力盒,共6个。每一层均埋设两个在桩顶上,一个在与桩顶高程齐平的桩间土位置;铺设一层30cm细砂及一层CATT60钢塑格栅后埋设第2层静土压力盒,位置分别正对着第1层静土压力盒,如图4-142所示。管桩区路基左右幅中心位置各设置了3层静土压力盒,共16个。第1层位于管桩托板下,第2层位于托板上,第3层位于CATT60钢塑格栅上,在铺设土工格栅前,先填筑30cm的细砂。左幅选用长桩的托板埋设,右幅选用短桩托板埋设。其埋设情况如图4-143所示。

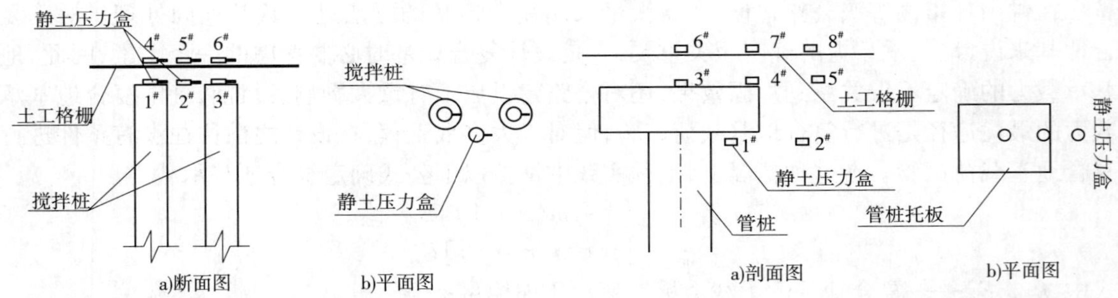

图4-142　搅拌桩区静土压力盒埋设示意图

图4-143　管桩区(左右幅)静土压力盒埋设示意图

4.9.3　测试结果分析

1)搅拌桩

(1)应力变化规律

图4-144是本研究段搅拌桩区静土压力变化曲线图,由图可知:

①随着路基填砂高度的增加,不同位置处的静土压力均有较大幅度的增长,其中以格栅下桩顶土压力的增幅最大。

②由于土工格栅的加筋作用,格栅上桩顶与桩间土应力增幅相关不大,而格栅下桩顶应力增幅则远大于桩间土应力增幅;此外,格栅下桩间土应力增幅小于格栅上桩间土应力增幅。

③某级荷载作用后,格栅下桩顶应力与桩间土应力都存在一个增长再衰减的过程,在这过程中,桩顶应力的变化比桩间土应力的变化要大。据分析,应力增长是荷载增大作用的结果,而应力衰减则是由于沉降增大引起土工格栅的拉应力增大,其加筋作用增强,从而使上覆路基荷载的应力扩散所致。由此可看出,在沉降变形较小的情况下,钢塑土工格栅就可以考虑到较

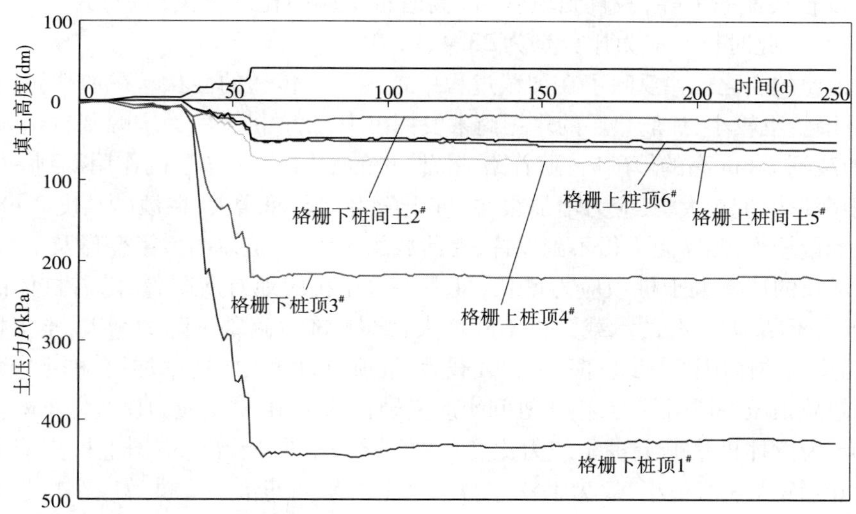

图 4-144 搅拌桩区土压力变化过程曲线图

好的加筋作用。另外,桩身变形模量比桩间土变形模量大,其应力的变化受外部荷载的影响要大于桩间土,因此,在应力扩散的情况下,桩顶应力增长和衰减的幅度明显大于桩间土。

④相对于格栅下桩土应力的变化来说,格栅上桩土应力的变化较稳定。

⑤在等载阶段,由于受雨水的影响,不同位置处的静土压力均有较小的变化。另外,由于桩间土排水固结作用,土体的强度不断加强,桩间土应力也缓慢地上升,表现为应变硬化。但总体上,在此期间,桩土应力基本处于稳定状态。

(2)桩土应力比分析

图 4-145 是本研究段搅拌桩格栅下桩土应力比变化曲线图,由图可看出:

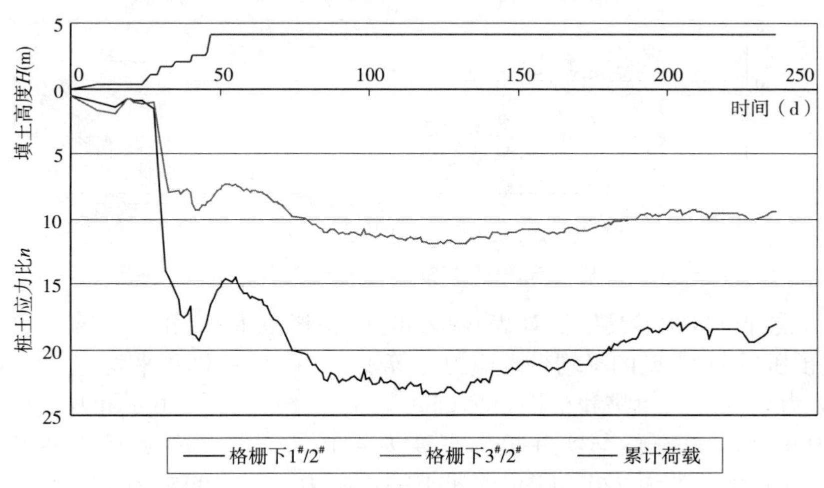

图 4-145 搅拌桩区格栅下桩土应力比变化曲线图

①格栅 1#/2#桩土应力比大于 3#/2#桩土应力比,但两条桩土应力比曲线的变化趋势较一致。

②在填砂高度较低时,桩土应力比较小;填砂 1. 6m 高后,桩土应力比随填砂高度增加而迅速增大,并在填砂高度 2. 48m 时达到一个小的峰值,此时桩土应力比分别为 19. 4、9. 3;随后

桩土应力比以较快速率下降，一直到填砂 4m 高时桩土应力比才逐渐增加，并于一段时间后达到另外一个峰值，此时桩土应力比分别为 23.4、12.0。

桩土应力比的变化规律反映了在加载过程中桩土应力传递的性状。在加载初期，由于荷载较小，路基沉降量也较小，加筋垫层的作用尚未发挥出来，此时桩土应力增幅基本相同，桩土应力比较小；当加载到 1.6m 高的填砂后，随着路基沉降量的增加，加筋垫层的作用得到一定程度的发挥，桩身由于变形模量较大，其应力增加很快，桩土应力比迅速增大；在填砂高度 2.48m 达到后，由于桩的沉降量较小，侧摩阻力得不到发挥，在荷载的作用下，桩体产生了变形及下沉，造成期间桩间土应力增长的速率大于桩顶应力增长，桩土应力比相应地有所降低；随着桩体的变形及下沉，桩侧摩阻力不断增大，桩的承载力也不断增大，此时，随着路基沉降的增大，土工格栅的拉应力增加，加筋垫层的作用进一步发挥，施加载载后，桩顶应力增长的速率加快，桩土应力比则表现为上升。在超载预压一段时间后，由于桩间土应变硬化的作用，桩土应力比缓慢下降。

图 4-146 为搅拌桩格栅上桩土应力比变化曲线图，由图可看出，格栅上桩土应力比的变化过程比较简单，而且其值很小，仅为 1.0 左右。这主要是加筋垫层土拱效应及拉膜效应作用的结果。在加载阶段，格栅上桩土应力比随荷载的增加有较小幅度的增加，在一次性加载 1.38m 填砂时，桩土应力比并没有明显的上升，而是在经过较小的增长后转入缓慢下降阶段。这是由于桩身强度比桩间土高，因此在加载期间桩土应力比不断上升；而在等载阶段，随着桩间土强度的不断增加，桩土应力比表现为缓慢下降。

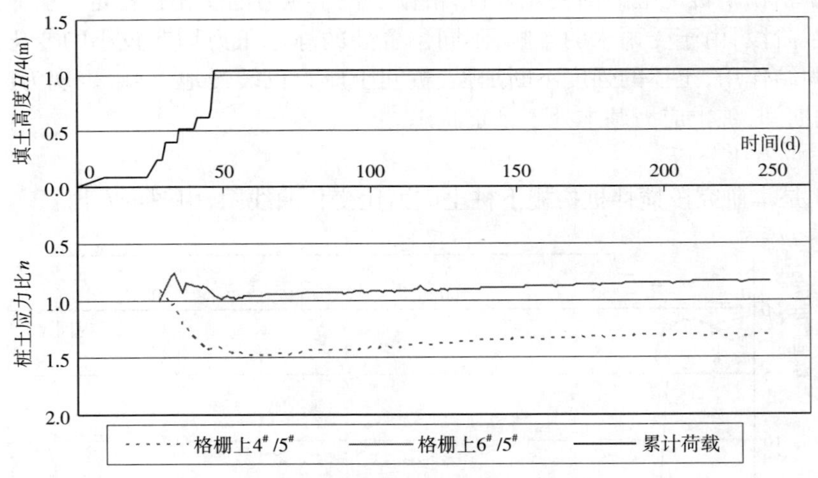

图 4-146　搅拌桩区格栅上桩土应力比变化曲线图

表 4-30 为搅拌桩区填砂高度反算表，由表可知，格栅下 1#/2# 和 3#/2# 桩土应力比相差较大，按照超载预压后期 1#/2# 的平均桩土应力比等于 20.4 计算，桩顶平均应力为 428.7kPa，桩间土平均应力为 21.0kPa，单桩和单桩处理桩间土面积分别为 0.196m^2 和 0.739m^2，反算得到的填砂厚度为 6.26m，这显然与实际填砂高度为 4.16m 不符。按照 3#/2# 桩土应力比等于 10.5 计算，桩顶平均应力为 220.8kPa，桩间土平均应力为 21.0kPa，反算得到的填砂厚度为 3.7m，考虑到格栅的应力扩散作用，反算得到的填砂厚度是比较合理的结果，因此，格栅下桩土应力比 3#/2# = 10.0 左右是比较合理的。此时，格栅下桩土荷载比 2.80，桩顶荷载为 46.3kN，这与搅拌桩设计承载力 100kN 还相差甚远；土工格栅上侧（相当于无土工格栅时）4#/5# 和 6#/5# 平均桩土应力比为 1.1，桩土荷载比 0.29，桩顶荷载为 12.4kN。

搅拌桩区填砂高度反算表　　表 4-30

位置	编号	桩顶土压力(kPa)	桩间土压力(kPa)	桩土应力比	实际填砂高度(m)	反算填土高度(m)	桩土荷载比	桩顶荷载(kN)	备注
格栅下	1#/2#	428.7	21.0	20.4	4.16	5.86	5.41	84.03	
	3#/2#	220.8	21.0	10.5	4.16	3.46	2.79	43.28	
格栅上	4#/5#	76.6	57.3	1.3	3.86	3.37	0.35	15.01	
	6#/5#	50.0	57.3	0.9	3.86	3.07	0.23	9.80	

根据以上计算结果可知,加筋垫层向每根桩转移荷载 33.1kN,占桩顶荷载的 71.5%。可见,由于土拱效应及拉膜效应的双层作用,加筋垫层复合地基桩土受力的作用非常明显。因此,为了减小垫层的厚度,同时又能起到协调变形的作用,必须在垫层中铺设土工格栅。

对比广佛高速公路扩宽工程(采用粉喷桩、填土 4m 高、聚合土工格栅,桩土应力比 4 ~6),本工程中的钢塑土工格栅协调桩土受力的作用更强。

(3)桩土应力比随沉降变化关系

图 4-147 是搅拌桩区桩土应力比曲线与沉降曲线对比图,从图中可看出,桩土应力比与沉降有很好的对应关系。在加载期间,桩土应力比基本随沉降的增大而增加;在格栅下桩土应力达到第一个峰值并不断下降期间,桩身和桩间土压缩变形速率较大,也就是桩侧摩阻力迅速增大的阶段,正是桩土发生相对位移使桩的承载力提高,导致桩土应力重新分配才出现了桩土应力比的第一个峰值;在等载预压的前期,沉降速率较大,桩土应力比则表现为缓慢上升,随着沉降的增加,桩间土在应变硬化的作用下,承受的应力越来越大,桩土应力比也随之逐渐减小。此外,桩顶沉降量与桩间土沉降量基本一致的现象反映出垫层的刚性较大,这是由于钢塑土工格栅的加筋作用明显,提高了垫层刚度的结果。

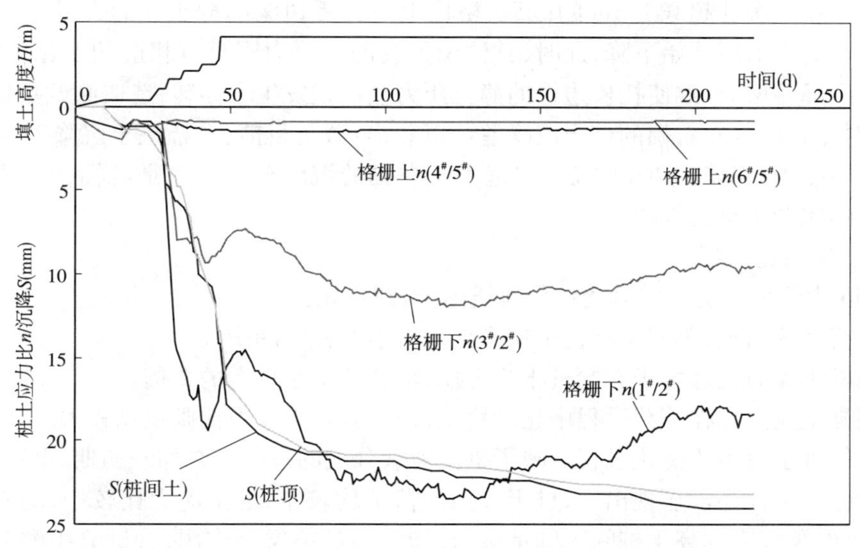

图 4-147　搅拌桩区桩土应力比曲线与沉降曲线对比图

2)管桩

(1)应力变化规律

图 4-148 是管桩区左幅静土压力变化过程曲线图,由图可知:①随着填砂高度的增加,不同位置处的静土压力均有不同幅度的增长;②不同位置桩间土土压力数值小,增幅也小,并且在等载期间均有不同幅度的下降;③托板上的土压力随着填砂高度的增加快速增长,在等载期间随着沉降的增大而缓慢增长;④格栅上托板边的土压力在等载后期逐渐下降,而其他位置处的土压力则没有相应的变化,可能是由于随着等载时间的延长,桩土沉降差逐渐增大,致使该土压力盒的位置发生了偏转,造成测试数据不准的缘故。

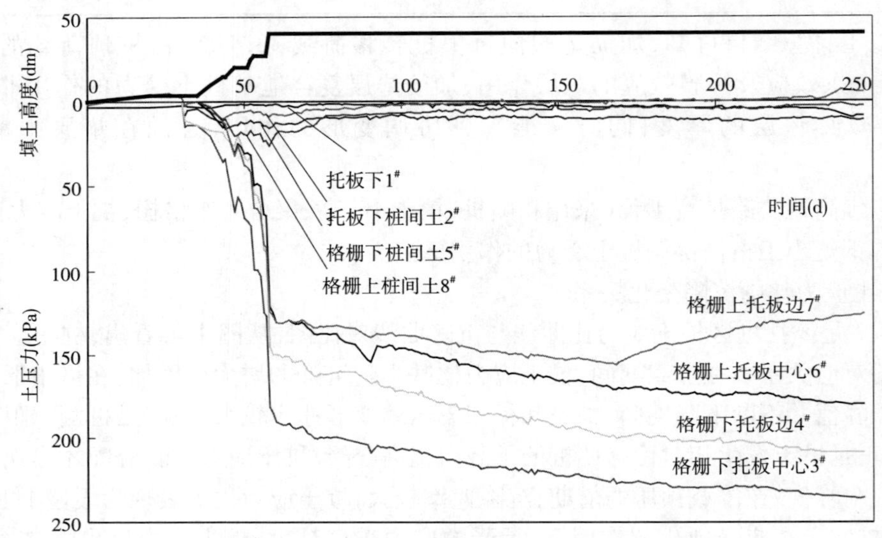

图 4-148 管桩区左幅静土压力变化曲线图

图 4-149 是管桩区右幅静土压力变化过程曲线图,管桩区右幅静土压力的变化情况与左幅基本一致。在一次性超载 1.3m 的砂后,格栅上下托板边缘的静土压力在经过小幅的上升达到一个较小的峰值后开始下降,此时,其他位置处的土压力则没有相应的变化。因此,可能是由于桩土沉降差增大,致使托板边缘的静土压力盒位置发生了偏转,造成测试数据偏小的缘故。此外,对比管桩区左右幅的桩土沉降差可以看出:截至目前,左幅桩土沉降差为 21mm,而右幅桩土沉降差为 64mm,右幅的沉降差远大于左幅的沉降差。这也是右幅托板边缘的土压力下降的时间比左幅早的缘故。

(2)桩土应力比分析

图 4-150 为管桩区桩土应力比变化曲线图,由图可知:

①随着荷载的增加,不同位置桩土应力比均有不同程度的增大。

②左幅桩土应力比远大于右幅桩土应力比,前者几乎是后者的 2 倍。

③右幅桩土应力比在等载过程中比较稳定,而左幅桩土应力比则跳动较大。

管桩区的桩土应力比变化过程反映了桩土荷载分配的过程。在加载初期,上部荷载较小,管桩高承载力的特性还没显现出来,桩土分担的荷载均较小,桩土应力比较小;随着荷载的增加,由于管桩的承载力远高于桩间土的承载力,加上加筋垫层的作用,管桩分担的荷载也就越来越多,桩土应力比也就越来越大;在等载期间,受沉降的影响,桩土荷载稍有调整,桩土应力比在此期间也有一些较小的变化。

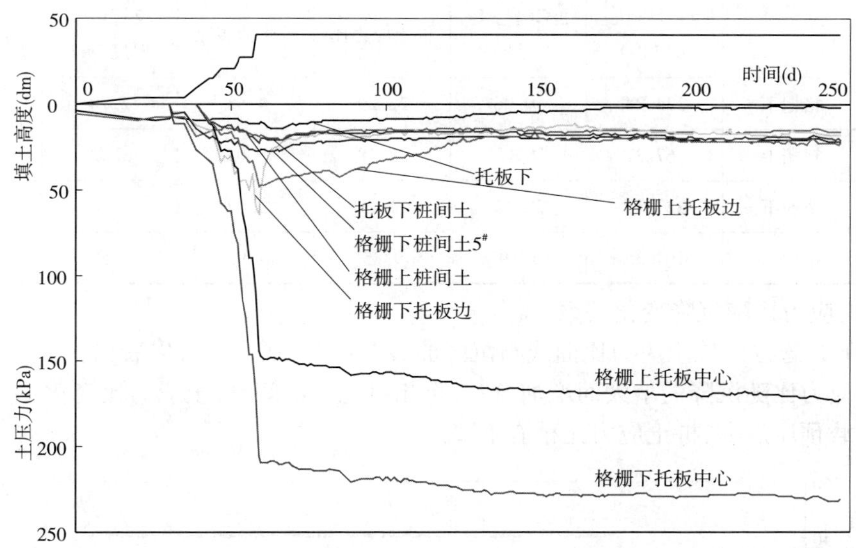

图 4-149 管桩区右幅静土压力变化曲线图

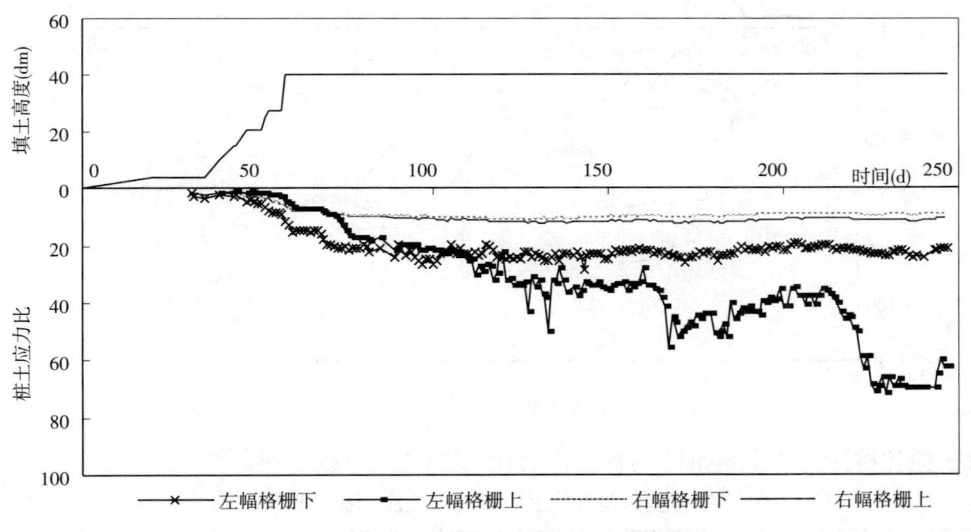

图 4-150 管桩区桩土应力比变化曲线图

表 4-31 为管桩区等载期间桩土应力一览表,由表可知:

①右幅反算填砂厚度和实际填砂厚度基本吻合,而左幅由于桩间土土压力测试值偏小,反算填砂厚度与实际填砂厚度相差较大,表明右幅土压力测试结果的准确性较高,而左幅桩间土土压力测试结果存在一定的误差。

②桩顶荷载较小,最大仅为 227. 18kN。

③左幅加筋垫层向桩顶转移荷载 51. 87kN,占桩顶荷载的 23. 1%;右幅加筋垫层向桩顶转移荷 54. 7kN,占桩顶荷载的 24. 1%,由此可见加筋垫层协调变形的作用较明显。

④桩土应力比较大,而且格栅上下桩土应力比相差不大。

管桩区等载期间桩土应力一览表　　表 4-31

位置		桩顶土压力(kPa)	桩间土土压力(kPa)	桩土应力比	桩土荷载比	反算填砂厚度(m)	实际填砂厚度(m)
左幅	格栅下	224.24	10.06	22.29	4.68	2.78	3.5
	格栅上	167.27	4.37	38.28	8.04	1.92	3.2
右幅	格栅下	227.18	20.13	11.29	2.37	3.30	3.5
	格栅上	167.35	17.9	9.35	1.96	2.58	3.2

(3)桩土应力比随沉降变化关系

图 4-151 为管桩区桩土应力比曲线与沉降曲线对比图,从图中可以看出:

①桩土应力比随沉降的增大而增加,在沉降相对稳定期间,桩土应力比变化不大。

②在等载预压后期,桩土应力比稍有下降。

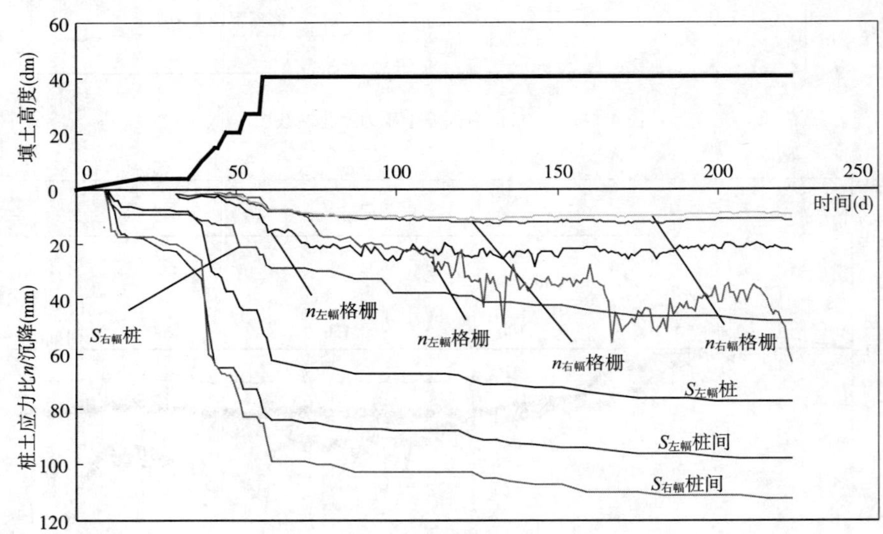

图 4-151　管桩区桩土应力比曲线与沉降曲线对比图

对比搅拌桩区与管桩区沉降与桩土应力比(表 4-32)可以发现:

搅拌桩区与管桩区沉降与桩土应力比对比表　　表 4-32

分区		桩顶沉降量(mm)	桩间土沉降量(mm)	格栅下桩土应力比	格栅上桩土应力比	反算填砂厚度(m)	实际填砂厚度(m)
搅拌桩区		116	120	10.10	1.10	3.46/3.07	4.16/3.86
管桩区	左幅	77	98	22.29	38.28	2.78/1.92	3.5/3.2
	右幅	48	112	11.29	9.35	3.30/2.58	3.5/3.2

注:表中"*/*"代表"格栅下/格栅上"填砂厚度。

①管桩区的桩间土沉降量稍小于搅拌桩区桩间土的沉降量,而管桩桩顶沉降则远小于搅拌桩桩顶沉降。

②搅拌桩区桩与桩间土的沉降基本一致，而管桩区桩与桩间土的沉降相差较大，这也表明了搅拌桩与管桩是两种不同类型的桩体，搅拌桩是柔性桩，而管桩是刚性桩。

③桩顶设置强度较高的土工格栅时，建议搅拌桩桩土应力比取10，管桩的桩土应力比根据托板尺寸、桩间距、桩端土层等因素在11～22之间取值。

4.9.4　结论

根据以上桩土应力比的分析，可以得到以下几点结论：

(1)桩土应力比随填土高度的增大而增大。预压期，总体上桩土应力比随时间增加而增大。

(2)格栅下部的桩土应力比大于格栅上部的桩土应力比，说明了复合地基加筋垫层协调桩土荷载比的作用非常明显。搅拌桩区格栅上、下的桩土应力比相差很大，而管桩区格栅上、下的桩土应力比相差不大。复合地基设计时应采用格栅下部的桩土应力比。

(3)桩顶设置强度较高的土工格栅时，建议搅拌桩复合地基桩土应力比约为10，桩土荷载比约为3.46；管桩复合地基的桩土应力比(指托板顶面处)为11～22，桩土荷载比为2.37～4.68。

(4)与其他试验相对比表明，采用受压面积较大的土中土压力盒测试桩土应力比效果较好。

(5)管桩桩顶设置托板有利于提高桩土荷载比。为协调桩土变形，桩间距宜取2m左右，桩顶应设托板和土工格栅。

4.10　关于加固深度的探讨

4.10.1　存在的问题

据工程地质勘察资料，佛山一环绝大部分路段的软土呈两层分布，地面下0.5～10m范围内分布的第1层软土厚4～12m，压缩模量约为3.04MPa。地面下17～27m范围内分布的第2层软土厚3～10m，压缩模量约为3.75 MPa。两个软土层中间夹砂层厚度约为10m，压缩模量约为14.2 MPa。

在研究方案确定及以后全线软基处理方案讨论时，对是否需要对第2层软黏土进行地基处理一直存在争议。由于路基宽度较大，填土荷载在第2层软土处产生的附加应力仍然较大，按照理论计算特别是按照压缩模量计算时，第2层软黏土的压缩量较大，不进行处理会造成工后沉降较大。

研究段总体上未加固第2层软黏土，只在管桩区左幅采用长短桩进行处理。下面根据研究的试验成果分析是否需要加固第2层软土。

4.10.2　加固深度探讨

由上述可知，掌握下部软土在较低填土荷载下的变形性状是解决软土加固深度这个问题的关键。下面将结合研究段的地层分布情况，根据实测的沉降、孔隙水压力及侧向位移来分析下部软土的变形性状，以此解决加固深度的问题。

研究段地层分布如表4-33所示，据表可知，研究段普遍分布有两层软土，中间夹砂层厚度约为10m。表中第6层地层为本研究段第2层软土。

研究段地层分布一览表　　表4-33

序　号	土层名称	厚度(m)					
		塑料排水板区	搅拌桩区	管桩区	电渗区	袋装砂井区	强夯区
1	填筑土	0.8	0.8	0.6	0.4		
2	亚黏土	2.0	2.0	2.2	2.4	2.8	3.2
3	淤泥质土	5.6	5.6	6.0	5.6	5.6	4.0
4	亚黏土	2.0	2.0	2.2	2.0		
5	粉砂	10.0	8.2	7.8	7.8	9.2	10.4
6	淤泥质土	8.4	10.0	10.4	10.4	10.0	9.2
7	亚黏土	6.4	6.8	7.2	7.2	8.2	8.4
8	卵石	9.0	9.2	9.2	9.2	9.6	10.4

1)沉降分析

(1)表面沉降

由本章前面的介绍可知,在填土高度为4m的情况下,本研究段只针对第1层软土进行加固处理时,经过半年的超载预压后,各区均已达到了卸载要求,根据实测沉降资料推算的工后沉降量较小,最大值仅为49.2mm。由第2层软土最厚的动力固结区预压期的沉降也可以看出第2层软土沉降量不大。因此,从研究段的实际情况来看,填土高度小于4m时,可以不考虑加固第2层软黏土。

管桩区右幅全部采用12m长的管桩,左幅12m长的管桩与32m长的管桩间隔设置。从管桩区左右幅的表面沉降看,左幅与右幅软土厚度基本相同,但是左幅的表面沉降稍大于右幅沉降。由此可见,第2层软土是否处理对表面沉降基本没有影响。

(2)分层沉降

表4-34为研究段部分分区沉降情况一览表。由表可知,除袋装砂井区外(该区域分层沉降管测量异常),第2层软土总压缩量占表面沉降较小,最大47mm,约占总沉降量的20%。此外,第2层软土填土期间的压缩量占其总压缩量的70%以上。因此,根据分层沉降监测数据,可以得到以下结论:在填土高度小于4m的情况下,第2层软土虽然发生了一定的压缩变形,但主要是发生在填土期间,因此,不需对第2层软土进行加固处理。

研究段部分分区沉降情况一览表　　表4-34

分区	厚度(m)	埋深(m)	第2层软土压缩量(mm)			表面沉降(mm)	第2层软土总压缩量占表面沉降百分比(%)
			填土期间压缩量	总压缩量	填土期间压缩量占总压缩量百分比(%)		
塑料排水板区	8.4	20.4	39	47	83.0	265	17.7
搅拌桩区	10.0	18.6	18	24	75.0	120	20.0
电渗区	10.4	18.2	21	30	70.0	228	13.2
袋装砂井区	10.0	17.6	96	107	89.7	196	54.6

2)孔隙水压力分析

本研究段管桩区、电渗区及强夯区第2层软土内均埋设了孔隙水压力计,具体测试情况如图4-152~图4-154所示。

由图可知,上述3个分区在每级加载时,第2层软土的孔隙水压力均有所增长(深度大于15m的曲线均为第2层软土的孔压),表明在加载时,部分附加应力传递到了第2层软土。但对应加载时的孔压增量较小，最大值仅为29.4kPa，而且消散得很快。由于第2层软土压缩模量较大、自重压力和前期固结压力均较大，虽然填土荷载在第2层软土产生附加应力，但是产生的压缩变形比较小。

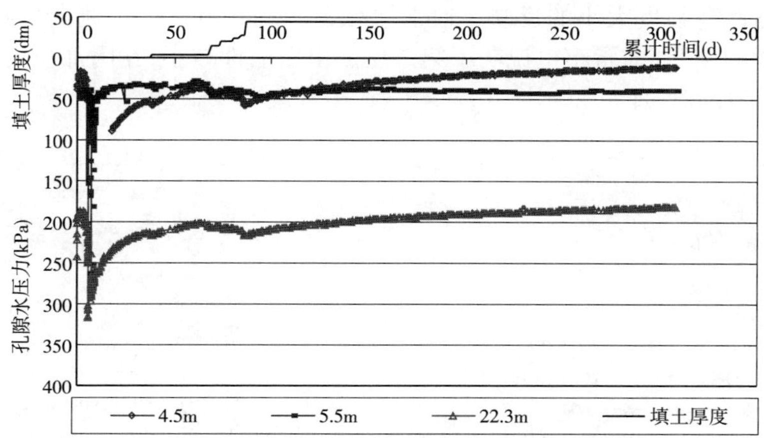

图4-152　管桩区路基中间孔隙水压力变化曲线图

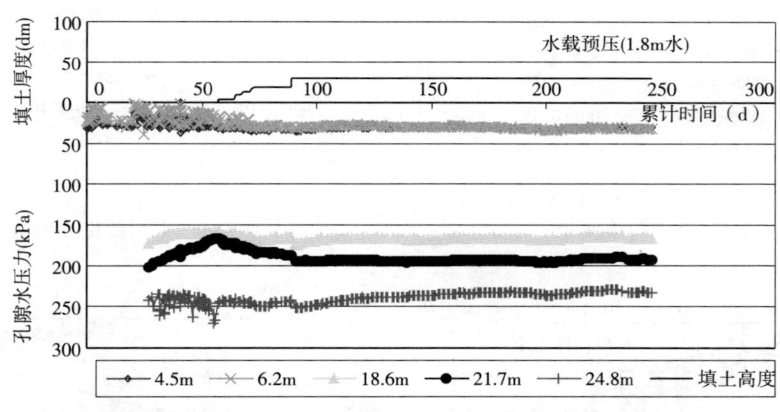

图4-153　电渗区路基中间孔隙水压力变化曲线图

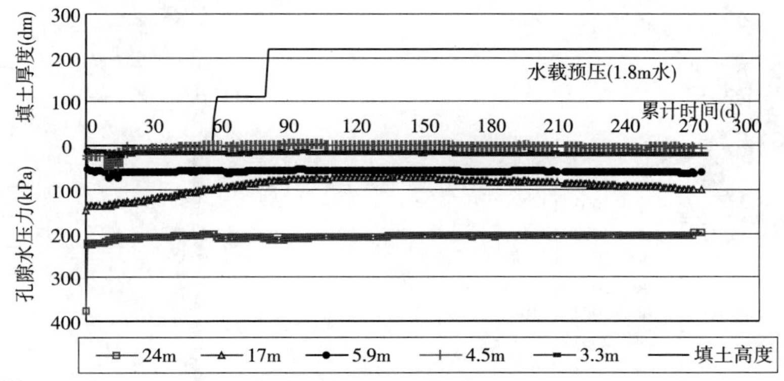

图4-154　强夯区路基中间孔隙水压力变化曲线图

3）侧向位移

图4-155～图4-158为本研究段侧向位移曲线图。据图可看出，本研究段侧向位移主要发生在第1层软土深度范围内，而第2层软土的侧向位移基本为零。管桩区第2层软土的侧向

位移主要是管桩施工时的挤土效应所引起。结合孔隙水压力数据，在路基填土较低（小于4m）的情况下，路基荷载虽然传递到第2层软土，但引起的第2层软土的侧向位移很小。侧向位移是土体压缩性和强度大小的反映。通常情况下，竖向变形越大，侧向位移越大。因此，第2层软土处的侧向位移非常小也说明了第2层软土压缩性较小，在附加应力作用下压缩量较小，不需要进行加固处理。

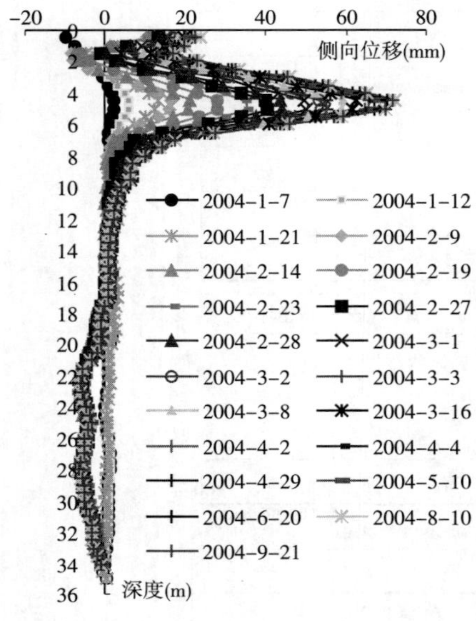

图4-155 塑料排水板区侧向位移曲线图

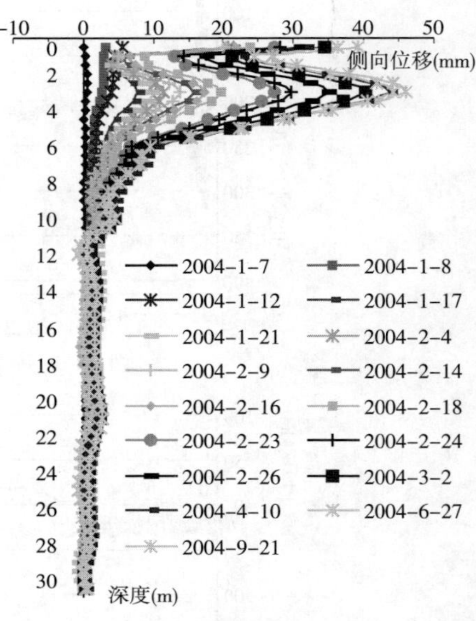

图4-156 袋装砂井区侧向位移变化曲线图

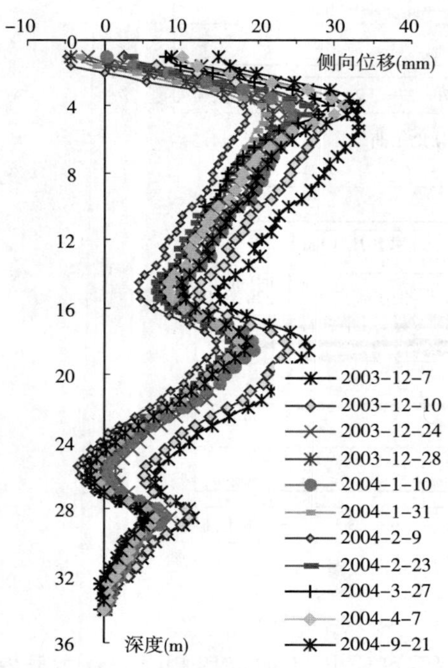

图4-157 管桩区侧向位移曲线图

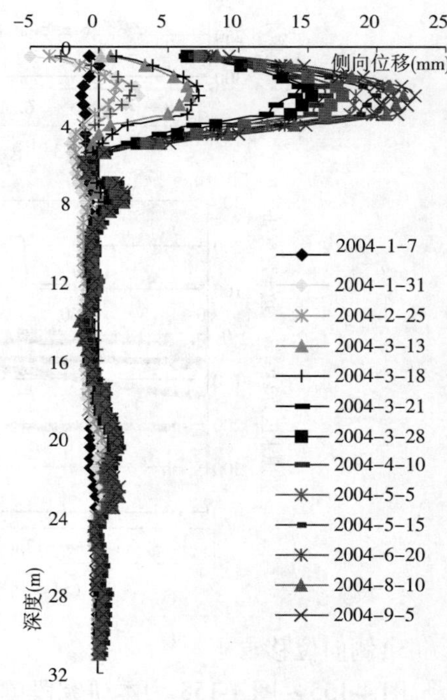

图4-158 电渗区侧向位移曲线图

4.10.3　结论

由本研究段的试验成果综合分析，4m 高的填土荷载虽然在第 2 层软土中产生了附加应力，但是对顶面埋深在地面下 17m 左右、厚度为 3～10m 的第 2 层软土可以考虑不进行加固。

4.11　封顶土施工技术的探讨

4.11.1　概述

填砂路基能保证的压实度在 93% 左右。为了保证填砂路堤路床压实度和回弹模量满足设计和规范要求，通常采用低液限的黏性土或石粉、碎石等作为封顶土，封顶土通常厚0.5～0.8m。

珠江三角洲地区黏土、石粉、碎石紧缺，单价很高，是影响公路工程造价的重要因素之一。

由于封顶土的位置在等载、超载以下，如果在设计位置施工封顶土，经过预压后的封顶土位置将低于其设计位置，卸载后需要补充封顶土。目前，封顶土常用的施工方案有：

（1）方案一（卸载后施工）

预压时在封顶土位置填砂，封顶土在卸载后施工。这种方案的优点是封顶土的位置易于保证，缺点是封层土位置处砂的填筑和卸除会增加工程造价。

（2）方案二（预留沉降）

预留沉降，在等载前高于封顶土设计位置处施工，封顶土厚度适当加厚，卸载时"多铲少补"。这种方案的优点是节约造价，缺点是需要测算预留沉降值。

下面将论证方案二的可行性和预留沉降方法。

4.11.2　沉降与填土厚度的关系

可以证明，路中线处 z 深度处的竖向附加应力 σ_z 与填土高度 h 的关系为：

$$\sigma_z = \frac{\gamma}{\pi}\left[\frac{B}{m}\arctan\left(\frac{B}{2z}\right) - \frac{B-2mh}{m}\arctan\left(\frac{B-2mh}{2z}\right)\right] \tag{4-35}$$

式中：γ——填土重度；

B——路基底宽；

m——坡率。

对 B、m 取各种数值，计算表明，当 $B > 2hm$（即路基顶宽大于 0）时，竖向附加应力与填土厚度的关系曲线如图 4-159 所示，即路中线 z 深度处的竖向附加应力与填土高度成正比。

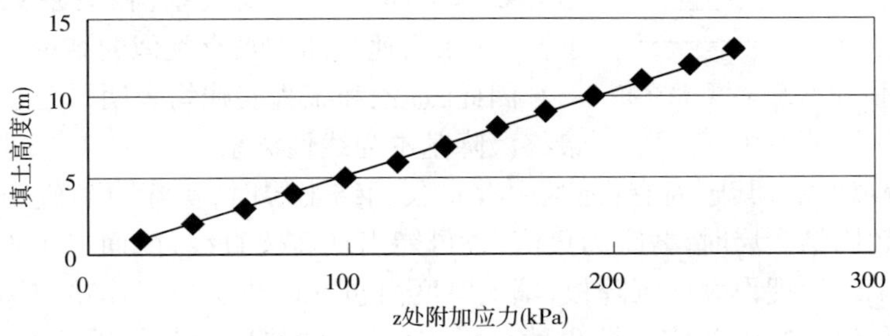

图 4-159　z 处附加应力与填土高度关系图

图 4-160 是广珠西线试验段试验段最终沉降 S—填土厚度 T 的关系曲线。图中最终沉降由式(4-36)计算得到:

$$S = S_t / U_t \tag{4-36}$$

式中:S_t——t 时的实测沉降;

U_t——t 时的平均固结度,由孔压测试资料得到。

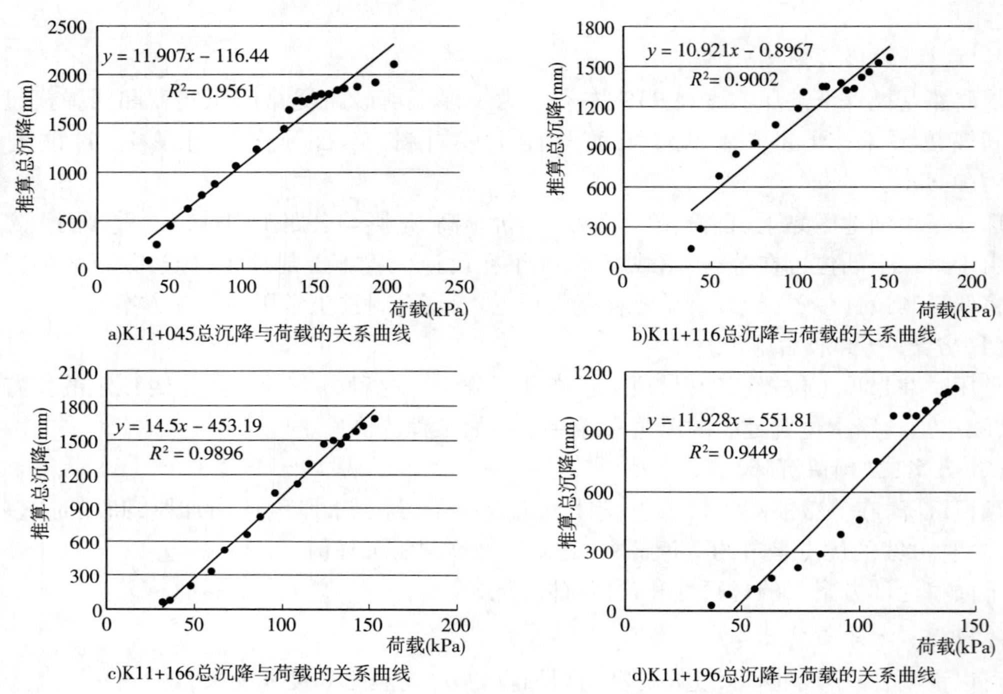

图 4-160　广珠高速公路西线试验段最终沉降与填土厚度的关系曲线

图 4-161 是根据江中试验段监测资料整理得到的填土荷载×平均固结度与其对应的沉降的关系曲线。固结度根据孔压实测资料得到。

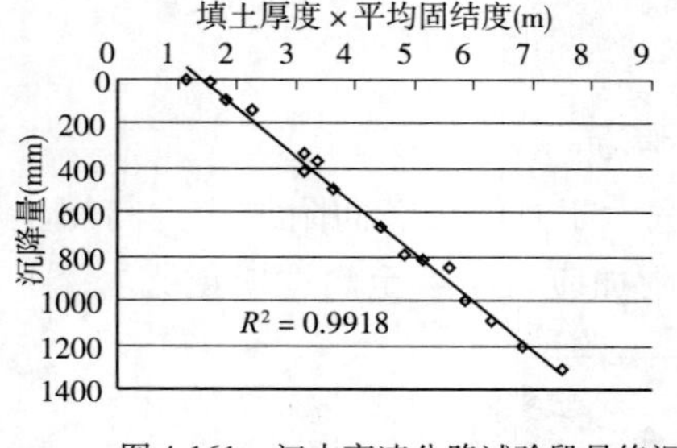

图 4-161　江中高速公路试验段最终沉降与填土厚度的关系曲线

经验证明,采用反比曲线法可以利用较短时间内的沉降观测资料得到各级荷载对应的最终沉降 S 。

图 4-160、图 4-161 表明,对于同一工程地点,路中线处各层填土下填土厚度与其对应的推算最终沉降或沉降与有效填土厚度呈直线关系,相关系数均较高(0.9 以上)。多条高速公路均具有类似的结论。

因此,理论和工程实践均表明,填土厚度与其对应的最终沉降基本为线性关系。

部分直线偏离原点,其原因有:地基中存在欠固结土层时,实际附加应力增大,截距为正值;地基中存在超固结土层时,截距为负值,也可能出现 2 段直线,前面一条直线斜率较小;当砂垫层、砂井施工之后埋设表面沉降板,填土厚度由包括砂垫层及工作垫层厚度时,部分沉降未测到,截距为负值。当砂井施工期也就是说工作层、砂垫层荷载作用下的沉降没有测量得到,或者(在水平荷载轴上有正截距)。

根据实测资料绘制最终沉降与填土厚度的关系曲线，得到拟合曲线方程：

$$S = \alpha(H + S) \tag{4-37}$$

式中：S——最终沉降；

H——与 S 对应的填土高度；

$H+S$——填土厚度，如图 4-162 所示。

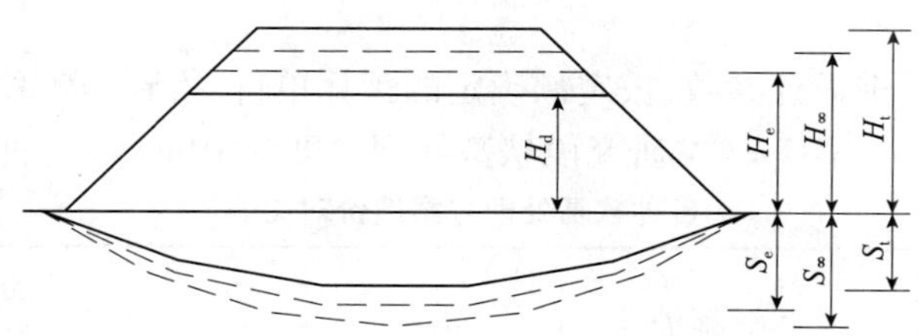

图 4-162　填土高度与沉降的变化示意图

4.11.3　预留沉降

1）等效填土高度 H_e

$$H_e = H_d - T_r + T_{re} \tag{4-38}$$

式中：H_d——设计路基高度，等于路面高程与原始地面高程之差；

T_r——路面厚度；

T_{re}——路面换算为填土的厚度。

将等效填土高度 H_e 代入式(4-37)求得 H_e 对应的主固结沉降 S_e 为：

$$S_e = \frac{\alpha H_e}{1 - \alpha} \tag{4-39}$$

2）封顶土预留沉降 S_y

设超载厚度为 T_o，根据式(4-37)，预留沉降量可以按照下式计算：

$$S_y = \alpha(H_e + S_e + T_o)U - S_t \tag{4-40}$$

式中：α——拟合曲线斜率；

S_t——施工封层土前的沉降；

U——固结度，可以根据孔压测试资料确定或者根据经验确定，也可以按照式(4-41)计算得到或者根据经验确定。

$$U = \frac{\sum_{i=1}^{n} T_i U_i}{\sum_{i=1}^{n} T_i} \tag{4-41}$$

式中：T_i、U_i——第 i 层土的厚度及其对应的固结度。

$$U_i = 1 - \alpha e^{-\beta t_i} \tag{4-42}$$

式中：t_i——第 i 层土对应的预压时间。

4.1.4　结语

（1）封顶土常规的施工方案有卸载后施工法和预留沉降法。

（2）理论和实践表明同一工点的沉降和填土厚度成正比，可以根据监测资料推算预留沉降量。

第5章　各方案造价分析

根据研究段软基处理设计参数、按定额确定的预算单价,得到的各种软基处理方案和超载方案的经济指标见表5-1、表5-2(本研究段软基处理深度为10m)。

各种软基处理方案造价对比表　　表5-1

序　号	加固方案	造价分析	
		单位面积造价(元/m^2)	排序
1	塑料排水板+钢塑土工格栅	84	2
2	搅拌桩+钢塑土工格栅	415	5
3	预应力管桩+钢塑土工格栅	426	6
4	电渗	117	4
5	袋装砂井+聚合土工格栅	80	1
6	塑料排水板+强夯	108	3

各种超载方案造价对比表　　表5-2

序　号	等超载方法	造价分析		备　注
		单位面积造价(元/m^2)	排序	
1	填砂	98.3	3	2m高填土
2	水载	50.0	2	相当于2m高填土
3	强夯	15.8	1	相当于2m高填土

由表5-1可看出,排水固结法的造价最低,而复合地基的造价最高,后者约为前者的5倍,综合考虑两者的工期及加固效果,建议在普通路段尽可能采用排水固结法,在建造物路段优先考虑采用复合地基法。强夯及电渗法的造价比排水固结法稍高,为复合地基法的1/4左右,从加固效果及预压时间来看,强夯法在本研究段的运用是非常成功的,且其造价也较低,因此,该法具备在全线推广运用的条件;而电渗法由于是第一次运用于公路软基加固工程中,在设计参数上存在一定的不足,但从加固效果来看,该法较排水固结法更能使软土地基在堆载预压期产生较大的沉降量,进而起到消除工后沉降的作用,而且该法的造价也较低,因此,该法在经过设计参数的改进后,也是一种软基加固处理的可选方案。但有一点值得提出的是该法也需要较长的预压时间,这对工期较紧的工程来说是不利的。

从表5-2可知,水载的造价为填砂超载的一半左右,而强夯法仅为填砂超载的1/6左右。从保护资源及环保的角度来看,水载和强夯比填砂的优势更明显。另外,对比强夯法及水载法,根据前面章节的论述可以知道:①对于含砂量很小的深厚软土地基,强夯法是很难施工的,其加固质量也难以得到保证，此外，强夯加固的深度也有较大的局限性，因此，强夯法有一定的适用范围；相比之下，水载法的适用性更广，只要附近存在河道或其他水资源供围堰蓄水就可以使用水载法进行超载预压。②强夯施工速度较快，后期路基填筑可以采用快率填土法，而且后期超载预压需要的时间也较短；水载法在蓄水加载过程中必须加强观测地基变形情况，必要时需分阶段进行蓄水，超载预压需要的时间较长。由上面的比较可以看出，强夯法和水载法各具优缺点，建议在使用时需根据实际情况，扬长避短地选用这两种超载方法。

第6章　结论与建议

6.1　排水固结部分

(1)本工程地基中夹砂层较多,软土固结系数较大,孔隙水压力消散较快。根据室内试验结果及监测资料反算的结果,该区第1层软土水平向固结系数建议值 $C_h = 4.5 \times 10^{-3} cm^2/s$,本工程适宜采用排水固结法为主的方案。

(2)地质勘查资料及研究段的监测资料表明,本工程的软土压缩性较小。软黏土厚度在3m以内,或者填土厚度(以m为单位)与软黏土厚度(以m为单位)之积小于10的路段,对软黏土可以不进行处理。此处的填土厚度指从水塘底算起至路面设计高程的厚度。

(3)对一般路段采用排水固结处理方案,对于软土厚度小于18m、填土高度小于5m的桥头路段或涵洞地基处理也可以考虑采用排水固结方案。建议采用袋装砂井作为竖向排水体,间距1.0~1.3m,工期紧的路段间距取小值。

(4)对水塘、废弃的河道填平后再施工砂垫层,确保砂垫层连续和砂井施工工作面平坦。易分解物质较少的水塘,可以采用填砂挤淤。

(5)研究段表明,堆载预压排出的孔隙水,主要通过鱼塘回填的粉细砂排出。对于填砂路基,砂垫层厚度可以适当减薄,建议采用0.3~0.5m,不必要设置盲沟或集水井,砂垫层不必设置路拱。

(6)研究段结果表明,塑料排水板与袋装砂井加固效果相同。鉴于施工管理与质量控制,结合以往本地采用袋装砂井处理软土地基的成功经验,建议本条线路采用袋装砂井。

6.2　搅拌桩复合地基部分

(1)10m左右长度的搅拌桩单桩承载力建议取100kN,复合地基承载力取120kPa。搅拌桩复合地基可以用于软土厚度小于12m、路基高度小于6m的桥头路段。桩顶应设置土工格栅。

(2)搅拌桩施工质量较难控制,为了控制质量,建议采用安装水泥用量自动计量装置的深层搅拌桩机。建议采用“四喷四搅”的施工工艺,并严格控制下沉和提升速度。如施工机械可行,可以采用“两喷两搅”的施工工艺。

(3)根据本研究段的 N_{10} 检测结果,N_{10} 检测可以作为施工单位的自检手段。建议取2d龄期的 N_{10} 作为检测标准;软土层范围内桩身 N_{10} 应大于桩间土 N_{10} 的1.5倍,并不得小于25击。

(4)质检单位宜通过抽芯、无侧限抗压强度、标贯、载荷试验进行质量评定。利用抽芯试样测试桩身强度时,建议参照江苏省高速公路建设指挥部的做法制定佛山一环搅拌桩质量检验与评价方法,并建议佛山一环软黏土层中的28d桩身强度按江苏省标准中强度的1.5倍进行评定,且其他土层强度必须达到设计强度。

(5)在本研究段的地质条件下,搅拌桩施工在桩周较大范围内的土体中产生超静孔压,但是桩周土强度变化不大。

(6)在存在送散砂层、结构性较强的软黏土层的地基中施工搅拌桩,桩位处土体结构破坏、扰动可能造成“沉桩”。

6.3　管桩复合地基部分

(1)管桩复合地基可以用于存在深厚软基、路基高度较大的桥头路段。综合考虑经济、技术,建议管桩直径采用取300mm,20m长的管桩单桩承载力取600kN。管桩桩顶设置托板有利于提高桩土荷载比。为协调桩土变形,桩间距宜取2m左右,桩顶应设托板和土工格栅。

(2)管桩与桩间土沉降不协调,桩间土沉降远大于桩顶沉降,桩身上部出现负摩擦,不可以按照刚性承台(基础)下的复合地基理论进行管桩复合地基设计。本文根据试验成果提出了路堤下刚性桩复合地基设计理论,通过本研究段的工程实践,证明该法具有较高的可行性。

(3)建议根据经验确定桩土应力比或桩土荷载比,根据桩土应力比或桩土荷载比确定的桩顶荷载和桩间土荷载。采用常规方法验算地基承载力,验算管桩沉降时,软土层底面以上为负摩擦。加固层的沉降计算建议采用 E_s 法,建议采用弹性理论确定下卧层顶面附加应力,采用分层总和法计算下卧层沉降。

(4)研究段表明,软土深厚时,管桩施工将引起较大的超静孔隙水压力。为减小挤土效应,当软土深厚时,建议管桩之间先施工袋装砂井;管桩跳桩施工,分2~3次施工完成。

6.4　动力固结部分

(1)研究段成功地采用动力固结法加固了软土地基。试验表明,对于夹砂层较多的路段,强夯产生的超静孔隙水压力消散较快,加固效果较明显,可以采用动力固结方法进行软基加固,并可以替代等超载。

(2)研究段强夯地震效应测试表明,距离建筑物100m以上、加固深度在10m以内的路段可以采用动力固结方法进行地基加固。

(3)建议第1遍的单击能量为50 t · m,每点夯击4次;第2遍的单击能量增加为100t · m,每点夯击5次;第3遍的单击能量增加为160t · m ,每点夯6击;满夯时每点夯击1次,单击能量为80t · m 。按该设计参数进行施工,有效加固深度为10m左右;其产生的沉降相当2m的填砂超载。

6.5　电渗部分

(1)研究段成功地试验了电渗法加固公路软土地基的施工工艺,制定了安全操作制度。

(2)土体电渗阻较大,电流密度小,需要的电渗时间60~90d。但是电渗后地基土体强度增加较为显著,路基可以快速填筑。

(3)经过电渗加固后,软土强度提高具有较明显的空间效应。异极之间,越靠近阳极的位置,软土力学性质增幅越大;同极之间,不同距离,软土力学性质增幅相差不大;阴极之间的软土强度增幅比阳极之间软土强度增幅大。对于类似本工程地质条件的软基,电渗电极间距取1~2m比较合理。

(4)电渗的特点类似真空预压,属于主动排水,可加快软土固结速率;与堆载联合应用可取得更好的加固效果。

(5)各监测断面的沉降分析结果表明,在超载作用下,经5~6个月的预压,其剩余沉降不足5cm,固结度均达到90%以上。

6.6 水载部分

(1)研究段成功地采用水载进行公路路基预压。水载预压水池宽度宜与路基顶面宽度相同,长度宜取50m左右。监测断面宜设置在相邻水池之间的围堰处。

(2)路基两侧围堰顶宽建议不小于2m。围堰采用砂或土填筑。采用砂时,应在围堰两侧码砌砂包保护围堰。

(3)建议采用1~2层厚度不小于0.12mm的密封膜。密封膜宜工厂胶合成一整块。密封膜基底不应有尖锐物。

(4)工程实践证实了水载预压法与堆载预压法效果相同,密封膜耐久性良好,加强管理可以确保其安全性,可大规模地应用于南方公路软基处理工程中。

6.7 综合部分

(1)复合地基中的土工格栅协调桩土荷载作用显著,褥垫层中应设置土工格栅。钢塑土工格栅协调桩土变形的性能优于聚合土工格栅,建议复合地基裖垫层中采用50-50以上的钢塑土工格栅。

(2)研究段进行了汽车荷载影响深度的测试。测试表明:汽车动荷载的影响深度约为3m,与车重、车速及传递介质有关。本工程中可以不考虑汽车荷载对工后沉降的影响。

(3)对于类似本研究段地质条件及填土高度的软基加固工程中,塑料排水板和袋装砂井排水固结法超载预压时间需3~5个月,而搅拌桩和管桩复合地基超载预压时间亦需1个月左右才能更好的满足工后沉降的要求。

(4)由本研究段的试验成果综合分析,4m高的填土荷载虽然在第2层软土中产生了附加应力,但是对顶面埋深在地面下17m左右、厚度为3~10m的第2层软土可以考虑不进行加固。

(5)根据本研究段各方案的施工实践,提出各方案施工质量控制与质检方法,详见第5章。

第九篇

佛山市中心组团新城区启动区首期道路软基试验工程总结报告

二〇〇五年十二月

目　　录

前　　言

佛山市中心组团新城区启动区位于佛山市乐从镇荷村北面，紧临吉利涌。该区首期道路属于佛山新城区市政道路工程的一部分，包括长约 13.9km 市政道路和 2 条隧道。滨河路宽 36m，路面高程 4.5～5.5m，大部分已经填完，新城一路宽 50m，路面高程 3～4.5m，基本未填筑。新城东一路宽 50m，新城西一路宽 40m。另外还包括 2 条宽 20m 的支路。

佛山市中心组团新城区启动区首期道路广泛分布着软黏土地基、松散的吹填砂等，需要进行地基处理。受佛山市中心组团新城区开发有限公司委托，根据西北市政工程设计院设计的“佛山市新城区启动区首期道路地基处理方案及前期试验设计”，我们进行软基试验段的试验与测试工作。

第1章　搅拌桩复合地基

佛山市新城区启动区道路沿线分布有大量的深厚软土层,若采用排水固结法＋超载预压进行软基处理,其沉降量大、工期长且土体稳定性不易控制。鉴于搅拌桩复合地基在高速公路软基加固中的优点已被人们认可,但是其受施工设备和施工工艺的限制,搅拌桩在桩长、强度等方面的控制存在一些困难,质量得不到保障。为了保证桩身强度、道路工后沉降等满足设计要求、验证搅拌桩复合地基及其结合排水固结、超载预压等在软基处理上的效果,为设计提供可靠的设计依据,中国市政工程西北设计研究院与佛山市新城区路桥建设有限公司在全线选择典型路段作为软基处理试验段。

搅拌桩区位于ZK15附近,试验面积共1200m^2,按施工工艺、桩长、掺灰量、置换率、预压形式不同共分为8个处理小区。

1.1　工程地质条件

为弄清搅拌桩区地质条件,便于更好地对比分析采用各种设计参数的搅拌桩进行软基加固前后地基土体的强度变化及软基处理效果,我们在软基加固前进行了双桥静力触探补充勘察,其孔位布置图及工程地质剖面图分别如图1-1～图1-3所示。

根据静力触探资料,地基土体自上而下含有以下土层:

①细砂:主要由吹填细砂组成,分布在整个场地,厚度2.5～4.6m,平均厚度3.27m;锥尖阻力0.85～7.91MPa,平均2.98MPa;侧摩阻力1.1～60.7kPa,平均13.7kPa。

②淤泥:厚度2.4～4.4m,平均厚度3.47m;层底埋深6.5～7.0m,平均6.75m;锥尖阻力0.02～1.03MPa,平均0.32MPa;侧摩阻力1.8～19.7kPa,平均7.5kPa。

③细砂:厚度1.7～3.1m,平均厚度2.43m;层底埋深8.6～9.8m,平均9.17m;锥尖阻力0.56～12.33MPa,平均5.5MPa;侧摩阻力9.4～50kPa,平均24.6kPa。

④淤泥:厚度4.9～9.2m,平均厚度6.5m;层底埋深14～19m,平均15.7m;锥尖阻力0.02～0.67MPa,平均0.26MPa;侧摩阻力1.1～15.5kPa,平均5.4kPa。

⑤淤泥质土:厚度3.4～6.7m,平均厚度5.4m;层底埋深20.1～22.4m,平均21.1m;锥尖阻力0.02～1.33MPa,平均0.54MPa;侧摩阻力1.5～19.7kPa,平均7.4kPa。

⑥亚黏土:未见底。

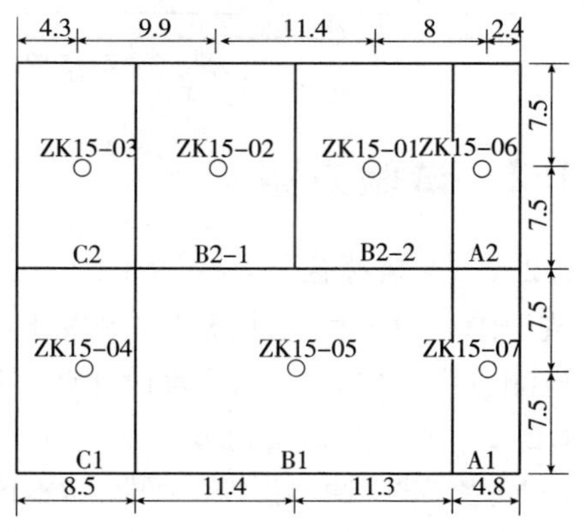

图1-1　搅拌桩区补充勘察静力触探孔位布置图(尺寸单位:m)

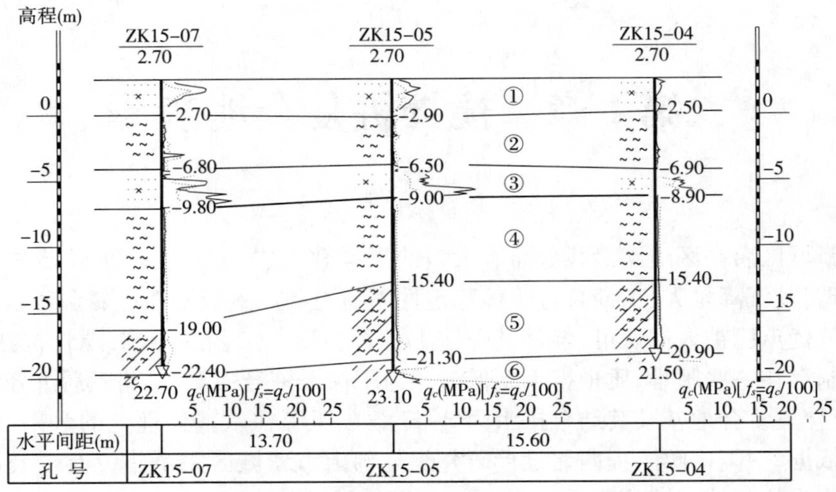

图 1-2 ZK15 附近搅拌桩区(J2 区)工程地质剖面图

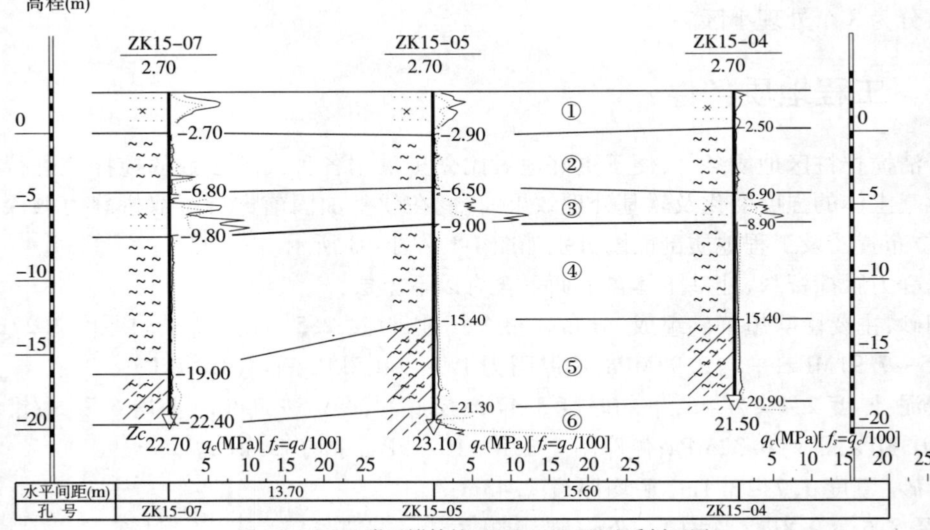

图 1-3 ZK15 附近搅拌桩区(J1 区)工程地质剖面图

1.2 试验方案

1.2.1 试验分区

按中国市政工程西北设计研究院提出的《佛山市新城区启动区首期道路软基处理前期试验与检测方案》及《软基试验段设计调整说明》，本搅拌桩区所采用的试验方案为见表 1-1。

1.2.2 监测与试验内容

按“方案”与“调整说明”要求，对本区试验内容包括：

(1)搅拌桩成桩 3d 内需采用轻便触探或静力触探进行桩身均匀性跟踪检测，并与桩间土、天然土进行强度对比，对搅拌桩施工质量进行初步判定。

(2)试桩前进行水泥土配比试验。成桩 28d 对不同工艺试验桩进行钻孔抽芯及抗压强度试验,与室内配比试验成果进行对比分析。

(3)对 A1、A2、B1 区分别进行 2 个单桩载荷试验、1 个复合地基、1 个桩间土、1 个天然地基载荷试验。

搅拌桩区软基处理试验方案　　表 1-1

编号		试 验 方 案	试验面积(m^2)
J1	A1	喷浆搅拌,掺灰量 15%,桩长 12m,桩径 50cm,桩距 1.4m,梅花形布置	75
	B1	喷浆搅拌,水灰比 0.5,靠近 A1 区四排桩掺灰量 12%,其余掺灰量 15%,桩长 20m,桩径 50cm,桩距 1.2m,梅花形布置	330
	C1	喷浆搅拌,水灰比 0.5,长短桩布置,掺灰量 15%,长桩 20m,短桩 12m,桩径 50cm,桩距 1.2m,梅花形布置	135
J2	A2	喷粉搅拌,掺灰量 15%,桩长 12m,桩径 50cm,桩距 1.2m,梅花形布置,桩间设排水板,并超载预压	75
	B2-1	喷浆搅拌,水灰比 0.5,掺灰量 15%,桩长 15m,桩径 50cm,桩距 1.2m,梅花形布置。桩间设排水板,并超载预压	165
	B2-2	喷粉搅拌,掺灰量 15%,桩长 15m,桩径 50cm,桩距 1.2m,梅花形布置。桩间设排水板,并超载预压	165
	C2	喷粉搅拌,掺灰量 15%,桩长 12m,桩径 50cm,桩距 1.4m,梅花形布置	135

1.2.3　搅拌桩区施工试验进度简介

(1)施工进度

浙江省宁波市政工程集团有限公司承担试验段的施工任务。自 2004 年 12 月 8 日进行试桩,截至 2005 年 1 月 18 日已完成本区搅拌桩及塑料排水板的施工。

(2)试验进度

我们自 2004 年 12 月 8 日进场,严格按设计方提出的《佛山市新城区启动区首期道路软基处理前期试验与检测方案》(以下简称《方案》)要求进行试验与测试。

1.3　试验成果与分析

1.3.1　静力触探检测结果

按《方案》提出的检测要求,搅拌桩施工过程中进行搅拌均匀性及低龄期强度检测,检测方法可采用轻便触探或静力触探法。根据以往一些工程实践,采用轻便触探的检测深度难以贯透整个桩身且与补充勘察的静力触探难以形成对比。因此,我司在试验中选用双桥静力触探法。如图 1-4 所示。

1)12m 浆喷搅拌桩

采用此类桩型的有 2 个小区,即 C1 区长短桩布置的短桩及 A1 区通过变更而来的浆喷搅拌桩,两者的设计参数均为掺灰量 15%,水灰比 0.5,桩径 50cm,桩长 12m。

(1)C1 区 12m 浆喷桩

成桩第 3d,对本区 12m 桩进行桩身均匀性及低龄期强度的检测,所检桩号分别为 G6、G8,桩间土于两桩之间,G6、G8 及桩间土静探孔距补勘时的静探孔不足 1m。图 1-5 和表 1-2 分别为两个桩身、1 个桩间土的静力触探曲线图及强度统计表。由于测试过程中探头侧摩测试元件堵塞,影响侧摩阻力测试,因此,3d 龄期测试仅包括锥尖阻力的对比。结果如下:

①桩间土的强度增幅以吹填砂层中最大，相对于天然土增加1.5倍，主要是由于施工机械对浅层松散砂层的振密压实作用造成。

②对于②层淤泥，桩身强度增加73%～174%不等。桩间土锥尖阻力增大184%，可能与该层土含砂量较大有关。

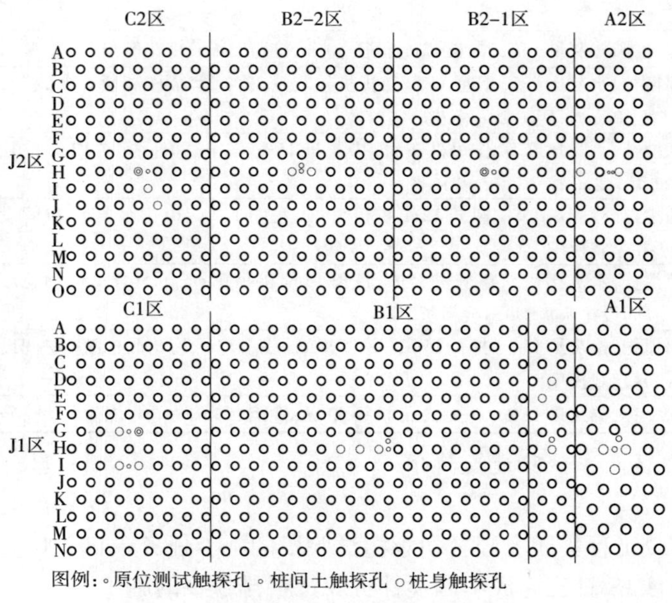

图1-4 静力触探平面布置图

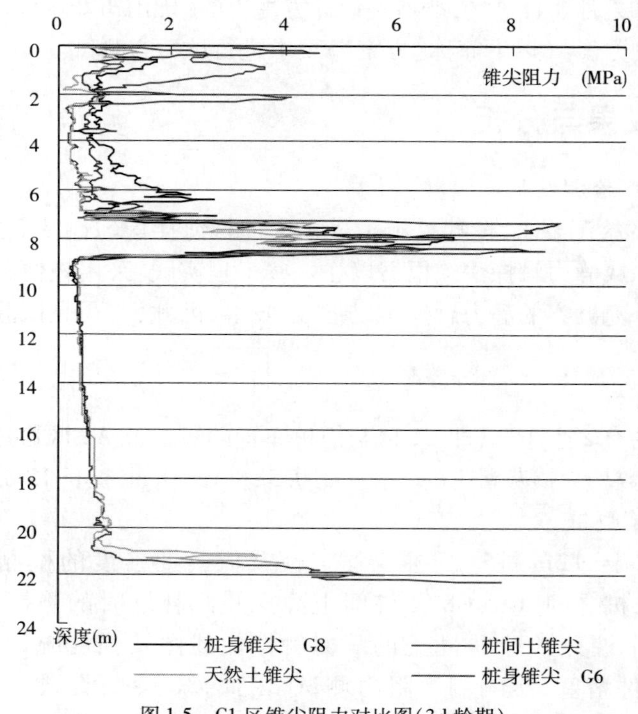

图1-5 C1区锥尖阻力对比图(3d龄期)

C1 区(12m 浆喷桩区 3d 龄期)锥尖阻力统计表　　表 1-2

深度(m)	地层	锥尖阻力						
		天然土(MPa)	桩间土(MPa)	G6(MPa)	G8(MPa)	桩间土/土	桩 G6/土	桩 G82/土
0～2.6	填砂	0.99	2.52	2.09	1.40	2.54	2.11	1.41
2.6～6.9	淤泥	0.35	0.99	0.60	0.95	2.84	1.73	2.74
6.9～8.6	细砂	4.19	4.39	6.61	4.81	1.05	1.58	1.15
8.6～12	淤泥	0.36	0.34	0.35	0.32	0.94	0.97	0.90

③对于④层淤泥,桩身、桩间土锥尖阻力均有不同幅度减少,3%～11%,说明该层软土受施工机械扰动,其原有结构性遭受破坏,强度降低,虽有水泥浆的掺入,但该层淤泥含水率大,在短时间内水泥浆难以补偿土体强度的下降,导致强度不增反降。

为进一步了解桩体侧摩阻力的变化规律,进行了 5d 龄期桩强度检测,检测桩号为 I8 与 I6,桩间土位于两桩之间,其测试结果如图 1-6～图 1-7 和表 1-3～表 1-5 所示。

①3d 龄期与 5d 龄期两桩表现出相同的规律,即表层吹填砂所形成的桩间土强度增长最大;5d 龄期桩身强度在表层砂及④层淤泥中强度均有所增加,增加幅度为 15%～97%,说明淤泥层遭扰动后强度随时间逐渐恢复并略有增加。

②两桩在淤泥层中强度变化表现出明显的不均匀性。如对于锥尖阻力和侧摩阻力,I6 号桩桩身在②层淤泥中锥尖阻力和侧摩阻力增加较均匀,在④层淤泥中增加仅 8%;而 I8 桩桩身在②层淤泥中上部约 2.8m 增加明显,下部 2.3m 几乎无变化,④层淤泥中,仅桩身底端 1.5m 强度增加明显,其余 1.8m 无变化。对于摩阻比,在④层淤泥中两桩身表现出很大的差异。

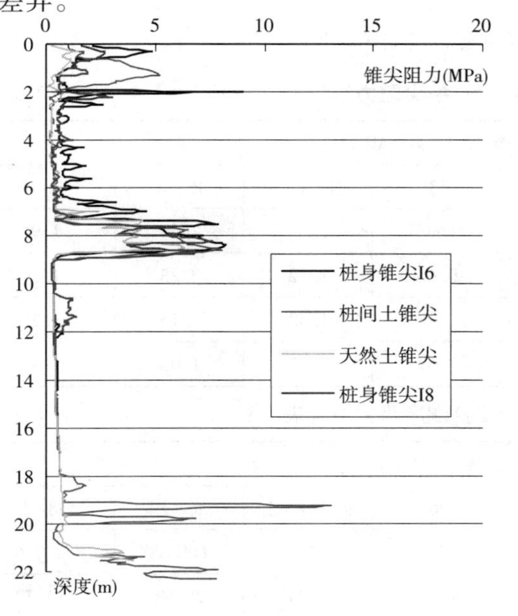

a) C1区锥尖阻力(5d龄期)

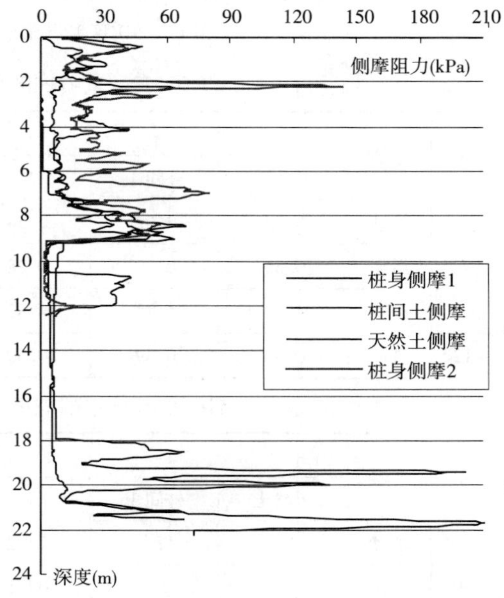

b)C1区侧摩阻力(5d龄期)

图 1-6　C1 区 12m 浆喷桩(5d 龄期)静力触探曲线图

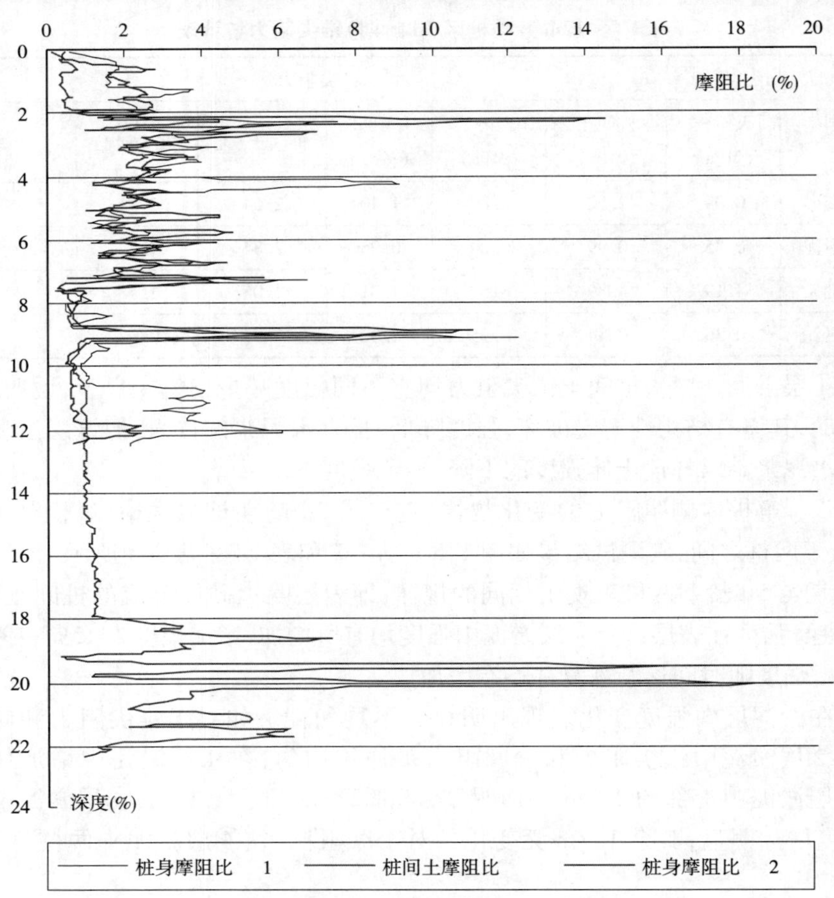

图 1-7 C1 区 12m 浆喷桩(5d 龄期)摩阻比对比图

C1 区(12m 浆喷桩区 5d 龄期)锥尖阻力统计表 表 1-3

深度(m)	地层	锥尖阻力(MPa)						
		天然土	桩间土	I6	I8	桩间土/土	I6/土	I8/土
0~2	填砂	0.99	3.02	2.54	1.93	3.05	2.56	1.95
2~7.3	淤泥	0.35	0.39	0.78	0.61	1.12	2.25	1.76
7.3~8.7	细砂	4.19	5.78	4.82	5.13	1.38	1.15	1.22
8.7~12	淤泥	0.36	0.39	0.39	0.67	1.07	1.08	1.86

C1 区(12m 浆喷桩区 5d 龄期)侧摩阻力统计表 表 1-4

深度(m)	地层	侧摩阻力(kPa)						
		天然土	桩间土	I6	I8	桩间土/土	I6/土	I8/土
0~2	填砂	0.1	17.1	24.2	32	149.36	211.68	279.6
2~7.3	淤泥	1.2	7.6	34.5	17.8	6.24	28.52	14.72
7.3~8.7	细砂	22.1	37.3	42.5	37	1.69	1.92	1.67
8.7~12	淤泥	7.3	3.4	3.9	20.9	0.47	0.54	2.86

C1 区(12m 浆喷桩区 5d 龄期)摩阻比统计表　　表 1-5

深度(m)	地层	摩阻比(%)				
		桩间土	桩 I6	桩 I8	桩 I6/桩间土	桩 I8/桩间土
0~2	填砂	0.5	2.1	2.0	4.50	4.3
2~7.3	淤泥	2.4	2.8	3.1	1.16	1.3
7.3~8.7	细砂	0.6	0.7	0.6	1.05	1.0
8.7~12	淤泥	0.9	0.7	2.8	0.76	3.2

③18~20m 之间的桩间土的强度相对于天然土有较大差异，主要是由于此时邻近的 20m 桩已施工完毕，对桩间土造成的影响所致。

④对于所抽检的 2 桩而言，摩阻比在表层吹填砂、淤泥、细砂中变化较接近，总体表现为侧摩阻力增加比例大于锥尖阻力。比较桩间土与桩身静力触探结果，摩阻比以表层吹填砂变化最大。

(2) A1 区 12m 浆喷桩

掺灰量为 15%，水灰比 0.5。对该区成桩 3d 龄期进行桩身均匀性和强度检测，所检桩号分别为 H56、H58、I57，桩心距补勘静探孔分别为 0.6m、0.6m、1m。根据静力触探资料作曲线和统计表如图 1-8~图 1-9、表 1-6~表 1-8 所示。

①桩身相对于天然地基土体而言，强度均有增加，加固范围内淤泥层强度增加幅度较一致，平均增加 55%。

②C1 区表层填砂的天然地基静力触探锥尖阻力小，而其所形成的桩间土静力触探锥尖阻力增幅却明显大于 A1 区。说明桩间土强度的增长幅度是与地基土体的松散程度有关的。土体越松散，机械对其压实效果越好，强度增长比例越大。

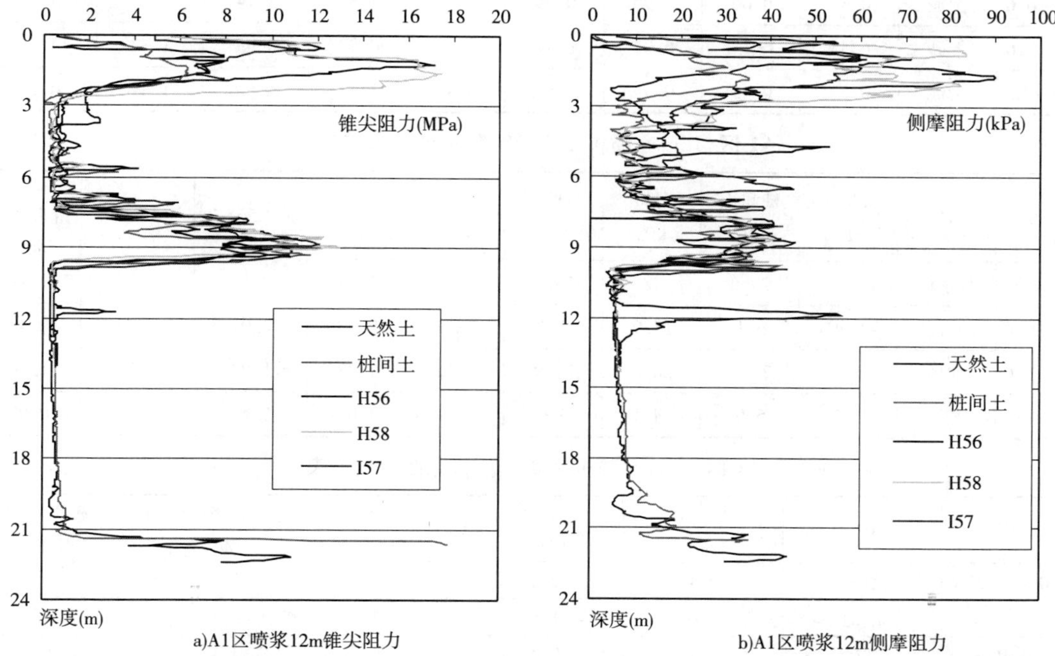

a)A1区喷浆12m锥尖阻力　　b)A1区喷浆12m侧摩阻力

图 1-8　A1 区 12m 浆喷桩静力触探对比曲线图

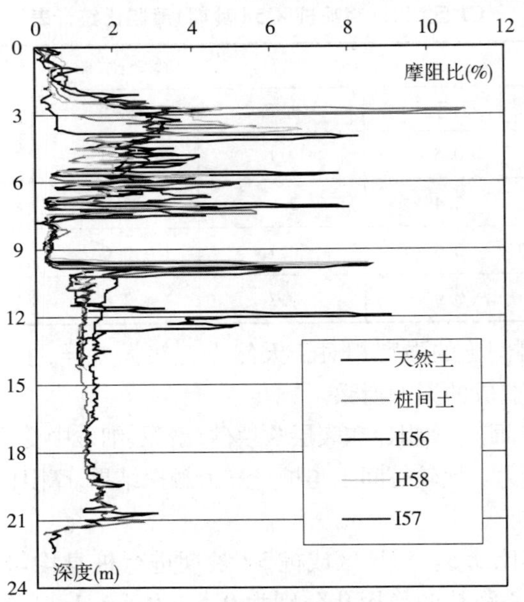

图 1-9　A1 区(12m 浆喷桩区 3d 龄期)摩阻比对比图

A1 区(12m 浆喷桩区 3d 龄期)锥尖阻力统计表　　表 1-6

深度	地层	天然土(MPa)	桩间土(MPa)	H56(MPa)	H58(MPa)	I57(MPa)	桩间土/土	桩 H56/土	桩 H58/土	桩 I57/土
0～3.9	吹填砂	3.74	3.04	6.78	12.36	4.50	0.81	1.81	3.30	1.20
3.9～6.6	淤泥	0.42	0.66	0.90	0.65	0.74	1.57	2.14	1.55	1.77
6.6～9.6	细砂	6.35	6.13	6.02	8.41	7.07	0.97	0.95	1.32	1.11
9.6～12	淤泥	0.32	0.45	0.49	0.45	0.49	1.41	1.53	1.41	1.53

A1 区(12m 浆喷桩区 3d 龄期)侧摩阻力统计表　　表 1-7

深度	地层	天然土(kPa)	桩间土(kPa)	H56(kPa)	H58(kPa)	I57(kPa)	桩间土/土	桩 H56/土	桩 H58/土	桩 I57/土
0～3.9	吹填砂	1.91	23.6	48	53.8	38.0	1.24	2.52	2.82	1.99
3.9～6.6	淤泥	9.4	9.1	18.9	9.4	22.7	0.97	2.01	1.00	2.40
6.6～9.6	细砂	26.9	27.8	28.2	31.9	31.2	1.03	1.05	1.18	1.16
9.6～12	淤泥	5.7	5.9	14.1	5.6	5.5	1.03	2.49	0.99	0.97

A1 区(12m 浆喷桩区 3d 龄期)摩阻比统计表　　表 1-8

深度	土层	天然土(%)	桩间土(%)	H56(%)	H58(%)	桩 I57(%)
0～3.9	填砂	0.4	2.0	1.7	2.1	1.7
3.9～6.6	淤泥	2.6	1.8	2.3	1.9	2.9
6.6～9.6	细砂	0.4	0.4	0.4	0.4	0.4
9.6～12	淤泥	1.9	1.3	2.0	1.2	1.1

③在桩长相同、掺灰量相同的情况下，不同桩桩身范围内各土层强度应该变化一致，而通过所检测的几根桩可以发现，若某一土层强度增长较大，必同时存在某一土层强度增长较小的情况。说明喷浆搅拌过程中喷浆速率与搅拌速度未能很好地协调，导致此类情况出现。

④同 C1 区一样，以表层吹填砂中桩身、桩间土摩阻比变化最大，增加为天然土的 4～5 倍；而桩身范围内其他土层摩阻比变小或不变。

⑤对于相同土层的 3 根桩，其摩阻比存在较大差异，也说明了搅拌的不均匀性。

2）12m 喷粉搅拌桩

整个搅拌桩区采用此类桩型共有两个小区，即 A2 区和 C2 区，两者的设计参数均为掺灰量 15%，桩径 500mm，桩长 12m。前者桩距 1.2m，且与塑料排水板及超载预压相结合；后者桩距 1.4m，无塑料排水板或超载预压措施。

（1）C2 区 12m 粉喷桩

分别对 2d、7d 龄期搅拌桩身、桩间土分别进行静力触探测试，其结果如图 1-10 和表 1-9 所示。其中所抽检的 2d 龄期桩号为 H8，与补勘时静探孔一致，桩间土测试孔位于 H8 与 H10 之间，相距约 0.5m。由图表可见：

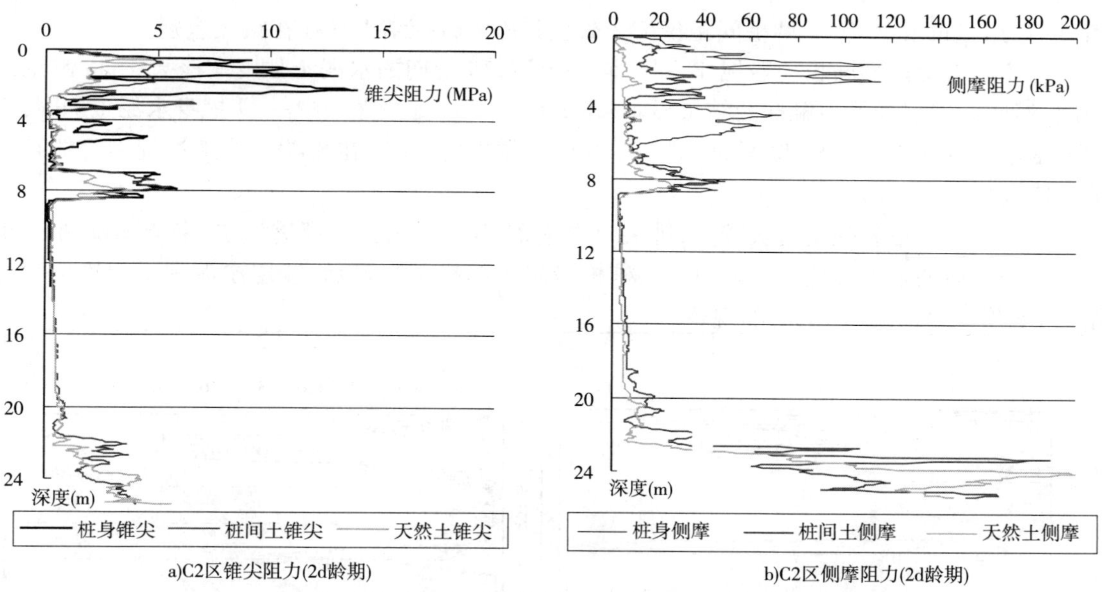

图 1-10　C2 区 H8 桩（12m 粉喷桩区 2d 龄期）静力触探曲线图

C2 区（12m 粉喷桩区 2d 龄期）静力触探强度统计表　　表 1-9

深度（m）	地层	锥尖阻力（MPa）					侧摩阻力（kPa）				
		天然土	桩间土	桩身	桩间土/土	桩/土	天然土	桩间土	桩身	桩间土/土	桩/土
0～2.6	填砂	2.15	3.99	7.08	1.86	3.29	4.1	18.5	61.7	4.63	15.43
2.6～6.9	淤泥	0.32	0.28	1.34	0.88	4.19	6.7	7.9	31.8	1.18	4.75
6.9～8.6	细砂	2.06	3.75	4.34	1.82	2.11	14.8	28.1	32.6	1.90	2.20
8.6～12	淤泥	0.32	0.25	0.155	0.78	0.48	3.1	3.5	5.2	1.13	1.68

由图1-10、表1-9可知：

①本区两天龄期的喷粉搅拌桩在吹填砂、②层淤泥及③层细砂中所形成的桩身强度增幅均大于5d龄期的12m桩长的浆喷搅拌桩。说明喷粉桩对于地基土体，特别是软土不用向土体中注入附加水分，而水泥灰与地基土中的水进行水解水化反应能有效吸收土体中水分。

②对于②层淤泥土的加固效果通过静力触探曲线显示，该层土仅上部约3.2m强度增加明显，锥尖阻力平均增加5倍，侧摩阻力增加6.3倍；而下部约1.1m强度增加不明显，甚至有所降低。说明成桩过程中搅拌或喷粉不均匀，今后施工中应适当加大搅拌及喷粉次数。

③当进入8.6m以下范围内时，土体静力触探测试曲线也呈现出锥尖阻力减少、侧摩阻力略有增加，此种现象表明，搅拌桩对8.6m以下土体的加固效果不明显。

为对比7d龄期桩身强度的增加幅度，在本区内选取了若干根桩进行静力触探测试。由于①层吹填砂及③层细砂7d内强度增加较大，探头难以贯穿。以下仅列举I9、J10两根桩桩身水泥土的静力触探资料，如图1-11、图1-12和表1-10、表1-11所示。这两根桩距补勘测试孔距离分别为1.2m和2.4m。两桩间距仅1.2m，但其静力触探结果却存在很大差别。

①按水泥土强度增长一般规律，对于同一土质，7d龄期的水泥土强度应该大于2d龄期的强度，然而根据现场静力触探的结果显示，在2.6~6.9m处淤泥层中的I9桩身水泥土7d龄期的强度增加仅69%，小于H8号桩2d龄期的增加幅度，这说明在粉喷桩施工过程中可能存在喷粉或搅拌不均匀。

②由于③层细砂强度增长较大，锥尖阻力达21MPa，探头无法穿透该层，未能测试到I9桩④层淤泥土体的强度变化值。通过J10桩桩身静力触探资料显示，④层淤泥中呈现锥尖阻力相对H8增加、侧摩阻力减小的现象。

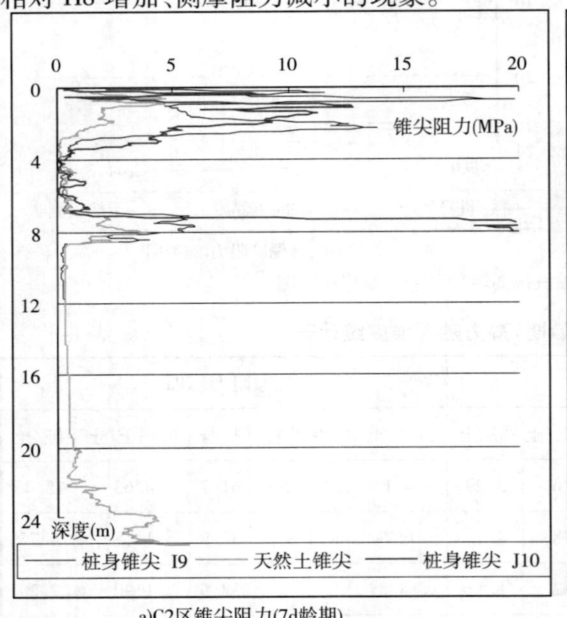

a)C2区锥尖阻力(7d龄期)

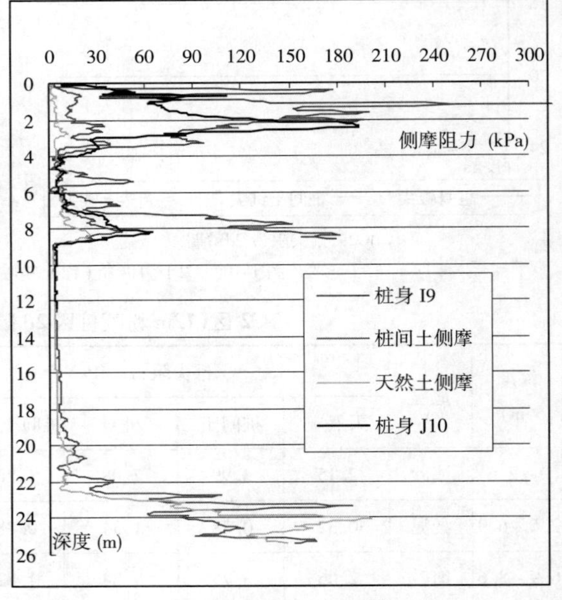

b)C2区侧摩阻力(7d龄期)

图1-11　C2区I9、J10桩(12m粉喷桩区7d龄期)静力触探曲线图

③摩阻比大小顺序依次为：桩身 > 桩间土 > 天然土。对比 2d 龄期与 7d 龄期桩的摩阻比，可发现后者大于前者，即摩阻比随时间逐渐增加。如图 1-12、图 1-13 所示。

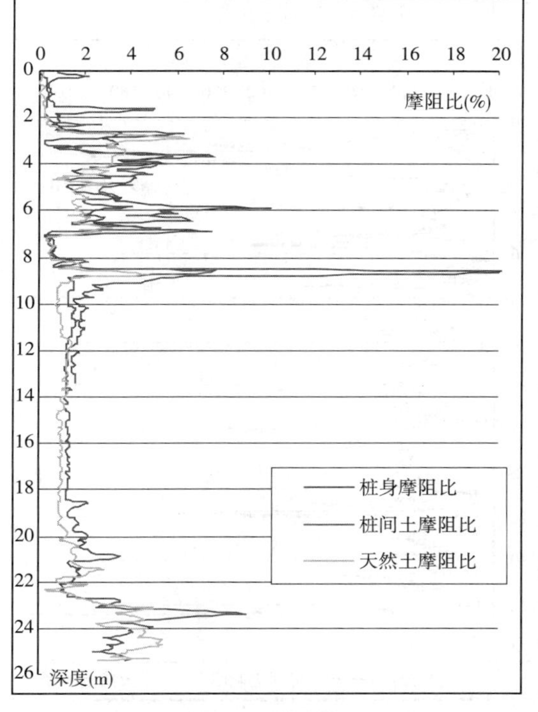

图 1-12　C2 区(2d 龄期)静探摩阻比曲线图

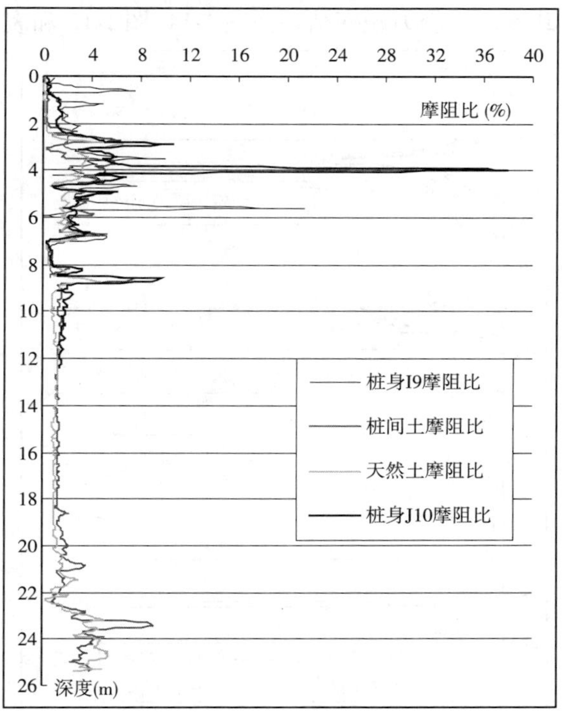

图 1-13　C2 区(7d 龄期)静探摩阻比曲线图

C2 区(12m 粉喷桩区)静力触探摩阻比统计表　　表 1-10

深度(m)	土层	天然土(%)	桩间土(%)	桩身 H8(%)	桩身 I9(%)	桩身 J10(%)
0 ~ 2.6	填砂	0.2	0.3	1.0	3.5	1.1
2.6 ~ 6.9	淤泥	2.5	3.2	3.8	4.0	5.3
6.9 ~ 8.6	细砂	0.5	0.5	0.7	0.6	1.0
8.6 ~ 12	淤泥	1.0	1.4	1.8		1.7

注：表中 H8 为 2d 龄期，I9、J10 为 7d 龄期桩。

A2 区(12m 粉喷桩区 3d 龄期)静力触探强度统计表　　表 1-11

深度(m)	地层	锥尖阻力(MPa)							侧摩阻力(kPa)		
		天然土	桩间土	桩身 1	桩身 2	桩间土/土	桩 1/土	桩 2/土	天然土	桩身 1	桩 1/土
0 ~ 2.6	填砂	2.93	5.08	6.67	16.02	1.74	2.28	5.48	19.8	65.3	3.3
2.6 ~ 6.9	淤泥	0.40	0.33	0.64	0.55	0.82	1.59	1.36	8.5	7.2	0.85
6.9 ~ 8.6	细砂	6.17	6.06	7.50	8.50	0.98	1.21	1.38	25.4	29.2	1.15
8.6 ~ 12	淤泥	0.40	0.31	0.17	0.46	0.76	0.42	1.13	6.2	3.4	0.55

(2)A2 区 12m 粉喷桩

喷粉搅拌掺灰量 15%,桩长 12m,桩径 50cm,桩距 1.2m,梅花形布置,桩间设排水板,并超载预压。静力触探结果如图 1-14、图 1-15 和表 1-11 所示。由图表可知:

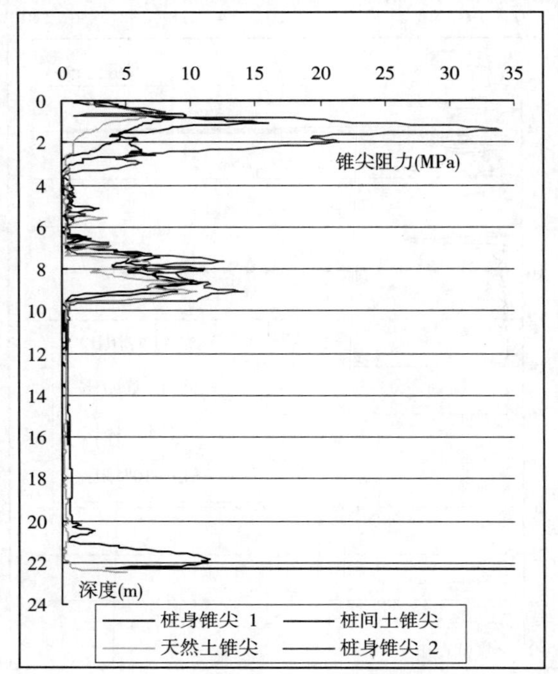

a)A2区锥尖阻力(3d龄期)

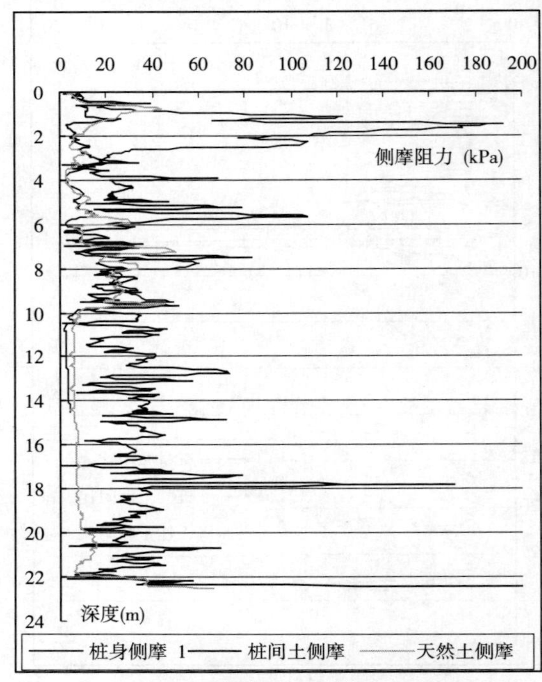

b)A2区侧摩阻力(3d龄期)

图 1-14　A2 区 H58、H54 桩(12m 粉喷桩区 3d 龄期)静力触探曲线图

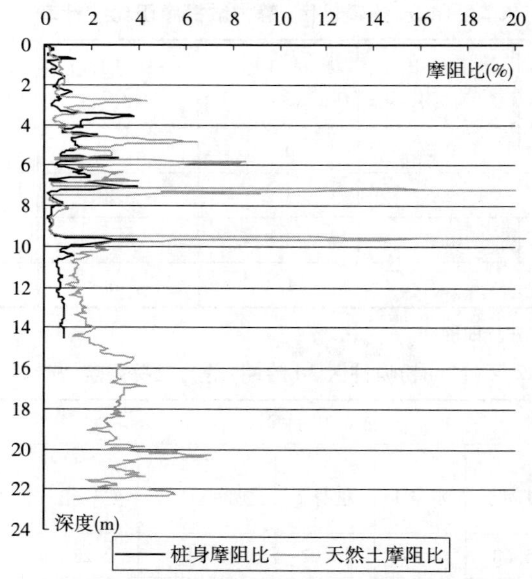

图 1-15　A2 区静力触探摩阻比对比图(3d 龄期)

①本区所检的 2 桩桩身静力触探的锥尖阻力、侧摩阻力在细砂中较原状土明显增大。而对于②层淤泥而言,锥尖阻力增加 36% ~59%,侧摩阻力下降 15% ~28%;对④层淤泥

的加固效果较差,锥尖阻力下降58%,侧摩阻力下降达45%~66%,说明对该层的加固效果不理想。

②从表1-12统计中可知,桩身的摩阻比均小于天然土的摩阻比。同时,从图中反映出摩阻比的变化较一致,即土质变化较均匀。

A2 区静力触探摩阻比统计表　　表1-12

深度(m)	地层	天然土(%)	桩身(%)
0~2.6	填砂	0.7	0.5
2.6~6.9	淤泥	2.4	1.4
6.9~8.6	细砂	0.5	0.4
8.6~12	淤泥	1.3	0.8

3)15m 搅拌桩

B2 区共分为两个小区,其中左半部分采用喷浆搅拌工艺,右半部分采用喷粉搅拌工艺,掺灰比均为15%。

(1)B2 区15m 浆喷桩

对该区中心处H44号桩2d龄期的桩身、桩间土分别进行静力触探测试,补勘测试孔与桩身、桩间土静力触探孔相距不足50cm。其结果如图1-16、图1-17和表1-13所示。

从图1-16、图1-17和表1-13可以看出:

①0~3.5m 吹填细砂经喷浆搅拌处理后桩身锥尖阻力增大为原地基土的2.37倍,侧摩阻力增大为3.59倍;桩间土锥尖、侧摩阻力分别增大为1.62倍和1.95倍。

②土层②层淤泥经处理后静力触探的锥尖阻力基本无变化,桩间土增加约20%;桩身静力触探的侧摩阻力增加109%,桩间土增加64%。

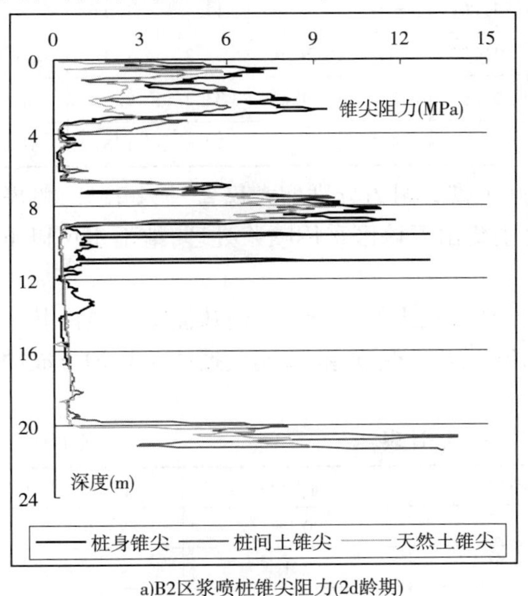

a)B2区浆喷桩锥尖阻力(2d龄期)

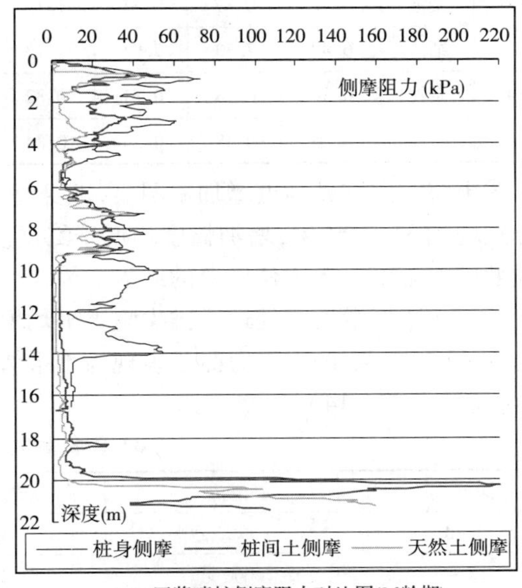

b)B2区浆喷桩侧摩阻力对比图(2d龄期)

图1-16　B2 区(15m 浆喷桩区)静力触探曲线图

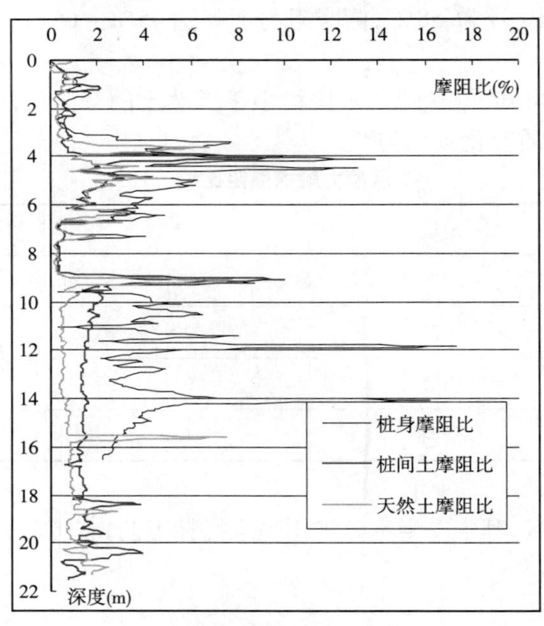

图 1-17 B2 区浆喷桩摩阻比对比图

B2 区(15m 浆喷桩区)静力触探强度统计表 表 1-13

深度(m)	地层	锥尖阻力(MPa)					侧摩阻力(kPa)				
		天然土	桩间土	桩身	桩间土/土	桩/土	天然土	桩间土	桩身	桩间土/土	桩/土
0 ~ 3.5	吹填砂	2.43	3.93	5.77	1.62	2.37	12.9	25.2	46.3	1.95	3.59
3.5 ~ 6.7	淤泥	0.31	0.37	0.31	1.19	1.00	6.9	11.3	14.4	1.64	2.09
6.7 ~ 9	细砂	6.49	7.33	7.91	1.13	1.22	19	24.9	32.2	1.31	1.69
9 ~ 14.2	淤泥	0.34	0.28	0.81	0.82	2.36	1.9	4.4	34.2	2.32	18
14.2 ~ 15	淤泥	0.45	0.38	0.24	0.84	0.53	3.3	5.4	10.6	1.64	3.21

③土层③层细砂强度增加不明显,桩身、桩间土锥尖阻力分别增大仅 22% 及 13%;侧摩阻力分别增加 31%、69%,增加幅度均低于②层。主要由于该区采用喷浆处理,地下水位以下土体强度增加幅度低于水位以上的缘故。

④土层④层淤泥经处理后锥尖阻力平均增大到原状土的 2.36 倍,但从图上反映出其增大幅度不一致,锥尖、侧摩阻力曲线表现为不平滑,甚至有突变现象,说明其搅拌不均匀形成的水泥结块所致(表 1-14)。

B2 区浆喷桩区摩阻比统计表 表 1-14

深度(m)	土层	天然土(%)	桩间土(%)	桩 H44(%)
0 ~ 3.5	吹填砂	0.4	0.7	0.8
3.5 ~ 6.7	淤泥	2.3	2.1	4.8
6.7 ~ 9	细砂	0.3	0.4	0.4
9 ~ 15	淤泥	0.6	1.6	4.6

⑤对于桩底 14.2～15m 范围内土体，桩身水泥土的锥尖阻力降低近 50%，而侧摩阻力增加 2 倍余。

⑥在土层①、②、③层中，桩身摩阻比曲线起伏变化较一致，说明这些土层在加固前后土质变化均匀；而对于 9m 以下④层淤泥，桩身水泥土的摩阻比变化较大，这与搅拌均匀性是息息相关的。

(2)B2 区 15m 粉喷桩

本区设计搅拌桩采用喷粉施工，掺灰比 15%，设计桩长 15m。对 3d、4d 龄期搅拌桩身、桩间土分别进行静力触探测试，其结果如图 1-18～图 1-19 和表 1-15～表 1-17 所示。

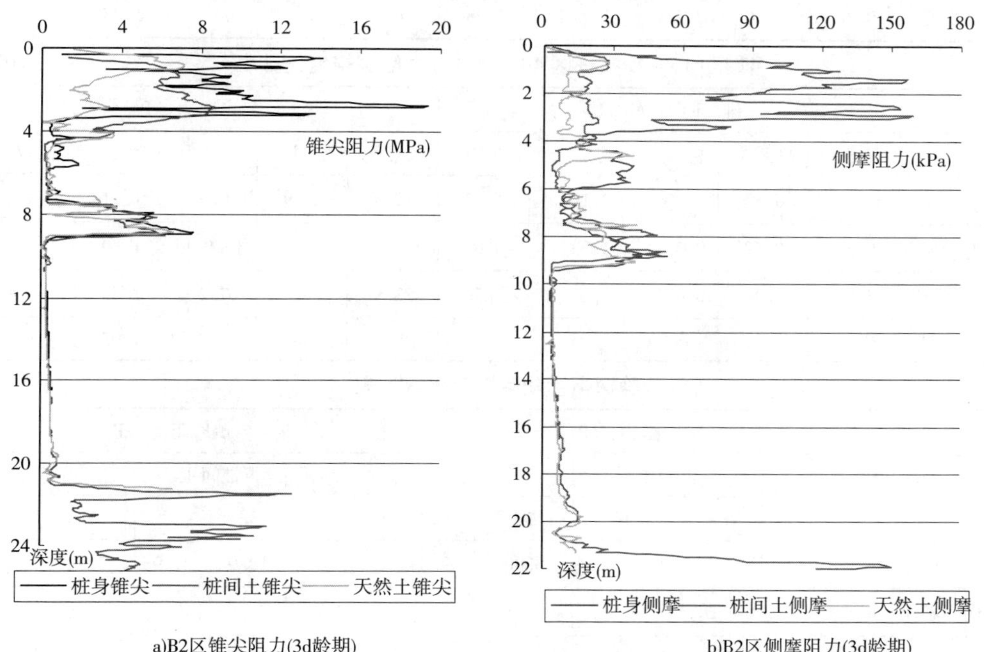

a)B2区锥尖阻力(3d龄期)　　b)B2区侧摩阻力(3d龄期)

图 1-18　B2 区(15m 粉喷桩区 3d 龄期)静力触探曲线图

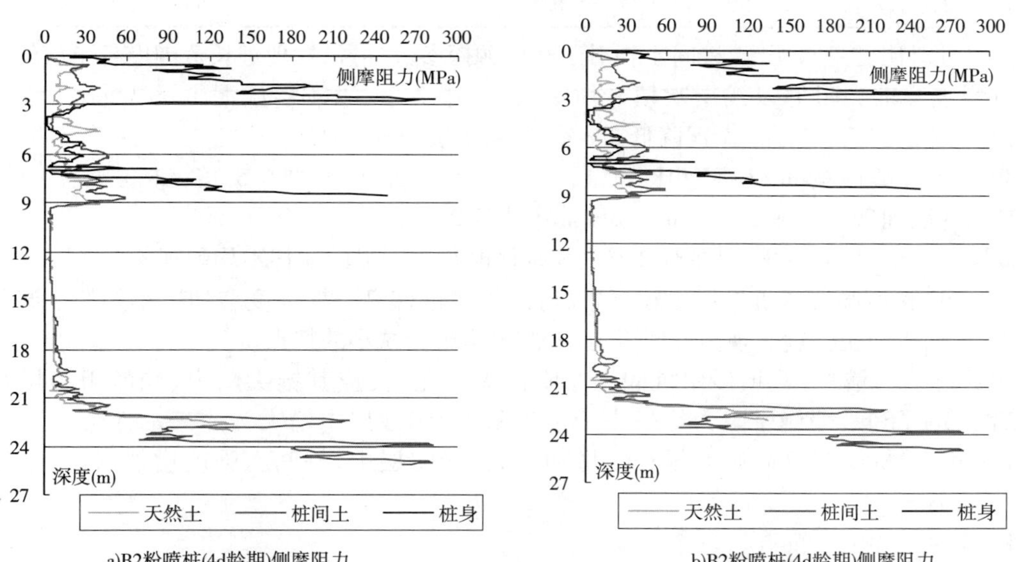

a)B2粉喷桩(4d龄期)侧摩阻力　　b)B2粉喷桩(4d龄期)侧摩阻力

图 1-19　B2 区(15m 粉喷桩区 4d 龄期)静力触探曲线图

B2 区(15m 粉喷桩区 3d 龄期)静力触探强度统计表 表 1-15

深度(m)	地层	锥尖阻力(MPa)					侧摩阻力(kPa)				
		天然土	桩间土	桩身	桩间土/土	桩/土	天然土	桩间土	桩身	桩间土/土	桩/土
0~4.6	填砂	2.94	5.77	8.90	1.97	3.03	12.8	18.9	98.8	1.48	7.74
4.6~7.0	淤泥	0.39	0.29	0.65	0.72	1.65	12.7	7.9	21.6	0.63	1.71
7~8.6	细砂	3.52	4.37	4.76	1.24	1.35	23.9	32.7	28.7	1.37	1.20
8.6~15	淤泥	0.26	0.30	0.33	1.17	1.28	5.2	5.7	4.8	1.09	0.92

B2 区(15m 粉喷桩区 4d 龄期)静力触探强度统计表 表 1-16

深度(m)	地层	锥尖阻力(MPa)					侧摩阻力(kPa)				
		天然土	桩间土	桩身	桩间土/土	桩/土	天然土	桩间土	桩身	桩间土/土	桩/土
0~4.6	填砂	2.94	6.35	9.09	2.16	1.43	12.8	21.9	130.5	1.71	10.19
4.6~7.0	淤泥	0.39	0.52	0.33	1.33	0.64	12.7	19.0	15.9	1.49	1.25
7~8.6	细砂	3.52	5.44	8.47	1.55	1.56	23.9	37.4	107.2	1.56	4.49
8.6~15	淤泥	0.26	0.33		1.28		5.2	5.4		1.03	

静探指标随龄期变化统计表 表 1-17

深度(m)	地层	锥尖阻力(MPa)					侧摩阻力(kPa)				
		天然土	桩间土		桩身		天然土	桩间土		桩身	
			3d	4d	3d	4d		3d	4d	3d	4d
0~4.6	填砂	2.94	5.77	6.35	8.90	9.09	12.8	18.9	21.9	98.8	130.5
4.6~7.0	淤泥	0.39	0.29	0.52	0.65	0.33	12.7	7.9	19.0	21.6	15.9
7~8.6	细砂	3.52	4.37	5.44	4.76	8.47	23.9	32.7	37.4	28.7	107.2
8.6~15	淤泥	0.26	0.30	0.33	0.33		5.2	5.7	5.4	4.8	

①通过对比桩身水泥土、桩间土相对于补勘触探参数,可以发现桩长范围内各土层的强度均有所增加。锥尖阻力以浅层吹填砂增幅最大,达 2 倍,以④层淤泥土增幅最小,平均仅 28%;对于侧摩阻力,除④层淤泥降低 8%外,其余土层均有增加。

②表层吹填砂的桩身摩阻比增加较大,近乎天然土体的 6.5 倍;②层淤泥中增加 16.67%,③层细砂中增加 20%,而④层淤泥中降低 25%。

③同 C2 区 H8 桩一样,即在对②层淤泥加固时存在明显的搅拌不均匀现象。

④与 B2 区浆喷搅拌桩进行比较,可以得出粉喷桩桩身早期强度增加速率要快于浆喷桩桩身强度;而桩间土强度表现为锥间阻力增加、侧摩阻力减小的特点。

⑤随时间的增加,吹填砂中桩间土摩阻比无变化,反应其锥尖阻力、侧摩阻力增减一致;淤泥层中降低,即侧摩阻力增幅小于锥尖阻力;细砂层中增大为原来的 5 倍。在砂性土中,桩间土、桩身强度随龄期增长而增加;而在淤泥层中,桩间土强度增加,桩身水泥土强度却减小。

4)B1 区

本区试验面积为 330m²,设计桩长 20m,桩距 1.2m,桩径 50cm。其中靠近 A1 区 4 排桩掺灰量为12%，其余为15%，水灰比0.5。

(1)B1区12%掺灰比

本区位于B1区靠近A1区，在补勘测试过程中未单独将其划分成一个区，因此该区无原位测试资料可供比较。在此，根据桩间土静力触探曲线进行划分土层，且只进行桩身与桩间土强度比较以及桩身搅拌均匀性分析。其结果如图1-20、图1-21和表1-18～表1-20所示。

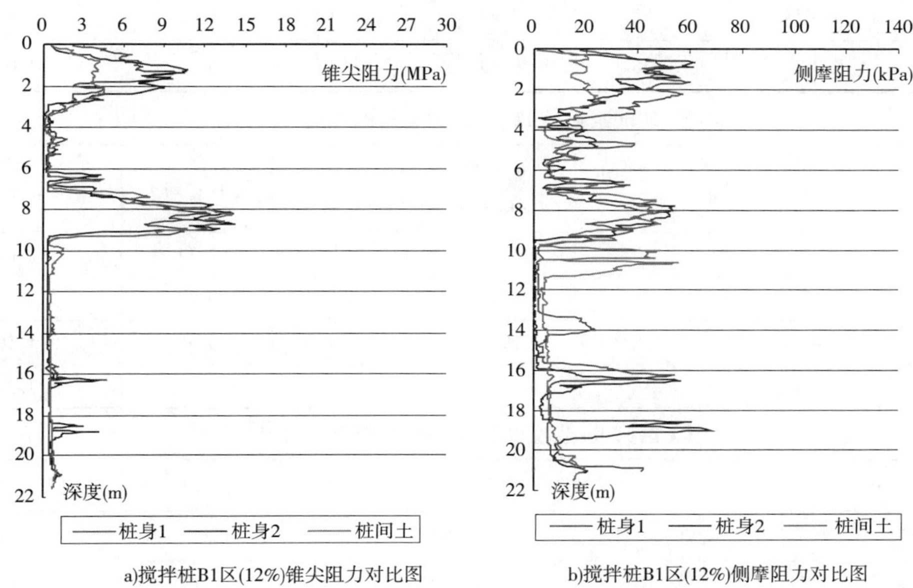

a)搅拌桩B1区(12%)锥尖阻力对比图　　b)搅拌桩B1区(12%)侧摩阻力对比图

图1-20　B1区(20m浆喷桩12%)静力触探曲线图

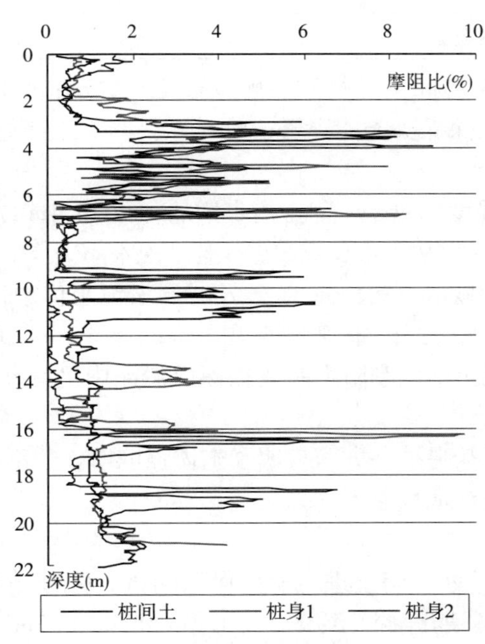

图1-21　B1区浆喷桩(掺灰比12%)

B1 区(20m 浆喷桩 12%)静力触探锥尖阻力统计表 表 1-18

深度(m)	地层	桩间土(MPa)	桩身 1(MPa)	桩身 2(MPa)	桩 1/桩间土	桩 2/桩间土
1 ~ 3.3	吹填砂	3.24	4.77	6.66	1.47	2.05
3.3 ~ 6.6	淤泥	0.40	0.67	0.44	1.69	1.11
6.6 ~ 9.4	细砂	7.82	7.98	8.98	1.02	1.15
9.4 ~ 20	淤泥质土	0.58	0.50	0.58	0.86	1.00

B1 区(20m 浆喷桩 12%)静力触探侧摩阻力统计表 表 1-19

深度(m)	地层	桩间土(kPa)	桩身 1(kPa)	桩身 2(kPa)	桩 1/桩间土	桩 2/桩间土
1 ~ 3.3	吹填砂	18.7	43.8	37.8	2.34	2.02
3.3 ~ 6.6	淤泥	8.0	8.0	12.1	0.99	1.50
6.6 ~ 9.4	细砂	31.0	29.7	37.3	0.96	1.20
9.4 ~ 20	淤泥质土	5.7	7.8	7.9	1.37	1.39

B1 区(20m 浆喷桩 12%)静探摩阻比统计表 表 1-20

深度(m)	地层	桩间土(%)	桩 1(%)	桩 2(%)
0 ~ 3.3	吹填砂	0.58	0.68	0.48
3.3 ~ 6.6	淤泥	2.55	2.84	3.21
6.6 ~ 9.4	细砂	0.40	0.36	0.40
9.4 ~ 20	淤泥质土	0.96	1.35	0.98

对该区 3d 龄期的桩身、桩间土进行静力触探过程中,发现位于该区中心处、深度 7.5 ~ 8.5m 处有不明硬物,静力触探探头未能穿透,造成桩、桩间土距离约 2.4m。抽检桩号分别为 H51、E50。

①在 9.4m 以上,桩身强度相对于桩间土均有增加,而在 9.4m 以下的淤泥层中,桩身水泥土强度小于桩间土强度。同时,从土中反应出锥尖阻力变化较均匀。

②通过对侧摩阻力统计显示,在表层吹填砂及④层淤泥土体中,侧摩阻力表现为增大,以前者增幅较大;而在②层淤泥及细砂中,2 桩存在很大的差异,一桩降低 1% ~ 4%、一桩增加 20% ~ 50%。同时桩身水泥土的侧摩阻力曲线在深层淤泥中呈间断型锯齿状,反应其强度增加不均匀。

③静力触探摩阻比曲线从另外一方面表明了土体强度增长的不均匀性,同锥尖、侧摩阻力分析结论一样,以深层淤泥、淤泥质土不均匀最甚。

(2)B1 区 15% 掺灰比

本区共选择 3 处桩身、一处桩间土进行静力触探测试。桩号分别为 H29、H31、H33,桩间土位于 H33 号桩旁,分别距补勘静探孔约 2.5m、1.3m、0.5m、0.5m。从现场各桩的成桩时间上看,其中 H33 号桩按 1m/min 的速度施工,约 80min;而其他两桩施工时间仅 55min。各静力触探测试的锥尖阻力、侧摩阻力曲线及阻力统计如图 1-22 和表 1-21、表 1-22 所示。

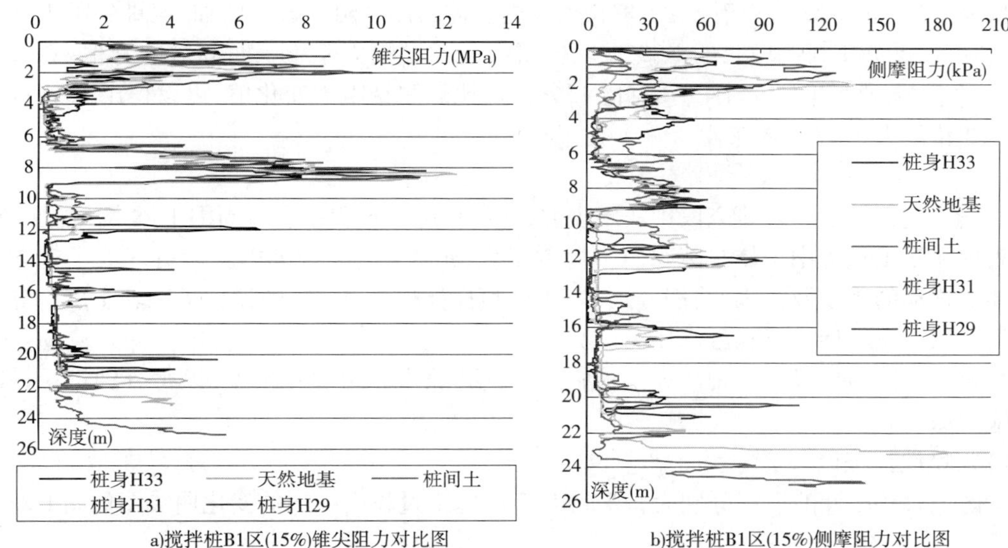

a)搅拌桩B1区(15%)锥尖阻力对比图　　b)搅拌桩B1区(15%)侧摩阻力对比图

图 1-22　B1 区(20m 浆喷桩 15%)静力触探曲线图

B1 区(20m 浆喷桩 15%)静力触探锥尖阻力统计表　　表 1-21

深度(m)	地层	天然土(MPa)	桩间土(MPa)	桩 H33(MPa)	桩 H31(MPa)	桩 H29(MPa)	桩间土/土	桩 H33/土	桩 H31/土	桩 H29/土
0 ~ 2.7	吹填砂	2.27	3.82	4.57	2.97	5.76	1.68	2.01	1.31	2.53
2.7 ~ 6.6	淤泥	0.25	0.52	0.86	0.44	0.31	2.10	3.46	1.75	1.25
6.6 ~ 8.9	细砂	6.83	5.27	6.65	6.74	5.93	0.77	0.97	0.99	0.87
8.9 ~ 15.2	淤泥	0.31	0.56	0.82	0.64	0.46	1.83	2.66	2.10	1.51
15.2 ~ 20	淤泥质土	0.51	0.56	0.80	0.67	0.52	1.09	1.56	1.31	1.02

B1 区(20m 浆喷桩 15%)静力触探侧摩阻力统计表　　表 1-22

深度(m)	地层	天然土(kPa)	桩间土(kPa)	桩 H33(kPa)	桩 H31(kPa)	桩 H29(kPa)	桩间土/土	桩 H33/土	桩 H31/土	桩 H29/土
1 ~ 2.7	吹填砂	12.2	19.6	45.7	68.8	72.6	1.61	3.74	5.64	5.95
2.7 ~ 6.6	淤泥	6.5	15.7	24.8	13.0	5.4	2.40	3.80	1.99	0.83
6.6 ~ 8.9	细砂	28.7	28.1	36.8	31.9	36.7	0.98	1.28	1.11	1.28
8.9 ~ 15.2	淤泥	6.3	12.4	14.5	18.5	7.5	1.95	2.29	2.92	1.18
15.2 ~ 20	淤泥质土	8.3	10.6	16.5	12.3	6.1	1.28	1.99	1.49	0.74

对比 H33 号桩与 H31、H29 号桩两种不同搅拌时间桩身水泥土的锥尖阻力大小，可以发现，H33 号桩桩身范围内水泥土锥尖阻力均大于其他两桩同一土层水泥土，说明施工时间长短对桩身水泥土强度影响较大。但从曲线图中仍表现出强度增长的不均匀性。

对比 12% 掺灰量与 15% 掺灰量两种桩的锥尖阻力大小，由于 12% 掺灰量区无准确的原位测试资料可用于比较，在此，同时计算 15% 掺灰量区桩身锥尖阻力与桩间土的比值。通过比较得出 15% 掺灰量区强度增长大于 12% 区。

从表1-21、表1-22可以看出:①桩长范围内土体的侧摩阻力普遍增加,但锥尖阻力在细砂层有所降低;②施工时间较长的H33在软弱层中强度增幅大于施工时间短的其他两桩,但从图1-19中仍然反映出不均匀性;③对比12%掺灰比的侧摩阻力变化值,可以得出15%掺灰比的侧摩变化值大于12%掺灰比。

1.3.2 施工扰动

根据我们在佛山一环研究段中实践表明,搅拌桩施工过程中会对周围土体产生施工扰动,主要表现在施工过程中土体孔隙水压力急剧增大,最大达60~70kPa。为更好地了解本工程中搅拌桩扰动的程度及范围,我们分别在B1浆喷搅拌桩区、B2粉喷搅拌桩区软土层中分别埋设2只孔隙水压力计进行孔隙水压力监测。

其测试方法为记录不同距离搅拌桩施工过程孔隙水压力变化情况,以每分钟记录一次孔压及施工深度。

1)浆喷搅拌桩区

本区2只孔压计的埋深分别为5.5m、10.5m,施工过程中孔压的变化曲线图如图1-23~图1-26所示。

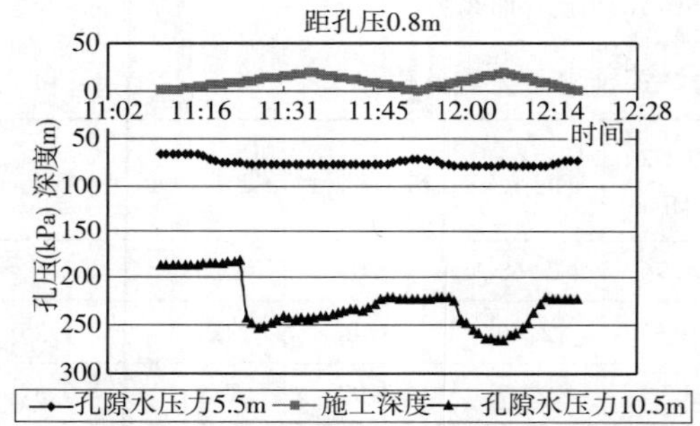

图1-23 距孔压埋设点0.8m不同深度孔隙水压力变化曲线图

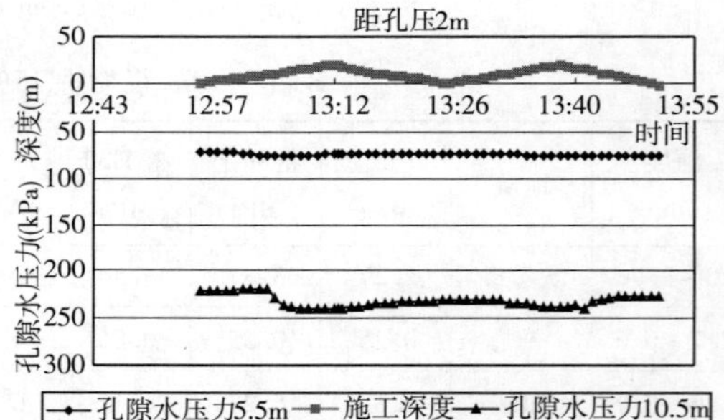

图1-24 距孔压埋设点2m不同深度孔隙水压力变化曲线图

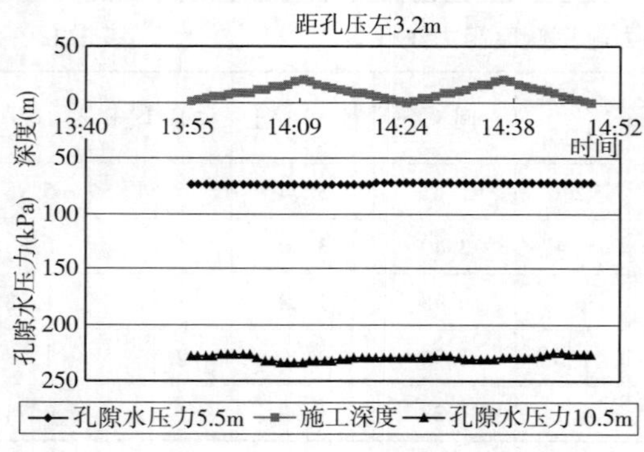

图1-25 距孔压埋设点3.2m不同深度孔隙水压力变化曲线图

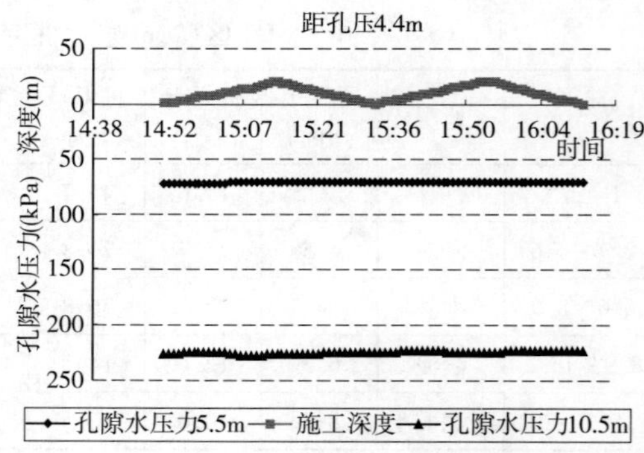

图1-26 距孔压埋设点4.4m不同深度孔隙水压力变化曲线图

从图1-23~图1-26中可知:

①施工过程中埋深为10.5m处的孔压变化大于埋深5.5m处的变化。

②当搅拌桩钻头下沉至孔压埋设深度处之前,孔隙水压力不变或略有降低,5.5m处变化

范围为 0 ~0. 3kPa,10. 5m 处变化范围为 1. 5 ~4. 8kPa,且变化幅度随桩位距孔压距离增大而减小。

③当搅拌头下降至孔压埋设点后,孔压迅速增大,当搅拌头下沉深度大于孔压计埋设深度 2 ~3m 时,孔隙水压力达到一个峰值;在随后的钻进和提升过程中,孔隙水压力不断减小,其变化速率明显小于此前增加速率,直至搅拌头提升至孔口时,孔压达到一个极小值,该值大于初测值,且增幅也是随施工距离增大而减小。

④当进行第二次搅拌时,孔隙水压力值变化又重复第一次搅拌的变化规律。但当搅拌头提升至孔压埋设深度 2 ~3m 以上范围时孔压略有增长。

⑤当桩施工完毕时,孔压变化总量随距离增大而减小,甚至出现负增长。

搅拌桩施工引起的最大孔压增量与距离的关系如图 1-27 所示。

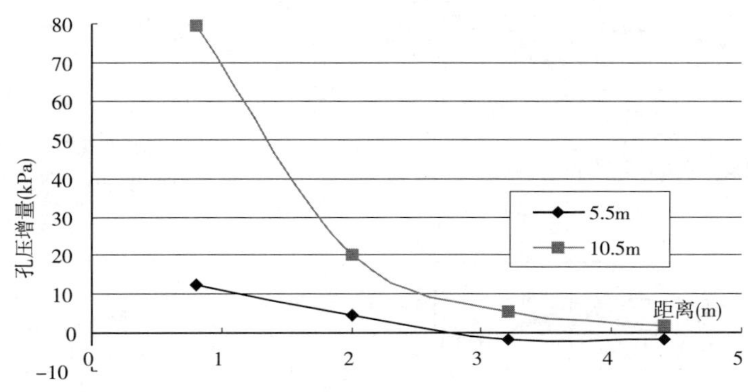

图 1-27　搅拌桩施工引起的最大孔压增量与距离的关系图

从图 1-27 可知,搅拌桩施工对于 5. 5m 埋深孔压影响范围约 2. 8m,而当大于此范围时孔压表现为负增长;对于 10. 5m 埋深的孔压影响范围约为 4. 5m。在桩周 1. 5m 范围内土体中产生较大的超静孔隙水压力,随距离的增加,产生的孔压减小。

造成超孔隙水压力的主要原因是由于搅拌桩的下沉产生垂直向下的挤压力、搅拌头转动所产生的离心力所造成;而在搅拌头上升的过程中,相当于抽真空而造成的负压引起孔隙水压力的下降。

5. 5m 处孔压变量小于 10. 5m 处孔压变量的产生原因主要是因为上层淤泥土厚度不大,约 2. 4m,且该层淤泥上下的细砂层渗透系数大,能有效缩短超孔隙水的排出路径;而 10. 5m 的孔隙水压力计埋设处淤泥深厚,故施工所引起的孔隙水压力相对于 5. 5m 处大。

2)粉喷搅拌桩区

本区 2 只孔压计的埋深分别为 5. 5m、10. 5m,图 1-28 ~图 1-32 是搅拌桩施工过程中不同深度处孔隙水压力的变化曲线图。

同喷浆搅拌桩区施工时孔隙水压力变化情况类似,主要有:

①施工过程中埋深为 10. 5m 处的孔压变化大于埋深 5. 5m 处的变化。

②当搅拌桩钻头下沉至孔压埋设深度处之前,孔隙水压力不变或略有降低,且变化幅度随桩位距孔压距离增大而减小。

③当搅拌头下降至孔压埋设点后,孔压迅速增大,当搅拌头下沉深度大于孔压计埋设深度 2 ~3m 时,孔隙水压力达到一个峰值;在随后的钻进和提升过程中,孔隙水压力不断减小,其变

化速率明显小于此前增加速率，直至搅拌头提升至孔口时，孔压达到一个极小值，该值大于第一次下沉搅拌所产生的孔压值，且增幅也是随施工距离增大而减小。

④当进行第二次搅拌时，孔隙水压力值变化又重复第一次搅拌的变化规律。但当搅拌头提升至孔压埋设深度 2 ~ 3m 以上范围时孔压略有增长。

图 1-33 是喷粉搅拌桩区搅拌桩施工引起的最大孔压增量与距离的关系曲线图，从图中可以反应出对于 5.5m 处土体的影响范围约 2.5m，而对于 10.5m 处土体的影响范围约 5.5m。

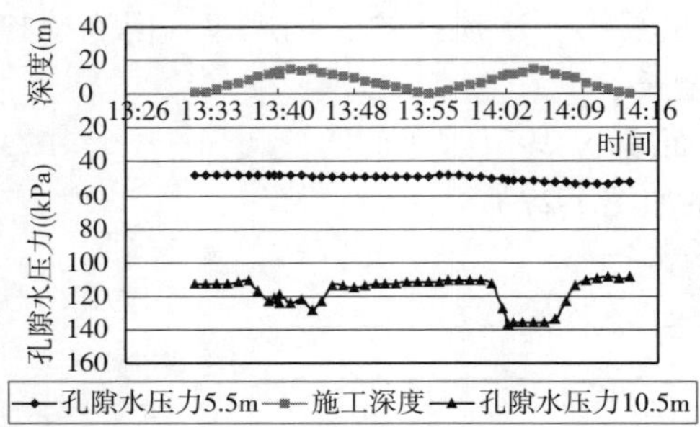

图 1-28　距孔压埋设点 0.6m 不同深度孔隙水压力变化曲线图

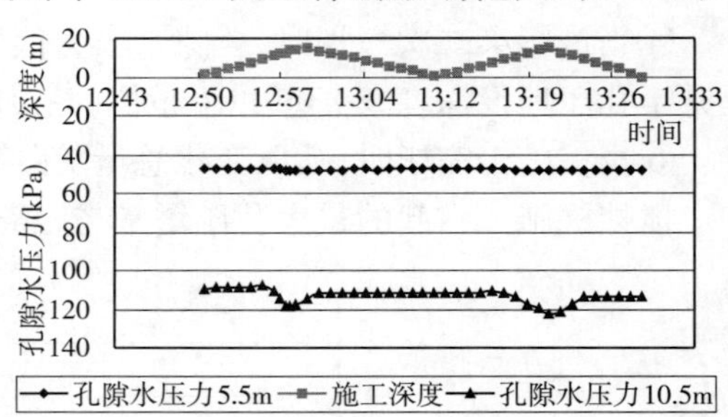

图 1-29　距孔压埋设点 2m 不同深度孔隙水压力变化曲线图

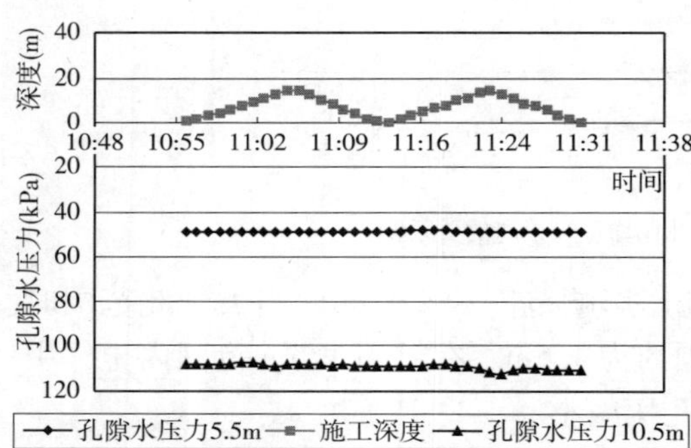

图 1-30　距孔压埋设点 3.1m 不同深度孔隙水压力变化曲线图

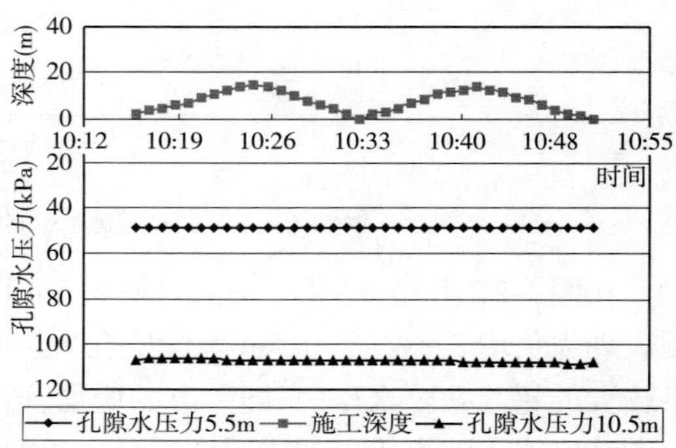

图 1-31　距孔压埋设点 4.2m 不同深度孔隙水压力变化曲线图

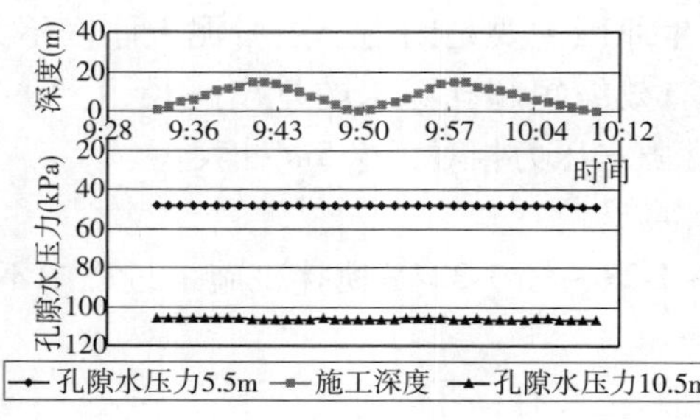

图 1-32　距孔压埋设点 5.2m 不同深度孔隙水压力变化曲线图

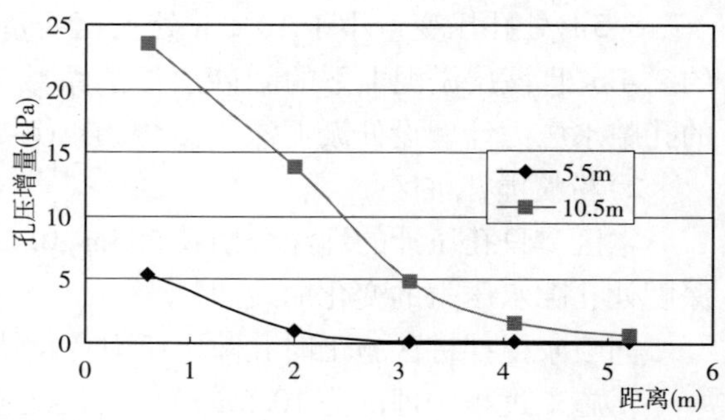

图 1-33　搅拌桩施工引起的最大孔压增量与距离的关系曲线图

同时对比浆喷桩区搅拌桩施工过程中的孔压增量值，可以发现，粉喷桩施工对土体的扰动程度要小于浆喷桩的施工扰动。其主要原因在于粉喷桩与浆喷桩施工工艺间的差别，如粉喷桩施工时不必在土体中掺入浆液,因此其孔隙水压力要小于浆喷桩。

1.3.3　水泥土强度

1)水泥送检验报告

水泥送检试验主要由宁波市政工程建设集团股份有限公司(施工单位)委托佛山市公路工程质量监理检测所完成。

据施工单位介绍,截至搅拌桩施工完成,共使用水泥约730t。根据佛山市公路工程质量监理检测所所提供给的《水泥物理性能(早期)检验结果通知单》,检测结果包括水泥物理性质、3d龄期抗折、抗压强度检测,所检测项目符合国家(3d)标准要求。

2)水泥土强度试验

水泥土强度试验包括室内水泥土试验及搅拌桩28d和90d龄期桩身搅拌桩抽芯取样的水泥土试验。

(1)桩身水泥土强度测试

按《方案》要求,搅拌桩成桩28d必须进行搅拌桩抽芯进行桩身强度检验,每区3根。抽芯结果表明:

①桩长基本满足设计要求。

②浆喷桩整体性优于粉喷桩,表现在粉喷桩芯样较破碎、表面粗糙、不光滑,多呈碎块状及短柱状,取芯率低;而浆喷桩芯样较完整、表面光滑,多呈长柱状,取芯率高。

③粉喷桩芯样含水率低于浆喷桩。

④两种不同施工工艺的桩均表现出搅拌不均匀。

将广州港湾工程质量检测中心提供的研究段水泥搅拌桩无侧限抗压强度试验报告中的试验结果统计见表1-23。

28d水泥搅拌桩无侧限抗压强度统计表　　表1-23

土层	C_2区12m粉喷桩(MPa)				$B_{2\text{-}1}$区15m浆喷桩(MPa)			
	①砂	②淤泥	③细砂	④淤泥	①砂	②淤泥	③细砂	④淤泥
最小值(MPa)	0.38	0.23	0.99	0.18	0.42	0.11	0.23	0.09
最大值(MPa)	1.31	0.58	2.26	1.63	1.88	0.37	1.38	0.83
平均值(MPa)	0.823	0.39	1.5	0.747	0.77	0.185	0.655	0.247
标准差(MPa)	0.374	0.144	0.357	0.42	0.51	0.074	0.32	0.179
变异系数	0.45	0.37	0.24	0.56	0.66	0.40	0.49	0.72

从表1-23的统计结果可以看出:

①变异系数最小值为0.24,最大达0.72,实验数据较离散,进一步证明了桩身搅拌不均匀,桩身质量差异较大。

②同土层中,粉喷桩桩身强度高于浆喷桩桩身强度,这主要是土体含水率较高,粉喷桩胶结时充分吸收土体中多余的水分,促使桩身强度增大。

另外,90d龄期时,在J2区进行抽芯取样并送广东省物料中心进行无侧限抗压强度试验,现将广东省物料实验检测中心提供的《广东省物料实验检测中心无侧限抗压强度试验报告》中的试验结果统计见表1-24。

90d 水泥搅拌桩无侧限抗压强度统计表

表 1-24

土层	J2 区 15m 粉喷桩(MPa)				J2 区 15m 粉喷桩(MPa)			
	①砂	②淤泥	③细砂	④淤泥	①砂	②淤泥	③细砂	④淤泥
最小值(MPa)	2.41		3.03	0.90	1.92	0.50	1.52	0.34
最大值(MPa)	3.19		3.84	2.84	7.36	3.28	7.42	3.19
平均值(MPa)	2.71		3.47	1.87	4.56	2.15	4.27	1.89
标准差(MPa)	0.34		0.34	0.56	1.92	0.82	1.49	0.78
变异系数	0.13		0.10	0.30	0.42	0.38	0.35	0.41
土层	J2 区 15m 粉喷桩(MPa)				J2 区 15m 粉喷桩(MPa)			
	①砂	②淤泥	③细砂	④淤泥	①砂	②淤泥	③细砂	④淤泥
最小值(MPa)	1.00	0.50	1.03	1.09	0.70	0.74	4.18	0.37
最大值(MPa)	1.36	1.05	1.91	1.53	3.10	1.05	5.90	0.58
平均值(MPa)	1.18	0.88	1.41	1.34	2.30	0.91	5.07	0.46
标准差(MPa)	0.12	0.14	0.29	0.15	0.82	0.10	0.53	0.09
变异系数	0.10	0.16	0.20	0.11	0.36	0.11	0.10	0.20

从上表的统计结果可以看出：

①变异系数最小值为 0.1，最大达 0.41，此表明 90d 桩身水泥土的强度的离散性较 28d 的要小，这主要是由于水泥土的后期强度逐渐趋于一致。

②同土层中，粉喷桩桩身强度高于浆喷桩桩身强度，特别是在淤泥中，另外 90d 的桩身强度明显高于 28d 的。

③对不同土层中，不论是粉喷桩还是浆喷桩，砂层中桩身的强度明显高于淤泥中的。

用于室内试验的所取样品均为芯样中完整性较好、可以取样的部分，部分芯样由于过于软弱未能取样，导致搅拌桩抽芯的室内无侧限抗压强度偏大，为解决此问题，特别引入岩石质量指标来描述搅拌桩桩芯的完整性。

(2)室内水泥土试验

室内水泥土试验所获得试验成果统计见表 1-25。

室内水泥土试验成果表

表 1-25

配合比	无侧限强度(kPa)				
	7d	28d	90d	28d/7d	90d/7d
12%	156.57	258.33	403.79	1.65	2.58
15%	251.2	444.51	629.01	1.77	2.50
17%	176.2	825.1	1405.35	4.68	7.98
20%	176.93	915.08	1389.25	5.17	7.85
配合比	压缩模量(MPa)				
	7d	28d	90d	28d/7d	90d/7d
12%	5.59	8.57	10.3	1.53	1.84
15%	12.34	16.28	16.9	1.32	1.37
17%	15.01	23.94	25.65	1.59	1.71
20%	21.44	21.91	27.66	1.02	1.29

室内试验成果表明，水泥土 28d 强度为 7d 强度的 1.65～5.17 倍，90d 强度为 7d 强度的 2.50～7.98 倍。按照目前的施工技术水平，淤泥、淤泥质土层中桩身强度为室内水泥土强度的 0.2～0.4，《建筑地基处理技术规范》(JG 79—2002)规定桩身强度折减系数湿法取 0.25～0.33(试件为立方体)。结合本工程室内、现场试验结果，建议 28d 桩身强度设计值取室内水泥土 7d 强度的 0.5 倍，90d 桩身强度设计值取室内水泥土 7d 强度的 0.7 倍。

从图 1-34 可以得出室内水泥土的无侧限抗压强度和压缩模量随水灰比的增大而增大，水灰比不小于 17% 时，其室内 90d 的强度才可能达到设计要求。根据本工程室内水泥土试验结果，建议对④淤泥掺灰比取 20%，其他土层掺灰比取 17%。参考《江苏省搅拌桩验收标准》，结合本工程的实际情况，特制定本工程的搅拌桩验收标准如下：10m 内淤泥、淤泥质土中 28d 桩身强度为 300kPa；10m 外的淤泥、淤泥质土中 28d 桩身强度为 200kPa；10m 内 90d 桩身强度为 800kPa；10m 外的淤泥、淤泥质土中 28d 桩身强度为 450kPa；砂层中验收标准取设计值，即 28d 桩身强度为 0.8MPa；90d 的桩身强度为 1.5MPa。桩身压缩模量可取无则限抗压强度的 50 倍，由于室内试样比较少，无侧限抗压强度或压缩模量单个参数易出现异常，所以上述结论是对两个参数综合考虑的结果。按照公路工程的特点，建议可用桩身 28d 强度进行验收，桩身 90d 强度进行稳定(承载力)和沉降计算。

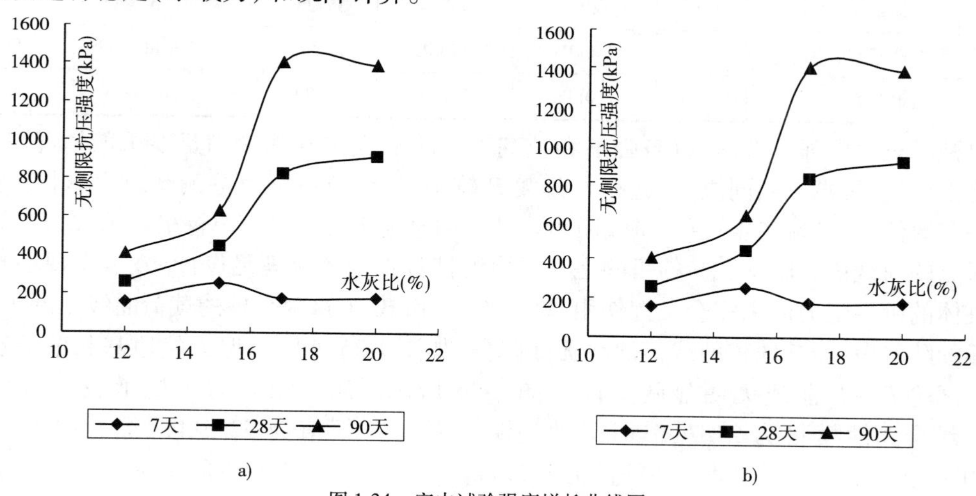

图 1-34 室内试验强度增长曲线图

1.3.4 载荷试验

在搅拌桩区成桩 28d 后，根据各区工程地质条件、施工工艺和参数的不同，选取了有代表性的 A1、A2、B1 这三个小区来进行载荷试验，检验单桩及复合地基的承载力是否满足设计要求，了解水泥土搅拌桩对软基的加固效果。其中，单桩载荷实验 6 个，单桩复合地基 3 个，天然地基载荷试验 3 个；单桩承压板为直径 0.5m 的圆钢板，单桩复合地基和天然地基的承压板为直径 1.26m 的圆钢板，载荷试验是在一定面积的承压板上向地基土逐级施加荷载，观测每级荷载下地基土的变形特性，利用测试成果来确定地基土的容许承载力，借此检验桩身强度是否满足设计要求。

单桩载荷试验共 6 个点，A1、A2、B1 区各 2 个；单桩复合地基载荷试验区各 1 个，共 3 个；天然地基载荷试验各区 1 个。其中，A1 区的施工工艺是 12m 的粉喷桩，桩间距位 1.4m；A2 区也是 12m 粉喷桩，桩间距位 1.2m；B1 区是 20m 的浆喷桩，桩间距 1.2m。承载力特征值和桩土变形模量的计算结果见表 1-26 所列。

水泥搅拌桩载荷试验成果

表 1-26

试验桩号	试验类型	试验桩类型	桩长(m)	承载力极限值	承载力特征值	沉降量(mm)	综合变形模量(MPa)	备注
A1-1	单桩	粉喷桩	12	260kN	130kN	35.62	12.02	粉喷桩
A1-2	单桩	粉喷桩	12	260kN	130kN	18.87	22.70	粉喷桩
A2-1	单桩	粉喷桩	12	230kN	115kN	13.07	28.99	粉喷桩
A2-2	单桩	粉喷桩	12	120kN	60kN	8.25	23.96	粉喷桩
B1-1	单桩	浆喷桩	20	260kN	130kN	18.37	23.31	浆喷桩
B1-2	单桩	浆喷桩	20	280kN	140kN	7.09	65.05	浆喷桩
A1-3	复合地基	粉喷桩	12	384kPa	192kPa	28.26	11.10	粉喷桩
A2-3	复合地基	粉喷桩	12	352kPa	176kPa	12.49	23.03	粉喷桩
B1-3	复合地基	浆喷桩	20	352kPa	176kPa	21.35	13.47	浆喷桩
A1-4	天然地基			100kPa	50kPa	35.35	1.85	
A2-4	天然地基			320kPa	160kPa	19.96	10.48	异常
B1-4	天然地基			110kPa	55kPa	35.09	2.05	

单桩承载力由强度控制(桩身强度和地基土强度),在桩身强度满足要求的情况下,单桩承载力由桩周、桩端土共同决定,起初外荷载 P 较小时,外荷主要由桩侧摩阻力承担,当 P 增加到一定数值时,桩端产生位移,桩端阻力才开始明显地表现出来。单桩极限承载力一般取陡降段起点的荷载值。因本试验的目的是为了检测桩身强度是否满足设计要求,在现场测试时部分桩体的桩端阻力尚未完全发挥作用,只有 A2-2 和 B1-1 这两个桩的载荷曲线出现了拐点,有明显的陡降段,而其他桩的载荷曲线无陡降段,如图 1-35 所示。但天然地基和单桩复合地基载荷试验 $P \sim S$ 曲线无明显陡降段如图 1-36 所示。测试结果为单桩承载力特征值为 129kN,综合弹性模量为 24.74MPa,天然地基承载力特征值为 52.5kPa,综合弹性模量为 1.95MPa,单桩复合地基承载力特征值为 181.7kPa。结果显示检测桩的单桩承载力均能满足设计要求(即 $R_a \geqslant 100$kN),大部分桩的单桩承载力达到了 250kN。测试结果说明单桩复合地基的承载力达到了 400kPa,远远满足设计要求的 $f_{sp} \geqslant 120$kPa。而天然地基的载荷试验数据反映天然地基土的承载力也接近 100kPa,如图 1-37 所示。考虑到该区域内天然地基土的承载力较高,可以对搅拌桩设计参数进行适当的调整。建议设计单桩承载力 $R_a \geqslant 200$kN,复合地基 $f_{sp} \geqslant 300$kPa。虽然载荷试验的结果显示单桩承载力和复合地基的承载力均满足设计要求,但由于受试验设备的限制,所测试到的数据只能反映浅层桩体和地基土的承载力情况,对深层土体的强度反映不明显,因此载荷试验只能作为搅拌桩质量检测的一种主要手段,检测时还应结合抽芯和静力触探试验对搅拌桩桩身质量进行检测。

1.3.5 监测成果分析

为了研究 J2 粉喷桩加塑料排水板超载预压试验区排水固结效果,特设置孔隙水压力观测孔 1 组,沉降板 6 个,进行排水固结过程的监测,并对比分析桩顶及桩间土的沉降发展规律。

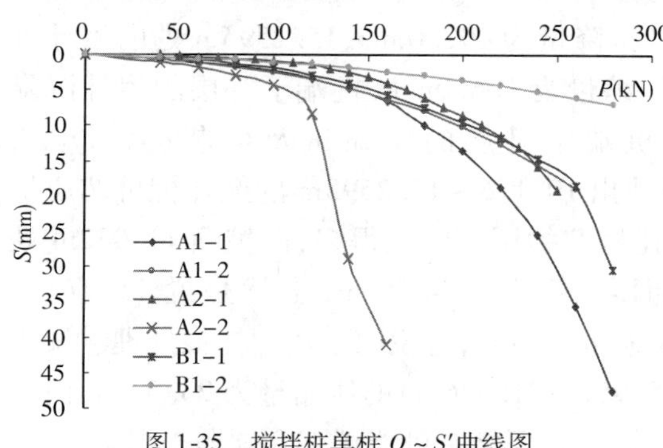

图 1-35　搅拌桩单桩 $Q \sim S'$ 曲线图

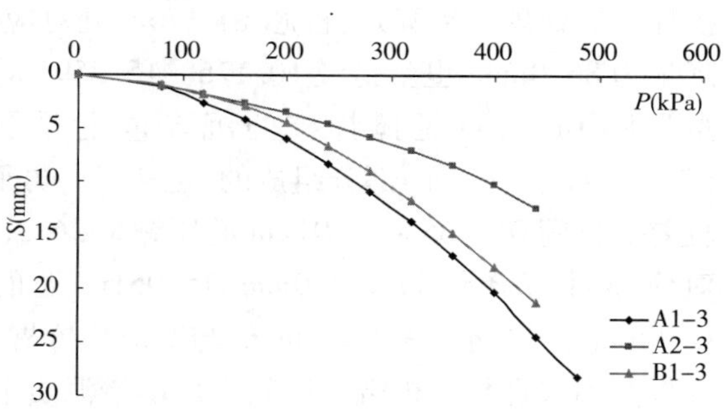

图 1-36　单桩复合地基载荷试验曲线图

1）表面沉降分析

根据监测数据做出 J2 区沉降—荷载—时间关系曲线图，如图 1-38 所示。从图 1-38 可以看出：无论是桩间还是桩顶土其累计沉降都随填土高度的增大而增大。桩间中和桩间右的沉降量远大于桩间左的沉降量，这主要是由于桩间中和桩间右分别处于 B2-2 和 A2 区，采用喷粉桩 + 塑料排水板 + 超载预压处理，而桩间左则属于 C2 区，只采用喷粉桩处理，桩间打设排水板可加快复合地基的排水固结，使得其沉降量增大；另外桩顶左和桩顶右的沉降量大于桩顶中的沉降量，主要是因为桩顶中桩长为 15m，而桩顶左、桩顶右的桩长只有 12m，都未穿透软土层，桩长长的沉降量小，处理效果较好，说明在利用搅拌桩处理软土地基有必要穿透软土层。

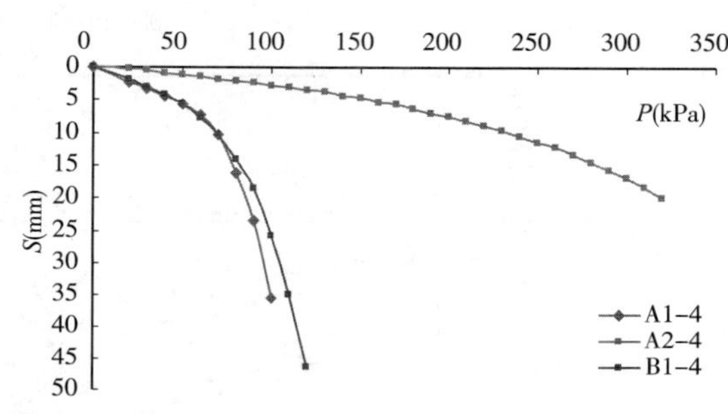

图 1-37　天然地基载荷试验曲线图

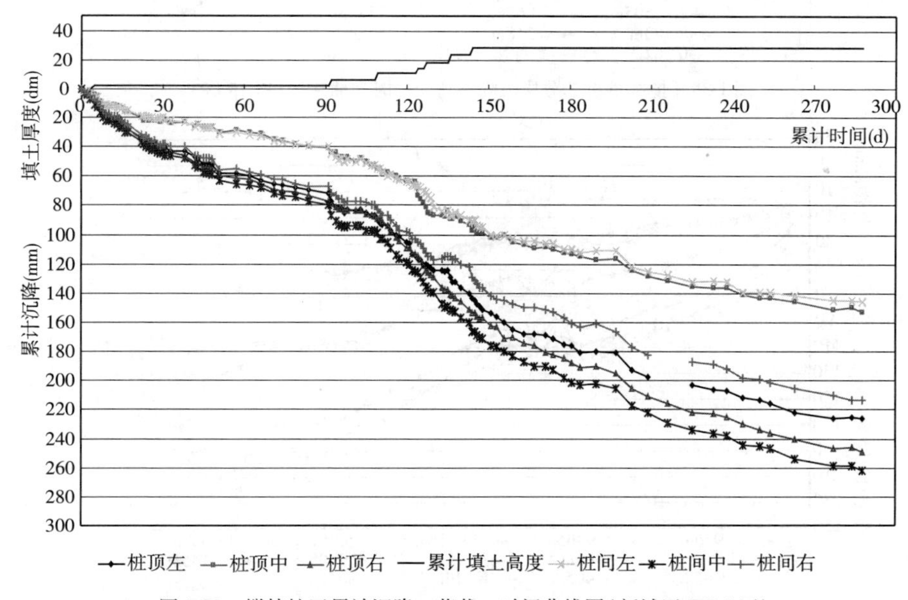

图 1-38　搅拌桩区累计沉降—荷载—时间曲线图（新城区 ZK15 区）

2）分层沉降分析

对照图 1-39 和图 1-40 不难发现：桩芯 0.282 ~ 10.176m 的压缩量甚小，可见 10.176m 内搅拌桩的处理效果甚好，桩芯10.176m处对应累计沉降量为192.0mm，15.2595m处的累计沉降量为86.0mm，也就是说10.176~15.2595m的压缩量为106.0mm，桩端下卧层的累计沉降量为86.0mm，可见搅拌桩的沉降量主要是由桩端下卧层的压缩量及桩芯(10.176~15.2595m)压缩量两部分组成的，也从另一方面反映出10.176~15.2595m的搅拌桩桩芯质量较差。桩间0.7465~11.972m的压缩量26.5cm，比桩芯的压缩量大得多，而桩间11.972m处对应累计沉降量为192.0mm，15.951m处的累计沉降量为84.0mm，也就是说11.972~15.951m的压缩量为108.0mm，与对应位置桩芯压缩量差不多，这说明采用搅拌桩处理④淤泥效果并不很理想。桩端下卧软土层即淤泥质土(15.951~21.946m)的压缩量为23.5mm，而淤泥质土下土层的累计沉降量也达到61.5mm，也比较大，其下极有可能还存在软弱土层。

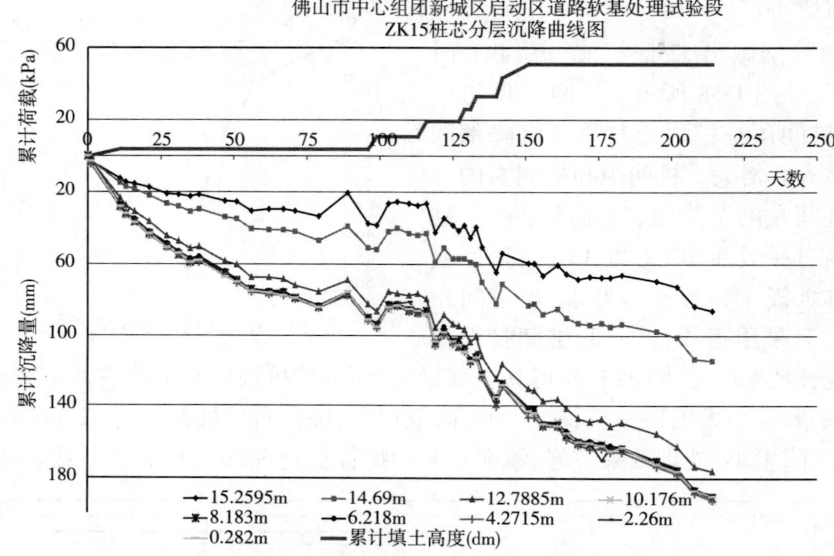

图1-39　搅拌桩桩芯分层沉降—荷载—时间曲线图(ZK15区)

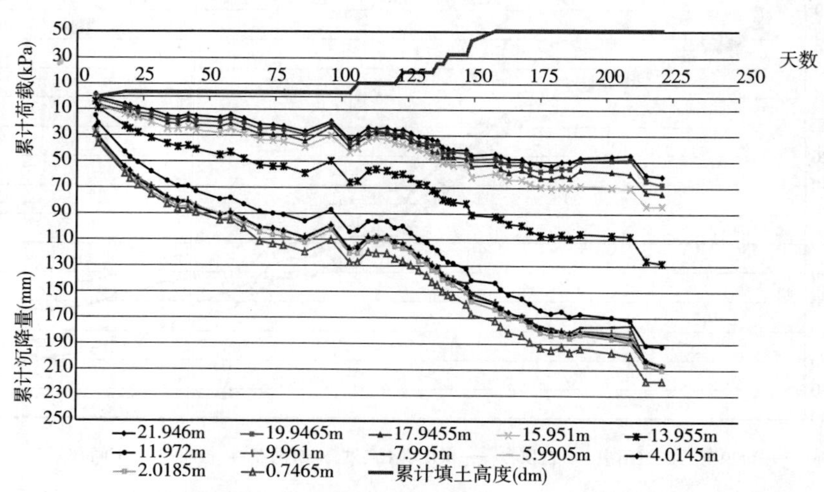

图1-40　搅拌桩桩芯分层沉降—荷载—时间曲线图(ZK15区)

3)孔隙水压力分析

从图1-41不难看出：在加载初期，孔隙水压力随荷载的增大而增大，停止加载后就逐渐消散,具体情况详见表1-27。由表可见在搅拌桩处理区内插打塑料排水板可以加快其固结排水速率,及时将加载产生的超静孔隙水压力及时转化到搅拌桩和桩间土上,使得桩间土的强度较快地增长,同时也更早地使得搅拌桩承受更多的附加应力,及时产生变形,就可减小在通车后,由超静孔隙水压力缓慢消散而将附加应力转化到搅拌桩复合地基的量,对降低其工后沉降有一定的作用,这也是为什么喷粉桩+塑料排水板+超载预压处理区的沉降量比喷粉桩处理区的沉降量大的根本原因。特别是加打塑料排水板可加快10m以下搅拌桩的强度较低、压缩量较大地层的排水固结,因此在搅拌桩+塑料排水板处理方案中,塑料排水板对提高这部分地层的强度可起到一定的作用。

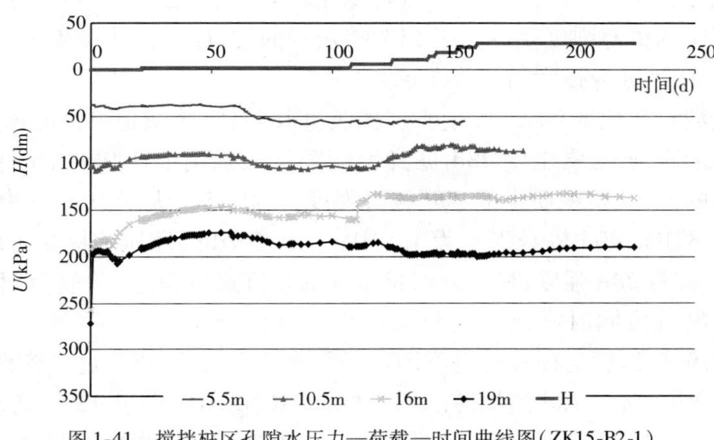

图1-41　搅拌桩区孔隙水压力—荷载—时间曲线图(ZK15-B2-1)

ZK15-B2-1加载期间孔压变化一览表　　表1-27

加载级数	加载时间	加载高度(m)	荷载(kPa)	累计荷载(kPa)	孔压增长 ΔU5.5	孔压消散 -ΔU5.5	消散度 U(%)	孔压增长 ΔU10.5	孔压消散 -ΔU10.5	消散度 U(%)
1	2005-1-26	0.200	3.600	3.6	1.23	1.23	100	0.76	0.76	100
2	2005-4-23	0.396	7.128	10.728	2.96	2.96	100	3.18	1.81	57
3	2005-5-10	0.475	8.55	19.278	1.29	1.29	100	0.38	0.38	100
4	2005-5-25	0.37	6.66	25.938	1.89	1.29	68	3.23	1.85	57
5	2005-5-28	0.398	7.164	33.102	0.69	0.69	100	1.31	1.31	100
6	2005-6-6	0.574	10.332	43.434				3.38	3.38	100
7	2005-6-14	0.414	7.452	50.886				4.46	1.31	29

加载级数	加载时间	加载高度(m)	荷载(kPa)	累计荷载(kPa)	孔压增长 ΔU16	孔压消散 -ΔU16	消散度 U(%)	孔压增长 ΔU19	孔压消散 -ΔU19	消散度 U(%)
1	2005-1-26	0.200	3.600	3.6	2.28	2.28	100	0.72	0.72	100
2	2005-4-23	0.396	7.128	10.728	4.85	4.85	100	5.43	4.79	88
3	2005-5-10	0.475	8.55	19.278	4.18	1.84	44	8.02	0.63	8
4	2005-5-25	0.37	6.66	25.938	0.71	0.71	100	0.71	0.71	100
5	2005-5-28	0.398	7.164	33.102	0.71	0.71	100	2.3	1.5	65
6	2005-6-6	0.574	10.332	43.434	1.91	1.7	89	2.54	1.03	41
7	2005-6-14	0.414	7.452	50.886	4.66	4.66	100	3.32	3.32	100

1.4 结论与建议

通过我们前期的测试资料显示：

(1)成桩速率对桩体质量有较大影响，试验表明，对于20m桩长，施工时间为80min的质量优于施工时间55min的桩。粉喷桩、浆喷桩搅拌施工都会对桩周土体产生一定的扰动，其影响范围分别为5.5m、4.5m，且浆喷搅拌桩施工扰动大于粉喷桩。

(2)搅拌桩桩身质量不一致。对①吹填砂、②层淤泥、③层细砂加固效果明显，对④层淤泥加固效果不明显；从深度上看，10m以下加固效果较差；同一土层中，粉喷桩强度比浆喷桩强度稍高；掺灰量17%的桩身强度明显大于15%掺灰量的桩，如果设计掺灰量小于17%，则很难达到规范内90d搅拌桩桩身强度的验收要求。

(3)建议④淤泥掺灰比取20%，其他土层掺灰量取17%，掺灰量可以通过调整提升速度实现。在10m内的淤泥、淤泥质土中28d桩身无侧限抗压强度取300kPa，大于10m的则采用200kPa，在10m内的淤泥、淤泥质土的90d桩身强度为800kPa，大于10m则为450kPa；砂层中28d桩身强度为0.8MPa，90d桩身强度为1.5MPa。对于7d龄期压缩模量可取无侧限抗压强度的50倍，可采用桩身28d强度进行验收，桩身90d强度进行稳定(承载力)和沉降计算。

(4)对于合格的桩应同时满足无侧限抗压强度及桩身完整性的要求，否则为不合格桩。可结合抽芯和静力触探试验对搅拌桩桩身质量进行判别，为检验桩身的完整性，建议采用岩石质量指标RQD来衡量，对于28d的抽芯的搅拌桩，其RQD不应小于90%，要求抽芯时应随机选取桩号，并确保龄期在28±2d内芯样取出后在2d内进行抗压强度试验，抗压试样要求附彩照加以验证。如图1-42所示。

a)

b)

图1-42 搅拌桩抽芯试验

(5)考虑到该区域内天然地基土的承载力较高，建议将搅拌桩设计参数调整为设计单桩承载力$R_a \geq 200$kN，复合地基$f_{sp} \geq 300$kPa。

(6)搅拌桩施工过程中应注意以下问题：

①搅拌桩所用的水泥和水应必须按照规范规定化验合格后使用。

②严格控制桩长。严禁在尚未达到设计桩长及未喷浆的情况下进行钻机提升作业。

③建议采用“四喷四搅”施工工艺进行施工。

④严格控制成桩速率，建议搅拌头下沉和提升速度均不大于0.8m/min，转速不小于50转/min。

(7)对J2区的监测数据进行分析得出以下结论：

①喷粉桩+塑料排水板+超载预压的处理效果好于只用喷粉桩处理的。

②表面沉降数据表明未穿透软土层时，桩长长的沉降量小，处理效果稍好，因此在利用搅拌桩处理软土地基有必要穿透软土层。

③10m 以下软土层内，桩间土的压缩量与对应位置桩芯压缩量差不多，这说明此层淤泥的处理效果不理想，而 10m 以内，桩身压缩量小，加固效果显著，在不考虑深部软土工后沉降时，可采用粉喷短桩处理中浅部的软土，以节约深厚软土处理工程费用。

④在搅拌桩区加打塑料排水板，可加快 10m 以下搅拌桩的强度较低、压缩量较大地层的排水固结，对提高这部分地层的强度可起到一定的作用，可减小部分工后沉降量。

第 2 章　强夯与动力固结

2.1　动力固结(设置排水板)

动力固结法是先在软基处理段打设塑料排水扳或袋装砂井等排水措施,用于提高强夯所产生的超孔隙水压力的消散速度,缩短排水路径,有利于路基土体的稳定;然后采用强夯加固路基。按设计院提供的《佛山市新城区启动区首期道路软基处理前期试验与检测方案》,该试验区位于滨河路西段 ZK4 号钻孔附近,长 20m,宽 40m,试验面积 $800m^2$。

2.1.1　工程地质条件

ZK04 号钻孔所处断面路基的左侧、中间和右侧分别布置一个静力触探孔,根据现场静力触探补勘测试,本区地层自上而下划分为(图 2-1):

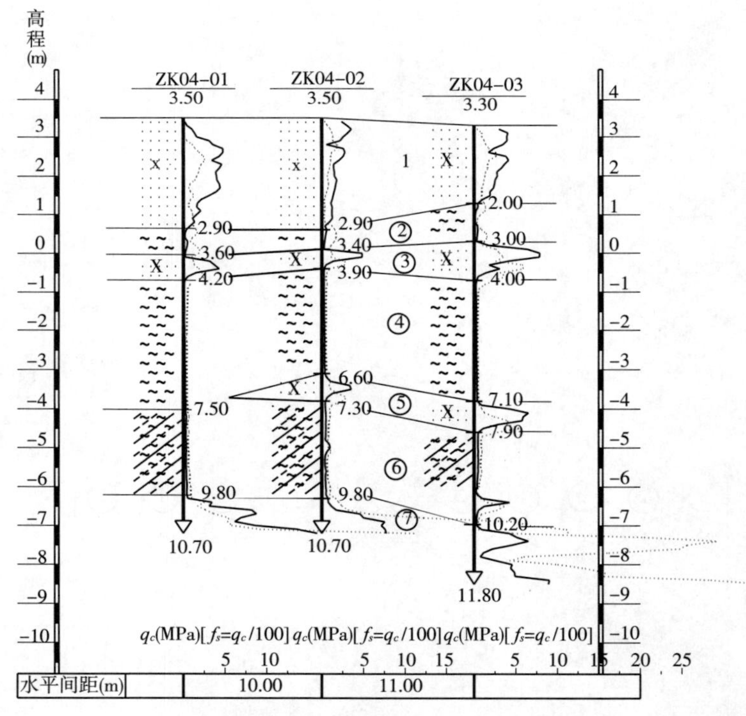

图 2-1　ZK4 附近强夯加排水固结法试验区工程地质剖面图

①细砂:由吹填或人工回填的细砂及粉细砂组成,厚约 2 ~ 2. 9m,平均厚度 2. 6m;锥尖阻力 0. 56 ~ 4. 74MPa,平均 2. 56MPa;侧摩阻力 1. 1 ~ 26. 5kPa,平均 10. 8kPa。

②淤泥:厚 0. 7 ~ 1. 1m,平均厚度 0. 9m;锥尖阻力 0. 14 ~ 0. 59MPa,平均 0. 34MPa;侧摩阻力 3. 4 ~ 19. 3kPa,平均 12. 2kPa。

③细砂：厚0.3～0.8m，平均厚度0.5m；锥尖阻力1.42～7.88MPa，平均3.87MPa；侧摩阻力9.4～58.8kPa，平均24.74kPa。

④淤泥：厚2.9～5.2m，平均厚度3.8m；锥尖阻力0.11～0.5MPa，平均0.28MPa；侧摩阻力3.4～7.9kPa，平均5.1kPa。

⑤细砂：分布于试验区中、左侧，厚0～0.6m，平均厚度0.3m；锥尖阻力2.78～6.52MPa，平均4.6MPa；侧摩阻力8.7～54.2kPa，平均22.96kPa。

⑥淤泥质土：厚0.4～2.6m，平均厚度1.8m；锥尖阻力0.23～0.88MPa，平均0.45MPa；侧摩阻力1.8～10.2kPa，平均7.87kPa。

⑦亚黏土，静探未见底。

从以上地质条件可以看出，多层薄层细砂的存在能有效缩短排水路径，加快强夯产生的超静水孔隙水压力的消散，是本区采用强夯加固的有利前提。

2.1.2　设计参数

本试验区采用的处理方法是塑料排水板＋强夯＋超载预压。其设计参数如下：

(1)塑料排水板结构形式为滤套式，厚度为5.5m，宽度为10cm。排水板间距1.2m，长12.5m，按三角形布置。

(2)试验区夯击能量与击数遵循"先轻后重、少击多遍"的原则，分3遍跳夯，各遍单击能量分别为600kN·m、1200kN·m、2000kN·m，3遍夯后以600kN·m能量2击拍夯。相邻两遍点夯间隔时间视孔隙水压力消散情况而定。

(3)强夯后进行超载预压排水固结。

2.1.3　施工进展情况

宁波市政工程建设集团有限公司（以下简称"施工方"）于2004年12月21日进行第1遍点夯，单点夯击能量600kN·m；2004年12月23日进行第2遍点夯，单点夯击能量1200kN·m；2004年12月27日进行第3遍点夯，单点夯击能量2000kN·m；2004年12月28日进行普夯，以600kN·m能量2击拍夯。强夯施工采用的夯锤重15t，直径2m。施工3批夯点布置图如图2-2所示。

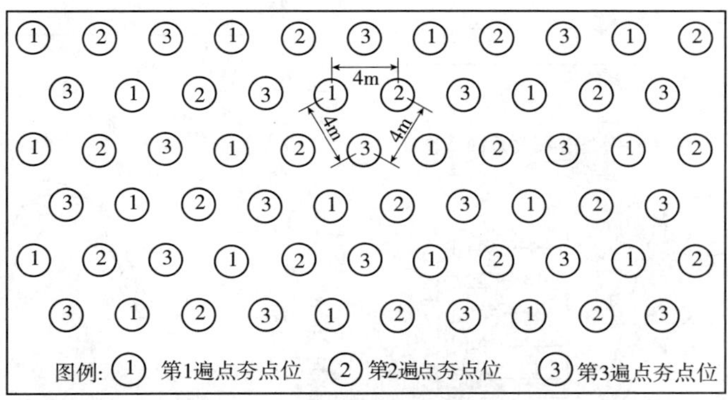

图2-2　ZK4附近强夯区夯点布置图

2.1.4　最佳单点击数确定

合理的单点夯击次数不仅可提高强夯的加固效果，还能节约施工成本。因此，每遍单点夯击次数对于强夯施工来说是至关重要的。而对于不同的夯击能量，其最佳的夯击次数是不一样的。不同夯击能量下的最佳夯击次数应遵循在确定的夯击次数下，土体的竖向压缩量最大，而侧向位移量最小的原则。因此，最佳单点击数的一般确定方法有：

①作夯沉量～夯击次数的变化曲线图，在图中寻找拐点，即夯沉量速率开始减缓的夯击次数为最佳单点击数。

②相邻两击的夯沉量不大于 50mm，当单点夯击能量较大时不大于 100mm。

③夯坑周围土体不应发生过大隆起。

④不因夯坑过深而发生起锤困难。

施工过程中分别对 3 种夯击能量进行夯沉量、隆起量测试。

(1)夯击能量为 600kN·m

图 2-3 中 5 条曲线代表 5 个不同试夯点累计夯沉量与夯击次数间的关系，从图可知：由于夯前各试夯点的碾压不均匀，因此，各夯点夯沉量不一致。第 1 击夯沉量为 11～24cm，平均 16cm；第 2 击夯沉量为 7～11cm，平均 8.6cm；第 3 击 6～8cm，平均 7cm；第 4 击 3～7cm，平均 5.6cm；第 5 击 4～5cm，平均 4.6cm；第 6 击 5～7cm，平均 6cm。由于强夯后，施工方从场外取土进行填平、碾压，从而无法测试到场地平均夯沉量。

总体表现出前 3 或 4 击夯沉量随夯击次数迅速增大；在第 4 或 5 击时，夯沉量随夯击次数增加速率减小；随后由于夯锤倾斜，导致夯沉量在第 6 击时的变化速率又有增大的趋势。

试夯过程中，在离夯点不同距离处埋设细钢筋，埋设深度为 0.6～0.8m，进行隆起量测试。作隆起量随距离的变化曲线图，如图 2-4～图 2-7 所示。

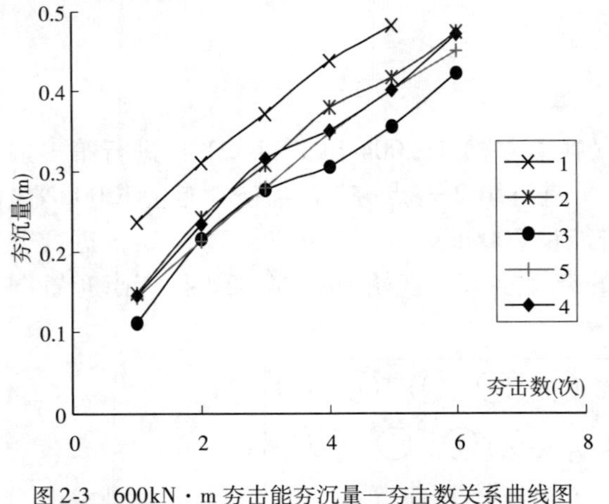

图 2-3 600kN·m 夯击能夯沉量—夯击数关系曲线图

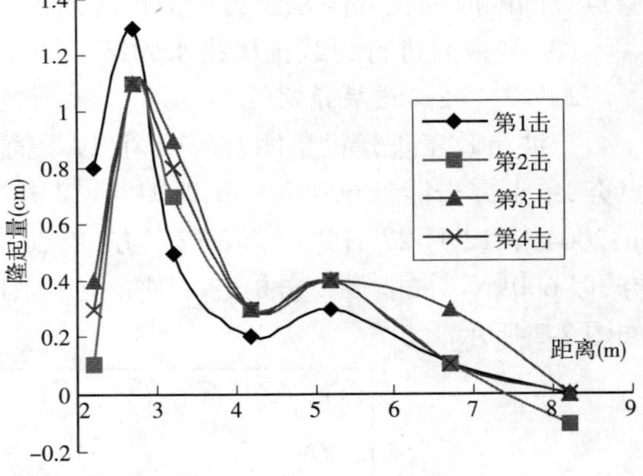

图 2-4 1 号试夯点隆起量—夯击次数变化曲线图

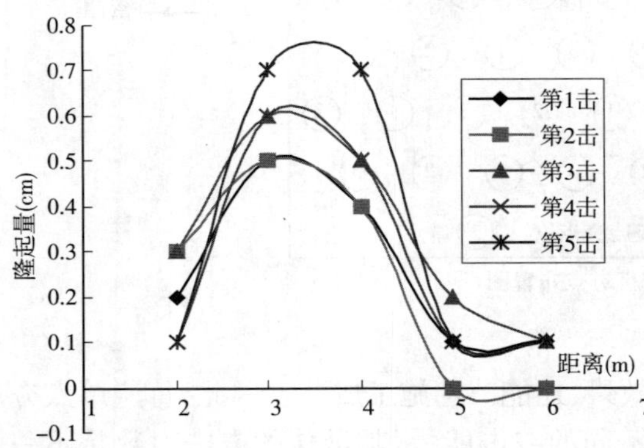

图 2-5 2 号试夯点隆起量—夯击次数变化曲线图

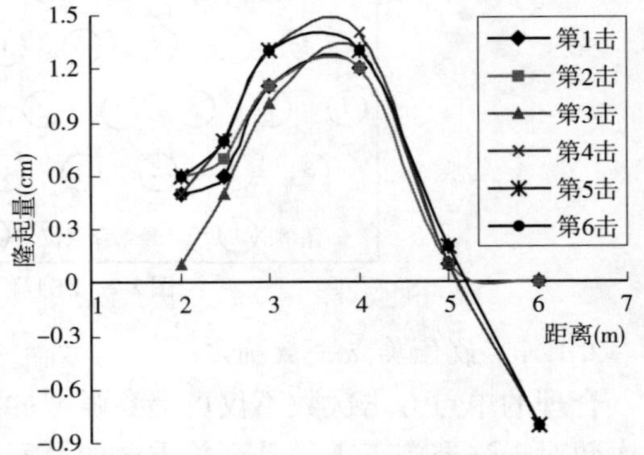

图 2-6 4 号试夯点隆起量—夯击次数变化曲线图

由于夯击过程中在夯点周围形成直径约 2.5m 的夯坑，因此，隆起量测试点以距夯点 2m 为起点。从图 2-4～图 2-7 中可以看出，600kN·m 夯击能的影响范围约为 8m，最大隆起量发生在距夯点 3～4m 处。另外，从图中还可以发现，第 5 击时，最大隆起量点的隆起速率开始加大。综上所述，第 1 遍单点最佳夯击数为 4 击。

（2）夯击能量为 1200kN·m

从图 2-2 的施工图中可以看出，第 2 遍夯击点位于第 1 遍强夯和未强夯区之间，夯点周围土体密实度不均匀，因此，施工时夯锤易发生倾斜导致所试夯的一些点曲线不连续。第 2 遍点夯完成后，场区相对于第 1 遍夯后的平均夯沉量为 20.3cm。如图 2-8 所示，夯沉量随夯击次数变化曲线的拐点发生在第 4 击。

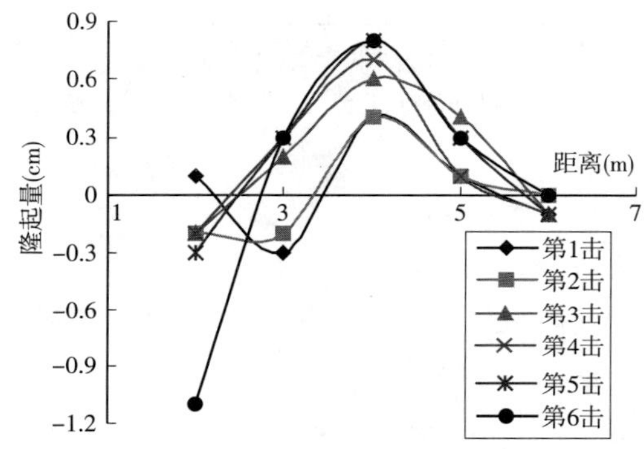

图 2-7　5 号试夯点隆起量—夯击次数变化曲线图

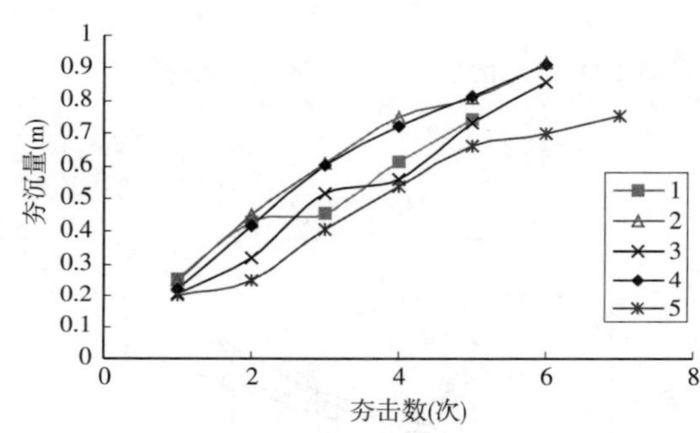

图 2-8　1200kN·m 夯击能夯沉量—夯击数关系曲线图

从图 2-9～图 2-12 中可以发现，最大隆起量发生在 2～2.5m 处，所测试点处最大隆起量为 2cm。综上所述，第 2 遍点夯最佳单点夯击次数为 4 击。

（3）夯击能量为 2000kN·m

如图 2-13 所示，第 1 击夯沉量为 25～32cm，平均 27cm；第 2 击夯沉量为 17～25cm，平均 22cm；第 3 击 17～21cm，平均 19.5cm；第 4 击 8.5～15cm，平均 12cm；第 5 击 6.5～16cm，平均 12cm；第 6 击 7～10cm，平均 9cm。场地平均夯沉量相对于第 2 遍为 9cm，小于第 2 遍的夯沉量，与施工方从场外取土有关。

作出距试夯点不同距离处的隆起量随夯击次数的变化曲线，如图 2-14～图 2-18 所示。

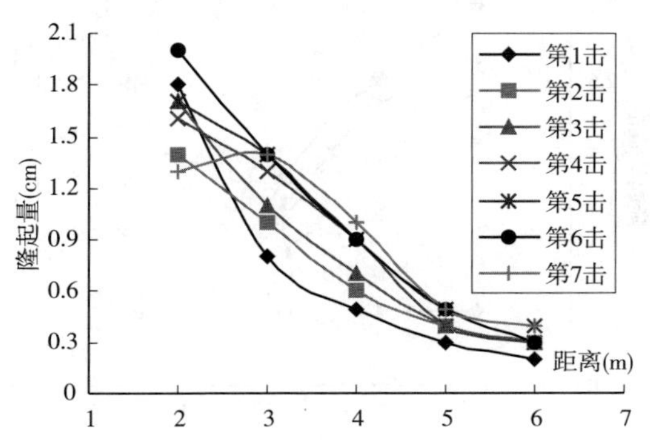

图 2-9　1 号试夯点隆起量—夯击次数变化曲线图

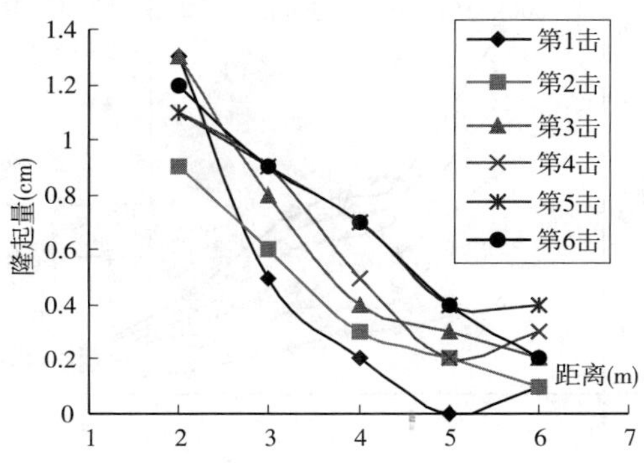

图 2-10　2 号试夯点隆起量—夯击次数变化曲线图

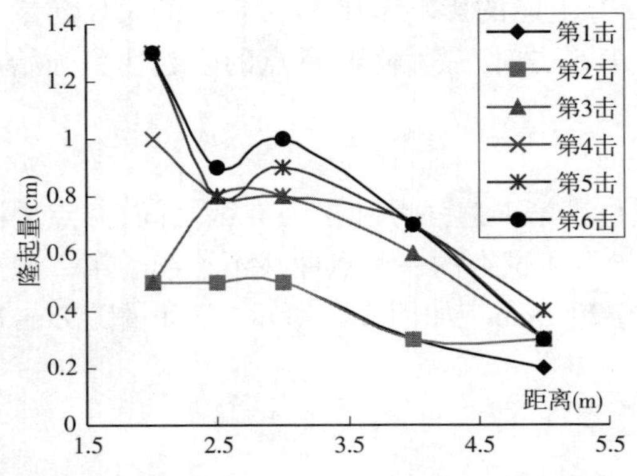

图 2-11　4 号试夯点隆起量—夯击次数变化曲线图

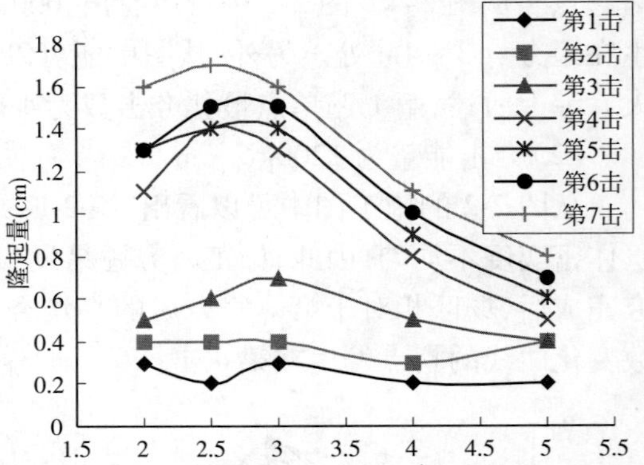

图 2-12　5 号试夯点隆起量—夯击次数变化曲线图

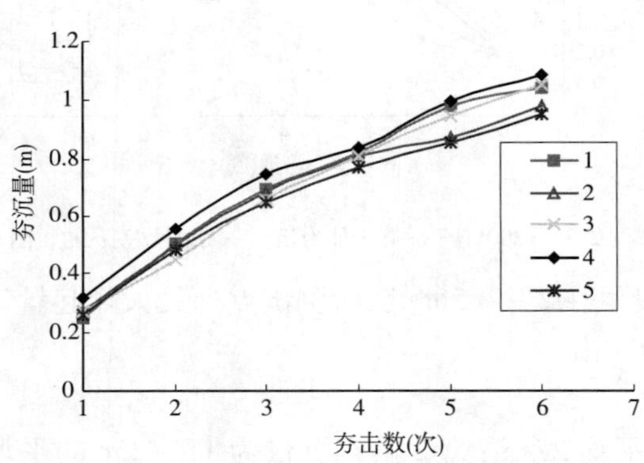

图 2-13　2000kN · m 夯击能夯沉量—夯击数关系曲线图

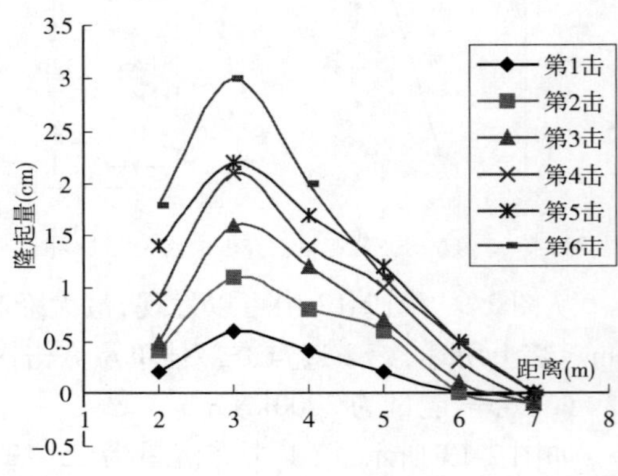

图 2-14　1 号试夯点隆起量—夯击次数变化曲线图

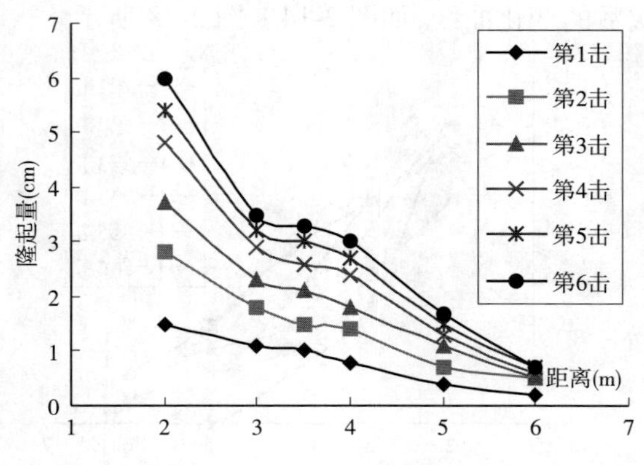

图 2-15　2 号试夯点隆起量—夯击次数变化曲线图

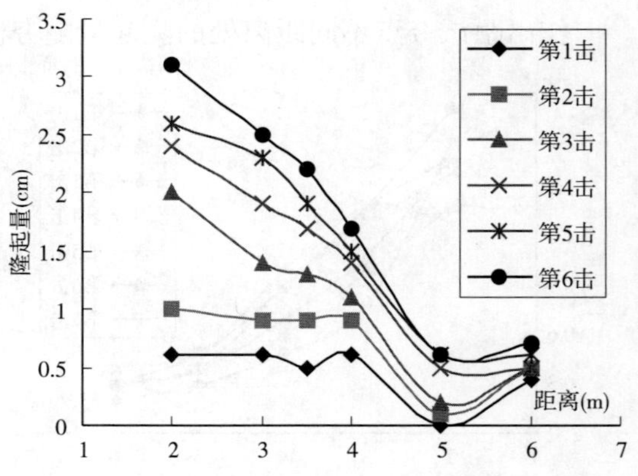

图 2-16　3 号试夯点隆起量—夯击次数变化曲线图

从图2-14～图2-18可知，随夯击次数增大，不同距离处隆起量增大，且隆起量最大点位于距夯点2～3m处，影响范围为7m。

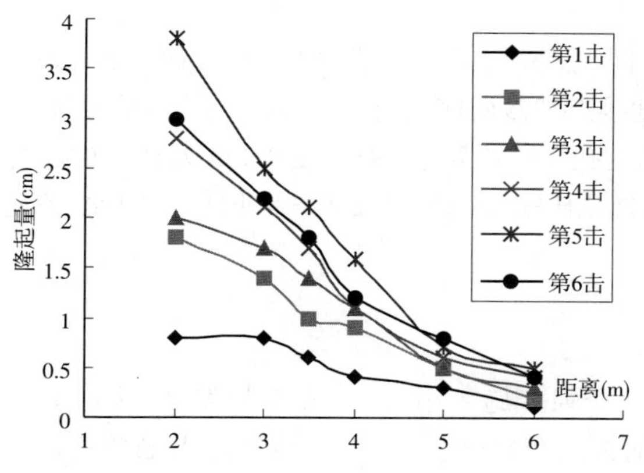

图2-17　4号试夯点隆起量—夯击次数变化曲线图

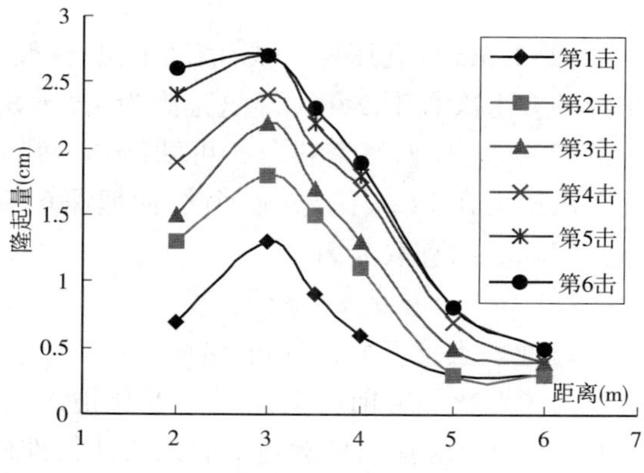

图2-18　4号试夯点隆起量—夯击次数变化曲线图

2.1.5　孔隙水压力变化

在强夯施工过程中，对孔隙水压力变化进行监测，用于分析强夯过程中孔压变化规律及根据孔隙水压力消散程度确定各遍点夯的间歇时间。

强夯施工前在本区中心埋设2只孔隙水压力计进行监测，埋设深度分别为4.5m、6.5m。在试夯过程中分别量测不同距离处强夯施工对孔压影响。其测试结果如图2-19～图2-22所示。

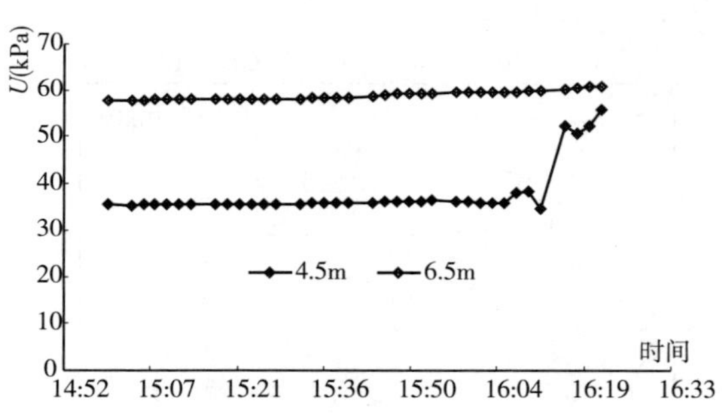

图2-19　强夯第1遍(600kN·m)时孔隙水压力变化曲线图

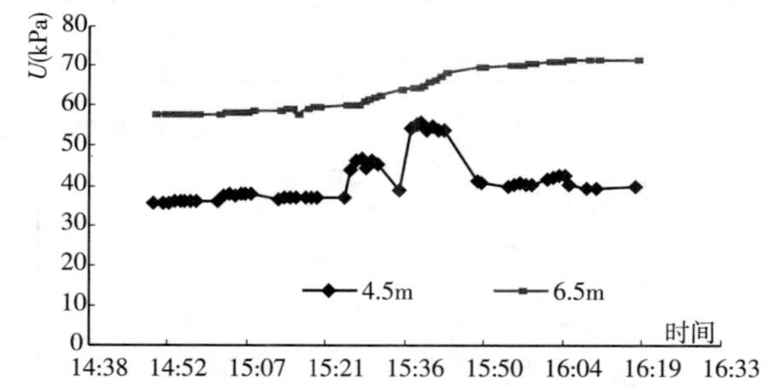

图2-20　强夯第2遍(1200kN·m)时孔隙水压力变化曲线图

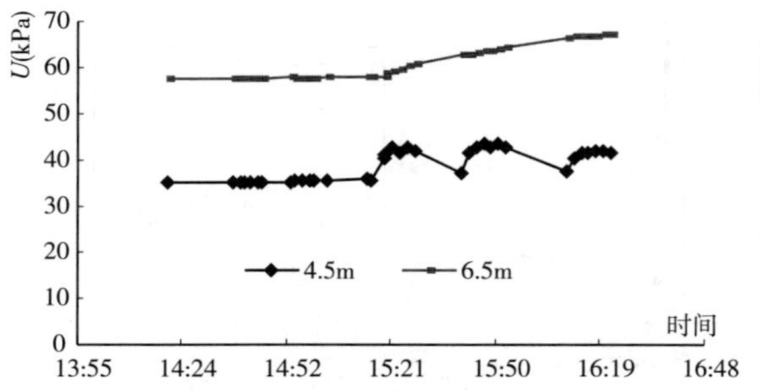

图2-21　强夯第3遍(2000kN·m)时孔隙水压力变化曲线图

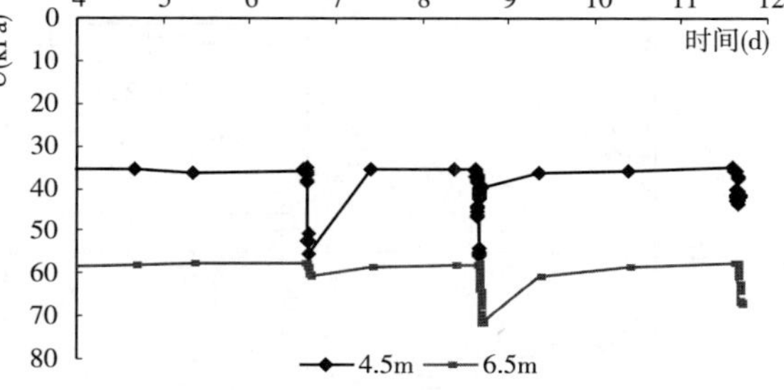

图2-22　强夯时孔隙水压力变化总过程图

从孔压监测资料可以看出：

(1)强夯施工对埋深不同处的孔隙水压力均有较大的影响，且对埋深为4.5m处的影响大于6.5m处。

(2)4.5m处孔压增长快，消散也快，一般在下一点夯击前消散达80%以上；而6.5m处孔压则随夯击次数不断增加。这是因为4.5m深度接近细砂层底面，排水路径短，孔压消散快。

(3)从孔压监测资料分析可知，强夯间隔期内孔压消散很快，强夯在4.5m处产生的超静孔隙水压力在12h内能全部消散；而埋深6.5m处孔压完全消散需要1~2d时间。因此，各遍点夯间隔时间宜取为2d。

2.1.6 加固效果分析

1)地基土强度变化分析

为了对比强夯前后土体强度变化情况，分别在强夯施工前、施工完毕后第2d、第7d、第21d进行静力触探。虽然施工前无法获得准确的夯点布置图，导致施工前后静力触探孔位间存在一定的间距，如试验区左幅静力触探孔夯前、后相距1.7m，右幅相距0.7m，但各触探孔间仍存在有一定的可比性。

强夯前后各触探孔强度对比如图2-23~图2-25和表2-1、表2-2所示。

根据强夯前后地基土体锥尖阻力和侧摩阻力的对比图表，可看出土体强度的变化情况：

(1)对于①层吹填砂的加固效果较明显，夯后2d静力触探资料显示，锥尖阻力增加1.4~3.63倍，侧摩阻力增加2倍左右；而夯后7d、21d静力触探资料显示，锥尖阻力和侧摩阻力相对于夯后2d均有下降。说明强夯能起到超载的作用，强夯施工停止后不采取其他措施时，施加在土体上的超载能量消除，土体的弹性变形得以恢复，强度降低。

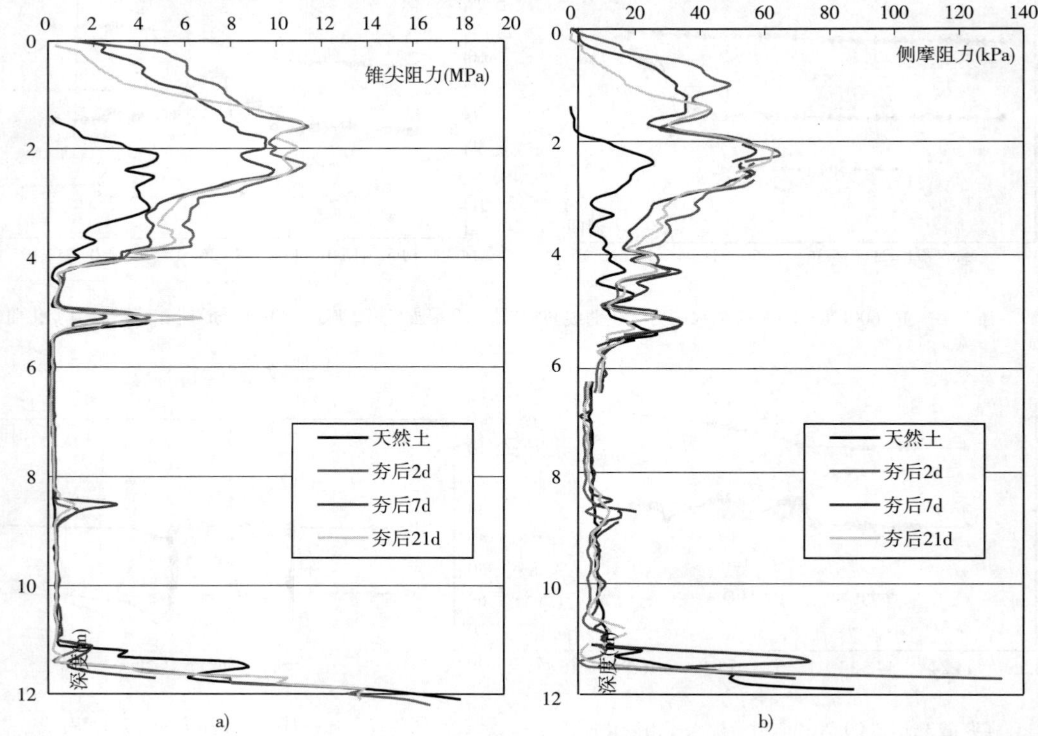

图2-23 试验区(左)静力触探强度对比图

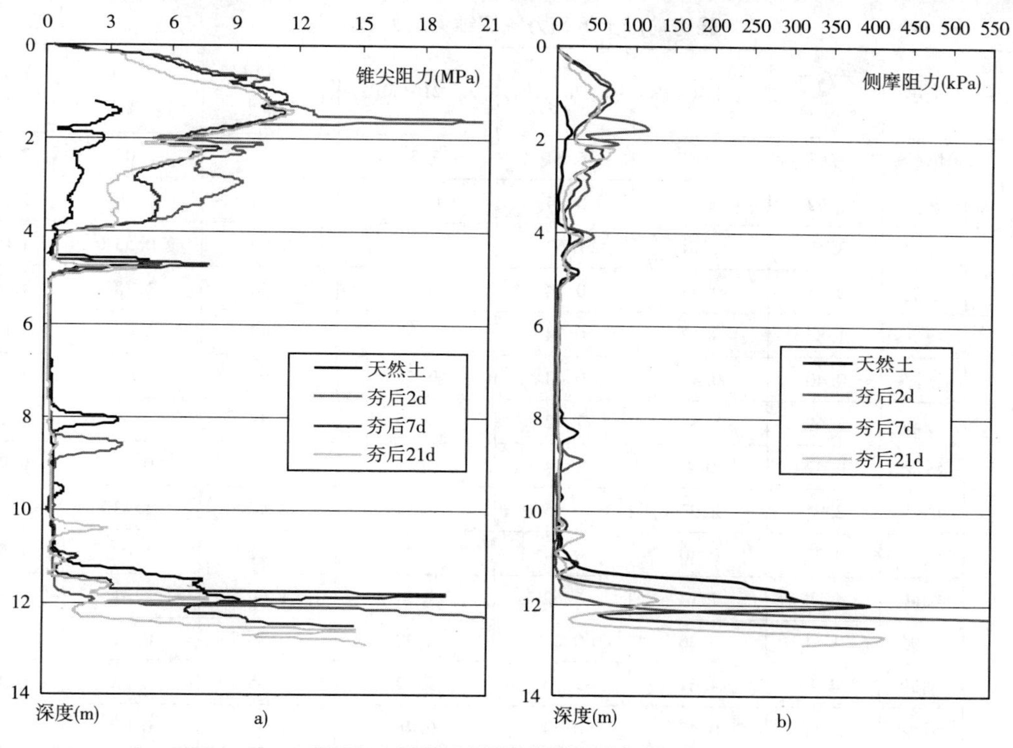

图 2-24　试验区(中)静力触探强度对比图

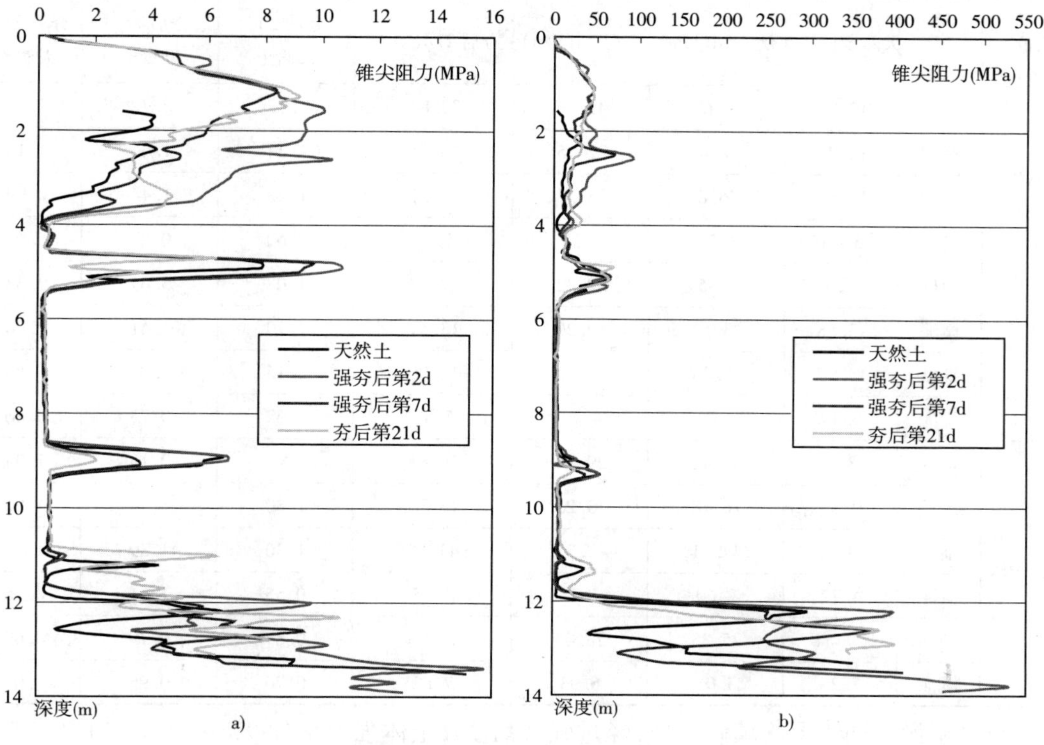

图 2-25　试验区(右)静力触探强度对比图

强夯前后土体静力触探锥尖阻力对比表

表 2-1

孔位	土层	天然土（MPa）	夯后 2d（MPa）	夯后 7d（MPa）	夯后 21d（MPa）	夯后 2d/天然土	夯后 7d/天然土	夯后 21d/天然土
ZK04（左）	填砂	3.03	7.97	6.34	7.30	2.63	2.09	2.40
	淤泥	0.32	0.55	0.54	0.42	1.74	1.70	1.32
	细砂	3.18	3.14	1.67	3.33	0.99	0.53	1.05
	淤泥	0.25	0.35	0.44	0.30	1.38	1.73	1.20
ZK04（中）	填砂	1.86	8.62	6.74	5.65	4.63	3.62	3.03
	淤泥	0.40	0.43	0.43	0.53	1.09	1.09	1.33
	细砂	3.69	5.48	7.72	4.30	1.48	2.09	1.16
	淤泥	0.42	0.4	0.34	0.41	0.95	0.81	0.97
ZK04（右）	填砂	2.91	6.97	4.15	4.14	2.40	1.43	1.42
	淤泥	0.32	0.40	0.34	0.35	1.26	1.08	1.09
	细砂	4.29	7.14	5.62	2.94	1.66	1.31	0.68
	淤泥	0.31	0.26	0.22	0.30	0.86	0.71	0.98
	细砂	4.4	4.61	2.73	1.82	1.05	0.62	0.41
	淤泥	0.44	0.47	0.44	0.48	1.05	0.99	1.09

强夯前后土体静力触探侧摩阻力对比表

表 2-2

孔位	土层	天然土（kPa）	夯后 2d（kPa）	夯后 7d（kPa）	夯后 21d（kPa）	夯后 2d/天然土	夯后 7d/天然土	夯后 21d/天然土
ZK04（左）	填砂	12.94	41.69	35.18	37.84	3.22	2.72	2.92
	淤泥	13.78	18.4	22.85	15.21	1.34	1.66	1.10
	细砂	17.67	26.8	25.37	17.52	1.48	1.44	0.99
	淤泥	5.46	3.29	5.30	5.37	0.60	0.97	0.98
ZK04（中）	填砂	8.21	8.85	30.32	27.73	1.08	3.69	3.38
	淤泥	13.58	23.13	19.20	13.51	1.70	1.41	1.00
	细砂	15.97	18.33	17.40	12.00	1.15	1.09	0.75
	淤泥	6.49	4.03	4.73	5.58	0.62	0.73	0.86
ZK04（右）	填砂	13.88	47.43	29.84	26.89	3.42	2.15	1.94
	淤泥	9.16	16.48	13.23	13.73	1.80	1.44	1.50
	细砂	34.06	44.31	47.33	43.70	1.30	1.39	1.28
	淤泥	4.72	2.60	4.76	4.55	0.55	1.01	0.96
	细砂	29.64	25.85	23.43	17.93	0.87	0.79	0.60
	淤泥	7.26	5.05	6.93	7.82	0.70	0.95	1.08

（2）②层淤泥同①层吹填砂一样，经过强夯后 2d，土体强度增加 9% ~80%，7d、21d 后强度降低，增加与降低幅度均小于砂层。

(3)对于淤泥层中的砂夹层,强夯施工使其锥尖阻力、侧摩阻力增大;且2d、7d、21d强度变化规律不明显,主要是由于该层处于淤泥土的包围中,且厚度不足1m,因此,其变化受淤泥土的影响较大。

(4)④、⑥层淤泥土体的强度变化总体表现为降低,夯后2d锥尖阻力、侧摩阻力分别降低5%~14%、38%~45%;7d的锥尖阻力进一步降低到19%~29%,侧摩阻力有所恢复,但仍比原状土低3%~27%;21d静力触探的锥尖阻力、侧摩阻力均恢复到加固前的95%以上;局部淤泥土静力触探的锥尖阻力、侧摩阻力在强夯后较原状土增加。这些都与土体性质有关,在夯击能的作用下,淤泥土体的结构性遭到破坏,强度反而降低,短时间难以完全恢复。

2)标准贯入试验

按"方案"要求,强夯第21d需布置标准贯入试验点,以检测强夯对各层路基土的加固效果及饱和砂土液化的改善或消除。同时,为从另外一方面对比夯点与夯间土的强度变化规律,2个标贯孔分别布置在第3遍点夯处及邻近的夯间土,2孔间距为2m。同一孔内标贯间距采用砂层1m、软土层2m。

标贯实测及修正数据见表2-3。

ZK04 强夯区标准贯入测试数据表 表2-3

夯间				夯点			
土层	标贯深度(m)	实测击数	修正击数	土层	标贯深度(m)	实测击数	修正击数
砂	1~1.30	16	16	砂	1.0~1.3	20	20
砂	2.3~2.6	20	20	砂	2.3~2.6	16	16
黏土	3.6~3.9	6	5.9	砂	3.6~3.9	18	17.6
淤泥	6.0~6.3	2	1.8	黏土	4.9~5.2	9	7.6
淤泥	8.0~8.3	3	2.6	淤泥	6.2~6.5	2	1.8
淤泥	10.0~10.3	3	2.5	淤泥	8.5~8.8	3	2.6
砂	12.0~12.3	16	12.9	淤泥	10.8~11.1	3	2.5
				砂	12.0~12.3	17	13.7

从图2-26可以看出,夯点与夯间的锤击数相差不大,但夯点略好于夯间。

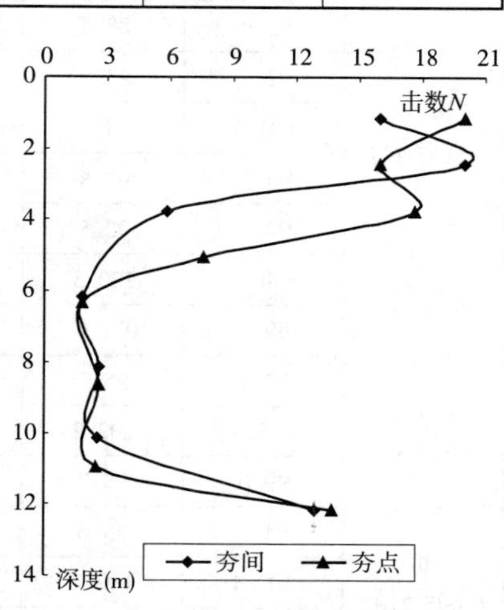

图2-26 强夯后标贯击数—深度曲线图

根据标贯试验击数,按《建筑抗震设计规范》(GB 50011—2001)规定,当饱和砂土和饱和粉土的标准贯入击数实测值(未经杆长修正)N小于液化判别标准贯入锤击数N_{cr}时,应判为液化土。

地面下15m深度范围内液化判别标准贯入锤击数N_{cr}按式(2-1)计算:

$$N_{cr} = N_0[0.9 + 0.1(d_s - d_w)]\sqrt{\frac{3}{\rho_c}} \qquad (2\text{-}1)$$

而地面下15~20m深度范围内液化判别标准贯入锤击数N_{cr}按式(2-2)计算:

$$N_{cr} = N_0[2.4 - 0.1(d_s - d_w)]\sqrt{\frac{3}{\rho_c}} \quad (15 \leqslant d_s \leqslant 20) \tag{2-2}$$

式中：N_0——液化判别标准贯入锤击数基准值，按表2-4采用；

d_s——饱和土标准贯入试验点深度（m）；

d_w——地下水位深度；

ρ_c——黏粒含量百分比，当小于3或为砂土时，应采用3。

标准贯入锤击数基准值 N_0 表2-4

近、远震	设防烈度		
	7	8	9
近震	6	10	16
远震	8	12	—

按式（2-1），设防烈度为7度，取 $N_0=8$、$d_w=1.7\text{m}$、$\rho_c=3$，通过计算表明 N_{cr} 均小于标准贯入击数实测值（未经杆长修正）N，因此，可以认为经强夯后饱和砂土不会再发生液化。

3）压实度检测

试夯前对表层填土进行重型击实实验，以确定夯后压实度评价。其评价依据是强夯后夯沉面以下70cm范围内压实度应达到0.90标准。分别在在夯中和三夯间布置探井进行压实度检测，建议采用的方法为环刀法。为对比在砂土使用环刀法的适宜性，在具体操作中同时采用环刀法和灌砂法以进行比较。

强夯前，在强夯区内挖取吹填土进行重型击实，最大干密度为 1.7g/m^3，最佳含水率7.2%。强夯后进行压实度检测，由于测试过程中局部土体与室内试验土样差别大，造成一些深度无法检测，其测试统计结果见表2-5。

强夯区压实度统计（单位：%） 表2-5

深度	15cm	30cm	45cm	60cm	75cm	90cm	备注
天然土	92.8	83.0	80.4	80.0	78.8	77.3	环刀法
	98.9	93.7	87.3	88.6	84.4	81.9	灌砂法
	95.9	88.4	83.9	84.3	81.6	79.6	平均值
夯点（夯后3d）	92.7	93.6	90.4	90.7	91.9	91.4	环刀法
	103.8	102	98.6	98.4	101.5		灌砂法
	98.3	97.8	94.5	94.6	96.7	91.4	平均值
夯点（夯后21d）	94.1	92.5	93.4	89.2	93.9		环刀法
	104.3	100.3	96.7	93.7	96.8		灌砂法
	99.2	96.4	95.6	91.5	95.4		平均值
夯间土（夯后3d）	93.4	95.1	91.1	93.3	91.4	87.6	环刀法
	105.8	102.2	103.2	106.2	97.8	98.8	灌砂法
	99.6	98.7	97.2	99.8	94.6	93.2	平均值
夯间土（夯后21d）	94.3	95.6	95.6	90.0			环刀法
	100.4	100.7	103.3	98.0			灌砂法
	97.4	98.2	99.5	94.0			平均值

从表2-5中可以看出：

（1）环刀法所检测的结果均小于灌砂法所测试的结果，其主要原因在于砂土为散体材料，使用环刀法的过程中，难以取得完整的土样且体积小、代表性低，因此环刀法测试结果小于灌砂法7.1%～12.4%，平均9.7%。

（2）灌砂法所测的一些数据达到100%以上，有两个方面的原因：一是在于室内重型击实实验与强夯法原理的不同，室内击实实验所使用的击锤质量4.5kg、落高457mm进行实验，而强夯施工能量达2000kN·m，远大于室内重型击室所采用的能量，导致强夯的压实度超过100%是可能的；另一方面是由于所选用的土样是施工场地的吹填砂，而施工时在铺设一层粗砂垫层后又铺设一层细砂至设计高程，然后在施工过程中，不断夯击、推平、碾压，导致场区原吹填砂夹杂所铺设粗砂，土样复杂且最大干密度较室内试验土样偏大，同时又无法进一步取得有代表性的土样进行试验，因此，上列检测结果所采用的最大干密度偏小，导致结果偏大。

（3）强夯加固前，土体压实度大部分小于90%，而强夯后的压实度检测表明，对于所检测的90cm深度范围内，夯间土压实度大于95%占66.7%，大于93%的占100%；夯点压实度大于95%占50%，大于93%的占83.3%。其结果均大于"方案"提出的强夯后夯沉面以下70cm范围内压实度应达到0.90标准的要求。

（4）夯间土的压实度大于夯点土的压实度，其原因在于强夯时形成夯坑，粗砂垫层被夯沉；后经推平碾压，夯间土的粗砂垫层埋深相对变小，而夯点处粗砂埋深变大。因此，在较浅埋深处，夯间土粗砂含量较夯点高，压实度值相对也较高。

（5）对比夯后3d、7d压实度资料可以发现，夯后21d压实度相对于夯后3d降低0.5%～5.8%，进一步说明了强夯后如不采用及时的预压措施，其形变将部分恢复、强度将会降低。

2.1.7　影响深度、加固深度

从孔压、静力触探资料显示，特别是图2-25，可以明显看出，12.5m深度以内的砂夹层静力触探锥尖阻力均得到了较大提高，因此，强夯的影响深度为12.5m。但是，由于④淤泥渗透性较差，加固效果不明显，有效加固深度基本为5m左右。

理论的影响深度的确定可以根据修正后的Menard公式法来确定：

$$H = \alpha \sqrt{0.1Mh} \tag{2-3}$$

式中：M——夯锤重(kN)；

h——落距(m)，；

α——有效影响深度修正系数，它随土中黏粒含量的增大或含水率的增大而减小。

将最大夯击能2000kN·m代入式(2-3)，计算有效影响深度修正系数$\alpha=0.88$。

2.1.8　结论与建议

（1）根据现场夯沉量和隆起量测试情况，3遍夯击能量分别为600kN·m、1200kN·m和2000kN·m，最佳单点击数均为4击。

（2）根据试验区测试结果表明，动力固结产生的超静孔隙水压力能迅速消散，各遍点夯的间歇时间为2d。

（3）从静力触探测试结果显示，按照设计的动力固结参数，可以有效地加固①、②、③土层，但对④层及其下土层加固效果较差。有效影响深度约为12.5m，有效加固深度为5m，累计夯沉量约为50cm。

（4）强夯区可采用标准贯入试验进行加固质量的检测，检测的数据表明，动力固结后5m

深度以内饱和砂土的液化可能性得到消除。

(5)从压实度检测资料来看,对于所检测的90cm深度范围内,夯间土压实度大于95%的占66.7%,大于93%的占100%;夯点压实度大于95%的占50%,大于93%的占83.3%。

(6)从静力触探、压实度等测试数据表明,动力固结后随时间增加①层土体强度将随时间增长而降低,因此,建议在满夯完成且孔压消散后及时进行等超载预压或施工路面结构。

(7)虽然压实度检测结果满足设计要求,但从施工情况看,各夯点间距太大,各点夯不能重叠,导致有些地方未强夯到,因此,建议适当加大夯点密度。

2.2 强夯(不设排水板)

按设计院提供的《佛山市新城区启动区首期道路软基处理前期试验与检测方案》,该试验区位于滨河路西段ZK6号钻孔附近,长20m,宽40m,试验面积800m^2。与动力固结法不同的是该区未设塑料排水板或袋装砂井等排水措施。

2.2.1 工程地质条件

根据现场补勘测试,结合广东省工程勘察院提交的《佛山市新城区启动区首期道路详勘报告》,本区地层自上而下划分如图2-27~图2-29所示。

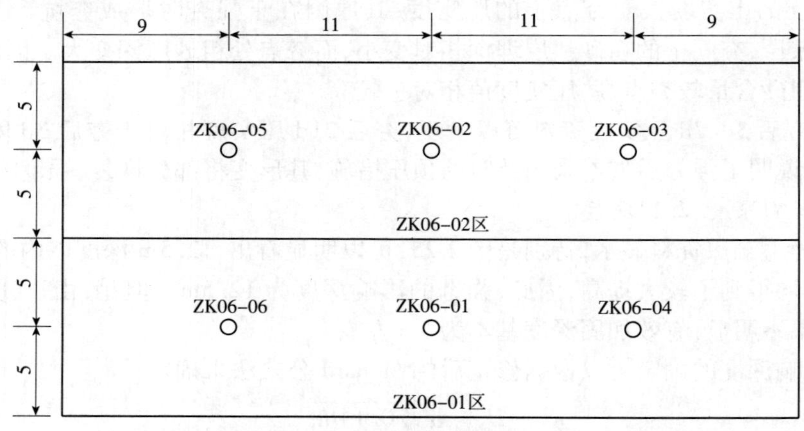

图2-27 ZK06附近强夯区静力触探补勘孔布置平面图

①细砂:由吹填或人工回填的细砂及粉细砂组成,厚3.5~4.2m,平均厚度3.73m;锥尖阻力0.8~9.36MPa,平均3.11MPa;侧摩阻力3.7~45.9kPa,平均15.55kPa。

②淤泥:厚0.8~3.2m,自左至右厚度逐渐增加,平均厚度2.1m;锥尖阻力0.02~0.88MPa,平均0.34MPa;侧摩阻力2.2~11.3kPa,平均5.8kPa。

③细砂:厚0.2~1.2m,平均厚度0.7m;锥尖阻力1~5.33MPa,平均2.25MPa;侧摩阻力4.5~26.9kPa,平均14.77kPa。

④淤泥质土:厚0.9~2.4m,平均厚度1.3m;锥尖阻力0.17~0.94MPa,平均0.47MPa;侧摩阻力4.1~15.9kPa,平均9.1kPa。

⑤亚黏土:厚3.6~6.5m,平均厚度5.4m;锥尖阻力0.68~3.94MPa,平均1.25MPa;侧摩阻力16.6~69.8kPa,平均34.9kPa。

⑥淤泥质土:仅ZK06-02及ZK06-03可见,厚0~2.7m,平均厚度1.1m;锥尖阻力0.23~0.85MPa,平均0.63MPa;侧摩阻力7.7~16.6kPa,平均11.71kPa。

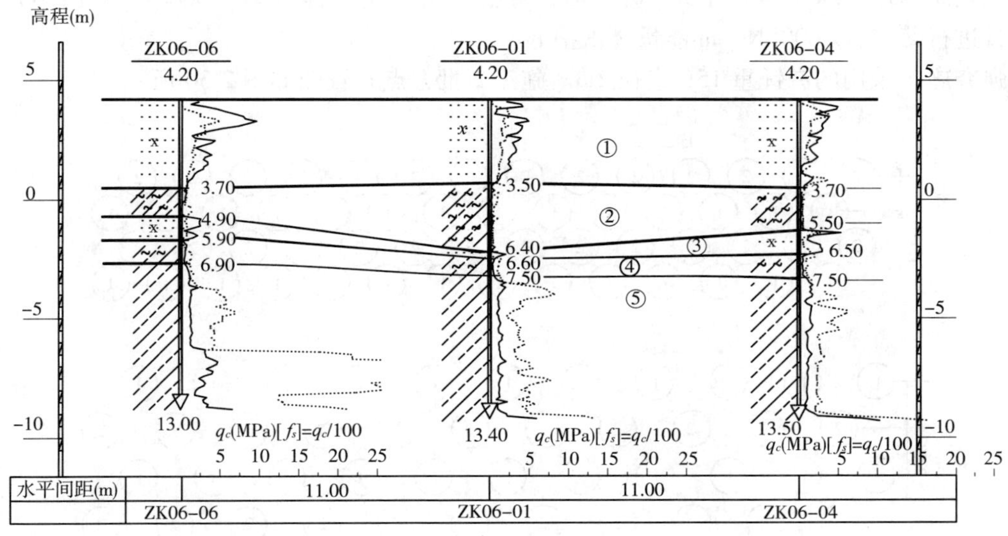

图 2-28　ZK6-1 强夯区工程地质剖面图

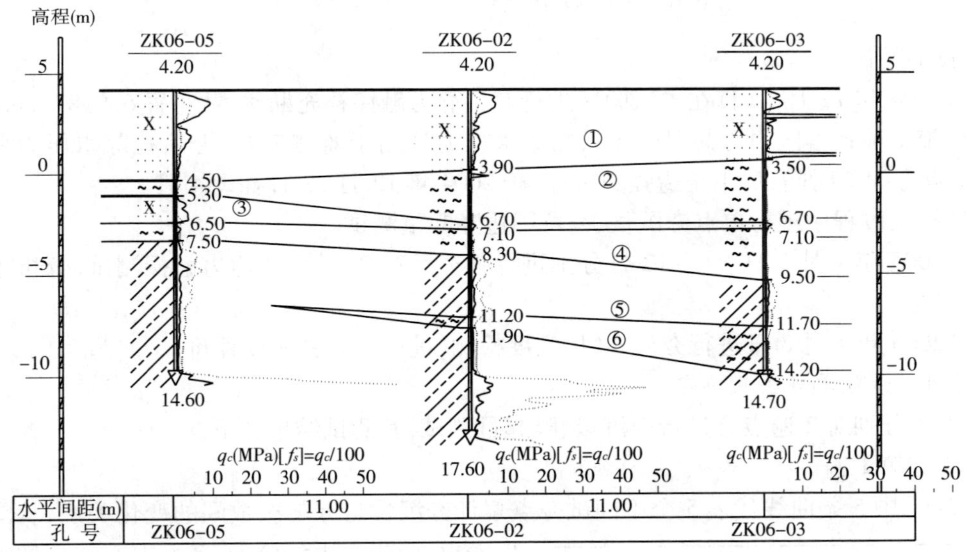

图 2-29　ZK6-2 强夯区工程地质剖面图

2.2.2　设计参数

试验区夯击能量为 3000kN · m，分为长度为 10m 的两种夯距试验区，夯点间距分别为夯锤直径的 1.5 倍和 2 倍，分两遍隔行跳夯。夯后以 600kN · m 能量 2 击拍夯。相邻两遍点夯间隔时间视孔隙水压力消散情况而定。

2.2.3　施工与试验进展情况

1）施工情况

宁波市政工程建设集团有限公司于 2004 年 12 月 20 日进行第 1 遍点夯，单点夯击能量 3000kN · m；由于施工过程中本区所埋设的 6 只孔隙水压力计有 5 只遭强夯破坏，导致重新埋设4只孔压，直至2005年1月3日进行第2遍点夯，单点夯击能量仍为3000kN·m；2005年1月5日进行普夯，以600kN·m能量2击拍夯。

强夯施工采用的夯锤重15t，直径2m。施工2批夯点布置图如图2-30所示。

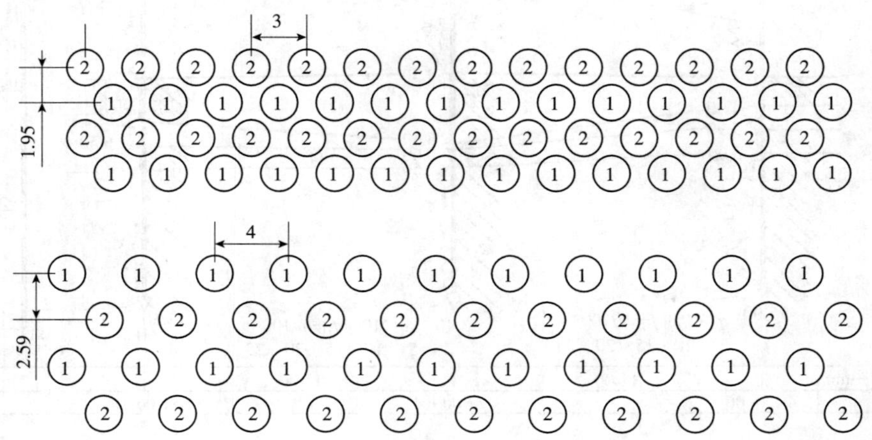

图2-30　ZK6附近强夯区夯点布置图（单位：m）
（图中标有1的为第1批夯点，2为第2批夯点）

2）试验情况

（1）2004年12月10日在本试验区进行双桥静力触探补充勘察，共布置6孔87.1m。

（2）施工前在本区中心共埋设6只孔隙水压力计用于监测夯时、夯后孔隙水压力变化情况，确定点夯间隔时间；后由于遭强夯破坏，于2004年12月28日补设4只。

（3）施工过程中进行单点夯沉量、夯坑周边隆起量测试。

（4）2005年1月7日、1月12日分别进行强夯后第2d、第7d静力触探测试，分析土体强度变化情况。

（5）2005年1月8日进行夯后3d压实度检测，进行夯后密实度评价。

2.2.4　最佳单点击数确定

施工中分别对2遍点夯进行夯沉量、隆起量测试，其测试结果如下。

1）强夯第1遍

图2-31中5条曲线代表5个不同试夯点累计夯沉量与夯击次数间的变化关系，从图中可以看出：由于夯击能较大，各夯点夯沉量较大。第1击夯沉量为61～68cm，平均65cm；第2击夯沉量为44～53cm，平均48cm；第3击21～34cm，平均28cm；第4击5～28cm，平均16cm；第5击9～23cm，平均16cm。由于两种不同夯距连成一片，因此，只能测得整个试验区的平均夯沉量为46cm，而无法区分不同夯距试验区的平均夯沉量。

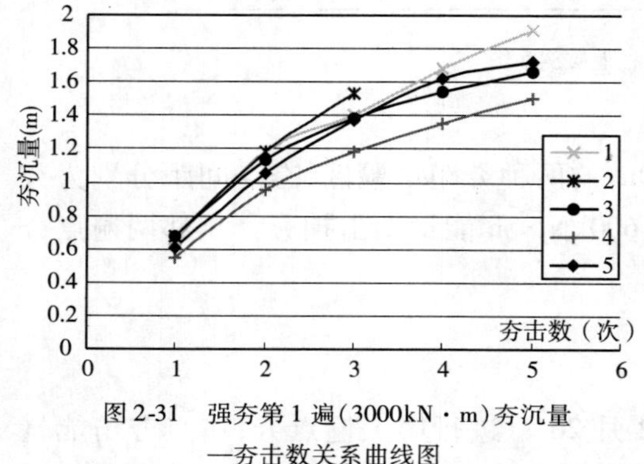

图2-31　强夯第1遍（3000kN·m）夯沉量—夯击数关系曲线图

从图2-31中可以看出，由于夯击次数少，除在个别曲线中出现一拐点外，其他曲线基本无拐点出现。这是因为夯沉量较大，3击时超过1.3m，

4击并达1.5m以上，在此种情况下，考虑到起锤困难的因素，将本区第1遍点夯的最佳单点击数定为3～4击，试验区右幅淤泥较厚、夯沉量大，夯击次数为3击；左幅淤泥较薄、夯沉量相对较小，夯击次数为4击。

试夯时，在测试夯沉量的同时也进行隆起量测试。1号、2号试夯点仅在距离夯点2m处4个方向布置测试点，其测试结果如图2-32、图2-33所示。

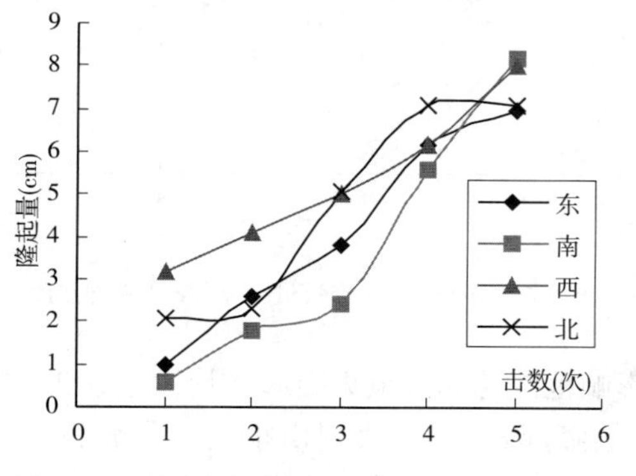

图2-32　1号试夯点隆起量—夯击次数变化曲线图

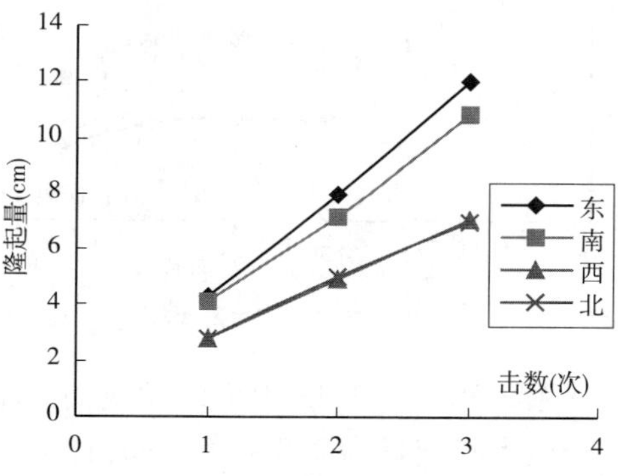

图2-33　2号试夯点隆起量—夯击次数变化曲线图

从图2-32、图2-33中可以看出，隆起量随夯击次数增加而增加，且总体表现出“S”形，即在夯击初期，各点隆起速率较小，这是由于表层吹填砂在强夯初期压实度较低，存在大量孔隙将强夯产生的一部分能量消耗；当夯点周围土体达到一定的密实程度后，隆起量迅速增加；当土体隆起至一定的程度后，土体又变得松散而重复前述规律，从而隆起速率变小。

另一方面，由于夯点周围土体密实度不一致及工程地质条件存在差异，各方向土体隆起量也存在一定差异。3～5号试夯点的隆起量测试点布置在同一方向、距夯点不同距离处，其测试结果如图2-34～图2-36所示。

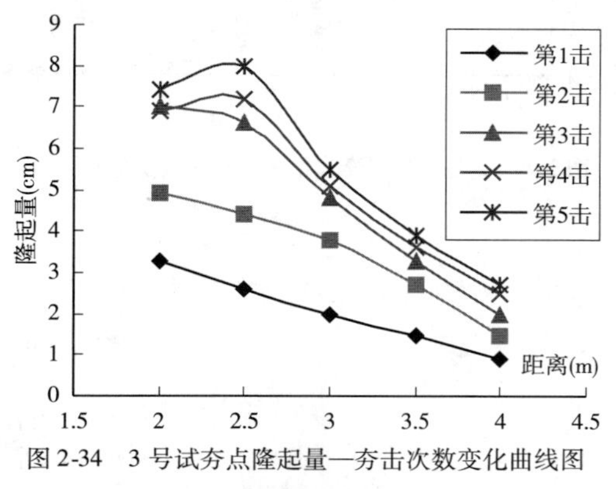

图2-34　3号试夯点隆起量—夯击次数变化曲线图

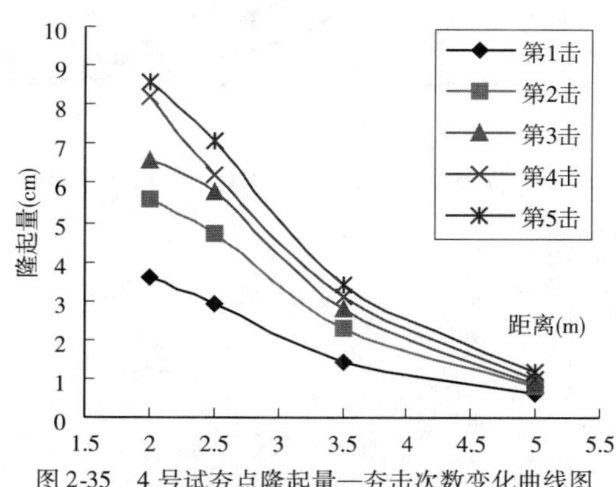

图2-35　4号试夯点隆起量—夯击次数变化曲线图

由于对砂土中隆起范围预期不足，导致第1遍夯击过程中设置监测点不足未能测试到其隆起影响范围。从图2-32～图2-36中可看出，由于土体不均匀，隆起量曲线表现出很大的差异，但最大隆起量点发生在2～2.5m范围内，5击时的最大隆起量达8cm。

2）强夯第2遍

从图2-37可以看出，各曲线变化较一致，基本上各曲线的拐点发生在第3击处。因此，可确定本次点夯的最佳单点击数为3击。本次点夯平均夯沉量为22cm。

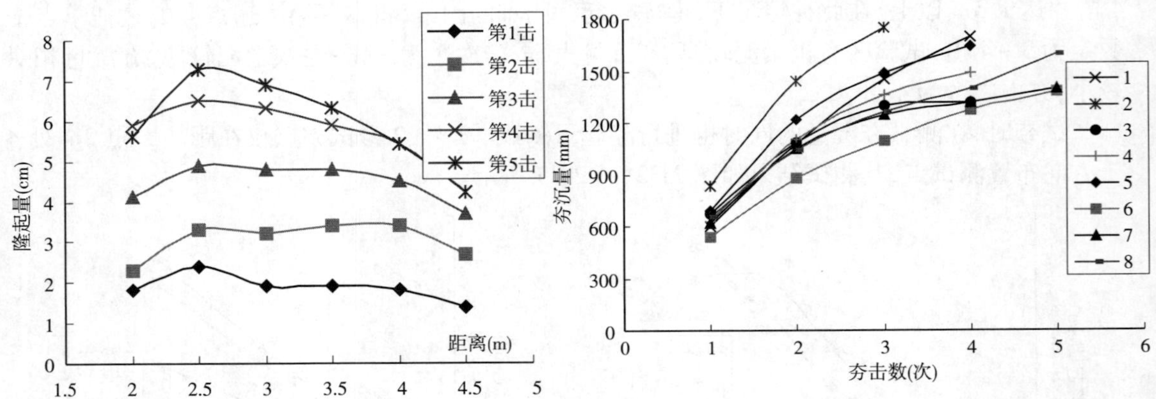

图 2-36　5 号试夯点隆起量—夯击次数变化曲线图

图 2-37　强夯第 2 遍夯沉量—夯击数关系曲线图

从图 2-38 ~ 图 2-45 中可以发现，强夯隆起量影响范围达 8m，最大隆起量均发生在 2m 处，测点处最大隆起量为 2. 8 ~ 21. 3cm，且随距离的增加隆起量减小，表现出很大的差异，这主要与隆起量测试点的地质条件有关。

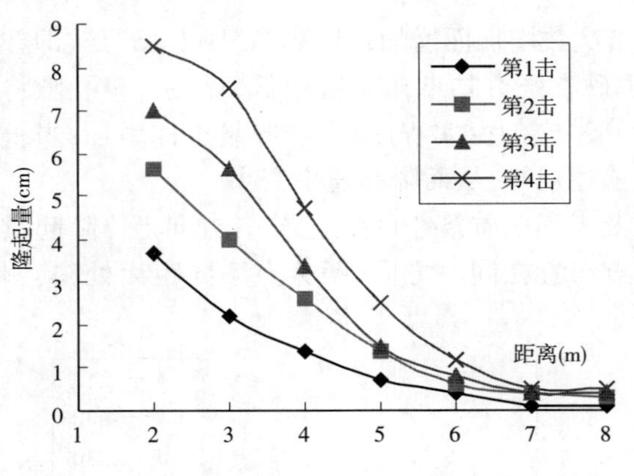

图 2-38　1 号试夯点隆起量—夯击次数变化曲线图

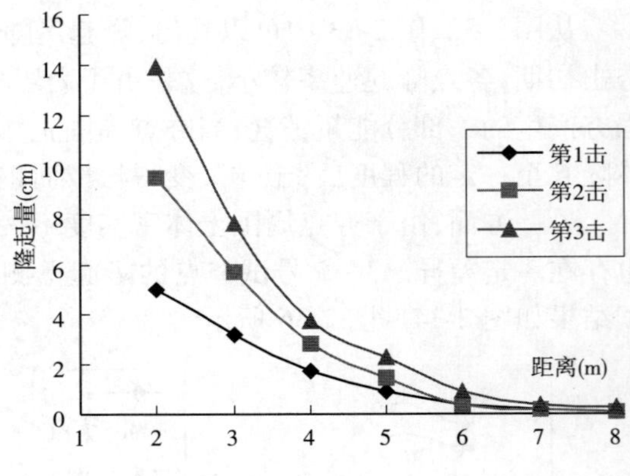

图 2-39　2 号试夯点隆起量—夯击次数变化曲线图

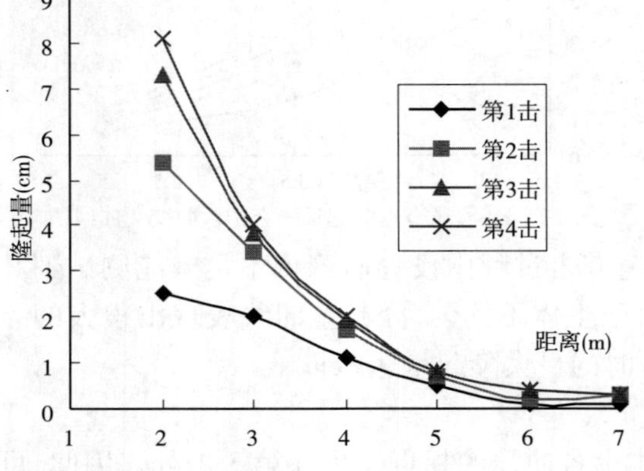

图 2-40　3 号试夯点隆起量—夯击次数变化曲线图

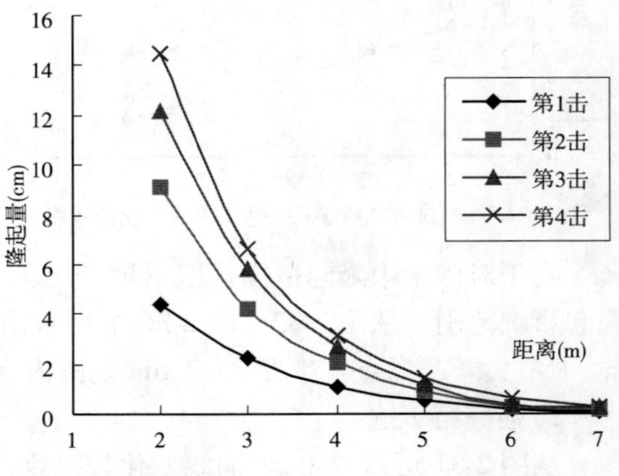

图 2-41　4 号试夯点隆起量—夯击次数变化曲线图

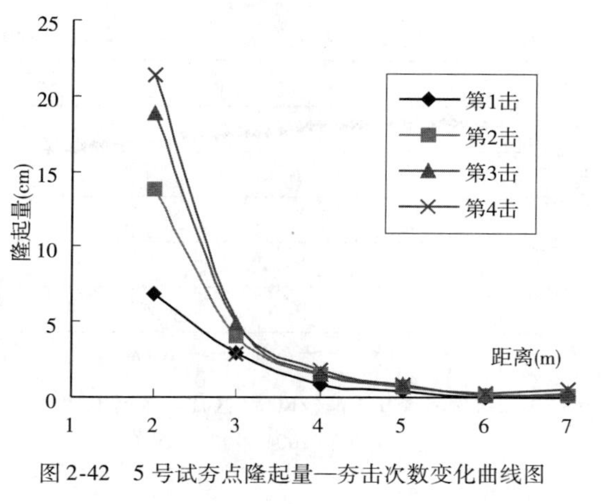

图 2-42　5 号试夯点隆起量—夯击次数变化曲线图

图 2-43　6 号试夯点隆起量—夯击次数变化曲线图

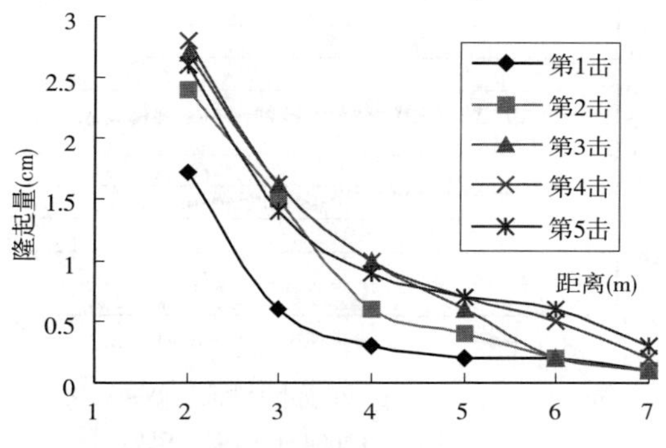

图 2-44　7 号试夯点隆起量—夯击次数变化曲线图

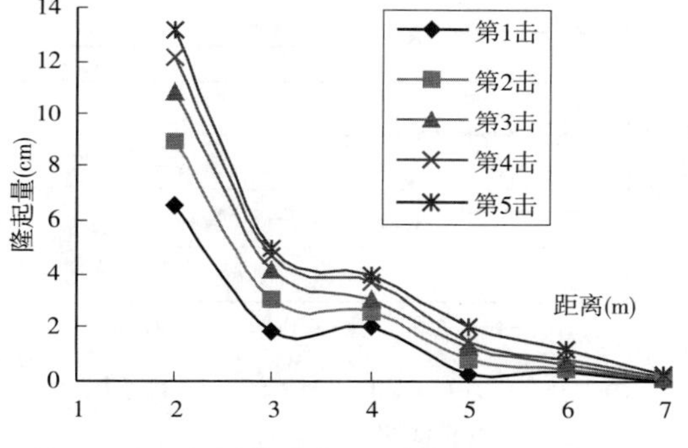

图 2-45　8 号试夯点隆起量—夯击次数变化曲线图

2.2.5　孔隙水压力变化

施工前分别在两小区中心埋设 3 只孔隙水压力计进行监测，ZK06-1 区孔压埋设深度分别为 4.5m、7.4m、10.6m；ZK06-2 区孔压埋设深度分别为 4.8m、7.6m、11.4m。在试夯过程中分别监测施工对各不同深度孔压的影响。

1）强夯第 1 遍

图 2-46 ~ 图 2-51 是强夯过程中 ZK06-1 区，ZK06-2 区孔隙水压力变化曲线图。强夯施工时采用的施工顺序是由远至近施工。测试结果表明，在距孔压计 20m 处施工时对孔压无影响，且随距离的减小孔压越来越大。从图中各孔压的变化曲线可以看出，随夯击次数的增加孔压逐渐变大，且埋深为 7.4m 和 10.6m 的孔压消散速率较埋深为 4.5m 的快，这与孔压埋设深度处土体的工程地质条件有关。

然而，由于强夯能量过大，且由于施工前无具体的夯点布置图，导致孔压埋设点距夯点过近，致使孔压遭破坏。

由于同 ZK06-1 区原因一样，由于强夯能量过大，导致本区部分孔压计破坏。4.8m 深度处的孔隙水压力变化曲线反应出，经过 7d 的间歇时间，该处孔压才消散为原来的 95%。从而说明本区未设塑料排水板等竖向排水通道缩短排水路径，淤泥中孔隙水压力难以迅速消散，不利于土体稳定性；且工期较长。

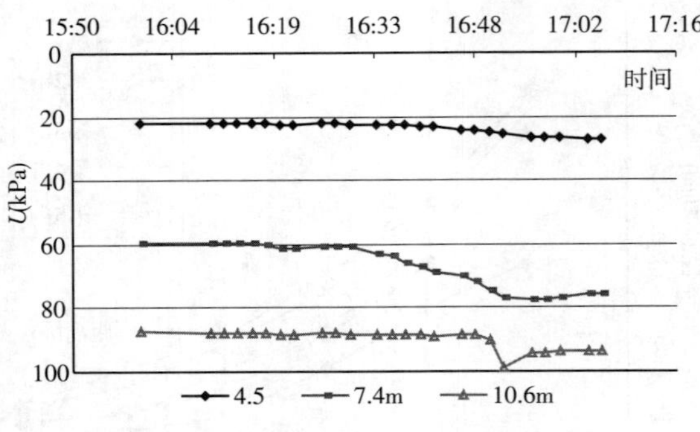

图 2-46　强夯第 1 遍（ZK06-1 区）时孔隙水压力变化曲线图（2004 年 12 月 19 日）

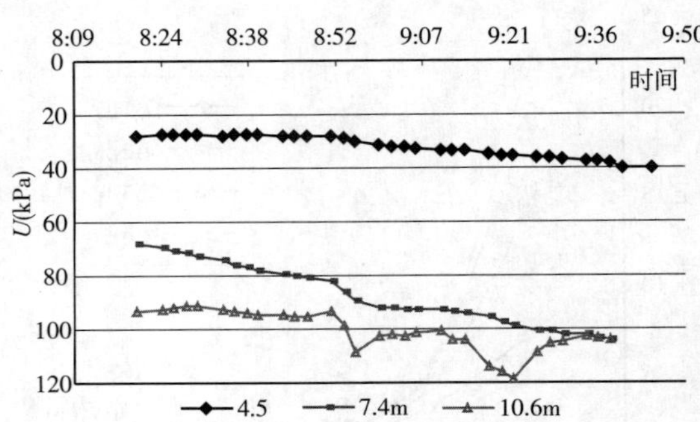

图 2-47　强夯第 1 遍（ZK06-1 区）时孔隙水压力变化曲线图（2004 年 12 月 20 日）

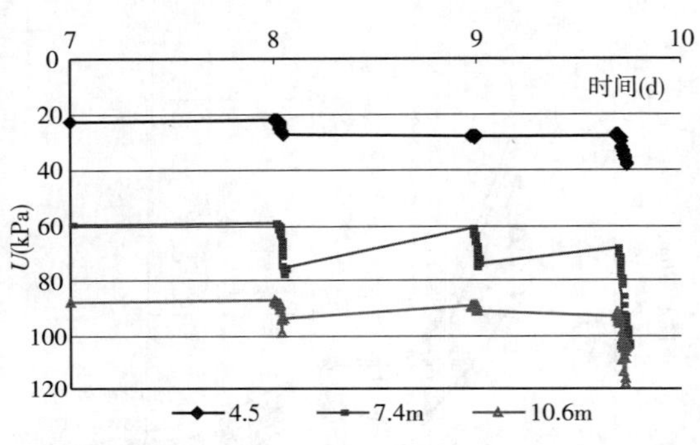

图 2-48　强夯第 1 遍（ZK06-1 区）时孔隙水压力变化曲线图

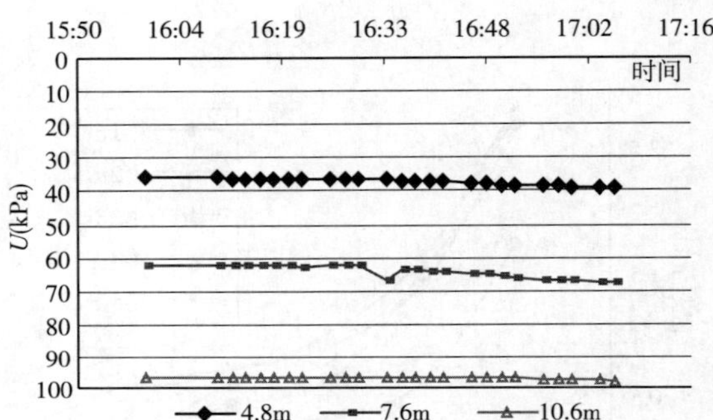

图 2-49　强夯第 1 遍（ZK06-2 区）时孔隙水压力变化曲线图（2004 年 12 月 19 日）

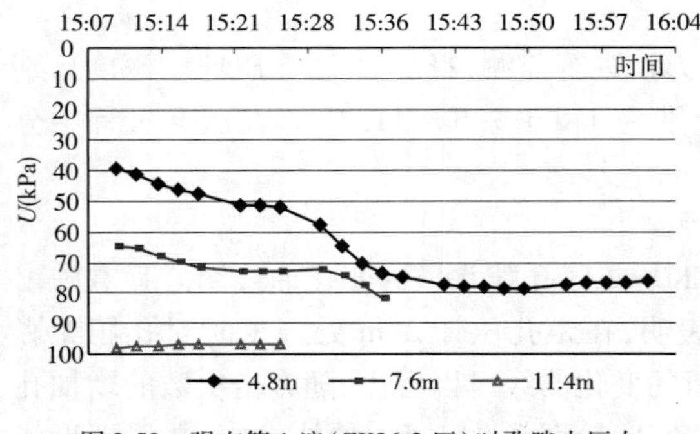

图 2-50　强夯第 1 遍（ZK06-2 区）时孔隙水压力变化曲线图（2004 年 12 月 20 日）

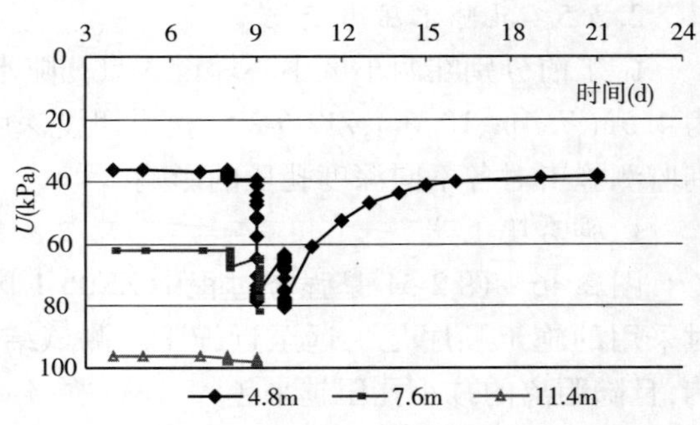

图 2-51　强夯第 1 遍（ZK06-2 区）后孔隙水压力变化过程图

2）强夯第 2 遍

从图 2-52 ~ 图 2-55 孔压监测资料可以看出：

（1）第 2 遍点夯完成时 ZK06-1 区埋深 4.7m 处产生 29kPa 的超孔隙水压力，其完全消散需要近 7d 时间；而 9.2m 处的超孔隙水压力为 24.33kPa，其消散时间为 3d。

（2）第 2 遍点夯完成时 ZK06-2 区埋深 5.3m 处产生 51.9kPa 的超孔隙水压力，其完全消散需要近 7d 时间；而 11.7m 处的超孔隙水压力为 17.45kPa，其消散时间约为 2d。

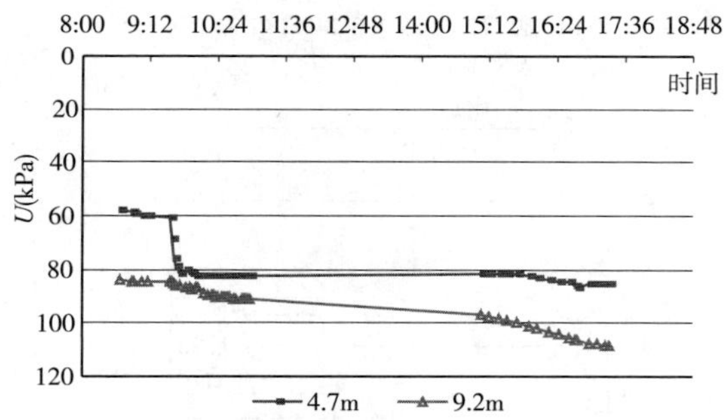

图 2-52　强夯第 2 遍（ZK06-1 区）时孔隙水压力变化曲线图（2005 年 1 月 3 日）

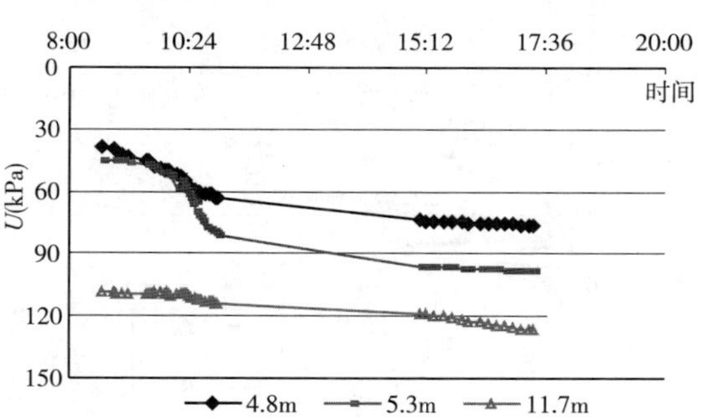

图 2-53　强夯第 2 遍（ZK06-2 区）时孔隙水压力变化曲线图（2005 年 1 月 3 日）

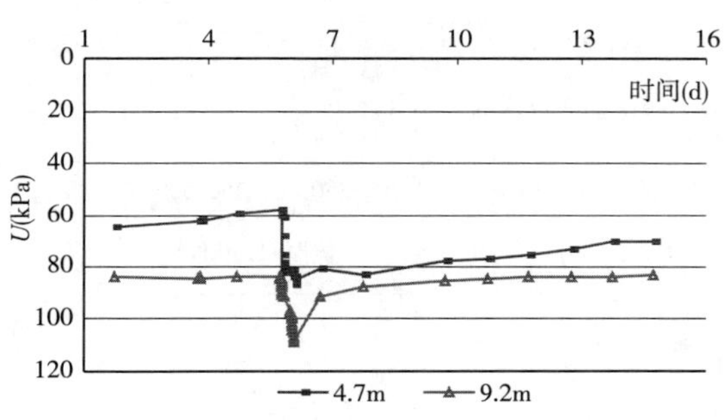

图 2-54　强夯第 2 遍（ZK06-1 区）后孔隙水压力变化曲线图

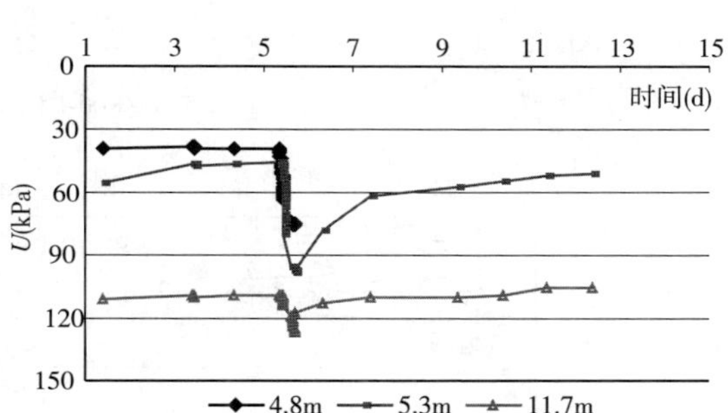

图 2-55　强夯第 2 遍（06-2 区）后孔隙水压力变化曲线图

2.2.6　加固效果分析

1）地基土强度变化分析

ZK06-1 区触探强度对比如图 2-56 ~ 图 2-58、表 2-6 所示。

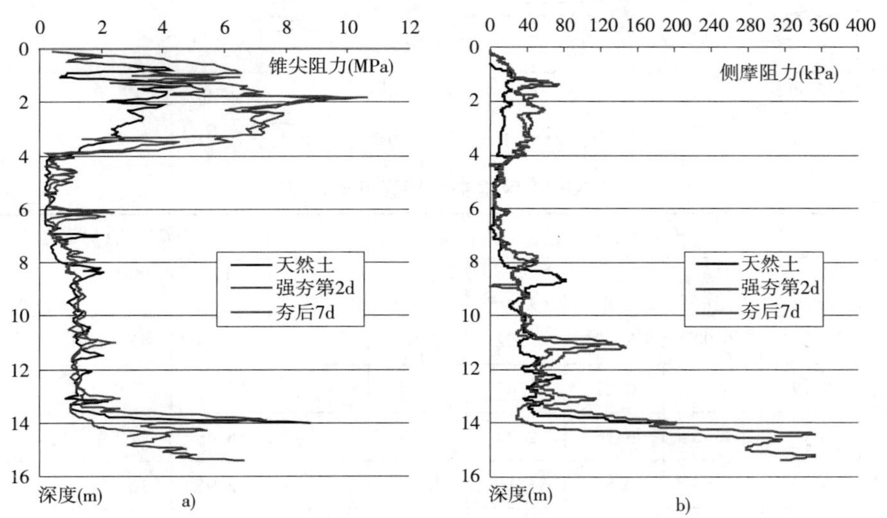

图 2-56　ZK06-1 区（中）静力触探强度对比图

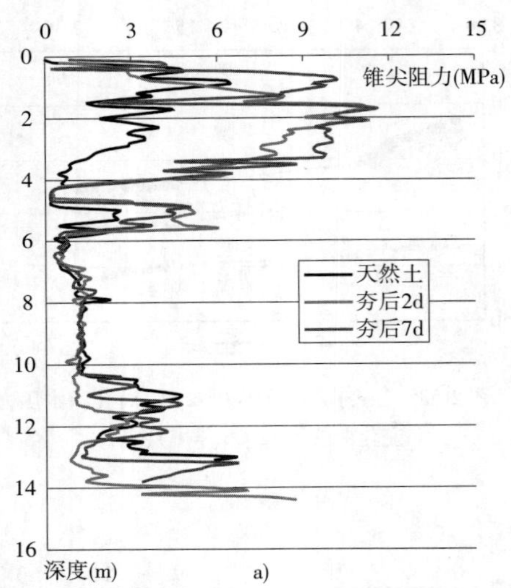

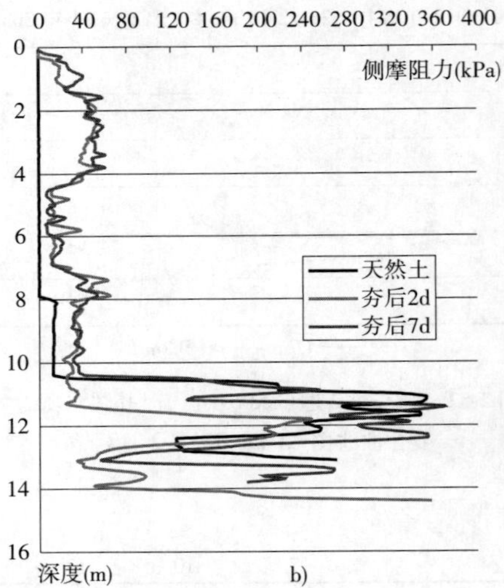

图 2-57 ZK06-1 区(左)静力触探强度对比图

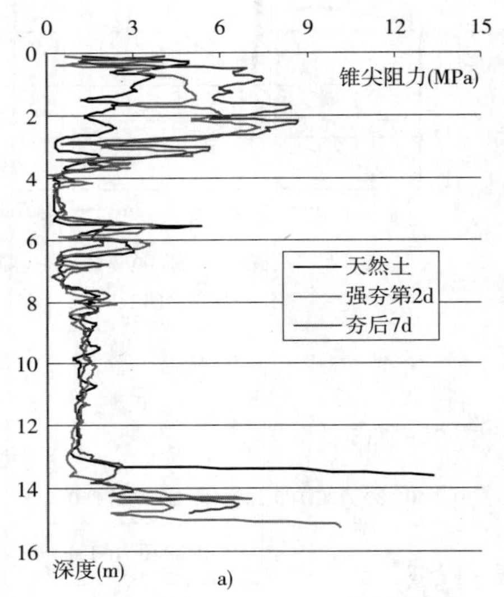

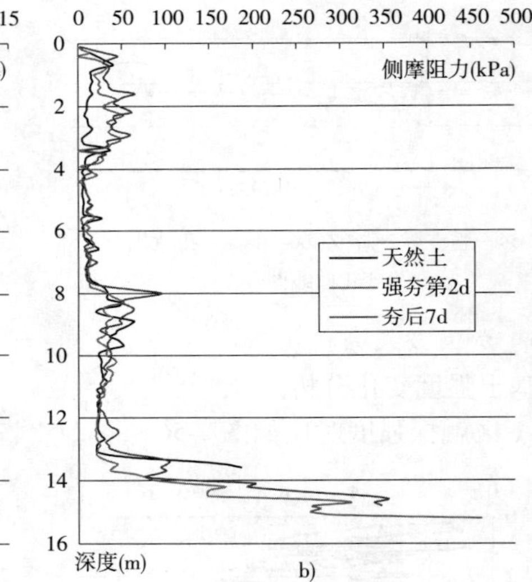

图 2-58 ZK06-1 区(右)静力触探强度对比图

ZK06-1 区强夯前后强度对比表 表 2-6

孔位	土层	锥尖阻力(MPa)					侧摩阻力(kPa)				
		天然土	夯后2d	夯后7d	夯后2d/天然土	夯后7d/天然土	天然土	夯后2d	夯后7d	夯后2d/天然土	夯后7d/天然土
ZK06-1(左)	填砂	2.76	6.94	7.80	2.52	2.83		37.34	43.18		
	淤泥	0.19	0.36	0.22	1.87	1.15		13.43	7.97		
	细砂	1.9	4.36	3.76	2.29	1.98		16.45	11.28		
	淤泥	0.56	0.65	0.56	1.16	0.99		12.95	16.52		
	亚黏土	1.27	1.18	1.20	0.93	0.95		35.17	34.10		

续上表

孔位	土层	锥尖阻力(MPa)					侧摩阻力(kPa)				
		天然土	夯后2d	夯后7d	夯后2d/天然土	夯后7d/天然土	天然土	夯后2d	夯后7d	夯后2d/天然土	夯后7d/天然土
ZK06-1(中)	填砂	2.80	6.02	5.97	2.15	2.13	16.0	36.52	35.63	2.28	2.23
	淤泥	0.29	0.63	0.66	2.14	2.26	7.11	10.86	11.04	1.53	1.55
	细砂	2.64	5.89	5.8	2.23	2.20	15.63	36.37	35.99	2.33	2.30
	淤泥	0.37	0.66	0.71	1.79	1.93	7.47	11.77	12.2	1.58	1.63
	亚黏土	1.53	1.38	1.54	0.90	1.01	47.93	51.27	49.11	1.07	1.02
ZK06-1(右)	填砂	1.81	3.81	4.95	2.10	2.73	14.17	29.40	36.58	2.07	2.58
	淤泥	0.27	0.41	0.42	1.50	1.54	5.37	9.75	9.43	1.82	1.76
	细砂	2.28	2.84	1.91	1.25	0.83	12.54	13.65	7.58	1.09	0.60
	淤泥	0.56	0.56	0.67	1.00	1.21	10.78	11.25	11.38	1.04	1.06
	亚黏土	1.25	1.23	1.35	0.99	1.08	31.19	30.99	38.57	0.99	1.28

ZK06-2区静力触探强度对比如图2-59～图2-61、表2-7所示。

根据强夯前后地基土体锥尖阻力和侧摩阻力的对比图表，可看出土体强度的变化情况为：

(1)对于表层吹填砂的加固效果较明显，夯后2d、7d静力触探资料显示，锥尖阻力、侧摩阻力均增加为原来的1.5倍以上。与强夯加排水板处理试验段不同的是：夯后7d静力触探的锥尖阻力及侧摩阻力较2d的大。

(2)②层淤泥同表层吹填砂一样，经过强夯后2d，土体静力触探的锥尖阻力增加10%～110%，侧摩阻力增加；同时ZK06-1区强度增长幅度大于ZK06-2区，说明该层土体强度受夯点密度的影响较大。夯后7d的强度相对2d的增减与该层土体的厚度或孔隙水压力的消散速率有关，当该层较厚，强夯时产生的超孔隙水压力消散缓慢，土体强度随孔隙水压力的消散而增长，导致7d强度较2d大；当厚度较薄，孔压消散快，强度短时间增长幅度大，但如不及时采取预压措施，土体强度会反弹，表现为随时间增长而降低。

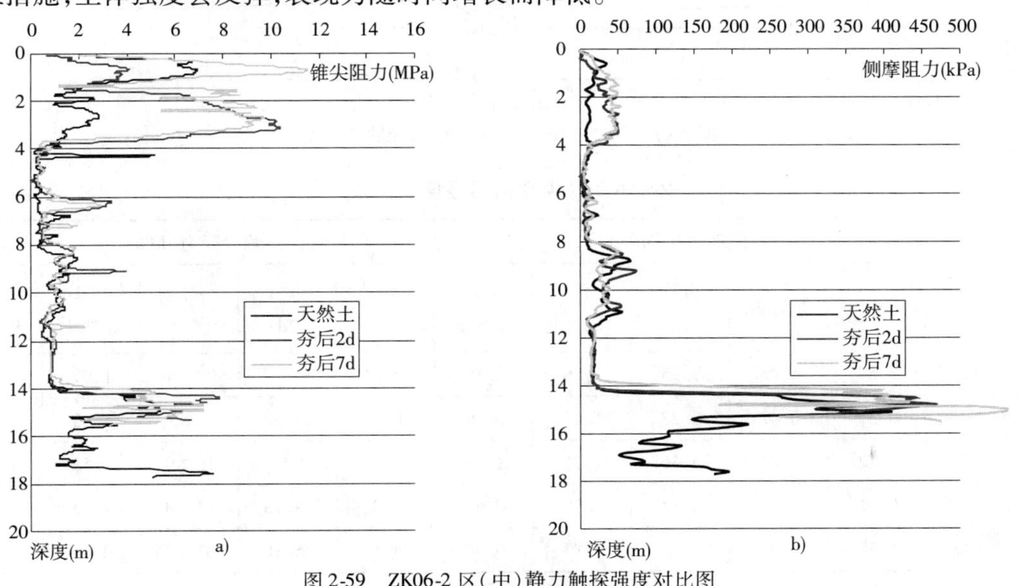

图2-59　ZK06-2区(中)静力触探强度对比图

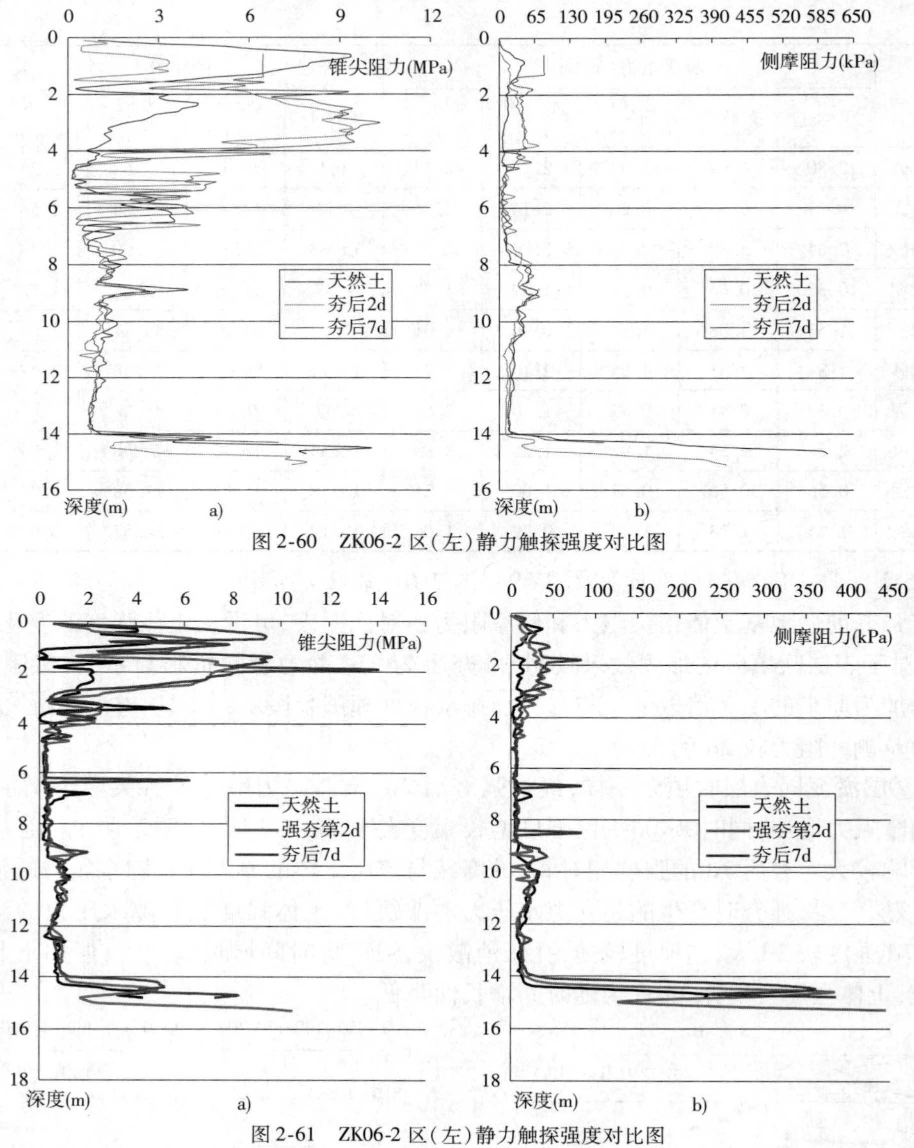

图 2-60　ZK06-2 区(左)静力触探强度对比图

图 2-61　ZK06-2 区(左)静力触探强度对比图

ZK06-2 区强夯前后强度对比表　　　　表 2-7

孔位	土层	锥尖阻力(MPa)					侧摩阻力(kPa)				
		天然土	夯后 2d	夯后 7d	夯后 2d /天然土	夯后 7d/ 天然土	天然土	夯后 2d	夯后 7d	夯后 2d/ 天然土	夯后 7d/ 天然土
ZK06-2（左）	填砂	3.50	5.48	7.35	1.56	2.10	17.36	34.17	39.61	1.97	2.28
	淤泥	0.37	0.42	0.22	1.11	0.60	10.09	14.28	9.83	1.42	0.97
	细砂	2.77	3.22	3.46	1.16	1.25	5.70	8.69	10.59	1.53	1.86
	淤泥	0.81	1.25	0.74	1.55	0.91	12.32	18.73	13.88	1.52	1.13
	亚黏土	1.22	1.01	1.10	0.83	0.90	34.15	25.16	31.82	0.74	0.93

续上表

孔位	土层	锥尖阻力(MPa)					侧摩阻力(kPa)				
		天然土	夯后2d	夯后7d	夯后2d/天然土	夯后7d/天然土	天然土	夯后2d	夯后7d	夯后2d/天然土	夯后7d/天然土
ZK06-2(中)	填砂	2.99	5.66	7.30	1.90	2.44	14.67	32.09	37.53	2.19	2.56
	淤泥	0.51	0.83	0.71	1.62	1.40	8.47	6.66	9.86	0.79	1.16
	亚黏土	1.05	1.19	1.12	1.13	1.07	31.38	34.15	26.61	1.09	0.85
	淤泥质土	0.82	0.88	0.85	1.07	1.04	17.64	16.51	16.95	0.94	0.96
ZK06-2(右)	填砂	1.73	3.69	4.66	2.14	2.69	10.50	22.36	25.82	2.13	2.46
	淤泥	0.34	0.39	0.54	1.18	1.60	7.28	6.62	6.16	0.91	0.85
	亚黏土	0.78	0.86	0.85	1.11	1.09	17.70	16.05	19.38	0.91	1.09

(3)③层细砂强夯施工使其锥尖阻力、侧摩阻力增大,强夯后强度随时间增长而降低。且ZK06-1区强度增长幅度大于ZK06-2区。

(4)④层淤泥土体的强度变化总体表现为增加,且随时间增长土体强度提高。

(5)从以上的统计中可以看出,⑤层亚黏土及⑥层淤泥质土体强度变化多在10%以内,加固效果及变化规律不明显。

2)压实度检测

强夯后进行压实度检测,由于测试过程中局部土体与室内试验土样差别大,造成一些深度无法检测,其测试统计结果见表2-8。

强夯区压实度统计表(单位:%) 表2-8

深度(cm)		15	30	45	60	备注
天然土		84.8	86.5	84.7	88.6	环刀法
		88.7	89.5	89.8	93.9	灌砂法
		86.8	88.0	87.3	91.3	平均值
ZK06-1	夯点(夯后3d)	93.5	92.3	91.5	93.0	环刀法
		102.3	103.3	101.0	96.6	灌砂法
		97.9	97.8	96.3	94.8	平均值
	夯间土(夯后3d)	87.9	89.0	89.2	91.1	环刀法
		98.1	99.6	99.9	106.0	灌砂法
		93	94.3	94.6	98.6	平均值
ZK06-2	夯点(夯后3d)	93.5	92.5	99.0	93.4	环刀法
		102.6	110.9	111.0	101.9	灌砂法
		98.1	101.7	105	97.7	平均值
	夯间土(夯后3d)	91.1	87.1	93.4	83.6	环刀法
		99.5	100.1	98.3	88.1	灌砂法
		95.3	93.6	96.4	85.9	平均值

从表2-8中可以看出：

(1)环刀法所检测的结果比灌砂法小3% ~18.4%，平均8.8%，总体表现为灌砂法测值越大，两者差值越大。

(2)同强夯加排水固结区一样，灌砂法所测的部分数据超过100%。

(3)对比同区夯点与夯间土压实度，可发现夯点的压实度大于夯间土的压实度。

(4)压实度检测表明，对于所检测的60cm深度范围内，对于强夯前的土体，压实度不足90%，而强夯后，对于ZK06-1区夯点压实度大于95%占75%，大于93%的占100%，夯间土压实度大于95%占25%，大于93%的占100%；ZK06-2区夯点压实度大于95%占100%，夯间土压实度大于95%占50%，大于93%的占75%。部分结果小于“方案”提出的强夯后夯沉面以下70cm范围内压实度应达到0.90标准的要求。

2.2.7　有效加固深度

从孔压、静力触探资料显示，强夯加固范围为14m，将最大夯击能3000kN·m代入修正后的Menard公式，计算得有效加固深度修正系数$\alpha=0.81$。

2.2.8　沉降监测成果分析

在加载期间从沉降时间关系曲线图可以看出，累计沉降都随填土高度的增大而增大，增大的趋势越来越明显，这也符合软土地基处理之后土体为弹塑性体，在外力的作用下的一般变形规律，后来因施工原因该段改为施工段，没有进行后续监测，只有前期的监测资料，据资料得出强夯区的累计沉降曲线图，如图2-62所示。

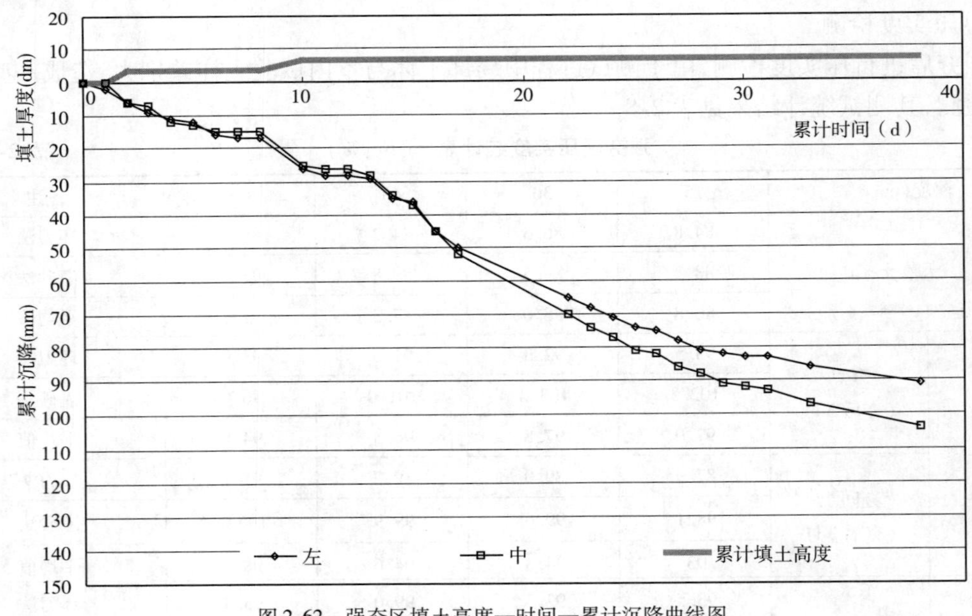

图2-62　强夯区填土高度—时间—累计沉降曲线图

2.2.9　结论与建议

(1)根据现场夯沉量和隆起量测试确定2遍点夯的最佳单点夯击次数分别为4击和3击，总夯沉量约67.1cm。

(2)由于强夯前未设置塑料排水板等竖向排水通道，超静孔隙水压力消散缓慢，各遍点夯的间歇时间为7d以上。建议强夯施工路段应在强夯前设置袋装砂井、塑料排水板等排水措施,以加快孔压消散,确保土体稳定。

(3)从静力触探测试结果显示,按照设计的强夯参数施工,强夯的有效影响深度约为14m,可以有效加固①、③土层。

(4)强夯后,ZK06-1 区夯点压实度大于95%占75%,大于93%的占100%,夯间土压实度大于95%占25%,大于93%的占100%;ZK06-2 区夯点压实度大于95%占100%,夯间土压实度大于95%占50%,大于93%的占75%。部分压实度不满足路基压实度要求,建议加大夯点密度。

(5)从静力触探、压实度等测试数据表明,强夯后①土层土体强度将随时间增长而降低,因此,建议在满夯完成且孔压消散后及时进行超载预压或施工路面结构。

第3章　排 水 固 结

本试验段采用了塑料排水板堆载预压法，铺一层双向土工格栅。并在路基不同位置的埋设沉降观测板，监测分析排水固结沉降的发展趋势。

3.1　工程地质条件

在ZK21号钻孔所处断面路基的左侧、中间和右侧分别布置一个静力触探孔，根据静力触探资料，塑料排水板区地基土体自上而下含有以下土层，如图3-1所示。

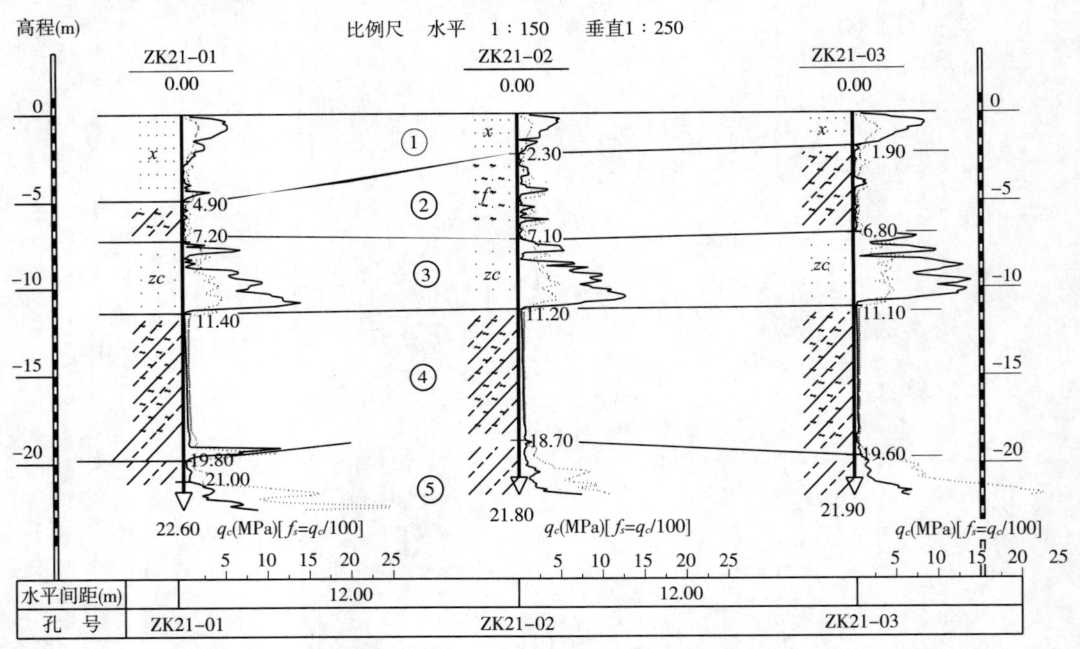

图3-1　ZK21附近塑料排水析区工程地质剖面图

①细砂：主要由吹填细砂组成，分布在整个场地，厚度1.9～4.9m，平均厚度3.03m；锥尖阻力0.97～8.59MPa，平均3.84MPa；侧摩阻力0.3～33.7kPa，平均15.47kPa。

②淤泥：厚度2.3～5.1m，平均厚度4.05m；层底埋深6.8～7.2m，平均7.05m；锥尖阻力0.14～3.37MPa，平均0.45MPa；侧摩阻力4.1～20.1kPa，平均8.36kPa。

③中粗砂：厚度3.8～4.0m，平均厚度3.90m；层底埋深11.1～11.4m，平均11.20m；锥尖阻力0.32～14.07MPa，平均7.13MPa；侧摩阻力11.0～60.7kPa，平均31.72kPa。

④淤泥：厚度7.5～9.0m，平均厚度8.45m；层底埋深18.7～19.8m，平均19.35m；锥尖阻力0.20～0.85MPa，平均0.49MPa；侧摩阻力6.8～21.6kPa，平均8.59kPa。

⑤亚黏土：未见底。

3.2　设计方案

1)设计参数

(1)用 B 型塑料排水板,间距 1.0m,板长 26m,以穿透软土层、进入硬土层 0.2m 为准,等边三角形布置,如图 3-2 所示。

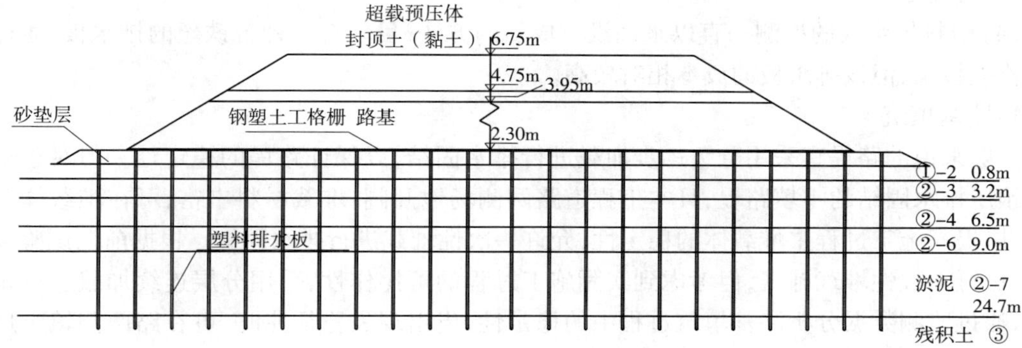

a)塑料排水板+土工格栅布置剖面图

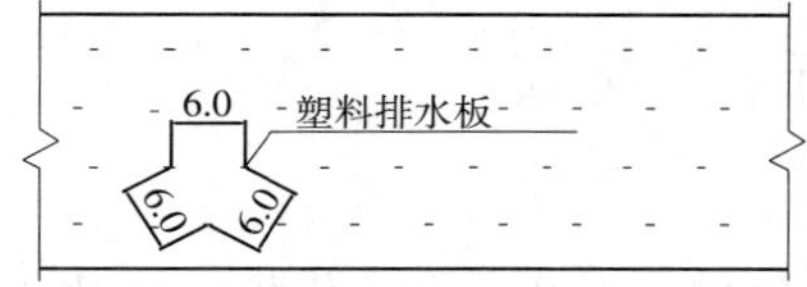

b)塑料排水板布置平面图

图 3-2　塑料排水板超载预压施工示意图

(2)砂垫层厚 0.5m,伸出坡脚 1.5m。砂垫层采用含泥量小于 5% 的中粗砂,渗透系数大于 5×10^{-3}cm/s。砂垫层顶面铺设一层双向土工格栅。

2)施工工艺及要点

(1)放样定位:按设计图纸进行,正三角形布置,调正导架垂直度,空心套管中穿入塑料排水板,对中桩位,桩位偏差应小于 15cm。

(2)安装铁板:将塑料排水板端部穿过预制板头固定架,对折带子长约 10cm,固定联结。铁板与空心套管要求垂直,固定塑料排水板,并使其在下沉过程中能阻止泥沙进入套管。

(3)打设塑料排水板:打设过程中应随时注意控制套管垂直度,其偏差不宜大于 ±1.5%;严禁出观扭结,断裂和撕破滤膜等现象;打入地基的塑料排水板宜为整板,长度不足需要接长时必须用滤套内平接的方法,芯板对扣,凹凸对齐,搭接长度不少于 20cm,滤套包裹,用可靠措施固定。

(4)提升套管:提升套管时应防止塑料排水板回带,回带长度不得超出 50cm,且回带的根数不宜超过总根数的 5%,如不能达到要求,应立即补打。

(5)剪断塑料排水板:打到设计长度后应剪断塑料排水板,同时注意砂垫层以上的外露长度应大于 10cm。

(6)检查、记录板位打设情况后,移机施打下一根。

3)施工控制及检测方法

(1)控制塑料排水板的质量,按规范要求送检,合格后再施工。

(2)塑料排水板在打设过程中主要控制板距、板长及竖直度,板距按2%的频率抽检,而一般情况下板长和竖直度只能查看施工记录。

(3)回带是影响塑料排水板质量的一个重要因素,在提升套管时一定要防止出来回带,必要时需补打。

(4)塑料排水板的检测一直以来都没有成熟的方法,目前有一种带铁丝的排水板,通过仪器可检查板长,但该排水板的成本相对较高。

4)路基填筑

一般来说的路堤宜采用分级逐步加载进行排水固结,以保证路堤的稳定性。但对于采用超载预压排水固结的零填路堤,且本工程道路两侧场地开阔,堆载材料丰富,可在堆载体两侧填土,以提高施工过程中堆载体的稳定性,允许一次性堆载进行排水固结。根据前期试验设计要求,进行一次性堆载施工,但考虑到实际施工过程的可操作性,采用分层连续加载进行排水固结,通过监测数据分析路基填筑过程中的稳定性,当出现失稳征兆时,可在路两侧填土形成反压护道,以提高施工过程中路基堆载体的稳定性,尽量达到一次性堆载到位后进行排水固结,力争缩短路基填筑工期,提前进入预压期,从而缩短工程工期。

3.3 试验成果分析

1)监测成果分析

根据沉降监测数据做出塑料排水板区沉降—荷载—时间关系曲线图,如图3-3所示。

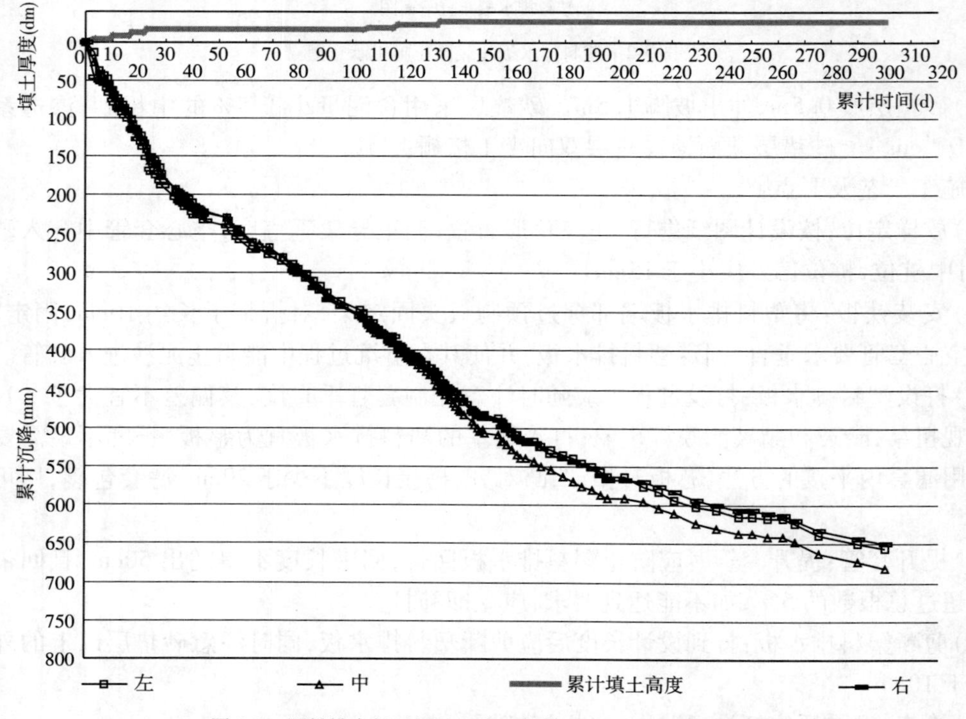

图3-3 塑料排水板区累计沉降—荷载—时间曲线图(ZK21)

从图 3-3 可以看出:塑料排水板区的累计沉降随荷载的增大而增大,路基中间的沉降量略大于两侧的。利用双曲线来拟合算出的最终沉降量,再根据固结度计算公式 $U_r=\frac{S_{实}}{S_{\infty}}$,计算出地基土左、中、右的固结度分别为 67.0%、62.7%、66.4%,得出平均固结度为 65.4%。

另外,还可根据分层沉降的监测数据得出分层沉降—荷载—时间关系曲线图,如图 3-4 所示。

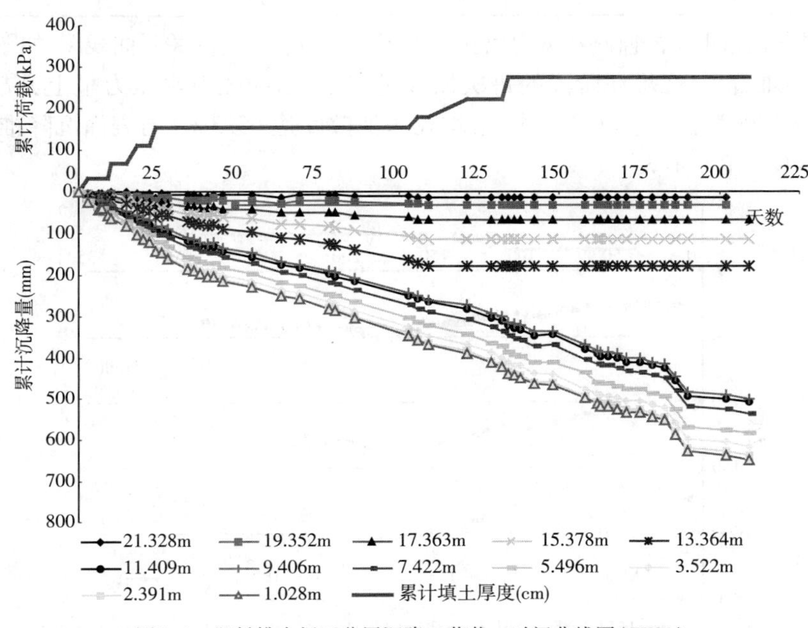

图 3-4　塑料排水板区分层沉降—荷载—时间曲线图(ZK21)

从图 3-4 可以得出第 1 分层沉降环的累计沉降量为 647mm,略小于路基中间表面沉降量 681mm,根据各分层沉降环的累计沉降量计算出各土层的压缩量,并得出各土层的压缩量占总沉降量的百分比,具体数据见表 3-1。从表 3-1 可得塑料排水板区的主要压缩土层有 2 层,分别为 2.391~7.422m 和 11.409~19.352m,尤其是 11.409~13.364m 土层的压缩量就占整个压缩量的 48.97%,几乎一半,是最重要的压缩层。

土层压缩量统计表

表 3-1

编号	测环位置(m)	累计沉降量(mm)	压缩层范围(m)	压缩量(mm)	占总沉降量的百分比(%)	累计百分比(%)
表面沉降(中)	0	681	0~1.028	32	4.70	4.70
第 1 沉降环	1.028	649	1.028~2.391	11	1.62	6.31
第 2 沉降环	2.391	638	2.391~3.522	20	2.94	9.25
第 3 沉降环	3.522	618	3.522~5.496	33	4.85	14.10
第 4 沉降环	5.496	585	5.496~7.422	47	6.90	21.00
第 5 沉降环	7.422	538	7.422~9.406	16	2.35	23.35
第 6 沉降环	9.406	522	9.406~11.409	11	1.62	24.96
第 7 沉降环	11.409	511	11.409~13.364	333.5	48.97	73.94
第 8 沉降环	13.364	177.5	13.364~15.378	61.5	9.03	82.97

表 3-1

编号	测环位置（m）	累计沉降量（mm）	压缩层范围（m）	压缩量（mm）	占总沉降量的百分比（%）	累计百分比（%）
第 9 沉降环	15. 378	116	15. 378 ~ 17. 363	47. 5	6. 98	89. 94
第 10 沉降环	17. 363	68. 5	17. 363 ~ 19. 352	35. 5	5. 21	95. 15
第 11 沉降环	19. 352	33	19. 352 ~ 21. 328	20	2. 94	98. 09
第 12 沉降环	21. 328	13	21. 328 以下	13	1. 91	100. 00

最后，可根据孔隙水压的监测数据得出孔隙水压力—荷载—时间关系曲线图，如图 3-5 所示。

从图 3-5 不难看出：在堆载阶段的每次加载过程中，初期孔隙水压力呈上升趋势，随着时间的延续，孔压不断消散。直目前为止，平均孔压消散度达 65. 3%，与表面沉降推算的地基平均固结度（65. 4%）相差不大。

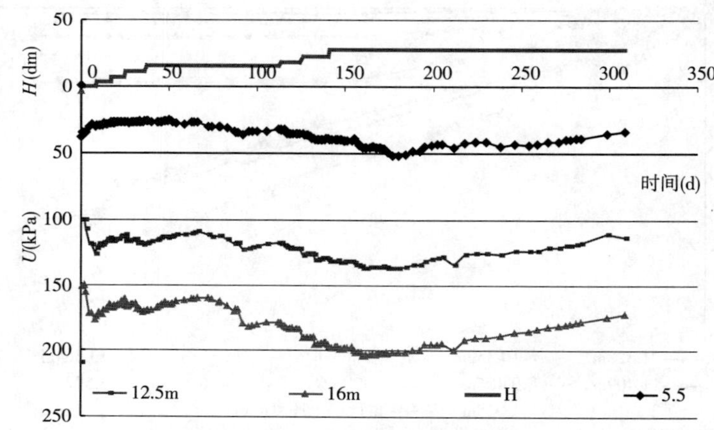

图 3-5 塑料排水板区孔隙水压力—荷载—时间曲线图（2004 年 12 月 31 日为初值）

2）井阻及涂抹对排水固结速率的影响

在塑料排水板插带过程施工过程中，不可避免会引起地基土的扰动，并因此在塑料排水板周围形成一相对不透水的土层，这种因对地基土扰动引起透水性降低的作用，称为涂抹作用。同时，塑料排水板的导水能力需要在一定的水头差作用下才能起作用，以排出从地基土流入的水量，这种塑料排水板导水能力的有限性可称之为井阻。本工程属于深厚软土，其竖向排水受井阻和涂抹作用影响较大。通常情况下，塑料排水板的作用和设计方法与砂井排水法相同，可把塑料排水板换成相当直径的砂井，其等效直径的换算公式为 $d_w = 2\alpha(a+b)/\pi$，式中 α 为换算系数，常取 0. 90 ~ 0. 95；a、b 分别为塑料排水板的宽度和厚度。

一般来说，塑料排水板井阻作用的大小取决于塑料排水板的通水能力，塑料排水板的通水能力在很大程度上取决于排水板的截面类型以及排水板滤膜的性能。设置竖向排水体加固地基，饱和软黏土固结排出的水通过涂抹层流向竖向排水体流出土体外。由于涂抹层的阻水作用及的塑料排水板的通水能力的限制，必将影响土层的固结速率。Hansbo 于 1981 年得出考虑井阻和涂抹层作用的饱和黏性土地基深度 z 处径向平均固结度：

$$U_r = 1 - e^{-\frac{8T_h}{\mu_s}}$$

$$\mu_s = \ln[\frac{n}{s}] + \frac{K_h}{K_s}\ln s - \frac{3}{4} + \pi z(2l - z)\frac{K_h}{q_w}$$

$$n = d_e/d_w$$

$$s = d_s/d_w$$

$$T_h = \frac{C_h t}{d_e^{\ 2}}$$

式中：l——砂井长度。当砂井两端与排水层相连时，砂井长度取其一半

d_s——扰动区直径；

d_w——砂井直径；

d_e——砂井影响半径

K_s——涂抹层的渗透系数；

K_h——末扰动土渗透系数。

最后一项显然表示井阻的影响，它取决于排水井长度 l，所考虑土体位置 z，井周围土体的渗透系数 K_h 和排水井的排水能力 q_w。影响 μ_s 值大小除井阻之外，还有涂抹层半径与排水井半径的比值，涂抹层半径与排水井的类型和施工工艺有关。

采用塑料排水板处理的 21 区地层属于厚层软土地基，淤泥的固结系数 $C_h = 1.75 \times 10^{-4}$ cm^2/s（即 $0.5219m^2/a$），渗透系数 $K_h = 6.31 \times 10^{-8} cm^2/s$（即 $0.0199m/a$），B 型排水板板宽为 100mm，板厚为 4mm，等效直径为 6mm，其通水能力 $q_w = 25cm^3/s$（$788m^3/a$），根据经验涂抹层的半径与排水井半径之比 $s = 1.5$，涂抹层的扰动土的渗透系数取其与末扰动土的渗透系数之比 $K_h/K_s = 3$，依据上式计算地基土的平均固结度如表 3-2 所示。

从表 3-2 可得出如下结论：对塑料排水板而言，由于排水能力较大，井阻影响微小，基本上可忽略不计，涂抹层的影响与涂抹作用层半径有关，受排水井的施工工艺的控制，整体而言塑料插板排水井不能忽略井阻和涂抹层的影响。当采用挤土方式施工时，尚应考虑土的涂抹和扰动影响，考虑的方法可将理想条件下计算得到的平均固结度乘以 0.80～0.95 的折减系数。

涂抹和井阻对塑料排水板地基平均固结度的影响对比　表 3-2

时间（a）	位置深度（m）	塑料排水板		
		（1）	（2）	（3）
0.25	5.5	0.4126	0.3189	0.3181
	12.5			0.3177
	16.0			0.3178
0.50	5.5	0.655	0.5361	0.535
	12.5			0.5345
	16.0			0.5346
0.75	5.5	0.7953	0.684	0.6829
	12.5			0.6824
	16.0			0.6825
1.00	5.5	0.881	0.7848	0.7838
	12.5			0.7833
	16.0			0.7834

注：（1）不考虑井阻和涂抹层的影响；

（2）仅考虑涂抹层而不考虑井阻的影响；

（3）考虑涂抹层和井阻的双重影响。

3)排水固结加固效果分析

为了定量评价排水固结加固软地基的效果,软基处理后再次在原静力触探补勘位置进行静力触探,通过静力触探锥尖阻力和锥侧摩阻力在加固前后的变化,了解软土地基的强度增长情况。据静力触探测试数据得出塑料排水板区各土层加固效果对比表,如表3-3所示。

塑料排水板区加固效果对比 表3-3

土层	加固前		加固后		强度增长倍数		备注
	锥尖阻力(MPa)	锥侧摩阻力(kPa)	锥尖阻力(MPa)	锥侧摩阻力(kPa)	锥尖阻力	锥侧摩阻力	
①填砂	3.84	15.43	14.33	21.00	2.73	0.36	
②淤泥	0.45	8.36	2.130	7.00	3.73	-0.16	
③中粗砂	7.13	31.72	10.42	10.00	0.46	-0.68	
④淤泥	0.49	8.59	0.90	3.00	0.84	-0.65	

从表3-3不难得出,加固后各土层锥尖阻力都得到增长,但各土层锥尖阻力增长的速度并不一致,②淤泥增长速度最快,增长3.73倍,其次①填砂,增长2.73倍,这说明固结排水对浅部土体的加固效果较好,而深部软土的强度增长较缓慢,特别第④淤泥仅增长0.84倍,只增至0.90MPa。

3.4 结论与建议

(1)对于零填路段,考虑到实际施工过程的可操作性,采用分层连续加载进行排水固结,通过监测数据分析路基填筑过程中的稳定性,当出现失稳征兆时,可在路两侧填土形成反压护道,以提高施工过程中路基堆载体的稳定性,尽量一次性堆载到位后,力争缩短路基填筑工期,提前进入预压期,从而缩短工程工期。

(2)塑料排水板区的主要压缩土层有2层,分别为2.391~7.422m和11.409~19.352m,尤其是11.409~13.364m土层的压缩量就占整个压缩量的48.97%,是最重要的压缩土层。

(3)由于塑料排水板通水能力较大,井阻影响微小,基本上可忽略不计,而涂抹层的影响,与涂抹作用层半径有关,受排水井的施工工艺的控制。当采用挤土方式施工时,应考虑土体的扰动影响对排水固结速率的影响,考虑的方法可将理想条件下计算得到的平均固结度乘以0.80~0.95的折减系数。

(4)加固后各土层强度都得到增长,但各土层强度增长的速度并不一致,浅部土体的强度增长较快,②淤泥已增长3.73倍,而深部土体强度增长较缓慢。

第十篇

广(州)贺(州)高速公路三水至四会段软基试验工程总结报告

二〇〇六年九月

目　录

第1章　概　　述

1.1　工程概况

软基试验段位于肇庆市大旺高新技术开发区的西南部,大旺迎宾大道(X503)西面,绥江河的东侧,地处北江特大桥桥头大旺互通路段,即主线 K13 + 815 ~ K14 + 300 和大旺互通 A 匝道 AKl + 389.29 ~ AKl + 800,全长 895.71m。场区内均为软土地基,其中 K13 + 815 ~ K13 + 865 为桥头路段,AKl + 586.6 ~ AKl + 596.6 为小桥,其余为一般路段。场地周围原为鱼塘和林圃,现已填平作为开发区用地,施工场地条件较好。另外,除主线路基左侧尚树苗较多外,其余位置的通视条件较好,有利于测量放样。A 匝道与一条 11kV 高压电线斜交,并有两座电线塔处于路基范围内,需拆迁才能确保路基安全施工。

试验段场区内地势平坦,起伏变化很小,原多为鱼塘和种植地,并分布有一条灌溉沟横穿试验段,目前已全部作为开发区填平使用。本路段的软土为淤泥和淤泥质土,具有珠江三角洲软土特征,即厚度大、孔隙比大、压缩性高、渗透性低和天然强度低,此外,部分路段尚分布较厚的可液化松散砂层。在综合考虑软土空间分布状态、软土性质、工程造价和工期等方面后,针对不同路段分别采用了挤密砂桩 + 塑料排水板、袋装砂井、塑料排水板、砂垫层超载预压和超载预压等软基处理方法,其中除超载预压法外,其余处理方法中均铺设一层 CATTSG60 - 60 聚合土工格栅。

1.2　工程特点

据试验段施工设计图纸和工程地质勘察报告,结合业主方的要求,本试验工程具有以下主要特点:

(1)软土分布广且工程性质差

本试验路段范围内均为软土地基,软土分布厚度大,大部分路段厚度超过 20m,且其物理力学性质差,并富含有机质。因此,软基处理是控制本试验段建设质量的关键。

(2)路基填土高,纵坡较大

本试验段起点为北江大桥桥头路段,路基填土高,约为 8m,路基稳定性问题突出,需加强施工监测控制手段。桥头路段与普通路段之间的路基高度相差较大,一定程度上增加了路基填筑施工难度。

(3)工期紧

据施工承包合同,本试验段软基处理和路基填筑工期仅为 6 个月(不包预压期),且施工阶段处于降雨量大的春夏季节,对施工进度影响较大。

(4)土方调配量大,附近可用土源少

本试验段平均路基填土较高,路面设计宽度较大,需外调土方量大,总借土方量约为 17.5

万 m^3。附近土源少,且大部分土源因液限过高不适宜直接作为路基填料,这也对施工进度方面曾产生了一定的不良影响。

1.3 试验目的

本试验段的目的在于通过现场试验,收集软基监测数据和不同阶段的原位测试数据,并在此基础上,对比分析砂垫层超载预压、挤密砂桩、袋装砂井和塑料排水板等软基处理方法的加固效果,并将成果运用于工程全线的优化设计与施工中。具体来讲,试验目的有以下几点:

(1)总结并完善施工工艺和稳定控制方法

通过软基处理试验工程,总结各种软基处理方法的工艺流程、技术要点和操作方法;通过对沉降、侧向位移和孔压监测数据的综合分析,制定出适用于全线的稳定控制指标,以起到指导工程全线安全、快速填筑的作用。

(2)比较各种加固方法的效果

通过实体试验,了解不同软基处理方案的加固效果,进一步研究其适用范围,以便指导全线各路段择优选取软基加固方法。

(3)优化预压时间和确定最佳卸载标准

通过预压期沉降变形的观测,了解沉降速率衰减规律,预测沉降趋势;分析超载对缩短预压时间、减少工后沉降的作用及确定最佳的卸载标准;总结超载情况下软基变形的发展规律,为准确掌握全线软基的沉降发展规律,制定适宜的预压荷载、时间和卸载时间提供科学依据。

(4)结合现场试验,研究本工程实用的沉降计算方法

以现场实测监测资料反演理论计算参数,为工程全线的沉降计算提供科学依据;分析总沉降和工后沉降的组成,并复核软基沉降土方计算方法。

(5)对比超载、等载效果

在软基处理方案相同的条件下进行超载、等载对比试验,以了解相同预压期内不同超载、等载对沉降速率、总沉降量变化影响情况,进而定性、定量分析评价超载对控制工后沉降所起的作用。

第2章　工程地质概况

2.1　地形地貌与地层

二广高速公路四会至三水段试验段位于大旺开发区的西南面，县道大旺迎宾大道(X503)西面，绥江河的东侧。场区内地势平坦，起伏变化很小，场地原来多属于鱼塘和种植地，灌溉沟渠纵横交错，目前已作为开发区填平使用。

根据钻孔揭露，场区内揭露地层由上而下见有第四系表土层(人工填土(Q_{ml}))、冲积层(Q_{al})及下伏第三纪宝月组(Eby)砂质泥岩，地质剖面图如图2-1、图2-2所示。各土层具体分布情况如下所述：

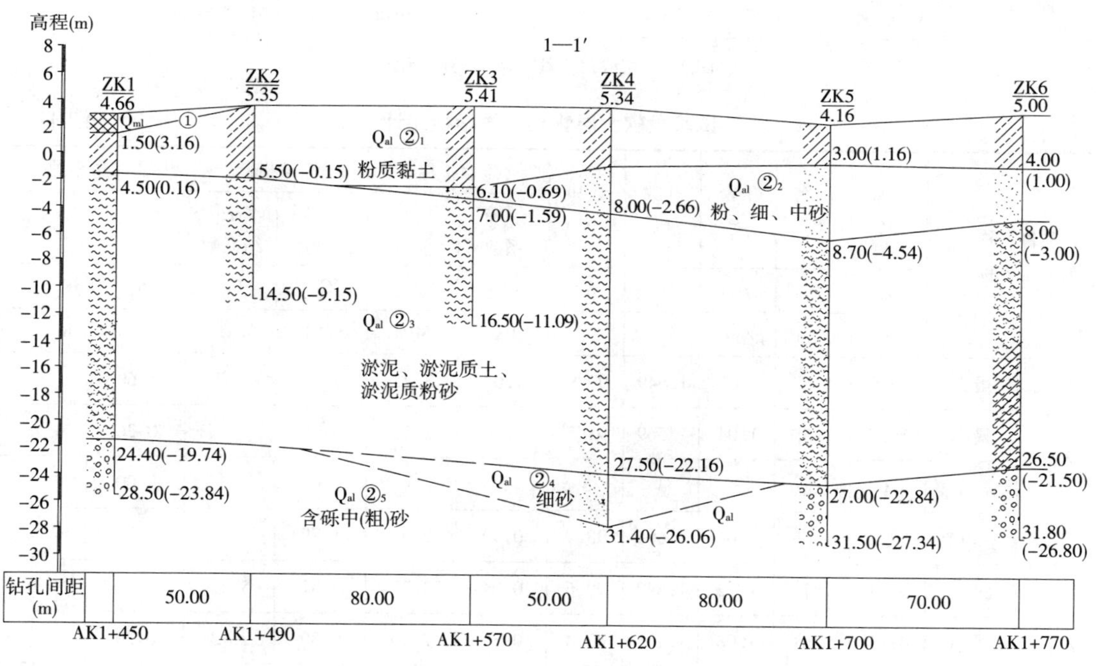

图2-1　试验段A匝道工程地质剖面图

①素填土(Q_{ml})：灰黄色，主要由黏性土及少量碎石土回填组成，结构较疏松；该层仅AK1+450断面有分布，揭露层底标高3.16m，揭露层底埋深及厚度1.50m。

②冲积层(Q_{al})：场地在地貌上属于河流冲积平原，其第四纪冲积层厚度较大，为场地内的主要地层，也是软土分布的层位，其主要的物理力学性质见表2-1。本次勘察揭露的第四纪地层可分为5个亚层，现简述如下：

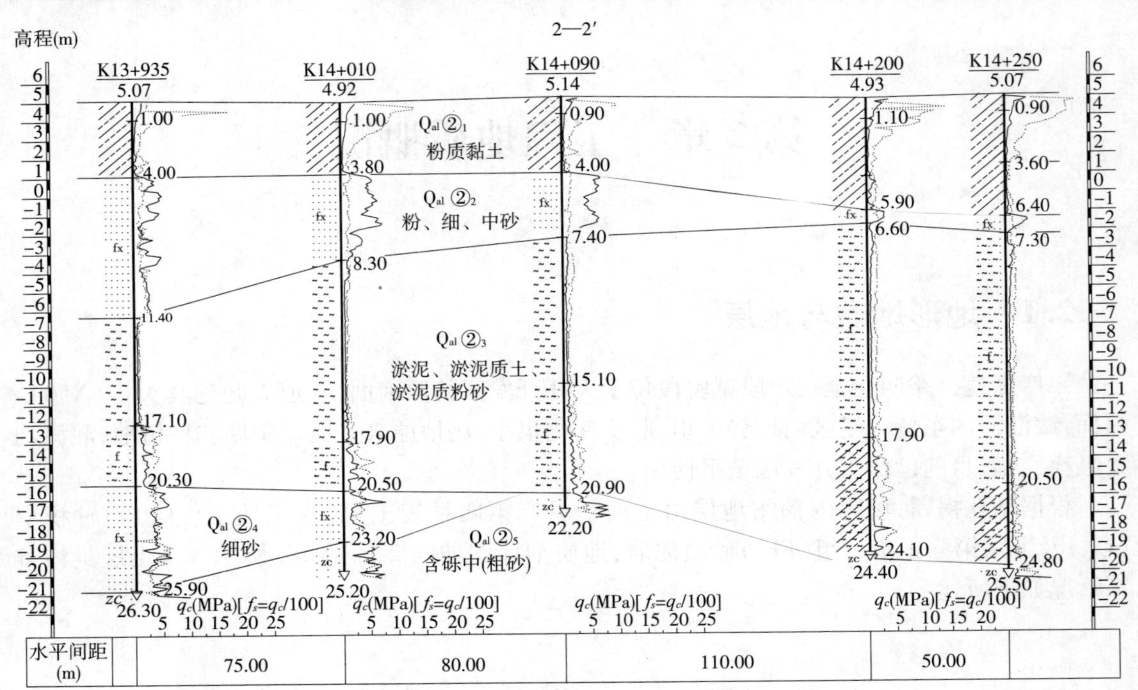

图 2-2 试验段主线工程地质剖面图

试验段软土层物理力学指标统计

表 2-1

项目名称 土层名称		含水率	湿密度	干密度	孔隙比	饱和度	压缩指标		固结指标		渗透系数	
							压缩系数	压缩模量	垂直固结系数	水平固结系数	垂直	水平
		ω_0	ρ_0	ρ_d	e	S_r	a_{1-2}	E_{S1-2}	C_V	C_H	K_V	K_H
		%	g/cm^3	g/cm^3		%	MPa^{-1}	MPa	10^{-3}cm^2/s		10^{-7}cm/s	
淤泥	最大	59.9	1.67	1.07	1.649	99.9	1.03	3.22	3.73		1.60	
	最小	54.7	1.65	1.04	1.569	95.5	0.80	2.52	0.78		0.26	
	统计个数	3	3	3	3	3	3	3	3		3.00	
	平均值	57.3	1.66	1.06	1.605	98.1	0.90	2.94	1.79		0.72	
淤泥质土	最大	53.1	1.75	1.22	1.542	99.6	0.94	3.77	5.57	5.43	2.32	0.96
	最小	41.1	1.61	1.08	1.215	83.4	0.59	2.50	0.89	2.73	0.29	0.83
	统计个数	12	12	12	12	12	12	12	9	3	9	2
	平均值	45.8	1.69	1.16	1.350	92.1	0.73	3.28	3.31	3.64	1.10	0.90
淤泥质亚黏土	最大	47.1	1.78	1.27	1.346	100.0	0.74	6.93	6.37	6.06	2.01	1.43
	最小	37.0	1.65	1.16	1.142	84.7	0.31	3.18	2.15	1.89	0.58	0.41
	统计个数	9	9	9	9	9	9	9	8	4	8	4
	平均值	42.5	1.71	1.20	1.264	90.9	0.54	4.50	5.27	4.78	1.23	0.99

②-1 亚黏土:灰黄色、褐黄色,可塑为主,中上部呈硬塑状,底部呈软~可塑状,土质不均匀,含少量中、粗砂,局部夹薄层淤泥,黏性差,手感粗糙;该层场地各孔均见分布,层底埋深2.50~6.10m,层厚2.50~6.10m;平均厚3.94m。

②-2 粉、细、中砂(Q_{al}):灰黄色、浅灰色,饱和,松散,含少量黏性土及少许有机质,局部夹薄层淤泥质土,颗粒不均匀,该层见于场地ZK1、ZK2及ZK4孔,层底埋深6.00~7.00m,层厚0.90~2.70m,平均1.93m。静力触探平均锥尖阻力2.35MPa;平均侧摩阻力16.4kPa;该层进行标准贯入试验9次,$N_{63.5}$=7~13击,平均8.6击。

②-3 淤泥、淤泥质亚黏土、淤泥质粉砂(Q_{al}):深灰色、灰黑色,饱和,流塑,富含有机质和腐殖质,局部夹粉细砂薄层,土质较为不均匀,成分较为复杂,以淤泥质亚黏土为主,局部表现为淤泥质粉砂或淤泥层;该土层场地内均有分布,厚度较大,层底埋深14.50~27.50m,厚度8.90~19.90m;天然含水率W_0=33.6%~65.3%,平均45.8%;孔隙比e=1.03~1.75,平均1.33;直剪凝聚力C=2.0~14.0kPa,平均为10.1kPa;内摩擦角φ=5.7°~28.2°,平均为12.1°;压缩系数a_{1-2}=0.22~1.309MPa^{-1},平均为0.71MPa^{-1}。

本层静力触探强度为:淤泥、淤泥质土平均锥尖阻力为0.33MPa,平均侧摩阻力为17.0kPa;淤泥质粉砂平均锥尖阻力为0.59MPa,平均侧摩阻力为14.1kPa。本层进行标准贯入试验32次,$N_{63.5}$=2~8击,其中淤泥、淤泥质土中5次,$N_{63.5}$=2~3击,平均为2.2击;淤泥质粉砂中27次,$N_{63.5}$=2~8击,平均为4.3击。

本层是场区内主要的软基处理土层。

②-4 细砂、中砂(Q_{al}):灰色、砂黄色,饱和,松散为主,局部稍密状,含少量黏性土,颗粒径不均匀,分选性差;局部夹薄层亚黏土。层底埋深26.83~31.40m,层厚2.70~5.60m,平均厚为4.07m。

②-5 中粗砂、圆砾层(Q_{al}):灰黄色、浅黄色,饱和,中密,含少量黏性土,约含15%砾石,局部含量较多,砾径0.3~3.5cm较多,呈亚圆状~圆状,成分主要为砂岩,颗粒径不均匀,分选性较差。层底埋深26.50~32.50m,层厚2.50~5.30m,平均厚3.77m。静力触探平均锥尖阻力5.12MPa;平均侧摩阻力38.4kPa。本层进行标准贯入试验5次,$N_{63.5}$=12~25击,平均19击。

以下为第三纪宝月组(Eby)强风化粉砂质泥岩。

2.2　水文地质条件

场地内地下水主要为孔隙水,主要贮存于②-2粉、细、中砂,②-4细砂及②-5含砾(中)粗砂中,其余各工程地质层含水率微弱。场区地下水较丰富,其补给来源主要靠大气降水及邻近地区地下水的渗透补给,水位埋深受季节性影响较大,在勘察期间,测得稳定水位为2.60~3.40m。

2.3　场地稳定性评价及地震烈度

据本次钻探资料,除场区局部软弱层较厚及分布不均匀外,尚未发现有明显断裂通过迹象,所以场地属构造相对稳定地段。

据广东省地震局资料,本地区地震基本烈度属Ⅵ度区,设计基本地震加速度值为0.05g,设计地震分组属第一组,场地中对抗震不利地段主要为②-2粉、细砂、中砂,有关抗震设防,可按《建筑抗震设计规范》规定执行。

第3章 试验方案与实施

3.1 地基处理分区方案

在综合考虑本工程建设特点、地质条件和试验目的基础上，本试验段软基处理采用了挤密砂桩、袋装砂井、塑料排水板和砂垫层超载预压等方法，整个试验段共分9个处理区、4种处理方案，详细试验方案见表3-1。

试验段软基处理方案 表3-1

<table>
<tr><th>分区</th><th>处理方案</th><th>处理范围</th><th>处理长度(m)</th><th>砂垫层厚度(m)</th><th>间距(m)</th><th>规格</th><th>备 注</th></tr>
<tr><td>A1</td><td>挤密砂桩+砂垫层+1层60-60聚合格栅+等载</td><td>K13+815~K13+845</td><td>30</td><td>0.5</td><td>1.6,正方形</td><td>ϕ40cm</td><td rowspan="2">针对本工程全线部分软基路段存在地震液化问题，进行挤密砂桩试验，总结其工艺流程、技术要点及操作方法，分析其加固效果</td></tr>
<tr><td>A2</td><td>挤密砂桩+砂垫层+1层60-60聚合格栅+等载</td><td>K13+845~K13+865</td><td>20</td><td>0.5</td><td>1.8,正方形</td><td>ϕ40cm</td></tr>
<tr><td>B1</td><td>袋装砂井+砂垫层+1层60-60聚合格栅+超载1.0m</td><td>K13+865~K14+000</td><td>135</td><td>0.5</td><td>1.3,等边三角形</td><td>ϕ7cm</td><td rowspan="3">B区和C区对比袋装砂井与塑料排水板的加固效果；通过此两区的实体试验，开展堆载预压有效加固深度的研究；进行超载和等载试验，以定性、定量分析超载的作用</td></tr>
<tr><td>B2</td><td>袋装砂井+砂垫层+1层60-60聚合格栅+等载</td><td>K14+000~K14+100</td><td>100</td><td>0.5</td><td>1.3,等边三角形</td><td>ϕ7cm</td></tr>
<tr><td>C</td><td>塑料排水板+砂垫层+1层60-60聚合格栅+等载</td><td>K14+100~K14+300</td><td>200</td><td>0.5</td><td>1.3,等边三角形</td><td>ϕC型板</td></tr>
<tr><td>D1</td><td>超载1.0m</td><td>AK1+389.3~AK1+520</td><td>197.3</td><td>0.5</td><td></td><td></td><td rowspan="4">D区进行不同超载厚度超载填土试验，收集在不进行软基处理的情况下，采用不同超载厚度时监测数据，总结路基的变形演化规律和稳定状况</td></tr>
<tr><td>D2</td><td>袋装砂井+砂垫层+1层60-60聚合格栅+超载1.5m</td><td>AK1+520~AK1+586.6</td><td>100</td><td>0.5</td><td>1.3,等边三角形</td><td>ϕ7cm</td></tr>
<tr><td>D3</td><td>砂垫层+1层60-60聚合格栅+超载1.2~1.5m</td><td>AK1+650~AK1+720</td><td>70</td><td>0.5</td><td></td><td>砂垫层采用中粗砂</td></tr>
<tr><td>D4</td><td>砂垫层+1层60-60聚合格栅+超载1.5m</td><td>AK1+720~K13+800</td><td>80</td><td>0.5</td><td></td><td>砂垫层采用中粗砂</td></tr>
</table>

3.2 监测与试验内容

(1)监测项目与设置

根据工程实际需要和地基处理方法的特点，试验段每一种软土地基处理形式区段布置1~2个监控断面，监测断面设置如表3-2和图3-1所示。

监测断面和监测内容　　表 3-2

分区	处理方案	断面桩号	主要监测内容					
			孔隙水压力(组)	分层沉降标(孔)	测斜管(孔)	沉降板(个)	边桩(个)	静土压力(个)
A	挤密砂桩	K13 +830	1	1	2	5	8	8
B	砂井 + 超载 1.0m	K13 +930	1	1	2	3	8	
	砂井 + 等载	K14 +050	1	1	2	3	8	
C	排水板 + 等载	K14 +170	1	1	2	3	8	
		K14 +240	1	1	2	3	8	
D	超载 1.0m	AK1 +490	1	1	1	3	8	
	砂井 + 超载 1.5m	AK1 +560	1	1	1	3	8	
	砂垫层 + 超载 1.2 ~ 1.5m	AK1 +678	1	1	1	3	4	
	砂垫层 + 超载 1.5m	AK1 +757	1	1	1	3	4	

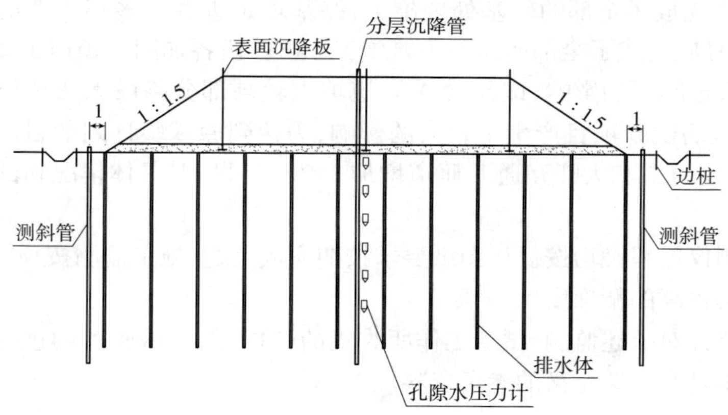

图 3-1　监测仪器布置示意图

(2)监测频率

按照多年从事稳定监测的经验,在正常填土情况下,可按表 3-3 的监测频率进行监测工作。在进行快速填土试验时,可按此频率加大一倍进行观测。

监测频率一览表　　表 3-3

监测项目	填土后 3d 内	填土后 7d 内	填土后 15d 内	填土后 15d 后	每层土监测次数	预压期观测次数
表面沉降	1 次/1d	1 次/2d	1 次/4d	1 次/8d	5	34
分层沉降	1 次/1d	1 次/2d	1 次/4d	1 次/8d	5	34
深层沉降	1 次/1d	1 次/2d	1 次/4d	1 次/8d	5	34
测斜	1 次/1d	1 次/4d	1 次/8d	1 次/16d	4	34
孔压	2 - 4 次/1d	1 次/1d	1 次/2d	1 次/4d	8	34
土压	1 - 2 次/1d	1 次/4d	1 次/8d	1 次/16d	4	34
边桩	1 次/1d	1 次/4d	1 次/8d	1 次/16d	4	34

(3)试验检测内容

根据试验目的和各种软基处理方法的特点,确定了本试验段各加固区拟进行的试验、检测内容,详见表3-4。

试验与检测内容

表3-4

分区	试验方案	试验、检测内容
A	挤密砂桩+1层60-60聚合格栅+等载	补勘、砂土液化判别、静力触探、钻探、标准贯入试验
B	袋装砂井+1层60-60聚合格栅+1.0m超载预压	补勘、快速填土试验、静力触探、十字板、钻探、标准贯入试验
C	塑料排水板+1层60-60聚合格栅+等载预压	补勘、静力触探、十字板、钻探、标准贯入试验
D	砂垫层+1层60-60聚合格栅+1.5m超载预压	补勘、快速填土试验、静力触探、十字板、钻探、标准贯入试验

3.3 施工与试验情况

本试验工程计划工期为180d(不含预压期),开工日期为2004年12月18日。项目部于2005年1月底基本完成了全部的软基处理施工,路基填筑进度受多年不遇的雨季天气影响,最终于2005年7月底完成了全部的路基填筑施工。试验段各加固区预压了20个月。

由于受电线拆迁问题的影响,试验段A匝道填土较高部分路段无法按设计高度填筑,这对试验段超载预压的试验项目产生了较大的影响,为达到原试验计划的目的,经过多方论证后,决定在试验段A匝道和大旺互通E匝道增加3个试验区,其具体情况和试验成果参见第7章的内容。

本试验段监测仪器埋设均按设计图纸要求按期完成,软基施工监测按预定频率进行,所收集的数据经分析具较高的精确度。

本总报告主要针对上述监测、试验工作所收集的数据,结合试验目的进行阶段总结,以期为施工图设计提供具有借鉴意义的参考资料。

第4章　软基处理质量控制

二广高速软基试验段主要采用了砂垫层超载预压、挤密砂桩、袋装砂井及塑料排水板等4种软基加固处理方法,根据本试验段自开工以来的施工情况,结合我们多年从事软基处理的经验,总结了本试验段各种软基处理方法中各项工序的工艺流程、技术要点、操作方法,以便起到指导工程全线软基处理施工与质量控制的作用。另外,由于全线部分结构物路段可能采用管桩复合地基,因此,结合我们在其他工程项目建设过程中的经验,在此也对管桩复合地基的质量控制做出了总结。

软基处理的工程质量应从以下几方面进行控制。

(1)施工机械控制:施工机械控制的重点是检查机械性能能否满足设计要求,其中包括机械型号、功率、工作状态。对于挤密砂桩、袋装砂井及塑料排水板机的施工机械尤需严格检查。

(2)原材料质量控制:原材料质量控制的重点是按照规范要求的频率送检合格后使用,材料的妥善保管。

(3)施工过程质量控制:施工过程质量控制的重点是检查施工工艺和方法是否合理,施工参数是否满足设计要求。

(4)成品质量检验:指各分项工程完成后的验收检验,包括监理检查和委托质检(通常质检站负责)。

4.1　场地清表、翻挖与换填

4.1.1　措施选择

本工程部分路段路基较低,路基及基底压实度控制是重点。具体施工时首先遇到是确定基底高程和确定清表、翻挖或换填措施。

通常情况下,根据汽车荷载影响深度,对路基和基底压实度要求见表4-1。

路基压实度要求统计表　　表4-1

挖填类别		深度(cm)	高速、一级公路	其他公路
零填或路堑	上路床	0～30	96%	94%
	上路床	0～30	96%	94%
	下路床	30～80		
路堤	上路堤	80～150	94%	93%
	下路堤	>150	93%	90%
	基底		85%	85%

注:表列深度除低填方(路肩边缘距离原地面的高度低于80cm的填方)由原地面算起外,其余均由路槽算起。

为了满足路基压实度，对于低路堤，除了清表外，通常还需要对基底进行翻挖压实或换填压实。清表是将路基范围内的地表水疏干，将地表的植被、杂物、浮泥、表土等清除干净，并对基底进行推平压实处理。所谓翻挖压实，即当基底层土料满足设计要求或经改良后满足设计要求时，将基底土挖出，然后将挖出的土料直接或改良后分层压实回填至设计压实度。换填压实通常是将埋深较大（>30cm）的淤泥、杂物等不适宜物质全部或部分挖除，然后分层压实回填符合设计要求的土料。

路槽底高程与原地表高程之差小于1.5m的路段，除清表外，通常还需要对基底层进行翻挖或换填。路槽底高程与原地表高程之差大于1.5m路段，清表后，基底层经过辗压后无法满足设计压实度时，需要对基底进行换填或采取其他处理措施（如改良等）。高填土路基（路基高度大于3m），对软土地基进行深层处理时，可以清表后直接施工工作垫层，不需另对基底进行处理。

因此，施工前应测量原地面高程，检测基底土，以确定需要采取的措施。

4.1.2　原材料质量控制

主要是对翻挖或换填材料的质量检验，上述材料质量检验合格后方可投入使用。翻挖或换填使用材料的要求与路基材料的要求相同。

4.1.3　施工方法及注意事项

1）清表

（1）场地如有积水，先将场地积水排出。路基占用水塘的一部分时，需要先修筑围堰，然后再抽排水。在路基两侧及时挖排水沟，保持场地无积水。

（2）路基范围内的所有树木、树根及其他有机物残渣均应全部清除干净。树根、竹根全部挖除并将坑穴填平夯实。

（3）水田部分用人工和推土机将禾苗清除，整平场地，将水田路段横向田埂推平。

（4）水塘中的浮泥可以采用水力切割法清除或采用小型推土机清除，并将塘埂推平。高填土路基，可以结合工作垫层施工采用挤淤法或随填随挖法清除。

（5）挖方及路堤地段，表土应挖除至天然地面以下10cm。

（6）对清理后的场地进行压实，压实度必须达到设计压实度。如不能达到设计压实度，则进行翻挖或换填作业。

2）翻挖与换填

（1）准确测量放线。

（2）当地下水丰富，应随时抽排坑内积水，并选用砂石等透水性材料进行回填。

（3）当换填深度较大时，为保证施工安全，应放坡开挖，并分片换填，挖除一片，回填一片。

（4）应按照设计和规范要求分层回填和压实。

3）废弃物处理

清出的泥土、树木应移出路基用地外，如条件限制暂时无法移出，则清除的泥土、树木集中堆放于两侧，待便道修筑到位后，及时挖运出场地。

4.1.4　成品质量检查方法

（1）外观：目测法，要求基底无杂草、树根、浮泥等或满足设计要求。

（2）厚度/深度：水准测量或全站仪测量清表厚度、翻挖或换填深度。深度或厚度应不小于设计要求。

(3)宽度:采用钢尺或全站仪测量宽度,宽度不应小于设计值。

(4)中线偏位:采用经纬仪或全站仪测量,每 200m 测 4 点,弯道加 2 点。允许偏差 50mm。

(5)密实度:采用灌砂法,按双车道计,每层每 200m 检查 4 处,大于或等于压实度标准。多车道公路必须按车道数与双车道之比,相应增加检查数量。

4.2 砂垫层施工

4.2.1 原材料质量控制

1)中粗砂

用于砂垫层,对中粗砂的细度模数(≥2.3)、含泥量(≤5%)、渗透系数($\geq 5\times10^{-3}$cm/s)按照规范要求的频率进行检验,检验合格后方可用于铺设砂垫层。其控制项目是渗透系数。

2)厚度与预拱度

工程实践中,排水固结法砂垫层厚度一般设置为 0.5~0.8m,并且部分工程砂垫层预留了拱度,根据试验段砂垫层排水效果,建议砂垫层厚度取 0.5m 即可,且不需要预留拱度,因为预拱度会削弱土工合成材料的加筋作用。

3)土工布

用于防止填土混入砂垫层,仅铺设于砂垫层伸入坡脚的位置。由于土工布主要起过滤作用及防止砂垫层流失,应用无纺土工布,对其性能指标的要求相对可较低,但渗透系数需$\geq 2\times10^{-2}$cm/s,以保证砂垫层排水通畅。

4)外露措施

为防止填土包裹砂垫层,以保砂垫层在整个加固过程中排水通畅,可以采取设置横向排水碎石(或粗砂)盲沟,或设置横向透水软管,间隔可取为 20~30m。

4.2.2 施工过程质量控制

1)施工方法

(1)砂垫层

砂井区的砂垫层应在砂井、塑料排水板施工前施工,砂桩区的砂垫层可在砂桩施工完毕后施工。

为避免出现明显的粗细料离析现象,不得采用吹填法施工,应采用汽运法运输。推土机推平,人工配合局部找平。振动压路机压实,配合水冲法密实。

工程实践中,排水固结法砂垫层厚度一般设置为 0.5~0.8m,并且部分工程砂垫层预留了拱度,根据试验段砂垫层排水效果,建议砂垫层厚度取 0.5m 即可,且不需要预留拱度,因为预拱度会削弱土工合成材料的加筋作用。

为防止填土包裹砂垫层,以保砂垫层在整个加固过程中排水通畅,可以采取设置横向排水碎石(或粗砂)盲沟,或设置横向透水软管,间隔可取为 20~30m。

(2)无纺土工布

无纺土工布在软基处理施工及土工格栅铺设后施工,一头卷入砂垫层以下,另一头可固定于靠近路基坡脚的土工格栅上。为防止风化引起老化,可在其上铺设薄层中粗砂。

2)施工过程质量控制

质量控制重点是:砂垫层宽度、砂垫层厚度、密实度、含泥量、颗粒大小的控制。砂垫层宽度与厚度可直接测量检验，密实度、含泥量与颗粒分析应按规范要求的频率进行检测。

(1)砂垫层宽度

为保证水平排水顺畅，砂垫层应伸出坡脚外1～2m，且无明显的粗细料离析现象。施工时，对砂垫层的铺设范围进行测量放线，标识出明显的边线。

(2)厚度控制

①测量地面高程，要求每10～20m一个断面，中线不必打桩，在路面两侧稳定处设ϕ10cm×80cm木桩作高程控制桩，并测桩顶高程，以控制砂垫层厚度。

②用推土机摊平，对局布部不平整的地方用人工辅助机械整平。

③铺设砂垫层时必须考虑松铺系数，压实后的砂垫层厚度不应小于设计厚度。

(3)密实度控制

采用压路机振动压实，在场地周围水源丰富的条件下，可结合冲水法密实砂垫层至设计压实度。

(4)含泥量控制

①控制砂源的含泥量。

②砂垫层填筑应在清表或清淤回填完成后进行。如有积水应抽干晾晒，减少下承层对砂垫层的混合和污染。

③砂井或排水板施工带出的淤泥应及时清除，应避免砂井冲水时溢出污染砂垫层。

(5)土工布搭接长度

在铺设土工布时，应确保土工布的搭接长度不小于设计要求。

4.2.3　成品质量检查方法

(1)外观：目测法，检查砂垫层是否洁净、是否平整等。

(2)压实度：采用灌砂法，每层每2000m^{2}检查4处，大于压实度标准。

(3)中线偏位：采用经纬仪测量，每200m测4点，弯道加2点。允许偏差50mm。

(4)砂垫层宽度：采用钢尺或全站仪测量。每200m检查4处，大于设计。

(5)砂垫层厚度：水准测量或开挖测量法。每200m检查4处，大于设计。

《公路工程质量检验评定标准》(JTG F80/1—2004)规定砂垫层的实测项目见表4-2。

砂垫层检测项目统计表　表4-2

项次	检查项目	规定值或允许偏差	检查方法和频率	权值
1	砂垫层厚度	不小于设计	每200m检查4处	3
2	砂垫层宽度	不小于设计	每200m检查4处	1
3	反滤层设置	符合设计	每200m检查4处	1
4	压实度(%)	90	每200m检查4处	2

4.3　袋装砂井施工

4.3.1　施工机械

(1)砂井机

砂井机为一种振动沉管机，按照行走方式不同，分为履带式砂井机和滚动式砂井机两种。根据地质条件选用不同电动机功率的砂井机(目前有12～15kW和30～38kW两种砂井机)。

在处理深度及地质条件均与试验段类似的情况下，应用 30 ~ 38kW 的砂井机施工，架高必须大于打设深度、传动链条破断拉力大于 28t。

(2)灌砂机

袋装砂井灌砂采用振动式灌砂机进行灌砂。为保证灌砂密实，灌砂机高度应不小于砂井长度的一半。通常情况下，一台砂井机需要配一台灌砂井。

(3)常规施工效率

在上述机械配置下，履带式砂井机施工效率约 2000 ~ 3000m/台班，滚动式砂井机施工效率约 1000 ~ 2000m/台班。

4.3.2　原材料质量控制

砂井袋和砂按照规范要求的频率进行送检，检验合格后方可使用。

(1)砂井袋

对砂井袋抗拉强度和缝接强度(保证砂井吊起时不爆裂且 >15kN/m)、渗透系数($\geqslant 5\times10^{-3}$cm/s)、尺寸按照规范要求的频率进行检验，检验合格后方可用于袋装砂井施工。

(2)中粗砂

对中粗砂的颗分(大于 0.5mm 的砂粒含量大于总重的 50%)、含泥量($\leqslant 3\%$)、渗透系数($\geqslant 5\times10^{-3}$cm/s)按照规范要求的频率进行检验，检验合格后方可用于袋装砂井施工。

4.3.3　施工过程质量控制

1)施工方法与施工流程

砂井采用灌砂机灌砂，振动沉管法施工。施工流程如图 4-1 所示。

2)质量控制要点

(1)试打与裁制砂袋

当设计有明确砂井长度时，按照设计确定裁袋长度；当设计要求以穿透软土层为原则确定砂井长度时，沿路基纵向每 50m 左右为一个试打区间。在每个试打区间内随机选择 5 ~ 10 根砂井。根据试打结果复核设计，并确定每个试打区的砂井长度(通常取试打长度的平均值或最大值)。

根据试打后确定的长度或设计长度，考虑外露长度(30cm)和两头打结长度(10cm)，裁制砂井袋。

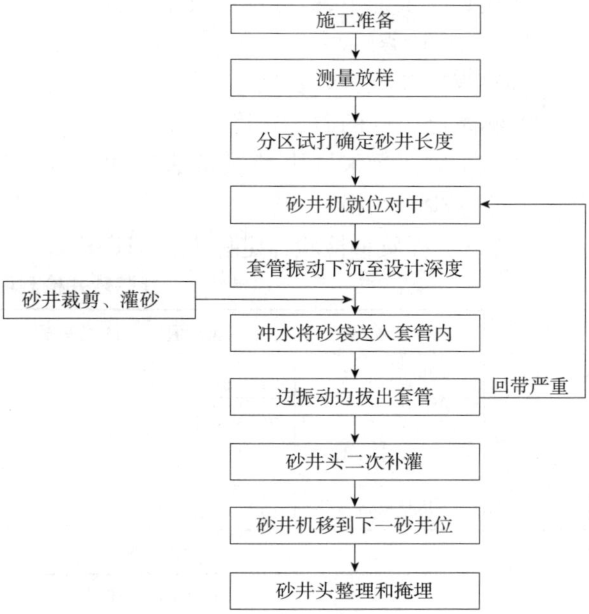

施工准备 → 测量放样 → 分区试打确定砂井长度 → 砂井机就位对中 → 套管振动下沉至设计深度 → 冲水将砂袋送入套管内(砂井裁剪、灌砂) → 边振动边拔出套管(回带严重 → 砂井机就位对中) → 砂井头二次补灌 → 砂井机移到下一砂井位 → 砂井头整理和掩埋

图 4-1　砂井施工流程

(2)灌砂

为保证灌砂密实度，采取以下措施：

①采用振动式灌砂机进行灌砂作业，人工辅助密实。

②砂料必须晾晒干燥。

③在处理长度≤12m 的情况下，砂井需经过吊打，吊打后人工二次补灌。所谓吊打即在一根砂井施工时，下一根砂井吊在砂井套管上，随拔管而吊起和振动，从而将砂井振密；在处理长度大于 12m 的情况下，为防止砂井袋断裂，不宜采用吊打法。

④重复检查灌砂率。

(3)沉管

采用振动法将套管下沉到设计深度。套管插入地基时控制垂直度和桩位,垂直度偏差不应大于1.5%,桩位偏差应小于15cm。

(4)下袋、冲水与拔管

下沉砂袋时应防止砂袋扭曲、撕破和污染。为保证拔管时,能使管底阀门顺利打开,避免"回带"现象,采用清管与灌注清水等方法。如出现回带,要查找原因,并补打。

(5)二次补灌

拔管后对桩头空段进行人工补灌,然后扎好袋口,并使桩头竖直,防止"缩径"现象的出现,进行影响砂井的排水效率。

4.3.4 成品质量检验方法

(1)井径与灌砂率检查

采用皮尺测量砂井周长(直径),利用磅称称出砂井重量,从而计算出灌砂率,灌砂率≥95%(即6.07kg/m,砂的干容重1661.7kg/m^3)。对已经施工完毕的砂井抽查挖出砂井头,测量砂井周长(直径)。

(2)井距检查

井距检查采用钢尺测量。

(3)数量检查

①分片清点砂井袋头数量。

②检查施工记录,检查施工效率是否正常。

(4)井长检查

①检查砂井机套管长度。

②测量已灌砂的砂袋长度。

③施工完毕后采用水冲拔带法检测砂井长度,抽检频率视工程量的大小可定为3‰~5‰,并不应少于5根。

《公路工程质量检验评定标准》(JTG F80/1—2004)规定的实测项目见表4-3。

袋装砂井检测项目统计表 表4-3

项次	检查项目	规定值或允许偏差	检查方法和频率	权值
1	井距(mm)	±150	抽查2%	2
2	井长(m)	不小于设计值	查施工记录	3
3	竖直度(%)	1.5	查施工记录	2
4	井径(mm)	+10,-0	挖验2%	1
5	灌砂率(%)	-5	查施工记录	2

4.4 塑料排水板施工

4.4.1 施工机械

(1)排水板机

排水板施工机械同砂井机。由于试验段地层中含较厚砂夹层,并且处理深度较大,在排水板机沉管及拨管过程中,细砂容易挤进套管中,并夹住排水板,造成“回带”的现象,因此,排水板机应选择密封性良好、沉管阻力小的管靴。

(2)常规施工效率

在类似试验段的地质条件下,采用 30 ~ 38kW 的履带式排水板机施工效率约 3000 ~ 4000m/台班,滚动式砂井机施工效率约 2000 ~ 3000m/台班。

4.4.2　质量控制

(1)原材料质量控制

①塑料排水板型号与设计要求一致,其纵向通水量、复合体抗拉强度及延伸率、滤膜抗拉强度及延伸率、滤膜渗透参数、滤膜等效孔径等主要性能指标应符合设计要求与规范规定。

目前常用的排水板型号有 A 型、B 型和 C 型,A 型排水板适用于打设深度小于 15m;B 型排水板适用于打设深度 15 ~ 25m;C 型排水板适用于打设深度大于 25m(引自《港口工程地基规范》JTJ 250—98)。不同类型排水板的性能指标见表 4-4。

不同类型排水板的性能指标　　表 4-4

项　　目		单位	A 型	B 型	C 型	条　　件
纵向通水量		cm^3/s	≥15	≥125	≥40	侧压力 350kPa
滤膜渗透系数		cm/s	$\geq 5\times 10^{-4}$			试件在水中浸泡 24h
滤膜等效孔径		μm	<75			以 O_{98} 计
复合体抗拉强度(干态)		kN/10cm	≥1.0	≥1.3	≥1.5	延伸率 10% 时
滤膜抗拉强度	干态	N/cm	≥15	≥25	≥30	延伸率 10% 时
	湿态	N/cm	≥10	≥20	≥25	延伸率 15% 时,试件在水中浸泡 24h

②每批塑料排水板应附出厂合格证及技术性能鉴定书。

③每批塑料排水板运到工地后应进行外观检查与验收。其方法应按现行行业标准《塑料排水板质量检验标准》(JTJ/T 257—96)的有关规定执行。

④同批生产的塑料排水板,每 20 万米应进行一次抽样检验,少于此数额时也应抽样检验一次;不同批次的塑料排水板应分批次抽样检验。

⑤塑料排水板应有出厂合格证和技术性能鉴定书,其外包装应牢固、完好,并具有防紫外线辐射能力。

⑥当塑料排水板需要长期储存时,应选择在库房或有良好保护条件的场地,并应避免撕裂、剥离、变质老化和混入杂质;当存放期超过一年或发现变质时,使用前应再次进行抽检。

⑦临时堆放在施工现场塑料排水板,应堆放整齐,避免雨淋,防止日晒。

(2)施工质量控制

①每排塑抖排水板装机前和施工过程中应随时进行外观检查、发现不合格应立即停用。

②检查并记录打设深度、回带长度、回带板根数、补打根数和补打位置。

③检查记录板位、垂直度和外露长度。

④检查“接长板”接板情况、打设位置数量。

4.4.3　施工过程质量控制

1)施工方法与施工流程

排水板采用振动沉管法施工。施工流程如图 4-2 所示。

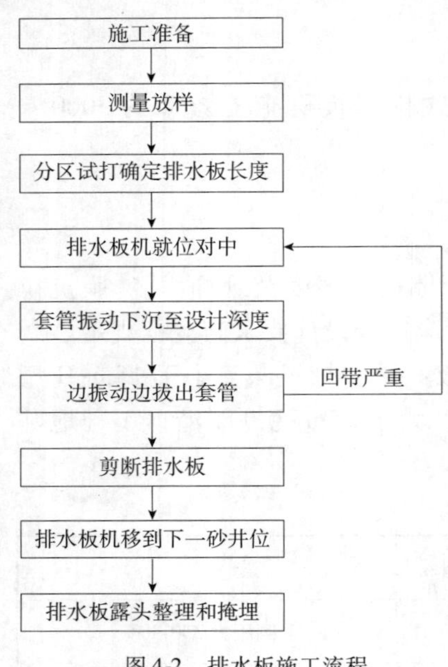

图 4-2 排水板施工流程

2)质量控制要点

(1)试打

当设计有明确排水板长度时,按照设计长度施工;当设计要求以穿透软土层为原则确定砂井长度时,沿路基纵向每 50m 左右为一个试打区间。在每个试打区间内随机选择 5 ~ 10 根排水板。根据试打结果复核设计,并确定每个试打区的排水板长度(通常取试打长度的平均值或最大值)。

(2)套管长度

套管长度一般大于设计深度,在套管上设计深度位置处做一明显标记,以控制排水板的打设深度。

(3)防止"回带"

在打设深度较大、地层中含较厚砂夹层时,较容易引起排水板"回带"的问题,如发现"回带"的情况,必须在附近进行补打。规范中要求回带长度超过 0.5m 时需补打。

(4)沉管

采用振动法将套管下沉到设计深度。套管插入地基时控制垂直度和桩位,垂直度偏差不应大于 1.5%,桩位偏差应小于 15cm。

(5)搭接

当塑料排水板需要接长时,应先将两根塑料排水板的滤膜剥开,使板芯直接相连,再将滤膜套在一起。

塑料排水板搭接应符合以下要求:

①将两根待接塑料排水板板芯对插搭接,并将滤膜包好、裹紧后,用细铁丝或塑料绳穿扎牢固,亦可用具有相同连接强度的大号钉书钉钉接。

②搭接时在塑料排水板扎穿的孔眼不在板芯的同一条排水槽中。

③搭接长度不小于 200mm。

搭接施工应符合下列规定:

①每根塑料排水板只有一个接头。

②"搭接板"分散使用,相邻板无接头。

③"搭接板"的使用量不超过总打设根数的 10%。

(6)冲水与拔管

为保证拔管时,能使管底阀门顺利打开,避免"回带"现象,采用清管与灌注清水等方法。如出现回带,要查找原因,并补打。

4.4.4 *成品质量检验方法*

(1)外露长度检查

对已经施工完毕的排水板抽查挖出板头,测量外露长度。

(2)排水板间距检查

排水板间距检查采用钢尺测量。

(3)数量检查

排水板数量检查可以采用如下方法:

①分片清点排水板头数量。

②检查施工记录,检查施工效率是否正常。

《公路工程质量检验评定标准》(JTG F80/1—2004)规定的实测项目见表4-5。

塑料排水板检测项目统计表　　表4-5

项次	检查项目	规定值或允许偏差	检查方法和频率	权值
1	板距(mm)	±150	抽查2%	2
2	板长(m)	不小于设计值	查施工记录	3
3	竖直度(%)	1.5	查施工记录	2

4.5　挤密砂桩施工

4.5.1　施工机械

(1)挤密砂桩机械

根据地质情况选择成桩方法和施工设备,对饱和松散的砂性土,一般选用振动成桩法,以便利用其对地基的振密、挤密作用;而对于软弱黏性土,则选用锤击成桩法,也可以振动成桩法。本试验段砂桩主要起到消除砂土液化,因此,宜选用振动成桩法。

振动成桩法的主要设备有振动沉拔桩机、下端装有活瓣桩靴的桩管和加料设备。振动沉拔桩机由桩架、振动锤组成,桩架为座式,振动锤为单电机式,功率为60kW。桩管采用内径375mm、壁厚7mm的无缝钢管,活瓣桩靴的锤形角为60,桩管上端前侧焊有投料漏斗。桩管的长度大于设计桩长1~2m。

(2)常规施工效率

在类似试验段的地质条件下,即土层标贯击数为5~7击,采用上述机械施工的效率约350~400m/台班。

4.5.2　原材料质量控制

对中粗砂的颗分(大于0.5mm的砂粒含量大于总重的50%)、含泥量(≤3%)、渗透系数($\geq 5\times10^{-3}$cm/s)按照规范要求的频率进行检验,检验合格后方可用于砂桩施工。

4.5.3　施工过程质量控制

1)施工方法与施工流程

振动成桩法分为一次拔管法、逐步拔管法和重复压拔管法三种。为使桩机移动方便,宜先打桩再铺设砂垫层,当条件允许时可先铺设薄层工作砂垫层再施工砂桩。试验段施工时采用了逐步拔管法和重复压拔管法,其施工工艺如下所述。

(1)逐步拔管法

①工工艺流程如下:

a. 桩管垂直对准桩位(活瓣桩靴闭合)。

b. 启动振动桩锤,将桩管振动沉入土中,达到设计深度,使桩管周围的土进行挤密或挤压。

c. 从桩管上端的投料漏斗加入砂料,数量根据设计确定,为保证顺利下料,可加适量水。

d. 逐步拔管,边振动边拔管,每拔管 50cm,停止拔管而继续振动,停拔时间 10 ~ 20s,直至将桩管拔出地面。

②质量控制

a. 桩身的连续性和密实度,通过控制拔管的速度来保证桩身的连续性,并减免断桩或缩径的现象;拔管速度慢,可使砂料有充分时间振密,从而保证桩身的密实度。

b. 按设计要求数量投加砂料,以保证桩径满足设计要求。

(2)重复压拔管法

①工艺流程如图 4-3 所示。

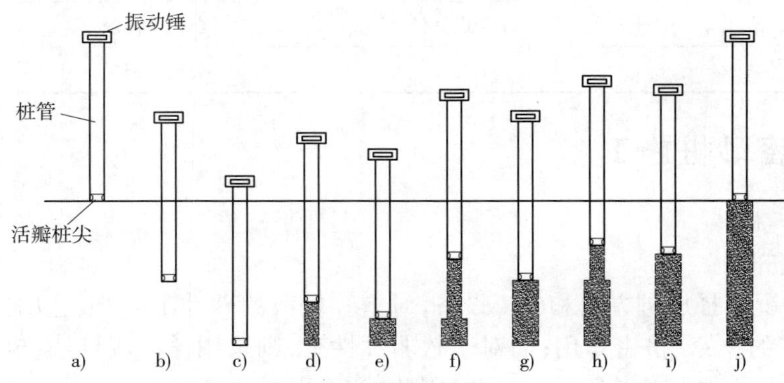

图 4-3　重复压拔管成桩工艺示意图

a. 桩管垂直就位,闭合桩靴。

b. 将桩管沉入地基土中达到设计深度。

c. 按设计规定的砂料量向桩管内投入砂料。

d. 边振动边拔管,拔管高度根据设计确定。

e. 边振动边向下压管(沉管),下压的高度由设计和试验确定。

f. 停止拔管,继续振动,停拔时间长短按规定要求。

g. 重复步骤 c ~ f,直至桩管拔出地面。

②质量控制

a. 桩身的连续性

应通过适当的拔管速度、拔管高度和压管高度来控制桩身的连续性。拔管速度太快,砂料不易排出,以及拔管高度较大而桩管高度又较小时,都容易造成桩身投料不连续。

b. 桩的直径

利用拔管速度和下压桩管的高度进行控制。拔管时使砂料充分排出,压管高度较大时则形成的桩径也较大。

c. 桩体密实度

桩体的密实度,除了受压管高度大小影响外,还与桩管的留振时间有关。留振时间长,则桩身的密实度大。一般情况下,桩管每提高 100cm,下压 30cm,然后留振 10 ~ 20s。

2)质量控制要点

(1)试桩:通过工艺试桩,确定合适的拔管速度、沉拔深度、流振时间等。可以预先暂定施工参数来进行试桩,试验、检测后调整、确定施工参数。

(2)为保证砂桩密实度,砂料含水率要达到饱和状态。

(3)不可灌满砂再振动拨管:由于管内砂量过多及冲水密实后,管底容易形成真空负压,将导致砂料难以排出套管成桩。

(4)投料后须冲水再拨管,水量不宜过大,容易引起工作场地翻泥,从而影响砂桩与砂垫层的连通性。

(5)施工过程中,不宜一次回插深度过大:回插使套管内的砂料向四周挤压,管内砂料减小,当回插深度过大时,再次拨管时容易造成管底高度大于管内砂料高度,从而导致出现断桩的现象。

(6)每一斗砂料投入套管后一般可成桩3~5m,切忌采用装砂料时才留振的操作方法,这样容易造成桩身密实度不均的现象。注意:振动时间长的部位密实度大。

(7)可边下套管边投料:为缩短打桩时间,可在下套管的同时投入砂料,但套管下沉过程中只宜投入3~5m桩长的砂料,而且套管下沉至设计深度后应停振20s以上,以保证桩底的振动时间。

(8)套管提升过程中的回插操作不仅能产生向下的挤压力,进而提高砂桩的密实度,还可以增加砂桩形成过程中的振动时间,从而达到提高砂桩的密实度效果。但反复回插将造成施工成本增加、施工效率下降,因此,需根据试桩结果确定回插操作的具体参数,并应派专人旁站监督执行情况。

4.5.4　*成品质量检验方法*

(1)桩径与桩距检查

用尺可直接测量桩径与桩距。

(2)数量检查

①分片清点砂桩数量。

②检查施工记录,检查施工效率是否正常。

(3)桩长检查

桩长可通过钻探的方法检查。

(4)效果检验

砂桩的加固效果可通过载荷试验、标准贯入试验、重型动力触探等方法检验。由于成桩过程对地基土结构扰动,使地基强度暂时有所降低。因此,成桩结束后需等3~5d,使砂桩强度恢复后方可进行效果检验测试。

《公路工程质量检验评定标准》(JTG F80/1—2004)规定的实测项目见表4-6。

挤密砂桩检测项目统计表　　表4-6

项次	检查项目	规定值或允许偏差	检查方法和频率	权值
1	桩距(mm)	±150	抽查2%	1
2	桩径(mm)	不小于设计	抽查2%	2
3	桩长(m)	不小于设计	查施工记录	3
4	竖直度(%)	1.5	查施工记录	2
5	灌砂量	不小于设计	查施工记录	2

4.6 土工合成材料铺设

4.6.1 原材料质量控制

每批土工合成材料均应送检合格后方可使用。对破损的土工合成材料应废弃。材料应妥善保管,避免日晒和油料污染,远离热源。

4.6.2 施工过程质量控制

(1)工艺流程

测量放线→埋设外露排水体、整平砂垫层→铺设固定第一层土工合成材料→填土摊铺压实→铺设固定下一层土工合成材料→填筑下一层。

(2)施工过程质量控制

①下承层

铺设前整理土工合成材料下承层,保证平整度或拱度,严禁下承层表面有杂物、石块等坚硬凸出物。

②铺设与锚固

土工合成材料铺设时应拉直平顺,紧贴下承层,不允许有褶皱、扭曲、重叠,可用U形钉等措施固定于下承层。设计要求端头锚固时严格按照设计要求进行端头锚固。

③连接

土工格栅通常采用搭接法连接,横向每幅之间搭接宽度不小于30cm,纵向搭接宽度不小于50cm,搭接处采用专用聚乙烯扎扣连接,绑扎点间距不超过30cm。发现土工格栅破损则立即修补好。

土工布搭接采用手提工业缝纫机缝合,缝合尼龙线强度≥150kN,采用包缝或丁缝,土工布缝接宽度≥5cm。

土工合成材料相邻纵向接缝和上、下层接缝应交替错开,错开长度不应少于2m。

④填土

土工合成材料铺设后应及时填筑填料,尽量避免长时间曝晒或曝露,以免其性能劣化。填土应用合适的方式进行,填筑应采用先中间后两侧的施工顺序进行。

4.6.3 质量检验

《公路工程质量检验评定标准》规定的实测项目见表4-7。

土工合成材料检测项目统计表 表4-7

项次	检查项目	规定值或允许偏差	检查方法和频率	规定分
1	下承层平整度拱度	符合设计施工要求	每200m检查4处	20
2	搭接宽度(mm)	+50, -0	抽查2%	25
3	搭接缝错开距离	符合设计施工要求	抽查2%	25
4	锚固长度	符合设计施工要求	抽查2%	30

第5章　软土地基施工期稳定性控制研究

5.1　概述

二广高速四会至三水段软土地基分布广泛,路堤稳定性控制是建设过程中的关键内容。极限平衡法是工程技术人员经常使用的稳定性计算办法。采用该法计算地基的安全系数时,所得结果与计算参数(内摩擦角和内聚力)的大小密切相关。而选择"合适"的计算参数往往需要丰富的工程经验。因此,按极限平衡法计算得到的是经验安全系数,其大小不是偏于保守,就是偏于不安全。从经济效益的角度讲这两种极端都是不可取的。

沉降观测由于操作简单、精度较高,而在工程中广泛使用。因此利用沉降观测数据分析地基的稳定性具有现实意义。在软基上筑路时,人们常采用监测数据的"阈值"来判断地基的稳定性,以指导填土节奏。例如:对于砂井地基,当某级填土的沉降速率大于10mm/d时,就认为地基处于不稳定状态,此时,应放慢填土速率或采取应急措施。实际上软土路基的沉降速率与地基处理方式密切相关。对于砂井地基,采用加筋措施后,填土沉降速率大于10mm/d时地基也往往处于稳定状态。而当采用真空预压联合堆载法时,沉降速率大于20mm/d时地基也往往处于稳定状态。因此,就上述情况而言,采用常规的"阈值"判断地基稳定性的方法在大多数情况下偏于保守。

沉降速率是荷载大小、加载方式、地质条件以及地基处理方式的综合反映。因此,利用沉降速率分析特定场地软基的稳定性时,应当从该条件下沉降速率自身的特点入手,而不是以统一的标准评判。本章从这一角度出发,引用我们提出的一种有别于常规的稳定性判别方法——不排水沉降速率AGO法,通过试验段工程实践表明,该法具有较高的实践意义。如图5-1、图5-2所示。

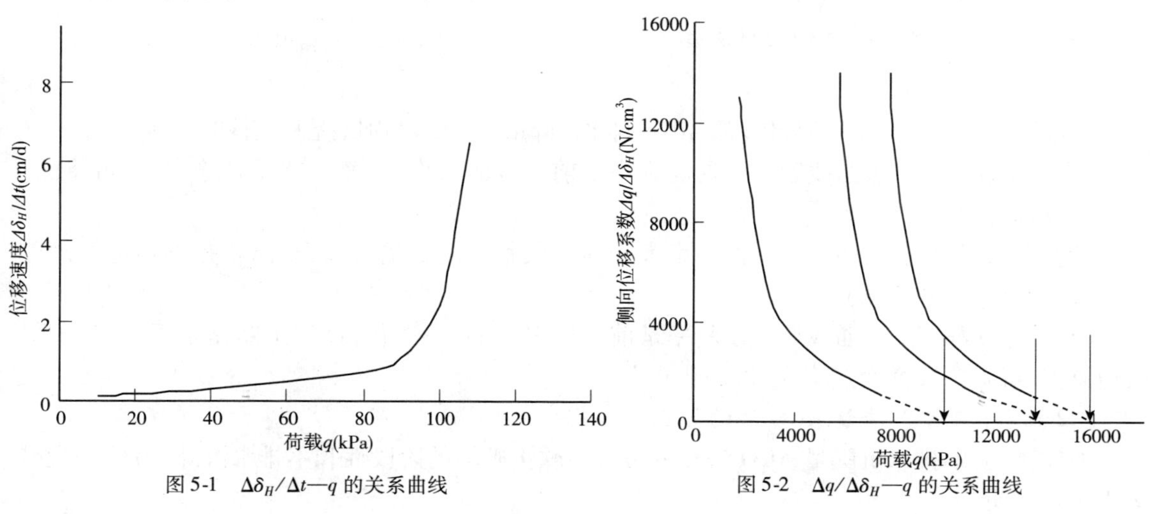

图5-1　$\Delta\delta_H/\Delta t$—q的关系曲线

图5-2　$\Delta q/\Delta\delta_H$—q的关系曲线

5.2　不排水沉降量 AGO 法

5.2.1　原理

软基上筑路是分级填土加载,每级填土一般在一天之内完成。因而每级加载的速率大大超过土中孔隙水压力消散的速率,形成了不排水剪切的作用。由于淤泥等软黏土地基渗透性很差,孔隙水压力消散较为缓慢,因而其不排水变形量比砂、砾等粒状土要大的多。

软黏土的三轴不排水试验结果如图 5-3 所示,图中的曲线 1 可以简化为理想材料的应力～应变曲线(图 5-4 曲线 1),即重塑软黏土的不排水剪切变形可分为两个阶段:弹性变形阶段和塑性变形阶段。*AC* 代表弹性阶段的应力—应变关系,这种关系是线性的。图中的 *C* 点成为屈服点,与此相应的应力 σ * 成为屈服应力,过点 *C* 后,应力—应变关系是水平线 *CD*,该线代表塑性阶段,在这个阶段,应力不能增大,而变形却渐增[2]。实际上在进入塑性阶段前,存在一个变形急剧增大的弹塑性变形阶段 *BC*,即存在屈服"段"而不是屈服"点"。亦即扰动软黏土的不排水剪切变形分为弹性变形、弹塑性变形和塑性变形三个阶段[3]。对于原状软黏土而言,其不排水剪切变形也可分为上述三个阶段(图 5-3、图 5-4 曲线 2)。由于原状软黏土结构性的影响,进入塑性变形阶段时,其变形表现出卸荷的特点[4]。屈服段(弹塑性变形)的出现往往标志着土体处于极限状态,处于失稳的临界状态。因而变形或不排水沉降速率骤然增大的"屈服段"可以作为地基稳定性的评判标志。

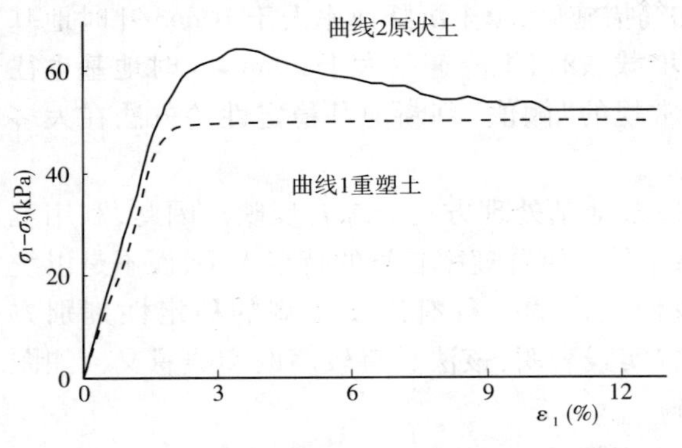

图 5-3　珠三角软黏土的三轴不排水试验曲线

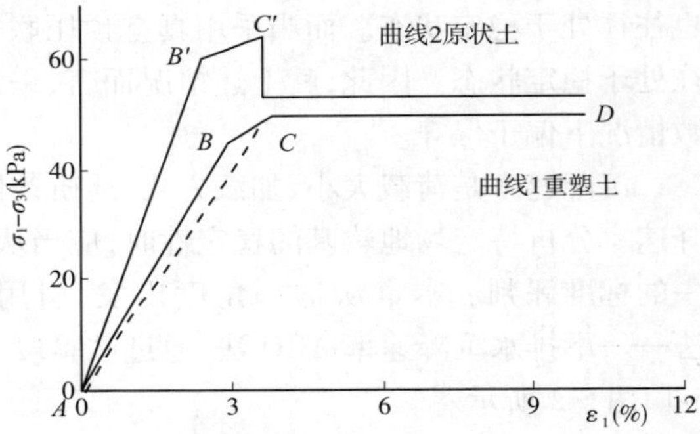

图 5-4　理想材料的应力—应变曲线

5.2.2　判别准则

经过几个工程实践的反演分析,总结出不排水沉降量 AGO 法判别地基稳定性的准则如下:

(1)当$\sum\Delta h$—$\sum V_{US}$曲线后一段的斜率小于前一段的斜率,该软土路基是稳定的,可将曲线突变点称为"拐点"。

(2)当$\sum\Delta h$—$\sum V_{US}$曲线后一段斜率大于前一段斜率的 3 倍,该软土路基是不稳定的,可将曲线突变点称为"屈服点"。

(3)当$\sum\Delta h$—$\sum V_{US}$曲线后一段斜率是前一段斜率的 1～3 倍,该软土路基是否稳定需要密切监视,可将曲线突变点称为"准屈服点"。

5.2.3　不排水沉降量 AGO 法的优点

如前所述,不排水沉降量 AGO 法充分考虑了软土破坏的阶段性和不排水沉降,另外,工程运用实践表明:

(1)对于珠江三角洲地区的软土,在利用不排水沉降速率AGO法判断地基的稳定状况时,如缺乏孔隙水压力数据,完全可以采取加载当日沉降速率代替不排水沉降量。

(2)运用分层或深层沉降资料进行不排水沉降速率AGO法,可以得到加载期间不同深度土层的稳定性状况,并且判断结果能够较好地反映出工程实际情况。

因此,该法可以仅运用沉降速率指标即可较准确地判断路基稳定性。

5.2.4　AGO法在试验段的运用

排水固结区和超载预压区的最大表面沉降速率分别为38mm/d、35mm/d,根据以往工程经验,该沉降速率应是地基接近临界稳定状态的一种表征。结合试验段水平位移和孔隙水压力监测资料,可综合分析得到地基的稳定性状况;然后采用不排水沉降量AGO法对各加固区的沉降数据进行地基稳定性分析,通过对两者的判别结果进行对比,以此来验证不排水沉降量AGO法的可行性。

图5-5为二广试验段软土的十字板转角~抗剪强度曲线图,该图表明,淤泥的不排水变形具有典型的弹塑性变形特征,符合理想材料的应力—应变曲线特征,适合采用本文介绍的不排水沉降量AGO法进行施工期地基的稳定性控制。表5-1为二广试验段表面沉降统计表。

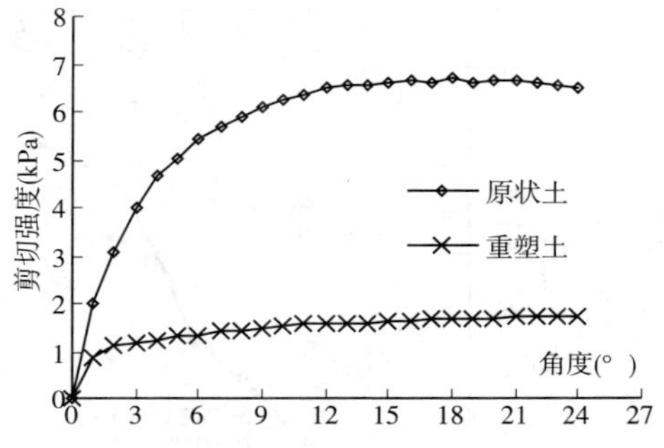

图5-5　十字板转角—抗剪强度曲线图

二广试验段表面沉降统计表　　表5-1

截止日期:2007年3月6日

分区	桩号	处理方法	累计沉降量(mm)			最大沉降速率(mm/d)			填土高度(m)	填土时间(d)	平均填土速率(cm/d)	填土高度与累计沉降量比值
			左	中	右	左	中	右				
A1	K13+830	砂桩	754	976	789	14	12	12	7.976	165	4.83	12.24%
B1	K13+930	砂井	897.8	981	776.8	15	23	38	6.693	177	3.78	14.66%
B2	K14+050	砂井	702	809	603	15	26	11	4.284	158	2.71	18.88%
C1	K14+170	排水板	625	624	531	13	12	9	3.312	160	2.07	18.84%
C2	K14+240	排水板	723	838	582	13	17	12	2.886	162	1.78	29.04%
D1	AK1+490	超载预压	1038	1411	1083	8	10	6	6.969	117	5.96	20.25%
D2	AK1+560	砂井	615	1045	653	9	15	15	4.117	101	4.08	25.38%
D3	AK1+678	砂垫层超载预压	228	462	229	3	9	6	3.086	170	1.82	14.97%
D4	AK1+757	砂垫层超载预压	402	519	398	28	35	34	3.743	171	2.19	13.87%
E1	EK0+100	砂垫层超载预压	178	371	128	4	7	7	4.641	118	3.93	7.99%
E2	EK0+140	砂垫层超载预压	419	770	461	12	20	12	7.705	118	6.53	9.99%

注:累计沉降量包括软基处理施工期间的沉降量。

图5-6为各监测断面累计荷载—累计加载当日沉降速率曲线图。据图分析可得到以下结果:

(1)如前所述,A断面在填土期间的沉降速率较小,$\sum\Delta h—\sum V_d$曲线受测量误差影响较大,因此,曲线起伏变化较大。但总体来看,曲线的斜率在整个填土期间基本保持一致,反映该断面的地基一直处于稳定状态,这与根据孔隙水压力、水平位移监测数据分析得到的结果相符。

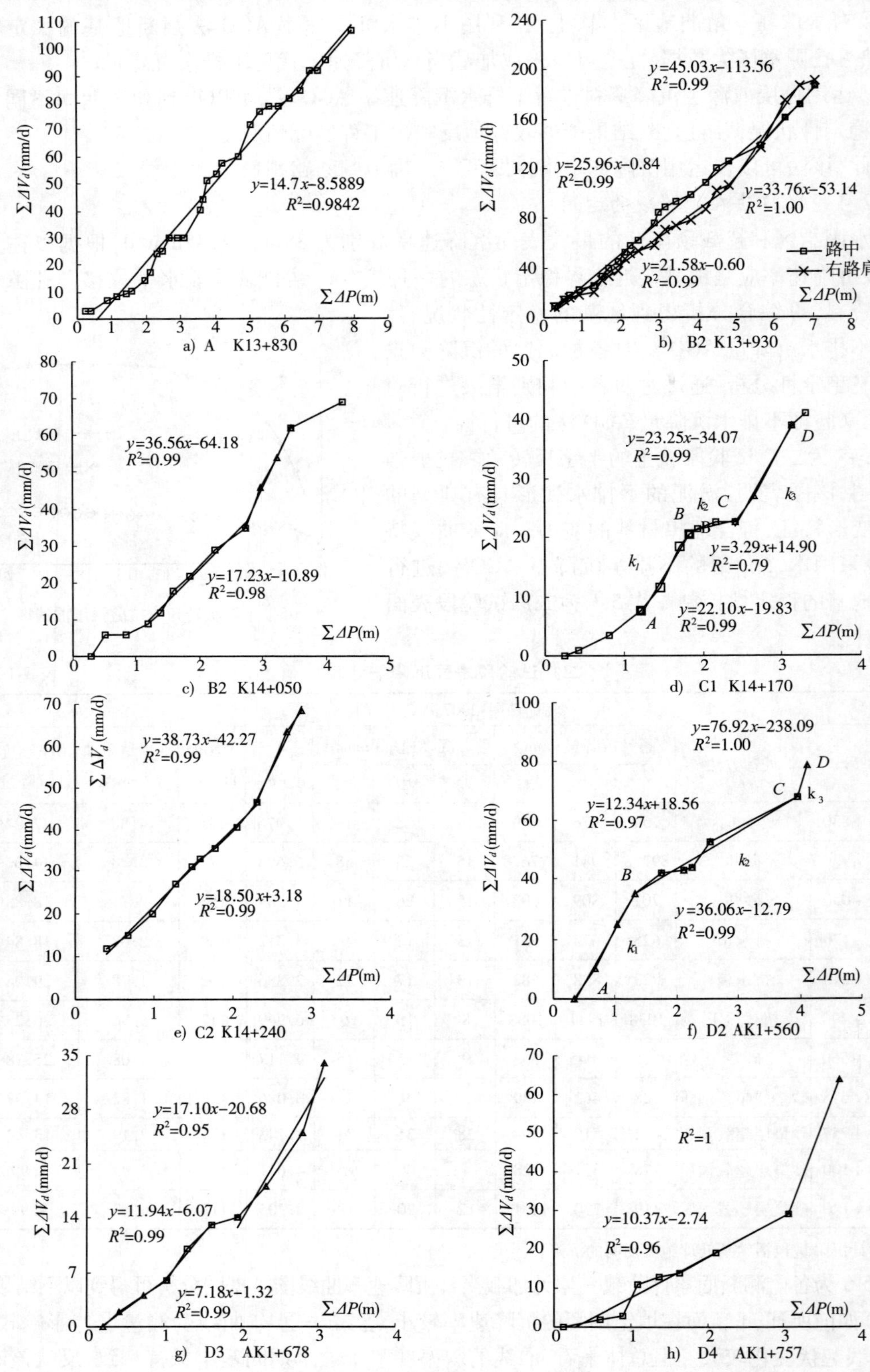

图5-6 各监测断面$\sum\Delta h$—$\sum V_d$关系曲线图

(2)B1 区由于砂夹层较厚,路基中间和右路肩的$\sum \Delta h$—$\sum V_d$ 曲线在填土高度 4.83m 和 5.66m 时出现了"准屈服点",斜率比分别为 1.30 和 2.09,根据不排水沉降量 AGO 法的判别准则,此时右侧的地基稳定性已经发生大幅度下降。在填土高度为 5.66m 时,路基右侧的沉降速率为 38mm/d,水平位移速率达到了 6.2mm/d,3.5m 深度处单级孔压系数也达到了 1.04,根据工程经验,此监测数据反映出地基存在侧向滑塌的危险。由此可见,不排水沉降量 AGO 法能较准确地判别地基的稳定性状况。此外,在填土高度低于 4.83m 之前,路基中间的$\sum \Delta h$—$\sum V_d$ 曲线无明显"准屈服点",4.83m 对应的"准屈服点"为该断面的极限填土高度。

(3)B1、B2 断面虽然同为袋装砂井处理区,但其软土层之间的砂夹层厚度变化较大,且累计填土高度也不一样,因此,该两区的沉降情况存在很大的差异(表 5-1)。B2 断面在填土高度为 2.73m 时存在一"准屈服点",斜率比为 2.12,对应该断面的极限填土高度。据勘察资料,B1 断面的软土强度稍高于 B2 断面软土强度,另外,两个断面软土间的砂夹层厚度也不一样,这两个因素对极限填土高度的影响均较大,这是该两个断面的$\sum \Delta h$—$\sum V_d$ 曲线反映的极限填土高度不同的主要原因。

(4)C1 断面在填土高度为 1.82m 时出现一"拐点",对应随后几级施加荷载的间隔较大,地基强度增长,稳定性增强的情况;而填土高度为 2.41m 时的拐点则对应随后几级荷载快速施加的情况,填土情况见第 4 章。虽然$\sum \Delta h$—$\sum V_d$ 曲线 CD 段和 BC 段斜率比 $k_3/k_2=7.07$,按判别准则 C 点应为"屈服点",但曲线 CD 段和 AB 段斜率比 k_3/k_1 仅为 1.05,k_2 偏小主要是地基土体强度增长引起,因此,C 点并非真正的"屈服点",而是一个小值"准屈服点",即地基的稳定性并没有下降。该结论与其他监测项目的结果相吻合。

(5)C2 断面在填土高度为 2.31m 时出现一"准屈服点",其斜率比为 2.09,表明填土高度已经达到该断面的极限填土高度,其他监测项目的数据也反映了这点。

(6)D2 断面采用了袋装砂井的处理方法,其$\sum \Delta h$—$\sum V_d$ 曲线在 B 点出现"拐点",对应填土速率减慢,地基土体固结时间长,强度增长较大的实际施工情况;在填土高度达到 C 点后,因填土速率加快,填土荷载不断接近地基极限承载力,因此,在最后一级填土施工后,不排水沉降量曲线出现了"准屈服点",此时 AB 段和 CD 段的斜率比为 2.13。

(7)D3 断面的$\sum \Delta h$—$\sum V_d$ 曲线呈现出斜率不断增大的变化趋势,反映出该断面的地基稳定性逐渐降低的过程。该断面采用砂垫层超载预压的方法处理,虽然填土速率较慢,但地基固结速率相对也较慢,即地基强度增长幅度不大,因此,随着填土高度的增加,地基的稳定性逐渐降低。由此可见,$\sum \Delta h$—$\sum V_d$ 曲线反映的情况与工程实际情况较一致。

(8)D4 断面在填土高度为 3.06m 时出现了"屈服点",曲线前后斜率比值达到了 4.93,表明填完最后一层土后,地基土体已经处于极限破坏临界状态。这可从该区的水平位移和孔隙水压力变化情况得到验证。

图 5-7 为 D4 断面水平位移曲线图,由图可知,在 2005 年 7 月 14 日填筑最后一层时,水平位移速率达到了 6.2mm/d,而此前填土高度为 3.06m 时的累计水平位移仅为 7.7mm。截至 2005 年 11 月 10 日,该断面的累计水平位移达到了 40.74mm。因此,最后一层填土施工完毕后,该断面的水平位移增长迅速,反映出地基土体塑性变形量大,稳定性迅速下降。孔隙水压力监测数据显示,该断面填筑最后一层土时,9m 深度处的单级孔压系数为 0.70,并且超静孔隙水压力消散较快。单级孔压系数相对较低可能是该断面孔压消散较快,没有测试到峰值所

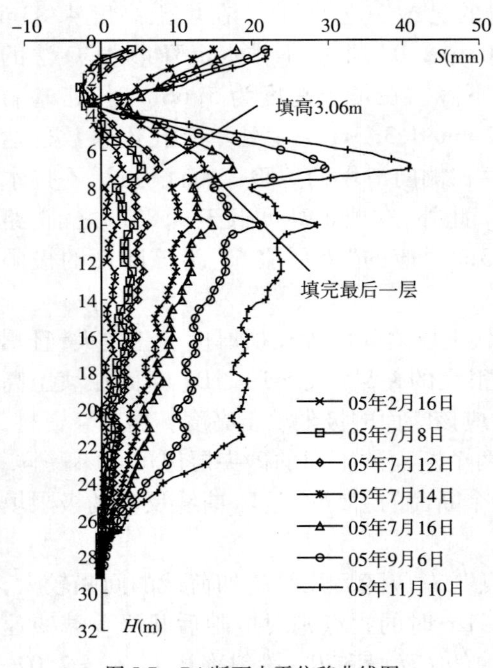

图 5-7　D4 断面水平位移曲线图

致。超静孔隙水压力消散较快是该断面地基可以一直处于稳定状态的主要原因。综合分析上述各断面的$\sum\Delta h—\sum V_d$曲线可以发现:①设置竖向排水体的断面$\sum\Delta h—\sum V_d$曲线起始段的斜率普遍比无排水体的断面大,表明在地质条件相同的情况下,无竖向排水体加固区地基稳定性问题较突出。这与工程实际情况相符。②当整个填土过程中出现较长的填土间歇期时,设置竖向排水体断面的$\sum\Delta h—\sum V_d$曲线常存在平缓的曲线段,即为"拐点"。这恰恰反映出竖向排水体加快软土排水固结的作用。

综上所述,不排水沉降量 AGO 地基稳定判别法能及时、准确地判断软基的稳定性状况,具有较高的实用价值。

结合不排水沉降量 AGO 地基稳定判别法和其他监测数据,对于类似试验段地质条件的路段,在运用排水固结或超载预压的方法进行公路软基处理时,可参照以下沉降速率"阀值"对路基的稳定性进行辅助控制。

5.3　小结

(1)目前各种施工期稳定性判断的方法尚待进一步发展。

(2)不排水沉降量 AGO 法是一种基于沉降资料的地基稳定性判断方法,经试验段工程实践检验,该法能及时、准确地判断软基的稳定性状况,具有较高的实用价值。经本试验工程实践验证,该法适合于在本工程全线推广运用。

(3)对于正常固结土,参照$\sum\Delta h—\sum V_d$曲线后一段的斜率 k_2 和前一段的斜率 k_1 的关系,不排水沉降量 AGO 法的断别准则为:当 $k_2 < k_1$ 时,软土路基是稳定的,对应的突变点是一"拐点";当 $k_2 > 3k_1$ 时,软土路基是不稳定的,对应的突变点是一"屈服点";当 $k_1 \leqslant k_2 \leqslant 3k_1$ 时,软土路基是否稳定需要密切监视,对应的突变点是一"准屈服点",该准则是否适用于欠固结土、超固结土尚有待于进一步研究。

参 考 文 献

[1] 王晓谋,袁怀宇. 高等级公路软土地基路堤设计与施工技术[M]. 北京:人民交通出版社,2001.

[2] 黄文熙. 土的工程性质[M]. 北京:中国水利电力出版社,1983.

[3] E. W. Brand. Softclayengineering[M]. 1981.

[4] 钱家欢,殷宗泽. 土工原理与计算[M]. 北京:中国水利电力出版社,1996.

[5] 邓聚龙. 灰色预测与决策[M]. 武汉:华中理工大学出版社,1986.

第6章　超载填土试验研究

6.1　概述

由于受施工现场条件的影响,二广试验段 *A* 匝道(即大旺互通 *A* 匝道)填土相对较高的路段目前无法按设计继续进行路基填筑施工,这对原试验方案的实行产生了较大的影响,而工程全线则有相当一部分软土路段的地质条件类似于大旺互通 *A* 匝道,即原地面有一层土质较好的硬壳层,且软土含砂量较高,但填土高度较试验段 *A* 匝道高。根据以往工程经验,在其他条件相同、填土高度不同的情况下,软基路段的公路工后沉降情况可能完全不一样,其相应的软基处理方法也应有所不同。结合地质条件、施工便利条件和经济效益,选定里程桩号 AK1 + 470 ~ AK1 + 510、EK0 + 080 ~ EK0 + 160 进行超载填土试验,其中 AK1 + 470 ~ AK1 + 510 段处理原试验路段范围内,软基处理详见前文试验方案。

增加本试验研究主要有以下几方面的作用:

(1)分析上述两种加固方法的可行性,并为优化设计提供参考资料。

(2)分析不同超载高度下填土期间和预压期间的沉降组成情况,以分别应用于不同工期要求的路段,达到节省工程造价的目的。

(3)全线类似试验段 *A*、*E* 匝道地质条件的路段较多,并且初步设计图中多采用砂垫层超载预压的处理方法。根据现场实体试验结果确定软基处理方案,可避免出现在施工后期因沉降变化不能满足工期要求而不得不变更加固方案的情况,减免由此所带来的巨大经济损失。

6.2　工程地质概况

6.2.1　*岩土层的划分及岩性*

工程场地位于四会市大旺开发区,属冲积平原地貌,据本次钻孔揭露范围内,场地主要由第四系冲积层组成。本次地质勘察共钻孔 6 个,静探孔 1 个(位于试验区 III),其平面布置情况如图 6-1 所示。按成因类型及不同物理力学性质,共分为 7 个工程地质层,详细分布情况如图 6-2 ~ 图 6-4 所示,现将各层分述如下:

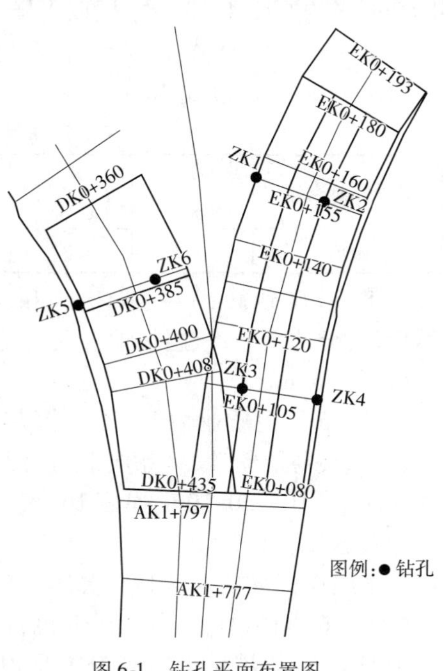

图 6-1　钻孔平面布置图

①-1 素填土(Q_{ml}):灰黄色,主要由黏性土及少量碎石土回填组成,结构较紧密。

①-2 淤泥质亚黏土(Q_{al}):褐黄色、灰黄色、湿,软塑为主,局部软塑,土质不均匀,含少量粉砂,黏性一般;该层场地各孔均见分布,揭露埋深及厚度为 3. 60 ~

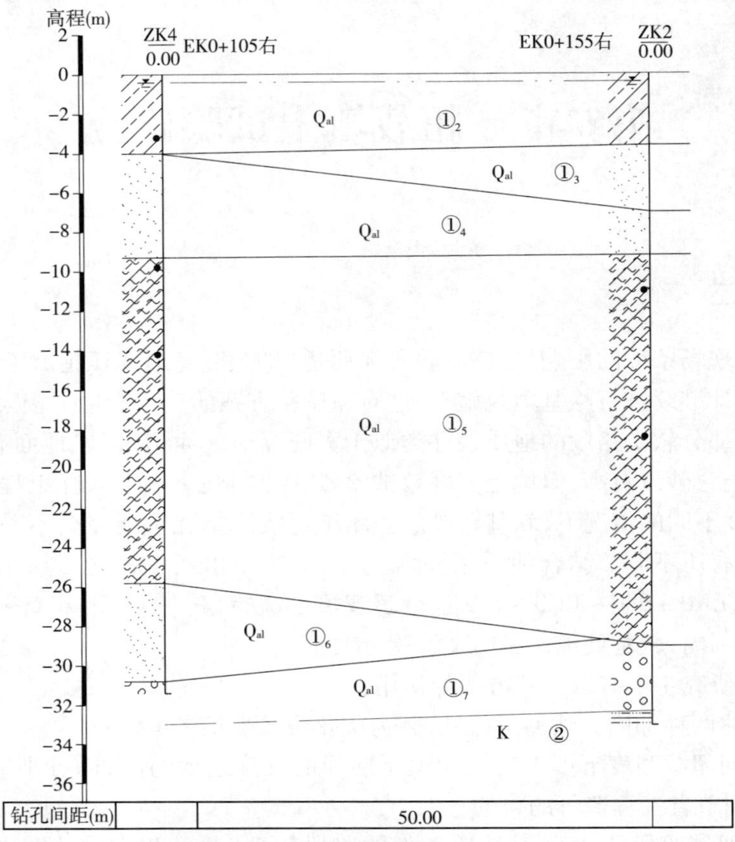

图 6-2　*E* 匝道纵断面图

4.60m,平均厚度 4.10m;本层取土样 1 件,其物性指标数据如表 6-1 所示。

①-3 粉砂(Q_{al}):浅灰色,饱和,松散,质较纯,颗粒较均匀,该层土仅见于 ZK2 孔,揭露层底埋深 7.00m,厚度 3.40m。

淤泥质亚黏土层物理力学指标统计表　　表 6-1

岩土指标名称	ω_0 (%)	ρ_0 (g/cm³)	I_L	e	E_s (MPa)	a_{v1-2} (MPa⁻¹)	C (MPa)	φ(°)
数值	31.3	1.81	0.97	0.944	3.93	0.465	8.0	7.0

①-4 中砂(Q_{al}):灰黄色,饱和,松散为主,局部呈稍密状,含少量黏性土,石英颗粒粒径不均匀,分选性差;该层场地各孔均见分布,揭露层底埋深 7.50~10.00m,厚度 2.20~5.90m,平均厚 6.67m。

①-5 淤泥质亚黏土(Q_{al}):深灰色,饱和,软塑~流塑,富含有机质,具泥臭味,土质不均匀,局部夹薄层粉砂,呈互层不均匀出现,局部粉砂含量较多;该层场地各孔均见分布,揭露层底埋深 24.10~30.10m,厚度 16.50~21.50m,平均厚 19.45m;本层取土样 13 个,其主要物性指标数据如表 6-2 所示。

本层作标准贯入试验 4 次,N=1.5~3.2 击,平均 2.5 击。

①-6 细砂(Q_{al}):灰~浅灰色,饱和,松散~稍密,含少量黏性土,颗粒不均匀,局部夹薄层淤泥质土;该层见于场地 ZK3 及 ZK4 孔,揭露层底埋深 30.80~31.00m,厚度均为 5.00m。

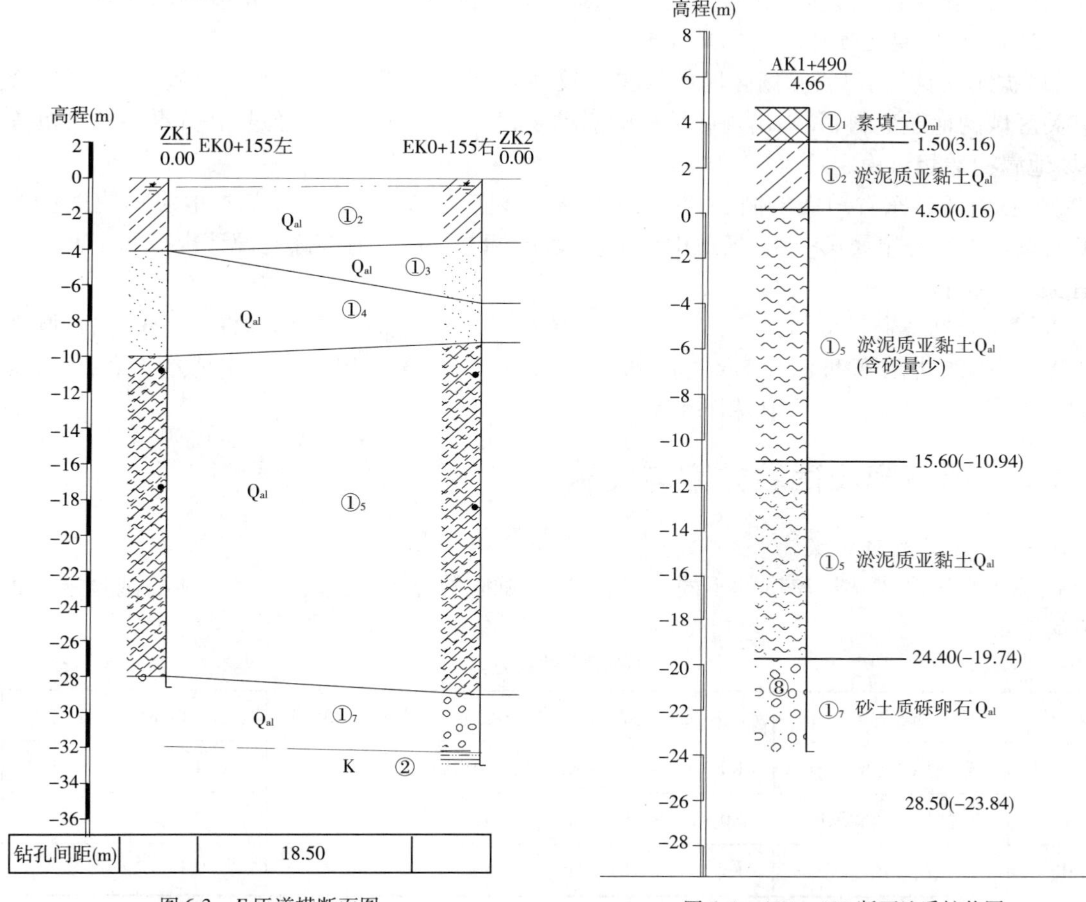

图 6-3　*E* 匝道横断面图

图 6-4　AK1 +490 断面地质桩状图

① -7 砂土质砾卵石(Q_{al}):浅灰色、浅黄色,湿,中密 ~ 密实,约含 40% 砾卵石,砾径0.5 ~ 4.5cm 较多,成分主要为砂岩,较坚硬,砂、土、石间黏结较好;该层场地各孔均见分布。

②微风化泥质粉砂岩(K):暗紫红色,粉砂质结构,厚层构造,裂隙不发育,泥、钙质胶结为主,岩芯完整,较坚硬;该层场地 ZK2 及 ZK3 孔揭露,揭露层顶埋深 32.00 ~ 32.30m,揭露厚度 0.70 ~ 1.20m,平均 0.95m。

淤泥质亚黏土物理力学指标统计表　　表 6-2

岩土指标名称	ω (%)	I_L	e_o	a_{v1-2} (MPa^{-1})	E_{s1-2} (MPa)	直接快剪		固结快剪		灵敏度	渗透系数	
						C (kPa)	φ (°)	C' (kPa)	φ' (°)		K_V (cm/s)	K_H (cm/s)
最小值	42.5	1.67	1.241	0.417	1.75	2.0	11.3	3.0	21.3	9.58	55×10^{-26}	16×10^{-6}
最大值	57.2	3.95	1.623	1.194	5.42	16.0	28.1	18.0	31.9	53.33	0.26×10^{-6}	0.16×10^{-6}
平均	47.9	2.54	1.367	0.806	3.03	6.18	21.5	10.0	26.8	26.24	12.7×10^{-6}	4.77×10^{-6}

6.2.2　水文地质

场地内地下水主要为孔隙水,主要贮存于① -2 层粉砂、① -3 层中砂及① -6 层砂土质砾卵石中,其余各工程地质层含水微弱,在勘察期间,测得其稳定水位为0.40~0.90m。

6.2.3 场地稳定性评价及地震裂度

(1)据本次钻探资料,除场区局部软弱层较厚外,尚未发现明显的断裂构造迹象,根据查阅有关区域的地质资料,并未出现区域性的活动断裂从场区及其附近经过,在其勘察深度范围内,场地属构造相对稳定地段。

(2)据查阅广东省地震资料,本地区地震基本裂度属6度区,设计基本地震加速度值为0.05g,设计地震分组属第一组,场地中对抗震设防,可按《公路工程抗震设计规范》(JTJ 004)的有关规定执行。

根据地质勘察资料可知,本区的软土分布具双层结构,第一层顶面埋深2.5m左右,厚度约为1.5m;第二层顶面埋深8.5m左右,厚度约为18.5m。第一层软土性质稍差于第二层,两层软土中间为透水性良好的中、粗砂层。

6.3 超载预压试验方案与实施

6.3.1 地基处理方案

按填土高度和砂垫层厚度的不同,本超载填土试验共分3个试验区,其具体的试验方案如表6-3所示。

超载填土试验方案 表6-3

分区	处理方案	处理范围	长度(m)	砂垫层厚度(m)	填土高度(m)	备注
I	砂垫层+超载预压	EK0+080~EK0+120	40	0.5	4	
II	砂垫层+超载预压	EK0+120~EK0+160	40	0.5	7	
III	超载预压	AK1+470~AK1+510	40		7	

各试验区的详细设计参数如下:

(1)试验区I(砂垫层+超载预压)。清表25cm,辗压后铺设工作垫层。砂垫层厚0.5m,填土高度4.0m(包括工作垫层厚度,但不包括砂垫层厚度)。路基顶面填土宽度为9.0m,按1:1.5的坡比控制填土宽度。试验区桩号范围为EK0+080~EK0+120。

(2)试验区II(砂垫层+超载预压)。填土高度7.0m,其他参数同试验区I。试验区桩号范围为EK0+120~EK0+160。

(3)试验区III(超载预压)。本试验区位于*A*匝道原试验路段范围内,原处理方案为超载预压。本试验区在*A*匝道已有填土高度的基础上继续填土,直至填土高度达到7m。路基顶面填土宽度为9.0m,按1:1.5的坡比控制填土宽度。试验区桩号范围为AK1+470~AK1+510。

本超载填土试验的路基填筑压实度均按规范和原试验段设计图纸的要求控制。为缩短工期,争取增长预压时间,在保证路基压实度的前提下,超载部分填土可适当增加单层填筑厚度。试验段实施情况

6.3.2 施工情况

本试验路段路基填筑施工于2005年7月27日至10月8日期间完成,累计施工时间为79d。据统计,在此期间雨水天气多达31d,晴天仅为35d,其余为阴天。各试验区的路基填筑施工情况如表6-4、表6-5所示。

A、E 匝道填筑统计表　　表 6-4

Ⅰ区(EK0 + 100)					Ⅱ区(EK0 + 140)					Ⅲ区(AK1 + 490)				
填土日期	建筑层数	填土厚度(m)	累计厚度(m)	备注	填土日期	填筑层数	填土厚度(m)	累计厚度(m)	备注	填土日期	填筑层数	填土厚度(m)	累计厚度(m)	备注
07/21/05				清表	07/21/05		0	0	清表				2.245	原方案
07/27/05	1	0.295	0.295		07/27/05	1	0.233	0.233		07/16/05	1	1.438	2.686	
08/03/05	2	0.582	0.569	填砂	08/03/05	2	0.515	0.464	填砂	07/28/05	2	0.372	3.055	
08/07/05	3	0.274	1.151		08/07/05	3	0.231	0.979		08/03/05	3	0.23	3.285	
08/08/05	4	0.276	1.427		08/08/05	4	0.306	1.285		08/09/05	4	0.284	3.569	
08/31/05	5	0.333	1.76		08/31/05	5	0.346	1.631		08/31/05	5	0.251	3.82	
09/01/05	6	0.639	2.399		09/01/05	6	0.411	2.042		09/01/05	6	0.045	3.865	
09/03/05	7	0.159	2.558		09/03/05	7	0.325	2.367		09/13/05	7	0.293	4.158	
09/04/05	8	0.33	2.888		09/04/05	8	0.400	2.767		09/14/05	8	0.16	4.318	
09/08/05	9	0.268	3.156		09/08/05	9	0.319	3.086		09/23/05	9	0.347	4.665	
09/09/05	10	0.321	3.477		09/09/05	10	0.368	3.454		10/01/05	10	0.329	4.994	
09/12/05	11	0.346	3.823		09/12/05	11	0.474	3.928		10/04/05	11	0.445	5.439	
09/18/05	12	0.384	4.207		09/14/05	12	0.308	4.236		10/05/05	12	0.225	5.664	
10/08/05	13	0.434	4.641		09/15/05	13	0.405	4.641		10/07/05	13	0.595	6.259	
					09/18/05	14	0.254	4.895		10/10/05	14	0.514	6.773	
					09/23/05	15	0.284	5.179		10/13/05	15	0.196	6.969	
					09/25/05	16	0.406	5.585						
					10/01/05	17	0.379	5.964						
					10/03/05	18	0.308	6.272						
					10/04/05	19	0.513	6.785						
					10/06/05	20	0.678	7.463						
					10/08/05	21	0.242	7.705						

A、E 匝道填土分析表　　表 6-5

项目名称		分区			
		Ⅰ区(EK0 + 100)	Ⅱ区(EK0 + 140)		Ⅲ区(AK1 + 490)
累计填土时间(d)		79	79		89
累计填土高度(m)		4.641	7.705		4.724
平均填土速率(cm/d)		5.9	9.8		5.3
快速填土阶段	填土日期	2005 年 8 月 31 日 ~ 2005 年 9 月 12 日	2005 年 8 月 31 日 ~ 2005 年 9 月 18 日	2005 年 10 月 1 日 ~ 2005 年 10 月 8 日	2005 年 10 月 1 日 ~ 2005 年 10 月 13 日
	填土时间(d)	12	18	7	12
	填土高度(m)	2.396	3.610	2.120	2.304
	填土速率(cm/d)	20.0	20.1	30.3	19.2

王晓谋编《高等级公路软土地基路堤设计与施工技术》一书中所提到填土速率在2～7cm/d为中速填土;填土速率大于7cm/d为快速填土。由表6-5可知,以平均填土速率算,Ⅰ区和Ⅲ区为中速填土,而Ⅱ区为快速填土。在快速填土阶段,各区的填土速率均达到了20cm/d左右。在此填土速率下,各区的路基稳定性均受到了很好地控制。由此可见,在类似试验段地质条件的情况下,快速填土的施工操作方法具有可行性。

6.4 试验成果

6.4.1 填土期路基稳定控制

1)AGO稳定判别法的运用

本节内容主要是按照前文介绍的不排水沉降量AGO稳定判别方法,对增加试验路段的路基稳定性进行分析,目的在于进一步验证该法是否适用于类似试验段地质条件的路段。

图6-5～图6-8为增加3个试验区的累计填土当日沉降速率与累计填土高度关系曲线图,由图可知:

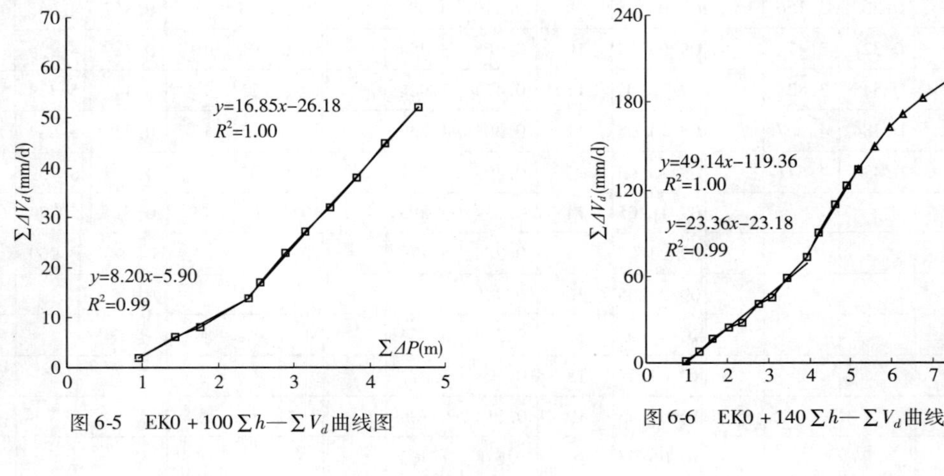

图6-5 EK0+100 $\sum h$—$\sum V_d$曲线图

图6-6 EK0+140 $\sum h$—$\sum V_d$曲线图

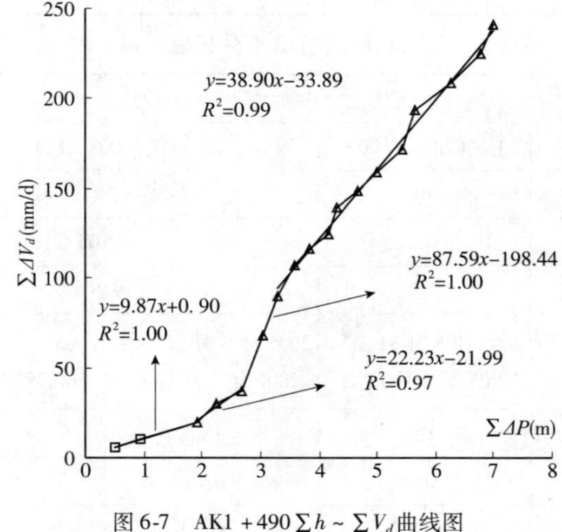

图6-7 AK1+490 $\sum h$～$\sum V_d$曲线图

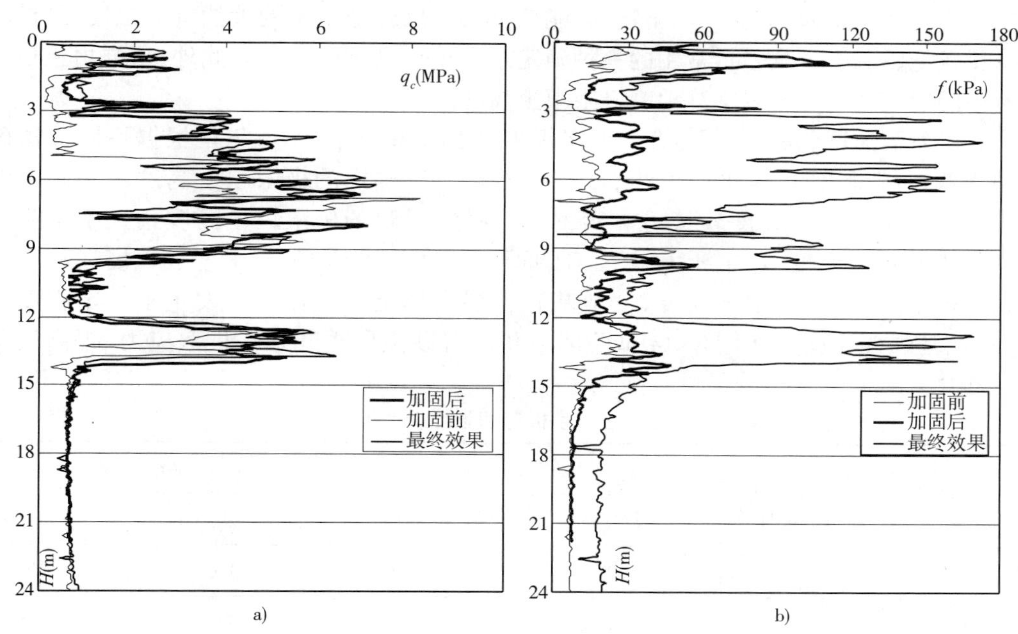

图 6-8　EK0 + 140 加固前后锥尖阻力和侧摩阻力变化曲线图

(1)试验区 I 在填土高度 2.399m 时出现一“准屈服点”,对应的前后曲线斜率比值为 2.05,表明该区的路基稳定性此时有所下降。

根据表 6-4 可知,该区在 2005 年 9 月 1 日时曾连续填土,当日填土厚度累计 0.639m。由于填土速率加快,地基土体来不及排水固结,强度尚未恢复,于 9 月 3 日继续填土一层后,地基土体产生了较大的剪切变形,其稳定性随之下降。后期的填土频率虽然较快,但厚度控制得当,且该区软土层的含砂量较高,排水性较好,因此,$\sum V_d$—$\sum P$ 曲线保持固定的斜率。由上述分析可以看出不排水沉降量 AGO 稳定判别方法能准确反映路基的稳定状况。

(2)试验区 II 的 $\sum h$—$\sum V_d$ 曲线出现“准屈服点”的填土高度与十字板试验得到的极限填土高度相符。该区曲线后半段斜率逐渐变小,反映地基土体强度增长的过程,这与该区土体排水固结速率较快的实际情况相吻合。

(3)试验区 III 的 $\sum h$—$\sum V_d$ 曲线先后出现“准屈服点”、“屈服点”和“拐点”,分别对应填土速率突增、填土高度到达极限填高和地基强度增长的情况。

从不排水沉降量 AGO 稳定判别方法在增加试验路段的运用情况来看,该法可及时、准确地揭示地基的稳定性状况,并且具有易于操作、成本低等特点,因此,该法具有在全线推广运用的价值。

2)极限填土高度

在极限填土高度以下,路基填筑施工可快速进行,这有利于缩短路基填筑期,增长预压期,而可利用预压期则是优化软基加固设计的关键因素。因此,确定软土路基的极限填土高度具有重要的工程实践意义。对于本工程部分采用砂垫层 + 超载预压加固方法的软基路段来说,极限填土高度的确定显得尤为重要。

目前工程实践中常用的确定软土路基极限填土高度的方法主要有十字板剪切强度、静力触探经验公式、室内快剪强度、三轴剪切强度等方法。由于十字板剪切试验是原状土和天然应力状态下进行剪切试验，避免了取土扰动，能较真实地反映地基土的天然抗剪强度，且试验设备要求比较低，因此，该法是最常用的一种确定极限填土高度的方法。此外，根据填土过程中沉降速率的突变情况也可以推算地基极限填土高度。

表6-6为增加试验路段的原状土十字板剪切强度统计表，表6-7是根据不同方法确定极限填土高度统计表，由表可以看出，十字板剪切强度确定的极限填土高度与实测沉降资料推算得到的极限填土高度较接近。实测沉降资料反映的极限填土高度稍大于十字板强度计算的极限填土高度，这主要由以下三方面引起：①为安全起见，十字板强度按小值平均值取值，降低了计算极限填土高度；②地基软土层在填土荷载作用下发生了一定程度的固结沉降，地基强度相应有所增长；③试验区Ⅰ、Ⅱ设置砂垫层也起到了扩散应力，提高极限承载力的作用。

原状土十字板剪切强度统计表 表6-6

EK+100		EK+140		AK1+490	
深度(m)	C_U(kPa)	深度(m)	C_U(kPa)	深度	C_U(kPa)
1	8.916	2.0	4.949	3.0	6.693
1.6	13.516	3.0	6.627	5.0	6.518
9	18.290	4.0	7.107	7.0	6.911
12.5	12.230	10.5	13.647	9.0	8.698
		11.5	14.432	11.0	10.377
		17.0	14.889	15.0	11.053
		19.0	10.987		
取值	11.22		10.38		8.37

极限填土高度统计表 表6-7

测试方法		十字板剪切试验	螺旋载荷板试验	静力触探试验	实测沉降资料推算
极限填土高度(m)	EK0+100	3.44	3.46	4.55	不明显
	EK0+140	3.18	3.34	3.57	3.93
	AK1+490	2.57	3.55	2.82	3.06

此外，上表也反映出EK0+100断面和EK0+140断面的极限填土高度稍大于AK1+490断面，即试验区Ⅰ、Ⅱ的整体地基强度稍大于试验区Ⅲ，这与实际监测数据及原位测试结果相符。

综上所述，建议在全线软基补充加强十字板剪切测试，以取得各路段的极限填土高度，指导路基进行快速填筑。

6.4.2 超载加固效果分析

1)土体强度增长

由于原位测试对土体的扰动很小，能较精确地反映地基土体的强度指标，因此，通过测试试验区内土体加固前后和最终加固(预压卸载后)的强度，可以准确地掌握软土层的强度增长情况。

图 6-8 为试验区 II 加固前后静力触探强度变化曲线图,由图可知,20m 深度范围以内的土层强度均有所增长。据统计,经超载预压加固后,各试验区静力触探锥尖阻力和侧摩阻力的平均增幅达 96% ~216%,且其强度增幅存在随软土埋藏深度增大而减小的趋势,第一层软土的平均增幅为 139% ~318%,第二层软土的平均增幅为 9% ~163%,十字剪切强度增长幅度更大,平均达 139%,详见表 6-8。另外,试验区 I 软土层的总体强度增幅小于试验区 II、III,这主要是因超载厚度不同所引起。试验区 II、III 强度增幅相近,这也反映了超载厚度对于加固效果影响较明显。

超载预压加固处理前后软土层强度对比表

表 6-8

桩号	软土层序	平均十字板剪切强度(kPa)				平均锥尖阻力(MPa)				平均侧摩阻力(kPa)				厚度(m)
		加固前	加固后	最终加固	强度增幅	加固前	加固后	最终加固	强度增幅	加固前	加固后	最终加固	强度增幅	
EK0 +100	第一层	11.2	11.4			0.277	0.439	0.755	173%	11.1	14.3	26.5	139%	1.9
	第二层	12.2				0.622	0.688	0.743	19%	9.7	10.7	25.1	159%	12.3
平均									96%				149%	
EK0 +140	第一层	6.2	14.5			0.317	0.601	1.095	245%	10.5	19.7	40.1	282%	2.6
	第二层(上层)	14				0.552	0.768	1.066	93%	18	20	38.2	112%	2.3
	第二层(下层)	12.9				0.649	0.653	0.706	9%	8.8	8.8	23.1	163%	12.1
平均									116%				186%	
AK1 +490	第一层	6.7	13.8	54.9	719%	0.246	0.58	0.781	217%	6.2	17.6	25.9	318%	4.1
	第二层	10	17.3	39.4	294%	0.482	0.687	0.82	70%	8.7	12	18.6	114%	8.2
平均					507%				144%				216%	

说明:E 匝道十字板剪切强度增长太大,无下十字剪切板进行试验。

由上述可知,经长时间的超载预压,各试验区的软土强度均有所增长,且其增幅存在随软土埋藏深度增大而减小、随超载厚度增加而增大的趋势,软土的最终后的平均锥尖阻力基本大于 0.75MPa,平均十字板剪切强度均大于 25kPa。

2)土体固结度(孔压)

通过软土地基固结度的计算可较精确地估计变形与时间的关系,推算地基强度的增长和剩余沉降(或工后沉降)。在工程实践中,固结度有孔压固结度和沉降固结度,由于本次 3 个试验区的预压时间较长,可根据实测数据推算地基最终沉降量,同时分析孔压固结度,并进行对比,为判别试验区所采用的加固方法的可行性提供依据。

对本次增加试验路段不同预压时段采用两种方法计算的固结度,具体如表 6-9 所示。据表可知:①在超载预压约6个月后,各加固区的平均孔压固结度均大于88%左右,基本上可满足卸载要求。②试验区III因前期填土预压期较长,孔压固结度比其余两区稍大,而I区和II区孔压固结度基本一致。③在依工后沉降计算公式,计算各区对应时段的工后沉降量,均可满足设计对工后沉降的要求。因此对于地质条件类似于试验区I、试验区II和试验区III的,且路基高度为7m以下的路段,在具备6个月以上预压期的条件下,采用砂垫层+超载预压的加固方法是可行的。

孔压固结度一览表

表6-9

项目名称桩号	填土厚度(m)	预压时间(min)	表面沉降固结度推算		孔压固结度推算		平均固结度(%)	备注
			路基中心表面沉降固结度(%)	推算剩余沉降量(mm)	路基中心平均孔压固结度(%)	推算剩余沉降量(mm)		
EK0+100	4.883	3	69.76%	121.8	93.57%	25.9	81.67%	
		6	82.17%	71.8	94.48%	22.2	88.33%	
		9	87.39%	50.8			87.39%	破坏
EK0+140	8.246	3	76.61%	190.8	89.34%	87.0	82.98%	
		6	85.56%	117.8	91.41%	70.1	88.49%	
		9	90.10%	80.8			90.10%	破坏
AK1+490	8.211	3	81.75%	283.2	92.30%	119.5	87.03%	
		6	86.46%	210.2	93.87%	95.1	90.16%	
		9	88.20%	183.2	85.65%	222.7	86.92%	受降雨影响

注:填土厚度包括砂垫层厚度和路基中心的沉降量。

3)土体变形分析

如前所述,本次增加试验路段的软基加固监测项目有表面沉降、分层沉降、孔隙水压力和侧向位移,以下将对填土期与预压期的监测数据进行详细分析。

(1)表面沉降

据试验区I、II、III的表面沉降可知:①3个试验区的累计表面沉降量差距较大,卸载前,试验区I、II、III的累计表面沉降分别为371mm、770mm、1411mm。②试验区I、II、III路肩的沉降量分别为路基中间沉降量的41.2%、78.8%和75.2%(试验区II为路肩、路中的同期沉降量),由此可见,路肩位置的沉降量相对是比较小的,在进行软基处理时,必须重视横向差异沉降问题,防止纵向施工裂缝的出现。③试验区I除填土初期填筑速率过快,沉降速率曾达到11mm/d外,其余填土期间的沉降速率均小于10mm/d,反映出该区在整个填土期间的地基稳定性较高。④试验区II在填土高度达到3.928m之前,平均填土厚度为0.357m,最大沉降速率为14mm/d;继续填土0.308m时,沉降速率迅速增长到了17mm/d,表明此时的填土高度已经接近极限填土高度。在继续填土过程中,虽然最大沉降速率达到了20mm/d,但结合其他监测数据,可确定此时其路基稳定性仍然较好。⑤试验区III在填土过程中出现了两个沉降速率峰值,第一个在填土高度为3.055m时,填土0.372m后,路基中间的沉降速率从8mm/d迅速增长到了31mm/d,路基两侧的沉降速率也有很大幅度的增长,其他监测数据相应也出现了突变的情况,由此可判断该区的极限填土高度为3m。而在短暂停止填土期间,该区的沉降速率收敛较快,随后减缓填土速率,地基土体因软土层发生了固结沉降而强度得到了增强,沉降速率得以控制在 15mm/d 以内。在后期快速填土期间,该区的沉降速率再次达到了 27mm/d,停止填土后,沉降速率同样收敛较快。

从沉降变化情况来看,3 个试验区的沉降速率收敛均较快,反映出地基软土层固结速度快、强度恢复或增长快的特点,这也是该 3 个试验区能够进行快速填土的主要原因。

(2)分层沉降

本次增加试验路段的分层沉降情况如图 6-9 ~ 图 6-11 所示,由分层沉降曲线可清晰地判别出各试验区的主要压缩区。①试验区 I 的分层沉降曲线中,28m 以下土体的压缩量仅占总压缩量的 0.85%,24m 以上土体的压缩量占总压缩量的 93%,超载的有效影响深度约为 24m。②试验区 II 的分层沉降曲线显示,2m 以上土体的压缩量占总压缩量的 92%,超载的有效影响深度约为 27m。③该区 25m 深度以内土层的压缩量占总沉降量的 93%,超载的有效影响深度约为 25m。

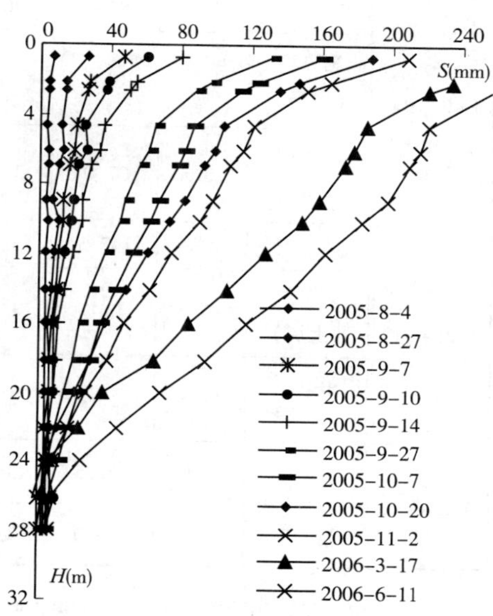

图 6-9　EK0 + 100 分层沉降曲线图

表 6-10 为各试验区填土期间与预压期间的分层沉降统计表,表中反映出在填土期间,浅层软土压缩量占总压缩量的比例较大,且其压缩率均大于深层软土;在预压期,浅层软土压缩量占总压缩量的比例迅速下降,两者的压缩率逐渐趋于一致。按此趋势推算,建设中的预压期和通车运营期深层软土的压缩量将是组成地基沉降的主要部分。这与工程实践中所认识的工后沉降主要由深层软土压缩所引起的观点是吻合的。

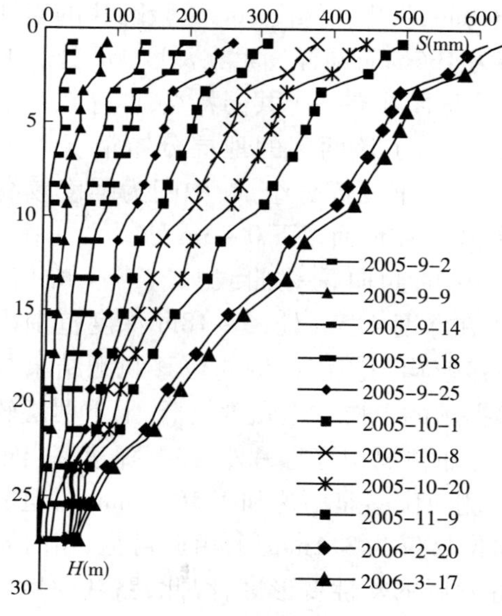

图 6-10　EK0 + 140 分层沉降曲线图

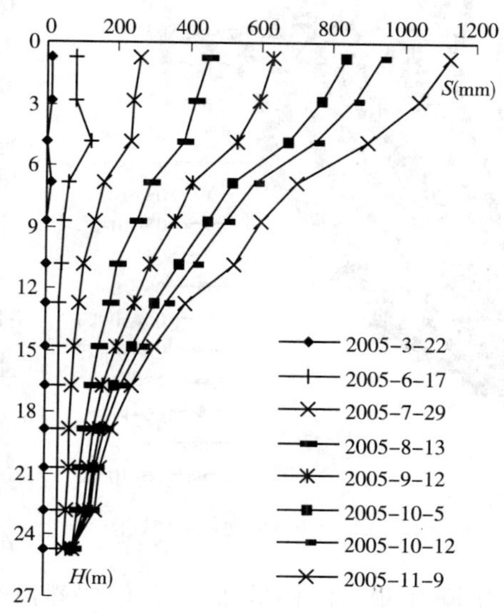

图 6-11　AK1 + 490 分层沉降曲线图

各试验区分层沉降统计表

表 6-10

项目名称 桩号(软土层位)		软土厚度(m)	填土期				预压期			
			压缩量(mm)	占总压缩量百分比(%)	压缩率(%)	表面沉降(mm)	压缩量(mm)	占总压缩量百分比(%)	压缩率(%)	表面沉降(mm)
EK0 +100	第一层	2.7	82.0	40.6	3.0	202.0	13	8.7	0.48	149
	第二层(上层)	1.3	10.5	5.2	0.8		25.5	17.1	1.96	
	第二层(下层)	10.5	37.0	18.3	0.4		77	.51.7	0.73	
EK0 +140	第一层	2.7	147.5	33.4	5.5	442.0	19.5	8.0	0.72	246
	第二层(上层)	2.1	48.5	11.0	2.3		13	5.3	0.62	
	第二层(下层)	11.5	113.0	25.6	1.0		163	66.3	1.42	
AK1 +490	第一层	7.1	372.5	38.2	5.2	975.0	53.0	35.8	0.7	148.0
	第二层	7.7	330.0	33.8	4.3		62.0	41.8	0.8	

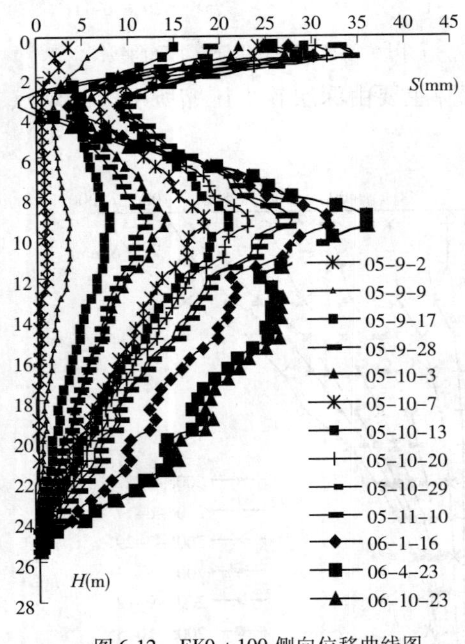

图 6-12　EK0 +100 侧向位移曲线图

(3)侧向位移

地基土体最大侧向位移一般发生在力学性质最差的层位,本次增加试验区的侧位移曲线也反映了这点(图 6-12 ~ 图 6-14)。试验区 I 累计最大侧向位移较小,仅为 36mm,发生在深度 1m;试验区Ⅱ的累计最大侧向位移为 105mm,同样发生在深度 1m 处。上述两区的侧向位移曲线有一个共同特点,即存在两个明显的峰值,这表明了该两区的地层分布情况基本相同,软土层均由上下两部分组成,中间为强度较高的土层,而最软弱层在地面以下 0 ~3m 处。

试验区 III 的侧向位移曲线只有一个峰值,为 180mm,发生在深度 4.5m 处,6 ~18m 深度范围内的土层侧向位移较均匀。该区侧向位移观测结果与静力触探试验揭示的上层软土强度较低、上下两层软土相邻的软土分布情况相符。另外,在沉降速率出现第 1 个峰值时,侧向位移速率达到了 10.9mm/d,但次日的最大侧向位移仅为 3.1mm/d,由此可见,当时路基表面沉降和侧向位移虽然很大,但仍然没有形成持继发展的塑性变形区,因此,路基的稳定性依然处于控制范围之内。当沉降速率出现第 2 个峰值时,对应的侧向位移速率为 4.5mm/d,次日迅速减小为 1.2mm/d。

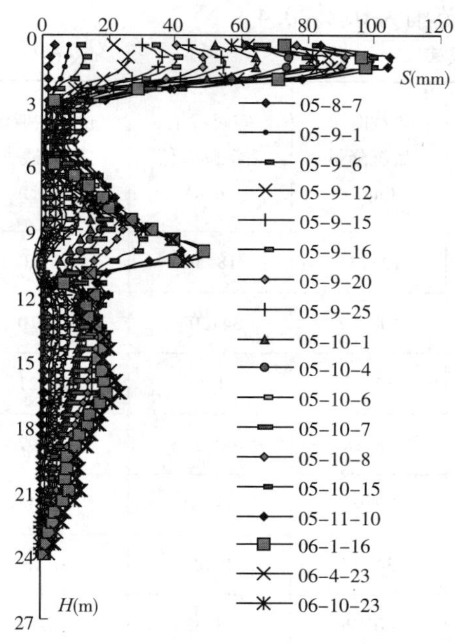

图 6-13　EK0 + 140 侧向位移曲线图

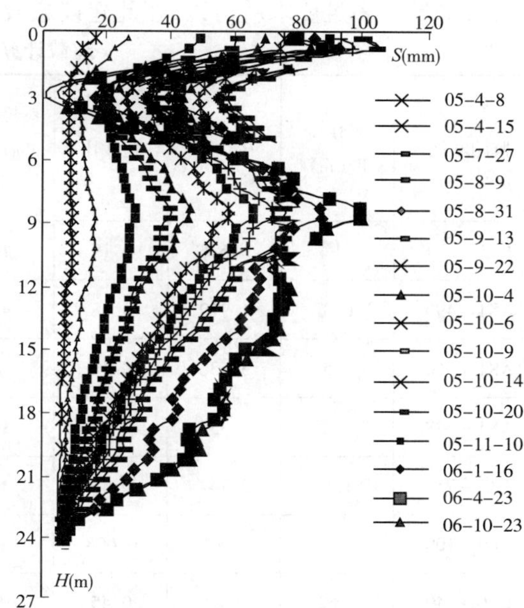

图 6-14　AK1 + 490 侧向位移曲线图

此外,结合表面沉降观测数据可以发现,表面沉降越大的试验区,侧向位移也越大,且两间之间存在较好的线性关系。

6.4.3　超载高度分析

为合理确定路基的超载高度,在此引入超载比进行讨论。超载比为路基填筑超载高度与路基的有效等载高度的比值。相同超载比对应的荷载产生沉降量不同,降低工后沉降量数量也不相同,这主要是由于不同地方软土的分布情况不同,厚度不一致及处理方法的差异引起的。为消除这些影响因素,等超载的工后沉降的差值与超载对应的工后沉降量对比,得出它们的比率,称为超载工后沉降贡献率。分析超载比与超载工后沉降贡献率之间的变化关系,得出最佳超载比,为优化超载设计提供依据。

根据上述 3 个试验区的监测数据,同时结合其他区域内的超载资料,采用 TS 法计算超载时的最终沉降量,同时根据等超载最终沉降量的关系计算等载时路基的最终沉降量,再分别计算它们对应的工后沉降量,详见剩余沉降及卸载时机确定章节。具体计算结果详见表 6-11,然后作出超载比与超载工后沉降贡献率关系曲线图,如图 6-15 所示。

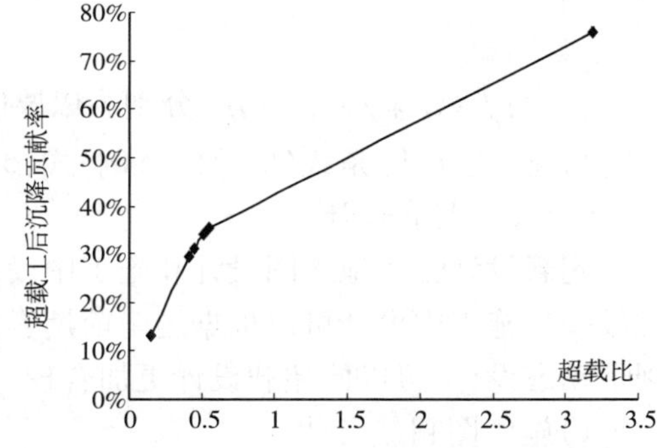

图 6-15　超载比与超载工后沉降贡献率的关系曲线

从图 6-15 明显得出,超载工后沉降贡献率随超载比的增大而逐渐增大。当超载比小于 0.5 的超载工后沉降贡献率要远大于超载比大于 0.5,由此可得 0.5 为最佳超载比。对低填路段或零填路段,超载比随超载高度的增大迅速增大,可适当取大值,千万注意其有效填土高度不得忽视汽车的动载当量高度,建议超载 1.5 ~ 2.0m,对高填土路段应结合允许工后沉降量,同时考虑经济效益,只要工后沉降量可满足要求就可以,在此建议超载比取值范围为0.2~0.4。

超载计算分析成果表 表6-11

监测断面	超载高度(m)	He(m)	超载比	超载时工后沉降量(mm)	等载时工后沉降量(mm)	等超载工后沉降差值(mm)	超载工后沉降贡献率(%)
K13+930	1	6.635	0.15	141.90	123.31	18.59	13.10
AK1+490	6.3	1.979	3.18	452.10	108.07	344.03	76.10
AK1+560	1.5	3.636	0.41	74.20	52.53	21.67	29.21
AK1+678	1.2	2.333	0.51	118.39	78.18	40.21	33.97
AK1+757	1.5	2.744	0.55	123.63	79.93	43.70	35.34
EK0+100	0.008	4.99	0.008	34.34	34.29	0.05	0.16
EK0+140	2.62	5.84	0.45	59.34	40.96	18.38	30.97

6.5 超载设计方法

6.5.1 方法的依据

理论推导和大量工程实践均表明(详见《高速公路建设中软基处理关键问题的深入研究》报告),最终沉降与其对应的填土厚度(填土高度)基本为线性关系,即:

$$S = (H + S)\alpha = H\lambda \tag{6-1}$$

式中:S为最终沉降,H为与S对应的填土高度,$H + S = T$为填土厚度,$\lambda = \alpha/(1-\alpha)$。当地基土 OCR>1时,最终沉降与其对应的填土厚度(填土高度)的关系式变为

$$S = (H + S)\alpha + b = H\lambda + c \tag{6-2}$$

式中:$c = b/(1-\alpha)$,其他符号含义同式(6-1)。

对部分工程,特别是软土性质非常差、填土高度很大时,最终沉降与其对应的填土厚度(填土高度)之间的曲线关系采用式(6-3)、式(6-4)拟合更为准确:

$$S = f_T(H + S) \tag{6-3}$$

$$S = f_H(H) \tag{6-4}$$

式中:$f_T(H + S)$、$f_H(H)$分别为以厚度$T = H + S$、填土高度H为自变量的函数。

可见,式(6-1)是式(6-2)的特例,式(6-2)是式(6-3)、式(6-4)的特例。

6.5.2 超载设计

超载设计分为施工图设计和施工中设计,施工前设计根据地质资料等进行设计,设计准确性较差。施工中设计可以根据施工前期实测资料进行,设计准确性较高。施工中设计切实体现了动态设计,可以使超载设计更加合理。

1)施工图超载设计

①假设超载厚度,利用地质资料计算等效填土高度对应的沉降和超载对应的沉降。

②根据稳定分析、施工工艺等进行加载计划设计,结合加载计划、地质资料计算卸载之前的固结度。

③如果 $S_e - S_{ra} < (S_e + \Delta S)U$ (S_{ra} 为允许沉降量),增大超载厚度,重复上述过程,直至 $S_e - S_{ra} \geqslant (S_e + \Delta S)U$ 。

2)施工中超载设计

①拟合 $S \sim H$ 关系式

根据监测资料绘制最终沉降与填土厚度的关系曲线,拟合得到式(6-1)~式(6-4)。最终沉降可以根据监测资料推算得到,也可以根据式(6-5)得到。

$$S = S_t/U_t \tag{6-5}$$

式中:S_t 为 t 时的实测沉降;U_t 为 t 时的平均固结度,可由孔压测试资料得到,也可由式(6-6)计算求得。

$$U_t = \frac{\sum_{i=1}^{n} T_i U_i}{\sum_{i=1}^{n} T_i} \tag{6-6}$$

式中:T_i 、U_i 分别是第 i 层土的厚度及其对应的固结度。U_i 根据实际加载情况按改进的太沙基法或改进的高木俊介法计算。

②计算超载厚度

考虑到公路荷载(填土厚度)与沉降大小有关,是预先难以确定的。因此,为便于公路工程应用,该方法将超载比定义为超载厚度与等效填土高度的比值,即:

$$R_o = T_o/H_e \tag{6-7}$$

$$S_e = (H_e + S_e)\alpha + b = H_e\lambda + c \tag{6-8}$$

对于均质土地基,超载预压卸载时的沉降为:

$$S_{ot} = (H_e\lambda + c)U_e + T_o U_o \alpha \tag{6-9}$$

式中:U_e 、U_o 分别为卸载时等载、超载对应的固结度,可以计算得到或者根据经验确定。

卸载后等载对应的工后沉降变为:

$$S_{re} = S_e - S_{ot} = (H_e\lambda + c)(1 - U_e) - T_o\alpha U_o \tag{6-10}$$

当 $U_e = 0.85$ 、$U_o = 0.75$ 、$T_o = 1\text{m}$ 、$\lambda = 0.5$ 时,剩余沉降 S_{re} 与路堤等效高度 H_e 的关系如图6-16a)所示;其他参数不变、$H_e = 6\text{m}$ 时,剩余沉降 S_{re} 与超载固结度(超载预压时间)的关系如图6-16b)所示。

由式(6-10)、图6-16可知,超载厚度等其他条件相同的情况下,路堤等效高度越小,剩余沉降越小,超载效果越显著。超载厚度等其他条件相同的条件下,超载固结度越大(超载预压时间越长),剩余沉降越小,超载效果越好。因此,超载预压对于低路堤效果更显著,预压时间越长效果越好。

设桥涵处等效填土高度为 H_{ea} ,距离桥涵 x 处的等效填土高度为 H_{ex} ,卸载时,等载固结度为 U_{ex} ,超载预压固结度 U_{ox} ,可得距离桥涵 x 处的剩余沉降 S_{rx} 为:

$$\begin{aligned} S_{rx} &= (H_{ex}\lambda + c)(1 - U_{ex}) - T_{ox}\alpha U_{ox} \\ &= (H_{ex}\lambda + c)(1 - U_{ex}) - R_{ox}H_{ex}\alpha U_{ox} \end{aligned} \tag{6-11}$$

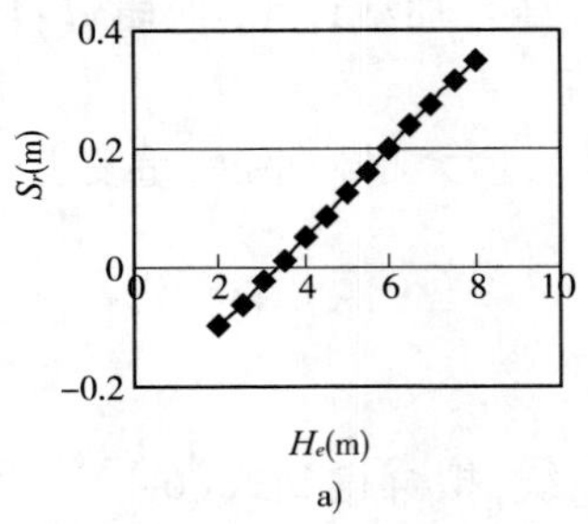

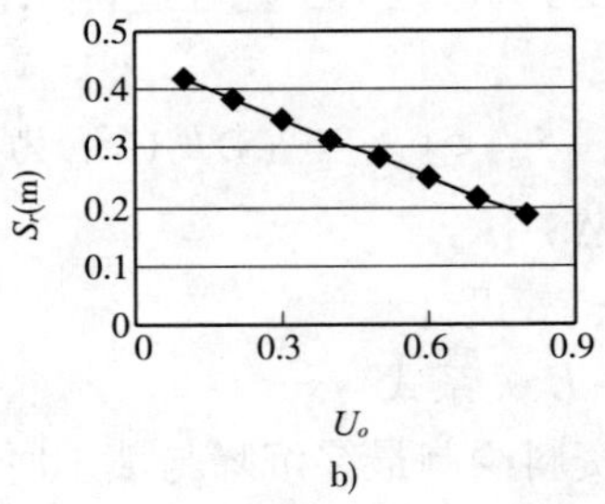

图 6-16 剩余沉降与路堤等效高度、超载固结度的关系曲线

设距离桥涵 x 处容许工后沉降为 S_{rax}，令 $S_{rax}=S_{rx}$，由式(6-11)可得距离桥涵 x 处的超载厚度 T_{ox}、超载比 R_{ox} 为：

$$T_{ox}=\frac{(H_{ex}\lambda+c)(1-U_{ex})-S_{rax}}{U_{ox}\alpha} \tag{6-12}$$

$$R_{ox}=\frac{(H_{ex}\lambda+c)(1-U_{ex})-S_{rax}}{H_{ex}U_{ox}\alpha} \tag{6-13}$$

当 $R_{ox}\leqslant 0$、$T_{ox}\leqslant 0$ 时，x 处不需要超载。其中 $c=0$、$U_{ex}=0.85$、$U_{ox}=0.75$、$\lambda=0.5$，$S_{rax}=0.1$ m 时，R_{ox}、T_{ox} 与 H_{ex} 的关系如图 6-17 所示。

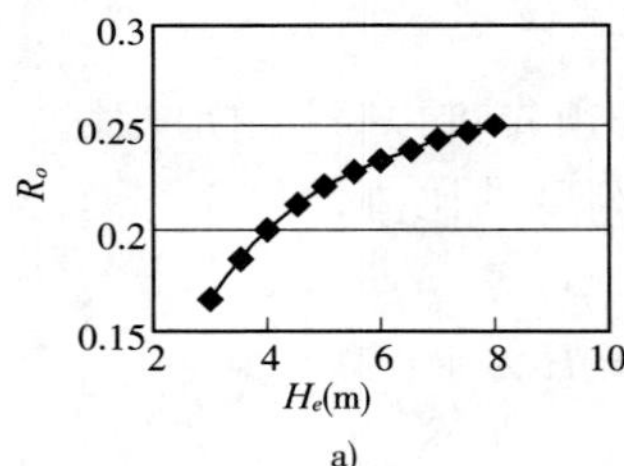

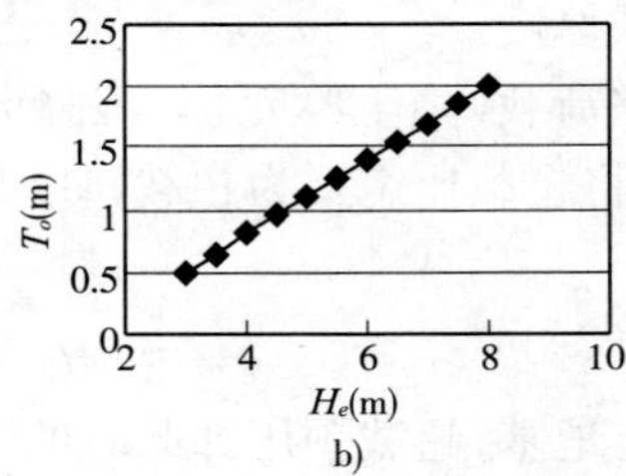

图 6-17 超载比、超载厚度与路堤高度的关系

从式(6-12)、式(6-13)和图 6-17 可以看出，路堤高度越大，超载厚度越大；容许工后沉降越小，需要的超载厚度越大；U_{ex}、U_{ox} 越小，需要的超载厚度越大。

为了减缓跳车程度，应使桥台与路基之间的工后沉降逐渐过渡，设 $S_{rax}=S_a+x\Delta i_{za}$，$H_{ex}=H_{ea}-xi_z$，则有：

$$R_{ox}=\frac{(H_{ea}\lambda+c)(1-U_{ex})-S_a-x[(1-U_{ex})i_z\lambda+\Delta i_{za}]}{(H_{ea}-xi_z)U_{ox}\alpha} \tag{6-14}$$

$$T_{ox}=\frac{(H_{ea}\lambda+c)(1-U_{ex})-S_a-x[(1-U_{ex})i_z\lambda+\Delta i_{za}]}{U_{ox}\alpha} \tag{6-15}$$

当 $H_{ea}=7$m、$\lambda=0.5$、$c=0$、$U_{ex}=0.85$、$U_{ox}=0.75$、$S_a=0.01$ m、$i_z=2\%$、$i_z=0\%$ 时，R_{ox}、T_{ox} 与 x 的关系如图 6-18、图 6-19 所示。

由式(6-13)、式(6-14)、图 6-18、图 6-19 可知，假设桥台、涵洞、通道附近地质条件、处理方法和参数、施工情况均相同。桥台、涵洞、通道附近路基 U_x 也相等，则 R_{ox} 随 x 增加而呈双曲线变化，T_{ox} 随 x 增加而线性减小，并且 i 越大(纵坡越陡)，T_{ox} 减小越快。因此，超载设计时不宜采用相同的超载厚度，否则不利于减小工后跳车。这一原则对施工图设计和施工中设计均应遵守。

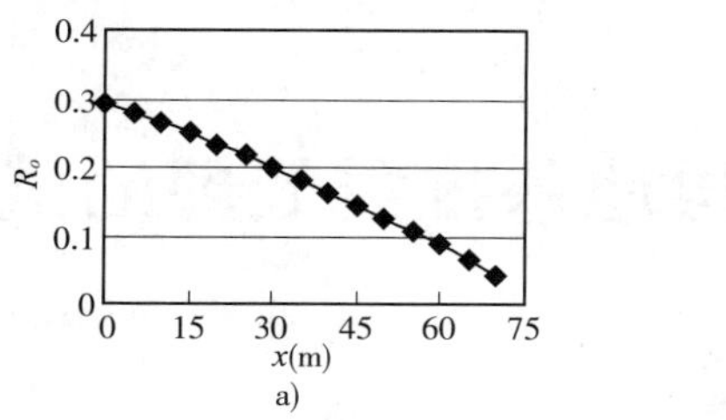

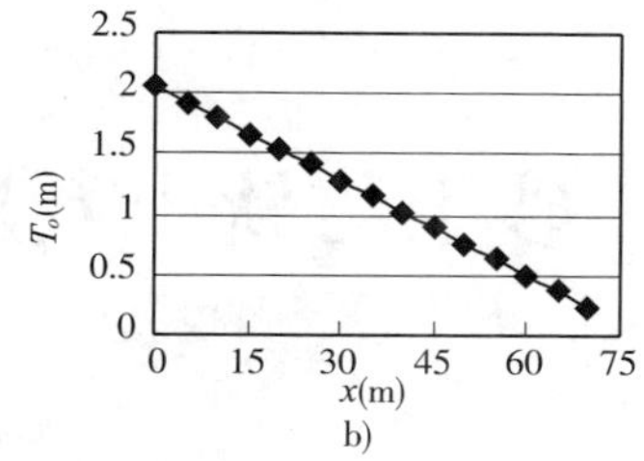

图 6-18　超载比、超载厚度与台背的距离的关系图(i_z = 2%)

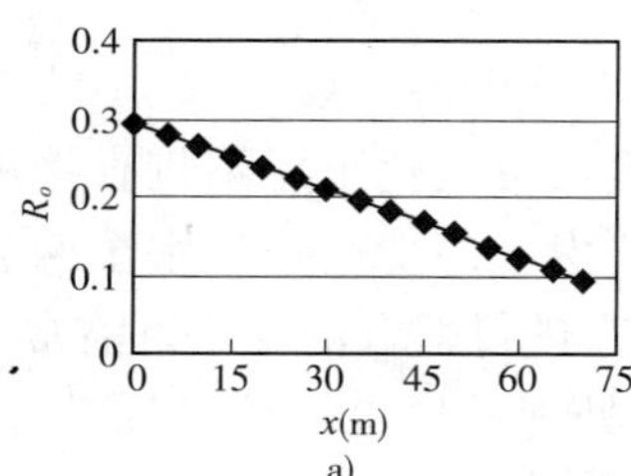

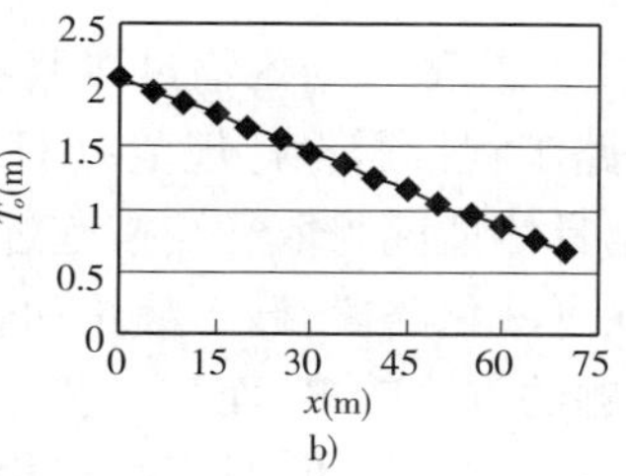

图 6-19　超载比、超载厚度与台背的距离的关系图(i_z = 0%)

6.6　结论

根据各试验区的软基监测数据和原位测试结果,可以得到以下结论:

(1)据孔隙水压力观测情况,对于地质条件类似于试验区(软土层平均锥尖阻力大于0.45MPa,浅部砂夹层厚度大于3m)、路基高度为7m以下的路段,在具备6个月预压期的条件下,采用砂垫层+超载预压的加固方法是可行的。

(2)在超过极限填土高度后,仍可采用快速填土的方法进行路基填筑,填土速率可控制在每4~6d填筑一层,每层压实厚度30cm左右。

(3)路基稳定性控制可结合AGO判稳法按以下标准进行控制:表面沉降速率 $V_s \leq 20$mm/d;侧向位移速率 $V_m \leq 6$mm/d;单级孔压系数 $B \leq 0.6$。

(4)经过超载预压后,地基软土强度增长明显,且其增幅存在随软土埋藏深度增大而减小、随超载厚度增加而增大的趋势。

(5)超载工后沉降贡献率随超载比的增大而逐渐增大,0.5为最佳超载比。对低填路段或零填路段,超载比随超载高度的增大迅速增大,建议取大值,对高填路段,考虑经济效益,结合允许工后沉降量建议超载比取值为0.2~0.3,同时建议在超载设计时结构物过渡段宜采用不同同的超载厚度,降低工后沉降量对结构物的影响。

参考文献

[1] 广东省公路建设有限公司,广东省航盛工程有限公司.高速公路建设中软基处理关键问题的深入研究[R].2005.11.

第7章　砂土与软土互层地基抗震处理的试验研究

7.1　概述

广贺高速公路全线部分结构物过渡路段存在可液化砂层,这对工程沿线结构物的稳定性影响较大,据《公路工程抗震设计规范》(JTJ 004—89),可液化土层不宜直接用作路基和构造物的地基,应根据具体情况采取适当措施进行处理。由于广贺高速三水至四会段软土路基分布广泛,往往存在可液化路段,砂土液化和软基加固需进行综合治理。目前常用的处理软土地基和砂土液化问题的方法较多,而且工艺比较成熟,处理效果也较佳,但能够同时处理砂土液化和软弱土层问题的方法较少,且工程造价均较高,尤其是在软弱土层埋藏较深时,综合处治的成本非常昂贵。因此,针对此情况,本试验段有必要对上述问题进行试验研究:一方面分析总结现有处理方法的可行性;另一方面进行新方法的探索研究,以达到既能综合处理砂土液化和软弱土层的问题,又能有效降低工程造价的目的。

广贺试验段位于北江特大桥桥头,根据施工设计图纸,该特大桥是按地震烈度Ⅶ度进行设防,在地震烈度Ⅶ度时,桥头路段可能产生砂土液化,需进行抗震处理。针对工程全线的地质情况和试验段的特点,决定在此路段进行挤密砂桩+塑料排水板这种处理方法的试验研究,另外,项目部结合其他地区的砂土液化处理试验,在此路段开展一种新的加强型袋装砂井处理砂土液化问题的试验研究。以下将对上述两种方法的试验情况和成果进行详细的介绍。

7.2　挤密砂桩的试验研究

7.2.1　常用可液化土处理方法的对比

对于可液化砂层,目前成熟的处理方法较多,其中强夯法、振冲碎石桩法和挤密砂桩法是比较常用的几种。

强夯法又称动力加固法,常以500~800kN·m的冲击能量对地基土施加冲击荷载,在地基中产生较大的冲击波和动应力,使土的强度提高,压缩性降低,振动液化条件得以改善,但其影响深度有限,只能达到10m左右,且其振动强、噪声大,容易对邻近建筑物形成破坏和影响周围居民的正常生活,因此,该法使用越来越少。

振冲碎石桩是用水力振冲器或重锤冲挤等施工工艺成孔,填以碎石,使之置换部分可液化砂土,提高地基承载力,改善振动液化条件。由于其排出大量泥浆而使环境受到污染,因此现在使用也是越来越少。

挤密砂桩是利用预沉管成孔,然后填以中粗砂,使之挤密可液化砂层,提高地基承载力,改善振动液化条件。汕汾高速公路建设过程中曾对该法进行过工程试验,验证了挤密砂桩对高速公路地基中可液化砂层处理的可行性。

挤密砂桩具有使用灵活、机具简单、快速、地形起伏适应性强、经济等特点,因此,在工程实践中被普遍使用,尤其是在广东省及其他沿海地区。但在饱和软黏土地区,砂桩在施工过程中常产生较大的超静孔隙水压力,这对周围的桩体质量形成不利影响。因此,在砂桩施工过程中需严格控制成桩工艺,确保工程质量。

7.2.2　挤密砂桩试验区地质条件概述

相关地质情况可参考第2章内容,这里需要强调的是,本区相对于其他试验区砂层较厚、软土层较薄,砂层厚度达到了9m、埋深12m,上下层软土总厚度为3.1m,埋深分别为3m和18.5m,如图7-1所示。3~16.4m深度范围内土层的颗分数据见表7-1。

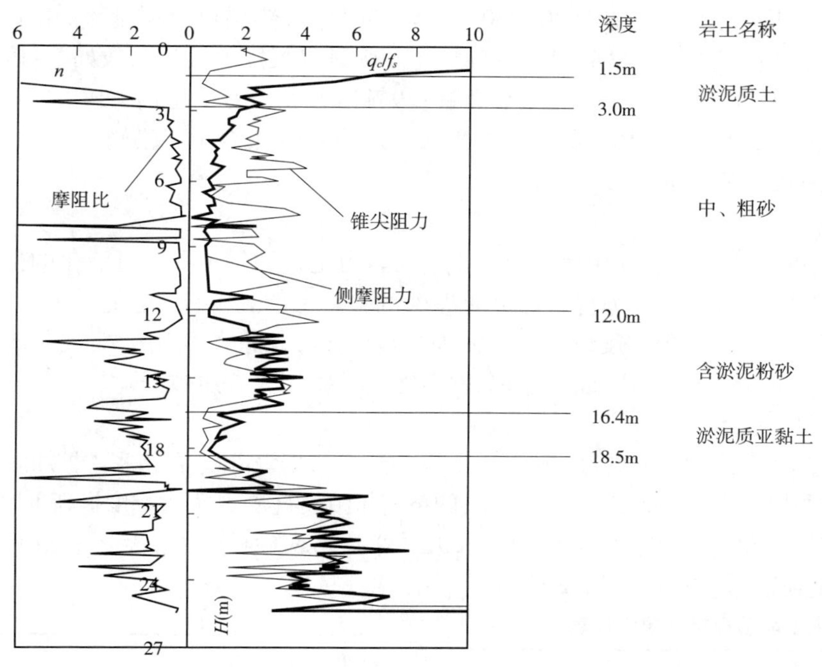

图7-1　挤密砂桩区静力触探地层分布图

挤密砂桩试验区土层颗分成果表　　表7-1

取样深度(m)	砾　粒				砂　粒			粉粒	黏粒
					粗	中	细		
	粒径大小(mm)								
	>20%	20%~10%	10%~5%	5%~2%	2%~0.5%	0.5%~0.25%	0.25%~0.075%	<0.075%	<0.005%
3.00~3.20				1.0	10.0	49.4	27.1	7.0	5.5
5.10~5.30				4.0	22.6	44.8	14.2	9.0	5.4
8.20~8.40			5.0	42.0	41.9	4.7	2.6	0.8	3.0
8.40~8.60			1.0	14.5	63.0	11.4	3.6	1.7	4.8
12.60~12.80				7.0	17.0	20.0	23.0	22.6	9.8

7.2.3　挤密砂桩设计方法与参数

(1)桩径

根据置换率要求、地层情况、成桩方法、施工机械能力等因素综合考虑确定砂桩直径。

(2)桩位布置

软土路基桩位宜采用正方形或等边三角形布置,桩的间距一般为1.5~3.0m,且相邻桩间距不宜大于4倍桩径。

(3)桩长

根据软土层厚度或根据工程要求通过计算确定砂桩长度。一般有以下原则:①当软土层厚度不大时,砂桩长度可按软土层厚度来确定;②当软土层较厚时,砂桩长度应满足砂桩地基沉降量不超过路基容许沉降量的要求;③当使用砂桩处理易振动液化的饱和松散砂土时,砂桩长度应达到可能液化的砂层底部。

(4)垫层

砂桩施工完毕后,地面应铺设30~50cm厚的砂垫层,垫层要分层铺设,用平板振动器振实。根据试验区地层条件,本试验段挤密砂桩+塑料排水板区的设计参数如下:挤密砂桩直径40cm,桩长14m,桩距1.6~1.8m,正方形布桩;塑料排水板采用C型板,桩长27m,间距1.6~1.8m,正方形布桩;另铺设一层50cm砂垫层和一层60-60聚合土工格栅。

7.2.4 处理效果分析

1)抗震效果

通常标准贯入试验锤击数和静力触探比贯入阻力是判别砂土是否可液化的指标,因此,在挤密砂桩施工前后,试验段均进行了标贯和静探试验。考虑到国标《建筑抗震设计规范》(GB 50011—2001)和《公路工程抗震设计规范》(JTJ 004—89)均推荐利用标准贯入试验判别砂土液化,本文按国标方法进行试验成果整理,静力触探试验作为参照数据。

(1)标准贯入试验

挤密砂桩施工前后的标准贯入试验结果如表7-2所示,据表可知,在挤密砂桩加固范围内,加固后平均标贯击数增长了63.5%,这反映了砂桩的挤密作用很明显,从而大幅度提高了地基强度。

据《建筑抗震设计规范》(GB 50011—2001),采用挤密砂桩施工前后的标准贯入试验结果进行砂土液化判别,其结果如图7-2所示。

挤密砂桩施工前后标贯结果统计表 表7-2

处理前标贯击数		处理后标贯击数		备注
深度(m)	击数	深度(m)	击数	
4.50	8	6	11.6	
5.60	10	8	13.9	
6.50	8	10	16	
7.70	7	12	17.1	
8.60	7	14	18.5	
9.50	13			
加固深度内平均标贯击数		处理前	9.4	
		处理后	15.4	
		击数增幅	63.5%	

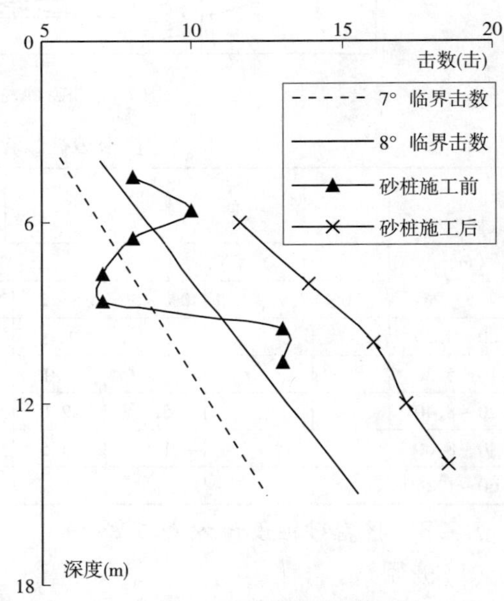

图7-2 砂土液化判别曲线图

图7-2反映出在砂桩处理前,地基部分深度土层在地震烈度为7°时存在砂土液化的可能性,经过处理后,各个深度土层均可抵抗8°地震。由此可见,本试验段挤密砂桩的抗震效果非

常理想。

(2)静力触探试验

砂桩的挤密作用提高了地基土体的密实程度,其强度势必随之增长,表7-3为加固深度内砂桩施工前后静力触探强度统计表。据表可知:①砂桩加固范围内砂层的强度有较大幅度的增长,且锥尖阻力增幅明显大于侧摩阻力;②浅部淤泥质土强度出现较小负增长。这可能是两个方面的原因造成的。一是砂桩施工振动破坏了该层土的结构,致使其强度降低;二是路基浅部砂桩桩体密实度相对较低,对周围土体的挤密作用较弱。

挤密砂桩施工前后静力触探强度对比表　　表7-3

土层名称	锥尖阻力(MPa)			侧摩阻力(kPa)			备注
	加固前	加固后	强度增长	加固前	加固后	强度增长	
淤泥质土	1.189	1.009	-15.1%	67	64.1	-4.3%	
中、粗砂	2.478	5.642	127.7%	11	20.8	89.1%	
含淤泥粉砂	1.354	2.436	79.9%	29.7	33.6	13.1%	

由上述标准贯入试验和静力触探试验的结果可以判断,挤密砂桩对于类似试验段地质条件的路段具有很好的抗震作用。

2)软基处理效果

试验段北江大桥桥头路段路基不仅存在砂土液化问题,还有稳定和沉降变形问题,原设计为短桩长板的综合处理方法,但由于各种原因,致使塑料排水板无法施工,考虑到砂桩具有较强的排水能力,并且下伏软土层含砂量相对较高,最终取消了排水板。在此将以实际观测数据为基础,分析本试验段挤密砂桩处理软土路基稳定和变形问题的效果,并分析取消塑料排水板对加固效果的影响。

(1)沉降观测

表面沉降观测数据显示挤密砂桩施工后,路基中间原地面沉降量达到了565mm(图7-3),原平整地基形成了盆状凹地,另外在后期K13+822桥头桩基施工振动作用下仍产生一定的沉降量,但沉降量都不大。分层沉降数据显示,造成地面下沉主要是砂桩施工振动使地基砂层由松散变密实所致,如图7-4所示。

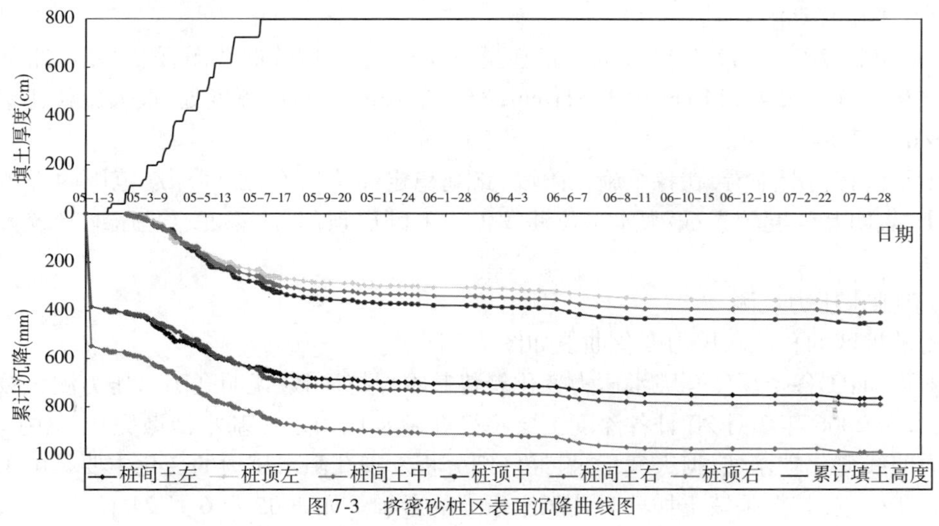

图7-3　挤密砂桩区表面沉降曲线图

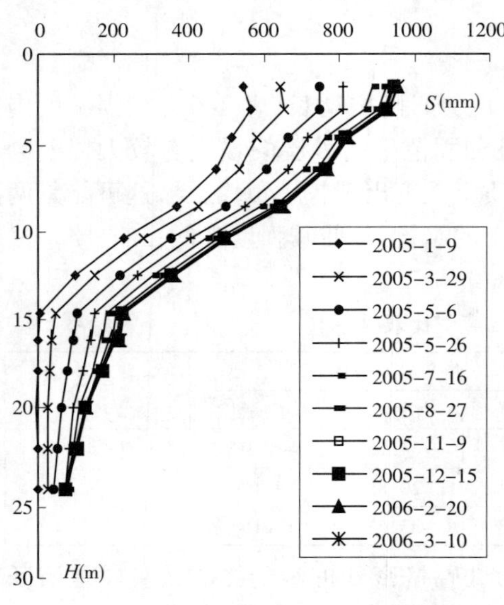

图 7-4　挤密砂桩区分层沉降曲线图

另外，据图 7-3 和图 7-4 可以看出：①路基填筑期间，挤密砂桩区累计发生沉降量为 33.5mm，在累计填土接近 8m 的情况下，此沉降量相对较小；②砂桩施工期间的沉降量主要由加固范围内土层的振动挤密形成；填土期间的沉降量主要由加固深度以下土层的压缩组成，其沉降量占填土期间总沉降量的 59%；③桩顶和桩间土在填土期间的沉降量基本一致，且路肩和路基中间的沉降量相差也很小。这由以下两个方面的原因造成：一是加固范围内地基土体的强度较高，沉降主要由下卧层的压缩引起，由于应力扩散的作用，路基范围内下卧层不同位置承担的路堤附加应力基本相等；二是地基土层的横向变化较小。因此，在附加应力和土层性质相似的情况下，沉降量也相近；④等载预压期内，桩顶与桩间土的沉降量均较小，经过 3 个月的预压，最大沉降量仅为 63mm。

在路基填筑和等载预压期间，挤密砂桩区的最大沉降速率为 14mm/d，大部分加载当日沉降速率均小于 10mm/d，且收敛较快。

根据砂桩区的表面沉降和分层沉降观测数据，采用 ST 双曲线法推算其最终表面沉降量为 973mm，加固区以下土层的最终压缩量为 149mm。推算预压半年后，剩余表面沉降量为 44mm，加固区以下土层的剩余压缩量为 38mm。由此可见，加固区以下土层的压缩量虽然占剩余沉降的 86.4%，但其绝对值仅为 38mm，因此，加固区以下土层不需另外进行处理。此外，推算表面剩余沉降也能满足规范桥头路段小于 10cm 的工后沉降要求。

挤密砂桩区各个阶段的沉降变化情况说明：①加固区内的土体强度较高，其压缩模量接近于桩身压缩模量；②在填土期间，路基的稳定性较好；③经砂桩处理后，推算工后沉降可满足规范要求，针对试验段此类地质条件，下卧层软土不需另外进行处理，即不需要设置竖向排水体。

(2) 水平位移观测

图 7-5 和图 7-6 分别为挤密砂桩区路基左、右侧的水平位移曲线图，图中显示路基左右两侧最大位移量分别为 41.54mm 和 37.21mm，发生在 16m 和 17m 深度处，最大位移速率分别为 3.34mm/d 和 2.84mm/d。

从水平位移情况来看，在各个施工阶段，路基稳定性均较好；加固深度范围内土体的水平位移很小，表明其强度较高；最大水平位移发生于下卧层顶部，该深度也是压缩量较大的土层位置。

(3) 孔隙水压力观测

挤密砂桩区的孔隙水压力变化曲线如图 7-7 所示。

由图可知：①各个深度孔隙水压力变化趋势基本保持一致，说明孔隙水压力测试数据较准确可靠；②至 2006 年 2 月 20 日各深度土层超静孔隙水压力已经基本消散完毕；③在填土，孔隙水压力曲线变化较剧烈，据天气记录，经仔细分析发现孔隙水压力的变化主要是由于地下水位的升降所引起，其次是填土加载对孔隙水压力的影响。如 2005 年 6 月 24 日，孔隙水压力均有明显增长,天气记录显示该日正好降雨量非常大;随后各深度孔隙水压力逐渐消散,在2005年7月10填筑最后一层土时,孔隙水压力并无增长,反而有所下降。在预压期,孔压逐渐消散,2006年2月20日孔压最小,随后因降雨和四标桥桩施工孔压逐渐变大。

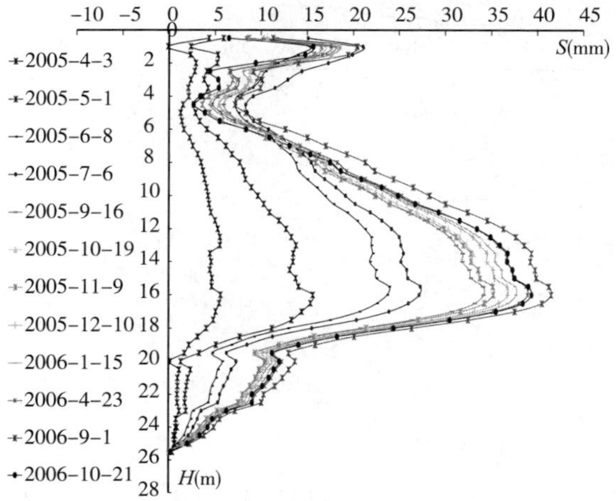

图7-5　砂桩区左侧的水平位移曲线图

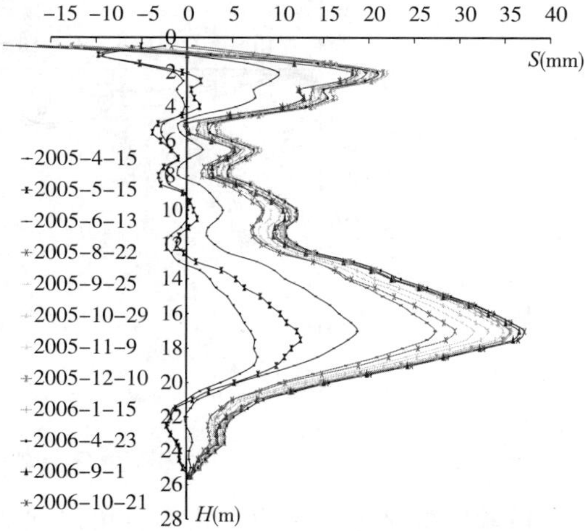

图7-6　砂桩区右侧的水平位移曲线图

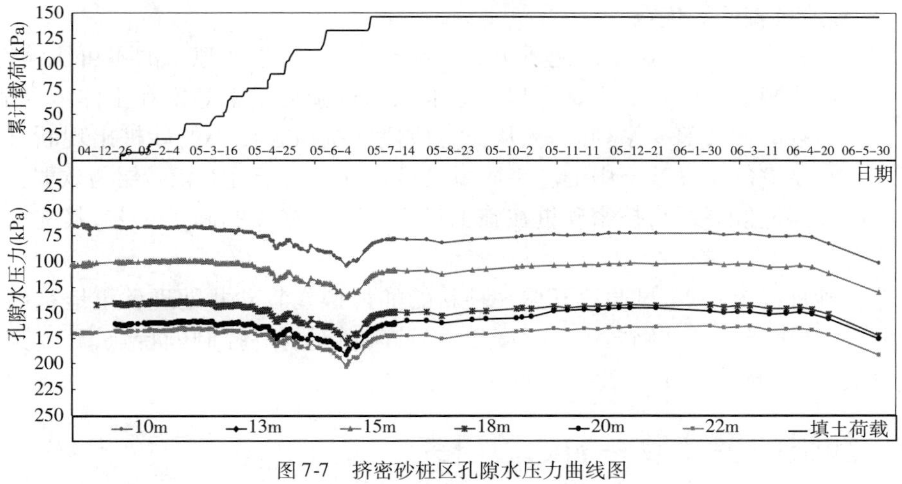

图7-7　挤密砂桩区孔隙水压力曲线图

孔隙水压力变化情况说明了砂桩区各土层的渗透性较好,地基土体固结较快。由此可见,对于类似试验段地质条件的路段,在采用了砂桩处理浅部地层的砂土液化问题后,下卧层土体的固结速率相对较快,可不另外进行处理亦可满足沉降变形的要求。

(4)静土压力观测

为了掌握挤密砂桩"复合地基"的作用,试验段进行了桩顶和桩间土的静土压力观测,仪器布置情况如图7-8所示,其观测结果如图7-9所示。据图可知,随着填土高度的增加,各个位置的静土压力逐渐增大、格栅下桩土应力比不断变大(这就是应力集中现象,也是垫层的作用)、格栅上桩土应力比变化很小,填土完毕后,栅格上、下桩土

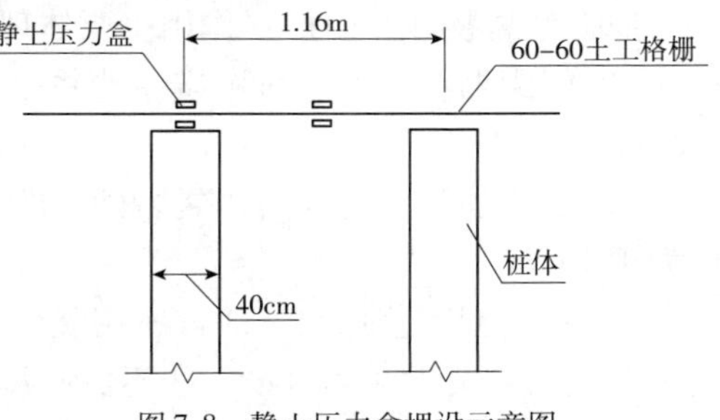

图7-8　静土压力盒埋设示意图

应力比分别为1.03和1.93,桩土荷载比分别为0.06和0.10。由此可见,试验段挤密砂桩虽然起到一定应力集中作用,但由于砂桩置换率较低,路堤荷载仍主要由桩间土承担。

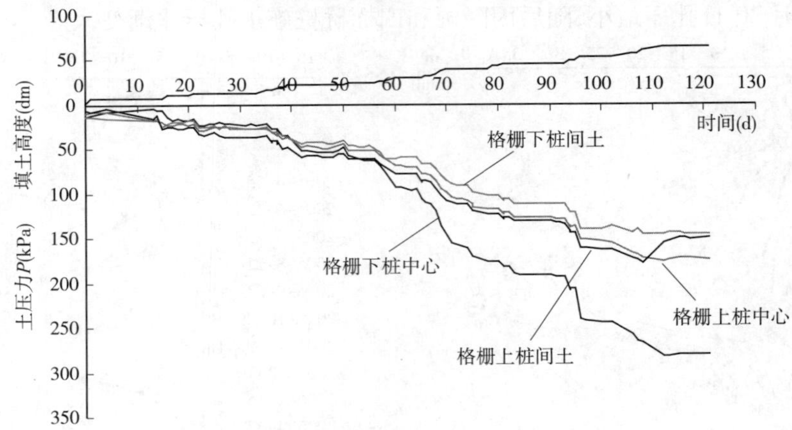

图7-9 挤密砂桩区静土压力变化曲线图

试验段的结果反映出挤密砂桩可以起到即能消除砂土液化,又能加固软弱土层的双重作用,非常适合于类似试验段地质条件路段的地基处理。另外,该法还具有施工机械简便、施工效率较高、工程造价较低等优点。

但工程实践表明,砂桩运用于淤泥质土等软黏土中时,由于孔隙水的不可压缩性,挤土成桩过程中容易产生超静孔隙水压力。当超孔隙水压超过淤泥质土等饱和土体承受能力时,土体将产生扰动、隆起、侧移等一系列问题,从而造成侧向抗剪强度小的砂桩出现断桩、缩颈、夹泥等现象,因此,挤密砂桩在软土中的施工质量较难控制。对于可液化砂层与软弱土层互层的地基,要达到综合处理的效果,挤密砂桩在施工过程中需严格控制施工工艺,其施工工艺也有待进一步改善。

基于挤密砂桩以上缺点,试验段开展一种新的加强型袋装砂井处理软土地基砂土液化问题的试验研究,利用袋装砂井侧向抗剪强度相对较高,质量容易控制的特点,研究其代替挤密砂桩处理可液化土和软弱土层互层地基的可能性。

7.3 加强型袋装砂井的试验研究

7.3.1 加固机理与优点

加强型袋装砂井是在软土堆载预压所用普通袋装砂井基础上发展的,是一种综合处理软土与可液化砂层互层地基的新方法。

加强型袋装砂井的加强作用主要体现在以下几个方面:

(1)间距缩小。通常所用袋装砂井的间距均在1.0m以上,加强型袋装砂井的间距可小于1.0m。

(2)套管加强。通常所用袋装砂井的套管外直径约13cm,加强型袋装砂井的套管外直径可大于15cm。

(3)挤密型工艺加强。通常所用袋装砂井均需有砂袋在砂井中,加强型袋装砂井可在普通意义上的袋装砂井间打设一些不放砂袋的挤密空井。

(4)袋装砂井直径加大。通常所用袋装砂井直径均约7cm,加强型袋装砂井的砂袋直径可达10cm以上。

加强型袋装砂井运用于综合处理可液化砂层和软土层互层地基,其作用机理是利用其振动挤密作用和排水作用。振动作用类似于挤密砂桩,排水作用和常规袋装砂井机理一样,这里不再赘述。

与传统的挤密砂桩相比,加强型袋装砂井施工质量相对容易控制,还可大幅度降低工程造价,节约成本。经计算,达到与挤密砂桩相近程度的处理效果,加强型袋装砂井的成本约为挤密砂桩的60%。

7.3.2　试验方案

试验场位于试验段挤密砂桩区左侧,其中S-1区试验段左侧排水沟的距离最近,边界距离约20m。试验场中各区平面布置情况如图7-10所示。

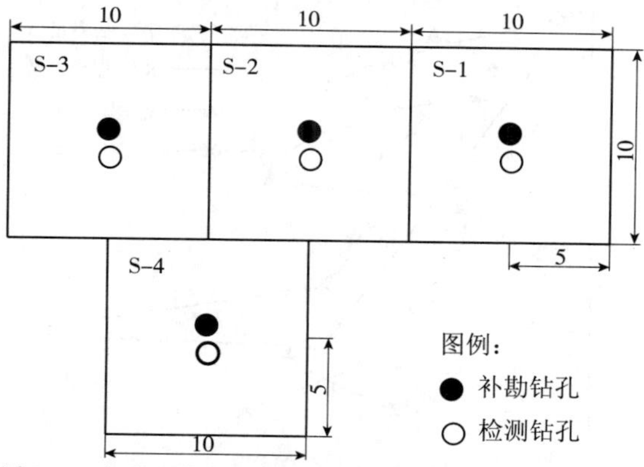

图7-10　加强型袋装砂井试验区平面布置(尺寸单位:m)

试验场各区域所使用袋装砂井套管外径均为17cm,袋装砂井直径均为7cm,桩长均为15m,并均为梅花形布置。挤密井无袋装砂井,套管外径17cm,桩长15m,梅花形布置。加强型袋装砂井处理方案主要试验了4种,其中第一方案~第三方案为间距不同的加强型袋装砂井,第四方案为加强型袋装砂井+挤密空井,挤密空井间隔布置于袋装砂井之间,间距为0.6m。

7.3.3　试验结果

1)振动挤密作用

为了评价不同方法的处理效果,在对比此4种方案的同时,还与附近试验段所使用的桩径为40cm,桩长为14m,间距为1.6m的挤密砂桩进行了对比。对加强型袋装砂井和挤密砂桩施工过程中地基表面产生的最大沉降进行了监测,其相应的最大沉降量如表7-4所示。由表可知,地基表面沉降随加强型袋装砂井间距的减小而增大,说明加强型袋装砂井的振动作用和挤密作用可以起到密实砂层的作用,并由此引起地面较大的沉降。当加强型袋装砂井间距为挤密砂桩间距的37%左右时,两者的密实效果接近。

加强型袋装砂井间距　　表7-4

序号	区域	砂井间距(m)	空井间距(m)	最大沉降(cm)
1	S-1	0.6		43
2	S-2	0.8		28.5
3	S-3	1.0		14.5
4	S-4	1.2	0.6	53.5
5	砂桩区	1.6		56.5

2)标准贯入试验

在加强型袋装砂井施工前后还进行了标准贯入试验。各区试验前后标准贯入试验孔间距均约50cm。各次击数及相应的临界击数如图7-11~图7-14所示。由图可得出以下针对该试验区的结论:

①本场地砂土处理前在地震烈度为7°时,均有可能液化。

②加强型袋装砂井的挤密效果很明显。经过处理,除S－4区外,其余几个区均可能抵抗地震烈度为8°的地震液化。

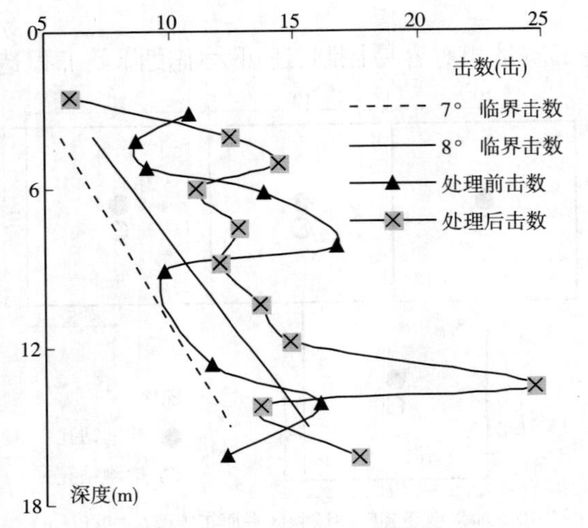

图7-11　S－1区标贯曲线图

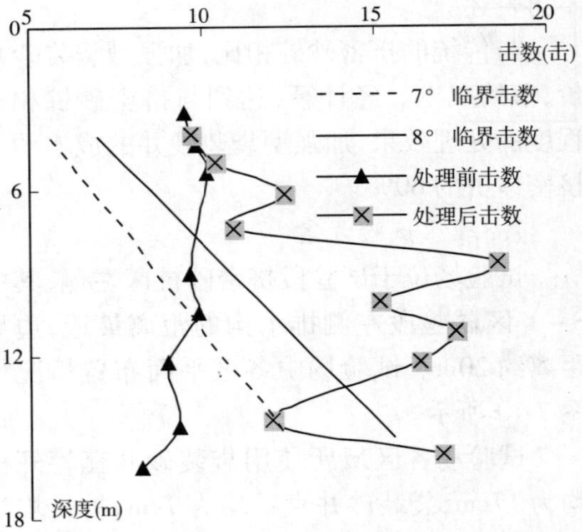

图7-12　S－2区标贯曲线图

③S－4区标贯击数较小的主要原因是部分空井所形成的空洞仍然存在。路基填筑时这些空洞将塌落密实,S－4区的地基表面将继续下沉,砂层会进一步密实。从理论上来说,S－4区的挤密效果与S－1区相当。

④据标准贯入试验结果,可认为加强型袋装砂井的挤密效果达到了本试验段挤密砂桩的挤密效果。

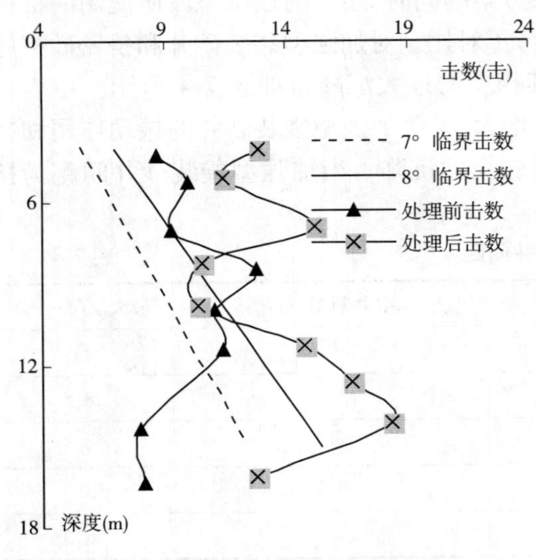

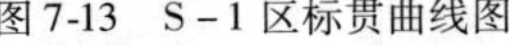
图7-13　S－1区标贯曲线图

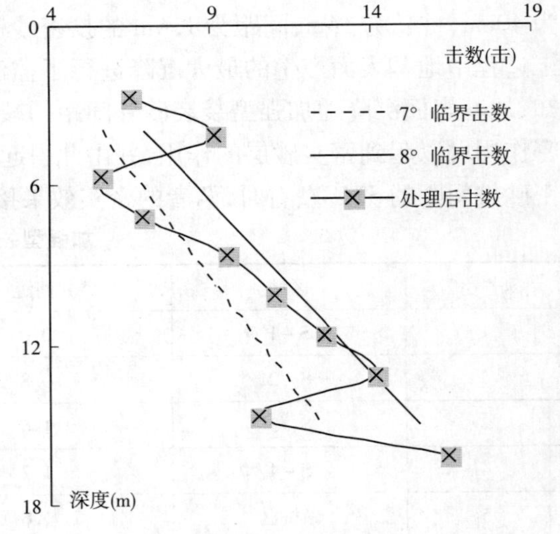

图7-14　S－2区标贯曲线图

7.3.4　与砂桩经验效益对比

表7-5为加强型袋装砂井与砂桩综合对比表,由表可以看出,在取得同样处理效果的前提下,加强型袋装砂井相对于砂桩,其造价相对较低,施工效率也较高。

加强型袋装砂井与砂桩综合对比　　表 7-5

桩型	规格	单价（元/m）	间距（m）	布置方式	处理深度(m)	造价（元/m^2）	施工效率（m^2/台班）
砂桩	ϕ40cm	20	1.6	正方形	10	78.1	114.7
加强型袋装砂井	ϕ15cm	5	1.0	等边三角形	10	57.7	173.2

7.3.5　小结

据上述试验结果可知，加强型袋装砂井对可液化砂层地基有较强的挤密作用，不仅可运用于处理可液化砂土，同时还是一种可高效低耗地综合处理淤泥质软黏土与可液化砂层互层地基的方法。相对于砂桩，加强型袋装砂井的造价相对较低，施工效率较高。

7.4　路堤荷载处理砂土液化的试验研究

7.4.1　研究意义

高等级公路路线较长，难免会存在可液化路段。路堤填筑施工时，随填土高度的增大，可液化土层的埋深不断增大，其强度也因进行堆载预压的进行而发生增长，这些都将会降低砂土液化的可能性。在这种情形下，可否需要专门对砂土液化进行抗震处理的必要，至目前为止，国内外对这方面的研究还比较少，此研究成果将具有较高的工程实践指导意义。

7.4.2　试验思路

根据工程实践经验和理论分析，地基土体中埋藏深度小于 15m、松散、饱和、黏粒含量小于 5%、地下水位以下的砂层才具有砂土液化的可能性，原来松散的砂层，如经过预压处理后其含水率降低、密实度增加，则该砂层将不再具备发生砂土液化的可能性。对于公路地基来说，路堤本身可以成为很好的预压荷载，且砂层埋藏浅，其附加应力较大，不仅可以取得较好的压实效果，而且也可以大幅度降低公路地基处理砂土液化的成本。基于以上想法，试验段开展了利用路堤荷载处理砂土液化的试验研究。

7.4.3　试验成果

在进行软基处理前，对试验段 K13 + 830 和 AK1 + 740 断面的砂夹层进行了标准贯入试验，经统计其平均值为 8.0 击，以此为试验段各区砂夹层的天然状态下的标准贯入试验击数。加固后，在试验段 3 个砂夹层较厚的加固区进行了标准贯入试验，其结果如表 7-6 所示。据表可知，采用砂井处理区域的砂夹层强度增长较大，而超载预压区砂夹层标准贯入试验击数随填土厚度的增加而增大。

可液化砂层加固处理前后标贯对比　　表 7-6

桩号	处理方式	标准贯入试验平均击数				填土厚度(m)
		加固前	加固后	加固后标贯点次	击数增幅	
K13 + 930	砂井 + 超载	8.0	19.0	5	137.5%	7.469
EK0 + 100	超载预压	8.0	9.3	4	16.3%	4.897
EK0 + 140	超载预压	8.0	13.0	6	62.5%	8.277

填土高度为 4.641m，预压 45d 左右后，其标准贯入试验击数仅增长 16.3%，可见填土较低

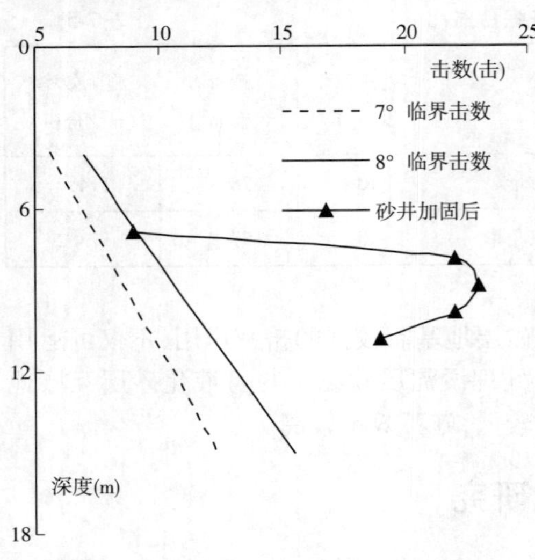

图 7-15 K13 + 930 标贯曲线图

时抗震处理效果较差,而砂井处理区和高填土区的抗震作用较明显。据分析砂井处理区标准贯入试验击数增长较大是由两方面原因引起:一是砂井施工过程的振动作用和挤密作用;二是填土荷载的压实作用。这两个方面均可使砂层变得密实。而无软基处理的加固区,砂夹层的强度增长只由填土荷载的压实作用引起,因此,填土高时,其强度增长较大。

图 7-15 ~ 图 7-17 为表 7-6 加固区的标贯曲线图,由图可见,经砂井处理后,在 7m 填土荷载的作用下,地基完成可以抗 8°地震;在没有进行软基处理的情况下,填高 7.7m 的超载预压区也能抗 8°地震,而填土 4.6m 高的超载预压区抗震效果相对较差。

7.4.4 小结

(1)对于本试验工程的地质条件和填土条件而言,普通袋装砂井联合堆载预压也可取得较好的抗震效果。

(2)在路堤荷载作用下,地基砂夹层的标准贯入试验击数随填土高度的增加而增大,填土较高时,抗震效果较明显。

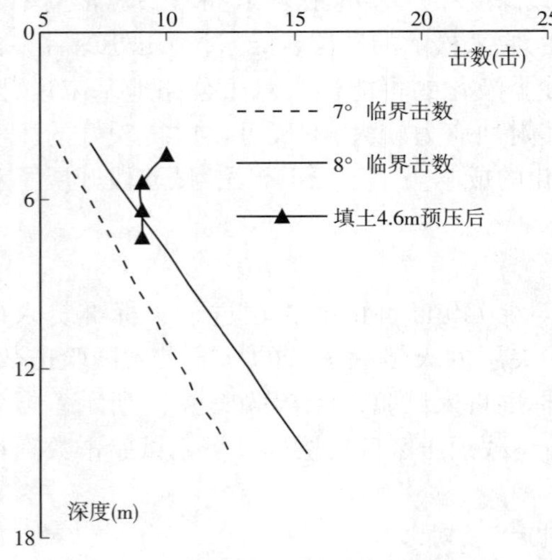

图 7-16 EK0 + 100 标贯曲线图

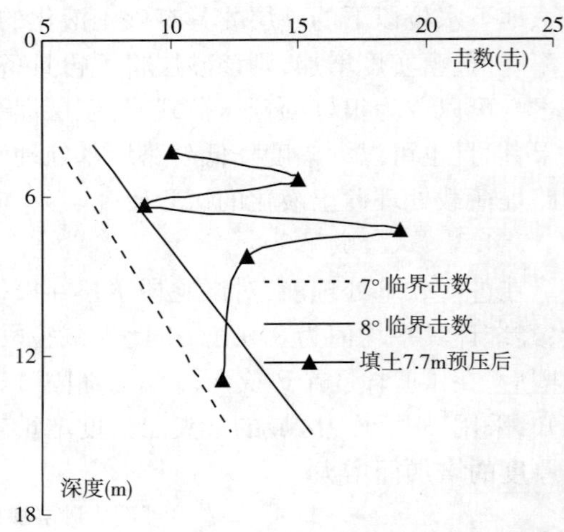

图 7-17 EK0 + 140 标贯曲线图

7.5 结论

综合上述试验结果,得到以下结论:

(1)加强型袋装砂井对可液化砂层地基有较强的挤密作用,是一种处理可液化砂土的实用方法,同时也是一种可高效低耗地综合处理淤泥质软黏土与可液化砂层互层地基的实用方法。无论地基是由可液化砂层或可液化砂层与软土层互层组成,采用本试验加强型袋装砂井的成果,均能抗 8°地震,可见用加强型袋装砂井替代以往常用的挤密砂桩可以节省资金,取得同样效果。

(2)挤密砂桩可以起到消除砂土液化和加固软弱土层的双重作用,非常适合于类似试验段地质条件路段的地基处理。

(3)据分层沉降和孔隙水压力观测结果,对于类似试验段地质情况的路段,在进行挤密砂桩处理后,下卧层软土不需另外进行处理。

(4)对于本试验工程的地质条件和填土条件而言,普通袋装砂井联合堆载预压也可取得较好的抗震效果。

参考文献

[1] 胡永深,梁榕生.高速公路路基砂土液化及软土地基综合处治[J].中南汽车运输,1999,(4):38~40.

[2] 于书翰.高速公路地基砂土液化判别和地基液化处理方法[J].西安公路交通大学学报,2000,20(3):21~24.

[3] 中华人民共和国建设部规范.GB J11—89 建筑抗震设计规范[S].北京:中国建筑工业出版社,1989.

第8章 施工期路基裂缝研究

8.1 概述

对于填土路堤的施工,裂缝是一种常见的现象,微小的裂缝是广泛存在而且无法避免的,形成原因和机理各种各样,但是,过大的裂缝却会造成路基或路面的破损。因此,必须重视路堤的变形和裂缝控制技术,做到正确设计,严格施工,使裂缝对公路的影响控制在允许的范围内。虽然路基和地基的应力和应变可以测定,但是考虑路堤施工的方便性以及经济性,目前对裂缝的控制主要是通过变形(沉降和水平位移)观测的方法来间接地了解路堤的应力应变情况。

裂缝可以从不同的角度进行分类,按其部位分可分为内部裂缝和表面裂缝。按走向分可分为纵向裂缝、横向裂缝、水平裂缝、铅直裂缝、龟裂缝。按成因可分为不均匀沉降裂缝、滑坡裂缝、水力劈裂裂缝、干缩裂缝、冻胀裂缝,以及膨胀土胀缩裂缝、振动疲劳裂缝,甚至是土层过度碾压造成开裂。对于路基施工裂缝主要有干缩裂缝、不均匀沉降裂缝路基失稳裂缝等。

8.2 现场观测和模拟实验研究

8.2.1 现场观测

试验段主线 K13 + 845 处和 E 匝道在路基预压期曾出现过路堤的横向裂缝,沉降观测数据显示这些裂缝的两侧路基有较明显的差异沉降,属于差异沉降裂缝。为了加强对裂缝发展趋势的监测,在主线裂缝处埋设裂缝计,测试数据显示裂缝发展的速率随差异沉降的增大速率的减小而减小。当两侧的沉降速率基本一致时,裂缝的宽度就几乎不再发展,降雨过后,土体吸水膨胀,裂缝有愈合的迹象。

8.2.2 模拟实验

针对上述现象,结合试验段裂缝的相关实测数据,采用模拟实验装置控制两端土体的差异沉降,观测多大的差异沉降时,土层才会产生裂缝。裂缝出现后,继续增大差异沉降,测试裂缝的宽度随差异沉降发展的的关系曲线。模拟实验装置如图 8-1 所示。

裂缝试验的步骤如下:

(1)按上图拼装裂缝试验模型,在模型钢板面上分层填土,并采用人工振动捣实。

(2)在试验模型的纵向中线打入 3 排钢钉,在出现裂缝之后,可用游标卡尺测量裂缝的发展宽度。

(3)通过旋动螺母,使得钢板变形,两端土体下沉,增大差异沉降量,通过卷尺控制每级下沉的差异沉量,逐渐使土体与钢板受压变形,仔细观察裂缝在何时出现。

(4)裂缝出现后,及采用卷尺和游标卡尺测试每级的差异沉降量和裂缝的发展情况。

(5)每级的测量频率如下:要求每半小时加载一级,开始 2 级,每次下沉 10mm,以后第次下沉 5mm，加载后立即进行裂缝宽度的测量。

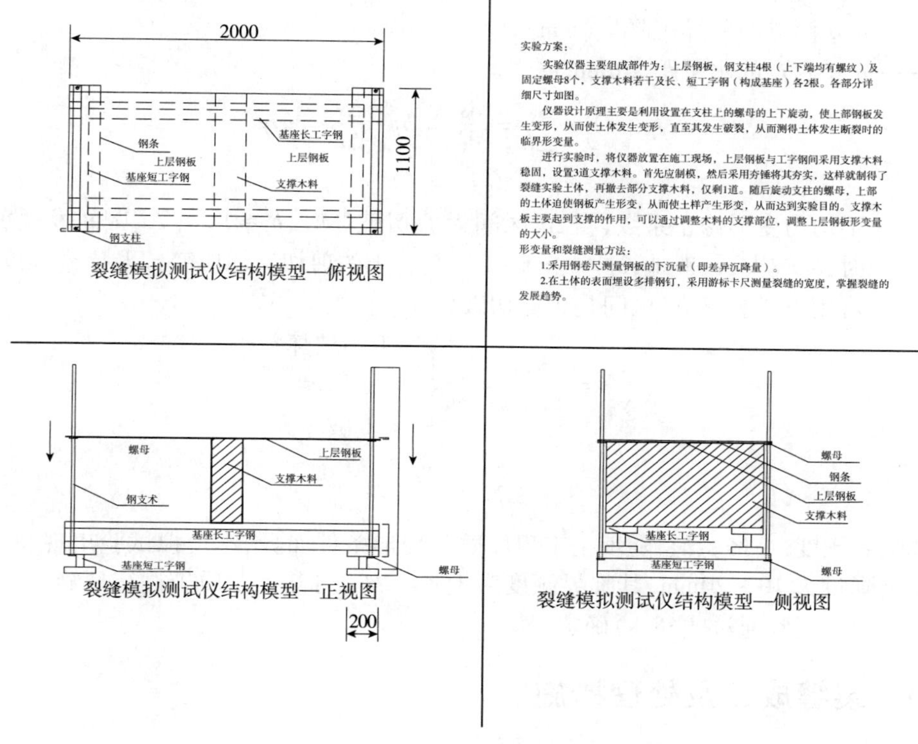

图 8-1　裂缝试验模型图

8.2.3　数据整理分析

试验时，当底部的钢板下沉 10mm 时，即差异沉降为 10mm，中间和右侧首先出现裂缝，差异沉降达到 20mm 时，左侧才出现裂缝。破坏后，裂缝向下垂直发展，裂缝面粗糙不平，直到钢板面为止。差异沉降与裂缝宽度关系曲线如图 8-2 所示。

从图 8-2 不难看出：裂缝的宽度随差异沉降的增大而增大，刚开始时，裂缝宽度的增长速率较快，而后，增长速率逐渐变缓。

上述模型为一对称模型，取一侧土体进行分析，中轴线中央为 o 点，端点为 a 点，具体如图 8-3 所示。则 o、a 两点之间的倾度 γ_l 为：

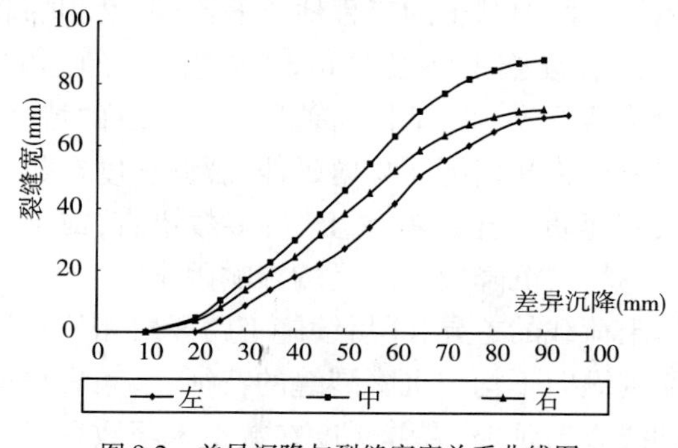

图 8-2　差异沉降与裂缝宽度关系曲线图

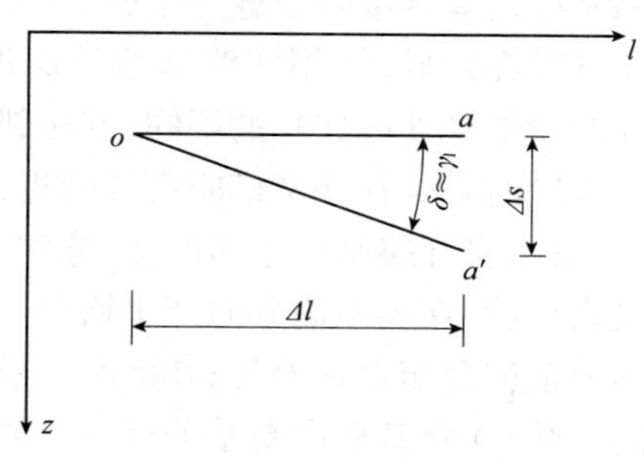

图 8-3　倾度计算模型

$$\gamma_1 = \frac{\Delta s}{\Delta l}$$

式中：Δs——o、a 两点的差异沉降量(mm)；

Δl——o、a 两点的水平距离(mm)；

$$\gamma_{lz} = \lim_{\Delta l \to 0} \frac{\Delta s}{\Delta l} = \frac{\mathrm{d}s}{\mathrm{d}l} = b_l \cdot \frac{\Delta s}{\Delta l} = b_l \gamma_l$$

$$\tau_{lz} = G\gamma_{lz} = Gb_l\gamma_l$$

b_l——不均匀变形修正系数，当 Δl 区间无剪切破坏时，$b_l \approx 1$，当 Δl 区间发生剪切破坏时，b_l 较大，一般地，$b_l = b_f = 4 \sim 8$。结合土的剪切破坏应变 r_f 及库仑强度包线，则可用下式验算 Δl 区间是否剪切破坏。

$$\frac{\gamma_f}{\gamma_{lz}} = \frac{\gamma_f}{b_f.\gamma_l} = \frac{\gamma_c}{\gamma_l}\begin{cases} > 1 \text{ 不坡坏} \\ = 1 \text{ 临界} \\ < 1 \text{ 破坏} \end{cases} \tag{8-1}$$

$$\gamma_c = \frac{\gamma_f}{b_f}$$

破坏临界倾度，一经验值，随填土工程性质及变形条件而异，本模拟试验出现裂缝破坏的临界差异沉降量为 10～20mm，其临界倾度为 1%～2%，对其他土质未进行裂缝试验的，可采用土的剪切破坏试验通过式(8-1)确定。

8.3 裂缝成因及处理措施

8.3.1 裂缝成因及形态

(1)干缩裂缝

当路基填料黏粒含量和含水率偏大，施工期间路面暴露时间过长，就会产生裂缝。裂缝的规律性差，纵横都有，呈龟裂状，逢深一般在几厘米到 1m 不等，多系铅直，上宽下窄呈锲形，一般在路基填筑的下一层层面处尖灭。

(2)差异沉降裂缝

在所有的路基施工裂缝中，差异沉降裂缝占的比例最大。差异沉降裂缝分为横向差异沉降裂缝和纵向差异沉降裂缝。通常这类裂缝垂直向下发展，发展速率通常由快至慢，逐渐趋于稳定。

路基横向差异沉降裂缝产生的影响因素：①相邻路段地基土的工程地质的不同；②相邻软基的厚度存在差异；③相邻路基填筑高度的差异；④后续施工路段对相邻前期路段的影响；⑤相邻路段地基处理方法的不同；⑥相邻段填土荷载的差异。路基横向差异沉降裂缝的特征：多条裂缝同时发生在路基横断面线附近，所有裂缝都沿路基横剖面方向延伸，裂缝长度在数十米不等，甚至贯穿路基整个横断面；缝深一般较深，甚至贯穿至所有填土层；多数铅直，或上宽下窄呈锲形状，在纵断面方向产生错台。路基纵向不均匀沉降裂缝产生的影响因素有：①地基工程地质横向分布存在差异；②沿路基横向存在填土荷载的差异；③后续施工路段对相邻前期路段的影响；④路基横向地基处理方法的不同。路基纵向不均匀沉降裂缝的特征：多条裂缝同时发生在路基纵轴线附近，所有裂缝都沿路基纵轴线方向延伸，裂缝长度在数十米至数百米不等；缝深一般较深，甚至贯穿至所有填土层；多数铅直，或上宽下窄呈锲形状，或下宽上窄，在路基横向发生错台。

(3)路基失稳裂缝

路基失稳裂缝特点:多属于滑弧形式,从平面上看滑弧呈"U"字形,两端向坡脚延伸。从剖面上看,呈弧形滑动,这种裂缝一般有较大的错距,并有明显擦痕。裂缝发展一般由缓慢逐渐加快,发展速度较快,直至路基失稳后才逐渐变缓并重新趋于稳定。产生滑坡裂缝的原因路基填筑过快,地基土强度增长不及时,下滑力大于抗滑力,地基土体发生破坏。路基失稳裂缝是地基失稳的前兆,通常与下列现象同时出现,如路基坡脚出现隆起、超静孔隙水压力不消散、沉降速率和水平位移速率突然增大。

8.3.2　裂缝危害及处理措施

(1)干缩裂缝

路基施工期的干缩裂缝对路面结构层的影响较小,通常不进行处理,应加强对后填土土源的控制,同时要求碾压时对填料进行翻晒,降低其含水率后再进行碾压即可。

(2)差异沉降裂缝

在施工期的出现差异沉降裂缝很常见,危害不大,如果裂缝错台过大,就需要采取相应的方法进行处理,否则会在运营期产生差异裂缝。在运营期如横向裂缝错台过大会影响行车的舒适性,甚发生"跳车"现象。在运营期纵向差异沉降裂缝封堵不及时,雨水会沿裂缝下灌,产生较大的孔隙水压力,可能会引起滑塌。

差异沉降裂缝主要的处理措施是降低引起差异沉降的因素的影响程度,如相邻区域的软土的性质和厚度不同,可采用不同的处理方案进行处理,或对沉降量大的区域采用超载预压,尽量使其差异沉降量发生在施工期之内,主要目的是为了降低运营期的差异沉降量,从而减小差异沉降裂缝的发生机率,消除其危害。

(3)路基失稳裂缝

路基失稳后通用的措施如下:①在路基坡脚增加反压护道;②采用管桩复合地基处理滑塌区;③采用抗滑桩对路基坡脚地基进行处理;④将路改桥。

8.4　结论

综合上述试验结果,得到以下结论:

(1)试验段的裂缝均属于差异沉降裂缝。

(2)通过模拟试验,得出裂缝发生的临界倾度为1% ~2%。

(3)分析了不同裂缝的成因和危害及发展规律,针对不同类型的裂缝提出具体的处理措施。

参考文献

[1] 石名磊,战高峰.高路堤路面结构纵向裂缝分析.吉林大学自然科学学报,1999,(4):86~91.

[2] 水利水电部,交通部,南京水利科学研究院,湖南省水利局,土坝裂缝及其观测分析[M].北京:中国水利水电出版社,1979.

[3] 华东水利学院.土石坝工程翻译组译。土石坝工程[M].北京:中国水利水电出版社,1978.

第9章　剩余沉降分析与卸载时机确定

9.1　概述

工后沉降是公路地基处理主要解决的问题之一，其组成有地基加固层压缩沉降、加固区下卧层压缩沉降、地基侧向位移引起沉降和路基压缩沉降。路堤高度、预压时间和软土厚度都是影响工后沉降的主要因素，而产生工后沉降的荷载主要有地基自重、路基和路面荷载及汽车荷载。

根据监测数据统计各处理区的沉降速率和推算其剩余沉降，确定了卸载时机，并从剩余沉降量和原位测试土体的强度两个方面对各处理区的处理效果进行分析。侧重讨论超载预压的处理效果，再次得出超载预压法适用于与试验段工程地质条件相似的路段，可应用于今后本工程全线设计和施工中去。另外大量工程实践表明，超载预压对减小采用排水固结法和预压法处理路段的工后沉降具有非常显著的作用，而且施工简便，造价较低，是一种经济合理的路基加固方法。最后根据工后沉降的组成，提出了降低工后沉降的具体措施。

采用不同双曲线方法推算沉降的结果如表9-1所示。由表可知：①双曲线法的相关系数较高，其中ST法相关系数最高；②全量双曲线法和TS法推算结果大于增量双曲线法推算结果，其中全量双曲线法推算结果最大。按照目前各断面的实际沉降情况，结合以往工程经验，

双曲线法推算试验段最终沉降量统计表　　表9-1

断面	增量双曲线		全量双曲线		TS双曲线法		②/⑥	④/⑥	填土高度（含沉降量）
	最终沉降量 S_∞（mm）	相关系数 R^2	最终沉降量 S_∞（mm）	相关系数 R^2	最终沉降量 S_∞（mm）	相关系数 R^2			
①	②	③	④	⑤	⑥	⑦	⑧	⑨	⑩
K13+830	981.3	0.9071	1000	0.999	1013.8	0.9992	0.97	0.99	7.976
K13+930	1077.7	0.9939	1075.3	0.9981	1055.8	0.9994	1.02	1.02	6.693
K14+050	836.44	0.9917	892.9	0.9991	869.5	0.9998	0.96	1.03	4.284
K14+170	718.22	0.9953	769.2	0.99796	747.4	0.9996	0.96	1.03	3.312
K14+240	941.36	0.9875	961.5	0.9958	920.8	0.9991	1.02	1.04	2.886
AK1+490	1448	0.9995	1666.7	0.9889	1552.2	0.9978	0.93	1.07	6.969
AK1+560	1072.4	0.9939	1111.1	0.9997	1094.9	0.9999	0.98	1.01	4.117
AK1+678	491.1	0.9904	相关系数低	0.9758	561.8	0.9985	0.87		3.086
AK1+757	559	0.9906	相关系数低	0.9794	608.8	0.9992	0.92		3.743
EK0+100	407.5	0.9858	427.4	0.9992	402.8	0.9994	1.01	1.06	4.641
EK0+140	806.14	0.9922	847.5	0.9994	815.8	0.9998	0.99	1.04	7.705

注：最终沉降量相对于卸载前（2007年3月6日）的沉降监测数据。

可以判断出增量双曲线法推算结果偏小;③部分监测断面因相关系数低而无法用全量双曲线法推算最终沉降量,这些断面所在的加固区均采用超载预压法进行软基加固。由此可见,全量双曲线法在类似地质条件路段适用性稍差,TS 双曲线法最优,本总结报告以后都采用此法进行分析,同时本工程中与试验段情况相似的路段均可采用此法进行分析。

9.2　卸载时机的确定

9.2.1　沉降规律分析

在试验段 K14 + 240、AK1 + 560 和 AK1 + 757 断面在填土过程中曾出现过较长的填土间歇期,在此期间,地基土体得以完成大部分相应填土荷载下的沉降固结。图 9-1 为上述 3 个断面的填土厚度与沉降量的关系曲线图,由图可见,两者基本为线性关系。

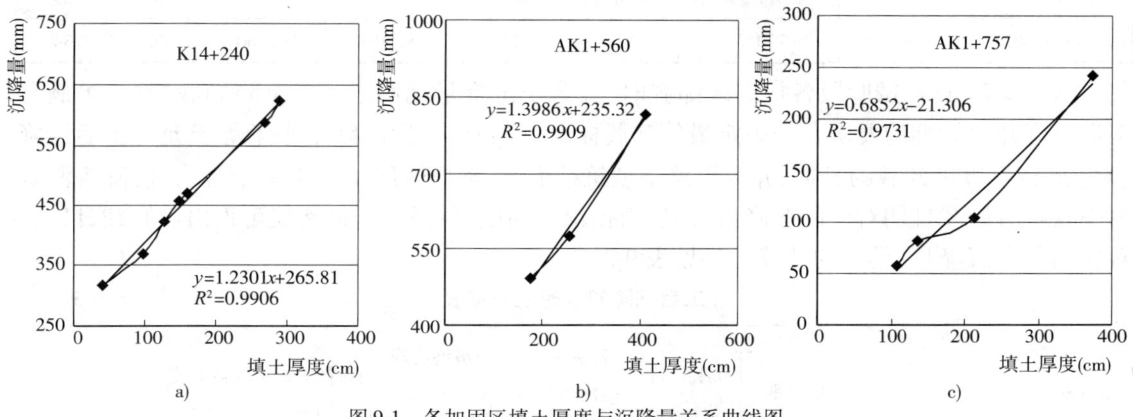

图 9-1　各加固区填土厚度与沉降量关系曲线图

另外,试验段 K13 + 930、K14 + 050 和 K14 + 170 断面的地质条件基本相同,且均采用排水固结法进行软基处理,但填土高度不一样。图 9-2 为上述 3 个断面的填土厚度与最终沉降量的关系曲线,图中也反映出填土厚度与沉降量呈很好的线性关系。

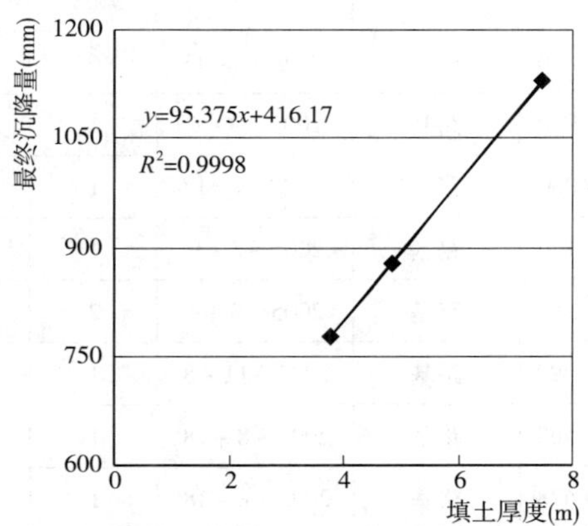

图 9-2　排水固结区填土厚度与沉降量关系曲线图

据上述分析可认为试验段各区的填土厚度与沉降量和推算的最终沉降量基本呈线性关系。

计算公路计算出路面载荷(等载)对应的最终沉降量和剩余沉降量,具体见表 9-2。

最终沉降量换算一览表　　表 9-2

监测断面	H_t (m)	S_t (mm)	超载高度 (m)	S_∞ (mm)	H_∞ (m)	H_e (m)	S_e (mm)	S_r (mm)
K13 + 830	8.891	976	0	1014	8.929	8.891	1010	34
K13 + 930	7.635	981	1	1056	7.710	6.635	909	56
K14 + 050	5.045	809	0	870	5.106	5.045	859	50

续上表

监测断面	H_t (m)	S_t (mm)	超载高度 (m)	S_∞ (mm)	H_∞ (m)	H_e (m)	S_e (mm)	S_r (mm)
K14 +170	3.967	688	0	747	4.026	3.967	736	48
K14 +240	3.676	838	0	921	3.759	3.676	901	63
AK1 +490	8.279	1411	6.3	1552	8.420	1.979	365	28
AK1 +560	5.136	1045	1.5	1095	5.186	3.636	768	28
AK1 +678	3.533	462	1.2	562	3.633	2.333	361	56
AK1 +757	4.244	519	1.5	609	4.334	2.744	385	50
EK0 +100	5.003	371	0.008	403	5.035	4.995	400	29
EK0 +140	8.460	770	1.5	816	8.506	6.960	668	34

从表 9-2 可得,试验段各加固区卸载时,其剩余沉降量远小于工后沉降卸载标准,可满足工后沉降卸载标准的要求。为确定最佳卸载标准,取剩余工后沉降量小于等于允许工后沉降[S_r]进行反算可卸载的日期,并要求路基填筑结束后,预压时间不小于一个月,在沉降观测资料中查找可卸载日期对应的沉降量,然后根据填土高度进行修正,最终就可得出可卸载日期相对应的剩余沉降量,具体的计算结果见表 9-3。

工后沉降卸载时机一览表 表 9-3

监测断面	所属路段	可卸载日期	预压时间（月）	卸载时对应的沉降量（mm）	最终沉降量 S_e（mm）	剩余沉降量（mm）	超载高度（m）	备注
K13 +830	桥头	2006 -1 -15	6	914	1010	96	0	
K13 +930	路基	2005 -9 -6	1	737	909	172	1	沉降量和最终沉降量均进行了填土高度修正
K14 +050	路基	2005 -8 -17	1	682	859	177	0	
K14 +170	路基	2005 -8 -9	1	563	736	173	0	
K14 +240	路基	2005 -8 -9	2	677	901	224	0	
AK1 +490	路基	2005 -11 -8	1	261	365	104	6.3	沉降量和最终沉降量均进行了填土高度修正
AK1 +560	路基	2005 -8 -18	1	584	768	184	1.5	
AK1 +678	路基	2005 -8 -18	1	148	361	213	1.2	
AK1 +757	路基	2005 -8 -18	1	172	385	213	1.5	
EK0 +100	路基	2005 -11 -10	1	241	400	159	0.008	
EK0 +140	路基	2005 -11 -10	1	371	668	297	1.5	

1)根据沉降速率判断

根据沉降资料可以计算沉降速率。当超载厚度较大时,可以根据下式修正沉降速率:

$$V_{sr} = \frac{H_e}{H_\infty} V_s \tag{9-1}$$

V_{sr} 小于 $[V_s]$ 时,即可以卸载。

根据监测资料,统计卸载前3个月的月沉降量,同时根据TS双曲线法的拟合参数,求导算出最早可卸载日期,具体结果见表9-4。

最终沉降量换算一览表 表9-4

监测断面	所属路段	卸载前月沉降速率(2007-3-6)			完成填土的日期	最早可卸载日期	预压时间(月)	备注
		12月	1月	2月				
K13+830	桥头	1	1	0	2005-6-13	2006-4-28	10	所有月沉降速率均进行了填土高度修正
K13+930	路基	-1	1	3	2005-7-29	2006-5-28	10	
K14+050	路基	3	2	5	2005-7-11	2006-5-28	11	
K14+170	路基	2	2	3	2005-6-10	2006-5-9	11	
K14+240	路基	3	3	4	2005-7-9	2006-6-11	11	
AK1+490	路基	2	1	2	2005-7-13	2006-3-30	9	
AK1+560	路基	5	3	3	2005-7-16	2006-5-9	9	
AK1+678	路基	1	1	2	2005-7-14	2006-6-22	11	
AK1+757	路基	3	2	3	2005-7-14	2006-6-22	11	
EK0+100	路基	3	1	3	2005-10-8	2006-6-22	9	
EK0+140	路基	3	3	2	2005-10-8	2006-7-13	9	

根据二广试验段的沉降速率结果,从表9-4可得:采用挤密砂桩处理区的预压时间为10个月,要小于采用排水固结法的预压期(11个月),这似乎与采用工后沉降推算的结果相互矛盾。这主要是由于桥头的允许工后沉降与一般路段不同,而沉降速率卸载标准又是一样,从而导致两种推算方法得出的结果相互矛盾。K13+930和K14+050均打设砂井,采用排水固结法处理,其中K13+930采用超载处理,而K14+050只采用等载处理,K13+930的预压期比K14+050的将近要少1个月,这就是超载预压发挥的作用。排水固结+超载处理的预压期约为10个月左右,排水固结+等载处理的预压期为11个月左右。*A*匝道AK1+490与AK1+560分别采用超载预压和排水固结法处理,它们的预压期几乎一致,产生这种现象的主要原因是试验区内地层为双层结构,存在夹砂层,提供了排水通道。且淤泥和淤泥质土混有中粗砂,其渗透系数较大,因此在路基加载时,软土内的孔隙水可以较为顺利地排出,起到与竖向排水体类似的作用。

2)卸荷监测数据分析

试验段卸载时,对路基反弹量进行观测,卸载后一个月内主要发生反弹,一个月后在剩余载荷作用下,路基继续发生沉降,卸载后的反弹量见表9-5。

从表9-5可得,路基卸载时路基一个月内的沉降量反弹很小,最大反弹量仅为13.5mm,与卸载前的最大沉降比,基本上可忽略不计,这就再次证明土体的外载的作用下属于弹塑性体。路基预压稳定后,路基的卸载沉降反弹极小,说明路基加荷期间发生的沉降是不可塑转的。

卸载后反弹量统计表 表 9-5

监测断面	K13 +830	K13 +930	K14 +050	K14 +170	K14 +240	AK1 +490
卸载前最大沉降量(mm)	993	788	819	535	585	1411
最大反弹量(mm)	3.2	3.95	3.15	3.7	4.25	12.5
监测断面	AK1 +560	AK1 +678	AK1 +757	EK0 +100	EK0 +140	
卸载前最大沉降量(mm)	1045	462	519	371	771	
最大反弹量(mm)	9.4	13.5	2.24	0.86	3.5	

9.2.2 沉降修正系数分析

由于瞬时沉降和次固结沉降的计算方法和理论尚不成熟,工程界常将一维沉降计算结果乘以一个经验的修正系数。据施工设计图纸,本试验段的设计最终沉降量采取了同样的计算方法,沉降修正系数根据填土高度取值为 1.2 ~ 1.3。试验段根据实测数据推算最终沉降量与设计最终沉降量的对比情况见表 9-6。据表可看出,即使设计最终沉降量已经考虑了沉降修正系数,其值相对推算最终沉降量仍然小很多,尤其是软土力学性质差的断面(如 K14 +240、AK1 +490、AK1 +560 断面)差值更大。因此,在计算本工程全线的最终沉降量时,与试验段条件相似时的路段,建议将沉降修正系数取为 1.6 ~ 1.8。

推算最终沉降量与设计计算沉降量对比表 表 9-6

断面	推算最终沉降量 S_{∞} (mm)	设计计算最终沉降量 (mm)	②/③	设计填土高度 (m)	备注
①	②	③	④	⑤	
K13 +830	1010	743	1.31	7.976	
K13 +930	909	678	1.45	6.693	
K14 +050	859	514	1.39	4.284	
K14 +170	736	423	1.44	3.312	
K14 +240	901	423	1.92	2.886	
AK1 +490	365	28.6	1.64	3.055	
AK1 +560	768	28.6	2.09	4.117	处理方式改变
AK1 +678	361	487	1.11	3.086	
AK1 +757	385	789	0.78	3.743	处理方式改变
EK0 +100	400	789	0.78	4.319	处理方式改变
EK0 +140	668	789	0.78	4.577	处理方式改变

注:设计计算沉降量已考虑沉降修正系数 1.2 ~ 1.3。

9.3 软基加固效果综合评价

9.3.1 推算剩余沉降量分析

尽可能消除工后沉降是软基处理主要目的之一,而工后沉降包含于剩余沉降之中,因此,剩余沉降量在很大程度上反映了地基的加固效果。以下将结合各加固区的地质情况、填土高度及处理方法,从剩余沉降的角度出发,对各区的加固效果进行评价。

(1)挤密砂桩区(K13 +830)目前的剩余沉降仅为 34mm,相同条件下主线采用排水固结法处理的均较大,表明挤密砂桩的加固效果较好,这与前面根据其他试验结果得到的结论一致。

(2)设置竖向排水体的断面除 K13 +930 和 K14 +240 之外,其余断面的沉降已经满足工后沉降的要求,其中 K13 +930 断面和 K14 +240 断面分别采用袋装砂井 + 超载和塑料排水板 + 等载的处理方式。TS 法推算结果显示,K13 +930 预压 1 个月后,就达工后沉降卸载标准,其剩余沉降量为 172mm,K14 +240 断面预压 2 个月后,才达工后沉降卸载标准,剩余沉降分别为 224mm,采用超载的预压期短,剩余沉降量小,加固效果明显要好于等载。地质资料显示(见第 2 章第 2.2 节图 2-2),K14 +240 断面软土层之间砂夹层很薄,软土厚度大且强度较低。因此,结合沉降推算数据和地质资料,对于软土含砂量低、厚度大、强度低的路段,为加快软土固结沉降,宜采用排水体 + 超载预压的加固方法。

(3)表 9-7 为试验段采用袋装砂井进行软基加固路基的综合对比统计表,由表可知 K13 +930 地层条件相对较好,填土高度大,超载 1.0m,超载比较小,其剩余沉降量相对较大;而 AK1 +560 断面地层条件较差,填土高度较低,超载 1.5m,超载比较大,其剩余沉降量相对较小。由此可见,在路堤设计高度较低的情况下,采用超载预压的效果较好,而在路堤设计高度较大的情况下,低强度超载预压效果并不十分明显,宜采用超载厚度较大,超载时间较长的方式。

袋装砂井处理区域的综合对比统计表 表 9-7

断面	处理方法	软土厚度(m)	软土平均锥尖阻力(MPa)	砂夹层厚度(m)	填土高度(m)	预压时间(d)	全量双曲线推算沉降	
							最终沉降量 S_∞(mm)	剩余沉降量 S_r(mm)
K13 +930	砂井 + 超载 1m	12.9	0.51	7.4	6.693	554	909.0	56.0
K14 +050	砂井 + 等载	15.1	0.48	4.4	4.284	574	859.0	50.0
AK1 +560	砂井 + 超载 1.5m	17	0.30	0.9	4.117	574	768.0	28.0

注:剩余沉降量相对于 2007 年 3 月 6 日的沉降监测数据。

(4)表 9-8 为超载预压区域的综合对比统计表,由于砂垫层只起到一定褥垫层的作用,并排水作用不明显,因此,在综合对比超载预压法时,不考虑砂垫层的影响。据表 9-8 可知:①砂夹层较厚、软土性质相对稍好的加固区,即使填土高度达到了 7.7m,其最终沉降量仍较小,剩余沉降量也较小,表明对于此类地质条件的路段,超载预压法具有较高的可行性。②AK1 +490 断面的等载高度为 1.979m 时,TS 双曲线法推算最终沉降量为 365mm,剩余沉降为 28mm;AK1 +560 断面待载填土高度为 3.636m,TS 双曲线法推算最终沉降量为 768mm、剩余沉降仅为 28mm。从上述数字对比来看,在此类地质条件下采用袋装砂井处理和超载预压处理的可取得相同的效果,可采用超载预压进行处理。

超载预压区域的综合对比统计表　　表 9-8

断面	软土厚度(m)	软土层平均锥尖阻力(MPa)	砂夹层厚度(m)	设计填土高度(m)	等载填土高度(m)	预压时间(d)	TS 法推算沉降		备注
							最终沉降量 S_{∞}(mm)	剩余沉降量 S_r(mm)	
AK1 +490	14.2	0.364	0	6.969	1.979	509	365	28	最终沉降量和剩余沉降量计算时已进行了等载和超载沉降量换算
AK1 +678	18.6	0.613	3.5	3.086	2.333	600	361	56	
AK1 +757	18.4	0.542	4.3	3.743	2.744	660	385	50	
EK0 +100	20.5	0.45	5.3	4.641	4.995	514	400	29	
EK0 +140	21.7	0.506	5.6	7.705	6.969	514	668	34	
AK1 +560	17	0.304	0.9	4.117	3.636	598	768	28	

注:剩余沉降量相对于 2007 年 3 月 6 日的沉降监测数据。

(5)AK1 +490 和 EK0 +140 填土高度均为 7.0m 左右,但两者地质条件不同,采用相同的处理方法,其沉降情况也表现出很大的差异,因此,在进行软基处理方法的优化设计时,掌握详细的地质资料是必不可少的。

(6)K13 +930 和 EK0 +140 断面填土高度、软土强度和砂夹层厚度基本相似,K13 +930 断面处理后累计沉降量相对较大,两者均预压 514d 后推算剩余沉降分别为 56mm 和 34mm,由此可见,对于此类地质条件的路软基,可考虑不进行处理。但从砂土层抗液化的角度讲,砂井的挤密作用和排水作用均可促进砂层密实,因此,在有抗震要求的情况下,设置砂井效果较好。

(7)表 9-9 为利用各加固区分层沉降数据推算各土层最终压缩量的统计表,由表 9-9 可知,进行软基处理的加固区,其下卧层土层的剩余压缩量较小,占总剩余沉降量的 1.4% ~17.8%,平均 9.5%;没有进行软基处理的加固区 20m 以下土层的压缩量占总剩余沉降量的 4.2% ~23.2%,平均 15.5%。由此可见:①打设砂井后,即使存在下卧层未处理区,由于排水距离缩短,下卧层的固结速度较快,其工后沉降所占比例较未打设砂的较少;②试验段上述各加固区的深层土体剩余压缩量占剩余沉降量的比例较小,这与试验段各加固区深层土体的强度较高有关。在进行下卧层最终沉降量的推算时,发现下卧层的压缩趋势越来越明显,主要是上部土体固结完成后,荷载逐渐向深层土体传递,因此对于下卧层物理力学性质较差的深厚软土地基,下卧软土层是产生工后沉降的主要部位,宜采用深厚处理措施,如要求塑料排水板或袋装砂井等打穿软土层。

综上所述,根据推算沉降数据,可以得到以下结论:①挤密砂桩和排水体的处理效果较好;②对于软土厚度大、强度低(静力触探锥尖阻力小于 0.35MPa)且路堤设计高度较低(低于 4m)的路段,建议采用排水体 + 超载预压的加固方法;③在软土静力触探锥尖阻力大于0.45 MPa、路堤设计高度大于 6m 的情况下,常规的超载预压效果并不十分明显,宜采用强度较大的超载方式;④对于地基浅部砂夹层较厚、软土性质较好(静力触探锥尖阻力大于 0.45MPa)的情况下,可考虑不进行软基处理。

各加固区分层沉降数据推算最终压缩量的统计表　　表 9-9

断面	最后观测时间	压缩层深度范围(m)	目前压缩量(mm)	最终压缩量(mm)	剩余压缩量(mm)	总剩余压缩量(mm)	占百分比(%)
K13 +930	2006 -7 -13	11.0 ~16.9	349	398.3	49.3	60	
		20.9 ~	120	130.7	10.7		17.8
K14 +050	2006 -7 -13	7.4 ~15.2	197.5	232	34.5	41	
		15.2 ~21.3	85	91.5	6.5		15.9
K14 +170	2006 -7 -13	0.8 ~4.9	67.5	72.2	4.7	83.6	
		6.8 ~22.7	304.5	377.7	73.2		
		22.7 ~	105	110.7	5.7		6.8
K14 +240	2006 - -13	3.1 ~4.2	101.5	105.5	4	124.89	
		4.2 ~20.2	414	528.1	114.1		
		20.1 ~24.1	36.5	43.29	6.79		5.4
AK0 +490	2005 -11 -6	4.8 ~14.8	611.5	1192	580.5	606	
		20.74 ~	77.5	103	25.5		4.2
AK1 +560	2006 -1 -15	0.7 ~14.7	475	563.8	88.8	90.04	
		20.6 ~	39	40.24	1.24		1.4
AK1 +678	2006 -7 -13	1.0 ~4.2	50.5	72.95	22.45	92.55	
		7.8 ~17.8	166	217.2	51.2		
		19.7 ~	104	122.9	18.9		20.4
AK1 +757	2006 -7 -13	0.4 ~2.7	39	44.1	5.1	124.3	
		5.8 ~21.8	307	397.4	90.4		
		21.8 ~	84	112.8	28.8		23.2
EK0 +100	2006 -6 -11	0.4 ~4.7	99	104.4	5.4	38.2	
		12 ~26.1	156	183.3	27.3		
		26.1 ~	5	10.5	5.5		14.4
EK0 +140	2006 -7 -13	0.7 ~4.4	131	136.9	5.9	23.2	
		11.4 ~13.4	21	25.6	4.6		
		15.3 ~27.3	49	58.2	9.2		
		27.3 ~	55	58.5	3.5		15.1

注:表中的压缩量均指在现在荷载条件下的压缩量。

9.3.2　据原位测试强度分析

由表 9-10 可知:各类处理方案最终加固均使得地基土体的强度得到大幅增长,从强度指标判断,最终加固后的土体均属于非软土,采用排水固结处理的最终加固后平均锥尖阻力多处于 1.0 ~3.0MPa,标准贯入击数多处于 10 ~12 击,采用超载预压处理的平均锥尖阻力多在 0.7 ~1.0MPa,标准贯入击数多在 7 ~10 击。

软土处理强度增长对比表

表 9-10

桩号	软土层序	平均锥尖阻力(MPa)				平均侧摩阻力(kPa)				平均十字板剪切强度(kPa)				平均标准贯入击数(击)				厚度(m)
		原始	阶段加固	最终加固	强度增幅	原始	阶段加固	最终加固	强度增幅	原始	阶段加固	最终加固	强度增幅	原始	阶段加固	最终加固	强度增幅	
K13 +935	第一层	0.581	1.025	1.321	127%	8.8	22.5	38.1	333%		43.3				9	10		5.8
K14 +010	第一层	0.66	0.978	1.25	89%	10.4	16.6	18.6	79%		39				6	12		8.6
K14 +090	第一层	0.609	0.752	1.309	115%	14.7	15.8	22.4	52%									5.1
	第二层	0.749	1.956	2.868	283%	20.9	37.4	45.2	116%						7	11		5.6
K14 +170	第一层	0.682	1.393	2.974	336%	17.4	17.6	24.2	39%		21.5				6	7		7.9
	第二层	0.853	0.95	1.878	120%	14.5	29.4	36.8	154%		22.2				7.5	10		7.5
K14 +250	第一层	0.329	0.484	0.622	89%	3.7	15.2	20.4	451%		17.9				4	8		1.4
	第二层	0.583	0.637	1.17	101%	10	14.5	21.6	116%		20.8				6	10.5		10.6
AK1 +490	第一层														6	8		
	第二层	0.482	0.687	0.82	70%	8.7	12	18.6	114%	10	17.3	39.4	294%		9	12.5		8.2
AK1 +560	第一层	0.367	0.502	0.86	134%	12	18.1	23.9	99%						4	5		
	第二层	0.5	0.761	0.904	81%	9.6	14.5	18.4	92%						5	9		
EK0 +100	第一层	0.277	0.439	0.755	173%	11.1	14.3	26.5	139%	11.2	11.4				9.5	8.5		1.9
	第二层	0.622	0.688	0.743	19%	9.7	10.7	25.1	159%	12.2					6.5	7		12.3
EK0 +140	第一层	0.317	0.601	1.095	245%	10.5	19.7	40.1	282%	6.2	14.5				9	9.5		2.6
	第二层（上层）	0.552	0.768	1.066	93%	18	20	38.2	112%	14					6	8		2.3
	第二层（下层）	0.649	0.653	0.706	9%	8.8	8.8	23.1	163%	12.9					5	7		12.1

注:主线和 E 匝道十字板剪切强度增长很大,无法下十字剪切板板头。

9.4　小结

(1)引进了全量双曲线法、TS 双曲线法,并根据试验段实测数据采用不同的双曲线法进行最终沉降量的推算。得出 TS 双曲线法更接近实际情况,通过分析确定了各路段的最佳卸载时机。

(2)根据推算沉降数据,结合地质情况和填土情况,对试验段各试验区的加固效果进行综合评价,并得到了一些对软基加固设计具有指导意义的结论:①挤密砂桩的处理效果较好;②对于软土厚度大、强度低(静力触探锥尖阻力小于 0.35MPa)且路堤设计高度较低(低于 4m)的路段,建议采用排水体 + 超载预压的加固方法;③在软土静力触探锥尖阻力大于0.45 MPa、路堤设计高度大于 6m 的情况下,常规的超载预压效果并不十分明显,宜采用强度较大的超载方式;④对于地基浅部砂夹层较厚、软土性质较好(静力触探锥尖阻力大于 0.45MPa)的情况下,可考虑不进行软基处理。

(3)通过分析试验段监测数据,验证了引进的超载设计方法适用于与试验段地质情况相近的路段。

参考文献

[1] 龚晓南. 高等土力学[M],杭州:浙江大学出版社,1996.

[2] 地基处理手册编写委员会. 地基处理手册[M],北京:中国建筑工业出版社,1988.

[3] 王晓谋,袁怀宇. 高等级公路软土地基路堤设计与施工技术[M]. 北京:人民交通出版社,2001.

[4] 杨涛,李国维等. 高速公路软基陆地沉降预测研究. 广东省高速公路有限公司,河海大学等. 广东汕汾高速公路可液化砂土、软土双重地基综合处治实验研究总结报告[C]. 2004. 6:12-23.

[5] 广东省航盛工程有限公司. 台山二标软基试验断总结报告[R]. 2002. 10:24-28.

[6] 蒋雪琴. 真空联合堆载预压变形机理研究[D]. 华南理工大学硕士学位论文,2001. 3:14-17,26-45.

[7] 广东省公路建设有限公司,广东省航盛工程有限公司. 高速公路建设中软基处理关键问题的深入研究[R]. 2005. 11.

第10章 结　论

综合本试验段的试验结果,可以得到以下结论。

(1)结合试验段和工程全线的地基处理方法,总结了各种软基处理各方法的工艺流程、技术要点及其质量控制要点。

(2)引进了一种基于沉降资料的地基稳定性判断方法——AGO判稳法,该法能及时、准确地判断软基的稳定性状况。经本试验工程实践验证,该法适合于在本工程全线推广运用。

(3)对于地质条件类似试验段的路段,路基稳定性控制可结合AGO判稳法按以下标准进行控制:表面沉降速率 $V_s \leqslant 20$mm/d;侧向位移速率 $V_m \leqslant 6$mm/d;单级孔压系数 $B \leqslant 0.6$。

(4)加强型袋装砂井对可液化砂层地基有较强的挤密作用,不仅可运用于处理可液化砂土,同时还是一种可高效低耗地综合处理淤泥质软黏土与可液化砂层互层地基的方法。

(5)挤密砂桩可以起到消除砂土液化和加固软弱土层的双重作用,非常适合于可液化砂层与软弱土层互层地基的加固处理。

(6)在推算试验段各加固区的最终沉降量时,引进了全量双曲线法和TS双曲线法,并根据试验段实测数据采用不同的双曲线法进行最终沉降量的推算。指出TS双曲线法推算的结果更接近实际情况。

(7)据超载预压试验区的试验结果,对于软土含砂量较高、浅部砂夹层较厚、路堤高度7m以下的路段,在具备6个月以上预压期的条件下,采用砂垫层+超载预压的加固方法是可行的。

(8)剩余沉降数据表明:①挤密砂桩和排水体的处理效果较好;②对于软土厚度大、强度低且路堤设计高度较低(低于4m)的路段,建议采用排水体+超载预压的加固方法;③在软土静力触探锥尖阻力大于0.45MPa、路堤设计高度大于6m的情况下,常规的超载预压效果并不十分明显,宜采用强度较大的超载方式;④对于地基浅部砂夹层较厚、软土性质较好的软基,可考虑不进行软基处理。

(9)引进了一种实用的超载设计方法,指出超载预压对于低路堤效果更显著,预压时间越长效果越好,指出超载设计时结构物过渡段不宜采用相同的超载厚度。通过分析试验段监测数据,证实了该法适用于与试验路条件相似的路段。对高填土路段,超载比宜控制在0.2~0.4之间,对低填路段,超载比可适应取大值,零填路段还应特别注意汽车动荷载的影响,建议超载1.5~2.0m。

(10)通过观测试验段的裂缝均属于差异沉降裂缝;经模似试验得出裂缝发生的临界倾度为1%~2%;并分析了不同裂缝的成因和危害及发展规律,针对不同类型的裂缝提出具体的处理措施。

(11)卸载标准通常有工后沉降卸载标准和沉降速率卸载标准,卸载时采有哪种卸载标准作为控制指标,还是以哪种为主,哪种为属进行控制,具体指标取多大合适,有待于多方或专家会议根据全线沉降观察的数据讨论决定。

(12)路基卸载时反弹很小,累计沉降量相比,基本上可忽略不计,这就再次证明土体的外载的作用下属于弹塑性体,也说明路基加荷期间发生的沉降是不可逆转的。